SHANGHAI

上海
出版年刊

PUBLISHING

2021

《上海出版年刊（2021）》编委会 编

ANNUAL

上海科学技术文献出版社
Shanghai Scientific and Technological Literature Press

图书在版编目（CIP）数据

上海出版年刊 . 2021/《上海出版年刊（2021）》编委会编 . —上海：上海科学技术文献出版社，2022
ISBN 978-7-5439-8635-0

Ⅰ . ① 上…　Ⅱ . ①上…　Ⅲ . ①出版事业—上海—2021—年刊　Ⅳ . ① G239.275.1-54

中国版本图书馆 CIP 数据核字 (2022) 第 139644 号

责任编辑：李　莺　栾　鑫
封面设计：海未来

上海出版年刊 . 2021
SHANGHAI CHUBAN NIANKAN 2021
《上海出版年刊（2021）》编委会　编
出版发行：上海科学技术文献出版社
地　　址：上海市长乐路 746 号
邮政编码：200040
经　　销：全国新华书店
印　　刷：上海新开宝商务有限公司
开　　本：889mm×1194mm　1/16
印　　张：46.5
字　　数：1 218 000
版　　次：2022 年 9 月第 1 版　2022 年 9 月第 1 次印刷
书　　号：ISBN 978-7-5439-8635-0
定　　价：368.00 元
http://www.sstlp.com

《上海出版年刊(2021)》提供资料人员名单

（以姓氏笔画为序）

丁兆芸	丁梦汐	于　杰	万汝佳	万　敏	马　加	马希玲	马勇华
马嘉远	王卫东	王　文	王为松	王立翔	王加振	王宏梅	王　纯
王　波	王　建	王彦招	王　艳	王爱琍	王海燕	王　婧	王　辉
王　焰	王　静	毛文婧	计　斌	尹利欣	邓香莲	邓　凌	石洪颖
石　赟	叶　楠	史领空	白洁莹	冯丽珍	冯　杰	冯　洁	戎其玉
毕　胜	吕　岷	朱丹瑾	朱丹濛	朱文秋	朱　红	华春荣	庄际虹
刘厶瑀	刘存玲	刘竹月	刘　畅	刘　委	刘　莹	刘瑞刚	汤正宇
汤苑青	祁　祺	许伟国	许　强	阮　晨	孙　瑜	纪轶倍	李云虹
李丹丹	李　旦	李军元	李　欢	李喜港	李善亮	杨　勇	杨海虹
吴　坚	吴　迪	吴轶群	吴　腾	吴瑾君	吴蕙静	邱孟瑜	邱　慧
何　旋	佘　凌	余　岚	沈冰玉	沈红瑛	沈佳佳	沈　骁	张文禄
张东旭	张向阳	张　岚	张　宏	张灵安	张　南	张钦瑜	张莉琴
张　悦	张家珍	张　辉	张婷婷	张箬溪	张　翼	陈　屹	陈　刚
陈　珂	陈　娈	陈勇良	陈逸凌	陈超峰	陈雅赛	陈慕群	国严心
罗　红	季卫梅	金　立	金　喆	金福林	周　丹	周伯军	周建华
周俪琳	周晓琴	周　海	周　琪	周　瑾	周　懿	郑诗茗	郑　健
郑　琦	孟　玫	赵国祥	赵　辉	赵新民	胡　丹	胡国友	胡国强
胡彦杰	胡清涛	胡　毅	查芳红	查明昊	查依帆	段存广	姜若华
姜海涛	姜逸青	费维耀	姚丹红	姚倩卿	贺宇轩	贺群星	秦志华
袁苇鸣	袁林新	莫淑江	贾立群	夏峥嵘	顾月明	顾学文	顾　斌
倪　骏	倪　颖	徐妙勤	高云松	高云玲	高克勤	郭晓磊	唐丽芳
唐　兵	黄　庆	黄　韬	康　华	章　婷	淮毅军	董龙凯	蒋卓文
蒋惠雍	韩兵琦	景亚南	程杰铭	程　船	傅　杰	傅　勇	温泽远
温富城	谢重澄	谢　锦	强伟晶	靳　琼	路艳艳	路培庆	窦瀚修
蔡志文	蔡黎文	臧传军	熊　捷	缪宏才	薛雅倞	戴骏豪	

序

2020年是极不平凡的一年。突如其来的新冠疫情肆虐全球，重创各国经济和民生，中国成为唯一GDP正增长的主要经济体。同在这一年，脱贫攻坚战告捷、全面建成小康社会……成就来之不易，得益于改革开放四十年的积累，更来自党中央坚强领导下众志成城、万众一心的不懈奋斗。

2020年，“人民城市人民建，人民城市为人民”理念深入人心，在实践中开花结果，成为上海城市发展的重要标尺，也成为上海出版的“关键词”。上海出版人锐意进取、只争朝夕，用优秀的出版物承载时代精神、引领时代风气，讴歌和记录上海热土上改革创新的生动实践。虽然受新冠疫情影响，上海传统出版产业规模有所收缩，但仍呈现诸多亮点，如上海图书出版业利润增长率超过全国图书出版业平均数6倍，显示出较强的盈利能力；上海数字出版呈现快速增长趋势，营业收入较2019年增长34%；主题出版持续打造精品力作，《查医生援鄂日记》等多种主题出版物中选全国奖项；海派书房、中版书房奉贤店、上海上生新所茑屋书店、朵云书院·戏剧店等近20家品牌实体书店开业，各具鲜明特色。特别值得一提的是，在严守安全底线的前提下，2020上海书展暨“书香中国”上海周、2020中国上海国际童书展、第十八届中国国际数码互动娱乐展览会(ChinaJoy)等文化展会克服重重困难如期举办，用线上线下融合的方式为市民带来阅读品质生活新体验。

2021年是中国共产党成立100周年，是我国社会主义现代化建设进程中具有特殊重要性的一年。上海是党的诞生地，党的出版从上海始发。上海出版界要高举习近平新时代中国特色社会主义思想伟大旗帜，科学把握新发展阶段，坚决贯彻新发展理念，服务构建新发展格局，更好地赓续红色基因、践行初心使命，为上海社会主义国际文化大都市建设做出应有的贡献。

目　　录

总 论

2020年是中国人民决胜全面建成小康社会、实现“十三五”规划收官之年，也是谋划“十四五”规划的关键之年；既是“两个一百年”奋斗目标承前启后的历史交汇期，同时也是中国出版包括上海出版产业高质量发展的跨越期。

2020年是急剧变化的一年，新冠疫情对全球经济产生了严重影响，上海出版界在常态化疫情防控的大环境下深入推进出版创新驱动、转型发展，围绕提升上海城市文化软实力的目标，继续打响“上海文化”品牌，取得了不俗的成效。

一、传统出版产业规模有所收窄

受新冠疫情影响，上海传统出版产业规模有所收窄，全年实现营业收入78.88亿元。

2020年，上海40家图书出版社营业收入合计50.43亿元，同比下降19.38%；综合物流费用、营销费用和提存差价的同步减少，利润总额达到5.7亿元，同比增长25.63%。年初开始出现的疫情使传统的流通方式发生了变化，一些出版社充分利用直播带货、短视频营销、跨界联动、渠道拓展等方式加强图书营销，使疫情期间的大众阅读需求得以基本保障。就单体而论，营业收入超过5亿元的出版社由2019年的3家增至4家，分别是中国中福会出版社、华东师范大学出版社、上海教育出版社、上海外语教育出版社；利润总额过亿元的出版社由2019年的2家增至3家，分别是上海外语教育出版社、上海教育出版社、华东师范大学出版社，体现了教育类出版社生产能力、生产规模、盈利能力占据领先地位。

上海图书出版业与各地图书出版业相比，总体呈现下降趋势，且营业收入、定价总金额、新出图书种数、重版重印图书种数、总印数、总印张等多个指标下降幅度较为明显。在此情形下，上海图书出版业利润增长率超过全国图书出版业平均数的6倍，显示出较强的盈利能力。

上海音像电子出版业营业收入1.76亿元，同比降低5.14%；利润总额4 011.41万元，同比降低5.23%。上海音像电子产业规模小、销售总额少、制作质量不稳，由于网络下载的便利性、侵权盗版的冲击等原因，致使音像电子出版产业发展陷入困境，市场进一步萎缩。

上海633种期刊营业收入7.72亿元，同比下降33.63%；期刊广告收入总额1.56亿元，同比下降51.25%；利润总额3 177.72万元，同比下降80.78%。营业收入下降，广告收入降幅继续扩大，利润总额大幅下滑，期刊定价总金额、总印数、总印张持续下滑，表明期刊受众面在持续减少，期刊经营增长乏力。在此背景下，也有部分期刊充分展现竞争力，如《东方航空》营业收入近3 984.68万元，《世界时装之苑》广告收入4 719.95万元，《故事会》总印数840万份，均是成长性较好的期刊。

上海94种报纸营业收入18.95亿元，同比上升1.57%；报纸广告收入3.5亿元，同比下降66.95%；利润总额3.66亿元，同比上升78.80%。上海报业利润与营业收入表现不俗，一定程度上反映了近年来上海报业在媒体融合背景下减少成本支出、积极转型创新的努力。广告收入大幅度下降，报纸总印数及总印张继续降低，表明纸媒受众面还在持续减少，报纸行业正在逐渐失去广告这一重要的收入来源。就单体而言,总印数最高的《解放日报》和《新民晚报》相较于2019年印数仍有下降。

二、在防疫抗疫中快速应对、主动作为

新冠疫情暴发后,上海市委宣传部(简称“市委宣传部”)迅速搭建有效的指挥平台,指导全市出版业结合实际建立防控工作预案,明确责任,从严从紧、从细从实抓好新冠疫情防控工作。

2月12日,上海市书刊发行行业协会(简称“市发协”)率先向全市100家出版机构、图书批发单位、中大型图书零售企业总部、实体书店发出《上海书刊销售企业受新冠肺炎疫情影响问卷调查》,调研报告递交市委宣传部后为制定相关扶持政策提供了数据支撑。随后,开展了“关于上海发行单位抗击疫情情况调研和上海发行条线金融信贷抗疫专项贷款意向征询”,12家实体书店提出了共约1亿元的贷款意向,上海市书刊发行行业协会通过相关机构协助会员单位进行了贷款申请等。

2月14日,市委宣传部出台扶持上海文化企业的《全力支持服务本市文化企业疫情防控平稳健康发展的若干政策措施》,帮助企业复工复产,共克时艰。

3月2日,上海市出版协会(简称“市版协”)、上海市印刷行业协会(简称“市印协”)、上海市书刊发行行业协会对上海出版业抗击新冠疫情情况开展问卷调研,回收939家单位反馈的调研表,其中出版单位20家、期刊单位28家、印刷单位792家、发行单位99家。3月12日,上海市出版协会向市委宣传部提交《上海出版行业受疫情影响的调研情况报告》,调研报告如实反映上海出版、印刷、发行业面临的困境和各单位诉求,提出相应解决方案,为政府部门制定政策提供参考。

上海出版业快速推出一批与抗疫相关的出版物,第一时间向大众传播防疫知识、发布权威声音,用知识缓解公众焦虑,众多出版单位纷纷向全社会免费开放数字资源,彰显了出版人的责任与担当。

站在出版第一线的编辑人员在坚持防疫工作、统筹科学安排和协调统一指挥下,采用非常规的远程办公方式和编辑出版流程,以强烈的责任感和使命感,迅速策划出版了一系列抗疫图书,传播科学防疫知识。2月2日,上海科学技术出版社出版的《张文宏教授支招防控新型冠状病毒》(数字版)在网上发布,该书从1月29日启动到2月2日免费电子书上线,仅用100个小时,创造了新的出版速度;纸质版发行111万册,其中87.2万册公益配送至上海16个区;尝试“纸电同步”线上传播,在“上海发布”“人民网”“新华网”等平台免费发布该书电子版;向海外输出19个语种的版权,在全球共享“中国抗疫经验”,被评价为“易懂、好用、最能体现上海水平”的防疫指导读物。2月16日,复旦大学出版社出版《对新型冠状病毒肺炎说“不”》,电子书免费赠阅。3月5日,上海音乐出版社推出全媒体图书《出征　出征——抗击疫情优秀歌曲集》、音像专辑《加油武汉　加油中国——抗击疫情优秀歌曲选》,用音乐作品反映抗疫战争中涌现的感人故事和英雄事迹。3月31日,上海世纪出版(集团)有限公司会同市卫健委选配总定价130万元的精品好书,为1 649位上海援鄂医疗队队员每人赠送一份“朵云世纪书箱”。4月20日,上海第一批援鄂医疗队员、仁济医院呼吸科查琼芳医生撰写的《查医生援鄂日记》由上海交通大学出版社出版,这是国内第一部正式出版的援鄂医生抗疫日记;7月2日,《查医生援鄂日记》英文版在亚马逊网上书店开启全球预售,对于各国读者了解中国抗疫经验和抗疫精神具有独特作用。

上海多家印刷企业提前复工,自发捐款捐物,积极投身抗击新冠疫情工作的保障服务,包括医疗器械(口罩、防护服)的外包装及标签、急需药品的外包装及标签、疫情防控宣传品、公众防护类出

版物、生活必需品的包装等。

全市出版发行单位准确把握阅读需求，迅速行动，联合网络文化平台、新媒体等力量，2 月 22 日启动为期 40 天的“上海书展 · 阅读的力量”2020 特别网聚活动，上海市书刊发行行业协会主持的“上海书展”微信公众号对特别网聚活动进行了持续、同步发布。

与此同时，上海百余家实体书店在新冠疫情发生后迅速反应，积极推进行业复工复产，参与“上海书展 · 阅读的力量”系列活动，在上海市书刊发行行业协会主办的“上海书展 · 阅读的力量”春季图书大联展特别活动、上海“4 · 23 世界读书日”2020 特别活动、“上海书展 · 阅读的力量”特别季——深入学习“四史” 坚守初心使命主题展、“阅读的力量 · 品质生活直播周”、“阅读的力量 · 深夜书店节”等 5 次联展中，相继推出了多领域、多渠道、多层次、多样化的文化导读，尤其是线上阅读推广活动，拓展跨界联动，创建营销融合发展，为推动上海图书市场的复工复产复业复市，促进文化消费恢复和潜能释放尽职尽责尽力，获得众多读者和媒体的鼓励。

新冠疫情发生后，上海众多医学期刊的编辑人员放弃休假，及时策划专题、约稿征稿、开设专栏专题、快速发表优秀论文。各刊发表论文的单篇被引频次和网络下载量，均打破各自的历史记录，在产生较大的社会影响力的同时，也提升了期刊的品牌影响力。《航海技术》《氮肥与合成气》《中国港口》《肥料与健康》等上海技术类期刊快速发文，组织线上活动，积极抗疫，为复工复产提供技术和信息支持。上海科普期刊积极投入到疫情防控宣传、病毒知识介绍、个人防护措施等抗疫宣传服务工作中，《科学画报》《新发现》《张江科技评论》《世界科学》《大众医学》等期刊推出了一系列科学性强、形象生动、贴近生活的报道，为上海乃至各地人民打赢疫情防控阻击战提供了有力的舆论支持。

上海网络文学界积极投身抗疫文学的创作，阅文集团举办“我们的力量”网络征文，华语文学网开展了“风雨中同行”征文活动；4 月，共青团中央社会联络部联合阅文集团共同发起“战疫担当 · 悦读青春”主题系列活动，邀请来自阅文的多位知名作家做客抖音直播间，分享他们的写作故事与读书体会。同时，双方还在 QQ 阅读平台推出多个阅读专区、开放大批抗疫主题优秀作品资源。

为减轻疫情对企业经营的影响，上海市印刷行业协会、上海市书刊发行行业协会等对所属经营性会员单位免除 2020 年会费，与会员单位休戚与共、共克时艰。东方出版中心有限公司、上海界龙集团有限公司、中国图书进出口上海公司等企业还为入驻公司旗下楼宇、园区的中小微企业和经营困难企业减免租金，如东方出版中心有限公司分两批次减免租金 261.94 万元，上海界龙集团有限公司累计减免租户租金 700 多万元等。

在此次抗击疫情工作中，上海出版人充分体现责任与担当，用实际行动为争取抗疫战斗胜利，做出了积极的贡献。

三、主题出版持续打造精品力作

2020 年，上海出版业继续以高度的责任感和使命感精心策划、出版了一批主题出版和精品出版读物，举办了一系列主题出版相关活动，成为弘扬主流价值、传播正能量的重要阵地。

围绕“深入学习‘四史’ 坚守初心使命”“红色文化、海派文化、江南文化”“中国的经验”“改革先锋人物传记”“抗击新冠疫情”等出版了一批主题图书，如吴杰明主编《继往开来成大道：新时代中国特色社会主义的起源、形成和发展》（上海人民出版社），胡申生编著《从上海大学（1922—1927）走出来的英雄烈士》（上海大学出版社），张晓栋著《红色弄堂》（华东师范大学出版社），苏智良、姚霏主编《初心之地——上海红色革命纪念地全记录》（学林出版社），方世忠主编《海派之源徐家汇源》（复旦大学出版社),宗明主编《这里是上海：建筑可阅读》(上海人民出版社),柳刚等著“走进中国战舰丛书”(华东师范大学出版社),黄庆桥主编《科技成就中国》(上海交通大学出版社),李稻葵等著《中国的经验：改革开放四十年的经济学总结》(上海三联书店),王铁美编《人民教育家、改革先锋、最美奋斗者——于漪》(上海书店出版社),上海市人大常委会法制工作委员会编《依法治“疫” 众志成城——上海市新冠肺炎疫情防控法规性〈决定〉诞生与实施实录》(上海人民出版社),上海市地方志办公室、上海通志馆《上海年鉴》编辑部编《战“疫”：上海抗击新冠肺炎疫情实录(2020.1.5—2020.5.31)》(上海远东出版社),查琼芳撰《查医生援鄂日记》(上海交通大学出版社),园歌著《河湾里》(上海文艺出版社)等。

一批主题出版物入选全国奖项。上海人民出版社《百年复兴的开端——中国共产党怎样走来》、上海人民出版社《中国共产党建设史》、学林出版社《文献中的百年党史》、上海文化出版社《外国记者眼中的早期中国共产党人》、上海文艺出版社《革命者》、上海交通大学出版社《查医生援鄂日记》、上海音乐出版社《出征 出征——抗击疫情优秀歌曲集》(全媒体图书)、上海音乐出版社《在希望的田野上——脱贫攻坚大众金曲一百首》、上海科技教育出版社《荒野的呼唤——保护野生动物及其家园》、中国唱片(上海)有限公司《信仰——庆祝中国共产党成立100周年歌曲精品集》、上海城市动漫出版传媒有限公司“红色精神 百年传承”连环画微动画、中国唱片(上海)有限公司《情系武汉 大爱中国——抗击疫情优秀原创公益歌曲精品集》入选中宣部2020年主题出版重点出版物;上海文艺出版社《革命者》、上海交通大学出版社《查医生援鄂日记》获得2020年优秀现实题材文学出版工程;学林出版社《文献中的百年党史》、上海人民出版社《火种：寻找中国复兴之路》、上海文艺出版社《革命者》、上海人民出版社《民法典与日常生活》、上海科技教育出版社《深海浅说》入选2020年度“中国好书”等。

开展了系列主题活动。5月11日,在市委宣传部促进全民阅读办公室的指导下,上海市书刊发行行业协会组织上海书城福州路店、上海书城五角场店、东方书城、上海博库书城宜山路店、钟书阁芮欧店、钟书阁徐汇店、大隐书局(思源书廊)、上海大众书局维璟广场店等上海8家综合性实体书店推出“上海书展·阅读的力量”特别季——深入学习“四史” 坚守初心使命主题展,全市近30家实体书店同步开展相关展陈活动,通过集中展销“四史”主题图书,通过主题宣讲、团购、流动供应、短视频荐书、微信公众号推送等多种形式,带动书店及各大企业的“四史”学习。6月24日,上海市作家协会联合上海人民出版社、上海黄浦区委宣传部在上海思南文学之家举行“庆祝中国共产党成立99周年暨‘红色起点’创作出版工作推进会”,分享红色起点等红色题材文学创作出版的成果,探讨红色主题书写的创新性和实践性、时代性。7月23日,上海文艺出版社、上海市龙华烈士陵园主办的《革命者》首发式在龙华烈士纪念馆举行。11月1日,上海韬奋纪念馆与上海交通大学马克思主义学院、上海市中共党史学会、复旦大学新闻学院共同主办“韬奋精神与红色文化基因——第六届韬奋学术研讨会暨韬奋研究院揭牌仪式”,由邹韬奋长子邹家华题写院名的“韬奋研究院”揭牌。

主题出版已成为上海出版产业一个非常重要的板块,众多出版社将主题出版列为重点培育对象,不断加大投入、加强选题储备、加强营销、加强海外推广。主题出版的规模持续扩大,社会影响力不断提升,也收获了社会效益和经济效益。

四、传统纸媒推进“纸”“网”并存

由于新冠疫情的冲击以及媒介多元化的持续发展,传统纸媒在全媒体时代的发展越发艰难。

上海期刊、报纸产业面临着多重压力，负重前行，努力推进上海期刊、报纸的高质量发展。

众多期刊社、编辑部采用了数据库、微信公众号等渠道进行数字版期刊的发行，在邮发与传统自办发行数量持续下滑的情况下，网络发行和数字版销售则有所增加。

各报纸出版单位通过建设全媒体传播体系，打造报、刊、网、端、微、屏等多元传播矩阵，推出付费订阅服务等举措，推动传统纸媒业务与新兴媒体深度融合，把原来纸上的强大传播力转移到互联网上来，开始了传播力重建之路，实现了“纸”与“网”两大传播介质并存共生，取得了较好的经济效益。

组织各类培训活动、编校大赛，重视人才培养。上海市期刊协会针对2020年5月国家新闻出版署印发的《报纸期刊质量管理规定》开展了为期三天的“2020年上海市期刊编校业务培训”，近百名期刊编辑人员参与学习；2020年9月，由上海市科技期刊学会与上海新闻出版教育培训中心联合主办了“2020年科技期刊编辑业务培训面授项目”(第21、22期)，基于防控要求，采取线上视频直播集中面授的方式进行，共吸引学员2 671人，累计受训21 321人次；上海市科技期刊学会承办了中国科协发起并主办的“中国科技期刊青年编辑大赛”上海赛区的比赛，主办了“第四届上海市科技期刊编辑技能大赛”等。

疫情之下，上海纸媒利用各自阵地，普及防疫、抗疫知识，推出一系列科普文章，发表相关论文，向全国各地乃至全球分享中国抗疫经验。

五、数字化业务收入保持增长

2020年，上海数字出版总体上保持增长，实现营业收入1 659.5亿元，较2019年增长34%，产业呈现快速增长趋势。其中，网络游戏产业营业收入1 206亿元，增长50%；网络文学产业营业收入115亿元，增长37.72%。张江国家数字出版基地、国家数字出版基地虹口园区因新冠疫情期间园区部分管控、为承租户减免租金等原因营业收入下降。其中，张江国家数字出版基地营业收入468亿元，下降22.64%；国家数字出版基地虹口园区营业收入120.5亿元，下降19.13%。

2020年，上海网络出版服务机构有90家，网络游戏出版机构有62家，均与2019年持平。

游戏产业是上海文化创意产业的重要组成部分，是上海建设全球卓越城市，提升城市吸引力、竞争力和软实力的核心要素之一。近年来，上海出台一系列政策推动游戏产业快速健康发展，积极鼓励优质原创动漫游戏作品，鼓励将国内原创动漫、影视、文学等作品改编为游戏产品，着力培育文化游戏产业发展新动能，上海正在朝全球动漫游戏产业龙头城市的目标迈进。

有数据显示，2020年上海游戏产业为全国游戏市场贡献了超过三分之一的份额，在产业引领方面的作用愈发凸显。同时，上海成为各地游戏人才最期望工作的城市。近年，上海大力支持游戏和电竞人才的培养，同时制定各种政策，吸引各地人才到沪，完善整个上海产业生态。值得一提的是，上海高校通过校企合作的方式从源头强化了游戏人才输送，强化了上海游戏企业高端人才的供给。上海还通过举办大型展会、引入中国游戏产业研究院等方式，进一步发挥政策导向作用，完善政策制定。以电竞为例，凭借持续的利好政策、深入的发展规划、良好的发展环境等多重布局，上海“电竞之都”的城市名片初具形态。

第十八届中国国际数码互动娱乐展览会(ChinaJoy)克服重重困难如期举办，成为全球唯一举办的数字娱乐展览。4天展期总计入场人数12.4万，因疫情原因而特别开设的“ChinaJoy Plus”云展共触达6亿多用户。展会的成功举办，提振了行业信心，释放了线上经济活力。

上海的网络文学产业延续了一直以来的发展优势。首届上海网络文学周2020年11月举办，发布《2020网络文学出海发展白皮书》(简称《白皮书》)。《白皮书》显示，截至2019年，国内向海外输出网络文学作品10 000余部，覆盖40多个“一带一路”相关国家和地区。海外网文用户数量达数千万、产值数亿元，网文创作的全球化，“粉丝”阅读、表达的同步化和一体化，构造起互联互通的“网络文学共同体”。

随着网络文学影响力和国家传播力的不断增强，网文出海的力度和绩效均呈大幅增长之势。上海作为网络文学国际交流的主力军和重要窗口，在网文出海方面成绩斐然，截至2020年底，阅文旗下的起点国际(Webnovel)向海外用户提供了约1 000部中文译文作品和超过20万部当地原创作品，Webnovel全年访问用户量达5 400万人次。

上海网络文学在行业治理方面颇见成效。2020年底，136位网络作家联名签署《提升网络文学创作质量倡议书》，提出要坚持正确的创作导向、积极弘扬正能量，打造网络文学的绿水青山。阅文集团等文学平台表示，要坚持以社会主义核心价值观为引领，坚持问题导向，认真开展自查自纠、标本兼治、整改落实，以制度遏制不良倾向，营造风清气正的生态环境。

六、印刷行业发展态势良好

2020年，上海印刷企业投资规模仍然进一步扩大。全行业工业总产值797.64亿元，同比下降2.04%；销售收入959.71亿元，同比增长4.12%；利润总额81.29亿元，同比增长6.10%。销售收入和利润总额双双增长，表明整个印刷业仍然保持较高的盈利能力，远高于全国的平均水平。

上海印刷企业2 509家，较2019年减少114家。年工业总产值1 000万元以上的企业为769家，占企业总数30.64%；年工业总产值1亿元以上的企业为138家，占企业总数5.5%。数据显示，2020年减少的114家企业主要集中于年工业总产值1 000万元以下的企业，上海印刷业中的骨干企业集中度进一步提升。

由于新冠疫情的影响，2020年印刷业对外加工贸易额下降了11.50%，总额89.85亿元。

上海包装装潢印刷企业为1 747家，占全行业总数的69.63%；工业增加值为233.33亿元，同比增长0.31%；销售收入为815.35亿元，同比增长6.68%，在总资产、净资产、薪酬总额、人均薪酬、人均利润等方面均实现了较大增长。

外商在上海的投资发展出现喜人的新形势，2020年外资印刷企业数量142家，注册资金10亿美元，同比增长10.25%。上海印刷业对外直接投资为6 422.41万美元，同比增长38.61%。由此可见，上海印刷业正在加快构建以国内循环为主体、国内国际双循环相互促进的新发展格局。

上海印刷业在完善绿色发展的体制机制、提高印刷技术自主创新能力、推动企业智能化升级改造和融合发展转型、加强印刷业人才培养和建设全国印刷业科创中心等方面持续发力，加速企业升级改造，实现绿色化、数字化、智能化、融合化，进一步提升了上海印刷业的国际竞争力，推动印刷业的高质量发展。

七、出版物发行网点呈递增趋势

2020年，上海市持有《出版物经营许可证》的发行单位2 678家，发行网点3 813个，同比均有增长，出版物发行单位数量呈递增趋势。

出版物发行销售总码洋 188.48 亿元。上海主要出版物发行企业所占份额如下：上海新华传媒连锁有限公司占比 5.28%，上海世纪出版（集团）有限公司占比 26.03%，上海 20 家大学、社会类出版社自办发行占比 24.02%，上海外文图书有限公司、上海图书有限公司、上海香港三联书店有限公司、中国图书进出口公司上海公司、中国国际图书贸易集团公司上海分公司占比 4.95%，中国邮政集团公司上海市分公司占比 4.70%，上海书刊交易市场占比 0.91%，其他个体及民营单位占比 34.11%。与 2019 年相比，国有企业销售占比进一步扩大，达 65.89%，其中上海世纪出版（集团）有限公司，上海 20 家大学、社会类出版社自办发行销售有显著增长；非国有书店销售占比有所下跌，受新冠疫情影响更为显著。

市、区两级政府继续支持实体书店发展，组织指导上海出版物发行行业申报 2020 年上海市促进文化创意产业发展财政扶持资金（简称“市文创扶持资金”）成果资助类项目，上海新华传媒连锁有限公司“全国新书发布厅”等系列阅读推广活动、市民文化客厅，上海中图图书连锁经营有限公司“线上线下融合　助推亲子共读——现代书店‘魔法学堂’”等 17 家发行单位的 19 个项目得到上海市促进文化创意产业发展财政扶持资金资助。

八、汇聚“书香满城”风景线

上海出版业以促进全民阅读营造“书香满城”浓郁氛围为目标，广泛开展各类全民阅读活动、着力提供优质阅读内容、完善全民阅读设施体系，在全市掀起全民阅读新热潮，满足人民群众多样化的阅读需求。

2020 上海书展暨“书香中国”上海周推出十余万种精选图书、150 余种新书“云首发”、150 家分会场、700 余场线下阅读文化活动；15 个网络平台构建而成的“上海书展线上朋友圈”和各参展单位自行搭建或牵手合作的上百个大小平台，展销图书的品种数倍于线下，举办的线上阅读活动数量直追现场。本届书展触及的读者规模进一步增大，影响力有效提升。截至 8 月 17 日，书展圈内圈外相关网页访问总量破亿（1.14 亿次），线上活动观看量 611.37 万次。“上海书展 · 阅读的力量”线上平台访问量达到 55.58 万次，成为市民读者了解书展信息的首选。

150 家上海书展分会场“破圈”助力阅读推广。本市 100 家分会场囊括全市 16 个区，以品牌实体书店为基础，联合各区图书馆、农家书屋、重点培育的读书会等组成，首次由实体书店与十余家商厦（购物中心）、20 个社区对接，共同推进上海书展“进商圈”“进社区”。外埠 50 家分会场借力品牌实体连锁书店在各地延伸开设的书店、长三角品牌实体连锁书店，走出上海，将上海书展“我爱读书，我爱生活”的理念传达到各地。据统计，分会场组织实施形式多样的文化营销活动 470 余场，通过文化讲座、签名售书、读者互动、文化展览等形式，激发了读者的读书热情。

2020 中国上海国际童书展（CCBF，简称“上海童书展”）展览面积 2.5 万平方米，吸引了 21 个国家和地区 386 家童书出版机构和儿童相关文化企业参展，包括国际展商 99 家、国内展商 287 家。参展中外最新童书超过 6 万种，其中外版童书约 2 万种，占品种总数的 35%；83 位来自 12 个国家的特邀嘉宾参与了官方活动；展期举办各类专业交流、新书发布、阅读推广、在线直播等活动共计 308 场，覆盖除主会场外的学校、书店、图书馆等 100 多个阅读、教育、艺术文化空间。来自 17 个国家和地区的 18 963 名观众参观了上海童书展线下展会，其中专业观众 8 305 名，截至 11 月 15 日，上海童书展线上商贸配对及线上活动参与和观看量突破 52 万人次。

发布 2 期“解放书单”（第 17 期、第 18 期），每期发布 10 本好书。书单由上海市新闻出版局和解放日报社联合出品,选书标准是“高度、前沿、价值”。

发布2期“上海市民修身书单”,向市民推荐了30本经典读物。书单由上海市委宣传部、上海市精神文明建设委员会办公室(简称“市文明办”)、市新闻出版局、市总工会、新民晚报社等共同推出。

2020年“思南读书会”因新冠疫情原因暂停了近9个月,至年底累计举办了350期。目前,“思南读书会”已成为全民阅读品牌之一。

静安读书周、绿色悦读、悦读青春、全国新书发布厅、市民文化客厅、思南读书会、陆家嘴读书会、学习读书会、新华·知本读书会、现代书店“魔法学校”等100多个阅读品牌,在上海汇聚成“书香满城”风景线,书香浸润着市民的日常生活。

九、出版物进出口贸易额出现下降

2020年,受新冠疫情等因素的影响,全国与上海出版物进出口贸易金额均出现下降,上海出版物进出口金额下降幅度较大。上海5家出版物进出口单位实现进出口6 819.09万美元,同比下降14.54%。其中,进口6 522.17万美元,同比下降13.61%;出口296.92万美元,同比下降30.93%。

网络游戏海外销售收入超过29亿美元,同比增幅超过50%,提升产品研发品质以及强化全球发行能力是上海游戏企业取得较高海外销售收入的重要因素。

开展涉及2 045种图书的涉外版权贸易活动。其中,引进图书1 451种,同比下降13.17%;输出图书594种,同比下降28.35%。引进和输出比为2.44∶1,逆差与2019年相比略有回升之势。从版权引进地看,美国、英国、日本位居前三名;从版权输出地看,向美国输出218种,占年度输出总量的14.51%。

上海出版物进出口主要贸易国家(地区)分布情况与2019年保持一致,但排名有所变动。与上海开展出版物进出口业务较多的国家(地区)为美国、英国、新加坡、中国台湾地区、中国香港地区等,占进出口总额的91.96%。

上海市版权协会受市版权局委托承担上海地区范围内的作品登记工作,2020年全年共完成作品登记318 906件,作品登记总量首次突破30万件,同比增幅达9.30%。登记量排前三位的作品类别是美术作品、摄影作品和文字作品,分别占作品登记总量的57.50%、15.50%和8.50%。登记总量位列前三的分别是浦东新区、宝山区、普陀区。

上海出版业积极开展涉外版权贸易活动,如第二十七届北京国际图书博览会首次设立上海分会场,形成图书版权交易与精品图书展示相结合的新格局;上海科学技术出版社的《张文宏教授支招防控新型冠状病毒》实现19个语种的版权输出等,进一步推动了上海出版业的精品图书走向世界。

十、市民综合阅读率高于全国平均水平

2020年,《上海市民阅读状况调查》显示,上海市民综合阅读率达97.04%,高出第17次(2019年)全国国民阅读调查15.94个百分点。其中,纸质阅读率达96.05%,高出全国平均水平36.75个百分点;数字阅读率为99.52%,高出全国平均水平20.22个百分点。

数字阅读率高于纸质阅读率3.47个百分点,说明数字阅读已经超越纸质阅读,成为最普及的

阅读方式。其中，选择手机阅读的人群占比最高，其次是网络在线阅读和使用电子阅读器（如Kindle）进行阅读，只有 0.48%的市民从不进行数字阅读。

市民阅读资源获取方式较为多元，除网上购书及在实体书店购买图书外，阅读网站获得资源已成为上海市民图书资源选择的最主要途径，同时，微信、今日头条、喜马拉雅等社交媒体渠道以及移动 APP 平台也成为市民阅读资源获取的重要渠道。其次，市民的阅读目的也十分丰富，除满足兴趣需求、获取信息知识以外，工作学习需要、掌握实用技能、提高自身素质修养也成为市民选择阅读的重要原因。

50.40%的上海市民纸质阅读每日时长超过半小时，68.50%的市民数字阅读每日时长超过半小时。总体而言，人们花在数字阅读上的时间高于传统的纸质阅读。

家庭是市民阅读较为重要的场所，在不同阅读场所的选择上，“书房或客厅”“卧室”的占比均位列前三位。传统纸质阅读的群体中，书房或客厅(65.71%)的选择排在第一位。数字阅读作为首要阅读形式的人群中，排在第一位的阅读场所是交通工具（地铁、公交、高铁、飞机等），可见，交通工具已成为市民数字阅读的重要空间。

阅读的公共文化设施包含公共图书馆、社区阅览室、社区书屋及报刊栏等。总体上看，上海市民阅读时的公共文化设施使用频率较为分散，使用频率为“三个月 1 次”的占比最多，为 18.30%；其次是半年 1 次(16.40%)，每月 2～3 次(14.80%)，每周 1 次(14.70%)，一年一次(12.80%)等。

在纸质书种类的偏好上，上海市民选择阅读最多的是人文社科类书籍，占比为 26.44%；其次是文娱类(19.70%)，科技类(10.97%)，生活类(10.76%)，经管类(9.01%)。

在电子书种类的偏好上，文娱类电子书选择最多，占比为 27.50%；其次是人文社科类(19.10%)，生活类(12.40%)，资讯类(10.80%)，科技类(10.40%)。

从市民的阅读支出上看，27.00%的人一年购买纸质书刊的支出在 200～500 元，超过 500 元一年的占比为 17.90%，只有 10.70%的人纸质阅读支出为 50 元以下或没有。

数字阅读的支出方面，33.90%的人只看免费的内容，200 元以上的年数字阅读费用支出占比为 15.90%。

调查显示，阅读对市民在新冠疫情期间的焦虑缓解起到了一定的正向作用，认为阅读能够“比较有用”和“非常有用”地缓解自身对疫情焦虑的市民占比分别为 51.80%和 13.60%，只有 2.40%的市民表示阅读对缓解疫情的焦虑完全没有作用。

十一、扎实推进“扫黄打非”进基层工作

2020 年，上海市“扫黄打非”工作小组办公室深入开展“新风”集中行动，共收缴各类违法违禁出版物 78.2 万件，取缔关闭网站 4 900 多个，查处各类“扫黄打非”案件 1 600 余起，其中 12 起被全国“扫黄打非”工作小组办公室列为挂牌督办案件，有力打击了各类非法有害出版活动，极大震慑了违法犯罪分子，有力警醒了相关从业人员，有效巩固了宣传思想文化阵地，为上海夺取新冠疫情防控和经济社会发展双胜利营造了良好的社会文化环境。在全国“扫黄打非”工作考核中，取得 92.8 分，排名第九，继续保持在全国先进行列。

扎实推进“扫黄打非”进基层工作。2020 年 7 月，全市 222 个街道（镇）、5 891 个村居已全部完成“扫黄打非”进基层标准化规范化建设任务。金山区张堰镇、嘉定区菊园新区、虹口区浙兴里居委、徐汇区航天新苑居委申报第四批全国“扫黄打非”进基层示范点成功，徐汇区航天新苑居委还被

评为全国“扫黄打非”进基层示范标兵。继续推进与多平台融合融入工作,与市住房和城乡建设管理委员会(以下简称“市住建委”)、市民政局联合印发《关于将基层“扫黄打非”工作全面融入社区治理工作和网格化管理平台的通知》,将“扫黄打非”工作开展与社区治理和网格化管理等平台结合融入,进一步优化整合资源,形成长效机制,夯实“扫黄打非”基层基础。

创新开展“护苗”“绿书签行动”。2020 年 4 至 10 月开展上海“绿书签行动”宣传,根据疫情实际,精心组织开展网上系列活动,积极推进绿书签文化惠民,取得良好社会效应。多渠道播放“护苗·绿书签行动”公益宣传片,从 5 月 8 日至“六一”前在上海公交、地铁、楼宇和高铁车站滚动播出,覆盖人员超过千万。着力打造“云课堂”公益讲座,针对疫情防控期间部分家长对网络学习的效果和孩子未来升学产生焦虑这一情况,上海教育出版社等推出“阅读伴我成长——名师系列线上公益讲座”,三位知名语文特级教师从经典语文阅读切入,探讨阅读方法、分享阅读心得,帮助学生提升阅读能力,讲座通过东方网、看看新闻、澎湃、喜马拉雅、趣头条等新媒体平台同步播出,共吸引超过 110 万网友点击收看。

2020 年,新冠疫情使大众的阅读需求和阅读习惯发生了新的变化,出版业的生产运营模式发生了变革,这也预示着上海出版业正在进入新的发展阶段,把握机遇和创新融合成为产业发展的必由之路。

大 事 记

1月4日　由复旦大学中文系、复旦大学古籍所、上海古籍出版社联合举办“纪念《陈寅恪文集》出版四十周年暨纪念版发布会”在复旦大学举行。2020年恰逢《陈寅恪文集》出版四十周年，为纪念陈寅恪先生，以及为出版《陈寅恪文集》做出重要贡献的蒋天枢先生和上海古籍出版社的前辈们，上海古籍出版社决定重版《陈寅恪文集》。

1月9—11日　由中国出版协会和中国书刊发行业协会主管主办的2020北京图书订货会在中国国际展览中心举行。上海市出版协会、上海市书刊发行行业协会在市新闻出版局指导下，组成由上海世纪出版(集团)有限公司、高校和社科文出版联合体、上海钟书实业有限公司、申东外语书店等40家出版发行单位参展的上海展团，认订展位68个、馆配书架22个，参展的近两年新书和重点品种7 300余种，在此举办作品研讨、新书发布、全民阅读等文化活动10场。

1月13日　上海少儿读物促进会、上海少年儿童图书馆、上海市中小学生读书活动促进会、上海书城、少年儿童出版社、中国少年儿童新闻出版总社等十余家专业出版机构和阅读推广组织共同发起的第五届“新青藤”寒假童书榜发布。《忘忧花开》《小小国王》《花瓣宫的生日派对》《小孩识字》等10本童书入围榜单。

1月25日　全市新华书店、上海书城等实体书店因新冠疫情纷纷停止营业。2月10日，在严密防控疫情的前提下，实体书店按下“重启键”：2月10日，上海古籍书店、艺术书坊、外文书店、思南书局、思南书局·诗歌店率先复工；2月12日，上海书城长宁店及部分教材书店恢复营业；2月12日，上海书城长宁店及部分教材书店恢复营业；2月17日，大众书局各门店陆续复工；2月27日，新华书店包括上海书城福州路店在内的42家各区中心门店全面恢复营业；3月1日，大隐书局各门店恢复营业；3月2日，朵云书院旗舰店、衡山·和集店、和集例外店、建投书局、钟书阁等复工。至此，全市品牌实体书店基本恢复营业。

2月2日　上海科学技术出版社出版的《张文宏教授支招防控新型冠状病毒》(数字版)在网上发布。3月3日，波斯语版翻译完成，在伊朗总统府下属的战略研究中心进行了电子版发布并提交伊朗卫生部，供伊朗民众免费下载阅读。该书英语版、俄语版、乌兹别克语版等19个语种文本相继推出。

2月16日　复旦大学附属中山医院、附属华山医院，上海交通大学附属瑞金医院、附属仁济医院等41位各科女医师写成《对新型冠状病毒肺炎说“不”》，由复旦大学出版社出版，本书电子版同步线上免费赠阅。

2月　上海师范大学主办的《外国中小学教育》更名为《比较教育学报》(双月刊)。

3月5日　上海音乐出版社协同上海音乐家协会、上海人民广播电台联合组编两部抗击新冠疫情音乐出版物：全媒体图书《出征　出征——抗击疫情优秀歌曲集》和音像专辑《加油武汉　加油中国——抗击疫情优秀歌曲选》出版，用音乐作品反映抗疫战争中涌现的感人故事和英雄事迹。

3月21日　由上海市书刊发行行业协会主办，新华书店、上海书城、古籍书店、外文书店、思南书局、上海三联书店等58家实体书店联合推出“上海书展·阅读的力量”春季图书大联展特别活动开展。为期两周的大联展展示业者用书香迎接市民文化生活的回归。

3月31日　上海世纪出版(集团)有限公司会同上海市卫生健康委员会选配总码洋130万元的精品好书,给1 649位上海援鄂医疗队队员每人一份“朵云世纪书箱”。

4月2日　《咬文嚼字》杂志创始人、原主编郝铭鉴逝世,享年76岁。

4月4日　上海科学技术出版社老编辑,《我俩的故事:平如美棠》的作者、主人公饶平如在上海瑞金医院病逝,享年99岁。

4月9日　上海人民出版社联合美团外卖,推出“外卖送书”服务。上海人民出版社店铺页面的公告上写着“武汉加油!中国加油!”涵盖历史、文化、政治、哲学等多个方面的20种图书率先上架,较大程度地满足大部分人的购书需求。

4月19日　上海新华传媒连锁有限公司旗下首批30家新华书店、上海书城门店入驻“饿了么”外卖平台,于4月23日世界读书日正式线上开放,并推出“精神食粮上门啦!”主题活动,全天配送费0元起,精选部分图书品种八五折优惠。之前,上海外文书店、中版书房上海仙霞路店、钟书阁门店、上海人民出版社进驻美团、饿了么等APP,试水外卖服务。

4月20日　上海市“扫黄打非”暨文化市场管理办公室主办的2020年上海“绿书签行动”系列宣传活动启动。活动旨在倡导广大少年儿童养成文明上网、绿色阅读好习惯,形成尊重知识产权的意识,自觉远离有害信息、抵制盗版书籍,在全社会营造保护少年儿童健康成长的良好文化环境。围绕“护助少年儿童健康成长,抵制有害出版物和信息”主题,展开一系列丰富的活动,共同从网络、出版等多方面着力,助力青少年儿童健康成长。

是日　上海第一批援鄂医疗队员、仁济医院呼吸科查琼芳医生撰写的《查医生援鄂日记》由上海交通出版大学出版社出版。7月2日,《查医生援鄂日记》英文版在亚马逊开启全球预售。这是全世界第一本由一线医生撰写的抗疫日记,对于各国读者了解中国抗疫经验和抗疫精神具有参考价值。8月18日,上海市新闻出版局、上海交通大学主办,上海交通大学医学院附属仁济医院、上海交通大学出版社承办的“致敬金银潭的日子——《查医生援鄂日记》出版座谈会暨英文版首发式”在上海交通大学徐汇校区举行。

4月22日　上海市版权局对外发布了2020年度上海十大版权典型案件,其中,刑事案件4件、行政处罚案件3件、民事案件3件。按作品类别划分:文字作品侵权5件、视听作品侵权2件、软件作品侵权1件、美术作品侵权2件。

是日　上海大隐书局有限公司位于徐汇区小木桥路的海派书房开业,这是上海首家海派主题特色书店,也是新冠疫情期间上海第一家新开业的书店。

4月23日　朵云书院·上海中心旗舰店拉开“春暖花开读新书”特别活动,本次活动全市68家实体书店同步推进,包括百种沪版新书联展、云首发、短视频讲书店故事、图书外卖等服务。4月23至30日期间,“上海书展·阅读的力量”2020特别网聚活动中的“4·23世界读书日”系列专场,每晚8时在12大网络平台同步推出“悦读时刻”直播,《汉武帝和他的时代》等重点沪版新书通过“云首发”与读者见面。

4月　上海电力大学主办的《上海电力学院学报》更名为《上海电力大学学报》(双月刊)。

5月11日　在上海市委宣传部促进全民阅读办公室的指导下,上海市书刊发行行业协会联合上海书城福州路店、上海书城五角场店、东方书城、上海博库书城宜山路店、钟书阁芮欧店、钟书阁徐汇店、大隐书局(思源书廊)、上海大众书局维璟广场店等8家综合性实体书店推出“上海书展·阅读的力量”特别季——深入学习“四史” 坚守初心使命主题展,全市近30家实体书店同步开展相关展陈活动。

5月15日　少年儿童出版社《十万个为什么》(第一版)主要作者、著名作家叶永烈去世,享年80岁。

5月　由上海财经大学主办,上海财经大学出版社有限公司出版的《政治经济学研究》创刊(季刊)。

6月6日　上海市新闻出版局、上海市书刊发行行业协会组织本市30家实体书店,以“阅生活·夜读时光”为主题,推出“阅读的力量·深夜书店节”,在“上海夜生活节”期间发挥书店品牌文化特色和线上线下多渠道优势,推出丰富的阅读文化活动。

6月19日　华东师范大学出版社旗下品牌授权店大夏书店·丽宝店在上海虹桥丽宝广场亮相,为上海虹桥商务区量身打造体验式文化空间。

6月22日　钟书阁徐汇店以红色读物为主题的“先锋书屋”向读者开放。结合“四史”教育主题,“先锋书屋”设“党的发展历史”“新中国发展史”“改革开放发展史”“社会主义发展史”“上海党建”“少年学四史”“学习强国”等主题专架,上架品种约1 500种。

6月24日　上海市作协联合上海人民出版社、上海黄浦区委宣传部举办的庆祝中国共产党成立99周年暨“红色起点”创作出版工作推进会在上海思南文学之家举行,分享红色起点等红色题材文学创作出版的成果,探讨红色主题书写的创新性和实践性、时代性。

6月　上海译文出版社主办的《家居主张》更名为《美漾》(双月刊),10月更名为《欣漾》(双月刊)。

7月23日　上海文艺出版社出版的《革命者》首发式在龙华烈士纪念馆举行。

7月29日　由中国音像与数字出版协会指导,中国音数协游戏工委、国家对外文化贸易基地(上海)、上海市文化创意产业促进会、嘉定区人民政府共同主办的2020年国际游戏商务大会举行。国家对外文化贸易基地(上海)发布了“千帆计划”。该计划旨在面向有“出海”需求的优秀数字文化企业,培育数字内容生产、服务数字内容海外推广、优化原创数字内容生产和发展的黄金业态。

7月31日—8月3日　第十八届中国国际数码互动娱乐展览会(ChinaJoy2020)在上海新国际博览中心开幕。

7月　上海中医药大学、中华医药学会主办,上海市教育委员会主管的《中医药文化(英文)》创刊(季刊)。

8月5日　国际权威机构科睿唯安发布的2019年度《期刊引证报告》显示,上海科技期刊《细胞研究》影响因子为20.507,这是我国自主创办的科技期刊影响因子首次超越20,在本学科领域期刊中排名世界第七、亚太第一。

8月12—18日　2020上海书展暨“书香中国”上海周在上海展览中心举行。

8月12日　国家重大文化工程《辞海》(第七版)与读者见面。中共上海市委常委、宣传部部长周慧琳,上海市副市长宗明出席首发。

8月16日　由上海市文化和旅游局、上海世纪出版(集团)有限公司主办,上海人民出版社、上海城市推广中心承办的《这里是上海——建筑可阅读》新书首发式在上海展览中心举行。

8月31日　中国近现代新闻出版博物馆建筑主体结构封顶。

8月　上海自动化仪表有限公司主办的《流体传动与控制》更名为《流体测量与控制》(双月刊)。

9月14日　上海韬奋纪念馆、中国近现代新闻出版博物馆、上海高校实践育人创新创业基地联盟、上海出版印刷高等专科学校、生活·读书·新知三联书店、上海三联书店联合主办的“为书籍的一生——范用逝世十周年纪念展”在上海市杨浦区四季广场拉开帷幕,《范用存牍》(四卷本)同步首发,以此纪念出版名家范用,也是其文化遗产的首次公开展示。

9月20日　翻译家、上海师范大学教授郑克鲁逝世,享年81岁。其曾翻译《家族复仇》《基度山恩仇记》《茶花女》《悲惨世界》《巴尔扎克短篇小说选》《法国抒情诗选》等法国文学作品,主编文学系学生的通用学习和考研教材《外国文学史》。

9月21日　上海书画出版社杭州分社揭牌仪式在杭州举行。

9月29日　第二十七届北京国际图书博览会举行,上海30家出版单位积极参与,线上展示近2 000种原创精品图书,与国外展商进行在线洽谈交流,寻找版权合作机会,力争将优秀图书输出国外,扩大中华文化的国际影响力。同时,各出版社充分利用北京国际图书博览会官网平台以及腾讯、京东、抖音、当当等直播平台,开展新书发布、合作签约、文化讲座等在线活动,全媒体展示上海图书出版、版权输出成果。书展期间,共计举办各类线上活动19场。

10月3日　上海市新闻出版局、上海市作家协会、上海市黄浦区委宣传部主办的“思南读书会”历经疫情暂停、重装整修后,举行首场公众线下活动。

10月14日　上海印刷集团和上海印刷技术研究所在上海市新闸路1209弄60号印研工坊内为“现代汉字印刷字体发源地”和“上海印刷字体展示馆”同时揭牌。

10月22日　“大美朵云　翰墨华章——朵云轩创立120周年”、上海书画出版社成立60周年座谈会在上海举行,专家学者、艺术家、藏家、业界同行共济一堂,回顾过往,激励当下,描绘未来。

11月1日　上海韬奋纪念馆与上海交通大学马克思主义学院、上海市中共党史学会、复旦大学新闻学院共同主办“韬奋精神与红色文化基因——第六届韬奋学术研讨会暨韬奋研究院揭牌仪式”,由邹韬奋长子邹家华题写院名的“韬奋研究院”同时揭牌。

11月9日　2020年度“最美的书”评选揭晓,来自全国23家出版社的25种图书荣膺本年度“最美的书”称号,并将代表中国参加2021年度的“世界最美的书”评选。上海获得2020年度“最美的书”的作品包括上海人民出版社“江南文化丛书”、上海古籍出版社《尧臣壶:吕尧臣紫砂艺术》、上海人民美术出版社《薛松作品展:涅槃》等。

11月11日　第三十五届全国少年儿童出版社社长年会在上海举行。年会以“‘十四五’期间少儿出版如何守正创新、实现高质量出版”为主题,全国36家专业少儿出版社的社长、总编辑参加会议。

11月12日　上海市新闻出版局、上海市宝山区人民政府和陈伯吹儿童文学基金专业委员会主办的2020陈伯吹国际儿童文学奖颁奖典礼举行,《建座瓷窑送给你》《我和小素》《一楼右侧》《布莱克先生和他的狗》等10种作品获奖，中国著名儿童文学家张秋生荣获特殊贡献奖，美籍华裔插画家杨志成获得年度作家奖。

11月13—15日　2020中国上海国际童书展在上海世博展览馆举办，来自21个国家和地区的超过350家展商带来各类阅读推广活动280场。同时揭晓第七届“上海好童书”，复旦大学出版社出版的《战“疫”铭记》童诗童画集摘得第七届“上海好童书”特别奖。30种“上海好童书”分为绘本、儿童文学、思想文化、科学技术等四大类。

11月24日　2020年全国劳动模范和先进工作者表彰大会在北京人民大会堂隆重举行。上海古籍出版社有限公司党委书记、社长高克勤获“全国劳动模范”称号。

12月4日　《咬文嚼字》编辑部发布2020年度十大流行语，“人民至上，生命至上”“逆行者”“飒”“后浪”“神兽”“直播带货”“双循环”“打工人”“内卷”“凡尔赛文学”等榜上有名。

是日　上海音乐出版社社长费维耀荣获“2020年度上海市劳动模范”称号。

12月12日　大隐书局和上海奉贤新城建设开发有限公司在奉贤区九棵树（上海）未来艺术中心开设大隐书局·九棵树艺术书店。

12月24日　株式会社茑屋书店及其子公司茑屋投资（上海）有限公司与上海万屋文化传播有限公司联合打造的上海上生新所茑屋书店正式开业。约2 000平方米的空间内，拥有5万种精选图书，这些图书和文具杂货、工艺品，画廊、咖啡、餐饮等多重业态并行。

是日　由中国作协网络文学中心、上海市作家协会、虹口区委宣传部主办的第二届天马文学奖颁奖仪式举行。血红的《巫神纪》、齐橙的《大国重工》、猫腻的《择天记》、何常在的《浩荡》、吉祥夜的《写给鼹鼠先生的情书》等五部作品获奖。

12月　复旦大学主办的《沪港经济》更名为《管理视野》（季刊）。

第一篇

年度报告

第一章　上海新闻出版产业报告

第一节　综　　述

2020年是脱贫攻坚、全面建成小康社会的收官之年，也是“十三五”规划的收官之年，这是极不平凡的一年。新冠疫情在全球范围内肆虐蔓延，中国出版业面临着种种考验，但并没有停止高质量发展的脚步，融合出版迈向纵深，对外交流合作也持续推进。疫情面前，出版业快速反应，推出了一批与抗疫相关的出版物，众多出版单位纷纷向全社会免费开放数字资源，彰显了出版业的责任与担当。

习近平总书记多次强调要爱读书、读好书、善读书，建设书香社会。上海出版工作按照中央总体部署，围绕国家战略和上海发展实际，继续深入落实党的十九大精神、中共中央宣传部《关于促进全民阅读工作的意见》，以及市委、市政府《关于加快本市文化创意产业创新发展的若干意见》（“上海文创50条”），积极配合图书“质量管理2020”等专项工作的开展，全面贯彻新发展理念，落实高质量发展要求，立足大城市发展实际，把握上海城市文化发展基本规律，深入推进出版创新驱动、转型发展，为加快建设国际文化大都市打下坚实的文化基础，助力社会主义文化强国建设。

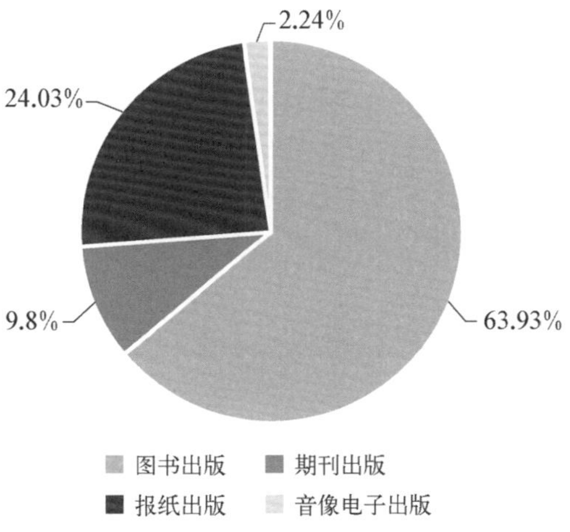

图1-1-1　图书、期刊、报纸、音像电子出版营业收入占比

一、新闻出版产业规模有所下滑

2020年，上海40家图书出版社资产同比下降28.72%，营业收入同比下降19.38%，利润总额同比增长25.63%。

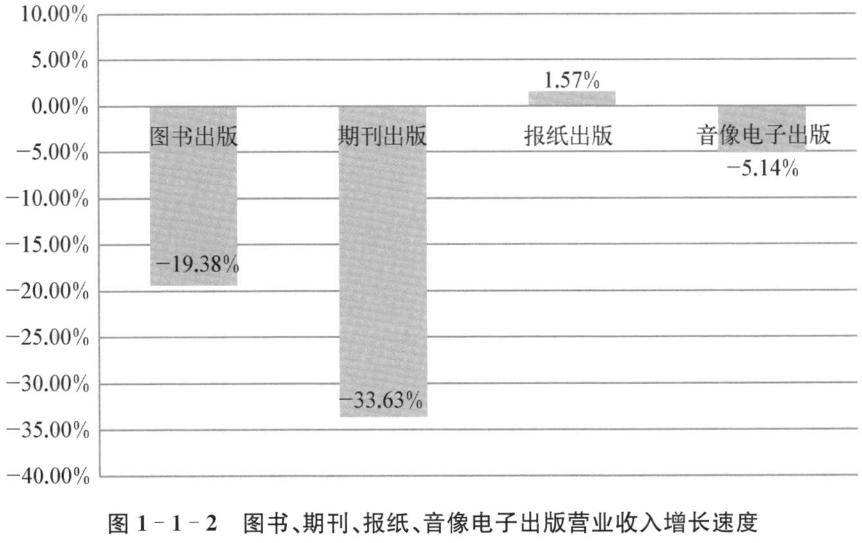

图1-1-2　图书、期刊、报纸、音像电子出版营业收入增长速度

上海市 633 种期刊资产同比下降 8.04%,营业收入同比下降 33.63%,利润总额同比下降 80.78%。

上海 94 种报纸资产同比增长 0.59%,营业收入同比增长 1.57%,报纸广告收入同比下降 66.95%,利润总额同比增长 78.80%。

上海音像电子出版社资产同比下降 1.82%,营业收入同比下降 5.14%,利润总额同比下降 5.23%。

二、数字化业务收入保持增长

在形势严峻的 2020 年,上海数字出版总体上仍继续保持快速增长,营业收入同比增长 34%。其中,网络游戏产业营业收入同比增长 50%,网络文学产业营业收入同比增长 37.72%,张江国家数字出版基地营业收入同比下降 22.64%,国家数字出版基地虹口园区营业收入同比下降 19.13%。

上海市网络出版服务机构 90 家,网络游戏出版机构 62 家,均与 2019 年持平。

三、印刷行业发展态势良好

2020 年,上海不仅在抗击疫情中发挥了中流砥柱的作用,上海印刷业的表现也出乎大家的预期。

上海印刷业全行业工业总产值同比下降 2.04%,但是销售收入和利润总额销售收入却双双出现了增长,销售收入同比增长 4.12%,利润总额同比增长 6.10%,整个印刷业仍然保持较高的盈利能力。

上海印刷业企业投资规模进一步扩大。2020 年上海印刷企业总资产同比增长 5.15%,净资产同比增长 5.20%,可以看出投资已经大于当年的行业 GDP(国内生产总值)增长。

四、发行行业发展走势平稳

2020 年,上海持有《出版物经营许可证》的发行单位 2 678 家,比上年增长 10%,出版物发行单位数量呈逐渐递增趋势。持证单位共有发行网点 3 813 个,与上年相比略有增长。

受疫情影响,2020 年,上海出版物发行销售总码洋 188.48 亿元,比上年略有下降。

上海出版物发行企业面对疫情的冲击,正在努力通过多元融合发展,使整个业态发展走势保持平稳。

第二节　上海图书出版业发展情况

一、总体情况

2020 年,面对突如其来的新冠疫情的巨大考验,上海图书出版业的发展虽然总体上呈现出下滑趋势,但上海出版界仍迅速复工复产,在"全民阅读""书香社会"的国家文化实施战略大背景下,坚决贯彻党中央、国务院和上海市委、市政府关于疫情防控的重要指示和工作部署,努力以出版文化产品为载体,为同舟共济抗击疫情提供强有力的内容文化支持。

(一) 经营情况

上海 40 家图书出版社资产同比下降 28.72%,存货同比下降 28.68%。所有者权益同比下降 26.36%,营业收入同比下降 19.38%,利润总额同比增长 25.63%。

图书定价总金额同比下降9.06%。本版图书种数28 005种，同比减少2 871种，下降9.3%，其中，新出图书12 779种，同比减少1 238种，下降8.83%。重版、重印图书15 277种，同比减少1 582种，下降9.38%，重版、重印率54.55%。图书总印数49 507.82万册，同比减少3 760.64万册，下降7.06%。图书总印张4 450 774.9千印张，同比减少730 503千印张，下降14.1%。

表1-1-1　2020年上海图书出版业总体情况

类　别	较2019年增减(%)
资产(万元)	−28.72
存货(万元)	−28.68
所有者权益(万元)	−26.36
营业收入(万元)	−19.38
利润总额(万元)	25.63
定价总金额(万元)	−9.06
本版图书(种数)	−9.30
新出图书(种数)	−8.83
重版、重印(种数)	−9.38
总印数(万册)	−7.06
总印张(千印张)	−14.10

从总体情况来看，上海图书出版业呈现出以下特点：

1. 新冠疫情对上海图书出版业整体影响较大，除利润总额外，资产规模、营业收入、定价总金额、本版图书种数、总印数等多项指标均出现了一定的下滑，其中资产规模、存货量、所有者权益均下降近三成；

2. 新版图书品种规模进一步收缩，除疫情影响外，也与全行业重视高质量发展以及书号的发放审核趋严有一定的关系；

3. 在经历了严重疫情、传统出版业饱受冲击的情况下，上海图书出版业利润总额较2019年仍逆势增长25.63%，这与国家政策支持，疫情期间大众阅读需求上升，一些出版社充分利用直播带货、短视频营销、跨界联动、渠道拓展等方式加强图书营销有关。

2020年，营业收入排行前10位的出版社占上海图书出版业营业收入总额的71.52%，提高了15.61个百分点；本版图书种数排行前10位的出版社占上海图书出版业总额的57.57%，下降了4.41个百分点；总印数排行前10位的出版社占上海图书出版业总额的77.55%，下降了2.32个百分点。从表1-1-2中还可以看出，前10位出版社营业收入占比较2019年提升15.61个百分点，且总印数集中度明显高于本版图书种数集中度，市场集中度进一步提升，表明规模更大的出版社在同等品种资源条件下，拥有更强大的市场占有能力。

表1-1-2　2020年上海图书出版业各类排行前10位出版社的市场集中度对比情况

年　份	营业收入	本版图书种数	总印数
2020	71.52%	57.57%	77.55%
2019	55.91%	61.98%	79.87%

2020 年,全国与上海图书出版业规模总体上呈现下降趋势。与全国图书出版业相比,上海图书出版业在营业收入、定价总金额、新出图书种数、重版重印图书种数、总印数、总印张等多个方面下降幅度均超过全国图书出版业。在此情形下,全国和上海图书出版业利润总额仍有上升,且上海图书出版业的增长率超过全国图书出版业的 6 倍,达到 25.63%,显示出上海图书出版业较强的盈利能力。

表 1-1-3　2020 年上海与全国图书出版业总体情况对比

类　　别	上海/全国	较 2019 年增减率(%)
营业收入(万元)	上海	−19.38
	全国	−2.63
利润总额(万元)	上海	25.63
	全国	4.33
定价总金额(万元)	上海	−9.06
	全国	0.29
新出图书(种数)	上海	−8.83
	全国	−4.98
重版、重印(种数)	上海	−9.38
	全国	−2.06
总印数(万册)	上海	−7.06
	全国	−2.10
总印张(千印张)	上海	−14.10
	全国	−2.04

与 2019 年相比,上海图书出版业营业收入超过 5 亿元的出版社由 3 家增至 4 家。排名首位的中国中福会出版社主要出版海内外有关宋庆龄研究的学术成果,有关学前教育、校外教育的研究成果,有关对少年儿童进行启蒙教育的读物,以及有关中小学生课余文化活动所需读物,并通过积极打造专注幼儿早教细分市场的巧虎品牌,借助一系列丰富的周边产品(教玩具、视频 APP、DVD)提升图书产品附加价值,创造了高额的营业收入,常年占据榜首。

上海教育出版社首次跻身营业收入超过 5 亿元的出版社行列,占据第三名,利润总额也已突破亿元,高于行业平均水平,进一步体现出教育类出版社巨大的发展潜力。

上海外语教育出版社营业收入超过 5 亿元,同时位居利润总额排名第一。上海教育出版社和华东师范大学出版社利润总额紧随其后,分别占领第二、第三的位置。利润总额前三名均突破一亿元,这体现出教育类出版社依旧具有较强的盈利能力。

从图书出版总印数、总印张来看,教育类出版社的生产能力和生产规模依旧占据领先地位。上海交通大学出版社总印数和总印张均排名第一,其总印数达到 8 607.27 万册,总印张数达到 1 100 185.66 千印张。上海教育出版社总印数和总印张均排名第二,其总印数为 6 900.62 万册,总印张为 499 157.20 千印张。

（二）重要出版情况

2020年，上海出版业积极应对突如其来的新冠疫情，在短时间内组织出版了多种优质抗疫出版物，第一时间向大众传播防疫知识、发布权威声音，用知识缓解公众焦虑。2月2日，由上海科学技术出版社出版的《张文宏教授支招防控新型冠状病毒》数字版在网上发布。2月16日，来自复旦大学附属中山医院、附属华山医院，上海交通大学附属瑞金医院、附属仁济医院等医院的41位各科女医师用16天时间写成《对新型冠状病毒肺炎说"不"》，由复旦大学出版社出版，本书电子书免费赠阅。3月3日，《张文宏教授支招防控新型冠状病毒》波斯语版翻译完成，在伊朗总统府下属战略研究中心进行了电子版发布并提交伊朗卫生部，供伊朗民众免费下载阅读。该书英语版、俄语版、乌兹别克语版版权输出。3月5日，上海音乐出版社协同上海音乐家协会、上海人民广播电台，联合组编推出两部抗击疫情音乐出版物——全媒体图书《出征　出征——抗击疫情优秀歌曲集》和音像专辑《加油武汉　加油中国——抗击疫情优秀歌曲选》，用音乐作品反映抗疫战争中涌现的感人故事和英雄事迹。3月31日，包括上海首批医疗队、第二批护理队、第四批国家中医队、华山医院"国家队"、瑞金医院"国家队"、第九批医疗队以及疾控、社会办医等在内的700多位援鄂医疗队队员分乘三架东航包机陆续回沪。上海世纪出版（集团）有限公司会同市卫健委选配总码洋130万元的精品好书，赠给1 649位上海援鄂医疗队队员每人一份"朵云世纪书箱"。4月20日，上海第一批援鄂医疗队员、仁济医院呼吸科查琼芳医生撰写的《查医生援鄂日记》由上海交通大学出版社首发出版。这是国内第一部正式出版的援鄂医生抗疫日记。7月2日，《查医生援鄂日记》英文版在全球著名网络书店亚马逊开启全球预售。作为全世界第一本由一线医生撰写的抗疫日记，该书的全球发行对于各国读者了解中国抗疫经验和抗疫精神具有独特作用。

上海出版界以高度的责任感和使命感精心策划、出版了一批主题出版和精品出版读物，组织举办了一系列主题出版和精品出版相关活动。5月11日，在市委宣传部促进全民阅读办公室的指导下，上海市书刊发行行业协会组织上海书城福州路店、上海书城五角场店、东方书城、上海博库书城宜山路店、钟书阁芮欧店、钟书阁徐汇店、大隐书局（思源书廊）、上海大众书局维璟广场店等上海8家综合性实体书店推出"上海书展·阅读的力量"特别季——深入学习"四史"坚守初心使命主题展，全市近30家实体书店同步开展相关展陈活动。6月24日，庆祝中国共产党成立99周年暨"红色起点"创作出版工作推进会在上海思南文学之家举行，分享红色起点等红色题材文学创作出版的成果，探讨红色主题书写的创新性、实践性和时代性。"红色起点"系列六部记述中国共产党早期奋斗历史的纪实文学作品首次集中呈现。7月23日，中宣部2020年全国主题出版重点出版物、2020月度"中国好书"《革命者》首发式在龙华烈士纪念馆举行。11月1日，上海韬奋纪念馆与上海交通大学马克思主义学院、上海市中共党史学会、复旦大学新闻学院共同主办"韬奋精神与红色文化基因——第六届韬奋学术研讨会暨韬奋研究院揭牌仪式"。

二、结构分析

（一）隶属结构

按隶属结构分为上海世纪出版（集团）有限公司、大学图书出版单位、社会图书出版单位、中央在沪图书单位四大板块。

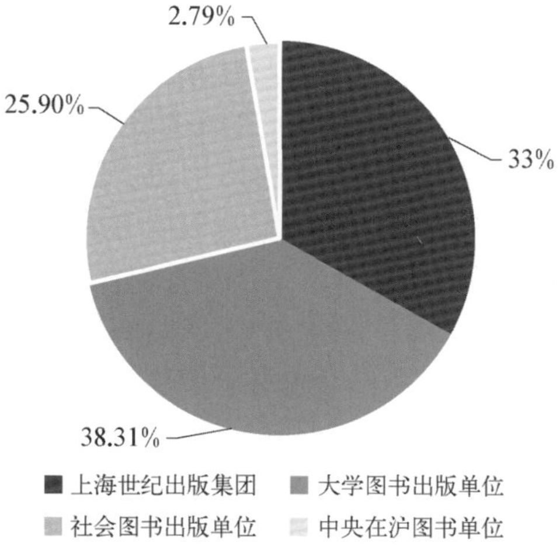

图 1-1-3　四大板块营业收入构成

2020 年,上海市图书出版营业收入总额较 2019 年下降 19.38%。其中,上海世纪出版(集团)有限公司营业收入占总额的 33%,较 2019 年下降 21.54 个百分点;大学图书出版单位营业收入占比 38.31%,较 2019 年上升 6.77 个百分点;社会图书出版单位营业收入占比 25.90%,上升 13.53 个百分点;中央在沪图书单位营业收入占比 2.79%,上升 1.24 个百分点。

上海市图书出版利润总额较 2019 年增长 25.63%。其中,上海世纪出版(集团)有限公司利润总额较 2019 年增加 84.79%;大学图书出版单位利润总额较 2019 年减少 3.47%;社会图书出版单位利润总额较 2019 年增加 20.43%;中央在沪图书单位利润总额较 2019 年增加 75%。

上海市图书定价总金额相较于 2019 年减少 9.06%。其中,上海世纪出版(集团)有限公司定价总金额占图书定价总金额 22.74%,较 2019 年减少 9.97 个百分点;大学图书出版单位定价总金额占比 42.85%,较 2019 年减少 7.42 个百分点;社会图书出版单位定价总金额占比 33.08%,较 2019 年增加 17.14 个百分点;中央在沪图书单位定价总金额占比 1.33%,与 2019 年基本持平。

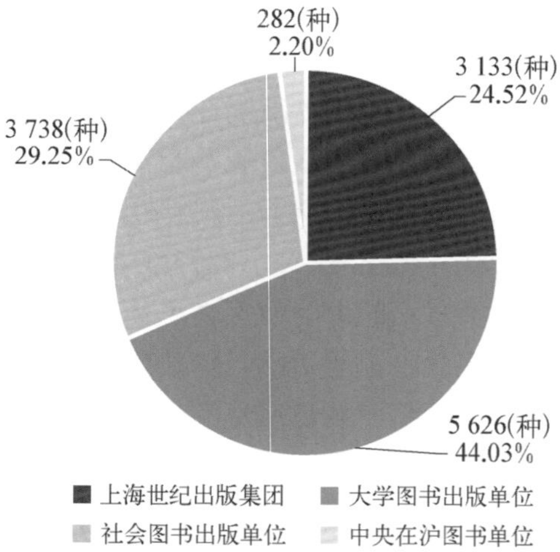

图 1-1-4　四大板块新版图书结构

上海市出版新版图书 12 769 种,较 2019 年下降 8.83%。其中,上海世纪出版(集团)有限公司出版新版图书 3 133 种,占新版图书总数的 24.52%,占比相较于 2019 年减少 16.21 个百分点;大学图书出版单位出版新版图书 5 626 种,占新版图书总数 44.03%,占比减少 1.54 个百分点;社会图书出版单位出版新版图书 3 738 种,占新版图书总数 29.25%,占比增加 16.79 个百分点;中央在沪图书单位出版新版图书 282 种,占新版图书总数 2.20%,占比增加 0.95 个百分点。

上海市出版重版、重印图书 15 277 种,较 2019 年减少 9.38%。其中,上海世纪出版(集团)有限公司出版重版、重印图书 4 158 种,占比 27.22%,较 2019 年减少 12.58 个百分点;大学图书出版单位出版重版、重印图书 8 475 种,占比 55.48%,较 2019 年减少 0.82 个百分点;社会图书出版单位出版重版、重印图书 2 469 种,占比 16.16%,较 2019 年增加 12.94 个百分点;中央在沪图书单位出版重版、重印图书 175 种,占比 1.14%,较 2019 年增加 0.46 个百分点。

上海市图书总印数 49 507.8 万册,较 2019 年减少 7.06%。其中,上海世纪出版(集团)有限公司图书总印数为 18 185.94 万册,占比 36.73%,较 2019 年减少 8.95 个百分点;大学图书出版单位图书总印数为 18 584.12 万册,占比 37.54,%,较 2019 年减少 4.63 个百分点;社会图书出版单位图书总印数为 12 142.43 万册,占比 24.53%,较 2019 年增加 13.07 个百分点;中央在沪图书单位图书总印数为 595.31 万册,占比 1.20%,较 2019 年减少 0.51 个百分点。

1. 上海世纪出版(集团)有限公司①

上海世纪出版(集团)有限公司资产同比下降62.58%,存货同比下降61.24%,营业收入同比下降51.23%,利润总额同比上升84.79%,图书定价总金额同比下降36.78%。

本版图书种数7 240种,同比减少5 179种,下降41.70%。其中,新出图书3 133种,同比减少2 576种,下降45.12%;重版、重印图书4 158种,同比减少2 552种,下降38.03%。图书总印数18 185.94万册,同比减少6 148.93万册,下降25.27%。图书总印张1 423 834.09千印张,同比减少556 335.86千印张,下降28.10%。

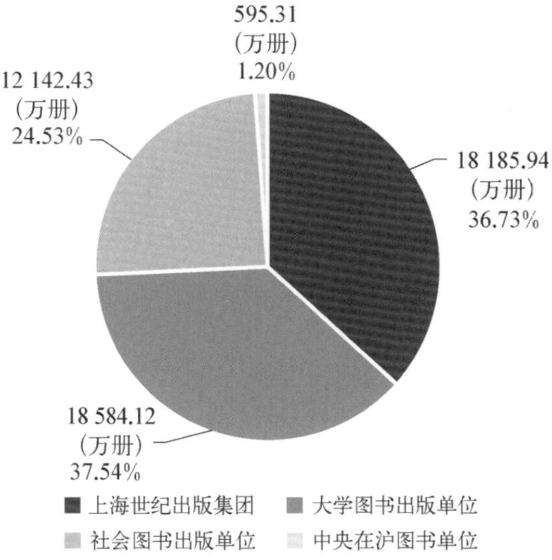

图1-1-5　四大板块总印数结构

2. 大学图书出版单位②

大学图书出版单位资产同比上升6.26%,存货同比下降3.57%,营业收入同比下降2.07%,利润总额同比下降3.47%,图书定价总金额同比下降22.49%。

本版图书种数14 101种,同比减少1 777种,下降11.19%。其中,新出图书5 626种,同比减少761种,下降11.91%;重版、重印图书8 475种,同比减少1 016种,下降10.70%。图书总印数18 584.12万册,同比减少3 878.05万册,下降17.26%。图书总印张2 319 289.67千印张,同比减少609 010.42千印张,下降20.80%。

3. 社会图书出版单位③

社会图书出版单位资产同比上升180.53%,存货同比上升165.89%,营业收入同比上升68.74%,利润总额同比上升20.43%,图书定价总金额同比上升88.67%。

本版图书种数6 207种,同比增加3 918种,上升171.17%。其中,新出图书3 738种,同比增加1 992种,上升114.09%;重版、重印图书2 469种,同比增加1 926种,上升354.70%。图书总印数12 142.43万册,同比增加6 038.57万册,上升98.93%。图书总印张659 468.13千印张,同比增加428 607.67千印张,上升185.66%。

4. 中央在沪图书单位④

中央在沪图书单位资产同比上升20.70%,存货同比上升58.41%,营业收入同比上升45.65%,利润总额同比上升75.01%,图书定价总金额同比上升12.75%。

本版图书种数457种,同比增加167种,上升57.59%。其中,新出图书282种,同比增加107

---

① 上海世纪出版(集团)有限公司19家图书出版社分别为:上海人民出版社,上海古籍出版社,少年儿童出版社,上海教育出版社,上海科学技术出版社,上海辞书出版社,上海译文出版社,学林出版社,上海远东出版社,上海书店出版社,上海科技教育出版社,格致出版社,上海文艺出版社,上海文化出版社,上海音乐出版社,上海人民美术出版社,上海书画出版社,上海锦绣文章出版社,中西书局。

② 大学图书出版单位13家图书出版社分别为:华东师范大学出版社,复旦大学出版社,上海外语教育出版社,同济大学出版社,上海交通大学出版社,上海浦江教育出版社,华东理工大学出版社,立信会计出版社,东华大学出版社,上海财经大学出版社,上海大学出版社,上海第二军医大学出版社,上海音乐学院出版社。

③ 社会图书出版单位7家图书出版社分别为:上海三联书店,上海科学技术文献出版社,上海社会科学院出版社,文汇出版社,上海科学普及出版社,中国中福会出版社,中华地图学社。

④ 中央在沪图书单位1家出版社:东方出版中心。

种,上升 61.14%;重版、重印图书 175 种,同比增加 60 种,上升 52.17%。图书总印数 595.31 万册,同比增加 227.75 万册,上升 61.96%。图书总印张 48 183 千印张,同比增加 6 235.60 千印张,上升 14.87%。

(二)产品结构

图书包括书籍①、课本②和图片③ 3 类。

2020 年,上海市出版新版书籍 12 779 种,较 2019 年上升 5.85%,占新版图书品种的 89%,增加 2.87 个百分点;新版课本 1 579 种,较 2019 年下降 18.73%,占新版图书品种的 11%,减少 2.86 个百分点;新版图片 0 种。上海市出版重版、重印书籍 15 277 种,较 2019 年上升 35.36%,占重版、重印图书品种的 75.97%,增加 9.03 个百分点;重版、重印课本 4 832 种,较 2019 年下降 13.30%,占重版、重印图书品种的 24.03%,减少 9.03 个百分点;重版、重印图片 0 种,同比持平。

书籍总印数 49 507.82 万册,同比增加 31.48%,占图书总印数的 77.68%;课本总印数 14 222.85 万册,同比减少 8.92%,占图书总印数的 22.32%;图片 0 册。

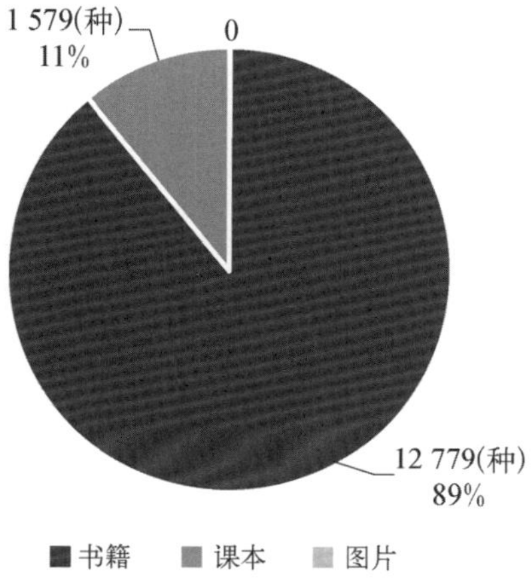

图 1-1-6　新版图书品种结构

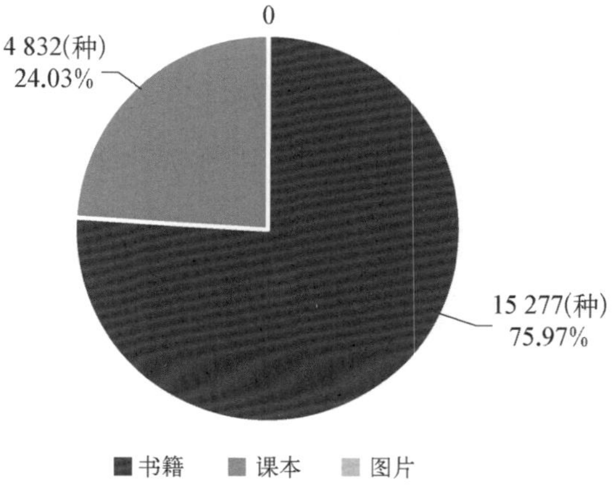

图 1-1-7　重版、重印图书品种结构

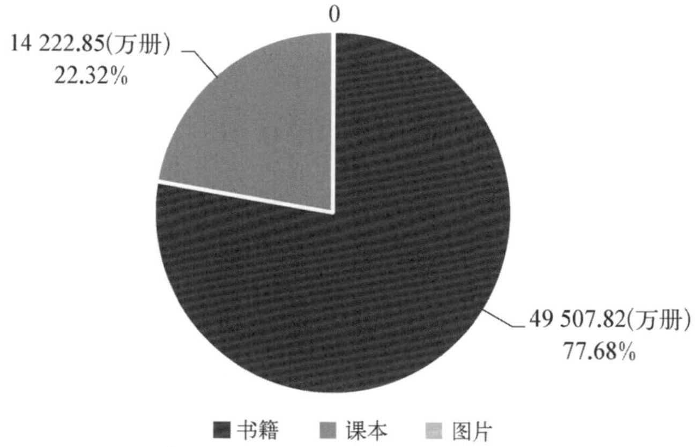

图 1-1-8　书籍、课本与图片印数结构

① 书籍系指使用中国标准书号或统一书号,但不属于课本和图片的出版物。
② 课本系指使用中国标准书号或统一书号的大专及以上课本,中专技校课本、中小学课本、扫盲课本和教学用书。
③ 图片系指单张或折页的美术画片,包括绘画的印制品和摄影的印制品,年画也归入图片。

1. 书籍

表 1－1－4　2020 年书籍出版总体情况

类　　别		较 2019 年增减(%)
定价总金额(万元)	书籍	8.80
	社科人文类	5.28
	科学技术类	74.31
	综合类	141.19
本版图书(种数)	书籍	19.87
	社科人文类	14.97
	科学技术类	74.39
	综合类	－30.12
新出图书(种数)	书籍	5.85
	社科人文类	2.04
	科学技术类	40.03
	综合类	－39.17
重版、重印(种数)	书籍	35.36
	社科人文类	28.00
	科学技术类	146.43
	综合类	－6.52
总印数(万册)	书籍	31.48
	社科人文类	30.08
	科学技术类	58.90
	综合类	136.18
总印张(千印张)	书籍	17.59
	社科人文类	13.49
	科学技术类	94.08
	综合类	466.14

定价总金额同比上升 8.80%。

本版图书种数 28 001 种，同比增加 4 642 种，上升 19.87%。其中，新出书籍 12 779 种，同比增加 706 种，上升 5.85%；重版、重印书籍 15 277 种，同比增加 3 991 种，上升 35.36%。

总印数 49 507.82 万册，同比增加 11 854.75 万册，上升 31.48%。总印张 4 450 774.9 千印张，同比增加 665 776.27 千印张，上升 17.59%。

书籍从内容上按照社科人文类、科学技术类、综合类 3 类划分。

2020 年，上海市出版书籍 49 507.82 万册，其中，社科人文类 46 832.46 万册，占书籍总印数的 94.60%，降低 1.02 个百分点；科学技术类 2 515.37 万册，占书籍总印数的 5.08%，上升 0.88 个百分点;综合类 159.99 万册,占书籍总印数的 0.32%,上升 0.14 个百分点。书籍出版发展结构较为稳定,总体呈现出上升态势。

(1) 社科人文类书籍

定价总金额同比上升 5.28%。

本版图书种数 24 303 种,同比增加 3 164 种,上升 14.97%。其中,新出 10 831 种,同比增加 217 种,上升 2.04%;重版、重印 13 472 种,同比增加 2 947 种,上升 28%。总印数 46 832.46 万册,同比增加 10 830.08 万册,上升 30.08%。总印张 4 130 082.91 千印张,同比增加 491 081.98 千印张,上升 13.49%。

(2) 科学技术类书籍

定价总金额同比上升 74.31%。

本版图书种数 3 582 种,同比增加 1 528 种,上升 74.39%。其中,新出 1 875 种,同比增加 536 种,上升 40.03%;重版、重印 1 762 种,同比增加 1 047 种,上升 146.43%。总印数 2 515.37 万册,同比增加 932.41 万册,上升 58.90%。总印张 263 870.49 千印张,同比增加 127 909.49 千印张,上升 94.08%。

(3) 综合类书籍

定价总金额同比上升 141.19%。

本版图书种数 116 种,同比减少 50 种,下降 30.12%。其中,新出 73 种,同比减少 47 种,下降 39.17%;重版、重印 43 种,同比减少 3 种,下降 6.52%。总印数 159.99 万册,同比增加 92.25 万册,上升 136.18%。总印张 56 821.5 千印张,同比增加 46 784.80 千印张,上升 466.14%。

2. 课本

新冠疫情的暴发催生出版模式的变革。疫情期间,教学模式发生了显著变化,在线课程成为教师教学的新媒介和学生学习的新载体。在此背景下,课本出版总体上呈现小幅下滑的态势,大专及大专以上课本、中学课本、其他课本 3 类都出现了下降趋势,小学课本则保持稳定发展,其定价总金额提升 13.63%,本版图书种数也较去年增加了 9.64%。

表 1-1-5　2020 年课本出版总体情况

类　　别		较 2019 年增减(%)
定价总金额(万元)	课本	−10.95
	大专及大专以上课本	−8.15
	中学课本	−7.32
	小学课本	13.63
	其他课本	−54.57
本版图书(种数)	课本	−15.38
	大专及大专以上课本	−15.03
	中学课本	−5.46
	小学课本	9.64
	其他课本	−27.83

（续表）

类　　别		较 2019 年增减(%)
新出课本(种数)	课本	-18.73
	大专及大专以上课本	-16.65
	中学课本	23.39
	小学课本	-2.13
	其他课本	-44.39
重版、重印(种数)	课本	-13.30
	大专及大专以上课本	-14.41
	中学课本	-6.32
	小学课本	18.47
	其他课本	-22.66
总印数(万册)	课本	-8.92
	大专及大专以上课本	-11.58
	中学课本	-13.07
	小学课本	7.90
	其他课本	-59.00
总印张(千印张)	课本	-12.53
	大专及大专以上课本	-15.94
	中学课本	-9.57
	小学课本	18.64
	其他课本	-56.74

定价总金额同比下降 10.95%。

本版图书种数 6 360 种，同比减少 1 156 种，下降 15.38%。其中，新出课本 1 579 种，同比减少 364 种，下降 18.73%；重版、重印课本 4 832 种，同比减少 741 种，下降 13.30%。总印数 14 222.85 万册，同比减少 1 392.13 万册，下降 8.92%。总印张 1 221 360.17 千印张，同比减少 174 905.92 千印张，下降 12.53%。

课本划分为大专及大专以上课本、中学课本、小学课本、其他课本 4 类。

2020 年，出版课本 14 222.85 万册，其中，大专及大专以上课本 3 288.06 万册，占课本总印数的 23.12%，减少 0.7 个百分点；中学课本 5 372.01 万册，占课本总印数的 37.77%，减少 1.81 个百分点；小学课本 5 191.9 万册，占课本总印数的 36.50%，增加 5.69 个百分点；其他课本 370.88 万册，占课本总印数的 2.61%，减少 3.18 个百分点。中学课本出版发展态势良好，其余种类课本出版呈现轻微的下滑趋势，但总体结构较为稳定。

（1）大专及大专以上课本

定价总金额同比下降 8.15%。

本版图书种数 4 097 种,同比减少 725 种,下降 15.03%。其中,新出 1 126 种,同比减少 225 种,下降 16.65%;重版、重印 2 971 种,同比减少 500 种,下降 14.41%。总印数 3 288.06 万册,同比减少 430.68 万册,下降 11.58%。总印张 500 181.85 千印张,同比减少 94 836.82 千印张,下降 15.94%。

(2) 中学课本

定价总金额同比下降 7.32%。

本版图书种数 641 种,同比减少 37 种,下降 5.46%。其中,新出 153 种,同比增加 29 种,上升 23.39%;重版、重印 519 种,同比减少 35 种,下降 6.32%。总印数 5 372.01 万册,同比减少 808.03 万册,下降 59%。总印张 414 693.54 千印张,同比减少 43 868.52 千印张,下降 9.57%。

(3) 小学课本

定价总金额同比上升 13.63%。

本版图书种数 489 种,同比增加 43 种,上升 9.64%。其中,新出 92 种,同比减少 2 种,下降 2.13%;重版、重印 417 种,同比增加 65 种,上升 18.47%。总印数 5 191.9 万册,同比增加 380.18 万册,上升 7.90%。总印张 249 047.87 千印张,同比增加 39 124.77 千印张,上升 18.64%。

(4) 其他课本

定价总金额同比下降 54.57%。

本版图书种数 1 133 种,同比减少 437 种,下降 27.83%。其中,新出 208 种,同比减少 166 种,下降 44.39%;重版、重印 925 种,同比减少 271 种,下降 22.66%。总印数 370.88 万册,同比减少 533.6 万册,下降 59.00%。总印张 57 436.91 千印张,同比减少 75 325.35 千印张,下降 56.74%。

3. 图片

2020 年上海市未出版图片类图书。

第三节　上海期刊出版业发展情况

一、总体情况

受新冠疫情的影响,上海市期刊出版业的发展总体上也呈现出轻微下滑的趋势,资产合计、营业收入、利润总额、总印数等多项指标都出现下降,利润总额相较于 2019 年更是下降了 80.78%。疫情来势汹汹,期刊出版业面临着多重压力,负重前行。

2020 年,上海市 633 种期刊资产同比下降 8.04%;所有者权益同比下降 5.85%;营业收入同比下降 33.63%;期刊广告收入同比下降 51.25%;利润总额同比下降 80.78%;期刊定价总金额同比下降 7.41%。

期刊品种 633 种,同比增加 1 种,上升 0.16%,基本持平;期刊出版期数 5 480 期,同比减少 64 期,下降 1.54%;期刊总印数 6 209.09 万册,同比减少 1 174.11 万册,下降 15.90%;期刊总印张 341 850.14 千印张,同比减少 45 531.83 千印张,下降 11.75%;期刊邮局发行数 2 512.05 万册,同比减少 515.87 万册,下降 17.04%;期刊自办发行数 2 757.30 万册,同比减少 373.34 万册,下降 11.93%;期刊其他发行数 286.18 万册,同比增加 30.08 万册,上升 11.75%;期刊赠阅数 653.56 万册,同比减少 314.98 万册,下降 32.52%。

图 1-1-9　按营业收入排名前 30 位

表 1-1-6　2020 年上海期刊出版业总体情况

类　别	较 2019 年增减(%)
资产合计(万元)	−8.04
所有者权益(万元)	−5.85
营业收入(万元)	−33.63
广告收入(万元)	−51.25
利润总额(万元)	−80.78

(续表)

类　　别	较 2019 年增减(%)
定价总金额(万元)	−7.41
品种(种)	0.16
出版期数(期)	−1.54
总印数(万册)	−15.90
总印张(千印张)	−11.75
邮局发行数(万册)	−17.04
自办发行数(万册)	−11.93
其他发行数(万册)	11.75
赠阅数(万册)	−32.52

从总体情况来看,上海期刊出版业呈现出以下几个特点:

(1) 期刊出版营业收入下降,利润总额大幅度下滑,较 2019 年降低 80.78%。但部分期刊在报刊品牌和社会影响力方面仍旧具有竞争力,如期刊《故事会》入选了"2021 年度中国邮政发行百强榜"。

(2) 广告收入降幅继续扩大,较 2019 年降低 51.25%。从总体来看,广播电台、报社、期刊社广告经营额均普遍下降,期刊广告经营额增长乏力。越来越多的受众转向新媒体,因此可能导致广告商对于期刊的广告逐渐失去兴趣。而《世界时装之苑》得益于其定位:高端女性杂志,吸引了对时尚感兴趣的读者,同时带来许多广告收入。

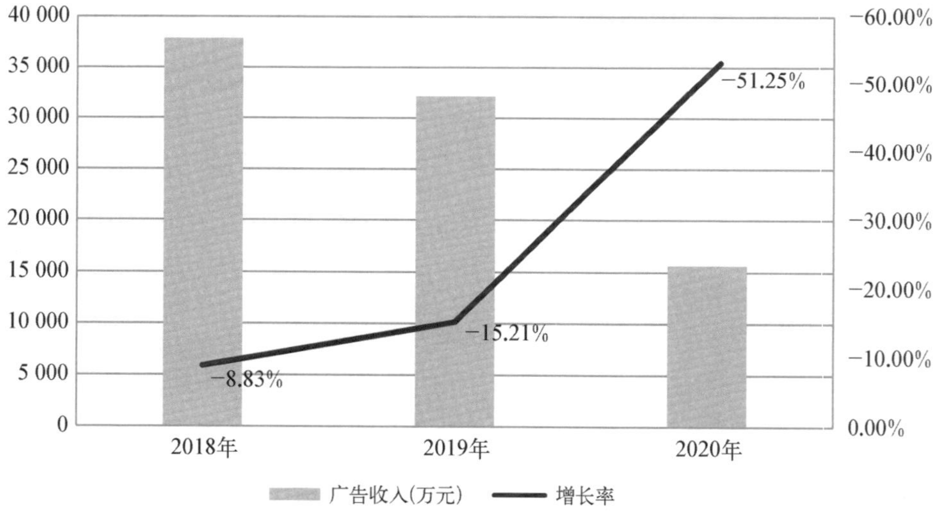

图 1-1-10　2018—2020 年期刊出版广告收入及增长率变化

(3) 期刊定价总金额、总印数、总印张持续下滑。2020 年,上海市期刊总印数较 2019 年下降了 15.90%,与 2018 相比,降幅呈进一步扩大趋势,表明期刊受众面在持续减少。近年来,传统期刊的经营本就不甚乐观,加之受到疫情和纸价上扬的影响,其发展前景愈发雪上加霜。

(4) 期刊行业中,邮局发行数与自办发行数持续下滑,其他发行数有所增加。全媒体时代背景下，众多期刊采用了数据库、微信公众号等渠道进行数字版期刊的发行，因此可能导致邮局发行数和自办发行数持续减少。

（5）期刊赠阅数开始下降。2019 年之前，期刊赠阅数增幅虽已有放缓趋势，整体数量仍在不断增长；然而该涨势在 2020 年戛然而止，期刊出版赠阅数量较去年骤减约 315 万册，降幅达 35.52%，呈现断崖式下跌态势。2020 年的新冠疫情对线下物流产生了较大影响，使期刊出版方的出版进度、生产印制、线下发行等环节受到一定阻碍，受赠单位也不便如往常一样接收纸质期刊，导致 2020 年度期刊赠阅数大幅下落。

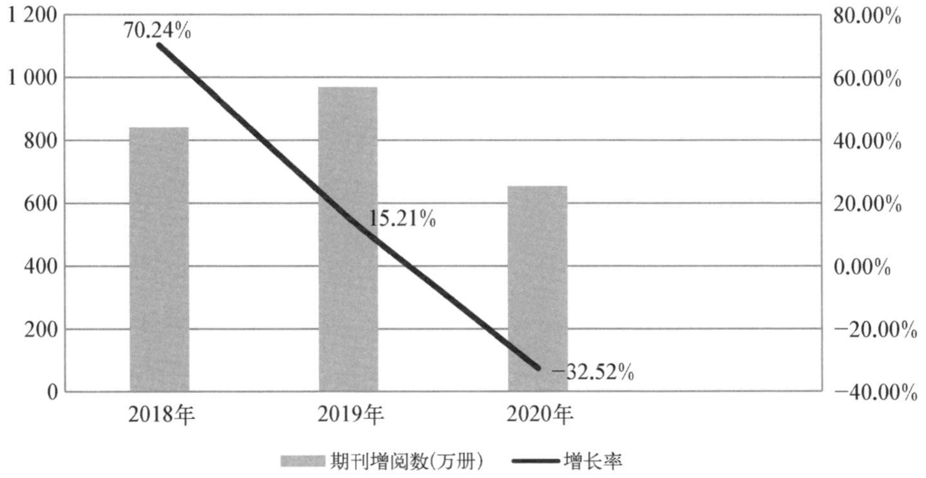

图 1－1－11　2018—2020 年期刊出版赠阅数及增长率变化

全国与上海期刊出版业也均呈现下降趋势，且上海期刊出版业各项指标的下降趋势更为明显，营业收入下降 33.63%，利润总额下降幅度更是高达 80.78%。

表 1－1－7　2020 年上海与全国期刊出版业各类指标增长速度对比

类　别	上海/全国	较 2019 年增减(%)
营业收入(万元)	上海	−33.63%
	全国	−2.78%
利润总额(万元)	上海	−80.78%
	全国	1.40%
定价总金额(万元)	上海	−7.41%
	全国	−3.60%
品种(种)	上海	0.16%
	全国	0.21%
总印数(万册)	上海	−15.90%
	全国	−7.04%
总印张(千印张)	上海	−11.75%
	全国	−4.02%

二、结构分析

期刊按内容划分为综合类,哲学、社会科学类,自然科学、科技类,文化、教育类,文学、艺术类5类。

2020年,上海出版综合类期刊96.05万册,较2019年提高94%,占期刊总印数的1.55%,提高0.88个百分点;哲学、社会科学类期刊2 512.13万册,较2019年降低13.16%,占期刊总印数的40.46%,提高1.28个百分点;自然科学、科技类期刊1 277.01万册,较2019年降低5.66%,占期刊总印数的20.57%,提高2.24个百分点;文化、教育类期刊941.46万册,较2019年降低23.45%,占期刊总印数的15.16%,降低1.5个百分点;文学、艺术类期刊1 382.44万册,较2019年降低25.57%,占期刊总印数的22.26%,降低2.9个百分点。期刊出版整体结构较为稳定,但占据绝大部分比例的期刊类别都呈现出持续下跌的趋势,发展形势依旧严峻。

表1-1-8　2020年上海期刊业发展总体情况

类　别		较2019年增减(%)
总印数(万册)	综合类	94.00
	哲学、社会科学类	−13.16
	自然科学、科技类	−5.66
	文化、教育类期刊	−23.45
	文学、艺术类	−25.57
定价总金额(万元)	综合类	141.34
	哲学、社会科学类	−8.64
	自然科学、科技类	−1.40
	文化、教育类期刊	−20.90
	文学、艺术类	−10.73
品种(种)	综合类	71.43
	哲学、社会科学类	6.94
	自然科学、科技类	0.85
	文化、教育类期刊	−28.21
	文学、艺术类	2.38
出版期数(期)	综合类	56.10
	哲学、社会科学类	3.44
	自然科学、科技类	0.72
	文化、教育类期刊	−23.55
	文学、艺术类	−1.91
总印张(千印张)	综合类	169.25
	哲学、社会科学类	−13.23

（续表）

类　　别		较 2019 年增减(%)
总印张(千印张)	自然科学、科技类	9.01
	文化、教育类期刊	−36.12
	文学、艺术类	−23.49
邮局发行数(万册)	综合类	−12.50
	哲学、社会科学类	−7.68
	自然科学、科技类	−12.67
	文化、教育类期刊	−4.27
	文学、艺术类	−26.51
自办发行数(万册)	综合类	258.36
	哲学、社会科学类	−11.26
	自然科学、科技类	8.61
	文化、教育类期刊	−29.88
	文学、艺术类	−24.92
其他发行数(万册)	综合类	17.21
	哲学、社会科学类	43.92
	自然科学、科技类	−17.67
	文化、教育类期刊	−40.52
	文学、艺术类	35.87
赠阅数(万册)	综合类	194.06
	哲学、社会科学类	−37.61
	自然科学、科技类	−23.41
	文化、教育类期刊	−67.81
	文学、艺术类	−27.24

(一) 综合类期刊

综合类期刊总印数 96.05 万册，占期刊总印数的 1.55%，位居第五，同比增加 46.54 万册，上升 94%。

定价总金额同比上升 141.34%。品种 24 种，同比增加 10 种，上升 71.43%。出版期数 128 期，同比增加 46 期，上升 56.10%。总印张 9 923.75 千印张，同比增加 6 238.03 千印张，上升 169.25%。邮局发行数 20.23 万册，同比减少 2.89 万册，下降 12.5%。自办发行数 35.3 万册，同比增加 25.45 万册，上升 258.36%。其他发行数 5.38 万册，同比增加 0.79 万册，上升 17.21%。赠阅数 35.14 万册，同比增加 23.19 万册，上升 194.06%。

(二) 哲学、社会科学类期刊

哲学、社会科学类期刊总印数2 512.13万册，占期刊总印数的40.46%，位居第一，同比减少380.58万册，下降13.16%。

定价总金额24 946.80万元，同比减少2 360.38万元，下降8.64%。品种154种，同比增加10种，上升6.94%。出版期数1 504期，同比增加50期，上升3.44%。总印张121 944.69千印张，同比减少18 594.67千印张，下降13.23%。邮局发行数647.49万册，同比减少53.83万册，下降7.68%。自办发行数1 371.52万册，同比减少174.04万册，下降11.26%。其他发行数159.17万册，同比增加48.57万册，上升43.92%。赠阅数333.95万册，同比减少201.28万册，下降37.61%。

(三) 自然科学、科技类期刊

自然科学、科技类期刊总印数1 277.01万册，占期刊总印数的20.57%，位居第三，同比减少76.66万册，下降5.66%。

定价总金额21 127.21万元，同比减少299.4万元，下降1.40%。品种357种，同比增加3种，上升0.85%。出版期数2 924期，同比增加21期，上升0.72%。总印张107 860.88千印张，同比增加8 913.43千印张，上升9.01%。邮局发行数341.86万册，同比减少49.6万册，下降12.67%。自办发行数653.95万册，同比增加51.86万册，上升8.61%。其他发行数77.33万册，同比减少16.60万册，上升17.67%。赠阅数203.87万册，同比减少62.32万册，下降23.41%。

(四) 文化、教育类期刊

文化、教育类期刊总印数941.46万册，占期刊总印数的15.16%，位居第四，同比减少288.39万册，下降23.45%。

定价总金额10 738.22万元，同比减少2 836.54万元，下降20.90%。品种56种，同比减少22种，下降28.21%。出版期数565期，同比减少174期，下降23.55%。总印张41 532.01千印张，同比减少23 484.23千印张，下降36.12%。邮局发行数418.79万册，同比减少18.68万册，下降4.27%。自办发行数481.83万册，同比减少205.36万册，下降29.88%。其他发行数15.21万册，同比减少10.36万册，下降40.52%。赠阅数25.63万册，同比减少53.98万册，下降71.45%。

(五) 文学、艺术类期刊

文学、艺术类期刊总印数1 382.44万册，占期刊总印数的22.26%，位居第二，同比减少475.02万册，下降25.57%。

定价总金额12 743.84万元，同比减少1 531.35万元，下降10.73%。品种43种，同比增加1种，上升2.38%。出版期数359期，同比减少7期，下降1.91%。总印张60 588.81千印张，同比减少18 604.4千印张，下降23.49%。邮局发行数1 083.68万册，同比减少390.86万册，下降26.51%。自办发行数214.7万册，同比减少71.25万册，下降24.92%。其他发行数29.09万册，同比增加7.68万册，上升35.87%。赠阅数54.97万册，同比减少20.58万册，下降27.24%。

第四节 上海报纸出版业发展情况

一、总体情况

由于新冠疫情的冲击以及媒介多元化的持续发展，传统纸媒在全媒体时代的发展越发艰难。近年来，在新媒体发展得如火如荼的同时，许多报纸已减版甚至停刊。报纸出版业的不景气在上海也不例外。2020 年，上海报纸出版业各项指标整体上来看继续呈现下滑趋势。

2020 年，上海 94 种报纸资产同比上升 0.59%，所有者权益同比下降 12.20%，营业收入同比上升 1.57%，广告收入同比下降 66.95%，利润总额同比上升 78.80%，报纸定价总金额同比下降 10.65%。

报纸品种合计 94 种，同比减少 3 种，下降 3.09%；报纸出版期数合计 7 919 期，同比减少 426 期，下降 5.10%；报纸总印数 69 427.52 万份，同比减少 9 018.19 万份，下降 11.50%；报纸总印张 2 084 487.80 千印张，同比减少 951 367.67 千印张，下降 31.34%；报纸邮局发行数 53 684.01 万份，同比减少 3 929.34 万份，下降 6.82%；报纸自办发行数 7 454 万份，同比减少 2 810.67 万份，下降 27.33%；报纸其他发行数 3 479.58 万份，同比减少 437.04 万份，下降 11.16%；报纸赠阅数 4 788.95 万份，同比减少 1 841.12 万份，下降 27.77%。

表 1-1-9 2020 年上海报纸出版业总体情况

类　　别	较 2019 年增减(%)
资产(万元)	0.59
所有者权益(万元)	−12.20
营业收入(万元)	1.57
广告收入(万元)	−66.95
利润总额(万元)	78.80
定价总金额(万元)	−10.65
品种(种)	−3.09
出版期数(期)	−5.10
总印数(万份)	−11.50
总印张(千印张)	−31.34
邮局发行数(万份)	−6.82
自办发行数(万份)	−27.33
其他发行数(万份)	−11.16
赠阅数(万份)	−27.77

从总体情况来看，上海报纸出版业呈现出以下特点：

(1) 利润总额大幅度上涨，营业收入和资产稍微增多。2020 年，上海报业利润与营收表现不俗，这一定程度上反映了近年来上海报业在媒体融合背景下积极转型创新的努力。各报业出版单位通过建设全媒体传播体系，打造报、刊、网、端、微、屏等多元传播矩阵，推出付费订阅服务等举措，推动传统纸媒业务与新兴媒体深度融合，把原来纸上的强大传播力转移到互联网上来，开始了传播力重建之路，实现了“纸”与“网”两大传播介质并存共生，取得了较好的经济效益。

（2）广告收入大幅度下降。新媒体时代的到来，传统报纸媒体的发行量失去了上升空间，开始走下坡路。发行量上不去，广告宣传力度也会相应减弱，所以许多客户取消了与报纸的合作，报纸行业正在逐渐失去广告这一重要的收入来源。

（3）报纸总印数及总印张继续降低。由于新兴媒体对于传统媒体的冲击仍在继续，以抖音、快手为主要力量的视频媒体发展快速，占据了公众相当多的注意力资源，而以今日头条、微信公众号为代表的基于算法和社交媒体裂变的新兴媒体发展势头依然强劲，对于报纸原读者群的吸引仍在加速，纸质报纸的需求量持续走低，印刷数量随之下跌。此外，2020 年初突如其来的新冠疫情，给报纸的出版发行带来了不小的打击，都市类报纸的变化尤为明显：出版版面数量日益缩减，报纸逐渐从“厚报”变为“薄报”；新闻纸价格居高不下，也对出版版数造成了负面影响。上游报纸出版发行量大幅减少，直接导致了报纸印量的下降。早在多年前，《印刷经理人》杂志在统计“中国印刷包装企业 100 强”时，每年都会有多家报纸印刷企业入选，但近几年来报业印刷的“排头兵”企业已经难觅踪影。

（4）各渠道的发行数均在继续减少，其中自办发行、其他发行的数量仍旧大幅下降，随着新媒体的崛起，传统媒体的生态环境发生了很大改变，报纸若依然采用传统的发行方式，其信息传播的时间、速度、效率都会远远落后于新媒体，因此就发行而言，报纸融媒体化成为破局关键。许多报社出于运营成本和经济压力等方面的考虑，开始裁撤自办发行队伍，一方面继续延续邮局发行传统；另一方面将发行渠道重心向新媒体阵地转移，以适应新媒体发行环境、触达更广泛的读者群体。

（5）尽管多种报纸尝试通过赠阅的方式积极寻找越来越稀缺的阅读场景，扩大读者范围，提高报纸影响力与场景覆盖面，但在疫情影响和数媒冲击的双重作用下，赠阅数较 2019 年大幅下降。

上海报纸出版业表现出较强的盈利能力。全国与上海报纸出版业在定价总金额、总印数、总印张等指标上均有下降，但在此情形下，两者仍实现了利润总额的增长，且上海报纸出版业利润总额涨幅达到 78.80%，超出了全国报纸出版业利润总额涨幅的两倍多。

表 1-1-10　2020 年上海与全国报纸出版业总体情况对比

类　别	上海/全国	较 2019 年增减(%)
营业收入(万元)	上海	1.57%
	全国	−6.36%
利润总额(万元)	上海	78.80%
	全国	32.12%
定价总金额(万元)	上海	−10.65%
	全国	−6.62%
总印数(万册)	上海	−11.50%
	全国	−8.96%
总印张(千印张)	上海	−31.34%
	全国	−17.81%

作为营收的主要来源，广告收入最能体现报业的经营状况。上海报纸广告收入排名前 10 的报纸占据着上海报纸广告总收入 87.59%的份额。由此可见，上海报纸广告收入下滑幅度较大，且收入中的大部分比较集中于某些种类，产业内部发展较不均衡。

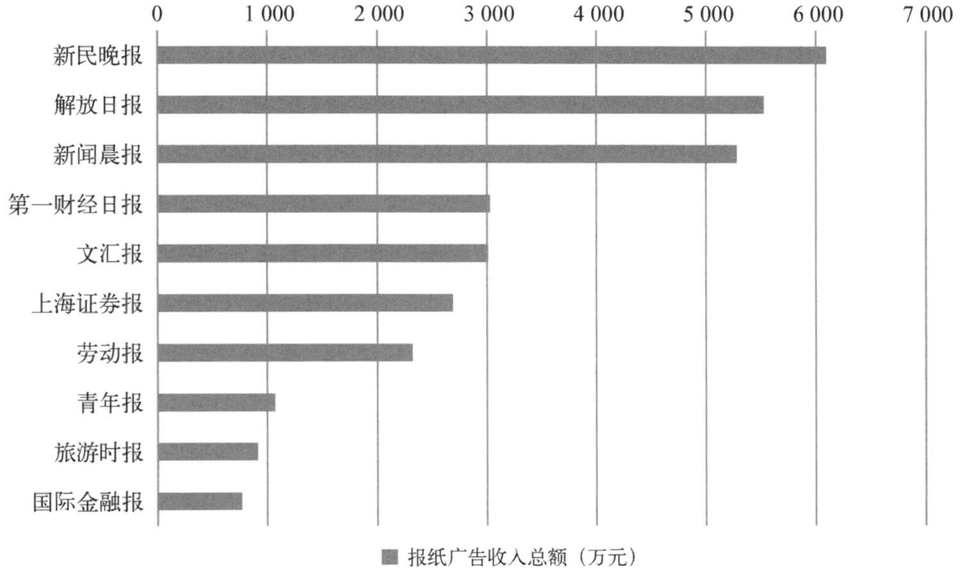

图 1－1－12　2020 年按广告收入排序前 10 位报纸

二、结构分析

报纸根据内容划分为综合类和专业类两大类。

表 1－1－11　2020 年上海报纸出版业总体结构

类　别	综合类/专业类	较 2019 年增减(%)
定价总金额(万元)	综合类	0.69
	专业类	－30.48
品种(种)	综合类	66.67
	专业类	－12.94
出版期数(期)	综合类	17.78
	专业类	－15.68
总印数(万份)	综合类	－1.93
	专业类	－25.45
总印张(千印张)	综合类	－30.39
	专业类	－34.27
邮局发行数(万份)	综合类	－3.36
	专业类	－13.62

(续表)

类　别	综合类/专业类	较 2019 年增减(%)
自办发行数(万份)	综合类	−29.62
	专业类	−26.51
其他发行数(万份)	综合类	−8.80
	专业类	−30.30
赠阅数(万份)	综合类	69.70
	专业类	−74.76

2020 年,上海报业发行市场仍以综合类报纸为主,综合类报纸占据市场份额 64.96%;专业类报纸占据市场份额 35.04%。从报纸总印数来看,综合类报纸占上海报纸出版业的 65.73%,比重较 2019 年上升 6.42 个百分点;专业类报纸占比 34.27%,比重较 2019 年下降 6.42 个百分点。上海地区综合类报纸在市场份额及总印数中的所占比重进一步提高。

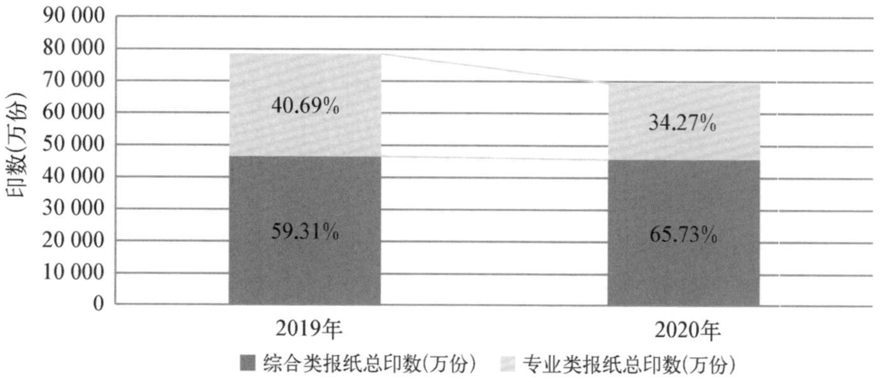

图 1-1-13　2019—2020 年综合类与专业类报纸总印数比重变化

从发行渠道的变化来看,与 2019 年相比,2020 年上海地区综合类报纸和专业类报纸邮局发行比重均呈现上升趋势,自办发行与其他发行比重则小幅下滑。其中,综合类报纸邮局发行比重增加 1.84 个百分点,自办发行与其他发行比重各降低 1.57 和 0.29 个百分点;专业类报纸邮局发行比重增加 3.28 个百分点,自办发行与其他发行比重则各降低 3.03 和 0.56 个百分点。

从报纸赠阅数来看,综合类报纸的赠阅数量和增长速度则大大超过专业类报纸。2020 年,综合类报纸赠阅数仍保持增长,同比上升了 69.70%;专业类报纸则出现大幅下跌,同比下降 74.76%。这是由于综合类报纸涵盖内容广泛,以刊登有价值的社会各方面的新闻以及对新闻报道的评论为主,面向整个社会,以普通读者为发行对象,不偏重某一阶层或某一行业,因此受众相对更多。

(一) 综合类

综合类报纸定价总金额同比上升 0.69%。报纸品种 20 种,同比上升 66.67%。出版期数 3 107 期,同比上升 17.78%。总印数同比下降 1.93%。总印张同比下降 30.39%。邮局发行数同比下降 3.36%。自办发行数同比下降 29.62%。其他发行数同比下降 8.80%。赠阅数同比上升 69.70%。

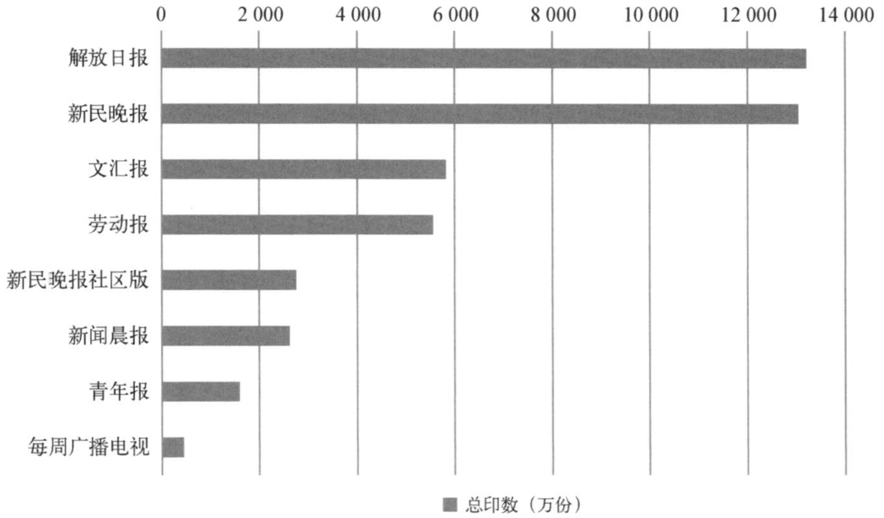

图 1－1－14　2020 年综合类报纸按总印数排序前 8 位

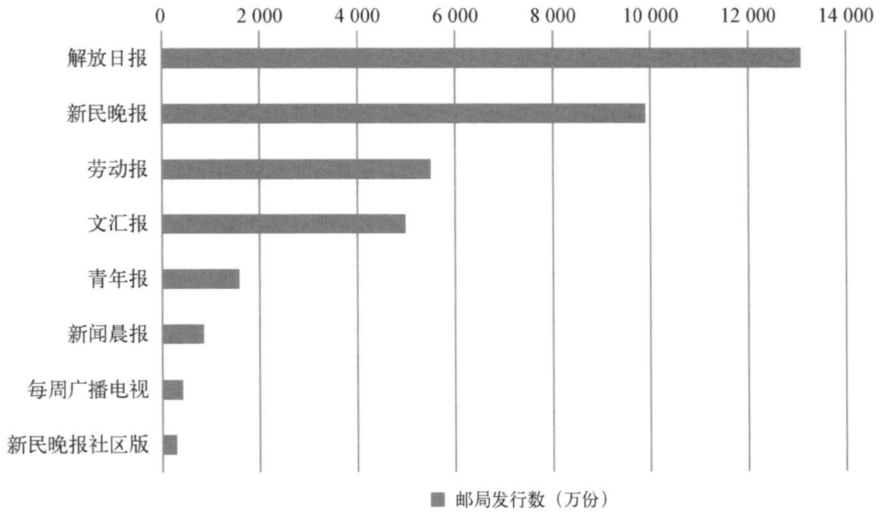

图 1－1－15　2020 年综合类报纸按邮局发行数排序前 8 位

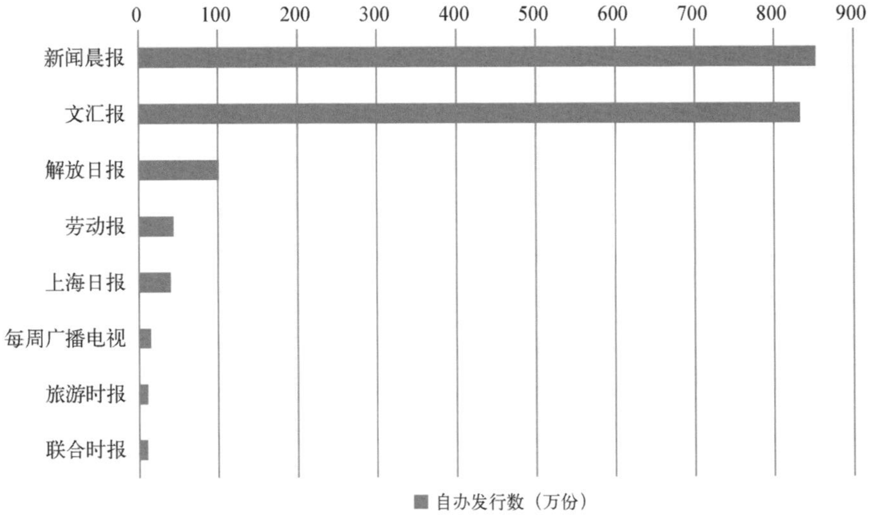

图 1－1－16　2020 年综合类报纸按自办发行数排序前 8 位

(二) 专业类

专业类报纸定价总金额同比下降30.48%。《上海证券报》信息量大、涉及面广、时效性强，是相关行业信息披露媒体。其定价总额2020年为2 773.66万元，在专业类报纸定价总额中排名第一，同时，《上海证券报》在出版期数、总印张数上也排名榜首。

专业类报纸品种74种，同比下降12.94%。专业类报纸出版期数4 812期，同比下降15.68%。总印数同比下降25.45%，所占比重出现下滑。总印张同比下降34.27%。邮局发行数同比下降13.62%。自办发行数同比下降26.51%。其他发行数同比下降30.30%。赠阅数同比下降74.76%，下滑幅度较大。

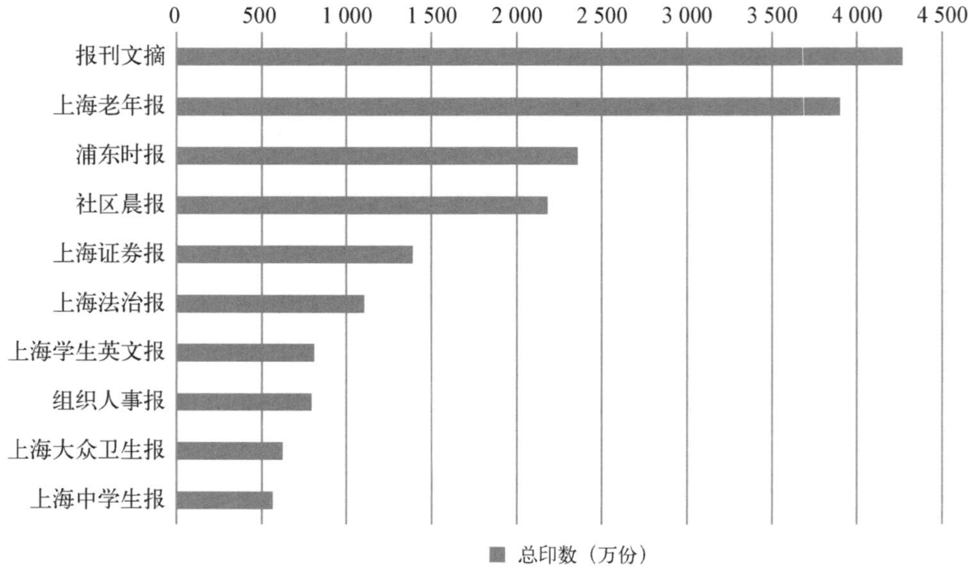

图1-1-17　2020年专业类报纸按总印数排序前10位

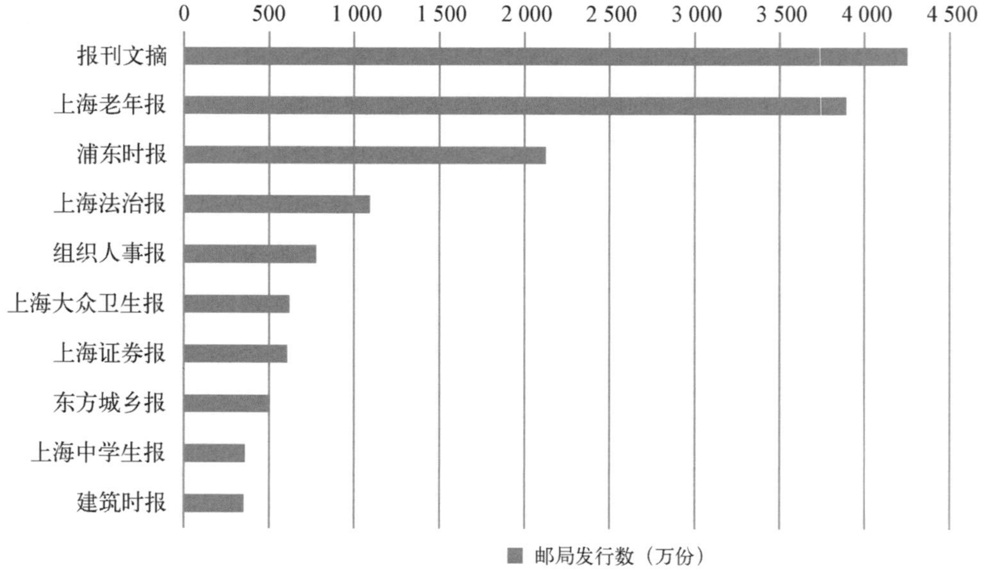

图1-1-18　2020年专业类报纸按邮局发行数排序前10位

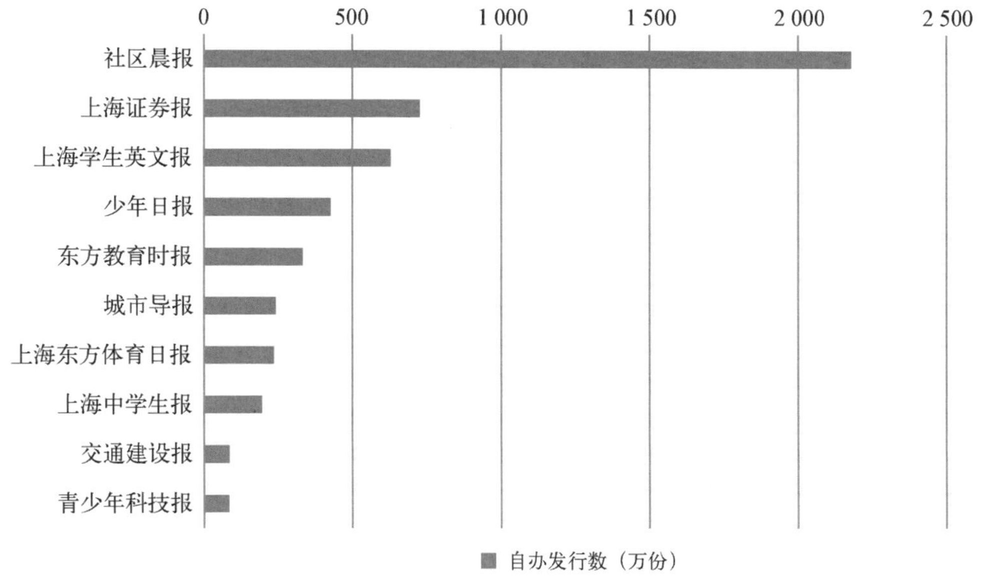

图 1－1－19　2020 年专业类报纸按自办发行数排序前 10 位

第五节　上海数字出版业发展情况

2020 年，上海数字出版总体上仍保持增长，营业收入同比增长 34%。其中，网络游戏产业营业收入增长 50%，网络文学产业营业增长 37.72%，张江国家数字出版基地营业收入下降 22.64%，国家数字出版基地虹口园区营业收入下降 19.13%。上海市网络出版服务机构 90 家，网络游戏出版机构 62 家，均与 2019 年持平。

表 1－1－12　2020 年上海数字出版业总体情况

项　　目	比 2019 年增长(%)
营业收入	34
网络游戏产业营业收入	50
网络文学产业营业收入	37.72
张江国家数字出版基地营业收入	−22.64
国家数字出版基地虹口园区营业收入	−19.13
网络出版服务机构	0
网络游戏出版机构	0

一、游戏出版

（一）总体情况

游戏产业是上海市文化创意产业的重要组成部分，是上海市建设全球卓越城市，提升城市吸引力、竞争力和软实力的核心要素之一。近年来，上海市出台一系列政策推动游戏产业快速健康发展,积极鼓励优质原创动漫游戏作品的开发,包括漫画、电视动画、网络动漫、网络游戏、手游等原创项目,鼓励将国内原创动漫、影视、文学等作品改编为游戏产品,着力培育文化游戏产业发展新动能。上海市正在朝全球动漫游戏产业龙头城市的目标迈进。

上海游戏精英峰会发布《2020—2021上海游戏出版产业报告》。数据显示,一方面,2020年,上海游戏产业为全国游戏市场贡献了超过三分之一的份额,在产业引领方面的作用愈发凸显。比如,在产品方面,2020年上海游戏企业通过技术升级、创新玩法等方式制作出了一批高质量游戏,获得国内外用户认可。上海出版《原神》《剑与远征》《明日方舟》等多款热门产品,并由此引发了产业对于塔防类、开放世界玩法、放置类等不同游戏元素市场空间的探索,多款包含上述元素的新品进入研发阶段。此外,在产业生态方面,上海通过多种方式引导企业走精品化发展的路线,如举办中国原创艺术类精品游戏大赛等推优赛事,鼓励精品原创;ChinaJoy期间举办中国游戏开发者大会等系列专业会议,为从业者分享高质量游戏的研发运营经验;通过资金扶持、减免税收等方式,提升企业研发高质量产品意愿。另一方面,上海也成为全国游戏人才最期望工作的城市。近年来,上海大力支持游戏和电竞人才领域培养,同时制定各种政策,吸引全国人才到沪,改善整个上海产业生态。值得一提的是,上海高校通过校企合作的方式从源头强化了游戏人才输送,该措施强化了上海游戏企业高端人才的供给。此外,上海还通过举办大型展会、引入中国游戏产业研究院等方式进一步发挥政策导向作用、完善政策制定。以电竞为例,凭借持续的利好政策、深入的发展规划、良好的发展环境等多重布局,上海"电竞之都"的城市名片初具形态。

上海网络游戏销售收入达999.2亿元,占全国比重达35.9%;2020年上海网络游戏海外销售收入超过29亿美元,约合人民币206.8亿元,上海国内及海外网络游戏总销售收入达1 206亿元。除了用户活跃天数、使用时长等增长因素,上海游戏企业也持续发力,不断推出新产品的同时维护老产品,进而推动营收增长,这也是上海游戏销售收入增速高于全国的重要原因。因此,上海游戏产业良好的发展状况是上海网络游戏主管部门、上海游戏企业、上海游戏从业者等多方参与者共同作用的结果。

上海移动游戏销售收入占据总销售收入份额超过七成,占比较2019年提升9%。目前上海高流水企业大多以移动游戏作为主营业务,并在人力、技术、资金等多维度持续投入,促进移动游戏份额快速提升。而客户端游戏、网页游戏的布局企业和产品产出相对较少,加剧了市场份额的收缩。

(二)结构分析

1. 产品结构

上海获批网络游戏中移动游戏依然占据绝对优势,同时客户端游戏过审比例较去年小幅提升,目前获批客户端游戏主要集中于PC端游戏平台进行发行。

(1)上海移动游戏发展状况

上海移动游戏销售收入增速超40%,市场规模达743.7亿元。除上海头部企业保持较高贡献外,部分新兴企业凭借差异化打法同样取得市场关注。

作为现阶段上海游戏销售收入增长的主要动力来源,移动游戏市场占有率持续攀升,随着上海游戏企业在

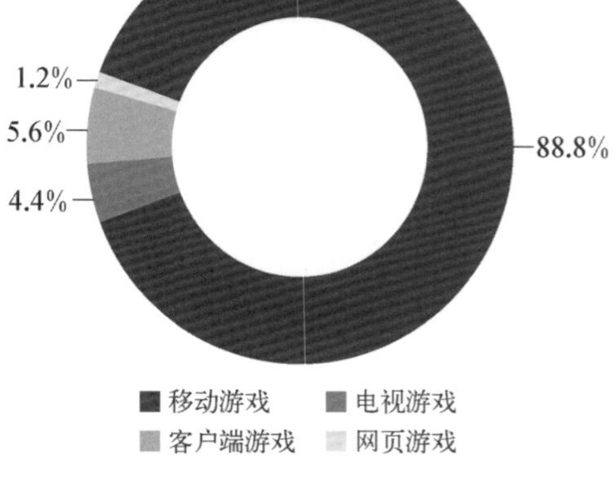

图1-1-20　2020年上海获批网络游戏各类型产品数量占比

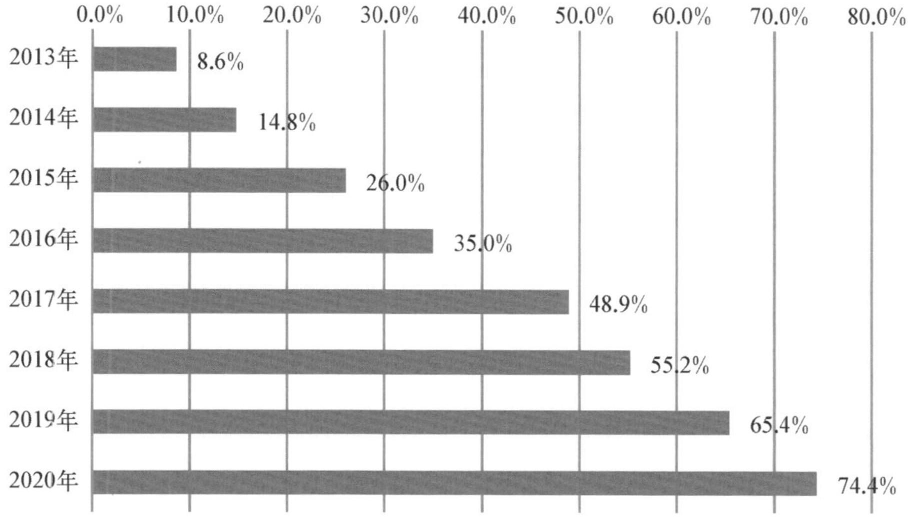

图 1－1－21　2013—2020 年上海移动游戏市场占有率

数据来源：伽马数据(CNG)。

移动游戏领域的长期布局，未来移动游戏占有率仍将保持提升态势。

上海二次元移动游戏销售收入占全国比例达 37.6%，较上一年度增加 5.6 个百分点。在产品研发上，一些游戏作品在剧情、背景环境、角色塑造等方面相比同类产品具备明显优势，进而取得了较高流水收入。在产品运营上，部分游戏已塑造出较为知名的 IP 形象从而延长了产品生命周期。此外，游戏也在探索更多可能的布局方式，2021 年已有游戏基于 IP 布局线下音乐会、动漫、同人创作活动等多个领域。此外，游戏衍生品市场规模也达到数亿元。

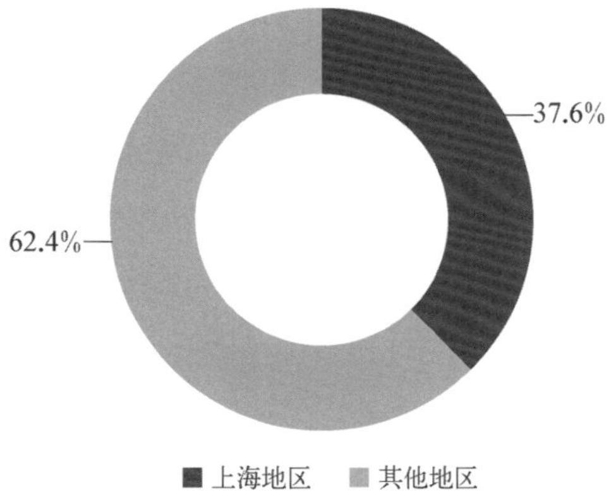

图 1－1－22　2020 年上海二次元移动游戏销售收入占全国比例

(2) 上海客户端游戏发展状况

上海客户端游戏销售收入为 200.9 亿元，自 2017 年销售收入持续下降。目前上海客户端游戏销售收入主要由老游戏贡献，且游戏流水集中在少数的头部产品，优质新品缺乏仍然是客户端游戏市场面临的主要挑战。在客户端游戏资本投入力度减弱、布局企业快速减少的背景下，预计客户端市场占有率将继续下滑。

(3) 上海网页游戏发展状况

上海网页游戏销售收入为 52.6 亿元，较上年度减少。受创新不足、用户流失、产品质量欠佳等多方面影响，网页游戏销售收入持续下降。但是，部分上海企业通过运营网页游戏平台积累了一定用户获取经验，并赋能至其他终端领域实现了价值延续。

上海网页游戏市场占有率为 5.3%，目前多数网页游戏企业已将业务重心与资源全面投入至其他终端，网页游戏市场占有率也将进一步降低。

(4) 上海自主研发网络游戏发展状况

上海自主研发网络游戏销售收入达 823.8 亿元，增量超过 120 亿元。一方面，上海新成长起来

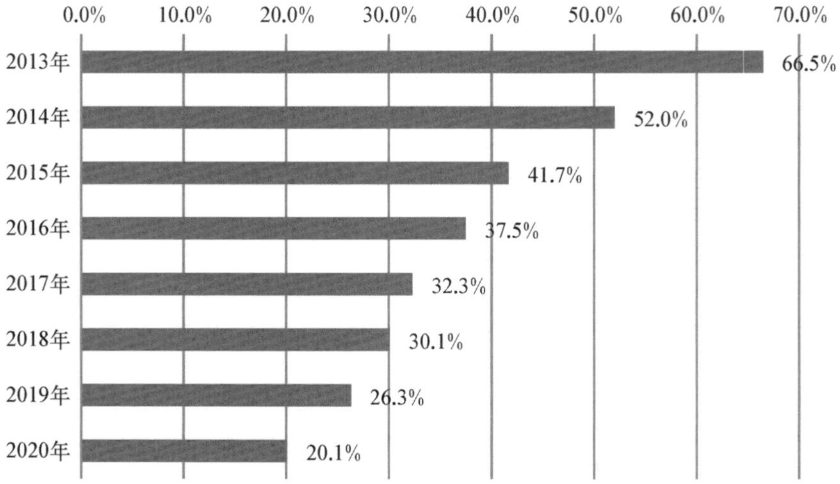

图 1－1－23　2020 年上海客户端游戏市场占有率

数据来源：伽马数据(CNG)。

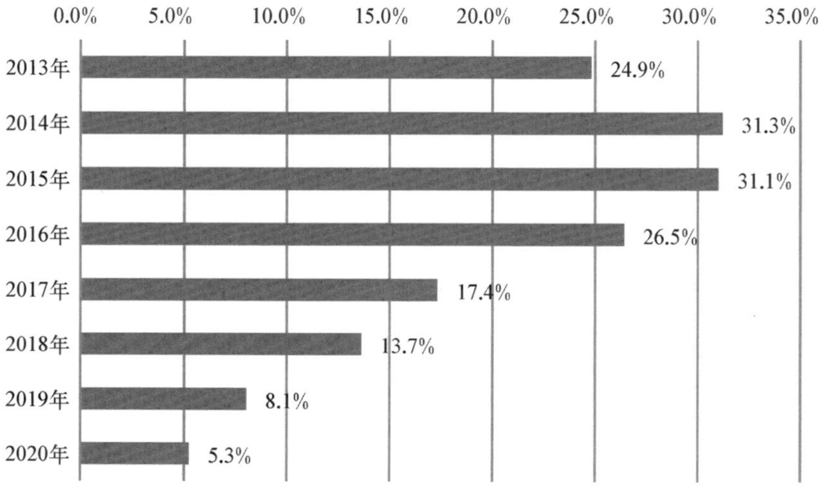

图 1－1－24　2020 年上海网页游戏市场占有率

数据来源：伽马数据(CNG)。

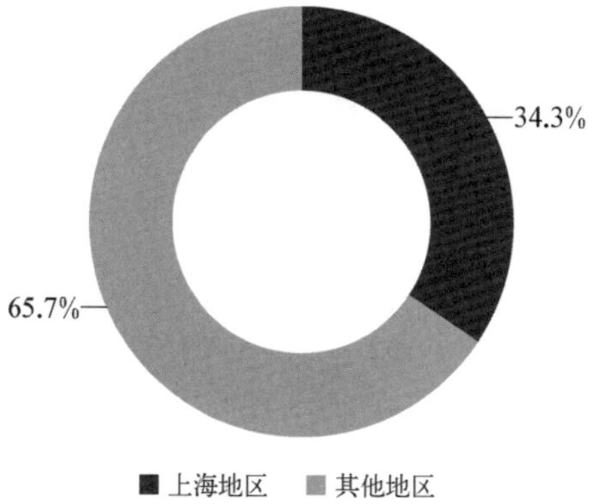

图 1－1－25　2020 年上海自主研发网络游戏销售收入占全国比例

数据来源：伽马数据(CNG)。

一批本土孵化的研发型企业，如莉莉丝、米哈游、鹰角网络等，相关企业近年来均产出表现较优的产品；另一方面，部分大型游戏企业通过在上海建立研发团队的方式强化自身研发实力，使得上海的自主研发收入增加。未来相关企业也有意愿在上海进一步强化研发投入，进而推动上海研发实力的提升。

上海自主研发网络游戏销售收入占全国比例小幅下降，受用户居家时间延长等因素影响，上半年多款产品流水实现了大幅增长，而上海新产品主要集中在下半年上线，营收时间段不足半年甚至更短，进而导致全年游戏收入受到一定影响。

二、网络文学

网络文学改变了人们的书写和阅读方式，还以其独特的可塑性、开放性和延展性，成为新型文化产业链的开端产品。上海是国内网络文学起步最早的城市之一，也是网络文学国际交流的重要窗口。

（一）产业态势

上海的网络文学产业依然延续了一直以来的发展优势。首届上海网络文学周2020年11月在上海举办，并发布《2020网络文学出海发展白皮书》（简称《白皮书》）。《白皮书》显示截至2019年国内向海外输出网络文学作品10 000余部，覆盖40多个“一带一路”相关国家和地区。海外网文用户数量达数千万、产值数亿元。网文创作的全球化，粉丝阅读、表达的同步化和一体化，构造起互联互通的“网络文学共同体”。

其中，上海阅文集团在2020年制定了以“内容、平台、生态系统升级再造”为核心的发展方针，全年总收入环比增长61.5%；净利润环比增长40倍；在线业务收入同比增长32.9%，增幅显著；IP开发效率及IP版权变现水平全面提升，年内共对外授权约200个IP改编权，实现版权运营及其他收入环比增长280%，涨势迅猛。截至2020年底，阅文平台上已积累了超900万位作家，作品总数达1 390万部，全年平台新增字数约460亿。根据2021年2月的百度小说风云榜数据显示，排名前30部的网络文学作品中，有26部出自阅文平台。

上海网络文学产业也面临着多重挑战，其中既有新冠疫情和市场竞争的外部因素，更有来自内部的重要原因，例如IP运营体系和各业务融合的缺乏。针对上述挑战，上海网文产业将以在线阅读为基础，构建以IP为核心的生产方式，让IP培育与开发成为业务发展的新的驱动力，带领上海网络文学进入一个更为广袤的市场。

（二）内容品质

在国家政策的引导下，网络文学内容品质进一步提升，向精品化、经典化开拓迈进。上海网文界贯彻落实习近平总书记在文艺工作座谈会上的讲话和在中国文联十大、中国作协九大开幕式上讲话的基本精神，积极引导网络文学传播正能量，弘扬社会主义核心价值观，从提高创作质量入手，推进网络文学的主流化、精品化。

2020年新冠疫情暴发以来，上海网络文学界积极投身到抗疫文学的创作中，阅文集团举办“我们的力量”网络征文，华语文学网开展了“风雨中同行”征文，优秀稿件不断涌现；第25个“世界读书日”期间，团中央社会联络部联合阅文集团共同发起“战疫担当·悦读青春”主题系列活动，邀请来自阅文的多位知名作家做客抖音直播间，分享他们的写作故事与读书体会。同时，双方还在QQ阅读平台推出多个阅读专区、开放大批抗疫主题优秀作品资源。

6月2日，人民日报数字传播有限公司与阅文集团正式签署战略合作协议。双方将依托阅文集团数字内容与多元渠道优势，联合构建“阅读认知实验室”，推动“人民阅读”平台转型升级，发起重点领域的“网络文学创作计划”，探索新媒介语境下网络文学创作的现实主义传统重建，推动网络文学发展，打造网络文艺精品，助力全民阅读成为社会新风尚。

伴随2020年度“99公益日”正式启动，由阅文集团知名作家会说话的肘子、意千重、吉祥夜、圣骑士的传说、秋风123、得了吧联袂创作的爱心公益作品、现实题材网络文学——《写给小朋友的信》也在QQ阅读正式上线。作为腾讯公益2020年“99公益日”的亮点项目之一，该公益计划旨在从网络文学作家视角解读乡村留守儿童成长困扰，以书信形式为他们答疑解惑，传递网络文学正能量。

当前，网络文学正航扬帆，成为当代文化建设和文创产业发展中的有生力量，为充分营造全民阅读氛围，助力传播优质文化内容与积极向上的时代精神做出重要贡献。

（三）网文生态

2020年，上海网络文学在行业治理方面也颇见成效。虽然近年来上海网络文学涌现出一批优秀作家和思想性、艺术性、可读性俱佳的原创作品，但同时也存在一些值得注意的倾向和问题。如有的作品格调不高、导向偏差，一定程度上还存在着“三俗”和历史虚无主义现象，以及不良亚文化渗透、畸形审美、洗稿侵权等问题。在网文分发改编领域，不同程度地存在流量至上、偶像“养成”、偷税漏税以及“饭圈”乱象，亚文化盲从、“耽改”等“打擦边球”现象。有的网文企业社会责任机制不够健全，主体责任落实不到位，片面追求经济效益，在内容生产、审核、传播等环节把关不严。

针对这种情形，国家新闻出版署发布了《关于进一步加强网络文学出版管理的通知》，要求进一步优化、净化网文生态，上海网文行业应声而动。在12月21至24日上海举办的省级网络作协负责人研讨班上，关于提升网络文学质量的倡议引起强烈共鸣。2020年底，136位网络作家联名签署《提升网络文学创作质量倡议书》，主动提出要坚持正确的创作导向、积极弘扬正能量，打造网络文学的绿水青山。阅文集团等文学平台纷纷表示，要坚持以社会主义核心价值观为引领，坚持问题导向，认真开展自查自纠，标本兼治，整改落实，以制度遏制不良倾向，营造风清气正的良好生态。

（四）网文出海

随着网络文学影响力和国家传播力的不断增强，网文出海力度和绩效均呈大幅增长之势，海外市场持续扩大。有统计表明，截至2020年底，中国网络文学已向海外输出网文作品10 000余部，网站订阅和阅读APP用户1亿多，覆盖世界大部分国家和地区，“一带一路”沿线40多个国家和地区成为网文出海的热门线路。网络文学成为中华文化海外传播的新名片。上海作为网络文学国际交流的主力军和重要窗口，在网文出海方面成绩斐然，截至2020年底，阅文旗下的起点国际(WebNovel)向海外用户提供了约1 000部中文译文作品和超过20万部当地原创作品，WebNovel全年访问用户量达5 400万；此外，阅文集团还与上海图书馆达成网络文学专藏战略合作，设立全国首个网络文学专藏库“中国网络文学专藏库”。

从实体版权输出到IP多元化传播，再到海外产业业态布局，网络文学实现规模化出海，具备显著的大众化属性和传播先进性。作为中国网络文学发展的重镇，未来上海在推动中国网络文学海外传播方面需要继续拓展海外渠道版权合作，即翻译内容的输出，通过AI技术和翻译人才队伍的优化不断精准化对原创内容的多语种表达；创立海外阅读平台，推广海内外原创内容，让全球读者不仅能够读到中国的网络文学作品，也借助与读者互动创作的模式，能够读到在地作品；与落地国合作强化海外综合IP授权，结合影视、动漫、有声等多种产品形式，放大网络文学的溢出效应，从而在海外构建完整的网络文学产业链，进一步提升中国网络文学的国际影响力，促进世界文明的交流互鉴。

第六节　上海音像电子出版业发展情况

一、总体情况

2020年，上海音像电子出版社资产同比降低1.82%，营业收入同比降低5.14%，利润总额同比降低5.23%。

出版音像及电子出版物品种1 643种，同比减少560种，降低25.42%。其中新出385种，同比减少142种，降低26.94%；音像及电子出版物出版数量2 820.68万盒，同比减少367.87万盒，降低11.54%；音像及电子出版物发行数量2 742.42万盒，同比减少380.11万盒，降低12.17%；音像及电子出版物发行金额同比减少28.38%。

上海音像电子出版业的市场呈现进一步萎缩态势。

表1-1-13　2020年上海音像电子出版业总体情况

类　　别	较2019年增减(%)
资产(万元)	−1.82
营业收入(万元)	−5.14
利润总额(万元)	−5.23
品种(种)	−25.42
新出品种(种)	−26.94
出版数量(万盒/张)	−11.54
发行数量(万盒/张)	−12.17
发行金额(万元)	−28.38

二、结构分析

音像电子根据产品划分为录音制品、录像制品、电子出版物三大类。

从出版数量来看，2020年，录音制品占上海音像电子出版业总额的23.05%，比重较2019年减少2.66个百分点；录像制品占40.37%，比重较2019年减少5.76个百分点；电子出版物占36.58%，比重较2019年增加8.41个百分点。从中可以看出，录音制品和录像制品在上海音像电子出版业的出版数量总额中所占比重有所下降，而电子出版物则与去年相反，其所占比重稍有上升。2020年上海音像电子出版业的发展总体上呈现下滑趋势，变化较为平稳。

(一) 录音制品

上海音像电子出版业出版录音制品932种，同比减少293种，较2019年下降23.92%；录音制品出版数量650.12万盒，同比减少128.55万盒，下降16.51%；录音制品发行数量682.86万盒，同比减少75.19万盒，下降9.92%；录音制品发行金额4 047.82万元，同比增加812.32万元，上升25.11%。

(二)录像制品

上海音像电子出版业出版录像制品263种,同比减少259种,较2019年下降48.73%;录像制品出版数量1 138.72万盒,同比减少328.16万盒,下降22.37%;录像制品发行数量1 138.89万盒,同比减少299.50万盒,下降20.82%;录像制品发行金额282.24万元,同比减少79.73万元,下降22.03%。

(三)电子出版物

上海音像电子出版业出版电子出版物448种,同比减少16种,较2019年下降3.45%;电子出版物出版数量1 031.84万盒,同比增加88.84万盒,上升9.42%;电子出版物发行数量920.67万盒,同比减少5.42万盒,下降0.59%;电子出版物发行金额3 980.07万元,同比减少4 026.34万元,下降50.29%。

第七节 上海出版物印刷业发展情况

2020年,上海出版物印刷企业共2 509家,较2019年减少114家;总资产同比增长5.15%,净资产同比增长5.20%;2020年度全行业工业总产值同比降低2.04%,销售收入同比增长4.12%;利润总额同比增长6.10%;对外加工贸易总额同比降低11.50%。

在这种大背景下,根据国家新闻出版署公布的信息,2020年中国印刷复制营业收入约为14 258亿元,同比增长3.3%;印刷复制利润总额约为767亿元,同比下降0.9%。上海印刷业实现了销售收入和利润总额双双出现增长的态势,上海印刷业整体仍然保持较高的盈利能力,远高于全国的平均水平。上海界龙艺术印刷有限公司等6家印刷单位入选2020年市文创扶持资金成果资助类项目。

第八节 上海出版物发行业发展情况

2020年,上海持有《出版物经营许可证》的发行单位2 678家,发行网点3 813个。按经济性质分:内资企业2 206家,中外合资企业65家,外资企业140家,个体工商户267家。

上海出版物发行销售总码洋同比下降0.86%。上海主要出版物发行年度总码洋中,发行企业所占份额如下:上海新华传媒连锁有限公司占比5.28%,上海世纪出版(集团)有限公司占比26.03%,上海20家出版社自办发行占比24.02%,上海外文图书有限公司、上海图书有限公司、上海香港三联书店有限公司、中国图书进出口公司上海公司、中国国际图书贸易集团公司上海分公司共占比4.95%,中国邮政集团公司上海市分公司占比4.70%,上海书刊交易市场占比0.91%,其他个体及民营单位占比34.11%。

全市17家发行企业的19个项目入选2020年市文创扶持资金成果资助类项目。

第九节 上海出版物进出口贸易发展情况

一、总体情况

党的十九届五中全会提出到2035年建成文化强国的战略目标,把社会文明程度得到新提高、中华文化影响力进一步提升作为“十四五”时期经济社会发展主要目标之一。上海市是新闻出版“走出去”的重要窗口，2020 年，上海市出版行业积极开展涉外版权贸易活动，如第二十七届北京国际图书博览会首次设立上海分会场，形成图书版权交易与精品图书展示相结合的新格局；抗疫主题图书出版，助力中国方案全球抗疫，其中，上海科学技术出版社的《张文宏教授支招防控新型冠状病毒》实现十余个语种的版权输出等，进一步推动上海出版业的精品图书走向世界。

上海出版业发展呈现如下特点：第一，出版物进出口金额贸易逆差减少，图书版权引进输出比起伏不大，但略有回升。2020 年共输出图书 594 种，较 2019 年减少 235 种，同比减少 28.357%；引进图书 1 451 种，较 2019 年减少 220 种，下降 13.17%，引进和输出比为 2.44∶1，较 2019 年稍有增加。第二，版权贸易地区分布较为集中。进口地区主要集中在美国、英国及中国台湾地区；出口方面，日本成为主要输出地区，输出金额占总数 44.13%。第三，游戏出版产业海外出口表现成果依旧亮眼，2020 年上海网络游戏海外销售收入超过 29 亿美元，增幅超过 50%；就海外出口产品结构而言，移动游戏是上海主要发力的游戏终端类型，未来上海海外市场有望贡献更多销售收入。

（一）出版物进出口

上海出版物进出口单位有 5 家（中国图书进出口上海公司、上海外文图书公司、上海远洋运输有限公司海图公司、上海香港三联书店有限公司、中国国际图书贸易集团有限公司上海分公司），进出口金额同比下降 14.54%。其中，进口金额同比下降 13.61%，出口金额同比下降 30.93%。

上海出版物进口金额呈现下降趋势，在 2019 年经历较快增长后，进口金额出现较大波动，跌幅为 13.61%；而出口金额则连续三年呈现下滑趋势，2020 年跌幅较大，较 2019 年下降了 30.93%。

受新冠疫情等因素的影响，2020 年全国与上海出版物进出口贸易金额均出现下降。上海出版物进出口金额下降幅度较大，降幅达到 14.54%。

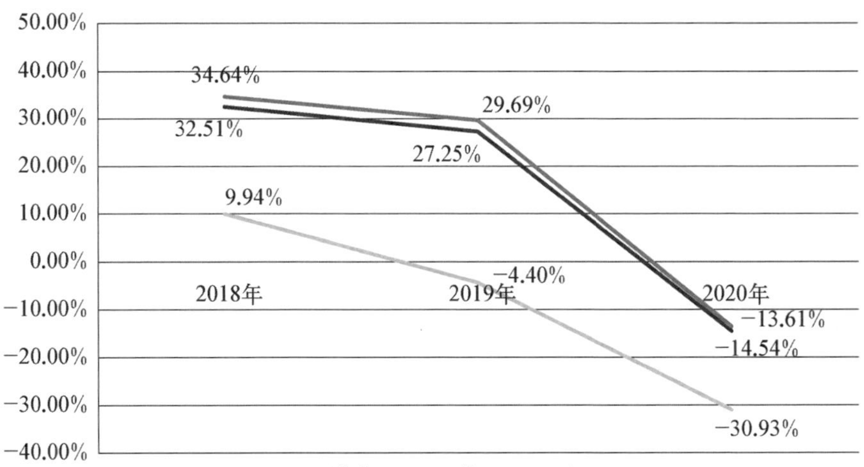

图 1－1－26　2018—2020 年上海市出版物进出口金额增减率变化

表 1-1-14　2020 年上海与全国出版物进出口对比

总体指标	上海/全国	较 2019 年增减(%)
进出口合计	上海	−14.54%
	全国	−3.5%
进口合计	上海	−13.61%
	全国	−0.2%
出口合计	上海	−30.93%
	全国	−22.9%

(二) 图书版权贸易

上海市出版社开展了涉及 2 045 种图书的涉外版权贸易活动。其中,引进图书 1 451 种,较 2019 年减少 220 种,下降 13.17%;输出图书 594 种,较 2019 年减少 235 种,下降 28.35%。

表 1-1-15　2018—2020 年上海图书引进输出比

年份	引进图书种数(种)	输出图书种数(种)	引进输出比
2018 年	1 683	372	4.52∶1
2019 年	1 671	829	2.02∶1
2020 年	1 451	594	2.44∶1

(三) 游戏出口状况

上海网络游戏海外销售收入增幅超过 50%,提升产品研发品质以及强化全球发行能力是上海游戏企业取得较高海外销售收入的重要因素。

上海网络游戏海外出口产品结构中移动游戏占比超过九成,相较于其他终端游戏,移动游戏是上海主要发力的游戏终端类型,同时 2020 年有较多高质量产品出版,带动了移动游戏占比进一步上升。

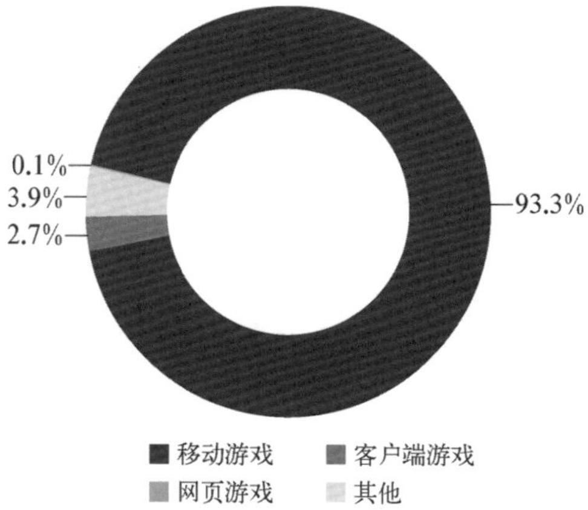

图 1-1-27　2020 年上海网络游戏海外出口产品结构(按收入)

数据来源:伽马数据(CNG)。

上海网络游戏收入超过八成来自国内,近两成来自海外,收入来源占比整体保持稳定。而随着产品品质上升,上海产出的产品将进一步满足海外受众需求,同时,企业对于多地区发行考虑得更为全面,使得海外发行能力获得提升。

中国自主研发移动游戏海外收入主要来源于少数地区,其中前三地区占比超过 60%,收入的高度聚集使得上述地区成为米哈游、莉莉丝等企业较为倾向的出海地区,并为《原神》《剑与远征》等产品带来数十亿元流水。主要地区之外,更多细分出海地区同样存在机会,如沐瞳科技以东南亚地区为主要着力点,旗下《无尽对决》上线 4 年仍取得十亿元级别年流水;友塔网络旗下《Mafia City》上线已超 3 年，2020 年仍有约 67%的时间居于意大利 iOS 畅销榜的前 20。

二、结构分析

（一）出版物进出口

1. 按出版物类别分

出版物进出口分为 4 类：图书、期刊、报纸、音像电子（含数字出版物）。

图书进出口金额同比下降 10.71%；期刊进出口金额同比下降 29%；报纸进出口金额同比下降 27.80%；音像电子（含数字出版物）进出口金额同比下降 46.11%。

表 1－1－16　2020 年出版物进出口金额情况

总体指标	较 2019 年增减（%）
图书进出口金额	−10.71
期刊进出口金额	−29.00
报纸进出口金额	−27.80
音像电子（含数字出版物）进出口金额	−46.11

2. 按进口、出口分

（1）进口

图书进口金额同比下降 9.59%；期刊进口金额同比下降 22.76%；报纸进口金额同比下降 27.80%；音像电子（含数字出版物）进口金额同比下降 46.09%。

表 1－1－17　2020 年出版物进口金额情况

总体指标	较 2019 年增减（%）
图书进口金额	−9.59
期刊进口金额	−22.76
报纸进口金额	−27.80
音像电子（含数字出版物）进口金额	−46.09

（2）出口

图书出口金额同比下降 31.53%；期刊出口金额同比下降 42.08%；音像电子（含数字出版物）出口金额同比则有增长。

表 1－1－18　2020 年出版物出口金额情况

总体指标	较 2019 年增减（%）
图书出口金额	−31.53
期刊出口金额	−42.08
报纸出口金额	0

上海市图书进、出口金额在2019年经历较快增长之后,2020年均出现了较大的下降,其中进口金额降幅为9.59%,出口金额降幅高达31.53%,出口金额波动幅度较大。期刊进、出口金额均呈连年下降趋势,其中,出口金额波动幅度较大,降幅高达42.08%。

3. 按进出口企业分

五家进出口公司出版物进出口合计6 819.09万美元,其中,中国图书进出口上海公司出版物进出口金额占比30.82%,上海外文图书公司出版物进出口金额占比35.07%,中国国际图书贸易有限公司上海分公司出版物进出口金额14.73%,上海远洋运输有限公司海图公司出版物进出口金额占比0.88%,上海香港三联书店有限公司出版物进出口金额占比18.50%。

4. 按国家和地区分

(1) 美国:进出口金额同比增长15.22%。进口金额同比增长26.17%,出口金额同比下降68.01%。

(2) 英国:进出口金额同比下降31.59%。进口金额同比下降31.59%,出口金额司比下降25.93%。

(3) 新加坡:进出口金额同比下降24.58%。进口金额同比下降25.49%,出口金额同比增长5.25%。

(4) 日本:进出口金额同比下降6.39%。进口金额同比下降21.20%,出口金额同比增长89.61%。

(5) 德国:进出口金额同比下降33.30%。进口金额同比下降37.06%,出口金额同比增长274.07%。

(6) 法国:进出口金额同比下降26.18%。进口金额同比下降26.65%,出口金额同比下降7.75%。

(7) 澳大利亚:进出口金额同比下降69.12%。进口金额同比下降79.42%,出口金额同比下降3.08%。

(8) 马来西亚:进出口金额同比下降41.54%。进口金额同比下降72.91%,出口金额同比下降15.93%。

(9) 韩国:进出口金额同比下降45.78%。进口金额同比下降45.91%,出口金额同比增长1%。

(10) 其他国家:进出口金额同比下降31.73%。进口金额同比下降29.10%,出口金额同比下降35.35%。

(11) 中国台湾地区:进出口金额同比增长28.90%。进口金额同比增长32.15%,出口金额同比下降42.60%。

(12) 中国香港地区:进出口金额同比下降47.67%。进口金额同比下降48.83%,出口金额同比增长52.01%。

2020年,上海出版物进出口主要贸易国家(地区)分布情况与往年保持一致,但排名有所变动。与上海开展出版物进出口业务较多的国家(地区)为美国、英国、新加坡、中国台湾地区、中国香港地区等,占进出口总额的91.96%。其中,2020年上海从美国和中国台湾地区等地出版物进口金额增幅较大,澳大利亚和马来西亚进口金额则大幅缩减;出口金额主要集中于日本,与2019年相比,增幅达到89.61%,占总出口金额的30.02%,美国则大幅缩减,降幅达到68.01%。

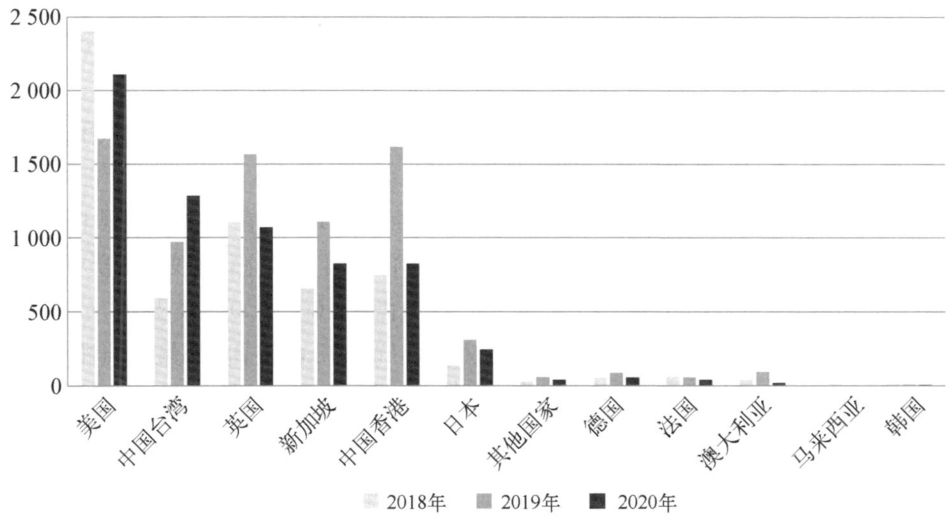

图 1-1-28　2018—2020 年出版物进口金额(万美元)在各国家和地区变化情况

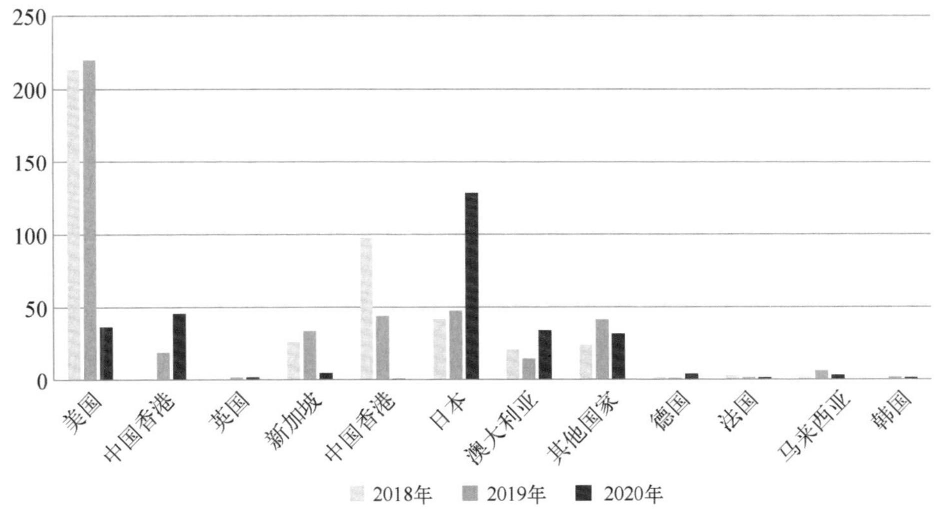

图 1-1-29　2018—2020 年出版物出口金额(万美元)在各国家和地区变化情况

(二) 上海图书版权贸易

1. 按图书版权引进和输出分

2020 年,上海图书版权引进和输出比为 2.44∶1,逆差与 2019 年(2.02∶1)相比起伏不大,但略有回升之势。

2. 按版权引进分

从版权引进地看,美国、英国、日本位居前三名。其中：美国 475 种,占总数的 28.65%;英国 409 种,占总数的 24.67%;日本 185 种,占总数的 11.16%。

3. 按版权输出分

从版权输出地看,向美国输出共 218 种,占年度输出总量的 14.51%;向中国香港地区输出共 107 种,占年度输出总量的 7.12%;向其他地区输出共 656 种,占年度输出总量的 43.68%。

第十节　上海新闻出版产业发展趋势与未来展望

一、图书

(一) 出版业面临的不确定性仍将持续

2020 年,新冠疫情在全球范围内持续,国内疫情防控工作常态化,国内外政治经济格局继续深度调整变化,中国图书出版业面临的外部环境的不确定性仍将持续。多数图书出版机构仍面临较大压力。上海出版业应尽快适应这种变化,通过融合发展、提升品质、加强管理等措施应对这一挑战。

疫情持续的非常时期容易出现各类社会矛盾和风险,对于上海出版业来说,要以系统思维统筹好发展和安全的关系,增强风险意识和机遇意识,树立底线思维,建立健全现代化企业治理体系。出版机构要始终坚持正确的政治方向,切实守好意识形态阵地,把好政治导向关、价值取向关、内容质量关,有效防范和应对各类风险挑战。

(二) 后疫情时代出版业将加速融合发展

2020 年,新冠疫情使图书出版业遭受巨大冲击,社会阅读需求和大众阅读习惯发生了新的变化,出版业的生产运营模式发生了根本性变革,融合发展取得实质性突破,预示着出版业进入新的发展阶段。上海图书出版业将在融合发展方面更加主动作为,在技术、内容、渠道、服务和人才等方面进行融合发展布局。上海市出版机构将继续深化对 5G、大数据、云计算、人工智能、AR(增强现实)、VR(虚拟现实)、区块链等新技术的运用,推动出版产业朝着数字化、数据化、智能化方向发展。不断提升优质内容生产和运营能力,丰富优质内容呈现形式,推出更多的有声书、电子书、在线课程、移动阅读等数字出版产品,加大直播、短视频、社群等新媒体营销推广的力度,重视融合型人才培养,助力融合发展加速前行,重塑上海市图书出版产业生态。

(三) 主题出版将持续打造精品力作

近年来,主题出版已成为出版产业一个非常重要的板块,许多出版企业将主题出版列为重点发展板块,不断加大资金投入、加强选题储备、加强营销、加强海外推广。主题出版的规模持续扩大,社会影响力不断提升,社会效益和经济效益都越来越好,2021 年主题出版将延续这一发展趋势,保持良好的发展势头。

围绕"十四五"规划,上海市主题出版将聚焦分析我国今后发展的潜力、面临的环境和条件,围绕现代化新征程中的新挑战、新问题,寻找可行的解决方案。围绕庆祝中国共产党成立 100 周年,上海市出版单位将推出一大批党史类主题出版物,在题材、策划、载体等多方面进行创新,从不同领域、不同层面,不同角度回顾党的发展历程,反映时代变迁,阐释中国共产党为什么"能"、马克思主义为什么"行"、中国特色社会主义为什么"好"、中国方案为什么"优",建党百年节点将引领主题出版发展新高潮。

二、期刊

(一) 由传统期刊积极向"四全"媒体转变

传统期刊要想快速完成转型,必须改变传统观念,顺应媒体融合背景下的新趋势、新观念,实现稳定长远发展。传统期刊已经无法满足读者的阅读需求，上海期刊行业要积极利用新媒体平台，不断提升内容质量，以此获取更多的读者。例如，期刊可以开设抖音账号、微信公众号、知乎官方号、百度账号等，运用这些新媒体平台发布与其内容相关的视频、短文、动态等，拉近与读者的距离，弥补以往期刊不能与读者近距离交流的缺点。上海各个期刊单位应彻底改变传统观念，不能简单认为把纸质版的内容转成电子版即可，内容必须新颖独特，具有创造性，能够给读者带来强烈的视觉冲击，吸引读者关注，并且要改变以往单一的传播方式，运用多种平台渠道传播，实时观察后台数据，了解读者喜爱的内容。只有深入了解读者对期刊的需求，期刊才能实现长远发展，获得更多的读者。

（二）不断改革创新，在体制机制上实现新的突破

随着出版管理体制的改革与创新，上海期刊行业需要改变以往的结构性弊端，构建新机制，形成健康公平的期刊市场环境，从而稳定发展。与此同时，期刊还要重视内容建设，在原有内容模式上创新与改革，提高质量审核标准。优质的稿源可以提高期刊的经济价值，甚至可以加强与作者的交流与联系，为未来的发展打下基础。利用互联网技术，在系统平台上一体化完成出版流程，简单快捷，不仅能够提高期刊编辑的工作效率和质量，增强期刊出版的时效性，方便读者随时查阅，而且能为读者提供免费浏览和免费下载的权限，为读者提供更多便利，从而在媒体融合背景下向数字化方向发展。

三、报纸

5G、人工智能、大数据、云计算等信息技术快速发展，改变了媒体内容生产、分发、接收方式。在移动互联网阵地上，上海报业能否与高度市场化的平台相竞争，巩固并提升传播力、公信力、影响力，技术是决定性因素之一。

在信息化浪潮中，数字技术是媒体融合的支撑，也可为上海市报业转型发展插上科技“翅膀”。然而不可否认的是，数字技术也一直是报业短板所在。对此，上海报业要积极建设技术支撑平台，做大内容优势，抢占新媒体高地。

在5G通信、物联网等技术快速发展的今天，内容创新与技术创新相结合，让新媒体传播日渐成为传播主渠道。上海报业在内容采编上有着长期以来形成的资源优势，利用好H5、VR、视频直播等新媒体技术，则可在媒体融合发展中抢占新媒体高地，守牢网络传播阵地。目前，直播、短视频等领域关注度高，受众规模持续爆发式增长，成为不可忽视的板块，也是打造爆款新媒体产品的重要渠道。上海报业可在新媒体转型中强化视频业务培育，组建视频创作团队，入驻重要网络平台，跟上视频业务风口。

四、数字出版

上海市数字出版产业正在向高质量发展持续迈进。具体到未来一年，我们有望看到数字出版产业呈现以下发展趋势。

（一）宣传思想主阵地作用日益提升

从2019年以来，党和国家主管部门乃至地方政府出台的一系列决策部署来看，意识形态问题，

特别是网络意识形态问题在未来将得到更大的重视。在抗击新冠疫情期间,上海市的数字出版行业自觉发挥"急行军"与"冲锋队"作用,为保障人民群众的精神文化需求的基本供给,营造凝心聚力、积极向上的抗疫防疫的舆论文化氛围做出重要贡献。数字出版企业的大局意识、责任意识、使命意识、担当意识日益提升,数字出版逐渐成为引领价值、宣传思想、传承文明、传播文化的主力军。

(二) 短视频和网络直播日益成为出版品牌建设的重要着力点

在全渠道营销时代,网络直播、短视频等可视化营销已成为品牌推广主要方式。上海数字出版业更加关注网络直播、短视频出色的变现能力,将其视为品牌建设的利器,越来越多的上海市出版企业运用网络直播、短视频进行品牌推广,并取得了良好的效果。疫情暴发以来,上海出版机构纷纷将营销阵地转至线上,开启网络直播和短视频的品牌营销新模式,实现出版产品销量和出版品牌影响力的显著提升。同时,网络直播和短视频也成为出版机构提供知识服务的新途径,出版机构与读者用户之间的距离不断拉近。由此可见,网络直播、短视频等可视化营销方式将成为未来出版品牌营销的标配。

(三) 数字出版人才队伍建设向融媒型和全媒型深化发展

随着媒体融合发展迈向纵深,加快构建全媒体一体化传播格局,对上海市的数字出版专业人才的培养提出了新的要求,特别是5G时代到来,传播内容、形态、渠道日益多元,需要从业者具备更为全面的媒体把控能力。因此,培养具有融合思维的全媒型人才成为上海市数字内容产业的迫切需求和未来出版人才队伍建设的重要着力点。

五、音像电子出版

(一) 聚合众多发展平台,创新商业运作模式

随着全媒体时代的到来,上海市电子音像出版业要充分聚合众多的发展平台,发挥当下市场资源的价值与作用,进一步刺激产业的创新与发展。需要聚合的发展平台主要为互联网平台,其具备了海量内存的特征与优点,能够储存众多数据资源,建立非常庞大的数据库与产业系统,也要充分借助电子商务运营的先进模式,强化对电子音像产品的传播与销售,充分地发挥其内在价值,推动上海电子音像出版业在"互联网+音像电子出版"模式下实现全方位转型与发展。

(二) 坚持数据资源核心,创新产品内容

全媒体时代下,市场信息泛滥,如何真正以消费者的需求作为行业发展的导向,如何充分利用市场数据信息与现有资源的价值,如何打造创新性产品实现市场推广,是当下上海市电子音像出版业工作人员的重任。上海电子音像出版业必须优化产品的流通渠道,不断创新产品内容,真正实现产品从制作到销售再到反馈整改的人性化服务,才能将其品质上升为私人定制的高度,增强附加价值,为消费者提供更多的精品。

(三) 实现跨界媒体融合,创建多元网络渠道

随着各种终端产品的普及、沟通渠道的打通以及反馈信息的便捷收集与处理,使电子音像产品

拥有更广阔、便捷的销售渠道，打破了不同介质之间信息交流的隔阂。

上海电子音像出版业要在大数据分析技术及互联网信息技术的运用中实现宣传渠道的拓展与多元化的发展，还要注重电子音像产品本身的教育功能，而全媒体时代下的信息发布展现了跨学科与多角度的特征，要求电子音像出版业强化知识服务，从选题、内容制作和策划上下足功夫，实现创新，利用多元的网络营销渠道，融合跨界媒体的宣传功能，为广大消费者提供有价值的产品。

六、印刷

“十四五”时期是我国“两个一百年”奋斗目标承前启后的历史交汇期，同时也是我国印刷产业高质量发展的关键跨越期。我国印刷业“十四五”发展规划明确提出，在“十四五”期间要继续推动我国印刷业加快“绿色化、数字化、智能化、融合化”发展，促进产业结构优化升级；要继续提高我国印刷业的规模化、集约化和专业化水平，尽快实现由印刷大国向印刷强国跨越的重要转变。

突如其来的新冠疫情给印刷业的发展带来了很多困难。面对困难，上海市出版物印刷企业积极应对，一手抓防控，一手抓生产，创新机制，努力自救。压力之下，上海市印刷企业以自己之行动助力疫情防控，完成了抗疫宣选品、党报党刊、春季教材教辅等紧急印制任务，提升了应对突发公共卫生事件的能力。

未来，上海印刷业要继续以“十四五”印刷发展目标为引领，在完善绿色发展的体制机制、提高印刷技术自主创新能力、推动企业智能化升级改造和融合发展转型、加强印刷业人才培养和建设全国印刷业科创中心等方面持续发力，加速企业升级改造，实现绿色化、数字化、智能化、融合化，进一步提升上海印刷业的国际竞争力，推动印刷业的高质量发展。

七、发行

面对新冠疫情的重击，上海出版物发行企业积极通过多元融合经营努力自救，“书店＋”模式成为融合发展的主基调，继书店＋阅读＋咖啡＋文创之后，书店＋美学＋亲子教育＋旅游＋酒店＋艺术展览＋生活空间＋图书馆等多元业态正在被行业所拓展，更多的传统书店加入转型升级的浪潮之中。书店不仅仅是卖书场所，更是综合性的文化场所、读书人喜欢的社交场所，由此焕发新的生命力，这将是未来一段时间内书业发展的趋势。

目前，沪上实体书店延续了近年来的转型升级力度，正在步入“加快建立布局合理、结构优化、业态多元、充满活力的新型实体书店发展格局”的“快车道”，成为推动全民阅读、打响“上海文化”品牌建设的重要力量。

八、进出口

新冠疫情的全球扩散使得全球经济遭受重大打击，也直接或间接地给上海图书进出口造成较大的冲击，对当前出版“走出去”的发展趋势也将产生较为深远的影响。

(一) 加强能力建设，为高质量走出去提供坚实保障

后疫情时期，上海市出版企业应充分认识发展的不确定性，正视压力和挑战，尽快调整自己，静

下心来对出版走出去工作进行全面总结思考,系统梳理在战略制定、选题策划、品牌打造、数字化转型、产品服务、营销渠道建设、提质增效等各方面存在的问题,探索改进之道、创新之路。既要理性应对当前经营困境,又要着眼长远发展,站在新入者的角度思考如何更好地满足海外用户的需求,如何在市场竞争中更具主动权。

(二) 加快数字化转型,全面推动数字出版走出去

5G时代的到来,意味着以互联网为基础的信息技术的发展进入新阶段,这不仅对传统出版业提出了挑战,也让出版物进出口的国际舞台变得更加复杂和多元。上海市出版企业应把握数字媒体传播的优势,借助数字信息的传播速度与效率,科学、合理地开拓海外互联网平台,让“走出去”拥有更广阔的通路和前景。数字技术促进了媒介的融合,媒介融合让出版产业的空间得到拓展,出版环境发生巨变;读者阅读方式的倾向和转变使出版路径更加多元,在线教育、在线阅读、有声图书等发展风生水起,传统出版向现代出版的转变势在必行;出版的国际化需要与时俱进。因此,把握新兴出版物市场,促进各类数字化出版物的出口、数字化版权贸易等,是丰富上海市出版传播体系、扩大出版传播力、增强文化软实力不可或缺的助力。

(三) 把控目标市场,丰富运营经验,拓展业务渠道方式

出版业务的国际化发展,需要上海市出版企业加深对自身的了解,包括产业优势、运营能力、产品类型等多个方面;在合作交流过程中,上海市出版企业应根据文化距离、地理距离的不同来确定出版物的内容类型和合作方式。目前,在国际市场上有分层次决策进入、互补模式进入等多种模式,但无论采用哪种模式,上海市出版企业都应以自身发展的实际、发展战略和发展能力为基础,实现与国际市场的有效连接。

第二章　上海市印刷产业发展报告

一场突如其来的新冠疫情打乱了全球人们的生活和工作节奏，在抗击疫情的战斗中，中国率先走出经济发展的低谷，回归到正常的生产经营和生活状态中。2020 年的上海不仅在抗击疫情中发挥了中流砥柱的作用，同样印刷业的表现也出乎大家的预期。截至 2021 年 4 月，上海通过年度报告的印刷企业共 2 509 家（不含打印、复印企业），比 2019 年同口径的 2 623 家减少了 114 家，下降 4.35%，相比 2019 年对 2018 年 5.00%的下降率，企业数量减少的速度进一步减缓，且减少的企业主要集中于年工业总产值为 1 000 万元以下的企业。

2020 年大家对于上海的印刷业仍然表现出极大的发展信心，企业投资规模仍然进一步扩大。2020 年上海印刷企业总资产比 2019 年增长 5.15%，净资产为比 2019 年增长 5.20%，可以看出投资已经大于当年的行业 GDP 增长。

全行业工业总产值比 2019 年下降 2.04%，但是销售收入和利润总额销售收入却双双出现了增长，其中销售收入比 2019 年增长 4.12%，利润总额比 2019 年增长 6.10%，整个印刷业仍然保持较高的盈利能力。由于疫情的影响，2020 年对外加工贸易额下降了 11.50%，总额比 2019 年减少了 11.68 亿元。

一、上海印刷业发展凸显新格局

1. 加快构建以国内循环为主体、国内国际双循环相互促进的新发展格局

上海印刷业积极响应党中央的号召，加快构建以国内循环为主体、国内国际双循环相互促进的新发展格局。在 2020 年上海印刷业整体销售收入和盈利双丰收的背景下，外商在上海的投资发展也出现喜人的新形势。2018 年全球金融危机导致外商在上海的投资有所变化。在 2019 年中上海印刷业的统计数据中，外资企业数量从 2018 年的 159 家减少为 2019 年的 143 家，外商注册资金额和投资总额有所下降。而到了 2020 年，这些数据都出现了逆转，其中外商企业维持在 142 家，注册资金额接近了 2018 年的注册资金额，投资总额超过了 2018 年。

2. 企业对外直接投资与研发经费逆势增长

2020 年上海印刷业对外直接投资超过了 2019 年对外直接投资。这些成绩的取得既得益于上海经济发展的整体活力和辐射能力，同时也归功于上海企业发展的前瞻性。2020 年上海印刷业在外部条件如此艰难的情况下，却持续投入了 123 304.0 万元的研发经费，为企业的持续高质量发展做好保障，并保证国内国际双循环相互促进的新发展格局构建的健康持续。

3. 高学历从业人员比例增加

2020 年上海印刷业从业人员的状况也发生了新的变化。从业人员学历分布中，博士学历从业人数从 2019 年的 54 人增加到 2020 年的 60 人，增长了 11.11%；硕士学历人数为 1 061 人，比 2019 年的 961 人增加了 100 人，增长了 10.41%；本科学历的人数为 12 823 人，比 2019 年的 12 677 人增加了 146 人，增长了 1.15%。本科及以上从业人员占总人数的 12.42%，比 2019 年的 11.14%占比增长了 1.28 个百分点。初中及以下从业人员的数量出现了较大幅度的下降，达到了 8.24%的降

幅,其他学历等级的人员占比都出现不同程度的增长。

二、上海印刷业行业增长仍为主旋律

2020年12月,全球知名的行业分析公司史密瑟斯(Smithers)发布了其最新研究报告《全球印刷市场的未来2030》。报告中指出,2020年是急剧变化的一年,全球新冠疫情对各国经济活动产生了严重影响。对印刷行业而言,其加速了出版物印刷、商业印刷、包装装潢印刷和标签印刷等细分领域的数字化和网络化的趋势。与2019年相比,2020年全球印刷市场规模下降率达到8.75%。

在这种大背景下,根据国家新闻出版署公布的信息,2020年中国印刷复制营业收入同比增长3.3%;印刷复制利润总额同比下降0.9%。上海印刷业则实现了销售收入和利润总额双双出现增长的态势,比2019年增长4.12%,利润总额比2019年增长6.10%。因此从数据上可以看出,上海印刷业整体仍然保持较高的盈利能力,远高于全国的平均水平。

1. 包装装潢印刷引领经济快速复苏

包装装潢印刷和标签印刷作为最直接反映整个国民生产的风向标,是国家经济运行强弱的重要表现指标。2020年上海印刷业包装装潢印刷和标签印刷的表现都充分说明上海整个印刷业的发展仍然处于稳定发展状况。

2020年上海包装装潢印刷企业为1 747家,占企业总数的69.63%,比2019年占比68.36%提升了1.27%。同时包装印刷的工业增加值比2019年增加0.73亿元,增长0.31%;销售收入比2019年增加51.02亿元,增长6.68%。

2020年包装装潢印刷企业在总资产、净资产、薪酬总额、人均薪酬、人均利润等方面均实现了较大增长。利润总额比2019年增加5.06亿元,增长7.47%;总资产比2019年增加67.97亿元,增长6.63%;净资产比2019年增加37.19亿元,增长7.08%;薪酬总额比2019年增加0.52亿元,增长0.59%;人均利润比2019年增加0.57万元,增长7.77%;人均薪酬比2019年增加0.07万元,增长0.73%。在疫情如此严重、经济遭受巨大重创的情况下,上海包装装潢印刷还是交出了满意的答卷。

2. 企业规模普遍提升

2020年上海印刷业中年工业总产值1 000万元以上的企业在全行业中的占比增加,达到31.65%,比2019年高出2.37%。其中年工业总产值1亿元以上的企业为138家,占企业总数5.50%,比2019年减少3家,下降2.13%;年工业总产值5 000万~1亿元的企业为108家,占企业总数4.30%,比2019年增加2家,增长1.89%;年工业总产值1 000万~5 000万元的企业为523家,占企业总数20.84%,比2019年增加2家,增长0.38%;年工业总产值1 000万元以下的企业为1 740家,占企业总数69.35%,比2019年减少115家,下降6.20%。因此可以看出,2020年减少的企业数目主要集中于年工业总产值1 000万元以下的企业,上海印刷业中的企业集中度进一步提升。

3. 民营企业良性发展

习近平总书记指出,公有制为主体、多种所有制经济共同发展的基本经济制度,是中国特色社会主义制度的重要组成部分,也是完善社会主义市场经济体制的必然要求。非公有制经济在我国经济社会发展中的地位和作用没有变,我国毫不动摇鼓励、支持、引导非公有制经济发展的方针政策没有变，致力于为非公有制经济发展营造良好环境和提供更多机会的方针政策没有变。在全面建成小康社会、进而全面建设社会主义现代化国家的新征程中，我国民营经济只能壮大、不能弱化，而且要走向更加广阔的舞台。

2020年上海印刷业发展也充分证明了非公有制经济在我国经济社会发展中的地位和作用没有变。2020年民营企业数量在下降4.23%的情况下，实现了工业总产值与2019年基本持平，而工业增加值和销售收入双增长的可喜成绩。其中工业增加值比2019年增加0.26亿元，增长0.16%；销售收入比2019年增加46.93亿元，增长8.66%。利润总额比2019年减少0.26亿元，下降0.52%。

2020年民营企业的总资产比2019年831.79亿元增加53.15亿元，增长6.39%；净资产比2019年增加31.82亿元，增长7.71%；薪酬总额比2019年增加1.38亿元，增长2.14%；人均利润比2019年减少0.09万元，下降1.34%；人均薪酬比2019年增加0.12万元，增长1.40%。

相比而言，由于数字经济、互联网媒体等技术和行业发展对于报纸、期刊以及安全票据印刷等领域的巨大冲击，使得业务高度集中于这些领域的国有企业经营状况受到影响。2020年国有企业无论是在企业数量、工业总产值、工业增加值以及销售收入等方面都出现较大的下降。其中企业数量56家，比2019年67家减少11家，下降16.42%；工业总产值27.34亿元，比2019年29.89亿元减少2.55亿元，下降8.53%；工业增加值11.05亿元，比2019年15.48亿元减少4.43亿元，下降28.62%；销售收入27.10亿元，比2019年30.23亿元减少3.13亿元，下降10.35%。

4. 年工业总产值5 000万元以上规模外资企业是营收主力军

2020年年工业总产值5 000万元以上规模的外资印刷企业共77家，占上海市全部印刷企业2 509家的3.07%，其中年工业总产值超过1亿元以上的外资企业有51家，占上海市年产值5 000万以上规模外资企业的66.23%。利润总额占上海2020年工业总产值5 000万元规模以上企业利润总额的38.85%，占上海全部印刷企业利润总额的35.56%，超过上海全部印刷企业利润总额的三分之一；工业总产值占上海全部印刷企业工业总产值的33.07%；工业增加值占上海全部印刷企业工业增加值的33.09%；人均利润比其他年工业总产值5 000万以上印刷企业人均利润高3.04万元，而比整个上海印刷企业人均利润高2.21万元。

三、各区印刷业发展各有特色优势

1. 印刷企业数量

从2020年上海各区印刷业总体统计数据可以看出，排名前三的企业仍然是松江区、浦东新区和奉贤区。松江区具有最大的企业数量，吸纳了最多的从业人员。嘉定区企业数量由2019年的排名第四变化为排名第六，其他各区企业数量排名变化不大。闵行区人员数量增加排名第一。

2. 工业总产值和工业总产出

松江区印刷企业的工业总产值和工业总产出在全上海各区的体量排名第一，而相对于2019年的变化来看，得益于金山国家绿色创意印刷示范产业园的建设，2020年金山区的印刷业的工业总产值、工业增加值以及工业总产出在全市范围内都实现了最大的增长，产业园建设成效进一步凸显。

3. 总资产和净资产

2020年闵行区印刷企业拥有最多的总资产；浦东新区拥有最多的净资产和工业增加值；奉贤

区在总资产排名第四和净资产排名第二的基础上,实现了大幅度增长,其中总资产增加23.12%,净资产增长24.41%,说明市场仍旧看好奉贤区的发展,继续加大投资额。

4. 销售收入和人均销售收入

2020年青浦区销售收入在所有区中排名第一,浦东新区仅次于青浦区。而在人均销售收入方面,宝山区则表现突出,在各区中保持排名第一的态势。

5. 利润总额及增长

2020年奉贤的利润总额在全上海排名第一,表现出强有力的发展活力。而利润总额增长幅度最大的则是静安区,相比2019年有重大提升,达到了383.33%的增长。

6. 企业平均利润和人均利润

2020年黄浦区的企业平均利润在各区中表现优异,而人均利润方面,青浦区在全上海各区的排名第一,同时青浦区人均销售129.02万元。这些数据充分说明了青浦区企业的自动化、数字化、集成化生产能力最高,企业的人均创富能力最强。

7. 人均薪酬

2020年普陀区继续保持人均薪酬最高的领先地位,长宁区、徐汇区和静安区也因为其经营种类和业务模式,从业人员的平均收入也高于其他区。总体上中心城区的收入高于其他城区。

四、搭建平台,助力印刷业发展

1. 搭建高效率的抗疫复工指导平台

新冠疫情暴发后,市委宣传部搭建有效的指导平台,指导市印刷行业协会,向全行业发布倡议书,倡导行业坚决按市委、市府统一部署积极行动,落实到位;结合实际建立防控工作预案,明确责任,加强宣传,确保实效。

为减轻疫情对企业经营的影响,市委宣传部出台《全力支持服务本市文化企业疫情防控平稳健康发展的若干政策措施》,支持相关行业协会,对相关印刷、发行企业机构减免年度会费。

上海部分印刷企业提前复工,自发捐款捐物,并积极投身抗击疫情工作的保障服务当中,主要服务领域包括医疗器械(口罩、防护服)的外包装及标签、急需药品的外包装及标签、疫情防控宣传品、公众防护类出版物、生活必需品的包装等。在此次抗击疫情工作中,上海印刷企业充分体现出责任与担当,用实际行动为争取抗疫战斗胜利,做出了积极的贡献。

2. 举办高规格的行业技术创新交流大会

2020年第八届中国国际全印展在上海举办,这是印刷行业高品质、高规格的创新大会。展会期间举办"2020中国印刷业创新大会""印刷及传播融合创新高峰论坛""2020亚洲标签大奖颁奖典礼""2020印刷包装产业经济论坛暨全国印刷经理人年会"等。上海组织专业人士和多个企业参与研讨和技术分享,获得大家的高度认可。

3. 推动印刷业三类重点企业名单评定

为进一步推动印刷行业的绿色化、数字化、智能化和融合化,上海进行了首批印刷行业三类重点企业名单评选。这三类企业分别为17家印刷创新中心、7家印刷产业集群企业和63家印刷优势企业。这些企业都在印刷行业的绿色化、数字化、智能化和融合化方面各有优势,具备先进的代表性。这些名单的产生,也激励上海印刷业整体发展朝着更高层面发展。

五、上海印刷业展望

（一）存在问题

在新冠疫情持续影响、经济发展逆全球化、供应链本地化和碎片化的国际形势下，不稳定性及不确定性明显增强，国际产业分工格局正在重塑；国内经济发展提质转型，正加快形成以国内大循环为主体、国内国际双循环相互促进的新发展格局；碳达峰、碳中和“双碳”目标实现时间紧迫，相关技术准备不足；创新能力欠缺，没有掌握行业关键核心技术，整个行业高端集约化发展受制于国外；行业发展顶层设计和指导作用不够，重复低层次投入浪费资源。在此背景下，上海市印刷业存在以下需要进一步解决的问题。

1. 基于印刷业全链化的智能系统体系及实施路径尚未清晰，基于全链化及长效周期的环保评价体系和制度政策尚未形成。

2. 印刷业关键核心技术体系规划尚未出台，促进企业技术创新和新产品研发政策制度比较缺乏。

3. 印刷业国际竞争力需进一步提升，依托自贸区及新片区建设实现全球印刷业信息化中心、业务交易中心的平台构架需要强化，吸引国际印刷总部，同时培育本土总部型印刷企业的政策和措施不够全面到位。

4. 行业高水平人才数量有待增加，系统化团队化全链化人才队伍建设思路和政策匮乏，人才吸引、培养、提升和管理基础相对薄弱。

5. 政府的引导、培育、扶持工作有待完善，行业协会的行业权威性、技术引领性、创新组织性都有待提升。

（二）发展展望

2020 年突如其来的新冠疫情使我们在核心技术掌控不足、资源环境代价较大、持续创新机制建设匮乏、优质产品和服务供给不足的状况、全产业链集成能力较低的问题变得更为迫切和突出。上海印刷业在坚定正确的政治方向，为宣传党的理论和路线方针政策提供坚实保障，为人民群众提供优质精神文化产品的基础上，将在“十四五”期间继续发挥全国城市发展的龙头和风向标作用，推动印刷业整体的高质量发展。

1. 强化印刷行业监管

加强印刷复制行业制度建设，开展“双随机、一公开”行政检查，尤其是要加强出版物印刷企业管理工作，明确建立出版物印刷企业自查制度、检查制度以及出版物印刷企业法定代表人（负责人）年度培训制度。

丰富印刷复制行业网络监管手段，依托上海市印刷复制业备案管理系统，搭建“印刷企业移动智能管理平台”，实现了市、区两级政府监管信息即时化。

加强印刷品质量监管工作，抽查出版产品印装质量，建立完善本市教材印制质量长效监管机制。举办印刷品印刷质量评比活动，以评促建，充分挖掘印刷产品的创意之新、工艺之精、艺术之美，充分展示印刷新技术、新工艺、新设备、新材料研发成果和实际运用效能，引领行业积极践行“四化”发展方向。

2. 努力实现“双碳”目标

2020 年 9 月 22 日，中国在第七十五届联合国大会上提出：“中国将提高国家自主贡献力度，采取更加有力的政策和措施，二氧化碳排放力争于2030年前达到峰值，努力争取2060年前实现碳中和。"2021年3月5日，《2021年国务院政府工作报告》中指出，扎实做好碳达峰、碳中和各项工作，制定2030年前碳排放达峰行动方案，优化产业结构和能源结构。

推动印刷业绿色化发展，探索绿色印刷自我声明新机制。进一步落实"政府设计制度框架、行业协会搭建实施平台、检测机构检测监督"的自我声明工作思路。加大有关各方共同对绿色印刷自我声明模式的探讨和研究，确保自我声明平台中企业自我生命信息的可信度。建立规范的自我声明审核发布流程，确保进入平台的企业自我声明信息的真实性；同时通过严格的事后监管措施，将信息不实的企业自我声明信息撤销，并配合政府部门、行业协会的诚信体系来惩罚企业失信行为，促进行业自律。继续加大完整体系的建设，包括平台、标准、办法、指引等，健全基于全链化及长效周期的环保评价体系和制度政策。

3. 建立印刷关键核心技术科技创新高地

增强上海印刷业的国内国际影响力和话语权，紧密围绕印刷数字化和数字印刷，将新材料、新设备、新软件、新技术等方面融入全程化印刷智能制造系统，打造全链化高端印刷产业链。每年向全球发布印刷业关键核心攻关技术指南，吸引全球的技术力量实现上海印刷业整体技术实力的提升，从而实现印刷科技创新高地的建设目标。政府为相关企业技术和管理背书，提升企业金融诚信，并给予税务等优惠政策。

围绕上海建设"五个中心"、改革开放排头兵的发展目标，依托上海印刷业总部经济，汇聚全球印刷业顶尖创新人才和科研团队，充分发挥上海高校、科研院所以及技术研发企业的科研资源，扎实推进印刷业"四化"发展中关键技术研发。以"双循环"为驱动力，完善支持上海印刷企业创新发展的政策措施，着力打造一批具有科创能力的技术研发型企业，引领国际印刷相关领域发展水平，构建印刷"走出去"新格局。

4. 打造全球印刷包装总部经济

利用上海特有的通讯、交通、金融、物流等优势资源吸引企业总部集群布局，形成总部集聚效应，并通过"总部—制造基地"功能链条辐射带动长三角生产制造基地发展，由此实现不同区域分工协作、资源优化配置的经济形态。通过总部经济的辐射功能，对提升上海印刷业自主创新能力、推动城市经济转型升级、加快区域合作发展、提升上海在全球印刷价值链体系中地位具有重要的战略意义。上海印刷总部经济的形成，就可以给上海乃至长三角区域经济发展带来诸多外溢效应，包括税收供应效应、产业聚集效应、产业关联效应、消费带动效应、就业乘数效应、资本放大效应等明显的外溢效应。

5. 建设全球印刷业务信息交流中心

依托上海自贸区对外加工贸易平台，扩展其印刷业大数据信息采集、处理和发布平台建设，实现印刷市场信息、技术信息、人才信息、金融信息的开放共享，提升平台的信息分析、政策引导、技术预测、市场动态等功能；加大专业展会的云平台印刷板块，加大上海印刷业的影响力。

六、上海印刷企业分类情况

（一）企业经营分类

出版物印刷企业为147家，占企业总数的5.86%，比2019年减少3家，下降4.35%；包装装潢印刷企业为1 747家，占企业总数的69.63%，比2019年减少46家，下降2.57%；其他印刷品印刷企业为 576 家，占企业总数的 22.96%，比 2019 年减少 65 家，下降 10.14%；排版、制版、装订专项企业为 22 家，占企业总数的 0.88%，与 2019 年持平；专营数字印刷企业为 17 家，占企业总数的 0.68%，与 2019 年持平。

（二）企业性质分类

国有企业为 18 家，占企业总数 0.72%，比 2019 年减少 3 家，下降 14.29%；集体企业为 38 家，占企业总数 1.51%，比 2019 年减少 7 家，下降 15.56%；三资企业为 142 家，占企业总数 5.66%，比 2019 年减少 1 家，下降 0.70%；股份合作企业为 55 家，占企业总数 2.19%，比 2019 年减少 5 家，下降 8.33%；股份有限公司为 21 家，占企业总数 0.84%，比 2019 年增加 3 家，增长 16.67%；联营企业为 0 家，占企业总数 0.00%，比 2 019 减少 1 家，下降 100%；其他有限责任公司为 2 050 家，占企业总数 81.71%，比 2019 年减少 92 家，下降 4.30%；私营企业为 185 家，占企业总数 7.37%，比 2019 年减少 8 家，下降 4.15%。

（三）企业主营业务分类

书刊印刷企业为 95 家，占企业总数 3.79%，比 2019 年减少 1 家，下降 1.04%；报纸印刷企业为 9 家，占企业总数 0.36%，比 2019 年增加 1 家，增长 12.50%；纸包装印刷企业为 1 039 家，占企业总数 41.41%，比 2019 年减少 41 家，下降 3.80%；金属罐包装印刷企业为 22 家，占企业总数 0.88%，比 2019 年增加 2 家，增长 10.00%；塑料软包装印刷企业为 255 家，占企业总数 10.16%，比 2019 年减少 8 家，下降 3.04%；普通票据印刷企业为 22 家，占企业总数 0.88%，比 2019 年减少 4 家，下降 15.38%；安全印刷企业为 4 家，占企业总数 0.16%，与 2019 年持平；玻璃、陶瓷包装印刷企业为 5 家，占企业总数 0.20%，比 2019 年减少 1 家，下降 16.67%；标签印刷企业为 204 家，占企业总数 8.13%，比 2019 年增加 22 家，增长 12.09%；其他包装装潢印刷企业为 854 家，占企业总数 34.04%，比 2019 年减少 84 家，下降 8.96%。

（四）企业规模分类

年工业总产值 1 亿元以上的企业为 138 家，占企业总数 5.50%，比 2019 年减少 3 家，下降 2.13%；年工业总产值 5 000 万～1 亿元的企业为 108 家，占企业总数 4.30%，比 2019 年增加 2 家，增长 1.89%；年工业总产值 1 000 万～5 000 万元的企业为 523 家，占企业总数 20.84%，比 2019 年增加 2 家，增长 0.38%；年工业总产值 1 000 万元以下的企业为 1 740 家，占企业总数 69.35%，比 2019 年减少 115 家，下降 6.20%。

七、上海印刷业主要经济指标

（一）主要经济指标

工业总产值 797.64 亿元，比 2019 年 814.22 亿元减少 16.58 亿元，下降 2.04%；销售收入总额 959.71 亿元，比 2019 年 921.72 亿元增加 37.99 亿元，增长 4.12%；工业增加值 277.03 亿元，比 2019 年 277.45 亿元减少 0.42 亿元，下降 0.15%；工业总产出 1 151.61 亿元，比 2019 年 1 116.60 亿元增加 35.01 亿元，增长 3.14%；对外加工贸易额为 89.85 亿元，比 2019 年 101.53 亿元减少 11.68 亿元，下降 11.50%。

(二) 销售收入分类

出版物印刷企业销售收入 111.81 亿元，占销售总额 11.65%，比 2019 年的 119.72 亿元减少 7.91 亿元，下降 6.61%；包装装潢印刷企业销售收入 815.35 亿元，占销售总额 84.96%，比 2019 年的 764.33 亿元增加 51.02 亿元，增长 6.68%；其他印刷品印刷企业销售收入 29.55 亿元，占销售总额 3.08%，比 2019 年的 34.30 亿元减少 4.75 亿元，下降 13.85%；排版、制版、装订专项企业销售收入为 1.21 亿元，占销售总额 0.13%，比 2019 年的 1.36 亿元减少 0.15 亿元，下降 11.03%；专营数字印刷企业销售收入 1.79 亿元，占销售总额 0.19%，比 2019 年的 2.01 亿元减少 0.22 亿元，下降 10.95%。

(三) 主要经济指标对比

1. 不同经营类别企业的数据对比

(1) 出版物印刷企业

2020 年出版物印刷企业 147 家，比 2019 年 150 家减少 3 家，下降 2.00%；工业总产值为 102.61 亿元，比 2019 年 103.66 亿元减少 1.05 亿元，下降 1.01%；工业增加值为 30.51 亿元，比 2019 年 34.19 亿元减少 3.68 亿元，下降 10.76%；销售收入为 111.81 亿元，比 2019 年 119.72 亿元减少 7.91 亿元，下降 6.61%；对外加工和贸易额为 10.75 亿元，比 2019 年 10.88 亿元减少 0.13 亿元，下降 1.19%。

(2) 包装装潢印刷企业

2020 年包装装潢印刷企业 1 747 家，比 2019 年 1 793 家减少 46 家，下降 2.57%；工业总产值为 663.17 亿元，比 2019 年 673.15 亿元减少 9.98 亿元，下降 1.48%；工业增加值为 233.33 亿元，比 2019 年 232.60 亿元增加 0.73 亿元，增长 0.31%；销售收入为 815.35 亿元，比 2019 年 764.33 亿元增加 51.02 亿元，增长 6.68%；对外加工和贸易额为 77.96 亿元，比 2019 年 89.82 亿元减少 11.86 亿元，下降 13.20%。

(3) 其他印刷品印刷企业

2020 年其他印刷品印刷企业共 576 家，比 2019 年 641 家减少 65 家，下降 10.14%；工业总产值为 28.90 亿元，比 2019 年 34.13 亿元减少 5.23 亿元，下降 15.32%；工业增加值为 8.51 亿元，比 2019 年 9.27 亿元减少 0.76 亿元，下降 8.20%；销售收入为 29.55 亿元，比 2019 年 34.30 亿元减少 4.75 亿元，下降 13.85%；对外加工和贸易额为 1.14 亿元，比 2019 年 0.84 亿元增加 0.30 亿元，增长 35.71%。

(4) 排版、制版、装订专项企业

2020 年排版、制版、装订专项企业 22 家，与 2019 年 22 家持平；工业总产值为 1.23 亿元，比 2019 年 1.38 亿元减少 0.15 亿元，下降 10.87%；工业增加值为 0.33 亿元，比 2019 年 0.42 亿元减少 0.09 亿元，下降 21.43%；销售收入为 1.21 亿元，比 2019 年 1.36 亿元减少 0.15 亿元，下降 11.03%。

(5) 专营数字印刷企业

2020 年上海专营数字印刷企业 17 家，与 2019 年的 17 家企业持平。17 家专营数字印刷的企业各项经济指标如下：

工业总产值为 1.73 亿元，比 2019 年 1.90 亿元减少 0.17 亿元，下降 8.95%；工业增加值为 0.68 亿元，比 2019 年 0.98 亿元减少 0.30 亿元，下降 30.61%；销售收入为 1.79 亿元，比 2019 年 2.01 亿元减少 0.22 亿元，下降 10.95%；对外加工和贸易额为 0.000 5 亿元，比 2019 年 0.001 6 亿元减少 0.001 1 亿元，下降 68.75%。

2. 不同性质企业数据对比

(1) 国有企业(包括国有、集体、联营)

2020年企业数量56家,比2019年67家减少11家,下降16.42%;工业总产值27.34亿元,比2019年29.89亿元减少2.55亿元,下降8.53%;工业增加值11.05亿元,比2019年15.48亿元减少4.43亿元,下降28.62%;销售收入27.10亿元,比2019年30.23亿元减少3.13亿元,下降10.35%;对外加工贸易额0.03亿元,比2019年0.06亿元减少0.03亿元,下降50.00%。

(2) 三资企业

2020年企业数量142家,比2019年143家减少1家,下降0.70%;工业总产值276.23亿元,比2019年285.42亿元减少9.19亿元,下降3.22%;工业增加值95.70亿元,比2019年95.61亿元增加0.09亿元,增长0.09%;销售收入343.49亿元,比2019年349.29亿元减少5.80亿元,下降1.66%;对外加工贸易额68.85亿元,比2019年78.65亿元减少9.80亿元,下降12.46%。

(3) 民营企业(包括股份合作、股份有限、其他有限责任、私营等)

2020年企业数量2 311家,比2019年2 413家减少102家,下降4.23%;工业总产值494.06亿元,比2019年498.91亿元减少4.85亿元,下降0.97%;工业增加值166.62亿元,比2019年166.36亿元增加0.26亿元,增长0.16%;销售收入589.13亿元,比2019年542.20亿元增加46.93亿元,增长8.66%;对外加工贸易额20.98亿元,比2019年22.82亿元减少1.84亿元,下降8.06%。

3. 不同主营业务印刷企业的数据对比

(1) 书刊印刷企业

2020年主营书刊印刷企业95家,比2019年主营书刊印刷企业96家减少1家,下降1.04%;工业总产值41.32亿元,比2019年42.27亿元减少0.95亿元,下降2.25%;工业增加值8.46亿元,比2019年10.46亿元减少2.00亿元,下降19.12%;销售收入43.29亿元,比2019年45.36亿元减少2.07亿元,下降4.56%。

(2) 报纸印刷企业

2020年主营报纸印刷企业9家,比2019年主营报纸印刷企业8家,增加1家,增长12.50%;工业总产值12.19亿元,比2019年11.39亿元增加0.8亿元,增长7.02%;工业增加值9.48亿元,比2019年7.70亿元增加1.78亿元,增长23.12%;销售收入12.09亿元,比2019年11.38亿元增加0.71亿元,增长6.24%。

(3) 纸包装印刷企业

2020年主营纸包装印刷企业1 039家,比2019年主营纸包装印刷企业1 080家减少41家,下降3.80%;工业总产值308.36亿元,比2019年331.08亿元减少22.72亿元,下降6.86%;工业增加值105.72亿元,比2019年94.46亿元增加11.26亿元,增长11.92%;销售收入379.82亿元,比2019年366.16亿元增加13.66亿元,增长3.73%。

(4) 金属罐包装印刷企业

2020年主营金属罐包装印刷企业22家,比2019年主营金属罐包装印刷企业20家增加2家,增长10.00%;工业总产值25.92亿元,比2019年22.39亿元增加3.53亿元,增长15.77%;工业增加值4.78亿元,比2019年5.76亿元减少0.98亿元,下降17.01%;销售收入67.47亿元,比2019年43.38亿元增加24.09亿元,增长55.53%。

(5) 塑料软包装印刷企业

2020年主营塑料软包装印刷企业255家,比2019年主营塑料软包装印刷企业263家减少8

家,下降 3.04%;工业总产值 151.96 亿元,比 2019 年 149.99 亿元增加 1.97 亿元,增长 1.31%;工业增加值 49.86 亿元,比 2019 年 44.80 亿元增加 5.06 亿元,增长 11.29%;销售收入 151.85 亿元,比 2019 年 149.26 亿元增加 2.59 亿元,增长 1.74%。

(6) 普通票据印刷企业

2020 年主营普通票据印刷企业 22 家,比 2019 年主营普通票据印刷企业 26 家减少 4 家,下降 15.38%;工业总产值 5.83 亿元,比 2019 年 6.90 亿元减少 1.07 亿元,下降 15.51%;工业增加值 2.36 亿元,比 2019 年 7.80 亿元减少 5.44 亿元,下降 69.74%;销售收入 6.13 亿元,比 2019 年 7.93 亿元减少 1.80 亿元,下降 22.70%。

(7) 安全印刷企业

2020 年安全印刷企业 4 家,与 2019 年持平;工业总产值 24.05 亿元,比 2019 年 31.32 亿元减少 7.27 亿元,下降 23.21%;工业增加值 11.59 亿元,比 2019 年 18.70 亿元减少 7.11 亿元,下降 38.02%;销售收入 24.06 亿元,比 2019 年 31.52 亿元减少 7.46 亿元,下降 23.67%。

(8) 标签印刷企业

2020 年标签印刷企业 204 家,比 2019 年标签印刷企业 182 家增加 22 家,增长 12.09%;工业总产值 41.11 亿元,比 2019 年 45.00 亿元减少 3.89 亿元,下降 8.64%;工业增加值 10.50 亿元,比 2019 年 12.06 亿元减少 1.56 亿元,下降 12.94%;销售收入 42.40 亿元,比 2019 年 44.46 亿元减少 2.06 亿元,下降 4.63%。

(9) 玻璃陶瓷印刷企业

2020 年玻璃陶瓷印刷企业 5 家,比 2019 年玻璃陶瓷印刷企业 6 家减少 1 家,下降 16.67%;工业总产值 0.83 亿元,比 2019 年 0.81 亿元增加 0.02 亿元,增长 2.47%;工业增加值 0.10 亿元,比 2019 年 0.23 亿元减少 0.13 亿元,下降 56.52%;销售收入 0.81 亿元,与 2019 年 0.81 亿元持平。

(10) 其他包装装潢印刷企业

2020 年其他包装装潢印刷企业 854 家,比 2019 年其他包装装潢印刷企业 938 家减少 84 家,下降 8.96%;工业总产值 186.09 亿元,比 2019 年 173.07 亿元增加 13.02 亿元,增长 7.52%;工业增加值 74.18 亿元,比 2019 年 75.44 亿元减少 1.26 亿元,下降 1.67%;销售收入 231.80 亿元,比 2019 年 221.47 亿元增加 10.33 亿元,增长 4.66%。

八、上海印刷业主要财务数据

(一) 主要财务数据

2020 年利润总额 81.29 亿元,比 2019 年 76.62 亿元增加 4.67 亿元,增长 6.10%;总资产 1 281.97 亿元,比 2019 年 1 219.19 亿元增加 62.78 亿元,增长 5.15%;净资产 665.62 亿元,比 2019 年 632.72 亿元增加 32.90 亿元,增长 5.20%;薪酬总额 109.80 亿元,比 2019 年 110.04 亿元减少 0.24 亿元,下降 0.22%。

(二) 财务状况对比

1. 不同性质企业的数据对比

(1) 国有企业(含国有、集体、联营)

2020 年企业数量 56 家,比 2019 年 67 家减少 11 家,下降 16.42%;利润总额 1.06 亿元,比

2019 年 3.51 亿元减少 2.45 亿元，下降 69.80%；总资产 36.21 亿元，比 2019 年 41.25 亿元减少 5.04 亿元，下降 12.22%；净资产 28.77 亿元，比 2019 年 32.36 亿元减少 3.59 亿元，下降 11.09%；薪酬总额 5.73 亿元，比 2019 年 5.82 亿元减少 0.09 亿元，下降 1.55%；人均利润 3.78 万元，比 2019 年 11.08 万元减少 7.30 万元，减少 65.88%；人均薪酬 20.37 万元，比 2019 年 18.40 万元增加 1.97 万元，增长 10.71%。

(2) 三资企业

2020 年三资企业 142 家，比 2019 年 143 家减少 1 家，下降 0.70%；利润总额 28.33 亿元，比 2019 年 22.92 亿元增加 5.41 亿元，增长 23.60%；总资产 360.81 亿元，比 2019 年 346.15 亿元增加 14.66 亿元，增长 4.24%；净资产 192.40 亿元，比 2019 年 187.72 亿元增加 4.68 亿元，增长 2.49%；薪酬总额 38.32 亿元，比 2019 年 39.83 亿元减少 1.51 亿元，下降 3.79%；人均利润 8.36 万元，比 2019 年 6.42 万元增加 1.94 万元，增长 30.22%；人均薪酬 11.31 万元，比 2019 年 11.17 万元增加 0.14 万元，增长 1.25%。

(3) 民营企业(包括股份合作企业、股份有限公司、其他有限责任公司、私营企业等)

2020 年民营企业数量 2 311 家，比 2019 年 2 413 家减少 102 家，下降 4.23%；利润总额 49.93 亿元，比 2019 年 50.19 亿元减少 0.26 亿元，下降 0.52%；总资产 884.94 亿元，比 2019 年 831.79 亿元增加 53.15 亿元，增长 6.39%；净资产 444.45 亿元，比 2019 年 412.63 亿元增加 31.82 亿元，增长 7.71%；薪酬总额 65.76 亿元，比 2019 年 64.38 亿元增加 1.38 亿元，增长 2.14%；人均利润 6.61 万元，比 2019 年 6.70 万元减少 0.09 万元，下降 1.34%；人均薪酬 8.71 万元，比 2019 年 8.59 万元增加 0.12 万元，增长 1.40%。

2. 不同经营类别企业的数据对比

(1) 出版物印刷企业

2020 年出版物印刷企业 147 家，比 2019 年 150 家减少 3 家，下降 2.00%；利润总额 4.96 亿元，比 2019 年 7.13 亿元减少 2.17 亿元，下降 30.43%；总资产 145.77 亿元，比 2019 年 150.20 亿元减少 4.43 亿元，下降 2.95%；净资产 76.51 亿元，比 2019 年 80.66 亿元减少 4.15 亿元，下降 5.15%；薪酬总额 15.12 亿元，比 2019 年 15.53 亿元减少 0.41 亿元，下降 2.64%；人均利润 3.65 万元，比 2019 年 5.03 万元减少 1.38 万元，下降 27.44%；人均薪酬 11.12 万元，比 2019 年 10.95 万元增加 0.17 万元，增长 1.55%。

表 1-2-1　2018—2020 年出版物印刷企业主要财务数据统计表

时间	企业数(家)	利润总额(亿元)	总资产(亿元)	净资产(亿元)	薪酬总额(亿元)	从业人员(万)	人均利润(万元)	人均薪酬(万元)
2020	147	4.96	145.77	76.51	15.12	1.36	3.65	11.12
2019	150	7.13	150.20	80.66	15.53	1.42	5.03	10.95
2018	155	7.00	154.11	80.15	15.55	1.51	4.63	10.30

(2) 包装装潢印刷企业

2020 年包装装潢印刷企业 1 747 家，比 2019 年 1 793 家减少 46 家，下降 2.57%；利润总额 72.77 亿元，比 2019 年 67.71 亿元增加 5.06 亿元，增长 7.47%；总资产 1 092.60 亿元，比 2019 年 1 024.63 亿元增加 67.97 亿元，增长 6.63%；净资产 562.75 亿元，比 2019 年 525.56 亿元增加 37.19 亿元，增长 7.08%；薪酬总额 89.13 亿元，比 2019 年 88.61 亿元增加 0.52 亿元，增长

0.59%;人均利润7.91万元,比2019年7.34万元增加0.57万元,增长7.77%;人均薪酬9.68万元,比2019年9.61万元增加0.07万元,增长0.73%。

(3) 其他印刷品印刷企业

2020年其他印刷品印刷企业576家,比2019年641家减少65家,下降10.14%;利润总额1.69亿元,比2019年1.71亿元减少0.02亿元,下降1.17%;总资产37.55亿元,比2019年38.86亿元减少1.31亿元,下降3.37%;净资产23.79亿元,比2019年23.87亿元减少0.08亿元,下降0.34%;薪酬总额4.74亿元,比2019年4.99亿元减少0.25亿元,下降5.01%;人均利润2.98万元,比2019年2.69万元增加0.29万元,增长10.78%;人均薪酬8.34万元,比2019年7.84万元增加0.50万元,增长6.38%。

(4) 排版、制版、装订专项企业

2020年排版、制版、装订专项企业22家,与2019年22家持平;利润总额−0.03亿元,比2019年−0.04亿元增加0.01亿元,增长25%;总资产2.76亿元,比2019年2.64亿元增加0.12亿元,增长4.55%;净资产1.46亿元,比2019年1.42亿元增加0.04亿元,增长2.82%;薪酬总额0.28亿元,比2019年0.31亿元减少0.03亿元,下降9.68%;人均利润−0.81万元,比2019年−0.87万元增加0.06万元,增长6.9%;人均薪酬7.47万元,比2019年7.00万元增加0.47万元,增长6.71%。

表1-2-2 2018—2020年排版、制版、装订专项企业主要财务数据统计表

时间	企业数(家)	利润总额(亿元)	总资产(亿元)	净资产(亿元)	薪酬总额(亿元)	从业人员(万)	人均利润(万元)	人均薪酬(万元)
2020	22	−0.03	2.76	1.46	0.28	0.038	−0.81	7.47
2019	22	−0.04	2.64	1.42	0.31	0.045	−0.87	7.00
2018	27	0.000 6	2.87	1.48	0.35	0.054	0.01	6.47

(5) 专营数字印刷企业

2020年专营数字印刷企业17家,与2019年17家持平;利润总额−0.06亿元,比2019年0.10亿元减少0.16亿元,下降160%;总资产3.30亿元,比2019年2.85亿元增加0.45亿元,增长15.79%;净资产1.10亿元,比2019年1.21亿元减少0.11亿元,下降9.09%;薪酬总额0.53亿元,比2019年0.60亿元减少0.07亿元,下降11.67%;人均利润−1.15万元,比2019年1.79万元减少2.94万元,下降164.25%;人均薪酬9.97万元,比2019年9.98万元减少0.01万元,下降0.10%。专营数字印刷企业在整个上海印刷业占比很小,其变化对于上海印刷业影响非常有限。

表1-2-3 2018—2020年专营数字印刷企业主要财务数据统计表

时间	企业数(家)	利润总额(亿元)	总资产(亿元)	净资产(亿元)	薪酬总额(亿元)	从业人员(万)	人均利润(万元)	人均薪酬(万元)
2020	17	−0.06	3.30	1.10	0.53	0.05	−1.15	9.97
2019	17	0.10	2.85	1.21	0.60	0.06	1.79	9.98
2018	16	0.11	2.26	1.04	0.35	0.055	1.93	6.37

表 1-2-4　2020 年不同经营类别企业主要财务数据情况统计表

单　位	企业数（家）	利润总额（亿元）	总资产（亿元）	净资产（亿元）	薪酬总额（亿元）	从业人员（万）	人均利润（万元）
出版物印刷企业	−2.00	−30.43	−2.95	−5.15	−2.64	−4.23	−27.44
包装装潢印刷企业	−2.57	7.47	6.63	7.08	0.59	−0.22	7.77
其他印刷品印刷企业	−10.14	−1.17	−3.37	−0.34	−5.01	−10.94	10.78
排版、制版、装订专项企业	0.00	25.00	4.55	2.82	9.68	15.56	6.90
专营数字印刷企业	0.00	−160.00	15.79	−9.09	−11.67	−16.67	−164.25

表 1-2-5　2020 年不同经营类别企业盈利能力及薪酬收入情况统计表　（单位：万元）

单　位	人 均 利 润	人 均 薪 酬
出版物印刷企业	3.65	11.12
包装装潢印刷企业	7.91	9.68
其他印刷品印刷企业	2.98	8.34
排版、制版、装订专项企业	−0.81	7.47
专营数字印刷企业	−1.15	9.97

表 1-2-6　2020 年上海印刷企业不同主营业务财务数据统计表

	书刊印刷	报纸印刷	纸包装印刷	金属罐包装印刷	塑料软包装印刷	普通票据印刷	安全印刷	玻璃、陶瓷包装印刷	标签印刷	其他
利润总额（亿元）	−1.46	4.54	32.39	−0.09	16.1	0.32	1.81	0.08	2.06	23.73
销售总额（亿元）	43.29	12.09	379.82	67.47	151.85	6.13	24.06	0.81	42.4	231.8
利润占销售总额百分比（%）	−3.37	37.54	8.53	−0.14	10.60	5.22	7.52	9.68	4.86	10.24
人均薪酬（万元）	9.14	23.98	9.51	14.8	7.28	10.83	29.55	4.69	8.68	10.63

九、上海规模以上重点企业数据情况

（一）规模以上重点企业

1. 年工业总产值 1 亿元以上的重点企业数据情况

2020 年年工业总产值 1 亿元规模以上的重点印刷企业共 138 家，占上海全部印刷企业 2 509 家的 5.50%，比 2019 年的 141 家减少 3 家，下降 2.13%。其中：

员工总数为 59 927 人，占上海印刷企业全部员工总数 112 245 人的 53.39%，比 2019 年占比 53.02%增加了 0.37 个百分点；总资产为 870.83 亿元，占上海印刷企业总资产 1 281.97 亿元的 67.93%，比 2019 年占比 68.98%减少了 1.05 个百分点；销售收入为 679.79 亿元，占上海印刷企业销售收入 959.71 亿元的 70.83%，比 2019 年占比 72.30%减少了 1.47 个百分点；利润总额为 71.17 亿元，占上海印刷企业利润总额 81.29 亿元的 87.55%，比 2019 年占比 83.46%增加了 4.09

个百分点;工业总产值为556.83亿元,占上海印刷企业工业总产值797.64亿元的69.81%,比2019年占比70.04%减少了0.23个百分点;工业增加值为199.23亿元,占上海印刷企业工业增加值273.37亿元的72.88%,比2019年占比71.48%增加了1.40个百分点;对外加工贸易总额为75.83亿元,占上海印刷企业对外加工贸易总额89.85亿元的84.39%,比2019年占比87.79%减少了3.40个百分点。人均利润11.88万元,比2019年10.60万元增加了1.28万元,增长了12.09%,比行业平均人均利润7.24万元高4.64万元;人均薪酬11.34万元,比2019年11.61万元减少了0.27万元,下降了2.29%,比行业平均人均薪酬9.78万元高1.56万元。

表1-2-7 2018—2020年年工业总产值1亿以上企业经济数据与财务数据统计表

时间	企业数(家)	企业数占比(%)	总资产(亿元)	销售收入(亿元)	利润总额(亿元)	工业总产值(亿元)	工业增加值(亿元)	对外加工贸易总额(亿元)	薪酬总额(亿元)	从业人员(人)	人均利润(万元)	人均薪酬(万元)
2020	138	5.50	870.83	679.79	71.17	556.83	199.23	75.83	67.96	59 927	11.88	11.34
2019	141	5.38	841.03	666.41	63.94	570.26	198.32	89.14	70.02	60 331	10.60	11.61
2018	149	5.40	787.65	674.8	49.96	574.24	172.04	76.48	63.08	60 277	8.29	10.46

2. 年工业总产值5 000万~1亿元的重点企业数据情况

2020年年工业总产值5 000万~1亿元规模的重点印刷企业共108家,占上海全部印刷企业2 623家的4.30%,比2019年的106家增加2家,增长1.89%,其中:

员工总数为10 980人,占上海印刷企业全部员工总数112 245人的9.78,比2019年占比10.08%减少了0.30个百分点;总资产为88.18亿元,占上海印刷企业总资产1 281.97亿元的6.88%,比2019年占比8.12%减少了1.24个百分点;销售收入为75.23亿元,占上海印刷企业销售收入959.71亿元的7.84%,比2019年占比8.30%减少了0.46个百分点;利润总额为3.25亿元,占上海印刷企业利润总额81.29亿元的4.00%,比2019年占比8.69%减少了4.69个百分点;工业总产值为74.69亿元,占上海印刷企业工业总产值797.64亿元9.36%的,比2019年占比9.23%增长了0.13个百分点;工业增加值为21.22亿元,占上海印刷企业工业增加值273.37亿元的7.76,比2019年占比9.23%下降了1.47个百分点;对外加工贸易总额为7.79亿元,占上海印刷企业对外加工贸易总额89.85亿元的8.67%,比2019年占比5.90%增长了2.77个百分点。人均利润2.96万元,比2019年5.81万元减少了2.85万元,下降了49.05%,比行业平均人均利润7.24万元低4.28万元;人均薪酬10.33万元,比2019年9.47万元增加了0.86万元,增长了9.08%,比行业平均人均薪酬9.78万元高0.55万元。

表1-2-8 2018—2020年年工业总产值5 000万~1亿企业经济与财务数据统计表

时间	企业数(家)	企业数占比(%)	总资产(亿元)	销售收入(亿元)	利润总额(亿元)	工业总产值(亿元)	工业增加值(亿元)	对外加工贸易总额(亿元)	薪酬总额(亿元)	从业人员(人)	人均利润(万元)	人均薪酬(万元)
2020	108	4.30	88.18	75.23	3.25	74.69	21.22	7.79	11.34	10 980	2.96	10.33
2019	106	4.04	98.94	76.46	6.66	75.17	25.6	5.99	10.86	11 465	5.81	9.47
2018	115	4.17	131.81	83.33	4.55	82.91	25.81	7.39	13.45	15 944	2.86	8.44

（二）年工业总产值 5 000 万元以上规模外资企业

2020 年年工业总产值 5 000 万元以上规模的外资印刷企业共 77 家，占上海市全部印刷企业 2 509 家的 3.07%，其中年工业总产值超过 1 亿元以上的外资企业有 51 家，占上海市年产值 5 000 万以上规模外资企业的 66.23%。

企业数为 77 家，占上海全部印刷企业 2 509 家的 3.07%；从业人员 30 587 人，占上海全部印刷企业从业人员 112 245 人的 27.25%；利润总额为 28.91 亿元，占上海 2020 年工业总产值 5 000 万元规模以上企业利润总额的 38.85%，占上海全部印刷企业利润总额的 35.56%，超过上海全部印刷企业利润总额的三分之一；工业总产值为 263.80 亿元，占上海全部印刷企业工业总产值的 33.07%；工业增加值为 91.67 亿元，占上海全部印刷企业工业增加值的 33.09%；人均利润 9.45 万元，比其他年工业总产值 5 000 万以上印刷企业人均利润的 6.41 万元高 3.04 万元，而比整个上海印刷企业人均利润的 7.24 万元高 2.21 万元。

表 1－2－9　2020 年年工业总产值 5 000 万元以上规模外资企业数据统计

类　型	企业数（家）	利润总额（亿元）	工业总产值（亿元）	工业增加值（亿元）	从业人员（人）	人均利润（万元）
年产值 5 000 万元以上外资企业	77	28.91	263.80	91.67	30 587	9.45
年产值 5 000 万元以上其他印刷企业	169	52.38	533.84	185.36	81 658	6.41
上海印刷企业	2 509	81.29	797.64	277.03	112 245	7.24
年产值 5 000 万元以上外资企业占比	3.07%	35.56%	33.07%	33.09%	27.25%	—

（三）上市企业

1. 基础数据

上海上市企业 8 家，与 2019 年持平，数量占上海市企业总量的 0.32%，总市值为 1 067.07 亿元；营业收入总额为 212.39 亿元，占上海市印刷企业营业收入总额的 18.82%，比 2019 年的 18.72%提高了 0.10 个百分点；工业总产值 79.38 亿元，比 2019 年的 75.52 亿元增加了 3.86 亿元，上市企业工业总产值占全市印刷企业工业总产值的 9.27%，比 2019 年的 9.28%占比下降了 0.01 个百分点；利润总额 24.81 亿元，比 2019 年的 19.92 亿元增加 4.89 亿元，增长了 24.55%；上市企业利润占行业利润总额的 31.27%，比 2019 年的 26.00%增长了 5.27 个百分点。

表 1－2－10　2020 年上海印刷业上市企业主要经济和财务数据统计与对比表

类　型	企业数量（家）	营业收入/销售收入总额（亿元）	总产值（亿元）	利润总额（亿元）	员工数（人）	人均营业/销售收入（万元）	人均利润（万元）	人均薪酬（万元）	利润率（%）
上市企业	8	212.39	73.98	24.81	12 815	165.74	19.36	—	11.68
上海全部印刷企业	2 509	1 128.47	797.64	81.29	112 245	100.54	7.24	9.67	7.03

(续表)

类　型	企业数量(家)	营业收入/销售收入总额(亿元)	总产值(亿元)	利润总额(亿元)	员工数(人)	人均营业/销售收入(万元)	人均利润(万元)	人均薪酬(万元)	利润率(%)
年工业总产值1亿以上规模企业	138	679.79	556.83	71.17	59 927	113.44	11.88	11.61	10.47
年工业总产值5 000万～1亿规模企业	108	75.23	74.69	3.25	10 980	68.52	2.96	9.47	4.32
上市公司占比	0.32%	18.82%	9.27%	31.27%	11.42%	—	—	—	—
年工业总产值1亿以上规模企业占比	5.50%	60.24%	69.81%	87.55%	53.39%	—	—	—	—
年工业总产值5 000万～1亿规模企业占比	4.30%	6.67%	9.36%	4.00%	9.78%	—	—	—	—

从数据中可以看出,2020年上海的上市企业在销售收入、工业总产值、利润总额等方面继续保持良好的发展势头。相比于2019年年工业总产值在1亿元以上的企业来说,上市公司的人均销售收入、人均利润与其他规模以上企业相比,仍然具有很大的优势。数据中也体现了年工业总产值在1亿元以上企业在利润率方面提升了很多,说明了企业规模对应于带动企业效益提升的明显作用。

2. 不同经营类别印刷企业对比

上市企业产品类型集中在包装装潢印刷和其他印刷品印刷,7家包装装潢企业的利润为24.45亿元,比2019年的19.77亿元增加了4.68亿元,利润率为11.17%,比2019年的11.07%提高0.10个百分点;另外1家其他印刷品印刷企业利润率为9.65%,比2019年的4.57%利润率提高5.08个百分点。从人均产值(总产值/员工数)来看,包装装潢印刷上市企业为57.07万元/人,比2019年的65.92万元/人持续下降;其他印刷品印刷企业为73.69万元/人,比2019年增长了17.90%。包装装潢印刷上市企业人均利润为19.80万元,比2019年的18.09万元增加了1.71万元,增长了9.45%,仍然远远高于上海市印刷企业的7.24万元的人均利润;其他印刷品印刷上市企业人均利润为6.94万元,出现较大幅度的增长。

表1-2-11　2020年上海印刷业上市企业主营业务分类统计表

经营类别	企业数量(家)	总市值(亿元)	营业收入(亿元)	总产值(亿元)	利润总额(亿元)	员工数(人)	利润率(%)	人均产值(万/人)	人均利润(万元)
包装装潢印刷	7	1 051.51	208.72	70.21	24.45	12 304	11.17	57.07	19.80
其他印刷品印刷	1	15.57	3.67	3.77	0.35	511	9.65	73.69	6.94

十、上海印刷企业从业人员情况

2020年从业人员总数为112 245人,比2019年的113 785人减少1 540人,下降了1.35%。

技术人员总数为18 506人,占从业人员总数的16.49%,比2019年的21 157人减少2 651人,下降12.53%。在技术岗位上工作的人员总数为14 634人:高级工以上技能人才总数4 388人,占技能岗位人才总数 29.98%，比 2019 年有所增长，其中，技师 1 442 人，高级工 2 946 人；中级工人数为 4 104 人，占技术岗位员工总数的 22.18%，比 2019 年的 20.23%增长了 1.95 个百分点；初级工人数为 6 142 人，占技术岗位员工总数的 33.19%，比 2019 年的 33.10%增长了 0.09 个百分点。

表 1－2－12　2020 年上海印刷业技术岗位从业人员人数基本信息统计表

时　间	从业总人数（人）	技术人员人数（人）	技师人数（人）	高级工人数（人）	中级工人数（人）	初级工人数（人）
2020	112 245	18 506	1 442	2 946	4 104	6 142
2019	113 785	21 157	1 492	2 954	4 280	7 002
2018	116 699	21 857	1 612	3 114	4 902	8 090

从业人员学历分布中，博士学历从业人数从 2019 年的 54 人增加到 2020 年的 60 人，增长了 11.11%；硕士学历人数为 1 061 人，比 2019 年的 961 人增加了 100 人，增长了 10.41%；本科学历的人数为 12 823 人，比 2019 年的 12 677 人增加了 146 人，增长了 1.15%；本科及以上从业人员占总人数的 12.42%，比 2019 年的 11.14%占比增长了 1.28 个百分点；初中及以下从业人员的数量出现了较大幅度的下降，达到了 8.24%的降幅；其他学历等级的人员占比都出现不同程度的增长。

第三章　上海市民阅读状况调查

第一节　上海市民阅读概况

一、上海市民阅读率和阅读评价

1. 全民阅读深入普及，各项阅读率高于全国平均水平

2020年，上海市民综合阅读率较高，综合阅读率，即纸质阅读和数字阅读的人数占总人数的比率达97.04%，高出第17次(2019年)全国国民阅读调查15.94个百分点。其中，纸质阅读率达96.05%，高出全国平均水平(59.30%)36.75个百分点；数字阅读率为99.52%，高出全国平均水平(79.30%)20.22个百分点。全民阅读在市民中的深入普及不仅体现在较高的阅读率层面，调查发现，市民阅读资源获取方式也较为多元。除网上购书及书店购买图书外，从阅读网站获得资源已成为上海市民图书资源选择的最主要途径，同时，微信、今日头条、喜马拉雅等社交媒体渠道以及移动APP平台也成为市民阅读资源获取的重要渠道。而且，市民的阅读目的也十分丰富，除满足兴趣需求、获取信息知识以外，工作学习需要、掌握实用技能、提高自身素质修养也成为市民选择阅读的重要原因。

2. 整体阅读收获评价良好，老年和未成年群体阅读收获评价高

75.68%的上海市民对阅读的收获评价为"比较好"或"非常好"，20.28%的市民对阅读收获的评价一般，只有3.58%的市民对阅读的收获评价"比较小"或"非常小"。从年龄段上看，老年群体阅读收获评价最高，排在第二位的是未成年群体，第三位的是中年群体，最低的是青年群体。

二、上海市民阅读时长与场所选择

1. 超半数市民日阅读时长大于半小时，数字阅读日阅读时长高于纸质阅读

数据显示，50.4%的上海市民纸质每日阅读时长超过半小时，68.5%的市民数字每日阅读时长超过半小时。总体而言，人们花在数字阅读上的时间高于传统的纸质阅读。日阅读时间越长，纸质阅读和数字阅读之间的时长差距越大。

2. 家成为两种阅读的交汇点，交通工具成为数字阅读的重要空间

调查数据显示，家庭是市民阅读较为重要的场所，在不同阅读场所的选择上，"书房或客厅""卧室"的占比均位列前三位。传统纸质阅读的群体中，"书房或客厅"(65.71%)的选择排在第一位。数字阅读作为首要阅读形式的人群中，排在第一位的阅读场所是交通工具(地铁、公交、火车、飞机等)，可见，交通工具已成为市民数字阅读的重要空间。

3. 阅读的公共文化设施使用频率较为分散，但使用满意度较高

阅读的公共文化设施包含公共图书馆、社区阅览室、社区书屋及报刊栏等。总体上看，上海市民阅读时的公共文化设施使用频率较为分散，使用频率为"三个月1次"的占比最多，为18.30%；其次是"半年1次"(16.40%)，每月2至3次(14.80%)，"每周1次"(14.70%)，"一年一次"(12.30%)

等。对公共阅读设施使用满意度为“非常不满意”和“比较不满意”的市民占比仅有7.05%，“非常满意”和“比较满意”的占比为62.96%。

三、上海市民阅读类型和阅读目的

1. 人文社科类纸质书受青睐，文娱类电子书占比大

在纸质书种类的偏好上，上海市民选择阅读最多的是人文社科类书籍，占比为26.44%，其次是文娱类(19.70%)、科技类(10.97%)、生活类(10.76%)、经管类(9.01%)。在电子书种类的偏好上，文娱类电子书选择最多，占比为27.50%，其次是人文社科类(19.10%)、生活类(12.40%)、资讯类(10.80%)、科技类(10.40%)。

2. 深度阅读偏爱纸质，便利和免费成数字阅读选择的重要因素

上海市民选择纸质书阅读的最重要的两个原因是“需要深度阅读”和“需要反复阅读”，而选择数字阅读的最重要的两个原因是“阅读内容更方便携带”以及“资源获取更便利”。收藏保存方便、具有权威性以及需要做读书笔记是选择纸质阅读的其他重要原因；费用少或免费、方便信息检索、更新速度快是选择数字阅读的其他主要原因。

3. 纸质阅读市民更愿花钱，免费的数字阅读依然受市民追捧

从市民的阅读支出上看，27.00%的人一年购买纸质书刊的支出在200～500元之间，超过500元一年的占比为17.90%，只有10.70%的人纸质阅读支出为50元以下或没有。数字阅读的支出方面，33.90%的人只看免费的内容，200元以上的年数字阅读费用支出的占比为15.90%。

4. 数字阅读占据优势，手机成为数字阅读最重要的工具

2020年上海市民的数字阅读率为99.52%，高于纸质阅读率(96.05%)3.47个百分点，说明数字阅读已经超越纸质阅读，成为最普及的阅读方式。其中，选择手机阅读的人群占比最高，其次是网络在线阅读和使用电子阅读器(如Kindle)进行阅读，只有0.48%的市民从不进行数字阅读。

5. 手机听书APP占有声阅读半壁江山，微信公众号成市民有声阅读新风尚

市民进行有声阅读的主要渠道为移动有声(手机听书)APP平台，占比为56.60%；微信公众号语音推送成为市民进行有声阅读的第二选择，占比为13.30%。其次为有声阅读器或语音读书机，占比为6.8%。

6. 兴趣需求大于信息知识获取，成为市民阅读首要目的

数据显示，上海市民选择阅读的目的最重要的是满足兴趣需求，其他依次是获取知识信息、提高素质修养、工作学习需要、掌握实用技能、增加交流谈资。

四、疫情期间上海市民的阅读状况

与平时相比，新冠疫情发生期间(1—3月)，市民普遍表示自我的阅读时间更加连续，阅读书刊的时长有所增加，同时阅读书刊的目的也更加明确。在本次的阅读调查中，阅读对市民在疫情期间的焦虑缓解起到了一定的正向作用，认为阅读能够“比较有用”和“非常有用”能缓解自身对疫情焦虑的市民占比为51.80%和13.60%，只有2.40%的市民表示阅读对缓解自我对疫情的焦虑完全没有作用。

五、上海市民的阅读意义分析

为了更深入了解市民的阅读行为和"自我"间的关系，充分认识阅读究竟在市民生活和成长过程中扮演着何种角色，发挥出了什么样的价值，本调查组通过较科学的问题设计，探究了市民的阅读行为和个人的"人生观(即认识自我)"、"世界观(即认识世界)"、"亲社会行为"之间的关联。

(1) 阅读时长和阅读意义的三个层次呈显著正相关。即，阅读时间越长的市民，越能够更好地认识自我、认识世界，同时具有更加积极的亲社会意愿。

(2) 阅读花费和阅读意义的三个层次呈显著正相关。即，阅读花费越高的市民，越能够更好地认识自我、认识世界，同时具有更加积极的亲社会意愿。

(3) 阅读收获评价和阅读意义的三个层次呈显著正相关。即，对阅读收获评价越高的人，越能够更好地认识自我、认识世界，同时具有更加积极的亲社会意愿。

(4) 公共阅读设施使用频率和阅读意义的三个层次呈显著正相关。即，对公共阅读设施使用越频繁的人，越能够更好地认识自我、认识世界，同时具有更加积极的亲社会意愿。

(5) 公共阅读设施使用满意度和阅读意义的三层次呈显著正相关。即，对公共文化设施使用满意度越高的人，越能够更好地认识自我、认识世界，同时具有更加积极的亲社会意愿。

(6) 不同的阅读目的和阅读意义的三维度间的相关关系有所不同。

总体上，阅读目的对阅读意义有显著的正向影响，但不同的阅读目的与阅读意义三维度间的关联有所区别。阅读目的为"娱乐和消磨时间"的，只和阅读意义中的"认识自我"维度有正向的相关关系，和"认识世界""亲社会行为"并无显著性相关。阅读目的为"获取信息知识""满足兴趣需求""工作学习需要""掌握实用技能""提高素质修养"和"增加交流谈资"的，均和阅读意义呈正向相关关系，这也意味着这样的阅读目的能够帮助市民更好地认识自我、认识世界，并具有更积极的亲社会意愿。

第二节　研究调查与研究设计

一、调查目的与准备

为切实了解2020年度上海市民阅读的实际状况，经由上海市委宣传部印刷发行处委托，上海交通大学"全民阅读调查"课题组历时3个月，对上海市16个区居民进行了抽样调查。本次调查分六个阶段：确定调查对象、设计问卷、预测试与问卷调整、下发问卷、整理数据、撰写报告。

二、调查对象与内容

本次调查对象为上海市16个区的居民，发放问卷3 100份，其中有效问卷2 909份，占比93.84%。每千人发放问卷0.12份，较好体现上海市民阅读的真实水平和总体情况。采用配额抽样的方法，根据该区域人口占上海市总人口的比例，确定该区域的样本量。同时满足各区域问卷的性别比例，与上海市人口分布同比。在这两个条件下，对该区域内的居民进行网络随机抽样。

调查了解了上海市民的阅读形式、阅读渠道、阅读场所、阅读目的、阅读收获、阅读消费等问题。此外，针对2020年新冠疫情暴发这一情况，调查疫情期间上海市民的阅读习惯变化。同时，考察"全民阅读"的效果，即针对阅读对价值观等方面的影响进行了测量。

三、问卷设计与发放

本次调研以问卷调查为主，辅以访谈法作为观察和补充。问卷设计主要包含两步：第一，结合上海市委宣传部印刷发行处提出的要求，就传统阅读情况、数字阅读情况的质和量进行测量，参考、借鉴其他省市近年来相关的调查问卷，设计问卷初稿，经由专家讨论、提出意见进行第一次修改。第二，以方便抽样的方式，在上海交通大学闵行校区、徐汇校区内及附近的小区、菜场、公园选择了100位调查对象进行预调查，填写问卷后与其交流，将表意不清、叙述不当的问题及选项记录整合，进行第二次修改。最终形成了包括人口统计学变量在内的五部分、33题、每题5至10个选项的问卷。

四、样本情况与数据处理

本次调查共发放问卷3 100份，在回收的问卷中，首先将作答率不足70%的问卷（即空缺10题以上）视为无效问卷。其次对人口统计学变量中的性别、年龄、职业、受教育程度进行检视，将存在明显相斥答案的问卷视为无效问卷。共得到有效问卷2 909份。对问卷进行编号，将问题选项进行编码，并将每份问卷的所有数据录入Excel及SPSS软件，安排专人对录入数据进行核查，对录入错误数据进行修改，以供后期分析及研究。

第三节　上海市民阅读情况

一、上海市民阅读的总体状况

（一）上海市民的阅读形式选择

53.18%的受访者偏好数字阅读，而偏好纸质阅读的人数比例只有14.44%，32.38%的受访者表示纸质阅读和数字阅读的选择差不多。

1. 不同性别人群的阅读形式选择

15.56%的男性受访者首选方式是纸质阅读，女性为13.43%，略低于男性。51.23%的男性首选数字阅读，女性为54.94%，略高于男性。传统纸质阅读和数字阅读差不多的男女比例分别为33.21%和31.63%。

2. 不同年龄段人群阅读形式选择

未成年受访者（0～17岁）（以下简称"未成年群体"）首选方式为纸质阅读和首选方式为数字阅读的均为28.04%，两者选择"差不多"的有43.92%。青年人群（18～34岁）（以下简称"青年群体"）首选纸质阅读的有14.03%，首选数字阅读的有54.70%，两者选择"差不多"的有31.27%。中年群体（35～54岁）（以下简称"中年群体"）首选纸质阅读的有12.08%，首选数字阅读的有54.37%，两者选择"差不多"的有33.55%。老年群体（55岁以上）（以下简称"老年群体"），首选纸质阅读，两者"差不多"的比率均为29.00%，首选数字阅读的有42.00%。

3. 不同受教育程度人群的阅读形式选择

小学及以下人群(以下简称“小学及以下群体”),首选纸质阅读的比例为20.00%,首选数字阅读的比例为60.00%,两者“差不多”的比例为20.00%。初中文化程度人群(以下简称“初中群体”),首选纸质阅读的比例为25.88%,首选数字阅读的比例为47.06%,两者“差不多”的比例为27.06%。高中及中专文化程度人群(以下简称“高中及中专群体”),首选纸质阅读的比例为16.89%,首选数字阅读的比例为48.00%,两者“差不多”的比例为35.11%。大专文化程度人群(以下简称“大专群体”),首选纸质阅读的比例为12.95%,首选数字阅读的比例为58.93%,两者“差不多”的比例为28.13%。大学本科学历人群(以下简称“本科群体”),首选纸质阅读的比例为13.51%,首选数字阅读的比例为52.90%,两者“差不多”的比例为33.60%。研究生及以上学历人群(以下简称“研究生及以上群体”),首选纸质阅读的比例为16.48%,首选数字阅读的比例为51.92%,两者“差不多”的比例为31.59%。

4. 不同工作或学习时长人群的阅读形式选择

工作或学习40小时以内的人群(以下简称“40小时以内人群”),17.11%首选纸质阅读,52.34%首选数字阅读,两者“差不多”的比例为30.55%。工作和学习时长在40～60小时的人群(以下简称“40～60小时人群”),11.81%首选纸质阅读,54.96%首选数字阅读,两者“差不多”的比例为33.22%。工作和学习时长在60小时以上的人群(以下简称“60小时以上人群”),18.01%首选纸质阅读,48.12%首选数字阅读,两者“差不多”的占比33.87%。

5. 不同月收入家庭人群的阅读形式选择

家庭月收入在5 000元以下的受访群体(以下简称“5 000元以下人群”),16.37%首选纸质阅读,56.14%首选数字阅读,两者选择“差不多”的比例为27.49%。在5 000～10 000元的(以下简称“5 000～10 000元人群”),20.88%首选纸质阅读,49.06%首选数字阅读,两者选择“差不多”的比例为30.06%。收入在10 000～15 000元的(以下简称“10 000～15 000元人群”),12.52%首选纸质阅读,57.44%首选数字阅读,两者选择“差不多”的比例为30.04%。收入在15 000～20 000元的(以下简称“15 000～20 000元人群”),11.09%首选纸质阅读,54.55%首选数字阅读,两者选择“差不多”的比例为34.36%。收入超过20 000元的(以下简称“20 000元以上人群”),14.50%首选纸质阅读,50.70%首选数字阅读,两者选择“差不多”的比例为34.80%。

(二) 阅读场所偏好

调查数据显示,上海市民主要阅读场所排在前三位的是:卧室(63.91%)、交通工具(地铁、公交、火车、飞机等)(58.95%)、书房或客厅(58.20%)。第四位是图书馆(44.17%),第五位是工作场所(36.37%),第六位是书店(31.18%)。后四位分别是咖啡厅/茶馆(24.79%)、洗手间(22.31%)、学校(22.79%)和其他(4.78%)。

1. 不同性别对于阅读场所的选择

男性受访者中,排在前两位的是书房或客厅(60.93%)、卧室(59.48%);女性受访者中,排在前两位的是卧室(67.91%)、交通工具(59.86%)。男性受访者中,后三位分别是洗手间(20.91%)、学校(18.45%)、其他(5.21%);女性受访者中,后三位分别是咖啡厅/茶馆(25.74%)、洗手间(23.58%)、其他(4.39%)。

2. 不同年龄段人群对于阅读场所的选择

未成年群体选择最多的阅读场所是学校(67.29%),青年群体选择最多的是卧室(65.97%),中年群体选择最多的是书房或客厅(63.65%),老年群体选择最多是书房或客厅(76.00%)。

3. 不同受教育程度人群对于阅读场所的选择

小学及以下群体首选是卧室(70.00%),初中群体首选是书房或客厅(61.18%),高中及中专群体首选是书房或客厅(62.67%),大专群体首选是卧室(59.38%),本科群体首选是卧室(67.59%),研究生及以上群体首选是交通工具(63.19%)。

4. 不同工作或学习时长人群对于阅读场所的选择

40 小时以内人群、40～60 小时人群、60 小时以上人群,首选均为卧室,占比分别是 62.59%、66.06%、58.60%。

5. 不同月收入家庭人群对于阅读场所的选择

5 000 元以下人群首选是学校(55.56%),5 000～10 000 元人群首选是卧室(62.84%),10 000～15 000 元人群首选是卧室(64.06%),15 000～20 000 元人群首选是书房和客厅(64.41%),20 000 元以上人群首选是卧室(66.06%)。

6. 不同阅读形式偏好人群对于阅读场所的选择

首选传统纸质阅读群体,前三分别是书房或客厅(65.71%)、图书馆(56.67%)、卧室(56.67%)。首选数字阅读人群,前三分别是交通工具(67.36%)、卧室(65.61%)、书房或客厅(51.45%)。选纸质阅读和数字阅读"差不多"人群,前三分别是书房或客厅(65.92%)、卧室(64.33%)、图书馆(61.68%)。

7. 不同居住区域人群对于阅读场所的选择

居住在内环以内的人群首选是交通工具(61.02%),居住在中环以内的人群、居住在外环以内的人群、居住在外环以外的人群首选都是卧室,比例分别是 64.28%、66.98%、61.89%。

(三) 获取阅读资源的主要途径

本研究将上海市民获取阅读资源的途径划分为 5 个等级,即"1"代表"非常不符合";"2"代表"比较不符合";"3"代表"一般";"4"代表"比较符合";"5"代表"非常符合"。从总体上看,通过阅读网站获得阅读资源是上海市民选择的最主要途径,其次是微信、今日头条、喜马拉雅等社交媒体渠道,排在第三位阅读途径是移动 APP 平台,可以看出数字资源途径是上海市民的最重要的阅读途径;与此相比,向他人借阅以及实体书店或报刊亭购买这两种途径排在最后。

1. 不同性别人群获取阅读资源的主要途径

从性别角度看,男生和女生都将微信、今日头条、喜马拉雅等社交媒体以及移动 APP 阅读资源作为自己主要获取阅读资源的途径(4 分以上),对女生而言,各类阅读网站也是其重要的阅读途径,且其是女生最重要的获取途径。

2. 不同年龄段人群获取阅读资源的主要途径

未成年和老年群体获取阅读资源的主要途径相对单一,其主要获取方式分别是网上购买纸质图书和微信、今日头条、喜马拉雅等社交媒体平台。青年人主要阅读获取途径是阅读网站和移动 APP 平台。中年人选择的主要获取途径分别是微信、今日头条、喜马拉雅等社交媒体以及移动 APP 平台。

3. 不同受教育程度人群获取阅读资源的主要途径

小学及以下群体、初中群体、高中及中专群体主要的两种阅读资源获取途径分别是社交媒体平台及各类网站;对大专群体而言,社交媒体平台是他们阅读资源的主要获取途径。本科群体获取阅读资源的平台相对多样,如网站、社交平台以及移动 APP 平台。研究生及以上群体主要选择的阅读途径是网站平台。

4. 不同工作或学习时长人群获取阅读资源的主要途径

40 小时以内人群,获取阅读资源的主要途径是微信、今日头条、喜马拉雅等社交媒体平台。40～60 小时人群,主要途径为社交媒体平台、网站以及移动 APP 平台。60 小时以上人群,主要途径为阅读网站。

5. 不同月收入家庭人群获取阅读资源的主要途径

15 000 元以上人群,获取阅读资源的主要途径更为丰富,在网站、社交平台以及移动 APP 平台三种途径的得分均超过 4 分。5 000 元以下人群体主要途径有网站(3.889 分)和社交平台(3.807 分)。5 000～10 000 元人群主要途径有网站(4.033 分)和社交平台(3.883 分)。10 000～15 000 元人群主要途径有网站(3.975 分)和社交平台(3.953 分)。

6. 不同居住区域人群获取阅读资源的主要途径

内环以内的市民获取阅读资源的主要途径前两位分别是移动 APP 平台(4.030 分)和社交媒体平台(3.984 分)。中环以内的市民前两位分别是网站(4.045 分)和社交媒体平台(4.008 分)。外环以内的市民前两位分别是社交媒体平台(4.002 分)和移动 APP 平台(4.056 分)。外环以外的市民排在前两位的分别是社交媒体平台(4.065 分)和网站平台(3.965 分)。

(四) 上海市民阅读目的

本研究将阅读目的分为娱乐消磨时间等 7 种目的,按照 1 至 5 分划分"非常不符合""比较不符合""一般""比较符合""非常符合"五个等级。结果显示,上海市民阅读的最主要目的是满足兴趣需求,其次为获取信息知识,得分分别为 4.172 分和 4.156 分。提高素质修养、工作学习需要、掌握实用技能排在 3 至 5 位,得分为 3.928 分、3.896 分和 3.829 分。娱乐消磨时间和增加交流谈资是最不重要的目的,得分分别是 3.670 分和 3.672 分。

1. 不同性别人群的阅读目的

男性和女性都高度追求获取信息知识和满足兴趣要求的目的,得分均超过 4 分,消磨时间的阅读目的(3.587)对男性来说比重最轻,增加交流谈资的阅读目的(3.617)对女性而言比重最轻。

2. 不同年龄段人群的阅读目的

未成年、青年、中年和老年群体都对获取信息知识和满足兴趣需求的阅读目的较为看重,这两种目的在各年龄段人群中的得分均超过了 4 分。另外,对未成年人来说,提高素质和修养也是他们阅读的重要目的。对老年人来说,提高素质修养以及增加交流谈资也是他们阅读的重要目的。

3. 不同受教育程度人群的阅读目的

研究生群体的阅读目的更加多元,他们看中阅读在获取信息知识、满足兴趣要求、工作学习需要以及掌握实用技能给他们带来的帮助。小学及以下群体,满足兴趣需求和提升素质修养是他们最看重的阅读目的。初中群体,提高素质修养和增加交流谈资是他们最为看重的阅读目的。对于高中及中专、大专、本科群体来说,获取信息知识和满足兴趣需求是他们最看重的阅读目的。

4. 不同工作或学习时长人群的阅读目的

获取信息知识和满足兴趣需求是所有不同工作或学习时长人群重要的阅读目的。另外,60 小时以上人群,工作和学习需要以及提升素质修养也是他们主要的阅读目的。

5. 不同月收入家庭人群的阅读目的

5 000 元以下人群,他们的阅读目的更关注的是满足兴趣的需求。超过 5 000 元以上的家庭不仅关注满足兴趣,也将获取信息知识看作他们的重要阅读目的。另外,对 20 000 元以上人群而言,工作学习需要和提高素质修养也是他们阅读的重要目的。

6. 不同阅读时长人群的阅读目的

对每天不同阅读时长人群来说,获取信息知识和满足兴趣需求都是他们重要的阅读目的。对阅读时长在 2～3 小时的人群来说,工作学习需要和提高素质修养也是他们的主要阅读目的。对阅读时长每日超过 3 小时的人群来说,工作学习需要、掌握实用技能以及提升素质修养都是他们阅读的主要目的。

7. 不同阅读形式偏好人群的阅读目的

纸质阅读的人群阅读主要目的有获取信息知识、满足兴趣要求以及提高素质修养。数字阅读的人群阅读主要目的分别是获取信息知识和满足兴趣要求。纸质阅读和数字阅读差不多比重的人群,其阅读的主要目的分别是获取信息知识、满足兴趣需求以及提高素质修养。

(五) 上海市民阅读收获的自我评价

为更好地了解上海市民关于阅读收获自我评价的总体情况,研究将阅读的自我评价划分为五个等级,即:1 分代表收获非常小;2 分代表收获比较小;3 分代表收获一般;4 分代表收获比较大;5 分代表收获非常大。调查结果显示,上海市民阅读收获的自我总体评价总体较好,认为阅读收获比较大和收获非常大的人群占到了 76.14%,认为收获一般的占比为 20.28%,而认为收获比较小和非常小的人群占比只有 3.58%。

1. 不同性别人群阅读收获的自我评价

从性别来看,男性和女性关于阅读收获的评价处在收获一般和收获比较大之间,男性的阅读自我评价(3.883)高于女性(3.842)。

2. 不同年龄段人群阅读收获的自我评价

从不同年龄段群体来看,老年群体的阅读自我评价最高,处在“收获比较大”以上的水平,得分为 4.07 分。其次是未成年群体,得分为 3.991 分,接近阅读“收获比较大”的水平。青年和中年群体的阅读自我评价相对较低,得分为 3.828 分和 3.887 分。由此可见,从年龄段来说,市民的阅读收获自我评价呈现“U”形。

3. 不同受教育程度人群阅读收获的自我评价

小学及以下群体对阅读收获的自我评价最高,得分为 4.1 分。研究生及以上群体阅读自我评价次之,得分为 3.975 分。大专、高中及中专的人群阅读收获自我评价得分相对较低,分别为 3.775 分和 3.844 分。

4. 不同工作或学习时长人群阅读收获的自我评价

40～60 小时人群阅读收获的自我评价得分最高,为 3.891 分,其次是 60 小时以上人群。40 小时以内人群阅读收获的自我评价得分最低,为 3.806 分。

5. 不同月收入家庭人群阅读收获的自我评价

数据显示,家庭月收入水平和阅读收获的自我评价成正相关关系,即,家庭收入水平越高的人群,其阅读收获的自我评价也就越高。5 000 元以下人群,其阅读收获的自我评价最低,得分为 3.719 分。20 000 元以上人群阅读收获的自我评价最高,得分为 3.963 分。

6. 不同首选阅读方式人群阅读收获的自我评价

选纸质阅读和数字阅读差不多的人群阅读收获的自我评价得分最高，为3.982分。其次是首选纸质阅读群体，得分为3.974分。首选数字阅读群体阅读收获的自我评价得分最低，为3.757分。

7. 不同阅读内容偏好人群阅读收获的自我评价

阅读经管类书籍人群的阅读收获自我评价分最高，为3.966分。其次是人文社科类(3.949分)、励志类(3.876分)和科技类(3.871分)。文娱类(3.752分)和生活类(3.754分)阅读收获的自我评价最低。

8. 不同阅读时长人群阅读收获的自我评价

不同阅读时长人群中，阅读时间越长，阅读收获的自我评价也就越高。每天阅读时长在1小时以下的人群，其阅读收获的自我评价最低，得分为3.653分；阅读时长在3小时以上的人群，其阅读收获的自我评价最高，得分为4.098分。

9. 使用不同数字阅读工具人群阅读收获的自我评价

从不进行数字阅读的人，其阅读收获的自我评价最高，得分为4分。其次是使用iPAD/平板电脑、电子阅读器的人群，阅读收获的自我评价也相对较高，得分分别为3.919分和3.924分。网络在线阅读和手机阅读的人群阅读收获的自我评价最低，得分分别为3.857分和3.86分。

10. 使用不同听书渠道人群阅读收获的自我评价

使用移动有声(手机听书)APP人群的阅读收获的自我评价最高，得分为3.905分，其次是录音带的讲书和微信公众号的语音推送，得分分别为3.842分和3.827分。使用CD版有声书和广播听书的人群，其阅读收获的自我评价最低，得分分别为3.75分和3.76分。

11. 使用不同阅读场所人群阅读收获的自我评价

在图书馆和书店进行阅读的人群，阅读收获的自我评价最高，得分均为3.996分。咖啡厅/茶馆次之，得分为3.963分。洗手间以及其他场所看书的人群，其阅读收获的自我评价最低，得分分别为3.786分和3.856分。

二、上海市民纸质阅读状况与消费倾向

(一) 上海市民纸质图书书刊的阅读时长

调查结果显示，上海市民每天纸质图书书刊的阅读时长在10～30分钟占比最大，为34.20%；阅读时长在30～60分钟占比次之，为29.49%；阅读时长在1～2小时的占比为16.19%；阅读时长在2小时以上的占比为4.68%；阅读时长在10分钟以下的占比为11.48%。不阅读纸质书的占比为3.95%。

1. 不同性别人群纸质读物阅读时长

男性和女性，每天阅读时长在10～30分钟占比均为最大，比例分别为32.13%、36.08%。

2. 不同年龄段人群纸质读物阅读时长

未成年群体每天阅读时长在10～30分钟的占比最大，为33.64%；青年群体每天阅读时长在30～60分钟的占比最大，为35.21%；中年群体每天阅读时长在10～30分钟的占比最大，为33.55%；老年群体每天阅读时长在1～2小时的占比最大，为28.00%。

3. 不同受教育程度人群纸质读物阅读时长

小学及以下群体每天阅读时长在30～60分钟的占比最大，为40%；初中群体、高中及中专群

体、大专群体、本科群体、本科群体每天阅读时长在10～30分钟的占比均为最大，比例分别为29.41%、36.00%、35.04%、34.44%、32.42%。

离退休人员每天阅读时长在1～2小时的占比最大，为34.33%。

4. 不同工作或学习时长人群纸质读物阅读时长

40小时以内人群、40～60小时人群、60小时以上人群，每天阅读时长在10～30分钟占比均为最大，分别为34.93%、34.40%、31.45%。

5. 不同月收入家庭人群纸质读物阅读时长

5 000元以下人群、5 000～10 000元人群、10 000～15 000元人群、15 000～20 000元人群、20 000元以上人群每天阅读时长在10～30分钟的占比均为最大，比例分别为33.92%、37.58%、32.70%、35.90%、32.44%。

（二）上海市民纸质阅读数量

1. 不同性别人群纸质读物阅读数量

除期刊和教科书以外，上海男性市民过去一年平均每人阅读的纸质图书的数量为6.40本，上海女性市民过去一年平均每人阅读的纸质图书的数量为5.87本。

2. 不同年龄段人群纸质读物阅读数量

除期刊和教科书以外，未成年群体、青年群体、中年群体、老年群体过去一年平均每人阅读的纸质图书的数量分别为6.53本、5.57本、6.71本、9.88本。

3. 不同受教育程度人群纸质读物阅读数量

除期刊和教科书以外，小学及以下群体、初中群体、高中及中专群体、大专群体、本科群体、研究生及以上群体过去一年平均每人阅读的纸质图书的数量分别为4.10本、5.81本、7.17本、5.00本、6.17本、6.71本。

4. 不同工作或学习时长人群纸质读物阅读数量

除期刊和教科书以外，40小时以内人群、40～60小时人群、60小时以上人群过去一年平均每人阅读的纸质图书的数量分别为5.39本、6.24本、7.57本。

5. 不同月收入家庭人群纸质读物阅读数量

除期刊和教科书以外，5 000元以下人群、5 000～10 000元人群、10 000～15 000元人群、15 000～20 000元人群、20 000元以上人群过去一年平均每人阅读的纸质图书的数量分别为4.66本、4.80本、5.28本、6.17本、7.64本。

（三）上海市民纸质书刊种类偏好

调查结果显示，上海市民最喜欢阅读的纸质书刊是人文社科类（26.44%）。其次是文娱类（19.70%）、科技类（10.97%）和生活类（10.76%）。其他则是教育类（9.73%）、经管类（9.01%）、励志类（7.77%）和资讯类（5.64%）。

1. 不同性别人群纸质书刊种类偏好

上海男性市民阅读种类偏好前四分别为人文社科类、科技类、文娱类、经管类，占比分别为24.96%、18.96%、13.39%、10.56%；上海女性市民前四分别为人文社科类、文娱类、生活类、教育类，占比分别为27.77%、25.41%、13.16%、10.87%。

2. 不同年龄段人群纸质书刊种类偏好

未成年群体前三为人文社科类(31.78%)、文娱类(28.97%)、励志类(9.35%);青年群体前三为人文社科类(26.20%)、文娱类(24.11%)、科技类(11.38%);中年群体前三为人文社科类(25.81%)、生活类(13.05%)、文娱类(11.43%);老年群体前三为人文社科类(31.00%)、生活类(26.00%)、科技类(16.00%)。

3. 不同受教育程度人群纸质书刊种类偏好

小学及以下群体前二为生活类(40.00%)、资讯类(20.00%),教育类、文娱类、人文社科类及励志类均为10.00%。初中群体前三为文娱类(23.53%)、人文社科类(20.00%)、生活类(18.82%)。高中及中专群体前三为文娱类、生活类、人文社科类,占比均为20.00%。大专群体前三为文娱类(20.76%)、人文社科类(17.41%)、生活类(15.85%)。本科群体前三为人文社科类(27.74%)、文娱类(20.88%)、科技类(9.90%)。研究生及以上群体前三为人文社科类(37.09%)、科技类(18.68%)、经管类(12.09%)。

4. 不同工作或学习时长人群纸质书刊种类偏好

40小时以内人群,前三为人文社科类(25.37%)、文娱类(22.69%)、生活类(12.54%)。40～60小时人群,前三为人文社科类(26.63%)、文娱类(17.43%)、科技类(10.90%)。60小时以上人群中,前三为人文社科类(28.49%)、文娱类(20.97%)、科技类(15.32%)。

5. 不同月收入家庭人群纸质书刊种类偏好

5 000元以下人群前四为文娱类(31.58%)、人文社科类(18.13%)、励志类(12.87%)、科技类(12.87%)。5 000～10 000元人群前三为文娱类(23.38%)、人文社科类(21.29%)、生活类(15.24%)。10 000～15 000元人群,前四为人文社科类(25.48%)、文娱类(21.50%)、教育类(10.75%)、科技类(10.75%)。15 000～20 000元人群前三为人文社科类(28.35%)、文娱类(16.49%)、科技类(11.09%)。20 000元以上人群前三为人文社科类(29.97%)、文娱类(16.54%)、经管类(12.67%)。

(四)上海市民选择纸质阅读的原因

1. 不同性别人群选择纸质阅读的原因

男女性在关于选择纸质阅读的原因上,男性和女性选择纸质阅读最重要的原因是都是需要深度阅读,在0至5分(非常不符合为1分、比较不符合为2分、一般为3分,比较符合为4分、非常符合为5分)的选择上,深度阅读这一原因的男女平均值分别是3.918和4.017;男性选择纸质阅读的次要原因是需要反复阅读,平均值为3.860,收藏保存方便的平均值为3.709。

2. 不同年龄段人群选择纸质阅读的原因

未成年、青年及中年群体选择纸质阅读最重要的两个原因是需要反复阅读及深度阅读,其中未成年群体更为看重这两种原因,得分均超过了4分。另外,对于老年群体来说,使用查询方便是该群体选择纸质阅读的重要原因。

3. 不同受教育程度人群选择纸质阅读的原因

小学及以下群体选择纸质阅读最为重要的原因是使用查询方便,其得分大于4分。对于初中至本科的各人群,收藏保存方便及需要反复阅读是这些群体选择纸质阅读的重要原因。值得一提的是,研究生群体选择纸质阅读的原因除需要反复阅读外,还包括需要深度阅读,两者的得分均超过4分。

4. 不同工作或学习时长人群选择纸质阅读的原因

不同工作时长的群体选择纸质阅读都更为看重收藏保存方便，可反复阅读以及可深度阅读。其中，40～60 小时人群选择纸质阅读最重要的原因是需要深度阅读。

5. 不同月收入家庭人群选择纸质阅读的原因

对不同月收入家庭人群来说，需要反复阅读和需要深层阅读是他们选择纸质阅读的重要原因。其中，对于月收入低于 10 000 元的人群来说，他们更为看重纸质阅读的反复阅读性。而对于月收入 10 000 元以上的人群来说，他们更为看重纸质阅读的深层阅读性。

（五）上海市民认为影响购买纸质书刊的重要因素

调查结果显示，上海市民认为影响购买纸质书刊的重要因素前三名为内容简介吸引人、喜欢作者以及朋友师长推荐，其中内容简介吸引人是最为重要的因素，得分大于 4 分。

1. 影响不同性别的人群购买纸质书刊的重要因素

对于不同性别的人群来说，他们购买纸质书刊的重要因素包括内容简介吸引人、喜欢作者以及朋友师长推荐。对于男性而言，他们更为重要的因素主要是内容简介吸引人，而对于女性群体，她们购买纸质书刊更为重要的因素是喜欢作者。

2. 影响不同年龄段的人群购买纸质书刊的重要因素

对于不同年龄段的人群来说，他们购买纸质书刊的重要因素包括内容简介吸引人、喜欢作者以及朋友师长推荐等。其中，对于未成年、青年以及中年群体而言，他们选择购买纸质书刊最为重要的因素是内容简介吸引人，得分均超过 4 分。另外，喜欢作者也是未成年人购买纸质书刊的一个重要因素。

3. 影响不同受教育程度的人群购买纸质书刊的重要因素

对于不同受教育程度的人群来说，他们购买纸质书刊的重要因素包括内容简介吸引人、喜欢作者以及朋友师长推荐等。对于小学至本科人群而言，他们选择购买纸质书刊最为重要的因素是内容简介吸引人，其中大专及本科群体该项得分均超过 4 分。值得一提的是，朋友师长推荐是研究生人群购买纸质书刊最为重要的因素。

4. 影响不同工作或学习时长的人群购买纸质书刊的重要因素

对于不同工作或学习时长的人群来说，他们购买纸质书刊的重要因素包括内容简介吸引人、喜欢作者以及朋友师长推荐等。内容简介吸引人是他们选择购买纸质书刊极为重要的因素，其中 60 小时以下群体该项得分均超过 4 分。值得一提的是，朋友师长推荐是 60 小时以上群体购买纸质书刊最为重要的因素。

5. 影响不同月收入家庭的人群购买纸质书刊的重要因素

对于不同月收入家庭的人群来说，他们购买纸质书刊的重要因素包括内容简介吸引人、喜欢作者以及朋友师长推荐等。内容简介吸引人是他们选择购买纸质书刊最为重要的因素，其中月收入 10 000 元以上群体的该项得分均超过 4 分。另外，喜欢作者也是月收入 15 000 元以上群体选择购买纸质书刊极为重要的因素。

（六）上海市民纸质阅读书籍的购买支出

1. 不同性别人群纸质阅读书籍的购买支出

男性与女性群体纸质阅读书籍购买支出均在 200～500 元占比最大，分别为 26.19% 和

27.64%;其次是100～200元,分别为23.44%和27.64%。支出在1 000元以上的占比最少,男性为5.94%,女性为3.73%。

2. 不同年龄段人群纸质阅读书籍的购买支出

未成年群体、中年群体、老年群体购买支出在200～500元占比均为最多,分别为29.91%、29.34%、24.00%;青年群体购买支出在100～200元占比最多,为27.49%。

3. 不同受教育程度人群纸质阅读书籍的购买支出

小学及以下群体购买支出在50元以下占比最多,为40.00%;初中群体、高中及中专群体、大专群体购买支出在50～100元占比均为最多,分别为24.71%、25.78%、25.22%;本科群体购买支出在200～500元占比最多,为28.64%;研究生及以上群体购买支出在100～200元占比最多,为25.55%。

4. 不同工作或学习时长人群纸质阅读书籍的购买支出

40小时以内人群购买支出在100～200元占比最多,为24.88%;40～60小时人群、60小时以上人群购买支出在200～500元占比均为最多,分别为29.37%、23.39%。

5. 不同月收入家庭人群纸质阅读书籍的购买支出

5 000元以下人群购买支出50～100元占比最多,为30.41%;5 000～10 000元人群、10 000～15 000元人群购买支出在100～200元占比均为最多,分别为30.06%、27.84%;15 000～20 000元人群、20 000元以上人群购买支出在200～500元占比均为最多,为28.35%、31.58%。

三、上海市民数字化阅读与消费倾向

(一) 数字化阅读方式接触率

调查数据显示,92.1%的受访者偏好使用手机进行数字阅读,47%的受访者偏好使用电脑在线阅读,39.5%的受访者偏好使用iPAD/平板电脑进行数字阅读,30.2%的受访者偏好使用电子阅读器(如Kindle)进行数字阅读,0.5%的受访者表示自己从不进行数字阅读。由调查结果可知,上海市民们更加偏好选择手机进行数字阅读。

1. 不同性别人群数字化阅读方式接触率

92.67%的女性受访者偏好使用手机进行数字化阅读,男性受访者比例为91.53%,略低于女性受访者。49.38%的女性受访者偏好通过网络在线阅读进行数字阅读,男性受访者比例为44.43%,略低于女性受访者。40.54%的女性受访者偏好使用iPAD/平板电脑进行数字阅读,男性受访者比例为38.28%。偏好使用电子阅读器(如Kindle)进行数字阅读的女性受访者比例是33.27%,男性受访者比例是26.85%。0.65%的男性受访者表示自己从不进行数字阅读,这样的女性受访者比例为0.33%。

2. 不同年龄段人群数字化阅读方式接触率

81.31%的未成年群体、92.68%的青年群体、92.66%的中年群体、89.00%的老年群体首选使用手机进行数字阅读。此外,未成年群体主要还有iPAD/平板电脑(48.60%)、电子阅读器(47.66%)的方式;青年群体主要还有网络在线阅读(49.41%)、iPAD/平板电脑(40.79%)的方式;中年群体主要还有网络在线阅读(47.14%)、电脑(44.55%)的方式;老年群体主要还有网页阅读(21.00%)、iPAD/平板电脑(11.00%)的方式。

3. 不同受教育程度人群数字化阅读方式接触率

70.00%的小学及以下群体、85.88%的初中群体、91.56%的高中及中专群体、92.19%的大专群体、92.91%的本科群体、90.66%的研究生及以上群体首选使用手机进行数字阅读。小学及以下群体主要还使用iPAD/平板电脑阅读(50.00%);初中群体、高中及中专群体、大专群体、本科群体、研究生及以上群体主要还使用网络在线阅读,比例分别是31.76%、44.00%、48.79%、48.79%、42.86。

4. 不同工作或学习时长人群数字化阅读方式接触率

91.14%的40小时以内人群、93.34%的40～60小时人群、89.78%的60小时以上人群,首选使用手机进行数字阅读。40小时以内人群、40～60小时人群、60小时以上人群主要还使用网络在线阅读,比例分别是46.97%、46.48%、49.46%。

5. 不同月收入家庭人群数字化阅读方式接触率

91.23%的5 000元以下人群、90.40%的5 000～10 000元人群、89.84%的10 000～15 000元人群、94.14%的15 000～20 000元人群、93.45%的20 000元以上人群,首选使用手机进行数字阅读。5 000元以下人群、5 000～10 000元人群、10 000～15 000元人群、15 000～20 000元人群、20 000元以上人群,主要还使用网络在线阅读,比例分别是48.54%、51.57%、49.19%、44.53%、44.58%。

(二) 数字化阅读方式选择原因

调查数据显示,本研究将上海市民的数字化阅读方式选择原因划分为5个等级,即"1"代表"非常不符合";"2"代表"比较不符合";"3"代表"一般";"4"代表"比较符合";"5"代表"非常符合"。

从总体上看,资源获取更便利和更方便携带阅读是上海市民选择数字化阅读方式的最主要原因;其次是资源获取费用少或免费,方便信息检索和更新速度更快。与此相比,信息量大,交互性更强,更方便复制分享和生动、有趣,视觉听觉全方位的感受这三种选择原因排在最后。

1. 不同性别人群数字化阅读方式选择原因

男性受访者数字化阅读方式主要的三个选择原因分别是更方便携带阅读(4.315分)、资源获取更便利(4.313分)和方便信息检索(4.165分)。女性受访者数字化阅读方式主要的三个选择原因分别是更方便携带阅读(4.439分)、资源获取更便利(4.38分)和方便信息检索(4.216分)。

2. 不同年龄段人群数字化阅读方式选择原因

未成年群体前三选择是资源获取费用少或免费(4.252分)、更方便携带阅读(4.168分)和资源获取更便利(4.131分)。青年群体前三选择是更方便携带阅读(4.389分)、资源获取更便利(4.346分)和资源获取费用少或免费(4.191分)。中年群体前三选择是更方便携带阅读(4.386分)、资源获取更便利(4.371分)和信息量大(4.208分)。老年群体前三选择是信息量大(4.44分)、更方便携带阅读(4.41分)、资源获取更便利(4.39分)和更新速度更快(4.39分)。

3. 不同受教育程度人群数字化阅读方式选择原因

小学及以下群体前四选择是方便信息检索(4.6分)、更方便携带阅读(4.5分)、资源获取更便利(4.4分)和资源获取费用少或免费(4.4分)。初中群体前三选择是信息量大(4.188分)、更方便携带阅读(4.165分)和更新速度更快(4.094分)。高中及中专群体前三选择是更方便携带阅读(4.24分)、资源获取费用少或免费(4.311分)和资源获取更便利(4.293分)。大专群体前三选择是更方便携带阅读(4.292分)、资源获取更便利(4.25分)和更新速度更快(4.179分)。本科群体前三选择是更方便携带阅读(4.392分)、资源获取更便利(4.381分)和资源获取费用少或免费(4.158分)。研究生及以上群体前三选择是更方便携带阅读(4.525分)、资源获取更便利(4.442

分)和资源获取费用少或免费(4.231分)。

4. 不同工作或学习时长人群数字化阅读方式选择原因

40小时以内人群前三选择是资源获取更便利(4.315分)、更方便携带阅读(4.302分)和资源获取费用少或免费(4.135分)。40～60小时人群前三选择是更方便携带阅读(4.44分)、资源获取更便利(4.375分)和方便信息检索(4.195分)。60小时以上人群前三选择是更方便携带阅读(4.347分)、资源获取更便利(4.325分)和资源获取费用少或免费(4.223分)。

5. 不同月收入家庭人群数字化阅读方式选择原因

5 000元以下人群前三选择是更方便携带阅读(4.123分)、资源获取更便利(4.029分)和资源获取费用少或免费(4.006分)。5 000～10 000元人群前三选择是更方便携带阅读(4.257分)、资源获取更便利(4.255分)和资源获取费用少或免费(4.177分)。10 000～15 000元人群前三选择是更方便携带阅读(4.371分)、资源获取更便利(4.34分)和资源获取费用少或免费(4.209分)。15 000～20 000元人群前三选择是更方便携带阅读(4.407分)、资源获取更便利(4.387分)和方便信息检索(4.186分)。20 000元以上人群前三选择是更方便携带阅读(4.48分)、资源获取更便利(4.433分)和方便信息检索(4.209分)。

(三)数字书刊阅读时长

调查结果显示,上海市民平均每天数字书刊阅读时长在30～60分钟的占比最大,为33.1%;阅读时长在10～30分钟的占比次之,为27%;阅读时长在1～2小时的占比为22.8%;阅读时长在2小时以上的占比为12.6%;阅读时长在0～10分钟的占比为4.1%;不阅读数字书刊的占比为0.5%。

1. 不同性别人群的数字书刊阅读时长

男性群体和女性群体,每天数字书刊阅读时长在30～60分钟的占比均为最大,比例分别为33.50%、32.74%。

2. 不同年龄段人群的数字书刊阅读时长

未成年群体时长在10～30分钟的占比最大,为36.45%,不阅读数字书刊的占比为1.87%。青年群体时长在30～60分钟的占比最大,为33.86%,不阅读数字书刊的占比为0.51%。中年群体时长在30～60分钟的占比最大,为33.01%,不阅读数字书刊的占比为0.32%。老年群体时长在1～2小时的占比最大,为28.00%。

3. 不同受教育程度人群的数字书刊阅读时长

小学及以下群体时长在10～30分钟的占比最大,为50.00%。初中群体时长在10～30分钟的占比最大,为28.24%,不阅读数字书刊的占比为3.53%。高中及中专群体时长在10～30分钟的占比最大,为32.89%,不阅读数字书刊的占比为0.89%。大专群体时长在30～60分钟的占比最大,为31.92%,不阅读数字书刊的占比为0.89%。本科群体时长在30～60分钟的占比最大,为31.92%,不阅读数字书刊的占比为0.67%。研究生及以上群体时长在30～60分钟的占比最大,为34.33%,不阅读数字书刊的占比为0.34%。

4. 不同工作或学习时长人群的数字书刊阅读时长

40小时以内人群,时长在30～60分钟的占比最大,为33.03%,不阅读数字书刊的占比为0.70%。40～60小时人群,时长在30～60分钟的占比最大,为34.86%,不阅读数字书刊的占比为0.26%。60小时以上人群,时长在10～30分钟的占比最大,为27.15%,不阅读数字书刊的占比为 0.81%。

5. 不同月收入家庭人群的数字书刊阅读时长

5 000 元以下人群时长在 10～30 分钟的占比最大，为 33.92%，不阅读数字书刊的占比为 2.34%。5 000～10 000 元人群时长在 10～30 分钟的占比最大，为 30.69%，不阅读数字书刊的占比为 1.04%。10 000～15 000 元人群时长在 30～60 分钟的占比最大，为 31.52%，不阅读数字书刊的占比为 0.15%。15 000～20 000 元人群时长在 30～60 分钟的占比最大，为 34.21%，不阅读数字书刊的占比为 0.15%。20 000 元以上人群时长在 30～60 分钟的占比最大，为 36.63%，不阅读数字书刊的占比为 0.32%。

（四）数字书刊阅读种类偏好

调查结果显示，上海市民最喜欢阅读的数字书刊是文娱类，占比为 27.50%。其次是人文社科类、生活类、资讯类和科技类，占比分别为 19.10%、12.40%、10.80%和 10.40%。偏好阅读教育类、励志类和经管类纸质书刊的占比分别为 6.90%、6.60%和 6.20%。

1. 不同性别人群的数字书刊阅读种类偏好

上海男性市民的阅读种类偏好前四类分别为人文社科类、文娱类、科技类和资讯类，占比分别为 18.96%、18.81%、17.66%、13.46%。上海女性市民前四类分别为文娱类、人文社科类、生活类和资讯类，占比分别为 35.36%、19.32%、15.19%、8.38%。

2. 不同年龄段人群的数字书刊阅读种类偏好

未成年群体的阅读种类偏好前四类为文娱类、人文社科类、生活类和科技类，占比分别为 33.64%、19.63%、12.15%、12.15%。青年群体前四类为文娱类、人文社科类、科技类、生活类，占比分别为 31.72%、19.55%、10.42%、10.20%。中年群体前四类为文娱类、人文社科类、生活类和资讯类，占比分别为 20.71%、18.02%、15.75%、12.19。老年群体前四类为资讯类、人文社科类、生活类和科技类，占比分别为 27.00%、22.00%、22.00%、14.00%。

3. 不同受教育程度人群的数字书刊阅读种类偏好

小学及以下群体的阅读种类偏好前四类为资讯类、教育类、励志类和生活类，占比分别为 30.00%、20.00%、20.00%、20.00%。初中群体前四类为文娱类、生活类、人文社科类和资讯类，占比分别为 21.18%、17.65%、14.12%、12.94%。高中及中专群体前四类为文娱类、生活类、人文社科类和科技类，占比分别为 28.89%、19.56%、13.33%、10.22%。大专群体前四类为文娱类、生活类、人文社科类和资讯类，占比分别为 28.57%、15.85%、12.28%、10.71%。本科群体前四类为文娱类、人文社科类、生活类和资讯类，占比分别为 29.77%、19.75%、11.48%、11.14%。研究生及以上群体前四类为人文社科类、科技类、文娱类、资讯类，占比分别为 29.67%、17.03%、16.48%、9.62%。

4. 不同工作或学习时长人群的数字书刊阅读种类偏好

40 小时以内人群的阅读种类偏好前四类为文娱类、人文社科类、生活类、资讯类，占比分别为 29.55%、18.21%、14.23%、10.65%。40～60 小时人群前四类为文娱类、人文社科类、生活类、资讯类，占比分别为 26.96%、18.60%、11.88%、11.88%。60 小时以上人群前四类为文娱类、人文社科类、科技类、励志类，占比分别为 24.19%、23.92%、16.13%、9.95%。

5. 不同月收入家庭人群的数字书刊阅读种类偏好

5 000 元以下人群的阅读种类偏好前四类为文娱类、人文社科类、励志类、生活类，占比分别为

33.92%、17.54%、12.28%、9.94%。5 000～10 000 元人群前四类为文娱类、人文社科类、生活类、科技类，占比分别为 30.90%、17.95%、15.03%、9.60%。10 000～15 000 元人群前四类为文娱类、人文社科类、阅读生活类、科技类，占比分别为 27.69%、19.44%、11.93%、11.93%。15 000～20 000 元人群前四类为文娱类、人文社科类、生活类、资讯类，占比分别为 29.74%、18.64%、14.18%、10.32%。20 000 元以上人群前五类为文娱类、人文社科类、资讯类、生活类、科技类，占比分别为 22.88%、20.19%、14.39%、10.74%、10.74%。

(五) 开始数字阅读后阅读书刊总量的变化

调查结果显示，上海市民开始数字阅读后，阅读书刊的总量少量下降的占比为 24.50%，认为自己阅读书刊总量少量增长的占比 24.00%，其次是有 22.30%的受访者认为自己的阅读总量没有变化。认为自己阅读总量大幅下降的受访者占比为 14.90%，大幅增长的占比为 14.20%。

1. 不同性别人群开始数字阅读后阅读书刊总量的变化

上海男性市民开始数字阅读后，阅读书刊的总量少量下降的占比为 24.10%，少量增长的占比为 24.38%，总量没有变化的占比为 23.30%，大幅下降的占比为 13.68%，大幅增长的占比为 14.54%。上海女性市民开始数字阅读后，阅读书刊的总量少量下降的占比为 24.95%，少量增长的占比 23.71%，总量没有变化的占比为 21.35%，大幅下降的占比为 16.04%，大幅增长的占比为 13.95%。

2. 不同年龄段人群开始数字阅读后阅读书刊总量的变化

未成年群体认为自己开始数字阅读后，阅读书刊总量少量下降的占比为 25.23%，少量增长的占比为 28.97%，总量没有变化的占比为 29.91%，大幅下降的占比为 8.41%，大幅增长的占比为 7.48%。青年人群认为自己开始数字阅读后，阅读书刊总量少量下降的占比为 26.37%，少量增长的占比为 23.49%，总量没有变化的占比为 21.52%，大幅下降的占比为 14.59%，大幅增长的占比为 14.03%。中年群体认为自己开始数字阅读后，阅读书刊总量少量下降的占比为 22.44%，少量增长的占比为 24.92%，总量没有变化的占比为 22.76%，大幅下降的占比为 12.73%，大幅增长的占比为 17.15%。老年群体认为自己开始数字阅读后，阅读书刊总量少量下降的占比为 11.00%，少量增长的占比为 20.00%，总量没有变化的占比为 23.00%，大幅下降的占比为 7%，大幅增长的占比为 39.00%。

3. 不同受教育程度人群开始数字阅读后阅读书刊总量的变化

小学及以下群体认为自己开始数字阅读后，阅读书刊总量少量下降的占比 10.00%，少量增长的占比 10.00%，总量没有变化的占比 30.00%，大幅增长的占比 50.00%，没有受访者认为自己阅读总量大幅下降。初中群体认为自己开始数字阅读后，阅读书刊总量少量下降的占比 24.71%，少量增长的占比 17.65%，总量没有变化的占比 29.41%，大幅下降的占比 7.06%，大幅增长的占比 21.18%。高中及中专群体认为自己开始数字阅读后，阅读书刊总量少量下降的占比 22.22%，少量增长的占比 22.67%，总量没有变化的 26.22%，大幅下降的占比 14.67%，大幅增长的占比 14.22%。大专群体认为自己开始数字阅读后，阅读书刊总量少量下降的占比 26.34%，少量增长的占比 18.30%，总量没有变化的占比 21.43%，大幅下降的占比 20.76%，大幅增长的占比 13.17%。本科群体认为自己开始数字阅读后，阅读书刊总量少量下降的占比 24.54%，少量增长的占比 25.38%，总量没有变化的占比 22.34%，大幅下降的占比 14.07%，大幅增长的占比 13.67%。研究生及以上群体认为自己开始数字阅读后，阅读书刊总量少量下降的占比

24.18%，少量增长的占比27.20%，总量没有变化的占比18.68%，大幅下降的占比14.29%，大幅增长的占比15.66%。

4. 不同工作或学习时长人群开始数字阅读后阅读书刊总量的变化

40小时以内人群，认为自己开始数字阅读后，阅读书刊总量少量下降的占比21.89%，少量增长的占比21.99%，总量没有变化的占比26.67%，大幅下降的占比16.32%，大幅增长的占比13.13%。40～60小时人群，认为自己开始数字阅读后，阅读书刊总量少量下降的占比25.59%，少量增长的占比25.91%，总量没有变化的占比19.65%，大幅下降和大幅增长的占比均为14.43%。60小时以上人群，认为自己开始数字阅读后，阅读书刊总量少量下降的占比27.42%，少量增长的占比21.77%，总量没有变化的占比21.24%，大幅下降的占比13.17%，大幅增长的占比16.40%。

5. 不同月收入家庭人群开始数字阅读后阅读书刊总量的变化

5 000元以下人群，认为自己开始数字阅读后，阅读书刊总量少量下降的占比28.65%，少量增长的占比16.96%，总量没有变化的占比26.32%，大幅下降的占比15.20%，大幅增长的占比12.87%。5 000～10 000元人群，认为自己开始数字阅读后，阅读书刊总量少量下降的占比26.72%，少量增长的占比20.67%，总量没有变化的占比25.47%，大幅下降的占比13.36%，大幅增长的占比13.78%。10 000～15 000元人群，认为自己开始数字阅读后，阅读书刊总量少量下降的占比24.01%，少量增长的占比24.74%，总量没有变化的占比23.71%，大幅下降的占比14.43%，大幅增长的占比13.11%。15 000～20 000元人群，认为自己开始数字阅读后，阅读书刊总量少量下降的占比24.65%，少量增长的占比25.58%，总量没有变化的占比19.41%，大幅下降的占比14.64%，大幅增长的占比15.72%。20 000元以上人群，认为自己开始数字阅读后，阅读书刊总量少量下降的占比22.99%，少量增长的占比25.46%，总量没有变化的占比20.84%，大幅下降的占比16.22%，大幅增长的占比14.50%。

（六）电子书刊阅读的人均花费

调查结果显示，上海市民在电子书刊阅读的花费上，只看免费的占比最高，为33.89%；其次是花费在50元以下，占比为20.45%。电子书刊阅读的花费在50～100元、100～200元和200元及以上的，占比分别为17.22%、12.58%和15.85%。

1. 不同性别人群一年电子书刊阅读支出

上海男性市民只看免费电子书刊的占比最高，为33.86%；其次是花费在50元以下，占比为18.74%。电子书刊阅读的花费在50～100元、100～200元和200元及以上的，占比分别为17.87%、12.52%和17.00%。上海女性市民只看免费电子书刊的占比最高，为33.92%；其次是花费在50元以下，占比为22.00%。电子书刊阅读的花费在50～100元、100～200元和200元及以上的，占比分别为16.63%、12.64%和14.80%。

2. 不同年龄段人群一年电子书刊阅读支出

未成年群体只看免费电子书刊的占比最高，为34.58%；其次是花费在50元以下，占比为20.56%。青年群体只看免费电子书刊的占比最高，为32.79%；其次是花费在50元以下，占比为22.20%。中年群体只看免费电子书刊的占比最高，为32.90%；其次是花费在200元以及以上，占比为19.96%。老年群体只看免费电子书刊的占比最高，为62.00%；其次是花费在200元以及以上，占比为12.00%。

3. 不同受教育程度人群一年电子书刊阅读支出

小学及以下群体只看免费电子书刊的占比最高，为80.00%；其次是花费在50元以下和50～100元的，均占比为10.00%。初中群体只看免费电子书刊的占比最高，为45.88%；其次是花费在50～100元，占比为18.82%。高中及中专群体只看免费电子书刊的占比最高，为42.22%；其次是花费在50元以下，占比为19.11%。大专群体只看免费电子书刊的占比最高，为36.61%；其次是花费在50元以下，占比为20.76%。本科群体只看免费电子书刊的占比最高，为31.34%；其次是花费在50元以下，占比为20.82%。研究生及以上群体只看免费电子书刊的占比最高，为33.79%；其次是花费在50元以下，占比为20.33%。

4. 不同工作或学习时长人群一年电子书刊阅读支出

40小时以内人群只看免费电子书刊的占比最高，为38.21%；其次是花费在50元以下，占比为21.99%。40～60小时人群只看免费电子书刊的占比最高，为30.22%；其次是花费在50～100元，占比为19.52%。60小时以上人群只看免费电子书刊的占比最高，为37.37%；其次是花费在50元以下，占比为21.77%。

5. 不同月收入家庭人群一年电子书刊阅读支出

5 000元以下人群只看免费电子书刊的占比最高，为49.12%；其次是花费在50元以下，占比为23.39%。5 000～10 000元人群只看免费电子书刊的占比最高，为42.59%；其次是花费在50元以下，占比为20.88%。10 000～15 000元人群只看免费电子书刊的占比最高，为34.61%；其次是花费在50元以下，占比为22.68%。15 000～20 000元人群只看免费电子书刊的占比最高，为31.90%；其次是花费在200元以上，占比为18.95%。20 000元以上人群只看免费电子书刊的占比最高，为27.50%；其次是花费在200元以上，占比为22.23%。

(七) 听书(有声阅读)的主要渠道

调查结果显示，上海市民进行听书(有声阅读)的主要渠道是通过移动有声(手机听书)APP，占比最高为56.60%，认为自己从不听书的占比为18.30%。通过微信公众号(语音推送)进行听书(有声阅读)的占比为13.30%，通过有声阅读器或语音读书机进行听书(有声阅读)的占比为6.80%，通过CD版有声书进行听书(有声阅读)的占比为0.80%，通过广播进行听书(有声阅读)的占比为3.40%，通过录音带的讲书进行听书(有声阅读)的占比为0.70%。

1. 不同性别人群的听书(有声阅读)的主要渠道

上海男性市民进行听书的主要渠道是通过移动有声APP，占比最高为54.56%，认为自己从不听书的占比为19.03%。通过微信公众号进行听书的占比为14.18%，通过有声阅读器或语音读书机、CD版有声书、广播、录音带的讲书进行听书的占比分别为7.31%、1.30%、3.04%和0.58%。上海女性市民进行听书的主要渠道是通过移动有声APP，占比最高为58.48%，认为自己从不听书的占比为17.68%。通过微信公众号进行听书的占比为12.51%，通过有声阅读器或语音读书机、CD版有声书、广播、录音带的讲书进行听书的占比分别为6.42%、0.39%、3.80%和0.72%。

2. 不同年龄段人群的听书(有声阅读)的主要渠道

未成年群体进行听书的主要渠道是通过移动有声APP，占比最高为55.14%，认为自己从不听书的占比为26.17%。青年群体进行听书的主要渠道是通过移动有声APP，占比最高为55.44%，认为自己从不听书的占比为19.89%。中年群体进行听书的主要渠道是通过移动有声APP，占比最高为59.98%，认为自己从不听书的占比为12.94%。老年群体进行听书的主要渠道是通过移动有声APP，占比最高为48.00%，认为自己从不听书的占比为32.00%。

3. 不同受教育程度人群的听书(有声阅读)的主要渠道

小学及以下群体进行听书的主要渠道是通过移动有声APP，占比最高为50.00%，认为自己从不听书的占比为40.00%。初中群体进行听书的主要渠道是通过移动有声APP，占比最高为61.18%，认为自己从不听书的占比为22.35%。高中及中专群体进行听书的主要渠道是通过移动有声APP，占比最高为52.89%，认为自己从不听书的占比为19.56%。大专群体进行听书的主要渠道是通过移动有声APP，占比最高为55.58%，认为自己从不听书的占比为17.41%。本科群体进行听书的主要渠道是通过移动有声APP，占比最高为57.23%，认为自己从不听书的占比为17.95%。研究生及以上群体进行听书的主要渠道是通过移动有声APP，占比最高为56.32%，认为自己从不听书的占比为18.96%。

4. 不同工作或学习时长人群的听书(有声阅读)的主要渠道

40小时以内人群进行听书的主要渠道是通过移动有声APP，占比最高为56.32%，认为自己从不听书的占比为17.81%。40～60小时人群进行听书的主要渠道是通过移动有声APP，占比最高为58.68%，认为自己从不听书的占比为16.71%。60小时以上人群进行听书的主要渠道是通过移动有声APP，占比最高为48.92%，认为自己从不听书的占比为26.34%。

5. 不同月收入家庭人群的听书(有声阅读)的主要渠道

5 000元以下人群进行听书的主要渠道是通过移动有声APP，占比最高为47.37%，认为自己从不听书的占比为22.81%。5 000～10 000元人群进行听书的主要渠道是通过移动有声APP，占比最高为51.36%，认为自己从不听书的占比为19.62%。10 000～15 000元人群进行听书的主要渠道是通过移动有声APP，占比最高为54.34%，认为自己从不听书的占比为16.64%。15 000～20 000元人群进行听书的主要渠道是通过移动有声APP，占比最高为57.32%，认为自己从不听书的占比为17.10%。20 000元以上人群进行听书的主要渠道是通过移动有声APP，占比最高为62.19%，认为自己从不听书的占比为18.90%。

四、疫情期间(1—3月)的阅读习惯变化

(一) 阅读者在疫情期间的阅读习惯变化

调查数据显示，本研究将上海市民在新冠疫情期间的阅读习惯变化划分为5个等级，即“1”代表“非常不符合”；“2”代表“比较不符合”；“3”代表“一般”；“4”代表“比较符合”；“5”代表“非常符合”。

从总体上看，阅读书刊时长增加、阅读书刊时间更连续是上海市民在疫情期间最显著的阅读习惯变化，其次是阅读书刊目的更明确、阅读书刊内容更深。与此相比，更愿意分享阅读心得排在最后。

1. 不同性别人群疫情期间的阅读习惯变化

上海男性市民在疫情期间最显著的阅读习惯变化是阅读书刊时长增加(3.916分)，阅读书刊时间更连续(3.902分)。上海女性市民在疫情期间最显著的阅读习惯变化是阅读书刊时间更连续(3.912分)，阅读书刊时长增加(3.893分)。

2. 不同年龄段人群疫情期间的阅读习惯变化

未成年群体最显著的阅读习惯变化是阅读书刊时长增加(3.879分)，阅读书刊时间更连续

(3.813 分)。青年群体最显著的阅读习惯变化是阅读书刊时长增加(3.883 分),阅读书刊时间更连续(3.877 分)。中年群体最显著的阅读习惯变化是阅读书刊时长增加(3.944 分),阅读书刊时间更连续(3.981 分)。老年群体最显著的阅读习惯变化是阅读书刊时长增加(3.93 分),阅读书刊时间更连续(3.87 分)。

3. 不同受教育程度人群疫情期间的阅读习惯变化

小学及以下群体最显著的阅读习惯变化是阅读书刊时长增加(3.9 分),阅读书刊时间更连续(3.8 分)。初中群体最显著的阅读习惯变化是阅读书刊时长增加(3.835 分),阅读书刊时间更连续(3.835 分)。高中及中专群体最显著的阅读习惯变化是阅读书刊时长增加(3.898 分),阅读书刊时间更连续(3.818 分)。大专群体最显著的阅读习惯变化是阅读书刊时长增加(3.877 分),阅读书刊时间更连续(3.835 分)。本科群体最显著的阅读习惯变化是阅读书刊时间更连续(3.93 分),阅读书刊时长增加(3.917 分)。研究生及以上群体最显著的阅读习惯变化是阅读书刊时间更连续(3.964 分),阅读书刊时长增加(3.893 分)。

4. 不同工作或学习时长人群疫情期间的阅读习惯变化

40 小时以内人群最显著的阅读习惯变化是阅读书刊时间更连续(3.852 分),阅读书刊时长增加(3.854 分)。40～60 小时人群最显著的阅读习惯变化是阅读书刊时间更连续(3.937 分),阅读书刊时长增加(3.963 分)。60 小时以上人群最显著的阅读习惯变化是阅读书刊时长增加(3.911 分),阅读书刊时间更连续(3.823 分)。

5. 不同月收入家庭人群疫情期间的阅读习惯变化

5 000 元以下人群最显著的阅读习惯变化是阅读书刊时间更连续(3.62 分),阅读书刊时长增加(3.556 分)。5 000～10 000 元人群最显著的阅读习惯变化是阅读书刊时长增加(3.829 分),阅读书刊时间更连续(3.743 分)。10 000～15 000 元人群最显著的阅读习惯变化是阅读书刊时间更连续(3.915 分),阅读书刊时长增加(3.867 分)。15 000～20 000 元人群最显著的阅读习惯变化是阅读书刊时长增加(3.988 分),阅读书刊时间更连续(3.932 分)。20 000 元以上人群最显著的阅读习惯变化是阅读书刊时间更连续(4.023 分),阅读书刊时长增加(3.975 分)。

(二) 阅读能否缓解疫情期间的焦虑

调查数据显示,51.80%的受访人群认为阅读对于新冠疫情期间焦虑的缓解比较有作用,13.60%的受访人群认为阅读对于疫情期间焦虑的缓解非常有作用,认为阅读对于疫情期间焦虑的缓解一般的占比为 24.50%。认为阅读对于疫情期间焦虑的缓解不太有作用和完全没有作用的占比分别为 7.70%和 2.40%。

1. 不同性别人群关于阅读在疫情期间对焦虑缓解的态度

在男性人群中,49.93%的受访人群认为阅读对于疫情期间焦虑的缓解比较有作用,15.05%的受访人群认为阅读对于疫情期间焦虑的缓解非常有作用。在女性人群中,53.50%的受访人群认为阅读对于疫情期间焦虑的缓解比较有作用,12.38%的受访人群认为阅读对于疫情期间焦虑的缓解非常有作用。

2. 不同年龄段人群关于阅读在疫情期间对焦虑缓解的态度

32.71%的未成年群体认为阅读对于疫情期间焦虑的缓解比较有作用,10.28%认为非常有作用。53.24%的青年群体认为阅读对于疫情期间焦虑的缓解比较有作用,12.86%认为非常有作用。52.21%的中年群体认为阅读对于疫情期间焦虑的缓解比较有作用,15.10%认为非常有作用。

43.00%的老年群体认为阅读对于疫情期间焦虑的缓解比较有作用，21.00%认为非常有作用。

3. 不同受教育程度人群关于阅读在疫情期间对焦虑缓解的态度

50.00%的小学及以下群体认为阅读对于疫情期间焦虑的缓解比较有作用，10.00%认为非常有作用。31.76%的初中群体认为阅读对于疫情期间焦虑的缓解比较有作用，17.65%认为非常有作用。44.00%的高中及中专群体认为阅读对于疫情期间焦虑的缓解比较有作用，12.44%认为非常有作用。53.13%的大专群体认为阅读对于疫情期间焦虑的缓解比较有作用，13.84%认为非常有作用。54.19%的本科群体认为阅读对于疫情期间焦虑的缓解比较有作用，13.51%认为非常有作用。48.08%的研究生及以上群体认为阅读对于疫情期间焦虑的缓解比较有作用，14.01%认为非常有作用。

4. 不同工作或学习时长人群关于阅读在疫情期间对焦虑缓解的态度

52.24%的40小时以内人群认为阅读对于疫情期间焦虑的缓解比较有作用，10.65%认为非常有作用。54.24%的40～60小时人群认为阅读对于疫情期间焦虑的缓解比较有作用，14.23%认为非常有作用。40.59%的60小时以上人群认为阅读对于疫情期间焦虑的缓解比较有作用，19.35%认为非常有作用。

5. 不同月收入家庭人群关于阅读在疫情期间对焦虑缓解的态度

43.27%的5 000元以下人群认为阅读对于疫情期间焦虑的缓解比较有作用，9.94%认为非常有作用。49.48%的5 000～10 000元人群认为阅读对于疫情期间焦虑的缓解比较有作用，12.11%认为非常有作用。51.69%的10 000～15 000元人群认为阅读对于疫情期间焦虑的缓解比较有作用，13.25%认为非常有作用。57.01%的15 000～20 000元人群认为阅读对于疫情期间焦虑的缓解比较有作用，12.02%认为非常有作用。51.02%的20 000元以上人群认为阅读对于疫情期间焦虑的缓解比较有作用，16.54%认为非常有作用。

第四章　上海游戏出版产业报告

背 景 说 明

2020 年上海网络游戏销售收入达 999.2 亿元，占全国网络游戏销售收入的比重达 35.9%；2020 年上海网络游戏海外销售收入超过 29 亿美元，约合人民币 206.8 亿元，上海国内及海外网络游戏总销售收入达 1 206 亿元。上海游戏产业良好的发展状况是上海网络游戏主管部门、上海游戏企业、上海游戏从业者等多方参与者共同作用的结果。《2020—2021 上海游戏出版产业报告》通过分析产业热点、研究产业问题、推测产业趋势，对上海游戏产业成果进行总结，并对如何进一步推动上海游戏产业发展提出建议。

现阶段，上海游戏产业已经具备多个鲜明特点。企业方面，上海在我国游戏产业发展的各个阶段均有具备代表性企业，如游戏产业发展早期成立的盛趣游戏、巨人网络等，发展中期成立的游族网络、心动网络等，原生于移动游戏时期的米哈游、莉莉丝、哔哩哔哩、鹰角网络等，使得上海游戏产业始终保持健康发展态势。优势培养方面，上海具备较优的政策制定能力与较强的执行力，以电竞为例，凭借持续的利好政策、深入的发展规划、良好的发展环境等多重布局，上海“电竞之都”的城市名片初具形态，当前在俱乐部、电竞赛事、人才培养等方面已聚集众多优势资源，成功将电竞培养成自身优势领域。政策制定方面，上海面向游戏产业出台多项细分政策，并在人才引进、企业扶持、产品出口等方面持续发挥作用。此外，上海还通过举办大型展会、引入中国游戏产业研究院等方式进一步发挥政策导向作用、完善政策制定。多方面的努力使得上海游戏产业发展向好。

同时，上海游戏产业在产业引领方面的作用愈发突显。如在产业生态方面，上海一些企业公开在竞业协议方面做出承诺，为产业人才流动做出良好榜样；产品方面，上海出版《原神》《剑与远征》《明日方舟》等多款热门产品，并由此引发了产业对于塔防类、开放世界玩法、放置类等不同游戏元素市场空间的探索，多款包含上述元素的新品进入研发阶段。

未来，随着上海政策环境进一步优化及上海游戏企业的进一步发展，上海游戏产业有望取得更好的成绩。

第一节　中国游戏产业发展状况

一、中国游戏市场实际销售状况

2020 年，中国游戏市场实际销售收入同比增长超过 20%，市场规模突破 2 700 亿元。市场销售收入快速增长一方面受用户居家时间延长影响，用户将部分线下娱乐消费转至线上；另一方面受游戏精品化趋势影响，游戏质量有所提高，促使用户消费意愿提升。

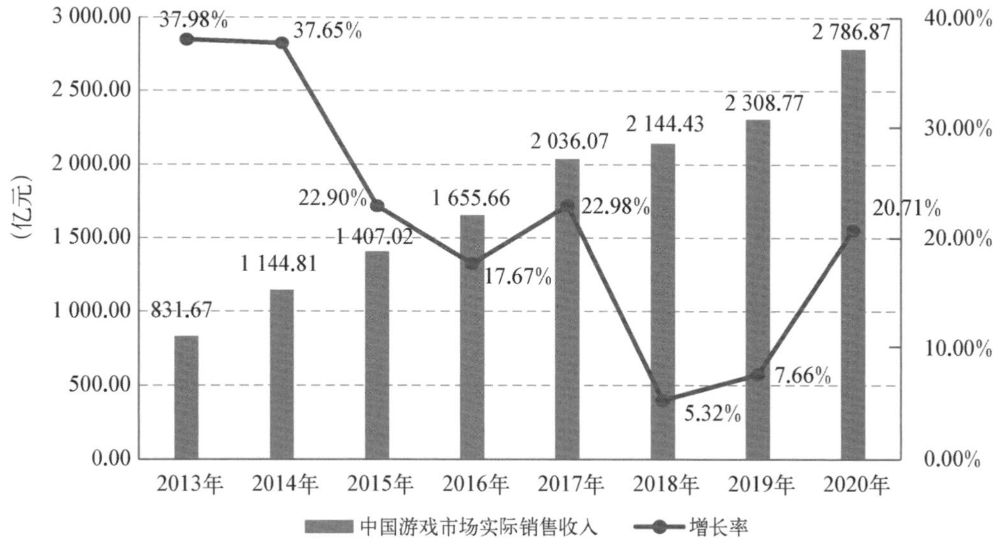

图 1－4－1　2013—2020 年中国游戏市场实际销售收入

数据来源：伽马数据(CNG)、中国游戏产业研究院。

二、中国游戏市场用户规模状况

2020 年中国游戏用户规模仍保持较低增速，但增幅有所回升。一方面，由于游戏自带的娱乐、社交属性使其在新冠疫情期间成为部分用户休闲放松、联系亲友的重要途径，从而一定程度上刺激了用户增长；另一方面，超休闲游戏等在 2020 年产出较多高下载量产品，这一类产品的用户结构更偏向于大龄用户、女性用户，一定程度上拓展了用户范围。

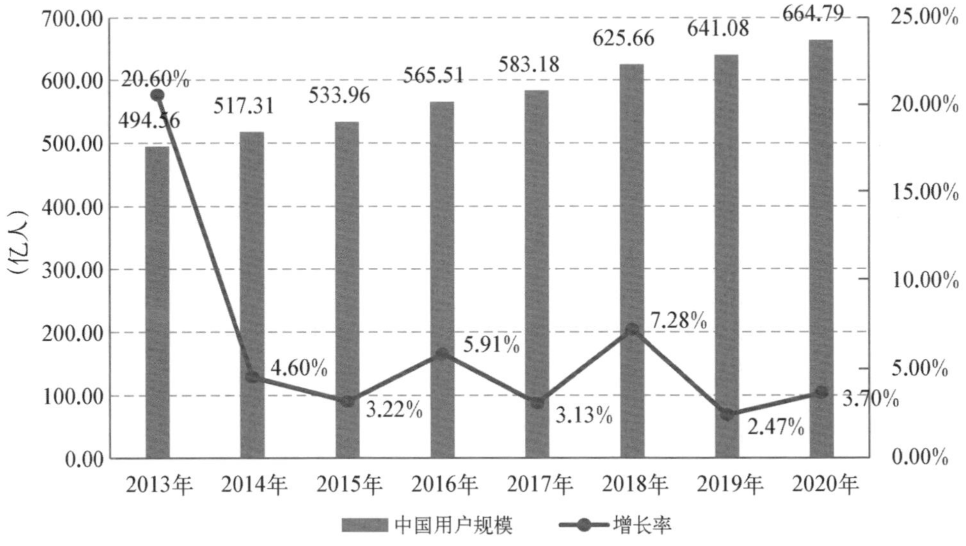

图 1－4－2　2013—2020 年中国游戏用户规模

数据来源：伽马数据(CNG)、中国游戏产业研究院。

第二节　上海游戏出版产业发展状况

一、上海游戏出版产业整体发展状况

2020 年上海网络游戏销售收入超过 990 亿元。除了用户活跃天数、使用时长等增长因素，上海游戏企业也持续发力，不断推出新产品的同时维护老产品，进而推动营收增长，这也成为上海游戏销售收入增速高于全国的重要原因。

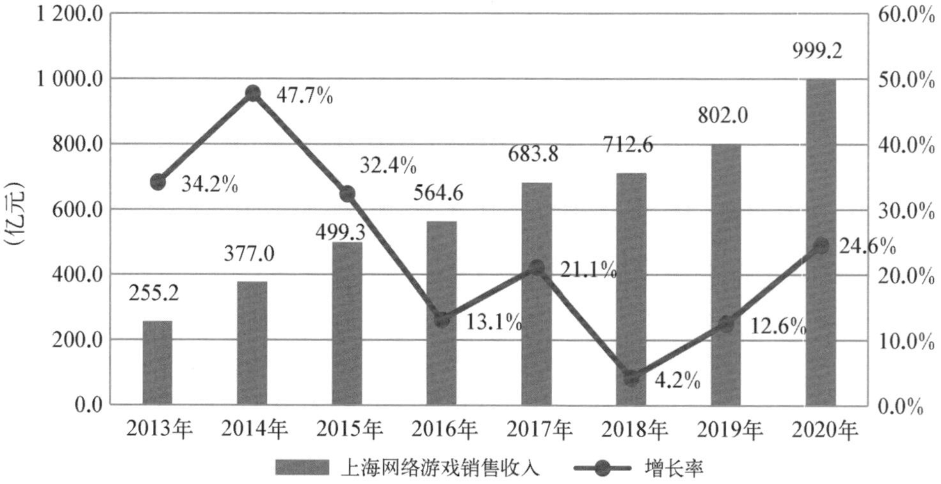

图 1-4-3　2013—2020 年上海网络游戏销售收入

注：销售收入与游戏营收不同，不能直接累计相加。
数据来源：伽马数据(CNG)。

2020 年上海移动游戏销售收入占据总销售收入份额超过七成，较去年提升 9%。目前上海高流水企业大多以移动游戏作为主营业务，并在人力、技术、资金等多维度持续投入，促进移动游戏份额快速提升。而客户端游戏、网页游戏的布局企业和产品产出相对较少，加剧了市场份额的收缩。

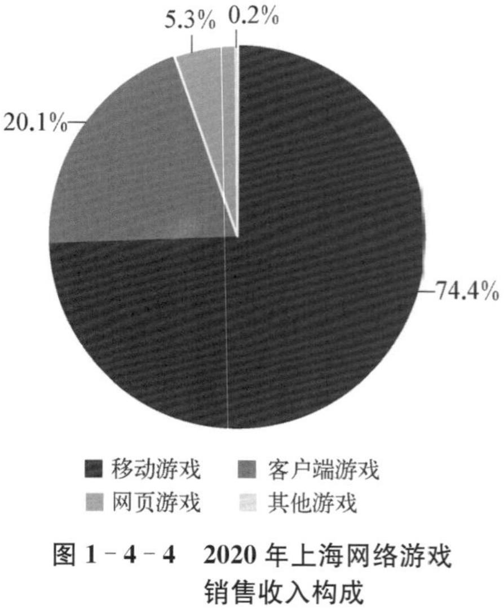

图 1-4-4　2020 年上海网络游戏销售收入构成

数据来源：伽马数据(CNG)。

二、上海移动游戏发展状况

2020 年上海移动游戏销售收入增速超 40%，市场规模达 743.7 亿元。除上海头部企业保持较高贡献外，部分新兴企业凭借差异化打法同样取得市场关注。

作为现阶段上海游戏销售收入增长的主要动力来源，移动游戏市场占有率持续攀升，随着上海游戏企业在移动游戏领域的长期布局，未来移动游戏占有率仍将保持提升态势。

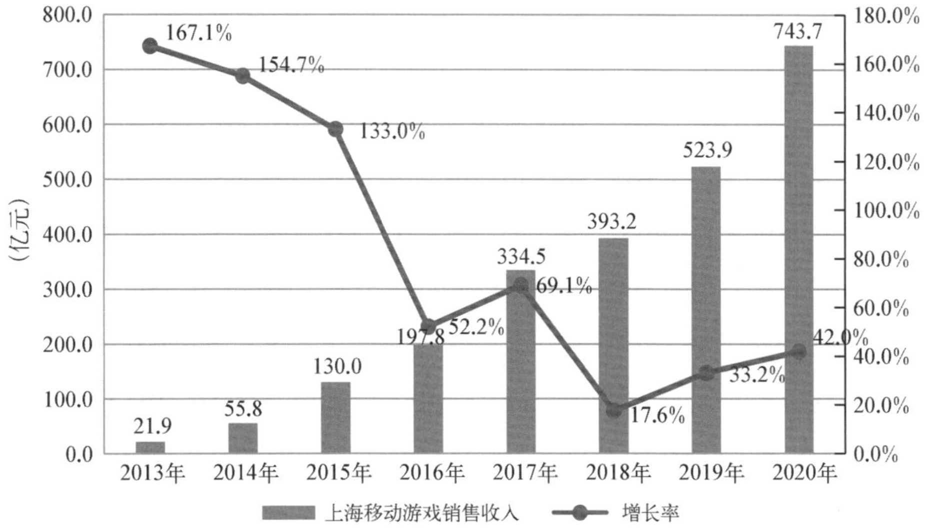

图 1－4－5　2013—2020 年上海移动游戏销售收入

数据来源：伽马数据(CNG)。

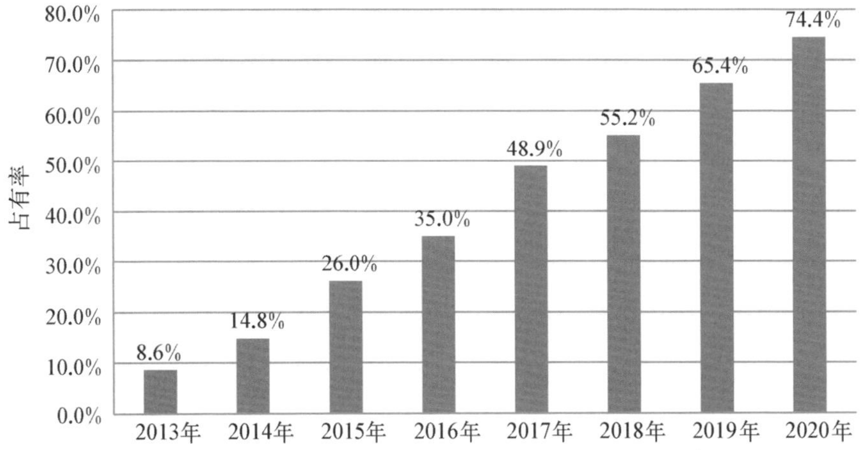

图 1－4－6　2013—2020 年上海移动游戏市场占有率

数据来源：伽马数据(CNG)。

2020 年上海二次元移动游戏销售收入占全国比例达 37.6%，较上一年度增加 5.6 个百分点。在产品研发上，一些游戏作品在剧情、背景环境、角色塑造等方面相比同类产品具备明显优势，进而取得了较高流水收入。在产品运营上，部分游戏已塑造出较为知名的 IP 形象从而延长了产品生命周期。此外，游戏也在探索更多可能的布局方式，2021 年将有游戏基于 IP 布局线下音乐会、动漫、同人创作活动等多个领域。此外，游戏衍生品市场规模也达到数亿元。

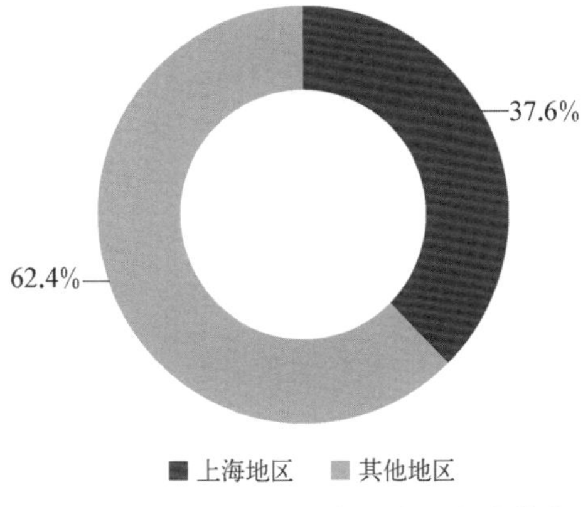

图 1－4－7　2020 年上海二次元移动游戏销售收入占全国比例

数据来源：伽马数据(CNG)。

三、上海客户端游戏发展状况

2020 年上海客户端游戏销售收入为 200.9 亿元，自 2017 年销售收入持续下降。目前上海客户端游戏销售收入主要由老游戏贡献，且游戏流水集中在少数的头部产品，优质新品缺乏仍然是客户端游戏市场面临的主要挑战。

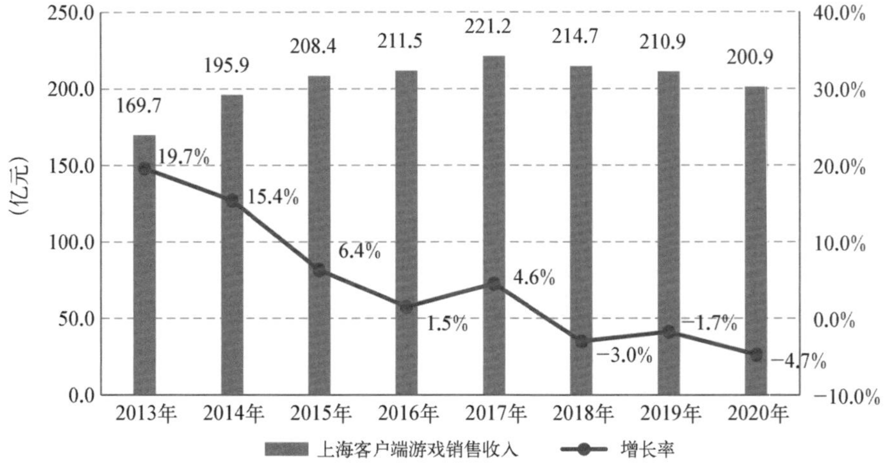

图 1-4-8　2013—2020 年上海客户端游戏销售收入

数据来源：伽马数据(CNG)。

2020 年上海客户端游戏市场占有率持续下降，在客户端游戏资本投入力度减弱、布局企业快速减少的背景下，预计客户端市场占有率仍将继续下滑。

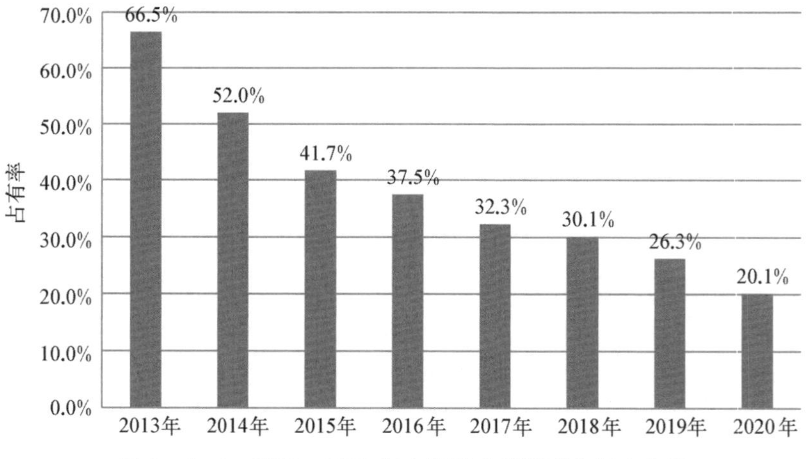

图 1-4-9　2013—2020 年上海客户端游戏市场占有率

数据来源：伽马数据(CNG)。

四、上海网页游戏发展状况

2020 年上海网页游戏销售收入为 52.6 亿元，较上年度减少。受创新不足、用户流失、产品质量欠佳等多方面影响，网页游戏销售收入持续下降。但是，部分上海企业通过运营网页游戏平台积累了一定用户获取经验，并赋能至其他终端领域实现了价值延续。

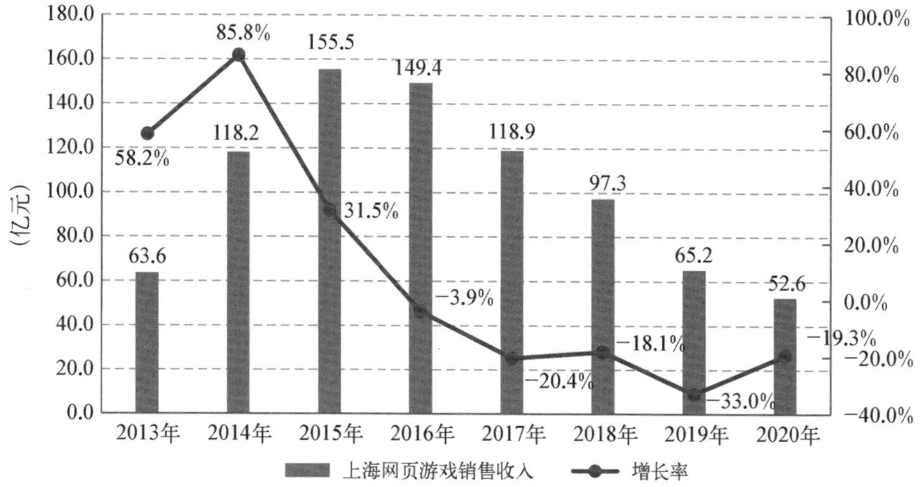

图 1-4-10　2013—2020 年上海网页游戏销售收入

数据来源：伽马数据(CNG)。

2020 年上海网页游戏市场占有率为 5.3%，目前多数网页游戏企业已将业务重心与资源全面投入至其他终端，网页游戏市场占有率还将进一步降低。

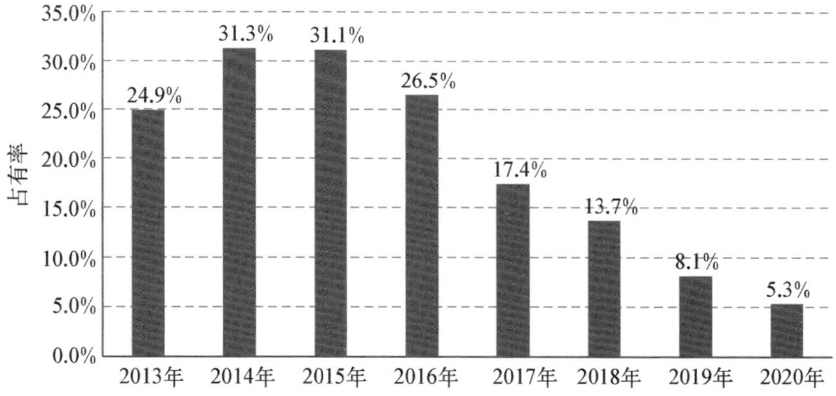

图 1-4-11　2013—2020 年上海网页游戏市场占有率

数据来源：伽马数据(CNG)。

五、上海自主研发网络游戏发展状况

2020 年上海自主研发网络游戏销售收入达 823.8 亿元，增量超过 120 亿元。一方面，上海新成长起来一批本土孵化的研发型企业，如莉莉丝、米哈游、鹰角网络等，相关企业近年来均产出表现较优的产品；另一方面，部分大型游戏企业通过在上海建立研发团队的方式强化自身研发实力，使得上海的自主研发收入增加。未来相关企业也有意愿在上海进一步强化研发投入，进而推动上海研发实力的提升。

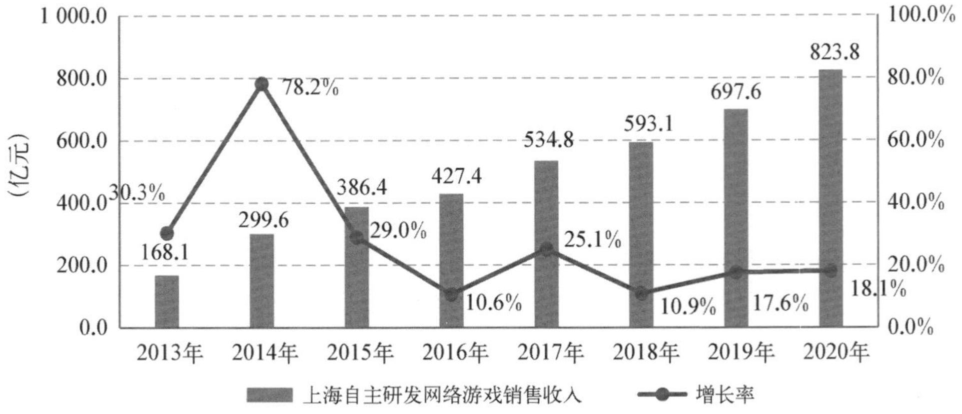

图 1-4-12　2013—2020 年上海自主研发网络游戏销售收入

数据来源：伽马数据(CNG)。

2020 年上海自主研发网络游戏销售收入占全国比例小幅下降，受用户居家时间延长等因素影响，上半年多款产品流水实现了大幅增长，而上海新产品主要集中在下半年上线，营收时间段不足半年甚至更短，进而导致全年游戏收入受到一定影响。

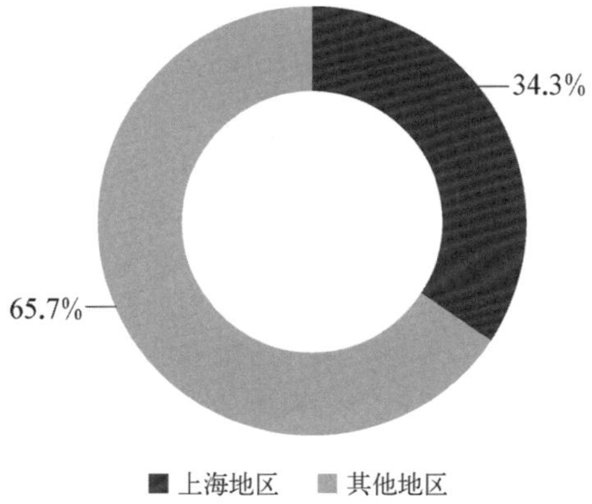

图 1-4-13　2020 年上海自主研发网络游戏销售收入占全国比例

数据来源：伽马数据(CNG)。

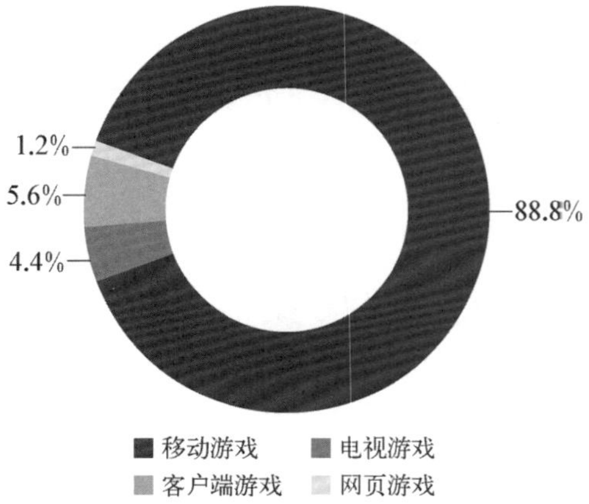

图 1-4-14　2020 年上海获批网络游戏各类型产品数量占比

数据来源：伽马数据(CNG)。

六、上海游戏产品发展状况

2020 年上海获批网络游戏中移动游戏依然占据绝对优势，同时客户端游戏过审比例较去年小幅提升，目前获批客户端游戏主要集中于 PC 端游戏平台进行发行。

第三节　上海游戏出版产业海外出口状况

2020 年上海网络游戏海外销售收入超过 29 亿美元，增幅超过 50%，提升产品研发品质以及强化全球发行能力是上海游戏企业取得较高海外销售收入的重要因素。

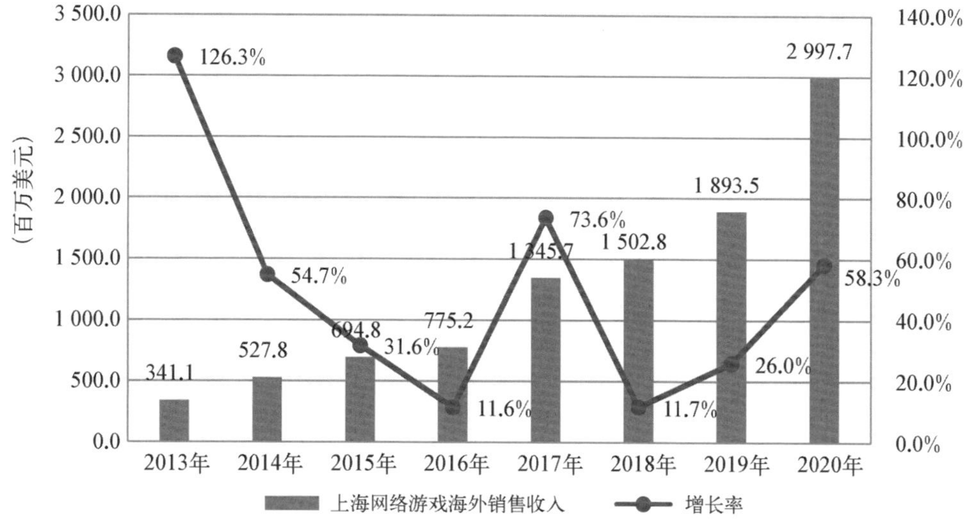

图 1－4－15　2013—2020 年上海网络游戏海外销售收入

数据来源：伽马数据(CNG)。

2020 年上海网络游戏海外出口产品结构中移动游戏占比超过九成，相较于其他终端游戏，移动游戏是上海主要发力的游戏终端类型，同时 2020 年有较多高质量产品出版，带动了移动游戏占比进一步上升。

2020 年上海网络游戏收入超过八成来自国内，近两成来自海外，收入来源占比整体保持稳定。而随着产品品质上升，上海产出的产品将能进一步满足海外受众需求，同时，企业对于多地区发行考虑更为全面，使得海外发行能力获得提升。多种因素综合作用，未来上海海外市场有望贡献更多销售收入。

2020 年中国自主研发移动游戏海外收入主要来源于少数地区，其中前三地区占比超过 60%，收入的高度

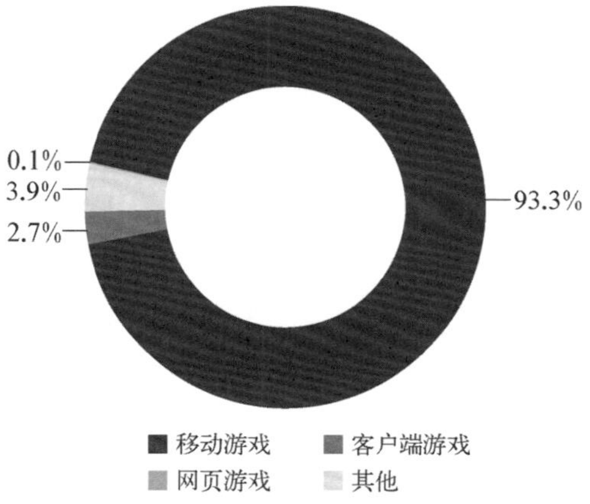

图 1－4－16　2020 年上海网络游戏海外出口产品结构(按收入)

数据来源：伽马数据(CNG)。

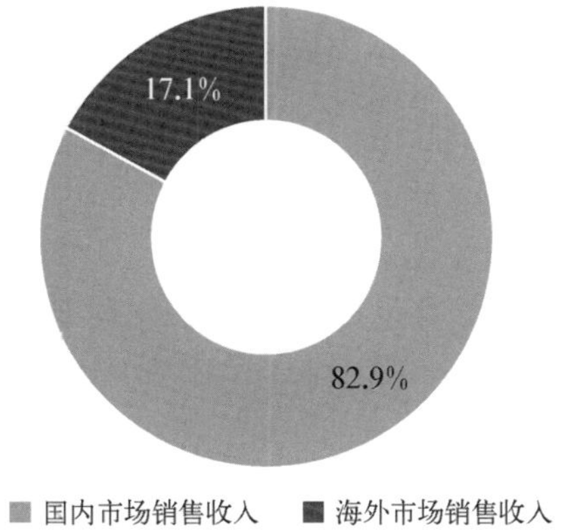

图 1－4－17　2020 年上海网络游戏国内与海外市场销售收入比例

数据来源：伽马数据(CNG)。

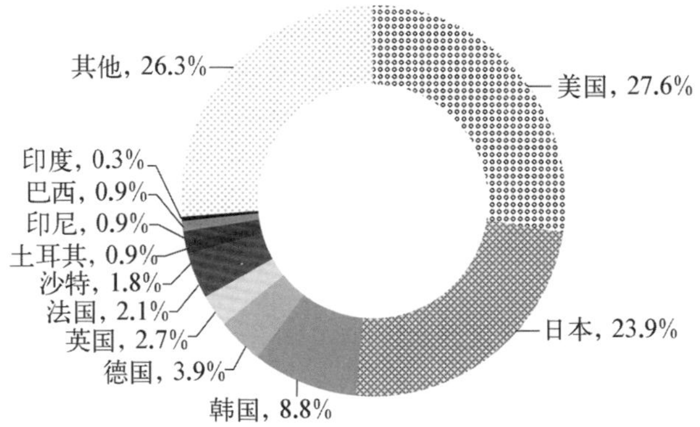

图 1－4－18　2020 年中国自主研发移动游戏海外重点地区收入分布

数据来源：伽马数据(CNG)。

聚集使得上述地区成为米哈游、莉莉丝等企业较为倾向的出海地区，并为《原神》《剑与远征》等产品带来数十亿元流水。主要地区之外，更多细分出海地区同样存在机会，如沐瞳科技以东南亚地区为主要着力点，旗下《无尽对决》上线4年仍取得十亿元级别年流水；友塔网络旗下《Mafia City》上线已超3年，2020年仍有约67%的时间居于意大利iOS畅销榜的前20。

第四节　上海游戏企业发展状况

为促进游戏出版产业向健康有序方向发展，在政策引导作用下及市场发展过程中，游戏企业逐步提高社会责任意识，在游戏精品研发、落实防沉迷工作、公益事业等各方面积极落实社会责任。

2020年上海游戏企业通过技术升级、创新玩法等方式制作出了一批高质量游戏，获得国内外用户认可。如《原神》获得苹果2020APP Store年度精选游戏、2020Google Play最佳游戏等多项高含金量奖项，又如《万国觉醒》登顶多国畅销榜，并获评2020年中国游戏十强移动游戏。同时，上海通过多种方式引导企业走精品化发展的路线，如举办中国原创艺术类精品游戏大赛等推优赛事，鼓励精品原创；中国国际数码互动娱乐展览会(ChinaJoy)期间举办中国游戏开发者大会等系列专业会议，为从业者分享高质量游戏的研发运营经验；通过资金扶持、减免税收等方式，提升企业研发高质量产品意愿。

在未成年人游戏防沉迷工作方面，2019年11月国家新闻出版署下发《关于防止未成年人沉迷网络游戏的通知》。上海游戏企业高度重视网络游戏防沉迷工作，积极参加培训，完成对接。截至2021年5月31日，盛趣游戏、巨人网络、游族网络、三七互娱、米哈游、莉莉丝、鹰角网络、叠纸网络等头部游戏企业，哔哩哔哩、TAPTAP等上海头部游戏平台均接入国家实名验证系统。除直接接入防沉迷系统外，游戏企业也从更多角度落实上海游戏主管部门重点强调的事中事后监管，一些企业积极响应游戏分级制度，旗下重点产品率先参与游戏适龄提示，为未成年用户及其监护人选择合适的产品提供参考。

在公益行动方面，游戏企业通过公益行为回馈社会，涵盖儿童、贫困人群、社会公众等群体，公益方式包含捐款捐物、游戏植入、跨界联动等形式，布局呈多元化。如：波克城市研发的游戏《爆炒江湖》中，用户只要完成一项"炒菜"任务，波克城市就向贫困山区儿童捐献一份早餐，引导人们做公益。哔哩哔哩联合美丽中国发起"读书等身"活动，邀请公众为乡村学校捐赠书籍，同时借助旗下UP主(上传者)资源扩大活动影响力，最终捐赠书籍数量达11 697本。米哈游旗下《未定事件簿》以游戏角色"心理医生"的职业身份为契机，联合中国社会福利基金会举办"弈起守护：自闭症儿童求助"联合公益活动，呼吁公众关爱自闭症儿童。在此基础上，为深化公益行动，三七互娱、游族网络、波克城市等企业成立公益基金会，以基金会为主体更为深入、持久、体系化地履行公益行动。此外，面对新冠疫情等突发的社会重大事件，游戏企业从自身业务及能力出发，通过捐款捐物、设立抗疫基金等方式为抗击疫情贡献力量，捐款捐物累计价值达数千万元。

企业积极展开社会责任履责状况定期评估工作，目前部分上海游戏企业已开展这项工作，将数据安全、环境保护、员工权益、未成年人保护等方面纳入企业社会责任履责考察范围，并通过逐年对比进行动态监测，强化社会责任履责落地效果。如三七互娱连续5年发布社会责任报告，报告内容已由"社会公益事业"等六章内容扩充至"非公党建""责任治理"等十六章内容，涉及方面更加独立、多元。同时，三七互娱雇用少数民族及残障员工数量逐年上升，2020 年已达 217 人，约为 2018 年人数的 2.17 倍。

上述多项举措，形成了上海游戏出版产业全方位治理的新局面，依靠游戏产品独特的文化属性对游戏用户特别是未成年用户在知识获取、价值观形成等方面产生了积极影响，同时对优化产业环境、促进产业健康发展方面具有重要的意义。

第五节　上海游戏出版产业热点分析

一、技术创新

技术创新涵盖多个领域，上海游戏企业展开全方位布局。

近年来，技术创新受到游戏产业的进一步关注，而上海本土游戏企业在技术创新方面具备较优基础。首先，上海拥有多家侧重研发的高流水表现企业，为技术创新积累了资金、经验、人才等多方优势。上海已有企业投入 4 年研发时间及 400 余人研发团队，着力提升比如地图素材计算、渲染等能力，允许用户在切换场景时无须等待地图加载，进而在移动端实现了主机端较为常见的无缝大地图，运用技术创新为用户带来新鲜体验。

同时，上海有望进一步强化多领域的游戏技术水平。虽然现阶段我国游戏产业技术积累主要集中于移动端，但 PC 端及主机端方面的技术经验将为移动端创新升级发挥更大作用。目前，上海已吸引 Riot Games、EA、Ubisoft 等国际知名游戏企业在上海设立分公司，上述企业在 PC 端游戏、主机游戏等相关方面的技术积累有望助力上海游戏产业培养相关技术人才，进而作用于本土游戏技术创新升级。

此外，除直接作用于游戏表现方面的技术创新，通过工业化形式保留已跑通的研发流程也将成为企业探索技术创新的重要方向。工业化形式使得企业仅需导入少量原始信息即可获得高质量的成果产出，节约成本的同时提升产出效率。目前，已有多家海外游戏企业在这一领域布局相对成熟，而国内也有以米哈游为代表的企业着手布局，预计未来将吸引更多上海企业参与。

二、人才获取

校企合作强化人才培养，企业品牌效应成吸引人才关键。

校企合作培养人才、强化本土企业人才吸纳能力也是上海聚集人才的重要途径。上海高校通过校企合作的方式从源头强化游戏人才输送，对于企业而言，高校拥有大量知识水平较高、可塑性较强的潜在人才，是企业拓展人才储备的重要途径。近年已有游戏企业与一些上海高校达成合作，通过开设必修课、选修课、派遣一线人员担任讲师等方式强化高校课程的实践性，共同培养符合企业需求的人才。对于学生而言，通过校企合作可获得更多实践机会，进而强化自身竞争力。此外，校企合作也有利于企业提前锁定优质人才，并利用在校时间相互磨合，降低用人试错成本，同时有望实现校园与职场的无缝对接。校企合作的措施也取得了一定的成果，并强化了上海游戏企业高端人才的供给，据伽马数据统计，上海游戏人才相较全国拥有更高的学历水平。未来，校企合作将围绕人才培养继续深化，如通过联合研究等方式推测产业发展方向，并提前培养相关人才。

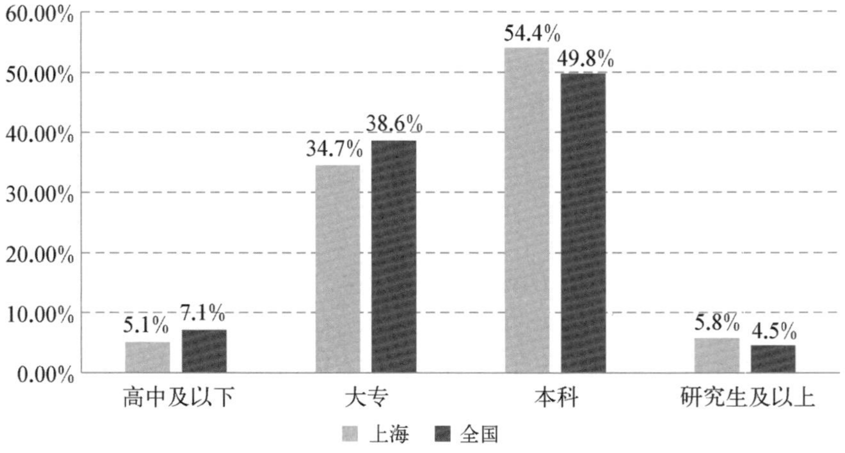

图 1－4－19　2020 年游戏人才学历百分比

数据来源：伽马数据(CNG)。

强化本土企业人才吸纳能力方面，部分企业依托产品表现强化企业品牌，从而吸引人才加入。近年来上海游戏企业制作出多款市场表现与用户口碑均达到一定水准的产品，产品表现正向作用于企业品牌，助力企业成为更多求职者意向单位，为企业吸纳优质人才提供更为广阔的选择空间。此外，投资收购也是上海游戏企业聚集人才的方式之一，这种方式有利于企业在较短时间内扩充团队，同时被收购团队擅长的领域将帮助企业弥补自身短板，企业现有人才也有望分享其实践经验。

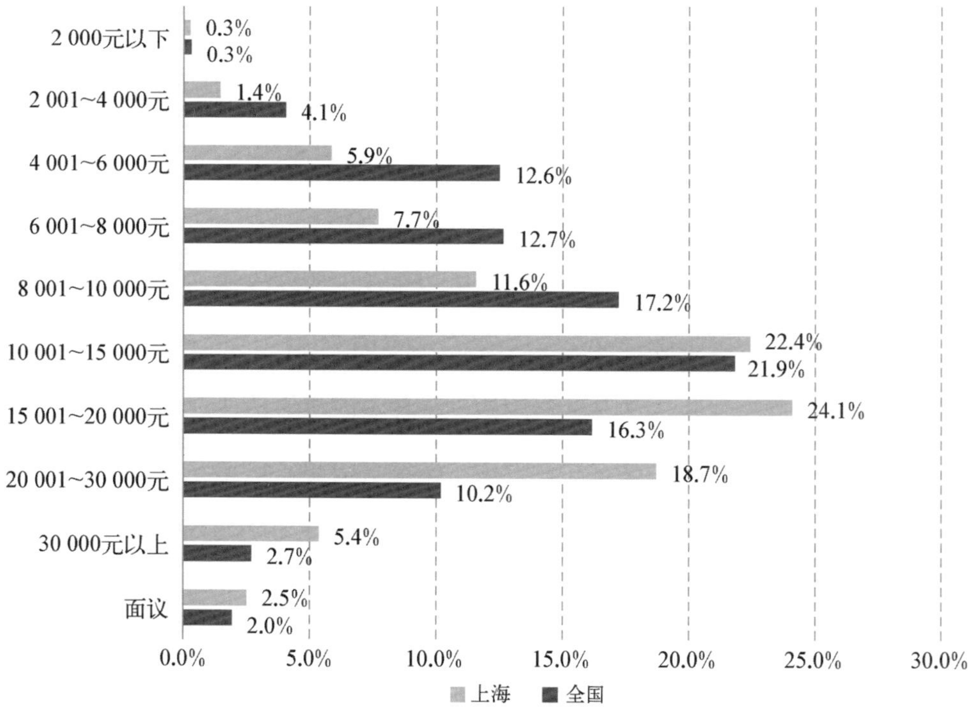

图 1－4－20　2020 年游戏企业平均薪资状况

数据来源：伽马数据(CNG)。

第六节　游戏出版产业发展趋势分析

技术创新受到政府的鼓励，也能更好地服务于用户。作为游戏技术创新的实施主体，游戏企业可从多个渠道拓展技术创新来源，未来有望为产业持续发展做出贡献。

目前，游戏企业开始向主机游戏、客户端游戏等多个领域布局，虽然现阶段相关领域市场规模及发展速度均不及移动游戏，但在研发技术、游戏特效等方面能够为移动游戏提供更多创新思路。如近年从移动游戏中衍生的 H5 HTML5 游戏，通过技术创新融入了网页游戏即点即玩的优势，开拓了新的市场。

除游戏产业外，非游戏产业也是游戏企业可拓展的技术创新来源，由于不同产业用户需求侧重有所差异，导致关联产业擅长方向亦有所不同，从而具备了相互借鉴的可能。近年来，游戏产业已从诸如影视产业、动画产业、音乐产业等相关产业中吸纳部分人才作用于游戏品质提升，而不同产业人才带来的差异化技术运用方式，也将作用于游戏产业技术创新。以影视产业为例，其动作捕捉技术在游戏产业的应用已较为广泛，而未来诸如虚拟制片、面部捕捉、AI 换脸等技术也有望进一步融入游戏产业，进而实现创新升级。

附录　ChinaJoy 展览会发展状况

2020 年，受全球新冠疫情影响，德国科隆游戏展、美国 E3 游戏展等数字娱乐展会均未能举办，第十八届中国国际数码互动娱乐展览会克服重重困难如期举办，成为全球唯一举办的数字娱乐展览。四天展期总计入场 12.4 万人次，因疫情原因而特别开设的“ChinaJoy Plus”云展共触达 6 亿多用户。展会的成功举办，提振了行业信心，释放了线上经济活力。

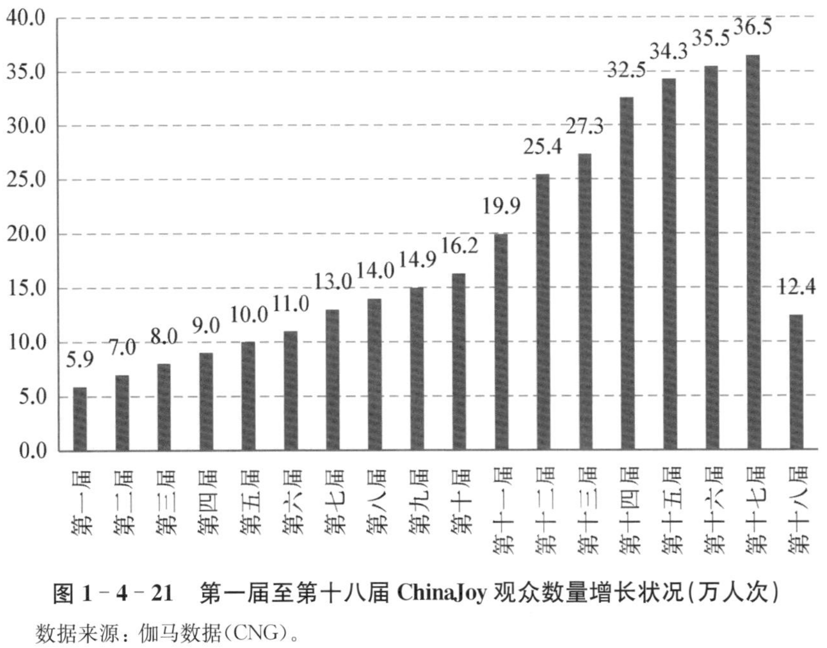

图 1-4-21　第一届至第十八届 ChinaJoy 观众数量增长状况（万人次）

数据来源：伽马数据（CNG）。

2020 年上海 ChinaJoy 参展产品数量约 3 700 款,较去年同期小幅下降,受疫情居家办公影响,部分产品研发进度受阻。

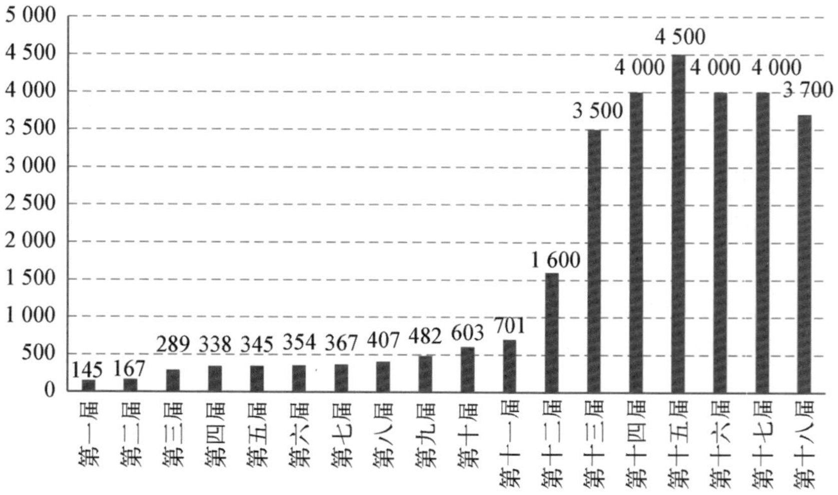

图 1-4-22　第一届至第十八届 ChinaJoy 参展产品数量增长状况(款)

数据来源:伽马数据(CNG)。

第五章　上海版权产业分析报告(2019—2020年)

相关术语说明

1. 版权产业

指“版权发挥明确作用的活动或产业”。版权产业主要是世界知识产权组织(WIPO)和美国等采用和推广的概念,它与文化创意产业存在交叉关系。参照WIPO的划分,以国内有关版权产业分类为参考,结合《国民经济行业分类》的标准和上海版权产业的特点,本报告将上海版权产业分为核心版权产业、相互依存的版权产业和部分版权产业三大类。其中,核心版权产业是指完全从事创造、制作和制造、表演、广播、传播和展览或销售与发行作品和其他受版权保护客体的产业,主要包括出版发行、广播影视、文化艺术、计算机服务、软件与互联网信息服务、广告、设计、工艺品、版权服务等类别。相互依存的版权产业是指从事制作、制造和销售其功能完全或主要是为作品及其他受版权保护客体的创作、制作和使用提供便利的设备的产业,主要包括广播设备与家用电器、照相和电影摄影器材、复印设备与录制介质、乐器制造、电子计算机及辅助设备、电信设备与服务、造纸及纸制品等类别。部分版权产业是指它们中有一部分活动关系到作品和其他受版权保护内容的产业,主要包括纺织、服装与皮革、家具、文化用品、玩具与游艺器材制造、“家庭用品、玻璃与陶瓷”、珠宝与硬币、商业服务、规划与测绘、教育与社会组织、文化娱乐活动等类别。相互依存的版权产业和部分版权产业又可统称为非核心版权产业。需要说明的是,根据《国家统计局关于执行新国民经济行业分类国家标准的通知》(国统字〔2017〕142号)要求,《国民经济行业分类》(GB/T4754—2017)从2017年起开始使用。因此,本报告根据《国民经济行业分类》,对版权产业的统计范围进行了相应的调整。

2. 版权因子

指某一产业中版权成分的比例。由于有的统计项目只是部分与版权活动有关系,特别是相互依存的版权产业和部分版权产业中的统计项目。所以,需要确定版权产业的版权因子,即确定某一产业中版权成分的比例,从而获得与版权产业有关的总产出和增加值的实际数额。本报告基本根据中国出版科学研究所确定的版权因子,并结合上海产业发展的实际情况,确定了上海版权产业各统计项目的版权因子。

3. 生产总值

地区生产总值是指按市场价格计算的一个地区所有常住单位在一定时期内生产活动的最终成果。生产总值有三种表现形态,即价值形态、收入形态和产品形态。从价值形态看,它是所有常住单位在一定时期内所生产的全部货物和服务价值超过同期投入的全部非固定资产货物和服务价值的差额,即所有常住单位的增加值之和;从收入形态看,它是所有常住单位在一定时期内所创造并分配给常住单位和非常住单位的初次(分配)收入之和;从产品形态看,它是所有常住单位在一定时期内最终使用的货物和服务减去进口货物和服务。在实际核算中,生产总值有三种计算方法(其三种表现形态体现为三种计算方法),即生产法、收入法和支出法。三种方法分别从不同的方面反映生产总值及其构成。根据国务院和国家统计局有关我国GDP核算和数据发布制度的规定,上海国内生产总值自2004年起更名为“上海市生产总值”,简称“上海市GDP”。

4. 总产出

指一个国家(地区)在一定时期内生产的货物和服务的价值的总和,反映国民经济各部门生产经营活动的总成果,即社会总产品,包括物质生产部门和非物质生产部门的总产出。

5. 增加值

指某一产业全部生产活动的总成果扣除了在生产过程中消耗或转移的物质产品和劳务价值后的余额,是工业企业生产过程中新增加的价值。增加值是国民经济核算的一项基础指标。各部门增加值之和即是生产总值。

6. 当年价格

指报告期的实际价格,如工厂的出厂价格、农产品的收购价格、商业的零售价格等。

7. 可比价格

指计算各种总量指标所采用的扣除了价格变动因素的价格,可进行不同时期总量指标的对比。按可比价格计算总量指标有两种方法:一种是直接用产品产量乘某一年的不变价格计算;另一种是用价格指数进行换算。

8. 增长速度

指按当年价格计算的增长速度。

9. 实际增长速度

指按可比价格计算的实际增长速度。

10. 年均增长速度

指一段时间内某一数据指标平均每年的增长幅度,也可称为年均增长率。

11. 经济贡献率

经济贡献率=[某一产业占GDP的比重×该产业的实际增长速度(率)]
÷GDP的实际增长速度(率)

12. 上海市进出口数据

指注册地在上海的企业在全国范围进出口的贸易数据。与之相关联的两个概念:一是上海关区进出口数据,它是指在上海海关申报进出口的贸易数据;二是上海口岸进出口数据,它是指在各地(包括上海)报关,通过上海口岸进出口的贸易数据。本报告中的海关货物贸易进出口数据是上海市进出口数据。

内 容 提 要

为了解上海版权产业的发展状况,推动和促进上海版权产业的更好壮大,上海市版权局委托上海知识产权研究所对2019—2020年上海版权产业的发展状况进行分析。本次分析所依据的数据,是在上海市统计局、上海海关提供的相关统计项目的数据(称为基础数据)基础上,通过乘以版权因子(某一产业中版权成分的比例)而得出。数据主要包括2019年上海版权产业的产业增加值、从业人数和货物贸易进出口额,以及2020年上海版权产业的货物贸易进出口额等各项经济贡献。

2019—2020年，上海版权产业的产业增加值为3 589.97亿元人民币，占当年上海GDP的9.45%，比2018年增加273.31亿元人民币，实际增长速度为8.84%。其中，核心版权产业的产业增加值为2 641.12亿元人民币，占当年上海GDP的6.95%，比2018年增加181.34亿元人民币，实际增长速度为8.08%；相互依存的版权产业的产业增加值为687.33亿元人民币，占当年上海GDP的1.81%；部分版权产业的产业增加值为261.52亿元人民币，占当年上海GDP的0.69%。

2019—2020年，上海版权产业的从业人数[①]为75.06万人，占当年上海全社会各行业从业人数的5.45%。其中，核心版权产业的从业人数为54.83万人，占当年上海全社会各行业从业人数的比重为3.98%；相互依存的版权产业从业人数为16.63万人，占当年上海全社会各行业从业人数的比重为1.21%；部分版权产业的从业人数为3.60万人，占当年上海全社会各行业从业人数的比重为0.26%。

2019年，上海版权产业的货物贸易进口额为105.59亿美元，占当年上海市货物贸易进口总额的3.58%，比2018年增加7.65亿美元；上海版权产业的货物贸易出口额为274.62亿美元，占当年上海市货物贸易出口总额的13.80%，比2018年减少11.08亿美元。2020年，上海版权产业的货物贸易进口额为118.47亿美元，占当年上海货物贸易进口总额的4.02%，较2019年上升了0.44个百分点；上海版权产业的货物贸易出口额为302.96亿美元，占当年上海市货物贸易出口总额的15.22%，较2019年上升了1.42个百分点。

其中，占比版权产业进出口额最高的相互依存的版权产业，2019年货物贸易进口额为88.06亿美元，占当年上海市货物贸易进口总额的2.99%，比2018年增加了2.85亿美元；2019年货物贸易出口额为251.85亿美元，占当年上海市货物贸易出口总额的12.66%，比2018年减少了15.09亿美元。2020年，相互依存的版权产业货物贸易进口额为97.88亿美元，占当年上海市货物贸易进口总额的3.32%，比2019年增加了9.82亿美元；相互依存的版权产业货物贸易出口额为281.91亿美元，占当年上海市货物贸易出口总额的14.17%，比2019年增加了30.06亿美元。

表1-5-1 2019—2020年上海版权产业的经济贡献[②]

指 标	全部版权产业	核心版权产业	相互依存的版权产业	部分版权产业
产业增加值(亿元人民币)	3 589.97	2 641.12	687.33	261.52
占GDP比重(%)	9.45	6.95	1.81	0.69

① 因劳动工资统计工作制度改革，从2019年起，上海市从业人数统计仅包括“四上”企业数据，与过往数据不可比，后同。
上海市行政区域内的“四上”调查单位包括：
(1) 规模以上工业：年主营业务收入2 000万元及以上的工业法人企业。
(2) 有资质的建筑业：有总承包、专业承包和劳务分包资质的建筑业法人企业。
(3) 限额以上批发和零售业：年主营业务收入2 000万元及以上的批发业企业、年主营业务收入500万元及以上的零售业企业。
(4) 限额以上住宿和餐饮业：年主营业务收入200万元及以上的住宿和餐饮业企业。
(5) 房地产开发经营业：全部房地产开发经营业法人企业。
(6) 规模以上服务业：① 从事交通运输、仓储和邮政业，信息传输、软件和信息技术服务业，水利、环境和公共设施管理业，以及卫生等国民经济行业，年营业收入在2 000万元及以上，执行企业会计准则的法人单位；② 从事租赁和商务服务业，科学研究和技术服务业，教育，以及物业管理、房地产中介服务、房地产租赁经营和其他房地产业等国民经济行业，年营业收入在1 000万元及以上，执行企业会计准则的法人单位；③ 从事居民服务、修理和其他服务业，文化、体育和娱乐业，以及社会工作等国民经济行业，年营业收入在500万元及以上，执行企业会计准则的法人单位。
(7) 有5 000万元以上的在建项目的法人单位。

② 由于数据四舍五入，有时合计的数值会与前面三类版权产业相关数据相加值存在误差，特此说明。本报告后面的数值如出现类似情况，原因亦同。

(续表)

指　标	全部版权产业	核心版权产业	相互依存的版权产业	部分版权产业
从业人数(万人)	75.06	54.83	16.63	3.60
占全社会各行业就业人数比重(%)	5.45	3.98	1.21	0.26

表 1-5-2　2019—2020 年上海版权产业货物贸易进出口额

指　标	全部版权产业		核心版权产业		相互依存的版权产业		部分版权产业	
进口额	2019 年	2020 年	2019 年	2020 年	2019 年	2020 年	2019 年	2020 年
货物贸易进口额(亿美元)	105.59	118.47	12.69	15.70	88.06	97.88	4.84	4.89
占货物贸易进口总额比重(%)	3.58	4.02	0.43	0.53	2.99	3.32	0.16	0.17
出口额	2019	2020	2019	2020	2019	2020	2019	2020
货物贸易出口额(亿美元)	274.62	302.96	12.43	10.25	251.85	281.91	10.34	10.80
占货物贸易出口总额比重(%)	13.80	15.22	0.62	0.52	12.66	14.17	0.52	0.54

前　言

按照世界知识产权组织(WIPO)的界定,版权产业(又称全部版权产业)是指版权可发挥显著作用的产业。它是一个跨越传统的产业类别,是国民经济中与版权相关的诸多产业部门的集合,是产业经济学的一个新领域。这一产业及其相关行业部门的共同特点是,以版权制度为存在基础,发展与版权保护息息相关,或者其增值主要来源于版权创造,并直接或间接地受版权法律的保护。根据各产业部门对版权的依赖程度,世界知识产权组织将这些产业部门分为核心版权产业、相互依存的版权产业、部分版权产业等类别,共同组成版权产业。

2003 年,世界知识产权组织发表了《版权产业的经济贡献调研指南》①,提出了从经济学角度衡量版权活动所做的贡献的方法,用于指导世界各国对版权产业的经济贡献进行调查研究。在已开展调查的各国②所出具的研究报告可以看到,版权产业经济贡献主要是依据以下三个指标进行测量:(1) 版权产业的产业增加值③;(2) 从业人数;(3) 外贸出口额(货物与服务)。这些指标共同构成了全面反映一国/地区版权产业发展的横向状况,而通过连续性统计,则可以从动态的发展态势中纵向地反映一国/地区的版权产业对当地经济发展的贡献情况。

上海版权产业发展至今,已经建构了比较全面的产业体系,核心版权产业和非核心版权产业的业态布局合理,经济增长成效显著,对上海经济的转型升级发展和城市经济功能打造做出了稳定、积极

① 世界知识产权组织编:《版权产业的经济贡献调研指南》,法律出版社 2006 年版。

② 目前已有 40 多个国家开展了版权产业经济贡献调查,数据来自:世界知识产权组织编:《版权产业经济贡献调研指南》(2015 年修订版),人民出版社,2018 年。

③ 所有产业的增加值之和就是一国的国内生产总值(GDP)。

的贡献。同时，上海也是国内最早开展版权产业经济贡献调查的地区之一，对版权产业在上海经济发展中的地位、作用以及贡献建立了长期的跟踪观察机制。为更好地了解2019—2020年上海版权产业的发展状况，展望2021年及未来的发展前景，根据上海市版权局的委托，上海知识产权研究所在《上海版权产业统计报告(2019)》的基础上进行分析研究，撰写了《上海版权产业分析报告(2019—2020)》。报告以2019—2020年上海版权产业的基本数据为基础，总结了2019—2020年上海版权产业的发展特点，分析了2020年及未来上海版权产业面临的挑战，对上海版权产业的发展趋势进行了展望。

一、2019—2020年上海版权产业的总体情况

2019年是"十三五"发展的关键之年，我国经济面临的国内外形势更趋复杂；上海版权产业经过这一年的巩固发展，为2020年版权产业在新冠疫情之下的多元转型奠定了扎实的基础。在2019—2020年这一发展阶段中，上海版权产业围绕党中央、国务院关于国家知识产权工作的总体部署，遵循国家战略和上海规划，以提升城市经济创新力、产业竞争力和文化软实力为目标，开展版权产业的内容创新、结构优化等各项工作，为构筑上海版权产业的经济优势、建设上海卓越国际城市积极提供支持。

(一) 上海版权产业的经济贡献

1. 上海版权产业的发展稳定向上

2019年，上海版权产业的产业增加值达到了3 589.97亿元人民币，与2018年相比，增加了273.31亿元，占当年上海GDP(37 987.55亿元)的9.45%，与上年相比，增加了0.24个百分点，实际增速超过上海GDP增速2.84个百分点，经济贡献发挥了正面效应。上海版权产业增加值的四大指标呈现出全面增长态势。

表1-5-3 2017—2019年上海版权产业的产业增加值及GDP占比

年　份	产业增加值(亿元人民币)	GDP占比(%)	实际增长速度(%)	经济贡献率①(%)
2019	3 589.97	9.45	8.84	13.93
2018	3 316.66	9.21	−2.69	−3.75
2017	3 426.35	11.19	7.84	12.72

上海版权产业2019年发展的数据显示，非核心版权产业(相互依存的版权产业和部分版权产业的总和)重新进入正增长轨道，与核心版权产业一起，均展现出较好的发展态势。

表1-5-4 2019年上海核心与非核心版权产业的产业增加值及GDP占比

	产业增加值(亿元人民币)	GDP占比(%)	实际增长速度(%)	经济贡献率(%)
上海核心版权产业	2 641.12	6.95	8.08	9.37
上海非核心版权产业	948.85	2.50	11.02	4.59

① 根据WIPO指南的界定，经济贡献率=(版权产业增加值占GDP的比重×版权产业增加值的实际增长速度)÷GDP的实际增长速度。这三项指标中，上海版权产业增加值占GDP的比重长期以来一直保持在10%上下，上海GDP的增长速度近年来维持在6.0%左右，但实际增长速度变化较大。

2. 上海版权产业提供了稳定就业机会

2019—2020 年,由于上海城镇从业人员统计制度调整,上海市从业人数统计口径以"四上"企业为统计基数,上海版权产业在当年度吸纳就业人数为 75.06 万人,占比上海全社会从业人数为 5.45%。

表 1-5-5　2017—2019 年上海版权产业从业人数及占比

年　份	从业人员总数(万人)	社会总从业人数占比(%)	从业人员增长速度(%)
2019	75.06	5.45	—
统计调整			
2018	125.53	9.12	6.06
2017	118.35	8.62	0.49

由于统计基数调整的关系,2019 年上海版权产业的从业人数无法与以往从业人数进行直接比较。但是根据占比值比较仍可以发现,版权产业从业人数在 2019 年的占比,相较 2018 年下降了 3.67 个百分点。由于 2019 年版权产业从业人数都是"四上"企业的从业人员,中小微企业的从业人数不在统计之列,因此,根据本次统计数字可以看出:首先,在没有明显外因调整的情况下,上海版权产业中的中小微企业承载了近 2/5 的就业人员,反映出上海版权产业的很多从业人员通过工作室等小微企业方式从事经济活动,契合了版权产业就业方面的灵活性特点,同时也还有更加广阔发展的可能性;其次,结合上海版权产业特别是核心版权产业在产业增加值、进出口等方面的表现,上海版权产业"四上"企业也需要在产业发展稳定性以及适应国际竞争上更加做大做强。上海版权产业未来在进一步推动社会就业、促进产业发展的同时,应有效关注、扶持更大能级企业的规模化发展。

3. 上海版权产业货物贸易稳步增长

2019—2020 年,上海版权产业货物贸易发展局面相较 2018 年有所好转。

2019 年,上海版权产业货物贸易进口额为 105.59 亿美元,占上海货物贸易进口总额的 3.58%,进口增长速度为 7.81%;上海版权产业货物贸易出口额为 274.62 亿美元,占上海货物贸易出口总额的 13.80%,出口增长速度为−3.88%。

2020 年,上海版权产业货物贸易的发展进一步向好,进口额为 118.47 亿美元,占上海货物贸易进口总额的 4.02%,进口增长速度为 12.30%;上海版权产业货物贸易出口额为 302.96 亿美元,占上海货物贸易出口总额的 15.22%,出口增长速度为 10.32%。上海版权产业在当年度实现了行业类别中全部数据的正增长。

表 1-5-6　2017—2020 年上海版权产业货物贸易进出口总额及占比

年　份	货物贸易总额(亿美元)		货物贸易占比(%)		货物贸易增长速度(%)	
	进　口	出　口	进　口	出　口	进　口	出　口
2020	118.47	302.96	4.02	15.22	12.30	10.32
2019	105.59	274.62	3.58	13.80	7.81	−3.88
2018	97.94	285.70	3.17	13.79	5.36	−12.53
2017	92.95	326.62	3.29	16.86	4.64	13.34

2019 年，中美贸易战持续胶着，但整体局势得到有效控制。进入 2020 年，受到新冠疫情的影响，全球经济遭遇巨大冲击，我国率先走出疫情，复工复产，继而全面恢复了经济生产，以领先三个季度的时间优势，支撑起全球范围内的产品生产和销售，使得我国在中美贸易战下的贸易形势得到进一步稳定。上海版权产业的进出口贸易也同样受益于这一国内外的形势变化，2019 年上海版权产业的货物贸易进出口发展基本扭转了 2018 年所遭遇的颓势，2020 年则获得了全面的增长性发展。

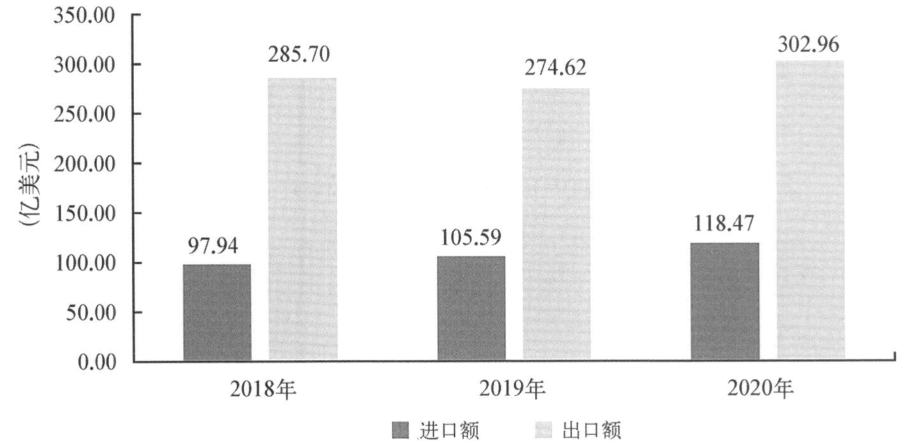

图 1－5－1　2018—2020 年上海版权产业货物贸易进出口状况

从出口结构上看，上海版权产业货物贸易进出口状况的好转主要依托于相互依存的版权产业进出口发展的好转。相互依存的版权产业多涉及制造产业，有赖于我国工业制造的有效复苏和增长，与之高度相关的相互依存的版权产业货物贸易进出口基本面得以有效恢复；同时，核心版权产业和部分版权产业也在 2019 年和 2020 年持续发展推进，上海版权产业货物贸易进出口正在逐步恢复和打开发展的良好局面。

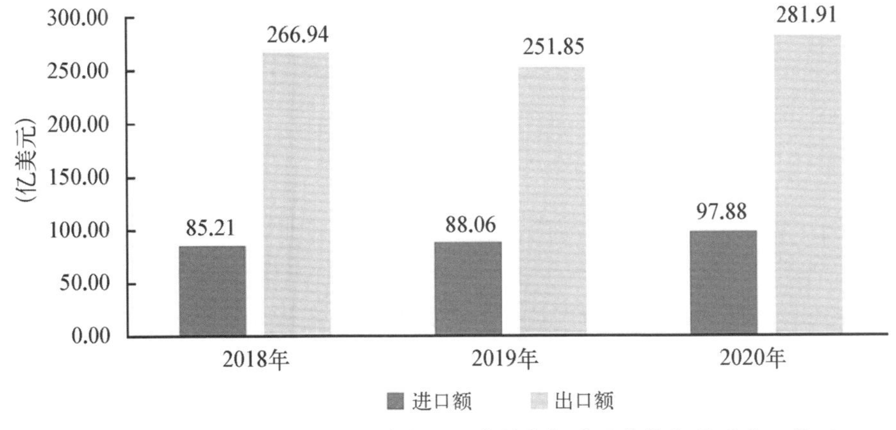

图 1－5－2　2018—2020 年上海相互依存的版权产业货物贸易进出口状况

（二）上海核心版权产业的经济贡献

核心版权产业作为全部版权产业的核心组成部分，其在全部版权产业中的比重可以直接反映版权产业在当地经济发展中的地位和竞争力。上海核心版权产业的发展正是沿着这一发展思路，一方面加强核心版权产业的竞争力，另一方面也不断对版权产业结构进行长期有效的布局、调整和完善。上海核心版权产业在2019年为上海版权产业的发展提供了最大的经济贡献，也显示了更好的发展潜力。

1. 上海核心版权产业的发展状况

上海核心版权产业在上海版权产业中一直保持很高占比，是上海版权产业发展最重要的支撑力量。这一良好的产业结构不但可以持续为全部版权产业的发展提供更多的经济贡献，更是版权产业为上海经济高质量发展做出贡献的关键。

(1) 上海核心版权产业的产业增加值

2019年，上海核心版权产业在产业增加值、GDP占比方面持续增长，实际增长速度、经济贡献率以及在全部版权产业中的占比则有小微起伏，整体表现平稳。

表1-5-7 2017—2019年上海核心版权产业的产业增加值及占比

年份	产业增加值(亿元人民币)	GDP占比(%)	实际增长率(%)	经济贡献率(%)	全部版权产业占比(%)
2019	2 641.12	6.95	8.08	9.37	73.57
2018	2 459.78	6.83	9.73	10.07	74.16
2017	2 256.22	7.37	8.67	9.26	65.85

(2) 上海核心版权产业从业人数

一直以来，上海核心版权产业的从业人数以及在全社会从业人数中的占比都保持着有序、稳定、持续的增长。但由于2019年度国家统计口径的调整，如果继续与上一年度进行直接比较，不但出现近40%的不合理跌幅，也不具有科学性。所以，2019年度从业人数的绝对值和占比表现将不作比较表述。

表1-5-8 2017—2019年上海核心版权产业从业人数及占比

年份	核心版权产业从业人数(万人)	社会总从业人数占比(%)	从业人员增长速度(%)	全部版权产业从业人数占比(%)
2019	54.83	3.98	—	73.05
统计调整				
2018	90.65	6.59	2.13	72.21
2017	88.76	6.47	1.85	75.00

尽管如此，上海核心版权产业从业人数占上海版权产业从业人数的比例仍可以进行同步比较。这一比例在2015年以后一直稳居70%以上，2019年的占比比2018年有所提升，说明上海核心版权产业对上海版权产业在提供就业机会、容纳劳动就业人数这一功能上的作用依然如故，上海核心版权产业对版权产业人才的集聚效应始终保持不变。

(3) 上海核心版权产业货物贸易进出口额

2019年，上海核心版权产业货物贸易在进出口方面均保持了良好增长，在贸易总额、贸易占比和增长速度等三大指标上全部实现增长；在绝对值相对较低的情况下，实现贸易额和增长速度的大幅增长。

表 1－5－9　2017—2020 年上海核心版权产业货物贸易进出口总额及占比

年 份	货物贸易总额(亿美元)		货物贸易占比(%)		货物贸易增长速度(%)	
	进　口	出　口	进　口	出　口	进　口	出　口
2020	15.70	10.25	0.53	0.52	23.72	−17.51
2019	12.69	12.43	0.43	0.62	54.88	47.28
2018	8.19	8.44	0.27	0.41	−11.31	7.42
2017	9.24	7.86	0.33	0.41	23.79	−16.35

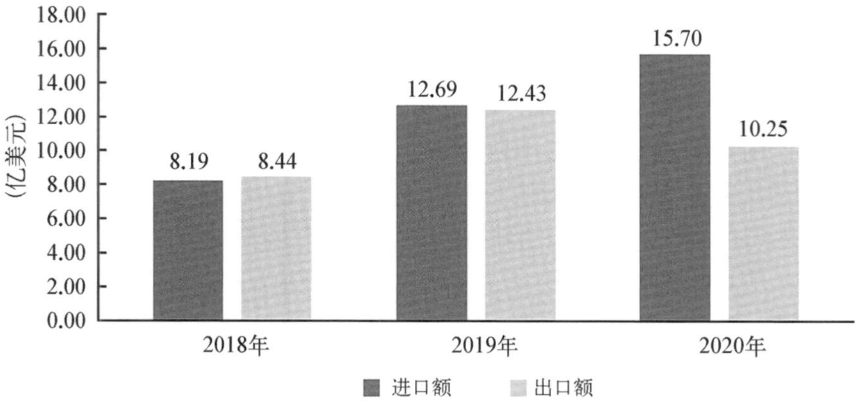

图 1－5－3　2018—2020 年上海核心版权产业货物贸易进出口状况

2020 年上海核心版权产业货物贸易进口的发展态势与上海版权产业基本一致，但在相互依存的版权产业 2020 年表现强劲的衬托下，核心版权产业货物贸易在出口领域绝对值有所降低，出现与版权产业增长表现的偏离，特别是本身出口绝对值较低，降低的表现使得增速出现较大波动。需要说明的是，2020 年由于新冠疫情肆虐的缘故，全球服务贸易发展受到重大挫折，与服务贸易密切相关的核心版权产业所受波及较大。但因为一直以来上海核心版权产业货物贸易出口额在上海版权产业货物贸易出口总额中的占比就较低，2019 年为 4.53%，2020 年仅为 3.38%，所以核心版权产业的数据波动对上海版权产业货物贸易出口整体影响有限。这也说明上海核心版权产业在出口

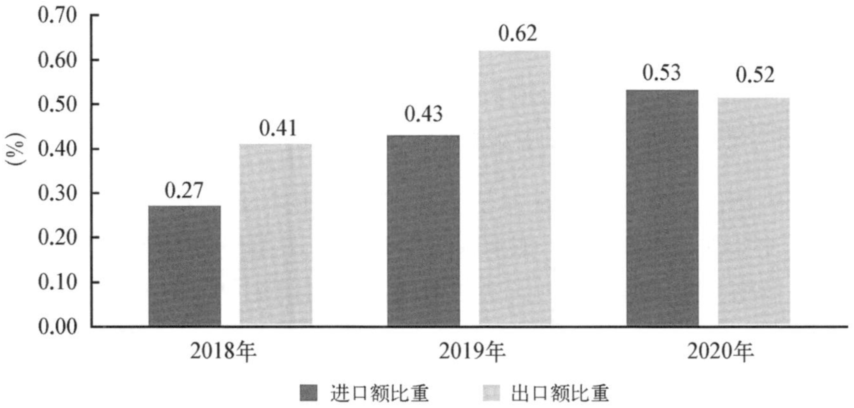

图 1－5－4　2018—2020 年上海核心版权产业货物贸易进出口额占
上海货物贸易进出口总额的比重

领域中的增力不足，仍未表现出足够的经济竞争力，是上海版权产业国际化发展中需要得到有效增强的产业部分。

2. 上海核心版权产业的发展特点

以版权的垄断利润为基础的版权产业，尤其是提供100%版权价值贡献的核心版权产业，对于版权经济本身乃至产业经济的价值贡献和影响毋庸置疑。核心版权产业作为版权产业价值链和附加值最高的组成部分，其发展对于版权产业经济贡献的重要性则更为明显。

(1) 上海核心版权产业的头部行业巩固发展

2019年，在上海核心版权产业的发展中，产业增加值位列前三位的行业分别是软件与互联网信息服务业、设计业和计算机服务，顺序与往年一致；行业增长速度位列前三位的则分别是版权服务、文化艺术和工艺品。除版权服务外，往年一直表现强势的计算机服务、软件与互联网信息服务、设计在当年度的增长率仅列第四、五、六位。

① 排名第一的软件与互联网信息服务业和计算机服务

作为一项具有高附加值的国家战略性新兴产业，软件和信息技术服务业近年来获得了高速发展。软件与互联网信息服务业和计算机服务是软件和信息技术服务业的重要内容，一直都是上海核心版权产业的龙头行业，收入和效益长期保持稳定增长，吸纳就业人数稳步增加，产业的高质量发展方向明确。

根据《2019年软件和信息技术服务业统计公报》的数据统计，2019年，互联网业务累计收入居前五位的广东(增长16.3%)、上海(增长38.7%)、北京(增长18.5%)、浙江(增长37.9%)和江苏(5.9%)，共完成互联网业务收入9 042亿元，占全国(扣除跨地区企业)比重达87.1%。[①] 上海软件产业的业务收入排名全国第五，增幅为12.7%，相比上一年度下降了0.2个百分点。[②]

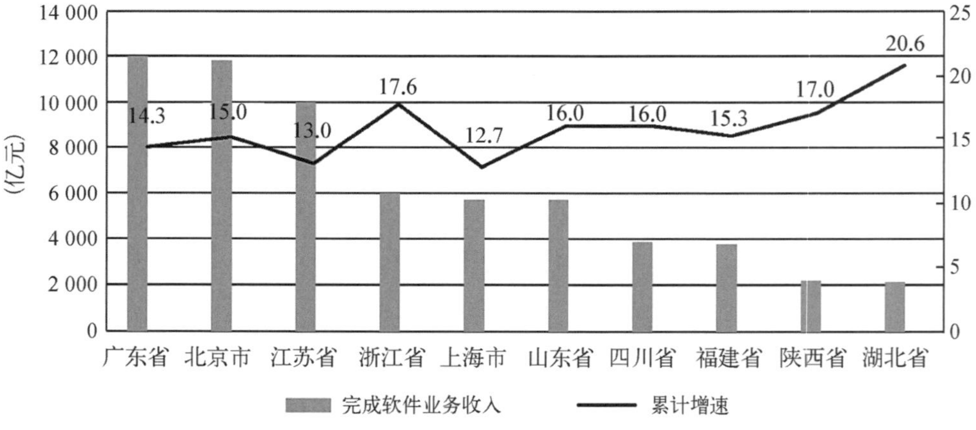

图1-5-5 2019年排名前十位的省市软件业务收入增长情况

上海的软件和信息技术服务业一直处于全国相关产业发展的第一方阵，持续为我国的制造强国和网络强国建设提供基础支撑，也是上海经济高质量发展的新动能来源。2019年，上海软件和信息技术服务业相关收入约10 000亿元，晋级万亿规模产业。根据2019年“上海软件和信息技术服务业百强”和2019年“上海软件和信息技术服务业高成长百家”名单，上海“百强”企业

① 你不知道的国情，用知识为中国代言. http://guoqing.china.com.cn/zhuanti/2020-03/16/content_75811301.htm。

② 《2019年软件和信息技术服务业统计公报》。

的规模不断扩大，2019年的营业收入近3 000亿元，比2018年增长50%。其中，经营收入超100亿元企业2家，经营收入超10亿元企业56家；超千人企业42家。入围“百家”的企业在2016—2018年整体收入的复合增速接近1倍，远高于同期软件和信息技术服务业的增速。其中，复合增速超过200%的企业有19家，复合增速超过100%的企业有44家。[①] 这是上海长期以来“做强做优做大”软件和信息技术服务产业发展目标的效果体现。需要说明的是，2019年上海在软件与互联网信息服务业发展中，软件产业的计算机、软件及辅助设备批发等受制于辅助设备本身的发展限制，使得软件方面的增长不如预期，但得益于上海互联网软件服务在搜索服务、游戏服务等方面的大幅增长，有效填补了增长的缺口，也为上海互联网软件服务的发展打开了新的增长空间。

② 排名第二的设计业

设计业的产业增加值在上海核心版权产业中排名第二，增速排名第四。作为设计业重要内容的上海创意设计产业，2019年实现增加值超过3 329.76亿元，占上海GDP比重超过8.73%，位居全国前列。从2012至2019年，上海创意设计产业增加值年均复合增长13.98%。其中，工业设计增长14.64%，时尚设计增长17.31%，建筑设计增长7.84%，数字设计增长16.85%。[②] 如果说设计是产业驱动创新的关键引擎之一，那这也是上海提出建设“设计之都”的原因之所在。2019年，上海共举办各类展会及活动1 043个，总面积1 941.67万平方米，同比增长3.3%；成功举办了第二届中国国际进口博览会(简称“进博会”)，共有181个国家、地区和国际组织参会，3 800多家企业参展，展览总面积达36万平方米，比首届增加6万平方米。按一年计累计意向成交711.3亿美元，比首届增长23%。[③]

借力于上海建设世界一流“设计之都”的契机，上海版权工作积极支持打造国际国内原创设计的首发地、优秀设计的产业转化高地、多元共赢的创意设计生态圈。如上海市版权局支持东华大学等单位合作成立汉服版权服务中心，优化行业生态，促进产业转化和IP衍生，力争成为全国的原创设计中心和产业链的前端龙头。为更好引导企业将设计与产业相结合，发挥设计对产业的引领创新带动作用，上海通过编制《关于优化提升上海设计之都建设的若干意见》等指导性文件，建设良好的政策生态，着力推动“设计＋”产业模式的落地。

(2) 上海核心版权产业的新兴产业加速发展

上海核心版权产业近年来一直致力于产业结构的调整，在整合传统核心版权产业发展的同时，促进、推动核心版权产业中新兴产业的发展正逐步取得成效。

数据显示，2019年，上海企业游戏业务快速发展，如哔哩哔哩、莉莉丝等企业游戏营收增速均保持较高水平。上海网络游戏销售收入约为802亿元人民币，增长率超过12%，较2018年增速明显提升。上海移动游戏销售收入则达到523.9亿元人民币，增长率为33.2%，增量超过130亿元人民币，创造历史新高。上海自主研发网络游戏销售收入约为697.6亿元人民币，增长率达到17.6%，比2018年增加超过百亿元人民币，收入占全国比例达到36.8%。上海网络游戏海外销售收入约为18.935亿美元，同比增长26%。[④]

---

① 做强做优做大上海软件产业. 环球数字化导报，https://www.163.com/dy/article/EVIJQ66B0511G040.html，2019年12月4日。

② 工业赋能、美好生活，十年“设计之都”上海创意产业蓬勃发展. 新华社，www.gov.cn/2020-11/21/content_5563220.html。

③ 2019年上海展览行业发展现状及行业发展的建议. 产业信息网，https://www.chyxx.com/industry/202008/886829.html。

④ 《2019—2020上海游戏出版产业调查报告》。

图 1-5-6　2012—2019 年上海网络游戏销售收入状况

数据来源于伽马数据(CNG)。

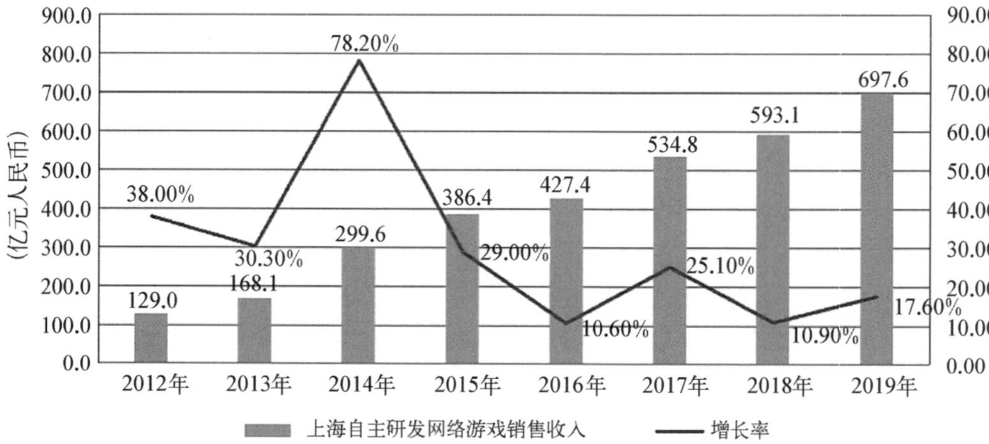

图 1-5-7　2012—2019 年上海自主研发网络游戏销售收入状况

数据来源于伽马数据(CNG)。

近年来,上海游戏企业研发实力提升显著,除盛趣游戏、巨人网络等老牌游戏企业外,三七互娱、游族网络等企业均通过收购完成了企业研发实力的快速提升,莉莉丝、米哈游、鹰角网络等新兴的移动游戏企业也在持续提高自身的研发实力,开发出一批在市场上受到广泛欢迎、具有代表性的自研产品。

一方面,上海游戏企业越来越注重提升产品研发的核心竞争能力,将坚持自主研发作为企业长期发展战略;另一方面,上海游戏产业也积极吸纳全球的各方研发力量,引入各类全球性的研发团队,许多国内外游戏公司都相继在上海建立了游戏分部。

2019 年,上海网络游戏出口形势大好,莉莉丝、心动网络、游族网络等企业均实现海外销售收入超过 10 亿元人民币。其中,网络游戏海外出口产品结构中移动游戏占比达八成,这主要得益于海外移动游戏用户市场的增长所带来的红利及上海游戏企业自主研发能力提升带来的竞争力。目前,随着美、日、韩等重量海外移动游戏市场对中国游戏产品认可度的提升,国外市场仍然具备给国内游戏企业提供较好发展机会的可能性,上海游戏企业也持续强化在这一领域的投入和市场推进。

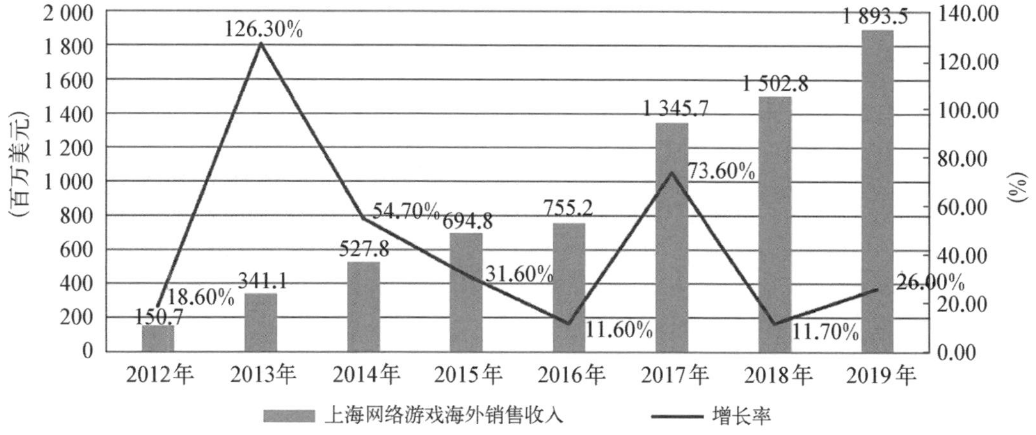

图 1-5-8　2012—2019 年上海网络游戏海外销售收入状况

数据来源于伽马数据(CNG)。

2019 年,在全国收入排前 50 游戏企业数量地域分布中,上海游戏企业数量占比达到 26%。① 上海通过政策鼓励、地域优势等各方要素叠加,持续扶持本地中小型游戏企业的发展,激发、推进游戏产业整体活力的提升。近年来,上海不断涌现出由中小微游戏企业成长为大中型游戏企业的典型范例,鹰角网络、莉莉丝、米哈游等均已通过这一模式逐步成长为这一行业中的新锐企业。

(三) 上海非核心版权产业的经济贡献

1. 上海非核心版权产业的发展状况

(1) 上海非核心版权产业的产业增加值

版权产业由核心版权产业和非核心版权产业组成,其中,非核心版权产业又包括相互依存的版权产业和部分版权产业以及一些非专用支持的产业。② 上海在大力加强核心版权产业核心地位的同时,也在积极开拓非核心版权产业的发展版图。

2019 年,上海非核心版权产业(相互依存的版权产业和部分版权产业之和)在产业增加值、GDP

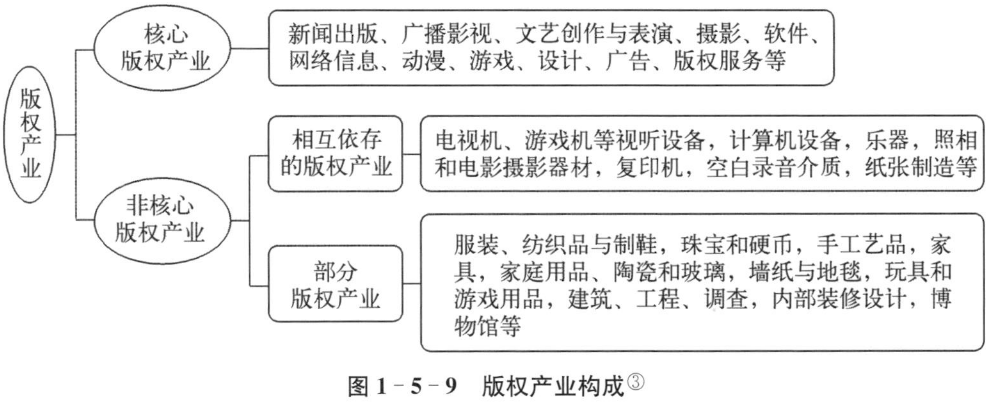

图 1-5-9　版权产业构成③

① 《2019—2020 上海游戏出版产业调查报告》。

② 上海将非专用支持的产业部分已经核算至部分版权产业中,不再单列计算。

③ 郝丽美:中外版权产业经济贡献的比较研究,https://www.fx361.com/page/2021/0701/8526127.shtml。

占比、实际增长速度、经济贡献率以及在全部版权产业中占比等五项指标上均体现出良好的增长，实现了上述全部指标的提升，特别是实际增长速度和经济贡献率均转为正增长，产业整体更趋均衡。

表 1－5－10　2017—2019 年上海非核心版权产业的产业增加值及占比

年　份	产业增加值(亿元人民币)	GDP 占比(%)	实际增长速度(%)	经济贡献率①(%)	全部版权产业占比(%)
2019	948.85	2.50	11.02	4.59%	26.43
2018	856.88	2.38	－26.64	－9.61	25.84
2017	1 170.12	3.82	6.27	3.47	34.15

其中，相互依存的版权产业和部分版权产业的表现并不相同：

表 1－5－11　2017—2019 年上海相互依存的版权产业的产业增加值及占比

年　份	产业增加值(亿元人民币)	GDP 占比(%)	实际增长速度(%)	经济贡献率(%)	全部版权产业占比(%)
2019	687.33	1.81	12.17	3.67	19.15
2018	613.26	1.70	－31.37	－8.02	18.49
2017	893.19	2.92	5.35	2.26	26.07

表 1－5－12　2017—2019 年上海部分版权产业的产业增加值及占比

年　份	产业增加值(亿元人民币)	GDP 占比(%)	实际增长速度(%)	经济贡献率(%)	全部版权产业占比(%)
2019	261.52	0.69	8.14	0.94	7.28
2018	243.62	0.68	－11.38	－1.17	7.35
2017	276.93	0.90	9.31	1.21	8.08

(2) 上海非核心版权产业从业人数

2019 年，上海非核心版权产业(相互依存的版权产业和部分版权产业之和)的从业人数和在全社会从业人数中的占比由于统计基数发生变化，不能与以往的数据直接进行比较。但是，从非核心版权产业从业人数对全部版权产业从业人数的占比上可以看出，2019 年与 2018 年的比值相差不大，产业结构相对稳定，非核心版权产业的人员流动基本保持在合理的区间。

表 1－5－13　2017—2019 年上海非核心版权产业从业人数及占比

年　份	非核心版权产业从业人数(万人)	社会总从业人数占比(%)	从业人员增长速度(%)	全部版权产业从业人数占比(%)
2019	20.23	1.47	－42.00	26.95
统计调整				
2018	34.88	2.53	17.88	27.79
2017	29.59	2.16	－3.43	25.00

① 上海版权产业增加值占 GDP 的比重长期以来一直维持在 10%至 12%之间，实际增长速度变化幅度较大，而上海 GDP 的增长速度自 2015 至 2017 年均为 6.9%。

其中，相互依存的版权产业和部分版权产业的表现有所不同。

由于相互依存的版权产业与制造业关联较大，因此该产业汇聚的从业人员要远多于部分版权产业的从业人员，这一结构状况自版权报告统计以来一直如此。

表 1-5-14　2017—2019 年上海相互依存的版权产业从业人数及占比

年　份	相互依存的版权产业从业人数（万人）	社会总从业人数占比（%）	从业人员增长速度（%）	全部版权产业从业人数占比（%）
2019	16.63	1.21	−32.94	22.16
统计调整				
2018	24.79	1.80	33.73	19.75
2017	18.53	1.35	−6.27	15.66

表 1-5-15　2017—2019 年上海部分版权产业从业人数及占比

年　份	部分版权产业从业人数（万人）	社会总从业人数占比（%）	从业人员增长速度（%）	全部版权产业从业人数占比（%）
2019	3.60	0.26	−64.31	4.80
统计调整				
2018	10.09	0.73	−8.77	8.04
2017	11.06	0.81	1.75	9.35

（3）上海非核心版权产业货物贸易进出口额

2019 年，上海非核心版权产业（相互依存的版权产业和部分版权产业之和）在货物贸易进出口发展上给出了积极信号。尽管货物贸易的出口额、占比及增长速度依然不理想，但是值得肯定的是，相较 2018 年，发展颓势得到有效控制。2019 年以来，上海进一步发挥地域、进博会等区位、项目和影响力等要素优势，非核心版权产业的货物贸易进口端在进口额、占比及增长速度等指标上呈现出增长的态势，上海非核心版权产业货物贸易整体上表现出积极的趋势。事实上，在平稳度过 2018—2019 年较为艰难的时期后，归属于传统贸易的非核心版权产业已经逐步适应中美贸易战下的国际贸易环境条件，通过行业产业结构的调整和新发展领域的开拓，在 2019 年的基础上，2020 年进一步展示了较为良好的贸易局面。

其中，相互依存的版权产业和部分版权产业的表现各有千秋。

2019 年，上海相互依存的版权产业的货物贸易进口额占全部版权产业货物贸易进口额的 83.40%，货物贸易出口额占全部版权产业货物贸易出口额的 91.71%。2020 年，上海相互依存的版权产业货物贸易进口额占全部版权产业货物贸易进口额的 82.62%，货物贸易出口额占全部版权产业货物贸易出口额的 93.05%。相互依存版权产业在货物贸易出口上的强势再次得到体现，而进口额在绝对值增加的情况下，由于核心版权产业货物贸易的增长，占比全部版权产业货物贸易进口额则稍有下降。

2019 年，部分版权产业的货物贸易进口额占全部版权产业货物贸易进口额的 4.58%，货物贸易出口额则占全部版权产业货物贸易出口额的 3.77%。2020 年，部分版权产业的货物贸易进口额占全部版权产业货物贸易进口额的 4.13%，货物贸易出口额则占全部版权产业货物贸易出口额的

表 1-5-16　2017—2020 年上海非核心版权产业货物贸易进出口额及占比

年　份	货物贸易额(亿美元)		货物贸易占比(%)		货物贸易增长速度(%)	
	进　口	出　口	进　口	出　口	进　口	出　口
2020	102.77	292.71	3.49	14.71	10.62	11.64
2019	92.9	262.19	3.15	13.18	3.52	−5.43
2018	89.74	277.27	2.91	13.39	7.20	−13.02
2017	83.71	318.76	2.97	16.46	2.88	14.34

3.56%。部分版权产业货物贸易进出口额总额在当年全部增长的情况下，由于相互依存的版权产业表现亮眼，其在全部版权产业货物贸易进出口额中的占比反而出现些微降低。

从货物贸易进出口的表现来看，尽管核心版权产业货物贸易进出口的各项指标总体呈现增长态势，但从可预期的未来发展来说，一方面由于我国当前以制造业为主的经济贸易结构仍为外贸出口的主流；另一方面我国(上海)核心版权产业在国际市场上的竞争力仍处于基础发展阶段，即使有部分行业已经具备一定的影响力，但整体来说仍与发达国家存有较大差距。因此，非核心版权产业特别是相互依存的版权产业在货物贸易进出口上的表现将决定全部版权产业货物贸易基本面的状况，还将维持很长的一段时间。

表 1-5-17　2017—2020 年上海相互依存的版权产业货物贸易进出口额及占比

年　份	货物贸易额(亿美元)		货物贸易占比(%)		货物贸易增长速度(%)	
	进　口	出　口	进　口	出　口	进　口	出　口
2020	97.88	281.91	3.32	14.17	11.15	11.94
2019	88.06	251.85	2.99	12.66	3.35	−5.65
2018	85.21	266.94	2.76	12.89	7.05	−13.66
2017	79.60	309.16	2.82	15.96	2.43	14.76

表 1-5-18　2017—2020 年上海部分版权产业货物贸易进出口额及占比

年　份	货物贸易额(亿美元)		货物贸易占比(%)		货物贸易增长速度(%)	
	进　口	出　口	进　口	出　口	进　口	出　口
2020	4.89	10.80	0.17	0.54	1.02	4.46
2019	4.84	10.34	0.16	0.52	6.78	0.13
2018	4.53	10.33	0.15	0.50	10.23	7.59
2017	4.11	9.60	0.15	0.50	12.40	2.41

2. 上海非核心版权产业的发展特点

非核心版权产业对版权产业的经济贡献，相较于核心版权产业处于辅助和支持的地位，但也是版权产业不可或缺的部分。特别是非核心版权产业的规模越大，对于版权产业的贡献也就越大。上海非核心版权产业对于上海版权产业的经济贡献指标上的不同表现，也揭示了上海版权产业未来的发展方向。

(1) 产业增加值和从业人数方面，非核心版权产业表现出明显的从属性

由于版权因子的缘故，对于国内特别是上海已经发展起来的版权产业而言，核心版权产业占全部版权产业的比重长期超过70%。上海基于城市定位，在非核心版权产业受制于版权因子的情况下，由于本身产业规模无法无限扩大，使得非核心版权产业在产业增加值等指标方面对于全部版权产业而言处于从属地位。

表1-5-19 2019年上海非核心版权产业增加值和从业人数占比全部版权产业

产 业	产业增加值占比全部版权产业(%)	从业人数占比全部版权产业(%)
核心版权产业	73.57	73.05
非核心版权产业	26.43	26.95

2019年、2020年的上海非核心版权产业继续保持着产业增加值和从业人数占比上海全部版权产业四分之一的状况。

(2) 货物贸易进出口方面，上海非核心版权产业占据完全的主导地位

2019年，上海非核心版权产业货物贸易的进口和出口额占到全部版权产业货物贸易进口和出口额的87.98%和95.47%；2020年，上海非核心版权产业货物贸易进口和出口额占到全部版权产业货物贸易进口和出口额的86.75%和96.62%。由此可见，非核心版权产业的对外货物贸易对版权产业进出口贡献尤为突出，是现阶段上海版权产业对外货物贸易进出口的主要承载者。

表1-5-20 2019—2020年上海核心版权产业与非核心版权产业货物贸易进出口额占比全部版权产业

产 业	2019进出口占比全部版权产业(%)		2020进出口占比全部版权产业(%)	
	进 口 额	出 口 额	进 口 额	出 口 额
核心版权产业	12.02	4.53	13.25	3.38
非核心版权产业	87.98	95.47	86.75	96.62

2019年以来，在对外货物贸易出口形势相对好转的情况下，非核心版权产业继续扩大在版权产业中的绝对地位，特别是在出口方面的占比已经达到全部版权产业的95%以上。但上海版权产业的这一外贸结构也充分说明了上海版权产业国内与国外的巨大反差。在国内已具备领先地位的同时，上海版权产业需要在国际发展上持续地投入和推进，在保持非核心版权产业经济贡献的同时，有效提升核心版权产业的地位和影响力。

(四) 上海版权产业的经济管理

习近平总书记指出，知识产权保护工作关系国家治理体系和治理能力现代化，关系高质量发展，关系人民生活幸福，关系国家对外开放大局，关系国家安全。全面建设社会主义现代化国家，必须更好推进知识产权保护工作。[①] 版权作为一项重要的知识产权，是促进文化繁荣和科技创新的重要动力。上海市版权主管部门一直以来认真贯彻落实中央和市委市政府关于知识产权工作的部署，推动版权事业不断创新发展。

① 习近平在中央政治局第二十五次集体学习时强调，全面加强知识产权保护工作激发创新活力推动构建新发展格局。新华社2020年12月1日发布。

1. 版权贸易服务国家战略发展

2019 年,版权工作面对出版领域的新态势、新挑战,上海出版单位与时俱进,不断拓展国际合作资源,加强与国际著名出版传媒集团的联系与合作,积极推进有声图书、电子出版物等“走出去”工程,在电子书及全球数据库领域不断加大内容授权比例。积极服务国家大局,响应“一带一路”国家倡议,拓展“一带一路”沿线国家的版权输出渠道和语种范围,加大输出力度,聚焦中国的历史、文化、科技和重大国家战略,特别是为进一步扩大中华文化在全世界范围内的影响力,上海各大出版社在精品输出上下足功夫,对重点书籍加强推介工作,包括一些小语种的推广,逐渐形成一本书籍多语种输出的良好局面。

2020 年,受新冠疫情影响,上海举办的各类国际文化交流活动暂停或改为线上举行,使得上海版权服务贸易的引进输出数据全面下降。其中,图书版权输出同比下降 28.3%,图书版权引进同比下降 13.2%。但展现我国当代抗疫类题材作品的输出则成为一大亮点。新冠疫情暴发初期,上海出版单位快速响应,全面整合资源,积极推进防疫抗疫出版物在世界范围内实现多语种的版权输出。上海文化广播影视集团有限公司(SMG)响应“关于做好优秀抗疫主题节目对外传播”的号召,拍摄抗疫主题电视剧、纪录片、宣传片等节目输出国外。这些抗疫题材作品的输出,为抗击疫情的国际合作、向世界传播中国抗疫经验、鼓舞全球人民的抗疫信心做出了贡献。因此,尽管图书版权的引进输出受到较大影响,但上海在学术科技类图书的输出方面却出现显著增长,共输出科技类图书 149 种,占图书输出总数的 25.1%,同比上升 119.1%。上海出版单位紧扣国家战略主题,积极适应市场需要,利用上海学术出版的优势,不断努力扩大上海学术出版在国际上的影响力。

2. 版权工作依托基层特色服务

为进一步提升上海版权创造、保护、运用、管理的水平,有效推动版权产业发展,以公共服务为切入点,上海市版权局已经实现版权工作站在全市各区的全覆盖,同时,还在长三角一体化示范区和张江、紫竹两个国家级高科技园区设立了工作站。上海市版权局积极依托各区县、园区的版权工作站,积极发挥版权工作在服务经济、文化发展中的重要作用,使版权工作站成为上海版权工作主赛道,为上海版权工作发展提供了支撑。

首先是在 2019 至 2020 年间,继续开展版权服务优秀项目推荐活动。其中,杨浦区版权工作站的“2019 年上海 IP 授权训练营”项目和嘉定区版权工作站的“嘉定区版权服务平台”项目分别获得 2019 年度和 2020 年度的版权服务优秀项目金奖。评选活动不但总结和推广了各家工作站的有效经验,取得了良好的社会示范效应,也使得版权工作得到有效认可,提升了基层版权工作者的积极性和工作成效。

其次是上海市版权局建立了“版权协会+自贸区版权服务中心+16 个区级版权工作站+2 家大型版权企业集团”的作品登记服务体系,率先实行作品免费登记。根据国家的统计数据显示,上海的版权登记数量从 2010 年的 2 636 件跨越式增长到 2020 年的 30 万件,连续多年保持全国第二。

第三是上海已经建成国家级版权示范单位、园区 12 家,市级版权示范单位、园区 135 家。其中,上海张江高科技园区、上海紫竹高新技术产业开发区、环上大国际影视园区、上海创智天地园、上海游戏电竞产业孵化基地获评国家级版权示范园区。其中 3 家上海版权示范单位的作品,如 3D 动画电影《大闹天宫》《攀登者》《英汉大词典》,获得了世界知识产权组织版权金奖(中国)。

3. 版权保护体现上海发展特点

2019 年和 2020 年,上海市版权局对外连续发布了 2019 年度和 2020 年度上海十大版权典型案件。这一年度专项工作成果突出展现了上海版权工作在版权保护方面的特点。

一是凸显对影视作品侵权盗版行为的持续高压打击力度。上海作为影视消费的高地,加强对侵权盗版行为的打击，尤其针对春节贺岁片、小影吧等重点作品、重点领域，执法部门依法实施精准打击，使市场规范化效应突出，产业容量不断得以提升，成效显著。

二是对版权侵权的司法认定更趋专业合理。对版权保护中遇到的新问题、新领域、新技术等，司法部门通过指导性案例等方式进行了全面详细的剖析和阐释，为同类型案件的审理树立了典型范例，具有一定的启发与指引作用。

三是加大对传统行业和领域中知识产权保护的查处力度。对教育、出版、发行等版权传统保护行业和领域，继续加大盗版查处，规范版权市场秩序，对提升行业对版权规范运作意识等起到了很好的引领作用。

四是在版权国际条约指导下实施同等保护。遵循我国签署的版权国际条约，提升上海在知识产权保护方面的良好国际形象。针对涉外版权案件查处中的疑难复杂问题，执法部门之间主动加强沟通协作，统一认识，提高办案效率，依法作出查处结果，受到国外版权权利人的高度认可。这不但彰显了我国知识产权保护的良好国际形象，也提升了上海建设亚太地区知识产权保护中心城市的信心与能力。

4. 版权基地创新在线新经济

2019 年以来，国内外经济形势错综复杂，2020 年更有新冠疫情交相叠加，国家版权贸易（上海）基地面临挂牌以来最为严峻的困难和挑战。上海基地顺应国内外与市场形势的变化，依托上海自贸区制度创新与政策开放的优势，积极探索创新与国际市场相接轨的版权贸易方式。

一是灵活调整，创新推进传统项目。调整活动方式，增加线上活动，不断探索、实施行之有效的版权贸易活动策略和推广渠道。包括 2020 香港国际影视展、第十八届香港国际授权展及第九届亚洲授权业会议、第三届长三角国际文化产业博览会、2020 上海版权贸易与产业发展论坛在内的各项活动和论坛，最终都通过线上形式得以圆满举办。

二是应对海外版权市场活动的萎靡之势，创新发展思路，结合线上数字贸易的新需求，通过开辟新途径、新项目打开了版权贸易活动的新局面。相继成功举办了首届上海国际独立音乐季、首届国际游戏商务大会、首届上海国际游戏产业交易会等活动。

三是危中求机，在战略平台建设、合作资源获取等方面成果显著。在版权服务平台方面，上海基地响应国家关于推动数字文化产业高质量发展的号召，建立基于人工智能、区块链为技术支撑的数字文化内容的版权服务体系，确立以“免费确权、有力保护、有序开放、有效交易”为核心的服务定位，降低版权交易门槛，实现版权收益最大化，推动数字版权市场的健康发展。在数字文化平台方面，“国家对外文化贸易（上海）北虹桥创新中心”正式揭牌，并在 2020 年成功发布“千帆计划”，助力数字文化产业发展，积极探索“外高桥＋江桥”的“双桥模式”，搭建数字文化内容版权服务体系。

国家版权贸易（上海）基地的一系列措施使得上海版权的国际工作能够在困难中继续坚持和有效推进，取得了良好的国际反响。

二、上海版权产业发展的比较分析

（一）与国内版权产业的发展水平比较

1. 上海版权产业的发展水平继续保持领先

（1）上海版权产业的发展具有明显优势

“十三五”时期，国家版权局和地方版权主管部门全面贯彻落实党中央、国务院各项决策部署，综合运用法律、政策、行政等手段，推动中国版权产业高质量发展。根据数据显示，[1]2019年全国版权产业的产业增加值为7.32万亿元人民币，同比增长10.34%，占全国GDP的7.39%，比上年提高0.02个百分点；版权产业城镇单位就业人数为1 628.60万人，占全国城镇单位就业总人数的9.49%；版权产业商品出口额为3 653.30亿美元，占全国商品出口总额的14.62%。其中，核心版权产业保持较快发展态势，2019年全国核心版权产业的产业增加值为4.59万亿元，同比增长10%，占全部版权产业的比重为61.34%，比2018年略有下降。

表1-5-21 2019年版权产业比较

产　业	产业增加值(亿元人民币)	GDP占比(%)	增长速度(%)
全国版权产业	73 200	7.39	10.34
上海版权产业	3 589.97	9.45	8.84

表1-5-22 2019年核心版权产业比较

产　业	产业增加值(亿元人民币)	GDP占比(%)	占比全部版权产业(%)	增长速度(%)
全国核心版权产业	45 900	4.65	61.34	10.0C
上海核心版权产业	2 641.12	6.95	73.57	8.08

自开展版权产业经济贡献调查以来，上海版权产业的发展水平一直位居全国领先地位。2019年，上海版权产业和核心版权产业在GDP中的占比高于全国平均水平2个百分点左右，核心版权产业占全部版权产业的比重也比全国占比更高，彰显了上海版权产业更具竞争力的产业实力。近年来，上海经济结构不断优化，产业结构加快升级，以服务业为主体、战略性新兴产业为引领、先进制造业为支撑的现代产业体系逐步形成。在版权产业中，上海一直致力于高端化、高价值、国际化的产业发展方向，2010年以来，已逐步建成以版权创作、商业化为主要内容，核心版权产业为主体的版权产业结构，并建立起在国内版权产业发展中的领先优势。

由于受到国际经济波动和产业自身水平的影响和制约，上海版权产业的发展也遇到了不少困难，全部版权产业和核心版权产业的产业增加值2019年的增速低于全国平均水平。上海版权产业需要在产业布局、推进和深耕等各个层面继续努力，尽快突破现有局面，在多重要素交织下的国内外经济竞争中，于危机中抓机会，充分利用上海已有的优势产业基础，从积极引入版权产业高端发展要素和推进本地版权产业优势外溢的两手出发，跃上版权产业更高的发展层次，从而为我国版权产业的高质量发展探索发展路径。在一系列政策向好的指引下，上海版权产业应继续完善产业要素市场，着力建立更具灵活性、回应性和影响力的版权经济发展模式。

(2) 上海版权产业的从业结构更具科学性

2019年，我国版权产业城镇单位就业人数与2018年相比，从业人数总额减少19.93万人，占全国城镇单位就业总人数的比重也有小幅下降。[2] 由于版权产业聚集大量中小微企业，企业模式能动性强，一直以来都在推动社会就业、促进社会稳定方面发挥着积极作用。

---

① 数据来自：《2019年中国版权产业的经济贡献》。
② 数据来自：《2019年中国版权产业的经济贡献》。

表 1-5-23　2019 年版权产业从业人数比较

区　　域	版权产业占比社会从业总人数(%)	核心版权产业占比全部版权产业从业人数(%)
全　国	9.49	—
上　海	5.45	73.05

版权产业的从业人数和占社会总从业人数的比重是反映这个产业经济贡献的重要指标之一。2019 年，我国版权产业的城镇单位就业人数以及在全国城镇单位就业总人数中的比重，均在 2018 年下降的基础上继续减少和下降，核心版权产业也出现同步下降。上海版权产业的相关数据由于统计口径调整的原因，在人数绝对值上也呈现较为明显的下降，但上海核心版权产业从业人数占比全部版权产业人数的四分之三左右这一科学结构依然没有发生变化。统计数据反映出上海版权产业有大量从业人员是以中小微企业为依托，符合版权产业特点所需要的人员常态分布状况。同时，上海核心版权产业从业人员在全部版权产业中的占比高且稳定，也说明即使在受到外围环境较大冲击的情况下，上海核心版权产业专业人才的集聚优势依然可以保持不变，上海核心版权产业在城市经济发展中能够持续保持对高质量人才的吸引力。而全国版权产业在国内外形势变化的背景下，就业主渠道以及就业承载能力正在进行变革，与制造业相关版权产业的人口流出的趋势比较明显。

(3) 版权产业的对外货物贸易向好调整

2019 年，我国版权产业对外贸易稳中提质，版权产业的货物贸易出口额为 3 653.30 亿美元，占全国商品出口总额的比重为 14.62%，已连续多年在全国商品出口总额中的比重稳定在 11%以上。[①] 尽管受到中美贸易战的影响，通过积极应对和调整，我国版权产业货物贸易出口额和增速在 2019 年呈现快速增长。相互依存的版权产业依托我国的制造业优势，对出口贡献巨大，而版权附加值较高的核心版权产业货物贸易的出口额在全部版权产业中的比重较低，仅为 2%左右，对我国版权产业出口的贡献比较有限。

表 1-5-24　2019 年版权产业的对外贸易商品出口比较

区　　域	占比当地全部商品出口总额(%)	出口额增长速度(%)
全　国	14.62	30.59
上　海	13.80	−3.88

上海版权产业在这方面的表现与全国水平相当，特别是在 2020 年，上海版权产业的货物贸易进出口全部指标都表现出增长态势，对外贸易的复苏迹象明显。尽管核心版权产业的进出口表现正在逐步提升，但其占比全部版权产业过低的状况也始终没有得到很好的扭转，上海核心版权产业在国际市场上的竞争力需要进一步增强。上海作为我国最具代表性的国际化大都市，更有必要尽快提升这一现状水平，从而更好地服务上海经济本身，并为全国版权产业的对外贸易做好先行先试。

2. 与国内版权产业的发展水平比较

版权制度作为激励创新的一项基础性制度安排，在促进科技创新和经济发展中的地位和作

① 数据来自：《2019 年中国版权产业的经济贡献》。

用日益凸显，版权价值对经济的贡献得到不断证实。因此，国内不少地区近年来都陆续对当地版权产业的经济贡献展开定期或不定期的统计和分析，以期能够为本地经济发展提供有效的决策参考。

(1) 各地版权产业经济贡献综述

2019年，四川省首次对版权产业的经济贡献进行调研。调研数据显示，2018年四川省版权产业的行业增加值为2 337.43亿元人民币，占全省GDP的5.45%；就业人数为222.71万人，占全省就业人数的4.56%；核心版权产业的行业增加值和就业人数已分别占到全部版权产业的56%和51%。商品出口额为203.61亿美元，占全省商品出口额的40.40%。另外，非核心版权产业中的计算机及其设备产品对出口的贡献最大，商品出口额为193.46亿美元，占到全部版权产业出口额的95%，占全省商品出口额的38.39%。①

根据版权产业经济贡献率调查报告数据显示，2018年，江苏省版权产业增加值达8 020亿元人民币，占全省GDP的8.66%，比全国高1.29个百分点。其中，核心版权产业增加值5 284亿元人民币，占全部版权产业的比重达65.89%，对版权产业发展的主体作用明显。② 2019年，"江苏省版权产业经济贡献度"调查报告显示，全省版权产业增加值近8 500亿元人民币，占当年全省GDP的8.61%，比全国高出1.22个百分点。其中，核心版权产业增加值达到6 170亿元人民币，占全部版权产业的比重为72.67%。③

山东省在2016年对本省版权产业的经济贡献进行调查。报告显示，2014年，山东省版权产业的产业增加值为3 353.60亿元人民币，占全省GDP的5.64%；就业人数为225.83万人，占全省就业人数的3.42%；商品出口额为99.47亿美元，占全省商品出口额的6.87%。其中，核心版权产业的贡献尤为突出，产业增加值达到1 457.08亿元人民币，占全部版权产业的43%。④ 2017年的版权产业经济贡献调查结果显示，山东省版权产业增加值占GDP比重已提升到5.89%。⑤

广东是我国的版权大省和强省之一，版权产业的经济贡献和作品登记量在全国领先。2016年，广东省的版权经济贡献率达到了8.61%。⑥

(2) 各地版权产业的比较研究

"2019年中国版权产业经济贡献"的调研报告指出，中国版权产业稳中向好，对做好我国"六稳"工作，落实"六保"任务发挥了重要作用。以报告所展示的全国发展水平为参照系，将外省市版权产业的相关数据与上海版权产业的数据⑦进行比较，可以大致看出已开展版权产业经济贡献调查的各地版权产业在全国的基本地位和发展水平。

总而言之，我国版权产业的发展呈现出核心版权产业经济贡献不断提高，非核心版权产业地位有所下降的发展轨迹。包括电视机、计算机等电子信息制造业和乐器、纸张制造等行业在内的相互依存的版权产业，包括纺织品、服装、陶瓷和玻璃、家具、玩具和游戏用品、珠宝和硬币、手工艺品、博物馆等行业在内的部分版权产业等产业增加值在我国GDP中所占比重下降，以新闻出版、广播影

① 来自：四川省版权局，http://www.ncac.gov.cn/chinacopyright/contents/12227/352218.shtml。
② 2018年江苏省版权产业经济贡献度调查报告。
③ 2019年江苏省版权产业经济贡献度调查报告。
④ 2014年山东省版权产业经济贡献度调查报告。
⑤ 山东省版权产业占GDP比重已达5.89%。国家新闻出版广电总局版权管理司，2018年1月17日发布，https://baijiahao.baidu.com/s? id=1589829200319613206&wfr=spider&for=pc。
⑥ 广东版权产业的经济贡献和作品登记量在全国领先。https://news.ycwb.com/2018-07/31/content_30056774.htm。
⑦ 由于相关外省市开展版权产业经济贡献调查的年份和跨度不同，数据采取主要跨度为2017—2019年。

视、软件、广告与设计等为代表的核心版权产业的产业增加值则不断增长，核心版权产业正成为我国版权产业发展最为迅速的行业，[①]对版权产业发展的支撑作用也越来越明显。各地版权产业的发展轨迹与国家这一点的发展状况基本保持一致。从数据可以看出，上海、江苏两地版权产业的发展水平明显高于四川、山东两地，这不但表现在GDP占比，也表现在核心版权产业在全部版权产业中的地位。上海、江苏核心版权产业在版权产业中的核心地位毋庸置疑。

自开展版权产业统计以来，上海版权产业的发展指标大多领先于全国版权产业的发展指标。在版权产业的产业结构占比上，上海核心版权产业占比上海版权产业和全国核心版权产业占比全国版权产业均超过一半，在GDP中的占比呈现同样的趋势分布。2019年，上海版权产业特别是上海核心版权产业继续得到发展，但在产业增加值增长的同时，增长速度有所放缓，这与上海版权产业正处在产业升级发展的进程中有关，版权产业的布局尚未全部完成，产业链也还未全部打通，人才更替及爆发仍需时间。所以，在继续夯实上海版权产业基础的发展中，只有推进、加快产业结构调整，完善产业发展要素市场，等待核心版权产业结构的优化以及消费人群和消费市场的成熟，才能最终有效改善目前版权产业增速相对缓慢以及与国际竞争弱势表现的局面。

（3）版权产业从业人数稳中有升

版权产业从业人数稳步增长。自开展版权产业经济贡献统计以来，我国版权产业城镇单位从业人数从2006年的762.92万人增长到2019年的1 628.60万人，占全国城镇单位从业总人数的比重也从6.52%增长到9.49%，提高了2.97个百分点。我国版权产业在推动社会就业、促进社会稳定方面产生了积极意义。

表1-5-25　各地版权产业从业人数占比当地从业总人数的比较[②]

	上　海	江　苏	四　川	山　东
版权产业占比社会从业总人数(%)	5.45	10.27[③]	4.56	3.42

版权产业的从业人数及占社会从业总人数的比重是反映这个产业对经济贡献的重要指标之一。核心版权产业与非核心版权产业受当地经济发展影响，往往此消彼长，与此同时，版权产业在经济发展中的独立性也体现得越发明显。2019年，我国版权产业的城镇单位就业人数与往年相比在调整中发展。新闻出版、广播影视、软件、动漫、游戏、广告与设计等依靠智力创造的核心版权产业正在逐步成为我国版权产业就业增长的主渠道，核心版权产业对就业的承载能力不断加强，成为"惠及民生"的重要力量。从前述统计数据可以看出，江苏不负制造业大省的美誉，其版权产业从业人数占比远超上海、四川和山东，也超过了国家水平。同属消费型市场的上海和四川的占比接近，而山东由于经济结构的差别，其就业人员归属于版权产业的人数较少，占比当地全部就业人员的比例也更低。

在上海，版权产业的从业人数一度在2014年达到顶峰，随后受上海人口政策调整及产业转型发展等因素影响，从业人员结构得到优化。这一调整过程对相互依存的版权产业从业人数影响较大。尽管如此，也没有影响到上海核心版权产业的从业人数的增长态势，在版权产业的其他行业从

① 范军、赵冰、杨昆：十八大以来我国版权产业发展的三大贡献。http://www.fx361.com/page/2020/0413/6563105.shtml，2020年10月1日访问。

② 由于相关外省市的数据的采集年份不同，从2017至2019年，因此主要通过占比来阐释发展趋势。

③ 版权能创造多少价值？江苏版权产业一年增加值达7 365亿元：2017年江苏省版权产业从业人数达到488.42万人，占江苏省全社会从业人数的比重为10.27%。http://app.myzaker.com/news/article.php? pk=5d6676751bc8e0841300038b。

业人数减少的情况下,上海核心版权产业从业人数已经占到了上海版权产业从业人数的四分之三左右,且能够保持相对稳定,专业人才的集聚分布明显。2019 年上海版权产业的从业人数由于统计口径调整的关系,只能根据占比结构推导出上海版权产业的各大产业人员整体结构并无发生变化,已先于全国版权产业从业人员结构的发展趋势,达到较为理想的人员结构布局。特别是上海核心版权产业在升级发展中并未丧失人员占比优势,说明其在向现代高端产业转型中的人才吸纳已经具有稳定性。这一发展态势有助于未来上海核心版权产业高端产业的发力以及相关新兴产业对上海核心版权产业的支持。

表 1-5-26 各地版权产业的对外货物贸易出口比较[①]

	上 海	江 苏	四 川	山 东
版权产业占比对外贸易出口总额(%)	13.80	—	40.40	6.37

上述数据可以说明,上海版权产业的货物贸易出口占比略低于全国版权产业的占比表现。商务部的另一渠道统计数据显示,2019 年,我国文化贸易总体规模增长态势持续平稳,文化产品进出口贸易总额 1 114.5 亿美元,同比增长 8.9%,其中出口 998.9 亿美元,同比增长 7.9%,进出口商品结构呈现差异化发展趋势。[②] 上海版权产业在对外贸易方面的表现基本与全国版权产业对外贸易形势相符,只是上海版权产业由于产业内容侧重有别,在增长率等方面与全国版权产业的表现有所差别。在各地版权产业的经济贡献中,四川出口占比高是因为其非核心版权产业中的计算机及其设备产品对出口的贡献最大,占到其全部版权产业出口额的 95%,也占到全省商品出口额的 38.39%。相关数据显示,四川省已成为全球重要的计算机设备出口基地,全球一半的笔记本电脑芯片和苹果平板电脑均在四川生产。[③] 而山东显然并无四川这样的对外贸易产业优势,上海、四川、山东三地在对外贸易的具体表现上差别较大。

(二)与国际版权产业的发展水平比较

近年来,随着知识经济的快速发展,版权产业发展水平已成为衡量一个国家或地区创新能力的重要指标。自 2003 年世界知识产权组织(WIPO)的《版权产业经济贡献调研指南》[④]公布至今,世界知识产权组织已先后发布了 3 份《WIPO 版权产业经济贡献研究综述》,对各国调研数据进行了综合分析。世界上已有美国、澳大利亚等 40 多个国家和地区开展了版权产业调研项目,我国自 2007 年起已连续十余年开展中国版权产业的经济贡献调研。

尽管《版权产业经济贡献调研指南》并不能完全消除各国和各地区在概念、分类、研究方法和统计口径上的差异,但仍为国际对比提供了一定基础。因此,可以对我国乃至上海版权产业的发展状况在世界上的水平和地位提供相应的参考维度。

1. 国家、地区版权产业的发展状况

美国不但是世界上版权产业最为发达的国家,也是连续发布关于版权产业经济贡献报告最为积极的国家之一。因此,美国的相关数据具有联系性,也有一定的连续比对价值。美国近期发布的

① 由于相关外省市的数据的采集年份不同,其间跨度为 2017—2019 年,因此主要通过占比来阐释发展趋势。

② 李嘉珊:文化贸易中最牵动文化软实力的是文化服务贸易。https://baijiahao.baidu.com/s?id=1678707229997103500&wfr=spider&for=pc。

③ 来自:四川省版权局,http://www.ncac.gov.cn/chinacopyright/contents/12227/352218.shtml。

④ 世界知识产权组织编:《版权产业经济贡献调研指南》(2015 年修订版),人民出版社,2018 年。

版权产业报告是《美国经济中的版权产业(2020 年度报告)》。报告显示,2019 年美国版权产业的行业增加值为 25 682.3 亿美元(折合 168 018.74 亿元人民币①),占全美 GDP 的 11.99%;就业人数为 1 162.53 万人,占全美就业总人数的 7.87%。其中,核心版权产业的增加值为 14 949.9 亿美元,占全美 GDP 的 7.26%;出口额继续保持增长的态势,音乐、影视、软件和出版物四类核心版权产品的出口额为 1 912 亿美元。②

2020 年 6 月,澳大利亚通过对本国版权产业的经济贡献的调查,公布了《澳大利亚版权产业的经济贡献(2006—2018)》报告。报告盘整、统计了澳大利亚版权产业,包括核心版权产业、相互依存的版权产业、部分版权产业等在 2006—2018 年间的发展状况,阐释了澳大利亚版权产业的趋势和水平,特别是近五年来的发展情况。同时,为了更好地说明澳大利亚版权产业在国际上的地位,报告也对各国版权产业的发展进行了横向比较。2018 年,澳大利亚版权产业的产业增加值为 1 240.75 亿美元(折合 8 117.23 亿元人民币③),占澳大利亚 GDP 的 6.8%;就业人数为 103.4 万人,占全国就业总人数的 8.36%。其中,核心版权产业的增加值约为 870 亿美元(折合 5 691 亿元人民币),占澳大利亚 GDP 的 4.8%;澳大利亚版权产业的出口保持增长态势,出口额为 48 亿美元,增长 3.8%,其中相互依存的版权产业出口占主导地位。

在表 1-5-27、表 1-5-28、表 1-5-29 的比较中,美国、中国和上海的数据均来自 2019 年,澳大利亚则是 2018 年数据。

表 1-5-27 世界版权产业增加值占比比较

国家、地区	在当地 GDP 中的占比	增长率(%)	当地 GDP 增长率(%)
美 国	11.99	4.36	2.28
澳大利亚	6.8	0.81	2.6
中 国	7.39	10.34	6
上 海	9.45	8.84	6

表 1-5-28 世界核心版权产业增加值占比比较

国家、地区	在当地 GDP 中的占比	增长率(%)	占全部版权产业比重(%)
美 国	7.26	5.36	61.80
澳大利亚	4.8	1.16	70.16
中 国	4.65	10	62.7
上 海	6.95	8.08	73.57

版权产业作为美国经济贡献的重要来源之一,占美国 GDP 比重达到了 11.99%,核心版权产业在版权产业中的占比也是世界有统计国家和地区中最高的。报告还显示,美国版权产业也受到国际贸易波动的影响,2019 年版权产业增加值的增长率较以往有所下降。澳大利亚的数据则显示,虽然该国版权产业发展水平较高,但近年来却一直没有突出表现。相形之下,我国版权产业即使在

① 汇率按 1 美元等于 6.542 2 元人民币折算。
② 根据美国 2020 年度的版权产业报告的统计,2018 年美国版权产业的增加值为 24 316.2 亿美元,核心版权产业的增加值为 14 949.9 亿美元。
③ 汇率按 1 美元等于 6.542 2 元人民币折算。

增加值和占比方面仍然低于美国的水平，但增长率却已超过美国。2019 年，美国版权产业的增加值约是我国版权产业增加值的 2.3 倍，差距较以往有所缩小。同时，我国版权产业的发展使得我国在产业增加值、就业人口及货物贸易出口上均已全面超过澳大利亚，发展势头良好。

表 1－5－29　世界版权产业从业人员数据比较

国家/地区	版权产业在社会从业总人数中的占比(%)	核心版权产业占比全部版权产业从业总人数(%)
美　国	7.87	9.19
澳大利亚	8.36	5.71
中　国	9.49	56.1
上　海	5.45	73.05

以从业人数占比来看，美国版权产业从业人数占比已经略低于我国的占比，这与我国作为人口大国，制造业发达、容纳就业人数众多有关，优势在此表现明显。澳大利亚版权产业就业人数近年来有下降趋势，但也长期保持在 100 万人以上。一个比较明显的趋势就是澳大利亚版权产业中的就业人数已经更多地向软件、数据库等核心版权产业转移。数字化的发展使得澳大利亚版权产业的劳动效率有所提高。①

表 1－5－30　世界核心版权产业货物贸易出口增长率比较

年　份	美　国(%)	澳大利亚(%)	中　国(%)	上　海(%)
2018	7.30	－4.2	5.7	－12.53
2019	1.69	—	—	47.28

报告再次证明，一直以来美国核心版权产业的对外销售、服务的出口额均保持了很高水平，其文化软实力和在国际市场的竞争力仍无可撼动。相关研究资料显示，我国核心版权产业货物和服务出口总额不足美国四类产品的十分之一，②中美之间核心版权产业在对外贸易方面差距较大。③

澳大利亚版权产业中，出口占主导地位的是相互依存的版权产业，包括电子音响、视觉设备和计算机，与我国类似。2013 年以后的出口增长主要由计算机和信息技术设备以及摄影和录像的出口设备带动，占比整体出口的 90%。而核心版权产业的出口从 2014 到 2018 年，下降了 4.2%，只占版权产业出口总额的一小部分。

上海是我国版权产业发展的领先地区之一，核心版权产业各项指标的表现更为明显。上海版权产业和核心版权产业增加值占 GDP 的比重，与全国相比，更为接近美国水平，增加值的增长率也达到美国的 2 倍，同时，核心版权产业占全部版权产业的比重最高，显示出上海版权产业结构的合理构建和发展。但是，在核心版权产业对外贸易方面，无论是我国的国家水平还是仅论上海水平，与美国甚至澳大利亚相比，绝对值上都存有较大差距。2019 年表现出来的速率增长是在总额绝对

① 《澳大利亚版权产业的经济贡献(2006—2018)》。

② 郝丽美：中外版权产业经济贡献的比较研究。https://www.fx361.com/page/2021/0701/8526127.shtml。

③ 我国版权产业自 2015 年起，因缺乏相关数据，不再对核心版权产业服务贸易的出口额进行测算，仅对海关统计商品的出口额进行测算。上海在 2019 年也没有获得核心版权产业服务贸易的相关统计数据，无法对核心版权产业服务贸易情况进行分析。

值较低情况下由于外贸形势好转而形成的一种快速反弹，实际差距依然较大。

就上海版权产业的发展来说，一方面需要依托核心版权产业在新技术、新领域、上海城市特质上的高质量发展，继续全面推动版权产业的产业增加值的增加，还需要提升产业形态，有序调整核心版权产业的结构内容，为上海版权产业经济贡献的提升，提供持续和稳定的输出；另一方面也要合理平衡核心版权产业和非核心版权产业的产业结构关系，在继续利用上海实体产业基础，推进、改善、调整非核心版权产业发展的同时，注重促进核心版权产业对内对外贸易的经济增长，特别是在对外贸易中的数量和质量的提升，逐步改善上海版权产业对外贸易的进出口格局。

2. 全球版权产业的发展比较

根据世界知识产权组织于2014年出版的*WIPO Studies on the Economic Contribution of the Copyright Industries*，在已开展调研的国家中，各国版权产业的产业增加值对GDP的贡献率差异明显，从超过11%（美国）到低于2%（文莱）之间不等，平均贡献率为5.18%。其中有四分之三的国家的版权产业对本国GDP的贡献率在4%至6.5%之间。美国（11.69%）、韩国（9.89%）、匈牙利（7.42%）、澳大利亚（7.40%）则表现出较高水平。在就业人数方面，在已开展调研的国家中，版权产业就业人数占全国就业总人数的比重平均值为5.32%，近四分之三的国家比重在4%至7%之间。

2020年，澳大利亚在对本国版权产业的经济贡献进行调查的同时，也对世界上包括美国、中国等在内的其他国家版权产业在产业增加值、就业人口等方面的数据表现进行了比较。

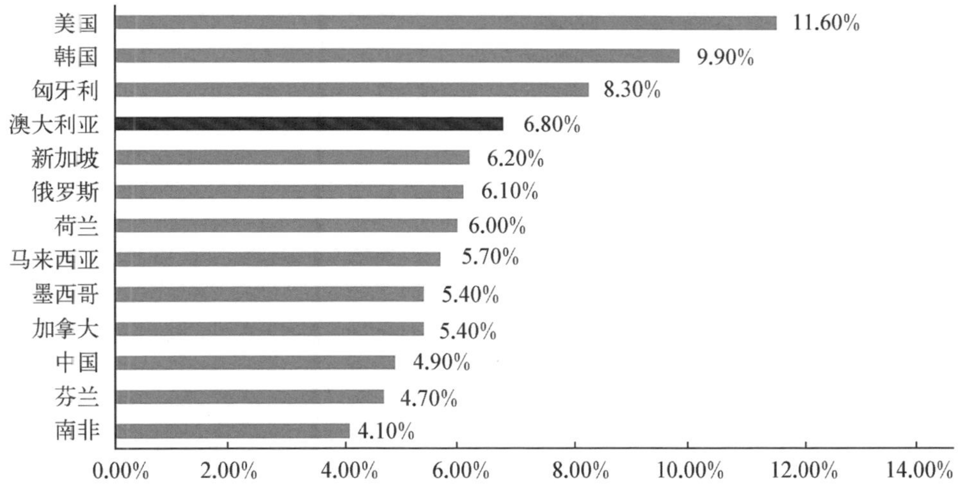

图1-5-10　2020年各国版权产业增加值的GDP占比①

根据澳大利亚的统计数据，我国版权产业增加值占GDP的比重仅为4.9%，位列全部调查国家中的第11位，仅高于芬兰（4.7%）和南非（4.1%），不但低于美国、澳大利亚、新西兰等发达国家，也低于韩国、新加坡、马来西亚、墨西哥等国。

根据澳大利亚的统计数据，我国版权产业就业人员占全社会就业人员的比重（5.6%）排名同样较低，与加拿大、芬兰一样，仅高于南非（4.1%）。报告中我国版权产业的数据来自世界知识产权组织（WIPO），数据时间较早，已经与我国版权产业近年来的发展实际存在一定偏差，因此图1-5-11

① The Economic Contribution of Australia's Copyright Industries(2006—2018).

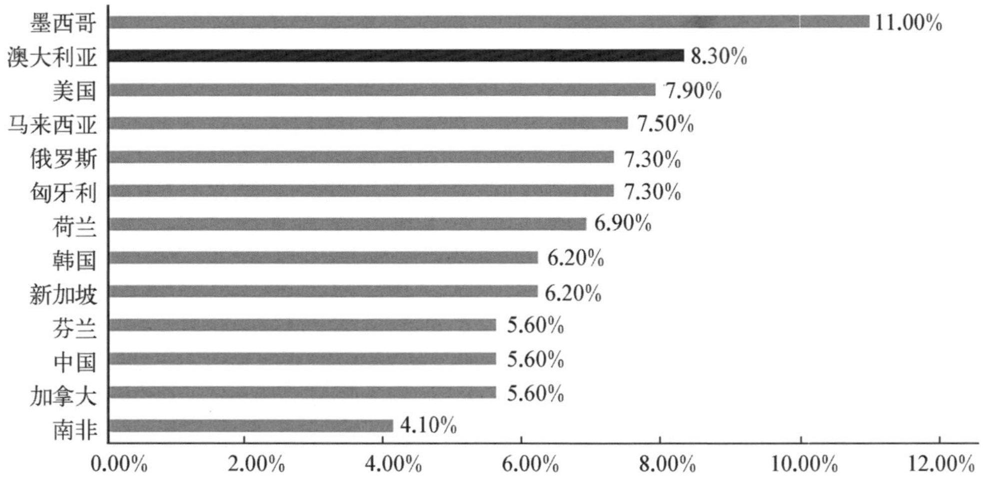

图 1－5－11　2020 年各国版权产业就业人员占全体社会就业人员的比重①

所呈现的状况，仅可作为评价我国版权产业在国际上的发展地位的参考。

总体来说，由于商业模式的改变和数字内容的兴起，包括发达国家在内，很多国家的版权产业都在经历产业结构调整的阵痛。一些版权行业由此受益，也有一些版权行业受到的负面影响较大，但都在探索由于这些变化所带来的产业变化发展需要的新方式和新路径。

三、上海版权产业发展的综合评价

(一) 保障配套加固版权产业发展基础

2019 年，上海版权产业按照中央总体部署，围绕国家战略和上海发展实际，继续深入落实市委、市政府《关于加快本市文化创意产业创新发展的若干意见》(“上海文创 50 条”)，全面贯彻新发展理念，落实高质量发展要求，结合在“未来五年，上海文化创意产业增加值占全市生产总值比重达到 15%左右，基本建成现代文化创意产业重镇；到 2030 年，上海文化创意产业增加值占全市生产总值比重达到 18%左右，基本建成具有国际影响力的文化创意产业中心；到 2035 年，全面建成具有国际影响力的文化创意产业中心”的规划要求，积极谋划版权产业发展新局面。

通过统筹规划、制度建设和政策扶持等方式，在制度层面建设、完善有利于版权产业发展的营商环境，推动版权产业特别是其中新兴在线经济产业的发展，是上海经济发展的迫切要求。在整体规划中，加速上海版权产业与上海产业优势的高质量对接和融合，进一步完善上海服务贸易基地工作的方式和方法，增强版权服务业实力，加大上海服务贸易对上海版权产业的贡献。

2019 至 2020 年，上海相继制定、修订、发布了《上海市传统工艺振兴计划》《关于促进上海电子竞技产业健康发展的若干意见》《上海市关于加强区级融媒体中心建设的实施方案》《关于我市加强文物保护利用改革的实施意见》《上海版权示范单位和示范园区(基地)认定办法》《上海市版权公开交易管理办法》等一大批与版权产业相关的政策文件，继续落实“上海文创 50 条”的具体内容，渐次打造全方位的产业发展政策体系。这些政策制度的配套和落地，也更好地推动了上海版权产业的发展。

---

① The Economic Contribution of Australia's Copyright Industries(2006—2018).

（二）服务水平提升促进版权产业发展

上海市版权局以版权工作站为抓手，依托长宁的时尚创意、金山的非遗传承、徐汇的艺术品交易、虹口的音乐文化等各区的特色产业，开展各类版权服务和交易活动，为供求双方搭建沟通桥梁，促成作品的转化与传播，推动版权市场价值的实现。上海市版权局通过每年开展版权服务优质项目的评选，总结做法和经验，开拓思路，创新服务，为版权产业创造了良好的营商环境。2020 年，上海成立了上海市文化创意产业促进会，首批会员单位 250 多家；认定了 149 家市级园区（含 25 家示范园区）、16 幢示范楼宇和 28 个示范空间。其中，松江区作为上海影视产业的影视基地聚集地，至 2020 年 5 月底，全区已有 4 个市级文创园区、12 个专业影视拍摄基地和专业影棚、21 个市级影视拍摄取景地，汇集了 6 000 多家影视企业。[①] 为了能更好地服务于影视版权需要，上海市版权局还支持专门成立了影视版权服务中心，仅 2020 年半年间就完成了 200 多次版权服务，对版权转化和纠纷解决发挥了重要作用，切实为版权价值市场化的转化目标提供了有效帮助。

2019 年上海的市级文创扶持资金资助在建类项目 324 个，市区两级扶持资金 41 626 万元，导入社会资本投入超过 31 亿元；其中，扶持在建类民营企业项目数量占总数的 89%，市区两级扶持金额 37 364 万元，占总金额的 89%。[②] 上海要以建设全球领先的国际金融中心作为目标，理应在金融支持版权产业方面发挥更大的作用。

（三）优势产业巩固提升版权产业质量

上海核心版权产业中优势产业的优质发展是上海版权产业稳定发展的基石。2019 年是上海电影丰收的一年，全年上海共有 169 部电影完成立项备案，上海电影立项备案数占全国的比重与 2018 年基本持平。2019 年上海出品完片 102 部电影，比 2018 年增长 19%。其中 33 部上海出品的影片在院线上映，年度累计票房约 52 亿元人民币，在 2019 年的国产片总票房中占比 12.7%。共有 9 部上海出品的电影票房过亿元，2 部影片进入全年国产片票房排名前十。有 11 部带着“上海出品”标识的影片，在海内外各知名电影节上获得奖项，另有 3 部作品入围国际 A 类电影节的主竞赛单元。《我不是药神》等为代表的上海出品的现实题材电影不但斩获海内外大奖，还为完善我国社会主义法制建设和提高知识产权意识发挥了积极作用。

2020 年，上海软件和信息服务业经营收入增加值占到第三产业增加值的 11.5%。其中，互联网信息服务业营收 3 484 亿元人民币，同比增长 19.1%。上海的软件收入达到了 5 900.6 亿元人民币，位列全国前茅。2020 年，上海的中国互联网百强企业数、企业互联网业务累计收入同比增长，分别为 21 家和 20.9%，居全国第二位和第三位。截至 2020 年 10 月，上海拥有跨境电商相关企业约 8.4 万家，占全国的 14.8%，居全国第二位。

从美国、澳大利亚等国家版权产业的发展经验可以看到，以软件、信息服务、视听、在线服务等为主要内容的核心版权产业正是这些国家近年来版权产业增加值持续发展的关键所在。在我国构建“双循环”新格局的战略方向下，上海也在服务国家发展大局的前提下，积极捕捉“一带一路”、长三角经济带等一系列的战略发展机遇，为上海版权产业打开新的发展空间。

（四）在线新经济赋能版权产业跨界发展

在线新经济是指借助人工智能、5G、互联网、大数据、区块链等智能交互技术，与现代生产制

①② 《2019 年上海文化产业发展报告》。

造、商务金融、文娱消费、教育健康和流通出行等深度融合,具有在线、智能、交互特征的新业态、新模式。

随着以数字技术为载体的新兴产业形态的迅速崛起,版权产业的发展聚焦智能化、移动化、个性化的未来发展特点,在新技术、新手段等的辅助下,开拓上海版权产业发展新领域,开辟了网络视听、网络文化等数字化发展的新方向。上海在线版权经济发展势头强劲,移动游戏、网络视听、数字阅读等新业态增长迅速。数据显示,[①]2019 年上海移动游戏销售收入达 523.9 亿元人民币,增长率达 33.2%;上海网络游戏海外销售收入约为 18.935 亿美元,同比增长 26%。2020 年,上海网络游戏国内及海外总销售收入达 1 206 亿元人民币。其中,国内销售收入 999.2 亿元人民币,占全国比重达到 35.9%,同比增长超过 24%;海外销售收入超 29 亿美元,约合人民币 206.8 亿元,增幅超过 50%。[②] 除此之外,上海网络文学销售收入达 115 亿元人民币,同比增长 37.7%。美团点评、喜马拉雅、小红书、哔哩哔哩等头部企业快速发展,拉动互联网生活服务平台实现总产出 1 435.90 亿元人民币;今日头条、玄霆娱乐、七猫文娱等企业营业收入增速均超过一倍。[③] 在线新经济已经成为上海激活数据新要素、培育产业新动能、引领数字新消费的主力军。

在这一新产业发展领域,可以覆盖包括核心版权产业、相互依存的版权产业和部分版权产业在内的全链条版权产业,并在同步发展中提升版权产业的结构转型层次。借助在线新经济的发展,不但可以加快实现上海核心版权产业的转型升级,也可以逐步扭转上海核心版权产业对外货物贸易特别是服务贸易方面的劣势,成为驱动上海版权产业高质量发展的新引擎。这一模式不仅可以助力核心版权产业的增量发展,也将赋能非核心版权产业的转型发展,实现版权产业的优质提升。

四、上海版权产业的发展趋势

根据《知识产权强国建设纲要(2021—2035 年)》分步走的要求,到 2025 年,我国版权产业的产业增加值占 GDP 比重要达到 7.5%。这一指标是指当年度版权产业的产业增加值与国内生产总值之比,可以体现出版权产业对经济增长的贡献度,也是国家对版权产业发展高度重视的体现。根据现有数据统计,2019 年我国版权产业增加值为 7.32 万亿元人民币,占全国 GDP 比重为 7.39%;上海版权产业的增加值为 3 589.97 亿元人民币,占上海 GDP 的比重达 9.45%。因此,在临近"十三五"收官之际,在全国版权产业尚未达到国家要求的时候,上海版权产业已初步达到了这个指标,但仍需要在这一指标的质量上挖掘深耕,进一步向发达国家和地区的版权产业经济发展水平靠拢。

(一) 配合上海经济未来发展目标

当今世界正处于百年未有之大变局中,但中国经济发展提质增效、转型升级的要求不变。无论是从《知识产权强国建设纲要(2021—2035 年)》的发展目标,还是上海经济发展的定位和条件来看,上海版权产业都理应成为上海经济增长的一个亮点。上海在"十四五"规划纲要中已明确指出,要打造国际知识产权保护高地,版权的保护和管理将是重要内容。全面加强版权保护,细化落实强

① 《2019—2020 上海游戏出版产业调查报告》。
② 《2020—2021 上海游戏出版产业调查报告》。
③ 上海:"在线新经济"已成为文创产业发展的重要力量。https://m.gmw.cn/baijia/2021-03/31/1302201768.html。

化知识产权中版权保护的实施方案。未来在上海建设卓越全球城市的进程中，应推动资源优先向创新配置，更好地利用资本市场支持创新创造，提供精准产业扶持政策，联动全球创新资本，为上海的创意生长提供丰厚土壤。上海版权产业不但是上海城市名片的重要宣传载体，也是上海经济发展的重要引擎之一。上海版权产业需要充分展现产业成长性以及成长对上海城市发展的作用。

（二）适应上海城市建设的发展需要

上海版权产业发展要从建设“上海文化”品牌和上海国际文化大都市的定位出发，这是基于上海自身特有的历史资源和发展特点所提出的要求。上海国际文化大都市建设与上海建设国际大都市的要求，在内容上是一脉相承的。上海版权产业的发展要顺应城市建设和发展的定位，进一步均衡版权产业发展布局，依托上海基层园区和组织，提高版权产业的经济效益，实现版权产业价值转化功能，将版权产业的发展进程纳入上海城市建设发展的目标预期中。

（三）完善上海版权产业优势高地

上海版权产业要进一步加强版权产业优势领域建设，建立支撑上海版权产业持续高质量发展的产业业态，使之成为上海经济未来具有更大发展空间的产业内容之一。

首先，巩固上海优势核心版权产业。从发展角度来说，上海核心版权产业应继续聚焦影视、演艺、艺术品、电子竞技四大产业。这四大产业也是“上海文创 50 条”中“两中心两之都”的目标产业。上海要着力加强产业的内容建设，锻造版权产业的核心竞争力，从而具备能够在国际市场开展竞争的实力。以游戏产业为例，2019 年上海自主研发网络游戏销售收入达到 697.6 亿元人民币，增长率达 17.6%，增量超过 100 亿元人民币。这正是近年来上海游戏企业避开同质化发展，着力提升自研能力的成果体现。除盛趣游戏、巨人网络等老牌游戏企业外，三七互娱、游族网络等企业通过收购完成了研发实力的快速提升，以莉莉丝、叠纸网络、米哈游、鹰角网络等“上海 F4”为代表的新兴移动游戏企业则深入打磨自身的研发实力，不断产出具有代表性的自研产品。仅 2019 年一年，上海自主研发网络游戏销售收入的占比就达到全国的 36.8%。上海游戏企业注重提升产品研发的能力，将自主研发作为企业长期的持续发展战略进路，将会是上海未来保持游戏产业三分天下的实力保证。

其次，逐步建立核心版权产业集群。在围绕推动文化重点领域发展、构建现代文化市场体系、引导资源要素向产业集聚等目标下，结合上海版权产业发展的实际，聚焦上海核心版权产业的发展业态。例如，创建更为完备的工业化体系是上海发展国际顶尖影视制作产业的基础，而新技术、新模式催生的产业变革，使得 5G、虚拟现实、人工智能、大数据、云计算等信息化互联网技术成为推动电影产业转型升级的驱动力。上海在松江之外，继续推进静安环上大国际影视产业园区建设，围绕影视动漫电竞产业集聚区的目标，持续引进各类影视企业；通过开放浦东国际影视产业园共享空间，聚集了中国影视后期产业龙头企业在此落户，逐步打造中国影视后期共享制作基地、中国影视后期数字人才中心、中国影视数字资产交易平台。通过“1+3+X”的发展模式——1 个大型高科技影视基地；包括人才孵化、影视制作投资、影视取景拍摄 3 类服务功能区，涵盖诸多高校与设置机构“产学研用”一体化布局；X 个散布在全市的影视资源——紧扣工业需求，以科技撬动产业升级，着重引入专业服务、体验商业等版权的业态功能，聚焦版权配套建设，最终实现核心版权产业的集聚发展。

第三,推动在线新经济版权产业新模式的快速发展。在线新经济代表着未来的趋势和方向,是上海打造高端产业和建立新发展格局的重要载体。目前,上海在线新经济发展已经呈现出多元动能齐发力的态势。在线新品牌不断涌现,市场地位迅速巩固,持续强化着上海在线新经济企业的竞争软实力;在线新技术与新业态、新应用场景持续深化融合,在线新业态的涌现和壮大,细分行业领域深入发展,在拉动新就业、创造新消费的同时,也在塑造上海版权产业的新格局;在线新消费推动经济线上线下融合发展,数字化、无接触经济迅速发展壮大,为上海消费经济发展创造线上新空间;在线新平台提供多元要素流量汇聚与配置载体,做大做强上海流量经济。上海版权产业的发展正通过在线新经济构筑产业发展新优势,培育新活力,扩展新空间。

第四,建立版权"出海"的上海高地。基于上海建设具有全球影响力科技创新中心和卓越全球城市的发展目标,上海版权产业拥有存量巨大、版权转化运用相对成熟的市场,增长持续性有保证。结合版权产业对上海国民经济和社会发展的重要支柱性产业定位,上海应当坚持全球视野、国际标准,利用上海的各方优势,加快落实版权产业创新改革的任务要求,加快开发版权在市场管理运行机制中的创新举措,吸引更多的海内外人才加盟,逐步建立在全球范围内具有认知度的版权产业人才集聚高地,从而构建更加开放、更加包容、更具全球发展空间的版权环境。其中,上海版权产业以影视、演艺、艺术品、电子竞技等核心版权产业为抓手,以上海相对开放、成熟、规范的营商环境和市场机制为基础,建立起通过上海联系世界的通道,吸引更多的海外版权产业搬入、资金投资和人员投入。在逐步打造上海版权市场国内外联系通道的同时,通过上海特有的市场消费优势、公平公开公正的交易规则以及高效的版权保护体系,为版权产业的对外贸易创造更好的外部环境,争取国际上更多的商业合作,有效反哺全国版权产业的长效发展,进而使得上海版权产业的对外贸易成为全国版权产业对外贸易的主要窗口和聚集地之一。

结　　语

上海自2010年以来连续发布上海版权产业经济贡献研究报告,为研究上海版权产业发展对上海经济的影响提供了有益的参考。

2019—2020年,上海版权产业围绕着强化知识产权创造、保护、运用、管理、服务等要求,积极化解产业自身和国内外环境的不利影响,以提高版权产业发展效能为目标,积极开拓上海版权产业发展的新局面、新空间。根据报告数据统计,2019年我国版权产业增加值为7.32万亿元,占全国GDP比重为7.39%,上海版权产业的增加值为3 589.97亿元人民币,占上海GDP的比重达9.45%。上海版权产业已初步达到我国《知识产权强国建设纲要(2021—2035年)》提出的分步走的第一阶段目标,即在2025年,我国版权产业的产业增加值占GDP比重要达到7.5%。这是上海版权产业在上海经济乃至国家经济实现高质量发展的进程中长期努力的成果体现。

当今世界正处于百年未有之大变局中,但中国经济发展提质增效、转型升级的要求不变。无论是从《知识产权强国建设纲要(2021—2035年)》的发展目标要求,还是上海经济发展的定位和条件来看,上海版权产业都理应成为上海经济增长的一个亮点。上海在"十四五"规划纲要中明确指出,要打造国际知识产权保护高地,版权的保护和管理将是重要内容。全面加强版权保护,细化落实强化知识产权中版权保护的实施方案。未来,上海需继续坚持在版权产业的发展中积极深耕,向发达国家和地区的版权产业经济发展水平靠拢。在上海建设卓越全球城市的过程中,组织、推动资源优先向版权产业创新配置,更好导入、利用资本市场支持版权产业的创新创造,制定、提供精准扶持版权产业的发展政策，为上海版权产业的产业增加值、就业人员和对外贸易的全面提升发展给予更有力的支撑。上海版权产业不但可以成为上海城市名片的重要宣传载体，也应是上海经济发展的重要引擎之一，以产业的成长性来印证上海城市的积极发展。

（本报告系委托上海知识产权研究所进行统计分析，得到了上海市统计局、上海海关的大力支持与指导，特此致谢。）

第二篇

专稿

第一章　展　　会

第一节　上海书展暨“书香中国”上海周

8 月 18 日，2020 上海书展暨“书香中国”上海周(以下简称“上海书展”)在上海展览中心落下帷幕。常态化新冠疫情防控时期，第十七届上海书展充分挖掘和打通线上线下资源，整合圈内圈外力量，于变局中开新局，为市民读者呈现了一场别开生面的文化盛会。

作为 2020 年首个线下举办的有规模、有影响的书业展会，本届书展围绕“安全、出彩”两个关键词，汇集整合全国优质出版阅读文化资源，努力推动融合创新，在转型升级上跨出一大步。今年书展推出 10 余万种精选图书、150 余种新书“云首发”、150 个本埠和全国分会场、700 余场线下阅读文化活动；15 个网络平台构建而成的“上海书展线上朋友圈”和各参展单位自行搭建或牵手合作的上百个大小平台，展销图书的品种数倍于线下，举办的线上阅读活动数量直追现场。本届书展触及的读者规模进一步增大，影响力有效提升。截至 8 月 17 日，书展圈内圈外相关页面访问总量破亿(1.14 亿次)，线上活动观看量破 610 万次(611.37 万次)。“上海书展 · 阅读的力量”线上平台访问量达到 55.58 万次，成为市民读者了解书展信息的首选。受限流影响，书展主会场入场读者数量为去年的三分之一，但入场读者人均消费同比增长约 23%。这表明，更好的观展体验，带来了更愉悦的选书心情、更从容的试读状态，增加了找到好书的概率。此外，上海图书馆牵头、全市公共图书馆积极参与，实现书展现场馆配采购图书 22 234 册，码洋 148.5 万元。

总体上，本届书展突显四方面亮点：

一是安全第一，以服务的柔度对冲防疫的硬度。在新冠疫情防控常态化背景下，上海书展把读者和参展工作人员的安全与健康放在首位，对防疫做出精细部署，更严格落实。首次扩展主会场展场面积，减少展架和进场图书、拓宽通道，把尽量多的空间给予读者；首次大比例线上售票、提前实名预约，以限流保证人员密度在安全线以下；首次“大消毒”和“小消毒”相结合，划出日场与夜场之间的一小时用于场内防疫消毒，同时展厅内每两小时循环消毒。实行细致精准的防控举措，设置“全程佩戴口罩”等标语牌、保持间距警示地贴、现场安全巡查和设置临时隔离室等。努力以服务的柔度对冲防疫的硬度，书展志愿者热情周到的服务、现场母婴室和快递、寄存等便民服务，大受读者欢迎。

二是主题图书热销，有效传播正能量。上海书展是弘扬主流价值、传播正能量的重要阵地。序馆雕塑以“书香润泽人民城市”为主题；序馆重点展示新近出版的《习近平谈治国理政》(第三卷)等学习宣传习近平新时代中国特色社会主义思想的重要图书；主题出版馆集中展销“四史”学习教育、“人民城市人民建、人民城市为人民”、“全面建成小康社会”、“抗疫事迹”等主题出版物。首次亮相实体书展的《习近平谈治国理政》(第三卷)在书展热销，受到读者好评，创下领导人著作书展销售的可喜业绩，截至 8 月 17 日在上海书展售出 8 000 多册。新出版的《习近平在福州》同样吸引了众多读者捧读、购买。抗疫主题图书成为 2020 年特别热门的品种之一，《中国战疫！》《查医生援鄂日记》等销售表现不俗，上海文艺出版社的《河湾里》是其中少见的抗疫长篇小说。以“疫情下的中国坚守”为主题的“书香中国”阅读论坛受到广泛关注。

三是为读者而变，线上线下融合。满足读者阅读方式和消费模式的转变，2020 年书展在转型升级上跨出一大步。从组成“上海书展线上朋友圈”、推出“上海书展线上平台”，到设立直播间，推动在线荐书、直播带货、社群推广，上海书展正在不断加大线上线下融合发展力度。推出的新书“云首发”为海内外作者提供便利的同时，也让读者不出家门享受“首发”体验。各参展机构的新书首发主阵地转移到直播间。被读者誉为“书展经典”的阅读活动均同步开通线上直播、录播和回看功能。

四是为发展赋能，“破圈”“出圈”成了流行词。疫情下的上海书展，在满足读者阅读需求的同时，也成为助力新经济、促进新业态、刺激新消费、引领新生活的有力载体。书展通过对一系列创新项目的挖掘和培育，推动上海书展、上海出版走出行业圈子，同时吸引圈外的新力量走进来。“未来阅读馆”“作家餐桌计划”成为书展“出圈”的标志性案例；知名实体书店集结的实景版书香街区，展现了跨界发展的新尝试、新成果；上海书展“进商圈”“进社区”开始尝试推动书店与其他商店从“相邻”走向“相融”，从“书店＋”“阅读＋”走向“＋书店”“＋阅读”。

本届书展得到出版人、媒体人和读者的高度评价。很多出版人表示，“希望以上海书展为起点，迎来书业的复苏，尤其是地面店的复苏”。《光明日报》的《“出圈”的上海书展更出彩——2020上海书展暨“书香中国”上海周如期开幕》，《解放日报》的《在上海书展，“读懂”人民城市》，《文汇报》的《严守安全底线，上海书展以最大诚意静候读者》，《新民晚报》的《2020上海书展：入场的读者少了，每个人的收获却多了》，澎湃新闻的《防控常态化下的上海书展，为世界同行提供“上海经验”》，《中国出版传媒商报》的《上海书展来了，行业信心妥了》等报道影响广泛。读者普遍表示，“一年一度的书展赋予了生活一种仪式感”，“今年书展空间更疏朗，逛展的舒适度前所未有”。对上海书展的肯定，鞭策我们更努力地创新融合，为出版产业高质量发展、为全民阅读推广做出更积极的探索和实践。

附录1　150家上海书展分会场“破圈”助力阅读推广

8月12至18日，2020上海书展暨“书香中国”上海周在上海成功举办。主会场在上海展览中心，分会场走出书店、走出上海、走出阅读爱好者的小圈子，在全市16个区设立100家分会场，在长三角等城市设立50家分会场，“破圈”助力阅读推广，将上海书展“我爱读书，我爱生活”的理念分享至长三角等地区更多人群。据不完全统计，125家书店、商圈分会场销售累计达600余万元，其中本市分会场销售450万元，外埠分会场销售150万元。习近平著作、“四史”学习教育图书、上海主题图书热销。

7月，上海市书刊发行行业协会受上海书展指导委员会办公室委托，主导2020上海书展分会场的申报、遴选、组织开展文化推广等工作。虽然面临新冠疫情防控常态化，但上海及各地图书销售企业、阅读推广单位申请加入书展分会场十分踊跃，数量超过去年。基于疫情防控的考虑，经过审定，本市分会场限定100家，外埠分会场以长三角地区为重点，限定50家，数量仍与2019年相同。

本市100家分会场囊括全市16个区，以品牌实体书店为基础，联合各区图书馆、农家书屋、重点培育的读书会等组成。首次由实体书店与商厦(购物中心)对接，包括龙之梦购物公园、长宁缤谷广场、百联南方购物中心、小陆家嘴尚悦湾广场、爱琴海购物公园、上海大悦城北座、漕河泾汉桥文化科技园、静安嘉里中心、美罗城、思南公馆等商厦以及约20个社区，共同推进上海书展“进商圈”“进社区”，举办各种市民喜闻乐见的文化活动，使阅读活动与社群打通，助推实体书业及周边产业的混合经营共同复苏。

外埠分会场大致由三种类型书店组成：长三角品牌实体连锁书店在长三角城市分布的书店，如南京的大众书局、杭州的晓风书屋、合肥的育才书店等；本市品牌实体连锁书店在各地延伸开设的书店，如钟书阁、上海三联书店、光的空间；全国品牌实体连锁书店在各地分布的书店，如言几又书店等。上海书展借力这些分布在各地的连锁书店，走出上海，将上海书展“我爱读书，我爱生活”的理念传达到各地，分享给读者。

7月底，上海市书刊发行行业协会向社会发布《2020上海书展沪版重点书目（100种）》《2020上海书展本市分会场的运行标准》《2020上海书展外埠分会场的运行标准》等。书展期间，协会设立督察、检查队伍对100家分会场进行巡访，并走访外埠分会场，以求做实、做细。经过实地巡访，150家分会场做到了在书展期间张贴统一制作的海报，在店堂显著区域标明“2020上海书展暨‘书香中国’上海周分会场”，实体书店在店堂标明“全场图书八折销售”或“本柜（组）图书八折销售”等；在店堂显著区域设立“2020上海精品图书展销区”，协会提供的《2020上海书展沪版重点书目（100种）》上架率达50%～90%；组织实施形式多样的文化营销活动470余场，如思南书局诗歌店举办了思南经典诵读会第115期“超越日常生活的海洋”，上海外文书店举办了“身临其境×上海文化city walk”（第1期）、“外滩：风·从海上吹过来——都市天际线的诞生”，光的空间绍兴路店举办了“从山林到廊庙，再辨水浒‘上山’与‘下山’之义”，上海三联书店在SFC上影影城进行《海错图爱情笔记》图书首发活动，上海书城鞍山店举办了“爸爸妈妈的童年回忆·大手牵小手亲子活动”，薄荷香文苑农家书屋举办了“稻花香里说丰年”书画展览，杭州晓风书屋在中国丝绸博物馆举办“出塞·归汉：中国古代绘画中的丝绸之路文献展暨学术研讨会”等，通过文化讲座、签名售书、读者互动、文化展览等形式，激发读者的读书热情。

同时，本市100家分会场纳入上海市“迎进博会窗口优质服务”的重点窗口、上海市图书销售行业创建上海市“文明行业”范围。7月28日，上海市书刊发行行业协会召开了2020上海图书销售行业文明创建座谈会，要求各单位做好上海书展、“文明行业”创建、进博会最美窗口评选等工作，积极倡导文明服务、规范服务、优质服务，精准对接读者文化需求，展示行业形象。

特殊时期的上海书展努力在危机中育新机，于变局中开新局，加快形态上的变革。2020上海书展分会场的特点是“出圈”，在地理位置上走出上海，走出传统书店，进商圈，进社区；在阅读推广方面积极探索在线阅读、在线荐书、直播带货、出圈引流等线上模式，连通线上“快读”和线下“精读”，推广新阅读，呈现“书店＋”的融合多元业态。

书展分会场引起了上海媒体的关注，传统媒体、新媒体纷纷以不同视角做了报道。上海电视台派出摄制组，对杭州晓风书屋、钟书阁杭州店，南京大众书局，安徽徽州书房、育才书店等书展分会场进行实地采访拍摄。

上海书展分会场自2009上海书展首次设立以来，已由十几家发展到150家，由实体书店分会场发展到图书馆、农家书屋分会场；由上海本埠向外埠分会场延伸，力求进一步提升“书香满城”的地域和人群覆盖面，推动全民阅读。

150家书展分会场，通过广泛深入地开展全民阅读活动，继续体现“上海书展”品牌价值，引领阅读风尚，培育市民阅读，助力上海文化大发展，为建设书香社会做出积极的贡献。

（王雪明）

附录2　历经16年精心打造　上海书展溢出效应显现

上海书展经历16年的发展，围绕“我爱读书，我爱生活”主题，引领阅读方向，开展阅读活动，推动全民阅读，打造阅读品牌，成效斐然，已成为具有全国影响力和示范性的城市文化展会。

经过16年精心打造,上海书展综合效应显著。据上海书展历年运营商——上海联合书业会展有限公司近日披露的2019上海书展数据显示:16万余种图书陈列、500多种新书首发、1 270余场阅读文化活动、近1 000位中外文化嘉宾莅临;主会场设在上海展览中心,展场面积2.3万平方米;上海市分会场100个、外埠分会场50个;展期7天实现销售6 127万码洋。书展主会场、分会场入场读者人数再创新高,约151.2万市民读者共赴书展现场(其中39.1万人进入主会场),尽享书香之夏;上海书展微信小程序访问量超过2 123万次……

由此可见,上海书展因其大客流、多首发、高销售、名人效应,已成为业内年度新品的发布地、文化人士的集聚地,更推动着餐饮、旅游、交通等相关行业跟着上海书展的步伐共同转型提升。

上海书展的溢出效应,体现在展会设施的品牌效应、旅游消费需求增长、技术创新与扩散、企业形象和品牌形象提升、产业调整和升级、区域城市群互动发展、主题理念渗透等诸多领域。具体表现在酒店及其他住宿、旅游、饮食、饮品、杂项零售、运输服务、商业服务、社会服务、建筑材料和园艺供应、健康服务、维修服务、博物馆、美术馆等方面。

一、会展业"产内""产外"溢出效应明显

会展经济被认为是一种高效益、无污染、经济联动作用强的经济形式。会展业的溢出效应,也称联动效应,是指一个组织或者机构在进行某项活动时,不仅会产生活动所预期的效果,而且会对组织之外的人或社会产生的影响。简单而言,就是某项活动产生的外部收益,是活动的主体得不到的收益。会展业的溢出效应主要由人力资本溢出效应、技术溢出效应、知识溢出效应组成,也被分解为知识溢出效应、技术溢出效应和经济溢出效应等。

大型展会给举办地城市带来筹备及举办时的当期直接溢出效应或间接溢出效应,同时也会产生长期溢出效应:从举办地城市向周边地区辐射,形成整体累计溢出效应。其主要表现为"产内"溢出效应和"产外"溢出效应两方面。

"产内"溢出效应主要表现为会展活动可带动餐饮、旅游、通信、购物、保险、装潢设计等第三产业内部相关产业的发展;"产外"溢出效应主要表现为会展活动为第一产业、第二产业提供新的供给领域和市场,有助于激发市场需求与供给,推动产业结构的转型优化。

国际公认"1∶9"的说法是:如果会展的直接收入是1的话,它所带动的相关产业的收入就是9。会展给一个城市带来的首先是直接的场馆租赁、搭建以及贸易成交的收入,同时可以拉动服务、交通、旅游、广告、装饰、边检、海关、保险以及餐饮、通信等数十种相关产业。据国际博览会联盟(UFI)的估算,由展览会所创造的经济效应中,只有20%是展览会行业内的,其余80%为商贸、酒店、饮食、交通、旅游、电信、广告等相关行业所拥有。高的产业关联度使得会展经济成为带动城市和区域经济发展的新增长点。德国展览业协会(AUMA)之前的统计数据结果也与此相互印证。

一次成功的会展,会对举办城市的形象、对外的开放、自身的改革、文化的进步等方面产生良好的影响,这些因素的提升和发展反过来又会促进城市国民经济的发展。

二、相关行业由书展获红利

上海书展的溢出效应有哪些?经过多年追踪分析,可以从以下三个方面展开。

一是上海书展依托上海本身具有的会展人才集聚地和众多的会展空间,通过公共服务项目的

策划、技术、布局的招标，使众多常年参与上海主要会展业务的人才和公司加入服务书展的行列。从篷房搭建、门禁检票系统、人脸识别系统、通信网络系统到安保服务系统等都采用了与上海会展业相匹配的专业新技术和执行团队。因为引进了会展业的人才和新技术，使上海书展得以“每年一小步，年年在进步”。

二是上海书展使众多与业界相关联的创新者、梦想成就者在这个信息交换空间获得新知，从而产生知识溢出效应。

三是上海书展所推出的展会新技术、新材料、新理念的糅合，因其具有的示范效应、竞争效应、联系效应和培训效应，足以成为各地书展、书市的“样本”。上海书展执行团队连续七年被国家新闻出版署和各省政府主办的全国图书交易博览会第一展——全国图书精品展聘为策展团队，并年年获得落地城市民众的好评，这就使上海书展的技术溢出效应明显。

2019上海书展相关数据如下：政府资金资助1 200万元；主会场参观人数39.1万人次，100家上海分会场入场人数60.2万人次，50家各地分会场入场人数51.9人次；主会场销售4 529万元，上海分会场销售946万元，各地分会场销售651万元；主会场售票35万张；1 270余场阅读文化活动，境内外嘉宾近1 000人。同时举行的2019中国书业馆配年会暨图书馆与出版社高层论坛吸引了300多家图书馆、500多家出版单位近2 000名代表参会。

因上海书展而增加的相关服务收益，包括主场场租费、搭建物流费用、加班劳务费、保险费、安全保卫费、餐饮盒饭费、宾馆住宿、广告费、印刷费、快递费等估算超过2 560万元。入场工作人员6 000人(次)、银行消费刷卡100万次、电信服务、旅游、购物、交通(三分之一人次的公共交通费用，十分之一人次的汽车油费、停车费)等部门的配套服务等费用，尚待估计。

2019上海书展，政府资金资助1 200万元，实际产出5 325万元(其中，上海和各地分会场销售合计1 597万元，作半数计入)，相关服务收益2 560万元。统计显示，进入主会场的读者花费10元门票费用，带走了140元的图书或者文创产品。

上海书展的成功举办，依赖于本身具有的产业基础、城市的经济实力和办展资源。经过多年的努力，上海书展已经因为陈列品位、新品质量、人群购买力和实际销量的优秀成绩，成为业内年度新品的发布档期、业内人士的聚会码头，更带动着餐饮、旅游等相关行业跟着书展的步伐一起获得参展红利。

三、“上海出影响，全国出市场”

上海书展作为一个展会，并不投入基础设施，只是通过租借现有场地，在固定的时间进行的专业消费展。周边效应主要来源于阶段性的餐饮、交通、观光等影响。

根据历年的数据，约20%的读者(并且逐年递增)有在现场只拍照、转身网上购书的习惯。据此推算，主会场实现4 529万元销售，线上销售将可望增长1 200万元。一个个案是，上海世纪出版(集团)有限公司每年在书展现场销售约700多万元，相对稳定，但同期线上销售连年增长——天猫店2017年销售43万元，2018年销售87万元，2019年销售约100万元。

更值得关注是，企业形象与品牌效应外溢，上海书展品牌已经延展出了中国上海国际童书展、活动延续(新书发布厅、各类读书会)、“上海书展全国行”巡回展销等，500种新书首发带来的“上海出影响，全国出市场”联动效应。

上海书展的成功举办，将加快推进上海文化产业的发展，影响并带动长三角地区文化产业的发展,从而形成行业新经济增长点和实现经济转型。同时,对周边区域产生巨大的溢出效应,特别是城市群发展互动效应外溢。

上海书展“我爱读书,我爱生活”主题渗透效应外溢,使上海书展产生足够强的吸引力、感召力和渗透力,进而在一定时期甚至长久地成为社会进步的重要元素。

2020上海书展由于受到疫情的影响,是否能进一步扩大书展的溢出效应,尚待观察。但在“书香润泽人民城市”的年度主题引领下,打造一场高质量、有特色的阅读盛会应该是值得期盼的。通过不断优化布局,提升品质和影响力,把上海书展的精彩进一步辐射到全市乃至全国,也将始终是上海书展的使命所在。

四、产业融合将为上海书展注入新活力

会展业在国际上被誉为“朝阳产业”。中国会展业的发展正朝区域联动化、产业融合化、会展智慧化、会展绿色化方向发展,逐渐形成以京津冀、长三角、珠三角三大产业圈为主,二三线内陆城市协同发展的格局。同时区域内会展业资源将趋于整合,以规模效应在全国范围内拓展,并走向世界。会展经济综合体的模式逐步成熟,充分利用会展的营销窗口的作用,加速与其他产业融合发展。会展与自媒体、展览、广告、旅游、酒店、餐饮等行业通过互联网平台跨界融合,“双线会展”的应用在2020年将获得更有力的张扬,这将为会展业注入新活力和机遇。借助物联网、大数据、AR/VR等新技术,客户体验将更加丰富。会展采用智能节能技术,以降低能源消耗和污染排放。

《2018上海会展业白皮书》显示,截至2018年,上海各类专业展览展馆可供展览面积已超过100万平方米,为全球主要会展城市之一,形成了“2+7+X”分布格局。“2”即两大超级展馆,分别为位于青浦的国家会展中心(上海)和位于浦东的新国际博览中心。“7”即世博展览馆、上海展览中心、光大会展中心、世贸商城、上海跨国采购会展中心、农业展览馆、汽车会展中心等7个中型专业展馆。“X”即中华艺术宫、上海博物馆、上海科技馆等专业特色展览场所,以及数量众多、各具特色的购物中心、酒店商场、办公楼宇等内设会展设施。

会展业已经成为上海城市形象的一张亮眼名片,上海书展更已成为上海出版形象的一张重要名片、中国出版业的一张耀眼名片。在中国会展业以市场化、专业化、国际化、品牌化、信息化为方向,提升创新力和竞争力,推动会展经济实现高质量发展,为中国建设现代经济体系贡献坚实的支撑和保障的当下,上海书展的升腾空间、溢出效应依然前景可期。

中央政治局委员、中共上海市委书记李强在考察2019上海书展现场时指出,要不断提升上海书展的吸引力、影响力、辐射力,共同打造市民文化客厅,在全社会营造更加浓厚的书香氛围,为打响“上海文化”品牌、加快建设国际文化大都市做出更大贡献。在疫情防控常态下,2020上海书展仍将继续保持发展活力与持续性,持续加强溢出效应。

(汪耀华,2020年8月11日《中国出版传媒商报》)

附录3　2020,上海书业彰显阅读的力量

新冠疫情是灾害、是考验,企业在自助、在自救,行业在互助、在重塑。

上海市书刊发行行业协会(简称“市发协”)在疫情发生之后,迅速做出应对,在前期进行了抗疫

调查问卷，排查坚守商场的书店营业态势，向全市实体书店发出倡议书，协助会员单位与银行进行沟通贷款等。进入复工复产之后，在上海市委宣传部的组织推动下，全市出版发行单位准确把握阅读需求，迅速行动，联合网络文化平台、新媒体等力量，2月22日启动为期40天的“上海书展·阅读的力量”2020特别网聚活动，市发协主持的“上海书展”公众号对特别网聚活动进行持续、同步的发布。

随着复工复产稳步推进，全市实体书店有序开放，市民生活步入正轨，市发协在市委宣传部促进全民阅读办公室的指导下，连续举办了5次联展活动，组织全市实体书店积极参与，推出系列购书优惠、阅读文化活动，以多种文化惠民举措和线上线下阅读活动推动复工复产复业复市，促进文化消费回补和潜能释放。

一、疫情之下，企业自助

为了做好新冠疫情联防联控工作，有效切断病毒传播途径，杜绝公共场所人流聚集带来的风险，最大限度地保障读者和员工的身体健康和生命安全，上海图书有限公司、朵云书院、全市各新华书店、上海书城各门店分别宣布自春节假期结束至2月9日继续暂停营业。

与此同时，言几又上海9家门店、西西弗上海19家门店、现代书店3家门店、大众书局3家门店、大隐书局白玉兰广场店、钟书阁芮欧店则一直随着所在商城、商业中心的营业而“为阅读留一盏灯”。

2月9日，市发协向全市实体书店发出涵盖6个方面15条内容的倡议书，要求复工的实体书店有序做好复工各项工作，确保在有效防控疫情的前提下开展经营活动，切实保障广大读者、职工的身体健康和生命安全。

2月12日，市发协针对上海所有出版企业、主要发行企业和涉及全市的品牌实体书店进行了2次抗疫调查问卷，对受访企业提出的“希望政府大力扶持从事图书销售的中小企业”“希望政府加大对文化出版事业的扶持力度”“希望企业参与政府主导的项目尽快结清尾款，减缓企业资金压力”“呼吁广泛关注实体书店的生存状态，重视实体书店的发展需求，持续为广大群众的阅读和文化生活助力”等要求，及时上报市委宣传部。

3月2日，市发协开展了“关于上海发行单位抗击疫情情况调研和上海发行条线金融信贷抗疫专项贷款意向征询”，协助本市图书销售企业通过“文金惠”、上海银行等进行贴息贷款、低息贷款等，使企业在共克时艰中获得生存空间。

在严密防控疫情的前提下，实体书店纷纷按下“重启键”，针对不同的书店形态，采取了不同的防疫措施。

全市各新华书店、上海书城在开门营业后，员工统一佩戴口罩、为员工及进店购书的读者测量体温、开展扫描随身码或个人轨迹的信息确认工作，每天对店内进行2次消毒工作。

书店的大门打开了，但如何吸引读者走出家门，走进书店，放下手机再读纸书？

二、复工初期，提振形象

为支持推动发行企业有序有力有效地恢复经营，引导文化消费，提振发展信心，3月21日—4月3日，市发协推出“上海书展·阅读的力量”春季图书大联展特别活动（第一季），上海65家实体书店报名、核准后确定58家书店参展,覆盖全市16个区的主要街区。联展作为"上海书展·阅读的力量"2020特别网聚活动之一,整合线上线下资源,扩大辐射面,推出各种线上阅读推广活动,线下店堂环境整洁有序,书香场景丰富,客流明显增加,销售有所回升。

58家参展书店在持续2周的活动中做到了——

全体店长在各自的朋友圈发布联展动态,转发有关联展的微信;

所有参展书店设计、制作了个性化海报63幅,在店堂显著位置张贴、电子屏滚动发布,通过微信广泛传播;

进行了店堂场景布置,在主通道设置展销专柜专架;

市发协发布了适合市民阅读的以大众、健康、文化类为主的100种推荐图书,要求综合书店根据自身情况可做20%调整,专业书店自行编制可供书目,集中进行8折优惠销售,上海古籍书店、艺术书坊等则推出了全场8折优惠;

全体店长和阅读达人通过各种渠道向读者推荐参展好书,设计制作荐书单微信条通过"上海书展"微信公众号发布,将自己的阅读经验凝聚成书单传递、转发,扩大了联展的影响;

建立"上海书展·阅读的力量　春季图书大联展"微信群,进行工作交流;

参展书店运用和拓展网络渠道如直播、网购等进行线上销售和阅读互动,选择典型线上销售推广案例,通过"上海书展"微信公众号等每天进行发布。

这次活动,对于众多参展书店,实在是一次历练,有的店从未自己做过微信,有的店从没有这样每天被逼着前行,但在经历了疫情闭店的苦楚后,都十分努力地坚守着。

上海市委宣传部副部长、市新闻出版局局长徐炯在4月7日的总评会上表示,春季联展总体上非常好,时间上比较早,发挥了主观能动性、积极性,春季联展的这种新形式要进一步总结,还要积极开拓线上销售。

4月23日,中共上海市委常委、宣传部部长周慧琳向在"上海书展·阅读的力量"春季图书大联展特别活动中获得一等奖的上海书城福州路店、朵云书院旗舰店、上海外文书店、光的空间新华书店、大隐书局白玉兰店的五位店长颁发了获奖证书,勉励他们继续努力做好服务工作。

三、深耕细作,场景再现

4月23日,市发协推出的第二季以"春暖花开读新书,云上书店云首发"为主题的上海"4·23世界阅读日"2020特别活动,在朵云书院·上海中心旗舰店举行。周慧琳宣布"阅读的力量·春暖花开读新书"活动开启。

本季联展时间为4月23日—5月5日,参展书店数量由第一季的58家增加到68家,书店参与面更广。活动分两个阶段,第一阶段是世界阅读日活动,第二阶段是参与全市性的"五五购物节"活动。上海新华传媒连锁有限公司、上海世纪出版(集团)有限公司、上海钟书实业有限公司等上海市主要实体书店提前谋划、主动参与、积极响应,刺激阅读消费,丰富市民精神文化生活。

展销图书以上海市委宣传部出版处提供的2020年百种沪版新书为主,要求朵云书院·上海中心旗舰店、上海书城福州路店展示百种新书品种达95%以上;其他参展书店展陈品种达100种、沪版新书达50种。68家参展书店均设计、制作了个性化海报,进行了店堂场景布置,在主通道设置展销专柜专架,全体店长在各自的朋友圈发布联展动态,主推"春暖花开读新书·书店的故事"微信条,挖掘书店内涵,讲述了书店的前身今世、规模特点、发展故事,并通过"上海书展"微信公众号发布。

上海世纪出版(集团)有限公司所属上海古籍书店、艺术书坊、上海外文书店、朵云书院・上海中心旗舰店、朵云书院广富林店、思南书局复兴中路店、思南书局诗歌店等 7 家实体书店举办了“五五购物节,书香表诚意”活动,为读者带去更多优惠。

4 月 16 日,市发协邀集会员单位上海新华传媒连锁有限公司、上海外文图书公司、上海图书有限公司负责人召开“阅读的力量・春暖花开读新书”直播节目短视频制作座谈会。策划以《新华书店的故事——南村映雪》《探寻福州路书店文化的数字密码》为主题,由新华连锁、上海外文书店、上海古籍书店、艺术书坊制作视频直播,通过线上线下互动的方式,加强行业形象推广和图书销售。4 月 29 日、30 日晚上 8 点,在 11 家平台(澎湃、哔哩哔哩、喜马拉雅、东方网、看看新闻、趣头条、一条、樊登读书、腾讯视频、浦东观察、周到上海)同步播出的两档直播节目获得了网民的关注。其中,《探寻福州路书店文化的数字密码》总观看人次(PV)达到 1 053 231,创下此轮“阅读的力量”活动中“4・23 世界读书日 2020 特别活动”视频播出的最高纪录。

4 月 19 日起,新华传媒旗下首批 30 家新华书店、上海书城门店入驻“饿了么”外卖平台,于 4 月 23 日世界阅读日正式线上开放,并推出“精神食粮上门啦!”主题活动,全天配送费 0 元起,精选部分图书品种八五折优惠。之前,上海外文书店、中版书房上海仙霞路店、钟书阁门店、上海人民出版社已进驻美团、饿了么等 APP,试水外卖服务。

据统计,5 月 1—5 日期间,参展书店累计接待读者 30 余万人次,实现销售码洋 580 余万。有 40 家书店分获总评一、二、三等奖,42 家书店或个人分获单项奖。

四、配合时势,围点突破

5 月 11 日—20 日,市发协推出“上海书展・阅读的力量”特别季——深入学习“四史”坚守初心使命主题展,通过集中展销“四史”主题图书,开展主题宣讲、团购、流动供应、短视频荐书、微信公众号推送等多种形式,带动书店及各大企业的“四史”学习,体现实体书店作为宣传阵地的重要意义。

展销图书以上海人民出版社党史、新中国史、改革开放史、社会主义发展史方面的图书为主,配以其他各出版社的相关新书。

参展书店进行了店堂场景布置,在主通道设置展销专柜专架。其中,上海书城福州路店在店堂电子屏上对此次活动进行了重点宣传;上海书城五角场店主题展海报宣传均放置于门店醒目位置,收银台以及门店门口电视机均投屏“四史”推荐图书信息,要求门店员工在朋友圈发布此次主题展各种相关信息,线上和线下一起营造深入学习“四史”的良好氛围;钟书阁芮欧店主题展场景布置成为一个特别的线下“打卡”点和活动背景墙。通过微信公众号的推送,对书店的潜在客户和团购客户有直接的“广告效应”,因此产生了一定量的订单。

零售方面:上海书城福州路店汇总了 10 余家出版社共计 50 余个图书品种(其中,上海人民出版社品种 23 种、销售 281 册,实现销售码洋 1.7 万);其他“四史”相关品种实现销售码洋 20 余万。博库书城宜山路店精选 72 个品种,销售 262 册、2.4 万元。钟书阁徐汇店零售 2.26 万元,动销品种 39 种。

团购方面:上海书城福州路店通过微信、电话、走访等形式,联系“四史”订购单位 89 家,实现 9 种“四史”图书销售 658 册、7.2 万元。东方书城通过微信、电话、走访等方式向各单位进行推荐,获得订购码洋超过 13 万,其中《中国共产党历史》第一卷和第二卷 307 套、《新中国 70 年》208 册、《中华人民共和国简史》305 册、《浦东史诗》150 册,涉及各级政府机关、大型国企,以及党校、干部学院等单位。上海书城五角场店设计印制了“四史”图书的订购单,主题展前后的两周内联系了 25 个街镇党建服务中心、43 个企事业单位,完成订购图书 905 册,码洋 10.22 万元。钟书阁徐汇店走访了徐汇区 13 个街镇党建服务中心、浦东 12 个党建服务中心,大型国企 29 家、中小学 119 所,发放订购单近 300 份,实现销售码洋 49.81 万元,涉及品种 12 种,其中:《新中国 70 年》销售 1 920 册、《中国共产党九十年》350 册、《徐汇 70 年相册》350 册。钟书阁芮欧店收到订单累计 10 万元。

上海书城福州路店把此次活动扩展到了店外,联合上海电气金融集团党委开展党员读书活动,进行了 2 场流动供应,销售码洋 2.78 万元。邀请陈云纪念馆馆长为港航公安局广大党员干警作主题宣讲。钟书阁芮欧店举办了普陀区党群服务中心“家门口的四史课堂”——叶辛读书会、静安区政协春日学习沙龙活动。

东方书城挑选相关图书拍摄小视频进行推荐,联系《浦东时报》记者对东方书城“四史”学习主题陈列进行专题报道。钟书阁徐汇店主动联系徐汇区融媒体,通过上海徐汇发布、《徐汇报》连续推荐 2 次对主题营销品种进行了宣传,不少区域内单位通过媒体报道主动联系订购图书,提升了销售,也增加了团体客户。

5 月 20 日,“上海书展 · 阅读的力量”特别季——深入学习“四史”坚守初心使命主题展告一段落,但整个学习、营销将延续到第二年 7 月。钟书阁徐汇店、上海书城福州路店、东方书城、钟书阁芮欧店获得了此次特别季的先进集体荣誉。

五、融入品质,深夜点灯

市发协根据市委宣传部、市文旅局联合主办的“五五购物节 · 品质生活直播周”活动整体要求,5 月 30 日—6 月 5 日组织上海市 25 家骨干实体书店推出“阅读的力量 · 品质生活直播周”特别活动。

上海各出版社、实体书店从复工开始就尝试进行直播,比较早的是钟书阁芮欧店、百新书局福州路店等,通过推介新书吸引人气,但难以实现“带货”的目标。随着新华连锁、悦悦书店等推出定期定点、上下游联动的直播,在直播设备、人员或者形象、带货等层面都取得了一些经验。

通过直播、线下探店、优惠促销等一系列活动,“阅读的力量 · 品质生活直播周”掀起“五五购物节”品质生活的文化消费高潮,在推动全民阅读、促进图书发行行业融合发展方面发挥了积极作用。25 家书店分享了 1.8 万元的鼓励。

为响应全市首届“上海夜生活节”的总体规划,市发协组织本市部分骨干实体书店,于 6 月 6—30 日期间的周五、周六推出“阅读的力量 · 深夜书店节”,上海书城福州路店、上海古籍书店、艺术书坊、上海外文书店、思南书局、读者 · 外滩旗舰店、光的空间绍兴路店、大隐书局(创智天地店)等 8 家书店延长营业至晚十一时,以“阅生活 · 夜读时光”为主题,继续发挥书店品牌文化特色和线上线下多渠道优势,精心组织策划活动,以多种文化惠民举措,倡导健康生活。据统计,8 家书店首日销售 52.92 万元(实洋),举办了丰富多彩的活动,拉动了人气,销售明显增长。

活动日为 6 月 6 日、12 日、13 日、19 日、20 日、26 日、27 日 7 天,黄浦区、静安区、徐汇区和杨浦区等四个中心城区的 25 家重点实体书店参展,推出“指定图书 6.6 折”的夜生活节专属主题促销活动,指定图书参与“满 100 抵用 20 元购物券”的优惠活动(由参展书店自选 100 种,向市发协报备),组织推出市民读者可参与的深夜读书会、签售会、讲座、分享会等。

六、标配：海报、微信、陈列、营销

市发协从第一次活动开始，就统一协调组织落实参展书店设计海报（一店一款）、制作发布微信（一店一条）、进行场景陈列（一店一景）、开展形式多样的营销活动（一店一动），并通过参展书店店长、店员在微信朋友圈进行转发，扩散、扩大了联展的影响力。

4 月 23 日—5 月 5 日，市发协在朵云书院·上海中心旗舰店、上海书城福州路店同时举行"阅读的力量·春暖花开读新书——最美书海报"展。在朵云书院·上海中心旗舰店展出 60 幅海报，在上海书城福州路店 7 楼展出 66 幅海报。中共上海市委常委、宣传部部长周慧琳，上海市委宣传部副部长、市新闻出版局局长徐炯参观了在朵云书院·上海中心旗舰店举办的海报展。

68 家参展书店推送"春暖花开读新书·书店的故事"微信，通过挖掘书店内涵，讲述书店的前身今世、规模特点、发展故事等，经过多次调整、补充，集结由上海人民出版社出版，基本展现了上海实体书店的整体面貌。

通过海报、微信、陈列、营销 4 个常规动作，5 场联展活动效果明显，市民知晓率提高，联展影响力扩大。

七、行程：部局指导、协会主办

总结新冠疫情以来的 5 场活动，市发协在上海市委宣传部的部署下逐一推进，同时也积极融入社会，作为一个重要板块参与"五五购物节""品质生活直播周"活动，通过举手报名、评估入围、固定动作、自由发挥、巡查督察、自我小结、评选颁奖、媒体推广等操作，使联展成功举办。

举手报名、评估入围。发出联展通知后，全市主要实体书店都能积极报名参加，组织专家对报名书店进行评估，评定参展书店后名单对社会公布。

固定动作、自由发挥。组织提供以适合市民阅读的大众、健康、文化类为主的 100 种推荐图书、百种沪版新书为基本书目，综合书店根据自身情况可做 20%调整，专业书店自行编制可供书目。通过制定与自选书目的结合，体现书店的阅读推荐眼光和价值。

巡查督察、自我小结。在每场活动开始后，组织人员对参展书店进行现场巡查督察，在微信群中进行工作交流，协调参展书店反映的问题，表扬好人好事，推荐好书，批评拖延等旧习，使参展书店的工作积极性高涨。活动结束后，每家书店提交小结，自我总结、扬长避短，提升书店的业务水平、服务水平。

评选颁奖、媒体推广。根据参展书店的各项数据，如销售成绩、文化活动数量（线上+线下）、参展图书品种数量、海报设计水平、发布微信流量、书店现场场景布置优劣等，组织专家进行评选。分项评选有：海报（一店一款）、微信（一店一条）、陈列（一店一景）、营销（一店一动）。最后进行一次总评，分设特等奖、优胜奖、鼓励奖，制作奖状，发放奖金，以资鼓励。

评选的专家名单从专家库中遴选，主要分三个层面：一是领导，包括上海市委宣传部促进全民阅读办公室、市发协等行业协会、上海图书销售行业企业领导。二是行业专家，如海报评选邀请"中国最美的书"获得者等行业资深专家。三是参展书店店长，邀请基层书店店长评选，不仅可以得到第一手新鲜的数据，而且可使基层意见直接反馈到领导层。

疫情以来的 5 场活动，进一步推动了文化市场的复工复产复市，在市发协的倡导下，众多出版社和实体书店纷纷试水在线讲座、直播、视频版、视频回放等,线上活动与线下推广互补共存,大大提高了活动的传播率。当阅读和分享被移到云端,“云书展”进一步激活了书业生态,释放更强的书香效应,让城市文化生活尽快恢复生机活力。

现在,上海的实体书店经过历练,已经开始投入上海书展主会场+分会场+云会场……

(史韬,2020 年 8 月 11 日《中国出版传媒商报》)

第二节　中国上海国际童书展(CCBF)

中国上海国际童书展创办于 2013 年,是目前亚太地区专注于 0～16 岁童书出版及儿童内容的专业展会。在七年的发展历程中,上海童书展紧紧围绕“与世界和未来在一起”的主题,以“专业性、国际化、走出去”为发展策略和重点,以推动优秀童书创作、出版、阅读和交流为内核,为我国少儿图书出版业搭建了重要的信息、产品和版权交易平台,为原创作家、插画家及其他童书创作者构建了传播推广的世界舞台,为推动国际文化交流合作发挥了积极作用,成为上海乃至全国在少儿出版、文化教育领域融入世界舞台、参与国际竞争的重要文化品牌。

全球范围内的新冠疫情对国内外出版业均产生了不小的影响。受书店停业、物流受阻等因素影响,各国的图书零售市场均有不同程度的下降;而居家隔离等防疫措施造成出版人之间的交流合作受阻;博洛尼亚童书展、美国书展、北京国际图书博览会、法兰克福书展等各国际书展和书业活动相继取消或转为线上举办。对童书出版业而言,上海童书展则更成为童书人期盼的行业聚会,真实而温暖的相聚,亲密而直接的交流,这些都是线下展会巨大的魅力所在。

第八届中国上海国际童书展在严密的疫情防控下于 2020 年 11 月 13—15 日在上海世博展览馆 1 号馆如期举办。展示展销国内外优秀少年儿童出版物及儿童内容衍生产品,同期举办主题论坛、版贸洽谈、访问交流、新书发布、作品研讨等专业交流活动和亲子阅读推广活动。并响应政府部门的有关政策和精神,积极探索创新展会服务模式,实现在线商务和线下展览的同步互动及有机融合,整合资源,服务行业。

本届上海童书展展览面积 2.5 万平方米,吸引了来自英国、法国、加拿大、芬兰、挪威、荷兰、韩国、俄罗斯、意大利、德国、美国、西班牙、葡萄牙、瑞士、比利时、澳大利亚、泰国、蒙古等 21 个国家和地区 386 家童书出版机构和儿童相关文化企业参展,其中国际展商 99 家,国内展商 287 家。参展中外最新童书超过 6 万种,其中外版童书约 2 万种,占品种总数的 35%;83 位来自 12 个国家的特邀嘉宾参与了官方活动;展期举办各类专业交流、新书发布、阅读推广、在线直播等活动共计 308 场,覆盖除主会场外的学校、书店、图书馆等 100 多个阅读、教育、艺术文化空间。来自 17 个国家和地区的 18 963 名观众参观了上海童书展线下展会,其中专业观众 8 305 名,截至 11 月 15 日,上海童书展线上商贸配对及线上活动参与和观看量突破 52 万。

本届上海童书展严格按照《上海市会展行业新冠肺炎疫情防控指南》落实展会现场的防疫措施,始终将防疫防控工作作为展会首要任务,特别是在 11 月 9 日上海发布一例本地病例之后,组委会专设安全防控小组,增强并细化了对本届展会的所有工作人员、现场服务人员、参展商以及观展人员的信息搜集与整理工作,排查核实中、高风险地区人员风险。同时进一步细化进馆流程,增加了出入口及馆内的核验、引导和防疫防控宣传人员配置,严格进行人流管控;严格进行随申码、行程码绿码查验,以及身份证原件和人脸识别验证;执行要求所有入馆人员佩戴口罩、保持安全距离、体温检测;最大化实施防疫物资准备、公共卫生宣传提醒措施,从而确保了本届展会安全有序召开。

一、386 家企业参展

本届展会共计汇集了来自 21 个国家和地区的 386 家参展企业的参与,其中国际展商 99 家,国内展商 287 家。

受全球范围的新冠疫情影响,本届上海童书展规模和展位面积较上届均有下滑,主要体现在国际板块与国内教育板块。期间组委会及时调整销售策略,推出"版权书籍展示""数字中心""青年插画师大道""校展联动""城市联动"等一系列特别展区。鼓励和支持更多中外出版商和多元化的儿童内容相关企业参展。

此次海外展商组团工作获得英国出版商协会、法国国际出版总署、芬兰文学交流中心、挪威文学海外推广组织、荷兰文学基金会、韩国出版文化产业振兴院、加拿大驻上海总领事馆、中国—东盟中心、泰王国驻华大使馆等机构的鼎力支持。因国际旅行限制无法参展的海外出版商推出的线上与线下结合的"版权书籍展示"远程参展方案,获得海外出版商的好评。本次"人不在书在"的远程参展方案共设 58 个版权样书展位,共计展示 5 000 余种海外版权新书。展览期间每天都有络绎不绝的编辑和版权人员来到该展区,亲手翻阅海外新书,感受图书触感,获得全方位的产品体验,并在现场工作人员的协助下留下联系方式和合作意向。现场工作人员收集到了来自 162 位专业观众发出的共计 487 条展后联络合作意向。通过对参观了版权书籍展示的现场专业观众的抽样调研得知,超过 92%的观众对此评价为"非常好/很好/好",其中 55.43%评价为"非常好"。而对参展此区域的海外展商的调研结果表明,超过 87%的展商对此评价为"非常好/很好/好",其中 18.75%评价为"非常好"。

与之配合的"3+5"线上商贸配对系统,自系统上线后,入驻展商 304 家,展商与观众共发起展期线下会议以及展会闭幕后 5 天内的线上会议邀约 997 场,实现全球版权交流和商务合作无阻碍。

疫情造成了全球"物理隔离",促使出版机构加快调整产品研发方向和营销模式,不少拥有互联网思维、技术和商业模式的企业也加大力度跨界进入童书和少儿文化产品、服务行业。针对这样的新趋势、新格局和新需求,本届上海童书展更加聚焦儿童内容数字化、童书营销数字化两个维度,全新打造"数字中心"展区,吸引了 27 家展商,展区面积达 294 平方米。展商类型涵盖电商平台、有声内容平台、数字内容平台、数字技术公司、IP 及动画企业、在线教育机构、智能硬件设备商,以及微信、微博、抖音、小红书社交电商与平台意见领袖一类的非传统图书经销渠道的新营销媒介。该展区除了设立企业主题形象展示位之外,统一设置的商务洽谈区域为参展企业提供与客户商贸会议的场地,据不完全统计,展会期间该区域进行了近百场商务洽谈。通过对参观了数字中心的现场专业观众的抽样调研得知,超过 85%的观众对此评价为"非常好/很好/好",其中 52.38%评价为"非常好"。而对参与和参观了数字中心的展商调研结果表明,超过 85%的展商对此评价为"非常好/很好/好",其中 38.24%评价为"非常好"。

为引荐及培育童书原创力量、搭建国际交流平台而设的"青年插画师大道"是 2020 年展会现场不可错过的重要展区。该展区为众多青年插画师、艺术家及艺术机构携个人作品和艺术衍生品亮相,向出版商、文化创意机构、数字内容企业、影视动画公司展示他们的创作态度与实力提供便利,也为专业人士及公众了解这股童书原创力量提供了窗口。本届青年插画师大道展区面积为 396 平方米,共吸引了 57 家参展商。越来越多的青年插画师、艺术家及艺术机构参展也印证上海童书展在培育童书原创力量方面发挥的作用越发显著。通过对参观了青年插画师大道的现场专业观众的抽样调研得知,超过87%的观众对此评价为“非常好/很好/好”,其中56.41%评价为“非常好”。而对参展此区域的插画师/插画机构的调研结果表明,超过95%的展商对此评价为“非常好/很好/好”,其中39.02%评价为“非常好”。

本届展会为加强阅读和教育之间的相互联动,特别设立了“校展联动”展区,邀请了8家民办沪上中小学院校加入本届上海童书展,以资源置换的方式相互引流。8家院校展位面积达90平方米,共计组织了151位学校老师、70位学生及家长参观上海童书展。

二、308场同期活动

CCBF秉承知识交流与探索的使命,为行业提供一个内容导向的平台,由童书专家团队精心策划,举办了专业论坛与会议、金风车国际青年插画家大赛与插画展、插画师生存角、“童书+:婴幼儿读物”特展、“品质意大利:贾尼·罗大里和他的插画家们”特展、陈伯吹国际儿童文学奖、CCBF快闪书店、橙梦想·小小插画家大赛、展商活动及城市联动等经典板块活动。组委会始终以“增强展会专业性为看点,提供全球行业最新资讯,提升上海童书展的国际影响力,促进少儿阅读发展,丰富亲子阅读活动”为各类活动举办的核心目标。受新冠疫情影响,出于对嘉宾、展商以及观众的健康安全负责的考虑,以及旅行限制等客观因素,2020年上海童书展的特邀嘉宾数量较往年略有减少,共计12个国家和地区的83位特邀嘉宾参与各类官方专业活动,其中25位海外嘉宾通过远程线上连线的形式参与现场活动。展会期间举办各类专业交流、新书发布、阅读推广、在线直播等活动共计308场,覆盖除主会场外的学校、书店、图书馆等100多个阅读、教育、艺术文化空间。

1. 专业论坛与会议

广邀海内外少儿出版、内容创作、数字营销、儿童教育等领域的专家和行业领袖担任演讲嘉宾,采用线上线下联动的交流方式,邀请业内大咖与与会者分享儿童文学行业从创作到商业策略等广泛话题。尽管国际专家们今年不能亲临现场,得益于发达的互联网技术,我们依然能在上海听到来自全球的声音。精心策划了10场专业研讨会,邀请众多国内外业界大咖参与此次的知识盛宴,包括洛丽·本顿(Lori Benton,美国,学乐出版集团)、苏珊尼·卡内尔(Suzanne Carnell,英国,麦克米伦双鸣)、黑兹尔·凯尼恩(Hazel Kenyon,英国,尼尔森图书)、杨雷(中国,开卷)、张明舟(中国,国际儿童读物联盟主席)等出版业的专家;乔治娅·格里利(Giorgia Grilli,意大利,博洛尼亚大学)、朱自强(中国,中国海洋大学)、格拉齐亚·戈蒂(Grazia Gotti,意大利,德罗斯梅尔学院)等学者代表;以及如陈志勇(Shaun Tan,澳大利亚,2020年凯特·格林纳威奖得主)、艾伯丁(Albertine,瑞士,2020年国际安徒生奖插画家奖得主)、曹文轩(中国,2016年国际安徒生奖作家奖得主)、凯瑟琳·帕特森(Katherine Paterson,美国,国际安徒生奖、阿斯特里德·林格伦纪念奖、纽伯瑞儿童文学奖得主)、熊亮(中国,儿童文学、原创绘本作家和画家)、陈振盼(Jason Chin,美国,凯迪克奖得主)、格扎维埃·德纳(Xavier Deneux,法国,作家、插画家)等国际知名的作家及插画家。

参与10场专业论坛的国内外演讲嘉宾共计43人(50人次),其中海外嘉宾17人;10场会议吸引了2 029人次听众参与。

通过对现场观众的抽样调研得知,超过77%的观众对本届专业论坛评价为“非常好/很好/好”,其中37.7%评价为“非常好”。而展商的调研结果表明,超过98%的展商对此评价为“非常好/很好/好”,其中48.21%评价为“非常好”;对会议主题和演讲嘉宾两方面的评价为“非常好/很好/好”

的比例分别为 98.21%和 97.52%,“非常好”的比例分别为 46.43%和 55.36%。

10 场专业论坛与会议最终日程如下,完整介绍及嘉宾信息参考《官方活动指南》:

成长的烦恼——童书如何帮助孩子理解人生难题;

全球童书大奖得主系列:陈志勇的创作分享;

2020 年全球童书出版市场数据及趋势;

全球童书大奖得主系列:艾伯丁的创作分享;

“童书+”系列活动:人生之路,阅读起步——走进婴幼儿图书创作的世界;

全球童书大奖得主系列:曹文轩的创作分享;

童书出版的未来之路:新流量、新玩法、新趋势;

后疫情时代全球童书出版变革与发展;

让知识变得更美——非虚构类图画书创作趋势;

文学阅读是不是一门功课——谈儿童文学与学校教育,暨意大利儿童文学作家贾尼·罗大里百年诞辰纪念。

2. 金风车国际青年插画家大赛与插画展

金风车国际青年插画家大赛旨在为全球新锐插画师们提供一个充分展示才华的平台,推动国内外插画师与出版社的交流与合作,为蓬勃发展的中国童书行业注入新鲜的原创血液。金风车插画大赛集展览、插画年鉴、活动于一体,是帮助全球青年插画师和童书艺术创作者们起步、成长的梦想之地!本届大赛投稿量再创新高,共计收到来自六大洲 77 个国家和地区的 2 238 位插画师的有效投稿,作品总量达 11 190 幅,较 2019 年同比上涨 12%。投稿选手中有 40%来自海外国家和地区。投稿数量排名靠前的国家和地区分别为中国、俄罗斯、伊朗、意大利、西班牙、英国、阿根廷、印度尼西亚、韩国等。

由五位全球插画领域的资深专业评委——陈晖(中国)、赵善暻(Sunkyung Cho,韩国)、西蒙·德·乔卡斯(Simon de Jocas,加拿大)、菲利普·乔达诺(Philip Giordano,意大利)与九儿(中国)经过一个多月的审慎评审,从投稿作品中甄选出来自 16 个国家和地区的 50 位插画师的入围作品,这 50 组作品被收录于《2020 金风车国际青年插画家大赛年鉴》,大赛作品展也在上海童书展期间展出,备受关注。

五位评审于 11 月 12 日通过在线会议方式选出本届大赛的最终 5 组大奖作品,来自中国的罗玲以及罗马尼亚的维罗妮卡·尼阿苏(Veronica Neacu)分别荣获金风车插画国内金奖与金风车插画国际金奖。金风车插画特别提名奖则分别由来自中国的董兴茹、意大利的弗朗西斯科·朱斯托齐(Francesco Giustozzi)与韩国的洪伊达(Ida Hong)获得。通过在线和现场投票,来自中国的邱懿洋凭借作品《寻找最美的网》获得了本届大众选择奖。

通过现场观众抽样调研得知,超过 89%的观众对此次金风车国际青年插画家大赛作品展评价为“非常好/很好/好”,其中 56.06%评价为“非常好”。而展商的调研结果表明,100%的展商评价为“非常好/很好/好”,其中 38.36%评价为“非常好”。

3. 插画师生存角

插画师生存角是专为插画师、绘本编辑及对图画书世界着迷的专业人士量身定制的项目。在这里,经验丰富的专业人士和插画初学者们可以就专业插画技能和插画行业市场等话题分享经验、成果和思考。经过两年的发展,插画师生存角已成为新锐插画师和图画书创作者们在上海童书展必到的打卡点。该项目由上海童书展联合博洛尼亚童书展以及意大利米兰的专业插画学院

Mimaster 共同举办。在三天的展期内举行 9 场大师论坛、7 场工作坊及 27 场一对一作品集指导，国内外演讲嘉宾和导师共 47 人次(海外嘉宾 6 人)，现场吸引了 1 515 名青年插画师的参与。

通过现场观众抽样调研得知，超过 92%的观众对此次插画师生存角评价为"非常好/很好/好"，其中 35.38%评价为"非常好"。而展商的调研结果表明，超过 95%的展商对此评价为"非常好/很好/好"，其中 41.18%评价为"非常好"；对会议主题和演讲嘉宾两方面的评价为"非常好/很好/好"的比例分别为 95.29%和 91.76%，"非常好"的比例分别为 42.35%和 41.18%。

为了弥补国际插画师和国际出版商因疫情未能前来上海童书展进行交流的遗憾，组委会在展会结束之后举行了插画师生存角线上特别活动——"海外插画师该如何进入中国童书出版市场(Destination China! Find Your Way to the Chinese Publishing Market)"，分别于 11 月 27 日和 11 月 30 日举行了 1 场集经验分享与互动讨论于一体的线上大师论坛，还有 4 场线上一对一作品集指导，为海外插画师与中国出版商提供合作资讯和平台，7 位特邀嘉宾与近 140 位海外插画师和出版相关人员参与了此次线上专场活动。

4. "童书＋：婴幼儿读物"特展

"童书＋"旨在每年深入探讨一种趋势、一个主题、一个影响深远的书籍门类，或与全球出版业相关的特别主题。继去年"艺术、建筑与设计"主题之后，2020 年"童书＋"关注专为 0—3 岁宝宝们创作的"婴幼儿读物"。婴幼儿读物往往是孩子这一生阅读的第一本书，它们在婴幼儿的智力开发及阅读习惯养成中发挥着第一线的作用。

作为"童书＋"项目的核心构成，"童书＋：婴幼儿读物"特展展出了由童书专家、前图书馆员格拉齐亚·戈蒂带领的策展团队甄选出的包括博洛尼亚最佳童书奖获奖作品在内的各类优秀书籍，特展现场展示了 140 本精选自 21 个国家和地区、针对 0—3 岁婴幼儿的纸板书和活动书。入展书籍多数于近年出版。此次将特展安排在 1 号门入口处，绝佳的展览位置吸引了大量专业观众与公众驻足，并获得多家媒体的针对性报道，收效甚好。

特展特别致敬了婴幼儿读物创作的代表人物——97 岁高龄的意大利插画家阿提里奥·卡西内利(Attilio Cassinelli)。其经典作品《小红帽》《丑小鸭》中的形象作为本次项目的主视觉，贯穿展览始终。

此次特展由上海童书展联合博洛尼亚童书展、意大利吉安尼诺·斯托帕尼文化机构联合策划。特展期间，2017 年 CCBF 金风车国际青年插画家大赛入围插画师"咕咚"受邀跨界选用多乐士专为儿童设计的"森呼吸淳零儿童漆"打造现场艺术墙，为孩子的艺术启蒙助力！

展会期间还举办了一场"童书＋"主题相关的专业论坛，"人生之路，阅读起步——走进婴幼儿图书创作的世界"探讨了婴幼儿图书创作的"黄金法则"，8 位中外学者、出版人、作家和插画家分享了各自的观点和经验，引人深思。

"童书＋"项目的系列展览和活动，不仅对童书出版业从业者具有指导意义，加强亲子阅读的品质，同时进一步提升上海童书展在专业人群及公众眼中的权威性与影响力。

通过现场观众抽样调研得知，超过 93%的观众对此次婴幼儿读物特展评价为"非常好/很好/好"，其中 50%评价为"非常好"。而展商的调研结果表明，超过 93%的展商对此次婴幼儿读物特展评价为"非常好/很好/好"，其中 37.7%评价为"非常好"。

5. "品质意大利：贾尼·罗大里和他的插画家们"特展

2020 年恰逢意大利知名儿童文学作家贾尼·罗大里(Gianni Rodari)诞辰 100 周年，他是 20 世纪最具创造力的儿童文学作家之一，1970 年荣获国际安徒生奖，是意大利第一位获得该奖项的作家。他创作童话故事、童谣和小说，作品富有创造力与通用性，一经出版即成热门，多部作品被翻译为多种语言出版并畅销全球。他著名的文学理论论著《幻想的文法》是一部开创性的针对儿童教育工作者与儿童文学专家的参考书，其他重要的作品包括《洋葱头历险记》《假话国历险记》《电话里的童话》《蓝箭》等。

本次展览囊括了过去50年来21位意大利插画家根据罗大里文字内容绘制的63幅插画作品，展现他们对这位伟大的作家与教育家作品的不同诠释。其中包括广为人知的20世纪艺术、设计和平面设计领域最具影响人物之一布鲁诺·穆纳里(Bruno Munari)，曾四次入围阿斯特里德·林格伦纪念奖的享誉全球的插画家贝娅特丽丝·阿勒玛尼娅(Beatrice Alemagna)，曾两度获得奥斯卡提名的插画家、电影导演和作家艾曼纽尔·鲁扎提(Emanuele Luzzati)，博洛尼亚最佳童书奖得主费德里科·马焦尼(Federico Maggioni)的作品等。展览由博洛尼亚展览集团、博洛尼亚国际童书展主办，与意大利驻沪领事馆文化处和中国上海国际童书展合作。由意大利艾米利亚-罗马涅大区进行国际文化推广，由吉安尼诺·斯托帕尼文化机构和德罗塞梅尔学院策划。

通过现场观众的抽样调研得知，超过82%的观众对此次特展评价为“非常好/很好/好”，其中41.38%评价为“非常好”。而展商的调研结果表明，超过95%的展商对此次特展评价为“非常好/很好/好”，其中59.09%评价为“非常好”。

6. 陈伯吹国际儿童文学奖

陈伯吹国际儿童文学奖旨在表彰为中国乃至世界儿童文学事业做出卓著成绩和巨大贡献的儿童文学作家、插画家及相关儿童文学专业人士。

受疫情等因素影响，今年此奖征集和筹备期较短，上海童书展组委会积极协助此奖的国内外参评作品征集、国际评委邀请及线上评审组织，配合终评活动现场接待工作及获奖作品展的呈现。

2020年陈伯吹国际儿童文学奖评审委员会由9名来自意大利、中国、阿根廷和英国的儿童文学及图画书领域的专家组成。评委会主席为高洪波(中国，中国作家协会副主席、儿童文学委员会主任)，评委会成员包括刘健屏(中国，出版人、儿童文学作家、中国作协儿童文学委员会委员)、玛丽尔拉·那格丽(Marina Nagle，阿根廷/德国，顾问、策展人、研究员)、埃琳娜·帕索利(Elena Pasoli，意大利，博洛尼亚国际童书展展会总监)、秦文君(中国，上海市作协副主席、中国作协儿童文学委员会委员、著名作家)、徐妍(中国，北京大学文学博士、中国海洋大学文学院教授、儿童文学评论家)、郁蓉(英国，绘本作家、插画家)、张莉(中国，北师大文学院教授、博士生导师、中国作协理论委员会委员)、赵晓音(中国，中国美术家协会会员、上海美术家协会儿童美术艺委会副主任、上海市出版协会装帧设计艺委会常务委员)。

颁奖仪式于上海童书展前一天在上海宝山国际民间艺术博览馆举行。《不存在的小镇》《建座瓷窑送给你》《我和小素》《奔跑的岱二牛》《荆棘丛中的微笑：小丛》5种图书获本年度图书(文字)奖。《一楼右侧》《布莱克先生和他的狗》《天上掉下一头鲸》《下雪天的声音》《老者的真相》5种图书获本年度图书(绘本)奖。中国著名儿童文学家、童诗作家、出版人张秋生获颁特殊贡献奖，美籍华裔插画家杨志成获颁年度作家奖。获奖作品展在上海童书展期间向行业观众及大众读者展出。

7. 橙梦想·小小插画家大赛

小小插画家大赛是2019年创立的上海童书展年度公益品牌活动，由上海新华发行集团主办，上海城市动漫出版传媒有限公司承办。小小插画家大赛倡导“阅读+绘画”，旨在为全球各地16岁以下的少年儿童搭建一个艺术启蒙和创作交流的舞台，秉持公平公正的原则发掘他们的绘画潜力，让世界看到孩子们的创作，圆孩子们一个艺术梦想。大赛特邀加拿大插画艺术家理查德·瓦勒朗、中国艺术家李昆武、意大利插画艺术家玛利亚·素·玛奇亚担任评审。大赛共收到有效参赛作品1 513幅，通过初审小组、初评委和国际评委层层筛选，产生了三个年龄组共210幅优秀作品，其中122幅优胜作品脱颖而出。大赛颁奖典礼现场公布了“最美艺术奖”“最佳创意奖”“最爱科学奖”“非你莫‘鼠’奖”“评委特别提名奖”“最具人气奖”六大特别奖项和“优秀组织奖”，共有51幅作品、12个组织机构获奖。2020年大赛获奖作品在上海童书展现场展出，并于11月14日在上海童书展现场举办颁奖典礼。

8. CCBF快闪书店

CCBF快闪书店由上海童书展与光的空间书店联合打造，旨在为童书专业人士及爱好者推荐童书展官方内容书籍。快闪书店内设有特邀嘉宾推荐书籍、大赛特展相关书籍、阅读的起点、书的乐趣、不止于书、艺术好玩六个主题区域，展示和销售的海外原版和中文版书籍不仅联动上海童书展专业论坛与会议、“童书+：婴幼儿读物”特展、“品质意大利：贾尼·罗大里和他的插画家们”特展、金风车国际青年插画家大赛与插画展、陈伯吹国际儿童文学奖等项目及其特邀嘉宾，并由光的空间书店精选推荐与儿童文学和婴幼儿读物相关的外版书籍。每个区域都为读者们带来好玩、好看的童书以及相关衍生产品。

通过对现场观众的抽样调研得知，超过92%的观众对此次快闪书店评价为“非常好/很好/好”，其中46.15%评价为“非常好”。而展商的调研结果表明，100%的展商对此次快闪书店评价为“非常好/很好/好”，其中38.71%评价为“非常好”。

9. 展商活动及城市联动

上海童书展期间，组委会鼓励和发动参展商积极举办各类新书发布、作家签售、阅读推广活动。鉴于避免举办过多人员聚集活动，2020年展会现场仅设2个舞台和2个会议室供参展商举办活动，鼓励更多展商将亲子阅读活动举办到城市内的各个阅读场所。

CCBF“城市联动”项目则继续组织号召一批精选的上海人气书店、图书馆、儿童乐园、儿童剧院、美术馆、艺术馆、教育机构、亲子旅游等合作伙伴参与，香蕉鱼书店、山脚下的书店、读者书店、万有幸福空间、好久不读书店、衡山和集、方所、幸福集惠、言几又、三联书店、上海儿童艺术剧院、UCCA尤伦斯儿童艺术中心、龙美术馆、久事美术馆、Taxiway飞行中心、迷你营玩学中心等16家文化空间合作伙伴不仅将他们的品牌带到展会现场，还以创意市集的形式呈现各家特色。同时，在CCBF前后一周的时间里，以“畅游童书海洋，共度亲子美好时光”为主题，打破展馆的空间局限，在上海的各个角落举办了一系列丰富多彩的亲子文化活动，让小读者与喜爱的作家、绘者、译者、阅读推广人互动。跨空间、跨行业、跨领域，网罗沪上潮流地标，打造真正的全城亲子文化盛会。

2020年，上海童书展与“大众出行”达成跨界合作，打破城市联动的空间和路程障碍，让便利的交通出行工具带领亲子阅读的拥趸们去到遍及全城的联动狂欢之地。大众出行为本次上海童书展提供专属打车优惠，并参与联动宣传，惠及更多本地亲子家庭及童书爱好者。

三、18 963名观众入场

本届上海童书展观众总数达18 963名，来自17个国家和地区，其中专业观众8 305名。

1. 专业观众部分

本届预登记专业观众12 346名，预登记并到场总人数6 326名，预登记到场转化率35%，该转化率也与开展前最后一周上海浦东疫情相关；全部到场专业观众为8 305名。

2. 公众部分

通过猫眼及其分销平台、在沪外籍人士购票平台、抽奖/促销、团购、现场销售等方式，共吸引公众 10 658 名。

四、701 篇媒体报道文章

1. 2020 主视觉

2020 年主办方邀请到 2019 年金风车国际青年插画家大赛国内金奖获得者——贵图子，担纲展会主视觉的创作者。本次主视觉创作延续贵图子 2019 年的获奖作品《大船》的绘画手法，以水彩为媒介进行创作。

2. 官方宣传平台

截至 11 月 25 日，上海童书展官方微信粉丝总数 54 885 人，同比增长 27.7%。共发布 243 条动态，同比增长 1.25%，单次最高点击阅读量为 10 367 次。官方微博粉丝总数 11 752 人，同比增长 19%。官方 Instagram 粉丝总数 4 744 人，同比增长 69.7%。官方 Facebook 粉丝总数 4 213 人，同比增长 14.3%。官方网站年度总浏览 318 325 次，同比增长 12%。

3. 线上营销

本届上海童书展实行分阶段的推广策略且调整了关键字搜索与信息流广告的分配比例，使得关键字搜索推广总展现量达 2 327 803 次，同比增长 24.8%；总点击量 22 899 次；广告平均点击率 0.98%；信息流广告总展现量达 15 294 476 次，总点击量 52 640 次，广告平均点击率 0.34%。疫情原因减少谷歌海外市场的宣传投放，推广总展现量 1 120 546 次，点击数 6 737 次，广告平均点击率 0.6%。与此同时，上海童书展的相关数据库已积累有 75 728 条数据，同比增长 38.5%。本届展会据此共发送电子邮件 35 批，发送总量达 643 815 封。

4. 线下宣传活动

本届上海童书展参与了 1 月北京图书订货会、8 月上海书展等展览展示活动。此外，本届上海童书展制作的各类印刷品及礼品 19 种，包括招展手册、官方活动指南、展商活动及城市联动指南、参观地图、会刊、请柬、贵宾卡、各式宣传单页、明信片、参观券、小扇子、文件夹、无纺布袋等，制作总数量 61 380 份。通过派发、送递等方式，将展会信息及时、准确送达目标群体手中。同时进行的还有电话及短信邀请工作，呼叫中心共计拨打了 17 875 条数据，短信总计发送了 131 164 条数据。

5. 媒体宣传

本届上海童书展的展前、展中及展后阶段，总计有发稿媒体 299 家，同比增长 51%，其中专业媒体 23 家，包括来自美国、英国、意大利的海外专业媒体。媒体属性包括新媒体 70 家，同比增长 50%；纸质媒体 16 家，电视/广播/视频媒体 12 家，网络媒体 201 家。截至 12 月 1 日，总计发稿量 701 篇，同比上升 19%。36 家媒体对展会的国内外嘉宾进行了 86 场现场采访，媒体总价值达 3 768 万人民币。

6. 新闻发布会

本届上海童书展于 2020 年 10 月 27 日周二召开了一次线下新闻发布会，出席媒体 28 家。

五、运营总结

2020 年上海童书展的运营保障工作整体顺利平稳完成，但在包括疫情大背景和常态化防控等因素的影响下也迎来了很多新的问题和挑战,由此组委会也不断归纳并思考布置和执行各个环节中的流程和细节,力求逐步完善和提升参展体验。

考虑到国际展商在疫情环境下的入境限制和参展需求,2020 年上海童书展特别规划设置了国际展商书籍展示展位区域的形式,协同好多家供应商,为国际展商提供该展区展位标识和形象画面制作、展商进口书籍运输及陈列展示、现场工作人员问询接待等配套服务工作,确保国际展商较好地达成其参展体验和效果。

同时,在维持原有良好的大会区域呈现基础上,2020 年进一步优化调整了部分细节,如使用热转印布,在维持画面精度的前提下进一步体现了绿色环保展会的理念;部分区域增加了灯柱,解决了由于展馆层高较高而区域照明不足的问题,同时也进一步提升了观展的感受;“童书+:婴幼儿读物”特展、“品质意大利:贾尼·罗大里和他的插画家们”特展在展前进行了充分细致的筹备,并在供应商、插画师的共同协作努力下呈现出了良好的现场效果,成为展会的亮点之一。

在审读方面,2020 年最终收到了由 27 家国际展商和展团提交的审读清单,在中教图进出口有限公司及上海外文书店的鼎力支持协助下,均及时完成了相关审读及后续清关工作,保证了国际展商的参展需求和效果。

六、各方反馈

今年的上海童书展是在新冠疫情防控取得阶段性成果的背景下举办的,对提振全球童书出版的信心的作用不可低估。本届上海童书展有三点令人印象深刻:一是形式创新,线上线下结合,书在场人在线,出版界的国际交流没有因为疫情而停摆;二是参展商朋友圈在扩大,既有新的出版机构加入、插画师大道的开辟,也有玩偶、文创产品创作机构的入场,以童书为核心的全产业链展示的趋势已经显现;三是平台效应更加凸显,业界交流、大奖评颁、阅读推广精彩纷呈,上海童书展成为作者、读者、出版者合作交流的大舞台。

上海世纪出版(集团)有限公司副总裁
彭卫国(中国)

疫情之年,本届上海童书展克服重重困难,依然安全、高质量地举办,成为全球为数不多的行业盛会。愿上海童书展不断利用科技手段,打造线上线下双平台,为世界与未来搭建桥梁,让小朋友们闻一抹书香,享金色童年。

中国教育图书进出口有限公司副总经理
申水平(中国)

乐乐趣立体书每年都会参加上海童书展,这就像是每年年底都会如期奔赴的一场童书之约。特别是今年因为疫情影响,CCBF 是全球范围内为数不多的以线下方式开展的国际性书展之一,我们也非常珍惜这个机会,能够让小朋友近距离地感受阅读的魅力,同时能和众多友商进行洽谈,探索童书发展的新方向。

荣信教育文化产业发展股份有限公司副总经理、乐乐趣立体书总编辑
孙肇志(中国)

今年来参加上海童书展，最让我感到欣喜的变化是中国插画师和原创作者有了更多展示的机会。浪花朵朵最近一两年也开始了在原创绘本领域的尝试，在这个过程中，我也切实地感受到了培育童书新人作者和创作好的原创绘本有多么不容易，非常感谢上海童书展为扶持童书原创力量做出的努力。

北京浪花朵朵文化传播有限公司董事长
吴兴元（中国）

受全球疫情影响，我们虽面临着国外展商无法参加，国内编辑预约减少的挑战和难题，但我们仍为国内出版社带来200本重点优质童书，书展期间完成了100余场版权会谈，用专业的服务给国内客户提供全方位的版权服务。非常感谢CCBF在特殊时期，为我们提供周到严谨细致的服务。

明州凯琳国际文化传媒（北京）有限公司版权总监
俞文丽（中国）

本次来参加上海童书展收获颇丰。这次展会的展商配备系统非常的人性化，这次数字中心的搭建也显得格外重要，很多出版社以及图书分销机构、出版公司都在探索线上如何转型，作为有赞图书板块，对于这次展会数字中心的搭建，表示很满意。数字中心可以让我们更清晰更直观地去了解各个展商对于线上的一些需求以及问题，我们可以根据我们有赞自身的优势来帮助展商更快、更好地做好线上数字化精细化的运营以及管理。很感谢主办方给我们的这次机会。

有赞图书渠道经理
李博（中国）

这是一个美丽的展览，证实了贾尼·罗大里的童谣仍然可以向每个艺术家甚至我们每个人的孩子倾诉，为世界释放一种奇妙的视觉幻想。插图是儿童读物的核心。感谢博洛尼亚展览集团与意大利艾米利亚-罗马涅大区的支持，在本次中国上海国际童书展儿童图书博览会的中心位置，展出了最高水平的插图，这些插图是真实的图像诗。

意大利驻沪总领事馆文化处处长
马义柏（意大利）

我们很高兴看到挪威文学海外推广协会（NORLA）能够克服疫情影响，参与本届上海童书展，把挪威优秀的儿童文学和广泛的童书题材介绍给中国观众。CCBF为挪威与中国童书出版业与插画师保持联系创造良机，这真是太棒了！

挪威驻上海总领事馆代总领事
海达（挪威）

感谢科技的进步，即便在疫情的影响下我们无法亲临现场，也能够通过视频的方式与来自世界各地的朋友们、客户及出版商进行沟通。今年，White Star用这样特殊的方式参与了CCBF，并在博洛尼亚童书展的合作下及中国办事处的支持下，向大家展示我们明年的新童书。

White Star海外版权经理
Claudia Protto（意大利）

这是一次与众不同的经历。我们很感谢上海童书展提供的版权书籍展示的远程参展方案，让我们得以向买家和大众展示我们的新书。迫于疫情影响，不然我们非常希望可以亲自来到现场。

The Publishers Association UK 高级国际书展经理
Gloria Bailey(英国)

希望在孩子们身上，无论在什么情况下，他们都能读到高品质的童书，获得自身的成长，同时也获得自身理解。书展本身对于出版界之间进行版权的交流、促成版权交易很重要，它帮助产业发展获得动力和持续的支持。我认为总体上展览是非常成功的，我也非常希望下一年有机会再来。

国际儿童读物联盟主席
张明舟(中国)

特殊的时期，特殊的上海童书展，令我感受到了书展主办方"逆向而行"的勇气和智慧，感受到了中国社会对阅读的巨大热情。让我们在每一年的童书展上，不见不散！

中国海洋大学教授
朱自强(中国)

这是一场国际化的童书展，拓宽了原创图画书作家的眼界，增加了观众们的专业见闻，为国际化的童书创作交流提供了一个非常好的平台。希望插画师们在增加国际化视野的同时，也能保持自己的个性，在未来的创作道路上越走越远，获得更多奖项，让全世界看到中国画家的风采。祝上海童书展越办越好！

插画家、绘本作家
九儿(中国)

我很荣幸受邀参加 CCBF 今年的专业论坛和会议，并在插画师生存角的大师论坛上担任嘉宾。能够与中国观众交流并传授一些有关写书和插画的技巧，真是太棒了。希望今后我能够亲自来到现场。

儿童文学作家、插画家
陈振盼(美国)

我很荣幸参与今年的金风车国际青年插画家大赛评审工作，这是一段很有趣的经历。感谢上海童书展，让我能够欣赏到来自世界各地大量的高质量插画，进入插画师们创造的无数个精彩世界，近距离接触每组作品并享受其中的美和创造力。

插画家、平面设计师
菲利普·乔达诺(意大利)

"娟子妈妈讲故事"首次以童书阅读推广自媒体的身份受邀参加，主持并邀请到众多出版社做客上海童书展的直播间，为 0～12 岁的家庭推荐了童书，家长们普遍反映书质量高，价格优惠，让他们省时省力省钱买到好书。同时我们也在数字洽谈区设立了展位，对接了许多新的商业合作伙伴，为今后企业的发展开阔了思路，打开了市场空间，创造了更多的合作机会。这也是我们参加本次上海童书展最大的收获之一。我们会继续努力，为小读者小听众们制作出更多更优质的儿童内容！

"娟子妈妈讲故事"创始人
娟子妈妈（中国）

第二章　出版“走出去”

第一节　整合资源助力全球抗疫

突如其来的新冠疫情使上海出版业对外出版不断探寻新路径，同时大力整合资源助力全球抗疫。

上海世纪出版(集团)有限公司积极推进防疫抗疫出版物外译推介工作，更好地传播中国抗疫方案，助力海外抗击疫情。《全球公共卫生治理中的国际机制分析》《医学传播学——从理论模型到实践探索》《方舱医院感染控制手册——新型冠状病毒肺炎疫情防控实务》《重型新冠肺炎案例精选——中医治疗策略与分析》《抗疫・安心——大疫心理自助救援全民读本》《张文宏教授支招防控新型冠状病毒》《小心！病毒入侵》《自以为是的下场——新型冠状病毒的自述》《新型冠状病毒感染的肺炎学生防护读本》9 个品种累计实现 20 个语种 29 种输出。其中，《张文宏教授支招防控新型冠状病毒》实现 19 个语种的输出，3 月 3 日，该书的波斯语版在伊朗总统府下属战略研究中心进行了电子版发布并提交伊朗卫生部，供伊朗民众免费下载阅读，努力以中国抗疫经验为伊朗相关工作提供支持。该书国际传播项目成功入选 2020 年“一带一路”出版合作优秀案例。

华东师范大学出版社面对突如其来的新冠疫情，主动向世界讲述最美逆行者的感人故事，希望引发同历疫情的世界读者的共鸣，推动人类命运共同体理念广泛深入传播。由人民网主编、援鄂医护工作者亲历亲述的《战“疫”天使日记》英文版、阿拉伯文版、法文版等翻译工作也启动了，陆续由圣智学习(Gengage Learning)等国际出版传媒公司出版。

复旦大学出版社积极推进抗疫图书各种语言的翻译、输出，为向世界介绍中国抗疫经验做出积极贡献。张文宏教授将《2019 冠状病毒病——从基础到临床》的海外版权无偿授权复旦大学出版社后，出版社积极推动文化产业“走出去”，面向全球招募译者，高效开展翻译输出本书项目，经过翻译及编辑团队两个月的努力，英文版、法文版以及西班牙文版正式出版。全球招募翻译志愿者的做法，被新华社称为“出版行业的创举”。翻译输出相关微博新闻阅读量近 6 000 万。《经济战“疫”：新冠肺炎疫情对经济的影响与对策》出版后产生了非常积极的社会影响，版权输出已签约英语、日语、韩语、西班牙语、俄语和德语 6 种语言，努力向世界传递中国在经济运行、公共管理、社会治理等领域的抗疫经验，讲好“中国故事”。

第二节　“走出去”重点项目取得成效

上海世纪出版(集团)有限公司组织申报各类国家(地区)及上海“中华文化走出去”重点工程项目，累计申报项目数量和获得资助数量较 2019 年均有较大提升。《中国国际进口博览会与全面开放新格局》(英文版)等 4 个项目入选“经典中国国际出版工程”；《中国传统文化的特质》(塞尔维亚文版)等 4 个项目入选“丝路书香工程”项目；《中国寻路者》等 7 个项目获中宣部向港澳台出版发行项目资助。《纵横“一带一路”——中国高铁全球战略》(英文版)获上海市十五届“银鸽奖”出版类图书一等奖、2020 年首届“一带一路”出版合作优秀案例。英文版《古文字学》《新疆史前晚期社会的考古学研究》为2020年国家社科基金中华学术外译项目。《中国古代纪时考》与香港中和出版有限公司签约，授予其中国香港地区中文繁体字版权。《江山胜迹》与台湾时报文化出版企业股份有限公司签约，授予其中国台湾地区繁体字版权。与施普林格·自然(Springer Nature)达成《魏晋之际的政治权力与家族网络》《中国的家庭、私有制、文明、国家和城市起源》《大元史与新清史》英文版出版意向，与荷兰博睿出版社达成《中古社邑研究》英文版出版意向。

其他输出项目包括：《男生贾里全传》俄文版、韩文版；《小青春》保加利亚文版；《胰腺病理影像学：肿瘤性病变》《皮肤超声诊断学》《医学传播学——从理论模型到实践探索》《宋词简史》《异质文化交织下的上海都市生活》法文版；《天地之中——嵩山历史建筑群》英文版；《风物志》中文繁体版；《中国旗袍文化史——从地域服饰到全球文化符号》等。《盾构隧道刀片更换技术》(英文版)和《翁心华疑难感染病和发热病例精选与临床思维》(英文版)获2020年"经典中国国际出版工程"资助。《篡改的命》入选"第十九届输出版优秀图书"；《中国科幻新浪潮：历史·诗学·文本》入选2020年国家社科基金中华学术外译项目，签订英语版、德语版、俄语版输出合同与翻译协议。建党100周年重点图书《革命者》和全景展示上海各条战线奋力抗疫的纪实文学力作《第一时间——写在春天里的上海报告》作为重点选题，积极向大语种国家输出。《革命者》俄语版已出版，英语、法语、阿拉伯语也达成版权意向；《第一时间——写在春天里的上海报告》已签订俄语、白俄罗斯语、哈萨克斯坦语、吉尔吉斯斯坦语版权输出合同。《山盟》蒙古语达成版权输出意向。《繁花》越南语版5月在越南出版，该书"丝路书香基金"按时完成结项工作。"弘扬上合文化　共筑上海精神——2020上海合作组织国家儿童画展(上海站)"等3个项目获2020年上海市"中华文化走出去"专项扶持资金资助；"台北上海书店沪版图书主题展及'海派文化'、'阅读上海'讲座、互动交流活动"入选2020年度上海市对台交流重点项目。

上海外语教育出版社全年共输出图书12种，比2019年的4种增加8种，增长200%。《后现代主义之后》《英汉科技语篇中语言评价系统对比研究》《中国译学史》《构式语法研究》等11种图书版权输出到英国和韩国，其中10种授权给英国知名出版机构泰勒·弗朗西斯出版集团。汉语部有《中国概况》1种图书版权输出。

华东师范大学出版社入选2019—2020年度国家文化出口重点企业，同时荣获上海知识产权创新奖(保护)等荣誉。2020年，共输出版权181种，引进版权151种，输出引进比1.19∶1，数量上首次实现版权贸易顺差。2020年，"走进中国战舰丛书"中的《和平方舟医院船》俄文版等4个项目入选"丝路书香工程"重点翻译资助项目；《天下在河上：中国运河史传》韩文版入选"经典中国国际出版工程"；"欢乐的动物世界"系列6个项目获得2020年中宣部向港澳台出版发行项目资助；《战"疫"天使日记》法文版入选"中国当代作品翻译工程"；《冯契文集第三卷：人的自由与真善美》(增订版)英文版等3个项目获国家社科基金中华学术外译项目立项。另有5个项目获上海市"中华文化走出去"项目立项。

同济大学出版社输出版权16项，其中英语类8项，小语种类8项；输出版权的图书出版4项；获得国家"丝路书香工程"项目1项[《中国工程师史》(阿拉伯语版)]；获批2020对外出版和展览项目1项[《上海纪事：社会空间的视角》(英文版)]；上海翻译出版促进计划资助1项(《上海纪事：社会空间的视角》)；获得2020年国家社科基金中华学术外译项目立项3项[《说园(典藏版)》(俄语版)、《上海纪事：社会空间的视角》(英语版)、《建成遗产》(英文版)]。

华东理工大学出版社输出图书11种，输出国家及地区涉及韩国、日本、越南以及中国香港地区。版权输出形式呈多样化，不仅涵盖了传统出版物中的图书及录音制品，还包括电子辞典数据库等数字出版物。成功签约了科技类精品图书《石墨烯复合材料》的版权输出合作协议。

上海社会科学院出版社《英国通史》《你最珍贵》两种图书的版权分别输出到中国香港地区和越南。

上海三联书店持续做好"国学经典外译丛书(第二辑)"的出版及推广工作,《以利为利》一书入选"中华学术外译项目推荐选题目录",达成英、俄、韩、法四个语种的输出意向,并大力推动《遇见宋瓷》《苏轼十讲》等优秀图书的输出工作,努力讲好中国故事,弘扬中国传统文化。

中国中福会出版社的《垃圾不见了》《爸爸的手提箱》阿拉伯语版正在制作中;与上海新闻出版发展公司合作出版的图画书《爸爸,月亮来了》在美国上市;《不一样的地理书》日语版按照正常计划在日本上市,《读故事　学古诗》系列签订日语版版权协议。

东方出版中心有限公司实现"走出去"项目 2 种:《当代中国文明论》英语版、日语版,分别与美国普里尼斯出版社、日本北九州中国书店签约。《非常旅行》入选由中宣部与国资委联合发起的央企中国书架项目。东方出版中心被《中国出版传媒商报》社、北京外国语大学中国文化走出去效果评估中心等单位认证为 2020 中国图书海外馆藏影响力出版 100 强。

第三节　加强海外发行渠道建设

上海世纪出版(集团)有限公司积极做好《习近平谈治国理政》(第三卷)英文版的海外发行推广工作。上海外文图书有限公司继续开展"专著·上海"沪版学术类图书推广项目,已累计向海外十余所大学图书馆供货。"阅读中国"外文版中国文化图书春节联展在"一带一路"沿线国家波兰、捷克、罗马尼亚和保加利亚顺利举办。"阅读上海"展销活动转为线上,继续满足海外读者在新冠疫情期间对中文图书的阅读需求。集团学术出版物海外影响力进一步提升,上海人民出版社等 11 家出版单位入选 2020 中国图书海外馆藏 100 强出版排行榜。

上海外文图书有限公司出口工作受到全球疫情由轻到重、持续蔓延影响。出口部一方面始终保持与客户及时沟通与交流;另一方面积极选书备货以便与客户商讨订货与发货,最大限度满足客户需求,继续做好以"文化中国"为主的外文版图书向海外主流社会渠道书店的发行工作。

通过长久以来的联系合作,中国图书进出口上海公司出口部开始向澳大利亚的新金山中文学校出口国内中文教材,主要为少年儿童出版社和上海教育出版社出版的九年义务教育《数学》课本,实现了中国教材走出国门的计划。

上海香港三联书店有限公司在正式复工后,出口部积极与国外客户建立良好的沟通,根据客户类型的不同分为日本客户、欧美客户、澳大利亚客户等,向他们提供针对性推荐服务。有专人操作与出版社沟通、比价及下单工作,尽量从进货方面保证折扣力度、发货速度。出口部还通过找多家报关公司及物流公司进行询比价,争取在物流方面降低成本并提升流程速度。

第四节　线上线下融合推进国际交流合作

上海世纪出版(集团)有限公司按照中宣部进出口管理局的统一部署,积极参与 2020 年吉隆坡国际书展中国主宾国活动的策展;参加第二十七届北京国际图书博览会网上展会,组织策划了 19 场线上活动,并圆满完成上海分会场的布展任务,被评选为优秀参展单位;参加 2020 年法兰克福线上书展,与普林斯顿大学出版社、法国伽利玛出版社等开展十余场线上交流活动;首次参加 2020 年中国国际服务贸易交易会，在上海主题日新品发布活动上发布了集团防疫抗疫“走出去”出版物版权输出优秀案例。

中国图书进出口上海公司成功举办了澳大利亚中文图书线上书展，使得延续多年的中澳文化交流没有因新冠疫情而中断。

第三章　教育、科研

第一节　复旦大学中文系出版专业

2020年，复旦大学中文系出版专业坚持在教学培养、学科建设等方面努力做到两个结合：一是将“教育部专硕教育指导政策”与校系特色相结合，在注重专业硕士“专业性”的同时，紧密依托并充分发掘复旦大学校系特色、展开人文学术教育培养；二是高度注重地方城市特色资源与出版教学工作之间的结合，将学生的教学培养工作以及社会实践工作，与上海市各相关出版活动事业、企业创新活动相结合。

2020年，复旦大学共录取出版硕士专业学位研究生24名，较2019年基本持平，生源主要来自“985”和“211”高校的学生，这些同学具有扎实的学科基础和文字表达能力，对出版学科的认同感强。稳定的生源，基本保证了复旦大学出版专硕的教育培养质量。

2020年，20余名2020届出版硕士顺利毕业，就职机构不仅有上海译文出版社、阅文集团等出版公司，还有腾讯集团、华为技术有限公司、哔哩哔哩信息技术有限公司等互联网企业。复旦大学出版硕士毕业生在就业市场中依然颇受青睐。

根据培养方案，出版专业硕士开设的课程不仅有“出版学概论”“出版营销学”“期刊编辑与制作”等学科基础课程，还有“数字出版与技术”“出版前沿讲座”等与出版业趋势相结合的课程，力求达到科学合理的课程设置，培养实干的出版人才。同时，该专硕点正在进一步修订完善培养方案，尤其是课程体系，尝试在“出版前沿讲座”外，开设“人文与出版高端系列讲座”，邀请复旦大学人文学科（包括社会科学）领域知名学者专家，就相关专题开展学术讲座，进一步扩展出版专硕学生的知识结构与学术视野，同时亦增加与著述者的接触交流。

出版硕士的培养采用双导师制。在学界导师方面，充分利用了中文系和新闻学院两方面导师资源，其中既有中文系导师陈引驰、段怀清等教授，也有新闻系导师张涛甫、黄芝晓、杨鹏、张大伟、姜华等教授。在业界导师中，有中国出版集团副总裁潘凯雄；上海世纪出版（集团）有限公司总裁阚宁辉，副总裁李远涛、彭卫国，总编辑王为松；东方出版中心总编辑郑纳新；商务印书馆上海分社总经理贺圣遂；中华书局总经理徐俊；中信出版集团副总裁施宏俊；上海科学技术出版社社长温泽远；上海人民出版社原社长王兴康，编审徐忠良；华东师范大学出版社社长王焰；海豚出版社原社长俞晓群等具有丰富出版经验的出版家。还有身兼译者、作者、编辑多重身份的上海译文出版社文学编辑室主任黄昱宁，复旦大学出版社原总编辑、长期从事编辑实务工作的孙晶，既是学者又是出版家的夏德元。在导师选择上，充分尊重学生的个人意愿，让他们选择适合自己论文及未来职业选择方向的导师。丰富而且充裕的导师资源，足以满足学生多样化的选择。

在教学培养上坚持一贯的产学相结合的模式，在把握出版专业基础的学科内容之上，注重出版专业的前沿性热点问题研究以及“大出版专业”的视角。例如结合近年来出版的主流热潮，延请新闻学院相关专业老师开设“数字出版及技术”等针对性较强的课程；以及面对目前出版企业改革的进程，特邀出版业界导师开设“出版前沿讲座”等专业性较强的相关课程。

在教学方式上，充分做到将学术研究及出版技术能力训练相结合。例如，段怀清教授在开设的

“近现代报刊研究”课程中，充分挖掘《申报》的学术价值以及出版专业价值，在课程结束时，要求班级同学将同学们的课堂报告及课程论文等学术成果进行整理并加以汇总，设计、编辑、排版、装订成相关的课程学术专著；黄芝晓教授在开设的期刊编辑课程中，结合自身丰富的期刊编辑经验，为同学们进行相关知识的教授，并指导学生各自完成一本体例成熟的刊物编排；张大伟老师开设的数字出版与技术课程，每周会布置相关阅读任务及反馈作业，并在下一次课程中与同学们展开观点与技术的全面交流；出版营销学的课程中，学生每人需要制定一套出版物的营销方案，并互相讨论交流。

充分利用业界导师的专业素养能力。面对目前出版业的快速变化和发展，为使得出版课堂教学内容与出版行业的变化相贴合，每周三下午开展业界导师讲座课程。例如，上海世纪出版（集团）有限公司副总裁李远涛作的《漫谈后疫情时代出版业的变与不变》专题报告，探讨了在新冠疫情期间出版业所发生的一些变化及后疫情时代出版业的应对策略；上海世纪出版（集团）有限公司副总裁彭卫国作的《辞书规划与辞书选题策划》专题报告，详细地介绍了辞书出版的特点和发展路径；上海译文出版社文学编辑室主任黄昱宁作的《编辑的职业规划和自身素养》，从自身出发，详细讲述了自己翻译、创作过程中的收获与心得，并与学生交流职业规划的经验；中信出版集团副总裁施宏俊围绕最近中信大方的跳岛 FM 营销情况与同学们进行深度交流。其他还有上海科技出版社社长温泽远的《对出版工作的理解和经验》、华东师范大学出版社社长王焰的《选题策划实务》、东方出版中心总编辑郑纳新的《中国图书零售市场分析及探究出版发行未来展望》等专题讲座。此外，中国出版集团副总裁潘凯雄、上海古籍出版社社长高克勤、上海理工大学教授夏德元等也根据自己的从业经历、研究方向等内容为同学们带来了精彩的讲座课程。

在产学研工作上，坚持做到将教学工作与目前出版产业活动紧密结合。面对目前媒体行业的变化，在产学研工作上立足于复旦校系两级的特有资源，综合利用中文和新闻两大院系的优势资源，同学们可以根据自己的意愿并遵循导师的指导进行课题研究并参与一定的企业社会实践活动。

在“大出版业”的趋势下，很多同学在坚持传统出版的同时，也会选择新媒体、数字出版的方向。2019 级硕士班社会实践活动单位涉及上海世纪出版（集团）有限公司、东方出版中心、高等教育出版社、上海报业集团等优势传统出版单位；也包括读客、高谈文化、草鹭文化等民营出版公司；此外还包括超星、梨视频、一条、今日头条、喜马拉雅等新型数字出版制作机构。

在社会实践中实现了产学结合，体现出兼顾传统媒体以及新型媒体的多元化实践特色。

产学研一体化作为目前新时代教育发展的必然趋势，受到广泛重视。出版专业硕士的教育也正是依据此指导方针，充分做到产学研相结合，在科研和社会实践中均获得了一定的成就。

例如 2019 级鲍震同学，在自己作为作者出版了《我的老师孔仲尼》一书后，结合自身的作者、编辑经历，与张涛甫老师共同发表了学术文章《读图时代的文字阅读：困境与出路》。

2018 级同学朱丽莎独自完成的毕业设计《中馈录：古法制菜，隐藏的厨娘食单》，亦由上海文艺出版社出版。

出版专硕几乎每届均有同学选择毕业设计方式来作为自己的学习成果呈现方式，而且都取得了不菲成绩。

出版专业在特色成果累积方面做到了两个借鉴，一是充分借鉴上海近现代出版业中心的历史资源，二是充分借鉴上海各书展的现代资源。

在历史资源的借鉴上，我校对上海近现代出版中心充分考察，学习中国近现代出版的发展历程，对于重要媒体进行了深入研究，例如对于《申报》的研究以及对于商务印书馆、中华书局的学术讨论。

在现代资源的借鉴上，除了利用上海各大出版单位资源外，也充分注重利用上海书展与中国上海国际童书展这两项重要活动。出版专业积极组织2019级出版专业同学进行团体参观，并作为专业嘉宾参与各分会馆相关学术活动的讨论及学习等。

第二节　华东师范大学传播学院出版与文化系

华东师范大学传播学院出版与文化系拥有编辑出版学本科、硕士和博士完整的人才培养体系。2020年，出版与文化系拥有全职专业教师9人，其中教授2人、副教授5人、讲师2人，均获博士学位，具有海外名校访学或国际联合培养经历，其中4名专业核心课程教师拥有多年出版业界从业经历，为双师型教师。

科研方面，雷启立教授立项项目“有效教学视域下课程思政建设与成效影响因素及提升策略研究”(中国高等教育学会)；肖洋副教授立项项目“化危机为转机，出版行业融合发展路径和未来发展趋势研究”(上海市委宣传部)；朱琳博士立项项目“传统再造视野下的民国古籍出版史料整理与研究”(国家社科基金项目)；甘莅豪教授立项项目“公共危机责任政府道歉行为的话语修辞研究”(教育部人文社科项目)、“互联网百科平台中的术语传播机制及规范化研究”(部委委托项目)、“社交媒体机器人账户话语传播策略研究”(上海市其他委局项目)。邓香莲副教授出版专著1部(《全媒体语境下老龄社会的阅读服务保障整合研究》，复旦大学出版社，2020年9月出版)；肖洋副教授出版专著1部(《以读攻毒：数字出版抗疫助学实用图谱》，文化发展出版社，2020年4月出版)；专业教师发表《数字出版研究的“社会文化转向”——基于出版史的范式更新》等权威、核心期刊文章8篇。

专业积极组织各类研讨会和学术交流活动。上半年，本专业与上海市委宣传部(上海市新闻出版局)合作推出“现代编辑出版前沿系列讲座”(总编辑讲堂)，邀请出版行业专家对“基于知识服务的大学出版社品牌建构与运营”“出版“走出去”的策略和实践”等8个专题开展讨论，以腾讯会议和B站直播间同步直播的形式展开，同时在上海市新闻出版局官微“书香上海”推出，累计上万人次收看，在学术领域内外产生了广泛影响。本专业教师多次参与相关领域国内外学术会议，2020年11月1日，洪九来副教授参加第六届韬奋学术研讨会(上海)；2020年11月28—29日，洪九来副教授和刘影副教授参加第六届中国新闻史青年学者论坛(上海)，担任评议人；2020年12月17—20日，邓香莲副教授参加在广西南宁举行的第三届中国全民阅读年会；2020年12月19日，邓香莲副教授在线参与河南大学举办的第三届中国编辑出版青年学者论坛暨编辑出版学一流本科专业建设高峰论坛，担任评议人。

华东师范大学编辑出版专业积极发挥专业优势和地域特色，主动将学科建设与国家全民阅读战略、上海红色出版资源传承、出版业的高质量发展、讲好中国故事与国家形象建构等党和国家紧迫任务结合起来。在学术研究方面，编辑出版专业与国家新闻出版署出版融合重点实验室科学建模、联合发布《上海大学生经典阅读指数报告》，服务国家全民阅读战略，吸引《光明日报》《文汇报》等上百家媒体报道和转载。与此同时，本专业聚焦数字出版前沿领域，在网络百科编纂的国家形象建构方面、在出版业知识服务的上海模式探索方面，出版系师生团队发表系列成果，形成智库研究特色，得到相关部门重视和采纳，为国家对外传播和上海出版转型建言献策。

专业现有在校本科生 117 人，出版专业硕士研究生 60 人，传播学硕士研究生 10 人，博士研究生 4 人。其中，2020 年，本专业共招收本科生 29 人，学术型硕士研究生 3 人，专业型硕士研究生 20 人(其中推免生 10 人，统考生 10 人)，博士研究生 1 人。本年度研究生就业情况如下：毕业研究生共计 22 人，其中就业 19 人，继续求学 1 人，其他方向 2 人。就业 19 人中，民营企业 9 人，国有企业 4 人，高等学校 2 人，三资企业 2 人，行政单位 1 人，其他教学单位 1 人。毕业生在新媒体环境下涉足不同媒体领域，进入出版机构、报社、杂志社、广播电台、电视台、新闻网站、网络游戏公司、网络文学公司等传统媒体与新兴媒体并举的信息生产领域，从事编辑策划、市场营销、出版管理、文化传播与创意等工作，如接力出版社、西泠印社、上海教育出版社、百度、喜马拉雅等优秀企业，以实际行动为新时代出版业高质量发展贡献力量。2020 年，编辑出版专业与美国佩斯大学(Pace University)出版专业共同设立 4＋1 本科硕士衔接项目。美国佩斯大学创建于 1906 年，其出版专业创立于 1984 年，是美国第一个授予出版硕士学位的专业，也是美国大学同类专业中的佼佼者。本专业学生可以在本科四年级时申请，通过选拔后即可入读佩斯大学的出版硕士课程。先在中国通过在线方式选修佩斯大学研究生水平的出版课程(12 学分)，毕业后赴佩斯大学进行后续出版硕士课程学习，于中国在线完成的 12 学分可以计入佩斯大学出版硕士的总学分。

第三节　上海师范大学编辑出版学专业

上海师范大学编辑出版学专业始建于 2002 年，是上海市率先成立的本科编辑出版学专业。目前发展为上海市卓越新闻传播人才教育培养基地、全国高校出版专业教育指导委员会委员单位，拥有新闻学一级学科硕士学位授予权；入选上海市地方本科院校“十二五”本科内涵建设计划，以“行业介入型”为专业建设的鲜明特色，成为上海师大重点学科之一。数字新闻出版实验室、现代出版研究中心、上海编辑出版网、“槐市人”工作室、“话媒坊”公众号等教学研究机构活跃在教学第一线。2020 年 11 月，专业负责人陈雅赛副教授出席全国出版学学科建设与人才培养研讨会，作为上海市主要出版学专业代表分享上海师范大学编辑出版学教学转型的成果和经验。

专业支持和鼓励学生在国内重大专业赛事中参赛获奖。2020 年，本专业有 20 余人次申报大学生创新项目并获得立项，8 位本科生参加“韬奋杯”首届全国大学生出版创意大赛，11 位本科生参加第二届“方正杯”中国大学生 PAD 版面设计大赛，6 名学生参加第五届全国大学生网络创意编辑大赛。由王月琴、陈雅赛两位老师指导的“别让未来哭泣”、李静老师指导的“‘非独奏’微信公众号策划案”分别获得一等奖和三等奖，李静老师指导的大学生创新创业训练计划项目“积极老龄化视角下老年人媒体形象构建研究与融媒体传播实践”获上海市市级立项。

在教学上，进一步推进媒介融合环境下编辑出版学专业实践教学机制创新。一是数智化环境下编辑出版学本科课程教学目标的深度进化；二是转变数据思维，加强 “数据”“算力”“算法”的思维在课程的应用；三是保持媒介编辑技术课程教育上的与时俱进。在原有“编辑实务—出版技术—出版营销—出版法学”为架构的实践教学课程体系上，增设 “数据新闻编辑”“新媒体作品编辑”“网络传播理论”“数字出版理论与实践”“媒介融合基础”等新课程。以媒介融合环境下的出版流程为导向，建立“内容采编—产品制作—内容发布”的全流程出版实践教学模式。以媒介融合环境下的出版产品为导向，在课程内容上，形成“纸媒—电脑屏幕—智能终端”交叉式的全媒体技能实务教学层次。

科研上,2020 年在研的国家社科项目 2 项,省部级项目 3 项,上海市教学项目 2 项目。专业教师团队出版学术专著 1 部,编著图书 3 部,发表论文 8 篇,其中 6 篇 CSSCI 来源期刊论文,具体成果见表 2-3-1。

表 2-3-1　2020 年教师学术成果情况

责任人	成 果 名 称	发表期刊(出版单位)及日期
陈雅赛	重大突发疫情谣言传播与受众接触研究	上海师范大学学报(哲学社会科学版),2020,(06):100-111. CSSCI 期刊
	全媒体时代日本出版教育探索	出版发行研究,2020(01):88-92. CSSCI 期刊
	突发公共卫生事件网络谣言传播与治理研究	电子政务,2020(06):2-11. CSSCI 期刊
	日本网络新闻事实核查实践与启示	青年记者,2020(28):84-85. 北核期刊
钱晓文	对媒体融合传播效果评估标准的再评估与反思	青年记者,2020(28):45-48. 北核期刊
周伟良	出版业场景营销探析	中国编辑,2020(Z1):65-69+75. CSSCI 期刊
	《辞海》第七版(部分)	上海辞书出版社,2020 年 8 月 1 日出版
王秋林	《媒介经济学:创新与演化增长》	中山大学出版社,2020 年 8 月出版
李　静	《五万年中国简史(上)》编著	文汇出版社,2020 年 3 月出版
	《五万年中国简史(下)》编著	文汇出版社,2020 年 4 月出版
王雪瑛	文学的魅力与事外远致	文艺争鸣,2020(08):28-33. CSSCI 期刊
黄劲草	创造性出版与文化自觉	中国出版,2020(13):68-73. CSSCI 期刊

第四节　上海出版印刷高等专科学校

2020 年上海出版印刷高等专科学校(简称“上海版专”)计划招生 2 100 人(自主招生计划 340 人,三校生招生计划 10 人,中高职贯通招生计划 176 人,秋季招生计划 1 574 人)。实际录取 2 141 人,新生报到 1 988 人,报到率为 92.9%。2020 届学校毕业生 1 768 人,截至 12 月底,2020 届毕业生就业率达 96.15%。

1. 扎实开展疫情防控工作

① 学校党委第一时间成立新冠疫情防控工作领导小组,领导小组下设 8 个专项工作组,召开疫情防控工作领导小组会议共 46 次。② 学校根据疫情发展变化,及时调整常态化疫情防控工作部署,全校一盘棋,坚持“一手抓疫情防控,一手抓事业发展,两手都要硬,两战都要赢”的工作目标,切实把师生生命安全和身体健康放在第一位,坚决做好疫情防控各项工作,守土有责、守土担责、守土尽责。③ 学校多措并举做好复工复学后勤保障工作,确保疫情防控期间学校线上教学准备工作和云端毕业答辩工作有序开展,以“线上指导+云端招聘”的方式千方百计为 2020 届毕业生搭建平台和提供服务,全力做好疫情防控期间毕业生就业指导工作。

2. 深入开展“四史”学习教育

① 制定“四史”学习教育实施方案,推动调研工作常态化。② 开设“四史”学习教育专栏,营

造学习氛围，引导师生树立正确的历史观。③ 召开党委理论中心组学习共 23 次，与韬奋纪念馆、杨浦区文旅局等单位进行联组学习。④ 开展基层调研 70 余次，申报 5 个重点推进项目，25 个党支部围绕“四史”学习教育开展主题党日活动共 126 次。⑤ 开展“‘四史’学习教育集邮巡展”等。

3. 全面推进“三全育人”综合改革工作

① 召开思想政治工作暨“三全育人” 工作领导小组会议，制定《上海出版印刷高等专科学校“三全育人”综合改革任务书》。② 定期召开思政课建设专题研讨会。③ 开设上海市第一门高职高专《毛泽东思想和中国特色社会主义理论体系概论》在线课程，为全国 70 多所高职高专 5.9 万学生提供线上学习服务。④ 成立“长三角高职高专思政课建设联盟”(简称“长三角思政联盟”)，搭建交流、互动平台，开设《习近平新时代中国特色社会主义思想概论讲座》课程，深化思政课教学改革和增强“长三角思政联盟”高校间交流和学习。⑤ 进行思政课示范课巡讲，为全国 300 多所职业院校教师开课程思政直播课 10 场。⑥ 策划制作 5 集“思政微课堂”，被学习强国 APP 全集转发。⑦ 推进“印迹中国”系列课程建设、“课中课”教学模式改革，并出版发行《“课中课”融汇，德智技贯通——上海出版印刷高等专科学校课程思政改革探索与实践》一书。

4. 着力提升人才培养质量和培养水平

① 加快推进一流专业建设，加强顶层设计，深化教学改革，优化教师梯队。1 名教师荣获上海市劳动模范(先进工作者)和上海市“四有”好老师称号，学工团队荣获第九届上海高校辅导员团队拓展三等奖。② 师生作品荣获 2020 年德国红点最高荣誉“至尊奖”和 2020 年“中国最美的书”称号。③ 师生设计吉祥物“莘莘”被第十七届上海教育博览会采纳，学校荣获第十七届上海教育博览会(线上教育展)“最佳风采奖”。④ 学生分别荣获首届全国职业技能大赛印刷媒体技术项目金牌、平面设计项目优胜奖，第六届中国国际“互联网＋”创新创业大赛银奖，第十二届“挑战杯”上海市大学生创业计划竞赛金奖，全国大学生数学建模竞赛国家二等奖(专科组)，第八届全国高校数字艺术设计大赛一等奖 3 项，“知行杯”上海市大学生社会实践大赛二等奖、三等奖。

5. 持续深化教育教学改革

① 完成学校“十四五”事业发展规划(讨论稿)。② 推进上海市“双一流”专业建设工作，组织 6 个一流专业完成校内申报评审。③ 完成职业院校教师素质提高计划、职业教育提质培优行动计划和上海高职院校一流项目立项备案工作。④ 开设全国首批人工智能技术服务专业。⑤ 积极应对疫情，全力保障疫情防控期间线上教学质量，确保学生“停课不停学”。⑥ 新增 3 个“1＋X”证书试点项目。⑦ 成立“丁亮蓝染艺术大师工作室”。⑧ 深化产教融合，推进校企合作。出版与传播系同睿泰集团建立数字媒体产业学院；印刷设备工程系与海尔智家物联网、华为泛太移动创新中心、东软数字工场、国信泛太大数据、大胜达人工智能和世纪开元电子商务合作签约，建立产业学院；学校与东方网股份有限公司进行校企战略合作签约，合作共建智慧媒体项目。

6. 全面提升科研整体实力和核心竞争力

① 科研硕果累累，发表学术论文 237 篇，出版教材和著作 30 部，横向纵向课题共计 145 项，其中横向经费到款额较上年增长 25％。② 制定《上海出版印刷高等专科学校科技成果转移转化实施细则》，技术成果转化实现零的突破。③ 完善“3＋1＋X”的科研平台体系，上海出版传媒研究院获批上海高职高专院校唯一的上海高校智库内涵建设计划项目。④ 牵头编撰《2020 年中国柔性版印刷发展报告》蓝皮书和《上海数字出版产业研究报告》。同时，牵头建设的“柔版印刷绿色制版与标准化”实验室连续 3 年获评国家新闻出版署优秀重点实验室。⑤《出版与印刷》入选 2020 年《中国

学术期刊影响因子年报》统计源期刊。⑥ 首次获得中国包装联合会科学技术奖三等奖。⑦ 承办“学术强刊之路——中国学术期刊评价体系建设”高端研讨会。

7. 持续加强高水平师资队伍建设

① 制定《学校教师及其他专业技术职务聘任办法(试行)》,建立科学分类、注重教育教学业绩贡献、破“五唯”的晋升机制。② 制定《高技能人才评聘教师系列专业技术职称实施办法(试行)》,建立高技能人才队伍专业技术职务的晋升通道,实现高技能人才与专业技术人员职业发展贯通。③ 落实“人才强校”战略,优化人才招聘模式,引进高层次人才。④ 按照建设特色鲜明的本科层次高等院校目标,重点引进互联网应用、新媒体技术、人工智能、文化产业等方面的高层次人才。⑤ 推动《学校党务工作人员专业技术职务评聘办法(试行)》的制定实施。

8. 构筑开放办学新格局

① 中外合作办学提质增效,学校获批教育部“中外人文交流人才培养基地项目”。② 圆满实施首个加拿大新喀里多尼亚学院(CNC)海外学期项目。③ 扩大中外合作办学机构招生规模,从办学初期的 63 人增长到目前的 372 人。④ 实现学校留学生培养零突破问题,招收首届全日制留学生。⑤ 举办“毕昇工坊”首期“技能+文化”培训班,扩大“一带一路”辐射效应。⑥ 举办学校首届国际文化活动季,邀请海内外精英讲师团,为师生们组织 10 场云端与云下国际文化学习交流活动。

9. 扎实做好各项后勤保障工作

① 完成固定资产设备管理和物资采购工作,做好防疫物资储备。② 制定《后勤服务中心物资采购管理办法》,开展疫情防控和食品安全专题培训。③ 开展“绿色校园,绿色生活”活动,成立“创建节约型绿色校园”领导小组,生活垃圾管理工作领导小组和工作小组,制定《学校生活垃圾分类管理工作实施方案》,改建垃圾分类投放站。④ 开展应急演练活动,更换、增补实验室安全设备。⑤ 接待学生门诊 3 000 余次。

10. 改善办学条件,优化育人环境

① 奉贤校区一期工程正式开工建设。② 制定《上海出版印刷高等专科学校奉贤校区项目建设管理流程和制度汇编(试行)》。③ 完成水丰路校区、营口路校区及国顺东路校区基建零星修缮项目 53 项,其中抢修 9 项。④ 实施装修项目 13 项,包括智慧教室项目、国顺东路校区新建垃圾房工程、睿泰数字媒体产业学院基地装修工程等。

第五节　上海新闻出版职业技术学校(上海新闻出版教育培训中心)

2020 年是上海新闻出版职业技术学校(上海新闻出版教育培训中心)(以下简称“学校”)“十三五”规划的收官之年,学校稳步有序做好各项收尾工作。一年来,在市委宣传部的正确领导下,在市教委的有力指导下,全校师生员工共同努力,坚持新冠疫情防控与教学育人、服务社会联动,夯实基础、发展创新,各项工作取得一些成效,教育事业继续保持良好发展态势。

学校按照 2020 年工作思路与打算,以“守正创新、融合发展再出发”为主线,对标新闻出版产业发展蓝图,对标国家职业教育改革实施方案及行动计划,不断提升办学水平。在党建引领、筑牢堡垒,创新形式、提质增效,服务全面、活力激发等方面有新尝试、新收获。平面媒体印制技术及计算机平面设计两大专业入围上海市中等职业学校示范性品牌专业和品牌专业名单;1 名教职工获“上海市巾帼建功标兵”荣誉称号;沪遵职教联盟创新在线教学形式助力遵义市特殊时期“停课不停学”,得到了贵州省教育厅、上海市教委及教育部的关注和认可;学校协办的2020年全国行业职业技能竞赛——第七届全国印刷行业职业技能大赛平版制版员全国决赛得到了中国印协的高度肯定。迎接了“教学诊断与改进”的复核工作、开展了优质中职培育学校项目申报工作等。系列收获硕果,有力提升了办学声誉和社会影响力。

一、党建思政统领全局,铸魂育人、立德树人

1. 扎实开展学习教育

着力凸显全面加强党的建设这一重点,切实发挥党建工作的政治引领、思想引导和组织保障作用。深入学习习近平新时代中国特色社会主义思想及十九大精神,紧抓“学习强国”APP、“干部在线”学习,围绕“四史”学习教育,进行专题部署,加强重点学习,与韬奋纪念馆开展联建联学活动,组织参与宣传系统“学史达人”知识挑战赛线上答题竞赛,“勤奋榜”前三十学校有6人入榜、4人闯进决赛,组织“七一”主题党日暨“四史”论坛等主题特色活动。本年度开展党委中心组10场次集中理论学习,2次个人自学专题,参与人数100人次。开展“四史”学习教育活动20余场次,约400人次。制作微党课4部,微团课1部,并建立党委班子成员党支部工作联系点制度。积极统筹各方资源,在党建工作群、党支部微信学习群、部门工作群中提供线上线下学习菜单,广泛开展讨论、分享、碰撞,形成了党建引领下团建与群建齐步走、共促进的良好局面。建成党建工作室,夯实党建工作基础,提升党支部活力。

2. 系统推进组织建设

合理调整学校党支部组成部门,组织完成了党支部换届选举。规范组织发展程序,注重对发展党员的质量把控,计划预备党员转正2名,计划发展预备党员2名。及时梳理党员组织关系,更新各类信息,有效规范党员管理各项工作。

3. 激发支部新动力

四个在职党支部所有党员坚守阵地,坚定信心,并肩作战,无论是在抗疫初期“线上执勤”还是返校复学后“实地站岗”,大家以不同的工作方式为这场疫情贡献力量,为打赢疫情防控阻击战注入强大信心和动力。特别是,第四党支部徐双在疫情初期志愿服务社区,第二党支部的罗烨助力学校抢购抗疫物资,他们充分诠释了“对誓言负责、对选择负责”的入党初心。学校各党支部的战斗堡垒作用得到充分发挥。

4. 强化廉政责任建设

加强党风廉政建设、作风平台建设,深化党委班子成员“一岗双责”。召开党风廉政建设专题会,对《中国共产党纪律处分条例》中新修订的重点内容进行了详细解读,结合典型案例警示全体党员必须严格落实“八项规定”精神,坚决纠正“四风”。开展干部任前廉政谈话6人次,节假日微信、短信廉政提醒常态化;在绩效工资方案、职称评审、干部选任、人员引进、职工福利、物资采购、工程项目、青浦新校区建设等重点领域,实现了全程监督与责任落实。

5. 铸魂育人、立德树人

坚持开展多种教育活动,如“五四精神　传承有我”五四青年节系列云端主题活动、文明风采活动等,以云端主题班会、云诵读、微视频、创意海报、手抄报、告白信等多种形式,培育和践行“社会主义核心价值观”。开展“歌唱祖国”主题活动、红色主题“课本剧”活动,观赏爱国主义影片,组建学校

国旗护卫队，参观红色场馆，举行传统文化讲座，以一小时运动、一小时阅读、一小时技能、一小时劳动的“四个一”建设，来丰富学生的校园生活，唱响爱国主义主旋律。

二、创新疫情教育形态，有力保障教学提质培优

1. 教育教学平稳运行

上半年受新冠疫情影响无法线下开学，学校稳步推进在线教学，确保停课不停学。成立学校防疫工作专班及教育教学工作专班，组织制定在线教学安排。在时间紧、任务重的情况下，用好已有的数字资源和各大平台免费开放的各类资源并组织专业课教师进行分批有序地录课，多措并举开展在线教学。学校信息技术人员全天候进行技术支持，上半年的线上教学一直平稳有序。教师精心设计专业课程，最短时间适应新教学形式，不断加强优质在线课程建设，助力“停课不停学”。审慎重塑教研室新格局，以大思政建设为引领，将语文、历史学科从基础教研室剥离出来，与原德育教研室结合，更名为思政教研室，在此基础上稳步推进大思政教育教学。

2. 创新线上线下教学形式

突破专业线上教学瓶颈，进行了专业教学上智能化开展云端模拟实训，创新专业教学思路；进行了《印刷仿真操作》《包装结构设计与制作》在线开放课程建设；组织17位教师进行在线教学课程集中录制，丰富学校网络课件资源；开展线上线下混合教学，上半年组织完成114名教师、1 274名学生在线110门课的教与学任务，同时完成115名学生线下30门课的教学任务。下半年在做好线下教学的同时，也不断加强信息化平台的运用，助力教学管理工作，更好地利用网络平台提高教学管理工作的效率，利用及时反馈的特点和机制，加强和各任课老师和教师的沟通，做好应变和改进；继续推进信息化教学资源建设工作，组织50门以上线上自制课件制作，充实线上教学资源。

3. 丰富产教融合、校企合作内涵

上半年，中高职贯通“数字出版”“数字图文信息技术”专业开设工程师进课堂、学生进企业、相关教学课程内容上云端的现场教学实践活动，努力打造具有新闻出版行业特色的校企线上共育新模式。下半年组织学生参加“上海书展暑期学生专业实践活动”，39位同学分布在国学馆、服务台等多个场所进行现场实践；在书展期间还组织了17位同学参加“国学七天七堂课：孔子哲学”讲座活动；与朵云轩开展非物质文化遗产进校园活动，让学生在校企合作中增长职业技能与开阔视野。

4. 专业建设稳中求进

平面媒体印制技术专业获上海市示范性品牌专业、计算机平面设计专业获上海市品牌专业；完成《中高职贯通印刷媒体技术专业教学标准》开发建设，积极参与上海市中高职贯通计算机平面设计专业教学标准开发；完成“在线开放课程——印刷仿真操作”的建设任务，完成“书业小达人”体验课程开发任务；计算机平面设计专业推进市级在线开放课程建设，在线课程通过市级专家的验收，三个教学典型案例均评为优秀。培训学生参加第四十六届世界技能大赛全国选拔赛印刷媒体技术项目上海集训队选拔工作，通过多轮训练和筛选，最终1711班郎民超同学被选入上海集训队进行训练并参加比赛。参加上海市中等职业学校第五届校本教材展示交流评比活动，两本教材入选优秀校本教材，学校获优秀组织奖。

5. 教学管理严抓精细

修订完善人才培养方案10个，完善教学标准体系，加强教学常规管理，完善教学质量监控体系。利用信息化手段加强线上教学运营督导，围绕教学日志、实训日志、教研室工作、学期教案授课

计划展开；定期、有序开展教学巡视，发现问题及时反馈、及时整改。组织开展上海市教学能力大赛，学校三门课程均获得市级二等奖。

6. 不断激发校园文化新活力

以“两纲”为指导，扎实推进新时代公民道德建设、新时代爱国主义教育。开展云端书香活动，用画笔巧绘“战疫”海报；集合学校元素，设计“小新小闻”系列防疫宣传画，构建学校防疫特色新标识；挖掘“疫”线父母，言传身教诉担当；“绘”聚战“疫”力量，传递关爱；“宅”家勤劳动，抗“疫”学本领。开展“阅读永传星火——我为祖国添光辉”主题阅读活动，组织学生参与上海市第十七届时政知识大赛，引领学生“与祖国同心，与时代同行”，厚植爱国情怀。打造国庆爱国活动周，设计系列“爱国”活动套餐；推进志愿者活动，开展检察官进校园活动；学生参与了第八届全国高校数字艺术设计大赛，其中 1 人获得全国三等奖。

7. 夯实教师队伍建设

组织、选派教师参加市级、区级、行业及校本各类培训 414 人次。公开招聘 11 名新员工，充实学校教师队伍。以市教委示范性品牌专业、高水平专业建设、教学标准开发、教学能力比赛等为契机，提升教师教育教学能力。开展了上海市中职第八届教师教学法改革交流评优活动；开展新教师培训示范课建设；学校教师参与了上海市中职艺术教育专业委员会主办的“‘走进艺术宫’在召唤”课程展示；学校教师在区班主任基本功大赛上斩获一等奖。

三、稳步推进招生质量，做好毕业生的就业工作

1. 招生工作稳步推进

借力新媒体，创新形式多方宣传，提升招生的信息化水平，完善报名渠道。2020 年度招生实际录取共计 486 人，其中对口滇西招生 38 人。

2. 有序开展规划指导

针对学制不同的学生，根据不同的年级开设内容不一的职业生涯规划指导课程。本年度开展 116 课时的讲座及 2 次企业参观实践，涵盖学生 753 人次。

3. 就业工作质量提升

稳妥开展学生教学实习，务实推进就业工作。细化顶岗实习安排与跟踪，职业课程发力，力促学生高端水平就业有希望，为学生高端水平就业筑路搭桥。2017 级毕业生 357 人，毕业生的总体就业率达 100%。升学路径畅通，参加高考 81 人，中高职贯通转段升学 136 人，合计升入高职专科学校 217 人，升学率为 60.78%，较上一年度有所提高。

四、线上线下相结合，彰显社会责任担当

1. 发挥好行业担当和使命

充分挖掘竞赛平台，精准对接世赛标准。对标世界技能大赛标准，成功协办 2020 年全国行业职业技能竞赛——第七届全国印刷行业职业技能大赛平版制版员全国总决赛，组织工作及防疫工作得到主办单位的高度认可。提升实训能级，一方面加强青浦校区的专业实训室建设；另一方面夯实宝山校区的实训室管理，不断优化资源配置，拓展了实训区域功能、增加了工位，提升实训中心服务能级，编写了《上海市中等职业学校平面媒体印制技术专业设备装备标准》，既为专业学生实训教

学提供了平台，也为其他同行业院校实践性教学提供了场所。目前已拥有印刷媒体技术国际标准实训生产环境，为完成训练和培养世界技能大赛选拔赛和中国技能大赛选手任务创造了条件。参与上海出版物发行行业技能竞赛的组织实施方案、竞赛试题的编制工作。承接吉林工程技术师范学院、乌鲁木齐职业大学、上海铁路印刷厂等委托的专业培训144人。天山路印刷媒体实训鉴定室面向全社会人员开放实训729人次。发挥中职诊断与改进第七协作组组长作用，一方面作为协作组组长单位积极迎接诊断与改进复核工作；另一方面为组内成员开发定制44课时线上培训，涵盖整改理念、实务、复核等内容。发挥新闻出版行业体验平台作用，开发、优化学生在线职业体验项目2个，全市160多名体验者参与，当日通过网络观看职业体验直播的人数近4 000人，为推进普职融通打通新路径。

2. 拓展培训新方式，做好线下培训

为进一步满足社会培训的需求，创新培训方式，融合线上与线下展开培训。顺利开展线上新型学徒制培训装订工中级班、出版编辑人员继续教育培训(线上)、金叶安全生产和职业健康培训班以及上海印刷法律法规培训班、出版职业资格考前培训等6个培训，培训3 941人次。完成4个专项职业能力的考评员培训，共计50人次获得考评员资格证书。本年度预计进行责编注册续展审核、宣讲及首次注册制证工作2 500人次。开展上海国际书籍设计研讨会、新闻采编培训、网络文学编辑培训、期刊社社长、主编岗位培训等活动。

3. 做实质检工作，为图书质量保驾护航

开展2020年“3·15”质检活动，前往书店、企业、物流仓库等地共29次累计107人次，对本市21家出版社，涉及42家印刷企业的137个批次产品(共计2 287册)进行随机抽查。在生产巡查和产品抽查中，及时发现产品质量问题，做到“随查随报”，落实质量监管职责，保障重点图书质量。全力保障2020年春秋两季中小学教材质量，1 014个品种，物理检测419个品种，环保检测595个品种，8万册以上以及统编教材做到“全覆盖”检查。开展2019学年沪版教材印制质量检查评比活动，涉及13家出版社的500余个品种。充分发挥人才培养、技能鉴定、认证检测和公共服务的重要职能。

4. 远程扶智战疫情，创新模式助扶贫

接棒沪遵职教联盟上海秘书长单位。疫情初期，遵义市各中职院校师生面临无处施教和无处学习的困境。联盟依托“数字阅享资源库平台”积极向遵义市中职师生提供各类公共基础课程、部分专业课程、防疫知识公益课程等必备资源，同时还为当地教师创造良好的网络施教空间，遵义市21所学校、近4 000名教师和约28 000名学生在线受益，成功助力遵义市职业院校2020年春季学期如期在线开学。后期，联盟依托该平台持续组织系列活动：一方面助力遵义市开展德育主题课线上教学技能大赛；另一方面组织两地通过线上教研的形式围绕6门公共基础课展开新课标解读、课堂教学设计讲解、教学考核评价分享，遵义市21所中职院校835名学科教师积极参与。组织了10名遵义市中职教师来沪进行企业实践；联合成员校开展线上职业教育体验周，辐射9所遵义市中学的160名中学生；与遵义市共建实训基地方面的内容开展相关培训。在“十三五”的收官之年，在助力遵义市战“疫”攻“贫”中发挥着十分积极的作用。

5. 承担录制任务，献力特殊时期在线教学

承担上海市中职“四门公共基础课”英语学科录制任务。累计开放85天，制作324节课程，为上海市中职学校防疫网络教学做出贡献，工作得到市教委的肯定。学校骨干教师也受邀参与了本市中职“四门公共基础课”数学学科4月份的在线教学视频录制工作，为保障特殊时期中职在线教

学贡献力量。

6. 提升宣传力度与广度

全方位扩展宣传渠道，说好新闻出版的职教故事。学校关于“停课不停学沪遵联盟展开线上课程配送”“专家大咖共话四史学习教育”“上海新闻出版学校这样过主题党日”“发挥教育帮扶功能，沪遵职教联盟聚焦教学提升云端发力”“竞赛组织促进职教发展　29省‘平版制版员’齐聚上海‘华山论剑’”等多主题的内容被教育微博、人民网、光明网、学习强国、中国新闻网、职教圈、上海教育等平台与媒体深度报道，提升了学校的社会影响力。

回顾本年度的工作，全校职教员工做出了很大的努力和奉献，保障学校各项事业稳步向前，有数据、有亮点、有特色。“十三五”收官在即，“十四五”即将开启，新的任务摆在面前：一是科学完善编制学校“十四五”规划，时间表、任务书迫在眉睫；二是内涵质量建设遭遇瓶颈期，突围刻不容缓；三是行业发展周期缩短，教学专业群建设需重新布局。

第六节　上海印刷技术研究所有限公司

2020年上海印刷技术研究所有限公司（以下简称“印研所”）深入贯彻落实党的十九大精神和习近平总书记系列讲话精神，紧紧以党的建设为核心，以经济发展为中心，以科技创新为根本，以队伍建设为抓手，认真扎实地开展各项工作，基本完成了2020年提出的各项任务。

1. 字体研究室

一是完成为2019版《辞海》《汉语大辞典》字库补字和古琴减字谱楷体字补字工作，工尺谱字库项目开发工作，宋七体6 763字库开发工作，三套新字体设计及典型字的制作工作；二是积极开展非遗传承保护工作，完成了非遗保护单位材料认定和代表性传承人的推荐工作，并带着非遗技艺走进直播间、走进上海人民广播电台、走进上海书展、走进第三届进博会、走进长三角文博会，现场演示与互动，让大众更了解印刷字体，展示了印研所传统字体魅力，吸引了媒体的关注，赢得了领导的高度评价；三是成立“上海印刷字体展示馆”工作小组，按上海市文旅局对国有博物馆的要求开展日常观众接待工作；四是参加“汉字字形信息专业委员会”学术研讨会，发表主题为“汉字印刷字体的文化传承”的演讲。

2. 数字出版资源中心

一是继续做好每月对出版社上交的内容资源光盘的收集、整理入库工作；二是积极配合上海世纪出版（集团）有限公司参与2020上海书展“世纪出版馆”的建设，做好服务工作；三是承接了印刷集团“退休人员人事档案”数字化工作；四是承接了上海辞书出版社、上海古籍出版社等多家出版社的EPUB电子书加工业务；五是与上海音乐出版社合作，完成了“工尺谱”排版软件的开发工作。

3.《印刷杂志》社

一是进一步提升内容质量，选题侧重热点政策及技术动向，策划的专题有“智能包装发展”“印刷质量控制”“柔性专栏”等，较好地解读了行业趋势、技术前沿，受到行业好评；二是发挥新媒体优势，通过“印刷杂志”微信公众号新媒体平台第一时间发布了十多篇“疫情防控”专题报道，先后对上海市、长三角地区、京津冀地区、珠三角地区等印刷业重点地区的数十家印刷企业在此次抗疫中的先进事迹作宣传报道，对加速复工复产等优秀案例进行了追踪报道，为行业传播了正能量；三是与上海印协、中国印协柔印分会紧密合作，对行业重要会议现场进行报道，承接了第三届中国印刷业创新大会的全国精品出版物展览报道、第七届全国印刷行业职业技能大赛平版制版员比赛报道和承办了“柔印技术论坛”;四是发挥品牌,为上海烟草包装印刷有限公司、上海印钞厂、上海新闻出版职业技术学校等提供信息情报、信息咨询、市场调研报告等服务;五是发挥媒体特点,积极参与“现代印刷字体发源地·上海印刷字体展示馆”揭牌仪式的活动报道。

印研所自2019年起着手改造“印研工坊”文化园区,2020年10月正式揭牌了“现代汉字印刷字体发源地”文化地标,建成“上海印刷字体展示馆”并向公众开放,国内各主流媒体相继发表了报道,国际字体设计协会官方推特发布。“上海印刷字体展示馆”接待了众多字体设计爱好者,受到了大专院校学生和市民的欢迎,让更多人了解现代汉字印刷字体的起源和发展,了解汉字印刷字体的设计规范和创写工艺,更好地宣扬与传承汉字文化、字体文化、非遗文化,打响上海字体品牌。

为进一步加强校企合作,深化产教融合,增强社会服务功能,提高专业人才培养质量,印研所与上海出版印刷高等专科学校合作打造“国家印刷出版人才培养基地”,2020年10月与上海出版印刷高等专科学校达成国家新闻出版总署重点实验室共建协议,进一步实现资源共享、优势互补,从而达到互利双赢、共同发展的目的。

2020年印研所工会选送的微电影作品《汉字印刷字体书写技艺》,荣获第四届“上海职工微电影节”优秀作品奖;印研所员工陆经纬获评“2019—2020年度上海印刷集团优秀共产党员”。

深入学习贯彻习近平新时代中国特色社会主义思想和党的十九大及十九届历次全会精神,扎实推进党建、党风廉政建设工作。抓“两学一做”常态化、制度化及学习教育,精心组织“不忘初心、牢记使命”主题教育,深入推进“四史”学习教育,做好新中国成立70周年群众性主题活动等,举办“印文化·学知识”学习强国知识竞赛、观看红色电影、开展“两重教育”、党员集体政治生日活动等。

印研所加强管理体系建设,建立与完善所内各项绩效考核、激励机制,夯实公司的基础管理。2020年首次通过信息安全管理体系认证,不断提升印研所内部管理水平,夯实业务发展的基础。

第七节　韬奋纪念馆(中国近现代新闻出版博物馆)

2020年,韬奋纪念馆(中国近现代新闻出版博物馆)(简称“新闻出版博物馆”)在上海市委宣传部的领导和支持下,严格按照上海市委宣传部工作部署,克服新冠疫情带来的影响,重点工作取得突破,常规工作亮点频现,安全管理平稳有序。在中国近现代新闻出版博物馆筹建、韬奋纪念馆日常开放、专业研究和藏品征集管理等方面取得了一定成绩。

一、重点工作取得较大突破

1. 中国近现代新闻出版博物馆工程快速推进

在上海市委宣传部领导、部发改办和杨浦区领导、区有关部门支持下,新闻出版博物馆项目克服新冠疫情、连续阴雨等不利因素,取得重要进展,项目土建工作持续推动,已进入尾声。新闻出版博物馆项目是杨浦区疫情后首个复产复工的建设项目。项目团队和开发商充分对接,按照一级博物馆建设要求改善和加强博物馆建设方案,基本已经调整和实施到位。在财务监理团队配合下,新馆已完成展陈和开办费用财评方案编制。方案从新闻出版博物馆项目实际出发,兼顾节约和财政绩效,准确反映新闻出版博物馆项目需求。8月31日,在项目工地举行了建筑结构封顶仪式,上海市委宣传部副部长王亚元主持,上海市委宣传部副部长、市新闻出版局局长徐炯讲话。世纪集团总裁阚宁辉，杨浦区区委书记谢坚钢、区长薛侃、区委宣传部部长刘东昌等区领导和区各有关部门、街道主要领导、系统单位主要领导参加。新馆藏品准备基本完成，原中华书局图书馆、全国出版系统最大的单体文物整体入藏。同时在上海中华印刷博物馆挂印刷分馆的牌子，拓展工作阵地，与上海出版印刷高等专科学校签订《关于联合推进出版传媒创意产业发展的战略合作框架协议》，双方约定在人才共育、成果转化、共建研发、实习实践、学术研讨等方面开展交流合作。新馆展陈大纲编制形成送审稿，展陈设计快速调整完善。另外，征集到名家书信、手稿、重要文献档案等藏品近500件；全面开展风险评估，请国家级专家组对博物馆建筑、设计、安防、运营等风险因素全面梳理，形成报告，为开馆运营奠定基础。

2. 举办韬奋诞辰125周年系列纪念活动

2020年是伟大的爱国者、卓越的文化战士、杰出的出版家和新闻记者邹韬奋先生诞辰125周年。11月1日，我馆与上海交通大学马克思主义学院、上海市中共党史学会、复旦大学新闻学院共同主办了“韬奋精神与红色文化基因——第六届韬奋学术研讨会暨韬奋研究院揭牌仪式”。上海市委宣传部副部长、市新闻出版局局长徐炯，上海交通大学党委副书记周承出席会议并为“韬奋研究院”揭牌。邹韬奋长子邹家华为“韬奋研究院”题写院名。纪念馆与交大马克思主义学院签署了合作协议，双方将深入合作，形成有效的工作机制，有计划地培养韬奋研究人才，不断发掘和公布史料，持续推出教学和研究成果，建设全国韬奋研究的重要基地。

为纪念邹韬奋先生诞辰125周年，10月23日由我馆与杨浦区文化和旅游局主办，杨浦区图书馆承办的“真诚地为人民服务——邹韬奋诞辰125周年纪念展”开展，展期一个月。展览以韬奋先生的著作、主编过的报刊为主线，穿起他颠沛流离、奋斗不息的一生。本次展览用实物说话，其中胡愈之草拟的“生活出版合作社章程”为首次向公众展示，生活书店店徽、《生活》周刊广告折页等均是原件展示。同时，为配合展览还举办了“韬奋与文化名人的交游”讲座、韬奋主题版画体验活动。

3. 举办“为书籍的一生——范用逝世十周年纪念展”和同名数字纪念展

为了纪念著名编辑家、出版家、书籍设计家范用先生逝世十周年，9月14日上午，我馆联合上海高校实践育人创新创业基地联盟、上海出版印刷高等专科学校、生活·读书·新知三联书店、上海三联书店共同主办，上海中华印刷博物馆承办的“为书籍的一生——范用逝世十周年纪念展”在杨浦区四季广场3号楼“汇创空间”开幕，展期三个月。此次展览以范用生平为起始，通过书信、书稿档案以及范用珍藏的实物等，向观众展示范用先生丰富而厚重的一生。

与实体展览相呼应的，是这次特别为范用展设计开发的数字展。以数字人文方式展示范用与友人间的书信近两千封，可通过人名检索相关写信人信息及阅读书信原件和释文，并以可视化效果展现通信数量。与实体展匹配的各专题利用数字多媒体及互动优势，进一步深化和延伸实体展内容，给观众带来全新体验。

展览期间，还定期举办讲座和论坛。首场论坛由上海人民出版社社长兼总编辑王为松主持，三联书店老领导、著名出版人董秀玉、汪家明作为嘉宾回忆和讲述了他们所熟悉的范用先生及他为书籍的一生，并探讨“进步的出版传统”是推动社会进步、倡导社会昌明的重要力量。11月8日举办了“感恩您带着我亲历童话——范用先生与《文汇报》‘星星岛’”讲座，《文汇报》资深编辑顾军女士讲述范用与“星星岛”的出版故事。范用之子范里先生和人民出版社原总编辑张惠卿先生，都专程从北京前来上海参观，给予展览高度评价。范用家属对我馆保存、整理和利用范用藏品发挥作用等工作表示肯定和感谢。此外，很多出版界同仁，如世纪出版集团、上海科技教育出版社、复旦大学出版社、上海人民出版社、上海译文出版社、上海社会科学院出版社等分别组织编辑前来观展。

4.《上海出版志(1978—2010)》编撰工作全面完成

2019年3月,按照上海市委宣传部副部长、市新闻出版局局长徐炯指示,《上海出版志(1978—2010)》编撰工作由我馆负责。这项工作原来并不在我馆工作范围内,时间紧、任务重、要求高,工作量和难度都很大。我们在较短时间组织了总纂和统稿两个小组,参与的同志主动作为,整合素材,先理出机构、大事记、人物三本打印稿,接着充实、修改、完善,大概花了八九个月时间,2019年底形成了100万字的初稿。2020年春天突发新冠疫情,编纂组和统稿组成员加班加点。3月下旬出内审稿,4月17日,徐部长主持讨论内审稿,7月20日市地方志办公室召开评议会,修改后出审定稿,出版卷审定稿上下两卷,12篇,近100万字,卷首有图照40面120多幅。10月9日召开审定会,专家和市方志办认为该志稿思想观点正确、资料翔实、内容全面、门类齐全、结构合理,基本做到"齐、清、定",符合地方志书的体例特点和叙事风格,体现上海出版事业特色,同意通过审定。编纂人员又针对专家组修改建议,对全志认真梳理修改,于11月份上旬提交市方志办进入验收流程,11月底完成编纂任务。

二、常规工作亮点频现

作为国家三级博物馆,我馆围绕专题研究、宣传教育、对外服务三大板块开展系列工作,结合"不忘初心、牢记使命"主题教育和"四史"教育,学习贯彻习总书记系列重要讲话精神,发挥红色旅游基地、爱国主义教育基地作用,在各个板块的工作都有亮点涌现。

1. 坚持疫情防控毫不放松

面对突如其来的新冠疫情,我馆积极做好疫情防控工作。在闭馆期间,适时推广纪念馆网上资源,利用网站和微信公众号等进行"云参观",并利用馆藏资源,推出与防疫及科普相关的文章;根据市委宣传部和市文旅局的要求,制定了《韬奋纪念馆防控工作规范》《上海韬奋纪念馆开放工作指南》《上海韬奋纪念馆防控工作应急预案》,为恢复开放做好充分准备。

我馆接到市文旅局《关于进一步做好全市博物馆疫情防控工作的通知》后,立即响应,在门前贴出闭馆公告,并通过网站和微信公众号及时发布闭馆公告。闭馆期间,除保安24小时值守外,每天安排人员值班,并对场馆进行清洁消毒。在疫情防控的同时,充分依托网站和微信公众号,引导公众网上参观。1月23日在发布闭馆公告的同时,微信公众号即推出《春节闭馆　欢迎"云参观"》,向参观者推出我馆最新的语音导览,纪念馆及故居展品的语音导览目前已全覆盖。观众还可通过360度虚拟导览游览纪念馆展厅和故居,通过微视频观看藏品背后的故事。还积极参与市文旅局组织的"发现博物馆之旅"小程序,提供有关韬奋及纪念馆藏品相关的互动答题。

我馆利用疫情时的闭馆期间还完成了消防主机的安装、巡更点的安装和烟感的更新升级,对老化的照明设施、电线、插座进行了维修和更新。在楼道、亭子间、监控室增添灭火消防设备,配足了灭火器。

在防控工作转入常态后,采取预约参观、查验健康码、控制馆内人流、测量体温等方式合理引导进馆人群。暂时关闭互动活动室和阅览室,合理安排参观动线,减少人员集聚;加强消毒通风,避免病菌孳生,原有举措不放松、要求不降低,把部里关于疫情防控的各项要求落到实处。

2. 推出重量级研究成果

(1) 出版《生活书店会议记录1939—1940》并举办出版座谈会

出版"韬奋纪念馆馆藏文献"系列丛书第三册——《生活书店会议记录1939—1940》,此册会议记录以第五届渝地社员大会记录为起始，包括第五届理事会会议记录、第五届常务理事会记录、第五届人事委员会会议记录、第五届监察委员会会议记录、第五届理事会人事委员会监察委员会联席会议记录。这些珍稀档案的公布，对生活书店战时出版及被摧残被管制等出版史的研究提供了不可多得的史料。11 月 17 日召开新书发布会暨出版座谈会，中华书局、上海市中共党史学会、复旦大学、华东师范大学、上海社科院等高等研究机构的嘉宾学者齐聚一堂，研讨这本书的出版价值和意义。

(2) 文库推出重磅新书《范用存牍》(四卷本)

为配合范用纪念展的召开，四卷本《范用存牍》作为我馆文库“史料”系列由生活·读书·新知三联书店出版发行。它是从我馆馆藏中范用先生生前珍藏的 2 000 多封信中，收录近 400 人 1 800 余封信，从中感知一位出版家和他所代表的时代。

(3) 编辑出版《邹韬奋研究》(第八辑)

2019 年 11 月 9 日，第五届韬奋学术研讨会在江西师范大学新闻与传播学院举行。本次研讨会由我馆与江西师范大学新闻与传播学院、复旦大学新闻学院、上海市中共党史学会、中共鹰潭市余江区委宣传部共同主办。研讨会以“创新与守正：历史风云中的邹韬奋”为主题，回顾韬奋先生为社会进步、国家独立与民族复兴作出的伟大贡献，探讨其影响与价值，具有特殊的意义。《邹韬奋研究》(第八辑)汇集了此次研讨会的 27 篇论文。

(4) 启动《上海出版年刊(2020)》编纂工作

《上海出版年刊(2020)》的出版工作有序推进。2020 年 8 月，我馆向各有关单位发出征稿函，征集各出版社 2019 年度工作总结，2019 年度“十大好书”，出版社单位及个人 2019 年度荣获的国家级、市级荣誉称号作为《上海出版年刊(2020)》的编写材料。《上海出版年刊(2020)》于 2021 年出版。

(5) 编辑出版两期《新闻出版博物馆》

2020 年是上海市出版局原局长、上海市文史研究馆原馆长王国忠同志逝世 10 周年，馆刊为此特设“追忆王国忠”专栏，约请王楚光、俞子林、傅春然、高孝湛、洪祖年、沈飞德等与王国忠有过工作交集的作者撰文，从不同的视角记述王国忠对新闻出版所作出的独特贡献，以志缅怀。此栏目引起很大反响，上海市文史馆为每一位馆员赠送了这一期馆刊。2020 年第二期馆刊还刊登了我馆根据口述历史采访的“郝铭鉴谈《咬文嚼字》”。

(6) 口述历史项目有序开展

由于受到新冠疫情影响，口述历史项目上半年基本停滞，下半年抓紧推进，做了八位出版前辈口述历史采访，比 2019 年还增加一位：祝君波(上海新闻出版局原副局长)；陆全根(上海人民美术出版社编审、上海市文史馆馆员)；李昕(生活·读书·新知三联书店原总编辑)；圣野(中国作家协会会员、原少年儿童出版社副编审、《小朋友》杂志主编)；邓明(上海人美社原社长、上海画报出版社原社长兼总编辑)；王国伟(同济大学教授、曾兼任同济大学出版社总编辑)；孙毅(儿童文学作家，《为了孩子》《现代家庭》杂志副总编)；叶亚廉(上海人民出版社原历史编辑室主任)。

3. 宣传教育开展有声有色

为做好新冠疫情防控工作，本馆于 1 月 24 日起闭馆，3 月 17 日起局部恢复开放，5 月 18 日完全恢复开放并开始接受团队预约参观。由于疫情影响，今年的参观人数较往年有所下降，至 12 月 20 日共接待参观人数 10 492 人，团队接待数量在下半年开始回升，共接待 80 个批次，约 1 500 人。组织临展 1 场，市内巡展 1 场，讲座 11 场，签约共建单位 16 家。

（1）青少年教育形式多样

我馆与黄浦区教育局继续签订了关于黄浦区中小学社会实践基地的合作协议，分别修订了针对小学低年级、小学中高年级、初中、高中不同年龄段的活动项目单，本馆被收入《2020版黄浦区学生社会实践护照》。我馆积极配合上海市教委、上海市青少年学生校外联办公室在本市开展的“上海市中小学生社会实践基地家庭护照”活动。暑假共计接待学生及家长约两千人。作为上海市首批普通高中学生社会实践场所，来自上海出版印刷高等专科学校的16名同学参加了我馆的志愿者岗前培训，并在我馆担任接待、现场管理、项目协助等志愿者服务工作。由于疫情影响，志愿者服务10月底才恢复。

（2）继续举办文创设计大赛，发布文创设计新品

由于连续两年的文创展、文创设计获得了良好的社会效益，我馆与上海工艺美院继续开展文创设计比赛，以新闻出版博物馆素材为设计元素，从前期宣讲、来馆参观、分组设计，到最后提交设计稿评出奖项，文创设计比赛取得了圆满的成果。参赛的40余位学生们共提供了80份设计稿，并在此基础上，进一步修改、完善，完成了23件设计作品的打样。此外文创作品中批量制作还有布袋两种共800个、便签本2 000本、笔记本2 000本、范用金属书签500个、范用藏书票200套。

（3）再次参展长三角文博会

我馆作为上海市博物馆协会理事单位受邀参加了第三届长三角文博会，我馆的20余件文创产品于11月亮相文博会，包括广受好评的揉纹纸帆布双面包、立体苹果杯垫、教科书插图胶带、伞形装饰灯、莫斯科印象记书签、“小学生文库”背包、科技插画小夜灯等，是近期文创新品的一次集中展示。

（4）举办第九届“韬奋杯”全国中小学生创意作文大赛

“韬奋杯”全国中小学生创意作文大赛至2020年已连续举办九届，形成了一定社会影响力，成为我馆的一大品牌项目。本届大赛共收到参赛作品9 000余件，评出350篇优秀作文。除颁发精美奖品、获奖证书外，这些获奖作品还结集出版，作为奖品之一颁发给小作者。为推动“韬奋杯”全国中小学生创意作文大赛的宣传，我馆在年内举办了四场作文讲座，帮助师生理解题目，拓宽写作思路，宣传韬奋精神，取得了良好的宣传效果。

（5）用好网上平台，强化宣传效果

2020年1月1日至10月31日，新闻出版博物馆微信公众号已发布44篇。单篇最高阅读量为2020年8月21日发送的《馆藏丨父亲的宣传画》。为维持热度，微信公众号继续保持每周推送一次（篇）的频率，除报道与本馆相关的官方新闻和最新活动，更加注重对馆藏藏品的介绍，尤其是捐赠信息，力求第一时间发布第一现场和第一手资料。追忆故人的纪念性微信一直是新闻出版博物馆微信公众号比较受欢迎的内容之一，与之前在内容偏重于通过撰写的文章介绍人物有所不同，今年该题材的微信多发布了口述历史采访的相关影像资料，更能吸引阅读量和转发量。如《悼念邹逸麟先生》和《送别叶永烈先生》等，不仅具有时效性，而且以最快的速度呈现与本馆的联系性、独家性。另外与有关本馆的展览、座谈、新书发布会等，同样在第一时间传达现场实况。如“为书籍的一生——范用逝世十周年纪念展”系列预告、开幕、对谈等，为业界和普通网友提供了全方位的资料。

至2020年10月底，韬奋纪念馆发布官方微信27条。由于疫情，宣教活动减少，微信发布数较去年有所减少，但分享转发量和关注用户数较去年有所提升。本年度，官方微信在发布内容上更注

重专业性、时效性和互动性。年内共制作短视频 6 个(仲秋元诞辰百年、“韬奋杯”推介、配合展览等),其中部分视频还提供给中央电视台综艺频道的《中国文艺报道》栏目,制作了韬奋诞辰 125 周年特别节目。在专业性方面,着重推出了与我馆相关的史料研究,如“生活书店会议记录”丛书的推介,在时效性上,及时推介我馆主办展览、活动、会议的精彩提要,让更多的人可以通过新媒体渠道获知第一手信息,不仅有效促进阅读量,同时也给其他新媒体转发提供了最迅捷的方式。为了增加与观众的互动,官方微信还不定期刊出读者留言、来馆掠影,介绍馆藏故事,微信内容更加活泼,也更受到普通读者的喜爱。

三、藏品征集整理工作规范有序

1. 藏品征集工作有新进展

随着疫情的缓解,以新闻出版博物馆封顶为契机,2020 年藏品部的征集工作有较大的突破,共接收图书书画资料等捐赠 24 人次,2 603 套件,总体质量较高。主要有张平捐赠的张元济摘录《文赋》行楷轴(二级文物)及世界书局档案;邹嘉骊捐赠的图书档案 905 件;徐茹捐赠徐伯昕在中国香港地区工作时穿的大衣;欧阳文彬捐赠的工作笔记;叶亚廉捐赠的三十余位名家书信 150 余封,其中白寿彝的书信 36 封,另有朱维铮、张惠卿、来新夏、钟叔河、郑逸梅、金冲及等的书信;吴旭民捐赠作家通信及活动照片的资料,其中有顾廷龙、何满子、杨仁凯、李学勤、蒋天枢、傅璇宗、吕贞白、郭若愚等的书信。王毅捐赠的宣统年间的《申报》、商务印书馆名片(黄友逢、邝士英)等。哈思阳捐赠哈琼文生前使用的写生工具、油画等;陈春轩捐赠的《白毛女》翻转片。

2. 持续推动清库定级工作

为规范文物建档,按节点完成本年度 9 500 件馆藏藏品的鉴定工作,文物藏品等级数量大幅增加,其中二级文物 92 件,三级文物 1 740 件,一般文物 3 553 件。

3. 文物保护管理正常

本年度对新闻出版博物馆藏品及资料 8 000 套件,补录尺寸、重量,核对编目信息并修改总账。扫描图片 1 316 张。盘点博物馆及韬奋纪念馆藏品 10 500 件,清点金山库房藏品 9 套件,瑞金南路库房 27 套件。完成藏品分类账登记 8 000 条。配合市委宣传部审计盘点新闻出版博物馆馆藏 169 件,均账物相符。

4. 馆藏资源服务规范

2020 年藏品部共服务 101 人次,提供文件拷贝 6 件,电子图片 2 006 张,提看 412 件,拍摄 130 件,展览 88 件,复印 15 张。其中包括为上海淞沪抗战纪念馆筹备“艰苦卓绝——上海抗战与世界反法西斯战争”基本陈列展览所提供的馆藏“七君子”出狱时合影等。为柳和城出版《张元济年谱长编(增补本)》提供的张元济摘录《文赋》行楷轴电子图片等。提供服务均按《上海韬奋纪念馆、新闻出版博物馆(筹)藏品部对外服务细则》操作,确保规范有序。

第八节 上海中华印刷博物馆

2020 年度,上海中华印刷博物馆作为社会文化服务机构,积极发挥专题性场馆优势,紧紧抓住长三角示范区的契机,在实施公共文化服务普惠性的同时,从更精准性的文化服务上进行创新。努力发挥自身的资源优势,探索有特色的“悦教”文化服务模式,使博物馆逐步进入良性发展的轨道。

年内博物馆经营工作围绕以下几个方面开展。

一、进一步深化基础管理,参照博物馆行业标准化管理要求推进工作,为规范化建设评定估奠定基础

针对突发新冠疫情及时响应,制定各类防护措施并严格执行,在做好疫情防控的情况下有序推进和深化内部管理,对照社会服务机构评估标准和国家3A级博物馆标准,逐条对标改进、不断优化,全面推进标准化管理,提升公众服务质量。

着重细化和优化藏品管理的水平,逐步对馆藏藏品进行分级管理,为开发藏品的研学价值提供基础保障。年内完成恒温恒湿仓库的搬迁,梳理6 000余件藏品,建立藏品清单目录,重点对书画类真迹和1949年前的藏品进行评估分类,对已经损坏的藏品进行了修复,并对所有藏品进行分类管理。

优化库房管理和策展管理,参照恒温恒湿库房的管理要求梳理道具仓库、设备仓库、耗材仓库、文创商店库房和纸型仓库。每次临展建立策展道具藏品档案,每次临展从设计策划,到搭建开展、展期活动、撤展评估整个过程推进建档管理。

二、以非遗类特色印刷文化为突破口,进一步体现专业性场馆的优势

结合印刷技艺类非遗的申请(区级石印技术非遗申请已初审通过)充分开发馆内学术教育资源,打造有特色的艺术兴趣类课程和技艺类文化展。针对2020年的疫情特殊情况,馆内通过微信公众号和微博直播推出45场线上直播活动,开设“神奇印刷术”“书画如何鉴真假”等15个云课程,获得区文旅和科委好评。开发“带你去看博物馆”系列活动、“百万市民看上海”、“印”为有你江南正好景、“云看江南”五一特别活动、5.18“云看博物馆”直播、“文化的播种机”科普365、“天下无毒,七彩人生”戒毒文化特展直播、“指南针基地·走入上海特色博物馆”系列之中华印刷博物馆直播、小印说“画”直播活动等。疫情特殊时期文化服务不间断,积极开拓新的文化服务方式,和直播平台积极合作,让广大市民不出户就能体验馆藏精品及背后的故事,通过手机就能欣赏博物馆临展及精美展品。最高直播同期观看的峰值达到33万人,充分体现了专业性场馆的文化优势。年内博物馆被评为上海市科普先进集体,获得市和区各类项目奖励和资助近151万元。

三、通过创新工作方式实现资源优势互补,打造有影响力的文化品牌

积极拓展文化服务,先后和戒毒康复中心、中国近现代新闻出版印刷博物馆、青浦文联签订战略合作协议,通过资源互补,打造文化品牌。年内原创策划了“情系长三角　墨韵秀江南”的线上线下文化展;“天下无毒,七彩人生”艺术展;独家承办了“为书籍的一生——范用逝世十周年”纪念展及4次大咖文化论坛;“‘艺’江南——长三角文化创作成果特展”。每次展览均配套开发了文创产品。先后成为中国近现代新闻出版博物馆、青浦区文联、上海市戒毒康复中心文化策展合作伙伴,成为区里有影响力的策展文化品牌,在今年长三角文博会中获得优秀展示奖。2020年度,实现市场化的文化服务收入102.6万元。

四、通过持续的场馆改造，优化公共文化服务的质量

场馆实施印刷厅的智慧化升级，于 2020 年 12 月底完成全部基础建设的升级。希望通过场馆升级优化公共文化服务的质量，抓住长三角一体化文化输出的契机，成为长三角地区有示范性作用文化服务场馆。成功通过长三角示范性科普场所的预审后，承接并落地了长三角文化产品“桥”系列、“园林”系列、“名家”系列共 36 款作品的开发设计和制作以及文化服务的巡回示范。上海中华印刷博物馆的文化科普服务将成为上海展示江南文化的窗口和传播体验江南文化的平台。年内共接待观众 60 000 余人，其中馆内观众 7 000 余人，下社区提供科普文化服务 20 余次，年度实现培训文化服务收入 99 000 元。

五、发挥党员队伍的作用，以公益文化服务反哺社会，通过文化的供给满足日益增长的文化需求

年内支部发展新党员 2 名，党团员开展公益性文化服务 20 余次，除常规的“服务三公里”外，参加了后疫情时期经济复苏公益行动，外滩枫泾集市的所有收入全额捐助乡村医生的培养；和崇明宣传部结对共建，开展“文明与文化同行，新时代文明实践志愿行”活动，进入崇明社区开展印刷传统文化的输出，通过党建带团建，通过文化和科普相融合的方式，开展文化服务，增加博物馆的社会影响力。

第四章　出版企业年度总结

第一节　上海世纪出版(集团)有限公司

2020年,上海世纪出版(集团)有限公司(以下简称"集团")坚持以习近平新时代中国特色社会主义思想为指导,坚决贯彻落实习近平总书记"坚定文化自信,坚持改革创新,打造传世精品"的重要指示精神,切实按照上海市委市政府、市委宣传部的各项工作部署,统筹抓好新冠疫情防控和复工复产工作,为抗击疫情、恢复生产、确保社会经济平稳有序提供强有力的文化支持和内容服务。围绕疫情催生的新业态、新模式,寻找精品生产的新途径、新定位,保存量、抓增量、促转型,全力打响"上海文化"品牌,推动集团各项事业、产业高质量发展。集团入选第十二届"全国文化企业30强",再次成功蝉联;上海人民出版社、朵云轩集团入选"上海文化企业十强"。

社会效益方面:《火种:寻找中国复兴之路》《文献中的百年党史》《革命者》《民法典与日常生活》《深海浅说》等5种图书入选2020年度"中国好书",8种出版物入选2020年"中宣部主题出版重点出版物",数量均创历史新高;18个项目获2020年度国家古籍整理出版专项经费资助,居全国出版集团首位;12种图书获评2020年"上海市优秀科普图书";3种图书获2019年"上海市科学技术奖";世纪文景公司《月光的合金》和《直到世界反映了灵魂最深层的需要》等书的作者露易丝·格丽克获2020年"诺贝尔文学奖"。此外,2020年12月18日,由中宣部主办的《辞海》(第七版)出版座谈会在北京、上海隆重举行,一代代世纪出版人和广大《辞海》人接力奋斗,打造传世精品的经验启示受到中央领导同志的高度肯定。

经济效益方面:受疫情影响,集团2020年3月经济指标深度探底,通过集团上下共同努力,从4月起,主要经济指标累计跌幅逐月收窄;6月开始,当月指标均反超上年同期,最终全年主要指标实现逆势上扬。

一、提升主业发展水平

1. 牢牢抓好导向管理

成立集团意识形态工作领导小组,加强对意识形态工作的全面领导。制定集团《意识形态工作责任制实施细则(试行)》,修订完善9项涉及出版导向、出版质量管理的制度。在集团出版单位社会效益考核相关制度中增加报刊考核的内容,并对各个板块进行充实。全面执行集团编委会制度,围绕三项奖励执行、年度选题调研、"十四五"规划编制等重大议题,定期召开编委会主任会议及扩大会议。建立集团重要工作双月报、合作出版和引进版权月度专项报备、总编办主任例会等制度,切实加强对集团意识形态阵地的导向管理。

2. 坚守主题出版阵地

围绕全面建成小康社会和决胜脱贫攻坚,重点推出《上海温度:上海对口帮扶工作纪实》《山盟》《在希望的田野上——扶贫攻坚大众金曲一百首》等图书;围绕迎接建党百年,重点推出《文献中的百年党史》《火种:寻找中国复兴之路》《中国共产党历史图志》等图书;为服务"四史"学习教育,重点推出《革命者》、“红色起点”系列、《继往开来成大道：新时代中国特色社会主义的起源、形成和发展》等图书；聚焦“人民城市人民建，人民城市为人民”重要理念，重点推出《这里是上海——建筑可阅读》《“一网通办”的上海实践》《上海2035：迈向卓越的全球城市》等图书。

3. 全面助力防疫抗疫

新冠疫情暴发以来，集团充分发挥出版品牌矩阵优势，全方位、多角度推出疫情防控主题出版物50余种，如《中国战疫！》《去时暖江城　归时江城暖：影像纪实|上海医疗队在武汉》《第一时间——写在春天里的上海报告》《三毛抗疫记》《大流感：最致命瘟疫的史诗》等。其中，《张文宏教授支招防控新型冠状病毒》累计发行110多万册，包括向社会公益捐赠80多万册。集团各出版单位开发的多种普及科学防疫的电子书在各大平台阅读量居前，有声书收听量达320多万次，新媒体文章阅读量达2 000多万次。为表达对上海援鄂医疗队的崇高敬意，集团还选配总码洋130万元的“世纪精品好书”，为上海1 649位援鄂医疗队队员每人送上一份“朵云世纪书箱”，获得社会各界好评。

4. 推进专业出版工程

不断提升精品组织能力，加快推进“十三五”出版规划收官及“十四五”出版规划制定工作。经过集团上下努力，221项“十三五”出版规划入选项目的完成率达80%以上。坚持“以最专业打造最优秀”的出版理念，持续深化18家专业出版中心建设，紧抓重大项目的开发，在重点优势学科领域不断推进，2020年推出了《汉语大词典》(第二版)(第四至六册)、《中国：理想经济增长》、《和平方舟的孩子》、《江南诗性文化》、“海洋生物医用材料大系”、《周必大集校证》、《清诗话全编·乾隆期》、《闽东四县市方言调查研究》等一大批覆盖完整、内容丰富、价值厚重的专业精品力作，为挺拔出版主业提供坚实助力。

5. 保障教材出版质量

切实抓好教材意识形态工作，把好政治导向关，确保集团教材内容质量和印发质量。顺利完成高中新教材送审工作，集团符合国家课程标准的高中教材共计11套69种，仅次于人民教育出版社，位列全国第二。克服疫情、洪灾等不利因素，与上级有关部门保持密切沟通，圆满完成春秋两季“三科教材”出版工作和教材印发工作，保证课前到书。结合疫情期间各学龄段学生的学习需求，抓紧提供相关优质数字教材、配套资源、在线课程等，积极落实中小学校“停课不停教、不停学”要求。上海教育出版社成功中标“援南苏丹教育技术援助二期项目”，在国家级项目的市场化竞争中实现历史性突破。

6. 加快出版融合发展

加快推进数字出版资源的集约化经营，已完成24种(约1 000期)期刊、20种工具书(2亿多字)的交叉授权。《辞海》网络版全面完成建设并上线运行，受到中央领导同志的高度肯定。基础教育移动学习平台项目取得突破，成立上海砥翼教育科技有限公司，C端产品“沪教纳米盒1.0版”已正式上线。聚典数据开放平台完成2.0版自主迭代开发，已收词150万条。上海古籍出版社完成重点项目“汇典——中国古籍文献平台”的方案设计，未来将整合各方古籍文献资源。纸电声一体化及“书+码”等数字出版业务持续增长。

7. 开拓阅读推广形式

积极应对疫情给出版业转型发展带来的新挑战，大力开拓线上线下相互融合的阅读推广新模式。统筹利用抖音、快手、哔哩哔哩、喜马拉雅、淘宝直播等新媒体平台，开展线上讲座、线上读书会等多种读书活动，试水直播带货、“云首发”等营销新手段。持续发挥集团品牌文化特色和线上线下渠道优势,深度参与“上海书展·阅读的力量”“4·23世界读书日”“五五购物节”“六六夜生活节”等营销活动,推出一系列阅读推广活动和主题文化展览,以品质文化助力消费。同时,在落实常态化疫情防控要求下,积极参加2020上海书展,通过调整展区布局、减少货架、精选品种、新设“世纪出版直播间”等举措,努力降低疫情限流对销售的影响,取得了明显超过同行的销售业绩。

二、持续推进改革创新

1. 调研“3+1”综合改革情况

根据巡视整改工作要求,对标各单位综合改革发展方案,对上海人民出版社、上海文艺出版社、少年儿童出版社和集团教育出版板块的改革进展情况进行专题调研,从组织架构调整、社会效益、经济效益、人才队伍建设等方面综合评估改革取得的成绩,分析改革中存在的问题以及背后的原因,并提出下一步工作的意见建议。要求各单位结合自身实际,进一步提升原创出版能力,加快转型升级步伐,充分调动职工积极性,使“3+1”综合改革取得更大成效。

2. 打造新型阅读文化空间

推动朵云书院戏剧店立项筹备建设和开业运营工作,该项目与上海文广演艺集团深度合作,凸显宣传系统内产业联动、文化品牌强强联手的合作效应,将打造具有戏剧文艺元素的新型文化空间。积极探索朵云书院品牌输出新模式,全力完成第三届进博会新闻中心“朵云书房”特色文化服务任务。

3. 推进编印一体化改革

积极推动印刷集团调整业务结构,加快资源整合,淘汰落后产能,将商务印书馆上海印刷有限公司、上海新华印刷有限公司全部迁入青浦印刷园区,成立园区管委会对各印刷企业进行统一管理。调配集团所属各出版单位产品,以充分利用现有的印刷产能。继续完善大宗纸张采购平台的建设,为编印一体化改革做好物资保障工作。

4. 建设集团线上营销平台

在对集团所属各出版单位自营电商业务的现状和发展瓶颈进行认真调研的基础上,集团整合世纪出版(天猫)官方旗舰店、世图物流及各出版单位的相关资源,成立上海云间世纪文化科技有限公司。公司于8月初正式运营后,立即投入上海书展,充分利用集团雄厚的内容资源,在“世纪出版直播间”共推出42场线上直播活动,线上销售码洋较2019年同期上涨了132%。

5. 世纪出版园运营筹备工作取得突破性进展

经慎重研究、广泛调研,集团决定将总部及所辖全部出版单位迁入世纪出版园,为实施“产业优化战略”提供总部基地支撑,全力打造上海出版高地。为此,集团成立以主要领导为组长的园区运营推进工作领导小组,与各出版单位密切沟通,全力做好组织动员工作,进一步完善运营工作方案并逐步启动实施。2020年,园区已完成竣工备案,正推进产证办理工作;确定了各家搬迁单位的办公区域、装修方案;园区食堂、机房等配套设施的建设工作也有序推进。

三、“走出去”工作有新亮点

1. 积极争取资金政策支持

组织申报各类国家及上海“中华文化走出去”重点工程项目,累计申报项目数量和获得资助数量较去年均有较大提升。《中国国际进口博览会与全面开放新格局》(英文版)等4个项目入选“经典中国国际出版工程”;《中国传统文化的特质》(塞尔维亚文版)等4个项目入选“丝路书香工程”;《中国寻路者》等7个项目获中宣部向港澳台出版发行项目资助。“弘扬上合文化　共筑上海精神——2020上海合作组织国家儿童画展(上海站)”等3个项目获2020年上海市“中华文化走出去”专项扶持资金资助;“台北上海书店沪版图书主题展及‘海派文化’、‘阅读上海’讲座、互动交流活动”入选2020年度上海市对台交流重点项目。

2. 加强海外发行渠道建设

配合中央有关部门,做好《习近平谈治国理政》(第三卷)英文版的海外发行推广工作。上海外文图书有限公司继续开展“专著·上海”沪版学术类图书推广项目,已累计向海外十余所大学图书馆供货。“阅读中国”外文版中国文化图书春节联展在“一带一路”沿线国家波兰、捷克、罗马尼亚和保加利亚顺利举办。“阅读上海”展销活动转为线上,继续满足海外读者在疫情期间对中文图书的阅读需求。集团学术出版物海外影响力进一步提升,上海人民出版社等11家出版单位入选2020中国图书海外馆藏100强出版排行榜。

3. 整合资源助力全球抗疫

积极推进防疫抗疫出版物外译推介工作,更好地传播中国抗疫方案,助力海外抗击疫情。《全球公共卫生治理中的国际机制分析》《医学传播学——从理论模型到实践探索》《方舱医院感染控制手册——新型冠状病毒肺炎疫情防控实务》《重型新冠肺炎案例精选——中医治疗策略与分析》《抗疫·安心——大疫心理自助救援全民读本》《张文宏教授支招防控新型冠状病毒》《小心!病毒入侵》《自以为是的下场——新型冠状病毒的自述》《新型冠状病毒感染的肺炎学生防护读本》9个品种累计实现20个语种29种输出。其中,《张文宏教授支招防控新型冠状病毒》实现19个语种的输出,该国际传播项目成功入选2020年“一带一路”出版合作优秀案例。

4. 线上线下融合推进国际交流合作

集团按照中宣部进出口管理局的统一部署,积极参与2020年吉隆坡国际书展中国主宾国活动的策展;参加第二十七届北京国际图书博览会网上展会,组织策划了19场线上活动,并圆满完成上海分会场的布展任务,被评选为优秀参展单位;参加2020年法兰克福线上书展,与普林斯顿大学出版社、法国伽利玛出版社等开展十余场线上交流活动;首次参加2020年中国国际服务贸易交易会,在上海主题日新品发布活动上发布了集团防疫抗疫“走出去”出版物版权输出优秀案例。

四、艺术品经营逆势上扬

1. 深入推进朵云轩改革

制定《上海朵云轩集团有限公司综合改革发展方案》,紧扣薄弱环节与问题短板,明确任务、稳抓落实,不断将改革推向深入。朵云轩网拍系统上线运营,首场商业拍卖即创下白手套专场。完成朵云轩南京东路大楼升级改造,打造线上线下多渠道、多业态融合的全场景体验式艺术“新零售”业态。朵云轩南新雅店正式营业,成为南京东路步行街又一品牌艺术生活消费空间。经外管局同意,朵云轩拍卖公司在中信银行开设可购汇收付的人民币账户,实现经常项目下外汇业务收付款,解决了困扰多年的境外付款难问题。

2. 朵云轩120周年庆系列活动成功举办

朵云轩120周年庆典拍卖共设14个专场,云集1 200余件拍品,取得骄人成绩。整场拍卖会共计办出630余张线下号牌，有9件拍品成交价超千万元。隆重举办“大美朵云丨朵云轩一百二十周年藏品特展”，120件展品全部精选自朵云轩历年经营积累的万余件文物艺术品库藏，分书画、碑帖、印谱、杂项等，是朵云轩库藏珍品史上最大规模的一次对外展示。

五、经营管理提质增效

1. 提升国资管理质量

落实集团2020年度“三个一批”工作方案，持续推进集团控股参股及“四无”企业的清理退出工作。推进解决交叉持股事项，通过股权整合重组，提高集团资源配置效率。出台集团《经营管理委员会制度》《对外投资管理办法》《艺术品大库管理办法》，修订集团《招标及采购办法》《固定资产管理制度》，铸牢集团国资管理基础。积极参与2020年市文创扶持资金申报，上海辞书出版社、上海文化出版社共两个项目获得资助。

2. 统筹推进财务管理

及时组织落实国家各类减税降费优惠政策，尽力降低疫情对各单位经济运行造成的影响。重新开展预算预测工作，强化预算执行，平衡重大损益项目，确保集团当年经济目标和三年任期目标的完成。借助资金集中管理平台，做好内部资金调拨融通，确保集团重点项目和成员单位的融资需求。新建或修订集团《委派财务负责人管理制度》《发票及收据管理制度》《费用支付和报销管理制度》《会计核算办法》等制度，进一步规范集团各类经济活动。

3. 加强审计监督和内控制度建设

突出重点事项，聚焦结果运用，扎实推进年度财务决算审计和领导人员任期经济责任审计，并做好审计整改工作。根据巡视整改要求，分节点、按步骤有序推进集团内控制度建设，形成集团《内部控制制度汇编》(2020版)。成立集团安全生产委员会、集团网络安全领导小组，调整集团保密工作领导小组，建立健全维护集团经营安全的领导体系。制定集团《重大法律纠纷案件管理办法》，修订集团《经济合同管理办法(试行)》，进一步提升依法治企能力，防范经营风险。

六、不断深化党建和群团工作

1. 把党的政治建设放在首位

集团党委中心组深入学习贯彻习近平新时代中国特色社会主义思想和党的十九届五中全会精神，认真研读《习近平谈治国理政》(第三卷)等重要文献，通过理论辅导、参观考察、集中研讨等方式，全年开展了18次集体学习。制定集团《加强和规范党委理论学习中心组学习实施办法》，推动中心组学习制度化、规范化。深入开展“四史”学习教育，坚持“一史一学”，邀请著名学者刘统、刘靖北、黄奇帆、忻平为集团两级中心组作专题辅导报告，积极参加宣传系统“学史达人”知识挑战赛。积极推广应用“学习强国”平台，进一步完善督促检查机制。广泛开展“党课开讲啦”活动，举行“七一”重温入党誓词仪式，激励广大党员永葆初心本色。

2. 为疫情防控提供坚强政治保证

疫情发生以来，集团各级党组织深入学习贯彻习近平总书记重要指示精神和党中央决策部署，认真落实市委、市委宣传部工作要求，加强党建引领，强化政治责任，充分发挥党组织战斗堡垒和党员先锋模范作用，抓紧抓实抓细各项防控工作，保障职工群众身心健康，有力有序推动复工复产，努力交出了一份大战大考的合格答卷。上海科技出版社被授予“上海市抗击新冠肺炎疫情先进集体”，上海科技出版社党委被授予“上海市先进基层党组织”称号。

3. 认真做好巡视整改工作

集团党委第一时间成立以党委书记为组长的集团巡视整改领导小组，对集团巡视整改工作牵头抓总、全面负责。按照“照单全收、坚决整改，一改到底、务求实效”的要求，集团党委认真对照巡视反馈意见共4个方面、13项、62条整改内容，逐项逐条进行查摆、分析和整改。集团纪委认真履行监督职能，做好巡视组移交问题线索的处理工作，加大对巡视整改落实情况的监督检查、跟踪督办。通过“四责”协同运转、同频共振，推动管党治党政治责任和巡视整改工作任务有效落实。7月28日，市纪委网站向社会公开了集团党委关于巡视整改进展情况的通报。截至9月24日，涉及22家单位(部门)的62条整改内容及107条整改措施已全部落实。

4. 加强基层党组织建设

深化落实各级党组织责任签约和清单化管理、项目化运作机制，开展述职评议考核。完善领导干部参加双重组织生活机制，实现基层党支部联系点全覆盖，集团党委成员带头赴联系点讲党课。深入优化“一支部一品牌”创建工作，上海人民出版社第一党支部被命名为“上海市党支部建设示范点”。制定集团《基层党组织按期换届提醒督促实施办法》，加大对基层党组织换届选举的管理和指导。制定《严格落实基层党支部“三会一课”、主题党日实施办法》，健全用党的创新理论武装党员和干部职工的工作体系。面向直属党组织书记、基层党支部书记、入党发展对象等不同群体，联系实际开展多形式、分层次、全覆盖的培训。严格执行发展党员工作流程，做到关口前移。

5. 深入推进全面从严治党

集团党委及时传达学习市国资系统全面从严治党工作会议精神，认真贯彻落实《关于各级党委(党组)落实全面从严治党主体责任的实施方案》，每半年专题研究一次集团全面从严治党工作情况。召开集团党风廉政建设工作会议，印发年度工作要点，将全年任务细化为21个具体工作项目，责任落实到所有职能部门和直属单位。深化细化“四责协同”机制建设，推动党风廉政建设责任书签订以及“三份清单”制定。成立集团党风廉政建设、反腐败工作协调小组，监督整体效能有所提升。规范党纪处分、政务处分的内容事项及工作流程，确保处分依规依纪依法。持之以恒加强作风建设，力戒形式主义、官僚主义。一体推进不敢腐、不能腐、不想腐，始终保持惩治腐败的高压态势。制定集团《巡察工作实施意见(试行)》，成立集团巡察工作领导小组，适时开展巡察工作。

6. 加强干部和人才队伍建设

修订《干部管理和选拔任用工作规定》《因私出国(境)管理规定》，制定《关于规范集团直属单位领导助理岗位设置的管理办法(试行)》，建立健全选人用人责任体系。根据集团改革发展需要，在严格执行干部工作相关规定的前提下，加快提拔使用年轻干部，优化干部梯队年龄结构。加强青年干部培养工作，举办青年干部培训班，选派多人至中宣部、市委宣传部、市委巡视组等上级部门挂职锻炼。加强干部监督，做好领导干部个人有关事项申报和报告的核查比对、社团兼职审批、任免信息管理等工作。召开老干部迎新座谈会，加强疫情期间对老干部的关心服务力度。

7. 扎实开展精神文明建设、统战、群团工作

组织开展2019—2020年度市级、部级文明单位创建终期考评工作，上海人民出版社荣获第六届“全国文明单位”称号。积极参加“文明与文化同行·新时代文明实践志愿行”崇明主题实践活动，集团6个项目入选宣传系统重点项目。扎实推进新形势下统战工作，举办党外人士迎春团拜会、迎中秋学习报告会，细化与党外人士谈话沟通等具体举措。组织申报全国和上海市劳模，营造

“劳动光荣、比学赶超”的良好氛围。组织开展“中国梦·劳动美”职工书画作品征集、集团成立20周年主题征文、第三届职工文化艺术节等各类文体活动，活跃职工的精神文化生活。创新开展青年工作，通过举办青年座谈会、青年学习会、青年编辑沙龙、“世青杯”三对三篮球赛等多样化的交流活动，有力提振广大青年职工的精神状态。

第二节　上海人民出版社

上海人民出版社坚持把握机遇、打造品牌，加速推进传统出版向媒体融合方向发展，不断夯实主题出版与学术出版两大优势板块；坚持迎接挑战、提高站位，推动内部制度体制改革，挖掘适应新形势下出版行业的发展方向和营销模式，以正确的出版导向，努力打造传世书作，推动文化精品建设，增强民族凝聚力、民族自豪感，向全世界讲好中国故事。

我社荣获第六届“全国文明单位”和第三届“上海文化企业十强”称号；2019年以全年213个入藏品种数位列榜单第11名，连续六年进入“中国图书海外馆藏影响力机构排名前20”，成为全国仅有的一家进入“中国图书海外馆藏影响力机构排名前20”的地方人民出版社；政治与理论读物出版中心和世界政治与经济读物出版中心成功申报“上海学术·专业出版中心”。《火种：寻找中国复兴之路》、《中国共产党建设史》、“苍山如海：东西部扶贫协作”丛书(与贵州人民出版社等7家出版单位共同出版)入选2020年主题出版重点出版物；《审判王后：1793年10月14—16日》获得第十二届“傅雷翻译出版奖(新人奖)”；“上海城市形象系列画册”中的《遇见上海》等多部图书获得上海市第十五届“银鸽奖”；《新时代的历史大视野》《铁心力量》等图书分获第三十四届“华东地区优秀哲学社会科学图书”一、二等奖；《美第奇银行》(上、下)等图书获“2020上海书籍设计双年展封面设计奖”；露易丝·格丽克获2020年“诺贝尔文学奖”，我社文景公司引进出版了其著作《月光的合金》《直到世界反映了灵魂最深层的需要》。《战上海》获国家出版基金主题出版资助；“中华创世神话研究工程系列丛书(第一期)”获国家出版基金资助；《这就是中国：走向世界的中国力量》等项目获上海市促进文化创意产业发展财政扶持资金资助。

一、优质图书助力双效益稳步提升，主题出版服务国家战略持续推进

为助力“四史”学习教育的开展，策划出版了《继往开来成大道：新时代中国特色社会主义的起源、形成和发展》等一系列主题出版物，与复旦大学合作的“习近平新时代中国特色社会主义思想研究工程”“当代中国马克思主义研究工程”系列丛书2020年推出了《国家治理现代化》等5种，丛书已出版13种，其中多个品种多次重印，取得良好的双效益。为铭记中国的新冠肺炎防疫抗疫工作，出版了《中国战疫！》《去时暖江城　归时江城暖：影像纪实|上海医疗队在武汉》等作品。为迎接全面建成小康社会的决战时刻，出版了《上海温度：上海对口帮扶工作纪实》《上海的责任——对口帮扶亲历者说》等。为贯彻落实“人民城市人民建，人民城市为人民”重要理念，推出了《这里是上海：建筑可阅读》等，为人民城市的建设路径提供了上海方案。为迎接浦东开发开放30周年，出版了《奇迹：浦东早期开发亲历者说(1990—2000)》《潮涌东方——浦东开发开放30年》等。为助力上海打响“文化品牌”、当好新时代的排头兵，策划出版了一系列反映海派文化、江南文化的特色重点书，如“江南文化丛书”、《近代上海的海派文化》、《上海世博会志》等。此外，我社积极推进“党的诞生地”主题出版工程，“红色起点”“红色足迹”系列推出了《暗夜里的星星之火》《石库门里的红色秘

密：党的诞生地·上海革命遗址系列故事》等适合各年龄段不同领域读者阅读的主题读物，切实用活红色资源，赓续红色血脉，为推动社会主义文化繁荣发展，建设社会主义文化强国做出贡献。

二、传承学术经典，推进大众出版，不断精进优势领域

我社立足学术出版，强化专业特色，出版了一批经典学术专著：历史类有《章太炎家书》等；经济类有《分析与思考——黄奇帆的复旦经济课》等；世界政治类有《非对称与国际关系》等；哲学类有《叔本华·附录和补遗》等；法律类有《数据的边界》等。

为丰富人民群众精神世界，营造全民阅读良好氛围，我社出版了一批大众图书：文化教育类有《书院寻踪》《古籍善本》等；文学艺术类有《在故宫书写整个世界》《万重山》等。

三、聚焦数字出版和版权贸易，带动中华优秀传统文化"走出去"

数字出版方面，我社通过部门调整将电子书业务向围绕市场需求方向转型，对数字版权开展系统梳理，同时加强营销力量和渠道拓展。转型后，《分析与思考——黄奇帆的复旦经济课》一度占据亚马逊新书榜近三个月；《福柯的生死爱欲》在 kindle、《找不到工作的一年》在掌阅、《东京贵族女子》在网易蜗牛，均取得良好的效果。有声书业务成为重点开拓领域，主要通过对音频版权自主开发和平台合作共同开发两种形式推进，并加强喜马拉雅、阿基米德、当当网、文轩网等有声书平台的建设。《魔戒》在喜马拉雅被列入超级重点品。

版权引进方面，我社引进图书总计 191 本，其中新书 125 本，续约 64 本，单独增补电子版权 2 本；版权输出方面，我社输出图书 21 种，输出数与往年基本持平，输出国家与地区覆盖英国、美国、韩国、俄罗斯、新加坡等，其中，向"一带一路"沿线国家输出的图书达 9 种。《中国国际进口博览会与全面开放新格局》(英文版)、《中美关系史(1911—1949)》(英文版)同时入选"经典中国国际出版工程"和 2019"中国图书对外推广计划"立项项目；《人工智能与司法现代化》(英文版)、《中国命理学史论》(韩文版)入选上海市新闻出版"一带一路"专项资助项目。

四、积极探索融合之路，寻找新的发展着力点和增长点

跨"界"融合，转变传统营销思路与方式，全面拓展合作伙伴与合作方式。与中共上海市委党校、上海市社会科学界联合会(简称"市社联")、上海社会科学院以及各大高校、兄弟出版社等单位保持长期的亲密合作关系；与东方卫视签署战略合作协议，将优质的广播电视节目和精品图书、产品联动起来，同时通过广播电视节目扩大上海人民出版社优质图书的有效传播，实现 1＋1＞2 的效能；与上海文化广播影视集团(SMG)、喜马拉雅、阿基米德、哔哩哔哩、美团外卖、亚朵竹居等平台多领域探索跨界融合，拓宽选题渠道，开创阅读新模式。

跨"屏"互动，引入直播经济主动出击，打破传统图书带货的时空局限。我社学习读书会组织线上活动 40 余期，各平台总播放量约 70 万人次；开展线下活动 27 场，平均每期活动到场人数为 60～100 人次，累计发布各类媒体报道 140 余篇，覆盖人群 100 余万人次。文景在"世界读书日"与哔哩哔哩直播官方合作项目"学海遨游计划"、与当当网合作开展带货直播。

跨"圈"交流，创建读者社群深耕私域，创编短视频掌握公域，形成布局完善的自媒体矩阵。借

助电子书、有声书、直播带货、视频荐书、社群互动等形式开展图书推广。

跨“物”呈现,将高品质内容与多形式产品关联,开展文创品牌建设和文创体系开发。我社全面启动了文创产品的研发和文创体系的建设,创立了文创品牌“逗好”和“小启”。

第三节　上海教育出版社

2020年,上海教育出版社在集团党委的领导下,深入学习贯彻习近平新时代中国特色社会主义思想和党的十九大、十九届四中全会、十九届五中全会精神,紧紧围绕集团改革大局,坚持“走向全国、走向市场、走向互联网”的发展理念,以“做中国最好的教育出版”为奋斗目标,全面推进教育出版板块改革的中心工作。按照教育出版实现“四个转变”的发展要求,紧抓重要发展战略机遇,全面完成集团下达的各项任务,在主题出版、教材建设、数字化发展、服务抗疫大局、打造特色出版、重大项目推进、服务国家战略等方面取得扎实成绩,对出版行业的引领力不断提升,对地区经济的影响力稳步上升,为全力打响“上海文化”品牌做出了应有贡献。

一、社会效益和经济效益成果显著

本年度,在全国图书出版单位社会效益评价考核(上海)中,我社考核等级为优秀,在沪上出版社中名列前茅。

我社全年出版图书2 219种,其中新书859种,重印书1 309种,租型51种。下属图书公司、经营公司治理整顿成效明显,经营业绩显著增长。

二、集体荣誉与图书奖项丰富

本年度,我社荣获全国新闻出版广播影视系统先进集体、第三届上海文化企业十强提名奖、2020年全国科普日优秀组织单位等国家级重要奖项。此外,《语文学习》《教育参考》《教育传播与技术》《小学语文教师》《小学数学教师》《看图说话》六刊在2019年度上海市期刊编校质量检查中获“编校质量优秀奖”。

我社获得图书、装帧设计、印刷等奖项近20项。比如:《近代汉语词典》荣获2020年“中国社会科学院优秀科研成果奖(一等奖)”;《如皋话地图》荣获江苏省第十六届“哲学社会科学优秀成果奖一等奖”;《爱看书的猫》入选2020年“最美中国绘本”。

三、聚焦出版主业,特色鲜明,亮点突出

1. 做好主题出版

我社积极响应国家号召,重视弘扬新时代精神,加强主题出版策划力度,出版了《中国改革开放40年》《英雄壮歌——龙华烈士纪念馆基本陈列内容图集》、“中国系列丛书”(《人文中国》《能源中国》)等,在社会上引起较大反响。

2. 加强教材建设

我社始终坚持以习近平新时代中国特色社会主义思想为指导,把培育和践行社会主义核心价

值观，加强优秀传统文化教育、革命传统教育等重大主题教育要求贯穿于教材中，重点做好上海地区九年义务教育阶段、高中阶段和全国版小学、初中主要教材的编制出版工作，为广大学生提供了具有鲜明中国底色、符合中国教育国情、更加适应中国特色社会主义事业发展要求的优秀教材；积极探索复合型教材的建设工作，在全国范围内起到了引领示范作用，已完成英语、物理起始年级复合型教材的编制工作，对于推动新形态教材的开发与建设，开启学生认知方式、学习方式和教师教学方式的变革具有深远意义；策划出版人工智能、知识产权等一批全国领先的拓展型教材，打造了一条全新产品线，满足了当下市场和读者需求。年底前，我社生产经营规模已达到每年出版发行图书、教材 2 000 多种，新版图书、教材 700 多种。

3. 服务抗疫大局

一是我社《寒假生活》(补充版)编辑出版团队本着为抗疫出一份力的朴实想法，在社领导班子部署带领下，严格按照教材编写标准，采用非常规的远程办公方式和编辑出版流程，以强烈的责任感和使命感，勇于担当，甘于奉献，充分发挥专业特长，在 10 天内高效编制完成 9 本《寒假生活》(补充版)，为上海 1 至 9 年级 100 多万学生提供了有营养有温度高质量的“学习套餐”，为教育事业和抗疫工作贡献了力量，赢得了市教委和社会广泛赞誉。二是在新冠疫情最严峻的时期，上教人在科学抗疫防疫、心理守护方面主动担当，积极作为，创新出版流程，采用线上办公的方式，组织精干力量，策划出版了系列抗疫绘本，公共卫生科普绘本《小心！病毒入侵》《自以为是的下场——新型冠状病毒的自述》帮助民众及时科学认识病毒，《疫路心防——用温暖照亮前方》帮助民众有效纾解内心焦虑。这些优质图书的电子版在“学习强国”平台上线，引起社会广泛关注，教视新闻、《新闻晨报》、北京头条等媒体争相报道。上教人勇于担当的服务意识、爱岗专业的出版能力，也得到了广大读者朋友的一致认可和赞扬。

4. 加强特色出版

我社在教育学、心理学、汉语言文字学等学术出版领域持续强化品牌优势，不断推出“高精尖”图书产品，在教育学、心理学方面，新出版和持续出版的系列品种有“基础教育国际比较研究丛书”“教育神经科学译丛”“面向 21 世纪的教育变革：中国与世界”“社会建构论译丛”“人格心理研究丛书”等；在语言文字学方面，出版了《汉语上古音手册》、《敦煌俗字典》(第二版)、《北京话儿化词典》《国际语音学会手册——国际音标使用指南》、《上海声调实验录》(第二版)等，社会影响力得到进一步增强。

5. 完成重大项目

我社历来注重弘扬中华优秀传统文化，本年度申请到国家重点项目多项。为按时结项，我社优化出版流程，组织骨干编辑，完善重大项目实施制度，保质保量完成《〈考工记〉名物汇证》、《敦煌俗字典》(第二版)、《汉语上古音手册》、《上海教育史》(四卷本)、“教育神经科学译丛”等图书的出版工作。其中国家出版基金项目《〈考工记〉名物汇证》结项鉴定结果为优秀。另外，我社申请到国家社科基金中华学术外译项目多项，为“十四五”出版工作开启良好开端。

四、跨界融合出版，发展势头喜人

1. 加快数字化发展

我社为适应全媒体时代的新要求，成立上海砥翼教育科技有限公司，实现了由教育出版向教育服务的转型升级，在传统出版升级到网络出版的道路上迈出了坚实一步；积极探索数字化教材建设工作,迈出了向教育出版数字化转型的步伐,在全国范围内起到了积极示范作用;通过开通微信平台,研发APP、微课等形式,为出版社全面推出数字信息化服务夯实基础。

2. 拓宽教育出版外延

我社认真学习深刻领悟习近平总书记关于"一带一路"的重要讲话精神,积极参与并成功中标南苏丹和老挝教育技术援助项目,这在全国尚属首次,对于新时代深化出版改革、推进出版转型具有非凡意义。

五、版权贸易卓有成效

2020年,我社"走出去"工作取得新进展,年输出品种数创历史新高。输出项目14个,内容涉及绘本、社科、语言文字、教育、科普等,输出国以"一带一路"国家为主。"走出去"工作得到社会和读者的肯定和认可,年底获得了集团对外合作部颁发的"卓越进步奖"。

引进项目65个,内容涉及人文社科、语言文字、科普、教育、心理认知等,数量与往年基本持平。本年度我社有两个品种获得"傅雷出版资助计划"资助;有一个与疫情相关的品种销量成绩突出。

此外,我社积极参与各项"走出去"工程项目的申报,全年申报了"经典中国国际出版工程"1项、"丝路书香工程"项目2项、国家社科基金中华学术外译项目10项、中国图书对外推广计划6项。其中,《中国传统文化的特质》入选国家"丝路书香工程"项目,语种为塞尔维亚语。

第四节　上海译文出版社

2020年是"十三五"规划收官之年,对上海译文出版社而言(以下简称"译文社"),是我们调整转型的关键一年。年初,正当全社上下全力以赴掀起生产销售新高潮,启动转型发展各项重要工作之际,突如其来的新冠疫情带来了巨大的冲击。疫情不仅使出版生产销售被迫停顿,而且加剧了市场环境的恶化,对以大众出版为主营业务的出版单位可谓雪上加霜。疫情迫使实体书店进一步萎缩,线上渠道低折扣竞争愈演愈烈;上半年因受疫情影响,书号申领、CIP申领时间延长,造成部分引进版图书无法按期出版。面对不利因素,译文社坚持贯彻"调整、转型、蓄势"的方针,紧紧围绕以构建版权经营和附加价值开发为核心竞争力的主线,全面提升出版内容提供能力,进一步积聚版权资源,积极发展新零售发行出口和数字化业务出口,巩固和增强主营业务领域出版品牌,尽力克服各种困难,保持稳定发展。重点抓好以下四个方面工作。

一、积极应对疫情冲击,通过推动转型走出发展新路

应对疫情直接影响,坚持防疫工作统筹科学安排和协调统一指挥,在保障员工健康和安全的前提下,及时复产复工。春节期间,成立防疫工作小组,拟定防疫工作预案,通过线上沟通和网络会议,掌握员工健康及返沪情况,联络采办防疫物资。党员干部带头,合理制定特殊时期轮班、值班表及每周差异化复工复产安排计划,第一时间恢复发稿、出书和市场供应,3月9日起实现全员到岗,一季度发货指标实现逆势增长。针对市场影响实际,调整销售策略,最大限度减少损失,努力完成全年既定预算任务。

加快布局新营销和新零售，建设基于品牌引导私域流量的营销发行格局，以新业务增长补上传统业务的损失。二月底上线上海译文天猫自营旗舰店，以个性化的定位和提供附加值吸引多年积累的译文品牌忠粉，迅速站稳脚跟。在此基础上，筹备建设自营仓储，为自营零售业务和待实现的社群营销引流搭建物流支撑。发行部门对原有业务板块也进行了调整，适应趋势强化了天猫平台客户开拓管理。积极响应参加市委宣传部发起的"阅读的力量"系列线上活动，率先参与"云游出版社"直播，服务"4·23"世界阅读日、上海书展等全民阅读推广载体，抓住"6·18"、暑期、"双十一"等重大销售节点，组织责任编辑多平台直播带货、名家线上讲座等特色营销活动，提高引流能力。在强化管理的前提下实施微信、微博等自媒体改版，公众号影响力排名明显回升，哔哩哔哩、抖音等视频平台官方号也持续运营。制定实施了上海译文出版社视觉识别系统规范，引导业务工作和对外展示视觉形象统一并更加鲜明化。

进一步推进融合业务发展，形成纸电声创课一体化发展格局。抓住机遇展开各种阅读产品和知识付费的多形态出版业务，构建完整的阅读服务价值链。电子书方面，实行"纸电同步"和尝试"电子先行"策略，年销售收入突破千万元，在国内主要平台名列前茅；有声书方面，精选有价值内容与著名播音员合作，出品精品有声书，组织优秀的书评人团队，撰写高质量解读文案，迅速积累具有自主知识产权的内容，上线品种超过 250 个；课程化资源方面，"英汉大词典系列"课程第一板块"The Tidbit"上线销售，加快研发以题库、音视频课程等为主要形式的数字化产品，开通有赞、微商城、小鹅通等平台店铺，利用社群化营销等手段，打造译文教育系列品牌。以"七海制造局"品牌为代表的译文文创产品已经推出了数十个品种，深受文艺青年追捧。融合业务收入已经成为出版社不可或缺的销售收入来源。

经过努力，译文社圆满完成了预算任务。2020 年发货码洋比上年增长 4.6%；总营收比上年增长 0.2%，完成集团调整后的预算任务。

二、继续推出优质新书，进一步增强内容提供和运营能力

不断出版高质量的有社会影响的图书。2020 年出版图书 845 种，其中初版 297 种，重版 548 种。译文社列入国家"十三五"出版规划项目共 6 项，分别是"米沃什诗全集""日本当代文化思想译丛""杜拉斯全集""布罗茨基文集""桑塔格全集"和《英汉大词典》（第 3 版）。2020 年底，除国家辞书规划项目《英汉大词典》（第 3 版）（纸质版）的修订工作正在加紧开展，已推出电子版，其余 5 个项目完成。2020 年还完成了 2017 年度国家出版基金资助项目"海洋文化译丛"（6 卷）结项审计工作，提出了 2018 年度国家出版基金项目"中华优秀传统文化传承系列"（英文版，6 卷）和 2019 年度国家出版基金项目"中国不简单系列"（3 卷）的结项申请。

贯彻出版结构调整的思路。从译文社特点出发选择主题出版的角度，重点加强中华文化"走出去"、"一带一路"主题图书、原创童书的出版，继续推出"世界学术经典"系列图书，外国文学出版中心、原创双语工具书出版中心、《约翰生传》、《黑塞文集》（10 卷）、"中国不简单系列"（英文版，3 卷）、聚斯金德作品集（5 卷）、"挪威现当代文学译丛"（10 册）、译文有声精品阅读内容及平台建设、"外国文学进校园——中学生阅读习惯养成"2019 年系列活动、"ELLE007——世界时装之苑杂志"都市女性音频平台等 10 个项目获 2020 年度市文创扶持资金资助。"1850—1950 年上海方言英法日三语实录"（第二辑）、"红色经典系列"（英文版）2 个项目获得上海文化发展基金资助。疫情期间"译文纪实"书系新出版了《世纪的哭泣》《血殇》等作品，文学作品有《布拉格公墓》《正常人》《我这样的

机器》,童书有秦文君《开心男孩》、《开心女孩》(典藏版)以及意大利儿童探案经典《小侦探阿加莎系列》。

《布罗茨基诗歌全集》[第一卷(上)]入选《出版人》杂志“2019年书业年度评选·年度图书”,《朱鹮的遗言》和《证言》入选深圳读书月“2020年度十大好书”。童书《总有一天会长大》年销售超过百万册,有望成为继《夏洛的网》后问鼎童书畅销榜的作品。

出版国际合作开辟新的路径。新成立的国际版权中心尽管受疫情限制,仍然实现了2部原创作品版权输出签约。合作的时尚期刊妥善处理了编辑总监人事变动,将《世界时装之苑》的增刊《Supper ELLE》转为正式杂志《欣漾》(由《家居主张》更名)。《家居廊》和自办的《外国文艺》一起获评2019年度上海市期刊编校质量优秀。

围绕出版核心业务加强运营管理。实施了出版社ERP项目,使整体选题论证列选、版权购销、印制发行、预算和财务管理等全部实现信息化运作。应对激烈竞争压力强化版权管理,发挥专业法务作用,修订完善了图书出版合同、委托翻译合同、委托设计合同的格式文本和工作制度,清理了授权到期尚未出版的重要图书项目,督促编辑部门必须在合同时效内全部完成。

三、精心打磨发展规划,聚焦新一轮发展目标和重点

在2019年调研的基础上,各个编辑部门提交了未来五年选题规划和重点项目设想,各职能部门也提出了进一步改革发展的目标任务。经反复研究修改文本,明确思路,在此基础上形成了译文社“十四五”出版规划初稿。

社领导班子进一步就规划的发展战略和目标进行了研讨,统一了思想,达成了共识,明确“十四五”期间,作为一家具有深厚历史积淀的品牌大众出版机构,译文社将牢牢把握出版业发展的新机遇,实施升级版的品牌发展战略。这个升级版的品牌战略是建立在译文社长期坚持的品牌战略构架之上的,其本质是构建以版权经营和附加价值开发为核心的出版生态链,谋求通过“全版权、多形态”的业务布局,筑高竞争门槛,牢牢把握优质内容资源版权,占据产业制高点,使未来的业务建立在对内容资源的强大主导权的基础上。要全面完成业务转型,做到“两个延伸”和“两个转变”,就是从品牌战略向全版权多形态战略延伸,从“引进来”为主向“引进来”和“走出去”双向发展延伸;从产品服务转变为知识服务,从经营产品转变为经营作者。

规划还明确了关键发展目标:进一步提高出版质量和社会影响力,积累更多优质版权资源,提升上海译文及所属出版品牌的美誉度;在获得重大奖项和国家出版基金等政府支持项目方面有新的收获;持续提高图书重版率,图书主营业务销售规模比2020年增长三分之一;保持在全国图书零售市场的地位,自营渠道销售占比达到20%;形成纸电声创课一体化业务格局,数字化业务在总体销售中占比达到10%;大幅增加版权输出品种,继续做大授权收入规模;在员工队伍总体稳定的前提下进一步优化结构,保持工资稳步适度增长。

规划对“十四五”期间发展的主要举措提出了具体意见,要求持续提升选题开发质量和出版能力,通过融合发展形成“全版权、多形态”业务格局,构建基于品牌引导私域流量的整体营销体系,积极开辟符合译文特点的“走出去”渠道,进一步按照现代出版企业要求提升管理水平,加强人力资源建设和保障。

年底前,结合学习贯彻十九届五中全会精神,我们发动全社党组织和干部职工共同研讨这个规划,力求在集中全社智慧基础上,使规划成为能够切实指导全社未来发展的纲领性文件。

四、切实强化导向管理，以政治建设引领队伍和素质优化

以巡视整改为契机，完善领导班子工作制度和政治理论学习制度。修订了党委工作条例，突出党委对重大事项的前置研究程序，开始执行重大事项党委会前置讨论的制度，相应修改了社务会议事规则。落实中心组学习和“三会一课”学习制度，认真学习十九大以来习近平总书记重要讲话精神，学习十九届五中全会和中央关于新时代加快完善社会主义市场经济体制的意见精神，扎实开展“四史”学习教育，坚持将理论学习融入主业发展，采取专题研讨、专家讲课、参观调研等多种方式，贯穿问题意识，帮助领导和干部提高对大局把握的能力，用学习成果解决企业存在的短板问题。

全面加强业务队伍的导向和质量把关能力培养。进一步充实审读专家力量。开展了系列全员编辑业务专题培训，结合典型案例，全面讲解书稿审读把关中存在的具体问题，全体社领导带头讲课，提高编辑的责任意识和政治敏锐性。出台《关于加强和完善期刊“三审”制度的规定》，对所出版的纸刊、电子刊，及与此有关的网站、微博、微信、客户端等新媒体内容全面履行“三审”职责。出台《编校及自媒体工作人员时事政治学习制度》，按月发布“时事政治要点及表述把握提示”，内容包括党中央关于内政外交重大问题的新的指导性文件、习近平总书记重要论述精神的提示以及对图书内容正确表述口径的提醒，宣传主管部门关于图书内容政治把关的最新要求，结合三审工作中遇到的多见问题的辨析和处理建议。继续编制公布年度编校质量报告，鞭策编辑部门提高出书质量。

继续抓好队伍建设，坚持开展文明单位创建，提振员工队伍精神面貌。在集团支持下调整充实社领导班子。支持工会进行换届选举，持续做好企业民主管理，保持员工收入和福利的稳定提高。做好人才选用、业务培养、考核激励、企业文化四个方面工作，构建完善的人力资源体系。抵御疫情不利影响，持续创造就业岗位，当年录用新员工 15 人，连续第三年获上海市人力资源社会保障局稳岗补贴。注重发挥各类先进典型的示范引领作用，积极参与各条线评优评先，有编辑团队和多名职工分别获评“上海市劳模集体”“长宁区领军人才”“第二届上海优秀编辑”“上海市优秀共青团干部”“海上最美家庭”等荣誉。坚持开展与南京东路街道和横沙乡江海村的共建，并与雷达兵部队首次建立共建关系；常年举办外国文学进校园、少年阅读沙龙活动；采购贵州农产品，助力脱贫攻坚，履行优秀出版企业的社会责任。

第五节 格 致 出 版 社

2020 年面对突如其来的新冠疫情，格致出版社（简称“格致社”）积极行动起来，在集团和人民社的领导下，坚决扛起疫情防控责任，充分落实内部防控措施，主动履行出版企业的社会责任。在保证疫情防控落实到位的基础上，积极应对疫情对我社工作的不利影响，通过全体员工的不懈努力，较好完成了各项工作。

一、选题开拓和出版

2020 年是“十三五”的收官之年，根据目前的执行情况，基本达到预期目标。“十四五”期间，我社将继续分析研究问题，看清优势和不足，调整、优化出书结构，努力扩大规模。

1. 围绕核心优势建设自己的专业化出版体系

我们认为在以“当代经济学系列丛书”为代表的理论经济学这一高端领域,我社有比较优势,应继续巩固和发扬。2020 年“当代经济学系列丛书”已推出 11 种,其中“文库”有周天勇的《中国:理想经济增长》、周振华的《体制变革与经济增长》和洪银兴的《经济运行的均衡与非均衡分析》3 种;“译库”有约翰・李斯特的《芝加哥学派百年回顾:JPE125 周年纪念特辑》、肯尼思・阿罗的《社会选择与个人价值》(第三版)和兰・斯比克勒的《有限理性与产业组织》3 种;教参有哈尔・R. 范里安的《〈微观经济学:现代观点〉题库》(第九版)、约瑟夫・斯蒂格利茨的《公共经济学》、吉恩・希瑞克斯的《公共经济学》(第二版)、《公共经济学习题解答手册》(第二版),以及史树中的《金融经济学十讲》(纪念版)共 5 种。

2. 围绕学术出版品牌,做好学术专著的出版工作

“大国经济丛书”新增 2 种,丛书规模达到 20 余种;新设立的“国家规模和经济增长译丛”出版 2 种;“国际展望丛书”新增 4 种,丛书规模增至 8 种;“格致方法”系列新增 4 种,丛书规模达到 90 余种。

此外,我社还出版了《上海政治经济学年鉴 2019》、《2019—2020 上海经济形势——回顾与展望》、《中国演化经济学年刊(2019)》、《政治经济学报》(16～18 卷)、《中国公共政策评论》(16～17 卷)等。

3. 积极维护教材拳头产品

畅销、常销二十多年的《进出口贸易实务教材》于 2020 年出版了第 8 版;尹伯成教授的《宏观经济学简明教程》《微观经济学简明教程》更新至第三版;“高级金融学译丛”推出了美国金融学领域大牛人物、耶鲁大学教授法博齐的《固定收益数学》,使丛书规模达到 12 种;“社会工作精品教材”新增 2 种。由于上半年全国疫情形势严峻,各大高校学生不能返校复课,我社免费为授课教师提供 40 余种教材的电子版文件,为线上教学提供有力的教学资源支持。

4. 结合自身专业特色和优势,做好主题图书出版工作

2020 年,我社助力疫情防控,结合上海本地经济社会发展趋势,围绕高质量发展、上海国际金融中心建设等热点问题,出版了一批主题类图书。如疫情期间,由复旦大学国际关系与公共事务学院的刘建军教授主编的“城市绣花针丛书”特别推出了《社区公共危机管理指导手册》。该书从“公共危机管理”的视角出发,结合我国城乡社区建设的实际情况,提出了构建具有中国特色的社区公共危机管理制度的设想。“高质量发展研究系列丛书”由上海市人民政府发展研究中心组织撰写,2019 年出版 4 种反响很好,2020 年新增了 4 种。“上海证券交易所金融创新文库”新增 3 种。10 月推出反映上海国际金融中心建设成就的大型纪实作品《奋斗与梦想》。

5. 面向市场的图书

2020 年我社在面向市场方面积极探索,推出了一批市场反响较好的图书,其中,印数上万册的有 4 种,包括:面向广大投资者的《三小时快学期权》(第 2 版)、《股票期权交易资格测试真题辅导读本》,世界著名考古学家布莱恩・费根的《掠夺尼罗河——埃及的盗墓贼和考古学家》,讲述 P. T. 巴纳姆、庞氏和麦道夫等几个著名商业骗局的《骗局:美国商业欺诈简史》。其他表现较好的品种还有:图灵奖得主、人工智能研究先驱爱德华・A. 费吉鲍姆的《第五代:人工智能与日本计算机对世界的挑战》,国际著名语篇分析学家露丝・沃达克的《恐惧的政治——欧洲右翼民粹主义话语分析》,著名全球发展问题专家、“休克疗法”之父杰弗里・萨克斯的《重塑美国经济》,分析奥斯丁作品中策略思维的《简・奥斯丁的谋略》,讲述科学与宗教千年纠葛关系的《次终极追问:科学与宗教的纠葛》,以及解决情绪性进食问题的《吃掉情绪?——和食物的斗争》。

此外，我社还新推出了“格致·格尔尼卡”系列2种，即《藏着：一个西班牙人的33年内战人生》和《纳粹掌权：一个德国小镇的经历》。该系列主要聚焦时代大背景下个人命运的起伏，以小见大，体现出人们对和平和安定的向往。

6. 获奖情况

《纵横“一带一路”——中国高铁全球战略》(英文版)获得上海市第十五届“银鸽奖”出版类(图书)一等奖；《奋斗与梦想》入选上海首批39个重点文艺创作项目；《纵横“一带一路”——中国高铁全球战略》入选2020年“一带一路”出版合作优秀案例；《美第奇银行的兴衰》(上、下)获2020上海书籍设计双年展封面设计一等奖，《纳粹掌权：一个德国小镇的经历》获2020上海书籍设计双年展封面设计二等奖，《第五代：人工智能与日本计算机对世界的挑战》获2020上海书籍设计双年展书籍设计优秀奖。

二、版权引进和输出工作

引进外版教材和优秀的学术著作一直是我社重要的发展战略之一。

截至2020年9月底，我社签署引进版图书共计52种，其中新书为17本，续约图书为35本；图书纸质版权50本，电子版权2本。引进数量同比增长67%。

作为一家专业的学术出版社，我社持续不断地引进经济学领域重要的学术著作，2020年引进的著作有《计量史学手册》(第二版)、《鲁宾斯坦微观经济模型》、《金融计量经济学：模型和方法》、《非高斯分布下的金融建模》、《国富论与中国的相遇》等。同时，我社在人文社科领域也持续耕耘，2020年引进的图书有《噤声：一桩北爱尔兰谋杀案》、《加里波利》、《中华帝国的崛起》(2卷)、《大结构，大过程，大比较》、《英国的大众抗争(1758—1834)》、《流行病大历史》等。

在“走出去”方面，2020年我社成功完成“中国改革开放40年研究丛书”(8种)中《中国对外贸易的奇迹》《改革年代的经济增长与结构变迁》的英文版权输出正式签约。《新兴大国的增长与转型》英文版正式出版。此外，《纵横“一带一路”——中国高铁全球战略》(英文版)获上海市第十五届“银鸽奖”出版类图书一等奖、入选2020首届“一带一路”出版合作优秀案例。

三、市场营销方面

1. 日常营销活动及重点市场书推广情况

我社微信公众号每周推荐1～2条新书资讯，不定期补充经管、社科领域的前沿信息，2020年共计推送68条，平均阅读量860次，公众号关注用户1.8万余人。

2020年共举办营销活动16场，包括7场线上分享和9场线下活动，受新冠疫情影响，在线下活动场次受限的情况下，积极探索线上直播、短视频荐书等形式。2020年出版的新书被多家图书评选榜单收录。《中华读书报》在7月好书中收录了《纳粹掌权——一个德国小镇的经历》；“人文社科联合书单”先后收录了《次终级追问：科学与宗教的纠葛》《掠夺尼罗河——埃及的盗墓贼和考古学家》《纳粹掌权——一个德国小镇的经历》《骗局：美国商业欺诈简史》等书；《经济观察报》、《读书周刊》、界面文化荐书单推荐了《恐惧的政治——欧洲右翼民粹主义话语分析》，一定程度上在专业读者圈子中竖立了我社轻学术书的市场形象和影响力。

在寻求营销工作向新媒体转型的过程中，依托市宣传部和集团搭建的平台，先后与抖音、小红书等新媒体对接，开设了官方账号，并录制了《简·奥斯丁的谋略》《吃掉情绪？——和食物的斗争》《爱、金钱和孩子》等图书的宣传视频，其中《吃掉情绪？——和食物的斗争》在抖音平台进行了一场线上直播荐书活动。

2. 数字出版推进工作

2020年格致社的电子书品种数量有了较大的增长，电子书的品类也有所丰富，我社更多专业类和市场类的经管、社科图书进入了电子书销售渠道。同时，我社也积极将优秀的系列图书组套销售、积极参加亚马逊、当当等合作平台的线上营销活动，提升纸质出版物的销售及品牌影响。

截至2020年9月，主要合作平台有亚马逊、当当、京东、阅文等8家，另有中国台湾地区的华艺数字平台合作洽谈中。共52个电子书品种在线销售，电子书品种同比增长126%。

第六节　上海书店出版社

上海书店出版社自觉遵守党性原则，坚持正确政治方向，弘扬优良传统，牢记文化使命，恪守职业道德，以出版更多传递正能量、思想性艺术性可读性相统一的优秀作品为己任。通过深入学习习总书记关于“坚定文化自信，坚持改革创新，打造传世精品”的重要指示精神，我社出书风格相对稳定，产品线比较清晰。

一、历史文献影印板块

1. 有关中共历史的文献发掘整理以及以近现代史为主题的文献汇编

我社“十三五”国家重点图书出版物出版规划项目“上海工人运动史料全编(1925—1949)”第三编和《炉火正红——上海社会科学院历史研究所“工运史研究三杰”论辑》(全三册)于8月正式出版，该项目顺利完成。

《一九四九：在华西方人眼中的上海解放》一书聚焦于1949年的上海，以在华西方人的视角观察、讲述上海解放的经过。全书中外史料交互参照，是近年参考利用外文文献的用心之作，更是一部铭记历史、深切缅怀中国共产党为上海解放浴血奋战的佳作。

4月出版的《文学周报》(全12册)是文学研究会机关刊物的一种，先后由郑振铎、谢六逸、叶绍钧、赵景深等人负责编辑，是珍贵的文学史资料，现我社将该刊收入“民国期刊集成”中，该书的影印出版能给上海文学史等相关研究提供文献基础。此外，“民国期刊集成”系列还推出了《新教育》(全20册)，《新教育》杂志由蒋梦麟主编、徐甘棠编译，致力于新教育思想的传播，在20世纪20年代宣传科学教育中独树一帜。

2. 传统文化文献整理研究及专业人文学术研究成果

9月出版的《明代杂剧全编》(全28册)是明代杂剧的影印丛刊本，由华东师范大学程华平、谭帆、吴平等教授主编，将国内外现存的明代杂剧文献进行搜集、整理、甄别，选择学术性、资料性强、版本价值高的剧本共345种，为古代戏曲研究提供一套珍贵的文献史料。我社还推出了程华平的《明清传奇杂剧编年史》(全5册)，该书为上海市新闻出版专项资金资助项目。

“中国地方志集成”系列是中国方志文献整理的精品工程，一直是各级公共图书馆、高等院校等必备的综合性资料丛书。为了对已出版的“中国地方志集成”系列有进一步补充和完善，我社网罗了之前未收入的志书，按照覆盖面广、编印质量高、使用价值较大，兼顾地区分布和版本价值的原则，着手编纂“中国地方志集成补编”系列，2020 年推出《中国地方志集成补编·浙江府县志辑》（全 46 册）、《中国地方志集成补编·福建府县志辑》（全 35 册）、《中国地方志集成补编·山东府县志辑》（全 31 册）3 种。

《古文字考释提要总览》（第五册）是古文字考释研究集成类型的工具书。全书以表栏形式概要地汇集迄今为止研究者对古文字的考释意见，将通常是长篇累牍、繁复艰涩的复杂考释，简要地归纳在十几至几十字的简短篇幅内，便于读者在短时间内清楚了解相关古文字考释成果的内容要点。

《朱子语录文献语言研究》，是基于《池录》、黄士毅《朱子语类》、黎靖德《朱子语类》以及诸选编本，对朱子语录各版本间的异文进行文献与语言的全面考探。

二、人文阅读及近现代上海相关专题图书板块

我社在坚持文献整理和学术出版的同时，也努力开拓面向大众阅读市场的选题，开发有人文内涵，又与出版社的专业特色相呼应的图书。

4 月推出“新时代奋斗者系列连环画”，包括《人民教育家、改革先锋、最美奋斗者——于漪》《改革先锋、时代楷模、最美奋斗者——邹碧华》《改革先锋、最美奋斗者——包起帆》《改革先锋——姚明》《改革先锋、最美奋斗者——谢晋》《改革先锋——许立荣》《时代楷模、最美奋斗者——钟扬》《时代楷模——汤庆福》《时代楷模、最美奋斗者——王逸平》《最美医生——夏强》。该系列用传统连环画生动再现先进典型的故事，小事迹诠释大精神，生动讲述新时代的楷模故事。

《武重年口述历史》为“上海市文史研究馆口述历史丛书”之一，记述著名档案学家、上海高等院校档案学专业的开创者之一武重年教授关于自己的家世亲友、执教治学、参政议政和人生阅历的漫述。同为“上海市文史研究馆口述历史丛书”之一的《方增先口述历史》，叙述了当代美术名家、中国画坛具有影响力的“新浙派人物画”的奠基人与推动者方增先教授的故事。

三、文化艺术及大众读物板块

2020 年，我社陆续推出了一批既有思想性、艺术性，又具有可读性、市场性的图书。

书展时推出的“上海市非物质文化遗产系列图录”是由上海市非物质文化遗产中心、上海市非物质文化协会编的系列图书，共 5 册，包括《海派旗袍》《上海本帮菜》《海派玉雕》《海派家具》和《上海石库门》。该系列图书历经 5 年收集和整理，将上海非遗项目的历史、技艺发展以及当今状况，通过大量的历史资料图片、作品图片展现出来。

“法帖聚珍”系列取中国最具代表性的法帖进行解读，分原帖、介绍及释读、技法分析、后学者临作，以及作者书论、前人评价等，特色鲜明丰富。2020 年推出孙稼阜编著的《法帖聚珍：孙过庭〈书谱〉（欣赏与学习）》《法帖聚珍：三大行书——王羲之〈兰亭序〉、颜真卿〈祭侄稿〉、苏轼〈黄州寒食诗帖〉（欣赏与学习）》2 种。

《古风今韵说图画》是美术史论家江宏用其严谨与周到的研究素养客观赏读历代名家画作，进而对绘画史做出总结与分析。

由林子序所著的《〈大盂鼎〉习法举要》通过对大盂鼎铭文文字尽可能准确的释义，对铭文文字构型基础的探源，以及对铭文中部分文字书写笔顺的梳理，为读者提供多方位的参考与借鉴。

四、重大出版项目

2020 年是"十三五"国家重点图书出版物出版规划收官之年，我社共有项目 3 种：《中流砥柱——卡尔逊抗战史料》、"上海工人运动史料全编(1925—1949)"、《新出公文纸本古籍纸背文献整理与研究》。其中《中流砥柱——卡尔逊抗战史料》已于 2017 年 11 月出版；"上海工人运动史料全编(1925—1949)"全三编，于 2020 年 10 月全部完成；《新出公文纸本古籍纸背文献整理与研究》因卷帙浩繁，作者查阅、核实、整理、编纂、制作等过程超出预期，加上突发新冠疫情的影响，利用图书馆不便，未全部定稿，已撤销。

2020 年也是 2011—2020 年国家古籍出版整理规划收官之年，我社有古籍规划项目 5 种：《明经世文编》《清代档案史料选编》《蛾术编》《宋文遗录》《王圻全集》。其中《明经世文编》《清代档案史料选编》《蛾术编》3 种已出版；《宋文遗录》因受疫情影响，使部分资料的搜集、整理、编纂工作一度停滞，无法按期完成，已撤销；《王圻全集》因编纂人员无法完全落实，已撤销。

我社 2020 年完成了国家出版基金资助项目"抗战胜利后国民政府对日本战犯的审判：1946—1948"(包括《战后中国国内对日本战犯审判研究》《国民政府审判日本战犯史料汇编・审判筹备卷》2 种)。《中国土司制度史料集成》获得国家出版基金资助。

五、获奖情况

《一城三界的国际焦点：上海问题》《当代中国导演观点》获得 2020 上海书籍设计艺术双年展封面设计二等奖；我社编辑张冉的短视频荐书获得上海出版行业编辑短视频荐书大赛三等奖。

六、数字出版及版权情况

我社电子书的销售平台主要是北京古联体、湖北三新、亚马逊、掌阅、畅想之星、京东 6 家。

从已有电子书平台的销售成绩来看，社科、文史类图书销售情况较好，但拉动电子书销量的，仍是一些知名度较高的图书品种。今年新授权图书销售品种 20 余种。

我社今年版权引进 4 种，《中国古代设计思想史略》获得 2019 年国家社会科学基金中华学术外译项目立项，翻译工作稳步推进，8 月与施普林格正式签订出版合同。

第七节　上海古籍出版社

2020 年，在集团党委的领导下，上海古籍出版社坚持专业出版方向，做好以国家出版基金项目与全国古籍整理出版规划资助项目为重心的重点图书的出版工作，不断酝酿、筹划、落实新的大中型古籍整理、集成性资料项目以及原创性学术研究出版项目，建设与维护出版社的品牌，努力完成"十三五"规划，积极筹备"十四五"规划和下一个国家古籍十年规划。另外，持续推进数字化出版，加强对已有版权的维护和经营，走出契合自身特点的传统出版与数字出版并举的道路；积极而又稳妥地拓展大众出版，围绕基础读物产品线的立体化加速布局，并开拓具有新的生长点的创新型选题。

一、各项发行与财务数据

2020年营业总收入和利润总额均已顺利完成预算指标，本社2020年1—3季度总体经济收益与上年同期相比，下降明显，第四季度后续销售情况逐步恢复正常状态。另外要特别说明的是，由于我社承担了较多的政府资助出版项目，而这类补贴收入的结转，使得利润在受到新冠疫情影响的情况下能够依然保持在较高水平之上。

二、发稿与出书的基本情况

1. 基本情况

计划：2020年计划初版书385种，至12月补报计划11批计79种，两项合计464种，调整后的初版书计划447种。

1至12月出版初版书392种，其中完成年初计划329种，占年初计划385种85%；完成补报计划53种，去年计划遗留10种。调整计划447种，完成389种，完成率近90%。

1至12月出版重印书413种，占1至12月初重版总数774种的53.4%。

1至12月新出字数19 186.1万字；初重版总印张45 558.16千印张。

总体来看，在疫情影响下的2020年，我社出书节奏把控良好，初版书品种数并未因疫情而减少，计划执行的准确率从前些年的60%，提升到85%，达到了历史最高水平。

2. “十三五”规划完成情况

在33个“十三五”规划项目中全部完成11个项目：《台湾族谱汇编》于2016年10月出版，“古汉字字形表系列”五种于2017年10月出版，《历代“朱陆异同”典籍文献萃编》于2018年6月出版，《格萨尔文库》《中国少数民族家谱总目》《俄藏龟兹艺术品》《上海广告史》也在2018年11月底出版，《陕西省考古研究院新入藏墓志》于2020年5月出版，《中国社会科学院历史研究所藏甲骨墨拓珍本丛编》(第一辑)于2020年9月出齐，《楚辞要籍丛刊》《汪世清辑录明清珍稀艺术史料汇编》也于2020年9月出版。《晋会要》《中华家训导读译注丛书》《唐文治集》《吉林大学藏甲骨集》等4种力争2020年内全部完成。《清诗话全编·乾隆期》、《白鹤梁题刻研究丛书》、《珍本水书校释丛书》、《近代金石学家尺牍校注系列丛书》(第一辑)、《蒙古文文献研究译丛》(第一辑)、《东北亚与欧亚草原考古学译丛》、《甘肃藏敦煌藏文文献》等7种到2020年底部分完成。《中国西南土司遗产研究》《晋侯墓地》《甲骨文合集三编》《山东省博物馆藏甲骨集》《唐五代诗全编》《明清以来蔚县庄堡寺庙调查与研究》《海外藏中国青铜器集录》《绫结与金轭：白史文本与研究》《宋元明清钞本图录》《五代墓志汇编》《七至十三世纪汉藏及多民族文明关系史》等11项因未来稿、送审或其他原因申请撤项。按撤项后剩余的22个“十三五”规划计，全部完成14项，完成率63.6%，其余8个项目均部分完成，完成项目种数是“十二五”规划的两倍。

3. 重点书及大项目完成情况

2020年已经完成国家出版基金项目《绍兴商会档案汇编》(30册)的出版，等待结项，年底完成《甘肃藏敦煌藏文文献》、《中国近代史学文献丛刊》(10种)的出版。《格萨尔文库》《清诗话全编·顺治康熙雍正期》《俄藏龟兹艺术品》《中国少数民族家谱总目》《清代西部皮影艺术图录》5个项目7月9日顺利通过国家基金结项，其中前3项被专家评定为优秀。

国家古籍整理专项资助项目《楚辞要籍丛刊》(第三辑)、《明清稀见唐诗选本四种校释》、《声类疏证》、《清代近海管辖权资料长编》、《潜徽录》、《法国国家图书馆藏敦煌藏文文献》(24、25、26)、《俄藏黑水城文献·西夏文佛教部分》(28、29)等7项向古籍办递交了结项申请书。

上海文化基金项目《民国闺秀集》《朱瑞熙文集》《肩水金关汉简研究》《将毋同：魏晋南北朝图像与历史》等4项交结项报告书。

2019年和2020年的市文创扶持资金资助项目也全部完成。

4. 2020年已完成和将出版的主要结构块面的图书

(1) 古籍整理类文献校释

除了上面已经提及的重点图书外，已出版的古籍整理文献校释类图书还有获得国家古籍整理资助的《善斋全集》《周必大全集》《晋会要》《蜀中广记》《商周青铜器铭文暨图像集成三编》等；"中国古典文学丛书"推出了《王建诗集校注》《张祜诗集校注》《瀛奎律髓汇评》等5个品种的升级版，另外又推出《陆机集校笺》《白居易集笺校》等2个品种的典藏版；传统优势领域"敦煌西域文献系列"后续品种《英国国家图书馆藏敦煌西域藏文文献》(13—14)、《法国国家图书馆藏敦煌藏文文献》(27—35)、《甘肃藏敦煌藏文文献》(24—27)等也陆续出版。另外，还出版了具有资料价值的"金石文献丛刊"17种，"中国历代书目题跋丛书"的新品种《宝礼堂宋本书录》《贩书偶记》，研究孔子及儒家学术史的《阙里文献考》，"白鹤梁题刻研究丛书"的新品种《巴渝石刻文献两种合校》等。

(2) 学术研究著作

2020年我社继续有一批高质量的学术研究著作出版。有文史大家的标志性著作，如全十册重新排印的《陈寅恪文集》，全八册的《朱瑞熙文集》，《唐文治全集》最后两种(《唐文治性理学论著集》《唐文治文章学论著集》)，陈允吉先生的《佛教中国文学溯论稿》等。也有中青年学者的力作：朱琪的《蓬莱松风：黄易与乾嘉金石学　附武林访碑录》、陈昊的《疾之成殇——秦宋之间的疾病名义与历史叙事中的存在》、邵会秋和侯知军的《百兽率舞：商周时期中国北方动物纹装饰综合研究》。国家社科基金后期资助项目7种：《元好问与中国诗歌传研究》《王彦泓及其诗歌研究》《形神之辨与六朝诗学精神的建构》《唐代送别诗研究》《贸易与移民：清代中国人移民泰国历史研究》《过渡带：两淮地区早期社会进程》《四库提要小传斠补》。

(3) 考古与古文字块面

经过近几年的不断努力，我社出版的考古类文献研究与考古工作报告等受到考古学界的关注和好评，使我社成为国内考古出版物的主要出版社之一。2020年除完成了"十三五"规划项目《吉林大学藏甲骨集》、"白鹤梁题刻研究丛书"新品种《巴渝石刻文献两种合校》《白鹤梁题刻史料辑录》、"东北亚与欧亚草原考古学译丛"新品种《印度—伊朗人的起源》、"近代金石学家尺牍校注系列"的《两罍轩尺牍校注》外，还完成了《商周青铜器铭文暨图像集成三编》等获得过国家古籍整理资助的项目，相继出版了一批学术水准相当高的海外考古研究译著和高校出土文献研究著作，如《丝路探险——柏林吐鲁番探险队1902—1904》《中国文明：农业与礼制的考古学》《古代中国与欧亚大陆》《最早的农人：农业社会的起源》以及"复旦大学出土文献与古文字研究丛书"新品种《战国秦汉文字与文献论稿》等。

(4) 大众人文读物

大众人文图书相继出版了傅伯星的《大宋楼台——图说宋人建筑》，梁启超的《我们今天怎样做父亲：梁启超谈家庭教育》，现代著名学者洪业生平唯一的专著《杜甫：最伟大的诗人》的新版本；由日本江户时期著名画师狩野山雪所绘、复旦大学陈尚君解读的海外珍藏巨幅《长恨歌图》；由《聊斋》专家、“百家讲坛”《说聊斋》主讲人马瑞芳选定，收录了《画皮》《聂小倩》《婴宁》等各个类别的经典60余篇《聊斋志异》精选精译本。

5. 图书得奖及获得重点资助情况

《北京大学藏秦简牍》入选2020年度国家出版基金资助项目。

《清诗话全编·乾隆期》、《渭南文集笺校》、《五代十国墓志汇编》、《名臣碑传琬琰集校证》、《法国国家图书馆藏敦煌藏文文献(影印)》(27—35)、《俄藏黑水城文献·西夏文佛教部分》(30、31)、《吉林大学藏甲骨集》、《商周青铜器铭文暨图像集成三编》、《秦封泥集释》、《孝经文献丛刊》(第一辑)、“清代词谱要籍修订两种(词律、词系)”、“东亚《近思录》文献丛书(初编)”12个项目获得国家古籍整理出版专项资助，在全国名列前茅。

2021年市文创扶持资金项目，我社有6项入选，包括历史文献出版中心、古典文学出版中心两个专业出版中心，《杨维祯全集校笺》、《敦煌碑铭赞集释》、《商周青铜器铭文暨图像集成三编》、“中国国家博物馆馆藏文物研究丛书”(古籍善本卷、藏传佛教金铜造像卷、瓦当卷)4种图书。

在上海市出版协会女编辑工作委员会主办的“食·书单”短视频大赛中，我社编辑王冰鸿的短视频“等待中品尝美好，陪我们度过夏天的咸蛋和梅子酒”荣获大赛一等奖和最佳视觉奖。

市版协主办的“2020上海书籍设计双年展入选暨第十一届华东书籍设计双年展推选作品”活动中，我社美编黄琛设计的《禅解红楼梦》获封面设计一等奖，严克勤设计的《杜甫：中国最伟大的诗人》《清代西部皮影艺术图录》获书籍设计优秀奖，潘焰荣设计的《梦影红楼》获整体设计奖。

由潘焰荣设计的《尧臣壶：吕尧臣紫砂艺术》入选2020年“最美的书”。

2020年初，我社的《新疆图志(附索引)》获得第七届中华优秀出版物奖，《中国古代纪时考》入选2019年度“中国好书”。

6. 获得重要资助及版权“走出去”情况

(1) 版权输出情况

2020上半年，与施普林格·自然签约出版英文版《古文字学》《新疆史前晚期社会的考古学研究》，此两项均为2020年国家社科基金中华学术外译项目。《中国古代纪时考》与香港中和出版有限公司签约，授予其中国香港地区繁体字版权。《江山胜迹》与台湾时报文化出版企业股份有限公司签约，授予其中国台湾地区繁体字版权。与施普林格·自然达成《魏晋之际的政治权力与家族网络》《中国的家庭、私有制、文明、国家和城市起源》《大元史与新清史》英文版出版意向，与荷兰博睿出版社达成《中古社邑研究》英文版出版意向。

(2) 版权引进情况

与加州大学伯克利分校签约引进《古代景观：商代晚期中国的时间、空间和社区》(*The Ancestral Landscape: Time, Space, and Community in Late Shang China*)；

引进美国约翰·威利出版集团《最早的农人：农业社会的起源》(*First Farmers: The Origins of Agricultural Societies*)；

引进中国台湾地区三民书局林继中著《新译杜诗菁华》，收入《林继中文集》；

引进泰晤士·哈德逊出版社《考古学：理论、方法与实践》(第八版)。

(3) 对外出版类项目申报情况

申报2020年中宣部向港澳台出版发行项目：《观沧海》(授权台湾联经)、《江山胜迹》(授权台湾时报文化)、《情关西游》(授权台湾远足文化)；

申报 2021 上海市宣传部“中华文化走出去”:《古文字学》;

申报中国出版协会“一带一路”出版合作优秀案例:《金匮要略译注》《品味书法》;

2021 中华学术外译项目推荐选题目录 10 种,入选 2 种:《中古时期社邑研究》《魏晋之际的政治权力与家族网络》。

7. 阅读推广活动

我社 2020 年利用新书发布会、微信、短视频、哔哩哔哩、各直播平台进行图书的全方位宣传。

1 月 4 日,由复旦大学中文系、复旦大学古籍所及我社联合举办“纪念《陈寅恪文集》出版四十周年暨纪念版发布会”在复旦大学举行。

3 月,我社响应“上海书展・阅读的力量”2020 特别网聚活动,开展了多项图书推介专题活动。包括“一带一路艺术云展”专题,分几期介绍了《俄藏龟兹艺术品》《俄藏锡克沁艺术品》《塞伊玛—图尔宾诺文化与史前丝绸之路》等拥有精美插图的图书;另有“中华家训导读译注丛书”、《清代西部皮影艺术》、《中国国家博物馆馆藏文物研究丛书・古籍善本卷》等书的推介。此外还邀请了华东师范大学中文系教授方笑一,在澎湃、哔哩哔哩、喜马拉雅等多个直播平台讲授网课“在唐诗中约会春天”。

在“世界读书日”当天,中国图书评论学会组织评选出 2019 年度“中国好书”,由我社出版的《中国古代纪时考》入选人文社科类获奖图书。

4 月 23 日“世界读书日”当天即举办了题为“春日展卷——古典文学看上古”的直播活动,京东平台同时直播。同日,我社还联合“一条”举行了《长恨歌图》一书的众筹活动,并在当晚 8 点,邀请了上海博物馆日本艺术史研究者金靖之直播讲解,在澎湃、哔哩哔哩、喜马拉雅、东方网、樊登读书等 11 家平台同时播出,为大家讲述日本人为何喜欢《长恨歌》、中国文化对日本的影响等问题,受到读者广泛关注。

4 月 30 日,我社《保釐云间:上海历史上的神祇、信仰与空间》一书的责编和作者按书索骥,一同寻访隐匿在上海高楼广厦之间的百年前的寺庙教堂遗迹,并拍摄制作成视频,带领读者边行边读,走近魔都老城厢。

6 月 21 日父亲节当天,《我们今天怎样做父亲:梁启超谈家庭教育》新书发布暨读书分享会在思南书局举行。分享会由该书责编刘海滨主持,邀请了同济大学张文江教授和复旦大学邓秉元教授两位嘉宾,与读者分享梁启超的教育修身理念。分享会的内容同时也在当当和哔哩哔哩平台进行现场直播。

三、加强专业化建设,加强管理,以制度建设保证图书质量的提高

1. 古典文学出版中心开始运行,继续加强历史文献出版中心的建设,继续优化选题结构,进一步打造专业出版社的品牌

古典文学出版中心继承自 1956 年古典文学出版社(上海古籍出版社前身)创办以来在古典文学出版领域的深厚积淀和优秀传统,以上海古籍出版社第一编辑室(古典文学编辑室)为基础成立,致力于打造三大板块的专业出版品牌:一是古典文学文献的专业化整理与出版;二是古典文学学科前沿高端成果的出版与发布;三是经典普及读物的开发与推广。历史文献出版中心由参加过多次大型出版项目、经验丰富的资深编审领衔,吸纳了历史编辑室和考古编辑室的中青年骨干,着力于敦煌吐鲁番及家谱资料两个方向的出版开拓,以西域特色、家谱特色、传统特色来构建历史文献出版的资源,目前已与一些学术机构签订了战略合作协议,承担了多项国家级重点出版项目。同时

在哲学思想、艺术文博等块面，继续推进选题优化，围绕本社专业化品牌的建设策划、论证图书项目，并从考核机制上进一步向优秀双效益图书倾斜。

2. 建章立制，严格规范各项管理制度

2020年我社继续加强了新进员工的入职培训，对编辑的工作准则、重点书稿印前抽检、各编辑室的考核办法、美编的考核办法、校对流程、样书管理、档案管理及数字文档的管理都进行了细致的讲解，人事方面对休假、各种补贴和奖惩也重新做了更细致的规定和讲解。

制定员工手册，明确各项规章制度的奖惩与执行范围。

全面修订《上海古籍出版社制度汇编》，增加工会各项条例，进一步完善编辑考核制度和增大年终优秀图书奖励力度。

四、关于数字出版

2020年，数字编辑室的结构经历了一些变化：人员结构方面，针对数据库方向，新招聘两位有相关工作经验的员工；工作安排上，两位新员工分别负责数据库产品设计和数据加工，原有的两位老员工在电子书业务上做了微调，一位专门负责所有平台的运营，一位则处理后台加工对接。正是有了以上调整，2020年的电子书业务思路逐渐清晰，销售业绩较上一年有明显提升，各纸书编辑室对数字室的工作也有了清楚认识；同时，我们为未来“十四五”规划，集中我社及集团内古籍资源，设计“汇典”中国古典文献平台，已完成立项报告。

2021年，数字编辑室的工作将集中在资源管理中心及网站建设、数据库建设、电子书业务等三个方面。

1. 资源管理中心及网站建设

在2020年的工作基础上，初步完成资源管理系统的调试工作，争取将2019、2020年的出版文件上传至后台，并完成初步测试和运营。完成网站页面及各板块的设计，完成域名转移、ICP备案等工作，年内须正式开通官网。

2. 数据库建设

根据“汇典”平台的要求，对本社资源梳理深入调研，梳理资源分类和方向；基础工作人员需逐步配齐，如数据编辑（数据、文字处理等）、技术人员（项目管理、产品方向）、策划助理编辑（项目管理等）、选目管理（选目、梳理版权信息）配置达到最低需求量；确定数据加工整体规范；考察、调研数字化相关技术公司，以确定一些数据库前端开发、技术算法开发等公司的合作模式；对自动标点、工具书知识化汇编方向技术考察，寻找合适的技术合作团队。

3. 电子书等数字产品业务

增加电子书品种，提高电子书收益；维护重点品种，提高图书曝光率；进一步梳理工作流程，重点完善电子书质量检查制度；增加有声书品种，初步完成喜马拉雅平台已授权书的更新工作；策划有声书选题，拓展有声书合作平台，丰富合作模式。

五、2020年工作体会

1. 成绩

2020年在做好疫情防控的基础上，调控出版和发行的节奏，加大图书营销力度，努力降低疫情对生产的影响,使发行总量和利润接近上一年水平。做好“十三五”规划项目的收官工作。坚持专业本位,维养品牌,不断开拓选题块面。选题结构中古籍整理与古籍整理类相关的学术研究块面所占比例与往年基本相当,达85%左右,继续保持专业古籍出版社的形象。近年新开拓的考古与出土文献块面在前几年努力开拓的基础上,已得到巩固,并得到学界认可,为承担大型项目打下坚实基础。地方文献块面继续有较大的拓展。同时2020年大力开发了重版资源,重新包装,带来了一定经济效益。

继续抓住国家文化强国的好机遇,争取获得社会效益和经济效益双丰收。我们积极主动地争取国家或地方政府补贴或基金项目,还积极争取各大学的项目补贴,国家财政和地方财政及各大学的资助补贴项目已成为我社的重要收入来源。但同时,我们清醒地意识到不能过分依赖于补贴,补贴项目必须与社的选题结构和规划相符,一定要立足自身,使社会效益和经济效益稳步而健康地发展。

综合发行部、网络发行部各司其职,市场部积极配合,加强与书店、与网络销售平台的沟通,加大对天猫店、公众号等新兴客户的开拓、扶持,保持销售信息和销售渠道的畅通。疫情防控期间,线上销售的平稳部分弥补了线下销售的下跌缺口。

职工收入增长率为6%(不含发行人员回归影响因素)。

2. 不足

出书自从2019年设置5月、9月两个考核期后,出书进度大大提升,但8月书展和9月考核期相隔过近,使得8月、9月出版图书集中,给美编室、出版科、印厂带来较大压力。

对各类补贴书的依赖性仍较明显,近年的初版书再版率不高。

能稳定社经济的特大型项目,开发力度不够。

2020年虽通过健全制度加强图书质量管理,但图书质量的提高还需时日,老编辑的传帮带作用不够凸现。

“十三五”规划项目和一些获得国家资助的大型项目进展前松后紧,未形成系统的调控机制。

阅读推广工作还比较薄弱,投入人力、资金不足,未能充分发挥重点图书的影响力并带动销售。

疫情以来,针对地面门店销量大幅度下降、账期延长应对办法不多、不够有力,外库增长幅度较大,还应注意风险控制。

第八节　少年儿童出版社

2020年,是“十三五”规划的收官之年。2020年,也是少年儿童出版社实行上海世纪出版(集团)有限公司综合改革方案的收官之年。同时,2020年,也是新冠疫情暴发并肆虐的一年。这一年,我们在落实党的理论和路线方针政策的前提下,继续深化改革,克服疫情的不利影响,为广大青少年读者提供了更多高质量的优秀作品。

一、产品结构和专业特色

作为一家专业的少儿出版社,我社以出版少儿图书为主业。2020年,全年出版图书533种,其中新书260种,重印书273种,重版率51%。我社图书主要集中在儿童文学、低幼启蒙、科普人文、教育读物四大门类,四大板块拥有自身经典及常销产品,各具特色并持续推出新精品。

2020 年，我社出版了绘本《逆行者》、儿童文学作品《我的英雄》、漫画《三毛抗疫记》等抗疫图书；《和平方舟的孩子》《我的地下学校》《少年读中国》《来之不易的新中国——新四军战斗故事》等主题图书；“生命传奇”系列长篇小说《你好，珠穆朗玛》、《沈石溪臻奇动物小说文集》、“科学家带你读科幻”系列丛书、“现实主义长篇系列・小巨人原创”等儿童文学作品；儿童文学理论图书《新世纪儿童文学新论》，经典漫画《三毛的朋友们》（“张乐平儿童漫画丛书”），科普图书《蜡烛的故事》《寻找看不见的世界》《关于动物的一切》，原创绘本《蓝星人绘本》系列等。其中《和平方舟的孩子》累计印数 2 万册；《三毛抗疫记》累计印数 2.5 万册；《少年读中国》累计印数 1.2 万套、3.6 万册；《寻找看不见的世界》累计印数 1 万套、5 万册；《蜡烛的故事》累计印数 8 万册。

二、文化和社会影响

我社始终把社会效益放在首位，以精品生产为指导，策划出版优秀原创图书，不断提高自身影响力，获得了各类奖项、奖项以及社会的关注。

1. 重点项目

《男生贾里全传》（俄文版）入选“丝路书香工程”；《布罗镇的邮递员（爱藏版）》（俄文版）入选“中国图书对外推广计划”；“地球大冒险丛书”、“现实主义长篇系列：小巨人原创”、“‘小小旅行家’中国版”、《〈少年文艺〉质量及影响力扶持提升综合项目》、《布罗镇的邮递员》（越南语版）、原创儿童文学出版中心 6 个项目入选市文创扶持资金资助项目；《和平方舟的孩子》、“新时期上海儿童文学作家、作品研究”、“《小青春》（保加利亚语版）翻译推介”入选“上海文化发展基金”资助项目；《十万个为什么》（AR 版）入选“上海科技专著出版资金”资助项目。

2. 奖项荣誉

“深海探索丛书”（6 册）、《智慧精灵》入选“2019 年全国优秀科普作品”；《布罗镇的邮递员》入选“第十九届输出版优秀图书”；《昆虫记》、《十万个为什么》（第六版・校园版）入选“2020 年农家书屋重点出版物”。

3. 国际影响

2020 年，我社输出图书 68 种（纸质版 40 种，电子版 28 种）。纸质版输出项目包括：《男生贾里全传》俄文版、韩文版，《小青春》保加利亚文版，《香草女孩　会跳舞的向日葵》波斯文版，《布罗镇的邮递员》波兰文版，《飞越喜马拉雅》乌尔都文版、俄罗斯文版、阿拉伯文版，《风雪那年》俄文版、阿拉伯文版，《最新版上下五千年》俄文版，《十万个为什么》（第六版）越南文版（18 种），《PNSO 恐龙大王科学绘本》（10 种）韩文版，《逆行者》阿拉伯文版。另协助输出抗疫图书《新型冠状病毒感染的肺炎学生防护读本》意大利文版。

2020 年实现出版的已输出图书 25 种：《十六岁少女》瑞典文版于 2020 年 1 月出版，《布罗镇的邮递员》越南文版于 2020 年 4 月份出版，《十万个为什么》（第六版）（18 种）阿拉伯文版于 2020 年 4 月份出版，《怪怪熊学校》《开往熊镇的列车》《中国古代寓言典藏图画书・曾子不撒谎》《中国古代寓言典藏图画书・愚公移山》《中国古代寓言典藏图画书・齐宣王的弓》阿拉伯文版于 2020 年 11 月份出版。

4. 融合发展

我社积极推动传统出版向数字出版转化，并取得一定成果：完成数字课程“玩转 VEX IQ 机器人”；完成科普实验视频“生活中的科学发现”，并在“上海市科学实验展演”中获得优秀奖；推出“寻找看不见的世界”，该项目融图书、课件、线上视频、线下活动于一体，内容涉及古生物、太空、海洋、微观世界、人体五个模块;将我社经典品牌图书《上下五千年》拍摄成短视频剧,用银幕呈现"丝绸之路"等;推出《恐龙绝密档案》视频课程,并同时在爱奇艺、喜马拉雅、掌通家园等平台上线;在亚马逊、当当、掌阅等平台上线本版电子书 440 种。

5. 社会影响

我社承办第三十五届全国少年儿童出版社社长年会以及"多维视域下的文明与书写"为主题的少儿出版交流活动,三十多家少儿出版机构、十四家业内媒体受邀出席,共同探讨"'十四五'期间少儿出版如何守正创新、实现高质量出版"。

我社积极响应"上海书展·阅读的力量"2020 特别网聚活动,52 项活动通过微信公众号、微博、京东、哔哩哔哩等平台推出,各平台的点击(下载)阅读量共 25 609 人次;在京东、哔哩哔哩、快手以及腾讯看点等平台进行 10 场直播活动,观众总数达 9 100 人次,点赞数 87 000 余次。

我社启动"秦文君儿童文学创新奖",倡导原创儿童文学追求坚守与创新并重,奖励儿童文学原创作家,培育儿童文学创作人才梯队,助力出版精品力作,推动儿童文学事业繁荣发展。启动仪式被《新民晚报》、周到上海、上观新闻、《文汇报》、《文学报》等媒体报道。

我社重大活动被各大专业新闻媒体关注、报道。1 月 10 至 14 日,百道网、《出版商务周报》、出版商务网、《出版人》、《中国出版》、中国作家网、《中国新闻出版广电报》7 家媒体报道"新世纪儿童文学新论"丛书发布会暨"新世纪儿童文学理论发展趋势"研讨会在京举行;5 月 26 至 31 日,学习强国、新华网、新华社、火红的党旗、共青团中央、书香上海、看看新闻、上观新闻、文汇 APP、《解放日报》、东方网、上海发布、周到上海、大公网、《中国出版传媒商报》、《香港文汇报》、《出版商务周报》、上海长宁、世纪阅读 19 家媒体报道"三毛"走进薇娅直播间举办慈善义卖;11 月 16 至 17 日,中国金融信息中心(新华社)、陆家嘴金融网、网易新闻、新浪新闻(综合)、中国网商务、未来网 6 家媒体报道与马拉丁童装举行战略合作签约仪式。

第九节　上海科学技术出版社

2020 年是不平凡的一年,既是"十三五"规划收官和全面建成小康社会,实现第一个百年奋斗目标之年,也是打赢新冠疫情防控阻击战之年。

一、坚持正确的出版导向,不忘科技出版人初心和责任

上海科学技术出版社认真学习党的十九大和习总书记系列重要讲话精神,坚决贯彻落实党的路线、方针、政策,坚决执行出版的相关法规,坚持正确政治方向、出版导向、价值取向。做好重大公共卫生事件中的健康科普出版,是科技出版人的初心所系、责任所在,我社奋战在抗疫出版一线,为国内外疫情防控工作提供强有力的文化支持。

2020 年初新冠疫情暴发后,我社坚决贯彻落实习近平总书记重要指示精神,坚持人民至上、生命至上,以高度的政治站位和敏锐的出版意识抓住"第一时间"出版抗疫书刊,正确引导舆论、壮大主流声音、传播科学防疫知识,为打赢疫情防控的人民战争发挥了应有的作用。

1. 抗疫出版工作

"第一时间"策划出版的《张文宏教授支招防控新型冠状病毒》被评价为"易懂、好用、最能体现上海水平"的防疫指导读物,从 1 月 29 日启动到 2 月 2 日免费电子书上线,仅用 100 个小时,创造

了新的出版速度；该书纸质版已加印至 111 万册，其中 87.2 万册公益配送至上海 16 个区；尝试“纸电同步”线上传播，在“上海发布”“人民网”“新华网”等平台免费发布该书电子版，当晚阅读点击量就超 160 万次；该书获得全球关注，向海外输出 19 个语种的版权，在全球共享“中国抗疫经验”。

2 月 7 日《抗疫·安心——大疫心理自助救援全民读本》免费电子版上线，4.5 万册图书第一时间公益配送到武汉方舱医院，与上海东方医院一起向上海市电力、邮政、市场监管、铁路等行业一线员工捐赠该书 5 万册。

《科学画报》《大众医学》等期刊始终站在抗疫科普宣传的第一起跑线，通过新媒体平台发布抗疫科普文章 160 余篇，总阅读量近 1 800 万次。随着国内疫情形势持续向好，组织出版了《上海战“疫”硬核科普》等书，将上海战“疫”经验转化为市民健康生活方式和科普工作经验；出版了《张文宏教授再支招新冠疫情常态化下的健康生活》《谢斌教授带你走出“新冠”：心语新愿 70 条》等关注后疫情阶段的科普图书。

除了出版大众类科普抗疫读物，还紧急出版了《方舱医院感染控制手册——新型冠状病毒肺炎疫情防控实务》(中英文版)等为医护人员和救治工作提供专业援助的书。邀请去武汉抗疫的中科院院士黄璐琦和仝小林分别撰写《重型新冠肺炎案例精选——中医治疗策略与分析》和《“武昌模式”抗击新冠肺炎——中医药防控重大突发公共卫生事件创新实践》，系统总结中西医结合救治经验，把防疫经验转化为科研成果。

2. 抗疫图书出版后的社会反响

2020 年 2 月 11 日，《人民日报》客户端以《张文宏防控新冠新书免费看啦》为题，介绍了《张文宏教授支招防控新型冠状病毒》数字书的出版，并提供免费下载，当天的阅读量即达 39.2 万人次，2 月 11 日和 13 日《中国新闻出版广电报》的《非常出版，阻击疫情“书”不尽》和《逆袭：出版界交出抗疫首份答卷》报道都提到了《张文宏教授支招防控新型冠状病毒》一书。3 月 24 日新华网报道了《张文宏教授支招防控新型冠状病毒》意大利语版将发行的消息；4 月 1 日，新华社报道了《张文宏教授支招防控新型冠状病毒》葡语版在巴西出版的消息；4 月 16 日，新华社报道了《张文宏教授支招防控新型冠状病毒》日语版在日本出版的消息；7 月 31 日中新网报道了《张文宏教授支招防控新型冠状病毒》(僧伽罗语版)新书发布会在斯里兰卡举行的消息……

2020 年 2 月 12 日央视新闻《客厅“方舱医院”：医护共守护　保平稳运转》报道中，评价《抗疫·安心——大疫心理自助救援全民读本》一书：轻症病人、参加抗疫的医务人员和警察等，通过这本书的科普教育，可以减轻心理压力，提高免疫力。

2020 年 3 月 6 日《中国新闻出版广电报》的《国际出版人跨越山海来助力》报道中，介绍了《张文宏教授支招防控新型冠状病毒》作为公益版权免费输出伊朗，为伊朗人民战胜疫情助力。

《张文宏教授支招防控新型冠状病毒》数字版(1.0 版和 2.0 版)，分别在《人民日报》、新华社、上海发布、上观、《解放日报》、《文汇报》、澎湃新闻、东方网、书香上海、亚马逊、掌阅、QQ 阅读、微信阅读、学习强国等平台发布，发布当晚点击阅读量超过 170 万人次。推出 PDF 电子版免费供上海市民下载。《抗疫·安心——大疫心理自助救援全民读本》电子版分别在澎湃新闻、解放日报网、文汇网、界面、新浪、今日头条、东方网、话匣子、阿基米德、上海动向、《新民晚报》、书香上海、亚马逊、掌阅、QQ 阅读、微信阅读、学习强国等众多平台上线，推出 PDF 电子版供上海市民免费下载阅读。

2020 年 5 月 1 日《中国中医药报》刊发了中国中医科学院中国医史文献研究所朱建平研究员《一部中医翻译传播研究的力作》书评，介绍了李照国教授的《中医对外翻译传播研究》一书。

2020 年 6 月 17 日《中国中医药报》刊发《展现抗疫“上海经验”》一文，对我社出版的《中西医结合诊疗新型冠状病毒肺炎验案 120 例》进行推介。

2020 年 8 月 14 日,《健康之城——新时代“健康上海”典型案例汇编》一书首发,《人民日报》客户端刊发《上海健康样板城市是怎样炼成的?》文章。

全年主办“汇科普”“知科普”等 54 场次线上线下活动。

3. 抗疫图书的宣传活动

2020 年 2 月 13 日,一场防疫科普课直播在上海钟书阁进行,我社《张文宏教授支招防控新型冠状病毒》和《抗疫・安心——大疫心理自助救援全民读本》编辑与线上读者分享了作者和编辑争分夺秒编写出版两本书的艰辛历程,还有防疫的科普知识,同时回答了网友提出的防疫中的问题和困惑,在线观看人数超过 600 人。2 月 13 日《文汇报》撰文《疫情之下别怕!上海出版人联手书店直播,战疫书单帮你解压》进行了专题报道。

2 月 22 日“上海书展・阅读的力量”2020 特别网聚活动启动,上海市医疗救治专家组组长、复旦大学附属华山医院感染科主任张文宏教授担任首位主讲嘉宾,主题为“教你在疫情期间如何正常生活”。将近一小时直播时间里,谈疫情发展、谈复工条件、谈医疗环境等,金句不断。这场生动的在线科普活动吸引了超过 300 万人次观看,收到了极佳的效果。

二、聚焦国家科技战略与成果,进一步提升专业出版能级

我社秉承“传播科学,提高国力”的出版宗旨,近年来,聚焦国家科技发展战略和科技成果,坚持专业出版和精品出版的策略,有所为有所不为,巩固和拓展重点专业领域和优势学科的产品线规划,尤其强调在医学、基础科学、工程技术和农业科学领域的产品线建设,以“十三五”国家重点图书出版规划项目和国家出版基金等项目为引领,专业出版的集中度进一步加强。

在专业出版领域,我社的自然科学、工程技术、医学、农业技术等专业板块已形成品牌优势。2020 年,上述四大板块的新书占全年新书的 80%。据《出版人》杂志发布的出版社学术著作的影响力的 H 指数排名,我社不仅在全国地方科技出版社中 H 指数排第 1 位(排地方出版社第 3 位),而且在医药卫生学科排第 2 位,在农业科学、生物科学、数理科学和化学等专业学科分别排在第 4 位、第 5 位、第 8 位。

2014 年我社“医学临床与工具书出版中心”作为上海市新闻出版局第一批学术・专业出版中心挂牌,经过 3 次评估,2020 年继续获得市文创扶持资金的“上海学术・专业出版中心”资助。6 年来,中心共出版医学类图书超过 1 200 种,年出版码洋超过 1 亿元,承担国家出版基金项目 7 项,在临床内科学、外科学、神经病学与精神病学、耳鼻咽喉科学以及中医学与中药学等板块,我社出版的医学图书被引用量均稳居国内三甲,中心所出版的专业图书和工具书在医学领域具有较高的学术影响力。

2020 年是“十三五”收官之年,我社“十三五”国家重点出版物规划项目总数为 43 项、154 种,项目数位列上海市出版社第一、全国第二。截至 2020 年底,共完成 41 项、148 种。项目完成率为 95.35%,品种完成率为 96.10%。

三、双效益取得丰硕成果

1. 2020 年获得基金的主要项目

国家出版基金项目。2020 年有 4 项获得国家出版基金资助,分别为“分子人类学研究丛书”、

“海洋深水油气田开发工程技术丛书”、《中国中药资源大典·全国卷》(第一期)、“中国草原保护与牧场利用丛书”。

《云南民族药大辞典》《中国古代机械复原研究》通过了基金办的结项和验收。《中医对外翻译传播研究》和《海洋生物医用材料大系》已进行了结项和验收工作。

国家古籍整理出版基金。《宋刊〈备急总效方〉校注》1 项获资助。

国家科学技术学术著作出版基金。《高速铁路轨道平顺性检测关键理论与技术》等 7 项获得资助。

《盾构隧道刀片更换技术》(英文版)和《翁心华疑难感染病和发热病例精选与临床思维》(英文版)获 2020 年“经典中国国际出版工程”资助。《张文宏教授支招防控新型冠状病毒》英文版和俄文版入选 2020 年“丝路书香工程”。

上海市促进文化创意产业发展财政扶持资金。共有 9 个项目获得了资助，分别为“高海拔高寒地区高速公路建设关键技术丛书”、《冠状动脉慢性完全闭塞病变介入治疗：策略、技术与病例》、《面向芯片、器件与系统的先进液态金属冷却》(英文版)、《中国农业昆虫学》、《中医名词考证与规范》、“基于张文宏抗疫防疫图书的全媒体融合出版和大众科普传播”、“基于优质出版资源的中医典籍数据库建设与应用·一期”、《分子生药学》(第 2 版)(英文版)、“医学临床与工具书出版中心”。

上海科技专著出版基金。《上海光源加速器研制及运行优化》等 11 种获得资助。

上海文化发展基金。《何以江南——考古学视野下早期江南的地域文化》等 3 种获得资助。

《张文宏教授支招防控新型冠状病毒》与华山医院联合申报，获上海市 2020 年度“科技创新行动计划”应对新冠肺炎疫情科普专项资助。

《海洋大数据》(英文版)和《工程结构随机最优控制理论与方法》(英文版)获 2018—2019 年度上海市“一带一路”国际合作项目资助。

2. 2020 年获得的主要荣誉

我社获“上海市科普工作先进集体”称号；中共上海科学技术出版社有限公司委员会获“上海市先进基层党组织”和“上海市抗击新冠肺炎疫情先进集体”称号。

《中国古代机械复原研究》获第十五届文津图书奖。

《糖尿病防治路上指南针》《糖尿病防治路上新鲜事》获得 2019 年度上海市科学技术普及奖一等奖，《中国脂肪肝防治指南的科学普及》获得 2019 年度上海市科学技术普及奖二等奖。《抗疫·安心——大疫心理自助救援全民读本》《向肺癌宣战，你赢得了吗?》和《家庭真验方》分获 2020 年度上海市科学技术普及奖二等奖和三等奖。

《〈血管通——血管病防治保健必读〉的立体化科普》、《中国脂肪肝防治指南》(科普版)获 2019 年中华医学科技奖医学科学技术普及奖。

《中药炮制化学》获得 2020 年度中华中医药学会科学技术奖·学术著作奖二等奖，《医林翰墨》和《浙江优势药用资源研究》获得 2020 年度中华中医药学会科学技术奖·学术著作奖三等奖。

《上海市城市总体规划(2017—2035)》获上海市第十五届“银鸽奖”出版类图书二等奖。

《如何保养您的心脏：心脏病患者家庭医疗指导》入选 2020“农民喜爱的百种图书”。

《张文宏教授支招防控新型冠状病毒》国际传播项目入选“一带一路”出版合作优秀案例。

《张文宏教授支招防控新型冠状病毒》、“舰船科普丛书”、《上海市民居家健康知识读本》、《抗疫·安心——大疫心理自助救援全民读本》、《西学中，创中国新医学——西医院士的中西医结合观》、《沿着达尔文环球考察的足迹旅行》获 2020 年上海市优秀科普图书。

《大众医学》《科学画报》入选 2020 年中国优秀科普期刊目录；《大众医学》在“2019 年国内数字

阅读影响力期刊 TOP 100”排第 24 名,健康类排第 1 名。

《分子生药学》(第 2 版)(英文版)入选“第十九届输出版优秀图书”。

《山海遗珍:中国科学院古脊椎动物与古人类研究所馆藏标本选粹》获第十一届华东书籍设计双年展整体设计奖和 2020 上海书籍设计双年展整体设计奖;《上海 2035:迈向卓越的全球城市》《天使·飞羽集》获 2020 上海书籍设计双年展书籍设计优秀奖。

《中国古代机械复原研究》等 6 种图书获第三十三届华东地区科技出版社优秀科技图书一等奖;27 种图书获二等奖。

《我的野生动物邻居》位列《中国新闻出版广电报》优秀畅销书排行榜科学生活类第 8 位。

2020 年,我社被授予“上海市抗击新冠肺炎疫情先进集体”“上海市先进基层党组织”“上海市科普工作先进集体”“上海市志愿服务先进集体”称号,蝉联“全国文明单位”和“上海市文明单位”。

四、版权“走出去”步伐越迈越稳

近年来,我社的专业图书版权已从单向“引进来”,逐步向“走出去”和“引进来”双向渠道迈进,通过进一步加强与国际著名专业出版集团的合作,“走出去”步子越迈越大,力争打造原创高端专业图书版权输出高原。

2020 年我社共输出图书版权 34 种,数字版权 59 种。

1. 抗疫图书版权输出

《张文宏教授支招防控新型冠状病毒》一书版权输出英语、俄语、乌兹别克语、波斯语、泰语、越南语等 19 种外文版权。2020 年 3 月 3 日,该书的波斯语版在伊朗总统府下属战略研究中心进行了电子版发布并提交伊朗卫生部,供伊朗民众免费下载阅读,努力以中国抗疫经验为伊朗相关工作提供支持。另有《重型新冠肺炎案例精选——中医治疗策略与分析》《方舱感染控制手册——新型冠状病毒肺炎疫情防控实务》输出了英语版,《抗疫·安心——大疫心理自助救援全民读本》一书输出了德语版和英语版。

2. 专业图书版权输出

《胰腺病理影像学:肿瘤性病变》《皮肤超声诊断学》《妇科疑难病例 MRI 解析》《激波反射的数学分析》《零间隙滚子包络精密减速器的研究》《船舶压载水管理系统开发与应用》《船舶动力装置代用燃料》《船舶动力装置》《斑马鱼组织细胞学彩色图谱》等 9 种医学、数学、工程技术和农业原创专业图书输出到世界主流出版公司。

《盾构隧道刀片更换技术》(英文版)和《翁心华疑难感染病和发热病例精选与临床思维》(英文版)获 2020 年“经典中国国际出版工程”资助。《张文宏教授支招防控新型冠状病毒》英文版和俄文版入选 2020 年“丝路书香工程”。

五、积极探索专业、教育和大众领域数字出版的模式

1. 专业领域数字出版推进情况

专业领域主要是探索成型的专业数据库建设,以及数字新技术与专业内容的融合等。一是杏林园中医药数据库建设,2018—2020 年主要是推进中医典籍库、中医语料库的构建,形成了 8 个专业子库的中医数据库。二是结合 AR 增强现实和二维码技术,2018—2020 年共完成 17 种工程职业

技能图书的配套数字内容制作与融合出版，这是工程技术类图书数字转型中的一次尝试。

2. 教育领域数字出版推进情况

教育领域的数字出版推进工作主要还是完善数字教育资源的建设，凸显自主资源建设，服务教材出版。

一是基础教育方面。2020 年重点完成了化学和生物知识点的数字开发，包括三维化学分子结构模型、DNA 结构等，三年来共计制作数字资源 100 多个。2020 年下半年，针对我社初中数学教材，启动数学教材数字资源建设，确定了基本工作路径。上述数字资源部分已被教育单位采购。

二是高职高专教材方面。基于我社引入的第三方融合出版系统，在西医成人高等教育专业教材、中医高等教育中医药教材、工程职教教材等领域开展了融合出版服务，共计 80 个品种，在纸质图书上通过二维码叠加了音频、视频、PPT 课件、在线习题、电子书、交流圈等应用，为教材使用者提供增值服务。2019 年下半年起重点推进了中医教材融合出版尝试，已上线近 10 种，效果良好。

三是文教结合数字教育课程建设方面。完成了二期项目“赶碳乐园”和电教馆采购上架、修改与维护；完成了四期项目“AR 地球家园”数字课程的策划、制作、结项和世外中学的上线使用；完成了五期项目“植物探秘”数字课程的策划、制作，并于 2020 年初结项。

3. 大众阅读及纸数融合出版等情况

期刊在媒体融合上的探索。《大众医学》《科学画报》等品牌期刊加强了纸媒＋数媒融合内容的发布，如开设微信号、头条号、百家号等形成针对不同阅读群体的立体覆盖，增加媒体订阅量，并开展了专家专栏新模式、有声书等业务。

2020 年特别在疫情期间，两本刊物的新媒体发文近 200 篇，其新媒体矩阵发挥巨大作用，阅读量总计达 2 000 万次，产生了很好的社会效益。

纸数融合复合图书出版方面。2018 年我社引入了 RAYS 二维码复合出版系统，为编辑提供了融合出版工具，提高了编辑的融合出版意识。三年来已有 100 多种图书加载了 RAYS 系统二维码。

电子书营销方面。我社主要以亚马逊 Kindle 和掌阅平台为主，近三年来依靠平台活动开展和加强了一些较优质图书的销售。

4. 积极开展了新项目申报

2020 年“中医典籍库一期”获得市文创扶持资金资助；申报数字出版精品遴选推荐计划项目 2 项（“张文宏抗疫全媒体出版”“创新智能制造融合出版”）。

在 2020 年新冠疫情期间，我社积极响应国家新闻出版署和教育部等国家部门的号召，开发数字出版资源，开放大众读物电子书、有声书和教材教案 120 种（套），供读者和师生免费阅读和使用，阅读量计 350 万次。

2020 年，我社数字出版收入占出版主营业务收入的 2.27％。

第十节　上海辞书出版社

2020 年，在上海市委宣传部（上海市新闻出版局）、上海世纪出版（集团）有限公司领导下，上海辞书出版社深入学习贯彻习近平总书记一系列重要指示精神和中央、市委决策部署，加强组织领导，勇于攻坚克难，针对新冠疫情对图书出版、发行，对重大项目进度带来的影响，认真部署疫情防控和生产经营各项工作，积极推动全社出版业务稳步发展。经过全社上下共同努力，国家重大出版工程《辞海》（第七版）顺利出版，《辞海》网络版上线试运行，《汉语大词典》（第二版）编纂出版工作加快推进，其他各项工作有序开展，基本实现全年各项目标任务。

一、基本情况

2020 年 1—12 月，累计出书 412 种，其中初版书 161 种、重印书 251 种。

二、出版工作整体情况

2020 年，我社以《辞海》(第七版)、《汉语大词典》(第二版)等国家重大出版工程为中心，狠抓"十三五"重点图书出版规划收官结项，巩固并提高工具书、文献整理、学术研究、文化普及等重点产品线建设。通过论证编制"十四五"重点图书出版规划，积极培育新的增长门类，努力打造新的传世精品。随着《辞海》网络版正式上线试运行，我社数字出版工作也进入了新阶段。

(一) 重大出版工程推进情况

1.《辞海》(第七版)

在中央和上海各级有关部门关心支持下，在主编陈至立全面领导下，经过 1 000 余位编纂出版人员的共同努力，《辞海》(第七版)彩图本顺利面世。8 月 12 日，《辞海》(第七版)在 2020 上海书展开幕当天亮相，中共上海市委常委、宣传部部长周慧琳，上海市副市长宗明出席首发活动。《人民日报》、中央电视台、新华社、《光明日报》、《解放日报》、《文汇报》、《新民晚报》等主流媒体进行了报道。《辞海》(第七版)彩图本全面上市后，我社陆续赴全国各地开展营销活动，社会各界反响热烈。同时，通过多种途径收集读者反馈，加强舆情管理。

《辞海》(第七版)缩印本编纂出版工作也在有条不紊地推进。

2.《汉语大词典》(第二版)

《汉语大词典》(第二版)编纂修订工作继续稳步推进。8 月 25 日，主编华建敏听取了《汉语大词典》(第二版)编纂出版工作情况汇报，对各项工作予以充分肯定，强调要重视作者队伍和编辑队伍建设，重视修订质量，注意争取各方对《汉语大词典》(第二版)编纂出版工作的关注和支持。

2020 年底，《汉语大词典》(第二版)第 4、5、6 册出版，第 8 册发稿。出版的前 3 册已广泛寄送业界专家进一步征求意见。

(二) 工具书出版

在我社主要出版门类工具书板块，推出了一些重点项目。专科工具书主要出版了"十三五"国家重点图书出版规划项目《计算机科学技术大辞典》，"2013—2025 国家辞书编纂出版规划"项目《道教大辞典》，还有《齐梁文化辞典》、《常州地名历史文化大辞典》、《中国古今地名对照表》(第三版)等；语词类工具书主要出版了"十三五"国家重点图书出版规划项目、国家出版基金项目《语海》(第一卷)；学生工具书出版了《辞海版实用现代汉语词典》等 7 种；鉴赏类工具书主要出版了《现代散文鉴赏辞典》(新一版)、《四书五经鉴赏辞典》(第三版)、《对联词典》，以及"文学经典鉴赏系列"的《诗经三百篇》《楚辞名篇》和"中国文学名家名作鉴赏精华"等 10 种；方志、年鉴类主要推出了大型国家级项目《中华人民共和国标准地名志》的《政区・居民点地名卷》5 卷"征求意见本"，以及《上海市志・外资经济分志》《上海市志・绿化市容分志》《上海金融年鉴(2019)》等。

(三) 文献和学术图书出版

文献整理方面,出版了国家出版基金项目《中国近代中小学教科书汇编·清末卷》的《修身》,国家古籍整理出版专项经费项目《岳麓书院藏秦简》(陆)等。

学术类图书,出版了"十三五"国家重点项目、国家出版基金项目《上海通史》5卷,"马克思主义经典著作传播史研究丛书"的《〈马克思恩格斯全集〉历史考证版编辑与马克思主义文献典藏研究》等。

(四) 艺术类图书出版

艺术类图书,推出《彩色放大本中国著名碑帖》(第十一集)10种,《董其昌书法字典》等"名家书法字典"5种,《赵孟頫名笔》等"名笔系列"5种,《何绍基篆书四屏两种》等"名家篆书丛帖"6种,《黄道周书孝经赞义》等"书苑拾遗"9种,以及《戴敦邦画说金瓶梅·市井烟云》《戴敦邦画说西厢记·牡丹亭·长生殿·桃花扇名剧》《书家挥毫便览》等。

(五) 教育和文化读物出版

教育类图书,根据市教委要求,继续做好新版《语文综合学习》(试验本)22种拓展教材的出版、发行工作。

少儿科普读物推出"发现科学百科全书"7种,"趣味科学丛书"6种。

文化类图书,推出文化读物《相辉:一个人的复旦叙事》、《民俗掌故日历3.0版》(2021)、《古迹寻踪日历》(自助版),以及《事物掌故丛谈》精装校订本10册等。

在年初疫情期间,我社快速推出了《新冠肺炎疫情法律问题与依法应对》一书,积极宣传"依法应对"的理念和方式,同时立足公益,向南京西路街道的社区、楼宇等捐赠图书。

(六) 数字出版

2020年我社数字出版工作紧紧围绕《辞海》网络版和聚典数据开放平台等重点项目推进,基本达到年初预定目标。

《辞海》网络版在进一步优化升级后,于2020年9月上旬开始上线试运行。我们通过微信社群、网络版页面等多种形式收集用户反馈,及时进行审核、修改并发布。《辞海》网络版的试运行,不仅进一步测试了APP版本对各种手机型号的兼容性,更对网络版内容、功能、技术等方面的建设成果有所检验,为下一步建立有效的产品运营、用户服务和反馈机制提供了有益借鉴。同时,《辞海》网络版在线修订工作进入调研论证和前期准备阶段。

在上海世纪出版(集团)有限公司指导下,由我社自主开发的聚典数据开放平台已采购集团内外20余种优质工具书资源,并完成《汉语大词典》、《汉语大词典》(普及版)、《现代汉语大词典》、《大辞海》(38卷)、《中国历代人名大辞典》、《小辞海》、《上海大辞典》等40多部工具书数据的XML制作。截至2020年底,已有各类工具书词条数据130多万条。2020年8月我社在上海书展期间举行了产品发布会,并与掌阅、阅文、上海图书馆、咪咕、豆瓣、澎湃、上观、方正、最闻、一意等10多家机构开展了技术对接工作,5家正式上线。截至11月5日,聚典数据开放平台用户访问量突破1亿次。

在《汉语大词典》网页版基础上,2020上海书展期间我社又推出了《汉语大词典》APP,并在喜马拉雅和抖音平台举行了两场线上发布会。《汉语大词典》APP上线三个多月来,用户反馈良好。

同时我社加大了《汉语大词典》维权力度,完成对"搜狗汉语""快快查"等平台的侵权诉讼准备工作。

我社也在不断提升数字产品自主开发能力。与清华大学出土文献研究与保护中心合作,开发建设"楚文字综合整理工作平台";与市教委教研室合作,在其在线资源平台发布了《辞海》部分内容资源;疫情初期,自主开发了"《辞海》公共卫生小百科"微信小程序,协助万达信息开发了"守护100"微信小程序,为疫情防控助力。

电子书业务方面,完成了历年资源的系统整理完善,并在可知、掌阅、得到、亚马逊、当当等在线阅读平台分类上架、强化运营。"中国文学鉴赏大系"电子书在亚马逊平台10月1日当天销售额超过10万元;《大辞海》系列电子书在得到平台热读榜100名中始终维持在9～13种。

《辞海》网络版APP、"问道国学"APP、《汉语大词典》APP通过了教育部教育移动互联网应用程序备案;"世纪聚典数据开放平台"获得市文创扶持资金资助。

(七) 版权工作

2020年上海辞书出版社完成引进图书1项。输出版权3项:《异质文化交织下的上海都市生活》继英文版输出后,再输出法文版,签约瑞士斯内克出版公司;《山海经鉴赏辞典》波兰语版签约输出捷西莫特斯奇出版社;《宋词鉴赏辞典》电子版输出日本卡西欧,实现数字版权输出。

三、社会效益情况

(一) "十三五"国家重点图书出版规划执行情况

我社共有"十三五"国家重点图书出版规划项目12项,2020年完成《辞海》(第七版),《计算机科学技术大辞典》,以及《汉语大词典》(第二版)第四、五、六册,《上海通史》第10、12、18、26、28卷,《语海》(第一卷)等5个项目11种重点图书的出版。2020年是"十三五"出版规划收官之年,至整个规划执行期结束,我社可完成"十三五"国家重点出版规划项目8项,《汉语大词典》(第二版)等4项作为"2013—2025国家辞书编纂出版规划"项目,将在"十四五"期间继续执行完成。

(二) 国家基金项目完成情况

2020年我社完成国家出版基金项目5项12种:《辞海》(第七版),《汉语大词典》(第二版)第四、五、六册,《上海通史》第10、12、18、26、28卷,《语海》(第一卷),《中国近代中小学教科书汇编·清末卷》的《修身》;完成国家古籍整理出版专项经费项目1项:《岳麓书院藏秦简》(陆)。

(三) 年度重点图书完成情况

我社列入2020年上海市重点图书共10种,分别为:《汉语大词典》(第二版)第四、五册,《计算机科学技术大辞典》,《道教大辞典》,《齐梁文化辞典》,《上海通史》(4种),《中华人民共和国标准地名志·政区、居民点卷》(2种),《中国古今地名对照表》(第三版),《岳麓书院藏秦简》(陆),《现代散文鉴赏辞典》(新一版)、《对联辞典》,年内全部完成。

(四) 各类出版基金立项情况

本年度我社有7个项目获得各类出版基金立项资助:《秦汉简帛文献断代用字谱》获国家出版基金资助;《敦煌艺术大辞典》、《近现代汉语辞源》、"马克思主义经典著作传播史系列丛书"(7种)

等 3 个项目以及汉语语文辞书出版中心获 2020 年上海市促进文化创意产业发展财政扶持资金资助；《我心澎湃——“中共一大会址”采访日记》《相辉：一个人的复旦叙事》等 2 个项目获 2020 年第一期上海文化发展基金重大文艺创作资助。

（五）获奖情况

本年度我社有 5 种书刊获得各类奖项：《常州地名历史文化大辞典》获 2020 年江苏省第十六届哲学社会科学优秀成果奖三等奖；《辞书研究》在 2019 年度上海市期刊编校质量检查中获编校质量优秀；《语文综合学习　五年级第一学期》（试验本）在“2019 学年沪版教材印制质量检查评比”中获教材印刷一等奖；《梅花喜神谱注释本》（珍藏本）获 2020 上海书籍设计双年展整体设计奖；《海上空间——晚清寓居城市的现代性》获封面设计优秀奖。

（六）社会影响情况

在认真做好出版主业的同时，我社还积极发起并参与各类社会活动，服务地方经济，推动社会文化发展。

2020 年，我社举办的重大活动主要有：8 月 12 日，上海书展首日举行《辞海》（第七版）首发活动，12 月 18 日《辞海》（第七版）出版座谈会在京沪两地隆重召开，中共中央政治局委员、中宣部部长黄坤明在京出席并讲话，全国人大常委会副委员长、《辞海》副主编曹建明出席会议，原国务委员、第十一届全国人大常委会副委员长、《辞海》主编陈至立出席会议并讲话，《辞海》编委会成员和出版发行界代表等 130 余人在京沪两地参会，新华社、《人民日报》、中央电视台等对座谈会进行了报道；我社自主开发的聚典数据开放平台 8 月 13 日在上海书展期间举行了产品发布会，《中国新闻出版广电报》《解放日报》《文汇报》等予以重点报道，11 月 5 日聚典数据开放平台访问量突破 1 亿次。

服务地方经济文化发展方面，与上海市慈善基金会共建“《辞海》公益专项基金”项目，为开展公益活动提供有力支持；举办“辞海讲堂”系列文化专题讲座，邀请《辞海》作者参与，已举办 2 场；9 月与中国近现代新闻出版博物馆签订我社图书馆馆藏文献保护利用工作合作框架协议，将我社馆藏资源提供给更多读者使用；与静安区图书馆合作开展“悦读静安”文化讲坛活动，已举办 2 场；积极参与静安区文化建设，与静安区文保中心开展“陕西北路左邻右里”历史建筑（何东旧居）讲解活动，我社社长秦志华因在静安区“建筑可阅读”活动中突出表现，获“2020 年度静安区十大公共文化旅游人物”称号；年初我社青年党员参与上海京沪高速路花桥道口的车流引导、秩序维护、体温测量等志愿服务工作，为上海的疫情防控工作贡献力量；助力抗击疫情，我社开发的“《辞海》公共卫生小百科”微信小程序和《大辞海》在线数据库、《问道国学》APP 在疫情期间向社会公众免费开放；为支持疫情防控工作，我社党员捐款 13 822 元（已全部上缴集团党委），工会募集捐款 10 000 元（已全数捐赠给上海慈善基金会抗击新型冠状病毒肺炎疫情专项基金）；我社青年志愿者服务队与崇明陈家镇、松江中山街道开展新时代文明实践结对共建活动，捐赠图书 1 000 余册，建设“《辞海》爱心书架”。

2020 年有 130 多种（次）图书得到各类媒体报道，包括《辞海》（第七版）、《近现代汉语辞源》、《敦煌艺术大辞典》、《上海图书馆善本题跋辑录附版本考》、《戴敦邦画说金瓶梅・市井烟云》、《无尽之河》、《新冠肺炎疫情法律问题与依法应对》等被《人民日报》、新华社、中央电视台、《光明日报》、《法制日报》、《解放日报》、《南京日报》、《中国新闻出版广电报》、《中华读书报》，以及“学习强国”、“新华网”、“东方网”、“百道网”、“澎湃网”等媒体报道。《相辉：一个人的复旦叙事》入选“2020 百道原创好书榜年榜”的人文类 TOP100;《民俗掌故日历 3.0 版(2021)》入选“2020 百道原创好书榜年榜”的人文类 TOP100;《戴敦邦画说金瓶梅 · 市井烟云》入选“2020 百道原创好书榜年榜”的艺术类 TOP100。

上海辞书出版社入选《中国出版传媒商报》等评选的 2020 中国图书海外馆藏影响力出版 100 强。

第十一节　学林出版社

一、主要板块、重点图书、国家和省部级重点项目完成情况

1. 国家和省部级重点项目完成情况

(1) “十三五”规划项目完成情况

“十三五”国家重点出版物出版规划项目“语言学热点问题研究丛书第二辑”(5 种)于 2020 年 7 月全部完成出版。

(2) 上海市重点图书完成情况

《上海城市品格读本》于 2020 年 10 月出版。

《文献中的百年党史》于 2020 年 11 月出版。

《初心的传承——中国共产党人的家风》调整为《上海渔阳里:中国共产党的初心孕育之地》,已于 2020 年 5 月出版。

2. 主题出版情况

《文献中的百年党史》入选 2020 年主题出版重点出版物。

2019 年主题出版重点出版物《细节的力量:新中国的伟大实践》入选 2019 年度“中国好书”,目前累计销售已经超过 10 万册,累计印数 15 万册。

“四史”学习读物《初心之地——上海红色革命纪念地全纪录》累计印数已超过 2 万册。

《上海渔阳里:中国共产党的初心孕育之地》、《近代中国社会主义传播史图谱》、《信仰的力量——中国共产党人的初心》(2017 年主题出版重点出版物)在多次大型书展作为重点出版物重点陈列。《1949 上海解放日志》《俞秀松画传》《中国经济特区简史》都成为“四史”学习热卖读物。

3. 专业图书出版情况

在我社重点板块语言学类,2020 年除了“十三五”国家重点出版物出版规划项目“语言学热点问题研究丛书第二辑”(5 种)外,还出版了《汉语大语法五论》、《介词结构漂移的句法语义接口研究》、《汉语名词非范畴化特征的句法语义接口研究》、《现代汉语虚词研究与对外汉语教学》(第八辑)、《汉语言学新视界 2020》等,继续深入发展语言学研究领域的产品线。

4. 2020 年全面建成小康社会相关主题图书

自 1979 年中央提出东部地区援建“老少边穷”地区,1995 年中央提出并实施对口支援工作以来,在上海市委、市政府的领导下,上海各区援建干部把对口支援之地作为“第二故乡”,积极建功立业、历练人生,留下了一个个体现上海和对口支援之地深情厚谊的生动故事。“上海援建扶贫奔小康系列丛书”总结了上海各区的对口支援工作的历程,发挥党史资政育人的作用,通过口述记录和研究出版、系统收集保存对口支援地工作的史实,对于进一步促进民族团结,进一步促进对口支援之地的改革发展,继续深入持久地做好对口支援工作,具有重要的政治价值和现实意义。

丛书共十六册,已出版《虹口的责任》《长宁的责任》《奉贤的责任》《杨浦的责任》《闵行的责任》

《宝山的责任》《为了全面小康：松江对口支援：1995—2020》《金山的责任》《青浦的责任》《崇明的责任》《浦东的责任》《徐汇的责任》《普陀的责任》，年内将完成《黄浦的责任》《静安的责任》《嘉定的责任》的出版。

5. 防疫抗疫类图书

我社出版了抗疫题材时代报告剧《在一起》的同名图书《在一起》。本书记录了这段触动中国人泪点与痛点，展现出中国人坚强与伟大的集体记忆。在10个剧集故事的基础上，还收录了编剧、导演、主演等众多主创的创作心得，记录了鲜为人知的台前幕后故事。《在一起》加急问世，全团队协作致敬平民英雄。本书的一大亮点是电子书、纸质书和电视剧同步上市，在时间紧张的情况下，集合了我社编辑、市场部以及发行中心等各部门的力量，达到了高度配合。

面对突发新冠疫情，上海的各类企业积极响应党中央的号召，努力做好防疫物资的生产、运输、分送。其中，民营企业也主动作为，在抗疫防疫的各条战线发挥积极的作用。为了总结民营企业在抗议防疫中的经验，上海市工商联对全市各民营企业进行了专项调研，《八千里路星和月——复星全球总动员实录》就是调研成果之一，主要反映了复星集团在抗疫中的情况。

6. 大众出版领域

《道是无情却有情》延续了“郦波品诗词与人生”系列丛书的高关注度，销售情况良好，累计印数2万册。

《汉武帝和他的时代》打破传统营销模式，积极尝试云首发，加快云传播，推进云销售。上市半个月就荣登当当历史新书榜第28名，目前累计印数2万册。

《牛津笔记》出版一个月内，在北京由新书店、单向空间、FT中文网、杭州大屋顶、上海《申报》馆、东方艺术中心等多地开展不同主题的图书分享活动，获得媒体深入报道26篇，成为“2020百道好书榜”9月榜人文类第一名。

7. 城市文化专题

为了传承上海历史文脉，提升城市精神品格，增强城市文化软实力，我社组织出版了一系列上海文化特色重点书。如“上海地情普及系列丛书”（第二辑），包括《上海零点人民广场》《中西邂逅徐家汇》《璀璨明珠陆家嘴》《人杰地灵新天地》《古韵新声静安寺》，以及其他相关重点图书《上海城市品格读本》《方志上海微故事——城市与生活的温度》《外滩历史年轮》《浦江一湾——上海新江湾城的前世今生》《上海史研究三编》等。

8. 连续出版物

为了配合上海市的中心工作，为上海现代化建设服务，我社与相关政府机构、单位建立了长期的合作，每年出版相关图书。如各区的《奉贤年鉴2019》《崇明年鉴2019》等，行业类的《侬好，上海TAXI》《上海市文化创意产业发展2019年度报告：出版领域》《上海组织工作调研文选2018》等，专题类的《新闻出版博物馆》（总第三十五期）、《新闻出版博物馆》（总第三十六期）等各类连续出版物。

二、图书宣传推广情况

1. “四史”读物亮点频出，积极探索“四史”学习新形式

2019年主题出版重点出版物《细节的力量：新中国的伟大实践》，是一部好看好读的简明新中国史普及读物。积极的社会效益引起媒体强烈反响，获得2019年度“中国好书”的消息一出更是被频频关注，在积极的宣传推动下获得媒体报道近70篇，其中包括《人民日报》《光明日报》《中国新闻

出版广电报》《中华读书报》等媒体。恰逢习近平总书记在“不忘初心、牢记使命”主题教育总结大会上强调,要把学习贯彻党的创新理论同学习党史、新中国史、改革开放史、社会主义发展史结合起来。市场部响应号召,积极配合各部门进行“四史”学习推进工作,频频将此书推荐到上海及各地的“四史”学习书单,并且大力宣传,不断扩大影响力,配合发行部门打开渠道,对该书进行限价以维护市场秩序和公平性,回流了大批量的团购订单,并且保证团购订单及时发货。除此之外,我们时刻关注销售库存,及时加印,保证库存充足,使其在“四史”读物中表现抢眼,目前销售已经超过10万册,累计印数15万册。

2020年上半年最红最美的主题出版物非《初心之地——上海红色革命纪念地全纪录》莫属,在营销团队的推荐下,该书入选“四史”学习读物,同样,我们针对此书的特点及时制定了限价要求,并采取地面先行、网站补漏的政策,把团购引流回发行中心,并且保证团购的优先发货。在发行中心与市场部门的通力协作下,举办了10余场大型推广活动,并且在教师节当天,作者苏智良教授作为教师代表向中央政治局委员、中共上海市委书记李强赠送了《初心之地——上海红色革命纪念地全纪录》。本书丰富的内容加上有效的宣传,引起各界高度关注,在活动以及营销推广下获得媒体报道40余篇,总印数超过2万册。

当中国共产党发起组成立地(《新青年》编辑部)旧址修缮后重新开放,《上海渔阳里:中国共产党的初心孕育之地》又在第一时间出版,关于“渔阳里”的系列活动也正在展开。《近代中国社会主义传播史图谱》、《信仰的力量——中国共产党人的初心》(2017年主题出版重点出版物)多次在大型书展作为重点出版物重点陈列,《1949上海解放日志》《俞秀松画传》《中国经济特区简史》都成为“四史”学习热卖读物。围绕献礼建党100周年著作《文献中的百年党史》的相关营销宣传、文创周边也都在紧锣密鼓的策划中,市场部也配合各部门共同打造这本恰逢其时的“四史”读物。

积极探索“四史”学习新形式,率先推出《战上海》有声书。2020年初,李强书记在市委中心组学习会上指出,上海要在学习“四史”上先行一步,学深一步。在深刻领会会议精神的同时,秉承一贯的做精做深做好的内容的工作精神,领先与上海人民广播电台著名主播孙畅共同制作完成《战上海》精编版有声书,并于5月27日上海解放纪念日前在学林出版社“喜马拉雅”公众号发布,音频上传至不到半年的时间,播放量已近万次。“书香上海”公众号第一时间对《战上海》有声书进行内容发布,成为书香上海发布“四史”学习创新内容第一条推文。同时编辑和营销团队加紧制作带有声书二维码的不干胶贴纸,成为《战上海》作为“四史”学习材料的增值内容。《战上海》有声书还通过“学习强国”上海学习频道进行发布。

2. 大众类图书打破传统营销模式,积极尝试云首发,加快云传播,推进云销售

《汉武帝和他的时代》上市半个月就荣登当当历史新书榜第28名。4月23日世界读书日,《汉武帝和他的时代》在朵云书院·上海中心旗舰店举行“云首发”。该书作者姜鹏在现场录制了“云首发”讲座《汉武帝时代——理解中国历史的一把钥匙》,在“云上”讲述为中华文明奠定格局的汉武帝时代。首发讲座通过澎湃、哔哩哔哩、喜马拉雅、东方网、看看新闻、一条、趣头条、腾讯视频、樊登读书、浦东观察、周到上海等11个平台播出,腾讯视频观看人数达26.8万人,一条、一直播观看人数突破1.6万人,哔哩哔哩直播间新增近千人关注,首发当日即在当当、京东、文轩、悦悦、天猫等购书平台完成直接销售近500册。同时,学习强国同步连载首篇《汉武帝和他的时代|巩固中央政权的必由之路:分封与郡县的矛盾》一经上线就获5 000多的阅读量,目前累积阅读量已经超过3.6万人次。此外,为使本书“简单、直接、迅速、大量、多样”到达读者,营销团队有计划、分步骤制作、投放短视频,既通过学习强国上海频道、书香上海公众号、书香上海抖音平台发布“《汉武帝和他的时代》

上市”短视频，又在微博、微信公众号、抖音等平台发布“《汉武帝和他的时代》编辑推荐”短视频，还将1个小时的“云首发”讲座视频，剪辑成多条60秒短视频，投放抖音、一直播、快手、澎湃、西瓜、火山、梨视频等平台，引起读者热烈反响。

《牛津笔记》依托作者资源，打破传统活动形式。《牛津笔记》作者张力奋是进入英国广播公司的第一名中国记者，拥有强大的媒体资源。《牛津笔记》一经问世，通过作者牵线，取得与得到APP的合作机会，获罗振宇专场推荐，又在良渚大屋顶与东方艺术中心与钢琴家孔祥东合作音乐读书会。出版短短1个多月，已经在北京由新书店、单向空间、FT中文网、杭州大屋顶、上海申报馆、东方艺术中心等多地开展不同主题的图书分享活动，营销团队积极投入宣传，获媒体深入报道26篇，成为“2020百道好书榜”9月榜人文类第一名。

《在一起》加急问世，全团队协作致敬平民英雄。《在一起》的筹备拍摄，可以算是一场中国影视力量与时间的“赛跑”。这本书的一大亮点就是电子书、纸质书和电视剧同步上市，在时间紧张的情况下，集合了我社编辑、市场部以及发行中心的力量达到了高度配合。国庆前完成湖北、上海、武汉重点地区发货，国庆节期间营销团队不停歇，加大宣传力度，获得社会高度关注，前后被各大媒体报道近20篇，包括新华社、《人民日报》、《解放日报》、《文汇报》、《中国新闻出版广电报》、学习强国、东方网等。

3. 七天上海书展，九场活动线上线下同步进行

本届上海书展中，学林出版社举办了9场线下活动，汇集了我社一年内出版的好书和优质作者，引起现场读者驻足加入。考虑到部分读者因疫情原因不便前来会场，我社首次尝试了活动直播，为更多读者提供一个近距离接触作者的机会，累计在线约2 000人次。高质量线上线下联动活动也引起了诸多媒体的关注，总共被报道21篇。

三、版权经营及数字出版推进情况

《初心之地——上海红色革命纪念地全纪录》(音频版)入选2020年全国有声读物精品出版工程名单。

《战上海》《初心之地——上海红色革命纪念地全纪录》《细节的力量：新中国的伟大实践》制作有声书，发布于喜马拉雅和阿基米德等平台，反响良好。

“语言学热点问题研究丛书(第一辑)”中的《韵律与语法》一书的韩文版由韩国亦乐出版社出版。

《宋词简史》一书的繁体中文版由中华书局(香港)有限公司出版。

通过掌握的图书数字资源，我社已与掌阅、广州新华、苹果中国、北京人天、知网、多看、亚马逊、天翼、北大方正、新华传媒等网络阅读平台展开数字版权授权合作。其中单品种图书已有2 000本以上的销售成绩，断版图书的按需印刷(POD)销售为读者提供了便捷服务。

第十二节　上海远东出版社

上海远东出版社(简称“远东社”)在上海世纪出版(集团)有限公司、上海人民出版社领导班子的关心、指导下，坚持正确的出版方向，把社会效益放在首位，以选题为抓手，加强制度建设，提高出版效率，认真做好图书和期刊的出版工作，努力实现社会效益和经济效益相统一。

一、重点项目出版提升双效

远东社“十三五”国家重点出版物出版规划项目“中国经济论丛·新农村建设专辑”(7册),其中1册《我国区域特色农业发展调查》于2020年12月完成出版。《上海市档案馆藏近代中国金融变迁档案史料汇编》(10卷20册),其中2册:《孤岛时期上海金融业同业组织》于2020年7月完成;《沦陷时期上海金融业同业组织》于2020年8月完成。

2020年,远东社持续做好教材重印的日常报批送审工作,保证教材质量和政治导向,取得了良好的社会效益。3类上海市中小学教材——小学“自然”系列教材、初中“科学”系列教材、拓展型教材“金融与理财”,共计37种顺利完成出版。

远东社6种图书入选2020年上海市重点图书出版计划:《长三角一体化与高质量发展》《一片初心能对月——严家显传》《财政中国三千年》《我国区域特色农业发展调查》《浦东人杰丛书:黄炎培序跋集》《浦东开发开放录(1990—2010)》。6种图书均完成出版。

远东社通俗化学术读本《财政中国三千年》出版后,先后入选“长安街读书会干部学习新书书单”(第20200705期)、“百道好书榜”(7月榜)、“华文好书榜”(8月榜),获《出版人》杂志、《经济观察报》书评官微、“叙拉古之惑”官微等重点推荐。《企业“链”金术:区块链应用法律指南》贴近市场热点,是向读者介绍当前区块链技术法律方面的最新指南。《家族财富的破坏力——继承规划、财产保全、税收和财富管理指南》以实用可行的财富管理策略见长。上海市人民政府发展研究中心系列报告《长三角一体化与高质量发展》结合当前改革开放热点话题——长三角一体化国家战略,向读者展望了区域发展一体化的未来路径。纪实类作品《战“疫”:上海抗击新冠肺炎疫情实录(2020.1.5—2020.5.31)》向读者回顾了上海抗击新冠疫情,确定阶段性抗疫伟大胜利的历程。

远东社社科、文化类图书“活字通识系列”4种《你身边的伦理学:20个大问题》《文化极简史:人物·思潮·建筑的故事》《给生命音乐:100首》《西哲小史:从A到Z》,内容质量较高,市场反映良好。《文化极简史:人物·思潮·建筑的故事》入选“百道好书榜”(9月榜)。《文化里的中国》作为传统文化普及读本,可读性、知识性都比较高,实现了加印。《自由·人格·尊严:青年黑格尔的承认理论》《儒学的时代担当》作为西方哲学和中国哲学的学术研究作品,学术价值较高。

远东社结合重点产品认真做好宣传工作。一是新媒体方面。自媒体,2020年新增抖音和阿基米德两个媒体作为营销推广渠道,抖音视频浏览量超过15万,阿基米德音频浏览量超过370万。合作媒体,“上海发布”发文8篇,“书香上海”发文10篇,“世纪阅读”“新书季”等发文19篇,《上海商业》期刊累计5期荐书10种。二是传统媒体方面。2020年在《文汇报》、百道网、《上海社会科学报》、《新闻晨报》、《天津日报》、《文学报》等发文41篇,取得良好的社会影响。

二、优化产品结构和打造专业特色

远东社始终重视保持产品结构和产品特色,产品结构合理。经济与管理、教育、文化、历史类,占比在70%以上。远东社已有成规模、成特色的“远东阅读”“远东财经”2个品牌产业板块,每个板块年出版新书品种均超过10种。制定了体现专业特色的中长期选题规划,年度执行情况良好。非引进版图书新书品种占比在70%以上。

远东社积极推动传统出版向数字出版转化，数字出版工作方面，2020 年完成数字化图书 27 种，有声读物 5 种。合作方有亚马逊、当当、贝贝特、北京畅想之星、掌阅、多看、百度、豆瓣、网易等。

三、奖项、资助

远东社《文化极简史：人物·思潮·建筑的故事》荣获 2020 上海书籍设计双年展封面设计二等奖。《自然》(三年级第一学期)荣获“2019 学年沪版教材印制质量检查评比”教材印制奖二等奖。

远东社 2020 年获得多项资助：《上海市档案馆藏近代中国金融变迁档案史料续编》(3 卷 6 册)获 2020 年度上海文化发展基金项目资助。《海上碑林里的红色记忆》获 2020 年度上海文化发展基金项目资助。“《中欧商业评论》数字出版转型”项目获 2020 年度上海市促进文化创意产业发展财政扶持资金资助。

四、“走出去”工作

远东社 2020 年参与申报“经典中国国际出版工程”项目 2 项：《天地之中——嵩山历史建筑群》《以百姓心为心：老子政治哲学》，虽然最终未能获得资助，也为今后继续申报此类项目积累了经验。2020 年 10 月，远东社参加施普林格出版公司和帕尔格雷夫出版公司与上海人民出版社的访谈会，并推介了远东社的“走出去”书目，反响良好。

2020 年 3 月，远东社版权输出 1 项：《天地之中——嵩山历史建筑群》(英文版)，输出国家新加坡。

第十三节 上海科技教育出版社

上海科技教育出版社坚持以社会效益为先，社会效益和经济效益相统一的工作目标，团结一致，务实工作，顽强拼搏，克服重重困难，保证重点产品线——中小学教材和科学人文图书的生产，产品结构合理，专业特色明显，编校质量和印装质量整体情况良好。依托优秀的中小学教材和科学人文图书品牌，实现良好的文化价值和社会影响，取得了良好的社会效益和经济效益。

一、社会效益和经济效益双丰收

全年出版图书 766 种，其中新书 268 种，重印图书 498 种，重印率为 65.01%；出版期刊 6 种 75 期(3 期增刊)。

2020 年获得政府、出版行业机构、科技协会类图书奖 20 项，集体荣誉 3 项，个人荣誉 2 项。

我社图书生产码洋创历史新高，超 3.3 亿元，期刊生产码洋 754.6 万元。

二、传统出版工作有特色、增亮点

1. 基础教育教材方面

一方面，积极做好国家课程和地方课程教材的专项审查、修改工作，出版和推广高中新课标修订教材(《物理》《信息技术》《生物》)、《书法练习指导》(小学)、《综合实践活动》(小学、初中、高中)、《自然》(小学)、《劳动技术》(小学、初中)、《贵州省生态文明教育读本》(小学、初中、高中、中职、高职、大学)等教材;面对教材因政策变化、形势变化而开展的各类专项检查,积极做好春秋两季重印教材审读、修改、送审等工作,切实把好中小学教材质量关;落实中小学教材立德树人的根本任务,确保课前到书。另一方面,及时完成多个品种电子教材教参的制作和上线,更好地服务学校开展网络教学,保障中小学新冠疫情期间“停课不停学”;配合各省市中小学教材培训要求,完成各科教材网络培训,在线培训教师近 10 万名。

2. 科学人文图书方面

(1) 不断提升科学人文图书品牌“哲人石丛书”的社会影响力和市场占有率

《源自尘埃的世界》《科学之种》《博物学家眼中的世界》等新品问世,使“哲人石丛书”总体出版品种数达到 140 种。“哲人石丛书珍藏版”完成全部 20 种的出版,得到社会各界的普遍好评。

(2) 进一步加大原创选题的培育和开拓,努力提炼科普出版的品牌特色

入选国家“十三五”重点出版规划项目并获得国家出版基金支持的“科学家之梦丛书”(第一辑)和《中国野生大豆图志》如期出版。《火星科学概论》《三磅宇宙与神奇心智》分别荣获第七届中华优秀出版物(图书)奖和图书提名奖。《名画在左　科学在右》、“青少年创新思维培养丛书”被评为 2019 年“全国优秀科普作品”。《同舟共济南海梦——中国大洋钻探科学家手记》《数学百年风云:《纽约时报》数学报道精选(1892—2010)》和“尤里卡科学馆”系列等 3 种书获 2020 年上海市优秀科普图书。《大流感:最致命瘟疫的史诗》(特别纪念版)和《植物不简单》获得 2020 年上海市科普教育创新奖二等奖,《三磅宇宙与神奇心智》获得 2020 年上海市科普教育创新奖三等奖。《生命的时钟》被《中国新闻出版广电报》列为 2020 年 9 月全国优秀科技生活类畅销图书。

(3) 继续保持数学科普领域的优势和影响力

2020 年 10 月份发布的由著名教育家朱永新主持编制的《中学数学学科书目》,全国共有 32 家出版社的 100 种数学图书入选,我社独占鳌头,占了 17 种。

(4) 弘扬“生命至上”理念

面对突发疫情,我社积极组织相关选题和图书出版工作,第一时间租型公益出版了人民卫生出版社的《新型冠状病毒感染的公众防护指南》,成为上海第一本防疫图书,并捐赠给社区、企业坚守岗位的工作人员和务工人员;我社自主编写《新型冠状病毒感染的肺炎学生防护读本》,作为第一本上海本版图书通过上海发布微博电子版向上海市民发布,把读本及时推向上海和其他省份的学生手中;策划组织了提倡人与自然和谐相处的《荒野的呼唤——保护野生动物及其家园》,入选中宣部 2020 年主题出版重点出版物,当年出版,在主题出版方面实现了零的突破。

3. 重大出版项目方面

我社国家“十三五”重点出版物出版规划项目获批 8 项 31 种,中期调整为 8 项 27 种。2020 年完成 6 种,截至 2020 年底,我社国家“十三五”重点出版项目全部按计划完成。《中微子振荡之谜》《生物钟讲述光阴的故事》2 个项目获得国家出版基金资助,《名画在左　科学在右》入选国家出版基金 2020 年专项主题出版项目;“哲人石丛书”、“‘科学家讲科学’丛书”、《中国野生大豆图志》和哲人石科学人文出版中心 4 个项目入选上海市促进文化创意产业发展财政扶持资金资助项目;《青少年科技创新实验课》入选上海市科技创新行动计划;《中生代时期新疆的地质与古生物演化》《乳癌术后整复:从形体重塑到淋巴水肿》2 个项目入选上海科技专著出版资金资助项目。

4. 期刊出版方面

疫情期间，保持了期刊的正常出版，特别是引进期刊的准时出版。《上海课程教学研究》26 篇文章入选“人大报刊复印资料”，进一步提升了杂志的学术影响力。

三、融合出版稳步推进

我社继续坚持稳步推进数字出版工作原则，在围绕教材建设和服务教材推广之余，做好一般图书的融合出版，期刊继续探索新媒体营销工作。

配合疫情期间教学需求，完成沪版、全国版教材数字化上线；为地方开发数字教材；完成制作各科教材网络培训视频和教学视频；针对不同特色的图书，采取不同的数字化手段，完成部分图书数字资源的融合出版。

加大电子书出版力度，多种优秀图书在亚马逊、掌阅、当当、得到等平台均有上架，实现销售收入。尝试开展直播营销和新书云发布。

尝试期刊的数字化零售和征订，增加视频宣传内容。《新发现》数字内容积极运用各种数字平台宣传期刊内容，继续在今日头条、网易新闻、哔哩哔哩专栏、一点资讯、腾讯新闻等平台运营，文章广告收益有所增加。

四、“走出去”取得新进展

我社继续坚持立足原创、加强宣传、主动出击工作原则，推进“走出去”工作。全年共引进科普类、教育类外版图书 35 项(43 种)，输出版权的重点推荐门类为原创科普类、教育类和学术类图书，《医学传播学——从理论模型到实践探索》版权输出美国，《新型冠状病毒感染的肺炎学生防护读本》版权输出意大利和美国，为助力海外抗击疫情贡献绵薄之力。

第十四节　上海文艺出版社

上海文艺出版社(简称“文艺社”)以创作生产优秀原创作品为中心，多层次、多元地发扬本社在文学艺术出版方面的优良传统和特色，努力推出讴歌党、讴歌祖国、讴歌人民、讴歌英雄的精品力作和代表文学一流水准的文艺原创及理论著作，打造了一批社会效益凸显、两个效益结合的精品出版物。

一、社会效益和经济效益双丰收

2020 年以来，上海文艺出版社深耕出版主业，图书市场露出率、品牌影响力逐步提升。其中，《革命者》入选 2020 年中宣部重点主题出版物，同时入选中宣部“优秀现实题材文学出版工程”、2020 年“中国好书”月榜，并成为“四史”学习教育重要读本，列入湖南、江西等省份领导干部学习推荐书目；《中国科幻新浪潮：历史 · 诗学 · 文本》入选 2020 年国家社科基金中华学术外译项目；《篡改的命》入选“第十九届输出版优秀图书”；《金乡》入选中国作协定点深入生活项目优秀作品；《华山手账》入选中国作协重点扶持项目。《金乡》入选中国作协定点深入生活项目优秀作品、深港书评年中榜、文学好书榜月榜。《九说中国·第一辑》《风眼》获第三十届华东六省一市文艺图书奖一等奖，《蛋镇电影院》《锦瑟》《T. S. 艾略特传：不完美的一生》获二等奖。上海文艺出版社进入 2020 中国图书海外馆藏影响力出版 50 强(位居 27 位)。此外，《不安之夜》获国际布克奖；《把自己作为方法：与项飙谈话》《走出唯一真理观》位列豆瓣最受关注年度图书第一位、第五位，《骑士的献祭》《我们骑鲸而去》《天堂城堡中的音乐：巴赫传》《读城》《成人记》《金乡》《空巢：我在这世上太孤独》等一系列出版物引起文学界、学术界、出版界广泛关注和好评，入选《中国新闻出版广电报》、《中华读书报》、《中国出版传媒商报》、《新京报》、《文学报》、文学好书榜、华文好书、探照灯好书等年度、季度、月度重要榜单。《候场》11 月 13 日上市以来，已二刷发行 17 万册(三刷加印 8 万册)，《把自己作为方法：与项飙谈话》7 月初版以来八刷发行超 8 万册(九刷加印 3 万册)，《繁花》发行近 7 万册，《革命者》《走出唯一真理观》发行超 4 万册，《骑士的献祭》发行近 4 万册。

2020 年，入选上海文化发展基金重大文艺创作项目：《第一时间——写在春天里的上海报告》《陈丹燕的上海》《到新疆去——上海作家西域行走笔记》；上海文化发展基金文艺创作项目(文学)(一般项目)：《在这片热土上：浦东开发开放 30 年诗选》《骑士的献祭》《理论的踪迹》《似是故人来》《百年好合》《中国微型小说研究》《100 人的小康生活》；上海文化发展基金文化艺术活动项目“中国微型小说理论研讨会”。

二、重大出版项目有序推进

主题图书。《革命者》以扎实的史料刻画了英烈的鲜活形象，以极富文学性的语言展现了英烈的革命事迹。《第一时间——写在春天里的上海报告》讴歌了上海在新冠疫情防控阻击战中第一时间迸发出的“硬核力量”。《金乡》展现精准扶贫实施以来中国大地上发生的翻天覆地的变化。《浦东史诗》(30 周年纪念版)、《浦东人家》、《在这片热土上：浦东开发开放 30 年诗选》是讴歌时代，宣传浦东开发开放 30 周年的重大现实题材力作。

原创文学。《骑士的献祭》打开中国社会派推理写作新格局。《米兰讲座》集结余华精彩随笔，表达了余华对文学、生活和世界的深邃洞见。《陈丹燕的上海》追溯上海百年巨变中的日常生活，丰富民间记忆与个人历史的图景。《我们骑鲸而去》满怀对永恒生存困境的不竭追问。《白水青菜》以丰沛的细节描绘都市生活的繁华与苍凉。《空巢：我在这世上太孤独》作为非虚构力作记录当代老年群体生活现状，在原创出版领域取得不俗反响。《候场》引发读者对“何为真实、何为故事、何为表演，何为娱乐”的思考。《地铁》《高铁》《轨道》《余事勿取》《成人记》《象人渡》《惠比寿花园广场》《清明幻河图》《老板不见了》《晨昏线》等既有现实关注的独特视角，也有中国科幻的全新突破，更有网络文学的深入拓展，生动展现出原创作品的多元面貌。“收获长篇”系列出版春夏秋冬四卷 14 部长篇作品，不仅有重磅纪实佳作，亦有文坛老将新作，更有文坛年轻群体的实力展现，稳定了上海文艺出版社作为原创文学出版高地的基础。《微光·青年批评家集丛》以新一代文学批评呈现中国社会变革发展的图景。

文艺社科。《把自己作为方法：与项飙谈话》是一位人类学家阶段性的回顾总结，把自己的生活变成田野的现场。《孟买：欲望丛林》《泰晤士：大河大城》借由一本本书深入探索一座座城。《天堂城堡里的音乐：巴赫传》由世界顶级指挥家、巴赫作品当世最权威的诠释者，历时十二年写下巴赫的一生和他永恒的音乐事业。《中国书写：紫禁城六百年》多角度呈现历史悠久、辉煌灿烂的紫禁城文化。《中国大智慧》以智慧为经，以历史为纬，揭示作为“中国人”，如何弘扬中华文化，树立文化自信。《"孝"与中国传统文化》《中国的修养》《文化的格调》等书聚焦传统文化，结合现实生活，将中国传统文化的根本精神多方位地展现出来。

三、"走出去"出版情况

近年来，文艺社的图书版权已从单向"引进来"，逐步向"走出去"和"引进来"双向渠道迈进，进一步加强了与国际著名专业出版集团的合作，力争打造原创文艺图书"走出去"的高地。截至2020年11月共引进119种，输出15种。《篡改的命》入选"第十九届输出版优秀图书"；《中国科幻新浪潮：历史·诗学·文本》入选2020年国家社科基金中华学术外译项目，签订英语版、德语版、俄语版输出合同与翻译协议。

庆祝建党100周年重点图书《革命者》和全景展示上海各条战线奋力抗疫的纪实文学力作《第一时间——写在春天里的上海报告》作为重点选题，积极向大语种国家输出。《革命者》俄语版已出版，英语、法语、阿拉伯语达成版权意向；《第一时间——写在春天里的上海报告》签订俄语、白俄罗斯语、哈萨克斯坦语、吉尔吉斯斯坦语版权输出合同。《山盟》蒙古语达成版权输出意向。《繁花》越南语版5月在越南出版，该书"丝路书香基金"按时完成结项工作。

此外，2020年积极整合、参与其他相关项目申报："中国当代作品翻译工程"13种、2020中国图书对外推广计划9种、"第十九届输出引进优秀图书"推介3种、2020年中宣部向港澳台出版发行项目2种、2020年对外出版项目3种、2020年第一届上海文学艺术翻译奖4种。

四、跨界融合推广情况

2020年，文艺社继续着力于开展形式多样的图书推广活动，助推文艺社整体品牌建设。截至11月底，已举办各类线上线下活动近200场，见诸大众主流传媒的首发报道千余条，包括书讯、专访、书评、榜单、书摘、活动报道等多种形式。同时，积极探索视频营销等新模式，进一步打造"融媒体"宣传矩阵。值得一提的是2020年文艺社首度策划打造2020上海书展组委会重点品牌活动——作家餐桌计划，全力依托上海书展高品质文化内容，联动上海美食节品牌餐饮资源，通过文学、出版、旅游的跨界、破圈，以文化服务满足市民更加幸福的美好生活需要。本次"作家餐桌计划"邀请孙甘露、徐则臣、祝勇、毛尖、马伯庸、陈楸帆、那多等七位当代中国知名作家，携手沪上七家品质特色餐厅，成功实践了融合破圈、文旅结合的有益探索，有效提升了文艺社品牌影响力。

第十五节　上海文化出版社

上海文化出版社坚持正确的政治方向、出版导向、价值趋向，坚守文化立场、文化情怀、文化使命，确定以"聚焦内容建设，在城市文化、生活方式、审美风尚等领域努力打造出版品牌"为发展方向，强调品牌意识、板块意识和高地意识，着力打造高品质的人文阅读作品。

一、高质量有特色的主题出版推动提升双效益

经过四年的稳步发展，出版特色更加突显：文化类、生活类图书的市场表现良好，一些精品图

书取得了社会效益和经济效益的统一。

主题出版丰富多彩。“我的父亲刘少奇系列连环画(第二辑)”和“我的父亲刘少奇系列连环画(第三辑)”,采用口述历史的生动故事和老少皆宜的绘画形式,再现一代伟人刘少奇平凡而伟大的一生。《新编左联回忆》从各个方面立体性地展示了左联生动丰富的历史发展轨迹,描述了左联盟员在中国共产党领导下的文化斗争事迹。《崭新局面——中国共产党第二次全国代表大会陈列》展示了首部党章的诞生史及其之后的修正和完善历程。《上海新一轮对口支援新疆实录(2010—2013)》完整地记述了自2010至2013年上海市对口支援新疆喀什地区的工作,充分体现上海援疆精神和实际成果。《寻找支格阿尔》以扶贫为主题,展示了这几年来全中国大地上的乡村都正在描绘的一幅壮丽画卷。“中国精神”丛书1—9年级上册,以文化经典阅读为主体,挖掘传统文化的精神价值,让青少年得到扎实有序的优秀文化传统熏陶和浸润。《致敬！新时代领跑者》画册集中反映了2016—2020年,由中共中央和国务院表彰的上海市新一届全国劳动模范,展现了他们爱岗敬业、争创一流,艰苦奋斗、勇于创新,淡泊名利、甘于奉献的劳模精神。《唐山大地震救援史料整理类编·上海卷》(口述卷)回顾了1976年7月28日唐山大地震后,上海给予唐山的医疗卫生、建筑、工业等方面的援助和支持,体现了一方有难八方支援的大爱精神。另外,还有《淞沪抗战》《中共上海市虹口区历史大事记(2001—2017)》《青浦敌后抗战史料汇编》等。

2020年7月,本社2018年国家基金项目《中国古代玻璃研究》顺利完成结项验收。《中国古代玻璃研究》作者蒋玄佁先生为知名学者、同济大学教授,长期专注于美术学、考古学等研究,论著甚丰,深得国内外学界重视。本书为蒋玄佁先生遗作,首次发表,从某种程度上说,填补了国内在此领域的空白。本书出版后,得到学界与读者的赞誉,如同济大学的玻璃化学研究专家肯定了蒋先生就玻璃发生发展的研究所得出结论的正确性,上海大学的玻璃艺术研究专家也充分肯定了蒋先生开放式的学术视野。

2020年出版的《DK人类登山史》在建投书店举办了新书首发式,活动反响热烈,较好地宣传了出版社品牌。此外,《DK人类登山史》在新华网的“新华悦读”和“新华悦听”频道发布书评和音频,合计阅读量逾百万。2019年出版的《DK人类探险史》获得2019年度“金犀牛奖”户外出版物奖提名,本社编辑于2020年9月赴京参加了颁奖典礼。

为深入贯彻落实“人民城市人民建,人民城市为人民”重要理念,上海世纪出版(集团)有限公司评选出了城市主题图书品种,我社三种图书入选:《阅读上海100胜》《了解上海从这里开始——上海城市规划展示馆建馆20周年回顾》和《梧桐深处:建筑可阅读(汉英对照)》。

二、精心打造产业板块,形成一定的规模和特色

2020年出版的图书已形成一定的规模和特色,有些品牌产业板块已有了一批固定的读者群。如:

① “主题出版”板块,体现了文化社资源特点与编辑特色,共出版了24种。

② “艺术文化”板块,属于本社出版的传统特色,以艺术,尤其是戏曲、戏剧文献整理,戏剧家文集,艺术各门类史,艺术评论,艺术类传记,艺术画册为主,共计17种。

③ “少儿读物”板块,系在本社原有部分儿童读物,尤其是少儿教育读物的基础上,扩充重组的内容板块。主要为国内原创图文本和引进版儿童科普读本、儿童故事,如“亲亲科学图书馆”系列的《我的涂色认知书》(第一辑)、《我的野生动物朋友》、《指印画·小小艺术家》、《亲亲体育图书馆》(第一辑)、《动物的生活》。

三、获奖频频

（一）重点项目

2020 年，有以下重点出版物入选相关重点项目。

1. 入选 2020 年主题出版重点出版物选题 1 种

《外国记者眼中的早期中国共产党人》。

2. 省部级以上重点出版规划及专项出版资助项目

2020 年度上海市促进文化创意产业发展财政扶持资金项目 1 种：江南古建筑教育融媒体数字开发项目。

2020 年第一期上海文化发展基金资助项目 1 种：散文集《江南的春山与秋水》。

2020 年上海市重大文艺创作选题 1 种：人物传记《为城筑史——人民的建筑师邢同和》。

2020 年第二期上海文化发展基金资助项目 3 种：人物传记《我的爷爷盖叫天》、散文集《上海人家 AB 面》、短篇小说集《最后一棵树》。

2020 年上海图书出版专项基金 2 种：《上海左翼文献汇编》、《“海上电影”文库》（第一辑）。

2020 年主题出版物激励与 2021 年选题孵化 3 种：《汉字的味道》《外国记者眼中的早期中国共产党人》《碧血丹心家国魂——革命烈士遗文大典》。

2020 年上海市重点图书 4 种：《不给他音乐听》、《我的父亲刘少奇系列连环画》（第二辑）、《寻找支格阿尔》、《追寻生命中的红色脚印》。

2020 年傅雷出版资助计划项目 3 种：《与波德莱尔共度的夏日》《与荷马共度的夏日》《图书馆的历史》。

（二）奖项荣誉

2020 年，有以下出版物获得相关奖项或推荐：

2020 年度“农民喜爱的百种图书”：《高考作文常见错别字》。

上海市第十五届“银鸽奖”一等奖 3 种：《你好，静安》（汉英对照）、《梧桐深处：建筑可阅读》（汉英对照）、《开天辟地——中华创世神话新史诗》；三等奖 1 种：《静安概览（2019）》（汉英对照）。

第十四届中国户外金犀牛奖 2019 最佳户外出版物提名 1 种：《DK 人类探险史》。

第十一届华东书籍设计双年展整体设计奖 2 种：《华痕碎影——上海鲁迅纪念馆藏鲁迅先生手迹・藏品撷珍》《宛委琅嬛——越地文献精粹》。

2020 上海书籍设计双年展整体设计奖 2 种：《华痕碎影——上海鲁迅纪念馆藏鲁迅先生手迹・藏品撷珍》《宛委琅嬛——越地文献精粹》。

2020 上海书籍设计双年展书籍设计优秀奖 3 种：《上海小吃之南》《梧桐深处：建筑可阅读》《北海道漫步》。

四、更多尝试，更多拓展，活动精彩纷呈

我社与上海各区、街道、社区、学校、图书馆、特色书店共同探索文化传播的新模式，通过图书、讲座、展览、“阅读＋行走”、“阅读＋体验”等线上、线下活动，传播红色文化、海派文化、江南文化。

五、聚焦数字出版和版权贸易,“走出去”取得新进展

2020年,我社与DK出版公司等国外优秀出版机构进一步加大版权合作,共同打造优质图书。引进版图书主要是非虚构,以历史、人文、百科类为主,共引进76种。

2020年,我社有3本图书获得傅雷出版资助计划资助,资助金额总计2.9万元。

在“走出去”方面,2020年尽管受到新冠疫情影响,我社仍积极面对并参与各大书展推介自己出版社的重点图书,累计向中国香港书展推介19个品种、北京国际图书博览会线上推荐新书和重点书7种。

2020年我社向中国香港的万里机构出版有限公司输出毛丹青《风物志》中文繁体版权。

六、积极推动传统出版向数字出版转化,取得一定成果

在图书的基础上,我社策划了江南古建筑教育融媒体数字开发项目,该项目获2020年度上海市促进文化创意产业发展财政扶持资金,包括原创绘本、3D数字体验、云课程、线下活动、文创产品等等,通过新兴数字手段,多元化、多渠道展示江南古建筑文化,并形成特色系列产品,向青少年展示中国传统文化的魅力。

“江南古建筑教育融媒体项目”是一套亲子教育推广,以“江南古建筑和江南文化”为核心的融媒体开发项目。通过集“原创绘本、动画片形式的云课堂、艺术活动展览、文创产品”于一体的数字开发,将阅读与教育相结合,将单向传播与数字互动相结合,让读者及大众全方位地学习和了解中国江南古典建筑知识,并从建筑知识扩展学习传统文化的多个层面。

继2019年,我社与上海桑榕古建保护研究中心合作推出的“中国古建科普十讲——图解《江南寻宅记》”网络课堂在市非遗中心平台、上海桑榕古建保护研究中心、上海文化出版社微信公众号等平台上陆续连载和播出后,2020年,该项目的原创绘本《江南寻宅记》《江南寻城记》,3D动画云课堂《出发!去江南》完成第一集,文创产品设计完成,大型展览艺术季在策划中。

2020年,该项目将陆续推出更多成果,形式更多样:

原创绘本:以儿童故事绘本形式,科普中国传统江南建筑基本认识。

云课堂:以动画片的形式讲述江南古建的知识,计划15集,每集3分钟。云课堂结合儿童的年龄特点,采用生动有趣的语言、丰富的故事情节来讲述江南古建筑的故事。云课堂进入学校、地铁等公共领域,将产生较大的社会影响力。

展览:计划在静安雕塑公园和顾村公园樱花节举办两场“江南古建筑主题”的大型儿童古建展。展览将真实和全息投影结合,带来一场充满童趣的江南古建筑奇幻之旅,在游戏与互动中,让亲子家庭了解江南建筑的故事。

文创产品:通过可搭建的模型和手办,以及将动画品牌开发成学生喜欢的周边产品。

本社计划将“江南古建筑教育融媒体项目”整合为一个品牌,进行延续开发,并拟尝试进一步开发为文旅项目。预计整个项目完成后,不仅有良好的社会效益,更有较大的经济效益。

另外,我社2020年继续在亚马逊Kindle阅读、豆瓣阅读、掌阅、微信读书、QQ阅读、网易蜗牛读书等多个平台上线电子书。

第十六节 上海音乐出版社

一、经营业绩

截至2020年11月30日，上海音乐出版社(简称“音乐社”)实现发货码洋2.02亿元，完成全年预算91%；实现营业收入1.04亿元，完成全年预算99%。

预计年底将全面完成集团下达的新的经营指标。受特定事件影响，经营销售总量比同期下降约26%。虽然上半年销售基本停滞，第三季度起逐步销售恢复，但受外部大市场购买力的制约，目前销售仍然无法恢复到同期。分析产生的主要原因：1. 实体书店零售业务萎缩，零售购买和团供销售业绩下滑较大；2. 音乐类艺术考级延期，造成艺考前期销售停滞；3. 琴行培训机构不开班，专业老师推荐图书明显减少；4. 经销商销售能力受挫，造成到账期外库无法结账引起大量退货。

二、重点项目出版情况

(一) 主题出版项目

主题出版项目共完成7种：《出征 出征——抗击疫情优秀歌曲集》、《在希望的田野上——脱贫攻坚大众金曲100首》、《加油武汉 加油中国——抗击疫情优秀歌曲选》、交响组曲《井冈山》、交响组曲《东方印象》、《八一交响诗》、钢琴协奏曲音像特辑《我的祖国》。

其中《出征 出征——抗击疫情优秀歌曲集》《在希望的田野上——脱贫攻坚大众金曲100首》列入2020年中宣部主题出版重点出版物。《出征 出征——抗击疫情优秀歌曲集》(DVD9+MP3)更是创造了28天完成抄谱、排版、印制的新纪录，并于3月5日举行线上云首发。

(二) 国家重点出版项目

“十三五”国家重点出版规划项目共16项，已完成12项，还有4项没有完成，其中《中国古代舞蹈线描图典》因作者身体原因，已申请撤销。最后3个项目正在冲刺中，预期年内“十三五”国家重点出版规划项目全部完成。

(三) 基金申报项目

基金申报共获批9项：国家出版基金2项，上海市促进文化创意产业发展财政扶持资金3项，上海市重大文艺创作项目1项，上海文艺人才基金2项，上海市市级非物质文化遗产保护专项资金1项。

项目获得资助情况：

获得2020年度国家出版基金项目2项，项目名称：《中国传统音乐习语辞典》《敦煌音乐地图》；

入选并完成中宣部2020年主题出版重点出版物2项，项目名称：《出征 出征——抗击疫情优秀歌曲集》《在希望的田野上——脱贫攻坚大众金曲100首》；

入选并完成2020年上海市重大文艺创作项目选题舞台艺术创作演出项目1项，项目名称：《抗击疫情优秀歌曲集》；

获得2020年度上海市市级非物质文化遗产保护专项1项，项目名称：《周氏丝竹传谱》；

获得2020年上海市促进文化创意产业发展财政扶持资金3项,项目名称:“古典音乐全媒体出版中心”、《声音中国:生态音乐学影(音)民族志》、《中国小提琴作品百年经典(1919—2019)》;

获得上海文化发展基金会图书专项出版基金1项,项目名称:《中国当代舞剧发展史》;

获得2020年上海文艺人才基金资助类申报2项,项目名称:《沈洽音乐文集》《百年颂》。

(四) 初、重版情况

受新冠疫情影响,各类初、重版产品生产品种和数量均有较大幅度下降。初版品种下降主要是受书号制约,致使一些多卷本项目不得不以合并形式出版;重版产品下降主要集中在考级类图书和大中专春季教材领域。全年共完成出版817种,其中初版176种,占比22%;重版641种,占比78%。

上海市重点图书出版规划项目共完成6种:《谷建芬创作歌曲精选》、交响组曲《井冈山》、《王国潼二胡艺术文集》、《薛范60年音乐文论选》(上下册)、《中国舞蹈的原始发生与历史建构》、《中国当代古琴斫琴师》。

教材出版:高中《音乐》全套12册通过教育部审定,高中《音乐》教参6册完成首轮送审。小学《唱游/音乐》通过专项审核并完成2021春季修订和发稿;高中《艺术》通过专项审核,并完成2021春季发稿;《争章手册》九个年级通过专项审核并完成2021春季发稿。

(五) 融媒体出版

1. 产品出版

融媒体出版包括传统音像产品、数字产品、电子书、图书配套音视频产品四个方面。

传统音像产品共出版31种(84张碟片、4张LP黑胶唱片、3个U盘),二维码使用量202万张,绑定用户8.64万人;数字产品87种(其中初版6种、融媒体升级13种、重版再制68种);电子书96种;完成录音项目12种、在制5种,视频项目7种、在制9种。

此外,还开拓喜马拉雅、微信有声、懒人听书、荔枝微课等4家第三方合作平台,电子书新增签约平台京东阅读、掌阅馆配、中图公司共3家。

2. 数字产品及版权经营

(1) 产品经营

全年经营收益90.4万元。其中乐海商城实现销售71.5万元(图书5万、音像57.7万、数字产品8.8万);“一书一码”线上收益8.3万元;乐海学艺APP课程销售收益5万元;电子图书销售收益2万元;数字产品第三方合作平台收益3.6万元。

(2) 乐海书情

重点优化“乐海书情”自有平台,实现实体和数字产品联动。乐海商城于4月正式上线,共开设18个音乐教室、8个导航栏,已陆续发布102个数字产品(视频课程50个、数字专辑26个、有声导赏24个、在线曲谱2个)、1 300余种图书音像产品。商城访客数67 053人,浏览量突破60万人次;公众号发布与产品相关推文共122篇,点击量13.78万次。

(3) 版权经营

版权授权收益147万元,其中《辞海》采购音乐内容,获取收益21万元;The ONE智能钢琴使用图书内容,获取收益126万元。

3. 内容资源管理系统维护

CMS内容管理系统全年共新增图书198本、图片239张、乐谱156份、音频3 844首、视频

1 613 个。此外,该系统已与阿里云直接对接,实现“一书一码”二期升级配套;完成音像流程管理系统开发、出版部施工单管理系统开发;升级迭代图书选题流程管理系统、稿酬智能化支付系统(外版和内版);对 CRM 客户管理系统提供技术支持;实施 2020 二级等保续保工作。

4. 资质保障

音乐社申请的 ICP《增值电信业务许可证》已顺利获批,为乐海网的有偿知识服务提供了合法经营的保障。

(六) 期刊出版

月刊《音乐爱好者》创刊 41 年,创新办刊思路,丰富刊物内容,在保质保量完成纸刊工作基础上,全力践行融合创新,从公益宣传、书刊互动、渠道合作、品牌推广、线下活动五个层面开展融合创新,还进行 11 场视频直播,在业界引起较大反响。

全年出刊 12 期,月平均发行 6 500 册,附赠唱片 12 张;视频直播 11 场(累计收视量 192 万),微博 30 条(累计阅读量 17.5 万),微信 45 篇(累计阅读量 2.2 万);“十分钟导赏系列”融媒体原创节目 8 档。此外,还推动“纸电声像”一体化,电声一体刊、电声刊+配套乐曲、线上音乐讲座及音乐课程等项目,办刊内容更加丰富,形式更加立体;促成图书跨渠道运营,为纸质图书增加文创附加值,如:“音芙棒棒糖”项目为文创产品探索了新路径;与集团内兄弟出版单位的合作项目也在积极推进中。

此外,还获得经营性广告收入 30.26 万元。

(七) 版权贸易

2020 年,版权部与编辑部部分人员合并,组建成立国际事业部(共 14 人)。受疫情影响,外商授权品种有所下降,共签订 39 种引进合约,包括纸质出版物 36 种,电子书 3 种;其中英国 5 种,德国 11 种,美国 11 种,匈牙利 12 种。此外还新开发译者 12 人,其中德语 3 人,法语 1 人,英语 6 人,日语 1 人,意大利语 1 人。全年共组织图书翻译 148 种,年内完成翻译到稿 83 种。

(八) 学术出版中心项目

在完成 2018—2019 年度结项验收基础上,古典音乐全媒体出版中心 2020—2021 年度申报工作也于 7 月成功通过审核。

古典音乐全媒体出版中心坚持原创和翻译相结合,充分整合音乐教育、各类声器乐曲谱、少儿音乐读本、成人欣赏等内容资源,利用互联网传播、多媒体配套、数字化展示等技术手段,持续研发适应市场需求的复合型古典音乐出版物。

已完成重点项目:国家“十三五”重点出版物“20 世纪作曲家”系列(5 种);“世界经典名曲 50 首”系列(4 种);“世界经典名曲二重奏”系列(6 种);“诺顿音乐断代史”系列(2 种);“新编小提琴经典练习曲”系列(4 种);“雅马哈管乐队训练教程”系列(19 种);“音乐探索少儿教程”系列(14 种);“无师自通玩转乐器”系列(10 种);“看漫画弹钢琴”系列(7 种);“世界经典弦乐四重奏”系列(9 种);“青少年管乐队训练曲库”系列(17 种)等多卷本产品。

三、市场营销

上半年受疫情冲击,无法走访市场,但结合开卷公司提供的相关数据,业务员在全国范围内寻找合作伙伴,共拓客 50 余家,辐射全国 28 个省市;拓品 1 000 余种,共计码洋 500 余万。下半年还成立了天猫旗舰店独立运营团队。

1. 线上营销

2020 年 3 月 5 日,通过与哔哩哔哩、阿基米德、一直播等新媒体平台合作,进行抗疫图书《出征　出征——抗击疫情优秀歌曲集》和《加油武汉　加油中国——抗击疫情优秀歌曲选》的云首发,并通过官微连续 40 天发布 40 期"音乐传情　风雨同心"2020 抗击疫情优秀公益歌曲展播,展播歌曲共 150 首,起到了振奋人心的效果。学习强国、人民网、上海电视台等主流媒体也同步刊发报道。

3 至 10 月,与两家单位共同举办"简・巴斯蒂安国际钢琴公开赛",比赛采用线上视频拍摄方式进行,辐射全国 15 个城市,共 2 000 名琴童报名参赛,参与人数与覆盖城市均创新高。5 至 8 月,与三家单位联合举办"致敬肖邦・2020——华沙国际青少年钢琴比赛",以此纪念肖邦诞辰 210 周年。

此外,还加大网络直播宣传力度,从 4 月 23 日"世界读书日"开始至 11 月 11 日"天猫购物节",共开展天猫、京东平台直播销售 15 场,累计销售突破 10 万元。

2. 维权监控

上海音乐出版社一直重视线上、线下打击侵权盗版,净化市场环境。

通过委托维权公司监控市场,对线上销售产品一律实行 7 折限价,管控低价倾销,规范市场秩序;对盗版现象启动线上线下联合打击,震慑、打击盗版商生存空间,使本社产品市场份额有所提升。

3. 展会活动

在上海书展、上海国际乐器展、中国上海国际童书展等大型展会期间,积极策划多种形式的产品宣传营销活动。其中,上海书展共举办 5 场线下活动和 15 场线上直播,上海国际乐器展共举办 8 场线下活动,参展 4 天销售总额近 40 万。值得一提的是,在国际乐器展上首次推出拥有自主知识产权的音乐家形象环保袋与图章等文创产品,获得读者追捧与好评。

四、出版物获奖情况

《出征　出征——抗击疫情优秀歌曲集》《在希望的田野上——脱贫攻坚大众金曲 100 首》入选第十届中国数字出版博览会出版战"疫"数字内容精品展。《古典音乐故事》入选"2020 年全国有声读物精品出版工程"。《来自中国的声音》获"2020 上海书籍设计双年展"封面设计二等奖。《音腔论》《中国民族音乐形态研究与阐释》获中国艺术研究院首届"学术提名"。《口琴演奏经典与流行音乐》《江南丝竹八大曲》《梁祝》《邓建栋——琴韵语芳华》入选国家新闻出版署 2020 农家书屋重点推荐项目。《出征　出征——抗击疫情优秀歌曲集》《加油武汉　加油中国——抗击疫情优秀歌曲选》入选"抗疫书系工程"(中宣部出版局图书处)。

第十七节　上海人民美术出版社

上海人民美术出版社作为一家拥有近 70 年历史,从事美术专业出版的老社。2020 年在继续巩固我社专业学术高地地位的同时,坚持多元创新发展,以更积极开放进取的精神,顺应时势大变迁的需求,以融合发展的精品生产理念和更成熟、更市场化的运作系统,紧紧围绕"导向、质量、原创、精品"八个字,创建全覆盖的美术专业与普及类出版高地。

一、利用高质量的专业板块和有特色的主题出版推动提升双效益

岁末年初暴发的新冠疫情，对出版行业造成了巨大的影响。疫情期间，我社在坚守专业学术高地的同时，本着坚持多元创新发展、做总体可控之事的宗旨，对出书结构进行了调整，重点开发定制产品，扩大重版书出版比率。截至 2020 年 11 月，我社今年出版图书总数为 518 种，其中新书有 316 种，占比 61%；重印书有 202 种，占比 39%。受新冠疫情影响，图书种类较去年来说大幅减少，但由于图书品质变高，销售码洋与去年基本持平，表明了我社精品化战略的初步成功。

在巨大的困难面前，我们迎难而上，在党中央和集团领导的大力支持下，严格把控各个关键环节，利用自身资源优势，做好主题出版，支持国家及上海各项文化事业建设与发展，构建社会主义核心价值观，将主题出版工作常态化、具体化。

我社的“中国戏曲”连环画有幸入选《教育部基础教育课程教材发展中心　中小学生阅读指导目录》(2020 年版)，这是贯彻党的十九大和全国教育大会精神，落实立德树人根本任务，提高广大中小学生阅读能力和综合素质的集中体现。此外，我社有 10 册图书入选“2020 年农家书屋重点出版物推荐目录”。

在促进民族文化交流、共享中华文明成果、增进民族融合及认同方面，我社联合西藏人民出版社共同出版发行了“四大发明”“四大名著”“伟人的故事”“中国红色经典故事”“中国经典戏曲故事”“中国历史人物”“青少年品德建设”“中国民间故事”等连环画套系。2020 年已完成 8 大套系共 50 种，在制的有 30 种。

在上海市公安局刑侦总队的大力支持下，我社组织上海及全国的优秀连环画家庞先健、陆小弟、满振江等人，创作了《千里缉凶》《镜花水月》《最后一站》《生死连环劫》《摩托情仇》《跨国擒魔》等 6 部“刑警 803”连环画，为推进国家治理体系和治理能力现代化做出应有的贡献。

二、重大选题有序推进，“十三五”规划顺利完成

我社共有 10 个“十三五”国家重点规划项目入选，7 项已经成功结项，分别是“开天辟地——中华创世神话连环画绘本系列”(30 册)、《国家馆藏珍宝・中国陶瓷大系》(15 册)、“二十世纪中国书法名家理论译丛”(9 册)、“书画巨匠艺库系列丛书”(15 册)、“中国设计百年”(6 册)、“20 世纪中国美术史”以及“汉藏互译・中华优秀传统文化传承出版工程”汉藏互译系列。《中国近现代美术家人名辞典》(含电子书)属于辞书类，按规划要求于 2025 年完成出版，2 项由于客观原因撤选。除 2025 年需完成的《中国近现代美术家人名辞典》之外，完成率 100%。

2020 年上海市重点图书出版计划项目中，我社有 5 个项目入选，年底前完成 4 项，分别是“中国经典民间故事动漫创作出版工程”(20 册)、《中国旗袍文化史：从地域服饰到全球文化符号》、《上海今昔》、《筑梦小康路——全面建成小康社会连环画纪念专辑》(10 册)。《日出东方》作为庆贺建党百年之作，调整到 2021 年出版。

三、年度获得诸多重大奖项

《薛松》入选 2020 年度“中国最美的书”。

在 2020 上海书籍设计双年展暨第十一届华东书籍设计双年展评奖中,《罗伦赶考》获整体设计奖及评审会特别推荐奖,评审会特别推荐奖为华东书籍设计双年展最高奖项,《罗伦赶考》为上海参评特别推荐奖图书中唯一一本获奖图书;《上海图话》《上海师傅》《味象》《罗伦赶考》获得整体设计奖;《许茂和他的女儿们》获得封面设计一等奖;《不忘本来,吸收外来,面向未来》获得论文奖。

在上海市第十五届优秀对外宣传品"银鸽奖"评选中,我社《上海》是获一等奖的"上海城市形象系列画册"中的一本;越南语版《东周列国》《红蔓》获得二等奖;《百年交响 · 上海外滩百年历史变迁油画作品集》《舞》《黄浦江畔的飞鸟:上海印度人的历史》获得三等奖。

在中国出版协会美术出版工作委员会、中国编辑学会美术读物编辑专业委员会、中国书刊发行业协会美术发行专业委员会主办的"金牛杯"中获 3 个奖项,分别是《仰潼而观——程十发国画册页精品》《中国印学精读与析要》《上海图话》。

在第七届"上海好童书"评选中,我社的《八思巴》获得上海好童书奖;《诗歌里的二十四节气》获得上海好童书入围奖。

四、以专业立社为宗旨,聚焦数字出版和版权贸易,"走出去"取得新进展

由于新冠疫情席卷全球,国际版权贸易整体低迷。2020 年引进共 25 种,其中新书 4 种,续约 21 种。输出 5 种,输出国家包括意大利、瑞士。《中国旗袍文化史:从地域服饰到全球文化符号》入选"中国图书对外推广计划"项目。

五、建立数据库,结合数字化的融合发展,打造全出版模式

2020 年,我社在数字化建设方面取得了一定成绩,其中,连环画专题资源数据库发挥着重要作用。连环画的数字化出版是关系到我社复合出版之路成功与否的关键。我社构建的"连环画博物馆",集数字典藏馆、数字阅览室和画家资源库于一身,从用户的实际体验出发,采用目前最流行的扁平化视觉表现手法,并充分考虑菜单层级的科学性、展示效果的有效性以及操作细节的人性化,力图呈现一个全新独特的连环画展示与交流平台。

为全面加强和改进新时代的高校美育工作,切实提高学生的审美和人文素养,教育部要求普通高校要强化面向全体学生的普及艺术教育。我社在美术学与设计学专业学术出版领域中久享声誉,也积累了全国艺术专业名校名师的多种资源,因此我社充分利用现有资源,加快实现传统出版与数字出版相融合,布局全媒体出版与内容传播模式,继续巩固在艺术学、设计学板块的专业学术高地地位。同时,我社计划通过整合多年积累的美育、美术学、设计学专业教育资源优势,建立国家级的文化艺术数据库和面向美术学、设计学专业教学需求的融合出版的服务平台。

六、传统出版向多媒体融合发展,更富艺术性地传播经典中国文化

《霸王别姬》连环画是中国出版史上第一本 3D 全景声京剧电影改编的连环画,图书体现了两个方面的创新:一是一反惯常的黑白版,图片全部以彩色呈现;二是以 3D 全景声京剧电影为蓝本。

此外,在戏剧连环画方面,我社还精心推出史依弘"出版+"项目,即一套书+一个展+多场艺术对话+京剧展演+戏曲艺术进课堂的立体形式,让更多的青少年和喜爱京剧的中外大众,深入了

解京剧艺术，爱上京剧，为京剧发展拓宽思路。

七、“后疫情时代”的出版理念和方针

突如其来的疫情，对于图书出版发行业的影响是巨大的，其中包括对读者回流以及传统业务经营的信心，还包括对未来读者阅读习惯是否因此转变的担忧。这次疫情无疑已经成了促使图书出版发行机构开拓新渠道的起点，如何熬过“后疫情时代”的寒冬，也是摆在出版行业眼前最紧要的问题。我社积极重新认识出版规律，理解移动互联时代生产力各要素的含义，充分利用“链接”式互联网思维，推动出版转型，加快出版融合。

在数字化时代，内容是一家出版社的命脉，挖掘优质内容资源，并利用互联网等多种媒介引领、服务读者“用户”，成为互联网时代我社出版融合的新出路。

第十八节　上海书画出版社

2020年，上海书画出版社全体干部职工以习近平新时代中国特色社会主义思想为引领，严格落实防疫各项措施，抓好复工复产，努力推进主业发展；深入学习贯彻党的十九届五中全会精神，全力做好“十三五”总结和“十四五”规划编制，以实现文化强国为己任，团结一心，克服种种困难，完成2020年上级预算工作任务要求。

一、立足长远，坚持品质，做稳专业出版工作

1. 力抓“十三五”规划出版项目和市重点书的出版完成率

我社共承担“十三五”规划出版项目15种，其中3种已于2019年年底前出版。除去4种因作者原因撤销或延期立项外，其余8种都在2020年内完成出版。截至12月底，《上海博物馆藏碑帖珍本丛刊》（第一、二辑）等7种都已完成出版；《中国国家图书馆藏山川名胜舆图集成》完成全稿，在上级部门审核中。

2. 以重大选题和学术出版为支撑，继续打造专业高端图书集群，塑造专业影响力

2020年初，我社《中国近代艺术文献丛刊·美术卷》（第一辑）50卷隆重出版。该书收录近代重要美术文献168种，反映了中国近代美术百年变迁，是我社由海派艺术出版迈向中国近现代艺术出版的一大举措，是我社艺术文献出版方面又一巨大工程。

8月，国家“十三五”规划重点出版项目《上海博物馆藏碑帖珍本丛刊》（第一、二辑）出版。这是首次全面整理出版上海博物馆馆藏的珍本碑帖，对揭示这些碑帖的价值具有极为重要的意义，因而令业界瞩目。

《克孜尔石窟壁画复原研究》的出版对记录这座中国开凿最早、地理位置最西的大型石窟的辉煌成就和促进、落实国家“一带一路”的文化战略建设具有重要作用。

《中国砖铭全集》合计16册，收录中国古代砖铭7 000余方，是迄今为止收录古代砖铭最多、最全、最完整、最系统的一部资料图集，具有很高的艺术和学术价值。

2020年我社出版由陈丹青、杜鹏飞等14位画家与学者共同参与的《交织的目光：西方绘画500年》，以及范景中先生的《艺术与文明：西方美术史讲稿（原始艺术—中世纪艺术）》。这两本有关西

方艺术史方面的图书出版后,引起业界的广泛关注,并多次进入不同媒体的推荐榜单中。同时,我社也积极邀请作者举行相关的学术讲座,进一步扩大学术和市场影响力。

陈振濂的《书法美育》一书,9月由在甘肃兰州的"书香陇原·金秋阅读季"开幕暨西北书城升级重启仪式上首发。此书也是对2018年8月30日习近平总书记在给中央美术学院8位老教授回信中强调"做好美育工作,要坚持立德树人,扎根时代生活,遵循美育特点,弘扬中华美育精神"的积极响应。

以重大题材和重要作者提升我社在专业领域的地位和读者群中的声望,已成为我社近十年来的重要工作路径。连续而集群式地运作,为我社的品牌建设和图书营销,都带来了积极的效果。

3. 敏锐预判读者需求,营造关注热点,出版一批书画、金石、鉴藏类优质选题,不断深耕专业,筑厚优势出版

为筑厚优势出版,我社一直注重专业读者的研究和阅读需求。2020年,我社在金石碑帖及印谱类板块再度领风气之先,除了《上海博物馆藏碑帖珍本丛刊》外,还推出了《蘧草法帖》《日本岩手县立博物馆藏太田梦庵旧藏古代玺印》《西泠八家印选》《吴让之印存》等书。在鉴藏门类中,2020年推出了《陈介祺鉴藏考释二百镜斋古镜拓本》、《山中商会经手中国艺术品资料汇编》(全四册)、《嘉德经眼录·石渠宝笈珍品》、《中国清代陶瓷》、《千灯闪耀——跨越三百年的珠宝珍藏》、《古物影——黄宾虹书法收藏特展图录》等一批具有资源独占性特点的好书。这些图书选目独到、印制精良,符合了读者既赏且藏的需求,获得了读者的认可。

4. 书法绘画类图书继续架构多层级产品,增强优势板块,引领艺术图书市场

经过多年的积累和对读者需求的研判,我社不断对核心的书画类选题进行结构优化。2020年我社推出《碑帖名品全本实临系列》(3种)、《中国法帖珍赏》(第二辑)、《经典碑帖全本放大》(第二辑)、《简帛书法大系·肩水金关汉简书法》(合集)等,适合不同层次读者阅读的读本。百种规模的"中国绘画名品"已推出73种单行本、2种特别版、9种合集,剩余的10余种也已经完成了印前工作。《马王堆汉墓简牍书法》《历代名碑名帖集字古文系列》等也完成了印前工作。此外,《岩壑奇姿——吴彬〈十面灵璧图卷〉特展》以最快速度与展出热点相呼应,反映出我社年轻编辑优良的专业素质和工作热情,大大引发了媒体和艺术爱好者的关注,显示出我社的专业出版实力。

5. 加强与国内外艺术资源合作,与艺术热点和阅读风尚相呼应,彰显出版贡献社会的应尽职能

2020年,在社里的支持和编辑部的积极运作下,我社除与国家图书馆、上海博物馆、上海图书馆等一批渊源深厚的单位保持良好合作外,与其他如清华大学博物馆、浙江省博物馆、海上丝绸之路博物馆等单位的合作也有更深入的推进,并与中国美术学院和上海中国画院签订了战略合作框架协议,显现出我社在专业领域的重要影响力。

6. 出版一批重要艺术文献著作,继续彰显我社的专业学术出版特色

2020年除完成出版《中国近代文献集成·美术卷》(第一辑)之外,还出版《金石学稿钞本集成》(三编)、"中国书画基本丛书"4种,"书画名家年谱大系"已累计达到11个品种。这些工作都凸显了我社艺术文献出版的重大优势。

7. 以重要节庆为契机,策划主题出版物,呼应时代主旋律

为深入学习贯彻习近平新时代中国特色社会主义思想和党的十九大精神,大力弘扬伟大的建党精神和"海纳百川、追求卓越"的城市精神,我社与中共一大会址纪念馆合作,推出《日出东方:近代上海与中国共产党的创建》《星火初燃——共产党早期组织与中国共产党的创建》两种画册,为明年的中国共产党成立100周年主题出版做好铺垫。

二、聚焦版权贸易，积极引进海外版艺术类图书

近年来，我社积极引进海外版艺术类图书，以开拓新的图书板块和市场。在我社的“十三五”规划项目中，就有“日本中国绘画研究译丛”和“西方早期中国艺术史研究译丛”两套学术类丛书中的部分图书需要从海外引进，2020 年将全部完成出版。另外，2020 年我社还引进出版了“西方绘画技法经典教程”(22 种)、“轻松画生活”丛书(12 种)、“画说印象派”系列(4 种)等。2020 年总计出版近 60 种海外版艺术类图书，约占我社出书总量的 20%。

三、营销先行，策动图书销售各渠道融合发展

图书发行中心新冠疫情期间静心“练内功”，打造以营销策动，先期微信公号推文预售，带动社群销售宣传，在天猫、微店、电商、实体等板块分批递进销售的营销新模式。目前已构建 32 个合作公号、22 家微店分销商的宣传销售网络。例如定价 980 元的《日本岩手县立博物馆藏太田梦庵旧藏古代玺印》策动十几家公号同步联手推文预售，本社微店 200 册、合作公号 500 册、其他渠道 500 册的配额在 48 小时内全部售罄。截至 11 月，社微信公众号推文 292 条，年度微信粉丝增长 4 523 人。社会专业公众号合作 38 种书 120 余次。以社里微信公号、天猫、当当、抖音等为平台，编辑和发行中心多部门紧密合作，及时使用直播、视频、推文相结合的新形式，先后做了 30 多场带货推送，使得疫情期间书画社图书在艺术读者中依然频繁亮相，影响度不减。与“墨池”公号在抖音平台直播合作推荐陈振濂系列图书，三小时销售 2 865 册，创造了我社最佳直播记录。

四、精品力作涌现，彰显了我社的专业出版优势

1. 多年来专注主业工作，专业出版影响力不断扩大

2020 年 7 月，在中国编辑学会美术出版专业委员会改选中，我社当选副主任单位，这是我社首次进入美术出版行业联合体的领导层工作，代表了全国美术出版同行对我社近年来工作的认同。

在 2020 年全国各奖项评选中，一批图书继续获得较高的评价。《上海城市地图集成》获得第七届中华优秀出版物奖。《永远的画面：改革开放 40 周年电影海报集》获得第十五届“银鸽奖”出版类图书三等奖。我社首次进入 2020 中国图书海外馆藏影响力 100 强。

2. 在各种基金资助项目上频有收获

我社《中国砖铭全集》、《金石学稿钞本集成》(三编)、《中国国家图书馆藏山川名胜舆图集成》三个项目因学术价值重大而获得国家出版基金资助。《书画文献稿钞本集成》获得国家古籍整理出版专项经费资助。“西方早期中国艺术史研究译丛”、“海外书迹研究”、《艺术当代》杂志、书法研究出版中心获得上海市促进文化创意产业发展财政扶持资金资助。《沈尹默来往书信》获得上海文化发展基金会图书出版专项基金资助。

第十九节　中 西 书 局

2020 年，在上海市委宣传部(上海市新闻出版局)、上海世纪出版(集团)有限公司领导下，中西

书局深入学习贯彻习近平总书记系列重要指示精神和中央、市委决策部署,加强组织领导,针对新冠疫情对图书出版、发行以及重点项目进度带来的影响,认真部署疫情防控和生产经营各项工作,积极推动全社出版业务、生产经营稳步发展。经过全社上下共同努力,2020 年各项工作有序推进,基本实现全年各项目标任务。

一、基本情况

2020 年 1—12 月,累计出书 179 种,其中初版书 111 种,重印书 68 种。

二、出版工作情况

2020 年,我社以狠抓"十三五"重点图书出版规划收官结项为抓手,巩固并提高文献整理、学术研究等重点产品线建设,通过论证编制"十四五"出版规划,积极培育新的增长点。

出土文献整理类图书 2020 年继续推出《清华大学藏战国竹简》(拾)、《长沙五一广场东汉简牍》(伍)(陆)、《悬泉汉简》(贰)、《清华大学藏战国竹简(柒—玖)文字编》,同时出版了《出土文献史地论集》等一批研究论著。中西书局与清华大学合作创办的《出土文献》季刊 2020 年 3 月起正式出刊。

其他重要文献类图书有:"十三五"国家重点图书出版规划项目《新疆丝路南道新见文献集成》(第三卷)、《北京大学赛克勒博物馆藏梵文文书》。国家出版基金项目《龟兹石窟题记》,还有《京剧精编剧目典藏》《英国剑桥李约瑟研究所东亚科学史图书馆藏汉籍善本图目》《亚述巴比伦文献》,"梵语文学译丛"《素馨花环　跋罗吒百咏》等,"寰宇文献"《张尔田史微汇本》《章太炎齐物论释汇本》《蒙古源流笺证》等。

重要学术类图书,包括"十三五"国家重点图书出版规划项目、国家出版基金项目《外国所绘近代中国城市地图总目提要》,"十三五"国家重点图书出版规划项目"中国国家起源研究的理论与方法丛书"的《国家起源问题研究的理论与方法》,以及《史记讲谊》《魏晋南北朝通史》《百年流泽——从土山湾到诸巷会》《六朝门阀:太原王氏家系考》《走出闺阁——中国妇女史研究》等,"中国中古学术思想书系"推出《知我者:中唐时期的友谊与文学》《中古中国的文学与文化史》,"清华语言学博士丛书"推出《豫北晋语语音研究》《闽东方言韵母的历史层次》,"汉语方言范畴研究丛书"推出《汉语方言否定范畴研究》,继续推出海上丝绸之路研究集刊《海洋文明研究》(第五辑)等。

教育类图书,教辅图书"走向成功""领先一步"等一批品牌教辅图书继续稳居市场前列。

数字出版方面,自主开发完成了"新出土文献数据库(第一期)",并与清华大学出土文献研究与保护中心合作,启动开发建设"楚文字综合整理工作平台"。

2020 年,中西书局引进图书共 10 项。

三、社会效益情况

(一) 国家"十三五"规划执行情况

我社列入"十三五"国家重点图书出版规划项目共 8 项,撤项 3 项。2020 年内完成《外国所绘近代中国城市地图总目提要》,以及《新疆丝路南道新见文献集成》(第三卷)、《北京大学赛克勒博物馆藏梵文文书》、《长沙五一广场东汉简牍》(伍、陆),"早期中国国家起源研究书系"的《国家起源问题研究的理论与方法》等4个项目5种图书的出版。2020年是“十三五”国家重点图书出版规划收官之年，至整个规划执行期结束，我社共完成“十三五”国家重点图书出版规划项目5项。

(二) 国家基金项目完成情况

2020年我社完成国家出版基金项目2项：《外国所绘近代中国城市地图总目提要》《龟兹石窟题记》；完成国家古籍整理出版专项经费项目4项：《清华大学藏战国竹简》(拾)、《清华大学藏战国竹简(柒—玖)文字编》、《长沙五一广场东汉简牍》(伍、陆)、《北京大学赛克勒博物馆藏梵文文书》。

(三) 年度重点图书完成情况

我社列入2020年上海市重点图书共8种，分别为：《清华大学藏战国竹简》(拾)、《长沙五一广场东汉简牍》(伍、陆)、《外国所绘近代中国城市地图总目提要》、《北京大学赛克勒博物馆藏梵文文书》、《龟兹石窟题记》、《京剧精编剧目典藏》、《魏晋南北朝通史》、《失群之鸟》，年内全部完成。

(四) 各类出版基金立项情况

2020年我社有13个项目获得各类出版基金立项资助：《中国古代梵文文物释证》《外国所绘近代中国城市地图总目提要》《汉语古音手册》等3个项目获国家出版基金资助；《清华大学藏战国竹简》(拾)、《清华大学藏战国竹简(柒—玖)文字编》、《长沙五一广场东汉简牍》(伍、陆)等3个项目获国家古籍整理出版专项经费资助；《外国所绘近代中国城市地图总目提要》、《安徽大学藏战国竹简》(一)、《悬泉汉简》(壹)、《玉门关汉简》等4个项目，以及出土文献出版中心获2020年上海市促进文化创意产业发展财政扶持资金资助；《湮没的帝都——淮河边行走纪事与随想》获2020年第一期上海文化发展基金重大文艺创作资助；《肩水金关汉简》(壹—伍)被列为上海市委宣传部2020年主题出版物激励项目。

(五) 获奖情况

2020年我社有12种图书获得各类奖项：《悬泉汉简》(壹)获“2019年度全国文化遗产十佳图书”；《〈大方等大集经〉研究》《秦汉印章封泥文字编》获北京市第十六届哲学社会科学优秀成果奖二等奖；《清华简〈系年〉文字考释与构形研究》《愈愚斋磨牙集：古文字与汉语史研究丛稿》获第八届高等学校科学研究优秀成果奖(人文社会科学)著作论文三等奖(语言学类)；《悬泉汉简》(壹)获2020上海书籍设计双年展整体设计奖，《异类》获封面设计一等奖，《选堂书札》获封面设计二等奖，《走进日常》(精装本)获封面设计二等奖；《悬泉汉简》(壹)获第十一届华东书籍设计双年展整体设计奖，《异类》、《走进日常》(精装本)获封面设计奖。

(六) 社会影响情况

在认真做好出版主业工作的同时，中西书局还积极服务地方经济、推动社会文化发展。积极参与静安区文化建设，举办“中西学术讲座”系列文化专题讲座，邀请青年学者参与；为支持疫情防控工作，我社党员和员工积极捐款；我社青年志愿者服务队与崇明陈家镇、松江中山街道开展新时代文明实践结对共建活动，捐赠图书，建设“爱心书架”。

2020年有40多种(次)图书得到各类媒体报道，包括《清华大学藏战国竹简》(拾)、《湮没的帝都——淮河访古行纪》、《秦汉印章封泥文字编》、《英国剑桥李约瑟研究所东亚科学史图书馆藏汉籍善本图目》、《明清社会经济与江南地域文化》、《唐代宾礼研究》、《六朝门阀：太原王氏家系考》和《出土文献》期刊等，得到新华社、《光明日报》、《解放日报》、《文汇报》、《科技日报》、《新京报》、香港《大公报》、《读书》以及"中国网"、"搜狐网"、"澎湃网"、"百道网"等媒体报道。

中西书局入选《中国出版传媒商报》等评选的2020中国图书海外馆藏影响力出版100强。

第二十节　上海外语教育出版社

上海外语教育出版社始终贯彻习近平新时代中国特色社会主义思想和十九大精神，树牢"四个意识"，坚定"四个自信"，坚决做到"两个维护"。通过"不忘初心、牢记使命"主题教育学习，提升工作全局意识，从更高的政治高度、历史使命和社会担当上强化对教育出版事业的理解与使命追求，坚持党对教育事业的全面领导，坚持把立德树人作为根本任务，坚持教育出版导向正确，以社会效益为主，追求社会效益和经济效益的统一。

一、社会效益和经济效益稳步提升

全年编发图书和数字产品稿件605种。编辑发稿总字数1亿6 485万字(完成设定工作总量的112%)。安排图书印制生产任务1 957本(次)，印制完成各类图书1 549种，其中新书498种，重印书1 051种。

新冠疫情期间，我社积极响应教育部"停课不停教不停学"号召，免费向全国高校外语教师和学生提供了1 700余种教材的PDF文档。同时将旗下的"WE外语智慧教育平台"、"爱听外语"APP、"词达人英语词汇智慧学习平台"等在线教育平台向广大师生免费开放。上半年，上述平台累计新增注册用户269.8万，活跃用户737万，累计页面访问14.1亿次，使用数据流量916 TB。

我社积极践行企业社会责任，热心公益事业，全力支持脱贫攻坚战。6月，向丽江市教育体育局提供50万元现金和价值70万元的中小学英语图书资料。此外，还通过上海慈善基金会虹口区分会捐赠15万元现金，参加村企结对精准扶贫行动，支援云南省5个村脱贫工作。

在中宣部图书出版单位社会效益评价考核中，我社获评"优秀"(95分)。我社还被评为"2020年上海版权示范单位和示范园区(基地)"。全年各类媒体发稿共44篇，包括《中国新闻出版广电报》、新华社、《文汇报》、《解放日报》、《新民晚报》、人民网、央广网等，比去年的媒体曝光率提升25%。

二、获奖频频

"WE外语智慧教育平台"入选国家新闻出版署2020年度数字出版精品遴选推荐计划；"爱听外语"在第十三届新闻出版业互联网发展大会上被评为"出版机构优秀客户端TOP10"；"词达人英语词汇智慧学习平台"入选2020年虹口数字出版创新创业服务生态系统建设优秀项目；《郑振铎年谱》获教育部第八届高等学校科学研究优秀成果奖二等奖；《经贸俄语》获黑龙江省优秀教材一等奖；《商务英语论文写作》入选2020年江苏省本科优秀培育教材；《文化观念流变中的英国文学典籍研究》获2020年度国家出版基金资助；《中国译学史》入选中华学术外译项目推荐选题目录，实现重大突破；3个项目获上海市促进文化创意产业发展财政扶持资金项目资助；3套高职教材入选"十三五"国家职业教育规划教材；高中英语(上外版)列入教育部教学用书目录；《外语界》获评中国知网"2020

中国国际影响力优秀学术期刊”，获得2020市文创扶持资金成果资助类项目立项；《外语测试与教学》被评为“2019国家哲学社会科学文献中心学术期刊数据库最受欢迎期刊”；在第十届沪版教材评比中，《英语(新世纪版)七年级第一学期(试用本)》获得印制一等奖，出版社获得年度“综合印制奖”。

三、传统出版工作提质增效

1. 高等教育板块

共有30多个系列的教材在策划推进、编校制作中。除了计划内工作，为了满足学校疫情期间在线教学需求，将全新版大英和大英三版的数字产品转制成WE Learn模式，共计19个项目。为了应对课程思政的要求，及时研讨教材课程思政版的出版方案，并启动了全新版大学进阶英语等教材的课程思政版策划。

2. 基础教育板块

共完成书稿一审156部。与上海高中英语新教材作者团队紧密配合，做好教育部教材局对教材的审查修改工作；同时积极打造围绕教材开发的数字产品、教辅产品，构建立体化的教材体系。针对拥有良好机遇的读物市场，继续积极打造丰富、立体的读物产品线。继续尝试拓展辅助教材、技能型图书、语音教学、集刊等领域。

3. 学术板块

积极运行学术出版中心，继续跟踪组稿国家社科基金重大项目和重点项目。研发组稿《外国语学社纪念文集》、“语言科学与技术丛书”、《中国外语教材史》等新项目。研发组稿海外原创学术系列“新课标英语教师培训丛书”“国际认知语言学前沿课题讲座”等项目。继续组稿“外语学术普及系列”“国家哲社规划项目”“外教社农学文库”等，并推进和拓展其他众多延续性项目。

4. 多语教育板块

出版新书95部，15个项目获得出版资助77.9万元。做好本科生系列教材新品研发和现有产品的修订，推出新时代日语系列教材和“新编日语”全套电子课件。加快“外教社中学多语种系列教材”和非通用语系列教材的出版，推动“新时代大学日语”和上外多语种教材项目。继续推进“一带一路”国家当代文学精品译库和《歌德全集》(汉译版)等主题图书出版。

5. 辞书板块

以“词博士”项目为抓手继续推进辞书出版数字化转型工作，完成“词博士”二期工程[《新牛津英汉双解大词典》(集成版)]的各项工作，并按计划正式上线。完成《汉语熟语英译词典》(修订版)、《英语习语源流趣谈》、《英语首字母缩略语词典》等项目初审工作和部分复审工作。启动《新牛津英汉双解大词典》(第三版)的前期策划工作。

6. 汉语板块

基本完成“世界思想宝库钥匙丛书”100本图书的编辑加工工作，已出版70余本。与中国高等教育学会外国留学生管理分会合作的集刊《国际学生教育管理研究》顺利面世，在各大高校对外汉语学院广受好评。“留管会推荐教材”《新编科技汉语》已完成大部分的审读工作。大型系列图书《杜甫全集英译》也已启动。

7. 期刊板块

按计划推进完成《外语界》6期、《外语测试与教学》4期共10期的编辑出版工作，加强外教社出版的上外6份期刊的出版管理工作。

四、融合出版深入发展

加快数字教学平台和在线教学内容的策划和研发，做好平台运维工作，为高校在线教学提供有效的平台支撑。根据“2+1”发展战略，集中力量做好“WE Learn”外语智慧教学平台、“爱听外语”等核心数字平台的建设和运维工作，不断改进核心平台的性能和可靠性。全力推进 WE Test、WE Mooc、WE Read 等平台的搭建、运维和功能完善。积极探索和研发新形态数字产品，完善“词达人”“词博士”等新形态数字产品。

五、对外合作不断加强，推动图书“走出去”

全年共签署版权合同 59 份，含纸质图书版权合同 57 份和我社版权资源数字授权合同 2 份。签约数量比 2019 年的 37 份增加 22 份，增长 59.46%。57 份纸质图书版权合同中，输出图书合同 23 份。

全年共输出图书 12 种，比 2019 年的 4 种增加 8 种，增长 200%。学术部的《后现代主义之后》《英汉科技语篇中语言评价系统对比研究》《中国译学史》《构式语法研究》等 11 种图书版权输出到英国和韩国，其中 10 本授权给英国知名出版机构泰勒·弗朗西斯出版集团。汉语部有《中国概况》1 种图书版权输出。

六、各类教学科研活动精彩纷呈

2020 年，我社组织召开大学英语、英语专业、外语职业教育在线论坛，第十一届“外教社杯”高校外语教学大赛；策划 2020 全国中学多语教育高级论坛、上海中职英语教学研讨会、上海外国语大学教材建设研讨会等；举办各语种、各板块、各学科领域在线讲座、在线调研 30 余场；策划在线直播和短视频荐书等宣传活动 30 多场；组织“外教社·词达人杯”在线词汇竞赛、全国大学生德语微视频大赛、首届“外教社杯”多语悦读大赛等，提升出版社影响力。

2020 年 8 月底成立跨文化测试中心，旨在打造国内首个专业化跨文化能力测试与培训平台，面向我国学生、教师和有跨文化交际需求的职场人士开展测评和培训服务，培养专业化跨文化教学师资和管理人才。

第二十一节　华东师范大学出版社

2020 年，华东师范大学出版社继续坚持以习近平新时代中国特色社会主义思想为指导，深入贯彻落实党的十九届五中全会精神，以习近平总书记在全国宣传思想工作会议上的重要讲话精神为引领，立足本社以“大教育”为出版宗旨的定位，坚持为教育发展、为教学科研服务。年初突如其来的新冠疫情给各行各业的发展带来了巨大冲击，我社认真贯彻落实中央各项决策部署，把疫情防控作为践行初心使命的主战场，快速应对、主动作为，果断采取“做刚需、拓线上、去库存、保利润、练内功”的工作策略，一手抓疫情防控，一手抓复工复产，紧跟学校“双一流”建设的步伐，在学校和资产经营公司党委的指导下，齐心协力，克服困难，稳住了疫情带来的影响，各项指标与去年基本持平。

一、总体发展情况

2020 年，我社共出版图书 5 064 种/次，其中新书 908 种、再版书 208 种，重印 3 948 次，重印再版率为 82%。

根据教育部 4 月公布的图书出版单位社会效益评价考核结果（2019 年度），我社综合得分 99，等级优秀。全年荣获图书荣誉 51 项、省部级集体荣誉 2 项、国家级个人荣誉 2 项，入选 2019—2020 年度国家文化出口重点企业，同时荣获上海知识产权创新奖（保护）等荣誉。年度内，我社被评定为 AAA 合同信用等级。“十三五”发展规划圆满收局。

二、在文化和社会影响力方面

1. 重点项目

我社坚持把社会效益放在首位、实现社会效益和经济效益相统一的体制机制，重视主题出版的建设，重视各类国家级出版规划、重点工程及国家资助项目的申报和实施管理。

我社一贯高度重视、积极参与主题出版的建设。面对年初突如其来的新冠疫情，我社认真贯彻落实中央各项决策部署，把疫情防控作为践行初心使命的主战场，快速应对、主动作为，结合自身定位开展线上阅读活动，同时积极策划相关选题。我社于 2 月 7 日即推出了《抗疫期间中小学生及家长心理防护手册》网络免费电子书，全方位关照读者身心健康，传递正能量，助力打赢疫情防控攻坚战。2020 年，我社出版的主题出版项目《天下在河上：中国运河史传》（韩文版）、《战“疫”天使日记》（阿拉伯文版）分别入选 2020 年“经典中国国际出版工程”和“丝路书香工程”，“走进中国战舰丛书”入选国家出版基金项目。围绕今后几年几个重要时间节点，我社结合自身“大教育”的出版定位，集中优势资源和力量，将以更加积极主动的态度，进一步加强组织领导，坚持正确政治导向，提高策划精准度，严格出版程序，着力推出一批讴歌党、讴歌祖国、讴歌人民、讴歌英雄，思想精深、艺术精湛、制作精良的标志性出版物，为开创党和国家事业新局面提供有力的思想舆论保证和良好的精神文化条件。

2020 年为“十三五”的收官之年，我社共有《中国现代学术编年》《王献唐年谱长编》等 12 种图书入选国家“十三五”重点出版物出版规划。截至 2020 年底，已经完成项目 7 项，部分完成 3 项，总完成率为 77%。其中，2020 年出版的有《新时代学生发展核心素养文库》、《世界通史》（第三版）、“核心素养与课程发展丛书”三种。共有《有效教学》（第三版）、《杜威的教育人生》等 18 种图书入选上海市“十三五”重点出版物出版规划。截至 2020 年底，已经完成和部分完成的共 12 项，占入选总数的 67%，执行情况良好。

2020 年，我社“高中信息技术”1 个学科 8 种教材入选教育部 2020 年普通高中国家课程教学用书目录；《汽车维护》（微课版）等 31 种图书入选“十三五”职业教育国家规划教材书目。“走进中国战舰丛书”入选国家出版基金资助项目，目前，已经出版其中的三册。《非洲文学批评史稿》等 8 种图书入选 2020 年上海市重点图书，已经全部完成。“华狮小助手——助力抗疫促融合”平台、《共和国教育公平之路》等 9 个项目入选 2020 年上海市促进文化创意产业发展财政扶持资金支持项目，正在按计划实施。

2. 奖项荣誉

2020 年，我社多种图书获得国家级、省部级奖项，以及入选各种媒体的优秀图书推荐。在 2020

年12月公布的第八届科学研究优秀成果奖(人文社会科学)中,我社出版的《杜威全集》《中国近代经济地理》等13种图书分别获得著作论文类一、二、三等奖以及普及读物奖。另外还有,“生活中的生物学丛书”(3册)获得2020年上海市优秀科普图书,《拾旧忆——徐建水民俗绘画》《遇见普洱》2种图书分别获得2020上海书籍设计艺术双年展书籍设计优秀奖和整体设计奖,《古诗去探秘》获得2020年“上海好童书”入围奖。

3. 社会评价

为扩大我社优秀出版物的社会影响力,弘扬社会主义核心价值观,促进社会主义文化繁荣,我社建立宣传营销机制,不断加大全媒体的宣传营销力度,通过读书活动、媒体报道、微信公众号推送等多种有效形式,对精品出版物进行全方位、深层次的宣传营销,并且取得了良好的社会影响。2020年,有关媒体报道超过1 100篇,多种优秀图书以及营销活动得到了《人民日报》、《光明日报》、《中国新闻出版广电报》、《中国出版传媒商报》、《中国教育报》、人民网等中央、省部级媒体以及专业领域权威报刊媒体的广泛宣传报道,社会效益突出。

4. 国际影响

我社入选2019—2020年度国家文化出口重点企业,同时荣获上海知识产权创新奖(保护)等荣誉。2020年,共输出版权181种,引进版权151种,输出引进比1.19∶1,数量上首次实现版权贸易顺差。

面对突如其来的新冠疫情,我社主动向世界讲述最美逆行者的感人故事,希望引发同历疫情的世界读者的共鸣,推动人类命运共同体理念广泛深入传播。由人民网主编、援鄂医护工作者亲历亲述的《战“疫”天使日记》英文版、阿拉伯文版、法文版等翻译工作已经启动,将陆续由圣智学习等国际出版传媒公司出版。

2020年,“走进中国战舰丛书”中的《和平方舟医院船》俄文版等4个项目入选“丝路书香工程”重点翻译资助项目,《天下在河上:中国运河史传》韩文版入选“经典中国国际出版工程”,“欢乐的动物世界”系列6个项目入选“2020年中宣部向港澳台出版发行项目”,《战“疫”天使日记》法文版入选“中国当代作品翻译工程”,《冯契文集第三卷:人的自由与真善美(增订版)》英文版等3个项目获“国家社科基金中华学术外译项目”立项。另有5个项目获上海市级“中华文化走出去”项目立项。

截至2020年底,华东师大版图书将被翻译成32种语言,行销45个国家和地区。

三、在产品结构和专业特色方面

我社坚定把握高校出版社的办社方向,立足以“大教育”为出版宗旨的定位,坚持为教育服务,为教学科研服务。制定体现“大教育”专业特色的中长期发展规划,在入选国家“十三五”重点图书出版规划的12个项目中,教育类图书选题有5个,占比42%,目前已经基本完成,执行情况良好。在出书结构上,把高校教材、中小学教材、学术专著放在首要位置,其比例始终保持在80%左右。我社的“大教育”出版,主要体现在两方面:一是形成了教育学、心理学的出版特色和优势。多种理论丛书如“新时代中国教育战略研究”“国家教育宏观政策研究院智库建设成果书系”“核心素养与课程发展丛书”“当代中国心理科学文库”等在业内影响深广。上海市新闻出版局授予的“教育学出版中心”的持续建设,使得我社的教育、心理系列图书影响上海,辐射全国。二是在各个图书板块中体现“大教育”的出版特色。例如我社的教辅图书,紧跟课改精神,不断修订,精益求精,致力打造“学术教辅”的专业形象，形成了有别于一般教辅图书的内涵特质。

我社坚持自主出版为主，并以加强品牌建设为目的，促进品牌建设为动力，挑选优选机构开展合作出版，绝不“买卖书号”。同时，严格控制合作选题总量，每年合作图书占出书总量不超过10%。

在社科学术类图书方面，坚持走精品路线，努力开发具有高学术含量、高文化价值的优质图书，集聚了一批优秀的作者资源。如“大夏书系”“经典与解释”“薄荷实验”“轻与重”等，已是成规模、成特色的品牌，年出版新书超过10种，在业界和学界均有较好声誉，影响稳步扩大，2020年在各类媒体榜单上也取得了不俗的表现，社会效益有目共睹。此外，我社注重原创与选题创新，注重学术文化积累，非引进版图书新书占出书品种总量70%以上。

近年来，我社以数字化转型和融合发展为切入点，牢牢把握“互联网+教育出版”的机遇，改变传统出版基因、再造融合出版流程的工作思路，努力实现在数字化出版时代的积极转型。我社现有的国家出版融合发展重点实验室，是我国首批以“推动新闻出版产业拓展新业务、建立新业态、产生新效能”为目的的实验室，也是目前上海市唯一一个国家级的融合发展重点实验室。目前，重点实验室已取得论文35篇、专著4本、行业能力标准1个、技术原型1套、软件著作权4项等多项成果。

在此基础上，我社不断探索融合发展新模式，推动传统出版和新兴出版在内容、渠道、平台、经营、管理等方面的深度融合，结合出版社自身定位，打造教育出版云平台，延伸拓展数字产品线，致力于构建“教育出版生态圈”，并已初见成效。2020年，“智慧树”教育出版云平台基本建设完成，年度出版社移动学习平台累积活跃用户200万人，月播放量81万次，累计播放量810万次。“华狮小助手”入选国家新闻出版署2020年度“数字出版精品遴选推荐计划”，平台衍生产品的用户累计超过200万人，总访问量超5 000余万次。

四、在内部制度和队伍建设方面

1. 内部制度建设与执行

认真贯彻落实《关于加强和改进出版工作的意见》文件精神，严格把握政治导向关、价值取向关和格调品位关，坚持把社会效益放在首位、社会效益和经济效益相统一的出版体制机制。我社实行规范化的管理，严格执行社长负责制、社务委员会民主决策制度、预算管理制度等，认真贯彻执行“三重一大”决策制度，重大事项坚持党委前置，切实加强党对出版工作的全面领导。按照企业经营业绩、安全生产和党风廉政建设同部署、同落实、同检查、同考核的要求，持续推进企业内部社会效益考评机制，促进企业内控制度建设。

年初突如其来的新冠疫情给各行各业的发展带来了巨大冲击，我社认真贯彻落实中央各项决策部署，把疫情防控作为践行初心使命的主战场，快速应对、主动作为，果断采取“做刚需、拓线上、去库存、保利润、练内功”的工作策略，一手抓疫情防控，一手抓复工复产，紧跟学校“双一流”建设的步伐，在学校和资产经营公司党委的指导下，齐心协力，克服困难，稳住了疫情带来的影响，各项指标与2019年基本持平。自2月9日复工以来，出版社无疫情发生，获得2020全国书业抗疫“逆行勇进·社会责任先进单位”称号。

在出版主业上，我社一如既往按规定严格执行选题论证制度、三审三校制度，重大选题备案、书号管理、样书缴送等出版管理制度，着力构建把社会效益放在首位、社会效益和经济效益相统一的体制机制。规范的纪律和制度为出版社各项工作的顺利开展提供了重要依据和保障。

2. 队伍建设

2020 年,我社始终以习近平新时代中国特色社会主义思想为指导,将加强党的领导与完善公司治理相统一,充分发挥党组织的领导核心和政治核心作用。认真开展党建工作和党风廉政建设工作,进一步加强纪律要求,坚持集体领导与个人分工相结合,认真执行班子业务工作与党风廉政建设"一岗双责"制度。加强廉政文化建设,构建以出版社领导干部为重点、以价值观教育为核心、以纪律教育为关键、以警示教育为抓手的常态化教育机制。

在人才队伍的建设上,一是加强组织领导,健全保障机制,实行社领导分管制度,加强对分社选题的服务与管理,增强总社与分社共同做好选题的合力。二是实行多元化的考核与激励机制,充分调动编辑的积极性和创造力。三是定期组织专业培训。四是积极组织员工参加相关扶贫开发、公益服务、捐赠活动等,自觉履行社会责任。2020 年,共向湖北、云南、贵州、陕西等地的学校捐赠图书 35 217 册,累计 112.59 万元,支持当地教育事业;助力学校对口帮扶工作,向寻甸二中等学校捐赠图书,采购寻甸地区矿泉水等农副产品作为办公用水;向学校退休教师癌症俱乐部捐助款项等。

第二十二节　复旦大学出版社

2020 年,在复旦大学校党委的领导下,复旦大学出版社认真学习贯彻习近平新时代中国特色社会主义思想,增强"四个意识"、坚定"四个自信"、做到"两个维护",全力推进出版社健康可持续发展。这一年,我们围绕学校第十五次党代会精神和落实立德树人根本任务的要求,坚持走好中国道路、讲好中国故事,推动复旦出版品牌发展不断向前迈进。

一、充分发挥基层党组织战斗堡垒作用,提升组织力

1. 不断巩固深化"不忘初心、牢记使命"主题教育成果

精心部署,加强学习,坚持正确政治方向。进一步规范党委中心组理论学习制度,突出理论武装、完善长效机制。根据校党委下发的各类实施和工作方案,高站位谋划、高标准组织全社各类党建活动,督促指导各支部落实落细各项工作。全年围绕学习抗疫精神、回信精神、"四史"教育、十九届五中全会等主题开展中心组理论学习 6 次,召开党委会 12 次,召开社委会 23 次。党委书记严峰为全体党员作"砥砺奋进四十载 逐梦前行做出版"党课,聚焦改革开放史和出版社社史,立足当前工作要点和自身实际,对出版社四十年历史进行首次全面梳理。

营造良好的学习氛围。党委精心为支部选购学习材料,提供理论支持。一年来,出版社党委"学习强国"学习参与率和得分率一直名列前茅。各支部制定"四史"学习计划,并根据党委的有关部署,将"四史"学习与"赓续 365"活动紧密结合,通过线上线下开展学习活动。党委精心组织专题宣讲活动,邀请上海市委讲师团"四史"专家宣讲团丁晓强教授作"中共'一大'人物的人生道路"主题讲座;邀请我校十九届五中全会宣讲团石磊教授为全体党员作"构建新格局:贯穿未来 15 年的现代化建设主题"主题讲座。报告都非常精彩,员工普遍反映受到了很好的教育。

2. 围绕学校中心工作,积极履行社会责任

布局庆祝建党 100 周年出版物。2021 年是建党 100 周年,也是陈望道老校长诞辰 130 周年。2019 年,复旦大学决定整理、出版《陈望道文存全编》,焦扬书记亲自担任主编。出版社作为具体落实单位,成立项目组,严峰担任项目组组长。项目组与编委会及相关部门密切配合,落实资料征集、

校对、录入、编辑、三审、排版等系列工作，确定全书具体框架、卷次目录和编撰体例，做了大量工作。同时，向学校申请约 100 万出版资助，经过招标流程已经顺利中标，目前到账 60 万。全书总计 400 万字 12 卷，计划 2021 年 7 月前正式出版，庆贺建党 100 周年，把学习贯彻习近平总书记重要精神落在实处。

集体和个人获得学校抗疫表彰。新冠疫情以来，出版社是全市最早复工复产的出版社之一，也是校内最早全员复工的单位之一。复工前，领导班子心系员工安全，要求及时排摸，购置各类紧缺防疫物资，并要求医学分社与时间赛跑，多措并举策划抗疫选题。复工后，全社员工发扬出版抗疫的昂扬精神，积极投入到各项工作中，编辑、出版了一系列抗疫相关重要图书。8 月上海书展，我们举行了《经济战“疫”：新冠肺炎疫情对经济的影响与对策》《当下与未来》《徐家汇源》《国球之摇篮》等一系列新书首发，并举办了南怀瑾项目出版 30 周年纪念活动，上海市委宣传部领导和校领导到场参加。全年出版抗疫类图书 10 余种，复旦大学党委书记焦扬为其中《经济战“疫”：新冠肺炎疫情对经济的影响与对策》《当下与未来》《上医战疫为人群——复旦上医抗击新冠肺炎疫情纪实》《危机应对与社会治理》4 种图书作序。2020 年 10 月，出版社荣获“复旦大学抗击新冠肺炎疫情先进集体”荣誉称号，医学分社编辑王瀛荣获“复旦大学抗击新冠肺炎疫情先进个人”荣誉称号。

分享中国抗疫经验，推动抗疫图书走向全球。积极推进抗疫图书各种语言的翻译、输出，为向世界介绍中国抗疫经验做出积极贡献。张文宏教授将《2019 冠状病毒病——从基础到临床》的海外版权无偿授权我社后，我们积极推动文化产业“走出去”，面向全球招募译者，高效开展翻译输出本书项目，经过翻译及编辑团队两个月的努力，英文版、法文版以及西班牙文版正式出版。全球招募翻译志愿者的做法，被新华社称为“出版行业的创举”。翻译输出相关微博新闻阅读量近 6 000 万。《经济战“疫”：新冠肺炎疫情对经济的影响与对策》出版后也产生了非常积极的社会影响，版权输出已签约英语、日语、韩语、西班牙语、俄语和德语 6 种语言，努力向世界传递中国在经济运行、公共管理、社会治理等领域的抗疫经验，讲好“中国故事”。

传承种子精神，助力钟扬教授基金。三年来，我社持续将《钟扬文集》《钟扬纪念文集》《钟扬小传》三本书的销售利润捐赠给钟扬教授基金，希望支持更多热爱科研事业、热爱公益事业、热爱教育事业并具有奉献精神的师生将钟扬同志的种子精神发扬光大。9 月 30 日，在钟扬纪念室揭幕仪式上，出版社再次向基金捐赠了 2019—2020 年三本书全部销售利润 11 万元。

3. 强化基层党组织政治功能和组织力，发挥基层党组织和党员作用

提升党支部组织生活质量。各支部组织生活质量明显提升，坚持“三会一课”制度，严格党员管理，加强党员教育。各支部全年召开支委会、开展支部活动不少于 10 次，不少支部年活动达 12 次以上，到会率均达到 90%。2020 年有 3 个党支部入选复旦大学基层党组织“对标争先”样板党支部，2 个党支部完成 2019 年复旦大学党建研究课题。第一支部的《复旦大学早期红色基因研究》获得了二等奖，这也是出版社党委参加党建研究课题以来取得的最好成绩。

进一步加强员工思想政治工作。深化教职工政治理论学习，定期编发学习材料。进一步加强师德师风建设，重点加强对青年员工的培育和引领，充分发挥资深编辑在业务上的“传、帮、带”作用，提升新编辑综合素养，加强编辑队伍专业化建设，制订《新入职编辑导师制实施办法》，完善评估机制和考核方法，营造尊师重教文化氛围。全年开展 10 次新员工培训，培训内容包含校情校史教育、意识形态导向、编辑实务、印制实务、选题策划、新媒体传播、仓储管理、人事财务制度培训等。

关心在职与退休职工工作生活。党委通过各支部和工会，详细了解职工们生活情况，及时做好慰问工作,多次为生活特别困难的职工申报特困补助。合理安排重阳节等退休职工活动,及时发放退休职工慰问金。关心病逝职工家属,协助家属合理安排病逝职工后事。

4. 党委落实主体责任,落实党风廉政建设责任制和意识形态工作责任制

查摆问题落实整改。年初我们制订了《出版社合同审批流程和管理规范》,确保关键领域、重点环节管理制度健全;营销部制订了《营销部客户管理规定(试行)》,通过客户分类、客户发货折扣管理、客户风控管理、客户风控体系建设四个方面进行分类、分级及审批管理。

加强党对教材工作的全面领导。9月份,教育部要求对十八大以来对教材进行全部排查,主要针对意识形态等各类问题。我们组织党员骨干,在短短一个月时间内,对出版的2 000余种教材进行了全面核查,并详细记录问题,及时整改。下半年与学校教务处、研究生院多次联系,商讨复旦"十四五"课程规划和建设。吸纳一批政治过硬、经验丰富、业务精湛的编辑加入教材规划、出版过程中,以教材建设支持复旦学科建设,在"十四五"期间形成具有复旦特色的高水平教材体系,打造一批复旦出版精品教材。

推动落实党风廉政建设责任制。建立健全全员廉政风险教育机制,将党风廉政建设工作专题会议纳入社委会议题中去。在中心组学习中,安排2次反腐倡廉宣传教育学习。党委书记在社委会、营销业务培训会议中,多次强调营销部门要坚守底线,遵守规矩和准则。9月起,国家审计署对书记校长进行经济责任审计,出版社是重点延伸审计单位。我们积极配合审计工作,对审计发现的2017年前经营过程中存在的问题,即知即改,使审计工作成为一次很好的体检和促进。

完善现代企业架构。2020年4月2日,学校正式批准新一届董事会、监事会成立,7月完成工商登记,12月23日召开第二届董事会第一次会议,监事会列席。严峰代表出版社向董事会报告基本经营情况,并经董事会同意,启动行政班子换届。

年初与上海爱你特科技发展有限公司正式签署了系统合作开发协议。4月开始进行新系统的开发和实施,期间召集了十余次的部门协调推进会议,绘制了编辑框架流程图、印制流程图、合同审批流程图等重要业务流程的规范性文本,经过各部门需求确认,软件功能实现。目前已基本完成各部门主业务流程的检测。系统上线后,将极大提升管理能效,优化企业运行模式。

二、坚持社会效益首要原则,做大做强学术出版主业

2020年,我社共出版新书650种,其中再版书98种;申请书号和CIP共659个;编辑编务系统发稿640种,发稿信息变更200多次,发稿字数为2.3亿字;重印品种1 070种,重印次数1 298次,重印品种和次数略高于2019年。全年共提交800多份出版合同;完成2 864单稿酬结算;对接五家排版公司完成500余单排版费用核算。根据新闻出版署的新要求,向版本馆送缴13批、新书7批共513种1 479本,重印6批共1 149种4 505本。

服务国家发展战略,勇于担当使命责任。32个项目获得立项支持。《复旦大学图书馆藏古籍稿抄珍本》(第一辑)、《现代骨科运动医学》获2020年度国家出版基金支持,已按时出版。《韩国藏清人尺牍合集:大阵尺牍》《稀见清人文话二十种》获2020年度国家古籍整理出版资助。《现代体部磁共振诊断学》获2020年度国家科学技术学术著作出版基金资助。《解码"中国之治"十六讲》入选全国高校出版社主题出版项目。《慈航难普度:慈善与近代上海都市社会》获上海文化发展基金图书专项出版基金资助。《人之由来》等四个项目获得上海市促进文化创意产业发展财政扶持资金支持。《艺术设计英语》(修订版)、《机械设计》等四种教材入选"十三五"职业教育国家规划教材书

目。《四百年〈西游记〉学术史》《经济战“疫”：新冠肺炎疫情对经济的影响与对策》等四本图书入选中华学术外译项目推荐选题目录。《跨边界环境管理的理论与方法》等六种图书获得国家社科基金后期资助。

共有37种入选各类基金、项目的重点图书在2020年出版。《近代以来中外史学交流史》、“新世纪戏曲研究文库”、“实用主义与美国思想文化译丛”、“复旦宋代文学研究书系·第二辑”等六种获得国家出版基金支持的项目在2020年出版。《中国地区比较新闻史》在国家出版基金结项中获评为优秀项目。《阳明大传——“心”的救赎之路》(上、中、下卷)等两种获得上海文化发展基金图书专项出版基金资助的项目在2020年出版。还有《中国火箭人》《徐家汇源》《伟大复兴之路》等入选其他重点项目的图书如期出版。

积极打造精品力作，塑造良好社会形象。2020年共有18种图书获得各种奖项。《王安石全集》《中国行政区划通史》获得第八届高等学校科学研究优秀成果奖一等奖，《制度视角下的股权、CEO激励及其治理绩效研究》获得第八届高等学校科学研究优秀成果奖三等奖。《论语别裁(纪念珍藏版)》获得第十一届华东书籍设计双年展、2020上海书籍设计双年展整体设计奖。《中世纪哲学十讲》等三本图书获2020上海书籍设计双年展设计奖。《大眼睛的秘密：青少年近视眼防控科普漫画》等三种图书获得上海市优秀科普图书奖。《中国货币政策调控机制转型及理论研究》获得第八届金融图书“金羊奖”。《0—3岁婴幼儿早期阅读指导》等三本图书获得第二十八届上海市中小学、幼儿园优秀图书评选活动二等奖等奖励。

坚持把社会效益放在首位，加大书店政策扶持和引导力度。2020年，经与学校资产处、基建处、总务处等部门沟通，在学校批准后，规划、重建国年路经世书局，投入600多万元，增设文创、咖啡、会务、阅读空间等多项功能。6月份营业以来，得到院系、师生广泛好评，上海电视台、《解放日报》、《文汇报》、澎湃等多家媒体进行了报道，成为校园增添一处靓丽的文化地标。运营半年的书局初步实现了扭亏为盈。

建章立制，谋篇布局。编辑部组织了多次调研和培训，梳理了编辑部的流程和规范，相继颁布了《编辑社会效益考核办法》《图书字数计算方法》《质检流程的规定》《外审专家费调整》《编辑参加中级资格考试的规定》等文件。完成“十四五”重点选题规划，确定我社在“十四五”期间的重点选题。继续重点挖掘复旦教师资源，建设好“复旦教材”的品牌，服务复旦大学的“双一流”建设。

三、逆境中寻机遇，探索营销发展新模式

2020年上半年，学校停课、书店停业、物流停滞，出版社教材、图书不能发货，发货也退回，经营面临前所未有困难。下半年，出版社党委动员全体骨干员工，努力奋战，抓紧疫情缓和的时机，努力挽回损失。经过不懈努力，年终我们大幅度压缩了业绩损失，全年跌幅控制在15%以内，可以说交出了一份比较满意的答卷。营销部门积极打造公共平台。将发货、回款整合在大平台上运作，发挥复合作用，提高生产效率。平台加强与各编辑部的联系，承接全品种服务和部分品类教材推广工作。

探索线上营销和新媒体营销，强化精准营销。提升课件服务、教材线上巡展、线上馆配等，积极探索抖音、直播、天猫系信息裂变、短信推送等方式，与编辑、作者合作开辟拼多多、有赞、罗永浩直播等新媒体平台。对书店和终端用户进行用户画像，精准发货。馆配工作小组对现有直接服务的2 000余家图书馆分类画像基本完成，可为编辑提供数据支持、为营销提供精准服务。

以互联网思维创新营销模式应对突发事件。教育部提出了停学不停课的指示,促使我们将传统的营销思路向互联网模式转变,把"线上,纸上,堂上"三位一体的营销理念加以深化并落实到位。院校合作部依托复旦i学平台,在电子音像社和外语分社的配合下,在线上升级教学内容和教学管理。对600余所院校提供技术支持,保证正常的教学秩序。截至12月21日,i学平台累计用户95万余人,开通院校110所,累计访问量7 030余万次,累计入驻教师1 903位,平台总内容1 654个,线上内容销售约15万元。同时还注重与其他电子教学系统的深度融合。与超星合作,在共学习通上建立我社教材的示范教学包;将PPT教学资源进行了雨课堂版本升级;与钉钉建立战略合作关系,将i学平台与钉钉融合。

依托复旦新学术品牌,做好学术服务与转化。疫情下,我们以复旦新学术为品牌,借助钉钉技术优势,成功举办近60场"科研与教学"的公益讲座,扩大了复旦社品牌的影响力和市场竞争力。其间我们还在线上成功举办了"第四届医学英语教学与学术研讨会",参会代表400余人,稳定了我社医学英语图书全国市场的占有率,增加了我社医学英语图书出版的话语权。以复旦新学术品牌联手中国学术英语教学协会、上海市高校大学英语指委会及钉钉成功举办了"第五届大学生英语学术英语词汇比赛",近千所高校12万余人参赛,增加了与各校的联系,特别是原来没有联系过的院校的参与,为营销工作打开了局面。与上外、同济等翻译编辑部、雅思团队举办了5期9个系列收费研修班,参加学员共计524人次,为实施多元化经营战略提供了良好的示范作用。全年举行公益与收费讲座近70场,直接参加者近6万人次,提升了复旦社与复旦新学术品牌的影响力,为营销工作开创了新局面。

四、2021年复旦大学出版社工作重点

1. 大力加强基层党建。进一步提高党内政治生活质量,在政治理论研讨上下功夫,提升党员理论修养水平,切实保证党的思想政治建设常态化、制度化。建立健全立德树人长效机制,积极探索各类资源,将结对子活动、捐书活动、志愿服务、党建研究等发展成为有特色的品牌活动。重视党员发展,大力发展年轻党员为基层党组织添新。

2. 抓好意识形态和思想政治工作,坚持把社会效益放在首位。坚持以社会主义核心价值观为引领,牢记化人育人的出版使命,注重出版的社会效果,弘扬主旋律、传播正能量。完善防范化解意识形态领域重大风险工作协调机制,在导向上确保出版工作的政治性、思想性、先进性与纪律性,做到不出险情。积极落实党管教材的要求。坚持把社会效益放在首位,完善"三审三校"制度,加强质量检查工作。

3. 以新姿态迎接"十四五"开局之年。根据《复旦大学出版社关于"十四五"重点选题和出版规划的报告》,做好主题出版工程、大师文集出版工程、专门史系列出版工程、现代医学系列出版工程、文献整理出版工程、重点教材出版工程的布局和实施工作。出版《陈其人文集》《中国移民史》《现代体部磁共振诊断学》等重点出版物,出版部分"明人文集丛编""近代学术集林"等文集,修订维护"21世纪大学英语""21世纪大学实用英语"等系列教材。

贯彻落实教育部《深化新时代学校思想政治理论课改革创新先行试点工作方案》,配合复旦大学调整创新思政课课程体系的任务目标,推出配套教材,持续出版《如何讲好当代中国马克思主义:疑难问题与教学解析》等教材教辅。依托复旦大学"十四五"教材建设,落实党对教材工作的全面领导,使教材领域始终成为坚持党的领导的坚强阵地,确保党的教育方针和社会主义核心价值观在教

材中得到全面有效体现。

推进复旦新学术 3.0 建设，完成复旦《新学术网》上海市经信委大数据重大项目 300 万经费项目验收收尾工作，推进图书馆和出版社书目传递平台上线。探索学术营销新模式，完善扩大复旦 i 学平台运营，优化教师课堂翻转及学生深度学习，扩展资源。进一步加强风险控制建设，在扩大经营效益同时规避风险。启动 ERP 主系统正式上线，继续开发 ERP 拓展系统，优化出版流程。

4. 将从严治党的要求落实到工作的方方面面。结合 2020 年审计工作查找出的问题，全面整改到位，加强政策法规学习研究，加强对策思考研讨，学习其他出版社经验，探索既符合各项规定、规范，又能做大做强的经营模式，使复旦出版社在经济效益和社会效益上有更大收获。

第二十三节 上海交通大学出版社

2020 年，上海交通大学出版社深入学习贯彻习近平新时代中国特色社会主义思想，始终坚持把社会效益放在首位，实现社会效益和经济效益相统一，脚踏实地、大胆改革，在融入交大、社会效益、经济效益和社会影响力等方面持续提升，开启了出版社发展的新篇章。

一、总体概况

2020 年，出版社出版新书 1 950 种，重印书 2 905 种。截至 2020 年 12 月 31 日，出版社在册职工数量 163 人，其中中级职称 77 人，副高及以上职称 25 人。在 2020 年，出版社共有 6 人晋升中级职称，4 人晋升副高职称，1 人晋升正高职称。

出版社现有科技分社、人文分社、教育分社、医学分社和电子音像社（数字产业部）五个业务部门，及党委办、行政办、财务部、总编办、国际合作部、综合图书管理部、编校中心、出版部和营销中心 9 个职能部门。9 月，期刊中心与出版社脱钩，转为独立校直属单位。7 月，学校党委任命钱天东同志担任出版社党委书记、董事长；12 月，学校党委任命周鹏同志担任出版社党委副书记、纪委书记。

二、党建工作

2020 年是全面建成小康社会和“十三五”规划的收官之年，出版社党委坚持以习近平新时代中国特色社会主义思想为指导，全面深入贯彻落实党的十九大和十九届二中、三中、四中、五中全会精神，增强“四个意识”，坚定“四个自信”，做到“两个维护”。这一年，出版社将深入推进全面从严治党、统筹推进新冠疫情防控和出版社改革发展稳工作等作为年度工作要点，制订《出版社 2020 年党委工作要点》，统筹安排，全面推进。

在业务工作中，出版社牢牢把握意识形态工作主阵地，在出版工作中认真贯彻落实党中央和校党委关于意识形态工作的决策部署和指示精神，把正确出版导向这一要求始终贯穿出版工作各环节和全过程。在管理工作中强化导向，完善细节，严格按规定执行三审三校、重大选题备案、书号管理、样书缴送等出版管理制度，筑牢意识形态的“生命线”。

疫情期间，出版社充分发挥党组织战斗堡垒作用和党员先锋模范作用，牢筑防疫“红色堤坝”，做到了抓责任、有担当、防控疫情、助力复工复产。提高政治站位，强化使命担当，压实疫情防控责任。严格疫情期间工作纪律，克服一切困难，在保障员工安全的情况下，不耽误出版社正常工作进展。积极响应党中央对广大党员的号召，切实增强打赢疫情防控阻击战、实现事业发展和企业经营持续稳定发展的信心和决心。

三、机构建设

2020年，出版社根据学校部署，妥善统筹，设立有关工作组，配合学校国资委妥善进行了出版社股权的无偿划转，将出版社及其下属子公司整体划归到上海交创科技发展有限公司，并完成了上海交大书店由全民所有制调整为股份有限公司的转制，进一步理顺了国有企业的投资关系和管理体系。

1月14日，出版社根据出版社事业发展的需要，对医学图书事业部进行了重组，成立了医学分社。医学分社的建立，标志着出版社科技、人文、教育、医学和电子音像五大事业群的正式成型。在此基础上，出版社以四大分社为平台基础力量，先后成立了上海交通大学城市文化传播中心和护理与健康出版中心。结合2019年设立并成功运转的首席编辑制，充分赋能各分社，通过系统规划，明确分社的领域发展目标，在遵守横向建章立制的原则下授予其自主运营权，做到分社选题资源整合、人员整合和财务整合，完善并坚持分社制纵向经营与横向建章立制为核心的集约化经营体制。

四、社会效益及出版质量

2020年，出版社共获得国家级、上海市和其他省部级基金44项，其中国家出版基金6项，国家社科基金后期资助项目9项，国家科学技术学术著作出版基金9项。国际化“走出去”资助381.95万元。

2020年，出版社深入贯彻落实党的理论和路线方针政策，坚持正确的政治方向、出版导向、价值取向，继续弘扬严谨、专业的工匠精神，打造精品图书，多次荣获国家级、省部级大奖。

1. 国家级奖项

表2-23-1　2020年获国家级奖项

序　号	奖　　项	图　　书
1	中宣部主题出版重点出版物	查医生援鄂日记
2	2020年优秀现实题材文学出版工程	查医生援鄂日记
3	2020年全国高校出版社主题出版选题	平易近人：习近平的语言力量(教育卷)
		查医生援鄂日记
		起飞——中国大飞机的崛起之路
4	2020年中宣部向港澳台出版发行项目	科技重塑中国
		工业人工智能
5	2020年全国有声读物精品出版工程	查医生援鄂日记

2. 上海市及其他省部级奖项

表 2-23-2　2020 年获上海市及其他省部级奖项

序　号	奖　　项	获奖项目及获奖人物
1	2020 年上海市优秀科普图书	铀之战——开启核时代的科学博弈
2	2020 上海书籍设计双年展封面设计一等奖	“大飞机出版工程——民机先进航电系统及应用”系列
		清代江南机器制造局档案汇编
3	2020 上海书籍设计双年展封面设计二等奖	茶的国度
4	2020 上海书籍设计双年展书籍设计优秀奖	中国廊桥
5	2020 上海书籍设计双年展优秀论文奖	基于编辑设计理念的教材整体设计(朱懿)
		浅谈教辅教材设计理念及方法(朱琳珺)
6	第十九届输出版优秀图书	平易近人：习近平的语言力量
		东京审判：为了世界和平
		肿瘤核医学：分子影像与靶向治疗
7	第十九届引进版优秀图书	结构复合材料
8	第七届优秀审读报告优秀奖	中国对日战犯审判档案集成(崔霞、刘敏、何菲、宝锁)
		民用飞机驾驶舱集成设计与适航验证(钱方针、刘宇轩)
9	2020 年度中国版权最佳内容创作奖	平易近人：习近平的语言力量(外交卷)
10	北京市科协 2020 年优秀科普读物推荐书目	逻辑：你认为正确，就一定正确吗?
11	“一带一路”出版合作优秀案例	中国—南亚科技出版中心
12	“一带一路”出版合作优秀版权经理人提名	陆烨

2020 年，出版社更加重视编校印装质量，4 月份先后出台了《上海交通大学出版社有限公司图书质量管理办法》、《上海交通大学出版社有限公司编校质量检查及奖惩办法》(2020 年修订)、《上海交通大学出版社编校中心工作条例》(2020 年修订)等一系列规章制度，大力推行社内质检和奖惩机制，开展编辑培训不断提升业务水平。

社会效益评估考核情况。近年来，出版社切实履行意识形态主体社会责任，把好政治导向关、价值取向关、格调品位关，坚持把社会效益放在首位。2020 年 4 月，教育部下发了《教育部社科司关于反馈出版单位 2019 年度社会效益评价考核情况的函》，出版社获得 97 分，较 2019 年提升 0.24 分，等第为优秀，在全国出版社名列前茅。

疫情期间，出版社坚守国企本分，以出版抗疫，积极策划出版各种抗疫图书。其中，《查医生援鄂日记》于 4 月成功出版，成为中宣部主题出版重点出版物。《新冠肺炎防治精要》《大学生抗疫心理情境应对指南》等防疫图书受到社会各界和主流媒体的广泛关注。

1 月 29 日，出版社响应国家“减少外出”的倡议，阻断疫情传播的途径，将自有 APP“慕知悦读”平台免费上线，开放全场电子书资源，帮助大家掌握健康常识，学习专业知识，畅游“悦读”空间，共同打赢防疫攻坚战，获得了社会各界的一致赞誉。

在服务交大方面,第一时间快速响应,免费支撑和保障学校线上教学,涉及 20 个学院、60 余门课程,包括公共基础课、概率统计、物理学引论等通识核心课以及专业基础课、选修课等。上线教材电子版 138 种,配套音视频 14 种,点击下载量 10 万多次,有力地保障了学校的“停课不停学”工作部署。

第二十四节　同济大学出版社

同济大学出版社是同济大学重要的学术和文化出版传播机构。秉承同济大学“与祖国同行,以科教济世”传统,坚持一流大学一流出版,以高质量的学术和专业出版服务学校“双一流”建设和国家、上海的社会经济发展战略。在城市规划、建筑、土木、交通、德语与欧洲文化、基础学科、医学等领域形成鲜明出版特色。

一、社会效益和经济效益稳步增长

出好书是出版工作的出发点和落脚点。2020 年,同济大学出版社始终围绕同济特色,深耕细作、锐意进取,策划出版了一批具有较好社会影响力的精品图书,社会效益不断提升。2020 年同济大学出版社 3 项国家出版基金项目获批;2 项获上海市促进文化创意产业发展财政扶持资金资助;1 项获批上海文化发展基金;1 项获上海翻译出版促进计划支持,1 项 2020 年度“丝路书香工程”,3 项获国家社科基金中华外译项目立项,各类图书获得省市级及以上各类奖项 10 余项。2020 年度获得教育部社会效益评估优秀。

面对 2020 年复杂的经济形势和多变的外围环境,同济大学出版社在做好新冠疫情防控的基础上,克服多重困难,针对年初市场停滞、学校不开学、重印书减少的情况,改变策略,努力增加新书出版品种,实现出书规模和生产规模上基本保持稳定,出版总品种 1 021 种,生产总码洋 2.12 亿。

二、图书获奖有新的亮点

2020 年同济大学出版社各类图书获得省市级及以上各类奖项 10 余项。其中,《上海纪事:社会空间的视角》入选中宣部 2020 年对外出版和展览项目;《透过大数据把脉城市交通》获第十届钱学森城市学金奖;《连接:共享未来的公共空间》获上海第十五届“银鸽奖”出版类三等奖。同时,出版社有 6 种教材获选“十三五”职业教育国家规划教材,25 种教材获 2020 年同济大学优秀教材奖。

以下是出版社 2020 年度所获的各类奖项:

中宣部 2020 年对外出版和展览项目 1 项——《上海纪事:社会空间的视角》;

第十届钱学森城市学金奖——《透过大数据把脉城市交通》;

荷兰最佳图书设计奖 1 项——《骑行上海》;

上海第十五届“银鸽奖”出版类三等奖 1 项——《连接:共享未来的公共空间》;

第十一届华东书籍设计双年展整体设计奖——《三分院》《改变:阿科米星的建筑思考》;

2020 上海书籍设计双年展整体设计奖——《三分院》《改变:阿科米星的建筑思考》;

2020 上海书籍设计双年展书籍设计优秀奖——《画谈潜园——中国园林在德国》《海因茨·宾纳菲尔德:建筑与方案》。

三、多个项目持续获得各类出版基金支持

策划、申报以及完成各类、各项出版基金项目是出版社品牌建设、精品建设、特色建设以及编辑和管理队伍建设的重要工作和方式。出版社积极鼓励策划、申报各类图书出版基金，特别是国家级的出版基金，力争做到各类、各级出版基金全面覆盖。

2020年获得的各类出版基金情况如下：

国家出版基金3项："城市安全风险管理丛书"(第2期)、"中国乡村人居环境研究丛书"、《中国长江帆船通鉴》(中英双语)；

国家"丝路书香"工程1项：《中国工程师史》(阿拉伯文版)；

国家社科基金中华学术外译项目立项3项：《说园》(典藏版)(俄文版)、《上海纪事：社会空间的视角》(英文版)、《建成遗产》(英文版)；

上海市促进文化创意产业发展财政扶持资金2项："城市安全风险管理丛书"(第3期)、城市·建筑出版中心；

上海文化发展基金1项：《觉醒的现代性：中国第一代建筑师的上海实践》；

上海翻译出版促进计划1项：《上海纪事：社会空间的视角》。

入选项目既充分展示了同济大学出版社的传统品牌特色，又彰显了同济大学出版社开拓创新的成果。

四、推进数字与出版融合，建设融合出版中心

出版社积极探索品牌出版＋数字教育/专业数据库服务，力求实现出版社协同创新、转型升级，助力学校"双一流"建设。新冠疫情进一步加速教育和出版数字化进程，改变了教育教学的传统模式，也进一步推进融合出版的发展。出版社从4月初开始调研如何服务学校研究生院线上精品课程建设，9月成立"融合出版中心"，建设多功能课站，配置"同学堂"线上教学平台，同时签约研究生院网络课程65门。勇立潮头，为打造网络课程＋教学平台＋融合教材"三位一体"融合出版服务平台开出了一个好头。

五、推进线上线下出版宣传营销融合协同创新

出版社非常重视和积极拓展各种媒体宣传渠道，近年来从国家级媒体、省部级主流媒体、主管部门宣传口、专业领域媒体四个维度深耕，2020年为《新型冠状病毒肺炎防护手册(高校版)》《新型冠状病毒肺炎防控法律行动手册》《上海城市运行安全发展报告》《中国共产党早期在上海史迹》《上海近代建筑风格》《工程艺术大师：卡尔·太沙基》《胰腺整合介入治疗学》等品牌特色图书项目作了专题推送，2020年度各类重点新书发布会、交流活动和重点项目等，获得国家级、省部级和专业媒体专题报道54篇。

在上海市委宣传部(上海市新闻出版局)举办的"上海书展·阅读的力量"2020特别网聚活动中，出版社在一个月内策划组织了15项活动，通过全媒体、多平台的方式进行图书推介，各平台阅读量累计近35万人次。组织8位青年编辑参加市委宣传部"短视频荐书大赛"，累计播放量超5万

次。4月23日市委宣传部启动“阅读的力量·春暖花开读新书”线上系列活动，出版社5场新书首发均列入出版局“百种新书云首发”，其中《阿福拜见老虎岳父》1种新书入选市委宣传部“悦读时刻”重磅推荐。上海书展期间，出版社举办了十多场线上线下融合的图书交流学习分享会，如郑时龄院士作为主讲嘉宾的《上海近代建筑风格》新书分享会、《阿福拜见老虎岳父》新书签售会等，获得热烈反响。

六、依托学校的学科优势，出版“走出去”

同济大学出版社国际出版部成立于2017年初，四年来已与多家国际知名出版社签署了40余份版权输出/合作出版协议，主要合作出版社有：施普林格、爱思唯尔、德古意特、泰朗-弗朗西斯等全球知名学术出版集团；剑桥大学出版社、新加坡国立大学出版社、京都大学学术出版会等知名大学出版社；专门从事艺术和设计类出版的ORO Editions、ACC Art Books等专业出版社。“十三五”期间，出版社以“国际组稿、全球发行”为方针，以同济大学的城市规划与建筑设计、城市与建筑文化、土木工程与交通、艺术设计与设计教育为重点选题方向，实现了出版“走出去”的努力探索，着力打造以“学术科技类出版”为主要方向，“建筑设计类出版”为品牌，以英语为主、小语种为辅的具有“同济特色”的出版“走出去”服务平台。

2020年度同济大学出版社输出版权16项，其中英语类8项，小语种类8项；输出版权的图书出版4项；获得“丝路书香工程”项目1项[《中国工程师史》(阿拉伯语)]；获批2020对外出版和展览项目1项(《上海纪事：社会空间的视角》)；上海翻译出版促进计划资助1项[《上海纪事：社会空间的视角》(英文版)]；获得3项2020年度国家社科基金中华学术外译项目[《说园(典藏版)》(俄语版)、《上海纪事：社会空间的视角》(英语版)、《建成遗产》(英文版)]。

第二十五节　上海浦江教育出版社

上海浦江教育出版社继续秉承“立足上海、依托高校，面向全国、走向世界”的理念，以促进上海国际航运中心建设和国家航运事业发展、上海健康城市建设和振兴中医药学为目标，倾力打造海事海洋和中医药学类图书的出版高地。

2020年，我社共计出书80种，其中，新版图书63种，再版图书2种，重印图书15种。已出版图书全部按计划进行选题报批，执行情况较好。其中海事类图书占比56%，中医药类占比44%。

在2020年新冠疫情初期，中国航海学会携手中国引航协会组织一线行业专家开始编写《船舶驾引人员防控新冠肺炎英语手册》，我社第一时间跟进，并及时送到奋战在水上运输一线的船舶驾引人员手中。

《船舶驾引人员防控新冠肺炎英语手册》采用英汉对照的方式简明扼要地介绍了新冠肺炎的相关重要知识点，对船舶疫情防控、引航疫情防控分篇章阐述，摘录了驾引人员常用防疫语句、短语和词汇，并附中国疫情现状及防控措施。为船舶驾引人员快速掌握新冠肺炎防控知识和有关英语词句发挥了积极作用，为海上安全运输“生命线”保驾护航做出了贡献。

我社的《探海先锋》一书获得了上海文化发展基金会2020年度第二期项目资助。这本《探海先锋》记录了上海海事测绘事业65年来从无到有、从小到大、从人工到自动、从数字化到信息化，一步一个脚印地跨进世界海道测量的先进行列的过程。通过人员访谈、回忆等形式，该书把职工历年工作、学习、生活中的点点滴滴编撰成一个个生动的故事，使海测“尺幅千里、追求卓越”的工匠精神和“严谨、坚韧、务实、奉献”文化价值观得到继承、弘扬和发展；该书也从侧面见证和记录了上海城市历史的发展步伐。

我社 6 刊中有 5 刊取得优秀（优秀率 83%），其中 3 刊名列全市科技期刊前 5 名。积极组织编辑参加上海市科技期刊编辑技能大赛，取得个人第一名和团队优秀奖的佳绩，并获优秀组织奖。

我社《上海海事大学学报》获得《中国高校优秀科技期刊》。

第二十六节　立信会计出版社

立信会计出版社坚持正确的出版方向，以习近平新时代中国特色社会主义思想和党的十九大精神为指导，始终把社会效益放在首位，以提高社会效益、经济效益和出书育人效益为目标，积极开展“四史”学习教育活动，为财经教育服务。

一、坚持正确的出版导向，战疫情，学“四史”，促发展

我社深刻学习领会习近平新时代中国特色社会主义思想和党的十九大精神，积极贯彻党的方针政策，坚持为人民服务、为社会主义服务、为全党全国的工作大局服务，牢固树立政治意识、大局意识、责任意识和阵地意识，始终把社会效益放在首位；坚持不出版有不良政治倾向的图书的原则，坚持出书结构与本专业相一致的原则，不出版与出版范围不符的图书，以出版更多更好的图书，发挥文化教育人民、服务社会、推进发展的作用为己任。

2020 年是不平凡的一年，中国共产党团结带领全国各族人民，进行了一场惊心动魄的抗疫大战，经受了一场艰苦卓绝的历史大考，付出巨大努力，取得抗击新冠疫情斗争重大战略成果。在此过程中，我社一方面做好自身的疫情防控工作和生产恢复工作；另一方面，充分发挥专业出版优势，聚焦“全面建成小康社会，实现第一个百年奋斗目标”开展宣传教育活动。录制了“连起开讲——政协常委谈新冠疫情对中国经济的影响与对策”网络直播讲座，为广大人民树立抗疫信心贡献自己的力量，受到上海市委宣传部“上海书展 · 阅读的力量”2020 特别网聚活动重点推荐。

开展“四史”学习教育是贯彻落实学习近平总书记考察上海重要讲话精神，建立健全不忘初心、牢记使命长效机制的重要部署。立信会计出版社党总支积极响应，设立立信书局“四史”学习教育图书专柜，为读者提供一方“四史”学习充电区。同时，我们还挖掘红色出版资源，出版了“会计口述历史”系列图书，抢救性地记录并反映了会计领域专家的珍贵历史资料，丰富了会计人“四史”学习内容，对于扬会计前辈精神、强会计精神定力，具有重要意义。该书被上海国家会计学院作为“四史”学习教育图书，为其举办了“学四史《会计口述历史》（第一辑）读后感征文比赛”，财政部程丽华副部长对赠书批阅：“上国会干这件事很有意义，请会计司予以支持。”

学“四史”最重要的将学习落在实处，解决实际问题，我们结合主题教育期间的整改问题，重点解决了出版社仓库管理和融媒体发展前景两个问题，大大提高了仓库的发货效率、降低了配书差错率、节约了货运成本；完成融媒体系列教材《会计综合模拟实验（工业篇）》等共计 6 本，完成“会计综合模拟实验”等 5 门成体系的课程资源建设，疫情期间为 258 所高校免费提供电子教材 393 个品种，社会效益明显。

二、完善选题规划，优化产品结构，突出品牌效应

作为一家有着近80年历史的大学出版社，我社十分珍惜经过几代立信人的辛勤培育而形成的“专、精、特”出版特色。2020年，受疫情影响，我社7月1日才全面复工，我们直面疫情带来的挑战，研究疫情下的出版市场特点，坚持质量第一，优化出版结构、强化精品意识、提高原创能力，强化专业特色，走高质量发展之路。2020年共出版新书290种。其中教材134种，读物59种，专著23种，考试用书74种。

立足会计，做好会计行业的出版服务和文化传承。我社策划出版“智能财务研究系列丛书”，《2020年影响中国会计从业人员的十大信息技术：现状与趋势》分析解读了正在影响和将要对会计行业扇动“蝴蝶翅膀”的信息技术，“为中国会计从业人员观察信息技术的衍变，提供参考，创造更多价值”。

立足教育，出版思政和诚信教育方面的教材、专著和案例图书，推出了《诚信文选》《“课程思政”教学案例集》《做新时代的追梦人——2019年上海高校党委书记毕业党课精选》《做新时代的追梦人——2019年上海高校校长毕业典礼讲话精选》等图书，丰富了课堂教学内容。

三、保质量、出精品，硕果累累

“中国会计史专题研究丛书”（第一辑）获国家出版基金项目资助；《基础会计模拟实训（第四版）》等3种图书入选“十三五”职业教育国家规划教材；《图解出纳实务》等4种图书入选2020全国“农家书屋”重点推荐目录，其中，《诚信故事100例》荣获2020“农民喜爱的百种图书”称号；会计学出版中心获得2020年上海市促进文化创意产业发展财政扶持资金的持续资助；“高等院校‘十三五’规划教材”、“互联网＋”融媒体系列教材两套丛书的封面设计荣获2020上海书籍设计双年展封面设计二等奖、《画说会计（彩画版）》荣获2020上海书籍设计双年展书籍设计优秀奖；《高级财务会计》入选重庆市高等教育重点建设教材；《会计综合模拟实验》项目荣获上海出版行业编辑短视频荐书大赛二等奖。

四、版权贸易，“走出去”稳步推进

版权贸易方面，我社与剑桥大学出版社签订版权引进合同，引进《价值与利润》等图书；与日本岩波书店株式会社签订版权引进合同，引进《会计学的诞生》等图书；与日本有限会社森山书店签订版权引进合同，引进《会计学者的责任》《从历史角度看公允价值会计》等图书；与日本同文馆出版株式会社签订版权引进合同，引进《会计的历史探究》《账簿见证会计历史的真实》等图书。在“走出去”工作方面，我社正在策划“一带一路”会计基础设施研究系列丛书，从不同视角分析研究“一带一路”推进过程中的会计相关问题，着眼于“一带一路”沿线国家的财税与会计制度，同时对上述国家经济贸易及资本市场相关的基本情况进行了归纳梳理，为有关企业“走出去”的经营决策提供参考，为政府制定相关的政策制度提供借鉴，为学术界深入研究“一带一路”沿线国家财税政策及会计准则提供基础，以期在一定程度上促进“一带一路”建设的贸易、金融与投资、会计服务等领域的合作。

五、融媒体出版中心初成

成立了融媒体中心，立足立信会计出版社财经会计专业出版方向，为以图书为媒介的出版方式提供有益补充和拓展。一方面，录制大量微课视频，建立微信公众号，推出精品课程名师团队，上线“立信书苑”电子书平台，解决高校教材使用中的资源通融、内容兼容、宣传互融和利益共融四个方面的问题。2020 年已经完成的融媒体教材品种包括《财务管理》《Excel 在财务中的应用》《基础会计实训》《税法》《会计综合模拟实验》《计算机审计》等 6 门课程。这些课程都采用了影音图视频的形式，比较适合后疫情时期老师的教学，也适合老师备课使用和学生自学使用。另一方面，举办以会计实验实训为主题的在线学术论坛，邀请会计教育大咖，讲解会计实训相关知识，举办会计手工技能评比大赛，使 2021 年春季实验实训教材的使用量明显增加。

第二十七节 华东理工大学出版社

2020 年作为“十三五”规划的收官之年，华东理工大学出版社坚定落实“提质增效，融合发展”的战略方针，实现“内容＋渠道＋服务”的产业升级，强化“图书＋”的概念，加强创新融合，打造图书品牌，精耕细分市场，拓宽营销渠道，新冠疫情之下，依然保持了稳步发展。

一、社会效益和经济效益齐抓共管

全年共出版图书 1 270 种，其中新版 288 种，重印率为 77％。在中宣部社会效益评估体系中获评优秀。依托并服务于学校优势学科，出版社在知识抗“疫”、社会治理、新材料等领域的实践受到了《解放日报》、《文汇报》、新华社、中新网、澎湃、东方网等主流及相关行业媒体的广泛报道。

在经济效益方面，在疫情影响下逆势奋进，全年销售码洋近 3 亿元。

二、狠抓质量管理，打造精品图书

不断加强内容质量、编校质量、印装质量和设计质量管理。始终坚持正确出版导向，狠抓内容安全，不断完善质量管理制度，加强图书入库准点率考核和制作质量评估考核，完善自检、年检等质检流程。此外，在坚守底线的同时不断满足读者和用户日益增长日益多元的需求，进一步拓展装帧设计业务，获第十一届华东书籍设计双年展暨 2020 上海书籍设计双年展二等奖、优秀奖、优秀论文等奖项。

三、主题出版与学术出版成果显著

继续落实“学术立社　品牌兴社”的办社理念，学术出版保持佳绩。共有 2 个项目获批 2020 年度国家出版基金，分别为“新时代地热能高效开发与利用研究丛书”和“大国攻坚・反贫困社会工作丛书”；6 个项目获批 2020 年度上海市促进文化创意产业发展财政扶持资金；动漫 MV《社区战疫记》获批上海文化发展基金；2 个项目获批 2020 年度上海科技专著出版资金；17 种图书获批 2020 年度上海市年度重点图书。国家“十三五”重点图书规划获批 8 项 68 种，截至 2020 年底完成率超过 90％。

四、扎实推进版权工作

华东理工大学出版社获得“2019年度上海市版权示范单位”荣誉称号。在版权引进方面，坚守“提质增效”的方针原则，将引进图书的质量放在首位，严格把控版权引进内容，引进方向紧密结合自身出版特色。在版权输出方面，2020年输出图书11种，输出国家及地区涉及韩国、日本、越南以及中国香港地区。版权输出形式呈多样化，不仅涵盖了传统出版物中的图书及录音制品，还包括电子辞典数据库等数字出版物。成功签约了科技类精品图书《石墨烯复合材料》的版权输出合作协议。

五、“融合发展”取得实效

2020年期间，全社继续以“提质增效，融合发展”为战略方针，稳步落实“纸数同步”融合发展战略。在产品形态方面，以内容资源为基础，进行多媒介出版和销售，促进产品融合，实现利润来源多元化。在平台运营方面，与喜马拉雅、三联中读、口袋故事头部平台建立了深厚合作，并完成了以出版社官微等六个服务号并行的新媒体矩阵，有机链接小鹅通、有赞等工具，打造私域流量池。在制度建设方面，总结完善了数字选题申报等四项制度，形成了“4项管理制度+8种产品类别”的数字出版基本架构。截至目前，融合出版产品及平台已为千万级别用户提供服务，并实现了主营业务的增收。

六、主动迎接渠道变革

全社始终保持对渠道的关注度和敏感性并适时做出改变，通过架构重组和人员升级等治本的方式对渠道变革做出了及时有效的响应，同时也取得了不错的效果:“十三五”期间，线上渠道占比由50%增长至近90%;新渠道建设方面，稳扎稳打地探索各类新平台，并将匹配的渠道固定下来长期合作，拼多多、抖音等渠道都有合适的合作路径;原有的优势渠道，如新华书店、当当、京东代表的传统网店的合作依然维持了优于行业水平的良好发展趋势。

七、大力推进信息化建设

一是在线协同办公提升工作效能。2019年初成立智能移动信息化办公推进工作小组，深度挖掘钉钉、石墨等在企业运营中的应用，全面推进信息化、无纸化协同办公，进一步打破部门壁垒，提升信息透明度，降低沟通成本，提升工作效能。在疫情期间，钉钉和石墨基本解决了所有社内审批和在线协作事务问题，保障了工作的有序高效推进。二是数据推动科学决策。于2009年就开始收集、整理重点客户的销售数据，2016年专门成立数据运营与数字化推广小组。目前，每月收集的重点客户销售数据已经覆盖全社90%以上的渠道，产品销售数据通过数据平台自动统计，在数据平台以可视化的形式呈现，能够为数据用户提供“自助式”“探索式”分析功能。

八、努力打造学习型组织

人才是保障，制度是关键。出版社在选人、培养人、用人、激励人等多个环节建立了新的制度保障与流程规范，努力帮助员工实现技能成长、知识结构成长、精神成长，努力培养编辑、版权、设计、制作、营销和管理各个领域的专家。2020 年，共举办面向各类岗位的培训近 40 场，全社 34 人参加出版中级考试，30 人通过，通过率近 90%。

九、积极履行社会责任

积极服务学校。疫情暴发初期，为保障学生教材供应，教材中心克服重重困难，组织人员加班打包、邮寄，以最快速度把将上万册教材发放到学生手中。此外，出版社还积极参与华理校园建设回馈母校师生，对原特许纪念品中心进行了改建，全新的“陇上书店(晨园店)”已成为重要的大学文化阵地。积极参与知识抗“疫”。在疫情发生的第一时间，设立了“社工抗疫之声”微信公众号，作为中国社会工作教育协会疫情防控官方发布平台，教授社区一线工作者和医务社工人员在参与疫情防控工作中如何进行危机干预，累计学习量超 5 000 人次。积极响应教育部“停课不停学”的号召，为不同领域人群开放 70 余种精品数字资源、150 余种高教电子书资源。积极服务贫困地区。积极响应国家“扶贫先扶志”的教育扶贫活动，自 2017 年起帮助寻甸学生共享发达城市学生所享有的图书及教育资源，2020 年捐赠图书 14 000 余册，在云南寻甸设立的阅读空间由原来 3 所增加至 8 所，让阅读陪伴更多青少年、儿童健康成长，并继续给寻甸县乡村振兴战略智库中心捐赠图书，支持寻甸乡村振兴工作。

第二十八节　东华大学出版社

2020 年，东华大学出版社深入学习宣传贯彻习近平新时代中国特色社会主义思想和党的十九大及十九届历次全会精神，认真贯彻落实习近平总书记关于宣传思想工作的重要精神，根据中共中央国务院《关于加强和改进出版工作的意见》的文件精神，在学校及董事会的领导下，坚持把社会效益放在首位，坚持党的全面领导，严把意识形态关，持续加强专业品牌建设，不断创新管理机制，努力提高经济效益，加快推进出版社事企分离改革。

一、依托专业品牌建设推动提升双效益

1. 继续加强“纺织服装研究出版中心”建设

2020 年出版社通过了“纺织服装研究出版中心(2018—2019)”项目的验收，并继续成功获批新一期专业学术出版社中心——纺织服装研究出版中心的立项。

尽管受到新冠疫情的影响，出版社仍然克服种种困难，积极开展相关专业学术及品牌推广活动，具体包括：

(1) 6 月举办了《丝绸之路织染绣服饰研究 · 新疆段卷》首发式暨“丝绸之路纺织文化传播与交流”研讨会。

(2) “纺织服装研究出版中心”和东华大学出版社有限公司自 2015 年起连续成功举办五届的“全国服装专业教师暑期高级研修班”，得到了相关院校和老师的广泛认可，根据防疫要求，8 月以线上的形式举办了“2020 年全国服装专业教师暑期高级研修班”，取得了良好反响。

(3) 9 月承办了由中国纺织服装教育学会与清华大学美术学院主办，全国 74 家高校协办的首届“华夏衣裳”中国高等院校服装史教学与学术研讨会。研讨会以腾讯视频会议的形式进行，并通

过我社在哔哩哔哩的官方账号进行直播，线上累计收看量突破了10万人次。

(4) 10月举办了“华夏衣冠：中国服装史系列讲堂”(第一讲)杭州站活动。该活动是由我社与清华大学贾玺增副教授共同策划的聚焦于中国传统服饰文化的系列讲座。

(5) 11月举办了“华夏衣冠：中国服装史系列讲堂”(第二讲)北京站活动。该活动由清华大学美术学院染织服装艺术设计系与我社共同主办，活动还同时进行了李薇《京剧服饰制作技艺研究》与贾玺增《中国服装史》的新书首发式，以及明代礼服和首饰展示活动，邀请了来自故宫博物院、中国国家博物馆、中央民族大学、江南大学、北京服装学院等17家单位的40余名专家、学者、京剧服饰非遗传承人和设计师共同参与，活动在哔哩哔哩、当当、淘宝三大平台同步进行了直播。

2. 多本图书被立项和获奖

为做好重大基金项目的申报与实施工作，我社指定专门的部门和人员负责社部重大项目的挖掘开发、统筹管理与实施，以服务国家重大战略、服务上海发展、服务学校“双一流”学科建设为指导思想，主动出击，凝聚各方优质资源，积极进行项目申报工作，并把项目的获取和完成纳入社会效益考核评价内容。

(1) 共获得国家级和省部级出版基金项目6项，其中国家出版基金资助项目1项(《中国戏曲服饰纹样元素码设计研究》)，上海科技专著出版资金项目1项(《纺织基生物医用敷料》)，上海文化发展基金项目1项(海派时尚文化研究)，上海市促进文化创意产业发展财政扶持项目3项(纺织服装研究出版中心、《中国非物质文化遗产纺织技艺研究书系——手工印染技艺》、《从田园到城市：四百年的西方时装》)。

(2)《美国费城艺术博物馆藏丝绸经面研究》和《海派时尚流行趋势研究》获得2020上海书籍设计双年展设计优秀奖；《服装立体裁剪》获得辽宁省首届优秀教材建设奖。

3. 积极开展教材规划建设

(1) 积极开展“十三五”国家级职业教育规划教材的申报工作，最终有6种图书入选。

(2) 对出版社已有的专业教材进行系统的梳理，制定了出版社“十四五”专业教材建设的整体规划。

(3) 组织进行了纺织服装高等教育“十四五”部委级规划教材的申报工作。并于12月组织专家召开了“十四五”教材建设研讨会暨推荐纺织服装“十四五”规划教材专家评审会议。

二、认真做好“十三五”规划总结和“十四五”规划编制工作

根据学校《关于做好“十三五”规划总结、“十四五”规划编制工作的通知》文件精神，对“十三五”期间的图书出版与项目情况、所获奖项、作者资源开发与维护、国内外学术研讨会、管理制度建立与健全、出版社事企分离改革、参加书展与外联情况、数字化项目实施与推动等方面进行全面梳理和总结。并从加强党的领导、出版结构调整、品牌建设、重点选题规划与实施、出版资源建设、专业人才队伍建设、新兴媒体融合出版建设、多业态并行的经营模式建设和企业文化建设等九方面重点工作的筹划入手，拟定了出版社“十四五”期间的发展方向和预期目标。

三、推动新媒体融合出版转型

积极推动从传统纸质出版向新兴媒体融合出版转型，加强新形态图书的出版，将视频、音频、图

片等电子资源融入纸质图书，推动传统教材向新形态教材、活页式教材、工作手册式教材的升级。通过数字化项目的实施开展融合出版的探索，在出版社原有服装智库的基础上，借助市文创扶持资金的支持，从丰富内容、增设模块和改进商业模式等方面将原智库升级改造为时尚智库信息服务平台，并于12月完成了“时尚智库”的结项验收工作。

加强新媒体宣传，改版了出版社公众微信号，并重新启用了出版社的官方微博，申请开通了哔哩哔哩、抖音以及头条的官方账号，上线了有赞微商城。全年出版社微信公众号共发送推文120余次，开展哔哩哔哩直播活动4场，对我社的图书宣传和品牌推广发挥了积极作用。

四、积极应对新冠疫情

针对2020年严峻的新冠疫情，班子除做好系列防控应对措施外，还通过身处海外的作者与葡萄牙学生学者联合会取得联系，在海外购买口罩后捐赠给国内疫区；为配合东华大学的线上教学工作，出版社通过“小鹅通”平台及微信公众号平台为我校师生免费上线17种电子教材，并安排专人值守，24小时不间断解答广大师生在电子教材使用方面遇到的各种问题；积极参加上海市新闻出版局组织的“2020上海书展——迎春网聚线上阅读活动”，从中国服饰发展历史、中国传统服饰文化、中国服饰语言文化三方面出发，推出“中国风”系列书单，通过微信公众号供广大读者免费阅读；为了帮助相关行业开展防疫物资生产和为广大读者普及相关科学知识，出版社组织精兵强将，在极短时间内，通过非常规的工作模式出版了《战疫之盾——带您走进个人防护非织造材料》一书。

五、加强制度建设和内控建设

进一步梳理了出版社各项工作流程，根据存在的问题和新形势、新变化的要求，修订和制定了各项制度以不断完善现有的制度体系，通过对工作流程的规范和关键环节的监督，不断提高内控管理水平。全年共修订和制定14项制度。

在第三方仓储物流服务商合同到期的情况下，严格按照出版社供应商招投标管理办法实施了图书仓储物流服务项目的公开招标，为出版社选择服务质量好、性价比高的服务供应商。

六、加强人才队伍建设

为加强出版社人才梯队建设，继续开展人才引进工作，2020年共招聘编辑2名，营销中心市场部人员2名；同时积极开展人员专业技能的培训，并做好人才成长规划和职务晋升的制度设计。特别加强了对编辑的培训工作，全年累计开展专题培训活动6场。

七、加强出版社党建工作

加强基层党组织建设，发挥党员在各项工作中的引领作用，以党建工作为抓手，不断健全工作机制，强化责任意识，抓好队伍建设。通过组织学习和开展谈心谈话，鼓励党员敢于创新、勇于担当，引导广大党员在实践中发挥模范先锋作用。以“学习强国”平台为主要学习载体，引导广大党员重视理论学习，为丰富广大党员学习生活，营造比学赶帮的学习气氛，举办了“学习强国”理论知识学习竞赛;扎实推进党建带群建工作,以党员为骨干,成立读书会、学术研究会等相关协会,促进学习型支部建设。积极做好党员发展工作,本年度有两人被正式确认为入党积极分子,并严格按照组织规定做好积极分子的考察培养工作。

八、积极开展企业文化建设

积极开展丰富的团建活动、社团活动,成立学术研究会和读书会,开展各类读书分享和出版专业研究等主题活动 4 次;通过摄影协会举办了"迎接建党 100 周年'红色探访'摄影比赛";进一步明确新编辑导师制,通过为新编辑指定导师,帮助新人快速成长和融入企业,营造积极向上企业文化氛围。

第二十九节　上海财经大学出版社

2020 年,上海财经大学出版社继续贯彻国家出版宏观管理精神,紧跟上海财经大学改革发展步伐和优势学科集群发展形势,依托学校学科优势、师资实力和在财经类院校中排名前列的有利条件,积极汇聚海内外优秀作者资源,以经济学与商学专业出版品牌建设为特色,创新营运管理和图书营销服务形式,稳步推进出版社的各项工作。

一、"双效"成果介绍

1. 2020 年,出版了一批导向正确、内容健康、读者喜爱的图书,全年出版图书 547 种,其中新书 258 种,重印书 289 种,同时出版质量稳步提高,送审图书均为合格以上。

2. 全年出版的图书获学校及省部级以上的奖项 10 种,多种新书入选上海书展、中国经济教科网、百道网等的好书榜单,专业品牌影响力进一步凸显。

3. 2020 年,在全国图书出版单位社会效益评价考核中(上海地区),考核等级为良好;在教育部社会效益考核评估中,考核等级为优良;上海财经大学对本社的综合考核结果为优秀。

二、年度工作概况

2020 年,全社上下同心,克服新冠疫情带来的不利影响,坚持务实诚信,以创品牌、出精品、力求质量取胜的经营理念,不断提高核心竞争力,持续提升品牌与社会影响力。

1. 本社"十三五"发展规划总结和"十四五"规划编制

2020 年,本社迎来了"十三五"规划收官之年,也是谋划"十四五"规划的关键之年。对本社"十三五"规划完成情况作了客观评价和评估,全面总结了"十三五"建设期间取得的成效,努力抓好"十三五"规划的最后落实工作;同时,按照学校要求,准确把握"十四五"面临的时代背景和重大问题,按照学校"深化改革创新,全面加强管理,不断提高选题质量和出版质量发展促稳定,加快转型升级,增强出版社核心竞争力"的要求,顺利地完成出版社"十四五"发展规划的编制工作。

2. 品牌图书出版

2018 年起,为对接学校"双一流"建设,设立了"匡时"品牌系列图书。其中,匡时学术文库系列图书,2020 年完成出版 7 种(累计完成 12 种);匡时教学用书,2020 年完成出版 16 种(累计完成 48 种)。品牌优势进一步提升。

3. 重点学术出版项目

完成出版《中国经济发展史(1949—2019)》(八卷本,国家“十三五”规划项目)、“中国经济史专题研究丛书”(国家“十三五”规划项目、国家出版基金项目)、“近代中国经济转型历史与思想研究文库”(国家出版基金项目)、《中国乡村振兴和农村教育调查》、《上海近代货币竞争:历史与逻辑》等多种重点学术出版项目。

4. 专业图书出版

2020 年,出版了一批市场反响良好的重点专业图书,如《卢克文作品 2020》、《葛文耀:四十年民族品牌的光荣与梦想》、《市场本质》、《会感染的疯狂》、《估值逻辑》、《品味期权》、《传世投资》、“世界资本经典译丛”(6 种)、《美国经济社会史(1920—1929)》等。

5. 营销与发行推广

受疫情影响,2020 年营销发行工作开展难度加大,对此,本社及时调整工作思路,加强线上营销力度,加快天猫店微店的新书上架,推出图书让利优惠活动等措施,以适应市场变化。同时,做好上海书展的营销宣传,除展位布置、服务读者之外,会展期间还举办了多场读者见面会,提升了本社的品牌知名度。年内,还举办包括《葛文耀:四十年民族品牌的光荣与梦想》《量化社会科学导论》中译版发布会暨“量化社会科学”教学与科研网络研讨会等数场图书推广活动。

三、多种新媒介互动,促进出版融合,提升营销宣传效果

为促进营销信息融合,开通了哔哩哔哩的官方账号,哔哩哔哩账号的运行,标志着本社形成了哔哩哔哩、微信、微博等多元互动的新媒体推广体系。此外,通过“书香上海”公众号、微信企业公众号、上财企业号、微博等联动,发布新书、活动、资讯等宣传信息和发布工作,投放新书资讯,丰富企业微信公众号的营销与宣传功能。同时,微信企业公众号关注人数突破 10 000 人,直营天猫旗舰店销售收入突破 70 万元。

四、图书版权引进输入稳定发展

2020 年出版引进版图书 23 种,引进图书国家仍以英国和美国为主,英国的数量连续第二年超过了美国。同时继续根据出版分工和办社特色,开展版权图书选题开发工作。本年度引进版权选题 19 种,其中学术类选题 16 种,投资类市场型选题 2 种、教材类选题 1 种,并向上海市新闻出版局提交 25 种版权图书的备案登记。同时积极拓展“走出去”战略,目前已与语言桥集团达成图书推介的意向,并在 2021 年将本社适合“走出去”的图书制作英文简介小册子,向国外出版商推介。

五、出版类的奖项与资助

1. 获奖图书

《1917—1919:马克思主义经济学在中国的传播启蒙》(3 册)、《近代中国经济思想史》(两册)获第八届全国高等学校科学研究优秀成果奖(人文社科);《田国强学术文集》获 2020 上海书籍设计双

年展整体设计奖。

2. 国家出版基金资助项目

“马克思主义政治经济学译丛”“国家与社会治理现代化译丛”2种图书获国家出版基金资助。

3. 国家主题出版项目

“马克思主义政治经济学译丛”、“企业家儒商精神读本系列”、《新时代高校思政育人探索》(三卷本)、《中国乡村振兴和农村调查》4种图书获国家主题出版资助。

4. 上海市促进文化创意产业发展财政扶持资金项目

“中国经济专题史研究丛书”、“世界文创产业前沿译丛”(第二辑)、《中外旧约章汇编》、《国际财务报告准则》(第三版)、《2018中国PPP市场透明度报告》、“上海学术·高级经济学出版中心”6个项目获上海市促进文化创意产业发展财政扶持资金资助。

第三十节　上海大学出版社

2020年是具有特殊意义的一年,出版社在“四史”主题教育指引下,认真贯彻落实习近平新时代中国特色社会主义思想,树牢“四个意识”、坚定“四个自信”,坚决做到“两个维护”,积极围绕学校中心工作,“追卓越、创一流”扎实推进各项工作,以高质量发展为核心战略,在困难与挑战中把握机遇,奋发作为。2020年,上海大学出版社连续第四年入选中国图书海外馆藏影响力出版100强单位,同时取得历史最好名次。

一、深耕细作,打造主题出版新品牌,唱响百年建党、百年上大主旋律

围绕中心、服务大局,以建党100周年和上海大学建校100周年等重大历史事件为契机,紧密结合“四史”学习教育内容,策划出版“党史研究书系”“红色学府　百年传承”等一批既叫好又畅销的优秀主题出版物。

1. 助力“四史”主题学习,推出丰厚“四史”书单

《从上海大学(1922—1927)走出来的英雄烈士》《申江赤魂:中国共产党诞生地纪事》《渔阳里:红色征程的起点》《五月黎明:纪念上海解放70周年》《光荣啊!铁道兵》等图书,从不同角度挖掘“四史”中蕴含的初心之源、奋斗之魂,入选上海出版界“四史”书单,受到广泛关注。

《从上海大学(1922—1927)走出来的英雄烈士》记载了65位从上海大学走出来的,为党的事业献出宝贵生命的英雄烈士。他们为中国革命的胜利写下了不朽的颂歌。本书以生动的故事讲好“四史”,让今天的上海学子得以体会近百年前年轻人的理想与信念。图书出版后,当即被作为2020年上海大学全体新生的第一份礼物,寄送到每一位新生的手中。大学生们读后产生强烈反响,“学习强国”平台多次刊发了大学生的读后感。

《青年报》7月的专题文章《书写红色故事,推进红色文化研究,上海打响一批红色文化品牌》,特别介绍了我社出版的《渔阳里:红色征程的起点》一书。

2. 围绕重大事件,出版系列优秀主题出版物

为庆祝国际小行星中心将国际编号为283279的小行星正式命名为“钱伟长星”,以及纪念老校长钱伟长逝世10周年,出版社7月出版了《永远的校长——钱伟长1983—2010年画传》。首发仪式上,全国政协原副主席、中国工程院原院长徐匡迪,上海市政协原副主席、复旦大学原校长、上海

科学技术大学原常务副校长王生洪共同为新书发布推杆。

为让广大师生牢记历史、牢记“上大人”身负的责任，不忘初心，砥砺奋进，围绕2022年老上海大学诞生100周年主题，出版社倾力打造“红色学府 百年传承”系列品牌图书，10月率先推出《百年上大画传》，以图片的形式展现上海大学100年来的办学历史、发展轨迹、重大事件和杰出人物，展现不同时期上大人不懈努力的精神风貌。

二、同心抗疫，策划抗击疫情选题，助力保驾人民生命健康安全

作为出版人，面对新冠疫情，我们以自己独特的方式为人民群众的生命健康保驾护航。

在疫情肆虐的2月，出版社主要领导积极作为，主动策划抗疫选题，第一时间与上海市疾病预防控制中心携手，出版发行《大学生健康指南》。结合新冠疫情，指导做好防控工作的策略与措施，并涉及大学生个人身心健康的相关知识。该书的出版对于人群密集而公共卫生问题比较突出的高等院校师生来说，具有非常实用的参考价值。图书电子版向全校师生免费赠阅。

此外，由澎湃新闻采访并撰稿的《疫中人：武汉群像2020》为澎湃新闻网“澎湃人物”栏目记者对2020年初影响全国的新冠疫情事件的深度报道集。书中以记者调查、当事人口述等形式，全面深入地反映受疫情影响的社会众生在特殊时期的工作生活，反思疫情事件带给中国社会的重大影响。

《新冠肺炎与中国社会》《新冠疫情防控与国家治理能力提升》等，从多学科、多角度、多维度考察新冠疫情暴发，对中国各社会组织形态和结构巨大的考验，以及上海大学专家学者对这些问题所进行的思考。

三、凝心合力，打造内涵深厚的品牌图书，着力提升文化影响力

1. 夯实学术品牌基石，壮大核心竞争力

国家出版基金项目《现代皮肤病学》(第2版)8月出版。该书内容注重基础理论与临床实践相结合，既反映了当前国外皮肤病学科在理论研究方面的新进展，又展现了我国皮肤病学科在诸多领域取得的成就和经验，是一部内容更为新颖、材料更为丰富、病种更为齐全、使用更为方便，代表了皮肤病学科前沿理论与临床诊疗技术的实用工具书。

依托“上海大学翻译研究出版中心”打造具有上海大学特色的双语出版品牌。

“十三五”国家重点规划图书“中国传统文化英译系列”进入收官阶段，预计十二月完成全套10卷本的出版。该项目填补了国内对于大型诗歌翻译的空白。项目主编赵彦春教授，是上海大学外国语学院翻译学科负责人、上海大学翻译研究出版中心主任，多年来在翻译实践中坚守以诗译诗、以经译经的准则。2014年出版的《英韵三字经》是有史以来第一部以三个英语单词对应三个汉字的偶韵体《三字经》译文，被誉为“有史以来最美汉英翻译”“神翻译”“神还原”。

《中国共产党革命报刊史纲(1915—1949)》入选2020年上海市促进文化创意产业发展财政扶持资金拟支持项目。

《医学起源与发展简史》由上海大学出版社2020年5月出版，全书46万字。围绕人类演变与社会进步始终离不开医学发展这一主线。该书汇聚了二十余位临床一线专家，聚焦医学重要系统，从人体不同系统入手，梳理各领域医学史实，分章介绍了医学发展和运动系统医学发展史、消化系

统医学发展史等十几个医学门类的医学发展史，中医学、中药、西药发展简史和公共卫生的起源发展等，为读者展现了一幅绵延数千年、横跨中西方的医学发展画卷，最后还结合这次疫情增加了“病菌如何改写人类历史”的内容。中科院院士、上海大学校长刘昌胜为本书作序。

2. 丰富海派文化品类，增强特色吸引力

积极响应李强书记提出的“三个文化”的号召，联合上海知名专家及海派文化优质资源，利用上海书展等高级别的平台，举办读者喜闻乐见的推广活动，推出“唐大郎文集”“老艺术家口述历史”等系列新书，弘扬、传播、创新海派文化。

8月18日“海派文化代言人——‘小报状元’《唐大郎文集》首发式暨研讨会”。上海文化发展基金会理事长、上海大学海派文化研究中心主任陈东，《新民晚报》报社党委书记朱国顺等出席了活动。唐大郎(1908—1980)是中国报业史上一位有影响的报人，被盛誉为“小报状元”“江南第一支笔”等。周恩来曾称赞他为香港《大公报》撰写的“唱江南”专栏是“有良心有才华的爱国主义诗篇”。唐大郎集上海地方名人、报界传奇为一身。《唐大郎文集》共12卷500万字，收录了唐大郎一生所撰的主要代表性诗文，不仅是对中国报业史史料的重要补充，充实了海派报业研究，同时提供了一个研究海派文化、市民文化的重要切入点，成为研究近现代名家的一个新视角。

上海文化基金项目、锦珂基金项目“老艺术家口述历史”丛书，是以上海音像资料馆口述历史团队十余年来从事口述历史采访工作所形成的大量口述素材为基础整理而成，真实地记录下艺术家们的成长经历、工作成就以及他们对各自艺术事业的深情回忆。保留了老艺术家们口述过程中的原汁原味，通过文字的形式生动再现老艺术家们的艺术人生。

中国科普作家协会举办的科普阅读联合行动，评选出100部优秀科普图书，上海大学出版社出版的《走近非洲动物》名列第四位。

第十一届华东地区书籍设计双年展中，《艺术大家阿兰·布尔保奈》获得整体设计奖，《吴越韵痕》获得封面设计奖。

四、把薪助火，打造质优品精的教材专著，着力扩大优秀学术成果影响力

继续做好将出版社资源向学校重点发展的六大学科领域、国家急需专业学科、“卡脖子”的关键学科、优势学科、交叉学科和新兴学科倾斜。紧紧围绕“智能运载科学与工程”学科群，倾全社之力，帮助学校推进课程标准建设、推进精品课程建设；促进学科内顶尖学术成果的转化，帮助学术精品在更深、更广的范围内交流。

1. 服务思政课程，护航教学科研

为服务上海市课程思政领航校计划，上半年继续出版课程思政系列读本，如《意志与责任：法律人工智能》等，“学习强国”平台进行了相关报道。此外，出版社继续对接一流学科、优势学科，出版精品教材、专著。为促进学科内顶尖学术成果的转化，帮助学术精品在更深、更广的范围内交流，实现海外版权输出品种2种。

在“人文与科技：第二届新时代人工智能通识教育全国教学研讨会”上，专家学者围绕“新时代人工智能通识教育”展开研讨。2018年春季学期起，上海市课程思政教学科研示范团队“顾骏团队”和上海高校思想政治理论课名师工作室——“顾晓英工作室”联袂策划，率先在上海大学的通识教育版图里首创“人工智能”系列课程，学校注意成果固化，做到见人、见课、见书、见文章。随堂录制的5门系列课程全部上线成为慕课。这一切归因于这一系列课程融入了“人文”，渗透了“课程思

政”，得益于系列课程教学团队和上海大学出版社的紧密合作，形成了“一课两书”的品牌效应。从2014年出版《大国方略》《大国方略课程直击》开始，到如今上海大学出版社的服务人工智能系列通识课程的教材出版，得到了各级重视和社会认可。

2020年出版的《媒体中的我们——聚焦上海大学课程思政》正是一部反映上海大学从“大国方略”系列课程到课程思政领航校建设的媒体报道资料汇编。它通过媒体视野，聚焦上海大学课程思政工作，从一个侧面体现上海大学围绕立德树人根本任务所做出的守正与创新、作为与成效。

在中国第36个教师节即将到来之际，出版《与子同行：倾听学生的声音》生动展示了上海大学教师无私奉献的形象，引导教师厚植立德树人情怀。《光明日报》发表了专文报道。

服务课程思政5年来，主流媒体的连续、集中、大篇幅报道，真实反映了大学生在系列课程和课程思政全部课堂里的获得感；彰显了上海大学从“大国方略”课程以来的课程思政先行者的示范，见证并记录下上海大学思政教育教学创新改革的一步步推进。

2. 牢记服务学校使命，排除万难保证教学用书

由于疫情影响，一些春季教材的出版面临重重困难。出版社编辑与排版公司、印刷公司始终保持紧密联系，争分夺秒利用快递和网络加紧进行编、审、排，印，坚决保障学校开学用书。

2月15日上海大学公布第一批本校网络课程资源，包括国家级精品在线开放课程、国家视频公开课及部分本校自建优秀课程。其中包括“创新中国”系列课程、“大国方略”系列课程、“人工智能”系列课程等精品课程，出版社及时调配了充足货源，保证学生开课使用。

教材中心想方设法满足全校师生的教材使用，利用全手工快递打包将9 839本教材发寄到2 557位同学手中。

五、攻坚克难，探索灵活多样的营销模式，着力拓展数媒新渠道

疫情期间，出版社不断探索互联网科技，利用存量和增量资源，以自有APP为平台，研发各类符合本社特色的增值服务产品。出版社联手喜马拉雅、阿基米德等知名音频分享平台，推出音频图书十余种，与“书香上海”、PP视频等多种媒体渠道联手互动，借助抖音、哔哩哔哩等多个平台开展灵活生动的宣传、推广工作，助力网络销售，特殊时期数字出版工作亮点频出。

为了给受疫情影响，在家里“超常待机”的人们带来更多乐趣，出版社利用数字多媒体方式，制作了多种生动活泼的数字产品。

其一，联手喜马拉雅平台，开发制作音频图书6种，与阿基米德平台合作推出音频图书9种，受到读者广泛欢迎。同时，疫情期间，出版社不忘社会责任，免费开放电子书、有声读物。通过微信平台免费开放深受广大读者喜爱的海派文化图书和中国民间故事系列图书的电子书和音频内容。

其二，与“书香上海”、PP视频等多渠道联手，以抖音、哔哩哔哩等多种方式开展宣传、推广工作。上半年“书香上海”微信公众号登出上海大学出版社短视频荐书10条；出版社微信公众号长视频荐书1条；出版社哔哩哔哩公众号推出视频直播回放10条；出版社抖音公众号推出短视频荐书19条。“PP视频”推出的展现儿童科学创造能力的电视节目《一起科学吧》，由上海大学出版社提供智力支持。节目中专家冯羽老师，特意将自己担纲主编并参与编写的“走近动物系列”图书，热情地推荐给小朋友们，受到热烈的欢迎。

利用网络“云平台”，策划“走近动物系列”的延伸阅读活动，邀请影视学院尤红斌教授，在微信公众号上以图文结合的形式分享南极之行的愉悦体验，让读者在愉快的阅读中体验人与自然和谐相处。

其三，线上营销，多管齐下拓宽渠道。探索营销方式的改革举措，开拓电子书销售渠道，推动网络营销和数字营销工作创新。市场营销部门利用假期，进一步优化出版社天猫店旗舰店，利用当当等线上销售平台满足读者需求，让特殊时期的广大读者吃好"精神食粮"。

第三十一节　上海音乐学院出版社

上海音乐学院出版社以习近平新时代中国特色社会主义思想为指导，依托上海音乐学院深厚的传统学术优势、优良的教学资源、知名的品牌效应，在原有基础上，出版行为更趋规范化、科学化和合理化。出版社的人员结构进一步优化，产品特色进一步凸显，竞争能力得到加强和提高。

2020年，我社产品在社会效益和经济效益方面都较以往几年有更出色的表现。2020年初在世界范围内形成的新冠疫情给世界各国的人民带来深重灾难，也给我社的出版、发行工作带来许多意想不到的困难。但全社员工在党和政府的正确领导下，在学校党政领导的大力关心、支持下，一方面积极"抗疫"，一方面千方百计做好本职工作。采取"轮流值班"与"居家办公"相结合的方式，保证员工身体健康，许多员工主动到岗加班，尽力减少疫情带来的影响。在上半年经营指标与去年同期相比大幅下降的严峻形势下，社领导班子成员积极想方设法，召开办公会议研究解决方案，统一思想，及时召开全社员工大会，讲清形势，提高认识，全社员工鼓足干劲，下半年各项工作迅速恢复正常，在同行业指数大幅下降的情况下，我社将损失降到了最低。在20余位员工的辛勤工作和努力之下，截至2020年11月底，新出图书75种，与去年同期相比达88%；图书入库总码洋为2 500万元，与去年同期相比达66%；图书净发货码洋为2 813万元，与去年同期相比达93%。

一、重点图书

2020年我社继续依托上海音乐学院深厚的传统优势、优良的教学资源、知名的品牌效应，高起点地策划出版蓝图，其一为我院教学科研服务，其二又为做大做强自身打下坚实的基础。学院的出版社首先是教学科研的展示平台，在体现教学科研成果的同时又提高教学科研水平；其次为配合学院精品教育、培养精品人才而出版精品教材，同时这些教材又能为其他音乐院校所用。同样，学院的专业出版也能为社会音乐教育服务，如社会艺术水平考级曲集和教材、普及类的乐谱、工具性的音乐资料手册等，这类图书具有社会效益和经济效益的双重意义。

二、获奖情况

2020年是"十三五"规划的收官之年，我社出版了廖昌永主编的"中国艺术歌曲百年曲集"，徐旭、廖昌永主编的《师说载道》，陈钢作曲的交响诗曲《情殇》，戴晓莲主编的《上海古琴百年纪事》，"国家艺术基金"系列丛书，"中国传统文化总谱典藏系列"丛书等一系列重点图书，取得了良好的社会效益。2020年8月，我社出版的由郭树荟主编的《中国传统音乐》(上下册)获"最美书海报——2019上海书业海报优秀奖"。此外，"辛笛钢琴应用教材""'民族器乐五线谱视奏训练'系列丛书"等图书在学术界以及社会各界赢得良好口碑。

三、"建党一百周年"主题出版

2021 年是中国共产党成立 100 周年，出版社党支部策划了一批以上海音乐学院"庆祝建党 100 周年系列主题出版"为主题，以上海音乐学院红色文化为文脉的系列出版物，庆贺建党百年。

系列出版物以习近平新时代中国特色社会主义思想为指导，坚持为人民服务、为社会主义服务，从音乐专业的角度研究党建党史，讲好中国共产党故事，将主题出版工作与自身出版优势相结合，打造精品出版。选题类型有原创作品集、学术著作、经典音像制品、画册、普及类歌谱、曲谱等各种形式。现已确定出版的选题有：《初心与使命——歌声中的中国共产党》，《不忘初心——庆祝建党一百周年全国征歌优秀作品集》(独唱作品、合唱作品)，丁芷诺编订的《中国小提琴优秀作品曲选》，张昕、朱慧的原创歌剧《国之歌》，丁芷诺、吴正瑜指导的 CD《红色经典——上海音乐学院弦乐队演绎中国作品集》，陈欣等主编的《歌声献给党——经典红色歌曲集》，王建中创作的钢琴协奏曲《红旗渠畔》，等等。

四、常规工作

我社的领导班子紧紧围绕"团结、务实、高效、廉洁、创新"的办社思路，采取有力的考察测评措施，加强了领导班子的自身建设，提高自身的领导水平，不断提高凝聚力和号召力。在队伍建设上，注重把好选人用人关，使每个工作岗位都能人尽其能。在出版工作进行的同时，我社严格按照规定，在中宣部出版局、上海市新闻出版局等上级新闻出版部门的领导和关心下，做到各种会议无缺席，第一时间学习领会上级精神。2020 年，我社积极建立并不断完善各项规章制度，修订《差旅费报销补贴标准》《污损书处理规程》《重大事项审议制度》等，做到有章可循、有律可依，保证每个出版环节能够正规地运转并开展工作。在人员建设上，各部门逐渐壮大，尤其是编辑部、总编办、发行部、数媒部，吸引了一批学历高、能力强的人才。

上海音乐学院出版社虽然规模小、人员少，但任务重、责任大。我们还要不断挖掘潜力，加强管理制度等方面的规范化、制度化、科学化建设，向管理要效益，向管理要质量，在新的一年，在进一步提高图书出版质量、出好书、出精品书的同时，要更加注重不断提高出版物的社会效益，做到"两个效益"的双丰收。

第三十二节　上海科学技术文献出版社

2020 年，上海科学技术文献出版社获得 2019 年度"中国好书"等重要荣誉，面对突如其来的新冠疫情，全体员工顽强奋战，出版了 6 种抗疫主题的图书，并且经过一年的努力，销售收入和利润均实现了小幅增长。

2021 年是建党百年，出版社将继续做好主题出版，完善选题布局，提高编校质量，创新营销和销售方式，锻炼队伍，培养人才，提高管理水平。

一、坚持正确导向，提升图书质量，《70 年邮票看中国》获得至高荣誉

上海科技文献出版社坚持正确政治方向，坚持以人民为中心，坚持把社会效益放在首位，坚持

质量第一,坚持改革创新,坚持党管出版。自觉承担起举旗帜、聚民心、育新人、兴文化、展形象的使命任务,做好主题出版和精品出版。

上海科技文献出版社以主题出版重大项目为工作中心,坚持推出原创作品。《70年邮票看中国》入选2019年度"中国好书"。本书亦被多家机构选为"四史"读物,也是学习强国的爆款,可谓社会效益与经济效益相统一的典范。

《插图本极简中国科技史》入选"中国好书"2019年7月榜,入选中央和国家机关"强素质做表率读书活动"2019年推荐书目(下半年,仅10种),获得《中国新闻出版广电报》2019年度好书,获得中国出版协会"2019年度中国30本好书",《中国教育报》2019年度教师喜爱的100本书。"中国科技史话"丛书入选上海市科学技术委员会推荐的"2020年上海市优秀科普图书"。

《上海图书馆藏珍稀名人家谱丛刊》获"全国古籍出版社年度百佳图书"二等奖(2019)。

在2019年上海市科学技术奖系列获奖项目中,《SMILE还近视眼一个微笑》获得上海市科学技术普及奖一等奖。

《祖述槐轩:刘伯谷先生讲〈大学〉〈中庸〉》入选2020年"中国好书"3月榜。

国家级图书出版资助项目:国家出版基金资助项目《个性化药物——新药研发的未来》2020年出版,"新中国小三线建设档案文献整理汇编(第一辑)"获得2020年国家出版基金资助。

上海市级图书出版资助项目包括2020年上海市促进文化创意产业发展财政扶持资金支持项目2个:"人工智能前沿科技丛书"(5种)、"上海图书馆藏珍稀家谱丛刊"。

上海科技专著出版资金资助项目2个:《超导简史》《眼耳鼻咽喉CT诊断图谱》。

二、坚持人民至上,抗疫复工两手抓,积极履行社会责任

由于新冠疫情的影响,2020年上半年全国实体书店销售量剧减,馆配会全部改到云端,疫情最严重的几个月,网络销售也因物流因素受到限制。出版社全体员工用最大的努力,经受住了这场考验,尽可能地挽回了新冠疫情的影响,交出了一份合格的答卷。

疫情刚刚暴发,出版社就行动起来了。1月23日小年夜,已经有编辑在思考抗疫的选题。第一本抗疫图书的组稿开始于年初二的深夜;春节假期尚未结束,总编办和数字部的同事就回到社里上系统报选题了……越来越多的同事参与抗疫图书的出版工作中。2月10号开始,我们采用远程办公、预约办公、弹性工时等方法,逐步复工,兼顾了疫情防控和复工复产。

2月4日,同济大学附属东方医院国家紧急医学救援队暨中国国际应急医疗队(上海)55位医务工作者与后勤保障人员分两批奔赴武汉一线,驰援武汉方舱医院。得知消息,编辑第一时间联系救援队副领队王韬教授,通过微信线上联系约稿,确认编者团队和书稿撰写方向。2月—3月初,主编王韬积极组织方舱医院内医护人员、患者、志愿者以及后方医护人员家属记录抗疫的一点一滴。期间,编辑多次与主编、作者对书稿的撰写体例、格式规范等内容进行线上沟通,保障书稿撰写质量。3月,作者陆续交稿。项目组成员加班加点,将收到的60余篇书稿进行分类整理。美术编辑开始装帧设计,印制人员积极联系疫情期间一度停工的排版厂、印刷厂,确保后期印刷工期。5月初,《方舱记忆:万众一心抗疫情》一书正式出版面世。5月11日,同名音频内容在"学习强国"学习平台和喜马拉雅APP同步上线。5月12日,"国际护士节"当天,《方舱记忆:万众一心抗疫情》云首发仪式在东方医院帐篷医院内举行。5月14日,主编王韬应邀参加国务院联防联控机制新闻发布会,在介绍方舱医院收治工作情况时,他向现场展示并推荐了《方舱记忆:万众一心抗疫情》一书。

《逆行的天使》是上海首部抗疫纪实绘本。出版社向 14 位画家约稿，画家们放弃了春节的休息时间，走进工作室，拿起画笔，创作出一张张源于实事而又富于艺术感染力的画稿，表达了对抗疫英雄的敬意，凸显了医务工作者在危难时刻展现出的专业水准、职业精神、责任担当和人性光辉。

4 月 23 日“世界读书日”这一天，上海图书馆“砥砺前行——2020 年各界名家抗疫寄语手稿展”开幕。《砥砺前行——2020 年各界名家寄语手稿集》为本次展览配套图录，在极短的时间内，出版社同仁完成了书稿内容编辑，完成了电子书的制作。

2020 年出版的抗疫图书还包括《传染病中医药防治与康复 25 讲》、科普读物《抗疫简史》以及上海市卫生健康委员会、上海市医务工会编著的纪实摄影集《致敬抗疫中的白衣天使》。《致敬抗疫中的白衣天使》中的照片大部分由医护人员拍摄，是来自抗疫第一线最真实的记录，具有富于感动人心的力量和珍贵的史料价值。这些凝固的瞬间，充分展现了上海白衣天使“敬佑生命、救死扶伤、甘于奉献、大爱无疆”的崇高精神。

一口气出版 6 种各不相同的抗疫图书，激励着我们的，应该就是出版人的社会责任感吧。

三、多种出版形式有发展有创新有突破

2020 年，我社与中华书局(香港)有限公司签订版权输出协议，《70 年邮票看中国》将由中华书局(香港)有限公司旗下开明书店出版繁体字版本。按照出版社的选题战略布局，版权部新签引进合同 47 种，其中不乏《流行病情报局》《达菲的故事：流感、特效药和政治》《全球化的疾病风险》等富于时代特征和社会关切的作品。

2020 年，电子书销售实现了零的突破，音像电子出版物数量提升，介质新增，上线渠道拓宽。音像电子出版物申报选题和出版品种均比上一年度翻了一番有余。网络游戏获得批复的有 37 种。游戏业务也带来了电子音像出版的新拓展。2020 年因为出版游戏“明日方舟”黑胶音乐唱片《Zone 10^{-8}》，新增了黑胶唱片这一出版介质。

在图书馆的大力支持下，“小校场年画”主题文创产品成功地在上海书展首发，产品受到大家欢迎。

四、新建营销体系，塑造品牌形象，优化渠道结构，巩固馆配优势

2020 年，出版社初步建立了包括媒体报道、线下活动、直播带货和自营新媒体的立体营销体系。

因精心策划内容，获得新华社、人民网、上海观察、澎湃、文汇、东方网等主流媒体的长期支持。因《70 年邮票看中国》入选 2019 年度“中国好书”，2020 年得到央视两次报道，一次是“2019 中国好书颁奖盛典”，一次是 2020 年国庆节当天的“读书”节目。

2020 年组织了多场线下活动，参加了为期 3 天的思南集市。组织或参与直播近 20 次，其中包括通过电商平台在淘宝直播播出的为时两个半小时的“云游出版社”。在“云游出版社”的直播中，我社员工勾画了出版社的发展史，以及出版社与图书馆的深厚关系，全社各部门有 12 人出镜，马不停蹄地推荐了 100 多种图书，直接拉动了在电商平台的销售。

新开微信有赞店、发展了新的网络分销商。馆配部工作人员在馆配淡季的时候做好客户维护和服务，带来了馆配业务的增长。在 2020 年浙江发行集团和江苏新华发行集团组织的几次重点馆配会上，都取得了较好的成绩，采购排名靠前。浙江省馆藏会总排名第十五，在科技类、典藏类、人

文社科类我社都名列前茅。在江苏秋季馆藏会排名第四。

五、加强管理,支持业务发展

根据《关于市级行政事业单位所办企业清理规范方案的批复》(沪财教[2017]67号)和《关于上海音像出版社有限公司等企业股权无偿划转的通知》(沪国资委评价[2018]51号),上海科学技术文献出版社有限公司100%股权已无偿划转上海世纪出版(集团)有限公司,出版社积极推进落实股权变更手续,经一系列繁复的程序,于2020年7月28日完成了工商变更,为划入上海世纪出版(集团)的企业中第一个完成变更的。

为配合图书馆文创的开发,做好销售工作,出版社拓展了经营范围并进行了工商登记,增加了文创相关类目;于"中国物品编码中心"注册成功,以生成符合国家标准的商品条码。

着力人才队伍建设,完成新员工招聘、入职工作,组织了新员工系列培训课程,开办了一期"合众讲堂"进行营销方面的培训,组织员工参加继续教育、职业资格考试培训和编辑业务培训。

2020年是艰苦抗疫、努力复苏的一年。2021年,新冠疫情、地缘政治的格局变化带来的前所未有的不确定性还将持续,互联网的指数级发展也对融合出版和数字化管理提出了新的课题。我们要在不确定性中寻找可靠的发展路径、在危机中寻找转机,开启"十四五"期间新的发展阶段,任重而道远。

第三十三节　上海社会科学院出版社

上海社会科学院出版社坚持以习近平新时代中国特色社会主义思想为指导,围绕"为繁荣社会主义哲学社会科学事业服务"的出版目标,即使是在新冠疫情的特殊时期,仍旧保持积极稳健的发展基调,在保持数量规模的基础上逐步转向高质量发展,在社会效益和经济效益两个方面都取得了丰硕的成果。

一、始终将社会效益放在首位,努力实现社会效益与经济效益相统一

作为社会主义文化企业,我社自觉肩负起社会责任,始终把社会效益放在首位,努力实现社会效益与经济效益相统一。2020年,全年出版新书383种,重印书254种次。2020年我社通过各媒体渠道发布的新书资讯、书摘、书评、活动报道等信息共计213次,其中,5种图书在人民网、《新京报》、学习强国、《解放日报》、《中国新闻周刊》等知名媒体上发布相关信息10余次。共计19种图书入选深港书评、凤凰网高见书单、人文社科联合书单、百道好书榜等业内知名图书榜单。4种图书入选"2020上海书籍设计双年展入选暨第十一届华东书籍设计双年展推选作品"。同时,我社继续入选2020年中国图书海外馆藏影响力出版100强。全年造货和发货码洋均过1亿元。

二、将"为繁荣社会主义哲学社会科学事业服务"列为主要出版目标

近年来,我社始终坚持将"为繁荣社会主义哲学社会科学事业服务"列为主要的出版目标,出版了大量社科类好书。我社紧紧围绕党和国家中心工作,结合本社在思想文化、学术研究出版等方面

的优势，精心谋划一批符合我社出版方向的出版项目，出版了国家出版基金项目《伊朗通史》《美国通史》《中国禁毒大案要案经典案例》，国家社科基金后期资助项目《从启蒙到解放：马克思主义政治哲学的多元实践研究》等。

同时，我社继续丰富了"万国通史"系列，出版了《美国通史》《伊朗通史》《南斯拉夫通史》《荷兰海洋帝国史：1581—1800》《英国通史》。此外，"中世纪系列"、"知章系列"、"北欧历史文化系列"、"法国当代心理治疗"丛书、"心理自助CBT书系"、"心理学核心课"系列、"心理咨询进阶"丛书等都陆续出版了新书，大大丰富了我社的图书品种。

一直以来，为上海社会科学院的学科建设和智库发展服务也是我社的重点工作之一。2020年我社和上海社会科学院各部门通力合作，出版了诸如"上海社会科学院青年学者丛书""上海社会科学院决策咨询研究报告(2019)""上海社会科学院博士后文库""智库论策"等系列。此外，还出版了《我所了解的国际汉学界》、《坚定不移探索适合国情的发展道路》(英文版)、《智库能发挥作用吗？——公共政策研究机构影响力评估》(第三版)、《中国城市宜居指数：排名分析、模拟及政策评估》、《非物质文化遗产资源图谱编制理论与方法》等图书。

三、多种图书获奖并获得省部及以上的基金资助

我社《中东史》入选2020年上海市促进文化创意产业发展财政扶持资金资助项目，我社"世界历史文化出版中心"入选上海学术专业出版中心。《先进制造：美国新创新政策》入选"21世纪经济报道"评选的"21世纪年度好书(2019)终极书单"。《卡塔尔：一部现代史》获评掌阅品质阅读年榜2019年历史类优秀作品。"2020上海书籍设计双年展入选暨第十一届华东书籍设计双年展推选作品"名单中，我社《历史学家的技艺》《枫丹白露宫：法国千年史》获封面设计二等奖，《翰墨从心：经典诗文书法艺术》《孔颜乐道：中国人的幸福心理学》获书籍设计优秀奖。

四、版权贸易工作有所拓展

对于版权贸易合作，我社一向坚持少而精的思路。2020年共引进外版图书21种，包括历史研究类9种，人物传记类5种，经济类4种，法律、哲学、文学各1种。在对外合作方面，有《英国通史》《你最珍贵》两种图书的版权分别输出到中国香港地区，以及越南。

五、新媒体业务寻求新突破

我社首个知识付费类产品《留学本无忧》于2020年上线。我社设立数字出版部门并设专员积极完成纸质书的有声转化，同时制作了党员学习小书包有声版等系列内容，提升了学术类图书的曝光度。小说类内容，我社采取和喜马拉雅联合制作的形式，最高单本的播放量已有67万次。

六、积极开展线上宣传、发行等多种营销活动

受疫情、短视频受众增多等因素影响，我社的营销、发行工作也在积极往线上转型。我社积极参与了各平台举办的线上图书推广活动，如"阅读的力量""云游出版社"系列活动等，还参与了一些

电商平台的直播带货活动。疫情期间由于线下配货、实体书店营业受阻,发行部门积极开拓了线上的销售渠道,并配合"馆配"要求做好线上参展、销售等工作。

第三十四节 文汇出版社

文汇出版社是上海报业集团旗下的一家媒体出版社。自成立以来,始终把坚持正确导向、担当出版使命作为立社之本。2020年,文汇出版社认真学习贯彻"不忘初心,牢记使命"精神,积极推动出版高质量发展,以"多出好书"为根本追求,结合本社出版定位,大力优化选题,精心做好防疫抗疫主题出版,认真落实国家"十三五"重点图书规划结项工作及"十四五"规划编制工作,社会效益和经济效益均获得提升。

一、在确保社会效益的前提下推动双效益提升

1. 坚持把握正确出版导向

文汇出版社始终坚持正确的政治方向和舆论导向,树立以人民为中心的出版宗旨,弘扬主旋律,传播正能量,全年保持了出版导向的平稳;坚守社会责任,践行社会主义核心价值观,始终把社会效益放在首位,严肃认真思考图书出版的社会效果,更好发挥出版工作成风化人的重要作用。

为了从出版层面贯彻落实党的十九大精神,文汇出版社坚持不断改进和完善出版管理制度,守底线、补短板、强弱项,依靠制度来确保导向。在具体工作中,严格执行选题申报制度、重大选题备案制度等,强化审校工作,严格执行三审三校制度、编校质量检查制度、重点图书印前检查制度等,图书的内容质量和编校质量均有明显进步,多种图书受到《上海出版审读阅评》表扬。

2. 坚持不断优化图书选题

由于重视和加强了内容建设,不断优化选题,文汇出版社在图书出版上定位更加准确、线条更加明晰、结构日趋合理,并在海派文化、江南文化、非虚构等板块形成鲜明特色,2020年推出了一系列优秀作品。

国家"十三五"重点出版规划项目"过眼烟云——过云楼历代主人手书精粹"丛书由复旦大学周振鹤教授主编,推出了《过云楼题画词》《顾文彬诗文稿》等新品种;"笔会"文丛、"夜光杯"文丛等,集结国内一流报纸专副刊精品内容,体现文汇出版社作为媒体出版社的特色;《三釜书屋程十发》《计镇华艺术传承记录》等进一步充实本社海派文化出版品种。《人体简史》《半小时漫画科学史》《算法时代》等科普新知类读物,《教育的目的》《筑梦牛津》等文化教育类图书,都在坚持社会效益、确保内容导向的前提下,进一步明晰出版脉络,凸显本社出版特色。

3. 坚持不断提高编校、印装质量

在当前图书市场竞争激烈、经济压力巨大的态势下,文汇出版社保持清醒的认识,坚持把社会效益、导向把关、质量管理放在首位,通过阶段自查和不定期抽查等手段,严格管理图书质量。同时,以每月编辑例会为平台,通报当月度的《上海出版审读阅评》,提高导向和质量意识,让编辑充分认识到提高图书质量和追求经济效益不是相互对立而是相辅相成的。

在此基础上,文汇出版社以流程和制度为抓手,优化质量管理体系,不断完善修订《文汇出版社编辑工作流程》,在编辑资格准入制度、选题论证制度、稿件三审三校制度、重大选题备案制度、责任

编辑制度、重点图书印前预检制度、样品检查制度、成品评审制度、业务学习制度、次品召回制度及奖惩制度等方面严加规范，努力保证图书产品质量。

二、文化和社会影响

文汇出版社作为媒体出版社，深知传播正能量是扩大出版社影响力的重要手段，因此，将做好优秀的重点图书的宣传，作为出版社的一项重要工作指标。

1. 奖项荣誉

2020年，一批优秀图书获得各级各类奖项和优秀出版物推荐：《中国父子》《浮生有爱》《全科医生话你知》《留在和尚港的童年》《穿越神秘屋》入选中宣部等主办的“农家书屋”项目；《江南豪门》（修订版）获中国报告文学“徐迟奖”优秀作品；《浮生有爱》获中国书刊发行协会等评选的“全民阅读”十佳散文作品；“过眼烟云——过云楼历代主人手书精粹”丛书获江苏省档案开发利用成果特等奖；《安澜诗集》《火车站》获上海市作家协会年度会员奖；《儒道佛系列——十位国学大师谈儒、论道、说佛》《青色马文存》《文心雅韵——大羊画壶拓片集》获评2020上海书籍设计双年展书籍设计优秀奖；《一生的旅程》《失落的卫星：深入中亚大陆的旅程》《猎巫：塞勒姆1692》《人体简史》《伐木之夜》《廷巴克图》等一批图书入选《中华读书报》等多个“2020年度好书榜”；《社会主义核心价值观二十四字解》《一生的旅程》被选为“2020上海书展沪版重点图书”。上海书展期间，《一生的旅程》入选上海市新闻出版局和解放日报社联合推出的“解放书单”。

2020年，文汇出版社在上海书展期间组织了近十场读书活动，以嘉宾对话、主题演讲、签名售书等形式拉近了出版社和读者的距离，有效地扩大了出版社的美誉度和品牌度。如《开卷书坊》（第九辑）新书座谈会、《春彦师友》新书首发暨签售活动、《初心前行——上海书法名家历代经典名句书法特展作品集》签售仪式、《水浒十讲》新书签售会、《无界成长》上海书展签售会等，为加强阅读推广和书香社会建设做出了自己的贡献。

2. 重点图书

一批重点图书获得各级文化基金的资助：《其佩文存》《上海都市与文明戏的变迁——早期话剧文献与话剧史考证研究》获上海文化基金图书出版专项资金资助；《春水》入选上海市文化基金重大题材项目；《医者长征》获市双拥办专项文化基金；《闲云散月——黄阿忠现代诗选》获上海市文史研究馆基金资助；《静安寺画传》获2020年静安区文化发展专项资金；“《海派文化地理》（中英双语）图书出版项目及发布活动”获2020年虹口区宣传文化事业专项资金。

3. “十三五”规划完成情况和“十四五”规划申报情况

“十三五”期间，文汇出版社入选国家重点图书出版规划的项目为“过眼烟云——过云楼历代主人手书精粹”丛书。截至2020年底，该套丛书编辑出版工作进入尾声并完成终期评估工作。

2021年为“十四五”开局之年。2020年，文汇出版社积极规划并申报“十四五”图书项目，第一批共申报两个项目，即“回归生活——从长三角出发的中国非遗流传”丛书和“戏以人传”昆曲传承计划系列丛书，得到出版局专家的肯定。

4. 社会评价

文汇出版社2020年出版的一批图书得到专家学者的肯定和包括新华社在内的主流媒体报道：在国家新闻出版署《2019年新闻出版产业分析报告》“优秀原创图书热度依旧”分段中，认为文汇出版社《半小时漫画中国史》一书是“本土原创经典图书”，“表现突出”，“优秀原创作品显现出旺盛的生命力”。新华社刊发《赵超构书信往事》长篇书评,阅读数逾百万,《北京晚报》《南方都市报》《长江日报》《新民晚报》《上海书评》等都刊发了书评。《文艺报》中国作家网刊发书评,肯定《梅川序跋》的文献学价值。“学习强国”转发书评,肯定《旧时文事》一书。同时,关于《开卷书坊》(第九辑)、《游艺人生:丰子恺传》、《书生札记》、《春彦师友》、《上海百乐之门》、《刑警誓言》等图书的报道和书评刊发于《文汇报》《文学报》《中华读书报》《新民晚报》《新民周刊》等媒体。其他诸如澎湃、网易、界面等网络媒体也对文汇出版社 2020 年出版的新书多有报道和转载。

在行业中有较大影响的“百道”年度分析报告中,文汇出版社有 2 种图书进入好书总榜,5 种图书进入各类分榜,4 种图书进入原创好书榜,文化和社会影响力明显提升。

三、产品结构和专业特色

2020 年,文汇出版社继续优化选题结构,紧紧围绕以人民为中心的出版导向,围绕上海文化品牌建设,结合自身资源优势,逐渐形成了清晰的产品线和专业特色。出版定位延续文汇出版社的历史文脉,坚持以大社科、大文化、大艺术为立身之本,精心策划和组织系列品牌选题。

一是结合本社特色做好主题出版。

2020 年是特殊的一年,文汇出版社策划推出了一批主题出版物。《战疫纪事》(上下)、《女性的力量:中国抗疫战中的上海女性》分别从上海援鄂医疗队和上海女性的角度体现上海在抗疫中发挥的作用;在 2020 年浦东开发开放 30 周年之际,文汇出版社出版《浦东纪实》《浦东历史上的今天》等主题图书;其他如《嘉定第一位共产党员陈君起》、“革命老区发展史”系列等图书,从不同角度突出鲜明主题。

二是持之以恒做好海派文化、江南文化出版特色。

《上海方言》《大石斋唐云》《高花阁陈佩秋》《三釜书屋程十发》等进一步丰富我社海派文化题材;《青山今古何时了:计镇华艺术传承记录》《笑立春风倚画屏:梁谷音艺术传承记录》等从传统艺术传承的角度对海派艺术进行有系统、有价值的文化梳理。

江南文化方面,除了“十三五”规划“过眼烟云——过云楼历代主人手书精粹”丛书新出版的《过云楼题画词》《宦游鸿雪》《顾文彬诗文稿》等外,还有《昆曲故事》《曲园对话》《尚武江南的船说》等,也已形成鲜明的出版板块。

三是依靠集团做强媒体特色。

作为上海报业集团所属的一员,文汇出版社坚持鲜明的媒体出版社的特色,持续关注与媒体特性有关的选题,积极利用集团的媒体资源开发媒体特色选题。除“笔会”文丛、“夜光杯”文丛坚持每年推出年选本,2020 年出版的如《赵超构书信往事》《失落的卫星:深入中亚大陆的旅程》《古代文人幕后真相:〈壶中书影〉精选本》《探究真谛:上海广播电视论文选》等传媒纪实类图书品种也体现了媒体出版社的定位和特色。

此外,2020 年,文汇出版社在文化艺术类、社科学术类、教育亲子类图书方面也形成了具有文汇特色的出版板块。

四、媒体融合等方面的探索

在此基础上,文汇出版社提出“小而美”的发展战略,紧紧围绕中长期选题规划组织内容生产,进一步明晰和细化产品线；积极尝试众筹出版、融媒体等出版方式，推动纸质图书的数字转化，在抖音、微信等平台上线，探索网络阅读推广，取得一定进展。

第三十五节 上海三联书店

上海三联书店隶属于上海报业集团解放日报社，多年来坚持“走特色发展之路，走联合发展之路”，长期秉承“竭诚为读者服务”的宗旨，以出版人文科学和社会科学图书为主，出版物涉及政治、经济、法律、哲学、历史、文学、艺术和社会生活等领域，在知识界和广大读者中享有盛誉。近年来，我社进一步发挥出版社的行业引领作用，以“知识分子的精神家园”为长期目标，深入推进实体书店特色项目，在主业发展的同时，把投身社会公益事业作为履行企业社会责任、推动和谐社会建设的重要工作。

一、主业、跨业齐头并进，不断提升出版社双效益

上海三联书店着力体现传承性和创造性、权威性和大众化、体系性和知识点、引领性和服务性等四个方面的结合，产品板块围绕“牛津学术精选·法学”、“城市史译丛”、人文经典、宗教文化等优势产品线，努力提升高质量的专业化出版能力，三联品牌得以在传承中弘扬，在坚守中创新。2020年，上海三联书店共出书427种，新出书品种325种，重版(102种158次)，学术类出版物240种，占全年新出书比例超过56%，非合作书占比超过80%，销售万册以上的图书达到了40多种。“上海三联人文经典书库”经过十多年的精耕细作，目前品种已逾百种，连续九年荣获国家出版基金项目资助，入选国家“十三五”重点规划出版物项目；“城市史译丛”“牛津学术精选”和“剑桥世界史”等也在学界获得了良好口碑和社会影响力；《苏轼十讲》获得了“文津图书奖”。

出版社坚持把社会效益放在首位、注重培育社会效益和经济效益相统一的体制机制，出了一批优秀出版物，其中包括《中国的经验：改革开放四十年的经济学总结》、《苏轼十讲》、《解放·城市底片》、《阅读南京路》、《沪语百印》、“中华国乐经典文献丛书”、“国学经典外译丛书”等，图书内容涵盖中国传统文化、非遗文化、上海本土文化，面向不同年龄段读者，引导广大读者了解中华民族的悠久历史和灿烂文化，树立和坚持正确的历史观、民族观、国家观、文化观。在新冠疫情期间，我社积极参加“阅读的力量”2020特别网聚活动，《五十个教育法》等教养类书籍的作者陈美龄、美学品赏图书《遇见宋瓷》作者许晟的图书直播分享活动受到广大读者广泛好评。

2020年是上海三联书店的“畅销年”，为确保出版社“销路畅通”，效益平稳增长，我们以“三控”为抓手，即控制成本、控制程序、控制波动，确立了以社会效益为前提，以利润为中心的出版社科学发展的指标体系，三联经济开始由粗放型经营向效益转变，从而不断提高以利润为中心、做强做优的能力。在深耕主业的同时，出版社2020年继续探索跨业发展，在武汉新开设了两个实体书店项目。上海三联与酒店、民宿、社区、写字楼等合作开设的上海三联阅读空间年内得到了进一步拓展，目前挂牌经营的也已达到十余家。

二、以实体书店为特色的品牌建设

作为一家传统的出版机构，上海三联书店注重事业和商业的融合，有情怀同时也尊重商业逻

辑，以实际行动培育和践行社会主义核心价值观，传承品牌，维护品牌，发扬品牌，培养阅读人群，倡导全民阅读。近年来，上海三联书店把握经济规律，勇于跨界创新，进一步发挥出版社的行业引领作用，以"知识分子的精神家园"为长期目标，深入推进实体书店特色项目，在主业发展的同时，把投身社会公益事业作为履行企业社会责任、推动和谐社会建设的重要工作。2015 到 2020 年，六年时间，上海三联先后开了十多家实体书店：从 500 平方米小店开到 3 000 平方米大店；从上海一地开到了宁波、西安、北京，将上海的书店品牌带到全国，从图书、咖啡、文创融合经营模式，"筑蹊生活"引入分租模式，到武汉江汉路店流量分成模式，实体书店的开设打通了产业链，也通过旅行途中的阅读、咖啡馆里的阅读等场景的营造，带领读者走进阅读，将优秀的沪版图书推荐给全国的读者，推动优质文化活动的输出，也收获了诸多赞誉。

三、获奖情况

《苏轼十讲》获第十五届"文津图书奖"，并入选 2019"人文社科年度好书"年度奖；上海三联书店 READWAY 新天地店获"上海书展·阅读的力量"春季图书大联展特别活动三等奖；上海三联书店 READWAY 新天地店获春季图书大联展特别活动陈列(一店一景)评选鼓励奖；上海三联书店获上海市平安示范单位；上海三联书店入选 2020 中国图书海外馆藏影响力出版 100 强(排名第 38 位)。

"国学经典外译丛书"与《走出困难期(1959—1963)》获得 2020 年度市文创扶持资金资助。"城市史译丛(第三辑)""上海三联人文经典书库(第八辑)"和"剑桥世界史(第二辑)"成功入选 2020 年度国家出版基金。

四、讲好中国故事，积极推动"走出去"工程

2020 年，我社持续做好"国学经典外译丛书(第二辑)"的出版及推广工作，《以利为利》一书入选"中华学术外译项目推荐选题目录"，达成英、俄、韩、法四个语种的输出意向，并大力推动《遇见宋瓷》《苏轼十讲》等优秀图书的输出工作，努力讲好中国故事，弘扬中国传统文化。

第三十六节　上海科学普及出版社

2020 年是"十三五"规划收官之年，也是上海科学普及出版社划转至国盛平台的第一个整年，从外部来看，随着国家关于推动文化产业市场化改革，出版集团之间走向跨地域、跨类别的直接竞争，图书发行市场的地域分割、市场分割格局被打破，民间资本不断涌入行业，民营公司与传统的国有文化公司竞争不断加剧，图书市场化程度提升，行业竞争程度日趋激烈。从内部来看，我社处于融入国盛体系磨合期和全面走向市场的转型期，仍然在探索新的产品结构、经营模式、管理方法、考核与激励机制等方面的经验。面对严峻的形势，在国盛资产公司党委的正确领导下，在国盛资产公司的支持下，按照擦亮"科普社"金字招牌的总的工作要求，抓细工作筹划、抓实工作落地。新领导班子带领全体员工努力拼搏，迎难而上，积极探索，多元发展，在困境中求生存，逆境中求发展，完成了年初既定经营目标，为员工提供稳定的生活保障、工作环境，为社会提供了包括科普图书、科普活动在内的许多优秀的文化产品，坚守了上海科学普及出版社作为一家文化企业的社会责任。

一、做好图书出版，重塑核心竞争力

1. 坚定文化自信，出版了一批有影响、受欢迎的图书

“擦亮科普品牌，提升图书质量”是国盛资产公司对科普社的要求。2020 年，我社在优化选题上着手，以科学普及为抓手，规划、调整图书结构，构建“医学科普”“学生科普”“老年科普”三大特色板块，坚持“内容为王，质量第一”这一根本，策划出版了一批重点科普图书。如《新冠肺炎中医防治读本》（中文版、英文版）、《中科院野外台站》经上海市新闻出版局审批确认为上海市重点图书，《中医疗效良方大典》入选国家出版基金项目，“上海印象系列丛书”入选上海文化发展基金项目，《中国蛩螽分类集要》入选上海科技专著出版资金项目，《危险化学品事故处置指南》为上海科技发展基金会“晨光计划”资助出版，“老年健康生活丛书”“少年的科创丛书”荣获上海市优秀科普图书奖。“晨光计划”丛书荣获第三十三届华东地区优秀科技图书一等奖；“老年健康生活丛书”入选全国老龄工作委员会、中国老龄协会评选的向全国老年人推荐优秀出版物。

除特色板块图书外，我社还积极拓展其他类型的选题，如对“羊博士”英语精品图书进行组合包装以及推陈出新，出版了《羊博士英语国际音标单词卡片》、《新编英语国际音标学习卡片》（第三版）以及《佳音领袖儿童英语》等，大大丰富了我社少儿教育读物的品种；《高中数学专题精编》系列、《高中物理合格考总复习及等级考第一轮复习》（基础篇、拓展篇）、《江苏学测技能实训指导系列》、《中等职业学校公共基础课达标》等延续了教辅、高职教育图书的产品线。截至 12 月 20 日，我社共出版新书 232 种，重版 160 种。新出版图书品种中，科技科普类 37 种，文化教育类 140 种，少儿科普类 28 种，医药保健类 27 种。

2. 以文化传播为己任，彰显国企担当

2020 年，在集团统一部署、国盛资产公司的大力支持下，我社发挥行业优势，凸显文化传播影响力，彰显国企担当。按照市政协领导的要求，以讲好中国故事为着力点，创新推进国际传播，加强对外文化交流和多层次文明对话，编辑出版了“上海印象系列丛书”，是讲好上海故事、持续传递中国声音的一种体现，“上海印象”能以唤醒城市文化记忆为开端，着力打造宣传新高地，开辟中华文化“走出去”的新路径；积极投身到抗击新冠疫情战中，在市委宣传部的指导下，精心编撰了以提供居家防护、健康养生为指导的《新冠肺炎中医防治读本》和在疫情期间各类常见病、慢性病患者需要关注的求医问药知识的《新型冠状病毒肺炎疫情期间就医与防护问答》，为疫情防控常态化条件的健康防护提供了非常有益的指导，受到了社会各界的广泛好评。有分量、有影响力的精品图书的出版，获得了良好的社会效益。

3. 努力探索市场需求，拓展发行销售新渠道

随着消费习惯的改变，图书市场的销售模式、市场结构等在发生变化，再加上疫情的影响，新华书店等实体书店实体销售呈现萎缩状态。2020 年，我社在尽力稳定传统发行主渠道的同时，积极拓展新的销售市场，如“农家书屋”、图书馆馆配、网上书店、直销市场等；针对我社畅销图书，继续实行网络控价政策，杜绝分销商间的恶意串货和恶性竞争，保障渠道团购价格体系良性竞争；参与“汉堡王少儿图书的招商采购”“全国中小学官配项目合作”，开辟了微博、头条等宣传阵地，搭建当当、京东自营店铺，开辟社群电商，不断扩大网络销售渠道。还与区科协合作，在浦东新区、黄浦区、静安区建立社区展示直销渠道。

2020 年，我社探索市场需求，主动与相关单位合作，出版了一批专项图书，如《上海科技工作者

发展报告(2015—2019)》一书,从上海科技工作者队伍建设的形势与任务、现状与问题、未来的人才战略取向等方面进行了总体分析和论述,为党和政府制定科技工作者相关政策提供新参考;如《先锋》一书,通过回顾浦东开发开放30年的历史,展望未来,记录了浦东在上海建设全球科创中心伟大进程中的历史足迹,以此献给浦东这片土地的开创者、引领者和建设者;如《第十届上海青年科技英才授奖专辑》《科技赋能——第十九届浦江学科交叉论坛》等。

4. 尝试开发数字图书,为转型发展打下基础

2020年,在探索和开发数字图书的工作上取得了成效。《新冠肺炎中医防治读本》英文版的电子书免费向全球发布,给更多国家的公众带去一份中医抗疫指导,并与捷克签订版权输出协议;同杭州云梯科技有限公司合作,将音标书配套光盘中的Flash动画上传至书链智能化学习平台,让读者通过扫描图书上的二维码,就可以在手机上播放Flash动画,从而达到学习英语国际音标的视听体验;完成了知识付费平台建设,将"羊博士"英语所有图书品种制作成点读书,并上传至学习平台,平台运营已实现盈利。

二、开展多元化经营,扩大社会影响力

1. 拓展图书传播空间

2020年12月8日,在"上海之巅"的上海中心大厦一场共读上海故事,共话上海印象,畅谈海派文化的新书发布会开启了"上海印象"文化传播的征程,"上海印象"小故事大道理,打开了上海和世界交流、交往的大门,在上海文化的历史长河中留下了浓重的一笔,也为"上海印象"的编辑出版画上了一个圆满的句号。我社作为协办单位,2020年4月2日在同济大学附属同济医院成功举办了《新型冠状病毒肺炎疫情期间就医与防护问答》新书发布会,《新民晚报》、上观新闻等多家媒体予以报道。健康中国战略提出了为人民提供全方位全周期健康服务理念,我社为"健康中国行动"在行动,上海书展期间,举办了两场新书推介会。《让我们一起照护好家里的老小孩》全书囊括了老年人的衣食住行、生活照料、情绪管理,以及失智失能的特殊照护等,对老年人在院或居家做好健康防护提供了很好的帮助,从医50余年、从事医学科普事业近30年、复旦大学附属中山医院杨秉辉教授为新书作推荐,鼓励年轻医务工作者能坚持医学科普工作,为中国的健康事业贡献自己的力量;《你也学得会院前与家庭急救》新书推介会活动现场执行主编带领团队模拟了突发事件时如何拯救患者,详细介绍了心肺复苏术、AED公众除颤使用方法、海姆立克急救法,该书希望帮助读者在遇到危急情况时能做到有条不紊、分秒必争,自救或他救,减轻患者病痛,减少并发症和后遗症的发生,降低死亡风险。观众纷纷表示:"该书实用性强,无论对于儿童、中青年,还是老年人,都是一本很好的科普读物,关键时刻更是一本'能够救命的书'。"新书出版的宣传与推广,拓展了图书的传播空间。

2. 参与活动,扩大社会影响

2020年是我国脱贫攻坚战的决战决胜之年,扶贫先扶志,扶贫必扶智,扶智要做到"授之以渔",需要从教育入手。围绕集团帮扶工作,在国盛资产公司统一协调下,我社发挥行业优势,参与扶贫工作,注重物质与精神帮扶并举,为集团对口帮扶及其他贫困地区送去教育图书、科普图书等精神食粮,实现扶贫与扶智的有机统一。落实《沪镇结对精准扶贫协议书》,精准扶贫44人,金额22 000元,助推吴房村乡村振兴和农村综合帮扶采购农产品22 172元;向云南省大理州南涧县无量山镇红星村、卫国村和小湾东镇龙街村捐赠图书1 360册,向民盟市委帮扶贫困地区甘肃武威第十五中学、甘肃定西通渭县陇川学校、甘肃庆阳的学校捐赠图书价值20万元。书籍是人类的良师益

友，是获取知识的源泉，更是开启心智的钥匙，向贫困地区提供图书资源，让书籍在一双双求知的眼睛里传播力量。公益活动的参与增强了我社作为国有企业的主人翁责任感，进一步提升了我社的社会知名度及美誉度。

3. 充分挖掘期刊潜力，提升《科学生活》杂志品牌效应

《科学生活》杂志是上海市重点科普期刊。2020 年，为使杂志成为广大市民学习了解科普知识的好帮手，使杂志朝着健康管理、健康顾问这一方向发展，更好地服务于读者，对杂志的栏目进行了调整，丰富杂志内容。聘请中山医院主任医师、核心期刊《中国临床医学》杂志执行主编担任顾问，保留杂志口碑较好的栏目，使杂志更加亲民，服务更加精准；并聘请了一流出版社的资深编审对杂志的内容进行把关，提高办刊质量，提升杂志的社会影响力，扩大杂志的发行量，为创造更好的经济效益打下良好的基础。

三、加强自身建设，推进企业健康有序发展

1. 以党建工作促发展

2020 年，我社把党建工作摆在更加突出的位置，不断增强政治思想、组织和作风建设，充分发挥党组织的核心领导和党员的先锋模范作用，为出版社发展提供坚强的思想和组织保证。一是抓理论学习。始终把深入学习习近平新时代中国特色社会主义思想作为理论学习的基本遵循，每月根据形势任务发展组织党员采取领导班子带头学、学习讨论集体学、专题讲座联合学等多种形式开展理论学习，先后组织了 7 次党总支理论学习，做到人人有心得、学习有记录、成效有保障。二是抓思想教育。在抓好“两学一做”常态化学习教育的基础上，把“四史”教育作为年度思想政治教育的重要抓手，通过组织系列学习教育活动，保证了教育效果。比如，邀请专家组织举办“四史”教育“祖国在我心中——上海地名标准化的由来”授课辅导，让党员群众深切感受上海城市的变迁和跨越式发展；为进一步加深党员对党史的了解，开展了别开生面的“走读党史”活动，组织全体在职党员徒步走访一大、二大会址和四大纪念馆，由三名普通党员做徒步领队做党史讲解员，切实提高了参观学习的实效；组织参观“‘致敬！逆行者’上海职工抗击疫情主题图片展”，通过对疫情防控的回顾和实地感悟，切实深化了理论学习效果，进一步坚定了党员干部听党话跟党走的信念和信心；为提高“四史”教育在团员青年和入党积极分子中的教育效果，专门邀请 90 岁高龄的科普社复社后首任社长讲革命史、出版社成立史。三是抓队伍建设。在 2020 年这场疫情防控战中，成立防疫抗疫图书出版“党员突击队”，以科普精品助力疫情防控，首发《新冠肺炎中医防治读本》以公益形式发放给上海市民朋友，受到各界的一致赞许，并荣获“上海市抗击新冠肺炎疫情先进集体”的称号；向全体党员发出倡议，全力做好疫情期间防护和考勤测温工作，组织党员按排班计划坚持每天上下班给员工测量体温和各类防疫工作。四是抓监督执纪。结合理论学习、“四史”教育活动等，深入开展党风党纪和廉洁自律教育，集中组织收看中纪委反腐纪录片《永远在路上》，不断强化自觉接受监督管理的意识，全力做好出版社在履职待遇、公车使用、经费使用等方面的自查自纠，积极主动配合上级单位做好本单位的巡察和整改工作，尤其在遵守“八项规定”精神方面，严防发生违规违纪。在大额资金使用等一系列“三重一大”问题上，严格按规定和程序办事，始终坚持领导班子集体决策，杜绝暗箱操作和领导干部插手干预，有效防范了各类廉政廉洁风险。

2. 加强制度建设

2020 年，出版社顺应划转至国盛平台之新形势，全面深化体制改革，在战略实施、制度建设的

基础上,推动体制变革、质量变革和管理变革。在国盛资产公司的指导下,进一步加强和完善制度建设,坚持问题导向,进一步明确责任、强化担当,加强监督、强化问责,形成相应的管理长效机制。启动中长期出版发展规划工作,专门成立了规划编制起草工作小组,在资料收集、数据分析、专家咨询等调研基础上,拟定了《中长期出版发展规划》。完成了工会委员会换届选举工作,建立了工会独立法人资格、独立工会经费管理账户,使出版社工会纳入国盛资产公司工会管理体系。在完成了出版社章程修订后,完善了《考勤与假期管理办法(修订)》,规范对考勤和各类假期的管理,确保出版社正常的工作秩序;针对以往财务管理上的薄弱环节,对原有一系列财务管理内控制度进行梳理,修订了《关于外埠差旅费和招待费用管理实施细则》《资金账户、现金及支票管理制度的暂行规定》《费用报销审批流程的暂行规定》,以便更好地符合公司的经营管理需求;为加强图书出版导向、内容质量和编校质量管理,把社会效益放在第一位,实现社会效益和经济效益的统一,促进出版高质量发展,对原有的"三审三校"制度进行了修订完善,制订了《书号管理使用制度(试行)》、"'年度好书'评选办法"。根据出版物印制管理条例,认真核查印制单位的印刷资质,进行网上备案,确保图书印刷业务的有序进行。用制度来约束和规范企业各类经营业务和管理,促进企业健康发展,实现"擦亮科普品牌,提升图书质量"的目标。

四、开展凝聚力建设,促进企业发展

1. 安全维稳常抓不懈

我社坚持把经营安全摆在出版社工作的重要位置来抓。利用图书选题会议,对列选图书进行论证,把握好图书正确的政治方向、出版导向和价值取向;强化图书仓库和办公场所的防火、防盗等安全管理,对安全重点防护的图书仓库设备设施进行调整,清理消防通道,确保畅通无阻,添置消防器材,重新规划了灭火器放置点,张贴醒目消防安全标识,仓库工作严格按照"安全防范规定""灭火与应急疏散预案""值班制度"进行管理;成立由社长任组长的疫情防控工作小组,出台《关于加强办公场所复工后疫情防控措施的通知》《关于加强办公场所复工后疫情防控措施的方案》等,加强人员管理,建立测温管理制度,将集团疫情防控要求落实至实处,更好保障复工后全体员工的生命安全和身体健康,做好疫情防控常态化工作;开展"安全生产教育"活动,组织员工观看安全生产和急救"安全教育警示片",促使干部员工充分认识做好安全工作的重要性,努力营造"人人讲安全、事事重安全、处处保安全"的良好安全氛围;做好员工思想稳定工作,真诚倾听员工呼声,真实反映员工愿望,真切关心员工疾苦,及时化解或缓解可能产生的矛盾和问题,做到秉公办事,力求公平公正,妥善处理涉及稳定的事件。在安全稳定中推进改革和发展,在改革和发展中维护安全稳定。

2. 人才培养持续不断

企业发展,需要依靠一支敢打硬仗、能打硬仗、善打硬仗的员工队伍,只有聚万众之心,举上下之力,才能化"危"为"机",走出发展困境,打赢攻坚战。一方面,我社坚持加强员工思想素质教育和职业道德教育,培养员工爱岗敬业精神;另一方面,继续加强人才培养,坚持以学习提升员工的认识和能力,支持和鼓励员工参加专业讲座、职业资格考试,安排专业技术人员参加继续教育,组织编辑人员参加业务培训讲座,如《民法典案例分享》专题讲座,让大家在工作中更好地规避可能遇到的法律风险,提升员工队伍的专业素质和业务技能,推动我社出版事业更好地发展。2020 年,选拔任用了 1 名编辑人员担任部门负责人,还有计划地引进专业编辑人员和图书销售人员,面向社会公开招聘了 3 名大学本科以上学历人员充实编辑和发行队伍，拓展自身图书特色品牌，开拓图书网络销售市场，做大做强图书自办发行。人才培养的持续不断，员工队伍的优化升级，夯实了企业未来发展的基石。

3. 创造良好氛围

我社坚持以人为本，把营造企业文化放在重要位置。开展多样性活动，活跃生活，加强交流，促进团结，提升团队协作意识，提高员工队伍的凝聚力，创造良好的工作氛围。1 月，在佘山森林公园和大众国际会议中心开展员工拓展暨春节团拜活动；组织主题为"四时花竞巧，九子粽争新，共度端午，互道祝福"2020 年端午节活动，在祥和热烈的气氛下，让全体员工度过了一个温馨又有意义的端午佳节；"爱上海，游上海"——大美崇明长兴郊野公园生态之旅一日游集体活动，在体验野趣的生态环境、采摘时蔬的乐趣中，增加了凝聚力，也凸显出企业文化建设的新气象。关心员工身心健康，参加了上海市职工保障互助会的综合补充医疗、意外（工伤）互助保障计划，为在职员工办理了补充医疗保险，并积极协助员工做好理赔工作，以消除员工生病住院的后顾之忧。上门走访慰问员工，为他们送去一份单位、组织的关爱，其中：结婚实物慰问 2 人次，金额 1 199.05 元；生病住院慰问 2 人次，金额 1 600 元；因患病未能上班慰问 2 人次，金额 670.80 元。高温季节，党政领导班子成员一起看望慰问一线工作员工，为他们送上防暑降温用品，切实保障员工的安全健康，把组织关怀送到了员工心坎上。一系列凝心聚力的举措，为稳定职工的思想、营造和谐氛围，起到了积极作用，有效促进企业健康发展。

2020 年，在疫情影响下，企业经营出现较大困难的情况下，我社仍然努力保证员工工收入、福利不下降，甚至略有增长，充分体现企业以人为本的理念。

第三十七节　中国中福会出版社

2020 年是特殊的一年，面对突如其来的新冠疫情，我社无论是日常工作还是书刊市场，都遇到了不少的困难。在中国福利会党组的坚强领导下，全社职工在班子成员的带领下，众志成城、团结一心，在全力做好疫情防控的同时，科学谋划、多措并举，有力有序推进出版社工作高质量可持续发展，顺利完成全年各项工作任务。

一、严防严控，切实做好防疫工作

1. 第一时间成立防疫工作小组，严防严控，筑牢防线

出版社领导班子高度重视防控工作，第一时间成立了"出版社防疫工作小组"，社长亲自挂帅，多次召开视频会议，明确落实各小组成员工作职责，制定了"预防措施及相关通知要求"。积极主动为职工发放口罩、消毒液、酒精、洗手液等防疫用品，加强办公场所消毒，通过人员排查、轮班值守、监测体温、日报制度等一系列措施尽力给职工创造安全的工作环境，维护单位和谐稳定发展。

2. 协助倍乐生合作项目复工复产，第一时间恢复物流

"巧虎"作为我社重要合作商品，疫情来临，首当其冲，出版社余岚社长亲自带头，多次赶赴印厂、仓库，走访青浦区政府及相关部门，积极沟通，协调复工复产各项事宜，确保"巧虎"商品第一时间恢复运转，使每期产品能及时送达到小朋友手中。

3. 发挥专业特色,出版防疫图书

在疫情最为焦灼之时,我社和上海市儿童基金会合作,邀请复旦大学附属儿科医院的专家担任作者,在3月19日(上海市教委预设的开学第一日)推出了《与孩子一起成长——亲子共读健康手册》的少儿版和少年版,共计二十万册,送到了在家上课的孩子们的手中。

第一时间出版图画书《今天妈妈不在家》《来!和病毒大作战》,以献给最美的逆行者"白衣战士"和他们的孩子,并引导小读者养成良好的卫生习惯,形成正确防病毒意识。

4. 爱心传递,关爱儿童,捐赠图书

我社还和上海市儿童基金会合作,向浦东隔离点的儿童捐赠价值一万元的儿童图书,第一时间在精神上温暖和抚慰了隔离儿童的心灵。

5. 开展方式多样的线上阅读推广活动

疫情期间,我社积极以视频和音频的方式开展阅读活动,效果良好。在微信公众号上推出"聆听绘本故事,感受文学魅力"防疫专题,包括介绍《礼物》《小艾的端午节》《谜语》《我要飞》《我有一盏小灯笼》《一粒金子要发光》等获奖图书,并获得"书香上海"转发推荐。

二、克服疫情,书刊造货、发行情况实现预期

截至2020年10月31日,共出版图书334种(不含《乐智小天地》),其中新书80种,重印254种,重印率高达76%。自营书刊造货码洋突破两亿五千万元,其中图书造货码洋约25 400万元,期刊造货码洋约1 400万元(其中上半年相比去年同期下降了30%,下半年克服疫情后重重困难,巩固原有市场份额,整体略有提升)。

2019年11月—2020年10月,我社书刊发货总码洋6 595.29万元,书刊回款2 010万元。

三、打造亮点,图书出版稳步推进

1. 拓展少儿主题出版,让主题出版又"红"又"潮"

我们从2019年便确定了以"一带一路"为内容的主题出版方向。"影响世界的超级线路·一带一路漫游指南"系列,按北线、中线和海上丝绸之路的标准,分成《从帕米尔高原到黑海》《穿越亚欧的大陆动脉》《通往海洋的海陆通道》三册,有重点地介绍"一带一路"沿线主要国家的特色风貌,预计2020年末出版。同时,我们也希望少儿图书的主题出版,既保有深刻性和思想性,也可以深入浅出、生动活泼,内容要红,形式更要潮,切实符合孩子的阅读特点,出版能吸引小读者阅读的红色读物。

2. 正式获批专业出版中心,原创图画书板块进一步发力

我社原创图画书持续发力,原创图画书中心在原"培育中心"的基础上,正式获批"上海学术·专业出版中心"。

出版社与中福会儿艺剧院合作,将儿艺三部根据世界经典名著故事改编的儿童剧《悲惨世界》《巴黎圣母院》《泰坦尼克号》打造成图画书。其中《悲惨世界》已于8月在上海书展举行新书首发仪式,获得良好反响。这是整合中福会会内优质资源"优质图书内容"和"精品儿童剧"的一次成功案例,也是对原创图画书形式的全新尝试和突破。

完成了"十三五"国家重点图书出版规划项目"带回家的自然博物馆"系列的出版,陆续推出的

《池塘》《长长的宴席》《春山布谷》等重点图画书也获得了较好的市场口碑。

同时，在IP运营上也有了新的拓展：(1) 与上海本来影业有限公司进行了图画书影视改编的IP授权合作，一批优质的图画书如《小兔的问题》《哼将军和哈将军》《木先生》《蒯老伯的糖水铺》《回家》《牙齿，牙齿，扔屋顶》等将会以系列动画或动画短片集的方式出现在大荧幕上。(2) 与儿艺剧院进行了图画书改编儿童舞台剧的合作，《礼物》《莲蓬和小鸟》《哼将军和哈将军》改编的绘本剧于2020年8月成功首演，11月《牙齿，牙齿，扔屋顶》《我有一盏小灯笼》也将在马兰花剧场与小朋友见面。

3. 依托中福会母体，提升"幼儿教育"图书板块影响力

我们结合中福会托儿所建所70周年纪念和全国首个婴儿照护服务研修基地的挂牌，出版了《玩的秘密》《生活处处是早教》《宝宝的一天》，从各个侧面展示了婴幼儿教养方面的新突破，其中《生活处处是早教》一书由国家卫健委人口监测与家庭发展司司长杨文庄作序，并获得了相关部门的认可，纳入政府采购，并在儿童时代特展上，组织了线下中托教师与家长活动。宋庆龄幼儿园"我们家的早教"系列，继2019年出版的0—3岁版之后，2020年出版了3—6岁版，其中还有不少"二孩""居家"等切合社会热点的内容，一经推出即获得良好市场反响。

4. 继续拓展"原创儿童文学＋"，探寻儿童文学与"三生教育"结合的新模式

2020年，我们延续"名家童话智趣阅读·安武林卷"的模式，在已有原创儿童文学作品如《巫婆村·好品格养成所》的基础上，又推出了"名家童话拼音美绘版·龚房芳卷"和"名家童话拼音美绘版·严晓萍卷"两套图书。秉持"以儿童为本位"的理念，将"儿童文学＋"的这个加号发挥到极致。

2020年的疫情也促使我们进行了全方位的思考。疫情带来的影响可能是短暂的，但对小读者进行生命教育、生存教育及生活教育的"三生教育"则是一项长远而有意义的工作。我们在2021年的工作中，将继续延续前期的工作，同时努力探寻原创儿童文学与"三生教育"的结合模式，努力将这一教育渗透到文学作品及附加功能中，通过润物细无声的影响，逐渐在小读者心中种下正确的生命观、生存观和生活观的种子，帮助他们正确理解生命的意义、生存的价值，树立积极的生活态度。

5. 儿童科普图书蓄势破局，走原创＋引进之路

2020年，我们继续推出"儿童科学小百科"的后续品种2种——《军用航空器知识小百科》与《舰艇知识小百科》。该系列是上海市重点图书，同时也入选了2019年上海市科普作家协会评选的"优秀科普图书"。

今后我们还将拓展视野，积极发掘优秀的国外儿童科普读物，取长补短，走原创与引进相结合的道路。

6. 统筹《中国福利会志》，力求高质量完成出版任务

我们通过早期介入《中国福利会志》修志工作，对志书的内容、质量有了全面的了解，结合方志办等各位专家学者的评议意见，组织编辑团队，积累相关信息，制定编辑出版工作方案，以确保志书的出版任务高质量地完成。

7. 挖掘优势出版资源，探索合作出版新模式

目前，我们已经与不少图书工作室、新媒体和营销团队建立了常态的合作，其中包括专业图书策划品牌，如青豆书坊、小象汉字、叽里呱啦；大型非国有出版公司，如磨铁图书、企鹅图书；亲子类微信公众号，如"大手牵小手""憨爸在美国"等。在合作中，我们注意学习对方的长处，提升自身的能力。

四、擦亮品牌,提升期刊阅读价值

2020年,我社期刊中心努力策划期刊优质栏目,提升内容品质,着力打造“创意阅读”“快乐阅读”“智慧阅读”特色,提升期刊的整体阅读价值感。积极探索传统纸质少儿媒体与新媒体的融合。“我的儿童时代”“神探小子”与微信公众号互动,从纸质内容延伸出“独家视频”“在线破案”,带给小读者“跃然纸上”的阅读体验。

《少先队活动》理事单位达到45家,专业认可度进一步提高,社会影响力逐步扩大。

五、“巧虎”项目,排除万难稳步推进

2020年虽然在新冠疫情的影响下,《乐智小天地》受到了很大影响,但在出版社和合资公司的共同努力下,克服了重重“艰难险阻”,确保了“乐智小天地”项目管理和其他工作顺利完成。截至2020年10月中旬,“乐智小天地”会员数基本恢复到疫情之前的水平。

六、版权工作,虽艰难但仍有收获

因受疫情影响,2020年海外版权拓展工作受到了很大冲击,但是还是有所收获。与阿拉伯指南针出版社拟重新签约,图画本制作和出版迫于疫情影响虽延迟,但出版计划不变,《垃圾不见了》《爸爸的手提箱》阿拉伯语版正在制作中;与上海新闻出版发展公司合作出版的图画书《爸爸,月亮来了》在美国上市;《不一样的地理书》日语版按照正常计划在日本上市,“读故事　学古诗”系列签订日语版版权协议。

七、媒体融合,谋求新业态新发展

2020年6月,在总会领导的牵头下,我社联手人民阅读和阅文集团,成立“中国儿童数字阅读中心”,推出“中国儿童文学扶持计划”,借助《人民日报》作为国内主流文化平台的影响力和阅文集团作为中国互联网阅读领军者的资源优势,三方共同来扶持中国的儿童文学创作、培育少年儿童的阅读兴趣、开拓儿童数字阅读的潜在能量。

我们也在不断探索新的阅读环境下更多的创新可能,与“学习强国”上海平台、哔哩哔哩、喜马拉雅、本来影业签约成为全媒体战略合作伙伴并积极开展合作:在“学习强国”上海学习平台“精品在线”推出《儿童时代》专栏;结合儿童时代原创图画书,以国风、中国传统文化百科为主题与哔哩哔哩打造合作项目;与喜马拉雅合作开设“我的儿童时代”故事栏目;与本来影业共同开发基于《儿童时代》图画书的动画电影。

我社开发的《儿童时代》全媒体数据库也于6月正式上线,十二届全国政协副主席、中国福利会主席王家瑞,市人大常委会副主任莫负春,市委宣传部副部长高韵斐等领导为数据库正式上线揭幕,央媒、上海等媒体广泛宣传。借此东风,出版社针对个人用户、机构用户积极开展营销运营,《儿童时代》全媒体数据库在上海浦东博物馆、儿童博物馆等多家机构和场合进行展示、宣传,全新打造的《儿童时代》数据库借助便于阅读、检索及传播的特点,带给小读者全新的阅读体验。目前已经签

订销售合同 4 份，后续意向购买的单位和机构有 10 多家，产生了良好的社会效益和经济收益。

八、品牌活动，影响力进一步增强

2020 年正值《儿童时代》创刊 70 周年，我社围绕创刊 70 周年主题开展了一系列成果展示暨纪念活动。尤其值得一提的是“与时代同行——《儿童时代》创刊 70 周年”特展，展览回顾了《儿童时代》发展历程，进一步擦亮了品牌，增强了社会影响力。展览历时 45 天，2 000 余人次参观，举办 4 场主题活动，为梧桐深处的五原路又增添了一道靓丽的风景线。

此外，为庆祝《儿童时代》创刊 70 周年，特别在上海外滩点亮大屏，一幅幅富有时代气息的封面，展现了《儿童时代》创刊 70 年来，始终与时代同行的初心，浓缩了时代发展的风貌，凝聚了一代又一代读者童年的记忆。这些《儿童时代》创刊 70 周年纪念活动，掀起了各界媒体的广泛报道，我社社会影响力空前高涨，也为下一步各项工作拓展和战略合作打下坚实的基础。

九、搬迁校址，老校新校共同发展

为了事业得到更好发展，出版社下属上海国际少儿进修学校结合市场需求、学校定位等各方面因素，2020 年选定新的校址（中山南一路 727 号三楼），并完成新校舍的设计、装修、布置，环境监测等，于 9 月 17 日顺利开学。学校接受了由民政局组织的教育类民办非企业单位的规范化建设评估，在对法人治理、规范运作、财务管理、业务管理、社会评价等五大方面 132 项内容进行检查评估后，最终获评 4A 级组织。

新成立的上海儿童时代培训学校，经过一年多的努力，取得徐汇区办学许可证，获得营业执照，成功保留“儿童时代”这一宋庆龄品牌校名。

十、获奖立项，社会效益成果丰硕

2020 年，我社继续坚持强根固本、加强精品力作，将落实质量保障体系、提高出版物质量作为社内重点工作中来抓。经过强力推进和实施，我社书刊质量有了很大提升，其中《儿童时代》《哈哈画报》在 2019 年度上海市期刊编校质量检查中编校质量均为优秀。

同时获奖和立项也取得新突破，社会效益取得了一定成果：

1. “‘儿童时代’图画书走出去”项目荣获上海市第十五届“银鸽奖”优秀项目类（渠道、落地与版权）二等奖；

2. 《我叫贾宝玉》荣获 2019 年度中国原创“图话书”排行榜绘本插画奖；

3. “带回家的自然博物馆”丛书获得 2020 年上海市促进文化创意产业发展财政扶持资金资助；

4. “中国原创图画书出版中心”获得 2020 年上海市促进文化创意产业发展财政扶持资金资助；

5. “与时代同行——《儿童时代》创刊 70 周年”特展项目荣获上海市群众文化项目资助资金扶持；

6. “‘好书共读爱我中华——共读一本小红书’暑期征文活动”项目荣获 2020 年上海市未成年

人暑期优秀活动项目;

7.《池塘》《春山布谷》《种子去哪儿》入围2020年“大鹏自然童书奖”100强。

十一、凝心聚力,铸就和谐企业文化

2020年,出版社党支部一如既往地关心关爱职工,在提升职工的归属感、增强企业的凝聚力、维护职工队伍和单位和谐稳定方面做出了贡献。

以工会组织带头,开展了丰富多彩的活动。如庆祝“三八妇女节”,配合社防疫工作需求,组织全体女职工开展了“大家一起制作防疫香囊”的活动;组织全体参观“‘致敬!逆行者’上海职工抗击疫情主题图片展”,从而加强职工思想建设、培育和践行社会主义核心价值观;在暑期与嘉定检察院合作,组织“宝贝护航一日游”亲子活动,为职工子女进行法制教育。

10月,积极响应2020年中国福利会“弘扬宋庆龄精神,建功新时代”劳动竞赛活动的号召,组织“抒写新口号　建功‘十四五’”劳动竞赛,共有47位职工参加了此次竞赛。通过一句句精彩的企业文化核心主题词的创作,并以书法作品的形式展示,这一活动不仅提升了职工们对书法的兴趣,也抒发了职工们对工作单位的热爱之情,展现了广大职工的风采。

第三十八节　中华地图学社

2020年,是我社全面实现“十三五”规划目标的收官之年。在新冠疫情不利影响下,我社以习近平新时代中国特色社会主义思想为指引,紧紧依托地图专业优势和出版资源特色,紧紧依靠并凝聚全体职工干事创业的智慧和力量,推进和实现我社的可持续、高质量发展。

一、开展“四史”学习教育,推进基层党建工作

持续巩固“不忘初心、牢记使命”主题教育学习成果,深入贯彻落实党的各项方针、政策,稳步推进基层党建工作。一是继续深入学习贯彻习近平新时代中国特色社会主义思想,深入开展“四史”学习教育,引导党员更加自觉地为实现中国共产党的历史使命不懈奋斗;二是严格落实“三会一课”制度,严格规范党员领导干部双重组织生活制度,组织丰富多彩的主题党日活动;三是强化廉洁风险防控意识,认真落实廉洁风险点排查和分类;四是开展警示教育活动,教育党员干部在责任担当中作表率,要坚守纪律底线,始终绷紧廉洁自律这根弦。

二、双效益成果丰硕

2020年,我社出版的图书双效益显著,其中“AR趣味知识少儿知识地图”丛书获自然资源优秀科普图书;《江阴城市地图集》等2种图集获优秀地图作品“裴秀奖”银奖,《绿水青山看江西》等4种图书获优秀地图作品“裴秀奖”铜奖;《“一带一路”学生教育读本小学版》(试验本)获沪版教材印制质量一等奖,《地理图册　七年级第一学期》(试用本)获沪版教材印制质量二等奖,《初中信息科技》(试用本)获三等奖;《中国疟疾地图集》获国家出版基金资助,《上海市标准地名志》获上海文化发展基金资助;《上海市地图集》(2021版)入选上海市重点图书出版计划。

三、积极融入长三角，开发特色品种

抓住"长三角区域一体化发展"契机，为政府及企事业单位在自然资源成果转换、测绘地理信息成果应用等方面出点子、谋选题，先后出版了《绿水青山看江西》《南浔古今地图集》《崇明生态岛地理信息概览图集》等十余种图集，深受行业好评。

我社深挖潜力、苦练内功，通过创新产品装帧形式，开发了《中外历史长河》《趣赏〈清明上河图〉》等长卷类产品；创新产品材质，研发了纸质的"多色拼装地球仪"，并成功申请外观设计专利，深受广大读者喜爱。

四、纵深挖掘教辅，开发新品种

我社在巩固已有品种的基础上，产品开发继续向纵深推进。抓住教改契机，对教辅产品不断细化完善，从教学、随堂、考点分析、全真模拟到兴趣开发、跨学科思维培养等方面，逐步形成完整的教学辅导体系，打造出教辅"E家图"品牌。

第三十九节　东方出版中心

2020年，在习近平总书记和党中央的坚强领导下，全国上下众志成城抗疫防疫，积极施行复工复产，经济社会恢复正常发展。东方出版中心(以下简称"中心")，在中国出版集团有限公司的正确领导和大力支持下，坚决贯彻中央精神，坚决执行集团的决策部署，勇于担当职责使命，直面困难挑战，统筹做好新冠疫情防控和复工复产，开拓进取，创新发展，圆满完成了全年各项工作任务，实现了良好正增长。

一、坚持以习近平新时代中国特色社会主义思想为指导，全面推进党的建设取得新成效

1. 坚持以党的政治建设为统领，强化理论武装

中心深入学习习近平新时代中国特色社会主义思想，进一步提高政治站位，切实把思想和行动统一到习近平总书记重要指示批示精神上来，不断增强"四个意识"，坚定"四个自信"，坚决做到"两个维护"。坚持党委在中心工作中的核心领导作用。充分发挥党委会、中心组学习的示范引领作用，完善各层级的常态化学习机制，深入开展政治理论学习，强化政治组织意识，努力担当好出版"国家队"的使命和职责。

2. 大力加强组织建设，全面增强基层党组织政治功能

加强对集团标准化规范化建设试点支部管理经营二支部工作的指导，扎实开展"四强"支部创建活动。中心图书出版一支部与长宁区政府机关第三、第五支部协同开展了"明区情、忆党史、促党建、担使命"支部共建和出版产业调研活动。严格"三会一课"等组织生活制度，加强"四力"能力建设，加强党员教育管理。制定了中心《2020—2022年发展党员工作规划》，扎实推进党员发展工作，全年发展党员1人，转正1人。

3. 加强制度建设,压紧压实党建工作责任

完成党建工作纳入公司章程工作,充分发挥党委把方向、管大局、保落实的核心作用。成立党的建设工作领导小组。加强党委组织建设,选举增补了一名党委委员。贯彻落实三个责任制,推进党建、党风廉政建设责任书签约,确保党建工作和业务工作一起谋划、一起部署、一起落实、一起检查。加强干部培养选拔,全年共引进、选拔任用中层干部 2 人,招聘充实专业编辑人员 6 人。制定实施《青年编辑培养计划》,推动青年编辑政治素养和综合把关能力提升。

4. 坚持全面从严治党,持续推进党风廉政建设

坚决贯彻落实全面从严治党要求,严格遵守政治纪律和政治规矩,坚决贯彻落实党章党规党纪、中央"八项规定"及其实施细则精神和廉洁自律相关规定。修订完善了中心"三重一大"、干部选拔任用等管理制度以及下属公司相关管理制度。

5. 注重价值引领,推进统战工作和精神文明创建

支持民进上海市委新闻出版委员会做好 1 名会员的推荐、考察及民进东方支部的换届选举工作;加强党外代表人士队伍建设。指导群团组织开展"读经典、学新知"主题征文等群众性精神文明创建活动,健全精神文明创建"流动红旗"评比机制。加大对生活困难党员、老党员的关怀帮扶,全年共计帮扶慰问离退休干部职工党员、生活困难党员 80 余人次。

二、坚持正确导向,积极担当作为,中心事业稳步发展取得好成绩,双效显著

2020 年面对严峻形势,中心准确研判疫情形势和经济环境,精准稳妥施策,确保了决策正确,全体员工勠力同心,超额完成了年度经济指标,全年完成营业收入同比增长 3.38%;利润同比增长 12.3%,利润规模突破 5 000 万元大关。

2020 年,在全体员工的共同努力下,中心获得了一系列荣誉、奖项。中心党委被评为中国出版集团先进党委;中心被评上海市和谐劳动关系达标企业、上海市纳税信用 A 类企业、财务报告优秀企业;中心工会被评为市级厂务公开民主管理工作先进单位,荣获市新闻出版工会"先进职工之家"称号;东方维京、东昊物业被评为上海市纳税信用 A 类企业,东昊物业荣获市级治安先进集体称号,计财部被评为集团先进财务部门。一批图书精品力作荣获各种奖项,登上各种排行榜。薛诚、朱荣所同志荣获"中国出版集团优秀共产党员"称号,毛伟同志荣获中国出版集团优秀工会工作者,江彦懿同志荣获"上海市优秀共青团员"称号。

1. 强化导向管理,出版导向和编校质量安全继续得到有效保障

中心坚持以正确政治导向为根本,以社会效益第一、社会效益与经济效益相统一为出版原则,全面加强对意识形态工作的领导,修订了意识形态责任制实施细则,成立了意识形态工作领导小组,压实意识形态工作各类各级责任,确保守土有责无缺口。严格落实导向管理的十二项机制,严格落实重大选题备案制和四审三校制,全年图书期刊出版继续保持安全无事故,在上级检查中没有出现不合格产品。

2. 加大产品线开发建设力度,出版主业稳定上升

2020 年,中心全力抓好经管图书、人文图书两大产品线的开发建设,积极做好主题出版,品牌影响力稳步提升。据百道网相关报道,中心社科书影响力进入全国前十名。

(1) 重大图书出版项目顺利推进

中心顺利完成 3 个国家"十三五"规划项目和 2 个国家出版基金项目结项。2020 年成功新增 3

个国家出版基金项目《威廉·诺德豪斯著作集》、《现代(1912—1949)古体文学大系·词集》、"香江书系·香江哲学"(第一辑),为历年最多一次,也是全国本年度入选项目最多的出版社之一。其中,《威廉·诺德豪斯著作集》、"香江书系·香江哲学"(第一辑)当年立项,当年完成出版,提高了国家重大项目的完成率。集团及省部级项目方面,《中国市场通史》(3卷本)、《党在这里诞生——中共一大会址、上海革命遗址调查记录》获得集团2020年宣传文化发展专项资金资助,《微观金融史:一个银行职员的档案寻踪(1921—1942)》获得市文创扶持资金资助。

(2) 经管图书产品线建设取得重大突破

中心重点聚焦国内外最新经济学理论、企业管理思想以及中国经济、金融、管理实践等领域,初步形成了"经科文库""中国商学"等细分系列产品。全年共策划推出经管图书新书71种,完成销售码洋2 352万元。其中,《气候赌场》荣获第十五届文津图书奖、第十九届引进版优秀图书、2020年度全国政协推荐图书;《指标陷阱》入选《中华读书报》上海书展推荐沪版好书30种榜单;《金钱何以改变世界》获得2020年度经济人读书会十大好书提名;《中国金融的力量》获评《中国出版传媒商报》2020年度影响力财经图书榜,并入选长安街读书会干部学习新书书单。《任正非找北》《海底捞店长日记》《领导力就是不装》销售势头强劲。《经济思想简史》《创新者的日本史》《汇率的突围》《失去的三十年》等书受到财经界关注。这些情况显示中心经管图书无论在品质还是在市场销售方面,都已开始进入爆发性增长和引导力的崛起。

(3) 人文图书产品线建设呈现新作为

中心人文图书产品线重在保持特色、拓展新路,呈现新作为。《企鹅全球史》入选中版集团年度好书榜。上海市文化重点项目《张世禄全集》(11卷)顺利出版;"诗词名家讲"系列汇集较多当代名家之作;《元代文学通论》(三卷)入选光明书单及《中华读书报》2020年度20种人文社科好书;《汉语史讲义》《中西哲学对话》均登上《中华读书报》月度好书榜;《钱锺书的性格》被评为南都2020年度十大好书。《平成史》入选文汇书单。《心之眼》入选《三联生活周刊》好书榜。

(4) 主题出版和国际传播有新进展

主题出版方面,中心策划推出了《党在这里诞生——中共一大会址、上海革命遗址调查记录》等主题图书,并入选中版好书双月榜。《汉语史讲义》获得集团主题出版奖励3万元。国际传播方面,实现"走出去"项目2种:《当代中国文明论》英语版、日语版,分别与美国普里尼斯出版社、日本北九州中国书店签约。《非常旅行》入选由中宣部与国资委联合发起的央企中国书架项目。中心被中国出版传媒商报社、北京外国语大学中国文化走出去效果评估中心等单位认证为中国图书海外馆藏影响力出版100强。

3. 积极拓展营销发行渠道,销售效率稳步提高

积极应对疫情带来的影响,在畅通线下实体书店销售渠道、组织参加上海书展等大型展会的同时,加大网上销售渠道开发,重点加强与电商及"樊登读书会"等平台的合作,打通线上线下互动的销售网络,保持出库率稳定。全年图书销售收入同比增长4.88%。中版书房新开业两家,其中,中版书房奉贤店成为上海书展最年轻的分会场,并被上海市文旅局授牌为"家门口的好去处"。

4. 筑牢防疫安全底线,园区经营发展稳中有进

针对新冠疫情对楼宇租赁市场造成严重冲击,导致企业经营困难,出现商务楼租赁需求下降、租金下降的双降局面,中心科学施策,精准部署,责任部门狠抓落实,取得了良好成效。严格做好疫情防控,中心积极贯彻中央和本市有关政策要求,主动承担社会责任,对受疫情影响的入驻中小微企业和经营困难企业,分两批次减免租金共计261.94万元。房产部、东方维京公司克服重重困难,

稳步提升出租率颇见成效。樊登读书会、美国泰为公司、天津银行等知名企业2020年成功入驻,为园区增添了新的亮点。

三、加强现代化治理能力建设,真抓实干形成新气象

完善治理机制,实现加强党的领导与完善公司治理相统一。完成了党建工作纳入公司章程工作,并修订了中心《党委议事规则》,从严贯彻执行党委决策前置要求;制定了《意识形态责任制实施细则》、完成了"三重一大"管理制度、干部选拔任命制度、绩效考核管理制度等重要管理制度的修订,使得中心的管理制度更好地体现了中央精神、集团要求和市场规律。完成《中心事业单位法人证书》"三证合一"工作,解决了历史遗留问题,保障了职工利益。

中心大力推进务实工作作风建设,取得明显成效。坚决反对各种形式的形式主义、官僚主义,坚持真抓实干,坚持管理前移。

中心严格加强成本费用的管控,本年度差旅费、会议费、营销费、招待费、办公费等都显著减少;图书成本率也有明显下降。这些工作也都有力地促进了中心经营绩效的提升。

第四十节　世界图书出版上海有限公司

世界图书出版上海有限公司在总部高质量快速发展的引领下,全体员工克服因新冠疫情带来的影响,勤奋务实,在人员不稳、资金紧缺、经济下行等压力下,依然努力做好本职工作,以解决问题为导向,调整发展规划,明确发展思路。

一、高质量有特色的主题出版推动提升双效益

2020年备案立项选题150种,申领书号155个,新书发稿136种。图书出版品种数为263种,其中新书为137种,重印书为126种,出版总码洋为11 935万元。

2020年是"十三五"的收官之年,我社所出版的新书在学科上逐级聚拢,涉及麻醉急重症、妇产儿科、护理等多个重点学科,这些重点产品线在2020年均有了不错的进展。

1. 麻醉急重症

2020年出版了《急诊机械通气基础》《新机械通气手册》《麻醉学的艺术》,两本引进自施普林格,一本由上海第十人民医院的麻醉一线团队结合临床经验编纂而成,都顺应了麻醉学科类图书床边化、可视化的发展趋势。《小儿麻醉实践方法》关注小儿麻醉中的临床问题,包含日常实践和研究中所需要的详细信息,对任何参与儿童麻醉的临床医生来说都是一种宝贵的资源。

2. 妇产儿科

《泌乳顾问执业指南——为哺乳母亲提供咨询》(第6版)为"懿英教育母婴照护丛书"系列的第三本,本书对于妇幼保健专业的学员、实习医生等有重要的参考价值。《分娩与助产实践》(第4版)由中国福利会国际和平妇幼保健院院长程蔚蔚领衔翻译,是一本适合助产专业学生和临床助产士的实用红宝书。《先天性心脏病胎儿治疗与复合技术》由广东省人民医院院长庄建领衔翻译,是一本关于胎儿干预和混合手术的最新指南,对胎儿肺、胎房间隔支架等技术提供了明确指导。

3. 护理

“十三五”策划的重点项目“儿科护理速查手册”系列目前已经出版了七本，最后一本预计于2021年上半年出版。本套书是为提高儿科护理人员的专科知识、规范其实践行为、培养其护理评估能力，由复旦大学附属儿科医院集相关专科优秀护理骨干及医学专家编写而成，有助于临床一线的儿科护士迅速获得核心知识点，掌握标准操作流程及常用护理工具。

在2020年新冠疫情期间，我社还组织专家资源编写了《新型冠状病毒肺炎流行期间母婴安全防护手册》《舰船新型冠状病毒感染的预防与控制》《新型冠状病毒家庭和社区消毒指南》，这三本书稿都在互联网上进行了免费发布。《新型冠状病毒肺炎流行期间母婴安全防护手册》制作了纸质版，印刷发行之后目前已经重印了一次，为广大大众包括特定人群和特定环境的消毒防护提供了科学指导。

二、线上线下营销活动，精彩纷呈

上半年受疫情影响，外出受限。在此形势下，我社积极策划线上营销活动，7月举办的《泌乳顾问执业指南——为哺乳母亲提供咨询》(第6版)新书预售抖音直播，时长1.5小时；同月举办同一本书的有奖转发活动，销售图书300余册。随着国内疫情逐步稳定，上海书展的有序开办，我社开始积极策划现场营销活动。本年度上海书展分工筹备并参与了两场活动，活动反响良好。11月21日“国际早产儿日”，组织并参加了《早产儿家庭训练指导手册》一书读者见面会，为早产宝宝生长发育赋能。

三、重大出版项目及奖项

经过多年的积累，我社已经出版了包括国家“十一五”重点规划出版项目、国家“十二五”重点规划出版项目、中国出版集团公司“十一五”重点规划出版项目在内的“口腔医学精粹丛书”“高级医学参考系列”“高级医学常备系列”“当代麻醉药理学丛书”“医师继续教育丛书”“中医学习丛书”，以及医学教材、医师资格考试类图书等临床医学图书。其中，《口腔生物材料学》获2005—2006年度中国出版集团图书奖，《口腔临床流行病学》获2007—2008年度中国出版集团图书奖，《吸入麻醉药》获2007—2008年度中国出版集团优秀编辑奖，*Encyclopedia of Medicinal Plants*(《当代药用植物典》英文版)被商务部评为“2009—2010年度国家文化出口重点项目”，《当代药用植物典》中文版荣获第二届中国出版政府奖・图书奖。《药物与母乳喂养》荣登2019年第二期中版好书榜，《新生儿外科学》(第二版)荣登2019年第五期中版好书榜。

2021年，世界图书出版上海有限公司将目光聚焦医学、心理健康科普，以社会责任为己任，科普公共卫生、临床、保健、营养、心理等医用科学，有助于特殊人群(母婴、早产儿、自闭人群等)和广大人民更好地做好自我防护，保障安全。细微之处折射改革温度。从身边的医学、心理健康科普服务做起，让健康更加“可及”，提升卫生健康质量和服务水平的努力应是永无止境。

第五章　印刷企业年度总结

第一节　上海印刷(集团)有限公司

上海印刷(集团)有限公司(以下简称“集团”)是上海宣传系统国资集团性企业，现由上海世纪出版(集团)有限公司全资控股，资产总额 8 亿余元，旗下拥有多家百余年发展历史的企业，共有员工 800 余人，是首批国家级示范企业及创新企业，也是国家新闻出版先进单位。

集团坚持疫情防控和生产经营两手抓，紧密围绕“改革、融合、创新、发展”，聚焦印刷主业，集聚整合资源，切实提升管理水平和服务能级，进一步推动企业治理结构及运营管理模式优化。全年实现营业总收入 5.83 亿元，利润总额 488.47 万元。

一、服务大局、坚持导向情况

(一) 落实抗疫工作，积极抢印抗疫图书

集团将新冠疫情防控工作作为全年工作的首要任务，思想上高度重视，行动上迅速部署，成立应对疫情领导小组和工作小组，制订疫情防控方案，全面落实上级精神、提高职工思想认知，做好联防联控、防控物资供应、返沪人员隔离和人员测温等工作。疫情初期，集团做实做细复工复产工作，全面动员和号召党员干部带头坚守岗位，确保了抗疫图书、医疗票据等紧急印制任务的圆满完成。疫情发生以来，集团始终坚持做到了疫情防控总体目标不放松、防控措施不放松、薄弱环节管控不放松。

(二) 保质保量完成中小学教材、《辞海》(第七版)印制任务

根据上级主管单位关于编印一体化改革和“保存量、抓增量、促转型”的整体思路，集团主动作为、刀口向内，以“练好内功”为主线，精准推进各项改革工作，为后一步发展夯实了基础。年初，所属上海商务数码图像技术有限公司纳入青浦印刷园区管理，与上海中华印刷有限公司、上海中华商务联合印刷有限公司、上海新华有限公司三家企业各自弘扬品牌，共享印前印后资源，为出版社及其他客户提供全方位一站式的印制集聚服务。2020 年，集团承接了约 3 000 万册的春秋两季教材印制业务，同比 2019 年增加约 650 万册；其间恰逢国家重大文化工程《辞海》(第七版)印制二作启动，青浦印刷园区提前制订保障方案，设立了园区生产指挥中心和质检中心，对生产、质检、设备、仓储实行统一调度，提出了“组织管控保障”“设备配置保障”“完善场地保障”“资金跟踪保障”“优化服务保障”“质量管控保障”“周期管控保障”“应急措施保障”8 项具体措施，保质保量地完成了两项印制任务，使青浦印刷园区产业集聚成果得到了检验。

二、聚焦主业改革，推动企业高质量发展

(一) 技术装备、管理体系、绿色环保方面

围绕“绿色化、数字化、智能化、融合化”发展方向，集团深化三项内部改革，主动迎接市场经济

的挑战。一是推进营销体系改革，以加强营销队伍建设、重塑考核体系、提升服务质量为重点，精准落实营销工作目标；为进一步贴近服务、提高快速响应率，各级领导带队主动拜访客户，建立“印制服务保障微信群”，全年印刷加工收入 23 780.82 万元。二是推进技术升级改革，通过设备引进及智能化改造升级，有效优化了生产结构配置，提高了生产能力和加工产值，改善了生产效率不高、人工密集生产等问题；同时，通过加强原辅材料源头管理、召开技术内部交流会、生产全过程质量跟踪、提升员工质量意识和绿色环保等多种途径，紧抓产品质量管理不放松。三是推进管理体系改革，所属青浦印刷园区启动了智能化管理专项工作，在充分了解现有 ERP 系统症结、现实成功应用案例的基础上，遴选了智能化管理模式优化方案；所属商务新华公司积极推进物料物流管理一体化，实现了物料进出库的归口管理，切实提升了管理效能、降低了管理成本。

（二）创新发展方面

继续深入挖掘内部文化资源，深化品牌的培育建设工作，进一步推进印刷与文化的融合，努力成为“服务出版印刷的文化企业”。推进“印刷文化”品牌建设，上海中华印刷博物馆成为中国近现代新闻出版博物馆分馆，对照国家 3A 级博物馆标准，持续推进场馆升级改造，深化专业性学术教育和科普服务，互动体验活动的形式和内容不断丰富。推进“字体设计”品牌建设，“现代汉字印刷字体发源地”“上海印刷字体展示馆”正式落地揭牌，得到了各级领导和国内外多家媒体的广泛关注和支持。推进“尚映文创”品牌建设，“纪念建党 100 周年红色系列”文创产品获市场广泛关注，文创整体服务输出项目得到了客户的高度认可，文化创意业务范围不断拓展、个性化精准服务持续提升。深化学术资源服务，在继续发挥《印刷杂志》专业优势的基础上，与上海出版印刷高等专科学校共建“国家新闻出版行业重点实验室——智能与绿色柔版印刷实验室”，推进产教融合型企业建设培育。

三、优化用人环境，打造高素质人才队伍

在行业景气度下滑和疫情防控常态化的叠加影响之下，紧紧围绕年度经营目标，一方面坚持控制用工规模、节支降耗；一方面完善选人用人机制、完善激励机制，努力打造一支高素质人才队伍。所属企业齐心协力，集团全年人力成本控制成效明显，单位效能进一步释放，队伍建设日趋良性循环。2020 年末，集团人员数 802 人，同比 2019 年减少 140 人。

四、获奖情况

集团旗下企业印制的《中国改革开放全景录・上海卷》荣获南方地区九省市印协首届“精密达”杯印后产品质量练兵比武竞赛金奖，义务教育教科书《中国历史（第一册）》（五・四学制）荣获银奖，《读者》（海外版）2020 年第 06 期（总第 90 期）荣获铜奖；有 23 本承印教材获（2019 学年）第十届沪版教材印制质量检查评比奖项。此外，集团获“中国印刷技术协会成立 40 周年‘致敬时代榜样’特别贡献集体”，荣登“2020 中国印刷包装企业 100 强”排行榜（列第 68 位）。所属上海商务数码图像技术有限公司数字化项目班组获上海市总工会“2020 年上海市劳动模范集体”荣誉称号，数字化青年突击队获“2019 年度上海市青年五四奖章集体”荣誉称号；所属上海中华印刷博物馆获上海市科普教育基地联合会“2019 年度科普教育基地先进集体”荣誉称号，及上海市科学技术委员会、上海

市委宣传部、上海市科学技术协会颁发的“2020 年上海市科普工作先进集体”。有 1 名职工获南方地区九省市印协首届“精密达”杯胶订线优秀领机。

第二节　上海中华印刷有限公司

上海中华印刷有限公司原名上海中华印刷厂,创建于 1912 年,前身为中华书局印刷所。1998 年依据《中华人民共和国公司法》改制为有限责任公司,是国家新闻出版署命名的国家级书刊印刷定点企业,注册资本 3 500 万元。现有员工 350 多人,生产技术力量雄厚,其中印前、印刷及装订的高技能人才(高级技师、技师、高级工)占比在行业中处于领先位置,首席技师工作室获得首批上海市“技师创新工作室”命名。拥有从印前制作到印后装订的全部进口及国产高端设备,具备制作短周期、大印数、高质量产品的能力和经验。

2020 年,面对突发的新冠疫情,上海中华印刷有限公司(以下简称“中华公司”)正常生产经营和既定工作目标的实现都受到了很大的影响,在上海印刷(集团)有限公司的领导下,中华公司全体干部职工始终围绕“弘扬正气、团结协作、降本增效”的十二字方针开展工作,通过不断优化服务品质、细化基础管理、全流程质量管控等一系列措施,保质保量地完成了“课前到书、人手一册”的教材印制任务及《辞海》等重点图书项目。在新冠疫情的冲击下,中华公司逆势而上,2020 年主营业务收入和销售毛利增加明显,主营业务收入 20 073.7 万元,与 2019 年同比,主营业务收入增加 728.63 万元,印刷累计完成生产总量 374.39 万对开色令,装订累计完成生产总量 48.49 万纸令。

一、服务阵地前移,优质服务助推企业新发展

面对不确定因素纷杂的外部环境,中华公司在巩固现有业务的同时,始终以优化服务品质为目标,开拓新业务,维护老客户,积极寻求拓展增量业务。中华公司始终坚持在服务上下功夫,诚心诚意,全方位提升服务质量,争取到了多个大体量、有影响、有效益的印刷业务,有力地支撑了全年生产任务。在国外疫情持续升级时,2020 年外单业务量增幅明显,中华公司全年社会业务实际完成 1.2 亿元。

在不断拓展新业务的同时,中华公司还把重点客户、重点产品、重点项目作为营销工作寻求突破的重心之一。等待已久的《辞海》(第七版)在 8 月正式开始印制,因为要赶在 8 月中旬上海书展前上市,可以说是时间紧、任务重。中华公司全体干部职工积极践行“一丝不苟、精益求精”的辞海精神,采用最先进的设备、最优化的工艺和最好的印刷工匠,不负众望完成了《辞海》(第七版)的印制任务,保持了《辞海》(第七版)自创办以来始终在中华公司顺利印制这一传统。随着一批在学术出版界有重要影响力的出版物陆续走下生产线,不仅提高了企业的经济效益,也帮助企业在业界树立了良好的口碑。

二、细化基础管理,管理品质再升级

2020 年,中华公司以年度目标考核为基础,以部门年度考核目标为抓手,结合往年生产运营管理工作经验,进一步细化措施,边行边试,逐步完善,着重在产品质量、工作效率、降本增效等方面把基础管理细化,强调落实执行,有效提升了生产效率,保障了产品质量。

(一) 精细管理,落实目标引领

细化管理,提高单位生产效率。中华公司承担的两季教材印制任务,印制工作周期短、任务重、要求高,对公司而言,是机遇也是挑战,提质增效工作势在必行。在年初根据全年预估生产情况,结合中华公司春秋两节教材印制总量,通过与往年考核指标及完成情况对比,把日常考核作为生产过程管理中一项重要抓手,不断调整、细化考核目标,进一步调动员工工作积极性,提高生产效率,提质增效效果显著。中华公司2020年秋季教材印制品种较2019年秋季163种增加了86种,纸令达9.69万,色令达66.09万,册数增加了462万册。

(二) 保持资质认证,深化绿色印刷发展

随着绿色印刷理念的不断推广深入,越来越多的社会客户在寻找合作供应商时将绿色环境标志证书纳入硬指标。同时,国际贸易壁垒日趋严重,在国际贸易中有很高声誉的森林可持继经营认证(简称“森林认证”,FSC认证)、迪士尼国际劳工认证(ILS)等认证资质,对中华公司营销工作越发显得重要。中华公司在2020年持续通过了森林认证、质量三体系新版认证、中国环境标志产品认证的年度复审,迪士尼供应商资格认证,不断地改进,进一步优化了公司管理机制,提升和规范了管理水平。绿色产品标志证书是承接中小学教材的必备资质,公司承印的春秋两季教材图书100%采用绿色印刷。其中,印刷原辅材料采购均通过“绿色交易平台”进行,要求供应商提供绿色环境标志认证证书或产品合格检测报告,从源头控制,为绿色印刷顺利进行把好第一关。中华公司2020年绿色环境标志认证送检的8大原辅材料和抽检样书,化学指标均达到环境标志认证标准要求,检验通过。

(三) 严格流程,强化管理水平

2020年,中华公司始终以出印刷精品、树中华品牌为质量方针,多措并举,在生产过程中不断强化过程质量管控,重申和完善各项生产管理和工艺流程制度,压实责任,严格落实质量管控制度,确保产品品质。中华公司2020秋季教材印制期间,累计送检120个品种、480本样书,均未检出物理及化学指标质量问题。在各出版社及相关监督管理部门质检抽查过程中,未发现批次重大质量事故。

三、夯实人才队伍建设,助推企业向上发展

中华公司紧紧围绕上海印刷集团印刷主营业务产业集聚和深度融合发展布局,着眼全局,通过自然退休、局部调整、内招外聘、岗位培养等方式优化人员结构,推动人力资源合理流动。受新冠疫情影响,在各项线下集中培训无法开展的情况下,公司不断拓展新思路,借助网络云平台,积极开展印刷“微课堂”,通过网络授课、学员互动、在线考核,共有25名学员顺利通过获得合格证书。公司除了生产技能的提升,还开展了新进职工入厂三级安全教育、G7色彩管理培训、安全生产、消防专题培训、财务人员继续教育等一系列有针对性地培训教育课程,有效提升了职能部门的管理能力和广大职工的技能业务水平。公司全年累计招聘机长及以上管理岗位12名,年末有职工352人。

四、获奖情况

2020年度,中华公司印制的《中国馆藏国家珍宝·中国陶瓷大系》获2019年美国印刷大奖银奖、首届长三角区域印艺精品奖金奖;《读者》(海外版)(2018年6月、7月、8月刊)获2019年美国印

刷大奖铜奖;《中国改革开放全景录·上海卷》在首届"精密达"杯印后产品质量练兵比武竞赛评比中获得金奖;在第十届沪版教材印制质量检查评比中,公司印制的《语文(一年级)》(上册)和《英语(七年级第一学期)》(新世纪版)获得一等奖,另有5个品种获得二等奖,14个品种获得三等奖。在人民教育出版社开展的面向全国31个省、市、区的2020年春秋季全国统编三科教材印装质量专项检测中,公司承印参评的35个品种,优等品12种、良好品10种,优良品率62.86%,较上一年度提高了18.42个百分点,得分为86分,高于全国平均综合得分。

第三节　上海界龙集团有限公司

上海界龙集团有限公司(以下简称"集团")自1968年创业,1973年涉足印刷产业,承揽外贸包装业务,被外贸部表扬为"改进进出口包装和提供一体化服务"的先行者。集团印刷主业发展迅速,拥有多家专门从事各类包装印刷、报纸、商业票据、纸模塑包装等的企业,"界龙"商标被评为中国驰名商标。

一、开拓创新,印刷包装主业稳健发展

集团坚持做强印刷包装主业已47年,从战略高度上重视品牌建设,走印刷包装精品化发展之路。集团一直持续紧抓、深耕主业,印刷包装主业稳健发展,作为主要印刷包装企业一直稳中求进,继续向做专、做精、做强的方向发展。1. 以精细化生产为目标引入Infor ERP系统,在跨国品牌客户的供应商评审方面取得较大进步,进一步加强了品牌新客户的开发力度,积极完善各地区市场布局,坚持食品、药品包装的产品定位,积极开发行业重点客户;产品结构朝着卡纸盒、中高端彩盒方向发展,彩盒彩箱板块全年产销基本持平。2. 环保纸袋项目稳中有升;精装礼盒打开出口欧洲的渠道,增长较为显著。3. 印报公司以诚信优质服务赢得客户,全年没有流失一家客户。在《劳动报》的基础上,又成功中标了《长宁时报》等多个报刊项目,并中标继续成为政府协议采购供应商。4. 纸浆模塑项目细化了生产流程,引进管理和技术人才,重点开发、突破客户产品品类,产销实现近3倍增长。

二、继续推进技术创新工作

印刷行业一直是以传统印刷为主,而现在国家积极倡导绿色经济,行业倡导绿色印刷。为此,集团积极实施绿色环保彩印,尤其针对全球及国家禁塑令的颁布及实施,公司积极响应市场,快速组织研发生产纸塑托盘,以此来替代冷链食品、蔬果、各类食品的塑料托盘,大大降低各类商超对塑料托盘制品的依赖,为社会提供了一种行之有效的绿色环保产品。公司在职工科技创新活动方面,新增自主设计创新作品评选活动,新近有35项职工创新成果、5项自主设计创新作品获奖,获得13项国家专利授权、2项软件著作权,2项获政府补助的创新项目成果转化获得集团工会奖励。公司项目"绿色防伪印刷系统"获得2019年浦东职工科技创新成果入围奖;员工姚伟文荣获"2019年浦东工人发明家"称号。

三、持续应用优化,加强精细化、信息化管理

集团的主要生产型企业进一步加强各企业精细化管理。主要有:持续开展"KPI看板管理",

推进完善 ERP 文件管理模块，完善管理流程和规章制度；生产一线实现 ERP 管理，建设色彩管理体系，提高现场配色速度；实现全自动配墨系统，数据化精准配色；继续加强 5S 管理，推行“千分制绩效考核”；集团完善内控制度，顺利通过迪士尼国际劳工认证（ILS），为后续业务拓展提供保障。

四、重视企业品牌建设，提升企业软实力

集团继续大力推行品牌建设，成果丰硕。2019 年集团再次获“上海市文明单位”称号，获得 2019 年上海市产业转型升级发展专项资金（品牌经济）50 万，品牌经济入选《奋进新时代——致敬新中国 70 周年印刷业时代先锋》大型画册“企业篇”；2020 年界龙集团名列上海制造业企业 100 强（第 71 名）、2020 年上海民营制造业企业 100 强（第 46 名），荣获中国包装联合会“包装行业优秀奖暨百强企业”称号，入选中国印刷技术协会成立 40 周年“致敬时代榜样”活动优秀会员单位。集团董事长费钧德入选中国包装联合会“中国包装 40 周年名人堂”；副总裁费屹豪荣获中国包装联合会 40 周年“杰出贡献奖”、第六届上海印刷人奖；外贸界龙副总蔡志荣获得“上海市劳动模范”荣誉称号。集团积极参加行业重要展会如中国包装容器展、香港国际印刷及包装展、中国美容博览会等；获评第二十四届中国美容博览会“中国化妆品优秀供应商”称号；荣获“2019 中国印刷业创新十强”称号；“雪菲力柠檬茶（250 ml）”印品获第七届中华印制大奖铜奖；纸模塑产品“电子烟纸塑包装”获中包联 2019 PACKON STAR 包装材料创新金奖；“博朗剃须刀盒”获首届长三角区域印艺精品评比银奖等。

五、推进企业文化建设，积极奉献社会

多年来，集团在自身发展壮大的同时，也不忘身上肩负的社会责任，热心公益事业，投入大量人力、物力、财力积极参与社会慈善事业。2020 年，在新冠疫情防疫防控方面，集团第一时间成立防疫工作领导小组，各企业建立疫情防控体系，在做好防疫抗疫的同时，抓紧有序复工复产。集团下属企业克服时间紧迫、人员返工不足的重重困难，积极完成疫情物资生产任务。集团下属企业外贸界龙生产 3M 口罩包装盒，保障 1 200 万个口罩顺利投放防疫一线；中报公司印报车间疫情期间持续生产，保障《新民晚报》《劳动报》等多种报纸没有一期延误；集团物业板块公司积极响应政府号召减租免租，累计减免租户租金 700 多万元。另外，集团向浦东新区光彩事业促进会捐款 50 万元，集团领导也以个人名义捐款。各企业积极组织捐款捐物，员工也自发伸出援助之手，志愿者日夜守护参与社区抗疫执勤。鉴于在抗疫中的突出表现，集团获评“2020 年上海包装行业抗疫先进单位”，董事长费钧德荣获“浦东抗击新冠肺炎疫情先进个人”称号，界龙出租获评上海市“出租汽车行业疫情防控先进集体”。

第四节　上海烟草包装印刷有限公司

上海烟草包装印刷有限公司原名上海烟草工业印刷厂，成立于 1929 年，2008 年企业更名改制为上海烟草包装印刷有限公司，现为上海烟草集团有限责任公司配套生产企业，投资并管理上海金鼎印务有限公司。公司原址位于杨浦区许昌路，2004 年整体迁入浦东新区高行工业园区，占地面积 18.3 万平方米，建筑面积 13.7 万平方米。2012 年荣获首批“国家印刷示范企业”称号。历经 90 多年的发展，公司现建有全封闭恒温恒湿生产车间，配备多台世界先进的德国海德堡多色胶印机、

多条瑞士博斯特联机凹印生产线和烫金机、模切机、糊盒机等印后专用设备,以及平凹、丝网、柔印等印刷配套设备,形成了覆盖印前、印刷、印后的世界一流印刷设备体系,能为客户提供设计、印刷、包装一站式解决方案。2020年,公司职工共计848人,销售收入15.85亿元,实现利润总额1.51亿元,累计实现税利2.29亿元。

一、疫情防控、复工复产两手抓

在企业应对新冠疫情工作领导小组的统筹部署下,以保障职工生命安全和身体健康为首要目标的"1+9+2"防疫体系的精准落实,为关键时期的复工复产做好充分保障。公司上下克服重重困难,确保生产组织安排有序、产品质量管控到位、产品交付精准及时,全年生产任务有序落实。

二、持续推进全面从严治党

把党的政治建设摆在首位。认真学习《习近平谈治国理政》(第三卷),开办"深入学习领会和贯彻落实新时代党的组织路线"专题读书班;以"四个结合"开展政绩观专题教育;将防治系统性廉洁风险工作与党风廉政建设责任落实落细一体策划、一体推进,实施过程中加强工作调研和日常监督检查,以问题为导向,推动管控深化细化。

夯实基层党组织建设。编制《党支部标准化规范化建设指导手册》,以课题制提炼支部工作法;细化"四责协同+党员责任区"方案,推进三向三评与首问负责制、岗位承诺制作风建设;构建三级联动党建工作考核体系,融合党建和业务工作。

价值引领突出文化感召。组织近千人次参与防疫服务达千余小时;提炼五种抗疫大爱精神,把握疫情期间舆论主动;强化意识形态阵地建设,编制任务清单;推进社会主义核心价值观教育,开展"网红思政课"等文化实践活动;落实4件为民实事,提升软实力建设;弘扬劳模工匠精神,推进"印制金牌蓝领"计划;开展"青年大学习",提升青年综合素养。

三、推进三大体系升级突破

加快技术创新体系建设。推进"1+3+X"协同创新平台运作,完成多款产品试制开发,保障4款上烟新品上市;持续推进各类新工艺技术研发应用和储备;参与《烟用框架纸通用性能要求》行业标准制定;形成产品质量安全分析报告;包装研究室顺利入驻康桥园区。2020年,公司8项实用新型专利获得授权;和全国印标委签订8项标准起草合同。公司生产的多款烟标产品在行业主流评比活动中斩获佳绩。

升级市场营销体系模式。构建以"服务中台"为核心的大服务模式,建立《年度供货周期表》,发挥矩阵式服务作用,提升京津沪烟厂同质化服务能力;持续拓展省外中烟市场,做好各类社会产品口碑维护,礼盒类产品销售突破400万;提升自有品牌线上推广效能,与商业区公司探讨合作促进卷烟产品跨界合作。

夯实精益管理体系运行。拓展标准成本应用,实现降本增效1 918.77万元,完成全年指标的132.33%。建立风险评价与隐患排查体系;推进消防标准化和网格化管理;通过市安全文化示范企业复评;开展各类安全检查46次,消除安全隐患。开展精益内训课程28次,固化学习成果。

四、强化五项重点工作支撑

优化生产保障机制。为保障集团品牌发展目标，协调各方生产资源，形成个性化管理方案；优化生产负荷测算模型，调整生产运转班次，缓解产能瓶颈压力；形成中远期生产资源布局规划，保障集团产品供货需求。

加强质量风控手段。开展新品烟标实现全过程质量风险识别分析，升级新品管控要求；关注高损耗及过程异常波动，通过课题攻关降低损耗；加大委外加工单位培育力度，提升同质化管理水平。

加快设备技改步伐。采取改造现有设备工装和购置新设备等措施并举，满足集团新品制盒需求；推进人工工序自动化改造，引入全自动烟标专用清废机；引进卷对卷烫金设备，为新品增量提供装备保障。

优化人力资源布局。推进专业条线人才队伍建设目标分解措施，加强专业队伍建设；贯彻“控员提质增效”要求，完成生产车间定员定编配置方案；健全干部选拔任用工作实施办法，建设高素质干部队伍；完善专业技术技能津贴制评审办法，畅通人员成长发展通道；开展二级部门班子专题调研工作，为今后选准干部、配好班子打下基础。

加大环保治理力度。推进“VOCs(挥发性有机物)一厂一方案 2.0”治理工作，推进厂区内各分散低浓度有机废气点的收集处理和凹印浅版化工艺方案、油墨包装桶回收等减排措施的推广实施，合理调整 RTO 设备运行状态，降低生产过程产生的污染。

五、全面提升企业综合治理水平

开展“双基再升级”活动，形成 6 大板块 144 条短板弱项，285 条改进措施，有序推进落实；强化采购全流程管控，调整物资类采购项目商务标分值，引导合理报价；强化原辅材料采购规范性管理和抗风险能力；形成 6 大环节 36 个关键审核点，推进采购项目排查工作；关口前移强化审计事前监督。

六、统筹规划“十四五”发展方向

围绕行业发展趋势，针对限制公司发展的主要瓶颈和难题，设立 10 个专题板块，通过各专题组的调研编制工作，科学研判内外部环境，明确风险、机遇，找准痛点、难点，寻求解决方案，为确定公司“十四五”期间的总体发展方向提供依据。

七、各类获奖情况

2020 年，公司获评“上海市第一批绿色制造体系示范单位绿色工厂”称号和“上海市守合同重信用企业”。1 名职工获评“上海市劳动模范”，1 名职工获评“上海烟草工匠”。“许征凹版印刷劳模创新工作室”获评“上海市烟草工会劳模创新工作室”。公司生产的多款烟标产品在“中国十大烟标评选”“UV 杯第七届包装印刷作品大奖赛”等业内主流评比赛事中获得金奖、“盒型突破十强”、“工艺创新十强”等荣誉。

2021年,公司将坚持以习近平新时代中国特色社会主义思想和党的十九大、十九届二中、三中、四中、五中全会精神为指导,围绕集团部署和企业“十四五”发展规划,加强分类指导,积极探索创新,提升企业党建工作与行政工作的深度融合、相互渗透、互相促进的同频共振效用;加速企业“生产+研发”模式持续升级,推进“1+3+X”协同创新平台运作;优化“规模+柔性”生产组织方案,提升内外部抗风险能力;优化“大服务”模式,实现服务触角全覆盖;以成本管控为主线,统筹做好各项工作顶层设计;形成环保治理规范要求,强化底线思维,全力保障企业高质量发展。

第五节　上海中华商务联合印刷有限公司

上海中华商务联合印刷有限公司(以下简称“上海中华商务”)是香港联合出版(集团)有限公司直属企业中华商务联合印刷(香港)有限公司在上海的全资子公司,也是一家集书刊印刷、商业印刷、包装印刷于一体的大型印刷企业。公司秉承商务印书馆和中华书局的百年历史文化积淀,传承民族品牌,以生产高档优质印刷产品为主,为全球客户提供一站式“全面印刷方案”。公司2007年7月正式开业,运营有收获也有转型阶段的低谷。值得骄傲的是,经过努力,2020年公司完成销售人民币2.4亿元,实现利润总额超过千万元。

一、开拓进取,迎难而上

2020年新冠疫情全球蔓延,企业面临国内纸张价格上涨、环保治理趋严、劳动力紧缺等不利因素,直接影响企业的可持续发展。在政府主管部门和上级单位的关心指导下,上海中华商务全力拓展海内外市场,不断提升生产效率,控制成本费用,同心协力共克时艰。公司借助总部在海外办事处的优势,定期开展沟通分析,维护传统型客户需求,挖掘成长型客户潜力,拓展自主型客户维度,搭准市场脉搏,快速做出响应。2020年,为满足公司重点客户对产品安全保密的要求,公司投入百万余元实施生产区域改建改造,重新规划作业流程,加装监控系统,加强门禁管理,加派保安执勤,开展各种形式的培训宣导,通过网格化巡查确保保密安全体系有效运行,受到客户好评。同时,公司也发挥上海中华商务在香港、深圳、北京三大生产基地的优势,在工艺技术和资源调配上加强互动,协同作战。2020年上海公司海外销售额达到1.4亿元,基本与去年水平持平,取得了不俗的业绩。在国内市场方面,公司在维护好现有客户的基础上,以技术改造为依托,以提升质量和效率为目标,加大销售考核力度,下力气拓展包括江浙地区在内的儿童书、有发展潜力的商业客户和包装业务市场,以发挥自身独特优势。

2020年适逢上海中华商务成立40周年,为了加强企业宣传推广,公司借助2020中国印刷业创新大会召开之际,于10月13日在上海华亭宾馆举办了“印刷及传播融合创新高峰论坛”,邀请到《中国国家地理》杂志社等多位重量级嘉宾发表演讲,中宣部印刷发行局、上海市委宣传部、香港联合出版(集团)等单位和企业领导分别致辞,100余位客户参与了会议;12月15日,“中华商务四十周年庆典暨《传承与创新》新书发布仪式”在港举行并通过网络直播,香港特首、中联办等领导分别发来祝贺视频和贺信,公司组织员工与海内外客户共同见证中华商务成立四十周年及新书发布这一难忘时刻。这既令员工增强了企业荣誉感、归属感,更为未来企业与员工的拼搏与发展提供了强劲的动力。

二、产业升级，不断提升

近年来，以互联网、智能制造为核心的新一轮科技革命蓬勃发展，传统印刷业赖以生存和发展的经济基础和客观环境发生了深刻变化，数字印刷、“互联网＋”、智能制造、大数据等新技术、新业态、新模式的推陈出新正在改变着印刷技术的发展走向。2020 年，公司积极推进印刷绿色化、数字化、智能化建设。

1. 绿色化

上海中华商务一直视环境保护为己任，采购绿色环保物料，使用环保工艺和设备，携手客户和员工积极推动绿色印刷和节能减排。2020 年公司陆续投资进行了：废纸打包系统升级，改善作业环境，提升打包效率；更换锂电池叉车，减少污染物排放；完成中央供气系统改造和制冷水塔改造，有效降低能耗。同时公司也顺利通过环境管理、十环认证、森林认证等年度审核。

2. 数字化

公司更新配置 CTP 高速自动出版系统，从上版、打孔、制版到收版，实现全自动化操作。通过 Inksaver 系统，更加节约油墨和保证印刷质量的稳定；升级 Inkzone 色彩扫描控制系统实现墨色的闭环控制，大大提升跟色的准确度，降低对人的依赖。

2020 年，为了更有效推进公司流程数字化管理，公司组织专门力量对现有 ERP 系统进行升级和模块优化，取得较好使用效果。

3. 智能化

近两年，员工招聘形势异常严峻，而用工成本则逐年上升，不主动变革将会失去竞争优势，设备自动化智能化改造势在必行。2020 年，上海中华商务实施的主要项目有：配合设备供应商，开发了在线打印、自动定位贴箱唛系统；利用原有设备，进行技术改造变身为自动贴标机，大大缓解了人工操作压力；配置自动打包及码垛系统，生产效率有了显著提高。此工序由原来每人每天约搬运 30 吨产品的工作量，变成无人化操作；为轮转机、精装机配置自动机械臂，有效降低员工劳动强度；为印后装订设备加装自动检测系统，有效降低人工抽检的出错风险。

三、关注员工，推动人才队伍建设

人力资源是公司的第一资源，人才队伍建设是企业发展的关键因素。

为提高车间一线管理人员现场 5S 管理水平，8 月份中华商务组织 22 名车间管理人员、员工参加了市人社局、上海新闻出版印刷高等专科学校联合举办的为期两天的“5S 管理专项技能”培训班。

为提高车间员工技能水平，公司于 5 月下旬开展了员工技能大赛，比赛包括印前操作、印刷技能、印后手工等理论和实操知识，总计 90 余位同事参与，精益求精、你追我赶的比赛展示了员工风采，达到了以赛促学的效果。

为进一步增强团队凝聚力，2020 年 6 月，公司举办了“户外拓展训练营”，组长及以上管理人员和骨干共 51 位同事参加，妙趣横生的团队游戏、智慧和力量的激烈碰撞，使很多同事深受启发，领悟到团结协作的重要意义。

2020 年公司鼓励员工利用业余和碎片时间积极参与中华商务“汇智学堂”网络在线学习，不同岗位员工可以自主选择技能类或管理类课程学习,并以不同的维度进行考核、评比,推动员工主动学习,致力建设学习型组织。

四、公司荣誉

获评2019—2020年度国家文化出口重点企业;公司印制书籍获美国GIA金墨奖金奖1项、银奖2项、铜奖1项、优异奖7项;获得首届“精密达”杯印后产品质量练兵比武竞赛银奖1项、铜奖1项;获得4项实用新型设计专利;党支部委员会获评香花桥街道“两新”组织“优胜党组织”称号;公司选派团队荣获2020上海职工健康趣味运动会“和平精英”团队赛第一名。

展望2021年,机遇和挑战并存。中华商务将立足传统书刊印刷业务稳中求进,推动商业和包装业务持续增长,秉持“凝聚力量,自强不息”的发展理念,抓住长三角经济整合发展的重大机遇,做好产业升级,投资未来,持续发展。中华商务坚信注重规范经营、注重环保、诚信实干的印刷企业将迎来更大的发展机遇!

第六节　上海铁路印刷有限公司

上海铁路印刷有限公司始建于1938年,是中国铁路上海局集团有限公司(简称“集团公司”)下辖非运输企业。有八十余年从事印刷生产的悠久历史,在各级领导的关心帮助下,经过几十年的潜心经营,已成为规模适度、装备精良、人员精干、管理规范的综合性现代化印刷企业。

公司被国家新闻出版总署划定为全国重点印刷企业,2018—2020年连续三年被评为“全国百强印刷企业”,进入全国印刷企业前100名;公司所制作的产品分别荣获2017年度和2018年度美国印刷大奖赛的金奖和铜奖。公司入选了“中央国家机关政府采购定点印刷企业”,是上海市书刊印刷定点企业、全国铁路客货运输票据印制定点企业。

公司目前主营业务主要有三类:一为有价票证类;二为书刊及包装类;三为纸制品及卫生用品生产。公司拥有国内外知名品牌的专用票证生产线,各类先进书刊印刷包装生产设备、先进生活用纸生产设备。

2020年是公司攻坚克难、砥砺前行的一年。一年来,在地方印协的关心下,我们认真贯彻上级工作部署,聚焦高质量发展要求,扎实开展“节支降耗做贡献、改革创新立新功”主题活动,深化“不忘初心、牢记使命”教育成果,克服新冠疫情影响,着力推进项目开发,狠抓标准化、规范化建设,突出安全风险防控,齐心协力、团结一致,超额完成了各项任务指标,公司安全持续稳定,保持了健康稳步发展的良好态势。

2020年,公司全年营业收入累计完成2.39亿元,考核利润累计完成5 803.1万元。

一、围绕重点,深度营销,努力增加经营效益

2017年,印刷公司成立了滁州高铁用品分公司,在安徽苏滁现代产业园区租赁了生产厂房,购置了生产设备,组建了生产流水线,生产高铁清洁袋、卫生卷纸(卷筒纸、大卷纸)、擦手抽纸、面巾抽纸、马桶垫纸、一次性纸杯等铁路生活纸制品,并遵照国家标准制定工艺流程、组织产品生产和质量检验,取得了由安徽省卫生与计划生育委员会颁发的《消毒产品生产企业卫生许可证》,同时在集团

公司组织的质量认定中获得通过。为开拓市场，2019 年公司向国家商标局申请注册了“馨路达”牌商标获批准，具备了向市场销售的条件。公司始终围绕经营重点，大力推进项目开发，统筹抓好产品质量与市场开发，努力打造优质产品品牌，逐步形成多点发展的格局，不断提升公司盈利能力。

二、以销售为中心，立足行业精准施策

围绕票据、文印和纸塑产品三大主营业务，公司积极依托路内政策支持，开展主动营销，确保市场销售减中有增。

票据方面：虽然受政策影响订单减少，公司仍然抓住剩余磁卡票印制业务不放松，做好客户的回访，同时对于电子车补票、册页式票据等加大营销工作力度。

文印方面：公司抓住集团公司下发《关于上铁印刷公司承接集团公司管内印刷业务与纸品供应协调会纪要》的有利契机，向管内 128 家单位主动开展上门营销、上门走访，并在南京、合肥、杭州设立营业部，靠前服务，局内单位订单实现较大增长。路外文印业务实施大客户、重点客户营销对策，2020 年通过积极营销，稳定了既有客户，新增了出版社、政府部门和事业单位 24 家。

客运服务产品方面：由于疫情影响，4 家客运段供货量有所下降，但公司上下想方设法扩大销售，滁州分公司面向社会销售纸制品收入 50 多万元，公司销售小组通过京东、苏宁易购和微信小程序实现线上销售 380 万元，线下销售 197 万元。

数码快印业务方面：一是数字印刷技术切合了现代人对印刷的新需求，公司快印中心全天候、透明化、一站式的服务受到客户普遍认可；二是快印中心技术装备水平提高，新增的高速数码印刷机和胶装机能够满足客户快速印制和装订成册的需要；三是快印中心的激励机制发挥了巨大作用，7 名员工抓住因疫情影响大部分同行尚未开工的有利时机，积极拓展市场范围，承接了标牌、笔记本、电梯标贴设计安装等新业务，增加了销售收入。

三、规范管理，完善机制，经营管理工作得到全面强化

公司从狠抓规范管理入手，扎实推进制度体系建设，各部门、各工种、各岗位、各环节工作职责标准进一步细化，各项工作管理考核机制更加完善。

一是强化制度执行。按照法律法规和上级相关要求，决策程序更加规范，决策监督更加严格。

二是持续深入抓好标准化管理。坚持对标自查和督导督查相结合，开展基础管理标准化、规范化建设，以改问题、建制度、促规范，全年共修订完善制度 16 个，涉及安全生产、市场营销、财务管理、综合管理等方面。

三是规范经营行为。落实上级要求，结合自身实际，持续开展规范经营行为自查自纠，以问题整改倒逼制度完善，加强人员规范经营的意识和能力建设，安排合同管理、谈判评标、工程管理等重点经营岗位人员参加综合素质提升培训，提高重点人员经营风险防范识别和处置能力。

四是强化产品质量管控。2020 年公司多措并举，着力构建了切合公司实际情况的质量管控体系。首先，推动质量管理体系改版升级，根据各相关岗位履职标准，充分吸取质量问题的深刻教训，重新梳理制定了作业指导书及操作规范下发到各生产中心和相关岗位，并狠抓落实。第二，进一步明确了质量管理责任，重新厘清了职能部门的监管责任与加工中心的主体责任，强化加工中心生产

现场过程检验与经营管理部质检员半成品、成品质量检验之间的相互配合、相互制约、相互监督作用，确保产品从生产到交货环环有人把关、层层监控到位。

四、固本培元，人才强企，不断加强职工队伍建设

一是注重青年骨干锻炼培养。公司关心重视骨干队伍的接续培养和青年员工的成长成才，举办了为期一个月的"青年职工爱岗敬业研讨培训班"，公司领导班子成员全部当教员，结合公司节支降耗、转型发展的课题，组织讲座、专题研讨、经验分享，进一步培养和激励青年员工忠诚务实、爱岗敬业的职业精神。为切实提高员工职业技能水平，公司召开参加第七届全国印刷行业职业技能大赛动员会，邀请行业专家老师，针对各工种组织专项培训，公司共有四名员工进入印前制作、数字印刷、成品装订三类全国决赛。

二是加强专业技术队伍建设。公司作为一家有着 82 年历史的老企业，在印刷技术方面具有一定积淀，"闫姚磊工作室"作为公司的"技术名片"，受到多方关注。公司将依托工作室平台培育一批印刷技术能手，形成一支能力强、素养好、叫得响的技术力量。

三是教育培训工作取得新成绩。2020 年公司紧贴生产实际，立足岗位，举办岗位适应性培训 15 次，特殊工种培训 43 人次，质量专题培训 5 次，安全类专题培训 10 次，党建培训 8 次，基础管理类培训 8 次，营销类培训 20 人次。通过一系列的培训，员工技术业务素质明显提高，效果显著。

第七节　上海四维文化传媒股份有限公司

上海四维文化传媒股份有限公司是一家成立 20 余年、深耕于数字传媒技术应用服务领域的高新技术企业。公司始终坚信变革是企业管理实践亘古不变的主旋律，创新是企业发展的灵魂，多年来坚决秉承着"领先乃永续之本"的创新型企业文化，勇于变革和突破，紧跟市场动向，率先走上了数字化发展的道路，并且在同行业中处于领先地位。四维传媒在市场竞争力、技术创新、模式创新、核心客户服务能力等多方面建立了独特的竞争优势，并为公司未来长期可持续发展奠定了良好基础。

公司的服务程式从了解客户的需要开始，继而以精英人才、先进管理，构造卓越服务。通过数字出版技术应用服务与数字内容服务为客户提供移动互联应用、数字内容技术服务、数字资产管理等整体解决方案。基于成本的质量和速度是公司追求的企业个性化竞争力，重在沟通的精准管理模式是支撑公司卓越服务的第一要义。公司对项目进行全方位剖析，依托过硬的自主研发和坚持不懈的管家式服务，一直以来，公司专业的客户服务人员携手最优秀的行业专家，为客户量身打造专业的个性化解决方案。

2020 年度，公司在新冠疫情的艰难环境下，依托"两中心＋两基地"[两中心：图文设计中心、订单管理中心；两基地：上海金山数字出版基地、安徽铜陵国际文创基地(第一期)]的发展战略布局，稳定企业生产运营，巩固了公司海内外数字出版、数字文创业务的战略发展布局。

公司完成营业收入 734 986 930.81 元，净利润 9 976 002.01 元。其中，数字出版业务完成 582 261 041.64 元，租赁收入完成 5 131 919.52 元，其他业务收入完成 147 593 969.65 元。营业收入的大幅增加，主要为公司综合实力的提升所带来的海内外客户、产品的资源开发，并于疫情期间公司为了保证现金流的稳定，处置了一批临期纸张增加了销售业务所致。但同时，因疫情期间客户

回款的期限延长，出于审慎性原则较 2020 年提高了应收账款坏账准备的计提比例，直接导致了净利润的减少。

疫情就是命令，防控就是责任。当举国上下抗击新冠疫情之际，在接到了为政府及相关出版单位印制防疫宣传资料的任务后，为确保完成防疫宣传品印制任务，董事长第一时间启动了应急预案，火速集结成立抗疫工作小组，带领辖下各子公司(部门)干部全面落实疫情防控措施及安全生产任务。全部设备开足马力 24 小时全速运行，每日抗疫宣传品的印制量最高达到 4.5 万套。其中有《抗疫期间中小学及家长心理防护手册》《金山报：个人防护 52 守则》、A - RUSH 口罩包装盒等，还有街道各类紧急的出版宣传保障任务和各类抗疫防疫宣传教学产品的印制任务。

公司为中国印刷百强企业、国家级出版印刷定点企业、国家文化产品重点出口单位、上海市“专精特新”企业、上海市文明单位、中国一级广告公司。公司为新三板创新层企业，被福布斯评为“最佳潜力企业”。持续依托自主研发的 100 多项数字出版软件和全球领先的硬件设备保障，四维传媒不断完善自身的文化创意产业链体系和一体化服务流程。同时，公司专注于海内外文化产品消费市场的拓展，为客户提供具有商业价值领先的产品设计、开发服务及文创产品研制。

同时公司还注重对职业化技术团队的培养。在核心技术自有的发展理念下，积极培养了一批具有创造精神和相关知识技能，并且对业务比较熟悉的职业化人才队伍。公司专门拨出研发费用供研发团队使用，并在公司内部发布了研发费用管理方法、研发费用奖励制度等文件，鼓励员工创新突破，并积极组织员工参与各项新技术培训。在各项制度保障下，企业不断培养了一批又一批的高素质职业化人才梯队。

所获得的市级以上荣誉有：2019—2020 年度上海市文明单位；2020 年 4 月“四星级信用体系建设单位”称号；2020 年 2 月上海商业杰出贡献奖；上海市“专精特新”企业称号；上海市“高新技术企业”证书；上海市广告协会会员单位；上海市“和谐劳动关系达标”企业称号。

第八节　上海安全印务有限公司

上海安全印务有限公司成立于 1990 年，注册资金 850 万美元，是国内最早专业从事安全防伪、保密印刷的企业，是中华商务联合印刷(香港)有限公司(简称“中华商务”)的全资子公司。中华商务是由拥有百年历史的商务印书馆和中华书局于 1980 年在香港合并成立的。上海安全印务成立之初由上海新闻出版发展公司、交通银行上海分行与中华商务联合印刷(香港)有限公司合资经营。公司现坐落于上海青浦工业园区，拥有占地面积近 2 万平方米、设施齐全、环境优美的现代化厂房。

从设计印制中国第一张“真空电子”B 股股票至今，上海安全印务有限公司走过了三十年的奋进历程，设计印制的各类股票及各种债券、融资券均成为中国股份制改革的珍贵史料。公司产品涵盖各类有价证券及重要凭证、证件、防伪标识、智能 IC 卡、包装装潢印刷以及档案数字化加工服务。全年实现营业总收入 1 亿元。

一、自主防伪技术研发，专业安全保密印刷

公司以中华商务的强劲实力为依托，先后取得了中国人民银行上海市分行等各类定点及许可证 8 项；先后通过质量管理体系、环境、职业健康、信息安全体系认证，为后续发展奠定了扎实的基

础。公司是上海市首家获得国家秘密载体(涉密防伪票据证书)甲级印制资质企业,获得涉密档案数字化加工乙级印制资质;是上海市“高新技术企业”“专精特新企业”,同时还入选了青浦区企业技术中心、青浦区高新技术研发中心;公司通过了ISO14298、G7、FSC等多项国际管理体系认证,以及国际货运联盟(WCA)、供货商商业道德信息交流(SEMETA)、迪士尼、雀巢等第三方社会责任认证,彰显了公司在综合管理方面的卓越成效。公司以先进的防伪技术,一流的安全防范系统,严格的产品数字化管理规程,形成了自主防伪技术研发、专业安全保密印刷的经营特色。

二、全面深化改革,推动企业发展进入新阶段

(一) 主动作为,技术改革创新再出发

公司重视工艺技术革新和创新,截至2020年底已经获得了各项发明专利、实用新型专利、软件著作权和外观专利近40项。2020年公司加快技术研发,在推动自主防伪创新上又有了新的突破,完成防伪新技术的应用与研发10余项,工艺革新技术超过10项,获得了新的商机。获得了2项实用新型专利、1个外观设计专利以及1项软件著作权。未来这些项目、这些突破都能为公司带来更加光明的前景。公司还在2020年正式新增了包装装潢印刷经营范围,通过四个月的现场改造,顺利取得了食品包装类相关产品生产许可证,为进一步开拓食品包装市场、促进转型升级奠定了基础,拓宽了市场领域,成为上海市同时拥有食品包装四个单元QS认证的企业之一。

(二) 推进产业融合发展

1. 互联共融、汇智经营

近年来,公司秉承“互联共融、汇智经营”的理念,专注产品及服务,除对传统防伪技术不断创新以外,还致力于提升应用信息科技的能力,推出物联网防伪溯源平台,一物一码,结合射频识别(RFID)技术的应用,打造互联网服务型制造模式,继续朝着更具有核心竞争力和创造价值的印刷信息传播企业方向迈进。

2. 以高质量印制服务护航政府项目顺利展开

公司继首届、第二届中国国际进口博览会后,2020年公司承担第三届进博会逾90%印刷品的印制任务,中国国际进口博览局、国家会展中心高度认可并致信感谢,获得经济效益的同时,赢得了社会赞誉。从2010年开始,公司每年承担上海市卫生健康委员会的市民大礼包整体服务方案实施,从生产到物流配送,把市政府对老百姓的关怀送到880万户市民的手中。

3. 推进印刷与文化创意产业融合发展

2020年,公司受邀作为绿色青浦的参展商之一首登工博会新材料展,此次参展不仅提升了公司的品牌影响力,也将公司的一流产品、先进的经营理念推向了市场。如“多功能防窜货溯源茶叶包装盒防伪标签”,具备当下最新的防伪功能,既可以互联网溯源,又涵盖了7种以上的防伪技术,包含一项发明专利、一项实用新型专利,因其优秀的设计还获得了外观设计专利。公司推出的“国潮风”文创台历将中国文化的博大精深展现得淋漓尽致,这也使上海安全印务开启跨界融合的新契机。

三、以人为本,强化人才队伍建设

公司注重人才队伍的建设,执行公司中基层储备管理人员计划,打造高素质高技能员工队伍。

公司与各大院校搭建校企合作机制，提升实习生实操能力及就业能力，以形成一个具有较强开拓能力、较高专业知识能力的团队。截至2020年底公司员工人数165人，其中，大专及以上学历63人，占职工总人数38.2%；直接从事研发人员30人，占总人数的18.2%，技术力量雄厚。从事研发科技活动10年以上的同类专业人员有10人，经验丰富，能够引领研发团队向前发展。公司采用人性化管理模式，对管理和科技人员按不同情况安排学习实践，与企业共同发展和提高，以创新设计和创新服务理念引导他们开展工作，不断开发出适合市场需求、满足特定领域需要的产品。

四、获奖情况

公司积极参加国内外各类评奖活动，屡获殊荣。2020年公司获3项美国“金墨奖”，其中，《第二届中国国际进口博览会艺术品鉴赏手册礼册》获得2020年度美国“金墨奖”金奖，《第二届中国国际进口博览会参展展品精选手册》及“乳果那年”饮料标签均获得2020年度美国“金墨奖”优异奖。同时，“IRAVO银色拉丝标签”获得2020年度亚洲标签大奖电子产品类金奖。

第九节 上海东港安全印刷有限公司

上海东港安全印刷有限公司(以下简称“上海东港”)成立于2002年8月，是东港股份的全资子公司。公司位于上海市闵行区莘庄工业区，主要从事安全票证印刷、不干胶印刷、数字印刷、防伪印刷、彩色印刷、数据处理及商函打印制作等业务。公司注册资金8 000万元人民币，厂房面积达58 000平方米；人员80人，其中，大专及以上学历人数占比达53%；生产人员中，有中级技能职业资格的有22人，占比达59%。公司年生产能力达2.8亿元。2020年公司年销售额达11 369万元，净利润达886.9万元，缴税达555.89万元，截至2020年12月31日公司资产达14 853万元。

上海东港目前为全国工业产品生产许可企业(防伪票证类)、国家秘密载体印制许可企业(甲级)，是上海市卓越而有影响的票据印刷企业之一。

为保证产品质量和提高生产能力，上海东港在建立时就投入巨资引进设备。目前公司拥有完善的票证版面设计系统(包括JURA防伪版纹设计系统)，全套印前配套设备(包括美国柯达LA型CTP直接制版机)。在印刷设备方面，公司拥有4台日本宫腰8～9色轮转印刷设备，2台日本宫腰4～6色轮转印刷设备、2条赛天使数字喷印系统、4台数字印刷机、海德堡彩色印刷设备、信封生产线、全自动在线监测系统、全自动配页、折页机、打码装订机、数码打样设备，以及其他各种先进的印前制版、印后加工设备等。这些机器设备种类齐全、性能优良、印刷精准、自动化程度高，能充分满足用户对产品质量和交货时间的要求。

上海东港一向重视企业管理，在原料采购、成本控制、库存管理、质量管理方面积累了丰富的管理经验，同时还不断地学习采纳先进的管理方法来管理企业。目前公司已通过了ISO9001质量管理体系认证、ISO14001环境管理体系认证、GB/T28001职业健康安全管理体系认证、ISO27001信息安全管理体系认证，成为业内少数拥有这4项认证的企业之一。

公司全面实施了ERP企业资源计算机管理系统，将经营和生产过程中各个环节进行信息集成，合理调配生产原辅材料，重组业务流程，全面提升了公司的管理水平，使公司较国内外同行具备低成本优势。

公司从建立之初就一直重视人才队伍的建设，通过内训、外训、老带新等方式培养了一批优秀的生产技术人员。目前,公司员工有80人,其中,印刷高级工、中级工有22人。

上海东港始终将“为用户奉献优质产品”视为公司的责任,为保证产品质量的持续性、稳定性,公司的整个生产经营过程都纳入质量保证体系的管理与监控中。同时,我公司还结合实际印制经验,针对防伪印刷制定了完善的工艺标准,各环节严格按标准执行,进而保障了产品质量的高度稳定性。

安全保密印刷是上海东港最重要的竞争优势之一。公司承印的产品大多为有价重要票证,在保证产品的安全保密方面,公司已积累了多年丰富的经验,并制定了严密的安全保密制度和措施,在采购、生产、质检、仓储、运输等各环节均实行严格的安全管理,通过各种制度和措施来确保产品在保密和安全方面万无一失。公司在安全保密方面已通过国家保密局的严格检验,获得了《国家秘密载体印制许可证(甲级)》。同时公司还获得了ISO27001:2005信息安全管理体系的认证,进一步强化了各项数据的安全管理。

上海东港成立以来,为政府机关、银行、保险、海关、邮政等诸多行业客户印制了大量的票证,印刷和服务得到了客户的一致好评。目前,上海东港是国家税务总局增值税普通发票印制单位,中国农业银行(安徽、江苏、浙江、湖北等省市分行,中国农业银行总行信用卡中心),中国建设银行(浙江、宁波、上海、江苏、安徽、苏州、湖北)印制服务单位,上海市税务局税务表证印制单位,上海市财政局及上海市国库收付中心财政票据定点印刷单位,上海市就业促进中心、上海市社会保险事业管理中心、上海市医疗保险事业管理中心、中国银行(上海、浙江、安徽、江苏、宁波、苏州、湖北)、中国工商银行、交通银行、上海浦东发展银行、中国太平洋保险(集团)、安盛天平财产保险、中国大地财产保险、天安财产保险、永安财产保险、太平人寿保险、中国平安财产保险、中国平安银行、中国人寿保险等金融单位或分支机构定点印制单位。

为了满足客户多方面的需求,公司积极拓展了智能卡、彩印、数据处理、档案管理等业务,目前已取得较大成效。

上海东港经过多年的发展,已获得了多项资质及证书,目前主要包括:全国工业产品生产许可证(防伪凭证类);上海市信封生产监制证书;全国快递运单生产监制许可证;国家秘密载体印制资质证书(甲级);ISO9001质量管理体系认证证书;ISO14001环境管理体系认证证书;ISO27001信息安全管理体系认证证书;GB/T28001职业健康管理体系认证证书;防伪技术评审证书;中国环境标志产品认证证书;上海市高新技术企业;上海市文明单位;上海市新闻出版行业文明单位;AAA级重合同守信用企业证书;安全生产标准化二级企业;上海市闵行区金融印制品牌产业研发基地;上海市区级研发机构;实用新型专利证书(60多项);上海市科技小巨人培育企业;劳动关系和谐A级企业;商品售后服务认证证书(五星级)。

上海东港始终奉行“市场唯先,用户至上”的核心价值观,自成立以来,就非常重视客户服务。公司设有全国客服中心,配有全国统一客服电话。同时,借助集团总部东港股份有限公司在全国设立的30多个联络服务处,可以及时、高效地处理各种售前、售后问题。

第十节　上海运城制版有限公司

上海运城制版有限公司(以下简称“上海运城”)是山西运城制版集团(简称“运城制版集团”)股份有限公司的下属企业,是国家新闻出版行业和上海市智能制造试点单位,自动化程度在全球同行业处于领先水平。上海运城制版有限公司成立于1993年,管辖国内江浙沪皖地区,及日本、东欧、南亚地区,共 46 家子公司。

2020 年,上海运城在总公司和运城制版集团董事会的领导下,围绕“自动化、智能化、精益化”开展工作,年产值达到 130 329 万元,其中,上海运城陶瓷公司年产值 6 203 万元,利润率 23.91%。运城制版集团自主研制的全国首条全流程自动化制版生产线在上海运城包装公司全面建成投产,企业步入发展快车道。经历楷善咨询管理公司为期两年的精益辅导,建立了以上海运城制版有限公司为代表的运城制版精益管理体系,上海运城成为全国凹印制版的“旗舰店”。

从消费总量来看,中国已经是包装大国,但从质量和人均消费水平来看,未来还有非常大的发展空间。未来发展的方向,一方面,绿色、环保将是包装行业实现可持续发展的必由之路;另一方面,随着技术发展和消费升级,部分领域从普通包装升级到智能包装与个性包装是必然的趋势。

自主创新是上海运城经营发展的必由之路。上海运城立足智能制造和精益管理,在装备、工艺和管理方式等方面取得了多项成绩。作为印刷供应链的一环,上海运城通过设计稿件印刷工艺转换、印刷颜色管理、数字印刷等服务,为品牌商形象提升、设计落地、降本增效而努力。

一、精益生产管理改善

上海运城包装公司紧紧围绕推行精益生产、培养精益人才、智能制造、建立标准成本模型、阿米巴经营、实施降本增效等几个方面开展工作。坚持现场产品测试、理论结合实际,用试验数据说话,在工艺测试的基础上,优化设备功能、改善材料成本、降低能耗,完善工艺标准和加工流程,达到提高效率、降本增效的目的。建立了上运包装生产线的能耗、材料、人工标准成本模型,助推上海运城降本增效,提高公司效益,为最终实现阿米巴经营打好基础。

二、上海运城 SAIN 版省墨技术

SAIN 版能够有效地降低油墨、溶剂的使用量,尤其是印刷厂油墨使用比例较大的白墨。作为上海运城为印刷企业提供的增值服务,对缓解企业环保压力、解决溶剂残留、降低原材料成本有重要意义。使用 SAIN 凹印版辊,能够降低 VOCs 挥发性有机化合物的排放量,同时可以有效减少印刷过程中对食品等包装产品的溶剂残留。此外,SAIN 版拥有的六边形网点,油墨转移流平性优于传统电子雕刻版辊,墨量消耗节省 10%以上,对印刷企业节省油墨和容积成本具有重要意义。

走自动化、智能化、精益化的道路,使得上海运城将人均效率的提高、人员素质的提升、人才队伍的建设放在发展的立足点,致力于为全体员工创造物质与精神双幸福。上海运城始终坚持以人为本的发展战略,经过多年的发展,在如何选人、培养人、用人、激励人方面,形成了科学的人才培育体系。工作中关注人员技能水平的提升,建立起激励性人才竞争机制,培养了一批立足岗位、奋发有为的新时代劳动者。

第十一节 上海晨熙印刷有限公司

上海晨熙印刷有限公司注册于上海市宝山区沪太路 5553 丙号,成立于 2001 年 4 月,是一家集创意、设计、印前、印刷、印后、全自动化生产线于一体的企业。上海晨熙印刷有限公司不仅是从产

品技术研发到全球物流配送“一站式”服务的私营股份制实体公司，也是立体异形板纸书的“智造者”。公司经过多年的努力，已经成长为一家全面发展、实力雄厚的印刷企业，拥有一支技术精湛的专业团队，一直持续稳健前进，逐渐发展成为印刷行业的中流砥柱。

公司创始人陈刚也是上海市“印刷人奖”获得者。通过17年的兢兢业业、努力创新、攻坚克难，引进先进设备、引进先进技术、引进高科技人才、组建研发团队，使公司拥有强大的技术开发和机构工艺的研发能力。近几年，公司在商务印刷的基础上开发了新的工艺技术研发项目，全年营业总收入达5 000余万元，利润总额180万元。

一、持续推进绿色印刷，践行绿色创新

公司在总经理的领导下，严格按照印刷行业五项制度的要求开展各项工作，守法经营，无任何违法违纪的情况。公司倡导“绿色、低碳、环保、安全”“节约资源，循环再生”的环保理念，推荐选用节能环保技术、环保材料、FSC认证森林环保纸张、回收再造的环保再生纸等。企业通过了森林认证、绿色印刷认证。公司积极主动响应《上海市工业挥发性有机物VOCs治理和减排方案》，建设了符合环保治理减排方案的相关环保减排处理设施，通过了环保部门的减排治理申报审核；公司还通过了ISO9001：2015质量管理体系认证、ISO14001：2015环境管理体系认证，严格按照体系的要求运行。

二、持续推进数字化印刷，结合网络营销的策略

公司借助计算机的发展和互联网的普及应用，印刷过程逐渐向数字化转变和发展，公司购置先进的数字印刷机，将印前、印刷和印后真正融为一体，为客户提供了高效率的服务，大大缩短了交货周期，节约了成本。我们采用引进、合作、消化、吸收、开发、创新的发展策略，走一条属于自己公司的有特色有优势的印刷发展道路：在保持传统优势的同时，积极发展数字印刷，同时利用网络营销平台，更方便、更简洁地沟通业务；建立自己的营销网站，全面展示公司的印品和服务的品种，整合多种网络营销的渠道，拓展自己的营销空间，真正向客户提供从询价、下单、生产、交货的一站式服务！

三、聚焦行业发展趋势，开发新的工艺技术研发项目

随着社会对教育重视程度的不断提高，公司由原来纯粹的商务印刷逐渐向儿童异形板纸书转型，并成功开拓了各类精装儿童读物，儿童板纸书及各类异形书、立体书的市场。现在很多家庭对儿童启蒙教育越来越重视，公司抓住了这一契机，针对儿童板纸书可加工性强的特性，研究开发各类有创意的儿童读物。为了生产出更高端、更智能化的精装儿童读物，公司在原有先进的进口印刷设备、智力图书异形自动对裱生产线的基础上，还引进了先进配套的印后设备，力争每道工序在提高生产效率的前提下精益求精，打造国内外一流的智力儿童异形板纸书生产线。对外方面，走出国门参观学习了国外先进的印刷企业，吸收新鲜管理思路，尽量与世界的先进文明同步。通过公司全体员工的共同努力，全力开发印刷的各种儿童类书籍，包括教育用书、儿童书、各类板纸书、小说、笔记本等已经受到国内外客户和业内同行的一致认可和好评，也为公司带来了巨大的市场空间。儿童卡

书的业务量每年以20%的涨幅迅速增长。2020年，公司仅为生产板纸书而投放的生产流水线就有4条，机器设备投资3 000万元，一线生产作业人员30人左右，然而业务方面产量高达60万本/月。

同时公司在引进设备之前还与设备供应商多次沟通探讨，根据公司目前业务订单的要求和以后的发展方向做设备改良和定制，定制出符合公司生产儿童智能化图书要求的设备。

通过我们的专业技术、科学创新、优质服务，力争成为研发、设计、发行、制造儿童板纸书的印刷高科技大型企业和纳税大户，为增强印刷科技生产力和儿童文化产品创新贡献力量。在此基础上，公司准备成立图书发行公司，积极参与国内出版社合作，在设计、智造、发行上获得更大发展。

智能化的机器代替了普通的手工作业，不仅能大幅提高生产能力，而且对公司参与国际市场、儿童图书市场竞争具有积极的意义。公司的目标是把儿童智能化图书做专做强，争取做到长三角、华东地区第一！

四、注重人才队伍建设，传承印刷精神

公司以员工为最大财富，一直秉承"以人为本、持续成长"之价值观，坚持"以德为本，唯才是用"的选人原则，投入大量资源，关注每一位员工的成长、关心每一位员工的发展。奉行并实施人性化管理，倡导尊重、关心信任、激励员工的管理法则，无论对员工或客户，都从关心、尊重、平等、理解的态度出发，以此构建和谐稳定的企业人文环境。在工作中培养，培养中提升，培养"多面手"，知人善用、用人所长；职责分明、适当授权，集思广益、共同进步。管理和技术双轨道发展，崇尚企业文化，共谋发展大计。培训与发展是公司为全面提升员工业务素质与技能，帮助员工进行职业生涯规划而进行的一系列工作。公司提供给新进人员的培训，目的是引导新进人员更快地融入公司文化，并顺利开展工作。由新进人员所在部门主管在新进人员试用期内组织的一系列培训，目的是让新进人员更快地了解工作并具备工作所需要的相关知识、技能及良好心态。在员工日常工作期间所接受的系列培训方面，公司先后推出了在职技能提升培训方面的网络教育学习(E-learning)，目的是营造良好的学习氛围，建设学习型组织，让公司营运及未来发展所需人才和公司一起发展。公司现有员工100余人。

五、企业获奖情况

连续几年获得上海市新闻出版局文明单位。上海市北高新技术服务业园区优秀企业，上海市信用等级AAA级企业，上海市平安单位，上海市安全生产文明单位。公司印制的"哈小宝科技大冒险丛书"中的《"翻翻"天才的脑袋瓜》荣获第二届长三角区印艺精品奖铜奖。

第十二节　上海铂客思艺术包装有限公司

一、公司情况介绍

上海铂客思艺术包装有限公司(以下简称"铂客思艺术包装")创立于2010年，落户在青浦工业园区双盈路158号，厂房面积5 600平方米。公司员工150余人，核心技术骨干30余人，大专以上学历20余人。年营业额超5 000万元，近三年每年产值有近30%的增长。

铂客思艺术包装是一家具有包装方案策划、设计、生产、销售等包装一体化解决方案的服务供应商。公司下设文创开发部、异型礼盒研发部以及文创礼盒车间、个性化定制车间、全自动无尘车间等多维度的差异化生产流水线,以满足不同层次的客户需求。秉持着“铂金品质、为客谋思”的经营理念,呈现更多的具有“艺术之美的包装”来助推品牌印象、传递品牌价值!

这几年市场上“90 后”消费群体逐渐成为主力军,这一群体对品牌包装有着不一样的热情。尤其这几年的国潮风的崛起,包装早已从过去功能性的需求往文化诉求上迁移,精品礼盒从过去的简单常规盒型走向了满足趣味性、功能性、创意性、文化属性追求,还在场景的植入上找到了新的亮点,公司产品因“独特性”找到了一条和同行业不一样的发展之路。公司从 2016 年开始拓展异型盒的开发和批量性生产,早于多数同行,给公司迎来了先机!

服务的品牌有雅诗兰黛、欧莱雅、花西子、丝芙兰、娇韵诗、潘多拉、卡游、万豪酒店等众多知名品牌。

二、公司的发展特色及战略规划

(一) 围绕行业趋势,探索包装主业发展方向

品质是基本线,服务是根本,创新才是企业的生命力!

“印刷包装”属于传统型产业,但铂客思艺术包装一直期许在传统中探索一条创新之道,思索着“包装”的价值诉求,尝试着协助品牌将品牌的“人文精神”和“价值理念”通过包装更快更精准地呈现给消费群体。

在多年和品牌互动交流中,公司从 2016 年就尝试着“异型盒”的开发,并在包装中导入声、光、电、小视频、隐形码、立体呈现等诸多现代科技元素,从细节中打磨,力求让消费者在收到礼品时更多地体验到小惊喜,带来不一样的仪式感……

一款款产品,从文案的策划、结构的解析、原辅材料的甄选、印前工艺的设定、印刷技术的支持、后道工艺的输出以及关键节点的打磨……一次次的推敲和升华,体验着痛并快乐的滋味!

(二) 坚持创新突破,做“设计师的创想工场”

精品礼盒包装本是一个较为传统的行为,因外部市场的快速变化,各类材料都在上调价格,员工的工资也在快速增长,客户渴望每年得到年度性降价……诸如此类的问题,林林总总,逼着公司必须要做出思考:未来的出路在哪里?怎么样才能让产品有不同于其他同行的价值存在?

2015 年后,市场上新兴的品牌逐步出现,所有的品牌都在追求“与众不同”,过去简易的盒型已经远远不能满足市场的需求。公司做了一个大胆的尝试,以结构设计为企业服务的核心,将配合客户做好“与众不同”的包装为己任。

在这之后的几年,铂客思艺术包装从结构设计出发,以工艺设计制作创新为导向,从事前的沟通到结构图的输出、标准样的打磨,硬是用不怕吃亏的精神走出了“异型盒”的新天地。

原创设计方案的实现是一门非常具有挑战性的工作,设计师天马行空的设计思维常常忽略“包装实现方案可行性”的概念。员工也习惯了和设计师的交流探讨,协助设计师从色彩的冲击力、触感的体验度、结构的可实施性以及成本的可控性中找平衡,将更多的“不可能”变成“或许”直至成为“可实现”……

将“无限的创想”转化成“无限的可能”,这个过程对设计师是一个磨砺,对企业来说更是一项挑

战。公司成立以来，正是在这一次次的挑战中走出了一条“成长之道”“创新之道”“创想之道”。

在这条路上，铂客思艺术包装立志成为“设计师的创享工场”！非常欢迎文化创意公司走进铂客思，一起探索、一起创想，一起“异想天开”，一起实现“无限的可能”。

相信在未来发展的道路上，铂客思艺术包装将面对更多的新尝试、新创想、新机遇，公司愿为更多的创想去尝试和投入更多的技术支持，用更新的印刷、印后技术，协助设计师挑战一个个小创想！并实现合理化成本转换，协助品牌将企业的“人文精神”更深地植入年轻一代的心中。

（三）推进包装行业与文化创意产业融合发展

在包装创新之路上，同样需要上下游的合力开发，从“满足客户需求”到“创造客户需求”，从技术边界的延展到美观度的呈现，更多的是功能性的导入。铂客思艺术包装的材质从纸张板材到PU皮、装帧布、各类艺术纸到密度板、亚克力、铁艺、锌合金、不锈钢等；从印刷到烤漆，从印后到激光，从机器到手工，从单材到组合，从常规到防伪，从实用到功能，从简易到广而告之，一次次的突破，都记录下行业联盟的脚印。

包装早已不是独立存在的，这条产业链里面有活动策划、材料供应链、工艺供应链、设备供应商……行业标杆企业的支持和协助，帮助铂客思逐年成长，真正实现了融合化生产，满足客户一站式服务的需求，实现了多样化、个性化的发展，让铂客思真正地成为各类包装解决方案的服务商。

铂客思一直在思考包装怎样与文化创意的结合，2019年，设计师将松江广富林较有特色的建筑风格导入包装设计，并参与美国印刷大赛，一举获得文创类银奖，因文创类金奖当年缺项，也可以说，这枚银奖是当年文创类的最高奖项。同时，一幅四川刺绣作品“蜀绣秀”因工艺的精良获得了美国印刷大赛的最高奖项——班尼奖。

三、以人为本，有效强化人才队伍建设

企业的发展，必然以人才为根基，铂客思艺术包装从2013年起每年都会注入培训基金用于人才的培育，同时更注重工作中的“师带徒”的实践育培。

近几年，借助上海市印协的技术力量，一方面自我提升，一方面请专家咨询指导，不断强化公司的核心技术力量。

四、获奖情况

2018年，美国印刷大赛，《月亮》获银奖，《脸谱》获铜奖；2018年，ART BOX包装组合作品获得“科印杯”数字印刷精品邀请赛数字包装类金奖。

2019年，美国印刷大赛，“蜀绣秀”获最高奖项“班尼奖”，“文创松江”获创意类银奖；2019年，首届长三角印艺比赛，“娇韵诗礼盒套装”获金奖，“音乐盒”获得文创类铜奖，“千年博大 中国画陶瓷套杯包装”作品获得包装类优秀奖。

第六章　发行企业年度总结

第一节　上海新华传媒连锁有限公司

上海新华传媒连锁有限公司（以下简称“新华连锁”）为国有控股企业，2020 年共有职工 1 300 余人。新华连锁以“稳中求进，坚守主业”为工作思路，在新冠疫情防控新常态下，一手抓防疫工作不松懈，一手抓生产经营不松劲，迎难而上、积极应对，全力推进各项工作有效开展。2020 年，新华连锁净收入超 10.6 亿元。2020 年主要开展了以下重点工作。

一、克服重重困难，全力以赴做好中小学教材发行工作

一直以来，新华连锁持续强化与上海市教委及学校的沟通和协作，确保完成“课前到书，人手一册”的政治任务。2020 年春季教材发行高峰期恰逢疫情防控特殊时期，新华连锁适时调整发行方案，克服人员短缺、车辆限行、教材进栈延迟等困难，努力做到防疫、发行“两不误”，于开学前顺利完成发行工作，赢得市教委领导的肯定，社会舆情良好。据统计，2020 全年共征订中小学教材 1 309 种，配发教材 5 700 多万册，其中统编三科教材配发 670 余万册。

近年来，新华连锁秉承“线下实体教材配合线上数字教材一体化服务”的理念推出了上海市教委官方指定的中小学教材配套音频点读客户端“申学 APP”，向师生及社会读者提供“正版教材，配套同步，教材音频随身听”等特色服务，受到师生、家长和社会的充分认可和广泛好评。2020 年秋季起，新华连锁对现有的音频下载中心进行了升级，良好地支持了开学后高中英语教材配套视频资料的下载需求。

二、推进网点布局规划，推动实体书店转型升级发展

2020 年，在上海报业集团、上海新华传媒股份有限公司的带领下，新华连锁应时而动，通过 3 月份启动的项目调研，进一步梳理、分析网点经营情况等现状，在上海报业集团和新华传媒的指导下，最终形成总体思路，全力构建“布局合理、结构优化、业态多元、充满活力”的网点布局规划，全面推进实体店布局调整工作。经研究，新华书店大木桥路店、海防店和四川北路店被规划为样板店，作为新型社区书店进行升级改造。9 月，新华连锁与上海视觉艺术学院联合打造的新华书店・书香视觉校园书店开始试运营，努力探索把校园实体书店建设成集图书销售、阅读学习、展示交流、餐饮休闲、创意生活等多功能于一体的复合式校园文化活动场所。根据网点布局规划方案要求，结合门店环境及经营现状，2020 年共计完成 16 家门店的调整、歇业工作。此外，根据网点布局规划，还与上海链家跨界合作，共同打造“新华书店城市书房”品牌。8 月 17 日下午，新华书店携手链家“城市书房”揭牌暨《新闻晨报・周到》“社区之家”入驻链家启动仪式，在上海书展中心活动区举行。拥有完善物流配送体系和丰富门店布局资源的新华书店和在全市拥有超过 1 000 家门店的链家优势互补、资源共享、深度融合，携手创办了“新华书店城市书房”链家店品牌。截至年底，共开办了 50 家“城市书房”门店。

三、发挥宣传阵地作用，做好重点主题图书的发行工作

2020年，新华连锁充分发挥图书发行主渠道主阵地作用，全力以赴做好“四史”系列图书和《习近平谈治国理政》(第三卷)的备货和销售工作，并结合学习教育活动做好其他各类重点主题图书的推介工作。通过积极走访，主动对接机关、企事业等基层单位，积极为团购客户阅读学习主题图书创造良好条件。据统计，“四史”图书、上海人民出版社所推荐的“四史”目录图书、《习近平谈治国理政》(第三卷)中、英文平装和精装版等共计53个品种，合计销售150多万册。

四、馆配销售保持平稳，全力开拓馆配业务发展新局面

2020年，在“以上海为中心、辐射周边、拓展全国”的战略思想指导下，新华连锁馆配业务区域已从上海拓展至26个以上的省、市、自治区。新华连锁旗下的馆配公司连续七年获得“全国优秀馆配商”称号。

9月25至26日，2020馆配年会(首届)在新华连锁样本室举行。本届馆配年会由上海出版社经营管理协会、上海图书馆、上海新华传媒股份有限公司联合主办，上海新华传媒连锁有限公司承办，上海市图书馆学会、上海市高等学校图书情报工作委员会协办。新华连锁邀请了本市各类图书馆110余家和来自甘肃、广东、湖南、河北等省市近80家图书馆及馆配商共计400余人参会。为更好地应对新挑战、把握新机遇，新华连锁于9月21日开通了“云馆配”平台，吸引了全国500余家出版社参与，上传可供书目59万余条。馆配年会期间，云采购订购码洋达70万元，订购品种4 000余种。

五、线上线下融合互动，持续开展各类主题营销活动

在做好传统图书发行的基础上，新华连锁积极发挥旗下“市民文化客厅”(总17期，2020年4期)、“全国新书发布厅”(总201期，2020年30期)、“上海·故事读书会”(总17期，2020年8期)三大品牌资源和活动优势，深入开掘精品阅读、体验阅读的理念，积极引导优质的出版文化资源和作者资源向上海集聚，推动多元发展模式和文化品牌向全社会辐射，助力打响上海“红色文化”“海派文化”“江南文化”。其中，新华连锁于1月19日下午在上海报业大厦举行了上海报业集团员工共享主题活动之“新华传媒月”——“上海·故事读书会”新年特辑活动暨“新华市集”开幕揭牌仪式。通过营销模式的创新，为上海报业集团员工打造了“快闪店”形式的“新华市集”，受到报业集团员工的欢迎。

在2020年疫情暴发后，新华连锁转变思路，不仅将三大品牌活动从线下活动转到线上，还以互联网思维积极探索直播、社群等新型营销模式，努力打造线上开发教材发行新平台，持续推出“海上名医”健康讲堂(130场)、“虎爸虎妈是你吗”(14期)和“书集访谈”(6期)等直播活动，以全新线上宣传引流模式助力图书销售，辐射更多人群。尤其是市民文化客厅“4·23世界读书日”云直播特别活动“用阅读传递战‘疫’力量”和与上海豫园旅游商城股份有限公司及申活馆共同主办的“走进豫园，夜色里的上海老味道”活动，引起线上读者热烈反响，两场活动总计收获近450万网络点击量。线上线下融合并进，为推动全民阅读、建设书香社会、打响“上海文化”品牌、提升上海文化软实

力做出了应有的贡献。

2020 年,新华连锁积极融入上海市为支持疫情后经济复苏特别推出的“五五购物节”活动,以品质文化助力消费,推出了一系列各具特色的文化联展活动。其中,为了给湖北出版业提供有力支持,充分履行发行企业的社会责任,公司营销中心特别策划于 4 月 23 日—5 月 5 日在上海书城福州路店、五角场店等 5 家中心门店,举办“献给湖北的文化春天”——百种湖北版精品图书 55 折展销活动,并积极参与“阅读的力量・春暖花开读新书”(4 月 23 日—5 月 5 日)和“阅读的力量・品质生活直播周”(5 月 30 日—6 月 5 日)活动,与全市各大实体书店共同掀起“五五购物节”品质生活的文化消费高潮。

六、文化六进,为公共文化建设添砖加瓦

2020 年,新华连锁累计组织开展名家名作进校园及各类现场讲座、签售活动 67 场次,各种形式买赠、折让促销、主题展示活动近 94 次。活动范围涉及公司旗下上海书城、新华书店各主要门店,以及周边社区、各区图书馆、高校、机关、企事业单位等,显著提升书店的文化服务品牌。

2020 年,疫情给文化下乡、图书下乡活动的开展带来了一定的影响,在这特殊时期为让广大农民群众能第一时间看新书、读好书,源源不断地将“精神食粮”送至大家手中。1 月 21 日,宝山区新华书店参加了在宝山区罗泾镇塘湾村新时代文明实践站举行的上海市文化科技卫生“三下乡”启动仪式暨“文化育农”“科技惠农”“卫生健农”集中示范活动,在现场设立流动供应点服务“三下乡”活动,取得了良好的社会效益。新华连锁还积极响应国家新闻出版署关于加大建立“农家书屋”的号召,各区新华书店为“农家书屋”精心选配图书,积极为广大农民群众读书、看报、信息咨询提供优质便捷的服务。

七、创新经营理念,不断拓展线上销售渠道

鉴于疫情期间“饿了么”和“美团”平台用户搜索图书、文教用品的增幅较大,为进一步打造零售新形式,有效实现线上线下的同步互动,新华连锁分别同阿里公司“饿了么”平台和美团点评集团开展合作。“4・23 世界读书日”当天,公司旗下“新华书店”和“上海书城”30 家门店上线“饿了么”平台;7 月 26 日,30 家门店又正式入驻“美团”平台。

2020 年 8 月,新华连锁云端拓展部联合新华书店网上商城(新华互联电子商务有限责任公司),以上海书展为契机,通过“学习强国”APP 的“强国积分商城”进行图书品种推广及销售合作。在其频道的“积分 0 元抢”及“好书推荐”栏目为各出版社的图书品种进行充分曝光与推广。挑选的品种统一由上海新华传媒云端负责线上销售及订单配发。2020 年,新华连锁为“学习强国”APP 组织了 12 个图书推荐位,并由公司云端拓展部负责开展图书供货销售。

八、圆满完成 2020 上海书展各项任务

2020 上海书展暨“书香中国”上海周于 8 月 12 至 18 日在上海展览中心举行。上海新华传媒继续承办位于东一馆的“各地出版馆”、中央大厅的“主宾省馆(浙江出版馆)”、东阳光篷的“上海国际童书嘉年华馆(少儿馆)”,承办的展馆总面积约 3 900 平方米,铺货数量达到 24.57 万册图书。新华

连锁整合出版社和公司优势资源，为广大市民准备了近25万册图书，策划了220余场富有创意和内涵的文化活动。因受疫情影响，在书展主会场入场读者数量仅为去年的1/3的情况下，各展馆总体销售好于预期。此外，新华连锁还在全市22家上海书城和新华书店设立分会场，并在分会场举办了20余场阅读活动。本届书展，新华传媒连续第六年与上海书展指导委员会办公室合作打造“上海书展云会场”。为读者提供书展书目查询、出版社查询、活动查询、活动直播、扫码购书等服务。“上海书城官方天猫旗舰店”“上海书城官方京东旗舰店”也在书展期间同步开启书展云会场专区。据统计，上海书展云会场各项功能在书展期间使用次数为12.17万人次。

九、争创各级文明单位，实现精神文明和物质文明比翼双飞

新华连锁积极探索新形势下门店精神文明建设的途径和方法，坚持不懈带动新华连锁形成全员创建的良好氛围。通过全员努力，上海书城福州路店已连续十届被评为市级文明单位。近年来，上海书城五角场店和东方书城相继获评市级文明单位。新华书店普长区店市西区、物流中心亦连续多届获评市委宣传部文明单位。

十、新华连锁启用“企业精神”“服务口号”

为进一步推动公司更好更快的发展，努力提高公司企业文化的理论水平和实践成效，连锁公司党委、工会于2020年6月初面向全体党员、职工发起了“企业精神”“服务口号”有奖征集活动。新华连锁成立评选小组对所征集的“企业精神”“服务口号”进行了初选。经公司总经理办公会议（党政联席）审议，将“惟实励新、踵事增华”选为“企业精神”；“执着于心，专注于行”选为“服务口号”，于12月30日正式启用。

第二节　上海图书有限公司

2020年，上海图书有限公司努力克服新冠疫情影响，积极创新工作思路，拓展市场渠道，强化主营业务发展和文化品牌建设，以党建、创建为有效抓手，不断推进各项工作全面开展，实现上海图书有限公司稳步健康地可持续发展。

一、主要经营指标完成情况

公司及下属投资单位完成营收总额约17 359万元，超过预算0.26%；公司（单体）完成营收额7 970万元，超过预算0.21%。公司及下属投资单位完成利润总额约3 416万元，超过预算8.62%。

二、员工情况

截至2020年12月，公司在编人数120人，领导1人调任，1人职务调整，4人提任。为加快专业团队建设，2020年度招录古籍整理专业人员2人，为公司古籍整理业务储备专业人才。

三、2020年主要工作与成效

（一）党建工作板块

狠抓思想教育，提升政治站位。公司党总支坚持以习近平新时代中国特色社会主义思想和十九大精神为指导，认真开展“不忘初心、牢记使命”主题教育、“四史”学习教育、庆祝中国共产党成立99周年等系列活动，号召领导干部为党员上“四史”专题党课，组织党员瞻仰参观龙华烈士陵园、“真理之甘　信仰之源——纪念陈望道首译《共产党宣言》中文全译本100周年主题展”及“不忘初心　牢记使命——主题教育档案文献展”等。通过多种学习教育活动，让党员牢记共产党奋斗史，从历史中汲取精神力量和经验智慧。

创建精神文明，党建共建聚力。积极推进各项精神文明创建工作措施落实落地，积极开展义务植树、上海书展志愿服务、社区抗疫志愿服务等活动，与崇明区时桥村、黄浦区山西社区、黄浦区河南路消防中队、闵行区新虹街道等开展同创共建活动，以实现“共同发展、共同提高”的共建理念。

深入推进志愿服务活动。为弘扬志愿精神，大力倡导“我为人人，人人为我”的良好社会风气，公司坚持在多方面以实际行动服务群众、贡献社会。在上海书展中，公司员工作为上海书展志愿者，竭诚为读者服务；为践行“绿水青山就是金山银山”的环保理念，党团员志愿者积极参与黄浦区全民义务植树节植树活动；疫情期间，党员志愿者积极主动参加社区“抗击疫情志愿者”活动，为小区居民测量体温、登记信息、引导快递寄送等，用自己的实际行动弘扬雷锋精神。

（二）新书业务板块

为配合公司传统的“书香新年”“艺苑美术节”“国风古籍节”系列活动的开展，公司各门店充分结合自身特色，推出了多场图书展销、文化活动，主题涵盖了“文艺复兴”“国学经典”“中医文化”等。

公司门店还积极参与由上海书刊发行行业协会推出的“阅读的力量”系列活动，并联合集团旗下多家出版社、全国古联体和美联体数十家出版社，开展“五五购物节”“六六深夜书店节”等促销活动。

门店共举办18场线下文化活动和5个主题书展，大大促进了门店销售额，增加了客流量。

结合“四史”学习教育契机，公司加大团购力度，积极向安吉物流、文广集团、上港集团等大客户推送“四史”学习材料征订单，完成销售额近70万元。

公司与各区、各街道图书馆等联系，及时了解客户需求，积极组织采编人员参加图书订货会、推送新书目录等，共完成销售码洋982万元，服务各类图书馆和企事业单位82家，完成指标率为71.1%。

公司全年共参加招投标11次，中标率为100%，其中一家为入围标，其他10家合计中标码洋558万元。

利用自身特有的优势，打造了多个符合公司专业书店定位的图书品种，通过微店线上平台，为读者提供限量版、签名本、钤印本、毛边本等个性化服务。

（三）自有文化品牌板块

公司坚持书商、文化服务商、空间运营商“三位一体”的转型发展战略，在疫情防控常态化的大背景下，成功举办多项特色文化活动，并积极拓展线上运营推广，形成文化活动线上线下联动模式。

全年共发布微信公众号推文140余篇，完成公司在学习强国、喜马拉雅、抖音、哔哩哔哩等全网线上平台官方账号的注册和运维工作，并积极在相关平台上线文化活动视频，累计线上观看量达百万人次。

海上博雅讲坛作为公司老字号文化公益品牌，继续强化活动创新融合，积极拓展线上模式，举办线上线下主题活动，主要包括徐建融的“传承与创新，从中国美术史看文化发展多元化中的主元”线上讲座、林述巍的“好好吃饭，认真生活”分享会、陈建华的“才女不累——李清照与抒情传统”主题讲座等。

公司传统“三节”——“书香新年”“艺苑美术节”“国风古籍节”共举办系列活动30余场，以讲座暨签售会、主题书展、线上读书会及购书优惠活动等形式切实回馈新老读者。

上海书展期间，公司共完成讲座、签售、DIY互动体验、直播等活动110场，其中“七天七堂课”和“七日书香成长营”两大上海书展“七系列”文化活动深受读者喜爱好评如潮。公司首次推出每日“整点十分钟”抖音直播间，充分发挥上海世纪出版（集团）有限公司优势，重点挖掘集团出版社的优质好书。七天书展期间，直播间成交单数近200笔，实现销售实洋近2万元，并受到广大线上读者的追捧与支持，直播间活动也是公司探索线上业务所做的有益性尝试。

（四）联合文化品牌板块

1. 文进万家·书香金山

完成全年25场主题活动，内容涉及中国传统文化和艺术、四史教育、乡村振兴、爱国主义教育等多个领域，其中包含2020上海书展“七系列”之“七天书香成长营”系列活动，“爱上阅读”图书、文创产品展销，“中国茶文化简述”“大国基石——读懂乡村振兴”等主题讲座，深受读者喜爱。

2. 青衿书苑

全年举办11场线上线下主题活动及12场专家研讨会。活动内容涵盖传统文化、人工智能、篆刻书法、阅读育人等不同领域，包括“优秀传统文化是中华民族的根与魂——习近平与中国优秀传统文化”线上活动、“艺游方寸间”篆刻主题体验活动、“阅读，我把幸福告诉你”好书伴成长阅读分享会以及上海书展“七天七堂课”之“东方哲思录”系列国学讲座等。多场活动得到上观新闻、东方网、新浪、上海发布微信公众号等多家媒体机构的采访报道，相关活动视频在澎湃新闻、喜马拉雅、腾讯视频等平台也均有播放，累计观看量超百万人次。

（五）空间运营品牌及合作项目板块

1. 新虹图书馆

全年馆内共举办品牌活动40余场，包括纳福迎新——写“福”题“春联”活动、小王子线上阅读分享活动、“一步一景，看清明上河图”艺术主题讲座活动以及“阅读的力量·我与祖国共成长”绘本阅读活动等，为新虹街道社区营造浓郁的人文氛围、突显中华优秀文化魅力发挥了重要作用。

2. 东航图书馆

公司于8月顺利续标中标东航图书馆的运营项目，达成服务金额约20万元的合作协议，并派遣专人为其提供图书馆运营服务。

3. 吴泾镇“书香第一湾”项目

完成3场主题活动，包括苏智良的“中国革命的‘红色源头’——上海的建党往事”主题讲座、林述巍的“好好吃饭，认真生活”主题分享会、叶辛的新书主题分享会暨项目闭幕式。

4. 书香校园行

活动覆盖全市16个区的中小学，主要内容为校园健康科普分享讲座及《校园健康防护（传染病篇)》赠书活动,该书入选了中华预防医学会2020年度优秀科普作品。

5. 中国扶贫基金会"加油计划"阅读空间项目

公司充分利用自身优质资源,传播优秀文化,积极践行"走出去"战略部署。2020年第四季度,顺利圆满完成首个跨省市文化服务项目——"'加油计划'阅读空间"项目,标的金额约414万元,收获了多个合作方的一致好评。

6. 与上海工程技术大学设计学院开展战略合作

公司与上海工程技术大学艺术设计学院共召开两次战略合作交流会,双方本着优势互补、资源共享、共同发展的原则,在"文化+产业""学校+企业""教育创新实践基地+人才创新创业赋能"等方面达成多项共识,并签署了关于建立校外实习基地的合作协议、关于共同建立产学合作教育基地的协议书。

(六)艺术品经营板块

公司全年共整理期刊旧书、古籍碑帖、字画杂项50 144种,计141 448册/件;共修补善本古书4部,计2 832页。

全年度累计收购古旧书43部340册,实洋1.5万余元。商场部销售古旧书30部877册,码洋59万余元,实洋40万余元。

全年公司共举办了"不似之似·徐庆华肖型印展""古韵今尚·海上金石碑帖题跋展""拥抱自然——韩山中国画展"等多场艺术品展览,吸引了相关部门领导、集团领导及众多专家学者莅临欣赏和观摩,取得良好社会反响,同时也实现了较好的销售业绩。全年公司艺术品销售码洋达356余万元,毛利达119万余元。

(七)管理工作板块

1. 积极做好培训工作

公司全年共开展了11个培训项目,参与者达112人次。其中,包括6个内部培训项目,内容涉及古旧业务知识、古籍版本鉴定、线装书业务及员工心理健康等方面;包括5个外部培训项目,有长三角四地书业论坛培训、青年干部培训、党务干部培训等。同时因疫情原因,公司积极开展线上培训,并组织各类技能竞赛,开拓培训方式多样化。

2. 优化人员配置架构

配合集团做好公司领导班子调整工作,对于公司部分工勤岗位逐步采用外包用工方式,以降低企业人力资源成本,提高用工效率。

3. 层层压实防疫措施

公司积极响应上海市疫情防控指示精神,第一时间采取相关措施进行疫情防控。各门店采取错峰工作制有序复工,要求店内所有人员均需佩戴好口罩,在店内醒目位置张贴疫情防控宣传海报,并安排专人为进店读者测量体温;提高公司办公区域消杀频率,由专人每两小时进行一次消杀工作并做好记录。

(八)获奖情况

2020年公司荣获"上海市平安示范单位""上海市守合同重信用企业""合同信用等级AAA级"等荣誉称号;"国学七天七堂课""七日书香成长营"活动荣获2020上海书展暨"书香中国"上海周最

佳活动策划奖。公司古籍书店荣获“阅读的力量·品质生活直播周”评选二等奖、“阅读的力量·深夜书店节”活动二等奖；公司艺术书坊荣获“阅读的力量·品质生活直播周”评选一等奖、“阅读的力量·深夜书店节”活动三等奖。

第三节　上海外文图书有限公司

2020年是“十三五”收官之年，也是上海外文书店建店70周年暨上海外文图书有限公司成立35周年具有里程碑意义的一年。在集团党委的坚强领导下，公司领导班子和全体员工深入贯彻市委市政府关于做好新冠疫情防控的重要指示，全面落实集团党委关于疫情防控和生产经营的总体要求。通过全体干部员工的共同努力，顺利完成集团下达的年度经营责任考核目标。主要开展了以下三方面重点工作。

一、经营管理工作

公司根据疫情发展态势，结合各级防控要求和实际经营情况，继续以“提质增效”为经营导向，充分发挥专业化和国际化的优势，巩固市场份额，进一步促进线下线上业务融合，优化进销流程，加强内部配合，增强市场开拓能力，提升精细服务品质，努力培养能够全方位满足多层次消费需求的服务场景，为主业提供坚实的支撑。

进口部制定了“积极应对，内外兼修”的总体工作思路。

电商部持续加大在各平台的活动力度，有效降低了疫情带来的冲击，也基本抵消了亚马逊关店带来的影响。

采购部根据线下线上不同的销售情况，及时调整全年进货计划，在海外疫情暴发前实施提前备货计划，部分采购商品提前进仓，保证了后续销售的需求，有效控制了采购成本。

零售部为了减少疫情带来的影响，门店员工在做好防疫措施的同时，积极准备复工复市。先后参加了由市发行行业协会举办的“上海书展·阅读的力量”“阅读的力量·春暖花开读新书”“阅读的力量·品质生活直播周”“阅读的力量·深夜书店节”等系列活动。通过图书联展、新书首发、制作海报、短视频和微信条、举办营销阅读活动、直播荐书等举措持续造势，四大主题活动均获得了总评一等奖的好成绩。“探寻福州路书店文化的数字密码”节目在11家知名视频平台同时播出，总观看人次超过105万，创下“阅读的力量”2020年“世界读书日”系列活动视频播出的最高纪录。在取得复工复产良好宣传效果的同时，也为销售回暖奠定了基础。

最后，在抓好防控的同时，公司以市级文明单位创建工作为抓手，继续落实高质量发展、精细化管理、创新转型的要求。

二、“走出去”工作

出口工作受到全球疫情由轻到重、持续蔓延影响。出口部一方面始终保持与客户及时沟通与交流；另一方面积极选书备货以便与客户商讨订货与发货，最大限度满足客户需求。

线上线下互补，持续做好“阅读上海”书展工作，落实市新闻办“中华文化走出去”项目。

继续做好以“文化中国”为主的外文版图书向海外主流社会渠道书店的发行工作。

公司入选“2019—2020 年度国家文化出口重点项目”。

三、党群工作

2020 年公司党建工作按照《2020 年党建工作责任制》和《2020 年党风廉政建设责任制》目标要求,不断深化和创新党建工作。加强党的政治建设,认真开展“四史”学习教育,巩固和拓展“不忘初心、牢记使命”主题教育成果,发挥党组织和党员作用,保障常态化疫情防控和经营生产工作顺利推进。强化党的组织建设,全面落实党组织前置程序、议事规则和“三重一大”决策制度。深化“四责协同”机制,持之以恒落实中央“八项规定”精神,做好巡视整改工作,合力推进管党治党责任落实,保持公司健康可持续发展。强化党支部建设,贯彻落实《中国共产党支部工作条例(试行)》,落实党员经常性教育,加强党支部标准化、规范化建设,不断提高党员的党性修养和党组织的战斗力和凝聚力。发挥群团组织作用,加强对团员青年的思想政治引领,推动团员青年学习教育经常化、制度化。

第四节　光 的 空 间

“光的空间”是上海新华发行集团为推进全民阅读着力打造的一个“阅读+”空间品牌,旨在以多层次的空间体验创造全民阅读的场域。

截至 2020 年 12 月,品牌旗下拥有光的空间・新华书店、光的空间・绍兴路店、光的空间・常州店及光的空间・临港店四家书店。

新华发行授权上海元真文化传媒有限公司(由上海新华发行集团与红星美凯龙集团共同组建)负责四家书店的日常运营。

一、员工

截至 2020 年 12 月,光的空间后台团队在编人数 7 人,其中,总监助理 1 人、市场部 3 人、产品部 2 人、行政 1 人。后台团队为光的空间三家书店提供整体保障。

光的空间・新华书店店面零售在编人数 13 人,其中,执行店长、副店长各 1 人,高级店员 3 人,中级店员 3 人,初级店员 3 人,咖啡长 1 人,中级咖啡师 1 人。人力梯队构成相对稳定。周末兼职队伍也比较固定。2020 年老员工流失较多,但留下的也更为成熟,业务能力及带教能力都有明显提高,新入职的几位员工经过培训也已经进入书店工作状态。

绍兴路店零售在编人员为 2 人,主要负责图书和文创产品的销售、活动的执行、水吧外包。

常州运营团队有 11 人,包括执行店长 1 名、副店长 1 名、策划 1 名、设计 1 名、咖啡师 1 名、高级店员 3 名、中级店员 2 名、初级店员 1 名。

二、荣誉

1. 光的空间・新华书店

2020 年 4 月,获“上海书展・阅读的力量”春季图书大联展特别活动海报(一店一款)评选优胜奖;2020 年 4 月,获"上海书展 · 阅读的力量"春季图书大联展特别活动微信(一店一条)评选鼓励奖;2020 年 4 月,获"上海书展 · 阅读的力量"春季图书大联展特别活动一等奖;2020 年 5 月,获"阅读的力量 · 春暖花开读新书"春季图书大联展特别活动二等奖;2020 年 11 月,由中信出版集团授予"2020 年度五星级书城"。

2. 光的空间 · 绍兴路店

2020 年 4 月,获"上海书展 · 阅读的力量"春季图书大联展特别活动陈列(一店一景)评选鼓励奖;2020 年 5 月,获"阅读的力量 · 春暖花开读新书"春季图书大联展特别活动三等奖。

3. 光的空间 · 常州店

2020 年 5 月,获常州市新闻出版局和常州市出版物发行协会颁发"全民阅读推广先进单位"称号;2020 年 8 月,获"上海书展 · 优秀外埠分会场"荣誉称号。

三、运营

2020 年,光的空间三家店总体收入受新冠疫情影响有所回落,转化率上升,其中图书销售占八成。

1. 光的空间 · 新华书店

(1) 客流缓步下降,零售稳中有升

受疫情影响,光的空间 · 新华书店全年客流较 2019 年下降,但走势平缓,没有其他同类网红店大起大落的情况,较大程度地留住了客流。转化率提升近三成,代表客人的黏性增加,消费意愿提升,书店的选书和不断地调整带来了较好的成效。附带率保持提升,书店的选题式推荐效果良好,计划作为书店特色长期保留,并与明珠美术馆各项活动形成联动。

(2) 供应链趋于完善,新品周转加速

光的空间 · 新华书店产品依然以更宽阔的视野、更精细的选书为目标。每周平均补货品种逾 600 种,新书进库百余种。截至 2020 年底,店内书籍类 SKU(库存量单元)较上年继续保持增长。在 2019 年品种的基础上,产品部在 2020 年渐进品种的淘换,将一些多品种、多版本书籍进行筛选,去芜存菁,减轻读者挑选的压力。

(3) 在疫情中,探索多样的互动形式

截至 2020 年 12 月,书店微信推送 111 篇,累计关注 34 555 人,同比增长 78.4%。微信每篇平均 500 字左右。

虽然受到疫情影响,上半年无法开展大部分线下销售及活动,吴中路店还是积极做出调整,开展线上活动、邮寄购书等业务以满足广大读者的阅读需求。线上活动方面,通过公众号渠道,推出"特色书单""月读计划""燃灯计划""晒书有福利"等互动活动,在输出优质内容的同时,让读者也能够参与进来,增加互动感。此外,还通过微信社群将优质的讲座活动移到了线上,邀请到了包括中国图书评论学会副会长卜键,当代作家朱文颖,青年作家柳馥、走走、萧易等各领域的专家作者。待疫情逐步稳定后,书店也参与了书协牵头的"阅读的力量"等多个线下活动,引导读者再度走进书店阅读。

下半年,线下客流量明显回升,吴中路店延续"××的光"阅读分享系列品牌,陆续举办了"五彩彰施——手绘纹样展""看广告,聊广告中的美学 · 社会 · 生活""时隔 22 年,精灵妈妈又回来了""创意有坏习惯吗?"等多个线下分享会,吸引众多阅读爱好者及社区居民前来参与。在这里,读者不仅能独自静心阅读,更有机会与现场的同好与作者进行交流,这也正是光的空间致力打造的综合性文化空间的体现。

2. 光的空间·绍兴路店

绍兴路店是“光的空间”的一个阅读实验,书店地处人文氛围浓厚的绍兴路,专注于文学、艺术、生活等领域,以更加精准的选品、丰富的活动,满足读者对于精品阅读的需求。同时配备咖啡、鸡尾酒等饮品,为读者提供一个舒适怡人的互动空间。

2020年绍兴路店人员配置调整为1全职和2兼职,一方面优化人员结构降低成本,一方面也是为门店特色考量。小型书店的运营需要店长的个人影响力,店长承担门店运营、进书选书事务,还需要顾及活动策划与执行、对外推广、政府部门联动等职能,以增强门店与读者、与社会的黏性。

全年相较于2019年,受疫情影响2020年的客流量只有去年的一半,运营团队通过提升选品和个性化推荐,平均客单价与转化率有所上升。全年总计活动9场,其中3场为出版社提供的图书分享会,其余活动均为自主策划。6月份绍兴路店响应文旅局六月夜生活节,推出了“7号小酒馆”服务,反响甚佳;8月上海书展期间,绍兴路店作为书展分会场承接了各类新书分享会活动。此外,推出“7号放映厅”系列活动,该活动与所属东方明珠集团的上海文广科技(百视通)、瑞金二路街道活动中心合作,获取了正版的公益电影版权和放映资质,在书店行业具有独创性和稀缺性,每月设定放映主题和书单推荐,放映前也准备文案内容导赏和图书分享,实现口碑、效益双丰收。

3. 光的空间·临港店

光的空间·临港店于2020年11月20日试运营,坐落在上海东南角上海临港科技创业中心园区A座一楼大厅。

临港店是一个以“文创赋能科创”为理念打造的全新文化创意空间,希望以文化力量提升科技生态、以艺术人文启迪科技创新、以自然元素滋养持续发展,做一个科技文化交融的书店。

新店选址临港,旨在为科技园区的企业、即将入驻的企业、拜访园区的访客提供商务活动洽谈空间,内部设立小型会议活动空间;同时为企业团队和个人提供从阅读到展览到定制文创服务的“文化管家服务”;也为各个企业搭建一座桥梁,畅谈职场优化力,产生不同的理念碰撞和美好创意。

光的空间·临港店也在“光”的普照下,从清晨到日暮,将“光的空间”进行到底,让阅读无处不在。亦希望让阅读进一步提升品质,扩大眼界;辅助提升科技园工作者的战斗力,同时让人们享受生活,享受阅读的美好!

4. 光的空间·常州店

光的空间常州店已经融入周边居民的日常生活中,扎根于经开区,辐射其他区域。近2年的时间,整合了常州市的图书与文化资源,社会影响力进一步扩大,服务覆盖常州经开区的社区群众和企业职工近3万余人,与企业机关进行交流互动,真正做到书香文化进企业。获得了常州市委宣传部颁发的年度“全民阅读推广先进单位”的称号。

受疫情影响,虽然书店错过了48天的黄金销售期。但在此期间,常州店的小伙伴们也没有空闲下来,充分发挥每个人的主观能动性进行自救,在保证自身安全的情况下,组织形式多样的线上文化互动,把线下的作家分享会搬到了线上,组织参与了“燃灯计划”“云荐书”“上新了”故宫线上购物等一系列活动,服务了近万名读者。

疫情期间,为了给宅在家中的读者送去精神食粮,运用微信营销的作用,零接触配送书籍,满足广大读者的日常需求。对于提前复工复产的企业,及时地送去疫情防疫书籍,帮助企业一起建立一道疫情防火墙,增加企业职工对自己的安全保护意识。

四、结语：探索阅读的可能

光的空间在建立之初就以“坚守阅读、始终引领”为主旨，立足为读者提供更纯粹的阅读空间，同时秉承“与光同乘，探索阅读的可能”。光的空间在三年的经营中一直排在上海书店前列的位置。客流下降有限，营业额不降反升，在消费者中的口碑也继续保持着优秀水平。营收及口碑的正反馈，源于书店对图书选品的每日坚持及各类活动的积极探索，认真对待每一位读者，满足广大消费者的阅读需求。

但是光的空间书店也看到了压力：上海已经成为全国的书店文化高地，各类不同概念的新型书店不断涌现；光的空间的地理位置稍处于劣势，周边居民的覆盖率也趋于饱和，书店将面临更多挑战。

持续发展的疫情，对人们的生活造成了不同程度的影响，打乱了不同行业的正常工作节奏与次序。疫情对餐饮、交通、零售等行业产生明显冲击，而书店遭受的震荡尤为突出。

亦如光的空间诞生之初被给予的美好期望——像是一颗浮于上海天穹的创造之“卵”，一束透过心灵之窗的光，寄托着对未来的憧憬。光的空间运营团队身负重任，如何利用好优势资源，挖掘内容价值，持续输出优质内容，进一步打造品牌形象，为读者提供更多的阅读可能，引领大众阅读，是光的空间接下来需要不断努力的课题。

第五节　上海世纪朵云文化发展有限公司

上海世纪朵云文化发展有限公司（以下简称“公司”）是上海世纪出版（集团）有限公司成立的全资子公司。公司依托丰富的文化资源，在城市的商圈、社区、园区、学区打造了一批集书房、讲堂、展厅、会场、文苑、客厅等多种功能为一体的新型阅读文化空间，并以“朵云书院”为核心品牌，快速形成连锁。

截至2020年12月，公司旗下拥有思南书局、朵云书院·广富林店、朵云书院·上海中心旗舰店、思南书局·诗歌店以及朵云书院·戏剧店五家书店。上架图书共计3万多种、8万多册，并培育了一批富有特色和影响力的文化活动品牌。

一、书店

1. 思南书局

以文、史、哲、艺为主要特色，中外文图书比例达到6∶4。以“品质化、国际化、生活化”为定位，与世界著名的伦敦书评书店结成姐妹店，开设伦敦书评书店专区。定期举办文化展览、经典诵读会等阅读文化活动。

2. 朵云书院·广富林店

以“明代高房”古建筑为载体，内设阅读、文创、展览、讲座、品茗等多个功能空间，外设“松石境”与“水云乡”两个景观庭院。定期举办以海派文化、江南文化为主题的“云间读书会”，邀请海内外知名学者、作家、艺术家参与分享。

3. 朵云书院·上海中心旗舰店

以“抬头看云、低头看书”的独特文化体验，融合豆瓣高分书房、伦敦书评书店专区、“上海之巅”

读书会等书香元素，汇集书籍展示、艺术展览、文化活动、休闲服务于一体，已成为上海文化新地标。

4. 思南书局·诗歌店

以“诗歌”为主题，是公司旗下第一家垂直领域主题书店。业态以阅读购书、艺术展览、品牌文创、沙龙活动为主。特设绘本专区、豆瓣精选图书区、伦敦书评合作图书区。定期举办诗歌诵读、新书首发、圆桌对话、艺术展览等诗歌主题活动。

5. 朵云书院·戏剧店

戏剧店于2020年12月24日正式开业，是一家以戏剧为主题的新型实体书店。选书秉持“来自专业，面向大众”的原则，店内配有图书4 200余种、文创1 000余种。戏剧店定期推出戏剧论坛、“戏剧人书单”系列讲座等文化活动，还首次尝试将日料美食引入书店，为读者带来全新空间体验。

二、荣誉

1. 世纪朵云

荣获2020年度“新文化空间城市运营商”称号；被评为陆家嘴街道2019年度“十佳”文化工作集体。

2. 朵云书院·上海中心旗舰店

获2020上海书展暨“书香中国”上海周“优秀上海分会场”称号；入选“2020年上海文化旅游推广窗口”；在中国书刊发行业协会主办的“2020中国书店年度致敬”活动中，荣获“2020抗疫特别致敬”称号；在2020年德国IF设计大赛中荣获“卓越建筑设计奖”；获评2020年BRAND CEREMONY年度最佳书店；获“上海书展·阅读的力量”春季图书大联展总评一等奖；获“阅读的力量·春暖花开读新书”活动一等奖。

3. 思南书局

荣获“2020黄浦区特色小店星光奖”；获“上海书展·阅读的力量”春季图书大联展总评三等奖；获“阅读的力量·春暖花开读新书”活动二等奖；获“阅读的力量·深夜书店节”活动一等奖。

4. 思南书局·诗歌店

荣获“2020黄浦区特色小店星光奖”；在“2020美好生活·长三角公共文化空间创新设计大赛”中荣获“百佳公共文化空间奖”；在中国书刊发行业协会主办的“2020中国书店年度致敬”活动中，被评为年度最美书店；获“上海书展·阅读的力量”春季图书大联展总评二等奖；获“阅读的力量·春暖花开读新书”活动二等奖。

5. 朵云书房

获2020年上海书展暨“书香中国”上海周“实体书店品牌馆·最佳展区”称号。

6. “上海之巅”读书会

入选“2020年度上海市振兴中华读书活动优秀示范项目”。

7. 自有文创产品

土布银饰“喜”、土布银饰“井”荣获2020第三届松江区文创纪念品设计大赛非遗作品类二等奖；“鱼筷”荣获第三届松江区文创纪念品设计大赛文博IP类二等奖；“思南印象·老洋房音乐盒”入选2020年上海特色伴手礼银榜。

三、运营

2020年，公司旗下四家书店（不含戏剧店）全年共接待读者约67万人次，举办170多场读书会、展览、新书首发（签售）等阅读文化活动；策划推出了近50个主题图书陈列展示；创新推出“朵云书集”“深夜书桌”；为进博会打造“朵云书房”等。

（一）加大资源投入，丰富内容板块

1. 完善读书会矩阵

2020年，“上海之巅”读书会共举办38期，思南经典诵读会共举办46场，云间读书会共举办11期。在此基础上，公司又先后推出“首发上海”和“戏剧人系列”读书会。初步形成“世纪朵云”品牌读书会矩阵。

2. 丰富文化活动类型

除常规的读书会活动外，各类主题展览成为书店的文化活动主力军。除了画家的油画展、作家的版画展、各家的书画展以外，各个书店内举办的各种主题展，如老上海主题、悬疑主题等，都受到了广大读者的欢迎。

此外，公司还着力推出了一批与各书店定位相符的文化活动。例如：旗舰店举办的周末音乐沙龙；进博会期间，上海中心旗舰店的黄浦江“世界会客厅 · 上海书房”主题区；思南书局的“小书虫的时光大冒险＋阅读冬令营”；诗歌店的“写一首诗，为诗歌店庆生”等活动。

3. 推出“云上榜单”特色板块

2020年8月，公司推出了一张属于自己的新书榜单“世纪朵云 · 云上书榜”，榜单每月在“世纪朵云”公众号上首发，并同步在书店做线下发布和展陈，并举办相关的读书会活动。“云上书榜”已颁布的4期，参与的评审包括孙甘露、陈丹燕等作家、学者、评论家、媒体人，并累积了一定数量的“民间”评审。

（二）坚持多元经营，开拓新兴业务

受新冠疫情影响，公司除了筹备戏剧店等新项目以外，在2020年的主要工作任务就是，继续探索书店的多元收入模式和开拓新客户、新业务、新市场。

1. 场地租赁

多家知名企业先后在旗下书店举办会议、招待客户等。很多知名机构还在书店内取景直播及拍摄视频等。

2. 全案代理

诗歌店为绿洲资本提供场地服务、设计搭建、活动策划及执行等一系列的全案服务。

3. 品牌植入

为企业提供线上线下全方位的营销解决方案，在朵云书院 · 上海中心旗舰店好望南角及南区进行产品展示，并在“世纪朵云”公众号平台进行宣传。

4. 场景营销

与多家单位合作，借助空间特点，提供独特的沉浸式场景营销方案。

5. 品牌输出与运营输出

除传统业务以外，公司还积极酝酿品牌与运营输出。

四、结语

2020 年，公司旗下四家书店在做好疫情防控的同时，有序恢复常态化运营，开展丰富多彩的文化活动，吸引读者重返书店。

除原有线上平台的使用外，公司加速推进线上社群建设，在豆瓣、小红书、抖音、知乎、哔哩哔哩上陆续开设官方账号。公司还推出若干场“云逛书店”活动，吸引了全国读者积极参与，进一步提升书店品牌影响力，为疫后客流回暖及营收提升奠定了基础。

第六节　中国图书进出口上海公司

2020 年受到突如其来的新冠疫情影响，全球经济面临着严峻的考验，对进出口主营业务占比较多的中国图书进出口上海公司(以下简称“上海公司”)整体经营状况造成了极大的冲击。面对重重困难，上海公司全体干部员工紧密围绕中国图书进出口(集团)有限公司(简称“中图集团”)“四新驱动、多元协同、减费降本、质效兼备”年度工作主题，严格贯彻“坚持底线思维，力争创新发展，降本增效，推动公司高质量可持续发展”的指导思想，力争转型中求突破，坚决打赢疫情防控和恢复发展两场硬仗。

一、主要经营指标完成情况

2020 年，上海公司实现营业收入 6.63 亿元，利润 200 万元，将疫情造成的损失降到了最低。

二、2020 年主要工作与成效

1. 党建板块

一是强化政治引领，持续深入开展“四史”教育，不断加强党性修养，做到信仰如山、信念如铁、信心如磐。二是坚持问题导向，逐一落实巡视整改和推进意识形态工作责任制整改各项工作。三是加强制度建设，重新修订党委工作规程，切实发挥好党委把方向、管大局、保落实的作用。

2. 落实社会责任方面

始终坚持社会效益是公司发展的生命线，制定了审读绩效考核制度，提高审读人员的积极性和责任心，确保审读零事故。

3. 团购板块

一是在疫情期间没有放松对客户的联系，采用现货图书举办了“馆配云书展”。二是在开学后马上恢复走访工作，几个重要的馆配项目顺利中标，其中包括两家新客户。三是邀请高校相关院系老师召开了古籍文献采购专题研讨会，取得了不错的效果。

4. 外籍板块

一是加强与供应商和货代的联系，建立牢固的供应链，保障到货顺畅。二是积极优化产品结构，着力拓展新兴销售渠道实现精准投放。三是利用新媒体加大直播及其他大促活动的力度，线上客户数、订购数同比上升 34%，销售金额同比上升 20%。

5. 出口板块

一是在疫情初期积极拓展口罩和额温枪等防疫相关物资的出口，累计超过 4 000 万元。二是借助国内经济逐渐复苏的形势，加强图书内销业务的拓展。三是成功举办了澳大利亚中文图书线上书展，使得延续多年的中澳文化交流没有因疫情而中断。

6. 零售板块

一是通过缩减书店经营规模和营业人员数量，加强实体书店成本控制，提升产出效能。二是大幅调整国际运输结构，降低采购成本，全年节省运费 100 万元。三是紧跟最新市场热点，加大和第三方合作的力度，“双十一”期间网店订单量同比增长 100%，销售额增长 130%。

7. 蓝桥园区

一是根据上级单位的文件精神，通过仔细排摸、严格审核后，对符合条件的租赁企业减免了相应的租金，落实政策的同时稳定了与租户的关系。二是完成与众创空间相关的市科技创新创业载体培育项目申报及市文创园区复评等两项重点工作。三是积极推进市科技系统党员（人才）教育基地建设工作，将蓝桥园区打造成为系统内基层党组织开展主题党日活动及党员集中培训现场教学的“红色地标”。

8. 管理板块

一是严格落实各项动态防疫措施，确保工作环境安全健康，同时加强安全检查和隐患排查工作，公司和园区均荣获了上海市平安示范单位。二是全面加强付款和回款管理，全力控制资金的占用和流出，保证了公司运作的安全稳定。三是继续加强制度建设，修订了《领导班子工作规程》《干部管理规定》《员工培训管理办法》。四是不断优化调整仓储场地，相继开发了周边地区的外仓和东方国际物流虹桥保税库，进一步提升货物周转效率，节约了物流成本。五是优化升级了多个内部业务操作系统，极大地提升了相关人员的操作体验和工作效率。六是以增强“四力”为重要抓手，开展全员线上培训并通过了政府的项目验收，并基于对员工发展和上升通道的关心，制定了《关于鼓励员工晋升各类专业职称的暂行办法》。

第七节　中国国际图书贸易集团有限公司上海分公司

2020 年，中国国际图书贸易集团有限公司上海分公司（以下简称“上海分公司”）在开展防疫的同时，开足马力，积极复工复产，“不等不靠、主动求变”，通过全体员工的团结努力，较好完成了年初制定的工作目标。

一、业务指标完成情况

2020 年，公司完成营业收入 3 204.96 万元，比上年同期增加 366.07 万元，同比上升了 12.89%；完成利润总额 110.36 万元，比上年同期增加 78.76 万元，同比上升了 249.24%。

二、员工情况

截至 2020 年 12 月 31 日，公司共有在职员工 23 人。其中，男性 13 人，女性 10 人；共产党员 7 人，大学本科及以上学历 14 人，高级发行师 2 人。

三、重点工作进展情况

公司2020年的工作重点是在巩固原有市场的基础上，大力开拓教材和数据库业务，尝试周边地区教育系统新客户，扩大业务规模，实现新的增长。

(一) 疫情防控工作常态推进

公司自新冠疫情发生以来，积极开展防治工作，在中国国际图书贸易集团有限公司(简称“国图集团公司”)的统一部署下，第一时间成立新冠疫情防控领导小组，开展全面排摸，实行联防联控。疫情期间实施居家办公，确保员工无外出离沪情况，每日上报员工个人情况。疫情得到基本控制后，公司采购了额温枪、医用口罩、免洗洁手液、酒精消毒棉片、护目镜、消毒水、防护手套等防疫物资，每天进行办公区域消毒、体温测量等防控工作，确保疫情工作全面落实，不留死角，业务得以健康有序地开展。

(二) 公司党建工作情况

公司党支部始终把党的政治建设摆在首位，团结引领党员群众进一步提振干事创业的精气神。

继续抓好党员的学习教育工作，不断提高党员的思想认识和政策理论水平。时刻强调党员的先锋模范作用，坚持党员戴证上岗。支部组织在职党员，每天自行学习“学习强国”平台知识，亮积分。公司有四位党员获得2020年度上海新华发行集团“‘学习强国’学习标兵”称号。

开展形式多样的组织生活。组织观看爱国主义电影《八佰》；参观“我们众志成城”上海防控新冠疫情主题展；观看爱国主义题材影片《金刚川》；参观四行仓库等。

(三) 业务方面

1. 适应新形势，从严要求审读工作

继续将审读工作作为书刊进口工作的重中之重，保证内容不出问题。2020年公司审读境外出版物图书、期刊、报刊累计品种243 317种，累计数量1 051 311册/份。

2. 积极参与上海地区的招投标业务

继续增加数据库业务市场的开发力度，努力推广优势数据库产品。2020年公司参加了21家客户共27项进口书刊和数据库招标工作。

3. 加强与出版社的合作

公司积极与国外大型出版社联络沟通(西蒙・舒斯特、学乐、利平科特、牛津、施普林格等)，共同走访相关客户，成功发展了新的业务，为双方合作开了个好头。2020年利平科特出版公司中国区销售来我公司拜访，我们也在医学院及医院中主推了一下他们的书目，得到了出版社的感谢。

未来，我们将与这些出版社更加紧密联络，争取共享更多地资源和发挥各自的优势，形成双赢局面。

4. 加强市场推广，努力开拓新业务

2020年公司在传统市场上共新增14家新客户，实现销售额629.30万元。与部分客户建立了多种合作模式，通过培训、讲座等多种形式，利用多渠道进行资源整合。

5. 培生独家代理权和英文教材

经过2019至2020年跨年度的努力，在2020年5月份，公司与培生教育出版亚洲有限公司签订了独家经销协议。公司作为培生 Bug Club 系列纸质绘本在中国大陆区域内的独家一级经销商，得到了多方的关注。疫情期间，公司销售部人员每周都会与培生出版社的相关人员进行线上“云会议”，在一次次的头脑风暴中，更加完善了整个 Bug Club 项目的具体操作程序。

2020 年，公司开拓了全新的领域——英文教材板块。下半年在江苏地区与部分学校签订了多份业务合同，校方的总采购金额达人民币 394 万元。公司加倍投入了业务力量，保证新业务的顺利展开。市场上教材书目纷繁复杂，对于不同系列和级别的教材，我们不断向供应商咨询和请教，对部分教材有了初步的了解，为下一步市场开拓打好了基础。

6. 进口法语教材

因疫情的影响，国内一些培训机构无法开课，法语教材的订单大量缩减，在这种情况下，公司积极与法盟的 12 家分支机构和上海法国学校协商，促成了各个培训机构和学校的主动备货，尽可能减少了疫情的影响。

以法语教材带动附加品种的销售：目前主要是以上海法国学校教具进口为主。

占领核心市场：目前我公司法语教材业务遍布国内 12 个大中城市，成为法语教材的主要供货商。

培育新型市场：公司针对一些民办法语培训机构和中小学开设的法语培训班进行教材推广，效果明显。2020 年逐步扩大到对大学开设的法语课进行法语教材的推广。

7. 上海书展销售再创中国外文局各类书展销售新高

2020 上海书展沿袭 2019 年的方式，以中国外文出版发行事业局(中国国际传播集团)(简称“中国外文局”)名义参展，公司在集团领导下，协助并落实具体事务工作。此次书展突出“抗击新冠”“脱贫攻坚”“一带一路”等鲜明主题。展台分为重点图书展示区和展销图书陈列区，集中陈列近 6 500 余种 3 万余册图书，码洋 270 万元。

在书展筹备期间，上海分公司按照上海书展组委会的疫情联防联控机制要求，重点加强疫情防控工作，采购了额温枪、足量的医用口罩、免洗洁手液、酒精消毒液、防护手套等防疫物资，在各级领导的正确指导下，制定了严密的防控措施，完善了展区现场防疫工作体系和应急预案；对 23 名参展人员及 22 位实习生进行防疫知识培训和实操演练，指导其正确掌握消毒剂使用、公共场所清洁、紧急情况处置等技能，确保书展顺利进行。

8. 圆满完成 2020 年进博会工作

2020 年 11 月，第三届中国国际进口博览会在上海国家会展中心举行。中国外文局作为唯一一家出版界代表在进博会亮相，加码中国文化“走出去”并为进博会新闻中心提供中国外文局出版图书。此次参展以中国外文局和中国国际出版集团形象对外展示为主，重点展出内容为《习近平谈治国理政》(第三卷)、《读懂中国》、《中国关键词》、抗击疫情主题等 16 个语种的精品图书 214 种，共计 1 000 余册。

由于新冠疫情影响，公司准备了充足的防疫物资，全员进行核酸检测，签署健康承诺书和每日两次的体温检测，在中国外文局、集团公司的帮助下，统筹协调，协助落实具体事务工作并完美收官。

四、获得的荣誉

上海新华发行集团获“‘学习强国’先进党支部”称号；中国外文局 2020 年获京沪书展优秀组织奖；国图集团公司被评为 2020 年度双效突出先进集体。

第八节　上海香港三联书店有限公司

2020年是非常困难的一年，年初新冠疫情的暴发让所有人措手不及，对公司的整个运营计划影响很大，尤其对上海香港三联书店有限公司这样体量小、抗风险能力差的小单位来说更为不利。淮海路门店开业30年来首次停业2周，进出口业务在一季度也基本处于停滞状态。但公司上下团结一致，在董事会领导下，齐心协力，克服重重困难，在抗击疫情的同时，积极复工复产，基本完成了预期目标。

一、完成主要经济指标

全年完成销售码洋18 179万元，比上年的17 732万元增加447万元，增幅2.52%；销售实洋8 892万元，比上年的10 775万元减少1 883万元，降幅17.48%。

二、员工情况

截至2020年12月底，公司共有员工45人。

三、完成主要工作与成效

2020年的工作主要围绕抗击新冠疫情和积极复工复产来进行。

(一) 党建工作

1. 服从上级组织安排，抓好组织生活会

根据上级组织安排，坚持至少每月一次的党组织生活会及主题党日活动。在组织生活会上，除了传达上级党组织的一些要求、学习布置外，还根据党员所在企业的不同情况，对每一个党员提出要求，使“三会一课”制度化常态化，努力建立学习型党支部。

2. 按照要求布置学习任务，参与及组织各项活动

按照集团党委和上级党总支部署，认真组织开展了向抗疫英雄学习，围绕《习近平谈治国理政》(第三卷)、浦东开发开放30周年等时事热点，开展革命传统教育、党性教育和形势政策教育，重温入党誓词，缅怀革命先烈，接受党性洗礼。此外，我们还学习了习总书记对基层党建工作的重要指示、习总书记向抗疫先进人物学习的精神、“在第三届中国国际进口博览会上的讲话”、“在浦东改革开放30周年庆祝大会上的讲话”等内容，结合自己的工作，坚定了要紧密团结在以习总书记为核心的党中央周围、继续开拓发展公司事业的决心。

2020年，支部在党总支安排下，观看电影《夺冠》、参观“我们众志成城”上海防控新冠肺炎疫情主题展、“纪念浦东开发开放30周年主题展”、组织收看了“永立潮头——庆祝浦东开发开放30周年文艺晚会”等。这些参观活动，不仅丰富了支部的学习形式，也进一步让各位党员感受了国家在中国共产党的领导下日新月异的发展成果，更加领会不忘初心、牢记使命、永远奋斗的责任。

（二）积极保持进口业务

因为疫情，国际学校停课、公共图书馆关门、电商暂停、国际运费飞涨等不利因素严重影响了公司的进口业务，进口图书销售额下滑明显。进口部通过分析，从最先复苏的电商平台上下功夫，积极拓展，与台版图书及相关品类的头部商家加强合作，有效弥补了线下业务的不足，为完成全年任务打下了基础。

在疫情稳定后，进口部业务人员通过电话、社交媒体、电邮等形式与国内客户与国外供应商保持沟通，密切关注采购供应链、物流、仓储，及时掌握动态、科学分析、核算成本，做好销售预案，为销售工作提供保障。进口部还认真分析客户需求，不断完善售前、售中、售后服务工作。加强对业务员的技术指导，强化在销售工作中的服务意识，不断提高业务员的综合素质，力求让客户满意。同时，进口部还加强了客户账期的管理，定期梳理客户付款情况，按时对账、清账，加强风控管理。

审读工作是进口部乃至公司发展的生命线，必须做到守土有责，守土尽责。进口部专门设置了审读员专职岗位，严格执行三审制度，不断加强审读专题培训，做到全员认识统一，提高审读能力，确保审读工作无误，实现全年进口图书审读零事故。

（三）努力维持出口业务

疫情对于原本就竞争激烈的出口业务来说无疑是雪上加霜。海外客户由于疫情影响，自身销售不佳，使得出口业务更显艰难。在正式复工后，出口部积极与国外客户建立良好的沟通，根据客户类型的不同分为日本客户、欧美客户、澳大利亚客户，提供针对性推荐服务。由专人操作与出版社沟通、比价及下单工作，尽量从进货方面保证折扣力度、发货速度。出口部还通过找多家报关公司及物流公司进行询比价，争取在物流方面降低成本并提升流程速度。

通过长久以来的联系合作，出口部开始向澳大利亚的新金山中文学校出口国内中文教材，主要为少年儿童出版社和上海教育出版社出版的九年义务教育《数学》课本，实现了中国教材走出国门的计划。

2020 年，出口部继续与集团下属斯帕格公司合作开展转口贸易，在操作中积累经验，为之后的转口工作的拓展做好准备。

（四）门店继续打响三联品牌

自 2 月份复工后，门店零售额一度只有原先的 10%。门店一方面通过加强港台版图书等优势类别的选品，不断更新文创产品花样等苦练内功；另一方面，通过积极参加上海市书刊发行行业协会的各项活动，如“阅读的力量”系列活动、“上海书展分会场”等，借助协会的宣传资源为门店引流、恢复人气。我们的海报设计、环保袋设计、活动内容等屡屡获奖，得到了市新闻出版局、市发协和兄弟单位的肯定。

门店对新媒体进行了有益尝试，试水了微信公众号、微博和抖音。其中微信公众号主要发布活动预告、主题图书推荐等，粉丝数超千人，阅读量普通的为 300 至 500 次，好的活动预告可以达到几千次。抖音号主要以转发香港三联、上海三联等出版社提供的图书介绍短视频为主，并可对读书活动进行直播。

2020 年，门店共举办 16 场各类签售、读书分享活动，取得了很好的社会效益和经济效益。马尚龙、陈燕华两位老师的活动更是吸引了众多粉丝到场，参加人数也创了门店 2018 年装修以来的新高。通过这些活动，进一步聚拢人气，最大限度地推广沪港三联品牌，对门店销售的恢复发挥了积极作用。

(五) 努力做好上海书展

2020 上海书展是在疫情防控常态化背景下举办的第一个实体书展，在克服进场人数减少三分之二、场地缩小等不利因素后，7 天实现图书销售 93 万元，比往年下跌 5%，大大超出了预定的销售目标。

2020 上海书展，上海香港三联书店展区承办了由上海世纪出版(集团)有限公司发起的“沪港同心团结抗疫”精品图书推荐展。此次活动得到上海世纪出版(集团)有限公司、香港联合出版(集团)高层领导的大力支持，两大集团联袂集结了沪港两地最优质的出版资源以飨读者，包括《王家卫的映画世界》《我不过是一个看病的医生——钟南山传》《中国女排》等。众多港版好书受到读者的追捧，一时间成为书展亮点和读者的打卡地。国台办副主任，上海市副市长，中共上海市委宣传部部长，上海世纪出版(集团)有限公司党委书记和总裁、副总裁等众多领导都参观了此次推荐展，并给予高度赞扬和肯定。在香港抗击新冠疫情的关键时期，此次推荐展展现了上海世纪出版(集团)有限公司对香港联合出版(集团)的声援，显示了沪港两地出版界团结一致、守望相助的情谊。

(六) 后勤保障有力

除了在一线奋斗的部门以外，公司保障部门的同事，如财务、人事、信息技术、行政部等，也都在各自岗位上为公司平稳运营提供了有力保障。

财务部为业务部门做好监督、内控，避免不必要的财务风险。在疫情之后公司资金面临较大压力时，精打细算，制作了资金流量预测表、资金周报表、资金月报表、预算外资金申请单等一系列报表，关注公司各部门的资金流向，保证资金安全，对公司平稳运营起到了关键作用。

信息技术部保障了公司电脑软硬件及网络的正常运行，服务每一位同事，帮助同事提高工作效率。及时响应并解决同事们在软硬件上的常规性及非常规性问题。保障钉钉系统的有效运行，除原有的考勤功能外，还新增了合同审批等 OA 相关功能，精细化了公司管理。

人力资源部认真核算每位同事的工资薪酬，做到无差错。除做好日常的考勤、招聘、录用等常规工作外，还负责公司各类证照、档案的管理。为提高员工业务能力，定期开展各类培训工作，如审读、进口系统使用、钉钉 OA 流程审批等。

行政部在疫情期间保证防疫物品的充足供应，为公司全员复工复产提供了保障。

(七) 人事变动

2020 年 7 月 1 日，路培庆先生接替李光辉先生担任上海香港三联书店有限公司总经理。

(八) 获得荣誉

获“阅读的力量・春暖花开读新书”春季图书大联展特别活动动态评选优胜奖；获“阅读的力量・春暖花开读新书”春季图书大联展特别活动二等奖、三等奖；获“阅读的力量・春暖花开读新书”春季图书大联展特别活动海报评选优胜奖；获“阅读的力量・春暖花开读新书”春季图书大联展特别活动微信评选鼓励奖；被评为 2020 上海书展暨“书香中国”上海周优秀分会场。

第九节　博库书城上海有限公司

博库书城上海有限公司(以下简称“上海博库书城”)由浙江省新华书店集团有限公司投资设

立，为国有独资企业，注册资本 5 000 万元，投资规模逾 1 亿元，是中宣部文化体制改革试点单位、国家新闻出版署连锁经营、企业信息化建设试点单位，为首家跨省连锁经营的大型书城。

一、主要经营指标完成情况

2020 年全年实现销售码洋 4 659.68 万元，实洋 3 526.02 万元，同比 2019 年码洋下降 27.26%。其中图书销售 4 089.7 万元，占总销售额的 87.77%。

二、员工情况

截至 2020 年 12 月，上海博库有员工 73 人，其中，总经理室 2 人、办公室 8 人、财务部 9 人、业务部 8 人、馆藏部 11 人、企划部 4 人、储运部 8 人、宜山路门市 23 人。

三、2020 年主要工作与成效

（一）党建工作板块

创建学习型支部，博库书城党支部重视政治理论学习，重点学习十九大会议精神、习近平新时代中国特色社会主义思想、习近平在上海考察重要讲话精神、习近平在第三届中国国际进口博览会开幕式上的讲话、浦东开发开放 30 周年庆祝大会上的讲话，还自学相关的党政资料图书。通过不断学习，加强党员的理论知识，提高了党员的文化修养。

开展志愿者服务，共创和谐社会。新冠疫情期间，博库书城党支部利用双休日积极投身于本地区居民区做好进出口的安全保卫工作。下班后协助做好重要路口的交通安全指挥工作，同时利用书店资源，多次捐赠爱心图书，让文化能更好地传播给需要的人。

2020 年博库书城党支部选派优秀年轻党员干部，担任田林街道五、六、七村居委兼职副书记一职，让年轻的党员干部能更好地发光发热。

（二）馆配业务有序开展

2020 年受疫情影响，停工停业、学校延迟开学，对于公共馆及各类院校的图书采购均造成了一定的影响。上海博库书城在第一季度销售受疫情影响、下滑严重的情况下，在全面复工后，通过多种措施，如在采访数据的及时性和品种筛选上花工夫，主动扩大推送重大事件的实事热点专题比例，扩大锁库技术使用率以保证库存匹配率增加库存有效性；与客户沟通，主动多承担各类荐购图书的采购配送工作等，力图深挖销售码洋。在不懈努力下，多家重点单位的销售码洋均有不同程度增长，从而保证了企业馆配业务的有序开展。

（三）开展线上校园书展

利用“芸台购”平台为上海海洋大学、华东理工大学组织了“你选书、我买单”的在线荐购书展活动；利用“云馆配”平台为上海公安学院组织了两次院系荐购图书活动；为华东理工大学 6 月举办的线上读书节活动采购图书。

(四) 优化卖场图书库存年限结构

在 2019 年的基础上，继续对卖场图书陈列区域进行调整，图书印刷期限为三年内，保持较好的新书储备比例。对陈年无法清退图书进行特价区展示，积极消化大量积压库存。至 2020 年底，1 至 9 大类从库存结构年限来看，2021 年为 777 种，码洋 15.05 万元；2020 年为 3.2 万种，码洋为 610.53 万元；2019 年为 3.48 万种，码洋为 578.65 万元；2018 年为 8 794 种，码洋为 147.03 万元。

(五) 荣誉

获“上海书展・阅读的力量”春季图书大联展特别活动(一店一圈)鼓励奖；获“上海书展・阅读的力量”春季图书大联展特别活动二等奖；获“阅读的力量・春暖花开读新书”春季图书大联展特别活动(一店一景)优胜奖；获“阅读的力量・春暖花开读新书”春季图书大联展特别活动二等奖；获“阅读的力量・品质生活直播周”一等奖；获“阅读的力量・深夜书店节”三等奖。被评为 2020 年上海书展“实体书店品牌馆”最佳展区；获评“阅读的力量・五五购书节”优秀展销专柜、书架；获“庆祝中国共产党成立 100 周年上海百家书店百种图书联展”优秀奖。

第十节　上海钟书实业有限公司

上海钟书实业有限公司(以下简称“上海钟书”)创立于 1995 年 5 月，是一家民营图书发行单位。公司目前主营业务是图书的出版、发行和零售，并以开设连锁书店的形式为推广全民阅读服务、为读者服务。目前在上海地区共有 6 家钟书阁、7 家钟书书店，在全国共拥有 30 家钟书阁，员工达 600 余人。

一、员工情况

截至 2020 年 12 月，上海地区有 260 余人，工作分布主要在松江、徐汇、闵行、嘉定、青浦、金山等区。上海钟书总部人员 163 人，其中，董事长助理 1 人、总经理助理 1、市场部 6 人、编辑部 5 人、电商运营部 12 人、财务部 6 人、人事部 2 人、文创部 3 人、连锁运营部 7 人、采购部 8 人、全国版营销部 15 人、上海版营销部 8 人、办公用品部 5 人、信息部 2 人、配送部 19 人、馆配部 12 人、电商配送 20 人、仓库车队 25 人、后勤部 6 人。总部人员为上海钟书旗下所有钟书阁和钟书书店提供整体后台运营配送保障工作。

每家钟书阁根据其场地面积大小，在职人数 10 至 25 人，其中，店长、副店长各 1 人，小组长 2 人，一般店员 6 至 20 人，负责图书、收银和咖啡吧台。如果遇到突发事件，需要增派人员，上海总部及当地劳务机构也给予相应支持。所有新入职员工都经过培训才可进入书店工作。

二、经营情况

2020 年上海钟书新开连锁店 4 家，营业收入 2.54 亿元，较 2019 年营业收入上涨 11%；受突发新冠疫情的影响利润亏损 73.80 万元，整体利润下降 135%。

三、获奖情况

二十六年来，公司弘扬“用心做事、用情做人，追求卓越、追求完美”的企业精神，坚持“以诚待人、以信处事、以德为基、以善为本、以和为贵、以义取利”的管理理念和“为读者找好书、为好书找读者”的服务理念，公司得到了健康发展，树立了良好的企业形象。2020 年公司获得以下荣誉：入围 2019 年度“未来书店”评选；荣获译林出版社“2019 年度优秀经销商”称号；荣获魔法象“最佳卖场合作伙伴”称号；荣获新蕾出版社年度优秀奖；荣获“全国优秀中小学馆配商”称号；2020 年 1 月被评选为 2019 年度民营书业实力渠道商；被评为 2019 年度松江区经济高质量发展企业“优秀服务业奖”。

四、连锁店运营

2020 年，钟书阁开业门店为北京老佛爷店（2020 年 4 月）、广州永庆坊店（2020 年 5 月）、浙江宁波店（2020 年 8 月）、成都都江堰店（2020 年 9 月）四家。

高颜值是钟书阁的特色，但不是唯一的优势，在门店的建设与运营方面，钟书阁有着自己的特色。

首先，多元化文化空间的打造。当下，实体书店纷纷转型，从空间的设计到场景的打造，再到为读者提供最美服务，以复合性文化平台，构建综合性文化休闲概念书店，让读者在阅读、购书之外，还可以在书店内休闲、交流、交友、探索，实现书店功能的延伸拓展和向第三空间的演化。

除了邀请各类文化名人开展讲座活动，钟书阁更多在童书馆内开展各类成本较低的亲子阅读活动，店内会自己培养“故事哥哥”“故事姐姐”，也会与周边的培训机构、学校一起合作。除此以外，钟书阁内还会开展各类特色活动，丰富市民精神文化生活，如演唱会、爵士乐演奏会、民乐分享会及诗歌展、摄影展等展览。

其次，多样化活动服务开展。新时代书店所承载的意义和所容纳的功能也变得更为丰富和宏大，书店也承担着部分社会职能，为“全民阅读”的目标做扎实工作，为读者带来更深层次的共鸣与收获，一定程度上推动全民阅读。依托出版社资源，钟书阁与学校合作，邀请六小龄童、马德华、敬一丹、宫西达也等走进社区、走进大中小学的校园，开展文化讲座、分享活动等。

钟书阁还推出了以图书为基础、以文化体验课程为主线、为企业量身定制的儿童夏令营，邀请知名青少文学作家提供讲座服务，并开展与图书有关联性的互动普及，如造纸术、印刷术、线装书、绘本互动剧、书店奇妙夜、欢乐故事会、Q 博士科学实验、四季畅想创意美术体验等系列活动。

再次，多元化经营模式探索。目前，钟书阁的多元化经营探索主要包括馆配和企业书房定制两部分。

馆配业务是钟书长期以来一直开展的项目，主要围绕上海市的中小学校。如今，业务已拓展至全国各地的国际学校。在打造、运营钟书阁的过程中，钟书阁与部分国际学校和双语学校保持了合作关系，以往的书目选择、采购到货、物理加工、数据加工等流程可以实现标准化操作，但国际学校和双语学校有着新需求：在数据处理方面，要进行中英分类的互转，方便图书馆进行馆内图书分类的规划和调整，即不仅需要中图分类法，还需要国外的杜威分类法进行图书分类。针对这一情况，公司对负责同事进行了专门的业务培训，实现了中英分类互转。

在企业书房定制上，钟书阁主要围绕图书管理、图书数字化、服务管理和活动管理四项内容展开。包括图书的拆包清点和上架；引导读者选读图书；馆内图书的日常维护，图书的分类和书架对应的优化；针对新采购的图书进行信息采编和系统录入；帮助企业员工在馆内找寻想要的图书；在收到相关活动的信息时，需及时做好活动的前期各项准备工作，积极调配好各项资源，以保证活动顺利进行等工作。

最后，积极创新模式打造。2020 年受新冠疫情影响，上海钟书积极响应防疫要求，开创线上直播云逛书店活动，减少线下活动场次，每场活动严格按场地控制人数。上海 8 家门店共举办各类线下大小活动 300 余场，全国钟书阁举办 500 余场活动，线上直播 128 场，参与人数 30 万人。

物质高速发展的时代，人们愈发关注精神文明的建设，因此实体书店成了越来越多人的精神驿站。书店场景的延伸，是钟书阁想要给读者呈现的书店空间美学，而各项功能的延展，则是书店应运时代潮流勇于革新、积极求变的正面尝试。无论外在如何变化，作为书店肩负的文化使命与社会责任都不会改变。

在未来的日子里，上海钟书将继续努力，深入学习与践行习近平新时代中国特色社会主义思想，成为文化潮流的引领者、全民阅读的承载者、公共文化服务的提供者，更好地满足大众日益增长的各类文化需求。

第十一节　上海大隐书局有限公司

上海大隐书局有限公司(简称“大隐书局”)创立于 2016 年 5 月，经过 5 年时间，从零起步，大隐书局已发展到门店 14 家，托管公共场馆 5 家，经营、运营阅读与文化空间面积达 20 000 多平方米，年接待市民、读者近 300 万人次，成为上海发展最快的本土原创书店。大隐书局利用文化资源的集成优势、文化空间的运营能力，积极参与公共文化建设，致力于打造符合上海文化产业发展方向的实体书店运营商、文化内容服务商和空间设计运营商。

一、员工

截至 2020 年 12 月，大隐书局总部团队人数 23 人，其中，运营部 3 人、采购部 4 人、活动部 4 人、项目部 2 人、行政人事部 3 人、综合保障部 2 人、财务部 6 人。大隐书局直营门店运营团队人数 42 人，其中，武康大楼店运营人员 5 人，大隐精舍店运营人员 5 人，创智店运营人员 8 人，大隐湖畔书局运营人员 5 人，傅雷图书馆店运营人员 2 人，白玉兰广场店运营人员 5 人，海派书房运营人员 4 人，九棵树艺术书店运营人员 8 人，为门店提供图书文创销售、餐饮服务、活动执行、场地租赁等整体运营保障。

二、荣誉

1. 大隐书局(公司)

获上海市民终身学习文化艺术体验基地“示范站点”称号；被评为中国民营书业峰会——2020 民营书业年度最佳阅读推广书店；获“新时代杯”年度书店品牌授牌；“不止是读书：滋润心灵的文化生活空间”获首届国际休闲生活方式案例奖银奖。

2. 大隐精舍

荣获“阅读的力量·深夜书店节”活动三等奖；“高山流水”获上海市演艺新空间授牌单位；“高山流水”被评为 2019—2020 年度优秀单位。

3. 大隐书局·武康大楼店

荣获“阅读的力量·品质生活直播周”评选一等奖；荣获“阅读的力量·深夜书店节”活动三等

奖;荣获"上海书展·阅读的力量"春季图书大联展特别活动三等奖;荣获"上海书展·阅读的力量"春季图书大联展特别活动微信(一店一条)评选鼓励奖;荣获"阅读的力量·春暖花开读新书"春季图书大联展特别活动三等奖。

4. 海派书房

荣获"阅读的力量·品质生活直播周"评选三等奖;荣获"阅读的力量·深夜书店节"活动三等奖;荣获"阅读的力量·春暖花开读新书"春季图书大联展特别活动二等奖;荣获"上海书展·阅读的力量"春季图书大联展特别活动微信(一店一条)评选鼓励奖;"海派书房聊海派生活"获上海市民终身学习体验基地线上品牌体验项目授牌;新时代杯"年度主题书店"授牌。

5. 大隐湖畔书局

荣获"阅读的力量·品质生活直播周"评选一等奖;荣获"上海书展·阅读的力量"春季图书大联展特别活动鼓励奖;荣获"阅读的力量·春暖花开读新书"春季图书大联展特别活动三等奖;荣获"上海书展·阅读的力量"春季图书大联展特别活动微信(一店一条)评选鼓励奖。

6. 大隐书局·创智天地店

荣获"阅读的力量·品质生活直播周"评选三等奖;荣获"上海书展·阅读的力量"春季图书大联展特别活动鼓励奖;被授予"2020 书业年度评选年度书店"。

7. 大隐书局·白玉兰广场店

荣获"上海书展·阅读的力量"春季图书大联展特别活动一等奖。

8. 大隐郊野书局

获得"文化空间"授牌和"最美阅读推广人"授牌。

三、运营

2020 年,大隐书局秉持"千店千面、一店一策"的战略,拓展了 3 家实体书店,全年 10 家实体书店总营业额收入达到 1 000 多万元,其中,图书销售占 33%,文创占 28%,茶饮及场租服务占 39%。

1. 上海风格书店的新跨越——海派书房

2020 年 4 月 23 日,大隐书局在新冠疫情后开了第一家实体书店海派书房。作为上海首家海派文化主题的书店,以海派文化之源为目标引领,在徐汇区"徐家汇源""魅力衡复""艺术西岸"三大文化品牌中,打造"海派主题彰显、文化功能复合、服务业态综合、社会效应杰出",全空间开放、新业态融合的新型实体书店。

主题书店对地域文化的切入,形成海派文化主题的文化辐射度、品牌美誉度、内容体验感、形态标识度,成为上海实体书店家族的新成员、文化体验的新基地、复合消费的新空间。

建筑形态对社区风貌的示范,是在不改变街区总体风貌规划的基础上,遵循多元、融合、跨界的经营思路,进行建筑语言的转换和空间形态的设计,形成了"老情调,新海派"的建筑样貌;并以空间的提升和功能的优化提升街区建筑品质,活化社区人文风貌,激发市民生活活力。

图书选品对城市文化的演绎,全年聚焦海派文化主题,契合社区需求,开展图书分享、文化体验、文艺演出、艺术展览、创意手作等各类文化活动。

2. 上海文旅融合新试点——大隐郊野书局

在闵行区浦江郊野公园旅游咨询服务中心内,打造以游客服务咨询为主体,融合文创展示、图书阅读功能、饮品轻餐服务等功能。该项目意在充分结合闵行区浦江郊野公园的地域特点,适应游客休闲的需求和周边常住居民的喜好，满足园区旅游配套服务功能，承载浦江郊野公园品牌文化。

3. 从“最美书店”到“最好书店”的赛道切换——大隐书局·九棵树艺术书店

“让阅读无处不在，让艺术触手可及”是九棵树艺术书店的经营理念，这是一处极具艺术气质、文化内涵、空间美学、美好业态的复合文化空间。

九棵树艺术书店规划了主题鲜明的书墙，也精心打造了一条极具辨识度的阅读长廊，将空间营造出层次丰富的艺术氛围。屋顶仿若树干交错，层层叠叠，尽展知识的宽广，拥抱艺术的海洋。

图书以艺术为主题，从艺术到生活，丰富的图书品类，让喜爱艺术的人尽享阅读时光。

“把阅读生活化，让生活艺术化”，是九棵树艺术书店所倡导的阅读生活方式。书店汇集有九棵树主题文创，还有来自大英博物馆、大都会博物馆、波士顿美术博物馆、英国国家美术馆等全球知名博物馆的主题文创产品不远万里汇聚九棵树，让读者足不出“沪”，也可体验全球博物盛宴。

四、活动

大隐书局已经成为上海乃至全国的知名实体书店品牌，一直积极履行企业的社会责任，成为全国举办公益性文化活动场次、频次最高的书店。开业 5 年来，各家门店围绕手作体验、艺术导赏、艺术展览、文艺演出、阅读分享等，共举办公益性文化活动 7 110 场(次)，其中，手作体验占 34%，艺术导赏占 17%，艺术展览占 4%，文艺演出占 16%，阅读分享占 29%。微信会员人数稳步增长，粉丝达 4 万人。

大隐书局·武康大楼店从 2017 至 2020 年，围绕以中国传统节日、节气为主线开展“二十四节气主题系列活动”。举办期间，覆盖参与人数近 5 万人次。

2020 年大隐书局旗下海派书房全年围绕海派文化、海派艺术、海派音乐，邀请海派领域的专家、学者，如沈辛成、陈楸帆、沈辛成、汤惟杰等，通过名家带领、市民参与、互动对谈，开展“海派生活”系列文化讲座，讲述海派的过去和未来，揭秘舌尖上的上海，解读地道的海派文化，聆听过去的摩登流行和海派老歌。

大隐书局·创智天地店联合五角场街道，结合区域文化，深度挖掘区域特色，开展了“大隐·五角场人文讲坛”主题系列活动，邀请了陈思和、段怀清、江晓原、仲富兰、夏德元等来自复旦、交大、华师大的知名教授担任讲座嘉宾，就中国的历史、文字、诗歌、信仰、技术、建筑、哲学、民俗日常等内容进行分享，让五角场周边的师生、白领、市民有深度、有维度地了解中国文化。

大隐书局·九棵树艺术书店是一家艺术主题书店，已全年围绕艺术、音乐、戏剧等主题，针对年轻白领、亲子家庭、周边居民等人群，开展手作体验、艺术导赏、文化讲座、文艺演出等活动。

五、结语

2020 年，大隐书局携手并进，同舟共济，取得了可喜的成绩，获得了同行的尊敬，也得到了社会各界的祝福。2021 年，将继续坚守“为守望者暖场，为夜行人燃灯”的初心理念，在公司领导的带领下，不断提升自我、克服困难、稳中求进、稳步发展，为实体书店发展拓新路，为文化品牌建设出新招，为大隐书局建设“文化之源、思想之源”的梦想继续前行！

第十二节　上海大众书局文化有限公司

“大众书局”是江苏大众书局图书文化有限公司着力打造的一个文化品牌，品牌起源于1927年的上海，在当时的出版发行机构中颇有名气。2003年品牌重新启用，两年后大众书局落户上海。18年来，“大众书局”品牌已为广大民众熟知，大众书局各门店在国民心目中也已成为有着历史沉淀感的老字号。

然而“大众书局”没有满足于历史的成绩，而是不断升级创新，书店也由单纯售书空间升级为“生活美学传播推广”的“文化交流体验平台”，旨在将“精选、格调、私享、生活＋”的文化空间带给每一位爱书之人。

截至2020年12月，大众书局全连锁近70家门店，在上海共有11家实体连锁门店运营，上海门店的总经营面积近8 800平方米。

一、人员编制

目前，大众书局店面团队包括区域经理、店长、值班经理、储备干部、收银领班、收银员、二星营业员、营业员、吧台主管、咖啡师等；品牌活动和后台支持由总部团队指导、提供。完善的人力梯队为业务的开展提供了有力的支撑。

二、获得荣誉

2020年获得中央电视台《品质中国》“品质中国合作伙伴”称号；2020年在第二届“全民阅读全国书店之选”系列活动中获得“超级买手”称号；2020年在第二届“全民阅读全国书店之选”系列活动中获得“十佳组织”称号；2020年在第二届“全民阅读全国书店之选”系列活动中获得“百佳参与单位”称号；2020年获全国书业抗疫“逆行勇进社会责任”先进单位称号；2020年获得“商品与服务质量优胜单位”称号；2020年大众书局文创商品部在年度书业非书品经营推展活动中获得“优秀团队”称号；2020年大众书局官方公众号获得全国书业社店营销“最受欢迎公众号”称号。

三、运营情况

2020年，大众书局创始人缪炳文先生受中央电视台《对话2020》栏目组邀请，做客央视舞台，与主持人朱迅畅聊多年来的创业体会，分享大众书局对于书业发展创新模式的探索成果，品牌影响力再获提升。

由于新冠疫情原因，2020年，大众书局门店线下活动并不多，而是将工作重心放在线上营销和会员服务等方面，新建了会员商城和小程序，增加了公众号会员活动，加强了微信群会员服务的力度，会员人数增长明显。在线下门店销售发展遇到特殊情况陷入困难的时候，线上销售予以一定程度的补充。线上营销的新尝试，符合大众书局以人为本、不断创新的经营理念，也让企业在营销方面获得了一些突破性的进展。

微信公众号推送 600 余篇,微信会员数量同比增长 98%;每篇推文平均阅读量超 6 000 次。

疫情期间每月至少组织一次线上直播,包括会员群内语音直播和抖音平台荐书直播。

每晚微信群里发一篇绘本阅读推文,增强了会员黏度,形成了固定活跃的家庭客户会员群体。

每月月度连锁直营门店活动,围绕满赠、会员卡、纸品咖啡充值活动开启主题促销。

每月度进行 1 至 2 场线下绘本主题亲子故事会,进一步回馈亲子会员,增加亲子会员黏性。

2020 年,大众书局先后邀请了语言学达人郑子宁、著名作家张玮(馒头大师)、著名儿童文学作家伍美珍老师举办作品分享会。

2020 年,由大众书局牵头设立的"大众好书榜"评选项目正式启动,旨在通过定期发布季度年度书单、书评征集等方式,向读者推荐高质量的精品图书,形成契合广大市民真实阅读需求的阅读指南和阅读风向标,并促进全民阅读。

四、结语:坚守初心,不断创新

深耕书业十八载,大众书局在承担书店相应的社会责任外,也在不断创新。上海是全国书店的文化高地,好书店不断涌现,这是机遇,同时更是挑战。大众书局所引进和培养的人才、塑造的品牌形象、推广的企业文化以及积累的宝贵经验,已沉淀为大众书局不可被模仿的内在优势。

多年来,大众书局一直以书为核心、以大众为中心,不急于盲目扩张版图,不贪恋光怪陆离的文创,更不轻易贩卖廉价的"情怀",始终坚持把"为大众寻得好书"作为核心工作,踏实做,慢慢做,把"大众书局"做成读者心中"书品"的标杆。

2020 年,面对新冠疫情,大众书局改变了营销策略,提供了相应的会员服务,在困难时期保证了公司的平稳发展。大众书局深知,只有一直怀着敬畏之心和感恩之心,不断提高服务水平,不断探索、努力创新才是长足发展之根本。

长路虽远,但万物尽可期待。未来,大众人仍将坚守初心,保持热爱,奔赴山海。

第十三节　言 几 又 书 店

言几又,取意源于"設"。

言,语言、沟通方式;几,差异、别致;又,多元递进。

言几又是以城市文化空间运营为载体,集合生活方式、多元业态、文化资源打造的城市文化服务提供商。

言几又书店坚持从空间设计、到产品设计、再到内容设计,用先锋设计精神和更多美学设计来改变传统书店氛围。以"书店力"作为书店的扎实基础,由专业的图书采选团队,围绕用户的阅读习惯,提供多元的阅读入口;通过用更多的创意语言,搭建"言几又"式的场景空间,连接人与生活,让生活场景幻化出更丰富的呈现和联想;在连接之上,融合多种内容,用设计精神引导文化生活方式的全新体验,延展出远比原意更加充沛充盈的文化内涵。

截至 2020 年 12 月,在上海,言几又拥有 10 家直营门店,由上海沁滢文化传播有限公司负责门店的日常运营,分别是:言几又·上海虹桥天地店、言几又·上海七宝宝龙城店、言几又·今日阅读上海万象城店、言几又·今日阅读上海企业天地店、言几又·今日阅读上海百联世纪店、言几又·今日阅读上海长泰广场店、言几又·今日阅读上海瑞虹天地店、言几又·今日阅读上海光合新座店、言几又·今日阅读上海虹桥南丰城店、言几又·今日阅读上海九亭金地店。

一、员工

截至2020年12月,言几又上海后台团队在编人员22人,包括总经理1人、市场团队7人、人事行政团队5人、财务团队3人、产品运营2人、咖啡运营2人、督导运营2人。以上后台团队为言几又上海所有门店提供运营支持保障。

言几又门店在编运营人员83人,包括店长10人、店助15人、店员58人。门店运营人力资源梯队相对稳定,定期进行岗位知识培训、相关技能竞赛、门店业绩PK,在成熟的运营体系下稳定发展。2020年全年门店运营人员流动性大,老员工工作情况较稳定,新员工经过培训后也能快速进入工作状态。

二、运营情况

2020年年收入2 029.69万元,费用支出3 492.78万元,年亏损1 463.09万元。2020年受新冠疫情影响言几又上海区域门店经营受到严重打击,收入情况相较于2019年下降近60%。面对困难,书店一方面根据市政府防疫要求做好门店各项防疫工作,一方面出台各项措施积极恢复经营。

三、市场活动情况

截至2020年12月,市场团队通过品牌合作对接多方面的活动资源进行活动引流,刺激消费,全年言几又上海门店活动空间承接活动100场以上,参加人数超3 000人次;邀请了薛兆丰、江一燕、万晓利、青山周平等优质嘉宾,举办了多种形式的签售会、手工DIY活动、脱口秀活动、文化沙龙活动、戏剧表演活动、静读一小时等众多分享活动。在丰富了会员活动氛围体验的同时,也为言几又带来了良好的市场反馈和口碑提升。

四、结语:创造更好的客户体验,提供更好的创新与生活,做更好的自己

在未来,言几又会对自身结构进一步完整优化,打造更好的业态场景、丰富更优质的活动体验,力争提供非单纯的某种物品,而是物品之间、业态之间甚至是物品与业态之间碰撞交融而成的整体的美与新知。

言几又始终相信,在这里,人们总能找到一种令自己心驰神往的生活方式。

第十四节 西西弗书店

西西弗,名称缘起于西西弗斯神话故事。西西弗斯从事的是连续的运动,没有目的,无所谓善恶成败,这个行动看上去仿佛是无效的,但它包含着让人畏惧的内容。取其坚忍不拔的含义,带点牺牲精神,西西弗书店希望可以成为图书行业或者文化行业的西西弗斯。

西西弗书店是一家全国性主题体验连锁精致书店,长期以来,它秉承“参与构成本地精神生活”

的价值理念,以“引导推动大众精品阅读”的经营理念发展连锁书店。

目前旗下有西西弗书店、矢量咖啡、不二生活文创、七十二阅听课儿童阅读体验空间、推石文化等子品牌。以28年对图书和阅读的专注研究,西西弗细分出标准线(黑标/绿标/红标)、主题线、定制线三大店型产品线,分别匹配不同城市商业体定位,为读者打造层次丰富的阅读体验;开创专业的图书产品线和大数据系统,让读者轻松选到好书;搭建互动交流平台,与读者共享城市文化空间。

公司总部位于重庆,在全国80多个城市拥有300多家实体连锁书店、300多家意式咖啡馆,超过500万活跃会员。

以上海区域为例,截至2020年12月,拥有西西弗书店·静安大悦城店、西西弗书店·月星环球港店、西西弗书店·七宝万科广场店、西西弗书店·浦东嘉里城店、西西弗书店·长风大悦城店、西西弗书店·虹口龙之梦店、西西弗书店·世贸广场店、西西弗书店·凯德晶萃广场、西西弗书店·三林印象城店、西西弗书店·嘉定万达广场店、西西弗书店·晶耀前滩店、西西弗书店·南翔印象城店、西西弗书店·复地活力城店、西西弗书店·金桥国际广场店、西西弗书店·闵行天街店、西西弗书店·正大广场店、西西弗书店·华润时代广场店、西西弗书店·宝杨宝龙广场店、西西弗书店·上海万象城店等19家书店。

区域内所有书店均由书店、咖啡馆、不二文创区构成,按照组织架构接受总部统一管理及工作指导,门店的日常运营则由上海惜福文化传播有限公司负责。

一、员工

截至2020年12月,上海区域共有在编人数265人。西西弗书店后台团队在编人数19人,其中,区域总经理1人、书店总监3人、咖啡总监3人、人力部4人、行政2人、文化活动部2人,财务部4人。后台团队为西西弗19家书店提供全方位的整体的保障。

上海区域西西弗书店共有零售在编人数156人,矢量咖啡在编人数90人。西西弗书店每家门店的在编人数为7至12人不等,所有书店都会配备有1名书店店长,1名副店长,2至3名主管,2至3名收银员,以及2至4位图书专员。矢量咖啡在编人数则是4至6名不等,包含有1名咖啡店长,1至2位收银员,1至2位咖啡师。

二、荣誉

获最美书海报——2020长三角书业海报评选优秀奖、最美书海报——2020长三角书业海报评选二等奖。

三、运营

2020年,西西弗书店19家店总体收入近6 000万元,其中图书销售占七成。受新冠疫情影响,上海区域整体客流较2019年减少27.4%。店日均客流达到了770人。

1. 西西弗书店·静安大悦城书店

(1) 2020年下半年客流有所回暖,零售稳中有升。

西西弗书店·静安大悦城店开店于2015年,2020年下半年客流较上半年上涨了近23%,受益于2020年下半年疫情管控得力，客流有所增长。日均提货同比提升27.1%，代表客人的黏性增加，消费意愿提升，书店的选书和不断地调整带来了较好的成效。日均交易笔数增长11.2%，伴随着客流的回升，门店服务质量业务标准得到提升。

(2) 层次化的动态产品设计。

西西弗书店·静安大悦城店依托于总部运营标准，将畅销的、大众的书籍陈设在门店入口处，将专业化书籍如教育考试、经管科技、艺术设计等安排在最里层，这种有层次、有目的门店设计能够很好地引导顾客。与此同时，依据书籍的火热程度、需求度和重要性，通过标准化分级评定不同产品，即根据书籍流量分别将之评估为A1、A2、A3不同级别，通过书籍的销量数据找到不同时期变化中的畅销书，从而动态调整书籍的位置。

(3) 主动改变，继续探索。

西西弗书店·静安大悦城店，于2020年期间，为迎合市场，积极主动做出漫画区的调改，特别选择部分展架做漫画图书的集中陈列展示，丰富门店动漫品种的同时，也美化了陈列，取得了较好的结果。

2. 西西弗书店·南翔印象城店

西西弗书店·南翔印象城店，占地面积421.54平方米，书店开业主题为"阅界生活　无限光彩"。这家书店在保持绿标店独立、精致、温馨阅读文化氛围的同时，又深度融入所在城市的文化精髓，呈现出一种现代感。通过其内容的丰富性、地理的便利性，以及惬意舒适的阅读感受，让读书、逛书店逐渐成为读者的一种生活日常，并伴随阅读新知，发觉生活中的光与亮。

2020年，新开两家门店，分别是西西弗书店·金桥国际广场店、西西弗书店·南翔印象城店。

四、结语：不忘初心，继续探索

西西弗书店始终坚持以图书为主营业务，门店面积配比图书咖啡文创，按照7∶2∶1的比例分配。坚持书籍的媒介作用，使书店本身更具有竞争价值。西西弗书店既没有IPO(首次公开募股)，也没有大规模融资，而是自负盈亏，依赖自己的现金流实现营收和新店布局。"在西西弗，我们有18个专业系统，每个系统下细分3至4个专业部，专业部中也设有专业主线。让专业的人做专业的事，合在一起就是一门大生意。"西西弗创始人、公司董事长金伟竹曾这样说过。西西弗目前正处于企业发展的3.0阶段，未来会逐渐走向移动互联网，随着全国商业布局的进一步打开、镜像店的项目落地，以及移动互联网的加持，相信西西弗书店会走得更远！

第十五节　上海三联书店(实体书店)

上海三联书店是上海报业集团《解放日报》旗下一家有着悠久历史和光荣传统的出版社。三联书店，肇始于20世纪30年代的上海，栉风沐雨八十余载，被誉为"中国知识分子的精神家园"。在人们的阅读生活中，三联书店有着其特殊的地位，而"上海三联"作为三联品牌的承继者之一，不仅是一家品牌出版社，而且还承载着一种人文精神，力求忠实地记录时代，努力成为一种新生活的向导。

截至2020年12月，旗下拥有上海三联书店·金山城市沙滩店、上海三联书店·微言小集、上海三联书店·山脚下的书店、上海三联书店 READWAY 朝阳大悦城店、上海三联书店 READWAY 中大国际店、上海三联书店 READWAY 新天地店、上海三联书店·山脚下的书店(观堂店)等书店。

一、合作——衍生品牌的落沪发展

以上海三联书店 READWAY 新天地店为例，由上海三联书店与上海芮溪百货以合作形式共同运营书店，是上海三联书店 READWAY 在上海的示范项目，具有优秀的商业示范效应，对上海三联书店未来发展起到了关键作用。

新天地店继承了上海三联书店实体书店的优势，进一步整合了上海三联书店的精致文化品牌资源。2019 年开业的新天地店坐落于黄浦区淮海路 333 号新天地广场 4 楼，由上海三联书店优秀设计师团队打造，是包含图书、文创、展览、潮玩、餐饮的复合业态跨界平台。店内领先业内，率先使用腾讯旗下的无人智能货架设备，打造智能化商业交互阵地；沪版图书新品更迭迅速，专业选书团队设置专架呈现精彩沪版图书；多次沪上首发青年文创潮玩品牌，提升对青年客群吸引力；充分利用店内空间，不间断地推出文化展览活动，立体呈现文化之美；店内持续组织线上线下图书活动，为读者和出版社服务，营造全民阅读氛围。

新天地店发挥了上海三联书店的内容优势，为读者精准提供优质内容和增值服务，拓展"实体书店+"模式，承担更多的公共文化服务的功能，带动全民阅读的提升，让书店成为新型阅读社交空间和创意平台，助力建设海派文化展示风采的全新窗口，提升上海作为国际化大都市的文化创意产业传播能级。

二、谋变——打通线上读书会平台

2020 年春节期间，新冠疫情的暴发使实体书店内活动的举行变得困难，上海三联书店 READWAY 新天地店也暂停了营业。本着"竭诚为读者服务"的宗旨，在疫情期间，上海三联书店第一时间开通了哔哩哔哩官方账号，打通线上读书会平台，并开始寻找、充实合适的活动，将线下活动资源转到线上平台，提升读者体验。

在各行各业全面落实经济复苏政策之时，上海三联书店的各家书店也开始逐步恢复线下活动。新天地店自 2020 年 2 月 10 日起开始复工，第一时间组织防疫相关货源，倾力做好防疫工作，每日进行定点消毒两次，为员工组织防疫相关物资和培训，为读者提供免洗消毒洗手液，组织采购防疫相关图书和产品。书店持续为正常运营做努力，结合哔哩哔哩直播的形式，将优质文化资源导流到线上平台，并积极参加 2020 上海书展、"阅读的力量"系列活动。

三、复苏——直播引领的全民阅读

作为一家出版社，上海三联书店有着人文社科方面的优势，而通过微博、微信、天猫等线上平台，上海三联书店为大家带来了一系列新书的作者分享会，更便捷地提供多媒体文化内容输出，多方位为市民提供公益文化活动、丰富线上文化生活。

上海三联书店于 2020 年 4 月出版了"寰宇文献"版的《菲兹杰拉德〈鲁拜集〉译本五版汇刊》，

将全部五版的原始版本影印，中译者钟锦用文言散文、七言绝句、集唐、集宋、白话诗五种形式，对照着五个英文版进行翻译。2020年6月29日，钟锦老师和翻译家、诗人黄福海老师齐聚上海三联书店，通过一场直播活动，回望了《鲁拜集》英译本的前尘往事，和读者分享翻译过程中的心路历程。

笛卡尔和牛顿物理学所奠定的世界观与方法论有着持续的影响力，20世纪伊始，不断涌现出新的时代思潮与之融合，形成所谓的“西方复杂思维”。2020年12月19日，在上海三联书店举行了《时间与确定性：东方复杂性思想引论》一书的读书分享会，哔哩哔哩也同步进行了活动直播。基于对佛典的理解，作者耿侃老师以东方视角全面反思“西方复杂思维”，进一步地揭示了其理论过失，尝试通过还原佛学的时间观以探索确定性，现场与线上的观众都收获颇丰。

与传统的线下新书发布会相比，哔哩哔哩这一社交平台的引入为读者互动提供了更多可能性。得益于哔哩哔哩独特的弹幕功能，每一位参与直播活动的上海三联读者都能在第一时间表达当下的见解，并提出自己的疑问。而通过回看直播进行复盘，上海三联书店不仅在思考如何对活动进行优化来提高后续的体验，还通过实时互动情况及评论区留言更直观地了解到，哪些内容能更好地引发上海三联忠实读者们的共鸣。

四、荣光——跨界共赢的多元空间

2020年5月，上海三联书店READWAY新天地店荣获上海市书刊发行行业协会“上海书展·春暖花开读新书”春季图书大联展特别活动三等奖。新天地店还获得上海市群众文化项目资助，未来将会持续推进书店的优质发展。

2020年10月28日，上海三联书店·山脚下的书店（观堂店）在上海市松江区外青松公路8228弄168号1楼正式开业。观堂店不仅是一家书店，还是一家“好吃的书店”：美食类书籍搭建出一座迷你“味觉森林”，展台展区布置了许多“好吃”又“好看”的文创周边；在开业活动中，著名主持人李蕾老师和美食专栏作家闻佳带来了精彩的文化对谈，为大家揭秘了《浮生六记》与《红楼梦》中的美食，从声音和味觉中采撷江南饮食趣味和生活雅趣，探索文字与美食的更多可能；在这里，阅读融入了生活，打破书店原有的概念，将“烟火气”和“书卷气”相结合，书店旁的“观堂小院”将江南的典雅和海派风情完美融合，让食客品尝到“老底子”上海民间味道。

除了形式上的创新，图书发行及实体书店的运营在本质上还是要仰仗内容。作为出版行业的内容创作者，上海三联书店需要不断地寻求书本内容与当下社会热点的有机结合，方可让每一本书焕发持续不断的活力，同时也能让读者获得常读常新的体验。作为在人文社科类出版方面具有优势的上海三联书店，借助丰富的文化活动经验，充分发挥自身的专业特长，用专家学者的专业度为出版作品背书，让每一位读者都能学以致用；通过线下多家门店和线上多平台的组合，上海三联书店也将在新的一年里继续“竭诚为读者服务”。

第十六节　百 新 书 局

2020年，上海百新文化用品有限公司（简称“百新书局”）三家店——缤谷广场店、尚悦湾广场店和南方商城店，共同参加了上海市书刊发行行业协会举办的“上海书展·阅读的力量”春季图书大联展特别活动、“阅读的力量·春暖花开读新书”、“阅读的力量·品质生活直播周”、“阅读的力量·深夜书店节”。每季一场的活动,组织图书、美化陈列、海报设计制作,百新书局的工作人员认真参与,积极推荐,让每一次的活动都可以达到理想的效果。

2020年,是一个修炼“内功”年。继南方商城店嫁接“美上美学”艺术美学培训的模板店后,缤谷广场店和尚悦湾广场店也进行调整升级,使艺术美学书店的形象成为百新书局的名片。升级后的三家百新书局,由三个美学四个模块组成,即人文美学的图书、生活美学的咖啡文创、艺术美学的艺术培训。

2020年,是一个商业集市年。百新书局自发组织及参与了各种集市共20场,其中在南方商城店自发组织的手账集市,2天的集市有就几百的粉丝们蜂拥而至。此外,在缤谷广场店的马路集市、南方商城店的汽车尾箱集市、尚悦湾广场店的滨江风情街集市,百新书局参与的文创产品、图书、时尚饮品等都得到消费者的喜爱。

2020年,是一个线下线上连接年。百新书局通过百新微信群,组织了20多场拍卖会、秒杀会,让客户足不出户可以与百新互动,喜欢的商品可以以优惠的价格买到家里。另外,百新书局的抖音群也举办了20多场直播。不仅自己的员工不断上镜推荐商品,还请到了一些“发烧友”和业内“意见领袖”来参与直播,连接了客户也连接了博主,让书籍信息遍布热爱图书、热爱文创、热爱艺术的人群。

2020年,是一个展会年。百新书局借着“美上美学”上线之际,店里举办了常青、安迭·沃霍尔等画家的作品艺术展,艺术爱好者和周边的居民被吸引到店。在这里可以鉴赏艺术,让到店客人知晓艺术不光居位于高高的博物馆,也可以在身边。此外,百新书局也参加了老字号展与上海书展。

2020年,是一个空间互动年。百新书局联合各商城举办了各种读书活动、文化艺术分享等线下互动活动。如与南方商城联合举办的儿童绘本朗读会,与尚悦湾广场联合举办的英语花体字体验学习交流会、世界明信片漂流活动,与尚悦湾广场联合举办的儿童折纸体验活动,这些活动不仅取得了引流的效果,也拓宽了顾客的知识面。

2020年,是一个品牌产品和限量版产品入市元年。百新书局有着“让中国的孩子用世界的好文具”的经营理念。百新平台一直是世界优秀文具产品文创产品的国内首选通路。2020年,国誉、斑马的限量产品、与各品牌合作的产品以及各类盲盒类的产品,在百新的渠道不断上线,吸引了文创文具迷们的目光。

2020年,确实是艰难的一年,整体销售同比下降了30%。2020年也是磨炼人的一年。百新书局会不忘初心,坚守行业,砥砺前行。

第十七节　上海悦悦图书有限公司

上海悦悦图书有限公司(简称“悦悦图书”)于2001年成立。秉持着“分享快乐,分享智慧”的理念,历经近20年的稳健发展,悦悦图书已成长为图书行业“互联网+”领域的领先企业,整合国内300余家优质出版社和出版机构,为广大读者提供超过10万种优质的图书产品以及丰富的原创内容服务,致力于打造服务读书人的融媒体“文化生态”平台,助力“全民阅读”的推广和“上海文化”品牌的建设。

悦悦图书现有员工近300名,拥有高级图书发行师、资深编辑、IT技术团队、视频直播摄制团队、客服和仓储配发团队等全产业链的优秀运营团队,高效率地实践线上线下协同发展。

2020年悦悦图书销售超过2 000万册图书，读者粉丝数量超过百万，网络店铺平均每天用户访问量25万，日益成为在读者心中颇具影响力的品牌，连年被评为“天猫十大优秀店铺”。

悦悦图书旗下的志达书店是2012年首批获得上海市新闻出版专项资金资助的书店之一，于2018年与阿里合作联手打造了国内首家智慧型未来书店，全面建成了线上线下融合的立体化阅读服务文化平台。到2020年，已先后推出特色鲜明、内容生动的八大系列名师讲坛，成功举办330多场文化活动，线上线下参与人数过百万，受到读者的广泛好评！

2020年，悦悦图书还在全国率先开启“云游出版社”先河，运用现场直播，把广大读者直接带入图书生产的出版社现场，切身感受出版社的编辑们在一部部新书出版中展现的至诚情怀，不同风格和特色的新书散发出的醉人馨香，聆听无数个隐藏于图书背后的动人故事。在短短的6个月中，直播云游了24家出版社，产生了广泛的社会影响。

2020年第十七届上海书展，为了弥补新冠疫情常态下很多读者不能亲临上海书展的遗憾，悦悦图书在书展现场开设了“上海书展·悦悦直播厅”，以7×12小时直播带货图书销售的创新模式，开展近百场生动的阅读分享活动，线上累计观看人数超13万，累计观看次数近23万，累计点赞数超216万，赢得了线上线下读者的喜爱与赞赏。中国国际电视台（CGTN）也在全球予以重点报道，悦悦图书被本次书展主办方被评为“最有创新力的‘十佳’跨界合作机构”。

路漫漫其修远兮。在未来的征途上，悦悦图书还将不懈努力，为振兴全民阅读砥砺前行！

第十八节　建投书店投资有限公司

2020年，中国建银投资有限责任公司（以下简称“集团”）对建投书店投资有限公司（以下简称“公司”）的功能定位和管理模式进行了重大调整，公司准确识变、科学应变，在集团的领导下，以“压缩规模、降本增效、控制风险”为总体原则开展了全年的经营工作。

公司落实集团提出的调整转型相关要求，聚焦金融、财经及其他集团主业，积极探索品牌传播新模式，有效地发挥了推广集团品牌的平台作用。同时，公司对存量业务进行了全面梳理，加强统筹协调，进一步探索“轻资产”经营模式，升级产品供给，提升综合竞争力和市场化水平，为公司长期发展奠定了良好基础。

同时，公司在深化改革、调整机构、降本增效中坚持稳中求进，奋力攻坚克难，统筹抓好新冠疫情防控与经营发展，扎实做好“六稳”工作，全面落实“六保”任务，加强风险管理，牢牢守住不发生重大风险的底线，为公司业务推进与目标达成提供了有利的运营保障。

2020年，公司实现营业收入的稳步增长，各项业绩评价指标完成率均达到基准值。

一、优内容，探形式，助力集团品牌传播

公司秉承“聚焦主责、服务主业”的基本思路，通过多种方式促进集团品牌传播和美誉度的提升，并在集团品牌传播与公司业务的有机融合上进行了有益探索，进一步完善了品牌传播矩阵，丰富了集团品牌集群的传播形式，很好地发挥了集团品牌传播平台的作用。

丰富品牌活动内容。公司将“JIC讲堂”升级改版为与集团主业更为贴近的“科技投资系列”，通过全年8场专题活动，以紧贴国家政策方向和集团主业的具有较高专业度的内容，向关键目标受众进行主动传播，并通过线上线下多渠道多维度多元化宣传，吸引了近24万人次参与，报道总计

1 246 篇,覆盖人群 882 万人次。其中,与建投华科、国泰基金合作举办主题讲座 3 场,将品牌传播核心扩展到集团品牌集群,在交流分享集团业务实践经验、传播集团优质品牌形象方面发挥了重要作用。

加速品牌传播与业务融合。围绕集团主业,主动将集团品牌元素融入活动内容,加强集团品牌集群在活动的展示。公司在与上海电信合办的中国电信主题论坛、与上海虹口区委合办的“企航北外滩”、自主策划的“江南生活节”等系列活动中,分别植入了建投华科、投资咨询、建投信托等成员企业品牌;公司携“中国建投研究系列丛书”参与“2020 年中国国际服务贸易交易会—第十八届北京国际图书节”活动,重点展示了集团最新的优质研究成果,精准地向目标客户展现了集团的实力,提高了集团品牌集群的行业影响力。精准对接集团核心业务领域,主动打造与集团主业相关行业活动内容。公司与国内著名财经媒体《巴伦周刊》合作举办“投资人会客厅”活动,并通过巨浪视线、雪球、百度直播、新浪微博等多家平台进行了同步直播,吸引线上 30 余万人次观看,实现了自有活动与品牌宣传的有效融合。

2020 年,公司共获得具有行业影响力的奖项 4 项,行业影响力持续提高。其中,北京国贸店获得由北京市委宣传部、北京市文旅局主办的“阅读北京·十佳优读空间”与北京市朝阳区政府“2020 年度朝阳区实体书店扶持项目——融合发展奖励”2 项奖项;上海浦江店店长谢重澄在中国书刊发行业协会主办、百道网承办的年度致敬活动中荣获中国书店致敬“年度店长”称号;公司总经理林克忻获得了“上海文化企业十大创新人物”称号,该奖项由“第一财经”主办、上海市委宣传部和上海市文化和旅游局指导并颁发。

二、抓重点,稳基础,塑造核心竞争力

公司对存量业务进行了深入研判,结合新的功能定位,明确了“以文化顾问为引领、以门店销售为基础”的业务结构,并以此为出发点,打破原有的业务发展模式,以北京、上海两地为中心,深耕本地市场,强化区域辐射,加强业务间的资源共享和协同,努力创造具有建投书局特色、自主创新、自立自强的核心竞争力。

2020 年,公司机构客户收入占营业收入的 69%,同比增加 11%;可比业务单元(文化顾问业务及两家门店)集团外机构客户占营业收入的 47%;全年累计新增机构客户 61 家,其中,文化顾问服务内容策划新增机构客户 9 家,包括东莞万科、中金财富、建行私行、东亚银行等具有行业影响力的机构。

文化顾问业务方面东莞万科项目实现了首次异地客户拓展,公司通过富有吸引力的内容策划和优质服务,将其孵化成了首个单年收入超过百万元的市场化客户。公司为其提供了社区亲子阅读品牌“悦读理想家”一站式咨询服务,以富有内涵的文化内容和多样的展现形式,实现了较高的客户满意度。在圆满完成首单合同后,东莞万科又进一步采购了其他文化顾问服务。东莞万科项目还丰富了建投书店客户资源库和文化顾问产品线,为此后同类产品的复制升级奠定了基础。

公司向另一重点客户中金财富证券北京分公司提供了包含生活美学、历史文化等内容在内的 7 期“中金云书局”线上文化活动。活动通过线上与线下专场活动的有机结合,有效地为门店进行引流,实现了文化顾问服务业务与门店销售业务的客户转换。

在拓展新客户的同时,公司加大金融财经领域存量客户维护力度,实现了上海银行私行、农行江苏分行、工行上海分行、金融街控股等金融领域客户的重复购买。

提升产品研发能力，以线上文化顾问产品为着力点，配合门店收费活动的产品研发，多方位推动文化顾问产品的升级与优化。全新开发的纪录片产品“书房里的世界观”由腾讯视频购买独家播放权，是内容转化变现的一次有益尝试，视频播放量已超过216万次；全新推出的“局君带你看世界”系列活动，实现了C端线上产品的价值变现；疫情期间，公司及时将线下的优秀文化产品“星涌人文学堂”转变为线上的“星涌人文直播学堂”，将微信公众号内容“彩虹书单”升级为“彩虹Reader”线上共读产品，通过技术创新和资源整合更好满足了机构客户和零售客户不同层面的文化需求。疫情期间，公司及时加强线上渠道拓展，上线美团外卖平台，优化升级微信小程序商城，提高公众号推送与线上商品的关联性。全年线上渠道实现销售较2019年同比增长超过2.5倍。

线下产品方面，公司也尝试了更多内容策划产品的升级创新，进一步为门店商业化收费活动提供新思路。党建主题活动“致敬理想生活人物志”主题展览带领公众回顾党的发展历程与新中国的改革道路；面向C端的付费主题活动“月度主题人物特刊”结合线下沙龙的形式，带领读者与历史人物“对话”和“交流”；全新打造的“江南生活节”主题文化月活动联合30家合作伙伴，通过主题展览、特色市集、非遗手作、美食品鉴、名家讲座、艺术雅集等丰富多彩的活动形式，打造沉浸式体验嘉年华，并首次尝试联票销售形式，实现了活动策划能力的进一步提升。

第十九节　作 家 书 店

作家书店，是上海市作家协会为深刻落实中央复兴伟大传统文化，具体推进全民阅读工作精心开办的一家文学主题书店。2020年，在尚未走出新冠疫情的阴霾，书店的实体经营和文化阅读活动的组织继续受到影响的情况下，作家书店仍然给上海乃至全国的文学爱好者提交了一份满意的答卷。

一、基本情况

2020年，作家书店依旧作为上海市文化阅读的重要地标和网红打卡地，吸引了大量读者和文学爱好者到访。作家书店始终按照疫情期间的防疫标准做好防疫工作，做到防疫工作不留死角，给广大读者创造安全的阅读购书的环境。2020年，作家书店将“学四史”的精神做实做透，店内不但尽可能地丰富红色主题读物，比如由上海市作家协会组织出版的“红色足迹系列”“红色起点系列”，同时也在活动设计上力推红色精神、红色文化。总的来说，作家书店在经济效益和社会效益两个层面在2020年里有着进一步的巩固和提升，特别是社会效益方面，作家书店的品牌日益彰显。

二、特色介绍

依托上海市作家协会资源，作家书店继续打好文学牌、发挥文学桥梁的作用，一边向广大文学爱好者推荐优秀文学图书和介绍文学作家，同时也不断向作家特别是上海市作家协会的会员们提供读者的阅读反馈意见。作家书店已经成为许多国外作家与国内作家的交流窗口，书店内部还专门设计了“长三角文学交流联盟”的区域。在图书产品和书店餐饮方面，作家书店也一如既往立足文学，以宣传文学为主。书店根据运营需要，不断调整文学图书品种、推陈出新；餐饮方面更是赢得了书店行业和广大文学爱好者的关注。作家书店是书店行业中最早以文学作品命名餐饮以及和作家一道开发餐饮品种的书店，源自王安忆的随笔集《仙缘与尘缘》、叶辛的长篇小说《上海恋》、孙颙的长篇小说《风眼》、赵丽宏的诗集《疼痛》、孙甘露的短篇小说《我是少年酒坛子》、陈丹燕的旅行文学作品《令人着迷的岛屿》等知名作家作品开发的特色咖啡，还有潘向黎和书店一同设计的"梅边消息"茶饮，都为作家书店的创意消费增加浓浓的文学色彩。

三、文化活动

2020 年，作家书店先后策划和组织了一系列文化阅读活动，其中"守望书店"活动、"上海国际文学周"七场活动、"文学进社区进校园"系列活动最受广大读者追捧和喜爱。

1. "守望书店"活动

2020 年 4 月"世界读书日"期间，作家书店与腾讯新闻频道合作举办了首届线上"守望书店"直播活动。这次活动引起了文学界、出版界，特别是文学爱好者的广泛关注。书店邀请知名青年路内担任嘉宾坐镇直播平台，作家书店同时设计了"9 重好礼""点赞抽奖""嘉宾送大礼"等多个促销创意方案，在活动直播的两个多小时时间里，共介绍和推荐了近五十种文学图书，营收近万元，峰值人数达到 32 万人。该活动观看人数位列年腾讯直播平台文化主题频道单场人次前列。

2. "上海国际文学周"活动

上海国家文学周的全部七场活动，"英语文学漫谈""朗姆酒拌柑橘的冷盘与法语文学""百年前的日本维美文学漫谈""俄罗斯民族的标签""西语美洲文学漫谈""灵性的上升和下降——德语文学漫谈""现实与虚幻的纠缠"均在作家书店举办。

3. "文学进社区进校园"系列活动

作家书店以"为作家服务、为读者服务、为文学服务"为经营宗旨，积极策划和构建各种形式的渠道与平台，不遗余力地推荐作家，特别是作协会员以及他们的作品。"文学进社区进校园"系列活动就是在这样的背景下，在作协党组领导的关心和支持下筹划起来的。在上海市作家协会党组领导王伟书记亲自主持下，作家书店先后与静安区南西街道、浦东新区浦兴街道、黄浦区瑞金二路街道等社区基层组织，还有浦东模范中学、东荷小学、金桥小学、平南小学、市三女中等学校建立了联系。作家书店根据这些单位的实际要求和情况，打破以往传统形式，主动"走出去"，为他们量身定做有特色有内涵且形式多样的文学推广活动，特别是红色主题活动。既为这些社区的公共文化空间增添了内容、为这些校园带去了经典文学知识，同时也为作家们提供了和读者交流互动、直接听取各年龄阶段读者心声的良好机会。

第二十节　读 者 书 店

《读者》作为中国最具知名度的杂志之一，创刊 39 年来，在海内外拥有大量忠实读者，被誉为"中国人的心灵读本""中国期刊第一品牌"。读者(上海)文化创意有限公司(简称"读者上海公司")于 2017 年在上海成立，是读者传媒股份有限公司的全资子公司，并开设了全国第一家读者品牌集合概念店上海旗舰店。

截至 2020 年 12 月，读者上海公司旗下运营着读者·外滩旗舰店、读者·北站阅读空间、读者·北站阅读空间(海文大厦店)等三家书店。书店定位综合性文化空间，以"读者"品牌深厚的文化积淀和读者集团雄厚的实力为依托，将"读者"品牌形象及内容具象化、氛围化、场景化；除了涵盖书店、文创、展览、休闲、活动等空间集合功能外，还将围绕国家“文化＋”“互联网＋”等发展战略，建设“读者＋”融合型文化传播、服务和消费平台，把文化资源优势转化为产业和市场优势，结合线上线下多种营销渠道，实现社会和经济效益的双丰收。

一、人员

截至 2020 年 12 月，读者上海公司办公室人数 9 人，后台团队为读者书店所有线下空间提供整体保障。

读者书店在上海设有运营总监 1 人，全面负责 3 家门店的人员管理、运营管理和营销工作。其中，读者・外滩旗舰店零售在编人数 4 人，值班经理 1 人，资深店员 1 人，资深咖啡师 2 人。读者・北站阅读空间零售在编人数 3 人，值班经理 1 人，资深店员 1 人，初级店员 1 人。2020 年，读者书店员工流动少，人力梯队构成非常稳定，兼职团队固定，专业能力强。

二、荣誉

获“上海书展・阅读的力量”春季图书大联展特别活动三等奖；获“上海书展・阅读的力量”春季图书大联展特别活动动态（一店一圈）评选优胜奖；获“阅读的力量・春暖花开读新书”春季图书大联展特别活动海报（一店一款）评选特等奖；获“阅读的力量・春暖花开读新书”春季图书大联展特别活动二等奖；读者・外滩旗舰店成为“上海公益基地”的授牌单位；读者・外滩旗舰店被评为“上海市 4A 级青年中心”；读者・外滩旗舰店成为 2020 年“上海市演艺新空间”授牌单位；读者・外滩旗舰店获上海国际喜剧节组委会颁发参与“演艺大世界・2020 第六届上海国际喜剧节”荣誉证书。

三、运营

2020 年，读者书店三家门店（包含一家社区功能性文化空间）总体收入较 2019 年增长 180％，其中图书的销售占比 36％。

1. 读者书店・外滩旗舰店

读者书店・外滩旗舰店受外滩地区游客减少的影响，全年客流较 2019 年下降了近三成，主要集中在受新冠疫情影响较大的上半年。2020 年第三及第四季度，门店营业额较 2019 年同比增长 11.28％，代表消费者在疫情稳定的情况下愿意来到书店消费。

2020 年门店平均客单价近百元，相较 2019 年提升 12％。门店 2020 年产品结构升级效果良好，文创类产品销售火爆，咖饮类产品随着供应链的完善，质量显著提高。

截至 2020 年 12 月，门店共举办活动 186 场，受疫情影响，门店 2—4 月线下活动基本暂停，5—6 月逐步重启，7 月起恢复正常，下半年平均每月活动 18 场，每一天半就有一场活动，直接吸引到店客流近 30 万人。

“读者书店第二届敦煌文化节”作为长设品牌活动，在 1 月份开幕式结束后受疫情影响被迫暂停，至 7 月份才重新开启，时间跨度 7 个月，共举办系列主题活动 8 场，服务人次近 10 万。受到了人民网、新华网、澎湃新闻、腾讯网、东方网、周到上海、看看新闻、新浪等十多家知名媒体的相继报道,新闻报道累计有近40篇,活动得到了广泛的传播,带来了深远的社会影响力。

外滩店作为上海首批10个演艺新空间之一,通过音乐会、戏剧、形体剧、脱口秀等更贴近年轻人的方式,为大众提供更多元的文化内容。2020年演艺内容方向主要是两方面,一是"音阅会",邀请音乐人、词作家、曲作家、歌唱家加入活动,更加立体地将音乐艺术植入整个空间;二是趁着上海"喜剧之都"的打造以及脱口秀等喜剧形式的流行,书店引入脱口秀剧团,固定在每周五晚进行演出,场场爆满,12月还举办了"喜剧嘉年华"。全年共举办演艺活动48场,让书店空间焕发新的生机。

2. 读者·北站阅读空间

读者·北站阅读空间是"读者书店"品牌探索社区型文化服务空间的一种新型政企合作形式。经过一年的探索运营,实现了将文化服务配送到社区居民的基本要求,同时也保障了门店运营的基本收支平衡。

门店自主策划"阅·读者"读书会。"阅·读者"读书会是疫情缓和后全新推出的一档自主策划的、以《读者》杂志为基础的阅读交友类读书沙龙,主旨是"阅读,就是交朋友",紧跟《读者》杂志上新时间,每两周一次在北站店举办,每期话题从最新一期《读者》杂志中选出,并由杂志延伸到书籍、社会、生活。自5月22日第一次举办至年底,共举办14期,每期参与人数不超过10人,参与者能在沙龙中充分表达、交流。通过这个活动,将《读者》杂志的优质内容进一步呈现,培养广大读者阅读《读者》的习惯,同时也通过阅读的人文关怀增强读者对书店的好感度。由后期运营可见,"阅·读者"的参与者对书店的忠诚度、转化率高于其他社群用户。读书会定位"小而美"的分享,为北站阅读空间注入活力。

3. 读者·北站阅读空间(海文大厦店)

读者·北站阅读空间(海文大厦店)坐落于北站艺术中心之中,深入街道、社区,以文艺演出、阅读分享、展示展览为主要功能,展现了公共文化开放性、亲和力的内涵,推动了公共文化服务标准化、均等化,以高质量文化供给增强社区居民的获得感、幸福感。读者·北站阅读空间(海文大厦店)旨在为热爱阅读的居民朋友提供一个"有文化、有故事、有温度"的公共文化阅读空间。

海文大厦店在2020年组织了"'疫'往情深北站抗击疫情摄影主题展"、国潮戏曲节、"风雅东方音乐会"、脱口秀等十余场主题性、节日性的文化活动,做好区域化的文化服务,为建设"书香社会"出一份力。

读者书店成立于2017年,但依托"读者品牌",受到了广大读者朋友的喜爱。读者书店下一步将重点围绕建设社会主义文化强国的发展战略,通过强化读者书店的书店品牌,在上海开展各类文化相关业务,积极促进上海的文化丰富性、多样性,助力文化产业的发展。

2020年在疫情的影响下,书店行业面临了更加沉重的挑战,读者书店希望在依托《读者》品牌深厚的文化积淀下,融合多业态的经营模式,集阅读、文创、展览、休闲等空间功能为一体,并大力推进"读者+互联网""读者+文化活动""读者+文化创意""读者+演艺"等跨界合作模式,实现传统实体书店的创新发展。

第二十一节　衡山·和集

"衡山·和集"(简称"和集")力图打造都市生活方式的混合实验空间,书店的使命是成为生活方式的引领者和倡导者,在空间的范围内集文化、设计、时尚的元素于一体,店内主要经营图书、杂志、美学商品、咖啡等,进行不定期的文化活动,已然成为上海文化力量传播的一个窗口。

和集是方所旗下的文化综合体，方所在2020年正式成立。方所书店2019年曾获伦敦书展“年度全球最佳书店”的殊荣。随着广州、青岛、成都、三亚、西安、长江和集如雨后春笋般地成立，方所也在步履不停地以开放、多元的视角，为城市公共空间提供新的可能性。

衡山·和集被颇具年份的法国梧桐的枝叶掩映着，往前是上海的繁华CBD(中央商务区)，回头却是老上海的风土人情。书店整体分为三层：一楼有展示橱窗，销售咖啡以及图书；二楼囊括了大量的建筑、设计、电影的进口书籍，分隔出了独立展区和袖珍展区“蛋屋”；三楼“杂志博物馆”，各种时尚、城市、家居、艺术、摄影、美食杂志在这里都可以找得到，电影和新书发布会也在这层举行。面积只有381平方米的和集，却是一个迷你版社会生活的缩影。

一、员工

截至2020年12月，衡山·和集后台团队在编人数18人，其中，市场部4人、人事部3人、企划部3人、运营部4人、商品部门4人。后台团队为衡山·和集书店提供整体保障，提供更加优质化的选品和内容输出。

衡山·和集店面零售在编人数11人，其中，执行店长1人、部门主管3人、店员4人、咖啡长1人、中级咖啡师2人。人力梯队构成相对稳定，周末兼职队伍也比较固定。

2020年整年度员工状态较为稳定，图书、杂志、咖啡主管岗位自开业起就相对稳定，业务能力及带教能力都有明显成长，新入职的员工经过培训也已经进入书店工作状态。

二、运营

书店的社会效益和经济效益一直是和集关注的重点。2020年，衡山·和集总体收入超过400万元，其中图书和杂志的销售约占六成。因新冠疫情原因，门店在2月17日才恢复营业，算上此时间段损失的客流，同期仍然减少了78%的客流，疫情期间线上销售弥补了部分的损失，同比2019年的销售状况只下滑18%，在疫情状态下有较强的抗风险能力。荣获2020年“阅读的力量·春暖花开读新书”活动三等奖。

1. 客流缓步下降，零售稳中有升

衡山·和集全年客流较2019年下降了近20%，但走势平缓，留下的多数黏性较强。礼品卡的销售在12月末办理近万元，总销售破3万元。杂志表现相对好些，固定的客源+线上强力的推广，凸显出杂志一定的抗风险能力。

成交率较上年度提升21%，书店的选题式推荐效果良好，平均每一位消费的读者会在书店购买2.3册图书。

2. 供应链趋于完善，新品周转加速

衡山·和集产品依然以更宽阔的视野、更精细的选书为目标。每周平均补货品种逾100种，新书进库50余种，其中新书2周动销率近78%。

截至2020年底，店内书籍类最小存货单位(SKU)已经突破11 563条。店内外国文学书籍最受消费者青睐，其中外版占55.7%；艺术类书籍中，以摄影作品为例，消费者对于艺术家的忠诚度十分高，几乎就是冲着艺术家的作品去购买；美学商品的亮点仍旧体现在“The Shanghairen”展览的延伸品上，主要客群40%集中在外国人。

3. 活动持续保证质量与数量,会员人数增长明显

截至2020年12月,受疫情影响,书店举办活动近30余场,通过微信推送、微博、小红书同时发布。衡山·和集微信推送50余篇,微信公众号累计关注人数为38 937人;注册会员数(可触达)为1 254人,较2019年增加9%。活动内容异彩纷呈:

"和集好书/美物"主要通过自媒体推图书和美学产品,2020年联合三联松果生活牵手16家书店进行线上售书直播,同万圣书园、幸福集荟、钟书阁联合携手参加多抓鱼的好书循环"小绿袋"计划,参与"未来预想图"的公益项目"防灾手册",几乎每周同步发布书籍推荐以及生活好物。

"和集会客厅"主要集中在图书、杂志的新书、新刊发布会以及对谈活动:鲸字号书店2周年暨报纸2019年出刊分享活动、《记忆记忆》新书分享会,《庚子故事集》新书对谈,《未竟的告白》新书分享会、"迪奥——文化力文化讲座"系列、《艺术界》"在希望的田野上"新刊分享会、《生命是赌注》新书沙龙、《星体艺术史》新书分享会、《美满》新书发布、《座椅反弹的声响》新书分享会等,共计活动10余场,累计参加活动人数700人,同比2019年减少43%(2020年受疫情影响)。

"和集展览"二楼的展览在2020年集中在公益类,如疫情的关注、环境的保护等,对在社会状态的语境下的话题进行反思,主要有"一吨计划 * TA上海 * 它基金"艺术静态展,关于动物保护的公益拍卖活动;"罗曼都市女性视角艺术画展";"零度共生——10x100之DADA的好奇心"旨在可持续的公益艺术项目;"崭新的一天　艺术家三金二把刀个展"是对于可持续发展的愿景;"西西的上海故事"以图片形式在蛋屋里做"西西的上海故事"的袖珍展览;"微笑计划——拜托了,驿站"宝丽来艺术展;个人实验艺术展"这样蓝,这样活";银座新女性"花椿"风格展;"Carry Her——黄土高原上的补丁艺术"主题展览;"物件,数十年和意识的转变"是针对上海城市史、商业变迁的一次类型学研究。HOBONICHI手账发布会以及三顿半的"返航计划"也如期固定在和集举办。

2020年11月,和集正式步入五岁,书店延续"The Shanghairen 沪誌"于衡山·和集首展大获成功后,"The Shanghairen"项目于衡山·和集再度集结40余位插画师,展出第二部分作品和部分精选作品。"The Shanghairen 沪誌"由法国创意制作人沛本诺(Benoit Petrus)先生邀请百位中外插画师一同参与创作,用创意插画的方式来表达上海这个独一无二城市的独特风情和无穷魅力。作品于意大利、加拿大等地展出,展现了上海中心市区传达出的本地文化力量。

"云逛和集"用视频来记录和集生活的日常状态,截至2020年一共更新八期,主要记录书店店员的工作状态、衡山·和集的不同时期的新面貌,让读者多维度了解一家书店的日夜更替和理想书店中的现实生活。

三、结语:"书店+"的模式打造综合空间

守护经营好一家书店远比开业时候的网红效应更难维持,从逐年的营收下滑以及图书从占总收入的60%下滑到约30%,和集需要用更开放的眼光和合作模式去带动商业模式,创造新的盈利和契机点。书籍的选择作为基础的考量依旧需要独到的眼光和主题性的选择,而附属其上的商品、咖啡是书店文化属性的延伸。

书店也需要转换角色。在2020年的疫情中,书店也是通过网上不同的销售渠道和方式稳定住营收板块,让和集思考除了守护好书店本身的角色外,还需要和当下社会的语境契合、融合,进行跨界合作,在体验的空间场合内给到当下的感受。通过不同形式传递文化内容,书店也会承担好城市窗口的社会角色,用更开放、多元的视角给读者带来多种体验。

第七章　年度期刊出版名录

序号	期刊名称	国内统一连续出版物号	刊期	主办单位	主管单位	刊社地址
1	音乐艺术（上海音乐学院学报）	CN31－1004/J	季刊	上海音乐学院	上海市教育委员会	上海市汾阳路20号
2	上海体育学院学报	CN31－1005/G8	月刊	上海体育学院	上海市教育委员会	上海市清源环路650号
3	化学教学	CN31－1006/G4	月刊	华东师范大学	中华人民共和国教育部	上海市中山北路3663号干训楼414室
4	华东师范大学学报（教育科学版）	CN31－1007/G4	月刊	华东师范大学	中华人民共和国教育部	上海市中山北路3663号电化教学楼5楼
5	生物学教学	CN31－1009/G4	月刊	华东师范大学	中华人民共和国教育部	上海市东川路500号华东师范大学生命科学学院
6	华东师范大学学报（哲学社会科学版）	CN31－1010/C	双月刊	华东师范大学	中华人民共和国教育部	上海市中山北路3663号电化教学楼5楼
7	上海企业	CN31－1011/F	月刊	上海市企业联合会	上海经济和信息化委员会	上海市共和新路2623号413室
8	财经研究	CN31－1012/F	月刊	上海财经大学	中华人民共和国教育部	上海市国定路777号科研实验中心12楼
9	历史教学问题	CN31－1016/G4	双月刊	华东师范大学	中华人民共和国教育部	上海市东川路500号华东师范大学历史系
10	科学生活	CN31－1020/N	月刊	上海科学普及出版社	上海市科学技术协会	上海市中山北路832号
11	中文自修	CN31－1021/G4	半月刊	华东师范大学	中华人民共和国教育部	上海市中山北路3663号理科大楼A1610室
12	地理教学	CN31－1022/G4	半月刊	华东师范大学	中华人民共和国教育部	上海市东川路500号地理科学学院
13	数学教学	CN31－1024/G4	月刊	华东师范大学	中华人民共和国教育部	上海市东川路500号华东师范大学数统楼南楼239室
14	中华信鸽	CN31－1025/G8	双月刊	中国信鸽协会	上海市体育局	上海市江宁路1220弄11号104室
15	为了孩子	CN31－1026/C	月刊	上海市妇女联合会	上海市妇女联合会	上海市顺义路18号绿地同创大厦27楼
16	现代家庭	CN31－1027/C	半月刊	上海市妇女联合会	上海市妇女联合会	上海市顺义路18号绿地同创大厦27楼

(续表1)

序号	期刊名称	国内统一连续出版物号	刊期	主办单位	主管单位	刊社地址
17	物理教学	CN31-1033/G4	月刊	中国物理学会	中国科学技术协会	上海市中山北路3663号华东师范大学物理与电子科学学院
18	中国海员	CN31-1034/C	双月刊	中远海运船员管理有限公司	中国远洋海运集团有限公司	上海市源深路158号5号楼201室
19	外语电化教学	CN31-1036/G4	双月刊	上海外国语大学	中华人民共和国教育部	上海市大连西路550号366信箱
20	外国语(上海外国语大学学报)	CN31-1038/H	双月刊	上海外国语大学	中华人民共和国教育部	上海市大连西路550号
21	上海集邮	CN31-1039/G8	月刊	上海市集邮协会	上海市邮政公司	上海市江西北路20号2楼
22	外语界	CN31-1040/H	双月刊	上海外国语大学	中华人民共和国教育部	上海市大连西路558号
23	国际展望	CN31-1041/D	双月刊	上海国际问题研究院	上海市人民政府外事办公室	上海市田林路195弄15号上海国际问题研究院
24	上海经济	CN31-1042/F	双月刊	上海社会科学院应用经济研究所	上海社会科学院	上海市淮海中路622弄7号409室
25	化工高等教育	CN31-1043/G4	双月刊	华东理工大学	中华人民共和国教育部	上海市梅陇路130号华东理工大学343信箱
26	电影故事	CN31-1047/J	季刊	上海电影(集团)有限公司	上海文化广播影视集团	上海市漕溪北路595号A座9017室
27	世界经济研究	CN31-1048/F	月刊	上海社会科学院世界经济研究所	上海社会科学院	上海市淮海中路622弄7号472室
28	国际商务研究	CN31-1049/F	双月刊	上海对外经贸大学	上海市教育委员会	上海市古北路620号上海对外经贸大学图书馆3楼
29	法学	CN31-1050/D	月刊	华东政法大学	上海市教育委员会	上海市万航渡路1575号
30	上海教育科研	CN31-1059/G4	月刊	上海市教育科学研究院普通教育研究所	上海市教育委员会	上海市茶陵北路21号
31	上海质量	CN31-1061/F	月刊	上海质量管理科学研究院、上海市质量协会	上海市经济和信息化委员会	上海市泰安路74号
32	秘书	CN31-1062/C	双月刊	上海大学	上海市教育委员会	上海市上大路99号上海大学128信箱
33	外国经济与管理	CN31-1063/F	月刊	上海财经大学	中华人民共和国教育部	上海市国定路777号科研实验中心12楼

（续表2）

序号	期刊名称	国内统一连续出版物号	刊期	主办单位	主管单位	刊社地址
34	上海服饰	CN31-1064/TS	月刊	上海科学技术出版社有限公司	上海世纪出版（集团）有限公司	上海市钦州南路71号
35	书与画	CN31-1066/J	月刊	上海书画出版社有限公司	上海世纪出版（集团）有限公司	上海市延安西路593号2号楼
36	书法	CN31-1067/J	月刊	上海书画出版社有限公司	上海世纪出版（集团）有限公司	上海市延安西路593号2号楼
37	语文学习	CN31-1070/H	月刊	上海教育出版社有限公司	上海世纪出版（集团）有限公司	上海市永福路123号
38	小学数学教师	CN31-1071/G4	月刊	上海教育出版社有限公司	上海世纪出版（集团）有限公司	上海市永福路123号
39	小学语文教师	CN31-1072/G4	月刊	上海教育出版社有限公司	上海世纪出版（集团）有限公司	上海市永福路123号小语室
40	动画大王	CN31-1074/J	半年刊	上海人民美术出版社	上海文艺出版总社	上海市长乐路672弄33号
41	萌芽	CN31-1078/I	月刊	上海市作家协会	上海市作家协会	上海市巨鹿路675号D座
42	娃娃画报	CN31-1081/C	半月刊	上海少年儿童出版社有限公司	上海世纪出版（集团）有限公司	上海市延安西路1538号
43	故事大王	CN31-1084/C	月刊	上海少年儿童出版社有限公司	上海世纪出版（集团）有限公司	上海市延安西路1538号
44	小朋友	CN31-1089/C	半月刊	上海少年儿童出版社有限公司	上海世纪出版（集团）有限公司	上海市延安西路1538号
45	科学画报	CN31-1093/N	半月刊	上海科学技术出版社有限公司	上海世纪出版（集团）有限公司	上海市钦州南路71号1404室
46	上海文学	CN31-1095/I	月刊	上海市作家协会	上海市作家协会	上海巨鹿路675号
47	学术月刊	CN31-1096/C	月刊	上海市社会科学界联合会	上海市社会科学界联合会	上海市淮海中路622弄7号(乙)
48	少先队活动	CN31-1097/C	月刊	中国中福会出版社有限公司	中国福利会	上海市常熟路157号
49	上海画报	CN31-1102/Z	季刊	上海锦绣文章出版社	上海文艺出版总社	上海市长乐路672弄33号

(续表 3)

序号	期刊名称	国内统一连续出版物号	刊期	主办单位	主管单位	刊社地址
50	史林	CN31－1105/K	双月刊	上海社会科学院历史研究所	上海社会科学院	上海市中山西路1610号836室
51	政治与法律	CN31－1106/D	月刊	上海社会科学院法学研究所	上海社会科学院	上海市淮海中路622弄7号456室
52	图书馆杂志	CN31－1108/G2	月刊	上海图书馆(上海科学技术情报研究所)、上海市图书馆学会	上海图书馆(上海科学技术情报研究所)	上海市长乐路746号206室和207室
53	大江南北	CN31－1111/K	月刊	上海新四军暨华中抗日根据地历史研究会	上海市社会科学界联合会	上海市中山南二路777弄1号1504室
54	社会科学	CN31－1112/Z	月刊	上海社会科学院	上海社会科学院	上海市淮海中路622弄7号337室
55	儿童时代	CN31－1113/C	旬刊	中国中福会出版社有限公司	中国福利会	上海市常熟路157号
56	看图说话	CN31－1114/C	月刊	上海教育出版社有限公司	上海世纪出版(集团)有限公司	上海市永福路123号
57	编辑学刊	CN31－1116/G2	双月刊	上海编辑学会、上海文艺出版(集团)有限公司	上海市新闻出版局	上海市绍兴路7号2楼
58	外国文艺	CN31－1117/J	双月刊	上海译文出版社有限公司	上海世纪出版(集团)有限公司	上海市福建中路193号1607室
59	园林	CN31－1118/S	月刊	上海市园林科学规划研究院、中国风景园林学会	上海市绿化和市容管理局	上海市龙吴路899号
60	上海师范大学学报(哲学教育社会科学)	CN31－1120/C	双月刊	上海师范大学	上海市教育委员会	上海市桂林路100号
61	航海	CN31－1121/U	双月刊	上海市航海学会	上海市科学技术协会(学术部)	上海市高阳路147号405室
62	中小学英语教学与研究	CN31－1122/G4	月刊	华东师范大学	中华人民共和国教育部	上海市中山北路3663号华东师范大学后勤管理处楼204室
63	社会	CN31－1123/C	双月刊	上海大学	上海市教育委员会	上海市南陈路333号上海大学东区3号楼219室
64	天风	CN31－1124/B	月刊	中国基督教三自爱国运动委员会、中国基督教协会	国家宗教事务局	上海市九江路219号4楼

（续表 4）

序号	期刊名称	国内统一连续出版物号	刊期	主办单位	主管单位	刊社地址
65	全国报刊索引（哲社版）	CN31-1125/C	月刊	上海图书馆（上海科技情报研究所）	上海图书馆（上海科学技术情报研究所）	上海市淮海中路1555号
66	全国报刊索引（自然科技版）	CN31-1126/N	月刊	上海图书馆（上海科技情报研究所）	上海图书馆（上海科学技术情报研究所）	上海市淮海中路1555号
67	故事会	CN31-1127/I	旬刊	上海文艺出版总社	上海文艺出版总社	上海市绍兴路74号
68	艺术世界	CN31-1128/J	月刊	上海文艺出版总社	上海文艺出版总社	上海市绍兴路7号
69	旅游天地	CN31-1129/K	月刊	上海文艺出版总社	上海文艺出版总社	上海市绍兴路74号
70	小说界	CN31-1130/I	双月刊	上海文艺出版社	上海文艺出版总社	上海市绍兴路7号
71	音乐爱好者	CN31-1132/J	月刊	上海音乐出版社	上海文艺出版总社	上海市打浦路443号15—17楼
72	上海电视	CN31-1135/J	周刊	上海《每周广播电视》报社	上海广播电视台	上海市康定路211号
73	世界经济文汇	CN31-1139/F	双月刊	复旦大学	中华人民共和国教育部	上海市国权路600号复旦大学经济学院708室
74	戏剧艺术（上海戏剧学院学报）	CN31-1140/J	双月刊	上海戏剧学院	上海市教育委员会	上海市华山路630号上海戏剧学院
75	复旦学报（社科版）	CN31-1142/C	双月刊	复旦大学	中华人民共和国教育部	上海市邯郸路220号复旦大学
76	电影新作	CN31-1145/J	双月刊	上海电影艺术研究所、上海电影家协会	上海文化广播影视集团	上海市漕溪北路595号A座9017室
77	上海滩	CN31-1147/K	月刊	上海通志馆	上海市地方志办公室	上海市斜土路2567号A2座4楼
78	收获	CN31-1148/I	双月刊	上海市作家协会	上海市作家协会	上海市巨鹿路675号
79	文艺理论研究	CN31-1152/I	双月刊	中国文艺理论学会、华东师范大学	中华人民共和国教育部	上海市普陀区中山北路3663号
80	上海戏剧	CN31-1154/J	双月刊	上海市文艺期刊中心	上海市文学艺术界联合会	上海市延安西路238号
81	新闻大学	CN31-1157/G2	月刊	复旦大学	中华人民共和国教育部	上海市国定路400号复旦大学新闻学院

(续表5)

序号	期刊名称	国内统一连续出版物号	刊期	主办单位	主管单位	刊社地址
82	上海故事	CN31－1159/I	月刊	上海市群众艺术馆	上海市文化和旅游局	上海市古宜路125号
83	上海金融	CN31－1160/F	月刊	上海市金融学会	中国人民银行上海分行	上海市陆家嘴东路181号
84	上海经济研究	CN31－1163/F	月刊	上海社会科学院经济研究所	上海社会科学院	上海市淮海中路622弄7号520室
85	上海宣传通讯	CN31－1168/D	半月刊	上海报业集团	上海报业集团	上海市威海路755号4204室
86	上海支部生活	CN31－1169/D	半月刊	上海报业集团	上海报业集团	上海市威海路755号4202室
87	新闻记者	CN31－1171/G2	月刊	上海报业集团、上海社会科学院新闻研究所	上海报业集团	上海市威海路755号4406室
88	中国广告	CN31－1174/F	月刊	东方出版中心有限公司、上海百联投资管理有限公司、上海市广告协会	中国出版传媒股份有限公司	上海市仙霞路345号2302室
89	少年文艺	CN31－1179/I	月刊	上海少年儿童出版社有限公司	上海世纪出版(集团)有限公司	上海市延安西路1538号
90	上海百货	CN31－1187/F	月刊	百联集团有限公司	百联集团有限公司	上海市民星路525号
91	上海房地	CN31－1188/F	月刊	上海市房产经济学会	上海市社会科学界联合会	中国上海四川南路29号405室
92	青少年犯罪问题	CN31－1193/D	双月刊	华东政法大学	上海市教育委员会	上海市万航渡路1575号华东政法大学东风楼113室
93	体育科研	CN31－1194/G8	双月刊	上海体育科学研究所(上海市反兴奋剂中心)	上海市体育局	上海市吴兴路86号
94	上海工艺美术	CN31－1198/J	季刊	上海工艺美术有限公司	上海工艺美术有限公司	上海市汾阳路79号
95	党政论坛	CN31－1203/D	月刊	中国共产党上海市委员会党校	中国共产党上海市委员会党校	上海市虹漕南路123号
96	上海包装	CN31－1207/TB	月刊	上海市包装技术协会	上海市科学技术协会	上海市真南路1111号5楼12层
97	探索与争鸣	CN31－1208/C	月刊	上海市社会科学界联合会	上海市社会科学界联合会	上海市淮海中路622弄7号(乙)社联大楼

（续表 6）

序号	期刊名称	国内统一连续出版物号	刊期	主办单位	主管单位	刊 社 地 址
98	汽车与配件	CN31－1219/U	半月刊	上海百联汽车服务贸易有限公司	百联集团有限公司	上海市仙霞路 319 号 A 座 2311 室
99	思想理论教育	CN31－1220/G4	月刊	上海高等学校思想理论教育研究会、上海教育科学研究院	上海市教育委员会	上海市茶陵北路 21 号
100	当代青年研究	CN31－1221/C	双月刊	上海社会科学院社会学研究所	上海社会科学院	上海市淮海中路 622 弄 7 号 550 室
101	上海大学学报(社会科学版)	CN31－1223/C	双月刊	上海大学	上海市教育委员会	上海市南陈路 333 号 3 号楼 223 室
102	上海农村经济	CN31－1224/F	月刊	上海市农村经济学会	上海市农业农村委员会	上海市仙霞西路 779 号 1 号楼附 2 楼
103	上海保险	CN31－1226/F	月刊	上海保险杂志社	上海市保险学会	上海市中山南路 1228 号 8 楼
104	大众心理学	CN31－1228/G3	月刊	华东师范大学	中华人民共和国教育部	上海市中山北路 3663 号华东师范大学田家炳书院 1102 室
105	中国港口	CN31－1232/U	月刊	中国港口协会	交通运输部	上海市吴淞路 308 号耀江国际广场 402 室
106	水运管理	CN31－1233/U	月刊	上海海事大学	上海海事大学	上海市海港大道 1550 号
107	粮食与油脂	CN31－1235/TS	月刊	上海市粮食科学研究所	上海良友(集团)有限公司	上海市府村路 445 号 1 幢
108	上海农业科技	CN31－1240/S	双月刊	上海农学会、上海市农业科学院	上海市农业农村委员会	上海市金齐路 1000 号
109	中国医药工业杂志	CN31－1243/R	月刊	上海医药工业研究院、中国药学会、中国化学制药工业协会	上海医药工业研究院	上海市北京西路 1320 号 3 号楼 216 室
110	印染	CN31－1245/TS	月刊	上海纺织科学研究院、全国印染科技信息中心	上海纺织控股(集团)公司	上海市平凉路 988 号 9 号楼 406 室
111	造船技术	CN31－1247/U	双月刊	中国船舶工业集团公司第十一研究所	中国船舶工业集团有限公司	上海市中山南二路 851 号
112	中国寄生虫学与寄生虫病杂志	CN31－1248/R	双月刊	中华预防医学会、中国疾病预防控制中心寄生虫病预防控制所	国家卫生健康委员会	上海市瑞金二路 207 号

(续表 7)

序号	期刊名称	国内统一连续出版物号	刊期	主办单位	主管单位	刊 社 地 址
113	水产科技情报	CN31－1250/S	双月刊	上海市水产研究所、上海市水产学会	上海市农业农村委员会	上海市佳木斯路265号
114	光学学报	CN31－1252/O4	半月刊	中国科学院上海光学精密机械研究所、中国光学学会	中国科学技术协会	上海市清河路390号
115	内燃机工程	CN31－1255/TK	双月刊	中国内燃机学会	中国科学技术协会	上海市华宁路3111号中国内燃机学会
116	应用概率统计	CN31－1256/O1	双月刊	中国数学会概率统计学会	中国科学技术协会	上海市中山北路3663号华东师范大学统计学院
117	食用菌	CN31－1257/S	双月刊	上海市农业科学院	上海市农业农村委员会	上海市金齐路1000号
118	辐射研究与辐射工艺学报	CN31－1258/TL	双月刊	中国科学院上海应用物理研究所	中国科学院	上海市嘉罗公路2019号
119	计算机应用与软件	CN31－1260/TP	月刊	上海市计算技术研究所、上海计算机软件技术开发中心	上海科学院	上海市愚园路546号
120	柴油机	CN31－1261/TK	双月刊	中国船舶重工集团公司七一一研究所	中国船舶重工集团有限公司	上海市华宁路3111号
121	仪表技术	CN31－1266/TH	月刊	上海仪器仪表研究所、上海市仪器仪表学会	上海科学院	上海市龙江路214号6楼
122	同济大学学报(自然科学版)	CN31－1267/N	月刊	同济大学	中华人民共和国教育部	上海市四平路1239号
123	上海纺织科技	CN31－1272/TS	月刊	上海纺织科学研究院	上海纺织控股(集团)公司	上海市平凉路988号
124	电信快报	CN31－1273/TN	月刊	电信科学技术第一研究所有限公司、上海市互联网协会	电信科学技术研究院有限公司	上海市平江路48号1号楼3层
125	化学世界	CN31－1274/TQ	月刊	上海市化学化工学会	上海华谊(集团)公司	上海市南昌路203号302室
126	上海中医药杂志	CN31－1276/R	月刊	上海中医药大学、上海市中医药学会	上海市教育委员会	上海市蔡伦路1200号

（续表 8）

序号	期刊名称	国内统一连续出版物号	刊期	主办单位	主管单位	刊社地址
127	国外畜牧学——猪与禽	CN31－1277/S	月刊	上海市农业科学院、上海申丰畜牧兽医科技有限公司	上海市农业农村委员会	上海市北翟路 2901 号
128	上海畜牧兽医通讯	CN31－1278/S	双月刊	上海市农业科学院畜牧兽医研究所	上海市农业科学院	上海市北翟路 2901 号
129	船舶工程	CN31－1281/U	月刊	中国造船工程学会	中国船舶重工集团有限公司	上海市中山南二路 851 号
130	中华内分泌代谢杂志	CN31－1282/R	月刊	中华医学会	中国科学技术协会	上海市徐家汇路 573 号 1 号楼 1A03 室
131	水产学报	CN31－1283/S	月刊	中国水产学会、上海海洋大学	中国科学技术协会	上海市沪城环路 999 号上海海洋大学期刊中心 201 信箱
132	解剖学杂志	CN31－1285/R	双月刊	中国解剖学会	中国科学技术协会	上海市国定东路 200 号 5 楼
133	玩具世界	CN31－1287/TS	双月刊	中国工艺美术学会玩具专业委员会	中国轻工业联合会	上海市中兴路 1055 号 6 楼
134	电机技术	CN31－1288/TM	双月刊	上海电气（集团）总公司	上海电气（集团）总公司	上海市江川路 555 号 3 号门
135	计算机工程	CN31－1289/TP	月刊	华东计算技术研究所、上海市计算机学会	中国电子科技集团公司	上海市澄浏公路 63 号
136	家具	CN31－1295/TS	双月刊	中国家具工业信息中心、中国家具协会	中国轻工业信息中心	上海市南京东路石潭弄 89 号
137	模具技术	CN31－1297/TG	双月刊	上海交通大学	中华人民共和国教育部	上海市番禺路 951 号
138	华东师范大学学报（自然科学版）	CN31－1298/N	双月刊	华东师范大学	中华人民共和国教育部	上海市中山北路 3663 号电化教学楼 5 楼
139	红外	CN31－1304/TN	月刊	中国科学院上海技术物理研究所、中国遥感应用协会	中国科学院	上海市玉田路 500 号
140	振动与冲击	CN31－1316/TU	半月刊	中国振动工程学会、上海交通大学、上海市振动工程学会	中国科学技术协会	上海市华山路 1954 号机械与动力楼 310 室

(续表 9)

序号	期刊名称	国内统一连续出版物号	刊期	主办单位	主管单位	刊社地址
141	上海针灸杂志	CN31-1317/R	月刊	上海市针灸学会、上海市中医药研究院	上海市卫生健康委员会	上海市宛平南路650号
142	中国医疗器械杂志	CN31-1319/R	双月刊	上海市医疗器械检验研究院	上海市药品监督管理局	上海市金银花路1号
143	化学学报	CN31-1320/O6	月刊	中国科学院上海有机化学研究所、中国化学会	中国科学院	上海市零陵路345号
144	有机化学	CN31-1321/O6	月刊	中国化学会、中国科学院上海有机化学研究所	中国科学院	上海市零陵路345号
145	电子技术	CN31-1323/TN	月刊	上海市电子学会、上海市通信学会	上海市科学技术协会	上海市南昌路47号3215室
146	集成电路应用	CN31-1325/TN	月刊	上海贝岭股份有限公司	中国电子信息产业集团有限公司	上海市宜山路810号17层
147	电世界	CN31-1327/TM	月刊	上海电机学院、上海市电机工程学会	上海电机学院	上海市水华路300号图书馆726室
148	数学年刊A辑(中文版)	CN31-1328/O1	季刊	复旦大学	中华人民共和国教育部	上海市邯郸路220号
149	数学年刊B辑(英文版)(*Chinese Annals of Mathematics*, Series B)	CN31-1329/O1	双月刊	复旦大学	中华人民共和国教育部	上海市邯郸路220号
150	复旦学报(自然科学版)	CN31-1330/N	双月刊	复旦大学	中华人民共和国教育部	上海市邯郸路220号508信箱
151	建筑施工	CN31-1334/TU	月刊	上海建工(集团)总公司	上海市国有资产监督管理委员会	上海市新骏环路700号
152	无损检测	CN31-1335/TG	月刊	中国机械工程学会、上海材料研究所	中国科学技术协会	上海市邯郸路99号上海材料研究所
153	机械工程材料	CN31-1336/TB	月刊	上海材料研究所	上海科学院	上海市邯郸路99号
154	理化检验——化学分册	CN31-1337/TB	月刊	上海材料研究所	上海科学院	上海市邯郸路99号
155	理化检验——物理分册	CN31-1338/TB	月刊	上海材料研究所	上海科学院	上海市邯郸路99号

（续表 10）

序号	期刊名称	国内统一连续出版物号	刊期	主办单位	主管单位	刊社地址
156	中国激光	CN31－1339/TN	半月刊	中国科学院上海光学精密机械研究所、中国光学学会	中国科学院	上海市清河路 390 号
157	天文学进展	CN31－1340/P	季刊	中国科学院上海天文台、中国天文学会	中国科学院	上海市南丹路 80 号天文大厦 708 室
158	海洋渔业	CN31－1341/S	双月刊	中国水产学会、中国水产科学研究院东海水产研究所、中国科技出版传媒股份有限公司	中国科学技术协会	上海市军工路 300 号
159	核技术	CN31－1342/TL	月刊	中国科学院上海应用物理研究所、中国核学会	中国科学院	上海市嘉罗公路 2019 号
160	噪声与振动控制	CN31－1346/TB	双月刊	中国声学学会	中国科学技术协会	上海华山路 1954 号机械与动力楼 308 室
161	中国药理学报（英文）（*Acta Pharmacologica Sinica*）	CN31－1347/R	月刊	中国药理学会、中国科学院上海药物研究所	中国科学技术协会	上海市太原路 294 号 16 号楼 303 室
162	生理学报（英文）（*Acta Physiologica Sinica*）	CN31－1352/Q	双月刊	中国科学院上海生命科学研究院、中国生理学会	中国科学院	上海市岳阳路 319 号 31B 楼 405 室
163	中学科技	CN31－1354/N	月刊	上海科技教育出版社有限公司	上海世纪出版（集团）有限公司	上海市柳州路 218 号
164	结构工程师	CN31－1358/TU	双月刊	同济大学	中华人民共和国教育部	上海市四平路 1239 号土木楼 B213 室
165	时代建筑	CN31－1359/TU	双月刊	同济大学（建筑与城市规划学院）	中华人民共和国教育部	上海市四平路 1239 号
166	合成纤维	CN31－1361/TQ	月刊	上海市合成纤维研究所	上海纺织控股（集团）公司	上海市平凉路 988 号 9 号楼 402 室
167	无机材料学报	CN31－1363/TQ	月刊	中国科学院上海硅酸盐研究所	中国科学院	上海市和硕路 585 号
168	中华传染病杂志	CN31－1365/R	月刊	中华医学会	中国科学技术协会	上海市北京西路 1623 号
169	上海医学	CN31－1366/R	月刊	上海市医学会	上海市卫生健康委员会	上海市北京西路 1623 号

(续表 11)

序号	期刊名称	国内统一连续出版物号	刊期	主办单位	主管单位	刊社地址
170	中华消化杂志	CN31-1367/R	月刊	中华医学会	中国科学技术协会	上海市北京西路1623号
171	中成药	CN31-1368/R	月刊	国家食品医药监督管理局信息中心中成药信息站、上海中药行业协会	上海市卫生健康委员会	上海市福州路107号206室
172	大众医学	CN31-1369/R	月刊	上海科学技术出版社有限公司	上海世纪出版(集团)有限公司	上海市钦州南路71号
173	肿瘤	CN31-1372/R	月刊	上海交通大学医学院附属仁济医院、上海市肿瘤研究所	中华人民共和国教育部	上海市斜土路2200弄25号
174	制导与引信	CN31-1373/TN	季刊	上海航天技术研究院第802研究所	中国航天科技集团有限公司	上海市中春路1555号802所1号楼409室
175	应用激光	CN31-1375/T	双月刊	上海市激光技术研究所	上海科学院	上海市宜山路770号
176	电气自动化	CN31-1376/TM	双月刊	上海电气自动化设计研究所有限公司、上海市自动化学会	上海电气(集团)总公司	上海市蒙自路360号
177	临床儿科杂志	CN31-1377/R	月刊	上海儿科医学研究所、上海交通大学医学院附属新华医院	上海市卫生健康委员会	上海市控江路1665号
178	机械制造	CN31-1378/TH	月刊	上海市机械工程学会	上海电气(集团)总公司	上海市中兴路960号
179	康复	CN31-1380/R	旬刊	上海教育报刊总社	上海教育报刊总社	上海市中山南二路151号7楼
180	航空电子技术	CN31-1381/TN	季刊	中国航空无线电电子研究所	中国航空工业集团有限公司	上海市紫月路432号
181	机械设计与研究	CN31-1382/TH	双月刊	上海交通大学	中华人民共和国教育部	上海市华山路1954号上海交通大学MED-X楼455室
182	生命的化学	CN31-1384/Q	月刊	中国生物化学与分子生物学会	中国科学技术协会	上海市岳阳路319号
183	科学	CN31-1385/N	双月刊	上海科学技术出版社有限公司	上海世纪出版(集团)有限公司	上海钦州南路71号

（续表 12）

序号	期刊名称	国内统一连续出版物号	刊期	主办单位	主管单位	刊社地址
184	发电设备	CN31－1391/TN	双月刊	上海上发院发电成套设备工程有限公司	上海发电设备成套设计研究院有限公司	上海市剑川路1115号319室
185	电线电缆	CN31－1392/TM	双月刊	上海电缆研究所有限公司	上海市国有资产监督管理委员会	上海市军工路1000号
186	中国生物学文摘	CN31－1394/Q	月刊	中科院上海生命科学研究院、中国科学院文献情报中心、中科院生物学文献情报网	中国科学院	上海岳阳路319号31号楼A座311室
187	船舶设计通讯	CN31－1397/U	半年刊	上海船舶研究设计院	中国船舶工业集团公司	上海市祖冲之路2633号
188	水动力学研究与进展	CN31－1399/TK	双月刊	中国船舶科学研究中心	中国船舶重工集团有限公司	上海市高雄路185号316室
189	工业锅炉	CN31－1400/TK	双月刊	上海工业锅炉研究所有限公司	中国机械工业集团有限公司	上海市新骏环路138号4幢101室
190	印刷杂志	CN31－1402/TS	双月刊	上海印刷技术研究所	上海文艺出版总社	上海市新闸路1209弄60号
191	世界科学	CN31－1403/N	月刊	上海市科学学研究所、上海社会科学院哲学研究所	上海科学院	上海市淮海中路1634号3号楼409室
192	应用科学学报	CN31－1404/N	双月刊	上海大学、中国科学院上海技术物理研究所	上海市教育委员会	上海市南陈路333号上海大学东区3号楼207室
193	上海农业学报	CN31－1405/S	双月刊	上海市农业科学院、上海农学会	上海市农业农村委员会	上海市金齐路1000号上海市农业科学院
194	住宅科技	CN31－1407/TU	月刊	建设部住宅产业化促进中心、上海房地产科学研究院	中华人民共和国住房和城乡建设部	上海市复兴西路193号
195	能源研究与信息	CN31－1410/TK	季刊	上海理工大学、上海能源研究会、上海电气（集团）总公司	上海市教育委员会	上海市军工路516号上海理工大学
196	上海师范大学学报（自然科学版）	CN31－1416/N	双月刊	上海师范大学	上海市教育委员会	上海市桂林路100号
197	自然杂志	CN31－1418/N	双月刊	上海大学	上海市教育委员会	上海市上大路99号上海大学121信箱
198	机电设备	CN31－1420/TM	双月刊	上海船舶设备研究所	中国船舶重工集团有限公司	上海市中山南二路851号1号楼

(续表 13)

序号	期刊名称	国内统一连续出版物号	刊期	主办单位	主管单位	刊社地址
199	上海计量测试	CN31－1424/TB	双月刊	上海市计量测试技术研究院、上海市计量测试学会、上海市计量协会	上海市质量技术监督局	上海市宜山路716号
200	微特电机	CN31－1428/TM	月刊	中国电子科技集团公司第二十一研究所	中国电子科技集团公司	上海市虹漕路30号
201	柴油机设计与制造	CN31－1430/TH	季刊	上海柴油机股份有限公司	上海汽车工业(集团)总公司	上海市军工路2636号
202	电动工具	CN31－1433/TM	双月刊	上海电动工具研究所(集团)有限公司	上海市国有资产监督管理委员会	上海市桂箐路19号
203	工业微生物	CN31－1438/Q	双月刊	全国工业微生物信息中心、上海工业微生物研究所	中国轻工业联合会	上海市桂平路353号G座3楼
204	上海轻工业	CN31－1439/TS	双月刊	上海轻工控股(集团)公司	上海轻工控股(集团)公司	上海市肇嘉浜路376号708室
205	声学技术	CN31－1449/TB	双月刊	中国科学院声学所东海站、同济大学声学研究所、上海市声学学会、中船重工集团726研究所	中国科学院	上海市新徕路399号
206	腐蚀与防护	CN31－1456/TQ	月刊	上海市腐蚀科学技术学会、上海材料研究所	上海市科学技术协会	上海市邯郸路99号
207	上海交通大学学报	CN31－1466/U	月刊	上海交通大学	中华人民共和国教育部	上海市华山路1954号上海交通大学
208	供用电	CN31－1467/TM	月刊	英大传媒(上海)有限公司、国网上海市电力公司	国家电网有限公司	北京站西街19号英大传媒大厦902室
209	香料香精化妆品	CN31－1470/TQ	双月刊	上海香料研究所	中国轻工业联合会	上海市南宁路480号1216室
210	法医学杂志	CN31－1472/R	双月刊	司法鉴定科学研究院	中华人民共和国司法部	上海市光复西路1347号
211	交通与运输	CN31－1476/U	双月刊	上海市交通工程学会	上海市交通委员会	上海市真南路500号同济大学沪西校区电信南楼3楼
212	光纤与电缆及其应用技术	CN31－1480/TN	双月刊	中国电子科技集团公司第二十三研究所	中国电子科技集团公司	上海市铁山路230号

（续表 14）

序号	期刊名称	国内统一连续出版物号	刊期	主办单位	主管单位	刊 社 地 址
213	上海化工	CN31－1487/TQ	双月刊	上海化工科学技术情报研究所、上海市化工行业协会	上海华谊（集团）公司	上海市斜土路 2421 号 2 号楼
214	上海染料	CN31－1490/TQ	双月刊	上海涂料染料行业协会	上海华谊（集团）公司	上海市共和新路 966 号 1704 室
215	制冷技术	CN31－1492/TB	双月刊	上海市制冷学会、中国制冷学会	上海市科学技术协会	上海市南昌路 47 号 3313 室
216	上海第二工业大学学报	CN31－1496/T	季刊	上海第二工业大学	上海市教育委员会	上海金海路 2360 号
217	中国造船	CN31－1497/U	季刊	中国造船工程学会	中国船舶重工集团有限公司	上海市高雄路 185 号
218	上海建材	CN31－1498/TU	双月刊	上海市建材科技情报研究所	上海建筑材料（集团）总公司	上海市大木桥路 588 号建材大厦 5 楼
219	宝钢技术	CN31－1499/TF	双月刊	宝山钢铁股份有限公司	中国宝武钢铁集团有限公司	上海市富锦路 655 号宝钢研究院
220	上海节能	CN31－1500/TK	月刊	上海市节能协会、上海市节能监察中心	上海市经济和信息化委员会	上海市中山北一路 21 号花园坊 A1 楼 718 室
221	自动化仪表	CN31－1501/TH	月刊	中国仪器仪表学会、上海工业自动化仪表研究院有限公司	中国科学技术协会	上海市漕宝路 103 号
222	光学仪器	CN31－1504/TH	双月刊	中国仪器仪表学会、上海光学仪器研究所、中国光学学会工程光学专业委员会	中国科学技术协会	上海市军工路 516 号
223	电站辅机	CN31－1505/TM	季刊	上海电站辅机厂有限公司	上海电气（集团）总公司	上海市隆昌路 621 号
224	电镀与环保	CN31－1507/X	双月刊	上海轻工业科技情报研究所	中国轻工业联合会	上海市余姚路 607 弄 19 号
225	锅炉技术	CN31－1508/TK	双月刊	上海锅炉厂有限公司	上海电气（集团）总公司	上海市华宁路 250 号
226	煤矿机电	CN31－1509/TD	双月刊	中煤科工集团上海研究院有限公司	中国煤炭科工集团有限公司	上海市天钥桥路 1 号煤科大厦
227	净水技术	CN31－1513/TQ	月刊	上海市净水技术学会、上海城市水资源开发利用国家工程中心有限公司	上海市科学技术协会	上海市杨树浦路 855 号 1 楼

(续表 15)

序号	期刊名称	国内统一连续出版物号	刊期	主办单位	主管单位	刊 社 地 址
228	上海管理科学	CN31-1515/C	双月刊	上海市管理科学学会	上海市科学技术协会	上海市南昌路 47 号 3119 室
229	光源与照明	CN31-1519/TB	月刊	上海市照明学会	上海市科学技术协会	上海市淞沪路 2005 号复旦大学交叉 2 号楼 C4021 室
230	中国市政工程	CN31-1523/TU	双月刊	上海市城市建设设计研究总院(集团)有限公司	上海城建(集团)公司	上海市东方路 3447 号
231	美化生活	CN31-1530/G0	双月刊	上海纺织控股(集团)公司	上海纺织控股(集团)公司	上海市中山南二路 777 弄 1 号 504 室
232	食品工业	CN31-1532/TS	月刊	上海市食品工业研究所	光明食品(集团)有限公司	上海市中兴路 1286 号 4 楼 402 室
233	上海建设科技	CN31-1541/TU	双月刊	上海市住房和城乡建设管理委员会科学技术委员会事务中心、上海市建筑科学研究院(集团)有限公司	上海市住房和城乡建设管理委员会	上海市宛平南路 75 号 13 楼
234	哈哈画报	CN31-1543/C	月刊	中国中福会出版社有限公司	中国福利会	上海市常熟路 157 号
235	中国海洋平台	CN31-1546/TE	双月刊	中国船舶工业集团公司第十一研究所	中国船舶工业集团有限公司	上海市中山南二路 851 号
236	中国化学(英文)(*Chinese Journal of Chemistry*)	CN31-1547/O6	月刊	中国化学会、中国科学院上海有机化学研究所	中国科学技术协会	上海市零陵路 345 号
237	中国自行车	CN31-1548/TS	双月刊	全国自行车工业信息中心、中国自行车协会、上海市自行车行业协会	中国轻工业联合会	上海市金沙江路 1678 号 21 楼
238	国际市场	CN31-1550/F	双月刊	上海市电子商务促进中心(联合国贸易网络上海中心)	上海市商务委员会	上海市中山南路 1088 号 4 楼
239	上海工运	CN31-1553/C	月刊	劳动报社	上海市总工会	上海市昌平路 700 号
240	中外书摘	CN31-1554/Z	月刊	上海人民出版社有限公司	上海世纪出版(集团)有限公司	上海市福建中路 193 号 2015 室
241	远东经济画报	CN31-1557/F	月刊	上海世纪出版(集团)有限公司	上海世纪出版(集团)有限公司	上海福建中路 193 号

（续表 16）

序号	期刊名称	国内统一连续出版物号	刊期	主办单位	主管单位	刊 社 地 址
242	上海金属	CN31－1558/TF	双月刊	上海金属学会	上海市科学技术协会	上海市南陈路 333 号 8 号楼 413 室
243	核技术（英文版）（*Nuclear Science and Techniques*）	CN31－1559/TL	月刊	中国科学院上海应用物理研究所、中国核学会	中国科学院	上海市嘉罗公路 2019 号
244	新金融	CN31－1560/F	月刊	交通银行股份有限公司	交通银行股份有限公司	上海市仙霞路 18 号
245	船舶	CN31－1561/U	双月刊	中国船舶及海洋工程设计研究院	中国船舶工业集团有限公司	上海市西藏南路 1688 号
246	水动力学研究与进展 B 辑	CN31－1563/T	双月刊	中国船舶科学研究中心	中国船舶重工集团有限公司	上海市高雄路 185 号 316 室
247	中国木材	CN31－1565/T	双月刊	上海森联木业发展有限公司、中国木材总公司	百联集团有限公司	上海市唐山路 923 号 3 楼
248	上海商业	CN31－1567/F	月刊	上海市商业经济学会	上海市商务委员会	上海市新闸路 945 号 311 室
249	细胞研究（英文版）（*Cell Research*）	CN31－1568/Q	月刊	中国科学院分子细胞科学卓越创新中心、中国细胞生物学会	中国科学院	上海市岳阳路 319 号 31B 楼 401 室
250	上海中学数学	CN31－1572/G4	月刊	上海师范大学	上海市教育委员会	上海市桂林路 100 号上海师范大学数学系
251	中国制笔	CN31－1574/T	季刊	全国制笔工业信息中心、中国制笔协会	中国轻工业联合会	上海市九亭镇九亭中心路 1158 号 10 幢 3030 室
252	东方航空	CN31－1576/F	月刊	东方航空传媒股份有限公司	东方航空传媒股份有限公司	上海市空港一路 280 号
253	红外与毫米波学报	CN31－1577/O4	双月刊	中国科学院上海技术物理研究所、中国光学学会	中国科学院	上海市玉田路 500 号
254	心理科学	CN31－1582/B	双月刊	中国心理学会	中国科学技术协会	上海市中山北路 3663 号
255	世界时装之苑	CN31－1586/TS	月刊	上海译文出版社有限公司	上海世纪出版（集团）有限公司	上海市福建中路 193 号
256	化工装备技术	CN31－1587/T	双月刊	上海市化工科学技术情报研究所	上海华谊（集团）公司	上海市斜土路 2421 号 2 号楼

(续表 17)

序号	期刊名称	国内统一连续出版物号	刊期	主办单位	主管单位	刊社地址
257	上海蔬菜	CN31－1588/S	双月刊	上海市农业科学院、上海蔬菜经济研究会	上海市农业农村委员会	上海市金齐路1000号3号楼309室
258	上海人大月刊	CN31－1590/D	月刊	上海人民代表大会常务委员会	上海人民代表大会常务委员会	上海市人民大道200号
259	产业用纺织品	CN31－1595/TS	月刊	东华大学、全国产业用纺织品科技情报站	中华人民共和国教育部	上海市延安西路1882号东华大学3教15楼
260	传动技术	CN31－1596/TP	季刊	上海交通大学	中华人民共和国教育部	上海市华山路1954号教3楼西304室
261	航空港	CN31－1597/U	季刊	上海机场(集团)有限公司	上海机场(集团)有限公司	上海市虹桥机场迎宾二路200号
262	上海工程技术大学学报	CN31－1598/T	季刊	上海工程技术大学	上海市教育委员会	上海市龙腾路333号行政楼205室
263	研究与发展管理	CN31－1599/G3	双月刊	复旦大学	中华人民共和国教育部	上海市国顺路670号李达3楼505室
264	生命科学	CN31－1600/Q	月刊	中国科学院上海生命科学研究院、国家自然科学基金委员会生命科学部、中国科学院生命科学与生物技术局	中国科学院	上海市岳阳路319号31B座403室
265	中国胶粘剂	CN31－1601/TQ	月刊	上海市合成树脂研究所、中国胶粘剂和胶粘带工业协会、全国粘合剂信息站	上海华谊(集团)公司	上海市徐泾镇诸陆西路1251号
266	城市道桥与防洪	CN31－1602/U	月刊	上海市工程设计研究总院(集团)有限公司	中华人民共和国住房和城乡建设部	上海市中山北二路901号
267	市政设施管理	CN31－1604/TU	季刊	上海市路政局	中华人民共和国住房和城乡建设部	上海市广中路411号402室
268	上海航空	CN31－1607/F	月刊	上海航空传播有限公司	东方航空传媒股份有限公司	上海市延平路69号1001室
269	上海经济年鉴	CN31－1609/F	年刊	上海人民政府发展研究中心	上海人民政府发展研究中心	上海市江西中路181号503室

（续表 18）

序号	期刊名称	国内统一连续出版物号	刊期	主办单位	主管单位	刊社地址
270	上海文化年鉴	CN31－1610/G0	年刊	上海图书馆（上海科学技术情报研究所）	上海图书馆（上海科学技术情报研究所）	上海市长乐路 746 号
271	民用飞机设计与研究	CN31－1614/V	季刊	中国商用飞机有限责任公司上海飞机设计研究院	中国商用飞机有限责任公司	上海市金科路 5188 号上海飞机设计研究院
272	食品与生活	CN31－1616/TS	月刊	上海市食品研究所	上海市国有资产监督管理委员会	上海市吴中东路 513 号
273	上海供销合作经济	CN31－1620/F	双月刊	上海市供销合作总社、上海市供销合作经济研究会	上海市供销合作总社	上海市大木桥路 247 弄 2 号
274	现代工商	CN31－1621/F	月刊	上海市工商业联合会	上海市工商业联合会	上海市延安东路 55 号 17 楼
275	医用生物力学	CN31－1624/R	双月刊	上海交通大学	中华人民共和国教育部	上海市制造局路 639 号 8 号楼 418 室
276	世界地理研究	CN31－1626/P	双月刊	中国地理学会	中国科学技术协会	上海市中山北路 3663 号
277	有机氟工业	CN31－1631/TQ	季刊	上海有机氟材料研究所、化工部有机氟材料技术开发中心、中国氟硅有机材料工业协会	上海华谊（集团）公司	上海市龙吴路 4600 号
278	功能高分子学报	CN31－1633/O6	双月刊	华东理工大学	中华人民共和国教育部	上海市梅陇路 130 号华东理工大学
279	微型电脑应用	CN31－1634/TP	月刊	上海微型电脑应用学会	上海市科学技术协会	上海市华山路 1954 号铸锻楼 314 室
280	上海预防医学	CN31－1635/R	月刊	上海市预防医学会	上海市卫生健康委员会	上海市延安西路 1326 号 2210 室
281	东方剑	CN31－1638/I	月刊	上海文艺出版总社	上海文艺出版总社	杨浦区兰州路 119 号
282	卡通王	CN31－1641/J	半年刊	上海美术电影制片厂	上海电影（集团）有限公司	上海市万航渡路 618 号
283	国际观察	CN31－1642/D	双月刊	上海外国语大学	中华人民共和国教育部	上海市大连西路 550 号 6 号楼 711 室
284	出版与印刷	CN31－1643/TS	季刊	上海出版印刷高等专科学校	上海市教育委员会	上海市营口路 101 号

(续表 19)

序号	期刊名称	国内统一连续出版物号	刊期	主办单位	主管单位	刊社地址
285	中国体育教练员	CN31－1644/G8	季刊	上海体育学院、中华全国体育总会科教部	上海市教育委员会	上海市清源环路 588 号绿瓦书店二楼
286	应用数学和力学(英文版)(*Applied Mathematics and Mechanics*)	CN31－1650/O1	月刊	上海大学、中国力学学会	上海市教育委员会	上海市上大路 99 号 122 信箱
287	文物保护与考古科学	CN31－1652/K	双月刊	上海博物馆	上海市文化和旅游局(上海市广播电视局、上海市文物局)	上海市龙吴路 1118 号
288	中华手外科杂志	CN31－1653/R	双月刊	中华医学会	中国科学技术协会	上海市江苏路 796 号 1 号楼 205 室
289	世纪	CN31－1654/K	双月刊	上海市文史研究馆、中央文史研究馆	上海市文史研究馆	上海市思南路 41 号
290	上海文化	CN31－1655/G0	月刊	上海市作家协会、上海社会科学院文学研究所、上海教育出版社	上海市作家协会	上海巨鹿路 675 号
291	建设监理	CN31－1656/TU	月刊	上海市建筑科学研究院(集团)有限公司	上海市住房和城乡建设管理委员会	上海市宛平南路 75 号
292	检察风云	CN31－1658/D	半月刊	上海市人民检察院、中国检察出版社有限公司	上海市人民检察院	上海市肇嘉浜路 366 号 9 楼
293	书城杂志	CN31－1662/G2	月刊	上海三联书店有限公司、上海市出版协会	上海报业集团	上海市漕溪北路 331 号中金 A 座 10 楼 1006 室
294	上海医药	CN31－1663/R	半月刊	上海医药行业协会、上海医药股份有限公司	上海市经济和信息化委员会	上海市凤阳路 250 号 3 楼
295	抗癌	CN31－1664/R	季刊	上海市抗癌协会	上海市科学技术协会	上海市东安路 270 号 10 号楼 4 楼
296	集装箱化	CN31－1665/U	月刊	上海海事大学	上海海事大学	上海市海港大道 1550 号图书馆 B510 室
297	口腔颌面外科杂志	CN31－1671/R	双月刊	同济大学	中华人民共和国教育部	上海市共和新路 1238 号同济大学沪北校区妍学楼 307 室

(续表 20)

序号	期刊名称	国内统一连续出版物号	刊期	主办单位	主管单位	刊 社 地 址
298	毛泽东邓小平理论研究	CN31-1672/A	月刊	上海社会科学院	上海社会科学院	上海市淮海中路622弄7号
299	上海教育	CN31-1676/G4	旬刊	上海教育报刊总社	上海教育报刊总社	上海市中山南二路151号
300	当代学生	CN31-1677/G4	半月刊	上海市教育报刊社	上海市教育报刊社	上海市中山南二路151号
301	计算机辅助工程	CN31-1679/TP	季刊	上海海事大学	上海海事大学	上海市海港大道1550号上海海事大学杂志总社A30室
302	中医文献杂志	CN31-1682/R	双月刊	上海中医文献馆、中华中医药学会	上海市卫生健康委员会	上海市瑞金二路156号
303	食用菌学报	CN31-1683/Q	季刊	上海市农业科学院、中国农学会	上海市农业农村委员会	上海市金齐路1000号12号楼
304	上海汽车	CN31-1684/U	月刊	上海汽车集团股份有限公司	上海汽车工业(集团)总公司	上海市威海路489号1802室
305	激光与光电子学进展	CN31-1690/TN	半月刊	中国科学院上海光学精密机械研究所	中国科学院	上海市清河路390号
306	华东理工大学学报(自然科学版)	CN31-1691/TQ	双月刊	华东理工大学	中华人民共和国教育部	上海市梅陇路130号华东理工大学
307	旅游科学(上海旅游高等专科学校学报)	CN31-1693/K	双月刊	上海旅游高等专科学校	上海市教育委员会	上海市桂林路100号上海师范大学12号楼211室
308	中国比较文学	CN31-1694/I	季刊	上海外国语大学、中国比较文学学会	中华人民共和国教育部	上海市大连西路550号
309	好儿童画报	CN31-1697/C	半月刊	上海教育报刊总社	上海教育报刊总社	上海市中山南二路151号
310	中国医学计算机成像杂志	CN31-1700/TH	双月刊	复旦大学附属华山医院	中华人民共和国教育部	上海乌鲁木齐中路12号
311	上海口腔医学	CN31-1705/R	双月刊	上海交通大学医学院附属第九人民医院	上海交通大学	上海市制造局路639号
312	上海城市规划	CN31-1706/TU	双月刊	上海市城市规划设计研究院	上海市规划和自然资源局	上海市铜仁路331号
313	实验室研究与探索	CN31-1707/T	月刊	上海交通大学	中华人民共和国教育部	上海市华山路1954号上海交通大学教学3楼457室

(续表 21)

序号	期刊名称	国内统一连续出版物号	刊期	主办单位	主管单位	刊 社 地 址
314	功能材料与器件学报	CN31－1708/TB	双月刊	中国科学院上海微系统与信息技术研究所、中国材料研究学会	中国科学院	上海市长宁路865号，中国科学院上海微系统与信息技术研究所5号楼
315	华东科技	CN31－1709/N	月刊	上海市科技创业中心	上海市科学技术委员会	上海市钦州路100号2号楼212室
316	上海公路	CN31－1712/U	季刊	上海市路政局、上海市公路学会	上海市交通委员会	上海市曹杨路1040弄2号楼2505室
317	轿车情报	CN31－1713/U	双月刊	上海百联汽车服务贸易有限公司、上海工业系统科技情报中心	百联集团有限公司	上海市仙霞路319号A座2306室
318	机电一体化	CN31－1714/TM	双月刊	上海科学技术文献出版社	上海图书馆(上海科学技术情报研究所)	上海市长乐路746号
319	上海大学学报(自然科学版)	CN31－1718/N	双月刊	上海大学	上海市教育委员会	上海市南陈路333号上海大学东区3号楼221室
320	职业卫生与应急救援	CN31－1719/R	双月刊	上海市化工职业病防治院、上海市职业安全健康研究院	上海市卫生健康委员会	上海市中漕路94号
321	开放教育研究	CN31－1724/G4	双月刊	上海开放大学	上海市教育委员会	上海市国顺路288号行政楼301室
322	中国肿瘤生物治疗杂志	CN31－1725/R	月刊	中国免疫学会、中国抗癌协会	中国科学技术协会	上海市翔殷路165号9幢5层
323	中国临床药学杂志	CN31－1726/R	双月刊	中国药学会	中国科学技术协会	上海市肇嘉浜路446号2号楼202室
324	中国癌症杂志	CN31－1727/R	月刊	复旦大学附属肿瘤医院	中华人民共和国教育部	上海市东安路270号10号楼409室
325	现代音响技术	CN31－1728/TN	季刊	世界图书出版有限公司、中国电子音响工业协会	中国出版集团公司	上海市广中路88号9—10楼
326	运筹学学报	CN31－1732/O1	季刊	中国运筹学会	中国科学技术协会	上海市南陈路333号上海大学东区3号楼217室
327	渔业现代化	CN31－1737/S	双月刊	中国水产科学研究院渔业机械仪器研究所	中华人民共和国农业农村部	上海市赤峰路63号

（续表 22）

序号	期刊名称	国内统一连续出版物号	刊期	主办单位	主管单位	刊社地址
328	工业工程与管理	CN31－1738/T	双月刊	上海交通大学	中华人民共和国教育部	上海市华山路 1954 号教三楼 450 室
329	上海理工大学学报	CN31－1739/T	双月刊	上海理工大学	上海市教育委员会	上海市军工路 516 号上海理工大学 489 信箱
330	世界橡胶工业	CN31－1740/TQ	月刊	上海橡胶制品研究所	上海华谊（集团）公司	上海市诸陆西路 1251 号
331	国际纺织导报	CN31－1743/TS	月刊	东华大学	中华人民共和国教育部	上海市延安西路 1882 号东华大学 3 教 15 楼
332	极地研究	CN31－1744/P	季刊	中国极地研究中心、中国海洋学会	中华人民共和国自然资源部	上海浦东金桥路 451 号
333	中国新药与临床杂志	CN31－1746/R	月刊	中国药学会、上海食品药品监督管理局科技情报研究所	中国科学技术协会	上海市愚园路 532 弄 50 号 211 室
334	大都市	CN31－1748/G2	月刊	东方出版中心有限公司	中国出版集团公司	上海市仙霞路 345 号 6 楼
335	城市轨道交通研究	CN31－1749/U	月刊	同济大学	中华人民共和国教育部	上海市真南路 500 号同济大学沪西校区
336	中国卫生资源	CN31－1751/R	双月刊	中国卫生经济学会、中国卫生资源杂志社	中华人民共和国国家卫生健康委员会	上海市延安西路 1326 号 22 楼
337	中国临床神经科学	CN31－1752/R	双月刊	复旦大学附属华山医院、复旦大学神经病学研究所	中华人民共和国教育部	上海市乌鲁木齐中路 12 号
338	自我保健	CN31－1753/R	半月刊	上海市医学会	上海市卫生健康委员会	上海市西康路 600 弄 1 号 1603 室
339	国际商业技术	CN31－1756/N	半年刊	上海市商业联合会、上海市商务发展研究中心	上海市商务委员会	上海市威海路 48 号民生银行大厦 23 楼
340	外科理论与实践	CN31－1758/R	双月刊	上海交通大学医学院附属瑞金医院	上海交通大学	上海市瑞金二路 197 号科教楼 14 楼
341	经济展望	CN31－1759/F	双月刊	上海市经济信息中心	上海市发展和改革委员会	上海市华山路 1076 号 3 号楼
342	海洋石油	CN31－1760/TE	季刊	中国石油化工股份有限公司上海海洋油气分公司	中国石油化工集团有限公司	上海市商城路 1225 号

（续表 23）

序号	期刊名称	国内统一连续出版物号	刊期	主办单位	主管单位	刊社地址
343	中国男科学杂志	CN31-1762/R	双月刊	上海交通大学医学院附属仁济医院	中华人民共和国教育部	上海江西中路452号306室
344	中外缝制设备	CN31-1763/TS	月刊	全国缝制设备工业信息中心	中国轻工业联合会	上海市中山南一路210号
345	建筑材料学报	CN31-1764/TU	双月刊	同济大学	中华人民共和国教育部	上海市四平路1239号同济大学综合楼1701室
346	国际服装动态	CN31-1766/TS	月刊	上海纺织控股(集团)公司、文汇新民联合报业集团	上海纺织控股(集团)公司	上海市延安中路839号15楼
347	热处理	CN31-1768/TG	双月刊	上海市机械制造工艺研究所有限公司	上海电气(集团)总公司	上海市中兴路960号
348	上海塑料	CN31-1770/TQ	双月刊	上海市塑料工程技术学会、上海化工研究院有限公司	上海市科学技术协会	上海市云岭东路345号
349	思想政治课研究	CN31-1771/G4	双月刊	华东师范大学	中华人民共和国教育部	上海市东川路500号华东师范大学法商南楼108室
350	教育发展研究	CN31-1772/G4	半月刊	上海市教育科学研究院、上海市高等教育学会	上海市教育委员会	上海茶陵北路21号
351	肝脏	CN31-1775/R	月刊	上海医学会	上海市卫生健康委员会	上海市沪闵路9555号3号楼101室
352	同济大学学报(社会科学版)	CN31-1777/C	双月刊	同济大学	中华人民共和国教育部	上海市四平路1239号
353	上海交通大学学报(哲学社会科学版)	CN31-1778/C	双月刊	上海交通大学	中华人民共和国教育部	上海市华山路1954号Med-X研究院452室
354	华东理工大学学报(社会科学版)	CN31-1779/C	双月刊	华东理工大学	中华人民共和国教育部	上海市梅陇路130号团结一二楼222、224室
355	上海国资	CN31-1786/F	月刊	上海世纪出版(集团)有限公司	上海世纪出版(集团)有限公司	上海市长清北路1号国新大厦3楼
356	上海中医药大学学报	CN31-1788/R	双月刊	上海中医药大学、上海市中医药研究院	上海市教育委员会	上海蔡伦路1200号上海中医药大学图书馆7楼

(续表 24)

序号	期刊名称	国内统一连续出版物号	刊期	主办单位	主管单位	刊社地址
357	印制电路信息	CN31－1791/TN	月刊	上海印制电路行业协会	上海市经济和信息化委员会	上海市都会路 2338 弄 95 号 2 楼
358	上海涂料	CN31－1792/TQ	双月刊	上海华谊精细化工有限公司、上海市涂料研究所有限公司	上海华谊(集团)公司	上海市云岭东路 345 号
359	中国临床医学	CN31－1794/R	双月刊	复旦大学附属中山医院	中华人民共和国教育部	上海市医学院路 136 号
360	亚洲男性学杂志(英文)(*Asian Journal of Andrology*)	CN31－1795/R	双月刊	中国科学院上海药物研究所、上海交通大学	中国科学院	上海市太原路 294 号 16 号楼 302 室
361	介入放射学杂志	CN31－1796/R	月刊	上海市医学会	上海市卫生健康委员会	上海市华山路 1336 号 16G
362	胃肠病学	CN31－1797/R	月刊	上海交通大学医学院附属仁济医院	中华人民共和国教育部	上海市山东中路 145 号上海交通大学医学院附属仁济医院综合楼 1004 室
363	老年医学与保健	CN31－1798/R	双月刊	华东医院	上海市卫生健康委员会	上海市延安西路 221 号
364	上海托幼	CN31－1800/G4	半月刊	上海教育报刊总社	上海教育报刊总社	上海市中山南二路 151 号 12 楼
365	咬文嚼字	CN31－1801/H	月刊	上海文化出版社	上海文艺出版总社	上海市绍兴路 7 号
366	新民周刊	CN31－1802/D	周刊	上海报业集团	上海报业集团	上海市威海路 755 号 38 楼
367	犯罪研究	CN31－1809/D	双月刊	上海犯罪学学会	上海市社会科学界联合会	上海万航渡路 1575 号六三楼 205 室
368	车迷	CN31－1810/Z	月刊	上海科学技术出版社有限公司	上海世纪出版(集团)有限公司	上海钦州南路 71 号 1407 室
369	上海城市发展	CN31－1812/TU	双月刊	上海市城乡建设和交通发展研究院、上海市城市建设投资开发总公司、上海市城市经济学会	上海城乡建设和交通委员会	上海市宛平南路 75 号建科大厦 15 楼 1501 室
370	上海行政学院学报	CN31－1815/G4	双月刊	上海行政学院	上海行政学院	上海市虹漕南路 123 号
371	上海财经大学学报	CN31－1817/C	双月刊	上海财经大学	中华人民共和国教育部	上海市国定路 777 号科研实验中心 12 层

(续表 25)

序号	期刊名称	国内统一连续出版物号	刊期	主办单位	主管单位	刊社地址
372	航运交易公报	CN31-1818/C	周刊	上海航运交易所	中华人民共和国交通运输部	上海市杨树浦路18号1805室
373	浦东年鉴	CN31-1819/Z	年刊	上海市浦东新区史志编纂委员会办公室	中共上海市浦东新区委员会办公室	上海市迎春路520号902室
374	上海年鉴	CN31-1820/Z	年刊	上海市地方志办公室	上海市地方志办公室	上海市斜土路2567号A2座5楼
375	上海经济年鉴(英文)(*Shanghai Economy Almanac*)	CN31-1821/F	年刊	上海市人民政府发展研究中心	上海市人民政府发展研究中心	上海市江西中路181号503室
376	浦东年鉴(英文)(*Pudong Yearbook*)	CN31-1822/Z	年刊	上海市浦东新区史志编纂委员会办公室	中共上海市浦东新区委员会办公室	上海市迎春路520号902室
377	力学季刊	CN31-1829/O3	季刊	上海市力学学会、同济大学、上海交通大学、中国力学学会	上海市科学技术协会	上海市四平路1239号
378	化工设备与管道	CN31-1833/TQ	双月刊	中石化上海工程有限公司	中国石油化工集团有限公司	上海市南京西路1910号307室
379	上海煤气	CN31-1834/TE	双月刊	上海市燃气管理处、上海市燃气协会	上海市城乡建设和交通委员会	上海市西藏中路656号
380	上海交通大学学报(农业科学版)	CN31-1837/S	双月刊	上海交通大学	中华人民共和国教育部	上海市东川路800号上海交通大学农业与生物学院农生大楼408室
381	成才与就业	CN31-1839/G4	半月刊	上海教育报刊总社	上海教育报刊总社	上海市中山南二路151号
382	名车志	CN31-1840/U	月刊	上海译文出版社有限公司	上海世纪出版(集团)有限公司	上海市福建中路193号
383	全球教育展望	CN31-1842/G4	月刊	华东师范大学	中华人民共和国教育部	上海市中山北路3663号华东师范大学文科大楼1624室
384	俄罗斯研究	CN31-1843/D	双月刊	华东师范大学	中华人民共和国教育部	上海市中山北路3663号华东师范大学理科大楼A403室
385	家庭用药	CN31-1845/R	月刊	中国科学院上海药物研究所、上海市药理学会	中国科学院	上海市太原路294号16号楼308室

（续表 26）

序号	期刊名称	国内统一连续出版物号	刊期	主办单位	主管单位	刊社地址
386	上海护理	CN31－1846/R	月刊	上海市护理学会	上海市卫生健康委员会	上海市胶州路 358 弄 1 号 606 室
387	中华航海医学与高气压医学杂志	CN31－1847/R	双月刊	中华医学会	中国科学技术协会	上海市翔殷路 880 号
388	东华大学学报（社会科学版）	CN31－1848/C	季刊	东华大学	中华人民共和国教育部	上海市延安西路 1882 号
389	理财周刊	CN31－1849/F	周刊	上海世纪出版（集团）有限公司	上海世纪出版（集团）有限公司	上海市钦州南路 71 号 5 楼
390	上海理工大学学报（社会科学版）	CN31－1853/C	季刊	上海理工大学	上海市教育委员会	上海市军工路 516 号 492 信箱
391	上海人民政府公报	CN31－1854/D	半月刊	上海市人民政府办公厅	上海市人民政府办公厅	上海市人民大道 200 号
392	上海人民代表大会常务委员会公报	CN31－1855/D	月刊	上海市人民代表大会常务委员会办公厅	上海市人民代表大会常务委员会办公厅	上海市人民大道 200 号
393	上海党史与党建	CN31－1856/K	月刊	上海党史报刊社	中共上海委党史研究室	上海市康平路 141 号
394	精密制造与自动化	CN31－1858/TP	季刊	上海磨床研究所	上海电气（集团）总公司	上海市军工路 1146 号
395	信息网络安全	CN31－1859/TN	月刊	公安部第三研究所、中国计算机学会	公安部	上海市岳阳路 76 号
396	中国司法鉴定	CN31－1863/N	双月刊	司法鉴定科学研究院	司法部	上海市光复西路 1347 号
397	东华大学学报（自然科学版）	CN31－1865/N	双月刊	东华大学	中华人民共和国教育部	上海市延安西路 1882 号东华大学期刊中心
398	上海大中型电机	CN31－1868/TM	季刊	上海电气集团上海电机厂有限公司	上海电气（集团）总公司	上海市江川路 555 号二号门
399	出色	CN31－1870/G0	月刊	上海辞书出版社有限公司	上海世纪出版（集团）有限公司	上海市陕西北路 457 号
400	你	CN31－1871/G0	月刊	《现代家庭》杂志社	上海市妇女联合会	上海市顺义路 18 号绿地同创大厦 27 楼
401	中国货币市场	CN31－1873/F	月刊	中国外汇交易中心（全国银行间同业拆借中心）	中国人民银行	上海市张东路 1387 号 28 幢
402	中国眼耳鼻喉科杂志	CN31－1875/R	双月刊	复旦大学附属眼耳鼻喉科医院	中华人民共和国教育部	上海市汾阳路 83 号

(续表 27)

序号	期刊名称	国内统一连续出版物号	刊期	主办单位	主管单位	刊社地址
403	诊断学理论与实践	CN31-1876/R	双月刊	上海交通大学医学院附属瑞金医院	上海交通大学	上海市瑞金二路197号瑞金医院科技楼14楼
404	环境与职业医学	CN31-1879/R	月刊	上海市疾病预防控制中心	上海市卫生健康委员会	上海市延安西路1326号2207室
405	乳业科学与技术	CN31-1881/S	双月刊	光明乳业股份有限公司	光明食品(集团)有限公司	上海市江场西路1550号2号楼
406	复旦学报(医学版)	CN31-1885/R	双月刊	复旦大学	中华人民共和国教育部	上海市医学院路138号285信箱
407	高等学校文科学术文摘	CN31-1889/C	双月刊	上海师范大学	上海市教育委员会	上海市桂林路100号
408	中国光学快报(英文版)(*Chinese Optics Letters*)	CN31-1890/O4	月刊	中国科学院上海光学精密机械研究所、中国光学学会	中国科学院	上海市清河路390号
409	复旦教育论坛	CN31-1891/G4	双月刊	复旦大学	中华人民共和国教育部	上海市邯郸路220号
410	装备机械	CN31-1892/TH	季刊	上海电气(集团)总公司	上海电气(集团)总公司	上海市中兴路960号
411	建筑钢结构进展	CN31-1893/TU	双月刊	同济大学	中华人民共和国教育部	上海市四平路1239号土木大楼A613室
412	水上消防	CN31-1897/U	双月刊	上海航运交易所、中国水上消防协会	上海航运交易所	上海市周家嘴路2110号4楼
413	现代免疫学	CN31-1899/R	双月刊	上海市免疫学研究所、上海市免疫学会	上海市教育委员会	上海市重庆南路280号图书馆1楼西南部
414	上海安全生产	CN31-1900/T	月刊	上海市安全生产科学研究所	上海市应急管理局	上海市田林路191号
415	同济大学学报(医学版)	CN31-1901/R	双月刊	同济大学	中华人民共和国教育部	上海市四平路1239号
416	上海社会主义学院学报	CN31-1903/C	双月刊	上海市社会主义学院	中共上海市委统战部	上海市天等路469号
417	脊柱外科杂志	CN31-1907/R	双月刊	中华医学会上海分会	上海市卫生健康委员会	上海市成都北路500号
418	针灸推拿医学(英文版)(*Journal of Acupuncture and Tuina Science*)	CN31-1908/R	双月刊	上海针灸经络研究所	上海市卫生健康委员会	上海市宛平南路650号
419	新读写	CN31-1909/G4	月刊	上海报业集团	上海报业集团	上海市中山南二路151号910室

（续表 28）

序号	期刊名称	国内统一连续出版物号	刊期	主办单位	主管单位	刊社地址
420	今日风采	CN31－1910/G0	双月刊	上海人民美术出版社	上海文艺出版总社	上海市长乐路672弄33号
421	上海市经济管理干部学院学报	CN31－1913/Z	双月刊	上海市经济管理干部学院	中国共产党上海市委员会党校	上海市虹漕南路123号
422	基础教育	CN31－1914/G4	双月刊	华东师范大学	中华人民共和国教育部	上海市中山北路3663号
423	检验医学	CN31－1915/R	月刊	上海临床检验中心	上海市卫生健康委员会	上海市洪山路528号
424	歌剧	CN31－1917/J	月刊	上海歌剧院	上海大剧院艺术中心	上海市常熟路100弄10号
425	艺术当代	CN31－1918/J	双月刊	上海书画出版社	上海文艺出版总社	上海市延安西路593号2号楼
426	家居廊	CN31－1919/G0	月刊	上海译文出版社有限公司	上海世纪出版（集团）有限公司	上海市福建中路193号
427	东华大学学报（英文版）（*Journal of Donghua University*）	CN31－1920/TS	双月刊	东华大学	中华人民共和国教育部	上海市延安西路1882号
428	热力透平	CN31－1922/TH	季刊	上海汽轮机厂有限公司	上海电气（集团）总公司	上海市江川路333号
429	中国工程机械学报	CN31－1926/TH	双月刊	中国工程机械学会	中国科学技术协会	上海市四平路1239号同济大学机械南馆301、302、303室
430	神经病学与神经康复学杂志	CN31－1927/R	季刊	上海中西医结合学会、上海交通大学医学院附属仁济医院	上海市卫生健康委员会	上海市斜土路2200弄25号1号楼209室
431	上海年鉴（英文版）（*Shanghai Almanac*）	CN31－1928/Z	年刊	上海市地方志办公室	上海市地方志办公室	上海市斜土路2567号A2座5楼
432	漫动作	CN31－1929/J	月刊	上海世纪出版（集团）有限公司	上海世纪出版（集团）有限公司	上海市钦州南路71号5楼
433	旅行者	CN31－1930/G0	月刊	上海人民美术出版社	上海文艺出版总社	上海市长乐路672弄33号
434	上海信息化	CN31－1934/TP	月刊	上海市经济和信息化发展研究中心	上海市经济和信息化委员会	上海市复兴中路593号22楼

(续表 29)

序号	期刊名称	国内统一连续出版物号	刊期	主办单位	主管单位	刊社地址
435	上海采风	CN31-1935/I	双月刊	上海市文艺期刊中心	上海市文学艺术界联合会	上海市延安西路238号
436	金卡生活	CN31-1936/F	月刊	中国银联股份有限公司	中国银联股份有限公司	上海市锦康路308号陆家嘴世纪金融广场6号楼1701D
437	上海翻译	CN31-1937/H	双月刊	上海科技翻译学会	上海市教育委员会	上海市上大路99号上海大学036信箱
438	城市规划学刊	CN31-1938/TU	双月刊	同济大学	中华人民共和国教育部	上海市四平路1239号同济大学建筑与城市规划学院C楼702室
439	世界临床药物	CN31-1939/R	月刊	上海医药工业研究院、中国药学会	上海医药工业研究院	上海市北京西路1320号3号楼216室
440	生物化学与生物物理学报(英文)(*Acta Biochimica et Biophysica Sinica*)	CN31-1940/Q	月刊	中国科学院上海生命科学研究院生物化学与细胞生物学研究所	中国科学院	上海市岳阳路319号31B座407室
441	档案春秋	CN31-1942/K	月刊	上海市档案馆	上海市档案局	上海市仙霞路326号
442	上海交通大学学报(自然科学版)(英文)[*Journal of Shanghai Jiaotong University (Science)*]	CN31-1943/U	双月刊	上海交通大学	中华人民共和国教育部	上海市华山路1954号
443	系统仿真技术	CN31-1945/TP	季刊	同济大学	中华人民共和国教育部	上海市四平路1239号同济大学242信箱
444	组织工程与重建外科	CN31-1946/R	双月刊	上海交通大学医学院附属第九人民医院	上海交通大学	上海市制造局路639号
445	国际心血管病杂志	CN31-1951/R	双月刊	上海市卫生和健康发展研究中心(上海市医学科学技术情报研究所)	上海市卫生健康委员会	上海市建国西路602号
446	国际骨科学杂志	CN31-1952/R	双月刊	上海市卫生和健康发展研究中心(上海市医学科学技术情报研究所)	上海市卫生健康委员会	上海市建国西路602号
447	国际消化病杂志	CN31-1953/R	双月刊	上海市卫生和健康发展研究中心(上海市医学科学技术情报研究所)	上海市卫生健康委员会	上海市建国西路602号

(续表 30)

序号	期刊名称	国内统一连续出版物号	刊期	主办单位	主管单位	刊社地址
448	实验动物与比较医学	CN31－1954/Q	双月刊	上海市实验动物学会、上海市实验动物研究中心	上海科学院	上海市金科路 3577 号 1210 室
449	上海商学院学报	CN31－1957/F	双月刊	上海商学院	上海市教育委员会	上海市中山西路 2271 号
450	电机与控制应用	CN31－1959/TM	月刊	上海电器科学研究所(集团)有限公司	上海市经济和信息化委员会	上海市武宁路 505 号
451	国际生物制品学杂志	CN31－1962/R	双月刊	中华医学会、上海生物制品研究所有限责任公司	国家卫生健康委员会	上海市安顺路 350 号
452	新发现	CN31－1963/Z	月刊	上海科技教育出版社有限公司	上海世纪出版(集团)有限公司	上海市柳州路 218 号
453	外语教学理论与实践	CN31－1964/H	季刊	华东师范大学(外语学院)	中华人民共和国教育部	上海市东川路 500 号华东师范大学外语学院 220 室
454	中国感染与化疗杂志	CN31－1965/R	双月刊	复旦大学附属华山医院	中华人民共和国教育部	上海市乌鲁木齐中路 12 号 6 号楼 405C 室
455	微生物与感染	CN31－1966/R	双月刊	复旦大学	中华人民共和国教育部	上海市医学院路 138 号
456	租售情报	CN31－1967/F	月刊	上海市物流学会	百联集团有限公司	上海市中山东二路 201 号
457	上海海事大学学报	CN31－1968/U	季刊	上海海事大学	上海市教育委员会	上海市海港大道 1550 号图书馆 B512 室
458	中国循证儿科杂志	CN31－1969/R	双月刊	复旦大学	中华人民共和国教育部	上海市万源路 399 号
459	私家地理	CN31－1970/K	月刊	上海报业集团	上海报业集团	上海市余姚路 14 号 401 室
460	中医药文化	CN31－1971/R	双月刊	上海中医药大学、中华中医药学会	上海市教育委员会	上海市蔡伦路 1200 号图书馆 811 室
461	阿拉伯世界研究	CN31－1973/C	双月刊	上海外国语大学	中华人民共和国教育部	上海市大连西路 550 号 6 号楼
462	健康教育与健康促进	CN31－1974/R	双月刊	上海市健康促进中心	上海市卫生健康委员会	上海市陕西南路 122 号 9 楼
463	神经科学通报(英文版)(*Neuroscience Bulletin*)	CN31－1975/R	月刊	中国科学院脑科学与智能技术卓越创新中心、中国神经科学学会	中国科学院	上海市岳阳路 319 号 8 号楼 612 室

(续表 31)

序号	期刊名称	国内统一连续出版物号	刊期	主办单位	主管单位	刊 社 地 址
464	系统管理学报	CN31－1977/N	双月刊	上海交通大学	中华人民共和国教育部	上海市华山路 1954 号上海交通大学安泰经济与管理学院 B604 室
465	内科理论与实践	CN31－1978/R	双月刊	上海交通大学医学院附属瑞金医院	中华人民共和国教育部	上海市瑞金二路 197 号
466	船舶标准化工程师	CN31－1981/U	双月刊	中国船舶重工集团公司第七〇四研究所	中国船舶重工集团有限公司	上海市中山南二路 851 号 1 号楼
467	至爱	CN31－1982/C	月刊	上海文艺出版总社	上海文艺出版总社	上海市长乐路 672 弄 33 号
468	中华文史论丛	CN31－1984/K	季刊	上海古籍出版社有限公司	上海世纪出版(集团)有限公司	上海市瑞金二路 272 号上海古籍出版社内
469	港口科技	CN31－1986/U	月刊	中国港口协会	中国港口协会	上海市吴淞路 308 号 403 室
470	普知	CN31－1987/Z	月刊	上海新闻出版发展公司	上海市新闻出版局	上海市东湖路 7 号 F 座 1 楼
471	中国服饰	CN31－1988/TS	月刊	东华大学、中国纺织出版社有限公司	中华人民共和国教育部	上海市延安西路 1882 号
472	上海电气技术	CN31－1989/TM	季刊	上海电气(集团)总公司	上海电气(集团)总公司	上海市中兴路 960 号
473	上海铁道	CN31－1990/U	月刊	上海铁路文化广告发展有限公司	中国铁路上海局集团有限公司	上海市天目东路 228 号(铁联大厦)1401—1404 室
474	现代教学	CN31－1991/G4	半月刊	上海教育报刊总社	上海教育报刊总社	上海市中山南二路 151 号
475	晨刊	CN31－1993/N	双月刊	上海报业集团	上海报业集团	上海市龙华路 1887 号 203 室
476	金色年代	CN31－1994/C	半年刊	上海文艺出版总社	上海文艺出版总社	上海市绍兴路 74 号
477	上海电机学院学报	CN31－1996/Z	双月刊	上海电机学院	上海市教育委员会	上海市水华路 300 号图书馆 726 室
478	辞书研究	CN31－1997/G2	双月刊	上海辞书出版社有限公司	上海世纪出版(集团)有限公司	上海市陕西北路 457 号图书馆楼 604 室
479	中国浦东干部学院学报	CN31－1998/C	双月刊	中国浦东干部学院	中共中央组织部	上海市前程路 99 号

(续表 32)

序号	期刊名称	国内统一连续出版物号	刊期	主办单位	主管单位	刊 社 地 址
480	生物医学工程学进展	CN31-1999/R	季刊	上海生物医学工程学会	上海市科学技术协会	上海市金银花路1号
481	复旦人文社会科学论丛(英文)(*Fudan Journal of the Humanities and Social Sciences*)	CN31-2000/C	季刊	复旦大学	中华人民共和国教育部	上海市邯郸路220号
482	宝钢技术研究(英文)(*Baosteel Technical Research*)	CN31-2001/TF	季刊	宝山钢铁股份有限公司	中国宝武钢铁集团有限公司	上海市富锦路655号
483	分子细胞生物学报(英文)(*Journal of Molecular Cell Biology*)	CN31-2002/Q	月刊	中国科学院上海生命科学研究院生物化学与细胞生物学研究所、中国细胞生物学学会	中国科学院	上海市岳阳路319号31B楼408室
484	石油化工技术与经济	CN31-2004/TE	双月刊	中国石化上海石油化工股份有限公司	中国石化上海石油化工股份有限公司	上海市金一路49号229室
485	华东政法大学学报	CN31-2005/D	双月刊	华东政法大学	上海市教育委员会	上海市万航渡路1575号六三楼203室
486	东方法学	CN31-2008/D	双月刊	上海人民出版社有限公司、上海法学会	上海世纪出版(集团)有限公司	上海市昭化路490号
487	上海政法学院学报	CN31-2011/D	双月刊	上海政法学院	上海市教育委员会	上海市外青松公路7989号
488	《分子植物》(英文)(*Molecular Plant*)	CN31-2013/Q	月刊	中国科学院分子植物科学卓越创新中心、中国植物生理与植物分子生物学学会	中国科学院	上海市枫林路300号3号楼205室
489	伊周	CN31-2014/Z	双月刊	上海译文出版社有限公司	上海世纪出版(集团)有限公司	上海市福建中路193号
490	科学发展	CN31-2017/C	月刊	上海人民政府发展研究中心	上海人民政府发展研究中心	上海市医学院路69号3楼
491	倡廉文摘	CN31-2018/D	月刊	上海报业集团	上海报业集团	上海市威海路755号4202室

(续表33)

序号	期刊名称	国内统一连续出版物号	刊期	主办单位	主管单位	刊社地址
492	复杂油气藏	CN31－2019/TQ	季刊	中国石油化工股份有限公司上海海洋油气分公司、中国石油化工股份有限公司江苏油田分公司	中国石油化工集团有限公司	上海市商城路1225号
493	中欧商业评论	CN31－2020/F	月刊	上海远东出版社有限公司	上海世纪出版(集团)有限公司	上海市钦州南路81号出版大楼10楼
494	创意设计源	CN31－2021/TS	双月刊	上海工艺美术职业学院	上海市教育委员会	上海市嘉行公路851号
495	新会计	CN31－2022/F	月刊	上海科技教育出版社有限公司	上海世纪出版(集团)有限公司	上海市中山西路2230号
496	上海船舶运输科学研究所学报	CN31－2023/U	季刊	上海船舶运输科学研究所	上海船舶运输科学研究所	上海市民生路600号19号楼南门213室
497	上海海洋大学学报	CN31－2024/S	双月刊	上海海洋大学	上海市教育委员会	上海市沪城环路999号201信箱
498	东方翻译	CN31－2025/H	双月刊	上海市文艺期刊中心	上海市文学艺术界联合会	上海市延安西路238号
499	现代中文学刊	CN31－2026/G4	双月刊	全国高等教育自学考试指导委员会中文专业委员会、华东师范大学	中华人民共和国教育部	上海市中山北路3663号华东师范大学
500	生命与灾害	CN31－2029/X	月刊	上海民防科学研究所	上海民防办公室	上海市复兴中路593号1214室
501	中国动物传染病学报	CN31－2031/S	双月刊	中国农业科学院上海兽医研究所	中华人民共和国农业农村部	上海市紫月路518号A115室
502	德国研究	CN31－2032/C	季刊	同济大学	中华人民共和国教育部	上海市四平路1239号同济大学德国问题研究所
503	公共艺术	CN31－2033/J	双月刊	上海书画出版社	上海文艺出版总社	上海市延安西路593号2号楼
504	华东纸业	CN31－2034/TS	双月刊	上海造纸学会	上海市科学技术协会	上海市武宁南路1500号
505	中国细胞生物学学报	CN31－2035/Q	月刊	中国科学院上海生命科学研究院生物化学与细胞生物学研究所、中国细胞生物学学会	中国科学院	上海市岳阳路319号31B楼410室

(续表 34)

序号	期刊名称	国内统一连续出版物号	刊期	主办单位	主管单位	刊 社 地 址
506	现代建筑电气	CN31－2037/TM	月刊	上海电器科学研究所(集团)有限公司	上海市经济和信息化委员会	上海市武宁路505号
507	财富堂	CN31－2038/F	双月刊	上海电气(集团)总公司	上海电气(集团)总公司	上海市医学院路69号8层A/B座
508	当代外语研究	CN31－2039/H	双月刊	上海交通大学	中华人民共和国教育部	上海东川路800号上海交通大学外语楼301室
509	绿色建筑	CN31－2040/TU	双月刊	上海建筑科学研究院(集团)有限公司	上海建筑科学研究院(集团)有限公司	上海市宛平南路75号2号楼206室
510	动力工程学报	CN31－2041/TK	月刊	上海上发院发电成套设备工程有限公司、中国动力工程学会	上海发电设备成套设计研究院有限公司	上海市剑川路1115号319室
511	当代修辞学	CN31－2043/H	双月刊	复旦大学	中华人民共和国教育部	上海市邯郸路220号复旦大学光华楼西主楼1312室
512	上海城市管理	CN31－2044/Z	双月刊	上海城建职业学院	上海市教育委员会	上海市军工路2360号
513	上海交通大学学报(医学版)	CN31－2045/R	月刊	上海交通大学	上海交通大学	上海市重庆南路280号
514	外语测试与教学	CN31－2047/G4	季刊	上海外国语大学	中华人民共和国教育部	上海市大连西路558号
515	工会理论研究	CN31－2048/D	双月刊	上海工会管理职业学院	上海市总工会	上海市吉林路2号
516	东方电影	CN31－2049/J	月刊	上海电影(集团)有限公司	上海文化广播影视集团	上海市漕溪北路595号A座9017室
517	极地科学进展(英文版)(*Advances in Polar Science*)	CN31－2050/P	季刊	中国极地研究中心、中国海洋学会	自然资源部	上海市金桥路451号
518	电力与能源	CN31－2051/TK	双月刊	上海市能源研究所、上海市电力公司、上海市工程热物理学会	上海科学院	上海市邯郸路171号518室
519	建行财富	CN31－2052/F	月刊	中国建设银行股份有限公司	中国建设银行股份有限公司	北京市文慧园北路9号今典花园6号楼1703室

(续表 35)

序号	期刊名称	国内统一连续出版物号	刊期	主办单位	主管单位	刊社地址
520	儿童文学选刊	CN31-2053/I	月刊	上海少年儿童出版社有限公司	上海世纪出版(集团)有限公司	上海市延安西路1538号
521	哲学分析	CN31-2054/C	双月刊	上海人民出版社有限公司	上海世纪出版(集团)有限公司	上海市福建中路193号
522	植物生理学报	CN31-2055/Q	月刊	中国植物生理与植物分子生物学学会、中国科学院上海生命科学研究院植物生理生态研究所	中国科学技术协会	上海市枫林路300号3号楼208室
523	质量与标准化	CN31-2058/G3	月刊	上海市质量和标准化研究院、上海市标准化协会、上海市质量检测行业协会	上海市质量技术监督局	上海市长乐路1227号
524	小主人报	CN31-2059/C	半月刊	上海文化出版社	上海文艺出版(集团)有限公司	上海市绍兴路7号
525	大飞机	CN31-2060/U	月刊	中国商用飞机有限责任公司	中国商用飞机有限责任公司	上海市世博大道1919号
526	上海国土资源	CN31-2062/P	季刊	上海市地质调查研究院、上海地质学会	上海市规划和自然资源局	上海市灵石路930号地质大厦10楼1004室
527	浦江纵横	CN31-2063/D	月刊	上海市政协文史资料委员会	上海市政协办公厅	上海市北京西路860号综合楼
528	科技视界	CN31-2065/N	旬刊	上海市科普作家协会	上海市科学技术协会	上海市中山南一路500弄丽都大厦2503室
529	运动与健康科学(英文)(*Journal of Sport and Health Science*)	CN31-2066/G8	双月刊	上海体育学院	上海市教育委员会	上海市清源环路650号期刊中心
530	小福尔摩斯	CN31-2068/I	半月刊	上海少年儿童出版社有限公司	上海世纪出版(集团)有限公司	上海市延安西路1538号
531	先进制造进展(英文)(*Advances in Manufacturing*)	CN31-2069/TB	季刊	上海大学	上海市教育委员会	上海市上大路99号上海大学124信箱

(续表 36)

序号	期刊名称	国内统一连续出版物号	刊期	主办单位	主管单位	刊社地址
532	上海教育评估研究	CN31－2070/G4	双月刊	上海市教育评估院	上海市教育委员会	上海市陕西南路202号
533	讲刊	CN31－2071/C	月刊	上海报业集团	上海报业集团	上海都市路4855号
534	渔业信息与战略	CN31－2072/S	季刊	中国水产科学研究院东海水产研究所	中华人民共和国农业农村部	上海市军工路300号2号楼202室
535	外科研究与新技术	CN31－2073/R	季刊	同济大学	中华人民共和国教育部	上海市新村路389号3号楼4楼
536	会计与经济研究	CN31－2074/F	双月刊	上海立信会计金融学院	上海市教育委员会	上海市中山西路2230号
537	交大法学	CN31－2075/D	季刊	上海交通大学	上海交通大学	上海市华山路1954号上海交通大学凯原法学楼308室
538	船舶与海洋工程	CN31－2076/U	双月刊	上海市船舶与海洋工程学会	上海市科学技术协会	上海市江宁路495号2103信箱
539	纺织服装教育	CN31－2077/G4	双月刊	东华大学、中国纺织服装教育学会	中华人民共和国教育部	上海延安西路1882号东华大学期刊中心
540	高功率激光科学与工程(英文)(*High Power Laser Science and Engineering*)	CN31－2078/O4	季刊	中国科学院上海光学精密机械研究所、中国光学学会	中国科学院	上海市清河路390号
541	教育生物学杂志	CN31－2079/R	双月刊	上海交通大学医学院附属新华医院	上海交通大学	上海市控江路1665号新华医院科教大楼227室
542	陆家嘴	CN31－2080/F	月刊	上海人民美术出版社、上海东方传媒集团有限公司	上海文艺出版总社	上海市长乐路672弄33号
543	《结合医学学报》(英文)(*Journal of Integrative Medicine*)	CN31－2083/R	双月刊	上海中西医结合学会、上海长海医院	上海市卫生健康委员会	上海市翔殷路800号
544	国际关系研究	CN31－2085/D	双月刊	上海社会科学院国际问题研究所、上海社会科学院出版社有限公司	上海社会科学院	上海市淮海中路622弄7号
545	台海研究	CN31－2086/D	季刊	上海台湾研究所、上海社会科学院出版社有限公司	中共上海市委台湾工作办公室	上海市乌鲁木齐南路147号
546	肿瘤影像学	CN31－2087/R	双月刊	复旦大学附属肿瘤医院	复旦大学	上海市东安路270号10号楼415室

(续表 37)

序号	期刊名称	国内统一连续出版物号	刊期	主办单位	主管单位	刊社地址
547	海洋工程装备与技术	CN31-2088/P	双月刊	上海交通大学出版社有限公司	上海交通大学	上海市番禺路951号
548	上海对外经贸大学学报	CN31-2089/F	双月刊	上海对外经贸大学	上海市教育委员会	上海市古北路620号上海对外经贸大学图书馆3楼
549	教育参考	CN31-2091/G4	双月刊	上海教育出版社有限公司	上海世纪出版(集团)有限公司	上海市永福路123号
550	青年学报	CN31-2092/D	季刊	上海青年管理干部学院	共青团上海市委员会	上海市西江湾路574号2号楼6楼
551	海关与经贸研究	CN31-2093/F	双月刊	上海海关学院	海关总署	上海华夏西路5677号
552	漫旅	CN31-2095/F	月刊	上海科技教育出版社有限公司	上海世纪出版(集团)有限公司	上海市柳州路218号
553	交通与港航	CN31-2096/TU	双月刊	上海市交通发展研究中心	上海市交通委员会	上海市衡山路706号
554	东方藏品	CN31-2097/J	月刊	上海锦绣文章出版社有限公司	上海世纪出版(集团)有限公司	上海市长乐路672弄33号
555	红蔓	CN31-2098/J	双月刊	上海人民美术出版社有限公司	上海世纪出版(集团)有限公司	上海市长乐路672弄33号
556	电器与能效管理技术	CN31-2099/TM	月刊	上海电器科学研究所(集团)有限公司	上海市经济和信息化委员会	上海市武宁路505号
557	化工与医药工程	CN31-2101/TQ	双月刊	中石化上海工程有限公司	中国石油化工集团有限公司	上海市南京西路1910号307室
558	纳微快报(英文)(*Nano-Micro Letters*)	CN31-2103/TB	月刊	上海交通大学	中华人民共和国教育部	上海市东川路800号综合实验大楼2-201室
559	金融客	CN31-2105/F	月刊	上海远东出版社有限公司	上海世纪出版(集团)有限公司	上海市钦州南路81号10楼
560	漫画会	CN31-2106/J	双月刊	上海文艺出版总社	上海文艺出版总社	上海市绍兴路74号
561	竞争情报	CN31-2107/G3	双月刊	上海图书馆(上海科学技术情报研究所)、上海科学技术文献出版社有限公司	上海图书馆(上海科学技术情报研究所)	上海市永福路265号8303室

（续表 38）

序号	期刊名称	国内统一连续出版物号	刊期	主办单位	主管单位	刊社地址
562	十万个为什么	CN31－2108/N	旬刊	上海少年儿童出版社有限公司	上海世纪出版（集团）有限公司	上海市延安西路1538号
563	项目管理评论	CN31－2110/F	双月刊	国网上海市电力公司、英大传媒投资集团有限公司	国家电网公司	上海市源深路1122号
564	科学教育与博物馆	CN31－2111/N	双月刊	上海科技馆	上海科学技术委员会	上海市世纪大道2000号上海科技馆行政楼7号门
565	上海课程教学研究	CN31－2112/G4	月刊	上海科技教育出版社有限公司、上海市教育委员会教学研究室	上海世纪出版（集团）有限公司	上海市柳州路218号
566	中西医结合护理（中、英文）(*Nursing of Integrated Traditional Chinese and Western Medicine*)	CN31－2114/R	月刊	上海交通大学	上海交通大学	上海市番禺路951号
567	书法研究	CN31－2115/J	季刊	上海中西书局有限公司、上海书画出版社有限公司	上海世纪出版（集团）有限公司	上海市延安西路593号2号楼
568	法庭科学研究（英文）(*Forensic Sciences Research*)	CN31－2116/D	季刊	司法鉴定科学研究院、上海交通大学出版社有限公司	中华人民共和国司法部	上海市光复西路1347号
569	纺织检测与标准	CN31－2117/TQ	双月刊	上海市纺织科学研究院	上海纺织控股（集团）公司	上海市平凉路988号9号楼4楼
570	信息与管理研究	CN31－2118/G2	双月刊	上海科学技术文献出版社有限公司	上海图书馆（上海科学技术情报研究所）	上海市长乐路746号
571	上海艺术评论	CN31－2119/J	双月刊	上海艺术研究所	上海市文化和旅游局	上海市巨鹿路709号
572	社会科学文摘	CN31－2120/C	月刊	上海社会科学院	上海社会科学院	上海市淮海中路622弄7号328
573	少先队研究	CN31－2121/D	双月刊	上海人民出版社有限公司、上海市少年儿童研究中心	上海世纪出版（集团）有限公司	上海市福建中路193号2112室

(续表 39)

序号	期刊名称	国内统一连续出版物号	刊期	主办单位	主管单位	刊 社 地 址
574	上海地方志	CN31－2122/K	季刊	上海市地方志办公室	上海市地方志办公室	上海市斜土路 2567 号 A2 座 5 楼
575	建成遗产(英文)(*Built Heritage*)	CN31－2123/G0	季刊	同济大学	中华人民共和国教育部	上海市四平路 1239 号同济大学建筑与城市规划学院 C 楼 707 室
576	亚洲泌尿外科杂志(英文)(*Asian Journal of Urology*)	CN31－2124/R	季刊	上海市科学技术协会、中国人民解放军第二军医大学	上海市科学技术协会	上海市翔殷路 800 号
577	有色金属材料与工程	CN31－2125/TF	双月刊	上海有色金属学会、上海理工大学	上海市科学技术协会	上海市军工路 516 号 489 信箱
578	光子学研究(英文)(*Photonics Research*)	CN31－2126/O4	月刊	中国科学院上海光学精密机械研究所	中国科学院	上海市清河路 390 号
579	上海广播电视研究	CN31－2127/G2	季刊	星尚传媒有限公司、上海文化广播影视集团有限公司	上海广播电视台	上海市威海路 298 号 26 楼总编室
580	城乡规划	CN31－2128/TU	双月刊	上海文化出版社有限公司、复旦大学	上海文艺出版总社	上海市邯郸路 220 号复旦大学旦苑楼 414 室
581	时尚设计与工程	CN31－2129/TS	双月刊	上海市纺织科学研究院、上海工程技术大学	上海纺织控股(集团)公司	上海市平凉路 988 号
582	地下空间(英文)(*Underground Space*)	CN31－2130/TU	双月刊	同济大学	中华人民共和国教育部	上海市四平路 1239 号同济大学土木学院
583	当代舞蹈艺术研究(中、英文)(*Journal of Contemporary Research in Dance*)	CN31－2131/J	季刊	上海戏剧学院、上海大学	上海市教育委员会	上海市虹桥路 1650 号
584	旅游导刊	CN31－2132/K	双月刊	上海世纪出版(集团)有限公司	上海世纪出版(集团)有限公司	上海市福建中路 193 号
585	应用技术学报	CN31－2133/N	季刊	上海应用技术大学、上海科学院、上海化工研究院	上海市教育委员会	上海市漕宝路 120 号 56 号楼
586	青春上海	CN31－2134/C	季刊	共青团上海市委员会	共青团上海市委员会	上海市梅园路 77 号 17 楼

（续表 40）

序号	期刊名称	国内统一连续出版物号	刊期	主办单位	主管单位	刊社地址
587	建筑科技	CN31－2135/TU	双月刊	上海市建筑科学研究院（集团）有限公司	上海市建筑科学研究院（集团）有限公司	上海市宛平南路 75 号 206 室
588	思南文学选刊	CN31－2136/I	双月刊	上海市作家协会	上海市作家协会	上海市巨鹿路 675 号
589	氮肥与合成气	CN31－2137/TQ	月刊	上海化工研究院有限公司	上海华谊（集团）公司	上海市云岭东路 345 号
590	介入医学杂志（英文）（*Journal of Interventional Medicine*）	CN31－2138/R	季刊	同济大学出版社有限公司、同济大学附属同济医院	同济大学	上海市华山路 1336 号玉嘉大厦 16G 座
591	教育传播与技术	CN31－2139/G4	双月刊	上海教育出版社有限公司	上海世纪出版（集团）有限公司	上海市永福路 123 号
592	中国远洋海运	CN31－2140/U	月刊	中国远洋海运集团有限公司	中国远洋海运集团有限公司	上海市滨江大道 5299 号 901 室
593	中小学班主任	CN31－2141/G4	月刊	上海科技教育出版社有限公司	上海世纪出版（集团）有限公司	上海市柳州路 218 号
594	金融发展	CN31－2142/F	半年刊	上海社会科学院出版社有限公司	上海社会科学院	上海市淮海中路 622 弄 7 号
595	上海立信会计金融学院学报	CN31－2143/F	双月刊	上海立信会计金融学院	上海市教育委员会	上海市中山西路 2230 号
596	张江科技评论	CN31－2144/F	双月刊	上海科学技术出版社有限公司	上海世纪出版（集团）有限公司	上海市钦州南路 71 号
597	隧道与轨道交通	CN31－2145/U	季刊	上海市隧道工程轨道交通设计研究院	上海市住房和城乡建设管理委员会	上海市中山西路 1999 号申隧设计大厦
598	汽车与新动力	CN31－2146/TK	双月刊	上汽大通汽车有限公司、上海内燃机研究所有限公司	上海汽车集团股份有限公司	上海市军工路 2500 号
599	空天防御	CN31－2147/E	季刊	上海机电工程研究所、上海交通大学出版社有限公司	中国航天科技集团有限公司	上海市中春路 1333－1 号
600	国际比较文学（中、英文）（*International Comparative Literature*）	CN31－2148/I	季刊	上海师范大学、复旦大学出版社有限公司	上海市教育委员会	上海市桂林路 100 号上海师范大学西部 10 号楼 202B 室

(续表 41)

序号	期刊名称	国内统一连续出版物号	刊期	主办单位	主管单位	刊社地址
601	计算材料学(英文)(*NPJ Computational Materials*)	CN31-2149/TQ	双月刊	中国科学院上海硅酸盐研究所	中国科学院	上海市和硕路585号
602	华东师大教育评论(英文)(*ECNU Review of Education*)	CN31-2150/G4	季刊	华东师范大学	中华人民共和国教育部	上海市中山北路3663号华东师范大学文科大楼1401室
603	心理学通讯	CN31-2151/B	季刊	上海市精神卫生中心	上海申康医院发展中心	上海市宛平南路600号5号楼423室
604	综合精神医学(英文)(*General Psychiatry*)	CN31-2152/R	双月刊	上海精神卫生中心	上海市卫生健康委员会	上海市宛平南路600号
605	东方学刊	CN31-2153/C	季刊	上海市社会科学界联合会、复旦大学	上海市社会科学界联合会	上海市邯郸路220号光华楼东主楼7楼
606	艺术管理(中、英文)(*Journal of Arts Management*)	CN31-2155/J	季刊	上海人民美术出版社有限公司	上海世纪出版(集团)有限公司	上海市长乐路672弄33号
607	应用数学与计算数学学报(英文)(*Communication on Applied Mathematics and Computation*)	CN31-2156/O1	季刊	上海大学	上海市教育委员会	上海市南陈路333号
608	历史地理研究	CN31-2157/K9	季刊	复旦大学、中国地理学会	中华人民共和国教育部	上海市邯郸路220号复旦大学光华楼东主楼2714室
609	中国铁路上海局集团有限公司年鉴	CN31-2158/U2	年刊	中国铁路上海局集团有限公司	中国国家铁路集团有限公司	上海市天目东路80号
610	转化神经变性病(英文)(*Translational Neurodegeneration*)	CN31-2159/R74	季刊	上海交通大学医学院附属瑞金医院、上海交通大学	上海交通大学	上海市瑞金二路181号瑞福园三楼
611	世界历史评论	CN31-2160/K1	季刊	上海人民出版社有限公司	上海世纪出版(集团)有限公司	上海市福建中路193号世纪出版大厦2307室
612	国外社会科学前沿	CN31-2161/C0	月刊	上海社会科学院信息研究所	上海社会科学院	上海市中山西路1610号2号楼819室

（续表 42）

序号	期刊名称	国内统一连续出版物号	刊期	主办单位	主管单位	刊 社 地 址
613	海洋工程与科学（英文）（*Journal of Ocean Engineering and Science*）	CN31－2162/P7	季刊	上海交通大学	中华人民共和国教育部	上海市番禺路951号
614	第一财经	CN31－2163/F8	月刊	上海第一财经传媒有限公司	上海文化广播影视集团有限公司	上海市南京西路651号广电大厦东临楼
615	语文新读写	CN31－2164/G4	月刊	上海少年儿童出版社有限公司	上海世纪出版（集团）有限公司	上海市延安西路1538号
616	先进光子学（英文）（*Advanced Photonics*）	CN31－2165/O4	双月刊	中国科学院上海光学精密机械研究所	中国科学院	上海市清河路390号
617	电化学能源评论（英文）（*Chemical Abstracts Service*）	CN31－2166/O6	季刊	上海大学	上海市教育委员会	上海市南陈路333号东区3号楼205室
618	肥料与健康	CN31－2167/TQ	双月刊	上海化工研究院有限公司	上海华谊（集团）公司	上海市云岭东路345号检测中心 《肥料与健康》编辑部
619	上海公安学院学报	CN31－2168/D	双月刊	上海公安学院	上海市公安局	上海市崇景路100号
620	上海航天（中英文）（*Aerospace Shanghai*）	CN31－2169/V	双月刊	上海航天技术研究院	中国航天科技集团有限公司	上海市元江路3888号南楼206室
621	出土文献	CN31－2170/K	季刊	上海中西书局有限公司、清华大学	上海世纪出版（集团）有限公司	上海市陕西北路457号
622	电影理论研究（中、英文）（*Journal of Film Studies*）	CN31－2171/J9	季刊	上海大学	上海市教育委员会	上海大学宝山校区东区三号楼二楼期刊社208室
623	玻璃搪瓷与眼镜	CN31－2172/TQ	双月刊	东华大学、中国日用玻璃协会、中国搪瓷工业协会。	中华人民共和国教育部	上海市人民北路2999号5号学院楼C区260室
624	比较教育学报	CN31－2173/G4	双月刊	上海师范大学	上海市教育委员会	上海市桂林路100号
625	全球城市研究（中、英文）（*Global Cities Research*）	CN31－2174/C	季刊	上海人民出版社有限公司	上海世纪出版（集团）有限公司	上海市福建中路193号世纪出版大厦2307室

(续表 43)

序号	期刊名称	国内统一连续出版物号	刊期	主办单位	主管单位	刊 社 地 址
626	上海电力大学学报	CN31-2175/TM	双月刊	上海电力大学	上海市教育委员会	上海市长阳路2588号
627	政治经济学研究	CN31-2176/F0	季刊	上海财经大学	中华人民共和国教育部	上海市国定路777号科研大楼1241室
628	中医药文化(英文)(*Chinese Medicine Culture*)	CN31-2178/R9	季刊	上海中医药大学、中华中医药学会	上海市教育委员会	上海市蔡伦路1200号图书馆811
629	流体测量与控制	CN31-2179/TH	双月刊	上海自动化仪表有限公司	上海电气(集团)总公司	上海市汶水路210号12号楼
630	欣漾	CN31-2180/G0	双月刊	上海译文出版社有限公司	上海世纪出版(集团)有限公司	上海市号景路159弄B座8楼
631	管理视野	CN31-2181/F	季刊	复旦大学、复旦大学出版社	中华人民共和国教育部	上海市杨浦区国顺路670号李达3楼615室
632	统计理论及其应用(英文)(*Statistical Theory and Related Fields*)	CN31-2182/C	季刊	华东师范大学	中华人民共和国教育部	上海市中山北路3663号电化教学楼513室

第八章　年度最美的书

“最美的书”评选活动创办于 2003 年，由上海市新闻出版局主办。以书籍设计的整体艺术效果和制作工艺与技术的完美统一为标准，邀请海内外顶尖的书籍设计师担任评委，评选和推荐当年度来自中国的“最美的书”并送往德国莱比锡参加次年度“世界最美的书”的评选。

“最美的书”评审一直注重书籍设计的整体性，书籍内容与形式的完美结合，书籍设计对于书籍本身功能的提升，设计风格与适宜手感的和谐统一，以及作为设计重要元素的技术手段的运用。

2020 年的 11 月 9 日，年度“最美的书”(原“中国最美的书”)评选揭晓。受新冠疫情影响，国外评委不便前来，“最美的书”评委以中国评委为主，他们分别是北京设计师吕敬人和刘晓翔、上海设计师袁银昌、澳门设计师张国伟、上海人民美术出版社原社长李新和江苏设计师曲闵民。来自全国各地 23 家出版社的 25 种图书荣膺本年度“最美的书”称号，并将代表中国参加 2021 年度的“世界最美的书”评选。

《沉默的词》

一本蒙古族诗人的文集，由深深的蒙古蓝环抱着，象征着辽阔的森林、草原。长开本比例恰当，翻阅的手感非常舒适。页面留出三分之二强的空间，使文本排列通透疏朗，好似长调悠远抒情。设计师创作的精美而有个性的插图贯穿全书，部分图像元素分布于页面背景中，蓝色的原诗手稿还原成图像流入其中，富有诗意。宋体字的标题和书宋正文体现女性诗人细腻的叙事调性，封面三边切口的蓝色与封面环衬间露出的一道亮红，像地平线上的一抹晨曦，形成了强烈的蓝红视觉对比，既沉稳又明快。全书不乏细节的考量，如缝缀的蓝线与全书的蓝调相呼应。

沉默的词

书籍设计　吾要
出版单位　民族出版社
书号　9787105157310

说舞留痕：山东“非遗”舞蹈口述史

书籍设计　张志奇
出版单位　高等教育出版社
书号　9787107311468

《说舞留痕：山东“非遗”舞蹈口述史》

展现中国非物质文化遗产山东大秧歌的风采。全书设计充满着民俗生活、民间艺术的欢乐氛围。每部分间隔处夹插的十多克五彩缤纷的柔软薄纸，犹如跳秧歌时的飘带随着书页的翻阅而舞动。用以文本排列的明快的彩页和用以印载图片的铜版纸，两种对比强烈的纸张，增强了阅读的质感和节奏。中缝刻意用多色的彩线缝缀，使全书渗透出丰富的民间气息。文本体例繁复，但设计师很好地强调了“口述”的编排格式，层级清晰，杂而不乱。打毛的书口自然又多彩，呈现原生态的气息。全书洋溢着泥土的气息和民间欢乐的气氛，是一本有温度的书籍。

翻阅莱比锡：世界最美的书：1991—2003

书籍设计　赵清、朱涛
出版单位　江苏凤凰美术出版社
书号　9787558078415

《翻阅莱比锡：世界最美的书：1991—2003》

这是一本讲述1991至2003年间“世界最美的书”的获奖作品的故事，它与2003年后开始的“中国最美的书”评选做了切线，有历史结点感。本书双色印刷，黑色十分特别，有阅读层次感，读者翻阅时会产生一种惊喜。本书反映了早年莱比锡评选的历史过程，书中的字体选择符合当时的特点，版面及内页设计呈现L形，表达出“莱比锡”中“莱”字的“L”字母。本书史料齐全，将大量的信息进行梳理、分解、重组、视觉化表现，最大的特点是设计感的充分发挥，包括获奖信息、作品中英文对照解读，乃至邮寄往来的包裹图像。书口上天和立面书名文字的转折表现也是个看点。

《嘉卉 百年中国植物科学画》

中国植物科学画图谱，数百张图片和大体量文本数据汇集于一册。设计者精心建构了明晰的排版系统，书中网格布阵规范了多变的图版、摄影和复杂的多体例文字条目。通过周密的编辑设计，宋体字的运用，还有字距、行长、文字灰度、文字框布局等的精心设定，恰当地体现了植物图志的东方属性，各类信息均有到位的归属，版面又不失灵动的表现，并十分便于检索。一本科技类的图书得以艺术化的表现，十分难得。富有质感的绿色包封与同一色系环衬连接，然后进入土地色的前言部分，贯通植物书的意蕴。后半部分的史略在黄底色上印制彩图，富有历史感。全书用纸柔软，上天书口白黄两色，展现了土壤、水分的质感。高质量的印制将植物之美在书中呈现出来。

嘉卉 百年中国植物科学画

书籍设计　KJ Design Studio
出版单位　江苏凤凰科学技术出版社
书号　9787553793876

天上掉下一头鲸

书籍设计　林蓓
出版单位　天天出版社
书号　9787501615254

《天上掉下一头鲸》

此书的绘制非常奇特，作品全部在泥板上用釉料创作绘制后进行烧制，呈现了青花烧瓷的艺术魅力。笔触通过烧制后釉变的特点，产生与一般绘画不同的微妙肌理韵味，加上生动的图像造型，绘本故事的叙事手法，连续多折翻页的形式构成，使情节瞬息产生变化、节奏起伏，令人惊奇的画面充满了流动感，是高质量又非常独特的一本儿童绘本。

《植物先生：二十四节气植物研学课》

一本清新而唯美，表现植物的小书。设计者很好地把控图文的节奏，抒情委婉地缓缓道来。文本空间使用合适，阅读疏朗。每一个插图页都精心地夹入一张设计师到安徽亲自挑选的手抄纸，与本页植物图像气息相连。印刷的图形和文字被半透明的纸张遮盖，形成朦胧的诱惑力；通过翻折，植物图像隐隐出现，既可展现主题图形的魅力，又增添了阅读无穷的趣味，也提升了主题的表现力。封面用纸富有肌理质感，装订采用异化传统线装，又具现代语境，是一本翻阅轻柔、舒适，洋溢着春天气息的优雅读物。

植物先生：二十四节气植物研学课

书籍设计　许天琪
出版单位　四川人民出版社
书号　9787107311468

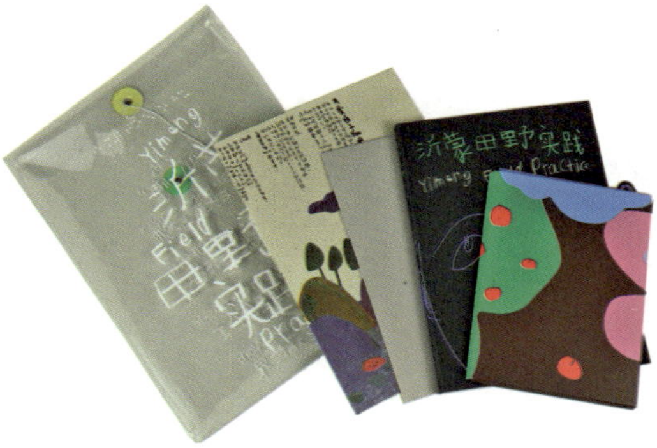

沂蒙田野实践

书籍设计　黄姝、李艾霞
出版单位　中国中福会出版社
书号　9787507230994

《沂蒙田野实践》

这是一套非常有趣的图文书组合，在由作者和9名大学生到沂蒙山区，与22个孩子共同创作的作品基础上，重新编制的绘本组合。作者打破一般图画书的规则，让孩子们通过涂鸦、绘画、拼贴等尽情发挥天性，在自由的游戏中创作。无论是蘑菇、石头世界，还是自画像、名作摹写，稚拙的图，纯真的色，激发了孩子们与读者的想象空间。本书设计由多种形态载体汇聚而成，如同前往田野考察的意境。本书另一特点是图文中灌入盲文和UV起鼓图形，便于盲人读者触摸阅读。全书设计构思新颖，表现风格独特，充满童趣，书中似乎能闻到自然的气息，是一本探索少儿美育的好书。

《北京地铁站名掌故》

本书以北京地铁站为线索，构成浏览北京文化线路图。书籍的封面对折展开即是一张完整的北京地铁图，也是图形化的本书目录，每一条地铁线路图形与正文叙述的地域相对应，视觉化信息

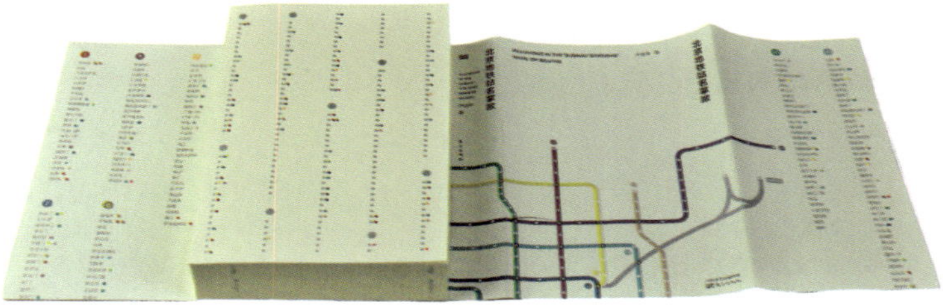

北京地铁站名掌故

书籍设计　T. M. T. Studio
出版单位　东方出版社
书号　9787520711807

设计贯通全书的每一页，形成本书的阅读导向和视觉识别系统。以北京地铁线路番号为顺序，用站名展开叙述，历史考古、文化现象，随文配图的表达让读者有在地铁中穿越城市的体验。设计朴素、简洁，文字与图案纵横交错，犹如穿行在一个个地铁站中，页面中时而显现转换线路的标识，简明的地铁图形符号起到了很好的引导作用。

“江南文化丛书”

书籍设计　周伟伟
出版单位　上海人民出版社
书号　9787208165685、9787208165496、9787808164987、9787208164284、9787208164291

“江南文化丛书”

本套丛书属传统内容题材，但编排却富有新意，文字编排简洁、舒适，标题页均留出大量的空白，使每一章有清晰明快的层次感；图片说明竖排专色面向书心，便于识别；文本仅占版心的四分之一，适宜的行长带给读者很好的阅读感受。本套丛书的每一本书的封面都采用了不同的灰色系，环衬当作封面，折页处模切出江南园林窗框形，透出丛书名，腰带形成包封，既带有传统特点，又显得儒雅而年轻。书盒的设计给人留下了强烈的江南印象。整套书定位是普通读物，但不放弃细节，完成度很高。

《画屏：传统与未来》

本书的形态设计新颖，封面采用丝绸材质对裱，质地柔软，且不加束缚地搭在一起，属于书帙手卷形制的变异创新。全书分主本(传统)与别册(现代)两部分，内外套合，别册夹于中缝，严丝合缝，手感舒适，有跨越时空的联想。2∶1 的长宽比例与本书主题“屏风”比例相似，内文编排网格逻辑清晰，图文编排有序又有变化，字体端正，版面风雅优美。主本可以同时进行左右两种方式的翻阅，前后部分横排与竖排各有趣味，既有对比，又不失协调；别册采取了三本连订、中间一本书脊凸出的形式，编排重心上移，区别于主本，文本体例布局略有现代构成且有分寸感。全书阅读体验流畅，赏心悦目，是上乘之作。

画屏：传统与未来

书籍设计　姜嵩
出版单位　凤凰出版社
书号　9787550629905

贾涤非练习

书籍设计　雅昌·北京设计中心、孙文彬
出版单位　吉林美术出版社
书号　9787557558246

《贾涤非练习》

本书的内容是贾涤非艺术家自己的练习，设计轻松而随意。书的第 1 个印张由艺术家个人的一整幅作品裁剪而成，读者可以将这 16 个页面撕下来，自行拼凑出完整的一幅画。本书书口的设计是艺术家的喷绘作品，书盒上则呈现了艺术家的姓名拼音，并对其中“i”字母的圆点做了与众不同的挪位设计，给人一种形式趣味；书盒采用的白色既隐喻了艺术家的纯净，又与色彩丰富的书中画面形成强烈对比。

《这个字，原来是这个意思》

100个汉字的解读。采用独特的书籍形态和翻阅方式以构成整体设计思路。封面用了简册变体形态，全书的尺寸、长宽比例，令人联想起中国书籍形制的起源。翻开纸质模拟签条，可看到隐藏在内的金色文字，具有仪式感。内页的叙事结构富于戏剧化，对折的书页，呈现了每一个字的字形、字体形成的过程，编排有趣且有序。每页折口有模切的标准字体字窗可以开启互动，对应从甲骨文、大小篆、金文等的解读，并在书口上形成编序，便于检索。每页外侧黑底印金的文字，厚重内敛，与白底内侧页形成强烈的对比，阅读充满了对话的氛围感。正文用纸印黑沉稳古拙，体量感恰如其分。书中古字（非印刷体）全部转换为简体，进行文字的再设计。这是一本十分特别的洋溢着中国汉字之美的解读汉字的工具书。

这个字，原来是这个意思

书籍设计 尹琳琳
出版单位 化学工业出版社
书号 9787122336194

《文爱艺诗集·第66部·凤凰》

本书的版式设计留有大量空间，与文字相辉映，具有想象空间，亮橙色似乎是在广阔空间闪耀的光芒，灵动而诗意。封面设计精心选择了纸张的肌理手感和色彩，给人一种沉静、苍茫感；函套设计采用了上下打开的方式，简约而独特。

文爱艺诗集·第66部·凤凰

书籍设计 雅昌设计中心·田之友
出版单位 云南人民出版社
书号 9787222197251

千手观音：张继钢舞台剧作选

书籍设计 张志奇
出版单位 山西经济出版社
书号 9787557707019

《千手观音：张继钢舞台剧作选》

反映舞蹈艺术家张继钢舞台剧作经历的资料汇编，与本书过往年代老笔记本的书籍形态设计思路相契合，用回顾以往般的视觉感受进行资料性、学术性、体验性地编排，通过摄影图片、剧照、工作场景依时间线索进行有序而有机地排列；以黑色基调与四色组合成为全书的视觉基调，相对应白

奶奶逮到了一只小精怪

书籍设计 周尤
出版单位 接力出版社
书号 9787544860871

底黑字的文本,多出的纯黑和纯白的空页,如剧场舞台上旋转的射光,强烈且有戏剧意味。字体的大小级数变化鲜明,跳跃式的文本编排,拟似舞台剧角色读白、旁白、唱词、画外音,生动而有节奏。全书有一种沧桑怀旧的气氛,也许体现了主人公的情绪。

《奶奶逮到了一只小精怪》

本书将原创故事以绘画形式呈现给广大读者,尤其是少年儿童读者。绘画想象力丰富,主人公小精怪的造型怪诞有趣,奶奶的举手投足夸张又有趣,所有人物(动物)形象生动,表情刻画细腻,画面感饱满,画风自由并具设计感,图文配置合理、疏密有致,创造有效空间便于阅读。对孩子们以画寓教,相信孩子们读到这本书,看到这些画,会由衷发出笑声。这是一部温暖且美的故事绘本。

《相与抽象》

一本让人感受到艺术想象力的摄影集。以拍摄马鬃的趋向有序分割成五个部分,由荧光橘红色印有银色图形的短页相隔。全书没有过多的文字,用图像来演绎主题,图成像,形生相。封面使用带有丝绸感的材料,印有沉着的抽象黑色图像,与荧光色文字和荧光色环边书口、书脊形成统一的基调,一明一暗相得益彰,极富现代感。具象摄影作品通过艺术化的裁剪重构,画面充满了张力,装饰肌理富有美感。简洁的设计语言和编排流动的节奏,经得起长久的回味。前环衬镂空呈现隐藏一幅独立的摄影精印作品,不失为埋伏的惊喜。整本书充满了黑白与光影交织的音乐旋律感。

相与抽象

书籍设计 樊响
出版单位 浙江摄影出版社
书号 9787551426176

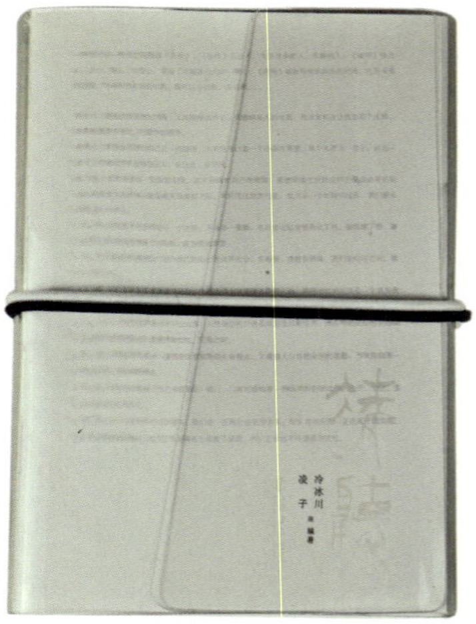

凌听

书籍设计 周晨
出版单位 上海书店出版社
书号 9787545818413

《凌听》

十位艺术家的作品汇集。巧妙地将每一缝线装的单本首尾相连,形成一本整体的结集,书脊呈现起伏鲜明的刺状形,具有强烈的肌理美感。封面用柔软的 PVC 材料丝网印刷白字,构建一座玻璃的建筑，每面犹如透明的窗户，开启聆听之门。又以黑白弹性丝带围相缠，富有现代感。版式疏朗，文本与图形规范，没有过多的设计添加，简约、点到为止。图文体例以红与黑色做了恰当的分割，具有动感。全书空灵通透，与主题吻合，书名暗喻作者名。

《瓶史·瓶花谱·瓶花三说》

本书为插花古籍解读，横竖排混排，有一定难度。全书的颜色设计搭配与主题相契合，编排中图和文字相互咬合交错，不失有序和美感。绘画与古籍书影分别偏侧和居中排列，颇具协调感和阅读舒适感；设计不张扬，让人感觉亲切而温暖。全书丰满优雅的基调，加上包封截短一厘米，露出内缝的粉红色，更显精巧绮丽。

瓶史·瓶花谱·瓶花三说

书籍设计 熊琼
出版单位 北京时代华文书局
书号 9787569933628

《书之极》

本书为收藏家收藏的艺术家手制书合集，以象征书本形态的长方形作为视觉符号，贯穿始终。介绍的每本书根据设计的需要，纸张黑白交替，呈阶梯状，产生了独特美感，与书名相呼应。全书图像印制精致，还原度很高，图像的构成配置章法有致，变化细腻又多样。其中特殊部分应用异质纸印刷粘贴，产生瞬间节奏触感，给人以视觉享受。文本编排多处留有黑白全空页，使阅读这本厚书期间得到间息、停顿、回想思索的机会，十分得当舒适。中英文均用无衬线体协调统一，体量感相当，与全书体量匹配，是一本厚重端庄而有历史感的设计作品。

书之极

书籍设计 潘焰荣
出版单位 江苏凤凰美术出版社
书号 9787558078408

尧臣壶：吕尧臣紫砂艺术

书籍设计 潘焰荣
出版单位 上海古籍出版社
书号 9787532595730

《尧臣壶：吕尧臣紫砂艺术》

本书为陶艺家的作品集，封面选择了比较典型的紫色，与紫砂陶作品相呼应。文字说明有鲜明特点，印刷装订方式全部采取东方的筒子页包背装，内页“M”折使跨页图像完美呈现，使用薄型纸，图片处理方式比较独特,构成精心恰当。全书设计、色调、文字、图案语境统一,感觉有茶香飘逸之感。使用两种不同色泽的纸承载图文,来区别不同篇章,前后环衬用纸,带来触摸的舒适感。最后为作者设计的年表,为书的信息传达添彩。

猴子捞月

书籍设计　张俊杰
出版单位　明天出版社
书号　9787570806386

《猴子捞月》

本书的绘画风格富有个性,狂放的笔触,夸张的动态,生动形象地表现了群猴的情绪;富有肌理感的背景衬托画面而富有张力;抽象虚拟的造型语言增添了动态速度感,叙事运用电影出画感和特写的处理,镜头感十足,增添了故事感染力;文字的排版方向随图画的阅读而变化。翻动页面时,画面之间的关系充满想象力,是一本优秀和特别的原创绘本。

《肖全和妲妲的世界》

本书是著名摄影家肖全用镜头所记录的两姐妹——林妲和宛妲的生活和成长故事。本书设计语言独特,打破了书籍的天然逻辑,用不装订的方法单独呈现每一幅图片:这些图片是两姐妹的生活片段,有她们的成长时间线索,但在读者手里,每翻到一张图片都像是偶然遇到的某个片段,不受时间限制,可以不断组合。这些图片与随附的小册子、写给读者的卡片和信件构成了一件完整的作品。这是一本不同于一般书籍叙事方式的个性化图书。

肖全和妲妲的世界

书籍设计　白凤鹍
出版单位　中国青年出版社
书号　9787515358994

文爱艺诗集·第65部·风

书籍设计　薛冰焰
出版单位　四川人民出版社
书号　9787220119781

《文爱艺诗集·第65部·风》

本书整体手感非常轻柔,似乎风一刮就会被吹走。虽然从纯粹阅读文本的角度来看,书中采用的灰色字体似乎不太具有阅读感,但本书的整体氛围,包括纸张和文字的编排风格,非常符合本书“风”的主题。

《三重阶·当代中国手工艺学术提名展作品》

本书的设计采用了三个颜色，分别表述“遗所思”“忽如寄”“道无因”的三个工艺追问，以此来表达书的主题。同时，三种不同颜色基调的文字让版面分类层次变得清晰，繁复的文本与图像交错，与画面吻合；图像的灵动分布与局部扩张的页面，一张一弛，富有律动感。整体版面设计简约，细部采用了三重阶抽象符号的精心考量，最后还做了视觉化的图表索引，阅读索引后就能对全书信息一目了然。全书都是用心设计的产物。

三重阶·当代中国手工艺学术提名展作品

书籍设计 韩湛宁、亚洲铜设计顾问
出版单位 山东美术出版社
书号 9787533080846

薛松作品展：涅槃

书籍设计 赖虹宇
出版单位 上海人民美术出版社
书号 9787558616594

《薛松作品展：涅槃》

这是一本反映艺术家用焚烧过的残存纸片进行拼贴的作品集。书的形态即是被烧过的纸张生态造型，从封面到书口都刻意设有焚烧的痕迹，体现本书的主题。主书体穿线本与一本辅助性独立画册黏合，形成“书中书”合为一体，前后呼应，又独立成册。清晰的图版单纯铺设，图像的局部处理强化了作品的细节。单页承载的单双页码与线图版说明尽量留出更多的空间，不干扰画面。“书中书”独特的结构，虽在一般的设计中很少呈现，但对本书的整体表现来说并不牵强，而是十分协调。书的构成形态具有一种火中重生的涅槃氛围。

第三篇

新店图册

海派书房

经营理念：海派书房在业态融合上有别于传统书店，是海派文化讲堂、海派文创秀场、海派图书展场，实现融主题书店、海派文创、生活便利、共享琴房、文化体验于一体的复合、跨界文化消费空间

经营地址：上海市徐汇区小木桥路353—357号

开业时间：2020年4月23日

店铺面积：700平方米

营业时间：10:00—22:00

设计机构：上海大隐书局有限公司

复旦经世书局

经营理念：坚守“汇聚古今中外文化，学以经世而致之用”理念，守正用新，融合复旦校名文创、咖啡，努力为读者提供舒适的阅读与文化生活场景

经营地址：上海市杨浦区国年路 286 号

开业时间：2020 年 6 月 18 日

店铺面积：1 200 平方米

营业时间：9:30—21:00(图书区)

8:30—19:30(咖啡区)

设计机构：上海水石建筑规划设计股份有限公司

大夏书店·丽宝店

经营理念：建成独具闵行区特色的文化新空间，改变传统书店的格式化布局，打造情景体验式文化空间

经营地址：上海市闵行区苏虹路316号丽宝乐园B1层

开业时间：2020年6月19日

店铺面积：500平方米

营业时间：10:00—22:00

设计机构：上海坤叁信息技术有限公司

西西弗书店·金桥国际广场店

经营理念：参与构成本地精神生活，引导推动大众精品阅读
经营地址：上海市浦东新区金桥路968号地下1层B1-3-31-2室
开业时间：2020年7月25日
店铺面积：522平方米
营业时间：10:00—22:00
设计机构：上海惜福文化传播有限公司

中版书房奉贤店

经营理念：利用中国出版集团自身资源优势，将中版书房奉贤店打造成“文化＋”新型文化创意阅读空间，建设为先进思想的阵地、生活体验的场所、文化传播的平台、新商业模式的实验空间

经营地址：上海市奉贤区南奉公路3111弄7号楼

开业时间：2020年8月12日

店铺面积：537平方米

营业时间：10:00—21:00

设计机构：中国出版集团

大隐郊野书局

经营理念：打造以游客咨询服务为主体，融合图书阅读功能的书店
经营地址：上海市闵行区浦星公路2578弄8号浦江郊野公园旅游咨询服务中心内
开业时间：2020年8月12日
店铺面积：200平方米
营业时间：10:00—17:30
设计机构：上海大隐书局有限公司

西西弗书店·南翔印象城店

经营理念：参与构成本地精神生活，引导推动大众精品阅读
经营地址：上海市嘉定区陈翔公路 2999 号南翔印象城三楼 03A－01
开业时间：2020 年 8 月 25 日
店铺面积：557.5 平方米
营业时间：10:00—22:00
设计机构：重庆西西弗文化传播有限公司

上 外 书 店

经营理念：成为“国内首家跨文化书店”，建设以外语图书为载体，以品牌化活动和以个性化服务为灵魂，有温度、有格调的文化新地标

经营地址：上海市虹口区大连西路 560 号

开业时间：2020 年 9 月 22 日

店铺面积：400 平方米

营业时间：9:00—21:00

设计机构：同济吾室

新华书店 · 书香视觉店

经营理念：书香视觉店，象牙塔下伴着书香享受快乐大学时光的美学人文空间
经营地址：上海市松江区文翔路 2200 号
开业时间：2020 年 9 月 28 日
店铺面积：300 平方米
营业时间：9:00—18:00
设计机构：上海视觉艺术学院

中版·青书房

经营理念：中版书房通过与年轻化的旅社品牌合作，将阅读深度植入酒店大堂、房间等不同的复合空间，让书籍以更新鲜便捷、触手可及的方式被大众接受，形成习惯

经营地址：上海市长宁区东诸安浜路227号2层

开业时间：2020年10月14日

店铺面积：240平方米

营业时间：9:00—18:30

设计机构：上海中版图书有限公司

中信书店长阳创谷店

经营理念：以优良选品“提高每一位阅读者的单位时间价值”为理念，文化结合科技，扩展认知边界，给长阳创谷园区带来书香，致力打造书店、咖啡、创意生活产品等多元化的文化生活空间

经营地址：上海市杨浦区长阳路 1687 号长阳创谷 B101

开业时间：2020 年 10 月 16 日

店铺面积：240 平方米

营业时间：9:30—20:30(周一—周五)

10:00—18:30(周六)

设计机构：北京中信书店有限责任公司

上海三联书店·山脚下的书店(观堂店)

经营理念：一家美食主题书店，主打“人间烟火气”。在这里，美食类书籍搭建出一座迷你“味觉森林”，主题展区布置了“好吃”又“好看”的文创周边

经营地址：上海市松江区外青松公路 8228 弄 168 号 1 楼

开业时间：2020 年 10 月 28 日

店铺面积：500 平方米

营业时间：10:00—17:00(周一闭店)

设计机构：上海域正装饰设计有限公司

Film 电影时光书店

经营理念：上海第一家真正意义上的电影主题书店，打造成为电影从业者集聚、交流、传播优秀电影文化、迸发创作灵感之地

经营地址：上海市徐汇区安福路 322 号 1 号楼

开业时间：2020 年 11 月 20 日

店铺面积：200 平方米

营业时间：10:00—19:00

设计机构：上海永乐股份有限公司

上戏艺术书店

经营理念：打造成为一所综合性的艺术书店，为社会各界爱好艺术文化的朋友营造一个影视艺术文化交流空间

经营地址：上海市静安区华山路620号

开业时间：2020年12月1日

店铺面积：300平方米

营业时间：10:00—22:00

设计机构：上海友朋文化传播有限公司

大隐书局·九棵树艺术书店

经营理念：让阅读无处不在，让艺术触手可及
经营地址：上海市奉贤区树桓路 199 弄 11 号
开业时间：2020 年 12 月 12 日
店铺面积：600 平方米
营业时间：10:00—20:30
设计机构：上海大隐书局有限公司

上海上生新所茑屋书店

经营理念：以“美育”为理念，在上海打造出一处能够培养感性的美学乐园，成为沪上艺术文化策源地

经营地址：上海市长宁区延安西路1262号7号楼

开业时间：2020年12月24日

店铺面积：2 000平方米

营业时间：10:00—22:00

设计机构：TONERICO：INC.

朵云书院·戏剧店

经营理念：秉持“来自专业，面向大众”的原则，用“戏剧的时间线”穿起戏剧的前世今生

经营地址：上海市黄浦区长乐路 398 号

开业时间：2020 年 12 月 25 日

店铺面积：1 400 平方米

营业时间：10:00—21:00

设计机构：上海吕永中咨询设计有限公司

第四篇

论点选刊

第一章　上海阅评

2019年底，上海出版审读阅评组成立。根据上海市委宣传部领导要求，审读阅评组对上海近期出版的图书和报刊进行审读评点，重点是出版导向及编校质量，有表扬有批评，实事求是，不说空话，并每月编印一期《上海出版审读阅评》。截至2020年底，《上海出版审读阅评》共编印12期，选登图书审读意见近80篇，报刊审读意见90余则，总计近30万字。

第一节　上海出版审读阅评工作回顾

为落实中央《关于加强和改进出版工作的意见》，2019年底，上海市委宣传部成立上海出版审读阅评组。按照部领导要求，出版审读阅评组坚持以习近平新时代中国特色社会主义思想为指导，以认真不敷衍的态度，通过建立比较科学的审读阅评机制，开展上海出版导向把关、舆情收集与研判等工作，用心助推上海图书、期刊的高质量发展，前行路上留下一串清晰的脚印。

一年来，在市委宣传部领导下，出版审读阅评组组建了一支由四十余位资深出版人、传媒人组成的专家队伍，对上海新出版的图书、期刊和专业行业报等，在政治导向上"号脉"，格调品位上"点评"，语言文字上"咬嚼"。每月编印一期《上海出版审读阅评》，有表扬也有批评。参加上海出版业的一些专项检查和评审，为加强内容建设、完善出版管理贡献智慧，提出的不少意见和建议，在一定程度上推动了实际工作。

出版审读阅评责任重大、使命光荣。面对上海一年出版的上万种图书、几百种期刊和专业行业报，审读阅评组专家不忘初心、兢兢业业、认真履职，具体来说，主要做了以下工作：

一、坚持做好对图书、期刊和专业行业报日常审读阅评工作。着重审读和检查出版物政治导向、格调品位及编校质量，把好出版物政治底线关、格调品位关和文字质量关，即使新冠疫情肆虐时也没有中断。对阅评的图书、期刊和专业行业报，专家从不敷衍，一旦发现问题即通过多种途径提出批评意见。通过审读阅评，推动出版社、期刊社按照党的方针路线，坚持导向、把好方向、脚踏实地、心无旁骛，做好出版工作。

二、通过审读阅评，弘扬主旋律，鼓励和引导精品出版。审读阅评既是加强出版管理、落实意识形态工作责任制、促进出版行业健康发展的抓手，也是引导出版行业规划好选题、多出精品的推手。专家在审读阅评中注意发现上海出版行业取得的成绩和经验，对深刻反映新时代伟大斗争、伟大工程、伟大事业、伟大梦想，弘扬社会主义主旋律和中华民族优秀文化，为经济建设和科学技术发展服务的优秀图书、期刊等及时予以表扬。《上海出版审读阅评》刊登过《让主题出版物更有温度更有意思》《守正创新　扛起出版人的家国担当》和《〈细胞研究〉的赶超之路》等综述文章，观点鲜明、材料具体、文风朴实，对鼓励多出精品力作，提升上海出版总体质量，起到了积极作用。

三、见微知著，通过发现存在的问题，提醒相关出版社、期刊社和报社重视并及时纠偏。2019年以来，《上海出版审读阅评》先后刊登《出版社应珍惜书号资源》《集刊类图书要增强把关意识》《做书提倡工匠精神》《出版合作书要保持清醒头脑》等文章，就某些出版社随意给平庸图书发放书号、集刊类图书中存在的政治把关意识不强、图书编校质量下滑、出版社对合作图书的编校印管理不规范等问题发出警示，提出对策。这些批评提醒，得到相关单位的积极回应。

四、围绕上海出版工作大局，发挥出版审读阅评专家的专长，为做好上海出版工作建言献策。一年来，出版审读阅评组专家应邀参加上海市促进文化创意产业发展财政扶持资金、上海文化发展基金等资助项目评审，及国家出版基金项目结项验收、图书“三审三校”检查、上海书展意识形态巡视等活动，联系实际，对提升上海出版综合实力、实现上海出版高质量发展、完成“十三五”国家重点出版物出版规划等问题提出建议，贡献智慧，受到行业领导和业界重视。

回顾一年来上海出版审读阅评工作，我们认为机制是好的，路子是对的，成绩有目共睹。但按照领导要求，出版审读阅评组的工作还有可以改进的地方：审读阅评报告提出的需要引起相关出版社、期刊社和报社重视的意见，反馈还不够及时；部分审读阅评报告只看到上海出版存在的问题，缺乏对产生问题原因的深层次分析，有助于解决问题、有针对性的建言献策不多；对上海出版发展趋势性问题的跟踪调查和研究显得不够。同时，《上海出版审读阅评》栏目设置也应与时俱进，可以更丰富一点。除阅评专家外，也可以约请出版社、期刊社和报社领导以及有实践经验和真知灼见的中青年编辑，就上海出版高质量发展等专题撰写一些有深度和针对性的文章，开展交流。进一步做好审读阅评工作，需要我们不断地学习、总结和改进，也需要出版界同仁更多的理解和支持。审读阅评要有表扬更要有批评，光有表扬没有批评，表扬没有意义。表扬是激励，批评是更大的激励，古谚“知耻而后勇”就是这个意思。一年来，我们表扬很多，批评也不少。虽然对某些图书、期刊和报纸批评的话说得很重，“猛击一掌”也是为了引起重视，出发点是善意的。审读阅评组和出版社、期刊社及报社分工不同，但共同的目标都是为了实现新时代上海出版的高质量发展。

海阔潮平风正劲，奋起扬帆正当时。随着新时代中国特色社会主义伟大事业不断向前推进，中国出版的高质量发展是可以期待的，上海出版一定会有更加光彩夺目的明天。上海出版审读阅评组愿与上海出版人结伴同行，在市委宣传部领导下，为加强内容建设、完善出版管理尽心尽责。新的一年，让我们做得更好。

第二节　新中国成立70周年主题出版与阅读推广相得益彰

2019年，上海出版界紧紧围绕庆祝新中国成立70周年和上海解放70周年这条工作主线，切实按照习近平总书记致《大辞海》《辞海》贺信，致中国外文局成立70周年贺信，考察调研读者出版集团时讲话等一系列重要指示要求，推出了103种展示70年来的光辉历程、伟大成就、宝贵经验，突出展示党的十八大以来党和国家事业取得历史性成就、发生历史性变革的精品主题出版物。这些出版物和全年散布在全市各处的217场读书会活动，让上海主题出版和阅读推广工作相得益彰，受到了业界和读者的关注和喜爱。

一、立足自身优势，打造专业性、学术性俱佳的精品出版物

中央《关于加强和改进出版工作的意见》把主题出版放在内容建设的首位，从政策上明确了主题出版的地位和意义。围绕庆祝新中国成立70周年、上海解放70周年，上海出版界立足自身在主题和专业出版领域的优势，加大引导投入，高质量策划推出了一批专业性和学术性俱佳，讴歌党、讴

歌祖国、讴歌人民、讴歌英雄的主题出版物，总量达103种。如“奋进新时代丛书”(4种)，“当代中国发展的逻辑系列丛书”(4种)，“上海市纪念新中国成立70年研究丛书”(8种)，《战上海》《细节的力量：新中国的伟大实践》《共和国教育公平之路》《中国经济发展史(1949—2019)》《中国交响70年》《新中国红色诗歌大典(1949—2019)》《可爱的共和国人》《改变中国——经济学家的改革记述》《这就是中国：走向世界的中国力量》《中国寻路者》《影像中国70年·上海卷》《上海相册：70年70个瞬间》《中国传奇：从特区到自贸区》《从工部局大楼到上海市人民政府大厦：一幢大楼与一座城市的变迁》，等等。其中，《战上海》一书获得第十五届精神文明建设“五个一工程”奖特别奖，上海人民出版社代表全国出版界在表彰座谈会上发言，为上海出版争得荣誉。

二、创新载体样式，构建内容丰富、形式灵活的主题出版形态

上海出版界回望共和国70年历程，不仅下大力气推出了一批大策划、大视野、大题材的作品，也善用巧心思推出了一批以小见大、以微见著、以巧见新的原创精品。伴随同名纸质图书的推出，由上海人民出版社和东方卫视合作推出的全新政论节目《这就是中国》与文化赏析类节目《诗书画》上线，引起热烈反响。《这就是中国》将互联网思维融入中国话语体系，以生动鲜活的热点问题为切入口，角色定位推心置腹，用心打造讲好中国故事的“暖色调”“现场感”，以此激发受众读者的爱国情、强国志、报国行。《诗书画》通过适应互联网时代的新语态新方式，让更多观众领略到中华优秀传统文化的魅力。《70年邮票看中国》收录新中国邮票2 000余枚，在方寸之间展现我国经济、政治、科技、文化等方面日新月异的变化。《光荣与梦想：庆祝新中国成立70周年连环画专辑》《五月的鲜花：上海解放70周年》精心遴选20世纪50至80年代出版的优秀连环画，用生动的艺术语言，再现了一幅幅栩栩如生的历史画面，从多个侧面展现全国人民向着实现中华民族伟大复兴的中国梦砥砺前行的光辉历程。这些作品都以丰富生动的内容和灵活多样的形式，创造性地拓展了主题出版物的形态，在业界收获很多赞誉，也在读者中赢得良好口碑。

三、做大阅读增量，有效提升主题出版物的社会影响

主题出版的内涵和形式都在不断拓展，如何让“有深度”的理论变得“有温度”、“有意义”的思想变得“有意思”，让主题出版成为大众喜闻乐见的选择，上海出版界在阅读推广方面积极开动脑筋，采取了一系列相关举措。《战上海》出版方结合本书特点，积极探索重大主题纪实作品传播的新形式、新路径，策划推出“战上海　走上海　边走边讲上海解放纪念点——纪念上海解放70周年系列实景对话”活动，在2个月内组织了总计51场高密度的活动，包括实景党课、行走党课、电影党课、诵读会、图片展等，参与读者众多，反响热烈。看看新闻、东方网还策划了“重走上海解放之路”专题系列报道。在《战上海》直接启发下，首部红色主题原创杂技剧目《战上海》诞生。除此之外，上海出版界还努力搭建面向大众的、可持续的常态化传播平台。上海人民出版社在浦东创办运营上海第一个以主题出版和红色文化为特色定位的读书会——“学习读书会”，面向党员干部和市民读者，定期举行高水准的主题出版专家讲座，发布主题出版的“学习书单”，有关党的创新理论和庆祝改革开放40周年、庆祝新中国成立70周年的优秀图书，利用学习读书会这一全新平台进行传播，社会能见度和文化影响力大大提升。上海出版界因此乘势而为，集合相关资源，又先后创设陆家嘴读书会、思南经典诵读会、行知读书会、长三角读书会等一批面向各阶层读者，以宣传红色文化、海派文

化、江南文化和诵读传统文化、传世精品为特色的读书会品牌。经初步统计,全年分布在全市各处与主题出版阅读推广相关的读书活动达 217 场,学习书单共发布 9 期。主题出版物大众化传播平台的持续扩容,为壮大阅读阵地做出了增量,有效扩大了社会影响。

总体来看,上海出版界在围绕庆祝新中国成立 70 周年做好主题出版,提前策划有深度、扎实推进有力度、选择站位有高度、宣传推广有热度,充分体现出上海出版专业学术与主题出版融合的特色,是上海庆祝新中国成立 70 年大庆宣传工作的重要组成部分。

主题出版是对一家出版社综合实力的考量,选题策划、作者选择、编辑加工、装帧印刷、推广宣传、上市时机挑选等,环环相扣,都不能有短板,可以说,能做好主题出版的出版社,出版综合实力也一定不会弱。上海人民出版社作为上海主题出版的排头兵、主力军,近年来,不断更新观念、创新手段,在主题图书的选题策划、内容质量把控、装帧设计,特别是借助融媒体和读书会等线上线下手段扩大图书的影响力和感召力,进而实现主题出版的双效益丰收方面,走在了上海出版界的前列。围绕庆祝新中国成立 70 周年的重点出版物和重点活动,大半出自上海人民出版社。相比而言,上海有部分出版社对于什么是主题出版,怎么做主题出版以及如何做好主题出版,还认识不到位,行动有欠缺。有时有好选题,但做不出精品书;有时候做出了精品书,但不懂怎么借力宣传、借势推广,媒体曝光度和市场能见度都不够,更谈不上良性发展。2019 年,上海方面,除《战上海》一枝独秀、双效益俱佳,只有《70 年邮票看中国》(上海科学技术文献出版社)、《细节的力量:新中国的伟大实践》(学林出版社)入选中宣部 2019 年度主题出版重点物选题,也可见一斑。

从全国来看,主题出版已经成为各地出版着力培育和发展的热门板块,在 2021 年建党百年之际,各地在主题出版方面的竞争也必将白热化。上海若要保持领先势头并取得新的战绩,要有百尺竿头,更进一步的追求。建议:一、各出版单位结合各自专业学术特色展开选题策划,充分反映国家和社会建设各行业各战线的精神面貌、奋斗历程、温暖故事、英雄事迹,从小切口反映大时代;二、重视并加强图书的推广宣传,充分利用各种媒体手段、线下读书会和阅读推广活动,增加主题图书的露出率和曝光率;三、加强选题的系列策划和中长期策划,同时在重大节点、重大事件上卡准位,选择好上市时机和宣传风口;四、重视内容质量和编校质量,力求把精品意识贯彻到出版每个环节。

2020 年第 1 期

第三节　出版社应该珍惜书号资源

开年伊始,又到了一年一度出版社集中申领书号的时候。作为国家宏观控制的出版资源,书号的重要性和紧缺性显而易见。珍惜每个书号,让书号成为优秀出版物的“准生证”既是出版社的责任,也是出版社经营、发展的上策。很遗憾,在许多出版社反映书号紧缺的同时,一些出版社却还在随意地挥霍手中的书号资源。

某社最近出版的《那个年代的声音》,自称记录了上海机床行业改革开放以来的经验,封面上有很严肃的介绍:“在世界经济面临前所未有之大变局,中国企业寻找转型路径的大背景下,探寻 20 世纪八九十年代国内规模最大、技术最先进的上海机床制造行业战天斗地、敢为人先,实行技术创新,开展企业思想政治工作的经验,或许可以给我们带来一些启示。”这样的题材,应该是很有出版价值的。但将此书览读一通后,封面上的话让人觉得是名不副实的噱头,有“拉大旗作虎皮”之嫌。何以谓之?盖此书共 330 页,勉强可归入此内容的仅区区 139 页。诚如作者自言,此书只有四成稿源关乎上海机床业，六成则是作者平时写的随笔。全书经过一定的编排，分成七篇；写作的形式不少，有诗歌、散文、新闻报道、编辑杂记等；内容是个万花筒：除机床行业的篇什外，有歌颂母爱及赞美同学聚会等的诗作，有对人生经验的老生常谈式的阐述，有作者的童年回忆，有作者创作的童趣故事，有体育明星的人物特写，有给朋友著述的图书所写的评论，等等，真可谓"戏不够，曲来凑"。像这种戴了顶高帽子勉强可算是个杂集的书，实属可出可不出的平庸之作。老实说，出版社给这种图书放书号，既不明智又很可惜。

像此类出版价值不高的图书，如果浏览一下出版界的出书目录，绝对不是个案。比如，近年来，出版界有不少个人游记之类的读物面世，但细究其内容，很少是有深度和新意的。某社出版的由某位记者游览国外后写的散文游记《大地留痕》，就可归入此类。虽然全书文笔畅白，一开卷两帧彩色照片让读者认识了作者一家三口，产生了一定的亲和力，但书里许多景点介绍和游览观感难以让人产生新鲜感。花费了不少笔墨的旅游景点各种背景知识都能在旅游网站、杂志中读到，实属旧调重弹。如今每年有数千万中国游客走向世界，四通八达的网络足以让他们获取想要获取的任何信息。在网上查萨拉热窝，对菲迪南大公与拉丁桥、"瓦尔特"和老街、清真寺之类的内容，早就被人刨根起底过了；查洛杉矶，好莱坞的图片和文字资料铺天盖地。试问，在旅游信息如此密集丰富的当下，再出这种信息价值低、文学价值也不高，且价格不菲要卖到50元一册的个人游记类图书，究竟有多少读者肯来埋单，答案自然是清楚的。

答案虽然清楚，但为庸书发放书号作接生婆的出版社却还是时有所见。究其原委，恐怕还是一些出版社热衷于由此带来的蝇头微利，看中那区区几万元的"出版资助费"而不惜放低自己的身段所致。出版面向市场，确实给出版社带来了巨大的竞争和生存压力，但这种业界的常态恰恰是出版健康的一种标志。如果一个出版社不能守正创新，没有高屋建瓴的谋划，没有下功夫去建设和打造出让读者离不开的品牌图书，在当今的世道里，就不具备锐利的竞争力，更不会有健旺的生命力。靠放书号作为谋生之道，把国家宝贵的书号资源作为赢利的工具，让优质资源难尽其利，这就好比是棋手在把大车当小卒用，等同于捧着金碗讨饭。热衷于此的出版社，短期内能勉强活着，但过个几年或十几年，在大把浪费书号资源的同时，自己的一亩三分地里长出的尽是些五花八门的杂粮，而农夫们也都会变成不思进取、守株待兔又不能吃饱的懒汉，出版社的生存权都有可能被市场剥夺，就遑论什么发展了。这样的例子，我们是看到过的。

有人或许会说，公民有出版的自由，那些虽然平庸，但导向无问题，内容也属正能量范畴的图书，出版一些又有何妨？偶尔出版一两本当然无妨，若出版社的产品线里有很多这种图书，甚至将此作为牟利的一种途径，则是对出版自由的曲解，是出版社对自身所负有的社会责任的漠视与怠慢。公民的出版自由自然受宪法保护，但作为国家公器的出版社，有对图书选题的价值实施甄别的责任和决定其是否出版的权力。出版社手中的书号资源是国有资源，出版社理应为提高出版物的质量设置合理的准入门槛，为国家把好出版的关口，把书号资源配置给社会效益和经济效益双佳的选题，配置给最需要出版的选题，一部精品力作所产生的效益远胜于一百部平庸之作。这不只是关乎单个出版社如何经营的战术问题，更是关乎整个出版业态是否能健康发展的战略问题。为逐小利就放书号是弃卸责任、自废武功的行为，是对国家出版资源的浪费，我们应该感到痛惜。如果出版社都这样干，出版生态肯定会恶化，中国图书的整体质量必然会下降，国家的文化建设大业无疑会遭受无法挽回的损失。兹事体大，可不慎乎！

当今中国正处在伟大的新时代。无论从担起积累文化、传承文明、为国家传声立言的职责说起，还是从完成建设中国特色社会主义先进文化的各项具体任务而言，作为党和国家极为重要的媒介，中国出版实在有太多的大事情要做，实在有太多的重要选题要开发。在我国每年出版的几十万种图书里，究竟有多少书能对国家建设、社会进步、科学昌明、优秀文化的传承起到作用？究竟有多少书能提升国家的文化软实力？究竟有多少书可以藏之金匮、留诸后世？只有当每个出版社和出版工作者都能认真思考这样的问题时，随意浪费书号的行为才会从根本上得到遏制。

2020 年第 1 期

第四节　非常时期体现出版人责任担当

新冠疫情暴发后，在市委宣传部领导下，上海出版界组织医学、心理学、教育学和艺术、法律等相关方面的专家学者，策划、出版了多种针对性、实用性较强的疫情防控类图书及电子音像出版物，第一时间传播防疫抗病知识，回应社会关切，营造良好文化氛围，在非常时期体现了上海出版人的责任担当。

一、全力以赴，用最快的速度策划、出版疫情防控类图书

疫情就是命令，防控就是责任。根据形势预判并按照部领导要求，上海出版界春节长假期间就着手整合各种资源，邀请医学、心理学、教育学等方面的专家学者策划选题，全力以赴，用最快速度推出疫情防控图书。2 月 2 日晚，上海科学技术出版社《张文宏教授支招防控新型冠状病毒》数字版通过网络向社会发布，2 月 9 日纸质版出版，前后仅用了不到半个月时间。这本书的作者团队有不少是医生，白天很忙，只有晚上才能静下心来写作。为争取时间，作者和编辑争分夺秒，常常凌晨两三点钟还在讨论书稿，编辑部五六台电脑同时工作。上海科学技术出版社还同步策划推出了《抗疫・安心——大疫心理自助救援全民读本》，以问答形式为疫情防控期间大众心理问题提供有针对性的自助心理调适方法。这一读本的数字版和纸质版 2 月 10 日同时出版。

为传播公众防护知识，上海科技教育出版社紧急租型中国疾病预防控制中心编著、人民卫生出版社出版的《新型冠状病毒感染的肺炎公众防护指南》，2 月 2 日完成 5 万册印制任务，成为上海第一本纸质版防护指南。上海科技教育出版社还面向中小学生组织编写了《新型冠状病毒感染的肺炎学生防护读本》，图文并茂地介绍新型冠状病毒防护知识，帮助中小学生正确应对疫情，科学做好防护。这一读本已于 2 月 10 日出版。

华东师范大学出版社策划编写的《抗疫期间中小学生及家长心理防护手册》，引导中小学生遵守疫情防控要求，养成健康的生活方式，合理安排休闲与学习活动，学会自我调节与放松，以良好的身心状态应对疫情。手册的数字版 2 月 10 日推出，纸质版 2 月 15 日出版。

上海教育出版社策划的儿童绘本《自以为是的下场——新型冠状病毒的自述》，从一个儿童的视角出发，介绍新冠病毒肺炎产生、传播、危害以及最后被人类打败的过程，蕴含了抗疫必胜的斗志和信念。绘本数字版 2 月中旬在上海教育出版社公众号发布，纸质版也随后出版。

上海科学普及出版社从中医辨证施治的角度策划了《新冠肺炎中医防治读本》，请严世芸等上海名中医解读新冠病毒肺炎，传播防疫抗疫知识，提供健康生活指导。这一读本数字版已经上线，纸质版 2 月 20 日出版。

除上述已经出版的图书外，上海还有一批疫情防控图书已进入出版流程，最近将陆续和读者见

面。其中有华东师范大学出版社《疫情之下，教育何为》，上海科学技术文献出版社《逆行的天使》《传染病中医药防治与康复25讲》《抗疫史话》，复旦大学出版社《大众感染五十讲》，上海教育出版社《小心！病毒入侵》《疫路心防——用温暖照亮前方》，复旦大学电子音像出版社《对新冠肺炎说"不"——上海女医师教你如何预防》，同济大学出版社《新型冠状病毒防护手册》（高校版）、《新型冠状病毒防控法律行动手册》等。

为营造出众志成城共抗疫情的良好氛围，上海音乐出版社利用微信平台征集全国各地抗疫原创歌曲，2月底将推出音像制品《加油武汉　加油中国——抗击疫情优秀歌曲选》和附二维码的全媒体图书《出征　出征——抗击疫情优秀歌曲集》。中国唱片（上海）有限公司联合中宣部"学习强国"平台、新华社"声在中国"，在网上推出了《情系武汉　大爱中国》抗疫优秀歌曲系列全媒体公益出版专题项目，中央电视台联播快讯对此作了报道。

此外，还有一批疫情防控图书正在策划选题。上海教育出版社拟出版回顾特大型城市抗疫过程的《上海战"疫"：上海抗击新冠肺炎疫情实录》；上海人民出版社拟通过媒体视野反映上海抗疫的总体情况，编辑出版上海抗疫新闻报道集，并根据SMG（上海文化广播影视集团有限公司）纪录片《人间世》摄制组在武汉一线拍摄的内容编辑加工成图书；上海交通大学出版社拟出版《查医生援鄂日记》，反映上海交通大学医学院附属仁济医院医务工作者支援湖北、救治病员的日日夜夜。

二、精心编写，以针对性、实用性较强的内容回应社会关切

针对新冠病毒肺炎疫情暴发后的社会关切，上海出版界精心策划出版的这批出版物，突出选题的科学性、针对性、实用性，并邀请一流专家撰稿，从不同角度、为不同人群提供各种防疫抗病知识，为科学防控、提振信心、战胜疫情提供支撑。

上海科学技术出版社的《张文宏教授支招防控新型冠状病毒》，篇幅不大，内容实用，通俗易懂。在"个人防护关键词"中，仅"口罩"就有口罩分类、口罩如何戴、什么场合戴什么口罩、不同人群戴不同的口罩等。针对居家、出行、返程、上班等不同的防控场景，书中提出了不同的防控方案，还有对服用感冒冲剂、洗热水澡、醋熏等网上流传甚广的"防治偏方"的纠偏。护目镜究竟是不是防控必需品？书中答案是只要不用手揉眼睛、碰口鼻，一般情况下并不需要佩戴护目镜。针对疫情发展态势及春节后的返程高峰等新情况，书中还提出了有针对性的防控举措。因介绍的防控办法看得懂、学得会，出版后受到读者广泛好评。

上海科技教育出版社《新型冠状病毒感染的肺炎学生防护读本》由同济大学附属东方医院院长刘中民教授和中国科普作协医学科普创作专委会主任委员王韬教授主编，上海市公共卫生临床中心党委书记卢洪洲教授主审。读本分基础篇、应对篇、治疗篇、辟谣篇四章，围绕新型冠状病毒感染肺炎的传播途径、治疗方法及如何正确应对和预防等，用通俗生动、图文并茂的手法作了详细、全面的解答，以帮助中小学生了解有关新型冠状病毒防护知识，正确应对疫情，有效保护自身。

大疫当下，面对疫情蔓延带来的恐慌情绪及巨大的心理援助需求，上海科学技术出版社邀请同济大学附属东方医院心身医学科主任赵旭东教授和同济大学附属东方医院院长刘中民教授，紧急编写了《抗疫·安心——大疫心理自助救援全民读本》。读本用问答方式，介绍被隔离者、恐慌者及身处救援一线的医护人员可能碰到的心理问题，并提出切实有效的应对措施，为缓解社会各界面对

疫情的心理压力提供帮助。

三、免费派送，形式多样，为打赢疫情防控阻击战加油助力

新冠疫情暴发正值春节前后。为避免交叉感染，企业延长假期，公众居家隔离。为迅速有效传播科学知识、稳定民心，让出版物发挥更大的社会效益，上海出版界形成共识：免费派送，为打赢疫情防控阻击战加油助力。《新型冠状病毒感染的肺炎公众防护指南》5万册配送给市总工会，部分街道、派出所、消防部队和福利机构。《张文宏教授支招防控新型冠状病毒》《抗疫期间中小学生及家长心理防护手册》《抗疫·安心——大疫心理自助救援全民读本》《新型冠状病毒感染的肺炎学生防护读本》《新冠肺炎中医防治读本》等疫情防控图书都采用数字版先通过网络免费发布，纸质版随后跟进发行的形式。《张文宏教授支招防控新型冠状病毒》数字版2月1日晚在"上海发布"全文发布，一小时内点击量超过10万；截至2月中旬，各平台点击下载量：上海发布58.01万，澎湃新闻44.74万，澎湃直播20.87万，书香上海29.20万，上海科学技术出版社6.98万，共计159.80万；纸质版2月9日出版后向全市16个区的社区赠送近90万册。《抗疫·安心——大疫心理自助救援全民读本》数字版2月9日先在网络上发布，5万册纸质版随后赠送全市所有窗口行业单位。《新冠肺炎中医防治读本》向全市各区社区赠送3万册。

新冠疫情暴发后，上海音乐出版社与上海市音乐家协会、上海人民广播电台在全国范围内征集抗击疫情优秀公益歌曲。由三方联手携手打造的"音乐传情　风雨同心——抗击疫情优秀公益歌曲"2月1日公益展播以来，每天在阿基米德和音乐社微博微信等平台发布1首视频作品和2首音频抗击疫情优秀公益歌曲，已连续发布歌曲30首，内容包括致敬医护天使、祈盼武汉平安、彰显大爱无疆等。展播歌曲还同步在"学习强国"等全国性平台上线，并在全国电台音乐广播播放。上海译文出版社"译文有声"APP组织"助力抗疫"专题，限时免费开放70种有声书，服务人次和收听次数成倍增长，截至2月10日各大平台收听量就超过30万人次，其中《血疫》《鼠疫》《枪炮、病菌与钢铁》等成为各大电子书平台的热搜热读作品。

为响应教育部防控疫情期间"停课不停教、不停学"要求和本市疫情防控部署，上海部分出版单位免费开放自有教育类学习平台。上海教育出版社、上海科学技术出版社免费提供K9阶段部分年级的化学、物理、数学春季教材数字版。上海教育出版社配合市教委扩编《寒假生活》，新增了适合三周时间的学习内容。华东师范大学出版社"华狮小助手"平台免费开放"一课一练"、奥数教程、教师教育类等阅读资源，开设亲子陪护和科学艺术公开课。上海交通大学出版社、上海外语教育出版社、同济大学出版社、复旦大学出版社、华东理工大学出版社等大学出版社也纷纷开放专业教育资源平台，为读者免费提供电子书阅览、课程教学、自学辅导、资源共享等服务。

四、齐心协力，众志成城，非常时期体现出版人的责任担当

防控疫情是一场不能懈怠的赛跑。以最快的速度救治患者，以最快的速度控制疫情，是当前的头等大事。为打赢抗疫这一仗，上海出版、印刷、发行齐心协力，众志成城，在非常时期体现了上海出版人的责任担当。1月31日下午，上海中华印刷公司接到任务，紧急印制3万册(后又加印2万册)上海科技教育出版社租型的《新型冠状病毒感染的肺炎公众防护指南》一书。公司快速响应，完成相关报备手续，在春节假期延长、众多外来务工人员返乡人手紧张情况下，优选留沪员工，做好健

康预案，2月1日有限复工，2月2日晚完成全部印制、质检、打包等工作，前后只用了两天时间。新华传媒集团发挥图书发行主渠道作用，利用各种手段积极做好上海抗击疫情图书的推广展示工作。《张文宏教授支招防控新型冠状病毒》出版后，公司采配中心与云端拓展部积极联系协调，第一时间就在线上上架预售。新华传媒集团还通过旗下微信公众号“新华一城书集”和新华传媒上海书城等，引入湖北科学技术出版社《新型冠状病毒肺炎预防手册》、广东科学技术出版社《新型冠状病毒感染防护》、江苏凤凰科学技术出版社《新型冠状病毒感染的肺炎防护手册》、湖南科学技术出版社《新型冠状病毒感染的肺炎防控知识问答》等多种新型冠状病毒感染防护及疫情防控图书，第一时间向读者推送。

2020年第2期

第五节 让主题出版物更有温度更有意思

红色主题图书展现党和国家的光辉历史，弘扬时代精神，传承红色基因。但在很多读者的心目中，红色主题图书往往是教科书式的，难以亲近。如何突破单纯的政治宣传形式，用接地气的方法把红色文化播撒到老百姓特别是年轻一代的心田里，是当前“四史”学习教育中要着力解决的问题。上海出版界特别是上海人民出版社、文汇出版社、上海科学技术文献出版社、上海人民美术出版社、上海文化出版社等出版单位近年来所推出的一批红色主题图书，注重读者的阅读体验，在形式上做了更多的尝试，努力把有意义的图书做得有意思，把有高度的图书做得有温度，把庄严的内容亲切而生动地交到读者手中。

一、开发家门口的红色资源，助力读者学习“四史”

作为中国共产党的诞生地，上海拥有大量革命遗址，这些红色文化资源，蕴含着共产党人和仁人志士理想信仰、家国情怀的精神力量，并不因为时代的发展而消退，而是融入了一代代中华子孙的血脉中，在大力建设社会主义文化强国、实现中华民族伟大复兴中国梦的今天，具有极大的指导意义和推助力。上海出版界把主题出版放在内容建设的首位，精细开发家门口的红色资源，在形式上努力使读者喜闻乐见，让尘封的历史活起来，把红色内容生动传神地呈现在读者眼前。上海人民出版社的《伟大的开端》、《石库门里的红色秘密：党的诞生地·上海革命遗址系列故事》、“红色起点”系列丛书、《初心之地——上海红色革命纪念地全纪录》、《战上海》、《上海相册：70年70个瞬间》，以及少年儿童出版社的红色经典重版《和爸爸一起坐牢的日子》和上海海派连环画中心的系列原创红色连环画等图书，刚一出版，便不胫而走，读者反映这些图书亲切实在、好读好懂，容易入脑入心，是学习党史、新中国史、改革开放史、社会主义发展史的好帮手。

二、找准读者兴趣点，让红色主题读物别开生面

以往红色主题图书多用平铺直叙的传统方式，读者易产生审美疲劳，学习效果常打折扣。上海人民出版社等通过深入的市场调研，从找准读者的兴趣点着手，别开生面，用各种方法编好红色主题的大众化读物。

(一)用生动的“小细节”来见证恢弘的“大事件”

细节含有故事性、情节性、趣味性,引人入胜,见微知著。上海人民出版社、学林出版社推出的《细节的力量:新中国的伟大实践》,通过新中国历史上的一件件“大事件”中的一个个“小细节”,来呈现新中国成立70年波澜壮阔的历史,解析中国共产党领导人民不断开拓创新取得一个个胜利的成功密码。如“开国大典”人人皆知,但关于“新中国国名的讨论、开国大典场地的选择、广场旗杆必须要与天安门城楼楼顶等高、周恩来亲自登上天安门城楼作最后检查”等史实,以往大部头的党史、国史著述中很少提及,而这些恰恰都是广大普通读者愿闻其详的细节。历史由细节组成,用生动的语言还原细节,让历史场景在读者眼前鲜活生动起来,远胜过千言万语的说教,就能让读者过目不忘。上海人民出版社的《石库门里的红色秘密:党的诞生地·上海革命遗址系列故事》也是一部以细节取胜的优秀读物。“石库门”本身就是具有画面感、立体感的一种细节。作为旧时上海普通的民居建筑,“石库门”里的“亭子间”“客堂间”“厢房”“天井”等能引发读者的温馨记忆,那里深藏的红色秘密、曾经发生过的革命往事很自然地会激起读者强烈的好奇心。

(二)寓史实于故事中,寓思想于休闲中

红色主题的图书要有学术性、史料性,也要有趣味性、传奇性。将庄重严肃的历史化为引人入胜的故事,寓史实于故事中,寓思想于休闲中,能让读者在轻松愉悦的阅读中了解“四史”。如《石库门里的红色秘密:党的诞生地·上海革命遗址系列故事》将上海400多个革命遗址化为78个故事,用故事来生动讲述中国共产党诞生、发展的历程,展现上海这个红色城市上空的激荡风云。书中《枪声,是叛徒的丧钟——记中央特科及武器秘密存储点》一文犹如谍战片,描写中央特科人员锄灭叛徒,场面惊心动魄;《塘沽路62号——苏州河畔的红色电波》讲的是党的秘密电台与敌斗争扣人心弦的往事;《中国共产党的“产床”》为读者披露了建党初期的鲜见史料。上海人民出版社出版的《记忆中国:新闻串起的历史》《改革开放成就上海》等书,或以一则则新闻穿起历史,见证中国改革岁月的重要时刻;或用一个个故事,记录上海改革开放40年来的动人篇章,读罢都给人留下深刻的印象。

(三)让大作家写小故事,扣住读者的心弦

红色主题读物要抓住读者的心,怎样写、由谁写,大有讲究。既然要用故事的样式来表现红色主题,故事就得有看头、能出彩,要有让人读之欲罢不能的吸引力。为此,上海人民出版社请出在读者心目中有人气的作家精心撰写红色小故事,既讲好了故事,又凝聚了读者,这种思路可谓别树一帜。像孙颙、叶辛、叶永烈、赵丽宏等皆欣然应约,实地采访革命遗址,反复研读史料,精心结构文章。由他们领衔所写的故事集《石库门里的红色秘密:党的诞生地·上海革命遗址系列故事》体裁多彩:或取小说笔法,展示跌宕起伏的情节、栩栩如生的人物,如《黑皮子卿夜闯中共一大会址》;或有散文韵味,记人叙事,情感充沛,如《历史的表情——周公馆纪事》;或用纪实写真,呈现丰富细节,如《不可思议的跋涉——中共中央档案文献库的“生死时速”》。“红色起点”丛书则约请一批有创作热情和能力的中青年作家用纪事文学展现中国共产党的早期历史。在作家饱含深情的笔下,读者看到了诞生于上海欧式石库门里的中国第一个青年团组织,以及中国共产党的首个干部学校“外国语学社”(《新渔阳里六号——中国共产主义青年团的成长之路》);了解了中共首所专门培养妇女干部的女校创办历史(《巾帼的黎明——中共首所平民女校始末》);记住了“中国劳动组合书记部”这一机构不朽的业绩(《铿锵序曲——中国劳动组合书记部》)。

在让主题出版物更有意思、更有温度思路的影响下，史学家也尝试运用文学手段来撰写红色主题图书。党史专家李颖著有十余部专著，文笔严谨，在《细节的力量：新中国的伟大实践》一书中却转换笔调，以生动晓畅的语言梳理了新中国成立70年来的历史，在扎实的史料基础上时有生动的人物对话、细腻的场景描写，让读者读得兴味盎然。

（四）让老树再发新枝，用图画讲述故事

连环画是一门历史悠久的传统艺术，向为读者喜闻乐见。上海海派连环画中心匠心独具，围绕"四史"学习，约请名家精心创作系列红色主题连环画，用图文并茂的形式向读者展现中国共产党创建的历程和艰苦卓绝的斗争岁月，如《画说中共一大》《画说中共二大》《画说井冈山》；以生动的故事讲述伟人的成长历程和革命业绩，如《毛泽东与韶山》《周恩来与淮安》《刘少奇与长沙》《邓小平与广安》；用饱满的热情歌颂新中国建设者坚毅执着、艰苦奋斗的精神，如"新时代奋斗者系列连环画"。

三、再接再厉，让主题图书更加贴近读者

中央政治局委员、中共上海市委书记李强最近在市委中心组学习会上指出，要坚持以习近平新时代中国特色社会主义思想为指导，深入开展"四史"学习教育，进一步厚植对马克思主义的信仰、坚定对中国特色社会主义的信念、增强实现中华民族伟大复兴中国梦的信心，做到信仰如山、信念如铁、信心如磐。上海出版界响应市委号召，自觉把使命担在肩上。出版学术含量丰富的专著，是上海出版界地位和实力的体现；用有意思的方式，让红色主题图书走入千家万户，是上海出版人的责任和义务。我们要加大力度多角度、多方式地开发红色主题图书，多元化地寻求有温度的路径，在内容和形式上作进一步的探索和尝试：

（一）突出红色主题，提升思想内涵，围绕"四史"的学习教育，挖掘、整合上海红色资源，聚焦日新月异的当代生活，开发更多更好的弘扬中华民族伟大复兴梦主旋律的主题图书。

（二）创新方式方法、优化表现功能，充分发挥红色主题图书教育人、鼓励人、鞭策人的作用。开发适合各层次、各年龄段读者需求的主题图书，内容表达更接地气，贴近读者，注重他们的阅读兴趣、阅读方式，用喜闻乐见的形式，使党的光辉历史和中华民族的优秀文化在老百姓特别是年轻一代中"常学常新、入脑入心"。

（三）用新科技多方面优化纸质书的表现手段，用融媒体传播平台多层次开发红色数字图书和网络课程。同时，加强图书的宣传推广，经常举行作者、读者、出版社三方读书会，革命前辈报告会；和文艺界合作，将有故事性、画面感的文本改编为电影、电视剧，或走上戏剧舞台。

2020年第5期

第六节　全力以赴打好"十三五"收官之战——上海"十三五"国家重点出版物出版规划完成情况综述

2020年是实施"十三五"规划最后一年。对上海出版界来说，完成"十三五"国家重点出版物出版规划项目，是当下的重中之重。据统计，截至8月底，上海入选"十三五"国家重点出版物出版规划的259个图书项目，完成或将在年底完成的有178项，部分完成的有38项，未出成果的有13项，

因不具备出版条件、无法在规定期限内完成书稿或质量达不到要求撤销的有30项，总完成率为76%(部分完成按半个项目计)。剔除撤销的30个项目，完成率为86%。上海入选“十三五”国家重点出版物出版规划28个音像电子项目，完成24项，部分完成1项，未出成果3项，完成率为87.5%(部分完成按半个项目计)。

以上数据显示，通过上海出版界共同努力，上海“十三五”国家重点出版物出版规划完成情况总体较好。不少大中型项目如《辞海》(第七版)(8卷)、《中国对日战犯审判文献集成》(102册)、《台湾族谱汇编》(80册)、“开天辟地——中华创世神话连环画绘本系列”(30册)、“当代经济学系列”丛书(30册)、“音乐上海学系列”丛书(20册)、《周谷城全集》(16卷)、《苏珊·桑塔格全集》(16册)、《当代中国心理学文库》(15卷)、《外国观察者眼中的中共抗战：美军观察组延安机密档案汇编》(6卷)、《近代汉语词典》(4卷)和《汉译巴利三藏·经藏·中部》、《新疆丝路南道新见文献集成》(第三卷)等一批编辑难度较高、学术含量厚重的项目已经完成。《汉语大词典》(第二版)、《上海通史》、《东北亚与欧亚草原考古学译丛》等38个项目部分完成，这些项目因为体量较大、内容难度和审稿难度高，作者和出版社为保证国家项目的整体质量，分段渐进、分步出版，态度是实事求是的。

此外，《中国西南土司遗产研究》《明清以来蔚县庄堡寺庙调查与研究》《绫结与金轭：〈白史〉文本与研究》《七至十三世纪汉藏及多民族文明关系史》《汉文〈大藏经〉涉医文献的辑录与研究》等30个项目，有的因史料收集难度大或作者还在修改，未能按时完成书稿；有的因项目体量大，作者分散多地，交稿时间延迟；有的因书稿涉及重大选题，送审时间难以把握，按时完成项目存在困难，已经撤销。

“十三五”规划启动尤其是党的十九大以来，上海出版界以习近平新时代中国特色社会主义思想为指导，切实担负起举旗帜、聚民心、育新人、兴文化、展形象的使命任务，在实施“十三五”国家重点出版物出版规划项目中，出版了一批精品力作，体现了上海专业出版和学术出版的整体优势。在主题出版方面，《平易近人——习近平的语言力量》系列图书、“中国话语”丛书、《中国改革再出发》、“上海改革开放40年研究”丛书、《浦东诗史》等“十三五”国家重点出版物相继面世，深化了对习近平新时代中国特色社会主义思想的学习、理解，反映、歌颂中国及上海改革开放四十年来取得的伟大成就，是用中国理论阐述中国实践的生动教材，增强了广大读者对中国共产党领导中国人民实现中华民族伟大复兴“中国梦”的信念。在国家重大文化工程方面，《辞海》(第七版)等一批项目顺利完成，其中《辞海》(第七版)新增词条和释文充分反映最近10年来党和国家在政治、经济、文化、社会、生态文明建设中取得的伟大成就，展现中国实践，表达中国话语；“中国与全球治理”丛书、“‘一带一路’经济与文化融合发展研究”丛书等项目，深入阐述中国解决全球治理、促进全球发展的方案，体现了中国智慧，展示了大国担当；《中国少数民族家谱总目》及卷帙达80册之巨的《台湾族谱汇编》等项目，汇集中国各少数民族族系家谱，追溯中华民族共同的血缘之亲、文化之源；“古汉字发展论及字形表系列”(五种)、《中国文化史迹》、《金石学未刊稿集成》、《中国传铭全集》、《中国历代服饰文物图典》等项目，挖掘、整理、保护优秀民族文化遗产，弘扬历史悠久的中华文明；“早期中国国家起源研究”书系、《中国移民史》、《中国财政制度史》、《中国经济发展史(1949—2019)》、《中国美学全史》等项目，以厚重的学术含量、独创的学术见解为学术发展提供了新鲜的养分；“中国高铁”丛书、《高海拔高寒地区高速公路建设关键技术》和“大飞机出版工程”、“海洋强国出版工程”、“核能与核技术出版工程”、“能源与环境出版工程”等项目，展示国家自然科学、工程技术等领域建设成就，反映国家综合实力的显著提高；《中国玉米遗传育种学》、《中国农业昆虫学》、《城市安全风险管理》、《中国疟疾地图集》及“精准医学出版工程”等项目，关注国家农业和粮食资源的安全、人民群众的医疗健康、城市建设的风险管理等国计民生的重大话题，对保障中国社会长治久安具有重要意义。

上海入选"十三五"国家重点出版规划的出版物还受到国家出版基金、国家古籍整理出版专项经费、国家自然科学基金、上海市促进文化创意产业发展财政扶持资金和上海文化发展基金会图书出版专项基金等国家和地方资金基金的资助。不少项目同时入选国家和地方其他专项出版规划，出版后获得了各种奖项，如"东京审判文献数据库"获第四届中国出版政府奖网络出版物奖；《上海图书馆善本题跋辑录附版本考》《王献唐年谱长编》《吴昌硕全集》等项目获全国优秀古籍图书一等奖；"中国古生物研究"丛书、"中国能源新战略——页岩气出版工程"（第二辑）获上海图书奖特等奖。"中国话语"丛书、《开天辟地——中华创世神话》、"光物理研究前沿"系列等项目分别入选中宣部主题出版重点出版物选题、中国艺术原创精品出版工程、中国图书对外推广计划、"经典中国"国际出版工程。《辞海》（第七版）、《汉语大词典》（第二版）、《新世纪戏曲研究文库》、《俄藏龟兹艺术品》、《汉语同源词大典》、《近现代汉语大辞源》、《克孜尔石窟壁画复原研究》、《中国野生大豆图志》、"东亚笔谈文献研究"丛书、"光物理研究前沿"系列、《百年中医史》、《家蚕转基因技术及应用》、《中医对外翻译传播研究》、《脑研究的前沿与展望》以及"东京审判出版工程"第四期、"域外汉文燕行文献集成"等项目获国家出版基金及其他各项基金资助。不少"十三五"规划项目出版后转化为"走出去"产品，如"中国能源新战略——页岩气出版工程"（第二辑）、《非线性波动方程》版权输出到德国，"战略前沿新材料——石墨烯出版工程"、《激波反射的数学分析》版权输出到新加坡，提升了中国出版人走出去的自信和中国出版在世界上的影响力。

上海完成"十三五"国家重点出版物出版规划总体情况较好，但在完成率这个硬指标上，上海还有差距。上海既有完成率达100%的出版社，也有完成率只有33%的出版社；个别出版社只有一个项目，五年里未形成出版成果，完成率为零。出现这种情况的原因既有客观的，也有主观的；既有作者方面的，也有出版社方面的。分析原因，有些经验教训在下一步编制和实施"十四五"国家重点出版物出版规划时是必须认真吸取的。

一是要做好项目可行性评估。有些申报项目空转数年，最后无奈撤选，就是事前没做好项目可行性评估这门功课。如中华地图学社申报《中国非物质文化遗产》出版项目，申请撤选的原因居然是寻找合适的主编、组建编写团队有困难；制作成本高，大幅超出预算；内容专业广泛，需要投入大量人力，出版社无力承担。显然，当初申报这个项目时，出版社对作者、内容、成本心中无数，这样的项目如何落地，又怎么能够开花结果？申报国家重点规划项目切忌凭空想象，选题要充分研讨论证，对作者队伍、作者落实项目的能力及出版社的运作能力和运作成本要有基本的预估，做到项目可行、作者可靠、成本可控三者同步落实，保证国家规划项目的严肃性和完成率。

二是要紧抓项目的完成节奏。抓节奏要从一开始就进行，不能先松后紧，造成被动，最后不了了之。项目一旦列选，就要迅速启动，抓作者，抓书稿，出版社和编辑要有破釜沉舟完成项目的决心，并要把这种决心传递给作者。现在不少学者尤其是著名学者，头衔多、头绪多、项目多，分身乏术，不盯紧他，项目就可能落空。编辑要有钉钉子精神，及时跟踪书稿进展，不能让作者"自由自在"，让项目自生自灭。只有书稿到了出版社，项目才算开始落地。

三要预留重大选题备案的时间。为避免因送审而耽搁国家重点项目的完成，要预留出一定的时间。重大选题备案是相关选题必须履行的程序。对入选国家重点规划的这类项目，从组稿、成稿、编辑阶段就要充分留出送审需要的时间，留足提前量。责任编辑要做好稿件送审前的各项准备工作，把需要审读的重点内容标示清楚，方便专家审读，节省审读时间，有利于按时出版。

时至金秋，正是丰收季节。从现在算起，离“十三五”国家重点出版物出版规划项目结项只有不到三个月了。上海尚有41个项目须在年底完成。相关出版社领导要从战略高度认识这个问题，着眼上海出版大局，把可出可不出的书暂时放一放，把时间要求不是太急的品种往后推一推，集中编、审、校、印的精兵强将打歼灭战，全力以赴打好“十三五”国家重点出版物出版规划的收官之战。

2020年第9期

第七节 合理配置书号资源 实现出版高质量发展

临近岁末，上海各出版社正抓紧完成“十三五”国家重点出版物出版规划项目和年度选题计划，布局“十四五”国家重点出版物出版规划和2021年度选题计划，谋划在新起点上新出发。与此同时，下一年书号的配置和申领也成为关注的焦点。不少出版社盘算来年社里的书号用量，在为新一年书号是否会减少感到焦虑。书号作为一种资源，是国家给图书的“出生证”。出版社盼望争取多一点书号资源，心情可以理解。但在把高质量作为主攻方向，推进精品生产、提高出版质量、满足人民群众精神文化生活新期待的当下，书号资源的合理配置对整个出版事业的发展显得尤为重要。对此，上海出版界应该形成共识。

改革开放以来，中国出书总量逐年提高，40多年来增长了数十倍。这是国家综合实力大幅度提升在出版业的体现。1994年前，书号申领使用基本不受限制，数量一度无序激增，由此产生了买卖书号现象，一些格调低俗甚至政治导向和价值导向有严重问题的图书也得以出版，社会各界反映强烈。1995年起，国家采取措施，控制书号发放总量、严格执行书号审核制度，出版界某些乱象得到一定程度的治理，对提升出版质量起到了重要作用。

2008年7月，国家新闻出版总署开始推行书号实名申领的试点工作。2009年1月，书号实名申领工作全面展开，书号数量限制有所放宽。这在一定程度上促进了出版业的繁荣，也适应了社会各界人士著述、出版的需要。但由于深度参与出版活动的民营文化公司对书号的需求量激增，书号成为奇货可居的紧缺资源。出版行业出现了不少鱼龙混杂、良莠不齐的出版物。一些出版社悄然改变经营模式，不再注重自身图书产品线和图书品牌的建设，而是把手中的书号当作维持出版社生计的主要收入来源。编辑也不再把精力放在寻找优秀作者和优质书稿上，坐等民营文化公司送书稿上门，变卖书号资源，以此养活自己。更有甚者，一些出版社只卖书号，基本放弃对内容的审核，不履行编辑、校对职责，放任没有出版资质的民营文化公司胡乱制作从内容质量到编校质量都不合格的图书牟利，出版社的社会责任淡化、文化功能退化，给整个出版业态带来隐患。

进入新时代，国家再次加强书号申领审核，控制书号发放总量，要求各出版单位以习近平新时代中国特色社会主义思想为指导，坚持出版为人民服务、为社会主义服务的方向，多出有益于提高民族素质，有益于经济发展和社会进步的科学技术和文化知识，有益于弘扬民族优秀文化、促进国际文化交流，有益于丰富人民精神生活的图书，成效是显著的。同时也应该看到，尽管近十年来我国出版业发展势头迅猛，但主要还是体现在图书品种的增加上。中国已经成为出版大国，要实现出版强国的目标却依然任重道远。现在每年出版的几十万种图书里，让人喜闻乐见、能够传之后世的精品力作相对还是太少。出版被赋予举旗帜、聚民心、育新人、兴文化、展形象的使命任务，必须走创新发展之路，大幅提升综合实力。只有这样，才能切实履行新时代出版人的家国担当、文化使命，才能为建设社会主义文化强国发挥出版应有的作用。控制书号发放总量，严格执行书号审批制度，是要从源头上阻止劣质图书流入市场，警示那些给平庸图书做“接生婆”的出版社，倒逼他们改弦更张，完善和优化图书选题，切实担负起出版社应担负的社会责任。同时也要形成书号资源向优秀项目、优秀出版社倾斜的良好业态，保证重点图书、优秀学术著作，特别是深入研究习近平新时代中国特色社会主义思想，深刻反映新时代伟大斗争、伟大工程、伟大事业、伟大梦想，为经济建设、为科学技术发展服务，弘扬社会主义主旋律和中华民族优秀传统文化的图书的顺利出版。

控制书号发放总量，严格执行书号审批制度，是出版资源向优秀项目集中、实现出版高质量发展的题中应有之义。我们要充分认识和正确理解国家的这一良苦用心，不能将此举视作对自己手脚的束缚，而应看作是实现出版高质量发展的契机。从出版社经营角度来说，减少书号使用量，能使出版社将有限的资金和人力优先用于优秀图书的出版，提高出版效率，创造出更好的社会效益和经济效益；从编辑的工作来说，减少书号使用量，能使编辑集中有限的时间和精力，开发优秀选题，专心经营文化学术价值和出版价值俱高的品种，在提高图书质量、扩大单品种双效益上精耕细作，静下心多出精品优品，满足读者需求。能够满足读者需求的精品优品，必然也会有理想的印数和市场。总之，合理配置书号资源，促使中国出版从品种数量的扩张向高质量发展转型，国家、出版社、编辑和读者应该都是赢者。

对上海大多数出版社而言，大可不必纠结于书号的收紧或接下来所要实行的书号属地化管理，而应把精力集中在守正创新、开发优秀选题、培养和维护读者离不开的品牌图书上。国家控制书号数量的目的是鼓励出版社多出好项目。对优秀项目和规范经营的出版社来说，这是实实在在的利好。只要是对国家建设、社会进步、科学昌明、传承中华文明有利的项目，书号绝对不是问题。这些年上海出版发展总体是健康的，但少数出版社或多或少也存在着“吃书号饭”的情况，以消费大量书号、纸张等资源为代价，粗放经营和低水平出书，出版总量和利润过分依赖教材和教辅图书，缺少市场运作的原创图书和畅销图书，靠品种扩张作为立身之本。有的甚至以合作出版名义变相卖书号给社会上一些资质不全的民营文化公司，放任编、校、印流程体外循环，牟取蝇头小利。这样的出版社，对书号控制自然是极其敏感和害怕的，因为一旦少了书号，他们不思进取、安于现状的日子就到头了。

书号审批制度越来越严格，淘汰平庸低劣的图书，是出版高质量发展的必由之路。上海各出版社要想保持每年正常的书号量，必须从年度选题计划抓起，在选题的社会效益和经济效益上下功夫，滤去泡沫，筛去空耗出版资源、内容价值低、可出可不出或不该出的选题。这些年来，上海各出版社年度选题计划里，确实存在一些需要改进的问题：个别社的年度选题计划缺乏宏观战略思考，没有长远发展的意识，只有蝇头小利，做一锤子买卖，选题多是些三万、五万价值不高的合作书；个别社的年度选题计划充斥着很多似曾相识的“前度刘郎”，年年报选题年年不出，三年五年下来，这些选题成了吃书号空饷的“专业户”；个别社制订年度选题计划不作全局谋划，只有临时抱佛脚的应付和草率，其中不少选题是为申领书号拉壮丁充数的，到年底，计划完成率低得可怜。从明年起，这些现象一定要加以纠正。如果旧习不改，我行我素，高质量发展就是一句空话。出版事业替国家传声立言，请务必珍惜这份荣誉，重视这份责任，为党和国家守好这道关口。

2020 年第 11 期

第八节　《细胞研究》的赶超之路

《细胞研究》(*Cell Research*，*CR*)1990 年创刊，由中科院主管，中科院分子细胞科学卓越创新中心（原上海生命科学研究院生物化学与细胞生物学研究所）和中国细胞生物学学会共同主办，是我国生命科学领域以英文发表原创性研究论文、综述、快报和述评的国际性学术期刊。现任主编是裴钢院士,常务副主编是李党生研究员。

2006 年,《细胞研究》与世界著名出版商英国自然出版集团(现为 Springer Nature)合作,影响因子不断上升,相继赶超多种同类国际知名学术期刊。2019 年达 17.848,首次超越《自然 · 细胞生物学》(*Nat Cell Biol*);2020 年 6 月,影响因子刷新我国学术科技期刊的纪录,达 20.507。在《期刊引证报告》(2019 版),Clarivate Analytics(科睿唯安)收录的 195 种细胞生物学领域期刊中排名第七,在广谱类的生化、分子与细胞生物学研究型期刊的排名仅次于《细胞》(*Cell*),影响因子排名和学术水平都已位居世界杰出学术期刊行列,为推动我国学术期刊和科技创新更好更快走向世界、促进我国生命科学领域原始创新,发挥了重要的示范引领作用。

《细胞研究》的发展得到政府的大力支持,曾获多种基金项目的资助,连续 3 届获原国家新闻出版广电总局"百强报刊"称号,连续 8 年获最具国际影响力学术期刊第一名。《细胞研究》能够取得这样的成绩,与全方位的国际合作有关,同时也与自身的努力和探索密不可分。

一、以人才战略为核心的发展策略

2006 年,裴钢院士接任《细胞研究》主编,从海外引进李党生博士担任《细胞研究》的常务副主编(之前在 *Cell* 任职),负责期刊的学术工作。《细胞研究》采取类似于 *Cell*、*Nature* 的专业科学编辑负责制的运作方式,从 2006 年至今已陆续培养出 15 名专业科学编辑,李党生自己也在指导博士后工作。目前,《细胞研究》在岗科学编辑均为博士学历,有较强的生命科学领域的相关专业背景。2010 年引进的胡芳芳博士和 2012 年引进的汪劼博士,均有本土和海外一流高校和科研机构学习和工作的经历,2012 年和 2016 年分别获中科院文献情报和期刊出版领域引进优秀人才择优支持项目(即"小百人"项目)。2017 年和 2018 年,《细胞研究》又引进了姜姝姝博士和鲁立博士。除引进具有海外留学背景的优秀人才外,《细胞研究》也努力培养本土优秀人才。2015 年由中科院生化细胞所和巴斯德所联合培养的王岩博士、2017 年生化细胞所毕业的徐佳珺博士,学术和科研功底扎实,工作刻苦努力,在常务副主编李党生指导下已成为期刊的骨干力量。坚持引进和培养并重的方式,保证了《细胞研究》专业编辑团队的人才优势,使《细胞研究》得以秉持"追求卓越"的办刊理念,成为《细胞研究》成功赶超的"核心技术"。

二、开辟绿色通道、快速通道,保障我国科学家的话语权

为更好地吸引高水平的研究论文,《细胞研究》拓展建立了论文发表的"绿色通道"和"快速通道",旨在为国内外优秀的原创论文,以及在国外期刊评审时受到不公正待遇的优秀论文提供快速审理的服务。"绿色通道"是指当作者的文章在国外权威期刊审稿中受到不公正待遇或者审稿后要求大修或者退稿时,若作者修改有困难,可以将国外权威期刊的审稿意见及稿件一并发给《细胞研究》,《细胞研究》编辑团队根据已有的审稿意见给作者快速答复,或者小修,或者重新送审。"快速通道"是指由于某领域科学研究的竞争太激烈,作者希望能率先发表,但文章未在其他刊物送审过,这种情况尤其考验编辑的独立判断能力。一旦决定送审,还要能够请到相关专家帮忙快速审稿,难度相当大。但正是由于《细胞研究》提供这种独特的优质服务,近年来发表了一批具有高创新性的原创成果,学术水平接近或相当于 *Nature*、*Cell* 发表的文章,同时也为推动我国生命科学的发展

做出了贡献。

随着《细胞研究》国际影响力的不断提升，逐渐得到国际科学家的认可，已经具备和世界一流期刊同台竞争的能力。对于中国科学家或海外华人科学家而言，《细胞研究》已不仅仅是一本期刊，而是一个让他们能够“说话”的平台。科学界并非完全公平，由于欧美的科研长期以来处于领先地位，或者是对于中国科研的不信任或不了解，中国科学家的研究常常得不到他们的认可。2014 年，俞立教授发现了一种新的细胞器，但当时尚无功能性数据支撑，因此被国际顶级期刊拒绝。《细胞研究》编辑认为这是一项原始创新成果，大胆刊发，并邀请国际知名专家点评。经过作者坚持不懈的努力，5 年后拿出了功能性数据，同时在 *Nat Cell Biol* 上发表两篇文章，其中一篇还上了封面。如果没有 5 年前《细胞研究》发表的论文，作者后续的研究将更具不确定性。中国科学家们迫切希望国内能有一个被国际科学界广泛认可的高端平台，因为这样的平台才能为我国科学家在最新的科研领域和国际同行竞争提供一个公平的机会，为他们发出“中国的声音”提供绿色通道和快速通道。

三、为扩大国际影响，设立优秀论文奖，举办冠名学术会议

为进一步增强国际影响力，2009 年，《细胞研究》同全球知名药企赛诺菲-安万特签署协议，联合设立 Sanofi-Cell Research 优秀论文奖，评选范围为上一年度刊登于《细胞研究》印刷版上的原创论文及综述论文，奖项每年评选一次，设两个优秀原创论文奖及一个优秀综述论文奖，以表彰和鼓励在《细胞研究》发表优秀论文的科学家。迄今为止，Sanofi-Cell Research 优秀论文奖已举办 9 届，共有 30 位国内科学家及 14 位国外科学家（其中 7 位是海外华人科学家）获奖。在颁奖仪式同时还举行小型学术研讨会，除获奖代表之外，还邀请国内优秀科学家到场开展交流，既扩大了期刊影响，也借此机会向世界介绍中国科学家最新的研究心得和成果。

除设立以期刊冠名的奖项以外，《细胞研究》还举办以期刊冠名的学术会议，以拓展品牌。2018 年开始，《细胞研究》分子细胞科学国际研讨会（*Cell Research* Symposia on Molecular Cell Science）在上海举行。研讨会由中科院分子细胞科学卓越创新中心和《细胞研究》主办，分子生物学国家重点实验室和细胞生物学国家重点实验室协办。会议促进分子细胞科学领域中外科学家的交流与合作，提升《细胞研究》国际影响力，也为中国新一代科研人员登上国际学术舞台创造条件。

2020 年第 11 期

第二章　本埠期刊

本章选自上海出版的《编辑学刊》《出版与印刷》《印刷杂志》等3种期刊在2020年度发表的部分文章摘要(排名不分先后)。

第一节　《编辑学刊》

期刊介绍

1986年2月创刊。上海市编辑学会、上海世纪出版(集团)有限公司主办。双月刊。以反映中国出版科学研究成果,探讨编辑理论,宣传编辑经验,表彰编辑人才,提高编辑水平和地位,沟通编者、作者、读者感情,加强彼此了解,做好编辑出版工作为己任,贴近时代、贴近生活、贴近读者。主要栏目有深度思考、传播前沿、书林短笛、编海拾贝、中外书案、议犹未尽等。

主编:孙欢、王敏

执行主编:姚丹红

地址:上海市黄浦区绍兴路7号2楼

邮编:200020

2020年重点文章推荐

2020年第1期

《5G时代出版业的发展趋势及制度创新:技术与制度互动的视角》

张大伟(复旦大学新闻学院)

摘要:5G具备高速率、大容量、低延时的特性,提供了其他技术得以运行的环境,但是技术的叠加需要出版业的管理制度顺应技术和新兴产业形态发展的技术逻辑。只有在技术与制度协调的框架中,出版社才能有效发挥“创造性中介”的功能。

《政策推动与机制完善并举:专业学术出版建设的新途径——上海学术·专业出版中心建设综述》

王莳骏(上海市委宣传部出版处)

摘要:国家在各领域的高速发展,催生着专业读者群体的不断成长,也为以专业出版为核心竞争力的出版社的快速发展寻得发展良机;上海出版具有专业性的传统和基因,走专业化、精细化发展之路一直是上海出版人的追求和梦想。作为行政管理部门,又如何在政策和机制上进行保驾护航?近年来,上海市新闻出版局首创了“上海学术·专业出版中心建设”举措,正是试图帮助和指导出版社在专业领域中不断拓展和深耕,以政策和机制的推动与完善,打造上海专业与学术出版高地。这些政策、机制与举措的成效如何,又有哪些值得推广的经验?文章予以综述和总结,以激励更多出版社持之以恒走专业化、学术化和优质化的发展之路。

2020年第2期

《建一流外语学科，办一流外语期刊》

庄智象（上海时代教育出版研究中心，上海市编辑学会）

摘要：一流学科建设离不开一流期刊的支持。长期以来，外语期刊殚精竭虑服务于学科建设与发展。文章简要介绍了我国主要外语期刊的状况，指出了存在的问题与挑战，阐述了在新形势下的应对之策。

《媒体融合趋势下传统期刊的困局和发展思考》

纪大庆（现代家庭杂志社）

摘要：传统期刊出版机构要破解市场困局，真正走上健康的融合发展之路，必须面向市场，分析、解决自身存在的问题，主动应对技术进步给行业发展带来的冲击，顺应趋势，借鉴业内外切实有效的做法，结合自身实际，科学谋划，变革创新，才能推动传统出版向新兴出版成功转型，壮大自身市场竞争力，走上持续发展之路。

2020年第3期

《为何影响因子崇拜是发展中国家的学术灾难》

江晓原、穆蕴秋（上海交通大学科学史与科学文化研究院）

摘要：文章认为，SCI和影响因子游戏所面对的世界，可以分成三个不同部分，即英语西方、非英语西方、发展中国家，加入这个游戏的后果和意义，对于上述三个部分是大不相同的。许多人在论及这个问题时，有意无意地将这个游戏在美国和英语西方国家的合理性强加给了世界的另外两个部分。文章进而以巴西的风波为实例，呈现了一厢情愿投身这个游戏对于发展中国家学术的灾难性后果。

《ChinaJoy为何在上海成功》

祝君波（上海市新闻出版局）

摘要：近年我国网络游戏年营业额已达2 200亿元，成为位居第一的内容产业。2004年ChinaJoy移师上海一举成功并永久落户至今，B to C互动区、B to B商贸区以及群英论坛已成三大特色。文章作者亲历全过程，揭秘展会成长的内在逻辑。

2020年第4期

《持续关注阅读，已成“两会”共识》

魏玉山（中国新闻出版研究院）

摘要：2020年全国“两会”期间，全民阅读再次成为委员、代表的热议话题之一。文章分析了“两会”与全民阅读相关的提案、议案，并对全民阅读被持续关注的原因进行了分析。

《哔哩哔哩疫情视频传播研究》

林凌、杜文荟、温馨（上海财经大学人文学院）

摘要：疫情视频诠释流行文化，计算场景的内容生产以及视频传播的国际视野使得哔哩哔哩疫情视频传播具有鲜明特色。但是，存在基于市场逻辑的算法推荐机制加深疫情信息茧房、“破圈”制约疫情视频传播和商业逻辑驱动劣质疫情内容生产等问题，应该优化算法推荐机制，提供纯二次元模式选择，加强平台审核能力，强化视频内容的公共性。

2020年第5期

《出版史学的建构与出版学的学科发展》

范军、李芳馨(华中师范大学文学院)

摘要：若将出版学作为一级学科进行学科建设，无疑离不开出版史学的理论建构。成熟的出版史学是出版学得以确立的重要支柱之一。出版史学包含两重含义，即出版史的研究和对出版史研究的研究。出版史学需要探讨的一些重要话题，包括出版史观、出版史方法论、出版史家论、出版史学术范式等等，其理论建构与学术发展需要学习和借鉴相关领域、相关学科成果。

《对专业出版规模化的几点思考——以出土文献领域的出版实践为中心》

秦志华(上海辞书出版社　中西书局　《辞海》编纂处)

摘要：专业出版作为现代出版业中的一个门类，虽然有着“小而美”的特点，却也要主动走出“舒适区”，在规模化、产业化方面不断探索，扩展其专业影响力和社会影响力。文章以中西书局在人文社科领域的出土文献类项目的编辑出版实践为例，提出专业出版的规模化需从打造标志性的出版物、建立完整的学科布局、谋划产品的梯度设计、建设学科交流的平台等四个方面着手，加强顶层设计和内容创新，以推动优秀学术研究成果为更多的读者所了解。

2020年第6期

《智能媒体时代的出版变局与编辑身份危机》

夏德元、刘博(上海理工大学出版印刷与艺术设计学院)

摘要：智能媒体技术驱动出版业的全局性变革，为出版业的发展带来了新的机遇与挑战。出版流程的智能化再造与编辑角色重塑、在线信息冗余与出版内容形态的多元想象，带来出版业的重大变局；读者、编辑与作者之间的固有边界被打破，出版市场的供需错配直接导致编辑主体的身份认同危机。这种变化不仅要求对编辑的职业素养进行反思，也为公众传播素养的研究提出了新的议题。作为一对相互竞争的市场主体，编辑的职业传播与大众的业余传播之间的积极互动，有望构建一种职业传播与业余传播和谐共生的传播新格局。

《新时期主题出版高质量发展路径刍探》

王继峰[上海世纪出版(集团)有限公司]

摘要：近年来，主题出版逐渐成长为我国出版业一个新的增长点，呈现出了数量不断增多、精品不断涌现、社会关注度不断提高的特点，也存在着精品化水平有待进一步提高，通俗化、大众化、时代化有待进一步加强等亟待解决的问题。为推动主题出版高质量发展，建议在进一步提高主题出版的认识站位、增强主题出版的责任担当、加快主题出版的融合传播、加强主题出版的人才队伍建设等方面进行探索和努力。

第二节　《出版与印刷》

期刊介绍

《出版与印刷》1990年创刊，季刊，上海市教育委员会主管、上海出版印刷高等专科学校主办。为中国人文社会科学引文数据库(CHSSACD)来源期刊，《中国学术期刊影响因子年报》统计源期刊。全文收录于中国知网、万方数据、中文科技期刊数据库、《中国人文社会科学期刊AMI综合评价报告》引文数据库等。专注现代出版与印刷专业人才培养，服务出版与印刷产业转型发展，促进出版与印刷领域的产教研深度融合。读者对象主要为出版与印刷领域科研人员、出版与印刷行业从业人员，主要栏目有本期聚焦、研究与观察、编辑实践、印刷与包装、期刊研究、品牌案例、媒介融合、圆桌讨论、职业发展、出版史话等，内容注重学术性、专业性、实用性和可读性。

主编：陈斌

副主编：曾忠

执行主编：许春辉　靳琼

地址：上海市杨浦区营口路101号

邮编：200093

2020年重点文章推荐

2020年第1期

《钟书阁的经营之道》

金浩（上海钟书实业有限公司）

摘要：1995年第一家钟书书店在上海松江开业，2013年第一家钟书阁——上海松江泰晤士店成功开办，到2020年，上海钟书实业已经成为拥有300多名员工、22家连锁实体书店的知名民营书店。文章阐述了钟书阁诞生的时代背景、定位与发展历程，分析了钟书阁经营的七大理念：选址策略、设计理念、选品策略、全产业链发展、全新“书店＋”模式、“行商”理念、在线“云”售书等，总结了钟书阁在实体书店转型方面的积极探索。展望未来发展，钟书阁将不再只是一家综合书店，而是全方位的生活体验店，引领全新的文化生活方式；将向多样化及区域化发展，发展面积更小、选址更灵活、客群更集中的全新模式“钟书阁小书房”；将拓展更多小型的社区店和校园店，满足特定人群的需求等。钟书阁的经验为实体书店的发展方向提供了借鉴和参考。

《科技期刊传播力与影响力提升路径探讨》

刘春雪（哈尔滨商业大学机构学术理论研究部）

摘要：科技期刊是科技成果传播的重要媒介，是引领科技发展的重要平台，提升其传播力和影响力对加强学术交流与科技信息传播、增强我国科技竞争力具有重要意义。文章基于媒介融合背景下从宏观层面、内容层面探讨提升科技期刊传播力与影响力的路径。宏观层面的举措包括转变办刊理念、优化编委会和编辑人员构成、弥补专业领域空白、高校学报向专业性期刊转变、增加英文科技期刊数量、采用集群化办刊模式等；内容层面的举措包括精心策划专栏和专辑、丰富论文类型和语种、完善中文科技期刊英文论文摘要和英文参考文献等。同时，科技期刊还要从纸质出版向刊网融合出版形式转变，通过网络出版、域出版等形式推动媒体融合向纵深发展，实现全媒体出版，提升科技期刊传播力和影响力，进而提升全球学术交流话语权和学术评价主导权，服务科技强国建设。

2020年第2期

《SIVA理论视角下原创YA文学出版营销存在的问题及对策》

田常清、石婉雯（湘潭大学公共管理学院）

摘要：YA 文学(Young Adult Literature)是以 13 至 17 岁的青少年为目标读者创作的文学样式，起源于 20 世纪 30 年代的美国。2015 年，我国正式引进“YA 文学”概念，该出版物类别成为我国青少年图书出版结构上的一环。为科学高效地推动我国原创 YA 文学的出版营销，文章以 SIVA 理论为基础，从解决方案(solution)、信息(information)、价值(value)和途径(access)四个方面探讨 YA 文学的出版营销策略。出版机构应以满足青少年读者的心理诉求与阅读需求为出发点，有的放矢地开展营销活动，实现解决方案的可行化、信息服务的主动化、价值创造的最大化以及服务途径的流畅化，秉持“以读者为中心”的出版营销理念，推动原创 YA 文学在出版市场走得更好更远。

《预印本发展和研究探析》

唐桂芬(上海出版印刷高等专科学校)

摘要：预印本是未经同行评审就上传到公共服务器上的学术论文，目的是供开放获取，促进新知识的广泛传播。文章通过分析预印本和传统学术期刊的区别，梳理国内外主要预印本平台的发展，预印本发展中面临的挑战和困难，以及国内外主要学术出版机构对预印本的政策。提出预印本应通过规范作者注册和投稿信息、采用 ORCID 标识身份等方式加强质量审核机制，完善自组织评议机制，与传统期刊有效对接，共同促进开放科研，打造健康、快捷、权威的网络学术生态圈。

2020 年第 3 期

《基于人工智能技术的出版流程智能再造——智能出版研究述略》

张莉婧[中地数媒(北京)科技文化有限责任公司]
张新新(武汉大学信息管理学院，地质出版社)

摘要：随着人工智能技术的发展，人工智能与出版业的融合将催生数字出版的新模式——智能出版。文章探讨人工智能和智能出版的内涵，分析人工智能技术与出版业融合发展的政策沿革，对近年来人工智能技术在选题策划、内容创作、智能编校、智能印刷、智能营销等方面的应用进行了述评，认为人工智能技术除了可以提供数据出版、AR 出版等智能化出版产品和服务，还能实现出版流程的智能再造和重塑。出版业应充分认识人工智能技术蕴含的发展机遇，积极探索人工智能在出版业的应用场景，创新智能出版模式。

《主题出版大众化阅读的探索与实践——以〈初心之地——上海红色革命纪念地全纪录〉为例》

尹利欣(学林出版社)

摘要：主题出版已经成为我国重要的出版门类，是中国特色社会主义文化建设中的重要组成部分，从客观上要求主题出版在内容形式上更“接地气”，更有温度和趣味。深耕主题出版的大众化阅读，是为了满足社会公众对主题出版物不断增长的阅读新需求，是主题出版走向市场、进入寻常百姓家的新探索。文章以学林出版社出版的《初心之地——上海红色革命纪念地全纪录》为例，结合笔者的出版实践，从选题开发的时机要素、开拓选题的地利优势、作者资源的积累和提升、内容和样式的探索、融媒体传播途径等方面，阐述如何做好主题出版的大众化阅读这一新课题。针对上海本土主题出版，提出要依靠各种社会资源深挖上海题材出版板块，用读者喜闻乐见的方式传播上海“红色文化”。

2020 年第 4 期

《中国柔性版印刷发展现状与趋势分析》

乔俊伟、罗尧成（上海出版印刷高等专科学校）

摘要：国家新闻出版署“柔版印刷绿色制版与标准化”实验室从 2018 年开始，连续三年对我国柔性版印刷行业开展调研，文章以 2020 年的最新调研数据为基础，并结合前两年的调查情况，重点研究我国柔性版印刷企业的业务分布、规模和利润增长、环保油墨使用和环保设备安装、新技术应用等情况，并进一步分析制约其发展的主要因素。调研结果表明我国柔性版印刷业务平均增长率远超全球柔性版印刷和我国印刷行业的平均增速，显示我国柔性版印刷呈现快速发展的趋势；软包装印刷成为柔性版印刷最重要的领域之一；绿色化、数字化、联线加工和智能化是柔性版印刷的发展方向；专业人才培养是确保柔性版印刷行业持续、快速发展的关键。

《意识形态安全视域下我国出版政策法规及其优化路径》

黄先蓉（武汉大学出版发行研究所）

贺敏（武汉大学信息管理学院）

摘要：出版政策法规的制定和实施可引导出版媒介为维护意识形态安全服务。我国出版政策法规中规定的党管出版的管理体制、特殊管理股制度、市场准入制度，以及对出版物内容的管理、对出版“走出去”工作的重视等，体现了维护意识形态安全的内在要求，但出版政策法规还存在结构失衡、立法相对滞后、政策法规相互之间缺乏协调、内容不合理等问题，应当从利用不同政策工具以引导出版业加强意识形态建设，加快新兴出版领域立法以把握意识形态工作主动权，完善“走出去”政策以提升意识形态国际话语权，建立效果评估与优化机制以切实维护意识形态安全等方面，对出版政策法规进行优化。

第三节　《印刷杂志》

期刊介绍

《印刷杂志》创刊于 1972 年，双月刊，上海印刷技术研究所主办，前身是《印刷技术动态》，1978 年更名为《印刷杂志》。《印刷杂志》交流国内外最新的印刷相关科研成果，刊载行业生产一线的实践经验，介绍国内外印刷相关的新技术、新工艺、新材料，经营、管理、科研、生产实践以及最新的行业信息，开设栏目有行业瞭望、印艺技术、经营与管理、本刊专访、设备材料、研究与探索、教育培训等。

社长：沈剑毅

主编：孟玫

地址：上海市静安区新闸路 1209 弄 60 号

邮编：200041

2020 年重点文章推荐

2020 年第 1 期

《印刷主业集聚，全面服务出版——访上海印刷（集团）有限公司总经理沈剑毅》

孟玫（上海印刷技术研究所有限公司）

摘要：2019年12月25日，“中华”“商务”“新华”三家老字号品牌印刷企业入驻青浦印刷园区挂牌仪式举行，这标志着上海印刷集团的印刷主业改革的物理整合完成，为三家企业后续深度融合发展奠定基础。借此契机，本刊记者专访上海印刷(集团)有限公司总经理沈剑毅。在访谈中，沈剑毅总经理回顾了上海印刷集团的多轮改革整合历程，讲述了新形势下三大品牌集聚整合的背景和影响，以及整合后的运营管理和优化合作方式，并对集团今后的改革转型发展作了展望。

《美国出版业变革中的融合、创新、转型与坚守——2019年赴美出版培训之感悟》

王旭平(上海中华印刷有限公司)

摘要：面对行业变革浪潮，传统出版业必须积极拥抱新技术和新趋势，加快融合发展进程，积极迎接挑战。本文介绍了美国出版业的数字化转型与融合创新发展现状，指出美国出版业的数字网络营销方式是通过多种形式的电子媒体来促销产品或提升产品品牌的影响力，其“以受众为中心”的精神值得借鉴；康泰纳仕和赫斯特集团通过大数据分析技术的创新应用，精准定位目标受众，大大减少了出版链中的不确定因素，准确框定出版业务运营的经济效益。此外，还分析了出版业转型升级发展的四种策略、美国纸质图书印制市场在出版业变革中的情况以及按需出版印刷案例。

2020年第2期

《国内外智能包装发展新动态》

邱晓红(中国印刷及设备器材工业协会)

摘要：随着智能科技的不断融合，如今包装不再只是承担保护商品的单一功能，它已成为万物互联的桥梁，智能包装的市场规模也在不断扩大。本文梳理了艾利丹尼森公司、美国零售商山姆和沃尔玛、可口可乐公司等多家全球知名品牌公司的最新智能包装技术应用情况，并介绍了国内部分典型企业的智能包装技术方案，如深圳劲嘉盒知科技有限公司打造的基于C2B2M的中国物联网真品电商平台，深圳裕同互感智能科技有限公司提供的创新包装设计、一物一码标签、跨媒体营销、在线定制、商品赋码、销售过程管理等整体解决方案，中荣印刷集团股份有限公司在移动营销方面的数字化包装营销解决方案等。

《谈印刷企业的全面预算管理》

赵庚生(汕头东风印刷股份有限公司)

摘要：作为现代企业的一种管理手段，全面预算管理在企业经营管理中发挥着越来越重要的作用，提高了企业的经营效率和经济效益。本文介绍了全面预算管理的内容和实施过程，指出企业的预算管理是一个持续完善的过程，在制定和执行全面预算时，要妥善解决遇到的各种问题，如缺乏与自身相适应的发展战略和经营目标、企业受上游原料市场的外部环境影响因素较大、全面预算的编制与印刷企业的产品工艺脱节、全面预算缺乏整体意识以及全面预算管理缺乏有效的考核与激励管理制度等，希望印刷行业能够提高对全面预算的接受程度和认同程度，让更多的专业人员参与进来，提升全面预算管理的水平。

2020年第3期

《浅谈疫情对印刷企业经营策略的长期影响》

刘峰源(上海耕航企业管理有限公司)

摘要：疫情会在相当长一段时间内对企业的经营策略产生影响，会加速企业间的分化，加速行业集中度的提高，加速企业自身的变革。面对疫情，印刷企业除了要做好疫情防控和安全生产，还要认真检视自身的营销能力、客户服务能力、生产组织能力、应急采购能力等。针对印刷企业长期的经营管理策略，本文提出四个建议：一是应加速组织变革，推进组织结构的扁平化；二是建立体系化、机制化的营销体系；三是复工过程中原材料采购是一大难题，供应链管理越发重要；四是加强财务管理永远是最重要的。

《数字印刷工艺的应用探索》

王培学（汕头东风印刷股份有限公司）

摘要：数字印刷方式在一定程度上弥补了传统印刷方式的不足，但其本身存在对承印物和生产环节要求较高等制约因素。本文介绍一种新的工艺流程，可以解决数字印刷工艺现存的局限性问题。此流程主要通过膜放卷装置、喷印单元、上胶单元、纸放卷单元、复合单元、烘干装置、剥离单元、上光单元、膜收卷装置和纸收卷装置来完成。通过以预涂膜承接数字印刷图文，以复合转移工艺在其他类型的承印物上实现图文印刷，有利于喷印系统油墨的优化选择，降低喷墨系统的设计复杂度。同时可以做到传统印刷和数字印刷方式的有效结合，优势互补，效益最大化，也可以充分发挥数字印刷的可变性进行定位印刷。

2020年第4期

《2019年度全国报纸印刷量调查统计报告》

中国报业协会印刷工作委员会

摘要：中国报业协会印刷工作委员会自1994年起进行全国性的报纸印刷量统计工作。2019年度全国报纸印刷量的调查统计仍旧是以报表形式进行，收集了中央各报、各省市自治区及部分地市报纸印刷单位共148家单位的报表，由各单位填报2019年和2018年的报纸印刷量。经过统计分析发现，2019年，这148家报纸印刷单位的报纸印刷总量是443.19亿对开印张，2018年的报纸印刷总量是502.17亿对开印张，环比下降11.75%。2019年党报和时政类报纸总印刷量继续保持稳定，都市类报纸仍在减量、减版，停刊也有发生。另外，2019年初新闻纸价格增高，对全年报纸总印刷量有一定影响。

《印刷行业政府采购现状、存在问题及对策》

章兴荣（上海新闻出版职业技术学校，上海新闻出版教育培训中心）

摘要：随着我国政府采购事业不断向纵深发展，越来越多的印刷企业参与到政府采购中来。本文分析印刷行业政府采购招投标的现状，剖析招投标过程中存在的采购人代表存在评分极端的现象、预算不合理、部分类型采购不接受联合投标、投标书的内容及印装质量差、部分政府采购项目的合同签订不够严谨、集中采购中标的印刷供应商业务量差距较大等一系列问题，进而给出了对策和建议，助力印刷企业了解政府采购招投标流程，科学规范地参与印刷服务项目的政府采购。

2020年第5期

《质量管理优化及转变策略》

张良、董雷（杭州日报报业集团盛元印务有限公司）

摘要：质量管理是印刷企业在作业流程中的一项至关重要的环节，不仅要保证印刷质量，同时也要关注质量、效率与成本之间的平衡。本文总结了在行业受疫情影响、企业内部着重做好开源节流的大背景下，盛元印务从三个方面来控制和调整质量管理工作的经验，即做好事前预防工作，提前处理可能出现的质量问题；做好质量体系建设，特别是数据统计和分析；对客户需求进行分类整理，制定不同的质量标准并配套相应的质量管理体系，希望为印刷企业提升质量管理水平提供借鉴。

《浅谈4M1E法在印刷生产现场管理中的规范应用》

刘艳平(上海丽佳制版印刷有限公司)

摘要：生产现场的规范化管理是企业建立质量管理体系并有效实施运行的基础，在保证产品质量方面起着非常重要的作用。本文结合中小型印刷企业的现场管理实施运行情况，详细分析了4M1E法在印刷生产现场的应用，对印刷人员、印刷设备、印刷物料、生产方法和生产环境五个方面的管理工作提出切实有效的建议，并指出4M1E法管理是一个庞大而系统的工程，它需要企业从小事做起，从细节做起，人人参与，通过不断完善和改进现场管理，提高公司管理水平和产品生产质量，增强企业竞争力。

2020年第6期

《柔性版制版企业现状与发展趋势》

乔俊伟、罗尧成(上海出版印刷高等专科学校)

摘要：本文通过调查问卷的方式对全国19个省(直辖市、自治区)的柔性版印刷企业、柔性版制版企业、柔性版版材生产企业等进行调研，分析了柔性版版材和制版新技术的发展和应用情况，进而了解柔性版印刷行业的发展状况。以2020年的最新调查数据为基础，并结合近三年的调查情况进行分析，总结得出四点结论：制版新技术的广泛应用推动着柔性版印刷质量的提升，柔性版制版进一步朝着绿色化方向发展，柔性版制版行业竞争加剧，国产版材的普及为柔性版印刷行业提供了有力保障。

《GB/T 30329.5—2019国家标准的起草历程和要点解读》

薛显华(上海印刷技术研究所有限公司)

摘要：GB/T 30329.5—2019《印刷技术　印刷油墨颜色和透明度　第5部分：柔性版印刷》是我国柔印行业中的一项基础性的国家标准，于2020年7月1日起实施。制定这项标准是为我国柔印油墨领域做奠基性的工作。本文回顾和总结这项标准的起草过程，并对标准中颜色和透明度指标的由来、制备测试印样的方法和关于附录A的说明等要点进行解读，提出该标准的颁布实施满足了我国柔印行业的需求，有利于推动我国柔印行业和油墨制造业的标准化生产，从而进一步推动这两个行业步入更高发展水平。

第三章　各 地 期 刊

本章选自《中国科技期刊研究》《编辑学报》《编辑之友》《科技与出版》《出版科学》《中国出版》《出版发行研究》《现代出版》《中国编辑》《出版广角》等10种期刊在2020年度发表的上海作者或者主题为上海出版的论文摘要(排列不分先后)。

第一节　《中国科技期刊研究》

2020年第2期

《学术期刊评价真义的回归：以文评刊》

张业安(上海体育学院期刊中心)

摘要：提出“以文评刊”的学术期刊评价方式与实施策略,为优化我国学术期刊评价体系提供参考。基于当前以引文为主导的传统学术期刊评价方式存在的现实问题,以体育学术期刊为例,提出“以文评刊”的具体内涵与实施路径。新媒体环境下“以文评刊”的实施路径包括：划清体育学术期刊报道内容的学科边界;构建学科专家库和网络评审平台,对论文进行学科共同体内的专家同行评议和读者评论;基于论文质量评议和相关指标结果,对期刊进行年度评价;多元监督,确保评价过程及结果的透明与公平。以引文指标为主的评价方式无法真正评价学术期刊的质量;在学术期刊评价实践中不断检验、修正的“以文评刊”的方式,是未来学术期刊评价的发展方向。

2020年第3期

《学术期刊网络出版进程与纸本期刊的未来》

高存玲(青岛大学新闻与传播学院,山东省广播电视局博士后科研工作站,复旦大学新闻传播学博士后流动站)

姜昕(青岛大学新闻与传播学院)

庞峰伟(新华社云南分社)

王洪运(青岛大学安全管理处)

摘要：梳理学术期刊网络出版的进程,分析纸本期刊的未来,并为期刊发展提供对策。以“印后上网出版”“优先数字出版”“网络首发出版”三个阶段为研究对象,结合传播学“作为仪式的传播”这一理论,总结学术期刊网络出版的演进规律。学术期刊网络出版还需解决学术评价、出版容量、论文质量等方面的问题,期刊应主动接纳网络出版并采取自建网络首发平台等方式巩固自身在学术出版链条中的地位。随着网络出版的不断推进,纸本期刊将失去其在学术生产和传播中的实际价值,更多地作为一种“仪式化媒介”而存在。

《科技期刊数字化品牌推广探析》

徐海丽[上海大学期刊社《应用数学和力学》(英文版)编辑部]

摘要：在全球科技期刊数字化发展迅猛的背景下,理性探析科学系统的全媒体数字化品牌推广策略。主要采用文献法与逻辑推理法,从深度和广度分析科技期刊数字化经营策略。通过数字化品牌推广图析,提出品牌推广建议。科技期刊要注重前期数据调研与平台构建,如客户需求调研、市场分析、平台建设构析、人才培养建设;利用邮件、网站、社交平台及其他方式进行推广,包括使用付费渠道、自有渠道及获得渠道三种类型;及时总结后期数据,包括确定重要作者群并提供重点支持,关注有创意的数字内容,了解各社交网络特点及对刊物的影响,对新型网络平台和社区采取开放和包容态度;注重服务与提升,如组织资深专家、优秀作者进行线上宣传活动,线上、线下作者培训,利用品牌魅力吸引读者,鼓励发表文评,聘请专家推荐优秀论文单。从科学系统的角度进行期刊的数字化品牌推广,可提升我国科技期刊国际影响力,实现其更好地为读者服务的目的。

《医学期刊编辑胜任特征研究及其提升途径》

董悦颖[海军军医大学(第二军医大学),上海市临床检验中心《检验医学》编辑部]

李欣(上海市临床检验中心《检验医学》编辑部)

余党会[海军军医大学(第二军医大学)]

摘要:了解我国医学期刊编辑能力素质现状,并探讨其提升途径。以胜任特征研究为基础,探讨我国医学期刊编辑的关键胜任特征,并从素质、技能、知识三个维度了解我国医学期刊编辑能力素质现状,分析我国医学期刊编辑所需有待提高的能力素质。通过我国医学期刊编辑胜任特征重要程度及符合情况调查,成功建立我国医学期刊编辑胜任特征模型。我国医学期刊编辑总体能力素质情况良好,但需在判断能力、系统思考能力以及医学知识三个方面加以提升。我国医学期刊编辑能力素质的提升是一个系统工程,它既要医学期刊编辑自身努力、主动学习、勇于实践,也离不开各级有关部门的组织、规划、重视与领导。医学期刊单位可将胜任特征模型应用于编辑招聘、人才发展、职业规划与绩效管理中,使理论模型转化成可为实际工作所用的工具。广大医学期刊编辑应努力成为高素质复合型人才,与时俱进,才能出色完成编辑工作,将医学期刊办好、办精。

2020年第7期

《面向移动场景的学术期刊服务重构框架与路径研究》

丛挺(上海理工大学出版印刷与艺术设计学院)

摘要:移动互联网的发展使得学术交流体系发生结构性重塑,揭示该背景下学术期刊服务重构框架与实施路径,在发挥学术期刊既有优势的前提下,积极开拓移动化服务。采用系统分析法,对学术期刊服务重构框架,即服务目标、服务功能和服务链重构等方面展开系统论述,并在此基础上探讨服务重构路径。学术期刊移动化服务目标是提供用户友好型、适应移动社交场景的学术服务模式,围绕用户需求建立新的价值曲线,实现学术期刊、数据库、移动平台与社交服务机构等服务链节点重构。学术期刊应树立移动优先服务意识、优化面向移动场景的工作流程、创新增强型学术内容运营模式。

2020年第8期

《国际高水平科技期刊非学术栏目的特征分析》

翟万银[中国科学院上海硅酸盐研究所《计算材料学(英)》《无机材料学报》编辑部]

摘要:揭示国际高水平科技期刊非学术栏目的设置、构成及其发展趋势,为我国科技期刊设置相关栏目提供参考。选择 WOS 数据库中影响因子排名前 30 的科技期刊作为国际高水平科技期刊，按其各自网站发布的 2017 年和 2018 年第 1 期内容总结其非学术栏目的设置、种类、文章数及其与学术论文数之比。高水平科技期刊均设有非学术栏目，其中综述类期刊的非学术栏目数较少，而研究类期刊的较多。在 30 种高水平期刊中，Editorial/Perspectives、Research Highlight 和 News and Views 栏目设置较多。高水平期刊都倾向于增加非学术栏目，或增加非学术栏目文章。*Nature* 系列子刊和医学类期刊设置的非学术栏目较多，其中的非学术文章数与学术论文数的比值较高。非学术栏目是国际高水平科技期刊的重要组成，是宣传其学术论文、提高其受关注度的重要途径，值得我国科技期刊学习、借鉴，其中 Editorial、Perspectives、Research Highlight 三类栏目更值得尝试。

2020 年第 9 期

《科技期刊资深编辑"传帮带"助力青年编辑成长的策略》

于荣利（上海市农业科学院畜牧兽医研究所）

摘要：为充分挖掘科技期刊青年编辑潜力，有效发挥科技期刊资深编辑"传帮带"的作用，使青年编辑快速成长，为科技期刊的可持续发展注入新生力量。通过研读相关文献，结合笔者传帮带经历，分析资深编辑优势、当代青年编辑特点及"传帮带"实践中常见问题，对资深编辑传什么、如何帮、怎么带进行归纳总结。资深编辑对青年编辑的"传帮带"主要涉及传工匠精神、经验、利器，帮制订培训计划，定位职业发展，做思想工作，带入行、带工作这几方面。以老带新，资深编辑"传帮带"青年编辑，在和谐、共进的氛围中有效缩短青年编辑成长周期，增强青年编辑对工作岗位的适应性。

2020 年第 12 期

《打造英文科技期刊自主国际发行平台——"分合式出版"模式的设想》

廖光勇、管兴华、常安妮（中国科学院分子细胞科学卓越创新中心，中国科学院上海生物化学与细胞生物学研究所《生命的化学》编辑部）

摘要：为突破我国英文科技期刊国际发行瓶颈，建立自主科技成果传播平台，实现从"借船出海"到"造船出海"的转变，为建设"世界一流"科技期刊提供参考。总结并分析我国科技期刊和国际出版集团的发展现状，剖析我国英文科技期刊发展的局限，找出关键所在，提出解决策略。提出"分合式出版"模式的设想，并分析国际发行平台建设和发展中可能出现的问题，给出相应的对策。我国科技期刊发展到新阶段，面临英文科技期刊"借船出海"的困局，基于"分合式出版"模式建设国际发行平台或是破解之道，成为"造船出海"的有效途径。

第二节 编辑学报

2020 年第 1 期

《加强系统综述/meta 分析类论文来稿的编辑审查》

吴洋[上海交通大学学报（医学版）编辑部]

摘要：根据国外 Cochrane 手册、PRISMA 声明、PRISMA - P 声明等指南，结合实际工作经验，提出医学编辑在审查中应当注意的事项。探讨在系统综述/meta 分析类论文来稿量大增的背景下，如何加强编辑审查。对于系统综述/meta 分析类论文来稿，编辑应当加强对文献检索、文献筛选、文献的纳入和排除、文献质量、潜在的利益冲突和报告中干预措施的伤害性等方面的审查。不要认为专家外审通过的来稿,便一定是可以发表的合格稿件。目前,系统综述/meta 分析类论文泛滥,加强对该类论文的编辑审查刻不容缓。

国际为标·中国为本·青年为基——《上海体育学院学报》提升国际影响力实践

吴坚、张业安(上海体育学院期刊中心)

摘要:基于对学术期刊国际影响力核心内涵和中文体育学术期刊提升国际影响力必要性的探讨,分析《上海体育学院学报》"国际为标、中国为本、青年为基"的国际影响力提升实践。认为:中文体育学术期刊国际影响力的提升,应以主办单位国际化理念的支撑、国际化期刊办刊经验的借鉴、高水平国际体育前沿成果的刊登为前提;以对于"中国特项""中国路径""中国方案"等中国特色体育研究成果的海外报道,服务中国体育学"双一流"学科建设为根本;以发掘、培育青年学者,助力青年学者成长与国际影响力提升为基础。

2020 年第 2 期

《突发事件中医学编辑的抗疫实践及社会责任》

贾泽军(复旦大学附属中山医院科研处《中国临床医学》杂志编辑部)

摘要:2019 年 12 月以来,新冠疫情影响全球,严重威胁人类健康。中国政府和人民采取了最强有力的措施来抗击疫情,取得了阶段性的胜利。作为与医务工作者息息相关的医学编辑应借助自身平台和优势,敢于担当,勇于奉献,积极参与全民抗疫,体现编辑的社会责任。本文结合作者自身工作实际,从积极服务作者、精准策划组稿、医学科普宣传等三方面总结医学编辑的抗疫实践,供同行参考。

针对中国知网网络首发对稿件录用流程的优化——以《无机材料学报》为例

詹文海(中国科学院上海硅酸盐研究所《无机材料学报》编辑部)

摘要:第三方数据库(中国知网)的录用定稿网络首发功能可以显著缩短科技论文的网络出版周期,但网络首发属于正式出版,对文章质量有较高要求,而传统的稿件处理流程不利于论文的抢先发表。本文总结《无机材料学报》采用该功能出现的各种错误,分为基本信息错误、排版错误、PDF 转换错误和校对错误,阐述在稿件入库、退修、编辑和录用阶段的注意事项,提出了对相应步骤进行调整的建议。采用本文的解决方案 4 个月后,《无机材料学报》的录用定稿基本可以一次性通过中国知网的审核、顺利上线,在纸质版出版前 6～8 个月实现网络首发,比中国知网原有的优先出版功能提前了 5～7 个月。

《科技期刊编辑与合著来稿多位作者沟通的退修策略》

于荣利、郭佳宏、张琳麗(上海市农业科学院畜牧兽医研究所《上海畜牧兽医通讯》编辑部)

摘要:鉴于合著来稿署名作者在实验和论文撰写过程中的贡献及角色比较复杂,为提升稿件退修质量和效率,建议科技期刊编辑依据署名作者的实际贡献,结合论文中问题,与多位作者交流沟通,再进行汇总退修。(1) 明确交流对象,制作交流方案;(2) 与相应作者交流沟通,与实验执行人交流论文中有关材料、方法及原始数据的问题,与实验指导人沟通解决数据分析及图表中问题,与实验设计者探讨处理前言与讨论所存在的问题;(3) 由编辑汇总批注交流探讨信息和文字格式修改意见;(4) 交由执笔人进行全文修订。

2020年第3期

《期刊全流程数字出版探索与实践——以〈光学学报〉为例》

何卓铭(《中国激光》杂志社有限公司,中国科学院上海光学精密机械研究所)
王晓琰(《中国激光》杂志社有限公司,中国科学院上海光学精密机械研究所)
宋梅梅(《中国激光》杂志社有限公司,中国科学院上海光学精密机械研究所)
李瑞娟(《中国激光》杂志社有限公司)
马沂(《中国激光》杂志社有限公司,中国科学院上海光学精密机械研究所)
王晓峰(《中国激光》杂志社有限公司,中国科学院上海光学精密机械研究所)
杨蕾(《中国激光》杂志社有限公司,中国科学院上海光学精密机械研究所)

摘要:随着互联网技术的不断发展,科技期刊面临重要转型。如何推动科技期刊数字化出版建设、媒体融合发展,快速提升期刊的影响力成为一个重要课题。本文以融媒体技术手段为依托,详细总结了期刊在选题策划、稿件处理、多模式出版、融媒体服务等方面的数字化建设经验,以供其他科技期刊学习和借鉴。

2020年第5期

《高校科技技术期刊的困境与突破策略》

潘斌凤(《上海电机学院学报》编辑部)
吴学军(《上海电机学院学报》编辑部)
何应森(《成都师范学院学报》编辑部)

摘要:在国家大力发展高等职业教育、重视技术应用创新人才培养的背景下,作为服务技术应用学科专业建设、服务技术人才培养、服务行业技术应用的载体,高校科技技术期刊需要发挥积极的作用。通过对全国高校技术期刊及上海市科技技术期刊的统计分析发现,高校科技技术期刊存在政府支持力度有限、与高校相关性差、有学术化趋势等困境。文章拟在界定高校科技技术期刊的基础上,分析高校科技技术期刊的困境,提出高校科技技术期刊建设的对策。

《一种参考文献自动比对方案》

包震宇(上海师范大学期刊社)

摘要:针对工科类论文参考文献著录情况较为混乱的现状,本文提出一套参考文献自动比对方案,简化了参考文献的检查工作。利用C♯编程语言,设计了文献信息系统和文献比对系统,将作者原稿录入文献信息系统,并与文献比对系统中的规范文献库进行比较,最终的参考文献规范版本将显示在原稿中。通过设计文献信息系统,降低了参考文献比对的人力、时间及经济成本,有效提高了参考文献著录的准确性及效率。

《科技期刊审稿委员会的构建与管理办法探讨》

张济明(上海大学期刊社《中国运筹学会会刊》编辑部)

摘要:审稿人是稿件科学性和创新性的评价者,在控制期刊学术质量方面发挥着举足轻重的作用。我国的期刊审稿人主要扮演“外”审专家的角色,不是期刊的“编内”人员。为了解决这一问题,许多国外期刊成立了审稿委员会,使得期刊审稿人成为期刊编委会的一部分。本文首先提出审稿委员会的概念并介绍了一些期刊的具体做法,接着分析了科技期刊成立审稿委员会的必要性和可行性,并对审稿委员会的运作提出了一些设想和建议。

2020 年第 6 期

《学术论文和著作的引用许可申请》

杨燕、徐海丽(上海大学期刊社《应用数学和力学(英文版)》编辑部)

摘要：引用许可的引入和推广对我国出版业的版权保护和期刊的健康发展具有重要的现实意义。基于文献调研和网站调研的分析结果表明,国内期刊尚未普遍引入和形成引用许可申请准则,对版权保护不够重视;而国外期刊的引用许可申请较为完善和规范,可适用于不同场景下的引用许可要求。对国内期刊而言,为建设世界一流期刊,各专业领域期刊需加强版权保护意识,率先形成本领域内的引用许可共识;并结合自身发展和国际成熟经验,推广切实可行的引用许可准则,有助于加快学术出版、促进学术交流、规范学术道德,提升国际影响力。

第三节 《编辑之友》

2020 年第 2 期

《守正创新与文化设计：2019 年童书出版与儿童阅读推广观察》

谭旭东(上海大学文学院)

摘要：2019 年,童书出版作为最活跃、最具市场前景的出版板块,焕发出勃勃生机,尤其是在调动家庭教育和语文教育方面发挥了不可忽视的作用。文章对 2019 年童书出版的整体现状进行了总结梳理,并对未来儿童阅读推广的走势进行了预测。

2020 年第 3 期

《媒介进化论视角下有声书的成长机制探析》

周枣(上海交通大学媒体与传播学院)

摘要：随着数字化时代的到来,有声书也迎来了新的发展契机,成为当前增长最快、最有潜力的阅读形态,分析有声书的成长机制对于更充分地把握该行业的发展规律以及分析出版行业未来的发展方向均有重要意义。文章通过梳理有声书近百年的成长历史,运用媒介进化理论分析其不断朝着再现前技术时代传播环境发展的进化趋势,指出其与碎片化现实场景的契合、一定程度上满足了当代人身份认同的心理需求是其蓬勃发展的深层原因,认为随着 5G 时代到来以及云存储技术的不断进步,数字有声书的技术壁垒将进一步缩小,发展前景也会越来越好。

2020 年第 4 期

《身体与阅读：从具身认知视角看纸阅读与屏阅读的差异》

王颖吉(同济大学艺术与传媒学院)

摘要：在当下全民阅读的实践中,人们既希望保持传统纸阅读的稳定高效,也希望发挥新兴数字阅读的方便与快捷。然而,从读者有限的时间和精力上说,传统纸阅读和数字阅读却存在此消彼长的矛盾,因此,在研究过程中需要对两种阅读的差别加以认知,以便协调和平衡两者的关系。为更好地适应新的阅读环境和阅读实践的要求、更好地认知两种阅读类型的差异,人们应该改变传统的阅读认知观念,从具身认知的理论视角上将阅读过程中关涉的身体知觉、物质技术、时空关系等要素视为相互作用，建构发生的整体性的具身认知活动，这样才能更加细致地辨识传统纸阅读和新兴屏阅读的差异，并对两者的关系以及阅读的本质做出合乎理性的认知。

2020 年第 5 期

《民国编辑职业管辖权的构建——基于职业社会学视角》

王龙珺（上海大学新闻传播学院）

摘要：长期以来，学界对民国编辑这一职业有所忽视。关于民国编辑职业管辖权的宣称为数不少。民国编辑职业是围绕着发展专业技能、维护职业形象、建立学术体系三个维度进行管辖权建构的。通过培育和发展属于本职业特有的专业技能，在大众传媒上树立和美化编辑的职业形象，建立成规模的编辑学科体系，编辑职业在民国时期迈出了职业化进程中坚实的一步。中华人民共和国成立后，编辑职业管辖权得到进一步构建，同时也面临着新的挑战。

2020 年第 7 期

《从图书出版看国家应急管理体系建设的知识积累》

王大可（上海交通大学媒体与传播学院）

李本乾（上海交通大学媒体与传播学院，上海交通大学智能传播研究院）

摘要：文章从知识积累视角，阐发了应急管理图书出版在国家应急管理体系建设中的价值与功能；基于国家图书馆馆藏信息，分析了应急管理图书出版的整体趋势和主题结构。从提高应急管理图书学术含量角度，建议引领应急管理技术研发创新；在此基础上，提出应拓宽应急管理图书学科覆盖，加强细分问题领域图书出版；加强应急管理国际图书引进，丰富应急能力建设参照体系；重视应急管理科普图书出版，从加强公众应急科普宣教工作等视角构建提升应急管理图书出版工作的对策建议。

《柔性物感：书籍设计的中国式现代性品质探究》

于广华（上海大学上海美术学院）

摘要：当前需要创造出既具有民族特性，又具有现代性品质的书籍设计，但在具体的书籍设计实践中，传统文化符号与现代设计样式的简单拼贴，始终难以创造出一种中国式的现代品质感。文章基于物美学视角，在设计的功能与意义维度之外，提出物感维度，深入剖析设计的现代性品质内涵。从最近几年“最美的书”获奖作品来看，通过传统文化与手工艺的现代性转化，一种具有中国式柔性物感的书籍设计范式正在生成，并将柔性物感拓展到人与物的居间性层面。柔性物感的中国式现代性品质的探索，凸显出数媒时代纸质书籍的文化意义，蕴含当前人与物关系重塑的设计伦理诉求，在西方理性化设计范式之外提供了中国经验。

2020 年第 11 期

《大数据时代的数据出版》

吴娜达（北京信通传媒有限责任公司学术出版中心）

叶雅珍（东华大学计算机科学与技术学院，复旦大学计算机科学技术学院）

朱扬勇（复旦大学计算机科学技术学院）

摘要：数据出版早期是指科学数据出版，后来一些学者把政府数据公开也纳入数据出版，其目的是将数据放置在公共数据库或网站公开实现数据开放共享。这种出版模式弊端在于权益宣示作用没有发挥出来，尚无法律约束，如科学数据出版和引用就只是科学家的自律行为。大数据时代，数据作为数字经济的关键要素参与分配，数据的商业价值凸显。从这一角度出发，数据出版更大作用应是一种数据所有权的宣示。因此，亟须设计一套符合法律规范、具备法律效应的数据出版体系。文章分析了当前科学数据出版的局限性，重点讨论为什么要数据出版、什么数据可以出版和什么数据需要出版等问题，提出一个数据出版可行方法。

2020 年第 12 期

《我国幼儿读物出版的特点、问题与创意发展方向》

谭旭东(上海大学文学院)

摘要：我国幼儿读物出版类别丰富，有较为鲜明的内容和形式特点。内容侧重实用性，注重拼音识字、教育意义以及传统文化的传播和教育功能。从目前的幼儿读物出版物看，主要存在以下几方面问题：文字多，插图偏少；插图注重达意，不太注重审美；开本和字号设计简单等。此外，我国幼儿读物还存在缺乏现代幼儿读物理念、受众定位不准、形式缺乏美感、游戏性不够和内容同质化等问题。文章认为，幼儿读物出版应该朝创意方向发展，着力于系列绘本开发，推动故事盒子类图书的出版，重视民间文学和经典的创意改编等。

第四节　《科技与出版》

2020 年第 3 期

《肩负服务科技重要使命　建设卓越中文科技期刊——2019 年我国中文科技期刊出版盘点》

张芳英、王婧、刘志强(上海大学期刊社)

吴国雄(中国科学技术信息研究所)

摘要：文章以《中国科技期刊引证报告(扩刊版)》《中国学术期刊国际引证年报》《世界学术期刊学术影响力指数年报》等为主要数据源，盘点 2019 年度我国中文科技期刊出版状况，包含国内外学术影响力、获得基金资助情况及获奖情况等。数据表明，2019 年我国中文科技期刊获得前所未有的发展机遇，在国内外的学术影响力得到进一步提升。

《“走出去”指引下的中国出版业国际化之路》

王大可(上海交通大学媒体与传播学院)

摘要：21 世纪以来，在新闻出版“走出去”国家和地方发展规划的指引下，中国出版业不断创新“走出去”的模式，提高“走出去”的质量和效益，有效支撑了中国故事的全球出版传播。未来，中国出版业还应加强统筹规划、借力数字出版、开拓“一带一路”图书出版市场，进一步加强国际传播能力建设。

《学术期刊增强出版的有效策略研究》

徐立萍、何丹、程海燕(上海理工大学)

摘要：增强出版是伴随出版业数字化转型与升级而诞生的一种新兴出版形式。学术期刊增强出版的实现能够进一步优化用户的阅读体验，提高学术期刊的知识服务能力，同时对学术期刊数字出版新形式的开发与探索具有参考意义。本文在解析增强出版呈现形式多样化、有效实现学术资源关联共享、能够有效防止侵权等优势特征的基础上，根据学术期刊发展现状推演了增强出版推进过程中可能遭遇的现实困境，提出通过提高增强出版的社会认可度、制定版权界定标准、增强相关技术的研发与推广等措施实现学术期刊增强出版的策略，以期为国内增强出版实践提供参考建议。

2020 年第 4 期

《抗击新冠肺炎疫情图书选题分析》

刘兵（上海财经大学出版社）

摘要：本文从体裁、内容、时效、呈现形式等方面，对 2020 年 1 月 21 日至 3 月 10 日期间出版的 529 种抗击新冠疫情图书选题进行分析，总结战“疫”选题策划活动的重要意义，以及对出版业产生的影响，以期为出版转型与业态升级提供思路和方向。

《高校科技期刊国际传播的影响力测度与特征分析》

何莉（安徽工业大学学报编辑部）

刘志强（上海大学期刊社）

刘家树（安徽工业大学商学院）

姚仁斌（蚌埠医学院学报编辑部）

摘要：基于《中国学术期刊国际引证报告》（2012—2019 年），测度近 8 年高校 TOP 科技期刊的数量及其学术影响力，且从语种分布、主办高校层次、学科、刊期等角度分析它们的传播特征。为进一步提升高校科技期刊的国际学术影响力，结合测度分析结果，指出高校科技期刊可在创办英文期刊、充分发挥刊群优势、突显学科期刊的专业化特征、适当缩短出版周期等方面努力。

2020 年第 6 期

《媒体融合时代选题策划的思路创新和实践探索》

冯静（上海人民出版社）

摘要：媒体融合时代，在新媒体以其快捷、便利、新颖的特点赢得读者青睐的同时，也为传统出版业带来了挑战，出版业遭遇前所未有的发展瓶颈，走出困境的重要路径是选题策划创新。本文针对当前图书选题策划存在的对学术前沿的跟踪不主动、对国家政策的解读不精准、对市场需求的变化不敏感等问题，提出相应的解决对策，并通过对上海人民出版社业务实践案例的全面解读，严格论证所提对策的可行性和有效性。

2020 年第 7 期

《通证经济视角下学术出版知识服务绩效提升研究》

聂静（上海出版印刷高等专科学校）

摘要：学术出版知识服务在数字化转型过程中，面临诸多困境，尤为突出的是开放度困境、“反公地悲剧”困境、知识分布困境及版权价值评估困境。借助区块链与通证构建学术出版知识服务的价值互联网，有利于提升供给侧改革的积极性，激发知识服务社群经济的真实性，解决知识分布困境；有助于细化版权定价，缓解“反公地悲剧”困境；有利于加强数字版权保护、量化版权价值评估，有效解决开放度困境。

2020年第9期

《论实体书店共情营销》

江凌、张敏(上海交通大学媒体与传播学院)

摘要：为适应新时代消费模式的转变，实体书店需要不断进行营销模式转型升级。在同质化的“书店+”营销模式之外，寻求新的差异化营销模式是提升实体书店市场竞争力的关键。本文基于共情理论，提出一种新的实体书店共情营销模式，从书店内部成员之间的共情、书店与顾客的共情、顾客与顾客之间的共情三方面，分析实体书店共情营销战略构建、作用机理和实践运用，目的在于以共情为纽带，更好地把握实体书店各主体之间的关系，以期实现实体书店营销模式的转型升级。

2020年第10期

《用户创造内容(UGC)的著作权合理使用问题研究——兼论〈中华人民共和国著作权法修正案(草案二次审议稿)〉合理使用制度的完善》

袁真富(上海大学知识产权学院)

摘要：在著作权合理使用的框架下讨论的用户创造内容(UGC)，应当具有一定的创造性且由非专业用户创作。用户创造内容的合法性问题主要聚焦于改编型、同人型、汇编型、采样型、融合型、附属型、转换型等重混创作内容。基于UGC的社会功能、非商业动因、回流作用、拾遗价值、微量使用、许可交易困境、CC自治模式缺陷等原因，应当允许有条件、有限度地“容忍使用”。在我国著作权法上，UGC可以通过援引“个人使用”“适当引用”等条款找到合理使用的有限空间，但均有各自的适用障碍或局限。《中华人民共和国著作权法修正案(草案二次审议稿)》可以引进加拿大的UGC例外或扩张现行的“适当引用”条款来接纳更多UGC的创作和传播，但都不如以“三步检验标准”构建开放的合理使用制度更为可行。

2020年第12期

《百年未有之大变局下中国出版“走出去”的挑战和机遇》

王大可(上海交通大学媒体与传播学院，上海交通大学大学生发展研究院)

冯妮(上海交通大学智能传播研究院)

摘要：在百年未有之大变局下，世界“逆全球化”风潮萌发，中国出版“走出去”面临制度合作性危机。与此同时，受益于人类命运共同体等理念的提出和“一带一路”倡议等实践的不断推进，出版“走出去”仍处于重要的战略机遇期。未来，中国出版界应坚持先进世界观引领，增强出版“走出去”的文化自信，同时积极应用新技术，促进出版“走出去”的模式升级，为加强和提升中国文化国际竞争力做出更加突出的贡献。

第五节 《出版科学》

2020年第1期

《人工智能图书出版信息分析及选题优化研究》

王大可、李本乾(上海交通大学媒体与传播学院)

摘要：基于国家图书馆馆藏人工智能主题图书的计量分析，探讨人工智能图书出版的意义，分析人工智能图书出版的整体态势和主题特征，得出人工智能图书出版热度不断提升，涵盖的学科范围较为广泛，并已形成稳定的出版领域等结论。在这些分析的基础上，从进一步提升学术含量、加强社科类图书选题策划、扩大译介来源、创新科普出版等角度构建提升人工智能图书出版工作，服务国家人工智能发展战略的对策建议。

2020年第3期

《全文本视角下文艺类图书出版的意义生成》

郑工、于广华（上海大学上海美术学院）

摘要：在满足人民日益增长的审美文化需求方面，文艺类图书起着重要作用。文艺类图书出版，需要考虑内容与书籍设计的统一性，融图书前文本的文化语境、解释性评论文本的引导意义和融媒时代的链文本于一体，思考图书主文本如何与诸多伴随文本共同营造图书的审美文化综合体。笔者以“中国最美的书”文艺类图书为例，从符号学全文本的理论视角，探究文艺类图书出版的新范式，以此明晰其图书符号意义生成、传播和接受机制。

2020年第5期

《私域流量营销：后疫情时代实体书店直播转型再思考》

张雪（上海大学新闻传播学院）

摘要：2020年新冠疫情对实体书店经营造成重大冲击，疫情下现象级的“书店直播热”显示出实体书店营销模式面对互联网营销呈现抵制与转型的分水岭。通过对疫情后9家具有代表性的实体书店543次直播活动进行营销学解读，结合疫情前后书店营销模式的再分析，提出私域流量营销是实体书店未来转型的重要方向，并提出其创新路径如下：聚合线上线下读者资源，构建书店私域流量池；立足内容流量池定位，开发知识付费产品；建立营销矩阵，形成书店运营闭环；借势意见领袖，实现精准化引流；基于用户画像和兴趣，提升用户体验。

2020年第6期

《医学高水平学术出版项目管理研究——以“精准医学出版工程”为例》

王华祖（上海交通大学出版社）

摘要：上海交通大学出版社实施的“精准医学出版工程”是该社近年来在医学出版板块的标杆性项目。本文以该项目的实施过程为例，从项目管理的角度进行研究，发现顶层设计在整个项目管理中发挥了核心作用，对于医学高水平学术出版项目来说，明确项目需求、确定项目路径、拟定质量保证体系、管控项目风险、明确项目成员责任是项目高质量完成的必要保证。本文以项目组织实施的过程为线索展开，分析其中的经验教训，供业内同仁在组织实施医学高水平学术出版项目时参考。

第六节　《中国出版》

2020年第1期

《文字有温度　科技有力量——论科技出版主题图书重点出版物策划与出版》

张树（上海科学技术文献出版社）

摘要：科技出版社如何策划主题出版，承担起“举旗帜、聚民心、育新人、兴文化、展形象”的使命任务呢？分析最近5年主题出版重点出版物的入选情况，可以从坚持与时代同步伐，把握时代发展脉搏；坚持正确的政治方向，增强精品意识；策划先行，精准定位；选题视角要新颖；坚持内容的权威性、科学性、通俗性；讲好科技故事，展现科技工作者的奋斗圆梦精神等几个方面展开探讨。

2020年第3期

《近现代科学文献整理出版的问题和经验——以〈科学〉（1915—1960）整理出版为例》

施东（上海科学技术文献出版社）

摘要：由中国科学社创办的《科学》杂志，是中国现代延续时间最长、影响最为深远的综合性科学期刊，在诸多方面参与和见证了中国近现代科学的发生与发展，创造了中国出版史、科学史、文化史的一系列标志性纪录，在中国近现代科学期刊出版史上具有举足轻重的地位。为纪念其创刊100周年，更为学界提供一份中国近现代科学传播和发展史上重要的基础史料，由上海图书馆和上海科学技术文献出版社合作，整理并首次全文影印出版《科学》杂志（1915—1960）1～36卷，全书共90册。回顾该项目整理、编辑和出版的过程，在文献的出版历史考证、底本资源收集、版面优化处理、体例结构完善等业务环节，均有值得总结的问题和经验。

2020年第5期

《正版化背景下中国独立音乐版权开发研究》

黄虚峰、孟娜（华东政法大学传播学院）

摘要：随着我国数字音乐产业逐渐进入正版化阶段，音乐分众市场日益凸显，以优质内容为平台吸引了众多音乐人和用户。受数字音乐市场版权竞争的影响，独立音乐成为音乐平台版权增量竞争的核心。文章以独立音乐版权为研究对象，从价值主张、价值创造、价值传递、价值获取和价值保护五个维度分析我国独立音乐版权开发的现实困境。研究认为，在独立音乐人日益重视保持创作的独立性和创造性的同时，音乐平台也应该考虑平衡独立音乐的商业化与独立性关系，深度开发音乐版权价值，探索建议透明高效的版权交易模式。

《制度与人性：尘封史料中的生活书店内部管理制度（1938—1939）》

张大伟（复旦大学新闻学院）

摘要：如何构建激发员工“参与意识”与工作积极性的内部管理制度，一直是出版改革的核心难题。韬奋纪念馆发现的“生活书店内部会议记录”，从奖惩、薪酬、人事等方面展现了生活书店内部管理的“制度化”与“人性化”，为我们揭开了生活书店之所以富有活力的“制度谜团”，也对当下中国出版业构建“符合人性的制度”具有重要的启示意义。

2020年第6期

《版权法与刑法的衔接——以法益的立法保护为路径》

张浩泽（华东政法大学知识产权学院）

朱丹（上海市嘉定区人民检察院）

摘要：我国版权的刑法保护路径之所以曲折，与版权犯罪定位偏差不无关系。而版权犯罪定位偏差源于对版权法与刑法立法上衔接的忽视。在社会危害性以法益侵害性为内容的前提下，以法益论衔接版权法与刑法具有正当性和可行性。而基于刑法的从属性，刑法应以版权法法益为保护对象，且通过犯罪构成的制度理念实现版权法法益的保护。

2020 年第 7 期

《民国时期畅销书〈（实地步行）杭州西湖游览指南〉的出版价值》

王珺（上海科学技术文献出版社）

摘要：1929 年中华书局出版的《（实地步行）杭州西湖游览指南》由陆费执、舒新城先后编撰完成。该书具有许多特色，诸如注重科学性与及时性、充分考虑实用性、将商业广告合理融入等，至今仍有参考价值。无论是对于当今新编旅游指南类图书，还是研究民国时期历史文化，这部书都值得珍视，是一部出版史上的重要文献。

2020 年第 9 期

《数字图书馆配市场供需失衡探析》

赵宏源[上海世纪出版（集团）有限公司]

摘要：经过十多年的发展，数字图书馆配业务目前仍然不尽如人意，其中最突出的问题就是供需双方的脱节。图书馆抱怨出版单位可供品种有限，供应时间滞后于纸质图书；出版单位疑惧心理较强，担忧图书馆的著作权侵权和对纸质图书市场的冲击，不愿意全品种供应，也不愿意配合图书馆的纸电同步要求。研究基于这一矛盾，从出版单位、图书馆以及版权管理部门等不同视角进行分析，提出不同角色应该加强沟通，从数据透明、运行监控、产品供应以及著作权保护等方面通力合作，实现社会服务与企业权益的和谐发展。首次提出我国引进公共借阅权制度的想法。一方面对作者因社会服务造成的损失进行补偿；另一方面对图书馆的借阅行为进行监控，提高有关各方数据的透明度。

2020 年第 10 期

《文化认同与学术转型：民国国学期刊出版传播研究》

欧阳资沛（华东师范大学哲学系）

摘要：作为中国近代期刊出版史的有机组成部分，民国国学期刊的出版传播，在西学东渐、三千年未有之变局的特殊历史时期，对推动学术现代转型起到了极大的作用。目前学术界多关注当时的国学运动与文化思想，而鲜有直接关注国学类期刊的出版研究，对此时期国学期刊的出版亦未形成完整的表格统计。根据现有的研究成果和数据库，对当时国学期刊的出版数量进行详细统计与考述，指出其出版传播特征与历史价值，由此勾勒出民国时期国学报刊的出版概貌。对民国时期国学期刊出版情况进行整体性的探究，可反映当时中国的学术生态及其历史变迁，具有社会文化史和学术思想史的双重意义。

2020 年第 11 期

《技术规制：数字平台版权价值体系的重构》

张韵（上海师范大学影视传媒学院）

摘要：版权的法律规制主要体现为两种相互竞争的价值观念：一种是沿袭财产作为自然权利

的思想传统,强调法律控制和知识产权保护;另一种以知识共享理念为基础,强调文化"公共领域"、参与、交换、协作和公共责任。这两种竞争的价值观念与数字技术平台的日常运作之间体现为一种辩证的关系:一方面,不同的价值观念通过对技术话语的争夺来影响数字平台的版权规制;另一方面,在传统的法律规制之外,数字平台的技术架构自身也为版权规制提供了新的可供性。在此意义上,数字版权的研究需要有一个从法学规范向媒介社会学的视角转换,即不再将版权视为法律保护的结果,而是将版权规制视为一种社会化的动态协商过程。

《"一带一路"背景下我国出版企业海外开发策略》

王韧(上海社会科学院文学研究所)

摘要:"一带一路"倡议是我国在经济全球化背景下提出的繁荣区域经济、构建国家形象、增进国际交流的有效途径。中国出版作为"一带一路"的一张重要名片,其出版成果直接体现中国文化软实力的建设水平。从中国出版"走出去"的发展实际出发,以山东出版集团、山东友谊出版社合作在海外创建的尼山书屋国际出版公司为例,探讨"一带一路"背景下我国出版企业在合作方式、营销方针、产品业态、团队搭建等方面的海外开发策略,可为我国出版企业的顺利"出海"提供实践性参考。

2020 年第 12 期

《中外出版业发展比较分析及趋势预测》

曹建(上海远东出版社)

赵倩倩(同济大学艺术与传播学院)

摘要:梳理了 2012—2018 年中外出版业发展情况,分析比较国内外出版业在发展过程中所表现出的异同点,并结合过往数据预测未来发展趋势,以期为中国出版业高质量发展提供有益的建议。

2020 年第 15 期

《教育出版社融合出版生态闭环策略刍议》

程海燕、唐兆刚(上海理工大学出版印刷与艺术设计学院)

摘要:当前教育出版社的出版融合面临对融合出版理解不到位、忽略内容主体地位以及不善于利用大数据等一系列问题。研究认为,教育出版社应充分利用在优质作者资源、内容资源、品牌资源等方面的先天优势,抓住市场机遇,构建融合出版生态闭环,以更加开放积极的态度制订具有前瞻性的发展计划,开展全方位、多层次的变革,在转型升级中获得高质量发展。

《新时代出版编辑领军人才法治思维培养》

宋姣(东南大学法学院)

赵云博(上海社会科学院国际丝路学院)

摘要:新时代,文化建设具有战略性和全局性地位和作用。构建文化强国,推动我国出版业大发展大繁荣,亟须一大批全能型、复合型、引领型的出版编辑领军人才。在依法治国的大环境下,具备法治思维是出版编辑领军人才的一项不可或缺的素质,是出版领域对标全面依法治国与国家治理体系和治理能力现代化建设的重要体现,也是打造出版产业新生态体系、建设出版强国的重要基础,有必要加以重视和培养。

2020 年第 16 期

《出版机构直播营销提升策略》

孟晖(上海社会科学院新闻研究所)

摘要：目前，出版机构利用网络直播营销成为普遍现象，主要包括较为直接的直播售书方式、结合讲座等知识服务形式进行直播、侧重于情景式的直播营销等几种模式。在分析出版机构直播营销特点的基础上，结合传播学理论提出将直播的专业性与趣味性相结合、拓展多种渠道进行宣传和直播活动、热点内容与长效质量相结合、提升直播的互动性与用户运营等改进策略。

2020 年第 17 期

《论民法典对我国网络出版的规制与法治保障》

丛立先(华东政法大学知识产权学院)

摘要：《中华人民共和国民法典》的颁行将为我国网络出版带来良好的规制与法治保障作用。其中，将民事主体界分为“自然人、法人和非法人组织”的规定，为我们准确理解网络出版主体资格的界定与调适指明了方向。民法典合同编的有关规定切实解决了网络出版合同的实质问题和形式问题。关于知识产权与人格权以及侵权责任的有关规定为网络出版的核心权益保护和侵权责任认定提供了规则指引。

2020 年第 19 期

《5G 环境下出版产业商业模式变革研究》

王亚楠(华东政法大学传播学院)

摘要：在 5G 技术普及应用的影响下，出版产业链各个环节的商业模式将会面临巨大变革。一方面，物联网环境下的万物互联与万物上云技术，为出版产业提供了细致的用户数据信息，为人工智能生产内容与按用户需求分发内容提供了技术支撑；另一方面，虚拟现实技术与出版产业的结合，从供给侧驱动出版产品的消费升级，进一步提升了出版产业商业模式中受众体验价值的重要性。鉴于此，提供内容供给与消费的智能化匹配平台、聚焦内容产品体验价值的创造、构建受众社群网络等将成为 5G 环境下出版产业商业模式革新的重要方向。

2020 年第 20 期

《我国科技期刊出版管理政策及实施效果》

陈鹏(上海海洋大学期刊中心)

徐海丽(上海大学期刊社)

摘要：管理政策决定管理能力和实施效果。在我国科技期刊发展过程中，以相关法律法规为基础所实施的出版审批、主管主办、属地管理等制度，以及期刊质量管理、评价管理、财政扶持等政策，在促进科技期刊发展、增加数量、提高质量、提升学术影响力、加强国际合作等方面取得显著成效，但存在管理机制、办刊理念方面创新不足，独立出版平台竞争力不强，合理的评价体系缺乏等问题。建议应从转变办刊理念、改革出版体制机制、加快数字化和新媒体融合发展、建立科学评价体系、重视科研诚信与伦理等方面入手，促进科技期刊的健康发展。

2020年第21期

《我国著作权法总体趋向与优化进路》

丛立先(华东政法大学知识产权学院)

摘要：《中华人民共和国著作权法》30年的发展历程，总体上呈现出了价值上的多元化、利益上的本土化、技术上的现代化、经济上的产业化、政策上的战略化、制度上的特色化、规则上的趋同化七个发展趋向。从未来的优化进路来看，应从根本上厘清著作权法六个方面基本规则调整对象的相对开放性和相对封闭性，消除理解误区和认知争议，保证优化进路的方向正确和基点准确。

2020年第23期

《中国网络版权保护20年》

王迁、闻天吉(华东政法大学法律学院)

摘要：2001年《中华人民共和国著作权法》修订后，我国通过新设信息网络传播权，配合使用既有的广播权、兜底权利的方式落实了WCT第8条的要求。这种立法模式切合法理，确保了法律适用的弹性，为网络版权的保护奠定了制度基础。我国还通过借鉴美国《千禧年数字版权法》制定了《信息网络传播权保护条例》，构建了网络环境下多方主体的利益平衡机制。近20年的网络版权法律实践过程，也是新问题不断产生、理论和实务经验不断丰富的过程。今后，我国应继续强化网络版权保护，但无论是直接规制网络用户行为，还是提高网络服务提供者义务，均不适用于我国。继续正确适用既有的网络版权立法成果，利用既有规则解决新问题，是未来一段时间内我国网络版权保护工作的核心。

《辞书出版高质量发展分析与思考》

贺敏(上海外语教育出版社)

摘要：近年来，计算机和媒体技术的迅猛发展给传统辞书出版带来了前所未有的挑战，国内大部分传统辞书出版机构都已经走上了数字化转型道路。在技术迭代、知识服务浪潮兴起的时代背景下，传统辞书出版业必须做出合理布局，推进数字化转型。研究分析了传统辞书出版机构与相关互联网企业的知识服务现状，阐述了辞书出版机构回归内容生产的理据，提出聚焦辞书内容的广度与深度、从根本上变革内容生产方式的发展策略。

2020年第24期

《“十三五”时期我国出版“走出去”发展报告》

范军(中国新闻出版研究院，中国书刊发行业协会)

邹开元(上海理工大学出版印刷与艺术设计学院)

摘要：本文回顾了“十三五”以来我国出版“走出去”的阶段特征，阐述了重大工程项目、北京国际图书博览会和国际书展中国主宾国活动等“三大抓手”对我国出版“走出去”的重要推动作用，解析了版权、实物、企业等衡量出版“走出去”“三类指标”的完成情况，分析了出版“走出去”的外在制约因素和内在自身不足。进而提出，“十四五”时期，应传受相济、重在交流，把握出版“走出去”的实效性；缩短战线、精准施策，增强出版“走出去”的针对性；纸数并举、数媒为先，实现出版“走出去”的融入性；聚焦重点、形成合力，完善出版“走出去”的协同性；固本培元、人才为要，赋予出版“走出去”的支撑性。

《“十三五”时期我国版权保护与管理回眸及展望》

胡慧源、朱仲玉（华东政法大学传播学院）

摘要：“十三五”时期，我国版权保护与管理法制建设日趋完备，行政管理和执法成果不断显现，社会治理手段更加多样，产业发展态势总体向好。随着新兴技术的到来和广泛应用，版权保护与管理机遇和挑战并存。用户付费意识增强将加快版权产业优胜劣汰，优质内容产品的创造性转化将扩大我国版权输出规模，基于“网络＋”“文化＋”跨界融合进而形成完备的版权全产业链将成为未来几年版权保护、开发和管理的重点。

第七节　《出版发行研究》

2020 年第 1 期

《全媒体时代日本出版教育探索》

陈雅赛（上海师范大学影视传媒学院）

摘要：全媒体融合背景下日本出版业进行了快速转型，出版产业所需人才也发生了变化。日本出版行业对编辑人才需求的变化主要体现在以下两大方面：重视编辑出版实务经历，社会招聘增多；强调新媒体营销与内容选题策划能力，时尚杂志出版社和漫画出版社尤为重视新媒体 IP 营销能力。对此，日本高校的出版教学形成了递进式的全媒体产学研培养模式，请进来＋走出去＋走进来＋互联网线上教育模式、PBL 型新媒体出版教育模式等多方位、立体式教学模式，打破了行业需求与高校教学之间的屏障，发挥各自优势，探索具有特色的新媒体出版人才培养模式。

2020 年第 2 期

《5G 时代学术期刊短视频平台的发展现状与融合研究——以抖音短视频为例》

王孜（上海财经大学期刊社）

摘要：本文以 CSSCI 来源期刊为研究对象，调查研究了我国学术期刊在短视频平台方面的发展现状，基于抖音短视频平台分析了学术期刊在移动终端上的传播效果；搭建了学术期刊与短视频平台的融合框架，对创作者、作品内容、传播形式、契合点、定位、融合机制等基本要素进行了阐述，提出了实现学术期刊与短视频平台实质融合的合理化建议。

《第三方市场合作：中国图书在西班牙语世界的翻译出版模式研究》

程弋洋、何明星（复旦大学外文学院）

摘要：通过“泛西班牙主义”在拉丁美洲文化和出版业的影响力分析，梳理了中文图书翻译成西班牙语的两种出版模式，总结了中国图书进入拉丁美洲市场的路径与特点，指出中国与西班牙双方共同合作，拓展第三方市场是一个值得推广的中国图书进入拉丁美洲的合作模式。

2020 年第 3 期

《结构演化与机制生成：数字出版产业集群的企业网络治理》

杨庆国（合肥学院语言文化与传媒学院）

甘露（上海理工大学出版印刷与艺术设计学院）

摘要：国家级数字传媒产业集群是新时代文化传媒业集中化发展的关键组织形态，其中入驻企业网络运行机制治理又是整个集群组织治理及其发展的关键。基于集群发展成熟度及生命周期视角,研究以国家数字出版基地为典型案例,将集群外生主体、空间、产业结构变动与内生企业网络治理运行机制生成进行逻辑对接,由此架构从集群企业网络内部系统治理转向外部生态治理的"群链治理—模块化治理—网络组织治理—生态治理"动态演化进路,以期为我国数字传媒产业集群治理及其企业网络运行效率提升贡献理论经验。

2020 年第 4 期

《基于 2014—2018 年 JCR 首次收录期刊的我国科技期刊发展态势分析》

尤骁、宋海艳(上海交通大学图书馆)

谈毅(上海交通大学期刊中心)

摘要:近年来,我国科技期刊发展迅速,国际化办刊增加,大量优秀国际期刊被国际知名索引收录。本文通过 JCR 数据库收集 2014—2018 年间首次被 JCR 收录的中国大陆地区出版期刊,并基于 JCR 的影响因子和期刊分区情况结合各个期刊概况,从期刊进入 JCR 时的最高分区、学科覆盖、收录历时和影响因子变化情况,分析这些期刊的现状,从期刊影响力、学科覆盖和期刊发展黄金时机等角度为我国科技期刊发展提供建议。

2020 年第 5 期

《自媒体 KOL 营销对出版营销的启示及应用策略——以〈不列颠学生百科全书〉(中文注释版)为例》

窦蓉艳(上海外语教育出版社)

摘要:近年来,互联网社区涌现出了越来越多的 KOL(关键意见领袖),凭借其自身的专业知识和多样化的内容输出来影响消费者的购买行为,成为一种新型商业营销模式。本文研究分析 KOL 的概念、特点及 KOL 营销的价值,并以《不列颠学生百科全书》(中文注释版)KOL 营销为实例,探索出版企业实施 KOL 营销的思路和策略。

2020 年第 8 期

《区块链技术在媒体版权保护中的应用与反思》

彭桂兵、吴基祥(华东政法大学传播学院)

摘要:区块链技术在版权保护领域拥有诸多优势,通过时间戳、哈希值等功能,为媒体版权保驾护航,且多数人对区块链技术寄予厚望。但是通过仔细研究现有使用区块链技术的媒体会发现,区块链技术在媒体版权保护的应用中也存在一些问题,如区块链技术可能被利用为侵权工具,强化版权人对作品的绝对控制,阻碍信息流通,挤压合理使用空间,忽视兼顾公私利益平衡。为了更好地使区块链技术与法律相契合,除了结合其他技术改进区块链短板之外,还需给区块链技术设置"安全阀",使区块链技术更好地应用于媒体版权保护。

2020 年第 9 期

《网络游戏直播的著作权合理使用与反垄断规制研究》

王琳(山东科技大学文法学院,上海财经大学法学院)

摘要:网络游戏直播产生的经济价值不是纯粹基于技术进步带来的红利,而是以游戏本身为基础并借助技术手段传播游戏连续动态画面实现的，检视著作权合理使用的衡量因素和判断标准对游戏直播版权保护意义重大。对于网络游戏直播中出现的限制或者排除竞争的行为，还应当进行反垄断规制。在我国《反垄断法》修改之际，为判断网络游戏直播中是否存在以版权滥用为手段限制或者排除市场竞争的情形，可以通过对版权人行使版权行为的违法性以及行使版权行为在相关市场之下的妥当性两个标准来进行综合衡量。

2020 年第 10 期

《〈民法典〉的实施与版权合同的完善》

丛立先（华东政法大学知识产权学院）

摘要：《民法典》体系化、私权化、创新性、权成性的立法形式和完整翔实的法律规则为版权产业及版权合同提供了规范性的制度条款和有力的法治保障。《民法典》关于民事权利主体的相关规定对我国专有出版权的合同主体进行了有效规制，也提供了规则完善的可行思路。《民法典》《著作权法》与《著作权法实施条例》对于版权许可使用合同规定的法律冲突，尚需法律法规之间进行协作调整。《民法典》总则编、物权编、合同编、人格权编均对版权转让合同有所规制，还需要著作权法相关规则的跟进和衔接。

《〈民法典〉背景下出版合同解除体系的完善》

云晋升（上海交通大学凯原法学院）

摘要：原《合同法》和《民法典》都没有较好地应对非根本违约情形下的出版合同解除问题。既有的解除规则主要针对买卖等简单合同而设计，忽略了出版合同的特殊需求。出版合同属于继续性合同，因此当事人之间的信赖关系在出版合同中显得尤为重要。一方的行为如果架空了双方的信赖合作基础，即使没有构成根本违约，另一方也应当有权解除合同。在个案解决上，可类推适用同样强调信赖关系的委托合同的解除规则。适用过程中，需要把信赖关系丧失的认定由主观标准改为客观标准，以将任意解除转化成有条件解除。最为彻底的解决办法是，在《著作权法》中为出版合同增加专门的重大事由解除规则。

《媒介可供性视角下出版知识服务产品的设计逻辑及其应用策略》

王军（上海理工大学出版印刷与艺术设计学院）

摘要：知识服务产品的设计是出版企业开展知识服务的首要前提和重要内容。媒介可供性理论框架可为此提供很有参考价值的逻辑指向。本文理论分析和溯因推理相结合，首先介绍媒介可供性理论框架，分析其对出版知识服务的意义，然后结合出版实际，从媒介可供性的视角具体阐释出版知识服务产品的设计逻辑，并明确几点实际应用的策略建议，以为业界实践提供参考。

《〈工程控制论〉三个版本形成过程的历史考察》

吕成冬（上海交通大学钱学森图书馆）
肖真（浙江科学技术出版社）

摘要：作为钱学森的经典学术代表作，《工程控制论》最早以“1954 年英文版”在美国出版发行，此后又有“1958 年中文版”和“1980—1981 年修订版”。从历史视角考察《工程控制论》三个版本的形成过程，不仅可以廓清钱学森科学思想的发展历程，同时还能够由表及里探究其内在创新精神的价值所在。由此从出版史角度汲取丰富的借鉴资源,为我国科技工作者在新时代开展科技创新提供历史启迪。

2020年第11期

《学术期刊在5G时代的协同创作研究》

王孜(上海财经大学期刊社)

摘要:基于5G新时代背景,本文研究了我国学术期刊在协同创作方面的发展现状,探析了影响学术期刊协同发展和高效传播的主要因素,构建了学术期刊协同创作平台与框架,对期刊协同创作平台的流程要素、出版形式、传播路径、获取方式、5G新技术的赋能等基本要素进行了阐述,具体分析了协同创作平台的主体、参与者、流程、运行模式、内容来源、生产方式、协同传播系统,在提升协同效率和传播效率等方面提出了有益的建议和对策。

第八节 《现代出版》

2020年第1期

《重构"谷登堡星汉"》

黄旦(复旦大学信息与传播研究中心,复旦大学新闻学院)

摘要:现有的出版,无论其含义还是运作,均来自机械印刷。印刷出版作为现代出版方式,颠覆了传统知识的生产环境,改变了已有的宗教、政治和社会,形成了新的文明。不同时期的"出版",都内含一种技术尺度和比率,出版史就是不同类型"出版"的历史。我们应该以这样的眼光来思考数字时代出版的重构和创新。

2020年第2期

《人与物之间:中国书籍设计现代性问题》

郑工、于广华(上海大学上海美术学院)

摘要:当前的中国书籍设计不断借鉴传统文化元素以求塑造民族性的现代性品质,书籍设计的材质与人对书籍的感性问题不断被重视,但书籍的物质性与设计现代性关联仍不清晰。设计其实处于人与物之间,为人与物的间性存在。当前中国书籍设计不断探索和生成自然化与场域化的间性设计。一种中国式的流动的现代性,对于解决世界现代性分化危机、重新开启人与自然关系,以及探究设计的现代性问题有着积极意义。

《出版物社会效益评价中的几个基本问题》

马衍明(上海应用技术大学人文学院)

摘要:出版物社会效益是出版物在社会传播、历史传承过程中,通过对受众的精神影响而对社会产生的作用。它并非出版物自身的固有属性,也不等同于出版物质量,而是出版物和受众相互作用的结果。出版物"有意义的结构"为社会效益的实现提供了基础和可能,但这种可能能否全部转化为现实的社会效益,还要受受众主观条件(需要、能力等)的制约。受众对出版物所蕴含的精神意义是否接受、接受程度如何,跟受众建立在阅读、视听感受基础上的接受评价有很大关系。评价出版物社会效益,需要将其同出版机构社会效益区分开来,同时重视内容质量和市场评价指标。增加历史评价指标，整合现有评价机制，推动出版物社会效益评价更趋科学，对于当下的出版活动具有积极的现实意义。

《近现代文学出版史研究的"再问题化"》

王贺（上海师范大学中文系）

摘要：近年来的近现代文学出版史研究不仅走向精耕细作，而且出现许多新的动向。其中最值得注意的，或是对出版史研究方法的自觉和创新。但还有一些重要的理论、方法层面的问题，似亦可进行"再问题化"。这些问题包括：重新定义其研究对象；综合文学史、书籍史、出版史与文献学的研究方法；不断变革的学术语境与其研究边界、前景之间的关系等。

2020年第3期

《数字出版研究的"社会文化转向"——基于出版史的范式更新》

刘影（华东师范大学传播学院）

摘要：借重20世纪史学理论向社会史和文化史的两次转向，书籍史和出版史研究从仅仅注重书籍生产和物质文化的自身发展逻辑，转而关注书籍与社会经济结构、书籍与人的互动关系，实现研究范式的"社会文化转向"。当前，推动数字出版研究从产业范式转向社会文化研究范式更具客观性和必然性：一是互联网作为新的社会结构性要素，打破了传统产业的固有边界，使数字出版研究必须融入信息化社会经济变迁新结构，实现"社会转向"；二是互联网在Web2.0阶段从"传媒"到"人媒"的本质转变，创造了人人参与的文化机制，数字出版研究应将重心放在新的阅读群体如何利用数字文本进行意义建构和权力博弈，是为"文化转向"。站在人类传播史的高度，贯通研究口传、印刷和网络知识生产的社会影响和心理影响，出版史和数字出版研究具有内在的范式关联，并能进一步打通整个出版学的方法论。

《从读书到出版：张元济早期阅读史及其效应》

王龙珺（上海大学新闻传播学院）

摘要：张元济早期阅读可以分为旧学阅读和新知阅读两部分。他的旧学阅读在修身治心的层面上展开。他熟习中国传统典籍，对家族典籍和乡邦文献格外青睐，但绝不泥古。在新知阅读上，他汲汲于西学，积极接触过多种新知读物。同时，张元济深度介入新知阅读共同体的建设，成为当时京城新知阅读共同体的重要个体节点。这种融汇中西的阅读活动在其出版实践领域发生的效应表现在，张元济秉承的实用主义阅读观助力了商务印书馆"启蒙出版"的开启。而张元济的古籍阅读实践则和商务印书馆古籍辑印出版高度融合。此外，张元济从阅读活动中形成的"民族人格"思想在其一生的出版生涯中均有体现。

2020年第4期

《智能媒体时代的阅读革命与编辑出版创新——兼论人与智能机器的共同未来》

夏德元（上海理工大学出版印刷与艺术设计学院）

摘要：阅读是人独有的生存方式，对周遭事物的解码能力以及根据对自然社会奥秘的独特洞察而编码的能力，让人类得以从动物界脱颖而出。因此，阅读对人类文明开化和进步的意义非同凡响。阅读不仅仅是从外在世界获取信息的活动，也是人际交流、文化身份确认、国家民族认同乃至人神对话和文明象征的仪式。继文字的发明、大规模印刷术的普及、电子媒介的诞生及其普遍应用之后,移动互联网开启了人类阅读的全新视界——这个可以命名为人类阅读史上第四次革命的巨大变迁,不仅再次从宏观尺度上改变了人类阅读的整体景观,也一如既往地改变了人类个体的阅读处境。基于新阅读生态的编辑出版创新势在必行,也为人类知识生产和传承乃至人类自身的生产和种族的延续带来了前所未有的想象空间。

2020 年第 5 期

《论出版社融合发展中的认知迭代——基于一家大学出版社的考察》

丁毅(华东理工大学出版社)

摘要:传统出版的融合发展之路困难重重。对于如何做好融合产品的生产与运营,传统出版在认知上存在着不足。促进融合出版,必须在实践中进行认知迭代,打破困扰出版业的融合发展认知瓶颈。华东理工大学出版社在融合发展方面的五次认知迭代,具有一定的借鉴价值。

第九节 《中国编辑》

2020 年第 4 期

《主体与对象:媒介逻辑主导下视频博客媒介化分析》

江凌(上海理工大学出版印刷与艺术设计学院)

严雯嘉(香港城市大学媒体与传播系)

摘要:视频博客(Vlog)在中国互联网的兴起,折射出人、技术、社会之间的多重关联,是媒介化理论在具体历史语境的反映。文章认为媒介逻辑是 Vlog 媒介化的本质,它通过直接主导内容再媒介化和技术适应,以及间接主导情境融合来推动媒介化的过程。Vlog 的媒介化影响已渗透进社会文化的微观、中观、宏观层面,牵动了相关行业的社会生产方式发生转变。面对这些转变,应注重对个人生活的异化、组织的流量资源争夺、社会的媒介环境检视等不同层面的问题进行反思,以求更加全面地认识和研究 Vlog 的媒介化。

2020 年第 5 期

《算法把关失灵与编辑价值重塑》

刘志杰(上海大学新闻传播学院)

摘要:随着智能媒体时代的到来,算法把关在自媒体平台逐步居于主导地位,这种把关模式带来了新的传播伦理失范问题。算法把关出现的诸多问题不能简单地归咎为技术的失灵,而是算法主导下自媒体信息生产和消费的无序带来的市场失灵,从经济学角度来看,原因在于技术垄断、外部性问题和信息的公共性缺失。解决算法失灵问题,需要重塑编辑价值,重新认识编辑在智能媒体时代的核心功能,使技术的运用服务于人的价值发展,推动自媒体平台成为互联网正能量信息生产和传播的重要阵地。

2020 年第 7 期

《数字时代救灾应急出版的传承与新变》

王大可(上海交通大学媒体与传播学院)

李本乾（上海交通大学智能传播研究院）

摘要：我国具有救灾应急出版的悠久传统，从古至今，无论是官方的史书记录，还是民间的口耳相传，都留下了丰富的抗灾救急的经验总结。在2020年抗击新冠疫情的阻击战中，我国救灾应急出版既具有确保政治导向、强调统一策划指导、重视教育功能、凸显社会效益等主题出版的一般性特点，也因数字时代的来临，呈现出一些新的特色：平台成为新冠疫情应急出版的重要渠道，知识服务是新冠疫情应急出版的重要特征，数字出版是新冠疫情应急出版的重要形式，媒介融合是新冠疫情应急出版的重要表现。

《高职院校数字出版专业人才能力层次结构探究》

朱军、张文忠（上海出版印刷高等专科学校出版与传播系）

摘要：数字出版专业人才培养体系仍有许多尚待完善之处。本文基于智力层次结构理论，通过对数字出版企业访谈调研，对数字出版专业人才的核心技术能力进行四级分解，建立了对应的能力层次结构模型，提出数字出版专业的核心能力是互联网用户思维与产品思维能力。高职院校在人才培养模式上需要改进对应的策略与方法，为高职院校数字出版专业人才培养提供新的研究思路。

2020年第8期

《编辑出版研究高相关论文发文与被引情况分析(1979—2019年)》

金强（河北大学新闻传播学院）

张子茜（华东师范大学传播学院）

摘要：本文分析了编辑出版研究高相关学术论文在中国知网和超星发现两个数据库中的收录和被引现状，分析了编辑出版研究1979—2019年高被引论文的作者群、刊物群特征及其变化趋势。通过分析编辑出版研究的高被引作者与其被引论文的领域分布、年代分布、期刊分布等特征，文章展现了近40年来通过期刊发文建构的编辑出版学术与思想史的脉络与特征。

2020年第10期

《智能媒体时代编辑角色重构与编辑素养新内涵》

夏德元、刘博（上海理工大学出版印刷与艺术设计学院）

摘要：信息技术的飞速发展，深刻改变了出版生态，也对编辑人员的职业素养提出了新要求。智能技术在传播领域的深度应用，在为提高出版生产力提供基础的同时也改变了出版领域的生产关系。传统作者、编辑、读者之间的明确界限已经被打破，存在于三者之间的角色张力正在被改写。“电子媒介人”的崛起，对既有的编辑素养带来新命题，也为编辑职业素养的提升带来新的启示。智能媒体时代传播格局变迁所带来的出版领域生产关系的变革，为编辑素养赋予全新内涵的同时也使我们对编辑行为的社会文化价值进行反思。

《〈天下〉月刊与中国艺术的对外传播》

朱伊革（上海师范大学外国语学院）

摘要：中国学者独立主办的近代英文期刊《天下》月刊凭借其独特的传播理念、多元灵活的传播策略、引人关注的传播特点和优势赢得了海内外广泛赞誉。刊物通过其遍及世界各地的发行渠道,将中国艺术带入西方人的视野,成为西方人认识见证中国艺术的重要途径。《天下》月刊是中国艺术对外传播的典范,不仅汇集了近代中国艺术对外传播的重要研究资源,也为中国艺术对外传播做出了开拓性的贡献。

2020年第11期

《平台经济视角下网络文学出版平台"异化"现象研究》

李明霞、段嘉乐(上海理工大学出版印刷与艺术设计学院)

摘要:从平台经济学视角考察网络文学出版平台在出版产业链中的作用,可以将网络文学出版平台看作连接上游作者和下游读者的"中介",但近年来网络文学出版平台逐渐改变了其中立特性,出现"异化"现象,变成内容生产者(作者)的选拔平台。平台"异化"对整个产业链产生诸多不利影响,包括上游作者权益受损、中游平台IP运营价值泡沫化,以及下游市场读者审美幼稚化媚俗化。本文从网络文学市场的垄断与网络文学作者保护机制的缺失两个角度探讨平台"异化"的原因,提出集团平台共存、建立第三方作者保护机制的建议,以期促进网络文学出版产业健康可持续发展。

第十节 《出版广角》

2020年第1期

《英文科技期刊创刊阶段的发展策略——以〈中国运筹学会会刊〉的办刊实践为例》

张济明、陆祯(上海大学期刊社《中国运筹学会会刊》编辑部)

摘要:近年来,我国创办了不少新的英文科技期刊,《中国运筹学会会刊》便是其中之一。《中国运筹学会会刊》自2013年创刊以来取得较快发展,发表了一批具有国际影响力的名家名作,在国际运筹学领域的影响力不断扩大。其秉持以质量求生存的理念,采取优先在线出版和部分开放获取模式,通过开拓多种推送途径和积极参加并举办各种会议等措施,不断提高期刊传播质量,为英文刊初创时期的发展提供了宝贵的经验。

2020年第2期

《网络出版内容监管的客体及识别标准论》

姚宏敏(华东政法大学国际法学院)

摘要:目前网络出版内容监管的客体识别存在网络出版物的类别、主体和传播形式难以确定等问题。为了保证网络出版内容监管的科学性,文章建议通过建立网络出版物的类别标准、多元主体识别标准,以及网络信息全面覆盖的网络出版物识别标准等方式,使网络出版内容监管客体识别标准能够真正起到确保网络信息健康安全的作用。

《我国网络文学版权输出的地区性差异分析》

刘菡(山东工商学院)

段嘉乐(上海理工大学)

摘要:近年来,随着网络文学的发展,我国网络文学的版权输出愈发受到重视,关于其过程中的诸多问题也得到了市场的广泛关注。文章针对我国网络文学版权输出中所呈现的地区性差异,从接受美学、读者需求两个方面进行分析,解释差异出现的原因,并有针对性地提出相应的对策。

2020 年第 3 期

《5G 时代下主题出版的融合发展思考》

俞湘华(华东师范大学传播学院)

摘要：主题出版作为出版业的核心部分，近年来，不仅得到了国内各出版机构的重视，也得到了市场的诸多积极回应。但主题出版也面临着诸多的问题，如触达方式少、触达时效慢、内容形式单一等。5G“高速率、大容量、低延时”的特点极大地提升了信息的共享效率以及传递能力，给主题出版带来了新的机遇。出版从业者要把握 5G 时代下社会对主题出版的新需求，提升资源整合的能力，创新开发新产品，布局新业务，探索新商业模式，积极推进主题出版的融合发展。

《数字化时代教育出版社的转型方向与突破点——以山东教育出版社为例》

赵琼(上海外国语大学贤达经济人文学院)

摘要：近年来，在人工智能、虚拟现实等数字化新技术的带动下，出版产业的边界不断被打破，新思路、新模式、新业态不断出现。面对日新月异的环境，教育出版也迎来前所未有的新机遇。文章以山东教育出版社的转型为例，探寻数字化时代教育出版社的转型方向与突破点，以期为教育出版社的数字转型提供借鉴。

2020 年第 4 期

《从文化教育维度看新中国童书出版》

谭旭东(上海大学文学院)

王海峰(绥化学院文学与传媒学院)

摘要：本文通过数据分析与定性研究方法，从文化教育纬度回顾新中国 70 年来童书出版历程，盘点童书出版分期节点与时代主题，总结童书出版取得的辉煌成绩，研讨童书出版的文化属性与教育属性，分析童书出版的文化价值与教育功能。站在新时代，预测我国童书出版的发展趋势，提出童书出版发展的建议。

2020 年第 8 期

《网络时代，我国儿童诗歌类图书出版研究》

郑梦雪(华东师范大学教育学部)

摘要：网络时代，我国儿童诗歌出版发生了巨大的变化，但始终坚持儿童本位、创作与出版结合以及社会效益第一的原则。文章从网络时代我国儿童诗歌类图书的坚守与创新两个角度，考察当代我国儿童诗歌类图书的特点，以期为我国儿童诗歌出版提供有益参考。

2020 年第 10 期

《基于 VCA 模型的出版企业数据治理研究》

刘一鸣(湘潭大学公共管理学院)

谢泽杭(华东师范大学政治学系)

摘要：大数据时代，充分实现数据价值成为出版企业可持续发展的重要内容，数据治理成为出版企业创造数据价值的重要手段。出版企业数据治理可分为基础性活动(数据驱动模式)和支持性活动(数据治理保障)。数据驱动模式涵盖数据采集、数据开发与数据利用三大根本环节；数据治理保障包含质量保障、安全保障和权属保障。两者共同推动出版企业数据价值的实现。基于此，文章从基础性活动和支持性活动出发，探索出版企业数据治理的实践路径，以期为出版企业数据治理提供现实参考。

2020年第11期

《融媒体背景下国际汉语教材的开发——以纸数结合〈中国概况〉为例》

杨莹雪（上海外语教育出版社）

摘要：融媒体时代，汉语国际教材的开发也要跟上时代步伐，在原有传统选题开发思路和路径的基础上充分运用数字技术，才能在专业化的道路上走得更远，也才能更好地服务于新时代的国际汉语教学。文章以《中国概况》为例，梳理上海外语教育出版社国际汉语教材开发和运营的思路、经验，总结融媒体背景下国际汉语教材开发的路径。

2020年第13期

《新消费时代书店自营策略探究——以时见鹿书店为例》

李灿、张波（上海出版传媒研究院）

摘要：近年来，实体书店在经历低潮期后，呈现复苏迹象。新消费时代的到来深刻地重构了人、货、场之间的关系，驱动着实体书店业进行一场前所未有的深度变革。在此背景下，书店经营者应审时度势，重新定义消费市场，在经营模式和营销策划方面寻求突破。时见鹿书店致力于多方位布局，紧跟互联网潮流，结合线上销售打造趣味空间，开展丰富的文化活动，由此形成了强大的品牌影响力。

2020年第18期

《全球视域下中国学术出版“走出去”的创新与发展》

刘敏、李旦（上海交通大学出版社）

摘要：近年来，全球学术出版处于日新月异的变革中，开放获取、前沿技术、重组并购等深深影响着全球学术出版进程。中国学术出版“走出去”也有了长足发展，在“走出去”模式、路径上都有所创新。文章结合全球学术出版的发展现状，分析近年来中国学术出版“走出去”的创新和发展以及存在的不足之处，并为中国学术出版“走出去”高质量发展提出若干建议。

《数字时代学术出版融合发展的初步探索》

孙婷、王健（华东师范大学出版社）

摘要：受5G、人工智能、大数据、区块链等新技术的影响，传统学术出版逐渐从纯粹的学术图书出版向以学术出版为基础、以学术服务为目的、以学术资源整合开发为核心的出版模式转变。出版社在积极拥抱变革的同时，要善于利用政策优势，不断提高编辑的复合能力，把握学术出版方向，努力探索新的学术出版模式。

《加速新兴技术融合应用，推动图书出版业创新发展》

詹明瑜（中国出版集团东方出版中心）

摘要：从技术赋能角度来看，5G技术将为图书出版业的发展提供新的引擎动力，使图书出版业实现跨越式发展。文章以5G技术为切入点，深入研究图书出版业的发展。研究发现，通过5G赋能多重技术融合应用，图书出版将在内容生产、产品形态、用户体验和分发渠道四大方面产生颠覆性变化。因此，只有将科学引领新技术与图书出版业融合应用，才能使图书出版业适应新时代的行业格局与产业生态，加速行业的创新发展。

2020年第20期

《我国出版品牌建设的经验与思考》

曹建（上海远东出版社）

张钰（同济大学艺术与传媒学院）

摘要：在经济快速发展和市场竞争日益激烈的当下，出版社需要通过出版品牌的影响力获得读者的认可和信任，帮助读者识别出版物的品质、水准、来源。虽然作者品牌、编辑品牌、装帧设计品牌以及出版社品牌的特点各不相同，但其建设和发展具有共性，对新时代我国出版品牌建设的定位与发展具有指导作用。以融合思维严把选题入口关，坚持产品结构化，培养复合型人才，培育专业化和多元化并存的品牌体系，才能实现出版品牌的高质量发展。

2020年第23期

《传统出版企业面对有声阅读市场的思考》

孙峰（华东师范大学）

摘要：经过近年来的发展，有声阅读市场逐渐走向成熟、多元化的发展阶段，5G时代也给有声阅读市场带来更丰富的应用场景，这意味着有声阅读市场将保持着良好的发展态势。出版企业要从战略上布局有声阅读市场，坚持“内容＋用户＋场景”三位一体的发展思路，加速组建培养有声团队，以更优的姿态进入有声阅读市场。

2020年第24期

《防疫抗疫主题公益出版与中国担当》

谭旭东、王海峰（上海大学文学院）

摘要：文章通过搜集、整理和分析中国防疫抗疫出版物、出版现象等相关内容，探讨中国防疫抗疫出版的主要成绩、内在价值与世界意义，探讨防疫抗疫出版体现的制度优越、传达的中国故事、表现的人文关怀、展现的中国方案价值与担当；引入马克思共同体思想和人类命运共同体建构理论，探讨中国防疫抗疫出版对共同体建设的现实价值；对防疫抗疫公益出版选题内容、延展推广及培养公益出版意识等问题提出了相关建议。

第五篇

行业视点

第一章　上海市出版协会

2020年，面对突如其来的新冠疫情，上海市出版协会在上海市委宣传部领导下，在上海市社团管理局指导下，秉承办会宗旨，在抗疫防疫的特殊时期，充分发挥网络优势，开展相关出版活动，服务出版大局，为上海出版做了不少实事。

一、围绕协会工作重心，开展多元出版活动

1. 参与主办《中国故事　国际表达——赵启正新闻传播案例》慈善赠书仪式

1月6日，上海市慈善基金会、上海市出版协会、上海人民出版社在上海报业大厦举行赵启正、贾树枚合著的《中国故事　国际表达——赵启正新闻传播案例》慈善赠书仪式。赵启正、冯国勤、陈正兴、周家伦、余慧文、贾树枚等出席仪式。全市劳模和科技工作者、新闻工作者、出版工作者、翻译工作者、上海图书馆、上海高校新闻专业学生、年轻记者等代表接受捐书。国务院新闻办原主任赵启正在仪式上表示，感谢上海市慈善基金会等主办单位的善举。我们要在习近平新时代中国特色社会主义思想指导下，进一步讲好上海各行各业的生动故事，为实现中华民族的伟大复兴做出新的贡献。

2. 上海市出版协会女编辑专业工作委员会成功举办“食・书单”短视频活动

由上海市出版协会女编辑专业工作委员会主办，“书香上海”、华东师范大学出版社协办的“食・书单”短视频大赛，6月12日正式启动，参选的61个“食・书单”短视频作品在“书香上海”微信公众号、哔哩哔哩等新媒体平台发布。8月7日，经专家投票，评出了本次“食・书单”短视频大赛15个获奖视频。大赛收获了许多既有创意又有情趣的作品，引起较大社会反响。获奖视频在随后举办的上海书展亮相。

女编辑专业工作委员会每年都会举办生动活泼、形式多样的才艺大赛。2020年因疫情影响，居家办公成了疫情最初的工作生活状态。选择“食・书单”这一大赛主题，既符合现实生活，又十分契合市委宣传部激发出版从业人员开展线上阅读推广的主动性和积极性，引导出版单位探索出版融合发展的方式和途径。通过比赛，促进了各出版单位编辑间的交流，大家在制作短视频的过程中切磋技艺，追求视频作品的艺术性、创新性、传播性。大量优秀视频作品的涌现，既展现了各出版单位的出版特色，也体现了各出版单位的实力与水平。

12月初，浙沪两地出版单位部分女编辑在杭州富春硅谷合之舍举行联谊活动，以“食・书单”短视频大赛为主题，交流女编辑对工作与生活感悟。活动不但有出版工作上的火花碰撞，而且也有对美好生活的共同向往。通过这样的学习和交流，期待上海女编辑能与外省市女编辑们有更多的切磋与合作。

3. “书香・上海之夏”名家新作讲坛首度实现线上线下联动

由上海市出版协会、上海图书馆等单位主办的“书香・上海之夏”名家新作讲坛，2020年为读者安排了12场精彩讲座，内容聚焦市民读者关注的文史、艺术、科普、城市人文等内容。由于新冠疫情的影响，线下活动人数受到限制，讲座首度采取线上线下相结合的办法，即现场讲座后的次日，通过上海图书馆网络平台和哔哩哔哩上海图书馆直播间等网络媒体首播。据统计，12场讲座线下

听众近 1 800 人次;线上听众 1 万余人次。在危机中育新机,于变局中开新局。面对疫情防控和转型升级双重任务,“书香·上海之夏”名家新作讲坛借助众多新媒体和网络文化平台,通过线上线下联动,凸显“书香润泽人民城市”的主题。

4. 联合主办“上海国际网络文学周”首届全球原创论坛

由上海市出版协会、阅文集团主办的“2020 首届上海国际网络文学周”,11 月 16 日下午在浦东万豪侯爵酒店开幕。中共上海市委常委、宣传部部长周慧琳,上海市委宣传部副部长、市新闻出版局局长徐炯,浦东新区区委常委、宣传部部长唐劲松和上海市出版协会理事长胡国强等出席开幕式。开幕式后举行上海国际网络文学周首届全球原创论坛,阅文集团正式发布“全球内容生态开放平台”计划。海内外网文企业代表在论坛上分享产业实践成果,行业专家围绕“网络文学如何促进全球文化联结”对中国网文出海的现状和发展趋势展开了研讨。

二、开展疫情调研,为政府部门制定政策提供参考

受上海市委宣传部领导委托,3 月上旬,上海市出版协会对上海出版行业(包括印刷、发行单位)抗击疫情的情况作了一次问卷调研。调研内容为:当前遇到的主要困难及已采取的措施,下一步需要什么扶持政策及有哪些意见建议。调研表 3 月 2 日完成设计并下发,由上海市出版协会下发给各理事单位的同时,商请上海市期刊协会、上海市印刷行业协会和上海市书刊发行行业协会下发给各会员单位。截至 3 月 10 日,回收 939 家单位反馈的调研表,其中,出版单位 20 家,期刊单位 28 家,印刷单位 792 家,发行单位 99 家。上海市出版协会对反馈情况作了归纳和梳理。

调研结果显示,疫情暴发后,上海出版和期刊单位按照部领导要求迅速行动,全力以赴参与疫情防控工作,做了大量卓有成效的工作,但同时面临很多困难。

受疫情影响,图书、期刊、发行、印刷等板块均出现不同程度的困难:选题难以落实;图书实体发行受阻;印刷厂停工,书刊无法按时印制;销售停滞等,各板块均有不同程度的损失。调研报告如实反映出版面临的困境和各出版单位的诉求,提出相应的解决方案,供政府部门参考。

三、加强出版研究,开展青年编辑论文征集活动及座谈

为加强本市出版理论研究,鼓励更多的青年编辑撰写出版研究论文,在上海市委宣传部出版处支持下,上海市出版协会、市编辑学会 2020 年上半年举办上海青年编辑出版研究论文征集活动。4 月底下发通知后,近 300 位青年编辑报名参加。截至 6 月中旬,征集活动收到论文 166 篇。6 月底,市出版协会、市编辑学会组织专家评审,选出以习近平新时代中国特色社会主义思想为指导,联系出版工作实际进行理论思考,有一己之见,符合论文写作一般要求的论文 63 篇。入选论文汇编《守正创新　奋楫者先——2020 上海出版青年编辑论文集》,由学林出版社出版。

11 月 20 日上午,上海市出版协会、市编辑学会在读客召开上海青年编辑座谈会,上海市委宣传部副部长、市新闻出版局局长徐炯出席并讲话。徐部长在分析传统出版的优势和劣势以及面临的挑战和机遇后说,新时代对出版工作提出新要求,青年编辑要有对出版工作的热情和激情,振奋精神,争创一流,在打胜仗中建立自信。市出版协会、市编辑学会要进一步团结青年编辑,更好地发挥他们的作用,为新时代上海出版工作多做贡献。

上海市出版协会理事长胡国强介绍了上海青年编辑论文征集、评选活动和《守正创新　奋楫者

先——2020 上海出版青年编辑论文集》编辑出版情况。市编辑学会会长庄智象宣布了上海青年编辑论文征集获奖名单。获奖青年编辑为丁会欣、叶蔚、任战、刘瑾、朱文慧、李声凤、李航、沈骁驰、周燕、姚涵、奚玲燕、熊捷和。学林出版社副社长楼岚岚出席座谈会。

读客朱筱筱、闵唯、刘小梅专题介绍了读客文库策划出版情况。青年编辑表示，到读客来学习参观，触动很大。在传统出版面临巨大挑战的当下，读客的发展路径虽然与国有出版单位不同，但他们的成功案例和经验让大家备受鼓舞。座谈活动帮助青年编辑拓宽视野，出版理念得到提高。市委宣传部出版处处长毛小曼主持座谈会。

四、开展奖先评优工作，发挥出版先锋作用

1. 主办第二届中国原创艺术类精品游戏大赛

由上海市委宣传部、市新闻出版局指导，上海市出版协会等主办的第二届中国原创艺术类精品游戏大赛成绩揭晓，颁奖仪式 8 月 2 日下午在浦东嘉里大酒店举行。上海市委宣传部副部长王亚元、市委宣传部二级巡视员丁晓玲、上海市出版协会理事长胡国强等出席颁奖仪式。

2020 年 2 月启动作品征集，受到国内众多企业和高校游戏创作者关注，103 个团队送来参赛作品 182 款，其中社会组 146 款，高校组 36 款。经专家评选，《江南百景图》《力力普的工坊》《梦蝶》《楼宇之上》等 11 款游戏分别获最佳原创艺术大奖、最佳院校作品奖、最佳音乐音效奖、最佳美术奖等多个奖项。反映新冠疫情中医护人员无私奉献的手游《逆行者》获特别提名奖。

2. 开展“2020 上海书籍设计双年展”和“第十一届华东书籍设计双年展”评选工作和颁奖活动

9 月 25 日，上海市出版协会书籍设计艺术委员会组织专家在上海大学出版社举办 2020 上海书籍设计双年展暨第十一届华东六省一市书籍设计双年展评选、推选活动，上海有 31 家出版单位的 168 种图书参加。经专家投票，评出 2020 上海书籍设计双年展整体设计奖图书 22 种、封面设计一等奖图书 10 种、封面设计二等奖图书 16 种、书籍设计优秀奖图书 39 种、优秀论文 12 篇；其中 15 种整体设计奖图书、8 种封面设计奖图书和 3 篇优秀论文被推选参加第十一届华东六省一市书籍设计双年展。

11 月 18 日，第十一届华东书籍设计双年展暨华东地区出版协会工作交流会在福建漳州举行。

福建省出版协会主席林彬主持华东地区出版协会工作交流会。华东六省一市出版协会领导畅所欲言，对出版动态、发展、优劣势以及协会在出版工作中的作用进行交流探讨。大家认为，尽管图书出版已经市场化，但其文化属性是其他产品无可替代的。我们要以习近平新时代中国特色社会主义思想为指导，坚持把社会效益放在首位，把握好导向，实现经济效益与社会效益的统一。协会工作要服务出版工作大局，在新时代更好地发挥桥梁和纽带作用。

在华东地区出版协会工作交流会举办的同时，“华东书籍设计双年展”评选工作也在紧张进行。经专家评审，双年展共评选出获奖作品 124 种，其中，书籍整体设计特别奖 10 种，书籍整体设计奖 59 种，书籍封面设计奖 38 种，论文奖 13 篇，论文入围奖 4 篇。上海获书籍整体设计特别奖 1 种，书籍整体设计奖 13 种，书籍封面设计奖 8 种，论文奖 3 篇。

12 月 18 日，由上海市出版协会主办，上海大学出版社协办，上海市出版协会书籍设计艺术委员会和上海万联文化传播公司承办的第十一届华东书籍设计双年展暨 2020 上海书籍设计双年展颁奖活动在上海图书馆举行。

两年一度的华东地区和上海的书籍设计双年展呈现书籍设计成果，为诸多设计者和美术编辑

提供了交流学习的机会。在颁奖活动中,设计师姜庆共和上海教育出版社美术编辑陆弦介绍书籍设计方面的体会和心得。市版协理事长胡国强、市版协秘书长马加、市版协书籍设计艺术委员会主任姜明、上海万联文化传播公司总经理潘大明为获奖人员颁发证书。颁奖活动由上海市版协书籍设计艺术委员会主任、上海大学出版社副社长张天志主持。上海出版单位的获奖人员60余人参加。

颁奖活动前还安排观摩了正在上海图书馆展出的"中国最美的书"。

3. 参与第二届长青出版人奖评选工作

上海文化发展基金会长青文化专项基金理事会委托上海市出版协会、上海市期刊协会、上海市编辑学会等举行第二届长青出版新人奖的评选,上海人民出版社张钰翰、中科院分子细胞卓越创新中心程磊、上海印刷(集团)有限公司周晟、上海钟书实业有限公司朱兵等10人获长青出版新人奖。

五、有序开展协会常规工作

1. 召开理事长办公会议

9月27日下午,上海市出版协会召开七届五次理事长办公会议,出席会议的有王为松、王焰、庄智象、严峰、张莉琴、陈启甸、陈徵、费维耀、高克勤、韩卫东等10位市版协副理事长。市版协理事长胡国强主持会议。

会议就"书香·上海之夏"名家新作讲坛的活动情况、第七届市版协换届工作筹备、上海青年编辑论文集编纂等工作进行介绍并商议。2020年,第七届市版协届满,因新冠疫情暴发,换届工作停滞。大家认为,换届工作是版协工作的一件大事,在疫情有效防控之后,应提到日程上来,市版协秘书处将主动与宣传部有关部门做好配合,循序渐进推进换届工作。

最后,胡国强理事长就上海出版青年编辑论文征集活动及编纂出版《守正创新　奋楫者先——2020上海出版青年编辑论文集》工作情况等在会上作了通报。会上,胡国强理事长转达了徐炯副部长对此项工作的肯定,推进出版理论研究,不但能提升青年编辑的职业素养,培养优秀的编辑队伍,也对加强沪版图书精品力作的发展起到至关重要的作用。

2. 召开顾问会议

12月11日下午,上海市出版协会召开版协顾问工作座谈会,向顾问们汇报2020年市版协工作情况。市版协秘书长马加在会上介绍说,受疫情影响,协会工作遇到不少困难。但市版协一如既往,积极作为,围绕服务上海出版大局作了不少工作,得到业内肯定。原定2020年上半年版协换届工作因疫情推迟,下半年启动前期准备工作。市版协将在市委宣传部领导下,秉承协会宗旨,继续做好服务上海出版大局的工作。会后,市版协安排中医专家为顾问们进行年度健康问诊。

3. 做好《上海版协通讯》刊发工作及《中国出版年鉴》组稿工作

编写《上海版协通讯》,将市版协工作及时上传下达,使各会员单位对版协工作有充分了解。每年开展《中国出版年鉴》上海地区组稿工作,按照要求提供上一年度上海出版概况、各集团工作概况和各出版单位的图书推荐等。

附录:上海出版行业受疫情影响的调研情况报告

受部领导委托,上海市出版协会2020年对上海出版行业(包括印刷、发行单位)抗击新冠疫情的情况作了一次问卷调研。调研的内容为当前遇到的主要困难及已采取的措施、下一步需要什么扶持政策及有哪些意见建议，希望能提供一些具体数据和典型材料。调研表3月2日完成设计并下发，上海市出版协会下发给各理事单位，同时商请市期刊协会、市印刷行协会和市书刊发行行业协会下发给各会员单位。截至3月10日，回收939家单位反馈的调研表，其中，出版单位20家，期刊单位28家，印刷单位792家，发行单位99家。上海市出版协会对反馈情况作了归纳和梳理。因市印刷协会和发行协会已有专门报告报给部里，这份报告主要反映上海出版单位（包括期刊单位）面临的困难，适当采用印刷、发行单位的数据作为补充。

疫情暴发后，上海出版和期刊单位按照部领导要求迅速行动，全力以赴参与疫情防控工作，做了大量卓有成效的工作。但从问卷调研反馈的情况看，上海出版和期刊单位疫情中面临很多困难。

一、图书出版

从20家出版单位反馈情况看，因受疫情影响，春节后员工不能正常上班，影响图书编辑进度，加上排版公司、印刷厂、物流公司没有完全复工，出书发货进度慢，图书上市节奏被打乱，造货数量减少，发货滞后。预计疫情对上半年乃至全年图书出版和经营将产生很大影响。

1. 图书选题。一些合作单位和作者的写作计划受到影响。供应商和物流没有完全复工，出版社业务无法正常开展，不少图书选题延后。有的出版社头两个月实际发稿和出书只完成计划的65%和37.5%。一些作者特别是医学领域的专家作者投入抗击疫情，影响到部分“十三五”国家重点规划项目、国家出版基金和其他基金资助项目的编写进度。上海辞书出版社《辞海》（第七版）出版进度也因疫情受到很大影响。

2. 图书发行。2020年头两个月图书市场经营极为惨淡，2月份实体书店停业率达90%，销售严重下滑，销售周期延长。线上销售也受到很大影响。因地面店销售减少，退货和提成差价增加，利润下降。因各地新华书店销售业绩下降，出版社回款受到影响，坏账可能性大幅度增加。

2月份上海辞书出版社和中西书局图书入库品种为零。尽管往年春节前后也是图书销售淡季，但今年这种极端情况以前还从未有过。据反映，头两个月，上海辞书出版社和中西书局营业收入同比减少1 000万元；上海科技出版社一般图书进栈码洋同比下降35%，发货码洋同比下降28%，开票实洋和到款实洋分别减少11%和22%；少年儿童出版社销售收入同比下降30.6%，利润同比下降129.3%；上海书画出版社实体书店发货码洋和收款与去年同期相比分别下降35%和85%。线上销售同样遇到重挫。一月和二月，上海人民美术出版社在京东和当当两大网站销售同比下降65%左右。

3. 图书印制。出版社发印的本市及外地印刷厂，因受疫情影响均未按国家原定时间复工复产，已经进入印制阶段的图书未能启印和装订，尤其是较多重版书搁浅，出书进度受到影响。

4. 资金方面。部分出版单位职工工资、生产运营管理等固定支出是刚性的，回旋余地有限。如情况不迅速好转，继续入不敷出，短期将处于亏损状态。

二、期刊出版

从28家期刊单位反馈的信息看，困难主要集中在以下几个方面：

1. 受疫情影响，不少作者的研究、写作计划中断，一些规划举办的论坛停办，论文来稿数量明显减少，期刊稿源受到影响。大多数编辑部正全力以赴加大组稿力度，加强和老作者的沟通联系，挖掘潜力,渡过“稿荒”。

2. 因排版及印刷厂停工,很多期刊不能按时正常出刊,可能要影响到整个上半年。同时,纸质期刊物流配送受疫情影响不能按时投递,并不时发生期刊遗失等情况,受到读者投诉,对期刊经营和明年读者订阅意愿造成影响。

3. 教育类期刊因中小学延迟开学,发行、投递和采访报道等遇到很多困难。

三、印刷行业

从792家印刷单位反馈的情况看,困难主要集中在以下几个方面:

1. 75%的印刷企业一季度无营业收入,但每月运营成本颇高,承受的经济压力巨大。

2. 80%的印刷企业经营场地是租赁的,每月仅租金一项就达千万元。

3. 如持续停工停产,90%的印刷企业只能再维持三个月。

4. 除经济压力大,复工复产还要抓紧简化有关流程,协调解决比较紧缺的防控物资。

5. 招工困难。

四、发行行业

从99家图书销售企业反馈情况看,当前遇到的主要困难依次为:人员开支仍需承担(90.91%),疫情持续无法营业(62.63%),营业后仍无人气(58.59%),出版社货源无法发出(57.58%),场地租赁费用仍需正常支付(55.56%),销售萎缩、货款支付压力陡增(53.54%),销售单位货源无法保障(42.42%),库存积压严重(35.35%)等。

这99家企业中,一成半认为“已受影响,难以为继”,一成认为“即将产生影响”,近七成认为“已受影响,但尚可维持”。只有半成认为“未受大的影响”。

从调研反馈的情况看,上海出版行业面临的困难具有高度的相似性,提出的意见和建议有:

图书出版行业提出:1. 由于疫情突发,出版社经营成本提高,收入大量减少,希望得到资金支持,给予一定的税收及社保减免。一些单位提出希望免征半年所得税。2. 对线上及线下书店给予一定的政策及专项补贴,出版社与各线上平台协调,减免线上纸媒销售服务费和收费系统手续费等。同时,在传统出版与互联网公司数字内容对接共赢方面,请有关方面给予更多的指导。3. 出版基金和重点出版项目多给出版社以资金扶持,重大出版工程后期的出版、宣传方面予以更多协调、支持。4. 加大网络信息化专业培训和资金支持,加快出版社转型发展。5. 希望出台有利于出版社克服困难的金融政策。6. 实体书店的命运与出版社的命运紧密相连,希望对书店运行与出版社发行统筹考虑,采取有针对性的政策措施,使双方成为健康的图书产业链中的一环。7. 建议主管部门出台一份抗击疫情图书发行“红头文件”,对抗击疫情图书团购业务提出指导意见,在财政上适当给予资助,扩大学校、图书馆等的政府采购力度。对抗击疫情图书选题的CIP申领等具体问题,特事特办,及时解决。8. 由于受疫情影响经营困难,建议主管部门免去至少半年的经营考核指标。

期刊出版行业提出:1. 期刊出版周期拉长,希望管理部门允许期刊延迟跨月出版并延迟收取样书等要求,并对因疫情导致出刊时间延误有一个明确的说法。2. 期刊年检等相关工作在全面复工及学校全面开学后再进行。

印刷行业提出：1. 希望出台包括融资贷款、税收优惠、场地租赁等降低企业经营成本的组合性政策。2. 对保障防控工作的印刷企业加班工资给予专项补贴。3. 帮助解决复工复产紧缺的防控物资如口罩等。

发行行业提出：希望得到主管部门和协会帮助的事项依次有财政补贴(91.92%)、资金资助(76.77%)、税收优惠或延期纳税(67.68%)、房租减免(62.63%)、金融信贷支持(20.2%)、法律援助(11.11%)等。

第二章　上海市书刊发行行业协会

2020年，上海市书刊发行行业协会（以下简称“本会”）根据年度计划，紧紧围绕中心工作，在疫情后推动行业复工复产、服务大局、服务会员、服务行业、服务政府、加强党建工作等方面做了许多工作。

一、多措并举，助力新冠疫情后行业复工复产

1. 文化“三下乡”·好书联展，因疫情而被迫停止

根据市委宣传部《关于认真学习贯彻党的十九届四中全会精神　做好本市文化科技卫生“三下乡”工作的通知》精神，本会于1月20日—2月5日联合全市20家实体书店举行“上海市2020年文化‘三下乡’·好书联展”活动。

1月15日，由本会统一设计的两幅海报以电子版形式下发参展书店，20家参展书店全部在店堂显著区域张贴，并设置专区展示展销与文化“三下乡”相关的自选书目100种（陈列柜标牌文字与海报相同）；策划组织一场或者一场以上主题阅读交流、结对联建乡村图书室、伴随好书进乡村、邀请名家回乡镇等相关活动。

因遭遇新冠疫情，1月23日，本会告知参展书店提前结束本次展销活动。

2. 面对疫情，通过调研为企业提供扶持政策

2月9日，按照上海市新型冠状病毒感染的肺炎疫情防控工作领导小组会议精神，本会第一时间面向上海市实体书店发起健全前期工作准备、做好员工健康管理、强化读者健康检查、确保门店环境卫生、开展有序经营活动、落实防控主体责任的六方面倡议，对复工的实体书店，要有序做好复工各项工作，确保在有效防控疫情前提下开展经营活动，切实保障广大读者、职工的身体健康和生命安全。

2月12日，本会针对本市出版社、图书批发机构、中大型图书零售机构总部、部分实体书店发起了《上海书刊销售企业受新冠肺炎疫情影响问卷调查》，基本覆盖了上海图书销售行业具有代表性的企业，调查报告为政府制定相关扶持政策提供了数据支撑。

3月2日，本会开展了“关于上海发行单位抗击疫情情况调研和上海发行条线金融信贷抗疫专项贷款意向征询”。据30家有影响力、有代表性覆盖面广的实体书店反馈，受疫情影响无法营业、人员开支仍需承担、营业后没人气无销售、场地租赁费用仍需正常支付、货款支付压力陡增、货源无法保障、库存积压等，已成为目前面临的主要困难，希望政府在资金资助、税收优惠或延期纳税、房租减免、金融信贷等方面予以支持。其中，有12家实体书店提出了共约1亿元的贷款意向。

3. 举行5大活动，推动行业复工复产

在上海市委宣传部的组织推动下，全市各出版发行单位准确把握阅读需求，迅速行动，联合网络文化平台、新媒体等业界力量，2月22日启动为期40天的“上海书展·阅读的力量”2020特别网聚活动，协会主持的“上海书展”公众号对特别网聚活动进行发布。

随着复工复产稳步推进，全市实体书店有序开放，市民生活步入正轨，上海市书刊发行行业协

会在上海市委宣传部促进全民阅读办公室的指导下，举办了5次联展活动，组织全市出版文化机构、实体书店积极参与，推出系列购书优惠、阅读文化活动，以多种文化惠民举措和线上线下阅读活动推动复工复产复业复市，促进文化消费回补和潜能释放。

2月22日，"上海书展·阅读的力量"2020特别网聚活动启动。2月24日，2020特别网聚活动之"乐游书店"在钟书阁芮欧店进行"带你去逛网红书店之钟书阁"拍摄，节目于2月28日在澎湃、哔哩哔哩、喜马拉雅、东方网、看看新闻、趣头条等平台播出。活动持续37天，集中推出一大批内容丰富、形式新颖的线上阅读活动和文化服务，陪伴网友读者度过了一段特殊的日子。

3月21日—4月3日，在市委宣传部促进全民阅读办公室的指导下，本会推出"上海书展·阅读的力量"春季图书大联展特别活动(部分书店延续至4月6日结束)，58家书店参展，覆盖全市16个区的主要街区。展销期间，参展书店整合线上线下资源，扩大联展的辐射面，推出各种线上阅读推广活动，线下店堂环境得到改善，书香场景丰富，客流明显增加，销售有所回升。上海市委宣传部副部长、市新闻出版局局长徐炯表示，春季联展总体上非常好，时间上比较早，发挥了主观能动性、积极性，春季联展的这种新形式要进一步总结，还要积极开拓线上销售。

4月23日，以"春暖花开读新书，云上书店云首发"为主题的上海"4·23世界读书日"2020特别活动在朵云书院旗舰店举行。中共上海市委常委、宣传部部长周慧琳宣布"阅读的力量·春暖花开读新书"活动开启。

本季联展时间为4月23日—5月5日，68家品牌实体书店参展，参展书店数量由第一季的58家增加到第二季的68家，书店参与面更广。活动分两个阶段，第一阶段是世界读书日活动，第二阶段是参与"五五购物节"活动。上海世纪出版(集团)有限公司、上海新华传媒连锁有限公司、上海钟书实业有限公司等本市重要实体书店，提前谋划、主动参与，积极响应参加全市性的世界读书日、"五五购物节"活动，刺激阅读消费，丰富市民精神文化生活。展销图书以上海市委宣传部出版处提供的2020年百种沪版新书为主，朵云书院旗舰店、上海书城福州路店展示沪版新书品种达95%以上；其他参展书店总体展陈品种达100种、百种沪版新书达50种。68家参展书店均设计、制作了个性化的海报；进行了店堂场景布置；在主通道设置展销专柜专架；全体店长在各自的朋友圈发布联展动态；主推"春暖花开读新书·书店的故事"微信条，挖掘书店内涵，讲述了68家书店的前身今世、规模特点、发展故事，并通过"上海书展"微信公众号发布。据统计，5月1至5日，参展书店累计接待读者30余万人次，实现销售码洋580余万元。第二季"阅读的力量·春暖花开读新书"活动，以百种沪版新书联展、重点新书云首发、短视频讲述书店故事、图书"外卖"快递服务等多种形式的线上线下阅读活动，打造更为广泛的阅读圈层，共同助力书香满城、阅读的力量持续推进。

4月16日，协会邀集会员单位上海外文书店、上海新华传媒连锁有限公司、上海图书公司负责同志召开"阅读的力量·春暖花开读新书"直播节目短视频制作座谈会。以"新华书店的故事——南村映雪""探寻福州路书店文化的数字密码"为主题，分别由新华连锁、上海外文书店、上海古籍书店、艺术书坊制作视频直播，通过线上线下互动的方式，加强行业形象推广和图书销售。4月29日、30日20:00，在11家平台(澎湃、哔哩哔哩、喜马拉雅、东方网、看看新闻、趣头条、一条、樊登读书、腾讯视频、浦东观察、周到上海)同步播出的两档直播节目获得了众多网民的关注。其中，"探寻福州路书店文化的数字密码"总观看人次(PV)达到1 053 231，创下此轮"阅读的力量"2020世界读书日系列活动视频播出的最高纪录。

5月11—20日，推出"上海书展·阅读的力量"特别活动——"深入学习'四史'　坚守初心使命"主题展特别活动，上海8家综合性实体书店(上海书城福州路店、上海书城五角场店、东方书城、上海博库书城宜山路店、钟书阁芮欧店、钟书阁徐汇店、大隐书局思源书廊、上海大众书局维璟广场店),新华书店、钟书阁等近30家书店同时进行展销。通过集中展销“四史”主题图书,开展主题宣讲会、团购、流动供应、短视频荐书、微信公众号推送等多种形式,带动了书店及全市党政部门、企事业单位的“四史”学习,体现了书店作为宣传阵地的重要意义。5月20日,“上海书展·阅读的力量”特别活动——“深入学习‘四史’ 坚守初心使命”主题展告一段落,但整个学习、营销将会延续到2021年7月。

根据市委宣传部、市文旅局联合主办的“五五购物节·品质生活直播周”活动整体要求,继“上海书展·阅读的力量”第一季、第二季、特别活动之后,于5月30日至6月5日推出“阅读的力量·品质生活直播周”特别活动,组织上海市骨干实体书店以多种文化惠民举措,倡导健康生活。上海50家主要实体书店通过直播、线下探店、优惠促销等一系列活动,“阅读的力量·品质生活直播周”特别活动掀起了“五五购物节”品质生活的文化消费高潮,在推动全民阅读、促进图书发行行业融合发展方面起到了积极作用。

根据市政府“上海夜生活节”的总体规划,6月6—30日每周五、周六推出“阅读的力量·深夜书店节”,以“阅生活·夜读时光”为主题,继续发挥实体书店品牌文化特色和线上线下多渠道优势,精心组织策划活动,以多种文化惠民举措,倡导健康生活。在6月6日、12日、13日、19日、20日、26日、27日这7天活动日中,黄浦区、静安区、徐汇区和杨浦区等四个中心城区的25家参展书店分别在部分活动日延长营业时间。其中,有8家书店延长至23:00或24:00,有7家书店比平时延长两三个小时,有10家参展书店在商场(纪念馆)内,随着商场营业时间同步延长。6月6日活动首日23:00—24:00,协会对参加“阅读的力量·深夜书店节”活动并延长营业时间的8家书店进行了慰问,并向所有坚守岗位的员工送上一份在晓风书屋定制的西点。6月27日18:30—23:00,协会走访了7家参展书店,对这些为城市点亮灯光的书店同仁表示慰问。

疫情以来的5场活动进一步推动了文化市场的复工复产复市,在本会的倡导下,不少出版社和实体书店纷纷试水在线讲座、直播、视频版、视频回放等,线上活动与线下推广互补共存,大大提高了活动的传播率。当阅读和分享被移到云端,“云书展”进一步激活了书业生态,释放更强的书香效应,让城市文化生活尽快恢复生机活力。

4. 健全机制,防疫常态化

2020年自疫情发生以来,协会根据上海市防疫部门的工作要求,动员实体书店做了大量扎实细致的防疫工作,使防控工作取得了一定的成效。进入秋冬季节,新冠疫情存在反弹风险,11月30日,本会发出《关于进一步做好防疫工作的通知》,要求各实体书店坚持每天对书店空间进行全面消毒防护,做好口罩、温度计、消毒药械等疫情应对物资准备;保持室内空气流通,尽可能打开门窗通风换气,或采用机械排风。本会要求,为做好新冠疫情常态化、科学化、精准化防控,必须加强落实秋冬季重点传染病防控工作,不能有丝毫松懈和侥幸,应确保在有效防控疫情前提下开展经营活动,切实保障广大读者、职工的身体健康和生命安全。

二、服务会员,践行协会宗旨

1. 组团参加北京图书订货会、中国上海国际童书展

2020年1月9—11日,由本会参与组织的北京图书订货会上海展馆,共设68个展位,展示上海精品力作7 300余件,组织举办文化活动近10场,着力打响“上海文化”品牌。积极参与2020年11

月举办的中国上海国际童书展的相关组织工作。

2. 主办和承办2020上海书展相关活动

做好上海书展分会场工作，优化上海书展品牌实体书店馆，参与由中宣部印刷发行局在上海书展期间主办的中国实体书店创新发展年会，邀请江苏、浙江、安徽三家发行协会领导出席。承办上海书展“双十佳”评选工作，编辑制作2020上海书展暨“书香中国”上海周读者手册、会刊；负责上海书展官网、微信、微博“三网合一”项目，书展期间的“三网合一”项目总计阅读量达205万次，为读者提供全方位书展信息。

《上书简报》2020年刊出11期，截至年底累计出版408期。

三、服务行业，履行协会职责

1. 坚持开展法规培训

本会受市委宣传部委托，根据各区文广局要求对申办出版物发行的企业进行法规培训。受疫情影响，2020年举办了8期培训，对全市范围的新开书店法人代表进行开业前的法规培训，182人次参加。

2. 组织开展出版物市场督察工作

本会与上海市出版物管理事务中心共同组建的上海市出版物市场督察员队伍，全年对本市16个行政区域开展出版物市场督察。累计走访3 539家经营单位，发现807家因动迁等原因不在原址经营的单位。8月12至18日，督察员队伍走访上海书展分会场，巡查店堂张贴海报、优惠销售告示、展示展销台，检查全场的出版物、活动安全等方面内容，督察情况成为考核分会场的一个重要指标。11月第三届进博会举办期间，督察员队伍在全市范围开展了专项督察。

3. 最美书海报——2019上海书业海报评选活动

举办“最美书海报——2019上海优秀书业海报评选活动”，获奖海报汇编成《最美书海报——2019上海书业海报评选获奖作品集》由上海教育出版社出版，在上海外文书店、新虹图书馆举办了2019上海书业海报评选获奖作品展。

4. 组织全市38家出版社发布《上海出版·每月书单》

全年发布书单微信400余条，加强了上海出版、发行、零售，渠道与终端，线上与线下等环节的交流，促进书业生态系统日益完善。

5. 上海领衔，长三角行业协会互联互通

推出“最美书海报——2019长三角书业海报评选活动”，6月1日在苏州举办长三角四地协会联席会议，商议四地协会联手开展的培训、论坛、展览展示等工作。7月20日，四地发行协会在常州联合举办“长三角书业论坛·后疫情时代书业新模式新发展”，交流后疫情时代实体书店运营经验，探讨书业发展新的运营模式。11月1—4日，四地发行协会在丽水举办2020年长三角地区书店店长培训班（第二期），沪苏浙皖四地70余位学员参加。

6. 维护上海市高校校园暨周边地区书店阅读空间平台

发布各种数据、最新政策及相关信息，积极引导实体书店在高校校园及周边开设门店，提升校园书店的规模、能级、竞争能力。

9月22日，举行上海高校校园及周边区域实体书店融合经营分享会。大夏书店、同济书店、志达书店、复旦旧书店等近20家高校书店负责人研讨疫情背景下的高校书店融合经营发展之路。

四、服务政府,发挥履职能力

1. 创建上海图书销售行业文明行业

7月28日,举行2020上海图书销售行业文明创建座谈会,讨论并通过了《上海市图书窗口单位创建文明行业宣传口号、标语、服务标准》(新一版)。11月24日,上海市促进全民阅读办公室、上海市书刊发行行业协会与12家主要窗口单位负责同志联合开展2020年末图书销售行业创建文明行业巡查,对12家书店的店容店貌、规范服务、减塑工作等巡查重点进行交流讨论,要求上海市图书销售行业主要窗口单位率先完成“禁塑”任务。12月23日,举行“上书有礼——2020上海图书销售行业60款包装礼袋展示”活动,在全市书店积极推广使用环保布袋等可循环使用购物袋。

2. 创建“书香满城”新格局

设立上海书展本市100家分会场,囊括全市16个区,以品牌实体书店为基础,联合图书馆、农家书屋、读书会等组成,首次由实体书店与商厦(购物中心)对接,包括龙之梦购物中心、长宁缤谷广场、百联南方购物中心、陆家嘴尚悦湾广场、爱琴海购物公园、上海大悦城北座、漕河泾汉桥文化科技园、静安嘉里中心、芮欧百货、美罗城、思南公馆等11家商厦,以及约20个社区共同推进上海书展“进商圈”“进社区”,举办各种文化活动,使阅读活动与社群打通,助推实体书业及周边产业的混合经营、共同复苏。

在长三角等城市设立50家分会场,走出上海,将上海书展“我爱读书,我爱生活”的理念传达到各地,分享给读者。

第三章　上海市印刷行业协会

2020 年上海市印刷行业协会根据章程及行业改革发展实际，在市委宣传部坚强领导和四届理事会的团结带领下，加强自身建设，建立完善各项规章制度，注重开门办会，规范运作，在助力行业、企业抗击新冠疫情，充分发挥桥梁纽带作用，引导行业、企业高质量发展等方面积极履职，得到了主管政府部门和广大会员的高度肯定。

一、加强党的领导，强化自身建设，提升服务效能

1. 协会通过工作例会、民主生活会、主题日教育活动、参加宣讲宣教、上党课等多种形式，组织协会党员和工作人员深入学习宣传贯彻习近平新时代中国特色社会主义思想、党的十九届五中全会精神，贯彻新发展理念，坚持“围绕中心、建设队伍、服务会员”，推动党建和协会工作上新台阶，创新局面。

2. 强调开门办会，民主办会，建立完善各项规章制度和议事规则，确保规范有序运行。协会会长会议、月度例会、市区印协交流会议、绩效评价考核、每月简报、专业委员会管理等各项管理和运行制度已在实践工作得以体现和落实。

3. 为把协会官方微信公众号“第一印”打造成权威、实用的社交媒体、行业工作平台和数据库，协会整合行业媒体资源，邀请专业机构建设设计，对“第一印”进行了全新改版。同时，制定《协会媒体工作人员管理办法》，邀请不同领域的行业资深专家组成编辑团队，对资讯和数据库进行动态更新、维护和监督，在线为会员提供咨询。

二、助力行业企业抗疫复工，主动出击，积极履责，共克时艰

1. 面对突发疫情，协会在市委宣传部的领导下，第一时间向行业发出“防控防疫工作的倡议”，倡导行业坚决按市委、市府统一部署积极行动，落实到位；结合实际建立防控工作预案，明确责任，加强宣传，确保实效。2 月初，协会再次向全行业发出“复工防疫倡议书”，指出企业防控工作的重点、企业员工防控须知等重要事项，要求企业防控不懈怠、不放松。

2. 为及时宣传全行业在疫情防控工作中好的做法和涌现出的先进典型，弘扬业界齐心协力、共克时艰的强大合力和守土有责、守土担责、守土尽责的博大情怀，协会微信公众号“第一印”连续报道了 20 家印刷企业及相关单位防疫抗疫和复工复产先进典型事迹，展示上海业界的责任担当，弘扬了正能量。

3. 根据市委宣传部的指示，协会及时对行业受疫情影响情况进行了问卷调查，调查共收到有效反馈问卷 792 份，占上海印刷企业总量的 28.7%。本次调查覆盖面广、样本分布合理，数据有较高的真实性和代表性。调查报告显示，本市 95%的印刷企业都受到了疫情的影响，调查报告重点反映了企业的真实情况和诉求，为市委宣传部制定政策提供了依据。

4. 加大各项扶持政策宣传力度，并协助企业做好政策对接落地，及时推介市委宣传部“文金

惠”等惠企政策，通过点对点的解读对接，推荐申报了 20 家印刷企业共 1.3 亿元的融资贷款需求。

5. 根据市人社局、市财政局《关于做好本市受疫情影响企业职工线上职业培训补贴工作的通知》，在市委宣传部和市人社局大力支持指导下，完成了近百家意向企业的统一申请备案，加强与各区人社局政策申报受理部门的信息对接，按政策指引，帮助企业编制申报文件样本；同时，加紧完善代表行业职教水平的“印刷微课堂”上线，提供了印前、印刷、印品整饰等 57 个印刷技术视频课件以及在线考核的功能，共有 8 家企业 106 人进行了补贴性线上技能培训。

6. 为减轻疫情对企业经营的影响，市委宣传部出台扶持上海文化企业“20 条”的政策，提出了“支持相关行业协会，对相关印刷、发行企业机构减免年度会费”的要求。为此，协会坚决响应市委宣传部的号召，决定免除所属经营性会员单位 2020 年会费。与广大会员企业休戚与共，共克时艰、共渡难关。

三、聚焦创新转型，引领产业高质量发展

1. 全力协办第八届中国国际全印展。在各区印协大力支持下，组织近 2 500 名上海专业观众观展及参加展会期间举办的“2020 中国印刷业创新大会”“印刷及传播融合创新高峰论坛”“2020 亚洲标签大奖颁奖典礼”“2020 印刷包装产业经济论坛暨全国印刷经理人年会”等重要活动。

展会期间共协调安排湖南省印协、浙江省印协、山东印协、四川印协、河北省印协，以及安徽新华考察团、河南邮电考察团等数十家单位近 400 人，到上海中华印刷有限公司、上海东港安全印刷有限公司、上海瑞时创展印刷有限公司等印刷企业进行了参观交流。来访嘉宾纷纷赞许，表示不虚此行，收获颇丰。

“第一印”数字技术中心拍摄制作了时长近 2 小时的“大咖探展——创新数字印刷专线”及“现代汉字字体发源地上海印刷字体展示馆”揭牌仪式，累计发布文字新闻 5 条。其中，对印刷创新成果、行业主管领导重要指示、专家学者的观点建议等资讯进行多形式的宣传推广。

2. 高质量承办 2020 年上海印刷业创新发展培训活动，市区政府主管部门、印协领导和印刷企业负责人等 400 余人参加了培训。

会上，市委宣传部印刷发行处曾原处长首先解读了 2020 中国印刷业创新大会主旨报告，强调在“十四五”期间要坚定不移贯彻新发展理念，以供给侧结构性改革为主线，大力实施创新驱动战略，做大做强上海印刷业。行业资深专家围绕产业发展趋势及四化发展的探索和实践进行了深入解析和分享。与会者均感收获颇丰。

3. 受嘉定区委宣传部委托，成功主办“2020 年嘉定区印刷企业经营管理培训班”，邀请优秀企业交流管理经验和成果，主管领导及专家就印刷业发展趋势、法律法规、精益管理、财税管控等议题进行解读授课，对行业法律法规知识进行了线上测试考核。嘉定区 180 家印刷企业主要负责人参加了培训。其间，组织考察了豪门印刷（上海）有限公司、上海雅昌艺术印刷有限公司。

4. 为贯彻落实《长三角区域印刷业一体化发展升级指南》，根据市委宣传部指示及委托，在充分调研、广泛听取意见建议的基础上，制定了印刷创新中心、印刷先进产业集群、印刷优势企业动态评定办法和认定资格条件；召开专家研讨评审会，对各区推荐申报的上海印刷创新中心名单、上海印刷先进产业集群名单、上海印刷优势企业名单进行初审，初审意见报送市委宣传部审定，并进一步配合做好宣传引导、动态管理和政策落地等工作。

5. 对接相关扶持政策和特色项目，帮助企业开拓市场。6 月中旬，组织近 20 家涉足文创领域、

具有不同特色的印刷企业，赴崇明区考察，对接优惠政策和国际花卉博览会文旅印刷项目。双方签署了政策对接、文旅项目战略合作协议，推荐上海尚映文化传播有限公司、富森集团、上海瑞时创展印刷有限公司、上海西口纸制品有限公司、上海安全印务有限公司及其创意研发。这些印刷企业设计制作的多款印刷文创产品成为花博会的特许产品，企业也成为印刷文创品牌服务和文创产品特许经营供应商。

6. 印刷企业精彩亮相2020上海书展。上海印刷集团旗下的上海映坊文化传播有限公司、上海印刷技术研究所带来了各种富有文化创意的文创产品和特色印艺文化体验活动；上海雅昌艺术印刷有限公司以“最美的书”，演绎当下印制工艺之魅力。印刷文脉为2020上海书展增添了亮色。

7. 为提高印刷企业书刊印后装订工艺水平和产品质量，更好地推动区域印刷产业联动和高质量发展，上海印协联合江苏、浙江、安徽、福建、江西、广东、湖北、湖南九省市印协成功举办了首届“南方地区‘精密达’杯印后产品质量优秀奖、胶订线优秀领机评选活动”。中华印刷、中华商务、盛通时代、雅昌艺术、铁路印刷、利丰雅高等公司参赛作品荣获多项金、银、铜奖。中华印刷公司的冯培鑫获得“优秀领机”荣誉。首届颁奖仪式在第八届中国国际全印刷展期间隆重举行。

8. 鼓励、指导会员单位积极申报政府扶持项目，为扬盛印务、界龙永发、久诚包装、安全印务、中华商务、上海中华商务、雅昌艺术等单位在申报市级专精特新企业、市级品牌企业、市文创扶持资金等项目上提供资质认定、评价。

四、构建和完善绿色印刷评价体系，助力企业践行绿色创新

1. 2019年9月，国家五部委发布的《关于推进印刷业绿色化发展的意见》，明确了“推行印刷业绿色产品合格评定制度——第三方认证、自我声明相结合”的绿色印刷新举措，中宣部《长三角区域印刷业一体化发展升级指南》进一步要求上海成为“全国印刷业深化改革开放的先行区”。建立符合实际的上海印刷业绿色发展的体系成为行业可持续发展的关键。为此，协会在市委宣传部的领导下广邀行业专家、产业链代表组建方案起草和技术攻关团队，经过一年的努力，形成了《上海市绿色印刷自我申明实施细则》及其技术规范等体系方案。新建体系解决了印刷行业中小企业多、工艺多样、原辅材料成分复杂而形成的环保监控社会成本高、第三方认证难以取得实效的困难。根据行业生产以物料物理变化的特点，通过源头原辅材料采购、工艺生产方式选择等的环保严格预防，达到生产的环保和产品的环保；体系方案设计增加鼓励企业向更环保的水性材料、工艺方式发展的条款，从而引导新的投资向更环保的方向发展，实现可持续环保发展的最终目标。

2. 在协会牵头下，联合市印刷品质检站、维格拉印刷器材公司、丽佳印刷公司等单位组建低VOCs清洗剂攻关研发团队，经不懈努力，攻克了困扰我国印刷行业环保发展的清洗剂VOCs含量较高的瓶颈。经市生态环境局、市环境科学研究院组织的专家组审核，符合国家低VOCs含量清洗剂标准，成作为市第二批低VOCs替代示范项目。

五、注重人才培育，表彰行业楷模，传承印刷精神

1. 倾力承办2020年第七届全国印刷行业职业技能大赛上海赛区竞赛工作。本届大赛从2020年7到11月，历时近5个月。上海赛区参加了本届大赛职工组平版制版员、数字印刷员、装订工，学生组平版制版员、数字印刷员、装订工共三项工种六个组别的全部赛事。经过广泛动员，上海赛

区共有63家企、事业单位近800人报名参加,参赛选手和单位均超历届。

经数轮培训选拔,15家单位的101名印刷行业优秀选手入围各项竞赛工种集训队。其间,依据大赛技术纲要,提标加量,各竞赛项目组竞赛理论知识,采用选手自习为主和集中辅导答疑的方式;竞赛应会知识,每周安排一至二次集中上机实操强化训练。9月底至10月中旬,根据全国大赛组委会分配名额,共决出14名职工和21名学生代表上海参加了三项工种六个组别全国总决赛。代表团取得了装订工(学生组)第一名、第二名(一等奖);平版制版员(职工组)第二名、第四名(一等奖),平版制版员(学生组)第二名、第三名(一等奖);数字印刷员(职工组)第三名(一等奖),数字印刷员(学生组)第四名(一等奖)的优异成绩。一等奖占比高达26.7%,名列全国各赛区首位,总成绩为历届之最。

上海赛区积极配合全国大赛组委会工作,选派15人参与总决赛执裁、监事工作。上海新闻出版职业技术学校出色完成了协办第七届全国印刷行业职业技能大赛平版制版员(职工和学生组)项目全国决赛工作。整个赛事期间,协会秘书处严格执行安全防疫措施,全维度保障大赛成功举行,得到了全国大赛组委会领导和参赛选手的高度肯定和赞誉。

2. 结合行业实际和企业需求,协会编制了年度实施继续教育培训项目清单,并从7月起和上海版专联合举办多期"5S现场管理专项技能"培训班(市财政补贴项目),企业报名踊跃,截至年底共有20家企业近170名员工通过考核鉴定获得专项技能证书。

3. 在五年一度的上海市劳动模范(先进工作者)和模范集体评选活动中,上海扬盛印务有限公司董事长杨志训、上海正伟印刷有限公司总工程师王本洪、外贸界龙彩印有限公司副总工程师蔡志荣、上海紫丹食品包装印刷有限公司生产副总监巩洪亮、上海烟草包装印刷有限公司凹印车间副主任于殿友、上海宝钢包装股份有限公司印铁分公司设备主管常维仓、上海出版印刷高等专科学校影视艺术系副主任张波等7名个人和美迪科(上海)包装材料有限公司医疗防护服生产车间、上海商务数码图像技术有限公司数字化项目班组2个集体受到上海市委和市政府的表彰。为大力弘扬和继承上海印刷人劳模精神、工匠精神,"第一印"刊发"振兴印刷业,劳模勇当先"劳模先进事迹的系列专题报道,致敬劳模。

4. 在"致敬时代榜样"——中国印刷技术协会成立40周年系列纪念活动中,经严格评审,上海出版印刷高等专科学校校长陈斌、上海新闻出版职业技术学校校长黄彬、上海扬盛印务有限公司董事长杨志训获评中国印协先进工作者;上海市印刷行业协会、上海市浦东新区印刷行业协会获评中国印协先进集体;高斯图文印刷系统(中国)有限公司、富士胶片(中国)投资有限公司、上海汤盛印务有限公司、上海烟草包装印刷有限公司、上海伊诺尔实业集团有限公司、上海界龙集团有限公司获评中国印协优秀会员单位;上海印刷(集团)有限公司、上海出版印刷高等专科学校获评特别贡献集体。

5. 完成2020年度印刷工程专业初、中级职称评审有关工作。受中国印刷技术协会委托,上海市印刷行业协会负责上海地区所有申报工作。

六、注重调研,注重行业协调发展,充分发挥桥梁纽带作用

1. 精心编制年度《上海印刷企业需求的问卷调查》和《上海市印刷企业受新冠肺炎疫情影响问卷调查》,两次调查都得到了广大会员单位和各区协会的高度关注和参与。其中,疫情影响问卷调查在企业复工、防控物资、原材料、物流、招工等方面调查了企业的困难;在社保、公积金、土地税收、

教育基金、专项补贴、金融服务等方面调查了企业的呼吁，形成的《上海印刷企业受新冠肺炎疫情影响的情况报告》在市委宣传部制定的《扶持上海文化企业20条措施》中已得到了积极回应。疫情影响问卷调查的相关结论已在年度企业需求问卷调查汇总编制中得以体现。

《上海印刷企业需求的问卷调查》涉及政策法规、市场秩序、绿色印刷、企业运营管理和体系建设等多个方面，涉及企业最担心的问题、最希望的事项。其成果有助于了解上海印刷企业的现状和需求，洞察行业发展的趋势，是协会精准服务的基础，为政府决策提供了参考。

《上海印刷企业需求调查报告(2020)》在年初线上召开的会员代表大会上正式发布。

2. 开展“十三五”发展情况总结评价和“十四五”发展规划研究工作。在市行业主管部门大力指导协助下，广泛征询本市优秀企业主要负责人、行业专家的意见建议基础上，整理编制了《2015—2019上海印刷业基本概况》、《2015—2019上海印刷业发展特点及成就》以及《“十四五”上海印刷业发展规划(框架)》。在此基础上，上海市印刷行业协会将把调研分析、编制发布产业发展报告作为常态化重点工作之一，为行业企业改革发展提供有效服务。

3. 参加中宣部办公厅牵头组织的会议，对《财政部税务总局关于延续宣传文化增值税优惠政策的通知》实施效果进行评估调研工作。协会积极建言，要从文化传承的社会责任和绿色印刷企业投入的高额成本等方面赢得的社会效益角度考虑，给印刷企业能得到的相应成本兑价或税收政策支持，确保印刷行业的可持续发展。

4. 协会经营管理专家委员会、印刷技术和智能生产专家委员会、绿色印刷专家委员会和法律财经工作专家委员会主动作为，为行业高质量发展把脉谋划；专家组根据上海的特点和优势，在反复认证的前提下，形成了数项高质量的议案。其中，创设“印刷业国际论坛”、关于建立“印刷业智能制造试验展示平台”等策划方案，得到行业主管部门和有关机构的高度关注。

第四章　上海数字印刷行业协会

2020年在抗击新冠疫情中，上海数字印刷行业协会（以下简称“协会”）积极贯彻上海市委市政府部署，落实上海市商务委防疫抗疫的要求，使各项工作正常开展，取得了一定的成效。

一、发挥协会作用，做好疫情防控

1. 组织专题调研

疫情期间，协会积极与主管部门沟通，通过微信平台向全体会员单位宣传上海市政府出台的《上海市全力防控疫情支持服务企业平稳健康发展的若干政策措施》暨28条综合政策；协会秘书处人员开展了“资小助微”活动，通过调研，了解企业困境，听取企业呼声，对急需解决的问题出谋划策；对有贷款需求的企业，协会发挥平台、桥梁作用，主动联系相关部门，支持企业复工复产。

2. 共同发起抗疫倡议书

在抗击新冠疫情中，协会积极担当，主动作为。与中国印刷技术协会数字印刷分会等八个省市数字印刷行业协会共同发起关于联名呼吁业主、房东支持数字印刷企业抵抗疫情共克时艰的倡议书，为广大企业呼吁。同时协会倡议开展“互帮互助”活动，团结带领会员企业，树立信心，努力做好抗疫防控工作，有序复工复产，共同渡过难关。这个倡议得到了广大会员单位的赞赏。

3. 克服困难，主动为防疫工作服务

协会秘书处通过商联会为企业购买了2 200只口罩，解决企业复工、防疫的燃眉之急。许多企业克服自身困难，凝聚力量、坚定信心，为打赢疫情防控阻击战投入了大量的人力、物力和财力，参与到抗疫战斗中，为取得新冠疫情战役的胜利做出了贡献。如上海丽缘快印等企业积极印制疫情防控宣传资料，上海同昆数码印刷有限公司等企业加班加点生产医药包装盒，天意公司、鼎泰印务有限公司等企业捐款捐物，柯尼卡美能达办公系统（中国）有限公司、理光（中国）投资有限公司、富士施乐实业发展（中国）有限公司等企业捐赠设备驰援疫区。

上海同昆数码印刷有限公司、天意有福科技股份有限公司获评上海市商业联合会2020年的抗击新冠疫情、保障城市生活、提振上海市场先进集体，上海鼎泰印务有限公司陈建敏获得了先进个人称号。

二、完成《上海市数字印刷行业发展报告》

协会组织行业专家，通过走访政府主管部门、会员单位，听取专家的意见，开展广泛深入的调查研究，通过翔实数据、典型案例、技术分析等，多角度、高质量地撰写完成了《上海市数字印刷行业发展报告》，并得到了上海市现代服务联合会的表彰。

三、做好协会换届工作

1. 成立换届领导小组和工作小组

第七届理事会的任期到2020年3月，受防控疫情的影响，迟迟不能正常召开换届会议。但为了做好协会换届工作，2020年初，成立了由薛平会长任组长、胡展龙副会长任副组长的换届工作领导小组，并在秘书处成立了换届工作小组。

2. 确定会长、理事、监事候选人

为了推荐第八届会长、副会长、理事、监事候选人，换届工作小组从2019年10月起进行了走访和征询工作，广泛听取会员们的意见和建议，拟确定了一批有代表性和社会性、有一定经济实力，在业内具有一定的影响力，并且具有公信力，工作热情、有社会责任感，关心和支持协会工作的候选人名单。

就会长和副会长拟任人选及会员单位在新一届协会中任职愿望在会员单位中开展了广泛的书面征询和电话征询意见工作，确保了每家会员企业的权利与义务。根据协会章程和征询意见，拟推荐会长候选人1名，副会长候选人20名，理事候选人98名、监事候选人3名，并在网上进行了公示。

3. 完成第七届理事会财务审计

秘书处聘请上海锦润会计师事务所有限公司对协会第七届理事会上一任期至2019年末本届理事会的四年任期内的财务收支状况进行审计，在事务所与银行做了书面核实后于2020年9月30日出具了正式审计报告。

4. 起草完成换届文件

起草了八份换届工作文件，主要有《第八届理事会换届工作方案》《第七届理事会工作报告》《第七届监事工作报告》《第七届理事会财务审计报告》《上海数字印刷行业协会章程》《关于修改协会章程的说明》《第八届理事会工作规划》《关于换届筹备工作情况的汇报》等。

5. 选举产生第八届理事会和领导班子

2020年12月4日召开了第八届会员大会，选举产生了新一届理事会和新的领导班子，为2021年协会工作的更好开展创造了良好的开端。

四、利用网络平台，做好会员服务工作

协会充分使用微信公众号和会员群的信息传递功能，为会员搭建交流、展示和服务的平台；及时传达政府管理部门的相关政策和法规，介绍国内外数字印刷方面的新设备、新技术、新工艺，企业经营的新理念、新方法，倾听会员单位的呼声。

第五章　上海市期刊协会

2020年是全面建成小康社会和“十三五”规划的收官之年，在肆虐全球的新冠疫情影响下，面对复杂的外部环境和各种困难，上海市期刊协会(以下简称“协会”)在市委宣传部、市社团局的关心、指导和全体会员单位的共同努力下，践行服务宗旨，提升服务质量，创新服务模式，努力推进上海期刊高质量发展。

一、践行服务宗旨，全心全意服务会员

第四届上海市期刊协会理事会在2016年5月12日选举产生，于2020年任期届满，受新冠疫情影响，协会于7月7日召开第四届上海市期刊协会第五次理事大会，遵循《上海市期刊协会章程》，80余家理事单位经无记名投票一致同意第四届上海市期刊协会理事会延期换届一年的决议。在全面完成换届工作前，第四届上海市期刊协会理事会继续履行好使命，为会员单位热忱服务。

截至2020年12月，协会有会员期刊单位504家(公刊403家，内刊101家)，其中副会长单位16家，常务理事单位37家，理事单位85家。

协会坚决贯彻执行党的各项方针政策和上级部门指示，持续完善各项管理体系，定期召开理事大会和会员大会，执行会长办公会、秘书处周例会等制度，确保各项工作高效落实。2020年共召开理事大会2次，会员大会1次，会长办公会1次。同时，协会继续通过官方网站、官方微信等渠道加强与会员单位的沟通，促进行业交流。

二、提升服务质量，攻坚克难，促进服务行业发展

协会努力克服疫情带来的各种困难，努力在促进期刊事业繁荣发展的道路上砥砺前行。

(一) 完成编校质量复查及培训工作

受上海市新闻出版局的委托和指导，协会对2019年度上海市期刊编校质量检查中的49种不合格期刊进行了复查。本着公平、公正原则，协会在参与2019年编校质量检查的专家中遴选组成2020年复查的社科和科技期刊两组专家团队，分别对社科和科技期刊进行初审、复审和仲裁工作，并将结果呈报上海市新闻出版局。同时为贯彻2020年5月国家新闻出版署印发的《报纸期刊质量管理规定》新办法，坚持引导正确舆论导向，强化质量精品意识，提高期刊编校质量，协会于2020年11月初邀请行业专家，针对新规内容开展了为期三天的“2020年上海市期刊编校业务培训”，近百名期刊编辑人员参与学习，编辑们纷纷反映此次培训课程内容实用性强、获益良多。

(二) 出版《上海期刊发展报告(2020)》

《上海期刊发展报告》已出版2期，客观全面反映上海期刊的整体现状和发展水平，获得了业内一致好评。2020年协会在市委宣传部的指导下，与编委、作者团队一起克服疫情带来的种种困难，

及时又高质量地完成了《上海期刊发展报告(2020)》的编辑出版工作,并在9月22日第九届上海期刊论坛发布。

这份报告不仅延续了上一年度的学科分类,还进行了更加细化的内容划分,增加了社科学术综合性期刊与学术专业性期刊、市场类期刊等。此外,为了及时反映国家对建设世界一流科技期刊的关注和重视,另辟专区详细报告了上海入选中国科技期刊卓越行动计划的第一手汇总资料。在附录部分,将期刊行业常用、实用的重要数据,经过精心有序地整理规划,以更便于读者查阅的方式系统呈现,让所有心系期刊业发展的同仁使用起来更加得心应手。

(三) 做好上海期刊质量综合评估工作

协会与上海市教育评估院共同组织实施上海市期刊出版质量综合评估工作,按照国家新闻出版署关于报纸期刊出版质量综合评估指标体系的要求,在市新闻出版局的指导和支持下,应对年检数据采集调整相应指标,对本市所有公开发行期刊进行评估,采用科学的定性、定量标准,以评促优整体提升上海期刊的整体质量。

(四) 出版《华东地区期刊论文集》

协会担任2019年华东地区期刊协会联盟轮值主席,组织了华东地区期刊出版研究优秀论文的评选活动。为了扩大期刊编辑们在区域内的影响力,搭建一个期刊人沟通交流的平台,鼓励编辑开展更多更好的期刊出版主题研究,精心编撰《华东地区期刊出版研究论文集》,克服疫情带来的种种困难,获奖论文集结成册12月正式出版。

三、创新服务模式,提质增效完成各项工作

2020年协会积极响应政府对抗疫防疫各项要求与部署,尽量不组织大型线下活动,探索线上互动模式开展各项会议和培训工作。

(一) 线上进行继续教育培训

面对期刊编辑对继续教育培训的学习热情和政府对疫情防控的严格要求,协会顺应时代发展的潮流,与上海图书馆线上培训中心联手,将2020年上海市期刊出版专业技术人员继续教育24学时培训搬到了线上,通过直播模式将三天精彩纷呈的培训课程近距离呈现在学员面前。

此次培训设置了三门必修课,分别邀请了上海市社会科学界联合会党组书记、专职副主席权衡,中共上海市委党校教授唐珏岚,复旦大学新闻学院执行院长、党委书记张涛甫讲授"新中国经济发展70年""改革开放的光辉历程与伟大成就""流量时代如何凝聚共识";同时,围绕《报纸期刊质量管理规定》新规解读设置了社科方向和科技方向的两门选修课,分别邀请了上海咬文嚼字文化传播有限公司总经理王敏,《同济大学学报(自然科学版)》副主编、编辑部主任赵惠祥作新规解读报告。新模式下共有近1 200名学员在线观看直播,得到了不少期刊编辑的高度肯定,反馈本次培训不仅内容有深度有内涵,线上学习起来也更方便快捷。

(二) 高效召开线上会议

经会长办公会讨论,协会此次理事大会、会员大会采取线上录播方式召开。协会与华东地区期

刊协会打破以往开展线下年度活动的惯例,组织参与线上评审会。按照《关于开展华东地区期刊“优秀栏目”评选活动的通知》精神,协会在 8 月启动了上海地区期刊“优秀栏目”的评选,经过公平公正的上海专家初评,以及线上充分讨论、严格把关的华东地区评审委员会终审,最终上海地区选出 76 个期刊“优秀栏目”,并表彰公示。

第六章　上海市科技期刊学会

一、发挥党组织核心作用，强化社会组织党建工作

从思想上充分认识党组织是党在社会组织中的战斗堡垒，积极发挥政治核心作用。要着眼履行党的政治责任，紧紧围绕党章赋予基层党组织的基本任务开展工作。提高服务能力，提升服务水平，通过服务贴近群众、团结群众、引导群众、赢得群众。上海市科技期刊学会（以下简称“学会”）做到了保证政治方向，团结凝聚群众。发挥党员作用，鼓励党员主动参与学会重点工作，发挥党组织在学会中的骨干引导作用。不断提高从业人员的思想和业务素质，组织各类培训活动，重视人才培养。服务社会方面，特别在疫情期间，发挥学会的专业能力，为社会积极提供防疫、抗疫知识。

二、完善工作机制，各委员会分别召开成立大会

自第九届理事会成立以来，学会成立了 10 个委员会，分别是学术期刊专业委员会、技术期刊专业委员会、生物医学期刊专业委员会、科普期刊专业委员会、交流与培训工作委员会、青年编辑工作委员会、数字化出版工作委员会、国际交流工作委员会、遴选与奖励工作委员会、顾问委员会。其中，遴选与奖励委员会是本届理事会新增的分支机构。绝大多数委员会都召开了成立大会，每个委员会都制定了年度工作计划和 4 年工作规划。每个委员会设置有 1 位分管理事长或副理事长，1 位主任，1 至 4 位副主任，十几位委员，有些委员会设有秘书，还有的聘请了顾问。另外，顾问委员会的联系人是监事长。各委员会分别建立了工作群。

三、开展基础调研工作，对接会员需求

为了摸清家底，更好地反映会员单位的需求，有些委员会开展了基础调研工作。其中包括：

1. 技术期刊专委会对所有隶属学会的技术期刊进行了一次基础调研，明确了 171 本技术期刊的联系人、联系电话等，并梳理分类，建立了“上海技术期刊群”微信工作群；

2. 医学专委会对学会所属的生物医学会员期刊进行了摸底工作，统计了 106 种会员刊（纳入部队刊物）的官网、邮箱、电话、地址、邮编、刊号等信息，供同行和学者参考；

3. 青委会通过头脑风暴和文献分析，形成了 4 个维度的调查问卷，在学会官微上发布，共收回问卷 1 124 张，选出有效问卷 369 张，梳理出很多有效信息。

四、克服重重困难，开展各类学术活动

新冠疫情之下，学会各委员会克服各种困难，策划并举办了多种类型的学术交流活动，服务会员，为提升我市科技期刊学术和编校质量做出切实贡献。

1. 学术专委会策划了两场别开生面的活动，其一是网络讨论，探讨新形势下如何对待期刊影

响因子,全文发表于学会微信号。其二是请分管副理事长刘志强在线授课,"手把手教你如何用Word做好科技期刊论文的编辑加工工作",在线人数达2 716人,

2. 医学专委会和《上海交通大学学报(医学版)》联合主办了2次"2020年一流科技期刊建设论坛"线上会议。会议采用腾讯会议和哔哩哔哩/腾讯直播的方式,获得了良好效果,总计3 000人次参与。

3. 青编委主办了首届"海上青编沙龙"。根据青年编辑需求的调研,该次青编沙龙主题为"新媒体营运与技能",共做了6个报告,从大型出版集团的经验到单刊新媒体发展的案例,引起了广大期刊编辑的参与和热烈讨论。总计观看人数达1 694人次,超出了预期的效果。数字化专委会给予活动以技术支持,并提供了相应的宣传推广和主题报告。

五、精心策划在线培训,人气火爆,惠及全国同行

2020年9月14—19日,由上海市科技期刊学会与上海新闻出版教育培训中心联合主办了"2020年科技期刊编辑业务培训面授项目"(第21、22期),学会交流与培训工作委员会、上海体育学院期刊中心、上海《中国临床医学》杂志社联合承办。基于防控要求,此次培训班为线上视频直播集中面授的方式进行。采用腾讯会议在线平台,由特邀授课专家在全国各地直播线上授课,同时在培训过程中还设置了主持、留言讨论及问题解答环节,保证了学员与专家的良性互动,实现了线上线下的贯通与融合,设置了9门学习课程,包括"办刊策略""编辑实务""人才培育"三大教学专题。学会特邀初景利、杨蕾、宁笔等18位来自国内科技出版领域的顶尖专家授课。每期培训班均由学会理事长、*Cell Research* 常务副主编李党生研究员开班致辞。

两期培训共吸引学员2 671人,累计受训21 321人次,单天最高受训4 870人次;累计留言讨论312条,单日最高102条。463名科技期刊编辑顺利完成课程学习,授予24学时面授学分,合格率92.6%。受训学员除来自上海地区科技期刊外,还吸引了北京、天津、重庆、安徽、浙江、江苏等全国各地的科技期刊编辑以及爱思唯尔、威科等国际出版集团相关人员在线学习,形成了较好的辐射效果及品牌效应。

六、权威公正的编校大赛

第四届上海市科技期刊编辑技能大赛于2020年12月12日14:00—16:00在线顺利开展。大赛由上海市科技期刊学会交流与培训工作委员会、学术专委会、青年工作委员会、上海体育学院期刊中心、复旦大学附属中山医院《中国临床医学》编辑部联合承办。德国蒂墨出版集团(Thieme Group)赞助人民币2万元。

此次大赛成立了组织委员会、学术委员会和道德与纪律委员会,分别负责大赛的具体落实、考题制定和流程监督,确保大赛组织的权威、规范、公正。此次大赛首次采用"考官线下集中监考+考生线上视频答题"的融合模式。同时大赛还采用了系统在线阅卷与人工复核的双保险阅卷模式。在线报名人数237人,实际参赛人数215人,共组建参赛团队47支。经过激烈竞争,大赛产生个人名次奖3名,个人优秀奖37名;团队名次奖3名,团队优秀奖6名。参赛选手赛出了水平、赛出了风格,充分体现了上海市科技期刊编辑较高的业务水平和积极进取的学习精神。根据大赛成绩、参赛人员数量、组织贡献等指标,最终遴选产生11家"优秀组织奖"获奖单位。

七、承办“中国科技期刊青年编辑大赛”上海赛区复赛和直通赛

青年编辑委员会连续多年承办中国科协发起并主办的“中国科技期刊青年编辑大赛”的上海赛区的比赛。2020 年 8 月 21 日上午，“中国科技期刊青年编辑大赛”上海赛区复赛在复旦大学附属肿瘤医院举行，对 19 名（上海 17，安徽 2）入围复赛的选手进行第二轮的遴选。加上参加直通赛的选手，我市报送总决赛选手共 5 名，在 2020 年 9 月 24 日第四届“中国科技期刊青年编辑大赛”决赛上，我市选手再次取得优异成绩，荣获一等奖 1 名（丁洁，《中国激光杂志》）、二等奖 1 名［瞿麟平，《上海交通大学学报（医学版）》］、三等奖 7 名（吕璇、宋培培、许海燕、史艳铭、朱丽娜、李广涛，陈姣），向全国期刊界展示了我们上海青年编辑的优秀风采，发出了我们上海青年编辑的声音。

八、组织上海地区编辑参加第十七届长三角科技期刊发展论坛

虽然受疫情影响，长三角科技期刊发展论坛一波三折，2020 年 10 月 22—24 日还是如期进行。会议由浙江省科技期刊学会主办，上海、江苏、安徽学会分别派员参加，以“开放合作共创一流”为主题，依托长三角一体化的区域科技和经济优势，围绕科技期刊所面临的一些问题和热点，开展学术交流活动，促进长三角高质量科技期刊品牌建设，为长三角一体化高质量发展服务。论坛吸引了约 150 名来自上海、江苏、浙江和安徽“三省一市”的科技期刊编辑的踊跃参与。

会议特邀了李兰娟院士、中国期刊协会副会长李军参加本次论坛，并发表主旨报告。李兰娟带来题为《科学防控疫情　护卫人民健康》的报告。报告中提出了健全疫情防控体系、完善救治体系、加强常态化疫情防控等问题，并强调期刊发展非常重要，要利用期刊优势，做好学术传播，助力疫情防控。李军发表题为《关于组建中国期刊联盟的几点思考》的报告，阐述了期刊联盟需要联合的原因，剖析了如何从外部到内部进行联合，并抓住“一句话、两个字、三个关系”来论述联合所要解决的问题。其中，“一句话”即错位竞争差异化发展；“两个字”即真与化，强调要脱虚向实、去假求真、变合为荣；“三个关系”即规模和效益的关系、数字化与集约化的关系、单刊和集群的关系。

浙江省科技期刊编辑学会副理事长袁醉敏宣读了《创建长三角科技期刊发展联盟农科类期刊分联盟倡议书》，提出农业科技期刊要为乡村振兴主战场服务，应加强长三角地区农业科技期刊的交流与合作。我市农业科学研究院的编辑部代表应邀参加。学会常务理事、国际期刊专委会主任 *Cell Research* 编辑部主任程磊发表题为《打造国际生命科学顶尖期刊》的报告，分享了 *Cell Research* 的办刊经验，并提出“强刊＋大刊”的创新模式。学会副理事长、上海体育学院期刊中心主任吴坚应邀作大会报告，详细介绍了《运动与健康科学》（英文）的办刊经验，介绍了该刊在提升内容质量、服务社会大众、促进学科建设以及国际化发展等方面的努力。《中国激光》责任编辑宋梅梅，基于中国激光杂志社三本中文学术期刊的办刊策略和实践，讨论如何建立期刊内容自信、传播自信、服务自信及编辑自信，探讨中文期刊如何抓住新的机遇，走出一条自信之路。学会组团 40 人参加了会议。2021 年，第十八届长三角科技期刊论坛将由学会主办。

九、活跃的微信公众号起到了沟通信息、架设桥梁的作用

学会数字化工委会把微信公众号作为工作抓手，在副主任于杰的带领下，组成了 6 人微信工作

小组,发挥新媒体传播服务的优势,第一时间发布学会动态。截至 2020 年 12 月 24 日,高效完成 30 条微信内容的排版和发布,同比增长 5 倍。2020 年微信内容总计阅读量 20 611 人次,同比增长 6.8 倍。上海市科技期刊学会微信公众号最新粉丝总数为 1 217 人,成为了解上海市科技期刊学会的首选平台。

2020 年,学会网站服务搬迁至云服务器,工委会主任邓迎带领团队完成技术运维,保障网站访问正常,实现网站内容逐步正常更新。

医学专委会还建立专委会公众号“海上医刊荟”,报道专委会相关活动和工作信息,服务学会会员和同人。

十、评选与奖励工作,彰显了编辑的价值

为了鼓励科技编辑开展研究,学会遴选与奖励工委会开展了优秀编辑论文的表彰活动。自 10 月 18 日开展,通过小程序向所有学会会员进行优秀论文征集,共收到报名 33 篇,经过初筛,有 29 篇文章符合报名条件。经由理事长、副理事长组成的评审专家组对所有参评文章进行了细致评审并逐一打分,最终评选出 10 篇得分最高的优秀论文。

根据 2020 年工作表现,由各专业委员会和工作委员会提名,并经学会理事长会议审核通过,产生 2020 年学会工作先进个人 9 位。

第七章　上海市版权协会

2020年是极不平凡的一年。遵照习近平总书记关于知识产权保护工作的指示精神以及上海市知识产权工作会议提出的要求，上海市版权协会（以下简称“协会”）在上海市版权局的领导下，在各会员单位、合作单位的关心帮助支持下，在协会秘书处全体同事的共同努力下，一手抓抗疫，一手抓版权业务工作，全年各项工作平稳有效推进，在作品登记等工作方面还有所突破。协会基本完成了年度工作计划提出的各项工作任务，但在工作推进过程中也发现了存在的一些不足和问题，有待在新一年里及今后的工作中解决、完善和提高。

现将2020年度上海市版权协会整体工作情况总结如下。

一、作品著作权登记工作（以下简称“作品登记工作”）情况

1. 工作情况概述

协会受市版权局委托，承担上海地区范围内的作品登记工作（包括线上咨询、受理、审核、制证、线下颁证、查档等）及两代作品版权登记保护应用平台（老版和新版）的使用和管理。

为了使作品登记工作规范合理化运行，2020年6月，我会在新版作品登记保护应用平台即将上线的同时，编写了《作品自愿登记工作流程》等工作内部规范性文件，以确保作品登记平台能够更有效地运行。

2020年全年共完成作品登记318 906件，作品登记总量首次突破30万件。与2019年登记量291 803件相比较，同比增幅达9.3%。

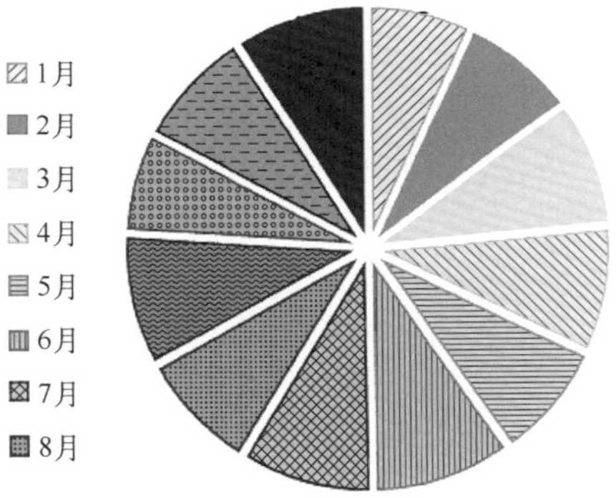

图5-7-1　2020年1—8月作品登记量情况

每月登记总量如图5-7-1所示。

2. 登记作品类型分析

2020年作品登记的分类情况与2019年的情况基本相同，登记量排前三位的作品类别依然是美术作品、摄影作品和文字作品，分别占作品登记总量的57.5%、15.5%和8.5%。

其中美术作品主要来自多家互联网图片授权企业，如上海品图网络科技有限公司、上海包图网络科技有限公司等。

摄影作品则主要来自上海韩众网络科技有限公司。文字作品主要还是来自上海汉涛信息咨询有限公司的汇编作品。录音制品主要来自上海证大喜马拉雅网络科技有限公司。其他作品主要是培训机构教学使用的PPT及一些图文结合的作品。由于近几年短视频传播较为火热，影视和音乐两类作品有一定增长，2020年下半年这两类作品的登记量开始逐步攀升。

3. 登记主体分析

企业（机构单位）是作品登记的主力军。2020年作品登记一共有2 208个主体参与，其中个人

801 个,企业 1 407 个,分别占 36.3%和 63.7%。企业登记的数量约占了总量的 2/3。企业登记的作品数量为 312 177 件,企业登记数量占 97.9%,企业进行登记的意愿远高于个人。这也说明针对上海市个人作品著作权登记还有潜力可挖,协会关于作品登记的宣传工作还有待加强。

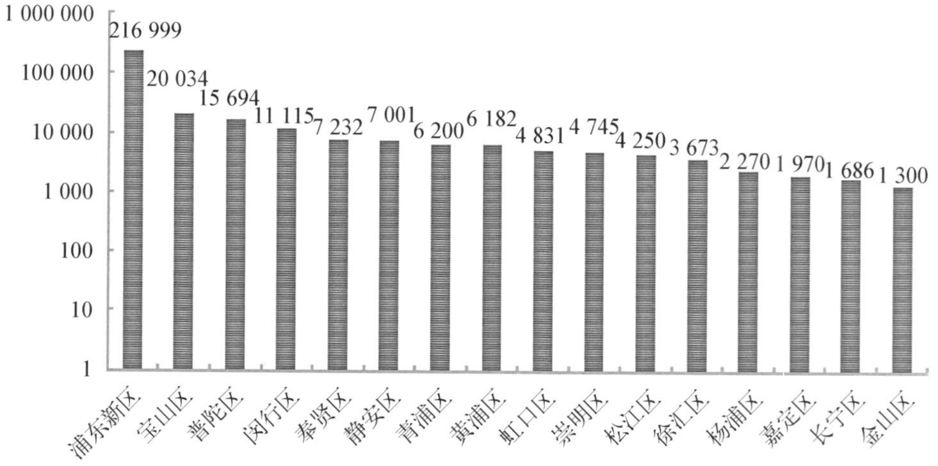

图 5-7-2　2020 年各区作品登记量(件)排名

从各区县登记总量上统计,2020 年作品登记总量排在前三位的分别是浦东新区、宝山区、普陀区。

二、自贸区版权作品快速登记服务项目工作

2020 年,协会通过努力和沟通,积极投标成功获得了由上海市浦东新区知识产权局发起的“自贸区版权作品快速登记服务项目”。该项目的具体实施由协会秘书处开展。协会承担该项目的服务内容包括:

在国家版权局、上海市版权局支持下,配备具有专业能力的人员入驻开展作品快速登记服务工作,包括文字、口述、音乐、戏剧、曲艺、舞蹈、杂技、美术、摄影、建筑、影视、电影、录音、录像等各类作品。每年快速登记量不少于 20 000 件。

配合上海自贸区版权服务中心建设法律公共服务平台,为创新主体和权利人提供法律咨询,接受权利人委托开展纠纷化解工作,降低企业维权成本。

举办论坛、培训、交流研讨,加强版权保护、运营、管理等方面的培训和指导。

研究制订、报审主管局实施《作品快速登记管理办法》。

编制发布《自贸区版权登记快报》12 期。

对版权管理、保护、运营突出的企事业单位,调研形成《自贸区企业版权工作案例集》。

三、上海自贸区版权服务中心项目部分日常工作情况

2020 年协会秘书处根据自贸区版权作品快速登记服务项目要求,自 2020 年 1 月起每天最少委派 2 位工作人员前往自贸区版权服务中心工作点,承担了办理大厅窗口作品快速登记工作开展的所有事务,为自贸区入驻企业提供作品快速登记及其他相关咨询服务。在一年的项目工作中人员

管理、协会日常作品登记工作的衔接等逐步得到磨合和完善。

四、浦东新区版权类企业数据统计分析服务工作

2020 年协会继续接受浦东新区政府部门的委托，为该区提供区内版权类企业作品登记数据统计分析服务。浦东新区是上海各区中作品登记数量最多的区，版权类企业特别是互联网版权企业数量众多，每年作品登记量稳定增长。为进一步提升服务质量，协会近年来持续为浦东新区相关机构提供该区域内个人和企业的作品版权登记相关统计分析服务，秘书处在 2020 年度依托作品登记平台为浦东新区各类企业、相关机构提供了数据统计服务。

五、版权综合服务平台建设(一期)的验收和上线运营工作情况

2020 年，在市版权局的指导下，针对 2019 年度启动的版权综合服务平台(一期)项目建设，协会先后组织了对平台设计方案的专家评估会、建设推进、功能需求征集、新旧平台数据对接、一网通办接入等一系列工作。经过大量的需求分析、调研、招投标及具体建设，根据工作实际开展需求点与网络安全进行功能制定以及测试工作后，版权综合服务平台(一期)于 2020 年 6 月上线试运行，9 月正式运行。目前平台运行较为稳定，用户体验、作品登记规范性和登记效率得到了大幅度提升，后台数据分析等更为准确、科学，也为二期全面提升功能、更好地服务上海版权产业打下了坚实的基础。平台的对外官方名称为“上海作品版权登记保护应用平台”，网址为 http://www. shbqdj. cn。

六、协会各项日常工作情况

2020 年，在协会秘书处主持下，协会的各项日常工作平稳开展。

1. 开展协会会员情况摸底调查工作，与每一家会员都进行了联络，增进协会会员间的联系与互动。为提升协会工作和服务质量，为今后开展各项工作厘清方向，2020 年中对会员单位开展了问卷调查工作，从会员单位的发展需求入手，加强会员管理工作，清退了一批不符合要求的会员单位以及已经工商注销的会员单位，同时结合版权工作需要发展新会员 16 家，这项工作为今后协会工作更有效地开展创造了条件。

2. 完成了 2020 年度社团年度审查年检工作。2020 年 4 月按照上海市社会团体管理局的要求，协会秘书处完成了每年一度的社团年检工作并顺利通过了年度审查。

3. 加大宣传工作力度，做好《上海版权》和其他新媒体内容的编辑发布工作。2020 年协会秘书处按时完成了共 12 期的《上海版权》的编辑工作。协会秘书处在版权管理处的指导下，按照每月一期的频率，共编辑出版发布了 12 期《上海版权》。对比业界同类版权信息电子刊物，《上海版权》无论从内容还是版面形式都处于领先水准。此外，2020 年下半年起，协会微信公众号提高了更新频率，每周发布 4 次，共计发布各类文章资讯 100 多篇。但微信公众号的覆盖面、阅读量、影响力等还有待提高。

4. 承担完成一定量的软件著作权登记代理工作。2020 年度协会秘书处共接收完成计算机软件著作权登记代理工作 221 件。因软件著作权登记代理存在一定的市场竞争性，秘书处的软著代理工作在客户维护和服务上保持了一贯的积极性，对于客户发来的委托材料，秘书处尽量做到当天

完成审核修改。受人力和专业限制,这项业务工作发展还需进行新的规划和布局。

七、《著作权法(修订稿)》意见征询及其他版权推进相关工作情况

2020年,协会还从不同层面积极参与了国家和上海市的有关知识产权和版权工作。

协会的多位专家理事成员先后多次参加了市委宣传部法规处和政府其他部门组织的有关《著作权法(修订稿)》的意见征询座谈会和专题讨论会,并发表了各自对修订内容的意见和建议。

协会于4月组织召开了"版权工作'十四五'规划专家座谈会",并根据版权处领导要求委托上海知识产权研究所共同编写了《版权工作'十四五'规划》草稿版。其间先后召开了两次线上专题讨论会。

2020年上半年协会牵头举办了"知识产权版权创作赋能中华老字号,助力城市老品牌"活动,推动上海部分老字号餐饮食品企业扩大影响,在新冠疫情期间赋能其业务转型升级。活动得到了上海电视台等主流媒体的关注和报道,并得到了老字号企业的积极回应。

协会两位专家理事应邀参与了上海市人民政府和世界知识产权组织联合主办的第二届上海知识产权奖的评奖和答辩工作,一位专家理事应邀担任国家版权局和世界知识产权组织中国办事处联合举办的"2020年版权产业国际风险防控培训班"授课专家。

协会副会长单位华东师范大学出版社荣获第二届上海知识产权奖。

此外,协会还根据版权局版权处的工作安排,由秘书处协助做好涉及各区版权工作站日常工作、版权示范单位评选等多项具体工作。

八、协会秘书处人力资源管理工作等情况

2020年协会秘书处加强了定岗定员、内部人员培训、管理信息化等各项管理制度建设,同时为不断增强秘书处员工的专业知识积累、提高他们的业务水平和工作能力,根据主管单位领导对于作品版权登记开展的工作要求,于2020年7月组织开展了作品版权登记的内部培训,完成作品版权登记工作办理的全员学习,为2020年9月新平台上线后,全员参与作品版权登记工作打下良好基础。此外还组织了数次全员学习活动。原定的双月集体学习上半年受疫情影响未能全面实施。

2020年间协会秘书处员工退休1位,离职1位。人员已及时进行了招聘补充。

九、外联工作情况

2020年,协会积极关注由社团局组建的协会工作群、主管单位的工作任务发布,秘书处协调安排理事和会员单位及秘书处人员参加国家版权局和本市相关管理机构、兄弟协会等组织的各类会议、培训等活动,并继续与兄弟省市的版权协会、版权局处等保持联系,继续接受兄弟省市有关作品登记事项和其他涉及版权产业的咨询和交流。

第八章　上海出版社经营管理协会

一场突如其来的新冠疫情，给上海出版社经营管理协会（以下简称“协会”）各会员单位的经营带来了极大的冲击。协会秘书处在推进、实施年初理事会确定的工作计划过程中，尽管受到严峻的疫情管控的限制，但及时采取应对措施，通过新媒体手段等各种方式，努力减轻疫情对工作造成的影响。协会充分发挥桥梁和纽带作用，助推疫情期间行业应对措施、化危为机、服务会员，积极打响“上海文化”品牌。

一、加强党建工作，保障协会健康发展

协会有关人员定期参加由上海市委宣传部、上海市思想政治工作研究会组织的党建、时事讲座的相关活动，参加了市民政局举办的“市级社会团体能力建设培训班”。协会还经常组织党建、政策的传达与学习，做到思想上、行动上与党中央保持一致，业务操作方面符合管理部门的要求，保障协会健康发展。

二、应对突发疫情，及时传递正能量

突发的新冠疫情导致节后复工时间推迟，打乱了出版社的正常经营。3 月 12 日，理事长召集秘书处部署大疫之下着力做好几项工作：1. 及时了解会员单位复工复产情况和遇到的困难。2. 收集会员单位大疫之下预防和经营两手抓、两不误的好的做法。3. 协助政府部门落实《上海文创企业受新冠病毒疫情影响的调查》《全力支持服务本市文化企业疫情防控平稳健康发展的若干政策措施》，及时做到上情下达。秘书处通过三个工作部收集会员单位抗疫情况、应对措施、好的经验等信息，及时发放、收集《会员单位图书发行业务数据调查表》，编辑了一期《抗疫特刊》，宣传上海出版人通过图书、杂志、新媒体平台普及科学预防、公共卫生方面知识的努力，体现上海出版人的责任担当。

开展了“新媒体（线上）营销策划方案”比赛征文活动，进一步推广特殊期间出版行业新的运行模式和应变能力，共渡难关，提高了沪版图书在线上销售的份额。经评委会审定，上海人民出版社、华东师范大学出版社、华东理工大学出版社、北京文景公司等单位荣获一、二、三等奖及优秀组织奖。经过多方努力，优秀案例已结集出版。

编辑《抗疫特刊》及策划“新媒体（线上）营销策划方案”比赛征文两项活动，及时向社会传递了上海出版人的正能量。

三、召开理事会、会员大会，确保重大决策和决议合规合法

2020 年共计召开两次理事会及一次会员大会，审议并通过了上年度协会“工作报告”“财务报告”“监事会报告”“2020 年协会工作报告”“2021 年工作计划要点”“关于新增副秘书长人选的议案”

“关于开展2020‘新媒体(线上)营销策划方案’比赛征文活动及费用预算的议案”和“关于海军军医大学(原第二军医大学)出版社、浦东电子出版社退会的议案”。另外,协会接受国家审计署上海专员办专项审计及上海市市场监督管理局关于不予立案的有关情况,关于加入上海市文化创意产业协会,关于与复旦大学出版社共建“上海出版社—图书馆采访信息交互平台”文创项目,关于大额资金使用等重大事项均由理事会决策和审议,符合协会章程相关条款,确保协会重大决策和决议合规合法。

四、圆满完成年度“上海图书全国推广计划”项目

新一届理事会继续推进“书香上海全国行”工作。疫情缓解以后,在理事长关心下,秘书处筹划了2020年“书香上海全国行”的方式和线路。在各会员单位积极参与下,经秘书处和发行工作部通力协作,2020年“上海图书全国推广计划”以及两个子项目得以顺利实施。

1. 根据2020上海书展指导委员会提出的“安全、出彩”的精神以及疫情防控常态化的要求,今年的馆配年会以转型、提升、探索为工作原则,确定了以本市出版单位和图书馆为参展主体,进一步加强主动对接,有效提升沪版图书在本市图书馆的馆藏率,努力促进馆社融合发展的工作。作为上海书展的重要活动之一,“2020中国书业馆配年会暨馆社融合发展研讨会”于9月22日在朵云轩艺术中心举行。曾原、刘航、周德明、李新碗、许伟国等领导和专家作了主题报告,对图书馆馆藏建设、服务读者、采购趋势、数字教参发展和使用以及出版业的跨界融合和转型发展等业界关心的前沿话题作了深入的探讨。

2. 中国书业馆配年会于9月25—26日在上海新华传媒连锁有限公司样本中心举行。本届馆配年会邀请了本市各类图书馆110余家和来自甘肃、河北等省市近80家图书馆及馆配商共计400余名代表参会,协会38家会员单位展示了近百个展架、18 000余种近两年的精品、新书。同时,为更好地应对新挑战、把握新机遇,切实提升参会主体的实际效果和满意度,本届馆配年会围绕“云馆配”等新模式,积极探索馆配业务转型,加强线上线下联动。为期两天的馆配年会,累计订货码洋近1 680万元(其中线下订货1 647万元,云上采购32.98万元)。累计有67家图书馆或馆配商在现场采购了沪版图书8 607种17万册,码洋1 327万元。另外,复旦大学出版社协助全国近300家高校、公共图书馆通过上海新华传媒“云馆配”平台注册并获取了相关书目信息,取得了令人满意的成绩。

3. 10月13—25日,2020“书香上海全国行·福建行”活动由理事长带队,分别在福州安泰书城、外图厦门书城及外图鼓浪屿书店、漳州海西博文书店(古城店)三地举行。协会精心组织33家会员单位,精选了300余种近期出版的新书,以及近两年出版的数千种精品图书和两场文化活动,全面展示“书香上海、品质生活”的海派出版文化。期间举办了三场活动:在漳州海西博文书店开辟沪版图书专柜;在厦门外图举办了沪版新书发布仪式;在福州安泰书城举办了《民法典与日常生活》新书分享会。

4. 10月15—16日,应第十六届海峡两岸图书交易会组委会(以下简称“海图会”)邀请,本会统一组织上海世纪出版(集团)有限公司、上海高校出版社联合体、上海社科文出版社联合体等33家出版单位集中亮相本届海图会,并作为2020“书香上海全国行·福建行”活动。上海出版展团租用展位21个,面积共100平方米,精心挑选了近两年出版的5 000余种新品、重点图书。会后,经初步统计,上海出版代表团馆配采购码洋120万元。这也是上海出版界十年前作为主宾市参加海图会后,再次大规模组团参会。

2020“书香上海全国行·福建行”暨沪版精品图书大联展活动不仅得到了三地主管部门高度重视、承办方鼎力支持和配合，也得到了当地媒体厚爱，其中：《海峡导报》、厦门广电网《看厦门》栏目、厦门卫视《晚新闻》栏目、书虫AMOY、福州广播电视台“今日头条”、福州广播电视台资讯融媒体中心“新闻110”、“掌上福州”资讯、《福州晚报》等都对本次“书香上海全国行·福建行”暨沪版精品图书大联展活动现场和重点图书作了报道和专访。福建媒体集中报道和专访，凸显了上海出版的整体实力和“书香上海、品质生活”的海派出版文化，也进一步提升了上海出版机构和重点图书在福建的影响力和辐射力。活动期间三地共销售沪版图书码洋近40万元。

本次“书香上海全国行·福建行”活动得到市委宣传部印刷发行处的指导并派员全程参与此次活动。

五、培训工作如期进行，提升经营者职业素养和管理能力

随着疫情管控态势向好，发行、出版、财务三个工作部根据年初确定的培训工作计划，分别举办“融合发展云培训”“印刷质量专题培训”“财务自身内部核算的风控专题培训班”。结合疫情防控现状，为满足更多出版社相关人员参加培训，三场培训都采取线下线上相结合的方式，同步直播开展“云培训”，除了主会场，在各会员单位设立了分会场。几场培训内容紧扣当前出版业的主题，如“融合发展”、“馆配市场需求”、“印刷新工艺专题讲座”、“3·15”质检活动，深度解读“绿色环保印刷”“文化和制造”的双重属性等内容，为参加培训人员就当前管理部门就产品的印制质量的标准设定、质量检测的重要性、印刷行业新技术、大数据平台如何为出版发行产业链服务、樊登读书如何以多种方式与出版机构进行全方位的合作、出版社营销如何以数据驱动科学决策和融合促进全面发展等感兴趣的话题进行了演讲。为重振“一流城市、一流出版”的雄风摇旗呐喊，提升了会员单位经营者的职业素养和管理能力。

六、参与捐赠活动，关爱公益事业

10月份，利用参加“书香上海全国行·福建行”暨沪版精品图书大联展活动之际，协会组织了相关会员单位，向漳州市第一中学捐赠《辞海》(第七版)及其他优秀课外读物，价值4万元。11月份结合全国开展“四史”主题活动，选购了10家会员单位出版的价值2万元的“四史”类图书捐赠青海省果洛州委党校，以及组织会员单位的30多万元的儿童书籍捐赠给青海省果洛州中小学幼儿园，体现了上海出版界关爱社会的公益事业。

七、定期召开秘书长、出版、发行、财务工作部例会，各项工作有序开展

2020年秘书处共召开5次秘书长例会，传达相关文件和通报情况、落实理事长及理事会交办任务，分析疫情对行业影响，开展“线上营销策划方案”征文活动、2020中国书业馆配年会暨馆社融合发展研讨会及“上海图书全国推广计划”相关活动的筹划和安排等。出版工作部、发行工作部、财务工作部分别开展相关培训活动及召开工作部例会。特色工作有：出版工作部根据业务发展需要，调研、收集了多家数码印刷公司的工价，为上海书刊数码印刷工价的制定准备了第一手资料；发行工作部联合上海市文化稽查总队，与拼多多建立了高效的沟通渠道，维护协会会员线上销售的合法

权益不受侵害;财务工作部与上海会计学会新闻出版工作委员会联合举办首届管理会计 PPT 大赛等。这些工作促进了新技术新业态的培训、情况交流、经验分享、政策和法规学习,及时传递新冠疫情下国家及地方政府关于疫情的相关政策解读,针对疫情化危为机、共商对策、集思广益、达成共识。

各工作部以问题导向、需求导向、做好服务为工作总的原则,出色完成了年初确定的工作目标。

八、秘书处全心投入,确保本年度协会正常运行

对秘书处而言,2020 年是不平凡的一年。既要快速进入角色(秘书处新老人员间熟悉磨合),又遇到突发疫情。在理事长指导下,在各位副秘书长参与下,全年除贯彻落实以上协会理事会部署的工作外,日常主要工作有:

1. 配合专项审计,先后数次到市委宣传部、市市场监督管理局汇报、说明、解释相关情况。

2. 完成主管部门布置的工作和任务。

3. 按时完成 2020 年度上海市促进文化创意产业发展财政扶持资金申请及上海市民政局“上海市社会团体年检”网上年检的工作。

4. 及时反映会员单位呼声,如向政府管理部门汇报个别网络平台疏于管理(店铺出售盗版书的问题),最终建立信息报告、查核、结果反馈的工作机制。

5. 编辑《出版经营通讯》及特刊共八期,及时将主管部门近期的管理要求、理事会决议、行业动态、管理经验、会员呼声等信息和要求传递给各会员单位,起到政府与企业以及会员之间的桥梁作用。

6. 起草一系列会员大会、理事会会议的相关材料及其他报告、会议通知,会刊寄发、文件和通知打印等。

7. 策划、组织、协调各项活动及整个过程的具体实施。

8. 日常费用收支、核算和会费收缴工作。

第九章 上海市编辑学会

2020 年，上海市编辑学会(以下简称“学会”)在市委宣传部和市社联的领导下，高举中国特色社会主义伟大旗帜，以习近平新时代中国特色社会主义思想为指导，认真贯彻落实党的十九大精神，坚持百花齐放、百家争鸣的方针，遵守国家的法律、法规和政策，遵守社会道德风尚，遵守学会章程，坚持党建引领，加强学会领导，策划和组织开展了一系列学术活动，为繁荣学术、促进交流、培养人才、展现编辑出版工作形象而努力奋斗。

一、携手战“疫”，共克时艰

2019 至 2020 年冬春之际，面对突如其来的新冠疫情，学会加强与会员单位联系，叮嘱各单位切实做好防疫工作，关注各单位编辑人员的健康状况和离沪编辑返沪情况。在疫情得到有效控制之后，通过各种途径和渠道，关注和指导各单位合理有序复产复工，恢复出版经营活动。为了支持各理事单位防疫抗疫工作，经庄会长提议，会长会议商议，学会决定在经费并不宽裕的情况下，免收会员单位 2020 年会费，与各理事单位同舟共济，共克时艰。学会的工作和举措得到市新闻出版局的高度认可和会员单位的一致拥护。

二、加强理论学习，坚守出版导向

深入学习贯彻习近平新时代中国特色社会主义思想和党的十九大及精神，贯彻党和国家关于文化事业发展工作要求，组织党工小组和学会负责人集体学习活动，形成学习制度，提升学习质量，传达有关文件精神，落实布置的有关工作，切实为提升上海编辑出版工作质量和效益而努力。9 月和 11 月，参加上海市社会科学界联合会会长论坛(夏、秋两期)，学习十九届五中全会精神，商讨谋划“十四五”上海社会学界发展规划。学会组织党的工作小组和学会负责人集体学习活动 2 次，学习和传达市委宣传部、市社联、市社团局有关工作要求。

三、组织学术与评优活动，推动业务交流，促进人才培养

3 至 4 月，学会在市委宣传部领导下，在以往成功举办沪上青年编辑荐书大赛的基础上，向全市出版单位从业者发出邀请，请各单位推荐编辑以短视频形式向读者荐书。荐书视频通过书香上海对外发布。活动征集并发布 265 条短视频作品，受到了出版界的广泛关注，在微信、微博、抖音和哔哩哔哩上吸引了超过 114.68 万人次的围观。经评比，评出 18 条优秀视频，分一、二、三等奖奖励荐书编辑。

为加强本市出版理论研究，鼓励更多的青年编辑撰写出版研究论文，在市委宣传部出版处支持下，学会与市版协合作举办上海青年编辑出版研究论文征集活动，引起热烈反响，近 300 位青年编辑报名参加，共收到论文 166 篇。经评审，选出以习近平新时代中国特色社会主义思想为指导，联

系出版工作实际进行理论思考,有一己之见,符合论文写作一般要求的论文63篇。入选论文汇编《守正创新　奋楫者先——2020上海出版青年编辑论文集》,由学林出版社出版。11月,召开活动优秀青年编辑座谈会暨优秀论文表彰会。

7月,为表彰先进,树立典型,激励上海图书出版单位编辑人员不忘初心、牢记使命,奋发有为,根据《上海优秀编辑评选条例》,经评审和公示,评出第二届"上海优秀编辑"10人。

11月底至12月初,在第二届"上海优秀编辑"评选的基础上,组织召开学会学术年会"编辑的故事——第二届上海市编辑学会优秀编辑报告会(第一场)"和第四届上海青年编辑论坛"编辑的故事——第二届上海市编辑学会优秀编辑报告会(第二场)"。8位优秀编辑通过腾讯平台,围绕"编辑的素养"和"编辑发展与团队建设"的主题,在线分享图书和编书的故事。各会员单位编辑200人参与论坛。

12月,学会与《咬文嚼字》合作,举办"咬文嚼字讲习所"特别活动——文字规范研讨会,来自各出版机构60多位一线编辑参会交流。

四、做好项目管理,促进科技专著出版工作

受上海市新闻出版局委托,学会根据《上海科技专著出版资金章程》开展项目评审和管理工作。在各社材料报送和审核基础上,学会在局出版处的指导下,于5月召开专家评审会,评出2019年度资助出版物25种,顺利完成专项资金评审和项目管理,促进上海科技出版的繁荣与发展。

五、办好学会会刊,组织项目研究,开展业务培训

进一步发挥会刊《编辑学刊》在理论研究、学术研讨、编辑实务交流和成果宣传的积极作用。加大与全国编辑学类期刊交流与合作,学习兄弟刊物优秀办刊理念和经营方法,提升会刊的品牌形象和学术影响力。依托学会专家资源,开展项目研究,多出成果,服务编辑出版业发展。

学会继续发挥指导编辑业务的职能,根据编辑业务开展和职业发展需要,继续支持举办咬文嚼字讲习所,于10月举办两期培训班,每期参训学员约180人。学会将继续维护好这一品牌活动,为不断提升编辑从业人员的文化素养和业务能力而努力。

六、加强学会管理,提升服务能力

按社团管理规定和要求,完成市民政局社会团体年检、市社联学会年报和达标学会申报;按市民政局部署,完成学会年度财务审计。根据学会业务工作需要,召开在线会员代表大会1次、理事会会议2次、会长会议2次,商议安排学会工作。由于防疫抗疫工作需要,学会2020年各项活动均采用网络会议形式开展。

2020年,学会连续第五年被市社联评为达标学会,获2020年中国编辑学会优秀地方学会称号。

第六篇

推荐书单

第一章 解 放 书 单

在2020年2月14日、8月7日，上海市新闻出版局和解放日报社联合出品“解放书单”第17、18期，以“高度、前沿、价值”为选书标准，邀请专家、学者等撰写书评推荐。上海主要实体书店据此进行重点陈列。

第一节 第17期

《习近平在宁德》

中央党校采访实录编辑室 著

中共中央党校出版社

《张文宏教授支招防控新型冠状病毒》

张文宏 主编

上海科学技术出版社

《大国之基：中国乡村振兴诸问题》

贺雪峰 著

东方出版社

《我心归处是敦煌》

樊锦诗 口述 顾春芳 撰写

译林出版社

《贸易的冲突：美国贸易政策200年》

［美］道格拉斯·欧文 著
余江　刁琳琳　陆殷莉 译
中信出版集团

《人文的互联网：数码时代的读写与知识》

徐贲 著
北京大学出版社

《生命之种》

［美］爱德华·多尼克 著
王雪怡　李小龙 译
上海教育出版社

《云中记》

阿来 著
北京十月文艺出版社

《坏血：一个硅谷巨头的秘密与谎言》

［美］约翰·卡雷鲁 著
成起宏 译
北京联合出版公司

《贫穷的本质：我们为什么摆脱不了贫穷》(修订版)

［印度］阿比吉特·班纳吉　［法］埃斯特·迪弗洛 著
景芳 译
中信出版集团

第二节　第 18 期

《习近平谈治国理政》(第三卷)

习近平 著
外文出版社

《公园城市》

谢正义 著
江苏人民出版社

《科技成就中国》

黄庆桥 主编

上海交通大学出版社

《中国的经验：改革开放四十年的经济学总结》

李稻葵 等著

上海三联书店

《一生的旅程》

[美] 罗伯特·艾格　乔尔·洛弗尔 著　靳婷婷 译

文汇出版社

《如何创造可信的 AI》

[美] 盖瑞·马库斯　欧内斯特·戴维斯 著

龙志勇 译

浙江教育出版社

《汉武帝和他的时代》

姜鹏 著
上海人民出版社/学林出版社

《天堂城堡中的音乐：巴赫传》

[英] 约翰·艾略特·加德纳 著
王隽妮 译　马慧元 校
上海文艺出版社

《晚熟的人》

莫言 著
人民文学出版社

《文字的力量：文学如何塑造人类、文明和世界历史》

[美] 马丁·普克纳 著
陈芳代 译
中信出版集团

第二章　推 荐 书 目

本章收入上海人民出版社、上海教育出版社、上海译文出版社、格致出版社、上海书店出版社、上海古籍出版社、少年儿童出版社、上海科学技术出版社、上海辞书出版社、学林出版社、上海远东出版社、上海科技教育出版社、上海文艺出版社、上海文化出版社、上海音乐出版社、上海人民美术出版社、上海书画出版社、中西书局、上海外语教育出版社、华东师范大学出版社、复旦大学出版社、上海交通大学出版社、同济大学出版社、上海浦江教育出版社、立信会计出版社、华东理工大学出版社、东华大学出版社、上海财经大学出版社、上海大学出版社、上海音乐学院出版社、上海科学技术文献出版社、上海社会科学院出版社、文汇出版社、上海三联书店、上海科学普及出版社、中国中福会出版社、中华地图学社、东方出版中心、世界图书出版上海有限公司等39家出版企业的年度推荐书目。

第一节　上海人民出版社

《火种：寻找中国复兴之路》
刘统著
定价：98.00元　2020年12月出版

《大上海》
董云虎主编
定价：78.00元　2020年10月出版

《这里是上海——建筑可阅读》
宗明主编
定价：480.00元　2020年7月出版

《奇迹：浦东早期开发亲历者说(1990—2000)》
中共上海市委党史研究室编
定价：148.00元　2020年4月出版

《分析与思考——黄奇帆的复旦经济课》
黄奇帆著
定价：98.00元　2020年7月出版

《中国战疫!》
张维为著
定价：36.00元　2020年6月出版

《去时暖江城　归时江城暖：影像纪实｜上海医疗队在武汉》
解放日报编
定价：220.00 元　2020 年 5 月出版

《上海图书馆藏唐绍仪中文档案》
上海图书馆编
定价：25 800.00 元　2020 年 9 月出版

《民法典与日常生活》
彭诚信主编　陈吉栋副主编
定价：48.00 元　2020 年 7 月出版

《全球转型：历史、现代性与国际关系的形成》
[英] 巴里·布赞、[英] 乔治·劳森著　崔顺姬译　李佳校
定价：88.00 元　2020 年 7 月出版

第二节　上海教育出版社

《我是怎样培养一个中不溜秋孩子的》
周虎著
定价：39.80 元　2020 年 7 月出版

《把孩子培养成不怕失败的人》
杨毅宏编著
定价：38.00 元　2020 年 5 月出版

《病菌简史》
张文宏主编
定价：58.00 元　2020 年 7 月出版

“史志康英语”系列
史志康、李新亚编著
1. **《史志康英语 1》**
2. **《史志康英语 2》**
定价：138.00 元/本　2020 年 7 月出版

“人工智能”系列
任友群主编
1. **《人工智能·小学版》**

2.**《人工智能·初中版》**
3.**《人工智能·高中版》**
定价：45.00～88.00元/本　2019年8月—2020年1月出版

《许渊冲最新译作——王尔德戏剧精选集》
［英］奥斯卡·王尔德著　许渊冲译
定价：148.00元　2020年6月出版

《人的延伸——技术通史》
胡翌霖著
定价：48.00元　2020年4月出版

《芬兰道路——世界可以从芬兰教育改革中学到什么》(第二版)
［芬兰］帕斯·萨尔伯格著　鲍方越译
定价：65.00元　2020年5月出版

"教育神经科学译丛"
周加仙主编
1.**《教育神经科学研究导论》**［英］保罗·霍华德-琼斯著　周加仙主译
2.**《教育神经科学的是与非》**［英］塞尔吉奥·德拉·萨拉、［澳］迈克·安德森主编　周加仙、陈菊仙主译
3.**《贫困生的有效教学与有效投入》**［美］埃里克·詹森著　周加仙、张哲主译
4.**《教育中的执行功能：从理论到实践》**［美］琳恩·梅尔策主编　周加仙主译
5.**《教育神经科学》**［英］丹尼斯·马雷沙尔、［英］布赖恩·巴特沃思、［英］安迪·托尔米主编　周加仙主译
6.**《教育神经科学在课堂》**［澳］约翰·G.吉克著　周加仙主译
定价：49.00～98.00元　2020年1—12月出版

"整本书阅读"
1.**《〈红楼梦〉整本书阅读》**　邓彤编著
2.**《〈乡土中国〉整本书阅读》**　邓彤、王从华主编
定价：49.80元/本　2020年2—7月出版

第三节　上海译文出版社

《我这样的机器》
［英］伊恩·麦克尤恩著　周小进译
定价：89.00元　2020年7月出版

《布拉格公墓》
[意] 翁贝托·埃科著 文铮、娄翼俊译
定价：78.00 元 2020 年 6 月出版

《证言》
[加] 玛格丽特·阿特伍德著 于是译
定价：69.00 元 2020 年 7 月出版

《正常人》
[爱尔兰] 萨莉·鲁尼著 钟娜译
定价：49.80 元 2020 年 7 月出版

《血殇：埃博拉的过去、现在和未来》
[美] 理查德·雷普斯顿著 姚向辉译
定价：49.00 元 2020 年 5 月出版

《城市：重新发现市中心》
[美] 威廉·H. 怀特著 叶齐茂、倪晓晖译
定价：78.00 元 2020 年 10 月出版

《非虚构的艺术》
[美] 特雷西·基德尔、理查德·托德著 黄红宇译
定价：45.00 元 2020 年 5 月出版

《小侦探阿加莎》
[意] 史蒂夫·史蒂文森著 黄鑫、赵向扬等译
定价：218.00 元 2020 年 8 月出版

《近代文学批评史》(全八卷)
[美] 雷纳·韦勒克著 杨自伍译
定价：1 289.00 元 2020 年 8 月出版

“博尔赫斯全集”

1. **《美国文学入门》** [阿根廷] 豪尔赫·路易斯·博尔赫斯、艾斯特尔·森博莱因·德托雷斯·都甘著 于施洋译

2. **《英国文学入门》** [阿根廷] 豪尔赫·路易斯·博尔赫斯、玛丽亚·埃丝特·巴斯克斯著 温晓静译

3. **《布斯托斯·多梅克纪事》** [阿根廷] 豪尔赫·路易斯·博尔赫斯、阿道夫·比奥伊·卡萨雷斯著 轩乐译

4.**《布斯托斯·多梅克故事新编》**［阿根廷］豪尔赫·路易斯·博尔赫斯、阿道夫·比奥伊·卡萨雷斯著　陈泉译

5.**《市郊人·信徒天堂》**［阿根廷］豪尔赫·路易斯·博尔赫斯、阿道夫·比奥伊·卡萨雷斯著　陈泉译

定价：52.00～58.00元/册　2020年7月出版

第四节　格致出版社

《中国：理想经济增长》

周天勇著

定价：75.00元　2020年5月出版

《纳粹掌权：一个德国小镇的经历》

［美］威廉·谢里登·阿伦著　张晶译

定价：75.00元　2020年5月出版

《有限理性与产业组织》

［以］兰·斯比克勒著　李娜译

定价：75.00元　2020年6月出版

《"百年未有之大变局"与中国战略新抉择》

权衡著

定价：78.00元　2020年7月出版

《萨缪尔森自述》

［美］保罗·A.萨缪尔森著　吕吉尔译　赖建诚校

定价：85.00元　2020年8月出版

《大分流重探——欧洲、印度与全球经济强权的兴起》

［瑞士］罗曼·施图德著　王文剑译　赖建诚校

定价：55.00元　2020年8月出版

《大合流：信息技术和新全球化》

［瑞士］理查德·鲍德温著　罗长远、李志远、刘晓捷译　赖建诚校

定价：58.00元　2020年11月出版

《进出口贸易实务教程》(第八版)

吴百福、徐小薇、聂清主编　周秉成、李正方副主编

定价：68.00元　2020年7月出版

《上海证券交易所百年史(1910—2020)》
刘逖等著
定价：138.00元　2020年12月出版

《奋斗与梦想——上海国际金融中心建设叙事(1978—2020)》(全两卷)
谢卫群著
定价：188.00元　2020年10月出版

第五节　上海书店出版社

《上海市档案馆馆藏中国近现代档案史料选编》(全十二册)
上海市档案馆编
定价：6 800.00元　2020年11月出版

《一九四九：在华西方人眼中的上海解放》
王向韬著
定价：58.00元　2020年9月出版

《上海小史》
闵行区政协学习和文史委员会编　仲富兰著
定价：88.00元　2020年12月出版

《明清传奇杂剧编年史》(全5册)
程华平著
定价：680.00元　2020年12月出版

《明代杂剧全编》(全28册)
程华平、谭帆、吴平主编
定价：16 800.00元　2020年8月出版

“新时代奋斗者系列连环画”
1. **《时代楷模——汤庆福》**　江南编　王学成绘
2. **《时代楷模、最美奋斗者——钟扬》**　颜维琦编　刘管斌绘
3. **《最美医生——夏强》**　王萌萌编　洪钟奇绘
4. **《时代楷模、最美奋斗者——王逸平》**　余阳、李宁编　邹海庆绘
5. **《改革先锋——许立荣》**　江南编　程国英绘
6. **《人民教育家、改革先锋、最美奋斗者——于漪》**　王轶美编　张新国绘
7. **《改革先锋、最美奋斗者——谢晋》**　杨绣丽编　倪春培绘
8. **《改革先锋、最美奋斗者——包起帆》**　李文祺编　邵家声绘

9.**《改革先锋——姚明》** 沈轶伦编 刘为民绘

10.**《改革先锋、时代楷模、最美奋斗者——邹碧华》** 陈卫炉编 陆小弟绘

定价:28.00元/册 2020年4—8月出版

《中国地方志集成补编·山东府县志辑》(全31册)

上海书店出版社编

定价:26 800.00元 2020年8月出版

“抗战胜利后国民政府对日本战犯的审判:1946—1948”

《战后中国国内对日本战犯审判研究》 刘统主编

《国民政府审判日本战犯史料选编·审判筹备卷》 刘统编

定价:128.00~138.00元/册 2019年12月—2020年11月出版

“上海市文史研究馆口述历史丛书”

《武重年口述历史》 武重年口述 马长林撰稿

《方增先口述历史》 方增先口述 张鑫撰稿

定价:52.00~65.00元/册 2020年5月—11月出版

“上海市非物质文化遗产系列图录”

上海市非物质文化遗产保护中心、上海市非物质文化遗产保护协会编

《海派玉雕》 高春明主编 姜国平、赵丕成编著

《海派家具》 高春明主编 高伟、唐仁承编著

《上海本帮菜》 高春明主编 周彤编著

《海派旗袍》 高春明主编 周天编著

《上海石库门》 高春明主编 娄承浩编著

定价:288.00~298.00元/册 2020年8—10月出版

第六节 上海古籍出版社

《陈寅恪文集(纪念版)》(全十册)

陈寅恪著

定价:680.00元(平装);1 080.00元(精装) 2020年1月出版

《朱瑞熙文集》(全八册)

朱瑞熙著

定价:980.00元 2020年4月出版

“南宋及南宋都城临安研究系列丛书”

《周必大集校证》(全八册)
[宋]周必大撰　王瑞来校证
定价：980.00 元　2020 年 11 月出版

《湛若水全集》(全二十二册)
[明]湛若水撰　黄明同主编
定价：1 998.00 元　2020 年 9 月出版

《清诗话全编·乾隆期》(全十二册)
张寅彭编纂　刘奕点校
定价：1 980.00 元　2020 年 11 月出版

《商周青铜器铭文暨图像集成三编》(全四册)
吴镇烽编著
定价：1 680.00 元　2020 年 8 月出版

《中国国家博物馆馆藏文物研究丛书·青铜器卷·西周》(全二册)
中国国家博物馆编
定价：980.00 元　2020 年 8 月出版

《中国国家博物馆馆藏文物研究丛书·青铜器卷·商》
中国国家博物馆编
定价：精装 680.00 元　2020 年 12 月出版

《大宋楼台——图说宋人建筑》
傅伯星著
定价：168.00 元　2020 年 5 月出版

《我们今天怎样做父亲：梁启超谈家庭教育》
梁启超著　彭树欣选评
定价：89.00 元　2020 年 5 月出版

第七节　少年儿童出版社

《三毛抗疫记》
张乐平家人授权　孙绍波绘
定价：25.00 元　2020 年 6 月出版

“张乐平儿童漫画·三毛的朋友们”(张乐平原作)

1.**《三毛的朋友们：我们的故事》**
2.**《三毛的朋友们：小萝卜头》**
3.**《三毛的朋友们：父子春秋》**
4.**《三毛的朋友们：小猫咪咪》**
5.**《三毛的朋友们：宝宝唱》**
定价：100.00元　2020年11月出版

《和平方舟的孩子》
简平著
定价：39.00元　2020年10月出版

“少年读中国”丛书
郑蔚著
1.**《少年读中国：国之重器》**
2.**《少年读中国：科技之光》**
3.**《少年读中国：人民卫士》**
定价：22.00～26.00元/册　2020年11月出版

《你好,珠穆朗玛》
刘虎著
定价：26.00元　2020年5月出版

“新世纪儿童文学新论”
1.**《儿童幻想小说叙事研究》**　聂爱萍著
2.**《张天翼与中国现代儿童文学》**　黄贵珍著
3.**《后现代儿童图画书研究》**　程诺著
4.**《儿童文学翻译的文体学研究》**　徐德荣著
5.**《安徒生童话诗学问题》**　李红叶著
6.**《1978—2018儿童文学发展史论》**　方卫平著
7.**《新世纪儿童文学的阅读与批评》**　徐妍著
8.**《中外儿童文学比较论稿》**　朱自强著
定价：66.00～98.00元/本　2020年1—10月出版

“科学家带你读科幻”系列丛书
1.**《科幻桃花源》**　尹传红、吴岩、顾备主编　刘慈欣等著
2.**《另一个地球》**　尹传红、吴岩、顾备主编　刘慈欣等著
3.**《木星时代的黎明》**　尹传红、吴岩、顾备主编　刘慈欣等著
4.**《生命播种者》**　尹传红、吴岩、顾备主编　叶永烈等著
5.**《时空捕手》**　尹传红、吴岩、顾备主编　刘慈欣等著

6.**《万物互联》**　尹传红、吴岩、顾备主编　江波等著
7.**《星球收割者》**　尹传红、吴岩、顾备主编　刘慈欣等著
8.**《虚构的现实》**　尹传红、吴岩、顾备主编　陈楸帆等著
定价：25.00元/本　2020年8月出版

"寻找看不见的世界"
1.**《发现恐龙》**　[塞浦路斯]登维著　丙等星译
2.**《海底深处》**　[塞浦路斯]登维著　关迩译
3.**《人体奥秘》**　[塞浦路斯]登维著　朱机译
4.**《探索太空》**　[塞浦路斯]登维著　红猪译
5.**《微观世界》**　[塞浦路斯]登维著　何文姗译
定价：58.00～68.00元/本　2020年1月出版

《逆行者》
金兴健、周晓丹图/文
定价：32.80元　2020年6月出版

《蓝星人绘本·乐园》
姜楠文/图
定价：48.00元　2020年1月出版

第八节　上海科学技术出版社

"智能城市规划"丛书
1.**《智能城市》**　吴志强主编
2.**《智能建设》**　吴志强主编
3.**《智能规划》**　吴志强主编
定价：98.00元/册　2020年9月出版

"中医名词考证与规范"丛书
1.**《第一卷　总论、中医基础理论》**　朱建平总主编　蔡永敏等主编
2.**《第二卷　诊断、治法》**　朱建平总主编　张华敏等主编
3.**《第三卷　中药、方剂》**　朱建平总主编　蔡永敏等主编
4.**《第四卷　临床各科：内科、妇科、儿科、外科、皮肤科、肛肠科、五官科、骨伤科》**　朱建平总主编　蔡永敏等主编
5.**《第五卷　针灸、推拿养生康复、总索引》**　朱建平总主编　黄涛、王旭东主编
定价：258.00～438.00元　2020年12月出版

"海洋生物医用材料大系"丛书

1.**《海藻酸基海洋生物医用材料》** 马小军、于炜婷、秦益民主编
2.**《海洋生物医用材料监管与评价》** 冯晓明、柯林楠主编
3.**《蛋白质基海洋生物医用材料》** 位晓娟、顾其胜主编
4.**《海洋生物医用材料临床应用》** 张伟、顾其胜、杨宇民主编
5.**《壳聚糖基海洋生物医用材料》** 顾其胜、陈西广、赵成如主编
6.**《海洋生物医用材料导论》** 奚廷斐、周长忍主编
定价：90.00～198.00 元 2020 年 1 月出版

"深远海工程装备与高技术丛书"
1.**《海洋装备数字化工程》** 鲍劲松等编著
2.**《自主水下航行器导航与控制技术》** 张立川、潘光、刘增武主编
3.**《海洋柔性管》** 白勇、邵强强著
4.**《海上 LNG 运输船与浮式装备系统技术》** 陈杰、高志龙、闫祎编著
5.**《海洋装备与船舶安全保障系统技术》** 任慧龙、高志龙、郭宇著
6.**《海洋中的电磁场及其应用》** 吕俊军等编著
7.**《深海声学技术与装备》** 周利生著
8.**《人工智能与船海工程》** 韩凤磊等著
9.**《海洋智能无人系统技术》** 汪洋等编著
10.**《深海声学与探测技术》** 李整林等著
11.**《海洋装备数字化工程》** 鲍劲松、金烨、高志龙著
定价：98.00～198.00 元 2020 年 5—12 月出版

"中国栽桑养蚕专著系列"
《中国桑树栽培学》 中国农业科学院蚕业研究所、江苏科技大学主编
《中国养蚕学》 中国农业科学院蚕业研究所、江苏科技大学主编
定价：150.00～280.00 元 2020 年 12 月出版

《西双版纳的植物与民族文化》
裴盛基、许又凯著
定价：178.00 元 2020 年 12 月出版

《液态金属先进芯片散热技术》
邓中山、刘静编著
定价：198.00 元 2020 年 7 月出版

《中国玉米遗传育种》
汪黎明、孟昭东、齐世军主编
定价：238.00 元 2020 年 6 月出版

《临床呼吸生理学》(第 2 版)
朱蕾主编
定价：148.00 元　2020 年 7 月出版

《张文宏教授支招防控新型冠状病毒》
张文宏主编
定价：8.00 元　2020 年 2 月出版

第九节　上海辞书出版社

《辞海》(第七版)
陈至立主编　《辞海》编辑委员会编纂
定价：1 998.00 元　2020 年 8 月出版

《道教大辞典》
吉宏忠主编
定价：298.00 元　2020 年 6 月出版

《齐梁文化辞典》
庄辉明主编
定价：180.00 元　2020 年 4 月出版

《中国古今地名对照表》(第三版)
薛国屏编著
定价：168.00 元　2020 年 8 月出版

《松江人文大辞典：总类·民俗卷》
陆军主编　欧粤编著
定价：108.00 元　2020 年 12 月出版

《现代散文鉴赏辞典》(新一版)
上海辞书出版社文学鉴赏辞典编纂中心编
定价：128.00 元　2020 年 6 月出版

《对联辞典》
苏渊雷主编
定价：29.90 元　2020 年 9 月出版

《张充和手抄昆曲谱》
张充和作　陈安娜编
定价：168.00 元　2020 年 10 月出版

《戴敦邦画说西厢记·牡丹亭·长生殿·桃花扇·名剧新篇》
戴敦邦作　戴红儒编
定价：898.00 元　2020 年 8 月出版

《相辉：一个人的复旦叙事》
读史老张著
定价：68.00 元　2020 年 4 月出版

第十节　学林出版社

《文献中的百年党史》
李颖著
定价：168.00 元(彩图版)；98.00 元(单色版)　2020 年 11 月出版

《初心之地——上海红色革命纪念地全纪录》
苏智良、姚霏主编
定价：158.00 元　2020 年 5 月出版

《上海城市品格读本》
熊月之著　上海市地方志办公室、上海通志馆主编
定价：88.00 元　2020 年 11 月出版

“上海地情普及系列丛书”(第二辑)
1.**《上海零点人民广场》**　熊月之、严斌林著　上海通志馆主编
2.**《中西邂逅徐家汇》**　苏智良著　上海通志馆主编
3.**《璀璨明珠陆家嘴》**　邢建榕、施雯著　上海通志馆主编
4.**《人杰地灵新天地》**　徐光寿著　上海通志馆主编
5.**《古韵新声静安寺》**　徐涛著　上海通志馆主编
定价：48.00～52.00 元　2020 年 8 月出版

《牛津笔记》
张力奋著
定价：88.00 元　2020 年 9 月出版

《五百年来王阳明》(精编插图版)
郦波著
定价：98.00 元　2020 年 6 月出版

《道是无情却有情》
郦波著
定价：36.00 元　2020 年 5 月出版

《汉武帝和他的时代》
姜鹏著
定价：68.00 元　2020 年 3 月出版

《江南纪》
吴景平、虞云国、胡阿祥等著
定价：68.00 元　2020 年 8 月出版

《在一起》
《在一起》剧组编
定价：88.00 元　2020 年 9 月出版

第十一节　上海远东出版社

《浦东开发开放录》
上海浦东历史研究中心、上海市浦东新区地方志办公室编
定价：598.00 元　2020 年 12 月出版

《我国区域特色农业发展问题研究》
陈洁主编　冯逆光、乔光华、刘锐副主编
定价：78.00 元　2020 年 12 月出版

《战"疫"：上海抗击新冠肺炎疫情实录(2020.1.5—2020.5.31)》
上海市地方志办公室、上海通志馆《上海年鉴》编辑部编
定价：108.00 元　2020 年 10 月出版

《财政中国三千年》
刘守刚著
定价：138.00 元　2020 年 6 月出版

"上海市人民政府发展研究中心系列报告"

《长三角一体化与高质量发展——2019年上海国际智库咨询研究报告》
上海市人民政府发展研究中心编
定价：148.00元　2020年8月出版

《文化里的中国》
陈璧耀著
定价：68.00元　2020年8月出版

“上海市档案馆藏近代中国金融变迁档案史料续编”
《八一三抗战和孤岛时期上海金融业同业组织》
吴景平编注
定价：468.00元　2020年7月出版

《冈特生态童书》(第七辑)(全36册)(汉英对照)
［比］冈特·鲍利著　［哥伦比亚］凯瑟琳娜·巴赫绘　何家振等译
定价：468.00元　2020年12月出版

“活字通识系列”丛书
1. **《给生命音乐：100首》**　［英］费欧娜·梅铎著　杨馥如译
2. **《你身边的伦理学：20个大问题》**　［英］朱利安·巴吉尼著　李尚远译
3. **《文化极简史：人物·思潮·建筑的故事》**　［法］弗洛朗斯·布劳恩斯坦、［法］让-弗朗索瓦·佩潘著　张竝译
4. **《伟大的哲学书：20本》**　［美］詹姆斯·加维著　张雁译
5. **《西哲小史：从A到Z》**　［美］詹姆斯·加维、［英］杰瑞米·史坦格伦著　蔡正译
定价：56.00～138.00元/册　2020年6—11月出版

“隔代养育智慧丛书”
1. **《祖辈养育的新角色》**　岳坤著
2. **《祖辈养育的新观念》**　房欲飞、张家红著
3. **《祖辈养育的新乐章》**　王芳著
4. **《祖孙三代的新关系》**　乐善耀著
5. **《幸福祖辈的心健康》**　蔺秀云、将永强著
定价：36.00元/本　2020年10月出版

第十二节　上海科技教育出版社

《深海浅说》
汪品先著
定价：88.00元　2020年10月出版

《大流感：最致命瘟疫的史诗》(特别纪念版)
[美]约翰·M.巴里著　钟扬、赵佳媛、刘念译　金力校
定价：98.00元　2020年4月出版

"荒野的呼唤"丛书
宋大昭、黄巧雯主编
1.**《来！聆听大自然的呼唤》**
2.**《去！寻访动物们的足迹》**
3.**《走！守护动物及其家园》**
定价：68.00元/册　2020年12月出版

《世界科学技术通史》(第三版)
[美]詹姆斯·E.麦克莱伦第三、[美]哈罗德·多恩著　王鸣阳、陈多雨译
定价：108.00元　2020年7月出版

《从猿性到人性：生命史上最完美的剧本》
殷融著
定价68.00元　2020年7月出版

《科学之种：我们为什么深深地误会了转基因》
[英]马克·莱纳斯著　朱机、黄琪译
定价48.00元　2020年7月出版

《生命的时钟》
郭金虎著
定价：88.00元　2020年7月出版

"科学家之梦"丛书(第一辑)
1.**《中微子振荡之谜》**　邢志忠著
2.**《探索脑的奥秘》**　杨雄里、肖晓著
3.**《地外生命寻踪》**　欧阳自远、王乔琦著
4.**《人类起源和迁徙之谜》**　李辉、金雯俐著
定价：35.00～50.00元/册　2019年8月—2020年12月出版

"名画中的科学"丛书
小牛顿科学教育有限公司编著
1.**《晋唐之美》**
2.**《两宋辉煌》**
3.**《元明清百花齐放》**

4.**《文艺复兴的觉醒》**
5.**《从巴洛克到浪漫主义》**
6.**《从写实主义到印象派》**
定价：318.00元/套　2020年7月出版

《新型冠状病毒感染的肺炎学生防护读本》
刘中民、王韬主编　卢洪洲、王彤主审
定价：8.00元　2020年2月出版

第十三节　上海文艺出版社

《革命者》
何建明著
定价：58.00元　2020年6月出版

《米兰讲座》
余华著
定价：48.00元　2020年4月出版

“收获长篇小说”
《收获》文学杂志社编
《收获长篇专号2020春卷》　熊育群、须一瓜、张忌、孙频著
《收获长篇小说2020夏卷》　黑海、旧海棠、冯华著
《收获长篇小说2020秋卷》　冯骥才、李宏伟、唐颖著
《收获长篇小说2020冬卷》　程小莹、邵丽、蒋方舟、徐皓峰著
定价：55.00元/册　2020年4—12月出版

《陈丹燕的上海》
陈丹燕著
定价：56.00元　2020年8月出版

《骑士的献祭》
那多著
定价：39.00元　2020年6月出版

《候场》
李诞著
定价：42.00元　2020年11月出版

《把自己作为方法：与项飙谈话》
项飙、吴琦著
定价：48.00 元　2020 年 7 月出版

《天堂城堡中的音乐：巴赫传》
[英] 约翰·艾略特·加德纳著　王隽妮译
定价：108.00 元　2020 年 5 月出版

《泰晤士：大河大城》
[英] 彼得·阿克罗伊德著　任明译
定价：98.00 元　2020 年 6 月出版

小文艺·口袋文库“知物”系列
《兜帽：隐匿于善恶之间》　[美] 艾莉森·金莉著　周靓译
《玻璃：过去现在未来故事三面性》　[美] 约翰·加里森著　赫小斐译
《袜子：隐匿的安慰》　[英] 金姆·艾德里安著　邵静怡译
《时差：昼夜节律与蓝调》　[美] 克里斯托弗·J. 李著　田可耘译
定价：35.00～48.00 元/册　2020 年 10 月出版

第十四节　上海文化出版社

《上海老味道续集》
沈嘉禄著　沈嘉荣绘
定价：58.00 元　2020 年 6 月出版

《搭车上路，一个人的八万公里》
金一诺著
定价：49.80 元　2020 年 1 月出版

《比我老的老头》
黄永玉著
定价：58.00 元　2020 年 8 月出版

《不给他音乐听》
黄永玉著
定价：49.00 元　2020 年 8 月出版

《DK 人类登山史》
[英] 英国皇家地理学会、阿尔卑斯登山俱乐部编著　李汝成译

定价：248.00 元　2020 年 8 月出版

《我去往别处：维克多・谢阁兰的真实与想象》
［法］让-吕克・科阿塔朗著　翟月译
定价：49.00 元　2020 年 9 月出版

《崭新局面——中国共产党第二次全国代表大会陈列》
中共二大会址纪念馆著
定价：180.00 元　2020 年 7 月出版

《越剧十姐妹》
上海越剧艺术研究中心、上海越剧艺术传习所编　黄德君主编　胡红萍副主编
定价：268.00 元　2020 年 10 月出版

《成人记》
薛舒著
定价：56.00 元　2020 年 6 月出版

《与时偕行：中国传统节俗文化的现代转化》
黄意明、孙伯翰著
定价：68.00 元　2020 年 4 月出版

第十五节　上海音乐出版社

《出征　出征——抗击疫情优秀歌曲集》
上海音乐家协会、上海音乐出版社、上海人民广播电台联合组编
定价：68.00 元　2020 年 2 月出版

《在希望的田野上——脱贫攻坚大众金曲 100 首》
中国音像与数字出版协会、上海音乐出版社、上海文艺音像电子出版社组编
定价：70.00 元　2020 年 11 月出版

《中国当代古琴斫琴师》
中国艺术研究院音乐研究所、北京乐器学会编
定价：1 750.00 元(共二卷)　2020 年 12 月出版

《谷建芬创作歌曲精选》
谷建芬著
定价：138.00 元　2020 年 12 月出版

《赵季平音乐作品选集》
赵季平著
定价：1 680.00 元　2020 年 12 月出版

《王国潼二胡艺术文集》
王国潼编著
定价：98.00 元　2020 年 7 月出版

《薛范 60 年音乐文论选》
薛范著
定价：398.00 元(上、下册)　2020 年 7 月出版

《肖邦钢琴作品全集》(研习版)
[波] 扬·艾凯尔编订　朱建中等译
定价：850.00 元(共 37 册)　2020 年 10 月出版

《钢琴家谈钢琴》
[美] 大卫·杜巴尔著　顾连理译
定价：58.00 元　2020 年 9 月出版

《简约主义音乐家》
[美] K. 罗伯特·施瓦茨著　毕禕译
定价：58.00 元　2020 年 11 月出版

第十六节　上海人民美术出版社

“书画巨匠艺库”系列丛书
1. **《白蕉·白蕉书学十讲》**　白蕉著　上海人民美术出版社编
2. **《林散之·林散之书画论稿》**　林散之著　赵启斌编
定价：360.00～380.00 元/册　2020 年 2—3 月出版

“艺文志”系列丛书
1. **《中国印学精读与析要》**　韩天衡著　张炜羽编
2. **《中国画学史鉴精读与析要》**　徐建融著
定价：188.00～199.00 元/册　2020 年 5—6 月出版

“中国大设计”系列丛书(国家“十三五”重点图书出版规划项目)
1. **《从“说服”到“告知”：中国广告设计百年档案》**　陈澜著
2. **《应用色彩学：中国色彩应用标准 CNCSCOLOR 原理与应用》**　傅炯、张惠山著

定价：98.00～118.00 元/册　2020 年 1 月出版

“中国艺术通识名师精品课”系列丛书
丁宁主编
1.**《美术鉴赏》**　丁宁著
2.**《美术专业论文写作》**　[美] 苏珊娜·赫德森、[美] 南希·努南·莫里斯著　谭贞寅译
3.**《外国画论导读》**　孙晶编著
定价：78.00～88.00 元/册　2020 年 6 月出版

《学院范式：17—19 世纪法国学院艺术》
上海博物馆编
定价：108.00 元　2020 年 1 月出版

“艺术人文”系列丛书
1.**《城市表情——从 19 世纪到 21 世纪的城市摄影》**　顾铮编著
2.**《现场——对话日本当代艺术名家》**　潘力著
定价：148.00～198.00 元/册　2020 年 2—4 月出版

《丝路碧海情》
于强原著/改编　尤山绘画　黄福海英译
定价：96.00 元　2020 年 6 月出版

《薛松作品展：涅槃》
香格纳画廊编
定价：380.00 元　2020 年 4 月出版

《今日文字设计》
[德] 赫尔穆特·施密德编著　王子源、杨蕾译
定价：168.00 元　2020 年 1 月出版

《上海师傅》　周祺著
定价：138.00 元　2020 年 8 月出版

第十七节　上海书画出版社

“上海博物馆藏碑帖珍本丛刊”
《上海博物馆藏碑帖珍本丛刊》(第一辑)　上海博物馆编
《上海博物馆藏碑帖珍本丛刊》(第二辑)　上海博物馆编
定价：1 680.00 元/套　2020 年 7 月出版

《日本岩手县立博物馆藏太田梦庵旧藏古代玺印》(精华版)
刘海宇、[日] 玉泽友基编著
定价：328.00 元　2020 年 10 月出版

《国家图书馆藏青铜器全形拓集成》(全八册)
国家图书馆编
定价：13 800.00 元　2020 年 2 月出版

《艺术与文明：西方美术史讲稿(原始艺术—中世纪艺术)》
范景中著
定价：138.00 元　2020 年 8 月出版

《书法美育》
陈振濂著
定价：86.00 元　2020 年 8 月出版

"海上题襟"系列
《砚边卮言》　曹宝麟著
《紫竹斋艺话》　林岫著
《长风堂笔阵》　徐建融著
《书法的底线》　斯舜威著
《文人墨色——近现代文人书法》　张瑞田著
定价：52.00～60.00 元/册　2019 年 12 月出版

"中国法帖珍赏"系列
《怀素自叙帖》　[唐] 怀素书
《苏轼洞庭中山二赋》　[北宋] 苏轼书
《赵佶楷书千字文》　[北宋] 赵佶书
《颜真卿祭侄文稿》　[唐] 颜真卿书
定价：38.00～90.00 元/本册　2020 年 6 月出版

"当代实力书家讲坛"系列
《中国书法源流十讲》　陈忠康著
《历代经典书风十讲》　陈海良著
《书法技法与观念十讲》　洪厚甜著
《篆书艺术十讲》　仇高驰著
定价：78.00 元/册　2020 年 8—9 月出版

《交织的目光：西方绘画 500 年》
杜鹏飞、包林、马萧主编
定价：99.00 元　2020 年 7 月出版

《陈介祺鉴藏考释二百镜斋古镜拓本》
童衍方、张加勇主编　操声国执行主编
定价：468.00 元　2020 年 7 月出版

第十八节　中 西 书 局

《龟兹石窟题记》
赵莉、荣新江主编　新疆龟兹研究院、北京大学中古史研究中心、中国人民大学国学院合编
定价：1 200.00 元　2020 年 10 月出版

《北京大学赛克勒考古与艺术博物馆藏梵文文书》
萨尔吉著
定价：98.00 元　2020 年 12 月出版

《百年流泽——从土山湾到诸巷会》
姚鹏著
定价：480.00 元　2020 年 12 月出版

《唐宋官私目录研究》
马楠著
定价：108.00 元　2020 年 11 月出版

《京剧精编剧目典藏》
上海戏剧学院附属戏曲学校编
定价：198.00 元　2020 年 9 月出版

《魏晋南北朝通史》
[日]冈崎文夫著　肖承清译
定价：88.00 元　2020 年 8 月出版

《国家起源问题研究的理论与方法——“国家起源问题研究的理论与方法国际学术研讨会”论文集》
谢维扬、赵铮主编
定价：128.00 元　2020 年 7 月出版

《佛典与中古汉语代词研究》
朱庆之、董秀芳编
定价：168.00 元　2020 年 10 月出版

《亚述巴比伦文献》
［美］丹尼尔·大卫·路肯比尔编著
定价：980.00 元　2020 年 6 月出版

《战国竹简书法艺术》
濮茅左编著
定价：680.00 元　2020 年 6 月出版

第十九节　上海外语教育出版社

《德国国家教育报告(2006)》
徐冠群译
定价：110.00 元　2020 年 9 月出版

《俄罗斯社会与文化》(第 2 版)
刘岩肖等编著
定价：64.00 元　2020 年 4 月出版

《西译中国现代散文选》(汉西对照)
孟继成选译
定价：108.00 元　2020 年 1 月出版

“世界思想宝库钥匙丛书”
1. **《解析纳西姆·尼古拉斯·塔勒布〈黑天鹅：如何应对不可预知的未来〉》**　埃里克·莱贝克著　李鑫译
2. **《解析西蒙娜·德·波伏娃〈第二性〉》**　拉凯莱·迪尼著　杨建玫译
3. **《解析柏拉图〈理想国〉》**　詹姆斯·奥尔著　朱庆译
4. **《解析卡尔·马克思〈资本论〉》**　尼克·布罗顿著　冯智强译
5. **《解析威廉·詹姆斯〈心理学原理〉》**　英国 Macat 出版社团队著　叶娟译

定价：30.00 元/本　2020 年 4—11 月出版

“黑猫英语分级读物”
1. 中学 A 级 1**《黑骏马》**　［英］安娜·瑟威尔著　张荣干总改编　郑妙珊改编
2. 中学 A 级 2**《五个孩子和沙精》**　［英］E. 内斯彼特著　张荣干总改编　郑妙珊改编
3. 中学 A 级 3**《快乐王子 & 自私的巨人》**　［英］奥斯卡·王尔德著　张荣干总改编　郑妙珊

改编

4. 中学A级4**《绿山墙的安妮》** [加]露西·M.蒙特哥马利著 钱明丹改编

5. 中学A级5**《女巫芭丝谢芭》** [英]简·伊丽莎白·卡马克著 李欣改编

6. 中学A级6**《美女与野兽》** [法]珍妮-玛丽·勒普兰斯·德博蒙著 韩云飞改编

7. 中学A级7**《奇幻森林》** [英]鲁德亚德·吉卜林著 张荣干总改编 周宝忠改编

8. 中学A级8**《胡桃夹子》** [德]E.T.A.霍夫曼著 张荣干总改编 周宝忠改编

9. 中学A级9**《匹诺曹》** [意]卡洛·科洛迪著 张荣干总改编 周宝忠改编

10. 中学B级1**《汤姆·索亚历险记》** [美]马克·吐温著 张涛总改编 林海改编

11. 中学B级2**《黑箭》** [英]罗伯特·路易斯·史蒂文森著 张涛总改编 林海改编

12. 中学B级3**《远大前程》** [英]查尔斯·狄更斯著 张涛总改编 宋纯杰改编

13. 中学B级4**《小妇人》** [美]路易莎·梅·阿尔考特著 林梅、吕艳改编

14. 中学B级5**《仲夏夜之梦》** [英]威廉·莎士比亚著 张涛总改编 宋纯杰改编

15. 中学B级6**《王子与贫儿》** [美]马克·吐温著 张涛总改编 周育英改编

16. 中学B级7**《野性的呼唤》** [英]杰克·伦敦著 张涛总改编 周育英改编

17. 中学C级10**《秘密花园》** [英]弗朗西斯·霍奇森·伯内特著 周薇总改编 刘春艳改编

18. 中学C级11**《爱丽丝漫游奇境》** [英]刘易斯·卡罗尔著 周薇总改编 温培培改编

19. 中学C级12**《时间游戏》** [英]维多利亚·贺华德著 周薇总改编 李梦歆改编

20. 中学D级1**《格列佛游记》** [爱尔兰]乔纳森·斯威夫特著 陆铁晖改编

21. 中学D级2**《尤里乌斯·凯撒》** [英]威廉·莎士比亚著 陈素萍总改编 申仁东改编

22. 中学D级3**《歌剧魅影》** [法]卡斯顿·勒胡著 陈素萍总改编 申仁东改编

23. 中学D级7**《匹克威克外传》** [英]查尔斯·狄更斯著 陈元宝总改编 陶子萍改编

24. 中学D级8**《罗密欧与朱丽叶》** [英]威廉·莎士比亚著 陈元宝总改编 杨梅改编

25. 中学D级9**《理查三世》** [英]威廉·莎士比亚著 陈元宝总改编 王玉飞改编

26. 中学F级4**《理智与情感》** [英]简·奥斯汀著 朱俊总改编 王燕改编

27. 中学F级5**《双城记》** [英]查尔斯·狄更斯著 朱俊总改编 王燕改编

28. 中学F级6**《名利场》** [英]威廉·梅克比斯·萨克雷著 朱俊总改编 王燕改编

定价：26.00～39.00元/本 2020年7—12月出版

《英语教师正音十讲》

张晴编著

定价：52.00元 2020年6月出版

“文化观念流变中的英国文学典籍研究”丛书

殷企平总主编

1. **《总论》** 阮炜等著

2. **《文化观念萌芽时期的英国文学典籍研究》** 李公昭、刘庆松等著

3. **《文化观念生长时期的英国文学典籍研究》** 曹山柯等著

4.**《文化观念成熟时期的英国文学典籍研究》**　殷企平等著
5.**《文化观念拓展时期的英国文学典籍研究》**　胡强等著
6.**《文化观念裂变时期的英国文学典籍研究》**　欧荣等著
定价：118.00～148.00 元/册　2020 年 6—12 月出版

“系统功能语言学文献丛书”
彭宣维、黄国文主编
1.**《意义即语言的使用——小句语法隐喻研究》**　杨炳钧著
2.**《语篇功能与语篇分析——理论探讨与应用》**　方琰著
3.**《系统功能语言学札记》**　朱永生著
4.**《信息结构·主位结构·语篇功能》**　张克定著
5.**《语篇分析——从理论到实践》**　苗兴伟著
6.**《句法问题研究：从功能语言学到语言类型学》**　王勇著
7.**《语篇·语法·认知：话语分析面面观》**　任绍曾著
定价：49.00～108.00 元/册　2020 年 5—9 月出版

“‘什么是’研究方法系列”丛书
1.**《什么是定量纵向数据分析?》**　[英] 弗农·盖尔、[英] 保罗·兰伯特著
2.**《什么是在线研究?》**　[英] 特罗斯特拉·胡利等著
3.**《什么是话语分析?》**　[英] 斯蒂芬妮·泰勒著
4.**《什么是社交网络分析?》**　[英] 约翰·司各特著
5.**《什么是日记法?》**　[英] 露丝·巴特利特、[英] 克里斯蒂娜·米利根著
6.**《什么是质性研究伦理?》**　[英] 罗丝·怀尔丝著
7.**《什么是质性研究?》**　[英] 马丁·哈默斯利著
8.**《什么是质性访谈?》**　[英] 罗莎琳德·爱德华兹、[英] 珍妮特·霍兰德著
定价：30.00 元/册　2020 年 9 月出版

“语言教学新环境丛书”
1.**《开发在线语言教学：基于研究的教学法和反思实践》**　[英] 雷金·汉佩东、[英] 乌苏拉·斯提克勒著
2.**《一对一语言教与学：理论与实践》**　[美] 塔莎·布莱斯汀、[新西兰] 玛丽莲·路易斯著
3.**《语言教学中技术创新的实施与研究：交互式电子白板在法国学校 EFL 教学中的使用实例》**　[法] 肖纳·怀特著
4.**《语言学习和教学中的数字游戏》**　[新西兰] 哈约·雷德斯著
5.**《在线非正式英语学习》**　[法] 杰弗里·索克特著
定价：22.00～28.00 元/册　2020 年 7 月出版

第二十节　华东师范大学出版社

"2035 中国教育发展战略研究"丛书(11 册)
袁振国主编
《高考改革深化研究》 袁振国等著
《延长义务教育年限研究》 刘复兴等著
《"双一流"建设突破研究》 刘贵华等著
《为了人的更高发展：国际社会谋划 2030 年教育研究》 彭正梅、邓莉、周小勇等著
《新时期学前教育发展研究》 姜勇、王艺芳等著
《民办学校分类管理推进策略研究》 董圣足等著
《面向 2035 教育经费投向研究》 陈纯槿著
《未来教育重塑研究》 尚俊杰著
《OECD 教育指标引领教育发展研究》 黄忠敬等著
《高等教育赋能上海科技创新中心建设研究》 朱军文、余新丽、杨颉著
《教育舆情演变与应对研究》 田凤著
定价：38.00 元～68.00 元/册　2019 年 11 月—2020 年 12 月出版

《好看的中国文学史》(上、下册)
钱念孙著
定价：98.00 元　2020 年 8 月

《文学批评入门》
汤拥华著
定价：54.00 元　2020 年 8 月

《日本藏汉籍古抄本丛刊》(三辑)
宝玥斋编
定价：2 374.00 元　2020 年 1 月

《社会性动物》(第 12 版)
[美] 艾略特・阿伦森、乔舒亚・阿伦森著　邢占军、黄立清译
定价：79.90 元　2020 年 5 月

《被压迫者教育学》(50 周年纪念版)
[巴西] 保罗・弗莱雷著　顾建新、张屹译　徐辉审校
定价：52.00 元　2020 年 6 月

《儿童文学史：从〈伊索寓言〉到〈哈利·波特〉》
［美］塞思·勒若著　启蒙编译所译
定价：88.00元　2020年1月

《末日松茸：资本主义废墟上的生活可能》
［美］罗安清著　张晓佳译
定价：79.80元　2020年7月

《哲学家与爱：从苏格拉底到波伏娃》
［法］奥德·朗瑟兰、玛丽·勒莫尼耶著　郑万玲、陈雪乔译
定价：68.00元　2020年12月

《教学勇气：漫步教师心灵》(20周年纪念版)
［美］帕克·帕尔默著　方彤译
定价：55.00元　2020年1月

第二十一节　复旦大学出版社

《2019冠状病毒病——从基础到临床》
张文宏主编
定价：88.00元　2020年3月出版

《阳明大传——“心”的救赎之路》(上、中、下卷)
束景南著
定价：198.00元　2020年2月出版

《晚清史》
戴鞍钢著
定价：98.00元　2020年1月出版

《中国哲学史十讲》
郭齐勇著
定价：58.00元　2020年6月出版

《复旦大学图书馆藏古籍稿抄珍本》(第一辑)
陈思和、严峰主编
定价：28 000.00元　2020年6月出版

《告别贫困：精准扶贫的制度密码》
左才、曾庆捷、王中原著
定价：49.00 元　2020 年 12 月出版

《保险的起源与繁盛》
易行健著
定价：90.00 元　2020 年 6 月出版

《新闻理论十讲》(修订版)
陈力丹著
定价：52.00 元　2020 年 1 月出版

“传播·媒介·技术学术经典译丛”
《奇云：媒介即存有》
[美] 约翰·杜海姆·彼得斯著　邓建国译
定价：88.00 元　2020 年 12 月出版

《现代骨科运动医学》
陈世益、冯华主编
定价：600.00 元　2020 年 10 月出版

第二十二节　上海交通大学出版社

《查医生援鄂日记》
查琼芳撰　仁济医院主编
定价：45.00 元　2020 年 4 月出版

《红烛于漪》
董少校著
定价：68.00 元　2020 年 9 月出版

《科技成就中国》
黄庆桥主编
定价：68.00 元　2020 年 2 月出版

《新冠肺炎防治精要》
瞿介明、曹彬、陈荣昌主编
定价：48.00 元　2020 年 4 月出版

《厚土中国》
丁一鹤、毛永温著
定价：68.00 元　2020 年 6 月出版

《12 堂“四史”公开课》
熊月之、张维为等著　上海图书馆编
定价：58.00 元　2020 年 8 月出版

《人类未来》
[英] 马丁·里斯著　姚嵩、丁丁虫译
定价：58.00 元　2020 年 3 月出版

《天生我材：大脑构筑如何塑造人的个性》
[爱尔兰] 凯文·J. 米切尔著　何苗译
定价：68.00 元　2020 年 3 月出版

《全球航空货运业》
[英] 彼得·S. 莫雷尔、[德] 托马斯·克莱因著　陈斯、禹梦泽、陈迎春等译
定价：198.00 元　2020 年 9 月出版

《无人的演进：人工智能会杀死我们吗?》
[德] 杰伊·塔克著　薛原、凌复华译
定价：68.00 元　2020 年 8 月出版

第二十三节　同济大学出版社

《上海近代建筑风格》
郑时龄著
定价：320.00 元　2020 年 5 月出版

《上海城市运行安全发展报告(2016—2018)》
孙建平主编　周红波、刘军、冯永强副主编
定价：128.00 元　2020 年 5 月出版

“城市安全风险管理丛书”
1. **《城市安全风险防控概论》**　孙建平主编　秦宝华副主编
2. **《城市建设风险防控》**　刘军主编　高欣副主编
3. **《城市生态环境风险防控》**　单晓耀主编　沈清基、伍爱群、王勇副主编
4. **《城市水安全风险防控》**　白廷辉主编　胡欣、伍爱群副主编

5.**《城市地下空间开发建设风险防控》** 陈丽蓉、顾国荣主编 杨石飞副主编
6.**《城市生命线风险防控》** 王以中主编 朱成宇、袁文平、蔡健副主编
7.**《城市社会风险防控》** 何品伟主编 虞浔、夏草副主编
8.**《城市气象灾害风险防控》** 陈振林主编 杨修群、王强副主编
9.**《城市高速铁路运营安全风险防控》** 陈兰华、任纪善主编 侯文玉、应慧刚、汤立新副主编
10.**《城市地下空间防灾理论与规划策略》** 赫磊著
定价:68.00～120.00元/册 2018年11月—2020年10月出版

“工程人文丛书”
《工程艺术大师:卡尔·太沙基》
[美]理查德·E.古德曼著 朱合华、史培新译 杨林德译校
定价:78.00元 2020年5月出版

“中国智造系列丛书”
《智造密码:探寻苏州中心》
苏州恒泰控股集团有限公司主编 苏州中心出品
定价:218.00元 2020年10月出版

“当代建筑思想评论丛书”
《花园里的花园》
金秋野著
定价:88.00元 2020年1月出版

《画谈潜园:中国园林在德国》(汉英对照)
张振山著 [美]欧思博译
定价:138.00元 2020年6月出版

《阿福拜见老虎岳父》
[德]阿福著 朱宇晗译
定价:68.00元 2020年1月出版

《中华文化之旅》(精编版)
孙宜学等著
定价:98.00元 2020年5月出版

《上海家门:消逝中的城市记忆》
胡志洪、胡明旻著
定价:58.00元 2020年9月出版

第二十四节　上海浦江教育出版社

《船舶驾引人员防控新冠肺炎英语手册》
中国航海协会、中国引航协会组织编写
定价：15.00 元　2020 年 5 月出版

《全球港航信息化发展报告(2020 版)》
徐凯、郭胜童、彭宜蔷、张敏、孙鑫、胡军德著
定价：800.00 元　2020 年 12 月出版

《多式联运现代化——理论、实践与探索》
中国港口协会、上海海事大学合作编著
定价：268.00 元　2020 年 6 月出版

《海事英汉词汇语言学研究》
张晓峰著
定价：158.00 元　2020 年 6 月出版

《汉英英汉海事功能词汇手册》
张晓峰、付玉慧主编
定价：138.00 元　2020 年 6 月出版

《海测经纬》
上海海事测绘中心组织编写　史晓平主编
定价：180.00 元　2020 年 10 月出版

《杏苑诗葩——医林诗词合解》(增订版)
李鼎编著
定价：78.00 元　2020 年 6 月出版

《中医四季卷舒美容》
胡冬裴、顾云之、王薇主编
定价：60.00 元　2020 年 12 月出版

《韩天雍大篆·金文二十品》
韩天雍编著
定价：58.00 元　2020 年 9 月出版

《图说盐文化》
上海金山区翔龙盐文化促进中心、徐畅主编
定价：88.00元　2020年11月出版

第二十五节　立信会计出版社

"会计领域前沿问题研究系列丛书"
《会计信息披露与资本市场定价——基于投资者视角的研究》
张然著
定价：58.00元　2020年3月出版

"梅松讲税丛书"
《个人所得税实操手册：政策、案例、流程、筹划图表式全解读》
梅松讲税编委会编著
定价：138.00元　2020年4月出版

《勇气求实：探索内部审计发展之路》
袁亮亮主编　陈桥、孟雪艳、陈瑜副主编
定价：58.00元　2020年6月出版

《粮食最低收购价问题的系统分析》
杨光焰著
定价：42.00元　2020年11月出版

"会计口述历史文库"
《会计口述历史》(第二辑)
上海国家会计学院会计口述历史项目工作组主编
定价：55.00元　2020年11月出版

"智能财务研究系列丛书"
1. **《智能财务及其建设研究》**　吴践志、刘勤等著
2. **《智能财务研究蓝皮书》(第一辑)**　刘勤、吴忠生等著
3. **《2020年影响中国会计从业人员的十大信息技术：现状与趋势》**　刘勤、吕晓雷等著
定价：78.00～98.00元/本　2020年11—12月出版

《利差增信的价值管理——开启财富之天眼》
王祚君著
定价：118.00元　2020年12月出版

《新中国会计制度发展演变研究》
付磊等著
定价：118.00元　2020年12月出版

第二十六节　华东理工大学出版社

“战略前沿新材料——石墨烯出版工程”
刘忠范总主编
1.**《石墨烯基传感器件》**　孙立涛、万树编著
2.**《石墨烯超级电容器》**　阮殿波著
3.**《石墨烯微电子与光电子器件》**　陈弘达、黄北举、毛旭瑞、程传同编著
4.**《石墨烯复合材料》**　杨程主编
5.**《石墨烯化学与组装技术》**　曲良体、张志攀编著
6.**《粉体石墨烯材料的制备方法》**　李永峰著
7.**《石墨烯制备技术》**　彭海琳编著
8.**《石墨烯的结构与基本性质》**　刘开辉、徐小志等编著
定价：198.00～298.00元/本　2020年5—11月出版

《量子点的微反应合成及应用》
栾伟玲著
定价：98.00元　2020年8月出版

《化学品风险管理法律制度》
丁晓阳、李广兵、黄政主编
定价：98.00元　2020年3月出版

“大国攻坚·反贫困社会工作丛书”
向德平主编
1.**《反贫困社会工作导论》**　向德平等著
2.**《反贫困社会工作案例研究：协会实践》**　向德平主编
3.**《社区为本的反贫困社会工作研究》**　文军、吴越菲等著
定价：78.00～98.00元/本　2020年12月出版

《日语读写45问》
[日]大野晋著　皮细庚译
定价：40.00元　2020年5月出版

《迪士尼大电影双语阅读·心灵奇旅》(赠英文音频、电子书及核心词讲解)
青橙英语编著　赵璞玉译

定价：45.00元　2020年11月出版

“日文原版”丛书

1.**《日文原版·心》(赠音频)**［日］夏目漱石著

2.**《日文原版·起风了》(赠音频)**［日］堀辰雄著

3.**《日文原版·罗生门》(赠音频)**［日］芥川龙之介著

4.**《日文原版·人间失格》(赠音频)**［日］太宰治著

5.**《日文原版·我是猫》(赠音频)**［日］夏目漱石著

定价：26.80～38.80元/本　2020年11月出版

“迪士尼·漫威丛书”

［美］美国漫威公司著

1.**《大电影双语阅读·蜘蛛侠：英雄远征》(赠英文音频、双语电子书及核心词讲解)**　赵璞玉译

2.**《大电影双语阅读·复仇者联盟4：终局之战》(赠英文音频、电子书及核心词讲解)**　赵璞玉译

3.**《大电影双语阅读·美国队长3：内战》(赠英文音频、电子书及核心词讲解)**　朱文婷译

4.**《大电影双语阅读·无敌浩克》(赠英文音频、电子书及核心词讲解)**　董良和译

5.**《大电影双语阅读·钢铁侠2》(赠英文音频、电子书及核心词讲解)**　仇俊雄译

定价：45.00～49.80元/本　2020年4—5月出版

“华纳丛书”

1.**《神奇女侠》(中文典藏·精装有声版)**［美］南希·霍尔德著　虞佳炜译

2.**《海王》(中文典藏·精装有声版)**［美］吉姆·麦卡恩著　王子小青译

3.**《雪怪大冒险》(中文典藏·精装有声版)**［美］特蕾西·韦斯特著　虞佳炜译

4.**《星际穿越》(中文典藏·精装有声版)**［美］格雷格·凯斯著　赵璞玉译

定价：35.00～49.80元/本　2020年5月出版

“英文原版·青橙英语分级读物”

青橙英语著

1.**《英文原版·青橙英语分级读物(第1级)》(一、二年级适用)**

2.**《英文原版·青橙英语分级读物(第2级)》(二、三年级适用)**

3.**《英文原版·青橙英语分级读物(第3级)》(三、四年级适用)**

4.**《英文原版·青橙英语分级读物(第4级)》(四、五年级适用)**

5.**《英文原版·青橙英语分级读物(第5级)》(五、六年级适用)**

定价：28.00元/本　2020年8月出版

第二十七节　东华大学出版社

《敦煌丝绸艺术全集·敦煌卷》
赵丰主编　罗华庆副主编
定价：498.00 元　2020 年 12 月出版

《敦煌丝绸艺术全集·旅顺卷》
赵丰主编　王振芬副主编
定价：498.00 元　2020 年 12 月出版

《苗族服饰结构研究》
刘瑞璞、詹昕怡著
定价：588.00 元　2020 年 12 月出版

《战疫之盾——带您走进个人防护非织造材料》
靳向煜、赵奕、吴海波、黄晨主编
定价：68.00 元　2020 年 4 月出版

《丝绸之路织染绣服饰研究(新疆段卷)》
王乐著
定价：128.00 元　2020 年 6 月出版

《"一带一路"沿线国家纺织文化遗产研究·西亚卷》
王华著
定价：168.00 元　2020 年 5 月出版

《中国服装史》
贾玺增著
定价：98.00 元　2020 年 8 月出版

《江南水乡民间服饰与稻作文化》
张竞琼、曹喆著
定价：78.00 元　2020 年 8 月出版

《上海绒绣研究：精品图录》
柯玲、边菲、苑国祥、黄晓昭等著
定价：198.00 元　2020 年 10 月出版

《纺织新材料》
杨乐芳、刘健主编
定价：79.00 元　2020 年 8 月出版

第二十八节　上海财经大学出版社

"中国经济发展史系列丛书"
《中国经济发展史》编写组编著
1. **《中国经济发展史(1949—2019)》(第一卷)**
2. **《中国经济发展史(1949—2019)》(第二卷)**
3. **《中国经济发展史(1949—2019)》(第三卷)**
4. **《中国经济发展史(1949—2019)》(第四卷)**
5. **《中国经济发展史(1949—2019)》(第五卷)**
6. **《中国经济发展史(1949—2019)》(第六卷)**
7. **《中国经济发展史(1949—2019)》(第七卷)**
8. **《中国经济发展史(1949—2019)》(第八卷)**
定价：2 980.00 元　2020 年 6 月出版

《中国乡村振兴与农村教育调查》
许涛主编
定价：98.00 元　2020 年 3 月出版

"匡时金融学系列"
《中国金融史》
燕红忠主编
定价：78.00 元　2020 年 9 月出版

"匡时新方法系列"
1. **《因果推断实用计量方法》**　邱嘉平著
2. **《量化社会科学导论》**　[日]今井耕介著　祖梓文、徐轶青译
定价：86.00～128.00 元　2020 年 7—10 月出版

"金融哲学三部曲/人大重阳学术作品系列"
《市场本质》
周洛华著
定价：78.00 元　2020 年 8 月出版

“鹏华基金·世界金融博览书库”

《黄金简史》(第四版)

[美] 彼得·L.伯恩斯坦著　黄磊译

定价：118.00元　2020年4月出版

《会感染的疯狂》

[美] 哈丽雅特·A.华盛顿著　沈国华译

定价：78.00元　2020年7月出版

“世界资本经典译丛”

1.**《代价惨痛的教训》** [美] 史蒂芬·L.韦斯著　武良坤译

2.**《真实的美联储》** [美] 彼得·康迪-布朗著　陈佶译

3.**《金融奇才精粹集》** [美] 杰克·D.施瓦格著　陈佶译

4.**《宽客格雷厄姆》** [美] 史蒂文·P.格雷纳著　罗煦昶译

5.**《华尔街黑暗天才》** [美] 小爱德华·J.瑞尼翰著　杨敏译

6.**《通货膨胀的真相》** [美] 保罗·多诺万著　陈振东译

定价：38.00～95.00元　2020年10月出版

《葛文耀：四十年民族品牌的光荣与梦想》

田安莉著

定价：98.00元　2020年11月出版

第二十九节　上海大学出版社

《百年上大画传》

成旦红、刘昌胜主编

定价：320.00元(精装本)　98.00元(平装本)　2020年10月出版

《永远的校长——钱伟长1983—2010年画传》

成旦红、刘昌胜主编

定价：180.00元　2020年7月出版

《从上海大学(1922—1927)走出来的英雄烈士》

胡申生编著

定价：46.00元　2020年5月出版

《医学起源与发展简史》

苏佳灿、黄标通、许金廉、徐顺清主编

定价：78.00元　2020年5月出版

《现代皮肤病学》(第2版)
王侠生、徐金华、张学军主编
定价：580.00元　2020年7月出版

《艺术大家阿兰·布尔保奈》
[法] 苏菲·布尔保奈、[法] 阿涅丝·布尔保奈编著　曲晓蕊等译
定价：68.00元　2020年7月出版

《意志与责任：法律人工智能》
顾骏、许春明等著
定价：48.00元　2020年5月出版

《唐大郎文集》(共12卷)
张伟、祝淳翔编
定价：1 086.00元　2020年8月出版

《疫中人：武汉群像2020》
《澎湃人物》栏目著
定价：49.00元　2020年8月出版

"老艺术家口述历史"丛书
上海音像资料馆组编　乐建强、沈小榆丛书总主编　李丹青丛书执行主编
1. **《我的淮剧生涯》**　陈家彦主编
2. **《我的京昆生涯》**　陈娑彤主编
3. **《我的话剧生涯》**　李丹青主编
4. **《我的越剧生涯》**　田虹主编
5. **《我的杂技生涯》**　柴亦文主编
6. **《我的木偶戏生涯》**　陈娅主编
定价：62.00～98.00元/册　2020年7—10月出版

第三十节　上海音乐学院出版社

《百川汇流的声景——作曲家梁雷的人文叙事》(附DVD)
洛秦编
定价：135.00元　2020年8月出版

《交响诗曲〈情殇——霓裳骊歌杨贵妃〉》
陈钢作曲
定价：80.00元　2020年10月出版

《师说载道》
徐旭、廖昌永主编
定价：50.00 元　2020 年 9 月出版

《中国音乐教育年鉴 2017》
余丹红主编
定价：200.00 元　2020 年 1 月出版

《上海古琴百年纪事(1955—1999)》
戴晓莲主编　李世强副主编
定价：258.00 元　2020 年 1 月出版

《清商乐研究》
漆明镜著
定价：65.00 元　2020 年 5 月出版

《上海音乐学院图录(1978—1990)》
《上海音乐学院志》编委会编　钱仁平主编
定价：298.00 元　2020 年 11 月出版

《祁连音画——卢耀波笛箫作品集》
卢耀波编著
定价：50.00 元　2020 年 8 月出版

《下四川》
沈纳蔺作曲
定价：30.00 元　2020 年 8 月出版

“上海音乐学院管弦系表演专业本科教材系列”
《新编大提琴练习曲集》
上海音乐学院大提琴教研组编　林应荣执笔
定价：35.00 元　2020 年 7 月出版

第三十一节　上海科学技术文献出版社

《方舱记忆：万众一心抗疫情》
刘中民、王韬主编
定价：68.00 元　2020 年 5 月出版

《晚清上海生活史：小校场年画中的都市风情》
张伟、严洁琼著
定价：128.00元　2020年8月出版

《祖述槐轩：刘伯谷先生讲〈大学〉〈中庸〉》
刘伯谷著
定价：55.00元　2020年1月出版

“文明的历程”丛书
李学勤主编
1.**《夏朝》**　詹子庆著
2.**《商朝》**　孟世凯著
3.**《西周》**　张广志著
4.**《春秋》**　田旭东、周苏平、王美凤著
5.**《战国》**　沈长云、杨善群著
定价：58.00～68.00元/册　2020年6月出版

“懂一点STS”丛书
刘兵主编
1.**《左手科学，右手艺术》**　刘兵、戴吾三著
2.**《万物皆有流》**　刘兵著
3.**《鸡蛋里的骨头》**　刘兵著
4.**《我思故我在》**　刘兵著
定价：48.00～68.00元/册　2020年6—8月出版

“新知图书馆”丛书
1.**《历史深处的电池》**　［美］亨利·施莱辛格著　张宏佳、刘波译
2.**《基因改变未来》**　［美］布兰登·科尔比著　迟文成译
3.**《塑料之战》**　［美］苏珊·弗莱恩克尔著　龙志超、张楠译
4.**《球的法则》**　［美］乔希·切特温德著　刘辉译
定价：35.00～40.00元/册　2020年4月出版

“健康中国·家有名医”丛书
王韬、李校堃总主编
1.**《肥胖症诊断与治疗》**　曲伸、卜乐主编
2.**《甲状腺功能亢进诊断与治疗》**　刘军主编
3.**《名医指导合理用药》**　何蓉、杜文民主编
4.**《冠心病诊断与治疗》**　王一尘主编
5.**《肾脏疾病诊断与治疗》**　徐元钊主编

6.**《肾衰竭尿毒症诊断与治疗》**　徐元钊主编
7.**《前列腺疾病诊断与治疗》**　何家扬主编
8.**《名医教你看化验报告》**　胡晓波主编
9.**《脂肪肝诊断与治疗》**　徐正婕、范建高主编
10.**《糖尿病诊断与治疗》**　刘芳主编
11.**《糖尿病并发症诊断与治疗》**　曲伸、李虹主编
12.**《心脏疾病诊断与治疗》**　吕志前主编
13.**《下肢血管病诊断与治疗》**　薛慈民主编
14.**《甲状腺疾病诊断与治疗》**　胡予主编
15.**《中风诊断与治疗》**　江孙芳、祝墡珠主编
16.**《肺炎诊断与治疗》**　宋秀明主编
17.**《名医指导高血压治疗用药》**　胡予主编
18.**《慢性支气管炎诊断与治疗》**　张炜主编
19.**《血脂异常诊断与治疗》**　胡予主编
20.**《痛风诊断与治疗》**　潘新主编
21.**《肿瘤化疗》**　唐曦、许立功主编
定价：30.00～35.00元/册　2020年7月出版

《个性化药物：新药研发的未来》
丁健主编
定价：168.00元　2020年3月出版

《从洞察到谋略：国外科技智库研究》
缪其浩主编
定价：78.00元　2020年9月出版

《上海图书馆藏珍稀家谱丛刊·第四辑》
上海图书馆编
定价：33 600.00元　2020年9月出版

第三十二节　上海社会科学院出版社

“万国通史”
《南斯拉夫通史》
马细谱著
定价：128.00元　2020年8月出版

《低地国家史》(第二版)
［英］保罗·阿布拉斯特著　何博文、杜祖和译

定价：65.00 元　2020 年 12 月出版

《国王的两个身体——中世纪政治神学研究》
[德] 恩斯特·H. 坎托洛维奇著　尹景旺译
定价：188.00 元　2020 年 1 月出版

“拜德雅·人文档案”
《伽达默尔传：理解的善良意志》
[加] 让·格朗丹著　黄旺、胡成恩译
定价：98.00 元　2020 年 4 月出版

《从启蒙到解放：马克思主义政治哲学的多元实践研究》
包大为著
定价：108.00 元　2020 年 6 月出版

《辽金元社会与民俗文化》
徐连达著
定价：52.00 元　2020 年 1 月出版

“心理学核心课”
《社会心理学》
[德] 托比亚斯·格赖特迈尔著　陆丽娟译
定价：68.00 元　2020 年 9 月出版

《培养注意力的心理学》
帅澜著
定价：99.80 元　2020 年 12 月出版

《女王的游戏：成就 16 世纪欧洲历史的女性》
[英] 莎拉·格里斯伍德著　王珺、王潇楠译
定价：78.00 元　2020 年 5 月出版

《别再问我什么是嘻哈①》
[日] 长谷川町藏、[日] 大和田俊之著　耳田译
定价：58.00 元　2020 年 6 月出版

第三十三节　文汇出版社

《一生的旅程》
[美] 罗伯特・艾格、[美] 乔尔・洛弗尔著　靳婷婷译
定价：88.00 元　2020 年 4 月 1 日出版

《赵超构书信往事》
富晓春著
定价：68.00 元　2020 年 3 月 20 日出版

《宦游鸿雪》
[清] 顾文彬著　苏州市档案馆、苏州市过云楼文化研究会编
定价：498.00 元　2020 年 10 月 25 日出版

《失落的卫星：深入中亚大陆的旅程》
刘子超著
定价：58.00 元　2020 年 7 月 2 日出版

《人体简史》
[英] 比尔・布莱森著　闾佳译
定价：69.00 元　2020 年 6 月 22 日出版

《水浒十讲》
李庆西著
定价：60.00 元　2020 年 7 月 27 日出版

《春彦师友》
谢春彦著
定价：78.00 元　2020 年 8 月 20 日出版

《猎巫：塞勒姆 1692》
[美] 斯泰西・希夫著　浦雨蝶、梁吉译
定价：98.00 元　2020 年 7 月 1 日出版

《廷巴克图》
[美] 约书亚・哈默著　吴娟娟译
定价：68.00 元　2020 年 1 月 20 日出版

《战疫纪事》(上、下)
上海市卫生健康委员会编
定价：68.00 元/本　2020 年 5—9 月出版

第三十四节　上海三联书店

《论爱的教育》
刘道玉著
定价：78.00 元　2020 年 11 月出版

“上海三联人文经典书库”
《十九世纪德国史　第一卷：帝国的覆灭》
[德] 海因里希·冯·特赖奇克著　李娟译
定价：128.00 元　2020 年 5 月出版

“清华大学中国经济思想与实践研究院政府与市场经济学研究成果系列丛书/清华大学国家治理与全球治理研究院清华大学国家高端智库系列丛书”
《中国的经验：改革开放四十年的经济学总结》
李稻葵等著
定价：88.00 元　2020 年 5 月出版

《牛津国际法史手册》
[德] 巴多·法斯本德、[德] 安妮·彼得斯主编　李明倩、刘俊、王伟臣译
定价：288.00 元　2020 年 6 月出版

“思想与人生”
《思想的结果——理解塑造当今世界的观念》
[美] 史普罗著　胡自信译
定价：58.00 元　2020 年 5 月出版

《历史与历史学家：理查德·威廉·索森选集》
[英] 罗伯特·J. 巴特莱特编著　李腾译
定价：88.00 元　2020 年 4 月出版

《许倬云说美国》
许倬云著
定价：68.00 元　2020 年 7 月出版

《家庭的牵绊——关于家庭关系的思考》
［日］河合隼雄著　李晓理译
定价：49.00元　2020年4月出版

《遇见宋瓷》
许晟著
定价：98.00元　2020年1月出版

《天下1：明清对外战略史事》
邓文初著
定价：69.00元　2020年11月出版

第三十五节　上海科学普及出版社

《海上茗谭》
上海市闵行区茶叶学会编著
定价：68.00元　2020年1月出版

《让我们一起照护好家里的老小孩》
苏伟主编
定价：48.00元　2020年8月出版

《你也学得会院前与家庭急救》
上海市中西医结合学会组编　熊旭东主编
定价：38.00元　2020年8月出版

《中医良方大典·肿瘤卷》
严世芸总主编　王庆其、胡鸿毅副总主编　陈熠本卷主编
定价：298.00元　2020年8月出版

《中国蜾蠃分类集要》
王瀚强著
定价：88.00元　2020年8月出版

《高龄老人照护手册》(第二版)
王永斌、王根在主编
定价：68.00元　2020年10月出版

《陪你读周易》
徐仁法编著
定价：88.00 元　2020 年 10 月出版

“上海印象系列”
1. **《老味道新嚼头》** 沈嘉禄编著　丁翔华等摄影
2. **《老工厂新气象》** 马尚龙编著　戴红倩绘画　张英等摄影
3. **《老行当新风尚》** 薛理勇编著　戴敦邦绘画
4. **《老旗袍新时髦》** 宋路霞编著　宋路平摄影
5. **《老画卷新风情》** 王琪森编著
6. **《老建筑新格调》** 娄承浩编著　刘秀珍等摄影
7. **《上海印象》** 熊月之主编
定价：128.00～1 368.00 元/册　2020 年 10 月出版

第三十六节　中国中福会出版社

《池塘》
张乐著/绘
定价：39.80 元　2020 年 5 月出版

《长长的宴席》
何谦著/绘
定价：58.80 元　2020 年 8 月出版

《来！和病毒大作战》
徐晓璇著/绘
定价：39.80 元　2020 年 8 月出版

《仙草青蒿》
吴烜著　黄郁葱绘
定价：39.80 元　2020 年 9 月出版

《与其抱怨，不如抱我》
林帝浣著/绘
定价：98.00 元　2020 年 1 月出版

“亲子有效陪伴系列”
《生活，处处是早教》
中国福利会托儿所编　方玥主编

定价：48.00元　2020年6月出版

《我们家的早教——宋庆龄幼儿园亲子创意生活》
朱素静主编
定价：68.00元　2020年11月

《李娜：做更好的自己》
阿甲著　[英]郁蓉绘
定价：49.80元　2020年1月出版

“名家童话拼音美绘版·龚房芳卷”(4册)
龚房芳著
1. **《名家童话拼音美绘版·龚房芳卷：狐狸镇的新闻》**
2. **《名家童话拼音美绘版·龚房芳卷：田鼠先生的大麦茶》**
3. **《名家童话拼音美绘版·龚房芳卷：我们只优待一只熊》**
4. **《名家童话拼音美绘版·龚房芳卷：总有一个吃糖的理由》**
定价：28.00元/本　2020年3月出版

“名家童话拼音美绘版·严晓萍卷”(4册)
严晓萍著
1. **《名家童话拼音美绘版·严晓萍卷：住在阁楼上的青蛙》**
2. **《名家童话拼音美绘版·严晓萍卷：偷影子的小怪兽》**
3. **《名家童话拼音美绘版·严晓萍卷：只敲六下的老挂钟》**
4. **《名家童话拼音美绘版·严晓萍卷：懒巨人的葡萄》**
定价：28.00元/本　2020年7月出版

第三十七节　中华地图学社

《中国疟疾地图集》
中国疾病预防控制中心寄生虫病预防控制所(国家热带病研究中心)编著　周晓农主编
定价：1 280.00元　2020年9月出版

《南浔古今地图集》
陆剑、沈正中、屠国平主编
定价：680.00元　2020年9月出版

《图说浙江系列·金华、丽水、衢州》
浙江省自然资源厅主编　浙江省测绘科学技术研究院承编
定价：98.00元　2020年11月出版

《苏州市影像地图集》
苏州市自然资源和规划局编著
定价：480.00元　2020年11月出版

《上海道路交通指南》
上海市测绘院编制
定价：150.00元　2020年4月出版

《透过地理看历史：三国篇》
李不白编著
定价：49.80元　2020年9月出版

《图说宝山地名》
上海市测绘院编制
定价：128.00元　2020年4月出版

《上海红色文化地图(2020年版)》
上海市测绘院编制
定价：15.00元　2020年10月出版

《多色拼装地球仪》
中华地图学社编制
定价：98.00元　2020年7月出版

《趣赏〈清明上河图〉》
中华地图学社编制
定价：58.00元　2020年6月出版

第三十八节　东方出版中心

《经济思想简史》
［意大利］阿列桑德洛·荣卡格利亚著　刘晓丹、姚艳波、陈筱妁、卢慧霞译
定价：59.00元　2020年1月

《中国金融的力量》
钱军著
定价：78.00元　2020年12月出版

《企鹅全球史》(4册)
[英] J. M. 罗伯茨、[英] O. A. 维斯塔德著　陈恒等译
定价：198.00元　2020年10月出版

《党在这里诞生——中共一大会址、上海革命遗址调查记录》
徐未晚主编　上海市档案馆编
定价：128.00元　2020年8月出版

《张世禄全集》
张世禄著　申小龙编
1.《音韵学史》(第一卷)
2.《古代汉语・音韵学》(第二卷)
3.《文字・音韵・训诂》(第三卷)
4.《语言学理论・等韵学》(第四卷)
5.《词汇学・语言教学》(第五卷)
6.《论文集》(上)(第六卷)
7.《论文集》(下)(第七卷)
8.《译文集》(第八卷)
9.《汉语史》(上)(第九卷)
10.《汉语史》(下)(第十卷)
11.《文艺学・历史学・其他》(第十一卷)
定价：1 580.00元　2020年12月

《剑桥心理学史》
[美] 詹姆斯・F. 布伦南、[美] 基思・A. 霍德著　颜雅琴、谢晴译
定价：88.00元　2020年12月出版

《失去的三十年：日本经济神话的破灭》
[日] 西野智彦著　李立丰、宋婷译
定价：58.00元　2020年10月出版

"诗词名家讲"系列丛书
叶嘉莹主编
1.**《清诗三百首》**　钱仲联、钱学增选注
2.**《明诗三百首》**　羊春秋选注
3.**《元曲三百首》**　吴战垒校注
4.**《宋诗三百首》**　霍松林、胡主佑选注
5.**《唐诗精华评译》**　羊春秋评译
6.**《汉魏南北朝诗选注》**　郭预衡等选注

7.**《日本汉诗选评》** 程千帆、孙望选评
8.**《楚辞新注》** 聂石樵校注
9.**《诗经译注》** 祝敏彻等译注
10.**《历代词萃》** 张璋、黄畬选注
定价：760.00元 2020年8月出版

《任正非找北》
王育琨著
定价：59.80元 2020年6月出版

《指标陷阱》
[美]杰瑞·穆勒著 闾佳译
定价：55.00元 2020年7月出版

第三十九节 世界图书出版上海有限公司

《娜娜的厨房》
娜娜著
定价：59.80元 2020年1月出版

《新机械通气手册》
张翔宇、庄育刚、王启星主编
定价：90.00元 2020年2月出版

《青少年安全意外与卫生应急手册》
彭争荣主编
定价：80.00元 2020年1月出版

《关节疼痛》
[丹麦]拉斯·阿伦特-尼尔森、[法]瑟奇·佩罗特主编 李艳华、沈嵛津、邵恒主译
定价：220.00元 2020年4月出版

《新型冠状病毒肺炎流行期间母婴安全防护手册》
朱丽萍、李力主编
定价：20.00元 2020年2月出版

《创业该有的逻辑——致大学生创业者》
刘康成著
定价：35.00元 2020年3月出版

《超声引导下肌筋膜触发点治疗图谱》
郑拥军著
定价：80.00元　2020年4月出版

《十年——大学英语四六级词汇青春之旅》
李峻著
定价：49.80元　2020年7月出版

《全口义齿制作标准：医师设计和技师制作的相互配合》
［日］中込敏夫著　甘云娜、郑强、周显峰主译
定价：160.00元　2020年5月出版

《图说汉字：中英双语字典》
顾建平著
定价：188.00元　2020年9月出版

第三章 新 刊 推 荐

一、《上海电力大学学报》

《上海电力大学学报》原名《上海电力学院学报》，2020 年 4 月更名，双月刊。围绕能源电力行业，依托学校清洁发电、智能电网、智慧能源三大优势学科群，发布电力工程、动力工程、环境工程、信息科学、能源与机械、电子与通信等方面的最新研究成果。

二、《政治经济学研究》

《政治经济学研究》2020 年 5 月创刊，季刊，主管单位为教育部，主办单位为上海财经大学，出版单位为上海财经大学出版社。办刊宗旨为坚持正确的舆论导向和办刊方向，关注马克思主义政治经济学研究前沿，刊载新时代中国特色社会主义重大经济理论和现实经济问题研究成果，促进经济学术交流，推动具有中国特色、中国风格、中国气派的马克思主义政治经济学发展。

三、《中医药文化》(英文)

《中医药文化》(英文)2020 年 7 月创刊，季刊，由上海市教育委员会主管，上海中医药大学、中华中医药学会共同主办，出版单位为《中医药文化》(英文)编辑部。办刊宗旨为从文化源头全面解读中医药学，向世界展示中医药学深厚的历史、文化、养生等人文内涵，增进中医药学与世界多元文化的互动与沟通，为全人类共享。

四、《欣漾》

《欣漾》杂志原名《家居主张》，2020 年 6 月更名为《美漾》，10 月更名为《欣漾》，双月刊。主办和出版单位均为上海译文出版社。聚焦年轻偶像、社交媒体红人，分享他们的生活方式的潮流刊物。办刊宗旨为坚持正确的舆论导向和办刊方向，面向年轻人，以社会主义核心价值观为导向，倡导正确的价值观念，培养健康的审美情趣，传播正能量，促进国内外潮流文化交流、对话。通过进一步细分读者对象，吸引更为年轻的千禧一代阅读。

五、《流体测量与控制》

《流体测量与控制》原名《流体传动与控制》，2020 年 8 月更名，双月刊。该刊旨在促进学术交流，推动成果转化，为流体测控科技建设服务。主要刊载国内外流体测控研究新进展、新成果、新技术，促进学术交流，推动成果转化，为流体测控科技建设和科技创新人才的培养服务。面向企业、面向市场，依据理论和实践、普及与提高、国内与国外相结合的原则，针对国内外流体测控研究新进展、新成果、新技术，促进学术交流，推动成果转化，确保内容的前瞻性、实用性和可读性。

六、《管理视野》

《管理视野》原名《沪港经济》，2020 年 12 月更名，季刊。由教育部主管，复旦大学、复旦大学出版社主办，复旦大学管理学院承办、中国管理研究国际学会（IACMR）学术支持的新一代商业思想读本。致力于搭建学界和商界管理者的桥梁，传递全球领先的管理研究和商业实践。设计了多个特色栏目：前瞻、新知、对谈、专题、专栏、开卷、跨界。这些栏目共同构成《管理视野》衔接学术界和业界的独家视角。学术前沿论文的改写解读，以及中国知名企业家和创投人的独家访谈形成了核心优势。

七、《比较教育学报》

《比较教育学报》原名《外国中小学教育》，2020 年 2 月更名，双月刊。由上海市教育委员会主管，上海师范大学主办，中国教育学会比较教育分会协办。联合国教科文组织教师教育中心、上海师范大学国际教师教育中心和上海师范大学教育学院联合承办。传承和发扬《外国中小学教育》的办刊宗旨，加深对国外教育理论与实践的研究，为国内教育界提供新思路、新启示，同时，通过国际比较的视角，加强在全球化背景下的中国教育研究，将中国教育经验和模式推向世界。

第七篇

年度主要获奖情况一览

第一章　获奖人物与获奖企业

本章收入 2020 年上海出版界获国家及上海重要奖项、获出版系列高级职称的人物名录，同时收入 2020 年上海出版界获国家及上海重要荣誉的企业名录。

第一节　全国劳动模范

全国劳动模范是党中央、国务院授予在社会主义建设事业中做出重大贡献者的荣誉称号，目的是弘扬劳模精神，弘扬劳动精神，弘扬中国工人阶级和广大劳动群众的伟大品格。从 20 世纪 90 年代开始，全国劳模表彰大会每 5 年召开一次。11 月 24 日，2020 年全国劳动模范和先进工作者代表大会在北京人民大会堂举行。

表 7－1－1　2020 年全国劳动模范上海获奖者名录

姓　　名	单　　位
高克勤	上海古籍出版社

第二节　全国新闻出版广播影视系统劳动模范

2021 年 1 月 22 日，国家广电总局官网公布了人力资源社会保障部、国家广播电视总局、国家新闻出版署《关于表彰全国新闻出版广播影视系统先进集体、先进工作者和劳动模范的决定》，授予 56 位同志“全国新闻出版广播影视系统劳动模范”称号。

表 7－1－2　2020 年全国新闻出版广播影视系统劳动模范上海获奖者名录

姓　　名	单　　位
朱艳琴（女）	少年儿童出版社原创儿童文学出版中心
王立翔	上海书画出版社

第三节　上海市劳动模范

上海市劳动模范由上海市政府评选，授予为本市政治建设、经济建设、文化建设、社会建设、生态文明建设和党的建设做出突出贡献的各行各业、各种经济类型单位的工人、农民、科教人员、管理人员、机关工作人员及其他社会各基层劳动者，每 5 年评选一次。12 月 2 日，2020 年上海市劳动模范先进工作者和上海市模范集体揭晓，840 人获得 2020 年上海市劳动模范先进工作者称号。

表 7-1-3　2020 年上海市劳动模范出版界获奖者名录

姓　名	单　位
费维耀	上海音乐出版社

第四节　出版系列高级技术职称

2019 年机构改革后，上海市新闻出版局出版系列高级技术职称的评审组织工作由局出版处负责。11 月 3 日发布《关于开展 2020 年度上海市出版系列高级专业技术职务任职资格评审工作的通知》。12 月 30 日在市新闻出版局、市人社局网站公示 2020 年度上海市出版系列高级专业技术职务任职资格评审通过人员名单。2020 年共有 19 人获得编审资格、52 人获得副编审资格。

表 7-1-4-1　2020 年上海市出版系列高级专业技术职务任职资格评审通过人员名录

	姓　名	单　位
正编审	周　怡	上海教育出版社
	刘　懿	上海教育出版社
	李光卫	上海教育出版社
	陆　弦	上海教育出版社
	徐海丽	上海大学期刊社
	王华祖	上海交通大学出版社
	陈　鹏	上海海洋大学期刊中心
	张　树	上海科学技术文献出版社
	王永长	上海财经大学出版社
	童力军	上海辞书出版社
	叶祝弟	上海市社会科学界联合会(《探索与争鸣》)
	张　滢	上海大学出版社
	汤家芳	上海音乐出版社
	计　琳	上海教育报刊总社(《上海教育》)
	忻雁翔	格致出版社
	孙　静	上海外语教育出版社
	郑敏宇	上海外国语大学(《外国语》)
	朱艳萍	上海书画出版社
	王　剑	上海书画出版社
副编审	李　蕾	上海科学普及出版社
	姚欢远	上海教育出版社
	李声凤	上海教育出版社

（续表 1）

	姓　名	单　　位
副编审	陈　群	上海教育出版社
	徐建红	东华大学出版社
	赵春园	东华大学出版社
	孙　婷	华东师范大学出版社
	孔繁荣	华东师范大学出版社
	顾晓清	华东师范大学出版社
	夏海涵	华东师范大学出版社
	王丽云	上海科学技术出版社(《大众医学》)
	何代华	上海理工大学(《有色金属材料与工程》)
	刘　敏	上海交通大学出版社
	郑月林	上海交通大学出版社
	赵斌玮	上海交通大学出版社
	汪　娜	上海交通大学出版社
	陆小新	少年儿童出版社
	谢瑛华	少年儿童出版社
	黄劲草	少年儿童出版社
	蔡　洁	上海科技教育出版社
	胡　杨	上海科技教育出版社
	杨先碧	上海科学技术出版社(《科学画报》)
	孟　玫	上海印刷技术研究所有限公司(《印刷杂志》)
	张　莉	同济大学出版社
	高晓辉	同济大学出版社
	孙丽燕	同济大学出版社
	冯　静	上海人民出版社
	罗俊华	上海人民出版社
	施　东	上海科学技术文献出版社
	范凤琴	上海《社会科学》杂志社
	张筱峰	上海财经大学出版社
	庄际虹	上海大学出版社
	贾素慧	上海大学出版社
	朱　丹	华东理工大学出版社
	刘寅春	中西书局
	汤仙月	上海政法学院(《上海政法学院学报》)

(续表 2)

	姓　名	单　位
副编审	曹一红	上海市教育评估院(《上海教育评估研究》)
	王中男	上海师范大学期刊社
	张　薇	上海社会科学院世界经济研究所(《世界经济研究》)
	黄　茜	中国中福会出版社
	汪惠民	上海辞书出版社
	王汝娟	复旦大学出版社
	乐渭琦	上海文汇出版社
	夏　宁	上海文艺出版社
	唐小春	上海外语教育出版社
	许一飞	上海外语教育出版社
	李月敏	上海译文出版社
	吕沁融	上海音乐出版社
	段劲楠	上海音乐出版社
	鲍　晟	上海音乐学院出版社
	潘　毅	上海人民美术出版社
	戎鸿杰	上海人民美术出版社

附录:“一带一路”出版合作优秀版权经理人

为加快推进“一带一路”沿线国家和地区出版合作,加强经验交流,表彰先进,中国出版协会成立的“一带一路”出版工作委员会决定开展“一带一路”出版合作优秀版权经理人评选活动,旨在整合力量、协调各方、服务企业,助力中国出版与“一带一路”沿线国家和地区出版合作“走深走实”,促进中外出版合作项目对接落地,取得真正实效。2020 年 10 月 16 日,由中国出版协会、中国出版集团有限公司主办,中国出版协会“一带一路”出版工作委员会等承办的首届“一带一路”出版合作经验交流会在四川成都举办,共有 30 人获得“一带一路”出版合作优秀版权经理人奖,10 人获得优秀版权经理人提名奖。

表 7－1－4－2　2020 年“一带一路”出版合作优秀版权经理人奖和优秀版权经理人提名奖上海获奖者名录

奖　项	姓　名	职　务
“一带一路”出版合作优秀版权经理人	毛巧儿	上海科学技术出版社国际部主任
“一带一路”出版合作优秀版权经理人提名奖	陆　烨	上海交通大学出版社国际合作部主任助理

输出版、引进版优秀图书推介活动

为促进输出中华民族优秀文化,推动“走出去”战略的实施,中国出版协会、中国新闻出版研究院、《出版参考》杂志社联合发起主办了年度输出版、引进版优秀图书推介活动,引起了国内外出版界的广泛关注和好评。2020年，经过初评、复评、终评三轮评审，最终评选出输出优秀版权经理人和推动输出引进的典型人物各10名。

表7-1-4-3　2020年输出版、引进版优秀图书推介活动上海获奖者名录

奖　项	姓　名	单　位
推动输出引进的典型人物	唐兵	少年儿童出版社

第五节　全国精神文明建设先进单位

全国精神文明建设先进单位用于表彰在三个文明建设中做出突出成绩，创建文明单位工作在本省(区、市)或全行业走在前列，连续获得和保持省级文明单位或全行业文明单位称号，能够发挥示范作用的党政机关、人民团体机关，实行独立核算、具有独立法人资格、建有中国共产党基层组织或工会基层组织的各种所有制形式的企业、事业单位。2020年11月20日，全国精神文明建设表彰大会在北京举行。

表7-1-5　2020年全国精神文明建设先进单位上海出版界获奖名录

年　度	单　位
2020	上海人民出版社

第六节　全国新闻出版广播影视系统先进集体

全国新闻出版广播影视系统劳动模范由全国新闻出版广播影视系统“双先”评选表彰工作领导小组办公室经初审、复审等程序，于2020年12月14日公布了229个先进集体表彰对象。

表7-1-6　2020年全国新闻出版广播影视系统先进集体上海出版界获奖名录

年　度	单　位
2020	上海市委宣传部印刷发行处
	上海教育出版社
	上海图书有限公司
	上海书城五角场店

第七节　上海市模范集体

上海市模范集体由上海市政府评选，为本市政治建设、经济建设、文化建设、社会建设、生态文明建设和党的建设做出突出贡献的各行各业、各种经济类型单位的最基本的工作单位或相当层级的集体，每5年开展一次。12月2日，2020年上海市劳动模范先进工作者和上海市模范集体揭晓，336个集体获得2020年上海市模范集体称号。

表 7-1-7　2020 年上海市模范集体出版界获奖名录

年　　度	单　　位
2020	上海译文出版社词典教育编辑室

第八节　上海市文明单位

根据上海市精神文明建设委员会部署安排,按照《上海市精神文明创建工作标准》(2016 年版)要求,上海市文明行业、文明单位、文明校园每两年开展一次评选表彰。自 2020 年底起,在全市范围内组织开展了 2019—2020 年度上海市文明行业、文明单位和文明校园创建评选工作,并形成表彰名单。2021 年 4 月 27 日,上海市文明办公布了上海文明城区、文明行业、文明单位、文明校园名单,4 058 家单位获得上海市文明单位称号。

表 7-1-8　2019—2020 年上海市文明单位出版界获奖名录

年　　度	单　　位
2019—2020	上海书城福州路店
	上海三联书店有限公司
	上海科学技术出版社
	上海音乐出版社
	上海人民出版社
	上海科技教育出版社
	上海古籍出版社
	上海辞书出版社
	上海图书有限公司
	少年儿童出版社
	上海教育出版社
	上海书画出版社
	上海人民美术出版社
	上海朵云轩集团有限公司
	上海中华印刷有限公司
	上海外文图书有限公司
	上海故事会文化传媒有限公司
	上海世图物流有限公司
	上海丽佳制版印刷有限公司
	中国中福会出版社

第九节　上海市文明行业

根据上海市精神文明建设委员会部署安排，按照《上海市精神文明创建工作标准》(2016年版)要求，上海市文明行业、文明单位、文明校园每两年开展一次评选表彰。自2020年底起，在全市范围内组织开展了2019—2020年度上海市文明行业、文明单位和文明校园创建评选工作，并形成表彰名单。2021年4月27日，上海市文明办公布了上海文明城区、文明行业、文明单位、文明校园名单，27个行业获得上海市文明单位称号。

表7-1-9　2019—2020年上海市文明行业出版界获奖名录

年　　度	行　　业
2019—2020	上海图书销售行业

第二章　获奖出版物(项目)

本章收入2020年上海出版界获国家及上海重要奖项、荣誉、项目立项的出版物(项目)名录。

第一节　中 国 好 书

自2013年起,在中宣部指导下,中国图书评论学会每年组织“中国好书”的评选,评选以“为好书寻找读者、为读者发现好书”为宗旨。2021年4月23日公布“中国好书”,2020年共有33种图书入选。

表7-2-1　2020年中国好书上海获选名录

出 版 物	单　　位
文献中的百年党史	学林出版社
火种:寻找中国复兴之路	上海人民出版社
革命者	上海文艺出版社
民法典与日常生活	上海人民出版社
深海浅说	上海科技教育出版社

第二节　优秀现实题材文学出版工程

为充分发挥优秀作品的引领示范作用,推动多出精品、多出人才,为人民群众提供更好的精神食粮,国家新闻出版署组织实施了“优秀现实题材文学出版工程”,2020年共有273家出版单位申报作品619种。经多轮评审,共有15种作品入选。

表7-2-2　2020年优秀现实题材文学出版工程上海获选名录

出 版 物	单　　位
革命者	上海文艺出版社
查医生援鄂日记	上海交通大学出版社

第三节　主题出版重点出版物

主题出版重点出版物由中宣部每年组织评审工作,明确选题重点,入选重点出版物经国家出版基金规划管理办公室评审通过后予以资助。根据《中央宣传部办公厅关于做好2020年主题出版工作的通知》(中宣办发〔2020〕5号),各地区各部门各出版单位精心组织上报主题出版选题2 233种,其中图书选题1 911种、音像电子出版物选题322种。经评审,最终确定2020年主题出版重点出版物选题125种,其中图书选题110种、音像电子出版物选题15种。

表 7-2-3　2020 年主题出版重点出版物上海获选名录

出　版　物	单　　位
火种：寻找中国复兴之路	上海人民出版社
中国共产党建设史	上海人民出版社
文献中的百年党史	学林出版社
外国记者眼中的早期中国共产党人	上海文化出版社
革命者	上海文艺出版社
查医生援鄂日记	上海交通大学出版社
出征　出征——抗击疫情优秀歌曲集(全媒书)	上海音乐出版社
在希望的田野上——脱贫攻坚大众金曲一百首	上海音乐出版社
荒野的呼唤——保护野生动物及其家园	上海科技教育出版社
信仰——庆祝中国共产党成立 100 周年歌曲精品集	中国唱片(上海)有限公司
“红色精神　百年传承”连环画微动画	上海城市动漫出版传媒有限公司
情系武汉　大爱中国——抗击疫情优秀原创公益歌曲精品集	中国唱片(上海)有限公司

第四节　国家出版基金项目

国家出版基金 2007 年经国务院批准正式设立，主要资助优秀公益性出版物的出版，坚持“体现国家意志，传承优秀文化，推动繁荣发展，增强文化软实力”的基本宗旨，重点资助坚持党的出版方针、政策，坚持社会主义先进文化前进方向，服务党和国家工作大局，代表我国出版业发展水平，代表我国哲学社会科学、文学艺术、自然科学和工程技术发展水平，对推进社会主义文化强国建设、推动科学技术进步、实现“两个一百年”奋斗目标和中华民族伟大复兴中国梦具有重要意义的优秀出版项目。2020 年 2 月 14 日，国家出版基金规划管理办公室公示 2020 年度国家出版基金资助项目评审结果。

表 7-2-4　2020 年国家出版基金项目上海获选名录

出版物/项目名称	单　　位
中国经济专题史丛书	上海财经大学出版社
新中国小三线建设档案文献整理汇编(第一辑)	上海科学技术文献出版社
走进中国战舰丛书	华东师范大学出版社
大国攻坚·反贫困社会工作丛书	华东理工大学出版社
教育大辞典(第三版)	上海教育出版社
中国会计史专题研究丛书(第一辑)	立信会计出版社
威廉·诺德豪斯著作集	东方出版中心
香江书系·香江哲学(第一辑)	东方出版中心
城市安全风险管理丛书(第二期)	同济大学出版社
国家与社会治理现代化译丛	上海财经大学出版社

(续表1)

出版物/项目名称	单　位
城市史译丛(第三辑)	上海三联书店
东京审判出版工程·远东国际军事法庭庭审记录全译本(第二辑)	上海交通大学出版社
东京审判出版工程·二战后BC级日本战犯审判口述影像实录	上海交通大学电子音像出版社
剑桥世界史(第二辑)	上海三联书店
中华创世神话工程系列丛书(第一期)	上海人民出版社
中华博物通考	上海交通大学出版社
中国传统音乐习语辞典	上海音乐出版社
敦煌音乐地图	上海音乐出版社
中国戏曲服饰纹样元素码设计研究	东华大学出版社
中国砖铭全集	上海书画出版社
中国国家图书馆藏山川名胜舆图集成	上海书画出版社
上海三联人文经典书库(第八辑)	上海三联书店
现代(1912—1949)古体文学大系·词集	东方出版中心
文化观念流变中的英国文学典籍研究	上海外语教育出版社
汉语古音手册	中西书局
中国草原保护与牧场利用丛书(汉蒙双语版)	上海科学技术出版社
中国外来入侵植物志	上海交通大学出版社
分子人类学研究丛书	上海科学技术出版社
科学家之梦丛书·中微子振荡之谜	上海科技教育出版社
中国长江帆船通鉴(中英双语)	同济大学出版社
生物钟讲述光阴的故事	上海科技教育出版社
转化医学出版工程·肿瘤系列	上海交通大学出版社
现代骨科运动医学	复旦大学出版社
中国中药资源大典·全国卷(第一期)	上海科学技术出版社
中国疟疾地图集	中华地图学社
中医疗效良方大典	上海科学普及出版社
核能与核技术出版工程·先进粒子加速器系列	上海交通大学出版社
海洋深水油气田开发工程技术丛书	上海科学技术出版社
中国乡村人居环境研究丛书	同济大学出版社
中国土司制度史料集成	上海书店出版社
北京大学藏秦简牍	上海古籍出版社
秦汉简帛文献断代用字谱	上海辞书出版社
复旦大学图书馆藏古籍稿抄珍本(第一辑)	复旦大学出版社
金石学稿钞本集成(三编)	上海书画出版社

（续表 2）

出版物/项目名称	单　　位
外国所绘近代中国城市地图总目提要	中西书局
中国古代梵文文物释证	中西书局

第五节　国家古籍整理出版专项经费资助项目

国家古籍整理出版专项经费资助项目用于鼓励和支持优秀古籍整理成果的出版。古籍整理出版专项经费的资助对象是具有较高版本价值和重要文化传承价值，整理方法有所创新、整理成果有所突破的古籍整理出版项目。获得资助的出版物须在其封面或其他显著位置标注“国家古籍整理出版专项经费资助项目”。2020 年 6 月 24 日，国家新闻出版署全国古籍整理出版规划领导小组办公室正式发文，决定对已公示的 84 个项目予以资助。

表 7－2－5　2020 年国家古籍整理出版专项经费资助项目上海获选名录

出版物/项目名称	单　　位
渭南文集笺校	上海古籍出版社
清诗话全编・乾隆期	上海古籍出版社
稀见清人文话二十种	复旦大学出版社
清代词谱要籍修订两种（词律、词系）	上海古籍出版社
书画文献稿钞本集成	上海书画出版社
名臣碑传琬琰集校证	上海古籍出版社
中国近现代书信丛刊［衍芬草堂故交遗翰、曾熙友朋信札、张尔田书札、章太炎家书（注释本）］	上海人民出版社
韩国藏清人尺牍合集：大阵尺牍	复旦大学出版社
吉林大学藏甲骨集	上海古籍出版社
五代十国墓志汇编	上海古籍出版社
秦封泥集释	上海古籍出版社
法国国家图书馆藏敦煌藏文文献（27—35）	上海古籍出版社
俄藏黑水城文献・西夏文佛教部分（30、31）	上海古籍出版社
孝经文献丛刊（第一辑）	上海古籍出版社
东亚《近思录》文献丛书（初编）	上海古籍出版社
宋刊《备急总效方》校注	上海科学技术出版社
商周青铜器铭文暨图像集成三编	上海古籍出版社
清华大学藏战国竹简（拾）	中西书局
长江五一广物东汉简牍（伍、陆）	中西书局
清华大学藏战国竹简（柒—玖）文字编	中西书局

第六节　国家科学技术学术著作出版基金资助项目

国家科学技术学术著作出版基金于1997年设立，由国家科学技术学术著作出版基金委员会管理，坚持“有限目标，突出重点，打造精品，走向世界”的发展目标，按照“自由申报、公平竞争、专家评议、择优支持”的原则，资助国内自然科学和技术科学等方面优秀和重要学术著作的出版，主要包括学术专著、基础理论著作和应用技术著作。2020年11月23日，中华人民共和国科学技术部网站公示了2020年度国家科学技术学术著作出版基金资助项目，共有239个项目获资助，上海有17个项目入选。

表7-2-6　2020年国家科学技术学术著作出版基金资助项目上海获选名录

书　名	申请者	出版社
现代体部磁共振诊断学	周康荣	复旦大学出版社
大型运输机飞行控制系统试验技术(英文版)	高亚奎	上海交通大学出版社
结构优化设计的特征驱动方法(英文版)	张卫红	上海交通大学出版社
矩阵分解学习及其网络社区发现方法	施晓华	上海交通大学出版社
可视媒体大数据的智能处理技术与系统	马利庄	上海交通大学出版社
民用飞机驾驶舱集成设计与适航验证	赵春玲	上海交通大学出版社
男性不育症超声动态图鉴(第二版)	李凤华	上海交通大学出版社
排序问题的数学规划松弛方法	张　峰	上海交通大学出版社
原子核物理新进展	马余刚	上海交通大学出版社
Marine Nuclear Power Technology	于俊崇	上海交通大学出版社
Advanced Liquid Metal Cooling for Chip, Device and System	刘　静	上海科学技术出版社
Research on egg-shaped pressure hulls of deep manned submersibles	张　建	上海科学技术出版社
城市土壤演变及其生态环境效应	张甘霖	上海科学技术出版社
高速铁路轨道平顺性检测关键理论与技术	王　平	上海科学技术出版社
冠状动脉慢性完全闭塞病变介入治疗：策略、技术与病例精选	葛均波	上海科学技术出版社
支气管肺泡灌洗液细胞诊断学图谱与案例	唐古生	上海科学技术出版社
中药鉴定学通论——方法·应用·图谱	范崔生	上海科学技术出版社

第七节　全国有声读物精品出版工程

为加强和引导有声读物创作生产，有效满足人民群众精神文化需求，从4月起，国家新闻出版署组织实施2020年全国有声读物精品出版工程，中央在京及29个省、自治区和直辖市的284家出版单位申报项目694个。经多轮评审及组织公示，共评选出55个入选项目。2020年11月30日，“2020年全国有声读物精品出版工程”入选项目发布仪式在北京举行。

表 7－2－7　2020 年全国有声读物精品出版工程上海获选名录

出　版　物	单　　位
初心之地——上海红色革命纪念地全纪录(音频版)	学林出版社
查医生援鄂日记	上海交通大学出版社
古典音乐故事	上海音乐出版社

第八节　中国图书对外推广计划

2004 年,国务院新闻办公室与新闻出版总署启动“中国图书对外推广计划”。2006 年成立“中国图书对外推广计划”工作小组,通过资助出版中国的图书和向国外图书馆赠送图书,向世界说明中国,让世界各国人民更完整、更真实地了解中国。国内出版单位每年两次自推,被选入《“中国图书对外推广计划”推荐书目》并与国外出版机构或版权代理机构谈妥版权转让事宜后,将获得资助。2021 年 2 月 7 日,中国图书对外推广网公布了 2020 年“中国图书对外推广计划”立项名单,共立项 53 个。

表 7－2－8　2020 年中国图书对外推广计划上海立项名录

出　版　物	项目申请单位	资 助 文 版
红色弄堂	华东师范大学出版社	法文
中国旗袍文化史：从地域服饰到全球文化符号	上海人民美术出版社	意大利文
山盟	上海文艺出版社	蒙古文
重型新冠肺炎案例精选——中医治疗策略与分析	上海科学技术出版社	英文

第九节　输出版、引进版优秀图书推介活动

为促进输出中华民族优秀文化,推动“走出去”战略的实施,中国出版协会、中国新闻出版研究院、《出版参考》杂志社联合发起主办了年度输出版、引进版优秀图书推介活动,引起了国内外出版界的广泛关注和好评。2020 年,经过初评、复评、终评三轮评审,最终评选出输出版优秀图书 100 种,年度引进版优秀图书 30 种。

表 7－2－9　2020 年输出版、引进版优秀图书推介活动上海获奖名录

年度/届数	奖　项	书　　名	报 送 单 位
第十九届(2020 年)	输出版优秀图书	平易近人：习近平的语言力量	上海交通大学出版社
		东京审判：为了世界和平	上海交通大学出版社
		篡改的命	上海文艺出版社
		肿瘤核医学：分子影像与靶向治疗	上海交通大学出版社
		分子生药学(第 2 版)	上海科学技术出版社
		布罗镇的邮递员	少年儿童出版社
	引进版优秀图书	结构复合材料	上海交通大学出版社

第十节　“一带一路”出版合作优秀案例

为加快推进“一带一路”沿线国家和地区出版合作，加强经验交流，表彰先进，中国出版协会成立的“一带一路”出版工作委员会决定开展“一带一路”出版合作优秀案例评选活动，旨在整合力量，协调各方，服务企业，助力中国出版与“一带一路”沿线国家和地区出版合作“走深走实”，促进中外出版合作项目对接落地，取得真正实效。2020 年 10 月 16 日，由中国出版协会、中国出版集团有限公司主办，中国出版协会“一带一路”出版工作委员会等承办的首届“一带一路”出版合作经验交流会在四川成都举办，共有 40 个优秀案例获奖。

表 7-2-10　2020 年“一带一路”出版合作优秀案例上海获奖名录

年度/届数	单位名称	案例名称
第一届（2020 年）	格致出版社	《纵横“一带一路”——中国高铁全球战略》
	上海交通大学出版社	中国-南亚科技出版中心
	上海科学技术出版社	《张文宏教授支招防控新型冠状病毒》国际传播项目

第十一节　优秀审读报告推介活动

为认真贯彻“十九大”和落实习近平总书记提出的“坚定文化自信，推动社会主义文化繁荣兴盛”重要精神，响应新闻出版署加强出版物质量管理专项活动的号召，加强精品创作生产，传播好社会主义核心价值观，强化责任编辑制度，提升责任编辑的把关能力和审读能力，推动出版业高质量发展，提升出版社的生产力和品牌影响力，中国新闻出版研究院主办、《出版参考》杂志社承办优秀审读报告推介活动，每年举办一次。2020 年推介活动历经初评、复评、终评三个环节，最终推选出 60 篇优秀审读报告。其中一等奖 3 篇，二等奖 6 篇，三等奖 11 篇，优秀奖 40 篇。

表 7-2-11　2020 年优秀审读报告推介活动上海获奖名录

年度/届数	奖项	书稿名	出版单位	责任编辑
第七届（2020 年）	三等奖	区域治理的逻辑：长江三角洲政府合作理论与实践	复旦大学出版社	孙程姣
	优秀奖	中国对日战犯审判档案集成	上海交通大学出版社	崔　霞　刘　敏　何　菲　宝　锁
		民用飞机驾驶舱集成设计与适航验证	上海交通大学出版社	钱方针　刘宇轩

第十二节　上海市促进文化创意产业发展财政扶持资金

上海市促进文化创意产业发展财政扶持资金由上海市文化创意产业推进领导小组办公室会同

相关部门展开评审工作，服务打响上海“四大品牌”，支持国际文化大都市及“设计之都”“时尚之都”“品牌之都”发展，聚焦各类文化创意产业重大、关键和基础性问题。上海市文化创意产业推进领导小组办公室根据《上海市促进文化创意产业发展财政扶持资金管理办法》和《2020年上海市促进文化创意产业发展财政扶持资金申报指南》要求公布资助项目。

表7-2-12　2020年上海市促进文化创意产业发展财政扶持资金名录

资助项目	单　　位
光海书局·奇幻书店	上海魔海文化创意有限公司
中国古籍图书数据库	上海丁博士网络科技有限公司
世纪聚典数据开放平台	上海世纪出版(集团)股份有限公司
钟书阁云书店	上海钟书实业有限公司
历史文献出版中心	上海古籍出版社
政治与理论读物出版中心	上海人民出版社
汉语语文辞书出版中心	上海辞书出版社
外国文学出版中心	上海译文出版社
医学临床与工具书出版中心	上海科学技术出版社
连环画创作中心	上海人民美术出版社
外语教育学术出版中心	上海外语教育出版社
哲人石科学人文出版中心	上海科技教育出版社
古典文学出版中心	上海古籍出版社
书法研究出版中心	上海书画出版社
中国当代文学原创出版中心	上海文艺出版社
格致出版社经管编辑中心	格致出版社
近现代上海历史文献研究出版中心	上海书店出版社
城市·建筑出版中心	同济大学出版社
古典音乐全媒体出版中心	上海音乐出版社
上海学术·经济学出版中心	上海财经大学出版社
专门史出版中心	复旦大学出版社
能源与环境(化学化工)出版中心	华东理工大学出版社
先进制造技术出版中心	上海交通大学出版社
语言文字出版中心	上海教育出版社
纺织服装研究出版中心	东华大学出版社
教育学出版中心	华东师范大学出版社
会计学出版中心	立信会计出版社
世界政治出版中心	上海人民出版社
中国原创图画书出版中心	中国中福会出版社

(续表 1)

资 助 项 目	单 位
原创儿童文学出版中心	少年儿童出版社
出土文献出版中心	中西书局
心理学出版中心	上海教育出版社
世界历史文化出版中心	上海社会科学院出版社
原创双语工具书研发中心	上海译文出版社
城市安全风险管理丛书(第 3 期)(7 种)	同济大学出版社
商周青铜器铭文暨图像集成三编	上海古籍出版社
“小小旅行家”中国版(6 种)	少年儿童出版社
世界文创产业前沿译丛(第二辑)(6 种)	上海财经大学出版社
中国经济专题史丛书(7 种)	上海财经大学出版社
中国共产党建设史	上海人民出版社
外国所绘近代中国城市地图总目提要(2 卷)	中西书局
中医名词考证与规范(5 册)	上海科学技术出版社
中国农业昆虫学	上海科学技术出版社
核能与核技术出版工程·先进粒子加速器系列(9 种)	上海交通大学出版社
闻一多全集(全 6 册)	上海书店出版社
“科学的力量”丛书(第三辑)(7 种)	上海教育出版社
精准化学与分子工程前沿丛书(9 种)	华东理工大学出版社
新时代地热能高效开发与利用研究丛书(9 种)	华东理工大学出版社
人之由来	复旦大学出版社
日本情报中的近代中国报刊史料汇编(4)	复旦大学出版社
人工智能前沿科技丛书(5 种)	上海科学技术文献出版社
马克思主义经典著作传播史研究丛书(7 种)	上海辞书出版社
伟大纪念日	学林出版社
西方早期中国艺术史研究译丛(10 种)	上海书画出版社
约翰生传	上海译文出版社
中国共产党革命报刊史纲(1915—1949)	上海大学出版社
蔚蓝色的故事：爱上中国战舰丛书(7 种)	华东师范大学出版社
“科学家讲科学”丛书(5 册)	上海科技教育出版社
中国非物质文化遗产纺织技艺研究书系——手工印染技艺(5 卷,彩印花布卷、绞缬卷、蓝印花布卷、蜡缬卷)	东华大学出版社
“哲人石”丛书(5 卷)	上海科技教育出版社
声音中国：生态音乐学影(音)民族志	上海文艺音像电子出版社
基于张文宏抗疫防疫图书的全媒体融合出版和大众科普传播	上海科学技术出版社

(续表 2)

资　助　项　目	单　　位
情系武汉　大爱中国——抗击疫情优秀原创公益歌曲精品	中国唱片(上海)有限公司
中国国家博物馆馆藏文物研究丛书(古籍善本卷、藏传佛教金铜造像卷、瓦当卷)(3 卷)	上海古籍出版社
杨维祯全集校笺(10 册)	上海古籍出版社
“地球大冒险”丛书(5 种)	少年儿童出版社
敦煌碑铭赞集释(3 册)	上海古籍出版社
成语里的中国通史(3 册)	上海人民出版社
安徽大学藏战国竹简(一)	中西书局
悬泉汉简(壹)	中西书局
面向芯片、器件与系统的液态金属先进冷却(英文版)	上海科学技术出版社
黑塞文集(10 种)	上海译文出版社
冠状动脉慢性完全闭塞病变介入治疗：策略、技术与病例	上海科学技术出版社
这就是中国：走向世界的中国力量	上海人民出版社
近现代汉语辞源	上海辞书出版社
玉门关汉简	中西书局
中外旧约章汇编	上海财经大学出版社
“中国不简单(英文版)”系列	上海译文出版社
上海图书馆藏珍稀家谱丛刊	上海科学技术文献出版社
聚斯金德作品集(5 种)	上海译文出版社
微观金融史：一个银行职员的档案寻踪(1921—1942)	东方出版中心
人工智能科普绘本系列(9 种)	上海教育出版社
中东史(上、中、下)	上海社会科学院出版社
高海拔高寒地区高速公路建设关键技术丛书(5 种)	上海科学技术出版社
国学经典外译丛书(6 种)	上海三联书店有限公司
古文字诂林(修订本)	上海教育出版社
现代健康教育学	复旦大学出版社
走出困难期(1959—1963)	上海三联书店有限公司
敦煌艺术大辞典	上海辞书出版社
能源与环境出版工程＋低碳环保动力工程技术系列	上海交通大学出版社
重症监护室	上海文艺出版社
“九说中国”丛书・第一辑(9 种)	上海文艺出版社
蛋镇电影院	上海文艺出版社
俞秀松画传	学林出版社
细节的力量：新中国的伟大实践	学林出版社

(续表3)

资 助 项 目	单　　位
马缨花下的扶贫记忆——从脱贫到振兴的红土地群像	华东理工大学出版社
当代经济学系列丛书(13种)	格致出版社
新兴大国经济问题研究丛书(5种)	格致出版社
格致方法系列(14卷)	格致出版社
俄罗斯诗歌通史(两卷本)	上海外语教育出版社
挪威现当代文学译丛(十卷)	上海译文出版社
从田园到城市：四百年的西方时装	东华大学出版社
70件文物里的中国	华东师范大学出版社
带回家的自然博物馆(6)	中国中福会出版社
中国野生大豆图志	上海科技教育出版社
傅申中国书画鉴定论著全编·海外书迹研究	上海书画出版社
共和国教育公平之路	华东师范大学出版社
中国小提琴作品百年经典(1919—2019)	上海文艺音像电子出版社
中国交响乐创作世纪回顾(管弦乐券)	中国唱片(上海)有限公司
基于优质出版资源的中医典籍数据库建设与应用·一期	上海科学技术出版社
基于垂直教育领域的新媒体书院矩阵建设成果	华东理工大学出版社
“华狮小助手”——助力抗疫促融合	华东师范大学出版社
“译文有声”精品阅读内容及平台建设	上海译文出版社
基于“5G+”虹口数字出版基地服务网络和专业化平台建	上海市虹口区科技创业中心
中国国际数字娱乐产业大会	上海汉威信恒展览有限公司
全球电竞大会	上海汉威信恒文化发展有限公司
《明日方舟》移动游戏软件	上海鹰角网络科技有限公司
南海更路簿	海韵文博鉴信息科技有限公司
英雄联盟中国职业联赛春季赛线上赛	腾竞体育文化发展(上海)有限公司
不休的乌拉拉	心动网络股份有限公司
网络文学会客厅	上海玄霆娱乐信息科技有限公司
三国精品游戏“走出去”：《少年三国志2》	上海游族信息技术有限公司
我的1979	上海玄霆娱乐信息科技有限公司
天道图书馆	上海玄霆娱乐信息科技有限公司
灌篮杯线上电竞赛事	上海蛙扑网络技术有限公司
2019年上海张江国家数字出版基地服务功能建设	上海张江文化控股有限公司
网易电竞NeXT线上赛	上海网之易璀璨网络科技有限公司
2019 DOTA2国际邀请赛	完美世界征奇(上海)多媒体科技有限公司

(续表 4)

资助项目	单位
全球电竞产业研究报告	普华永道商务技能培训(上海)有限公司
国产原创游戏《原神》海外出口项目	上海米哈游天命科技有限公司
2019 上海游戏精英峰会暨上海游戏出版产业报告发布会	上海伽马匠慧科技有限公司
2019 年沪版图书全国推广活动	上海出版社经营管理协会
“全国新书发布厅”等系列阅读推广活动	上海新华传媒连锁有限公司
上海三联书店 READWAY(新天地店)	上海三联文化传播有限公司
北京中信书店有限责任公司上海都市路店	北京中信书店有限责任公司上海都市路店
线上线下融合　助推亲子共读——现代书店“魔法学堂”	上海中图图书连锁经营有限公司
市民文化客厅	上海新华传媒股份有限公司
上海文理书店升级改造“童学优品馆”项目	上海文理图书有限公司
传承经典文化,打造全民阅读平台——新华·知本读书会	上海书城杂志社有限公司
思南读书会系列活动	上海思南公馆商务管理有限公司
书香满城系列活动	上海市书刊发行行业协会
在思南书局·诗歌店阅读“诗与远方”	上海吾芯文化有限公司
中国最高“云端书店”——朵云书院旗舰店	上海吾迩文化有限公司
2019 年中国上海国际童书展	上海融博会展有限公司
志达书店：立足高校,线上线下立体化阅读服务平台创新	上海志达图书有限公司
艺味悠扬系列活动——同济书店	上海同济书店有限公司
松江亭村映雪店项目	上海新华传媒连锁有限公司
报纸、期刊发行渠道的维护和拓展	上海继承丙文化传播有限公司
创建书香满城文化新格局	上海联合书业会展有限公司
基于智能化调墨的绿色印刷升级改造项目	上海界龙艺术印刷有限公司
智能化印刷配墨及废弃物处理一体化	上海新洲包装印刷有限公司
数字印刷技术应用	福瑞森图像技术(上海)有限公司
《上海市绿色印刷自我声明实施细则》研究成果和应用	上海市印刷行业协会
盛通时代笔记本大世界	上海盛通时代印刷有限公司
胶印机低能耗 LEDUV 技术及智能物流升级改造	上海紫丹印务有限公司
《少年文艺》质量及影响力提升综合项目	少年儿童出版社
外国文学进校园——中学生阅读习惯养成 2019 年系列活动	上海译文出版社
《法庭科学研究(英文)》国际影响力提升探索	司法鉴定科学研究院
推广《书城》杂志,打造上海文化品牌	上海书城杂志社有限公司
《中欧商业评论》数字出版转型项目	上海远东出版社
“萌芽小铺”微信小店淘宝店铺联动	上海萌芽杂志社有限公司

(续表 5)

资 助 项 目	单 位
江南古建筑教育融媒体数字开发项目	上海文化出版社
拓展智能电力控制与可再生能源发电技术领域,提升期刊学术质量与行业影响力	上海电器科学研究所(集团)有限公司
ELLE007——《世界时装之苑杂志》都市女性音频平台	上海译文出版社
上海大学中英文学术期刊转型发展建设成果	上海大学
《腐蚀与防护》期刊影响力指数提升计划	上海材料研究所
《小说界》杂志改版后转型创新	上海文艺出版社
打造学术精品,推动《东方法学》借力国际出版平台双语	上海市法学会
《外语界》推动我国高校外语科研与教学发展计划	上海外语教育出版社
艺术当代	上海书画出版社
2019 年上海 IP 投权训练营	上海知识产权园有限公司
《布罗镇的邮递员》越南语版	少年儿童出版社
《分子生药学》(第 2 版)(英文版)	上海科学技术出版社
华东理工大学出版社上海版权示范标准化建设	华东理工大学出版社
同济大学国家大学科技园孵化器基地版权服务平台建设	上海同济科技园孵化器有限公司
《基础汉语 40 课》阿拉伯语版	华东师范大学出版社
SMG 纪录片全流程版权管理服务	上海文化广播影视集团有限公司
《文化漫谈》日语版	华东师范大学出版社
上海移动互联网创新园版权综合服务	上海华滋投资管理有限公司
《翱翔太空：中国载人航天之路》阿拉伯语版权输出	上海交通大学出版社
《中国震撼三部曲》之《中国震撼》泰文版	上海人民出版社
徐汇版权服务平台	上海徐汇软件发展有限公司
金山农民画版权维护	上海市金山农民画院
《四翼奇探》阿拉伯语版(3 册)	华东师范大学出版社
《航空航天系统工程：实践方法》英文版版权输出	上海交通大学出版社
《中国研习》(一到六年级)中文和阿拉伯语双语版	华东师范大学出版社
上海游戏产业孵化器版权基地示范园区建设	上海浮罗创业投资有限公司
紫竹版权企业金融服务信息平台	上海紫竹高新区(集团)有限公司
2019 法兰克福书展上海 99 版权交流会	上海九久读书人文化实业有限公司
面向海外市场的外文版《文化中国》丛书 2019 年出版物	上海新闻出版发展有限公司
“阅读上海”海外书展、书店专柜及发行渠道拓展项目	上海外文图书有限公司
2019 年澳大利亚中文书展	中国图书进出口上海公司
Mars 电子竞技赛事数据服务平台	上海耀宇文化传媒股份有限公司

（续表 6）

资 助 项 目	单　　位
针对网络文学行业的程序化智能营销平台	上海七猫文化传媒有限公司
深化上海书展线上线下活动关联的媒体模块建设	上海新闻晨报社区传媒有限公司
外滩国际电竞文化中心场馆建设项目	上海外滩投资开发(集团)有限公司
电子竞技赛事全产业链生态运营平台	智电创能(上海)电力科技有限公司
NEOTV 电子竞技赛事运营服务平台	上海网映文化传播股份有限公司
基于“5G+计算”技术的天游云游戏平台	上海天游软件有限公司
2020 英雄联盟全球总决赛开幕式	俐奥特(上海)商务咨询有限公司
嗨跑赛车电竞互娱中心	上海嗨赛信息技术有限公司
2021 上海特级锦标赛(暂定名)	完美世界征奇(上海)多媒体科技有限公司
“Nice 奈锶电竞生活馆”体验升级计划	上海斗竞企业管理有限公司
游戏出海服务平台	上海游悉文化创意发展有限公司
面向高校的绿色电竞文化引导及人才培养平台	上海微漾文化传播有限公司
虹桥电竞新媒体融合创新服务中心	上海樽马电竞信息科技有限公司
F1 电竞中国冠军赛运营及赛事周边产业开发项目	上海久事智慧体育有限公司
2019CS：G0 亚洲邀请赛	完美世界午迪(上海)电竞信息科技有限
2019 电竞上海大师赛	上海市电子竞技运动协会
英雄联盟中国职业联赛夏季赛	腾竞体育文化发展(上海)有限公司
上海静安量子光电竞中心	上海英栢体育管理有限公司
火柴电竞馆	耀炬莱体育发展(上海)有限公司
Newbee 电子竞技俱乐部	上海擎楚体育文化有限公司
SV 电子竞技俱乐部	上海泽开演出经纪有限公司
VG 电子竞技俱乐部	上海微锡文化发展有限公司
w. Edgm 电子竞技战队	上海长业体育文化发展有限公司
VK 电子竞技俱乐部	上海翅诚教育科技有限公司
香蕉计划职业电竞赛事内容制作分发平台	上海香蕉计划电子游戏有限公司

第十三节　上海文化发展基金会资助项目

上海文化发展基金会受上海市委宣传部和上海市财政局委托，面向全社会接受本市文化艺术项目的资助申报，并由基金会组织专家评审、实施资助资金的监管和绩效评估。为繁荣发展文化、支持文艺院团改革、推动文艺人才培养和鼓励优秀著作出版，基金会还设有相应的专项基金：上海文艺人才基金、上海图书出版专项基金、上海大剧院艺术中心艺术发展基金、上海戏曲艺术中心艺术发展基金。各专项基金对相关项目和相关单位接受资助申报。2020 年 9 月 29 日，上海文化发展基金会公布第一期资助名单，12 月 3 日公布第二期资助名单。

表 7－2－13　2020 年上海文化发展基金会资助项目名录

期数	奖　项	出版物/项目名称	单　位
第一期	上海市重大文艺创作资助项目	报告文学《第一时间——写在春天里的上海报告》(何建明)	上海文艺出版社
第一期	上海市重大文艺创作资助项目	非虚构作品《陈丹燕的上海》(陈丹燕)	上海文艺出版社
第一期	上海市重大文艺创作资助项目	纪实文学《我心澎湃——“中共一大会址”采访日记》(李智刚等)	上海辞书出版社
第一期	上海市重大文艺创作资助项目	纪实文学《和平方舟的孩子》(简平)	少年儿童出版社
第一期	上海市重大文艺创作资助项目	抗击疫情优秀歌曲集	上海音乐出版社
第一期	上海文化艺术资助项目	长篇小说《骑士的献祭》(赵延)	上海文艺出版社
第一期	上海文化艺术资助项目	长篇纪实文学《湮没的帝都——淮河边行走纪事与随想》(潘大明)	中西书局
第一期	上海文化艺术资助项目	短篇小说集《百年好合》(滕肖澜)	上海文艺出版社
第一期	上海文化艺术资助项目	诗歌集《在这片热土上：浦东开发开放 30 年诗选》	上海文艺出版社
第一期	上海文化艺术资助项目	散文集《似是故人来》(沈轶伦)	上海文艺出版社
第一期	上海文化艺术资助项目	散文集《江南的春山与秋水》(洪宜宾)	上海文化出版社
第一期	上海文化艺术资助项目	散文集《相辉：一个人的复旦叙事》(张国伟)	上海辞书出版社
第一期	上海文化艺术资助项目	文艺评论集《中国微型小说研究》(夏一鸣)	上海故事会文化传媒有限公司
第一期	上海文化艺术资助项目	文艺评论集《新时期上海儿童文学作家、作品研究》(李学斌等)	少年儿童出版社
第一期	上海文化艺术资助项目	文艺评论集《理论的踪迹》(汤拥华)	上海文艺出版社
第一期	上海文化艺术资助项目	长篇小说《小青春》(保加利亚语版)翻译推介	少年儿童出版社
第一期	上海文化艺术资助项目	中国微型小说理论研讨会	上海故事会文化传媒有限公司
第二期	上海市重大文艺创作资助项目	长篇纪实文学《奋斗与梦想——上海国际金融中心建设叙事(1978—2020)》(谢卫群)	格致出版社
第二期	上海市重大文艺创作资助项目	人物传记《为城筑史——人民的建筑师邢同和》(曹亚男)	上海文化出版社
第二期	上海市重大文艺创作资助项目	纪实文集《到新疆去——上海作家西域行走笔记》	上海文艺出版社
第二期	上海文化艺术资助项目	长篇童话小说《湖畔钢琴师》(杨静)	少年儿童出版社
第二期	上海文化艺术资助项目	短篇小说集《最后一棵树》(薛舒)	上海文化出版社
第二期	上海文化艺术资助项目	人物传记《我的爷爷盖叫天》(张善麟)	上海文化出版社
第二期	上海文化艺术资助项目	散文集《上海人家 AB 面》(袁念琪)	上海文化出版社
第二期	上海文化艺术资助项目	散文集《100 人的小康生活》	上海文艺出版社
第二期	上海文化艺术资助项目	2020 收获文学排行榜系列活动	《收获》文学杂志社
第二期	上海图书出版专项基金资助项目	近代上海城市形成史	上海人民出版社
第二期	上海图书出版专项基金资助项目	洋泾浜北边：历史与风景	上海人民出版社

（续表1）

期数	奖　项	出版物/项目名称	单　位
第二期	上海图书出版专项基金资助项目	上海的责任——对口帮扶亲历者说	上海人民出版社
		“中国共产党在上海百年系列”丛书	上海人民出版社
		胡厚宣著作集	上海人民出版社
		读人集：一位总编辑的回忆	上海人民出版社
		三千里运河　二十一座城	上海交通大学出版社
		上海工艺美术教育口述史研究(1960—2020)	上海交通大学出版社
		谢家荣年谱长编	上海交通大学出版社
		马衡文集	上海交通大学出版社
		罗氏藏书	上海古籍出版社
		陆锡熊集	上海古籍出版社
		上海明代作家诗文集述考	上海古籍出版社
		近代海派中医名家王一仁经典著作集成	上海科学技术出版社
		“智慧社区精细化治理”丛书	上海科学技术出版社
		何以江南——考古学视野下早期江南的地域文化	上海科学技术出版社
		海派文献丛录(第二辑)·影戏卷	上海大学出版社
		海上生民乐——上海民族器乐艺术发展史(1949—2019)	上海大学出版社
		海上碑林里的红色记忆	上海远东出版社
		上海市档案馆藏近代中国金融变迁档案史料续编(3卷6册)	上海远东出版社
		上海左翼文献汇编	上海文化出版社
		“海上电影”文库(第一辑)	上海文化出版社
		上海都市与文明戏的变迁——早期话剧文献与话剧史考证研究	上海文汇出版社
		其佩文存	上海文汇出版社
		1850—1950上海方言英法日三语实录(第二辑)	上海译文出版社
		“红色经典”(英文版)系列	上海译文出版社
		海派时尚文化研究	东华大学出版社
		慈航难普度：慈善与近代上海都市社会	复旦大学出版社
		当代上海大事记(1949—2019)	上海辞书出版社
		近代稀见吴语文献集成(第一辑)	上海教育出版社
		百年邮票看建党百年	上海科学技术文献出版社
		上海印象	上海科学普及出版社
		探海先锋	上海浦江教育出版社

(续表 2)

期数	奖　项	出版物/项目名称	单　位
第二期	上海图书出版专项基金资助项目	林风眠中西绘画艺术论稿	上海人民美术出版社
		上海工人运动史(修订本)	上海书店出版社
		沈尹默来往书信	上海书画出版社
		中国当代舞剧发展史	上海音乐出版社
		觉醒的现代性：中国第一代建筑师的上海实践	同济大学出版社
		上海市标准地名志	中华地图学社

第十四节　银鸽奖

“银鸽奖”评选活动由中共上海市委对外宣传办公室主办，每两年评选一次，旨在进一步加强上海国际传播能力建设，提升国际传播效果，鼓励以新媒体等创新手段开展对外传播。此次评选活动共收到参评作品近400件，经评定，144件作品入选本届“银鸽奖”，其中，出版类35件、广播影视类33件、对外新闻类15件、优秀项目类39件、新闻发布与危机应对类12件、新媒体传播类10件。

表7-2-14　2020年银鸽奖(出版类·图书)获奖名录

奖　项	出　版　物	出版单位
一等奖	上海城市形象系列画册	上海人民出版社 上海人民美术出版社
	开天辟地——中华创世神话	上海新闻出版发展有限公司
	纵横“一带一路”——中国高铁全球战略	上海人民出版社·格致出版社
	梧桐深处：建筑可阅读	上海文化出版社
	你好，静安(汉英对照)	上海人民出版社 上海人民美术出版社
二等奖	精彩上海	上海人民出版社
	关系与过程——中国国际关系理论的文化建构	上海人民出版社
	轮渡上	上海新闻出版发展有限公司
	东周列国	上海人民美术出版社
	上海市城市总体规划：2017—2035	上海科学技术出版社
	红蔓	上海人民美术出版社
三等奖	我们的故事——精算师在上海	上海书店出版社
	百年交响上海外滩百年历史变迁油画作品集	上海人民美术出版社
	第十二届上海双年展：禹步	上海文化出版社
	天使·飞羽集	上海科学技术出版社
	舞	上海人民美术出版社

（续表）

奖　项	出　　版　　物	出 版 单 位
三等奖	永远的画面：改革开放40周年电影海报集	上海书画出版社
	连接：共享未来的公共空间	同济大学出版社
	黄浦江畔的飞鸟：上海印度人的历史	上海人民美术出版社
	上海电影戏剧文化之旅(英语)	上海人民出版社
	我爱上海	上海人民美术出版社
	南翔古镇	上海人民美术出版社

第十五节　上海翻译出版促进计划入选项目

上海翻译出版促进计划由上海市新闻出版局、上海市版权局设立，并委托上海长江出版交流基金会负责实施，旨在推动上海国际文化大都市建设，促进优秀出版物在世界范围内的传播，扩大中华文化的国际影响力，推动上海出版"走出去"。至2020年共有28种图书获得资助。

表7－2－15　2020年上海翻译出版促进计划入选项目名录

出　版　物	单　　　位
图说中国瓷器简史(英文版)	上海新闻发展有限公司、 Better Link Press
战"疫"天使日记(英文版)	华东师范大学出版社、 圣智学习出版集团
封锁(英文版)	中信出版集团、 Giramondo Publishing
上海纪实：社会空间的视角(英文版)	同济大学出版社、 施普林格·自然(新加坡)有限公司

第十六节　上海市优秀科普图书名单

为深入学习贯彻党的十九大精神和习近平新时代中国特色社会主义思想，弘扬科学精神，普及科学知识，进一步推进科普事业发展，上海市科委每年开展上海市优秀科普作品评选活动，向社会推荐阅读。2020年7月7日，上海市科学技术委员会公布获奖名单。

表7－2－16　2020年上海市优秀科普图书名录

出版物/项目名称	编者/著者	单　　位
国之重器——舰船科普丛书	中国船舶及海洋工程设计研究院、上海市船舶与海洋工程学会、上海交通大学主编	上海科学技术出版社

(续表)

出版物/项目名称	编者/著者	单　位
少年的科创丛书	黄蔚、王慧等	上海科学普及出版社
尤里卡科学馆系列	施鹤群、张晓红	上海科技教育出版社
生活中的生物学丛书	柳德宝	华东师范大学出版社
中国科技史话丛书	王渝生、张邻、邓可卉	上海科学技术文献出版社
沿着达尔文环球考察的足迹旅行	褚嘉祐	上海科学技术出版社
我的野生动物朋友——旗舰物种环境教育课程	雍怡	少年儿童出版社
上海蝴蝶	陈志兵	上海教育出版社
同舟共济南海梦——中国大洋钻探科学家手记	中国大洋发现计划办公室	上海科技教育出版社
吴孟超	方鸿辉	上海教育出版社
张文宏教授支招防控新型冠状病毒	张文宏	上海科学技术出版社
抗疫·安心——大疫心理自助救援全民读本	同济大学附属东方医院、同济大学附属精神卫生中心(筹)	上海科学技术出版社
西学中,创中国新医学——西医院士的中西医结合观	汤钊猷	上海科学技术出版社
老年健康生活丛书(第一辑)	陈积芳	上海科学普及出版社
脐带血造血干细胞移植与伦理原则	吴德沛、马强、章毅	复旦大学出版社
上海市民居家健康知识读本	邬惊雷、吴凡、王彤	上海科学技术出版社
慢性病防治绘画本系列：肿瘤防治绘画本、脑卒中防治绘画本	顾沈兵	复旦大学出版社
大眼睛的秘密：青少年近视眼防控科普漫画	张镭、杜雯荟	复旦大学出版社
数学百年风云：《纽约时报》数学报道精选(1892—2010)	[美]吉娜·科拉塔编 崔继峰、林开亮、张海涛译	上海科技教育出版社
铀之战——开启核时代的科学博弈	[美]阿米尔·D·阿克塞尔著 孙扬、杨迎春译	上海交通大学出版社

第十七节　华东书籍设计双年展评选

表 7-2-17-1　整体设计特别奖上海获奖名录

单　位	获奖图书	设计者
上海人民美术出版社	罗伦赶考	刘晓翔、洪　叶

表 7-2-17-2　整体设计奖上海获奖名录

单　位	获奖图书	设计者
上海古籍出版社	梦影红楼	潘焰荣
上海文化出版社	宛委琅嬛——越地文献精粹	李　静、王伟芳

（续表）

单　　位	获 奖 图 书	设 计 者
上海大学出版社	艺术大家阿兰·布尔保奈	张天志、缪炎栩
上海人民美术出版社	上海图话	姜庆共
上海科学技术出版社	山海遗珍：中国科学院古脊椎动物与古人类研究所馆藏标本选粹	蒋雪静、王　宇
复旦大学出版社	论语别裁（纪念珍藏版）	马晓霞
华东师范大学出版社	遇见普洱	余子骥、蒋佳佳
中西书局	悬泉汉简（壹）	姜　明
同济大学出版社	三分院	赵格、曹群、北京看好艺术设计
上海教育出版社	考工记名物汇证	陆　弦
上海人民美术出版社	味象	包晨晖、李莹君
上海文化出版社	华痕碎影——上海鲁迅纪念馆藏鲁迅先生手迹、藏品撷珍	王　伟
同济大学出版社	改变：阿科米星的建筑思考	周安迪

表 7－2－17－3　封面设计奖上海获奖名录

单　　位	获 奖 图 书	设 计 者
上海文艺出版社	名作欣赏（1—10 册）	周艳梅
上海人民美术出版社	许茂和他的女儿们	刘晓翔、郑　坤
少年儿童出版社	新世纪儿童文学新论系列（4 册）	赵晓音
上海古籍出版社	禅解红楼梦	黄　琛
中西书局	走进日常（精装本）	黄　骏
上海交通大学出版社	“大飞机出版工程——民机先进航电系统及应用”系列	南房间
上海大学出版社	吴越韵痕	缪炎栩
中西书局	异类	黄　骏

表 7－2－17－4　论文奖上海获奖名录

单　　位	获 奖 论 文	作　　者
学林出版社	浅论“中国最美的书”的成功经验	周剑峰
同济大学出版社	论书籍设计在图书市场中的作用	张　微
上海教育出版社	大型工具书的整体设计——以新版《古文字诂林》设计探索为例	陆　弦

第十八节　上海书籍设计双年展评选

表 7-2-18-1　整体设计奖获奖名录

单　位	获　奖　图　书	设　计　者
上海人民美术出版社	上海图话	姜庆共
学林出版社	初心之地——上海红色革命纪念地全纪录	姜　明、王轶颀
上海科学技术出版社	山海遗珍：中国科学院古脊椎动物与古人类研究所馆藏标本选粹	蒋雪静、王　宇
上海教育出版社	画给孩子的 365 首诗	陆　弦
上海教育出版社	最美书海报——2019 上海书业海报评选获奖作品集	陆　弦
复旦大学出版社	论语别裁(纪念珍藏版)	马晓霞
上海人民美术出版社	上海师傅	周　祺
华东师范大学出版社	遇见普洱	余子骥、蒋佳佳
中西书局	悬泉汉简(壹)	姜　明
少年儿童出版社	新世纪儿童文学新论系列	赵晓音
少年儿童出版社	丑小萤	赵晓音
上海人民美术出版社	味象	包晨晖、李莹君
上海大学出版社	艺术大家阿兰·布尔保奈	张天志、缪炎栩
上海文化出版社	华痕碎影——上海鲁迅纪念馆藏鲁迅先生手迹、藏品撷珍	王　伟
上海古籍出版社	梦影红楼	潘焰荣
同济大学出版社	三分院	赵格、曹群、北京看好艺术设计
上海人民美术出版社	罗伦赶考	刘晓翔、洪　叶
上海文化出版社	宛委琅嬛——越地文献精粹	李　静、王伟芳
同济大学出版社	改变：阿科米星的建筑思考	周安迪
上海辞书出版社	梅花喜神谱注释本(珍藏本)	梁业礼
上海译文出版社	奥威尔作品全集系列(全 12 册)	胡　枫
上海财经大学出版社	田国强学术文集(共 5 卷)	张克瑶

表 7-2-18-2　封面设计一等奖获奖名录

单　位	获　奖　图　书	设　计　者
上海文艺出版社	名作欣赏(1—10 册)	周艳梅
上海交通大学出版社	“大飞机出版工程——民机先进航电系统及应用”系列	南房间
上海古籍出版社	禅解红楼梦	黄　琛
复旦大学出版社	中世纪哲学十讲	马晓霞

（续表）

单　　位	获　奖　图　书	设　计　者
少年儿童出版社	弄泥系列（3 册）	施喆菁
上海大学出版社	吴越韵痕	缪炎栩
中西书局	异类	黄　骏
格致出版社	美第奇银行的兴衰（上、下）	储　平
上海人民美术出版社	许茂和他的女儿们	刘晓翔、郑　坤
上海交通大学出版社	清代江南机器制造局档案汇编	朱　懿

表 7－2－18－3　封面设计二等奖获奖名录

单　　位	获　奖　图　书	设　计　者
复旦大学出版社	宋词三百首全解（典藏版）	杨倩倩
中西书局	走进日常（精装本）	黄　骏
立信会计出版社	高等院校“十三五”规划教材	陈　楠
立信会计出版社	“互联网＋”融媒体系列教材	陈　楠
上海远东出版社	文化极简史：人物·思潮·建筑的故事	白凤鹍
上海书店出版社	一城三界的国际焦点：上海问题	郦书径
上海书店出版社	当代中国导演观点	汪　昊
上海社会科学院出版社	历史学家的技艺	周清华
上海交通大学出版社	茶的国度	陈燕静
中西书局	选堂书札（致曾宪通）	梁业礼
上海音乐出版社	来自中国的声音	薛文卿
上海文艺出版社（故事会）	黑色悬疑系列（1—8）	周　睿
上海社会科学院出版社	枫丹白露宫：法国千年史	黄婧昉
华东理工大学出版社	罗生门	王　翔
格致出版社	纳粹掌权：一个德国小镇的经历	莱瓜布合作社

表 7－2－18－4　封面设计优秀奖获奖名录

单　　位	获　奖　图　书	设　计　者
上海社会科学院出版社	翰墨从心：经典诗文书法艺术	周清华
东华大学出版社	美国费城艺术博物馆藏丝绸经面研究	方舒弘
上海人民出版社	“江南文化丛书”（套装，5 种）	周伟伟
上海文化出版社	上海小吃指南——一本唤醒味觉记忆的书	王　伟
上海文化出版社	梧桐深处：建筑可阅读	袁银昌
同济大学出版社	画谈潜园——中国园林在德国	张　微

(续表)

单　位	获 奖 图 书	设 计 者
上海科学技术出版社	上海 2035：迈向卓越的全球城市	张国樑、董　伟
上海科学技术出版社	天使·飞羽集	房惠平
华东理工大学出版社	玛丽·埃伦·里士满社会工作全集(7 本)	肖祥德
华东理工大学出版社	华理廿忆	肖祥德
学林出版社	战上海	今亮后声
文汇出版社	青色马文存	观止堂、未　氓
文汇出版社	文心雅韵——大羊画壶拓片集	图龙广告
同济大学出版社	海因茨·宾纳菲尔德：建筑与方案	付　超
中国中福会出版社	儿童时代 70 周年典藏	孙　青
文汇出版社	儒道佛系列——十位国学大师说儒、论道、谈佛	薛　冰
上海古籍出版社	清代西部皮影艺术图录	严克勤
上海书画出版社	嘉德经眼录·石渠宝笈珍品	鲁明静
上海书画出版社	缥缃流彩——上海图书馆藏中国古代书籍装潢艺术	严克勤
上海书画出版社	傅抱石画唐诗/傅抱石画屈原《九歌》	李赛文
上海交通大学出版社	中国廊桥	朱琳珺、朱　懿
华东师范大学出版社	拾旧忆——徐建水民俗绘画	左筱榛
上海文化出版社	北海道漫步	程　阁
上海大学出版社	2018ASPaC 亚洲学生包装设计大赛中国大陆赛区优秀作品集	柯国富
华东理工大学出版社	石墨烯系列(4 本)	周伟伟
少年儿童出版社	打春鸡	陆　及
上海译文出版社	中华优秀传统文化传承系列(英文版)(5 本)	胡　枫
上海文艺出版社(故事会)	巧夺天工：中国民间最有趣的工匠故事	周　睿
上海社会科学院出版社	孔颜乐道：中国人的幸福心理学	夏艺堂
上海科技教育出版社	马丁·加德纳数学游戏全集	戚亮轩
上海古籍出版社	杜甫：中国最伟大的诗人	严克勤
上海辞书出版社	海上空间——晚清寓居城市的现代性	杨钟玮
立信会计出版社	画说会计(彩画版)	陈　楠
上海大学出版社	大国外交"人类命运共同体"解读	缪炎栩
格致出版社	第五代：人工智能与日本计算机对世界的挑战	储　平
复旦大学出版社	梁捷西方经济思想史讲稿	叶霜红
东华大学出版社	海派时尚流行趋势研究	崔振凯
上海教育出版社	考工记名物汇证	陆　弦

表 7-2-18-5　优秀论文奖获奖名录

单　位	获 奖 论 文	作　者
学林出版社	浅论“中国最美的书”的成功经验	周剑峰
同济大学出版社	论书籍设计在图书市场中的作用	张　微
上海教育出版社	大型工具书的整体设计——以新版《古文字诂林》设计探索为例	陆　弦
上海社会科学院出版社	图书出版排版工作的规范性与细致性	裘幼华
上海科学技术出版社	书籍·设计元素	房惠平
上海大学出版社	20 世纪俄罗斯文学插画艺术及启示	徐雁华
上海交通大学出版社	基于编辑设计理念的教材整体设计	朱　懿
上海交通大学出版社	浅谈教辅教材设计理念及方法	朱琳珺
华东理工大学出版社	印刷工艺成就艺术之美	徐　蓉
上海人民美术出版社	不忘本来，吸收外来，面向未来	张　璎
同济大学出版社	浅淡书籍装帧设计分析——以《中国古代机械文明史》为例	陈益平
同济大学出版社	书的内容呈现与整体设计——制作《说园》（典藏版）的所思所为	武　蔚

第八篇

人物

本篇收入2020年逝世的出版人物，包括高级职称获得者；出版社历任（党政）正副负责人；大型书店、大型印刷厂历任（党政）正副负责人；相关院校科研馆处历任（党政）负责人；市出版局、新闻出版局、市委宣传部相关处室历任局级、处级干部。

严庆龙（1926.10.15—2020.1.4）

籍贯浙江宁波。1947年在上海参加中共地下党，曾任地下党总支委员会委员。1987年被评为编审。1990年1月离休。在上海辞书出版社先后任编辑、编审，曾任哲社室副主任、副社长兼副总编。并曾兼任上海辞书学会理事、全国术语标准化技术委员会辞书编纂分委员会主任委员、上海出版工作者协会副主席等职。严庆龙同志具有较强的政治、专业理论水平和丰富的辞书编纂工作经验，参加《辞海》试行本（1961年）至试排本（1962年）、未定稿（1965年）以及合订本（1979年）工作的全过程。参加《宗教词典》从总体设计到定稿的全过程。自20世纪80年代开始，倾力与敦煌学界合作，以十几年的功夫，打磨出世界上第一部敦煌学专业工具书——《敦煌学大辞典》（季羡林主编，严庆龙等副主编），至今仍对国内外学术界有着深远影响。

杨立信（1929.4.13—2020.1.26）

籍贯上海。上海译文出版社原编审、副总编辑、顾问。中国民主同盟成员，上海市第八届、九届人民代表大会代表，上海市第五届、六届、七届政治协商会议代表，编辑工作委员会委员，文化研究委员会委员；民盟上海市第八届、九届代表大会代表，市委委员。曾任上海市外文学会理事，上海市翻译家协会会员，上海市欧美同学会会员。长期从事外国哲学社会科学著作的译介工作，参加《新英汉词典》的编写与审校工作，是该词典的责任编辑，该词典出版后获上海市社会科学优秀图书奖。译作有：《福谷传奇》《斯德龙时代：十三世纪的冰岛文化》《关于美国经济危机的讨论》《新唐人街：当代美国华人社区》《香港政务官阶层的构成》等。

戴际安（1933.1—2020.2.7）

籍贯江苏苏州。笔名戴骢，上海译文出版社原《外国文学》编辑部编辑、编审。中国作家协会会员、中国比较学会会员、中国西葡拉美文学研究会会员、上海市外文学会会员、上海市翻译家协会会员。曾获俄罗斯政府“高尔基奖”；2005年，中国翻译协会授予“资深翻译家”荣誉证书。译作有：《金蔷薇》《哈扎尔辞典》《蒲宁文集》《布尔加科夫文集》《骑兵军》《贵族之家》《罗亭》等。

郝铭鉴（1944.12.11—2020.4.2）

籍贯江苏建湖。上海文艺出版社原副社长、副总编辑，上海文化出版社原总编辑，《咬文嚼字》创办人。1966年毕业于上海师范学院中文系，1968年分配到上海人民出版社历史编辑室，后借调至市文教办公室工作。1978年5月重新分配至上海文艺出版社文艺理论编辑室，参与编辑《文艺论丛》等丛刊和文艺理论图书，策划“文艺知识丛书”，责编《朱光潜美学文集》、李泽厚《美学论集》等。

1985年任上海文艺出版社副总编辑，参与编辑"中国新文学大系""文艺探索书系""世界文学金库""文艺鉴赏大成""文化鉴赏大成"等。1999年任上海文艺出版总社副社长，兼任上海文化出版社总编辑。1994年创办时尚期刊《HOW》，1995年创办语文刊物《咬文嚼字》，曾任《文化与生活》《旅游天地》《编辑学刊》《美家》《HOW》《咬文嚼字》主编。历任中国语文报刊协会、上海市语文学会、上海市编辑学会副会长，并获"上海出版人奖"金奖、"新中国60年有影响力的期刊人"等荣誉称号，享受国务院特殊津贴。

饶平如(1921.11.27—2020.4.4)

籍贯江西抚州。上海科学技术出版社编辑。1940年从高中退学报考黄埔军校，20岁参加抗日战争，先后参与衡阳会战、湘西会战，几经赴险，始终以"埋骨何须桑梓地，人生何处不青山"为人生最高价值追求。1951年，回上海在舅父创办的大德出版社工作，既当编辑、校对、编务，又做会计、跑外勤。曾在《大众医学》杂志工作。1958年陆续在安徽六安农场和某齿轮厂做工，1979年返沪，在上海科学技术出版社担任编辑。2013年出版记录自己和妻子往事的著作《平如美棠——我们的故事》。在老伴美棠去世、87岁后每天笔耕不辍，到90岁手绘了18本画册，记述了他与美棠从初识到相处的近六十年时光，后成书出版《平如美棠——我俩的故事》。

鲍国华(1936.2.19—2020.4.10)

籍贯安徽休宁。1959年9月毕业于上海第一医学院药学系。1959年10月进入上海科学技术出版社工作，从事医学图书编辑工作。负责编辑的《赤脚医生手册》《药理学进展》《治疗学的药理基础》《中医学新编》《练功十八法》《不合理用药分析200例》等图书获得学术界和社会好评，其中《赤脚医生手册》共发行120多万册，被翻译成50多种语言。1974年负责筹办《群众医学》杂志；1978年起负责《大众医学》复刊工作，使停刊近20年的《大众医学》重新面世，刊物发行量达200万册。1980年起担任医科编辑室副主任，1984年5月任上海科学技术出版社副总编辑，同年组织《中国医学百科全书》综合本(共5卷)的编审工作，此书为新中国第一套医药卫生领域大型工具书——《中国医学百科全书》(93卷)的综合卷。在担任副总编辑期间，每年审决90余种书稿、2 000万字以上。撰写的《胡子的欢笑》发表于1978年8月17日的《解放日报》副刊《朝花》，《医学归于大众》刊登于1989年第8期《大众医学》。曾任中华医学会第二届普及工作委员会委员、中华医学会上海分会普及工作委员会委员、中国卫生报刊研究会常务理事、上海医学科普创作研究会副主任委员、上海出版工作协会理事等，1993年荣获"全国优秀医学科普工作者"称号，1997年11月被中国科学技术期刊编辑学会授予"金牛奖"。1984年5月加入中国共产党。1990年被评为编审。

陈志雄(1947.4.18—2020.4.13)

籍贯江苏江都。1966年参加工作，1972年6月加入中国共产党，1989年经上海社会科学院审核批准具有日语翻译职称。1987—1989年，赴日本京都书院研修出版印刷业务。1991—1992年，赴香港中华商务部进修并任高级营业代表，在上海石化总厂研究印刷技术并任编辑、笔译和口译，编译中等印刷专业文员教材和手动照排专业图书。后至上海市出版局工作，曾任外事处处长、上海市出版局机关工会主席。

孙福良(1951.3—2020.5.6)

籍贯浙江湖州，中国共产党党员，东华大学出版社原社长。1968年11月参加工作，1978年9月进入东华大学(时为华东纺织工学院)深造，1986年获得工业自动化硕士学位。留校在自动化系任教，1988年12月至1995年2月在自动化系任讲师，1995年3月任东华大学教务处教学研究科科长，1996年10月任教务处副处长，2002年9月调任东华大学出版社社长，2011年3月退休。2000年获得钱之光奖教金。担任社长期间，工作认真负责，积极努力，全身心投入，奠定了出版社专业化与精品化路线的基础。在他的带领下，出版社事业蒸蒸日上，成为全国纺织服装类图书专业出版社，销售额翻了三番，实现了社会效益与经济效益双丰收。

叶永烈(1940.8.30—2020.5.15)

籍贯浙江温州。一级作家、教授、上海文史馆馆员。1963年毕业于北京大学化学系，后进入上海科教电影制片厂任编导。1980年调上海市科学技术协会担任常委，从事专业创作。1987年起任上海市作协专业作家，2000年退休。曾任全国青联常委、上海科普创作协会副理事长、中国科学技术协会全国委员、中国科普创作协会常务理事、世界科幻小说协会理事等职。1951年起发表诗歌，1960年出版第一部作品，生前已出版著作数百部，总字数超过3 500万。早年从事科普、科幻创作，代表作有1961年出版的“十万个为什么”丛书(主要作者之一)、1978年出版的《小灵通漫游未来》等。1979年3月，被文化部和中国科协联合授予“全国先进科普工作者”称号。

李方淑(1925.4.1—2020.5.19)

籍贯江苏仪征，中国民主同盟会成员，上海教育出版社原编审。1937至1943年在重庆南开中学读初高中，1943年考入前中央大学农学院学习园艺学，1947年7月大学毕业后进上海女子中学担任生物学教师，1954年2月被组织安排到上海中等学校师资训练班工作，担任植物学教师、教研组长，为本市中学培养了一大批生物学骨干教师。1957年8月调新知识出版社担任编辑，后并入上海教育出版社担任生物编辑组组长，克服种种困难为上海教育出版社中学生物学科教材、教学参考图书的编辑出版奠定了基础，组织策划和编辑复审的大量图书，为提高中学生物教学水平发挥了重要的作用，在中学教师中赢得了很高的声誉。1988年获得老出版工作者荣誉证书。2019年在庆祝中华人民共和国成立70周年之际荣获国家颁发的“庆祝中华人民共和国成立70周年”纪念章。

郑克鲁(1939.8.1—2020.9.20)

籍贯广东中山。出生于澳门，曾祖父郑观应。1962年毕业于北京大学西语系，1965年毕业于中国社科院外国文学研究所，硕士研究生。历任武汉大学法语系主任、法国问题研究所所长，上海师范大学中文系文学研究所所长、系主任、教授、博士生导师。曾任上海师范大学图书馆馆长，中国比较文学学会上海分会副会长，中国作家协会理事，上海图书馆协会理事，上海翻译家协会副会长，中国外国文学学会理事，中国法国研究会副会长，中国法国文学研究会副会长，中国外国文学研究会理事。1987年曾获法国政府教育勋章。1958年开始发表作品。1984年加入中国作家协会。在翻译、教学和研究三大领域均取得了不凡成就，代表译作有《基督山恩仇记》《茶花女》《悲惨世界》等20多部，主编《外国文学作品提要》《外国现代派作品选》等。曾获傅雷翻译出版奖，法国政府颁发的一级文化交流勋章。

附录

出版法规

附录1　全国人民代表大会常务委员会关于修改《中华人民共和国著作权法》的决定

（2020年11月11日第十三届全国人民代表大会常务委员会第二十三次会议通过）

第十三届全国人民代表大会常务委员会第二十三次会议决定对《中华人民共和国著作权法》作如下修改：

一、将第二条、第九条、第十一条、第十六条、第十九条、第二十二条中的“其他组织”修改为“非法人组织”。

将第九条、第十一条、第十六条、第十九条、第二十一条中的“公民”修改为“自然人”。

二、将第三条中的“包括以下列形式创作的文学、艺术和自然科学、社会科学、工程技术等作品”修改为“是指文学、艺术和科学领域内具有独创性并能以一定形式表现的智力成果，包括”。

将第六项修改为：“（六）视听作品”。

将第九项修改为：“（九）符合作品特征的其他智力成果”。

三、将第四条修改为：“著作权人和与著作权有关的权利人行使权利，不得违反宪法和法律，不得损害公共利益。国家对作品的出版、传播依法进行监督管理。”

四、将第五条第二项修改为：“（二）单纯事实消息”。

五、将第七条、第二十八条中的“国务院著作权行政管理部门”修改为“国家著作权主管部门”。

将第七条中的“主管”修改为“负责”，“各省、自治区、直辖市人民政府的著作权行政管理部门”修改为“县级以上地方主管著作权的部门”。

六、将第八条第一款中的“著作权集体管理组织被授权后，可以以自己的名义为著作权人和与著作权有关的权利人主张权利”修改为“依法设立的著作权集体管理组织是非营利法人，被授权后可以以自己的名义为著作权人和与著作权有关的权利人主张权利”；将“诉讼、仲裁活动”修改为“诉讼、仲裁、调解活动”。

增加两款，作为第二款、第三款：“著作权集体管理组织根据授权向使用者收取使用费。使用费的收取标准由著作权集体管理组织和使用者代表协商确定，协商不成的，可以向国家著作权主管部门申请裁决，对裁决不服的，可以向人民法院提起诉讼；当事人也可以直接向人民法院提起诉讼。

“著作权集体管理组织应当将使用费的收取和转付、管理费的提取和使用、使用费的未分配部分等总体情况定期向社会公布，并应当建立权利信息查询系统，供权利人和使用者查询。国家著作权主管部门应当依法对著作权集体管理组织进行监督、管理。”

将第二款改为第四款，修改为：“著作权集体管理组织的设立方式、权利义务、使用费的收取和分配，以及对其监督和管理等由国务院另行规定。”

七、在第十条第一款第五项中的“翻拍”后增加“数字化”。

将第一款第七项修改为：“（七）出租权，即有偿许可他人临时使用视听作品、计算机软件的原件或者复制件的权利，计算机软件不是出租的主要标的的除外。”

将第一款第十一项、第十二项修改为：“（十一）广播权，即以有线或者无线方式公开传播或者转播作品,以及通过扩音器或者其他传送符号、声音、图像的类似工具向公众传播广播的作品的权利,但不包括本款第十二项规定的权利;

"(十二)信息网络传播权,即以有线或者无线方式向公众提供,使公众可以在其选定的时间和地点获得作品的权利。"

将第十条第一款第十项中的"电影和以类似摄制电影的方法创作的作品"、第十三项中的"电影或者以类似摄制电影",第四十七条第六项中的"电影和以类似摄制电影",第五十三条中的"电影作品或者以类似摄制电影的方法创作的作品"修改为"视听作品"。

八、将第十一条第四款改为第十二条第一款,修改为:"在作品上署名的自然人、法人或者非法人组织为作者,且该作品上存在相应权利,但有相反证明的除外。"

增加两款,作为第二款、第三款:"作者等著作权人可以向国家著作权主管部门认定的登记机构办理作品登记。

"与著作权有关的权利参照适用前两款规定。"

九、将第十三条改为第十四条,增加一款,作为第二款:"合作作品的著作权由合作作者通过协商一致行使;不能协商一致,又无正当理由的,任何一方不得阻止他方行使除转让、许可他人专有使用、出质以外的其他权利,但是所得收益应当合理分配给所有合作作者。"

十、增加一条,作为第十六条:"使用改编、翻译、注释、整理、汇编已有作品而产生的作品进行出版、演出和制作录音录像制品,应当取得该作品的著作权人和原作品的著作权人许可,并支付报酬。"

十一、将第十五条改为第十七条,修改为:"视听作品中的电影作品、电视剧作品的著作权由制作者享有,但编剧、导演、摄影、作词、作曲等作者享有署名权,并有权按照与制作者签订的合同获得报酬。

"前款规定以外的视听作品的著作权归属由当事人约定;没有约定或者约定不明确的,由制作者享有,但作者享有署名权和获得报酬的权利。

"视听作品中的剧本、音乐等可以单独使用的作品的作者有权单独行使其著作权。"

十二、将第十六条改为第十八条,在第二款第一项中的"地图"后增加"示意图"。

第二款增加一项,作为第二项:"(二)报社、期刊社、通讯社、广播电台、电视台的工作人员创作的职务作品"。

十三、将第十八条改为第二十条,修改为:"作品原件所有权的转移,不改变作品著作权的归属,但美术、摄影作品原件的展览权由原件所有人享有。

"作者将未发表的美术、摄影作品的原件所有权转让给他人,受让人展览该原件不构成对作者发表权的侵犯。"

十四、将第十九条改为第二十一条,将第一款中的"依照继承法的规定转移"修改为"依法转移"。

十五、将第二十一条改为第二十三条,将第二款、第三款修改为:"法人或者非法人组织的作品、著作权(署名权除外)由法人或者非法人组织享有的职务作品,其发表权的保护期为五十年,截止于作品创作完成后第五十年的 12 月 31 日;本法第十条第一款第五项至第十七项规定的权利的保护期为五十年,截止于作品首次发表后第五十年的 12 月 31 日,但作品自创作完成后五十年内未发表的,本法不再保护。

"视听作品,其发表权的保护期为五十年,截止于作品创作完成后第五十年的 12 月 31 日;本法第十条第一款第五项至第十七项规定的权利的保护期为五十年,截止于作品首次发表后第五十年的 12 月 31 日，但作品自创作完成后五十年内未发表的，本法不再保护。”

十六、将第二十二条改为第二十四条，在第一款中的“姓名”后增加“或者名称”；将“并且不得侵犯著作权人依照本法享有的其他权利”修改为“并且不得影响该作品的正常使用，也不得不合理地损害著作权人的合法权益”。

删去第一款第三项中的“时事”。

将第一款第四项中的“作者”修改为“著作权人”。

在笋一款第六项中的“翻译”后增加“改编、汇编、播放”。

在第一款第八项中的“美术馆”后增加“文化馆”。

在第一款第九项中的“也未向表演者支付报酬”后增加“且不以营利为目的”。

删去第一款第十项中的“室外”。

将第一款第十一项中的“汉语言文字”修改为“国家通用语言文字”。

将第一款第十二项修改为：“（十二）以阅读障碍者能够感知的无障碍方式向其提供已经发表的作品。”

第一款增加一项，作为第十三项：“（十三）法律、行政法规规定的其他情形。”

将第二款修改为：“前款规定适用于对与著作权有关的权利的限制。”

十七、将第二十三条改为第二十五条，修改为：“为实施义务教育和国家教育规划而编写出版教科书，可以不经著作权人许可，在教科书中汇编已经发表的作品片段或者短小的文字作品、音乐作品或者单幅的美术作品、摄影作品、图形作品，但应当按照规定向著作权人支付报酬，指明作者姓名或者名称、作品名称，并且不得侵犯著作权人依照本法享有的其他权利。

“前款规定适用于对与著作权有关的权利的限制。”

十八、将第二十六条改为第二十八条，修改为：“以著作权中的财产权出质的，由出质人和质权人依法办理出质登记。”

十九、将第四章章名修改为“与著作权有关的权利”。

二十、将第三十七条改为第三十八条，删去第一款中的“（演员、演出单位）”和第二款。

二十一、将第三十八条改为第三十九条，在第一款第五项中的“发行”后增加“出租”。

二十二、增加一条，作为第四十条：“演员为完成本演出单位的演出任务进行的表演为职务表演，演员享有表明身份和保护表演形象不受歪曲的权利，其他权利归属由当事人约定。当事人没有约定或者约定不明确的，职务表演的权利由演出单位享有。

“职务表演的权利由演员享有的，演出单位可以在其业务范围内免费使用该表演。”

二十三、将第四十二条改为第四十四条，将第二款修改为：“被许可人复制、发行、通过信息网络向公众传播录音录像制品，应当同时取得著作权人、表演者许可，并支付报酬；被许可人出租录音录像制品，还应当取得表演者许可，并支付报酬。”

二十四、增加一条，作为第四十五条：“将录音制品用于有线或者无线公开传播，或者通过传送声音的技术设备向公众公开播送的，应当向录音制作者支付报酬。”

二十五、将第四十三条改为第四十六条，将第二款中的“但应当支付报酬”修改为“但应当按照规定支付报酬”。

二十六、将第四十五条改为第四十七条，修改为：“广播电台、电视台有权禁止未经其许可的下列行为：

“（一）将其播放的广播、电视以有线或者无线方式转播；

“(二) 将其播放的广播、电视录制以及复制;

“(三) 将其播放的广播、电视通过信息网络向公众传播。

“广播电台、电视台行使前款规定的权利,不得影响、限制或者侵害他人行使著作权或者与著作权有关的权利。

“本条第一款规定的权利的保护期为五十年,截止于该广播、电视首次播放后第五十年的12月31日。”

二十七、将第四十六条改为第四十八条,修改为:“电视台播放他人的视听作品、录像制品,应当取得视听作品著作权人或者录像制作者许可,并支付报酬;播放他人的录像制品,还应当取得著作权人许可,并支付报酬。”

二十八、将第五章章名修改为“著作权和与著作权有关的权利的保护”。

二十九、增加一条,作为第四十九条:“为保护著作权和与著作权有关的权利,权利人可以采取技术措施。

“未经权利人许可,任何组织或者个人不得故意避开或者破坏技术措施,不得以避开或者破坏技术措施为目的制造、进口或者向公众提供有关装置或者部件,不得故意为他人避开或者破坏技术措施提供技术服务。但是,法律、行政法规规定可以避开的情形除外。

“本法所称的技术措施,是指用于防止、限制未经权利人许可浏览、欣赏作品、表演、录音录像制品或者通过信息网络向公众提供作品、表演、录音录像制品的有效技术、装置或者部件。”

三十、增加一条,作为第五十条:“下列情形可以避开技术措施,但不得向他人提供避开技术措施的技术、装置或者部件,不得侵犯权利人依法享有的其他权利:

“(一) 为学校课堂教学或者科学研究,提供少量已经发表的作品,供教学或者科研人员使用,而该作品无法通过正常途径获取;

“(二) 不以营利为目的,以阅读障碍者能够感知的无障碍方式向其提供已经发表的作品,而该作品无法通过正常途径获取;

“(三) 国家机关依照行政、监察、司法程序执行公务;

“(四) 对计算机及其系统或者网络的安全性能进行测试;

“(五) 进行加密研究或者计算机软件反向工程研究。

“前款规定适用于对与著作权有关的权利的限制。”

三十一、增加一条,作为第五十一条:“未经权利人许可,不得进行下列行为:

“(一) 故意删除或者改变作品、版式设计、表演、录音录像制品或者广播、电视上的权利管理信息,但由于技术上的原因无法避免的除外;

“(二) 知道或者应当知道作品、版式设计、表演、录音录像制品或者广播、电视上的权利管理信息未经许可被删除或者改变,仍然向公众提供。”

三十二、将第四十七条改为第五十二条,将第八项修改为:“(八)未经视听作品、计算机软件、录音录像制品的著作权人、表演者或者录音录像制作者许可,出租其作品或者录音录像制品的原件或者复制件的,本法另有规定的除外”。

将第十一项中的“权益”修改为“权利”。

三十三、将第四十八条改为第五十三条,修改为:“有下列侵权行为的,应当根据情况,承担本法第五十二条规定的民事责任;侵权行为同时损害公共利益的,由主管著作权的部门责令停止侵权行为,予以警告,没收违法所得,没收、无害化销毁处理侵权复制品以及主要用于制作侵权复制品的材料、工具、设备等，违法经营额五万元以上的，可以并处违法经营额一倍以上五倍以下的罚款；没有违法经营额、违法经营额难以计算或者不足五万元的，可以并处二十五万元以下的罚款；构成犯罪的，依法追究刑事责任：

“（一）未经著作权人许可，复制、发行、表演、放映、广播、汇编、通过信息网络向公众传播其作品的，本法另有规定的除外；

“（二）出版他人享有专有出版权的图书的；

“（三）未经表演者许可，复制、发行录有其表演的录音录像制品，或者通过信息网络向公众传播其表演的，本法另有规定的除外；

“（四）未经录音录像制作者许可，复制、发行、通过信息网络向公众传播其制作的录音录像制品的，本法另有规定的除外；

“（五）未经许可，播放、复制或者通过信息网络向公众传播广播、电视的，本法另有规定的除外；

“（六）未经著作权人或者与著作权有关的权利人许可，故意避开或者破坏技术措施的，故意制造、进口或者向他人提供主要用于避开、破坏技术措施的装置或者部件的，或者故意为他人避开或者破坏技术措施提供技术服务的，法律、行政法规另有规定的除外；

“（七）未经著作权人或者与著作权有关的权利人许可，故意删除或者改变作品、版式设计、表演、录音录像制品或者广播、电视上的权利管理信息的，知道或者应当知道作品、版式设计、表演、录音录像制品或者广播、电视上的权利管理信息未经许可被删除或者改变，仍然向公众提供的，法律、行政法规另有规定的除外；

“（八）制作、出售假冒他人署名的作品的。”

三十四、将第四十九条改为第五十四条，修改为：“侵犯著作权或者与著作权有关的权利的，侵权人应当按照权利人因此受到的实际损失或者侵权人的违法所得给予赔偿；权利人的实际损失或者侵权人的违法所得难以计算的，可以参照该权利使用费给予赔偿。对故意侵犯著作权或者与著作权有关的权利，情节严重的，可以在按照上述方法确定数额的一倍以上五倍以下给予赔偿。

“权利人的实际损失、侵权人的违法所得、权利使用费难以计算的，由人民法院根据侵权行为的情节，判决给予五百元以上五百万元以下的赔偿。

“赔偿数额还应当包括权利人为制止侵权行为所支付的合理开支。

“人民法院为确定赔偿数额，在权利人已经尽了必要举证责任，而与侵权行为相关的账簿、资料等主要由侵权人掌握的，可以责令侵权人提供与侵权行为相关的账簿、资料等；侵权人不提供，或者提供虚假的账簿、资料等的，人民法院可以参考权利人的主张和提供的证据确定赔偿数额。

“人民法院审理著作权纠纷案件，应权利人请求，对侵权复制品，除特殊情况外，责令销毁；对主要用于制造侵权复制品的材料、工具、设备等，责令销毁，且不予补偿；或者在特殊情况下，责令禁止前述材料、工具、设备等进入商业渠道，且不予补偿。”

三十五、增加一条，作为第五十五条：“主管著作权的部门对涉嫌侵犯著作权和与著作权有关的权利的行为进行查处时，可以询问有关当事人，调查与涉嫌违法行为有关的情况；对当事人涉嫌违法行为的场所和物品实施现场检查；查阅、复制与涉嫌违法行为有关的合同、发票、账簿以及其他有关资料；对于涉嫌违法行为的场所和物品，可以查封或者扣押。

“主管著作权的部门依法行使前款规定的职权时，当事人应当予以协助、配合，不得拒绝、阻挠。”

三十六、将第五十条改为第五十六条,修改为:“著作权人或者与著作权有关的权利人有证据证明他人正在实施或者即将实施侵犯其权利、妨碍其实现权利的行为,如不及时制止将会使其合法权益受到难以弥补的损害的,可以在起诉前依法向人民法院申请采取财产保全、责令作出一定行为或者禁止作出一定行为等措施。”

三十七、将第五十一条改为第五十七条,修改为:“为制止侵权行为,在证据可能灭失或者以后难以取得的情况下,著作权人或者与著作权有关的权利人可以在起诉前依法向人民法院申请保全证据。”

三十八、将第五十三条改为第五十九条,增加一款,作为第二款:“在诉讼程序中,被诉侵权人主张其不承担侵权责任的,应当提供证据证明已经取得权利人的许可,或者具有本法规定的不经权利人许可而可以使用的情形。”

三十九、增加一条,作为第六十一条:“当事人因不履行合同义务或者履行合同义务不符合约定而承担民事责任,以及当事人行使诉讼权利、申请保全等,适用有关法律的规定。”

四十、增加一条,作为第六十五条:“摄影作品,其发表权、本法第十条第一款第五项至第十七项规定的权利的保护期在2021年6月1日前已经届满,但依据本法第二十三条第一款的规定仍在保护期内的,不再保护。”

四十一、将第六十条改为第六十六条,删去第二款中的“和政策”。

四十二、删去第三十五条、第四十条第二款、第四十四条、第五十四条、第五十六条。

本决定自2021年6月1日起施行。

《中华人民共和国著作权法》根据本决定作相应修改并对条文顺序作相应调整,重新公布。

中华人民共和国著作权法

(1990年9月7日第七届全国人民代表大会常务委员会第十五次会议通过　根据2001年10月27日第九届全国人民代表大会常务委员会第二十四次会议《关于修改〈中华人民共和国著作权法〉的决定》第一次修正　根据2010年2月26日第十一届全国人民代表大会常务委员会第十三次会议《关于修改〈中华人民共和国著作权法〉的决定》第二次修正)　根据2020年11月11日第十三届全国人民代表大会常务委员会第二十三次会议《关于修改〈中华人民共和国著作权法〉的决定》第三次修正)

目　　录

第一章　总　　则

第一条　为保护文学、艺术和科学作品作者的著作权，以及与著作权有关的权益，鼓励有益于社会主义精神文明、物质文明建设的作品的创作和传播，促进社会主义文化和科学事业的发展与繁荣，根据宪法制定本法。

第二条　中国自然人、法人或者非法人组织的作品，不论是否发表，依照本法享有著作权。

外国人、无国籍人的作品根据其作者所属国或者经常居住地国同中国签订的协议或者共同参加的国际条约享有的著作权，受本法保护。

外国人、无国籍人的作品首先在中国境内出版的，依照本法享有著作权。

未与中国签订协议或者共同参加国际条约的国家的作者以及无国籍人的作品首次在中国参加的国际条约的成员国出版的，或者在成员国和非成员国同时出版的，受本法保护。

第三条　本法所称的作品，是指文学、艺术和科学领域内具有独创性并能以一定形式表现的智力成果，包括：

（一）文字作品；

（二）口述作品；

（三）音乐、戏剧、曲艺、舞蹈、杂技艺术作品；

（四）美术、建筑作品；

（五）摄影作品；

（六）视听作品；

（七）工程设计图、产品设计图、地图、示意图等图形作品和模型作品；

（八）计算机软件；

（九）符合作品特征的其他智力成果。

第四条　著作权人和与著作权有关的权利人行使权利，不得违反宪法和法律，不得损害公共利益。国家对作品的出版、传播依法进行监督管理。

第五条　本法不适用于：

（一）法律、法规，国家机关的决议、决定、命令和其他具有立法、行政、司法性质的文件，及其官方正式译文；

（二）单纯事实消息；

（三）历法、通用数表、通用表格和公式。

第六条　民间文学艺术作品的著作权保护办法由国务院另行规定。

第七条　国家著作权主管部门负责全国的著作权管理工作；县级以上地方主管著作权的部门主管本行政区域的著作权管理工作。

第八条　著作权人和与著作权有关的权利人可以授权著作权集体管理组织行使著作权或者与

著作权有关的权利。依法设立的著作权集体管理组织是非营利法人,被授权后可以以自己的名义为著作权人和与著作权有关的权利人主张权利;并可以作为当事人进行涉及著作权或者与著作权有关的权利的诉讼、仲裁、调解活动。

著作权集体管理组织根据授权向使用者收取使用费。使用费的收取标准由著作权集体管理组织和使用者代表协商确定,协商不成的,可以向国家著作权主管部门申请裁决,对裁决不服的,可以向人民法院提起诉讼;当事人也可以直接向人民法院提起诉讼。

著作权集体管理组织应当将使用费的收取和转付、管理费的提取和使用、使用费的未分配部分等总体情况定期向社会公布,并应当建立权利信息查询系统,供权利人和使用者查询。国家著作权主管部门应当依法对著作权集体管理组织进行监督、管理。

著作权集体管理组织的设立方式、权利义务、使用费的收取和分配,以及对其监督和管理等由国务院另行规定。

第二章　著 作 权

第一节　著作权人及其权利

第九条　著作权人包括:

(一) 作者;

(二) 其他依照本法享有著作权的自然人、法人或者非法人组织。

第十条　著作权包括下列人身权和财产权:

(一) 发表权,即决定作品是否公之于众的权利;

(二) 署名权,即表明作者身份,在作品上署名的权利;

(三) 修改权,即修改或者授权他人修改作品的权利;

(四) 保护作品完整权,即保护作品不受歪曲、篡改的权利;

(五) 复制权,即以印刷、复印、拓印、录音、录像、翻录、翻拍、数字化等方式将作品制作一份或者多份的权利;

(六) 发行权,即以出售或者赠与方式向公众提供作品的原件或者复制件的权利;

(七) 出租权,即有偿许可他人临时使用视听作品、计算机软件的原件或者复制件的权利,计算机软件不是出租的主要标的的除外;

(八) 展览权,即公开陈列美术作品、摄影作品的原件或者复制件的权利;

(九) 表演权,即公开表演作品,以及用各种手段公开播送作品的表演的权利;

(十) 放映权,即通过放映机、幻灯机等技术设备公开再现美术、摄影、电影和视听作品等的权利;

(十一) 广播权,即以有线或者无线方式公开传播或者转播作品,以及通过扩音器或者其他传送符号、声音、图像的类似工具向公众传播广播的作品的权利,但不包括本款第(十二)项规定的权利;

(十二) 信息网络传播权,即以有线或者无线方式向公众提供,使公众可以在其选定的时间和地点获得作品的权利;

(十三) 摄制权,即以摄制视听作品的方法将作品固定在载体上的权利;

(十四) 改编权,即改变作品,创作出具有独创性的新作品的权利;

(十五) 翻译权,即将作品从一种语言文字转换成另一种语言文字的权利;

（十六）汇编权，即将作品或者作品的片段通过选择或者编排，汇集成新作品的权利；

（十七）应当由著作权人享有的其他权利。

著作权人可以许可他人行使前款第（五）项至第（十七）项规定的权利，并依照约定或者本法有关规定获得报酬。

著作权人可以全部或者部分转让本条第一款第（五）项至第（十七）项规定的权利，并依照约定或者本法有关规定获得报酬。

第二节　著作权归属

第十一条　著作权属于作者，本法另有规定的除外。

创作作品的自然人是作者。

由法人或者非法人组织主持，代表法人或者非法人组织意志创作，并由法人或者非法人组织承担责任的作品，法人或者非法人组织视为作者。

第十二条　在作品上署名的自然人、法人或者非法人组织为作者，且该作品上存在相应权利，但有相反证明的除外。

作者等著作权人可以向国家著作权主管部门认定的登记机构办理作品登记。

与著作权有关的权利参照适用前两款规定。

第十三条　改编、翻译、注释、整理已有作品而产生的作品，其著作权由改编、翻译、注释、整理人享有，但行使著作权时不得侵犯原作品的著作权。

第十四条　两人以上合作创作的作品，著作权由合作作者共同享有。没有参加创作的人，不能成为合作作者。

合作作品的著作权由合作作者通过协商一致行使；不能协商一致，又无正当理由的，任何一方不得阻止他方行使除转让、许可他人专有使用、出质以外的其他权利，但是所得收益应当合理分配给所有合作作者。

合作作品可以分割使用的，作者对各自创作的部分可以单独享有著作权，但行使著作权时不得侵犯合作作品整体的著作权。

第十五条　汇编若干作品、作品的片段或者不构成作品的数据或者其他材料，对其内容的选择或者编排体现独创性的作品，为汇编作品，其著作权由汇编人享有，但行使著作权时，不得侵犯原作品的著作权。

第十六条　使用改编、翻译、注释、整理、汇编已有作品而产生的作品进行出版、演出和制作录音录像制品，应当取得该作品的著作权人和原作品的著作权人许可，并支付报酬。

第十七条　视听作品中的电影作品、电视剧作品的著作权由制作者享有，但编剧、导演、摄影、作词、作曲等作者享有署名权，并有权按照与制作者签订的合同获得报酬。

前款规定以外的视听作品的著作权归属由当事人约定；没有约定或者约定不明确的，由制作者享有，但作者享有署名权和获得报酬的权利。

视听作品中的剧本、音乐等可以单独使用的作品的作者有权单独行使其著作权。

第十八条　自然人为完成法人或者非法人组织工作任务所创作的作品是职务作品，除本条第二款的规定以外，著作权由作者享有，但法人或者非法人组织有权在其业务范围内优先使用。作品完成两年内，未经单位同意，作者不得许可第三人以与单位使用的相同方式使用该作品。

有下列情形之一的职务作品，作者享有署名权，著作权的其他权利由法人或者非法人组织享有，法人或者非法人组织可以给予作者奖励：

（一）主要是利用法人或者其他组织的物质技术条件创作，并由法人或者其他组织承担责任的工程设计图、产品设计图、地图、示意图、计算机软件等职务作品；

（二）报社、期刊社、通讯社、广播电台、电视台的工作人员创作的职务作品；

（三）法律、行政法规规定或者合同约定著作权由法人或者其他组织享有的职务作品。

第十九条 受委托创作的作品，著作权的归属由委托人和受托人通过合同约定。合同未作明确约定或者没有订立合同的，著作权属于受托人。

第二十条 作品原件所有权的转移，不改变作品著作权的归属，但美术、摄影作品原件的展览权由原件所有人享有。

作者将未发表的美术、摄影作品的原件所有权转让给他人，受让人展览该原件不构成对作者发表权的侵犯。

第二十一条 著作权属于自然人的，自然人死亡后，其本法第十条第一款第（五）项至第（十七）项规定的权利在本法规定的保护期内，依法转移。

著作权属于法人或者非法人组织的，法人或者非法人组织变更、终止后，其本法第十条第一款第（五）项至第（十七）项规定的权利在本法规定的保护期内，由承受其权利义务的法人或者非法人组织享有；没有承受其权利义务的法人或者非法人组织的，由国家享有。

第三节 权利的保护期

第二十二条 作者的署名权、修改权、保护作品完整权的保护期不受限制。

第二十三条 自然人的作品，其发表权、本法第十条第一款第（五）项至第（十七）项规定的权利的保护期为作者终生及其死亡后五十年，截止于作者死亡后第五十年的12月31日；如果是合作作品，截止于最后死亡的作者死亡后第五十年的12月31日。

法人或者非法人组织的作品、著作权（署名权除外）由法人或者非法人组织享有的职务作品，其发表权的保护期为五十年，截止于作品创作完成后第五十年的12月31日；本法第十条第一款第（五）项至第（十七）项规定的权利的保护期为五十年，截止于作品首次发表后第五十年的12月31日，但作品自创作完成后五十年内未发表的，本法不再保护。

视听作品，其发表权的保护期为五十年，截止于作品创作完成后第五十年的12月31日；本法第十条第一款第（五）项至第（十七）项规定的权利的保护期为五十年，截止于作品首次发表后第五十年的12月31日，但作品自创作完成后五十年内未发表的，本法不再保护。

第四节 权利的限制

第二十四条 在下列情况下使用作品，可以不经著作权人许可，不向其支付报酬，但应当指明作者姓名或者名称、作品名称，并且不得影响该作品的正常使用，也不得不合理地损害著作权人的合法权益：

（一）为个人学习、研究或者欣赏，使用他人已经发表的作品；

（二）为介绍、评论某一作品或者说明某一问题，在作品中适当引用他人已经发表的作品；

（三）为报道新闻，在报纸、期刊、广播电台、电视台等媒体中不可避免地再现或者引用已经发表的作品；

（四）报纸、期刊、广播电台、电视台等媒体刊登或者播放其他报纸、期刊、广播电台、电视台等媒体已经发表的关于政治、经济、宗教问题的时事性文章，但著作权人声明不许刊登、播放的除外；

（五）报纸、期刊、广播电台、电视台等媒体刊登或者播放在公众集会上发表的讲话，但作者声明不许刊登、播放的除外；

（六）为学校课堂教学或者科学研究，翻译、改编、汇编、播放或者少量复制已经发表的作品，供教学或者科研人员使用，但不得出版发行；

（七）国家机关为执行公务在合理范围内使用已经发表的作品；

（八）图书馆、档案馆、纪念馆、博物馆、美术馆、文化馆等为陈列或者保存版本的需要，复制本馆收藏的作品；

（九）免费表演已经发表的作品，该表演未向公众收取费用，也未向表演者支付报酬且不以营利为目的；

（十）对设置或者陈列在公共场所的艺术作品进行临摹、绘画、摄影、录像；

（十一）将中国自然人、法人或者非法人组织已经发表的以国家通用语言文字创作的作品翻译成少数民族语言文字作品在国内出版发行；

（十二）以阅读障碍者能够感知的无障碍方式向其提供已经发表的作品；

（十三）法律、行政法规规定的其他情形。

前款规定适用于对与著作权有关的权利的限制。

第二十五条　为实施义务教育和国家教育规划而编写出版教科书，可以不经著作权人许可，在教科书中汇编已经发表的作品片段或者短小的文字作品、音乐作品或者单幅的美术作品、摄影作品、图形作品，但应当按照规定向著作权人支付报酬，指明作者姓名或者名称、作品名称，并且不得侵犯著作权人依照本法享有的其他权利。

前款规定适用于对与著作权有关的权利的限制。

第三章　著作权许可使用和转让合同

第二十六条　使用他人作品应当同著作权人订立许可使用合同，本法规定可以不经许可的除外。

许可使用合同包括下列主要内容：

（一）许可使用的权利种类；

（二）许可使用的权利是专有使用权或者非专有使用权；

（三）许可使用的地域范围、期间；

（四）付酬标准和办法；

（五）违约责任；

（六）双方认为需要约定的其他内容。

第二十七条　转让本法第十条第一款第（五）项至第（十七）项规定的权利，应当订立书面合同。

权利转让合同包括下列主要内容：

（一）作品的名称；

（二）转让的权利种类、地域范围；

（三）转让价金；

（四）交付转让价金的日期和方式；

（五）违约责任；

（六）双方认为需要约定的其他内容。

第二十八条　以著作权中的财产权出质的，由出质人和质权人依法办理出质登记。

第二十九条　许可使用合同和转让合同中著作权人未明确许可、转让的权利，未经著作权人同意，另一方当事人不得行使。

第三十条　使用作品的付酬标准可以由当事人约定，也可以按照国家著作权主管部门会同有关部门制定的付酬标准支付报酬。当事人约定不明确的，按照国务院著作权行政管理部门会同有关部门制定的付酬标准支付报酬。

第三十一条　出版者、表演者、录音录像制作者、广播电台、电视台等依照本法有关规定使用他人作品的，不得侵犯作者的署名权、修改权、保护作品完整权和获得报酬的权利。

第四章　与著作权有关的权利

第一节　图书、报刊的出版

第三十二条　图书出版者出版图书应当和著作权人订立出版合同，并支付报酬。

第三十三条　图书出版者对著作权人交付出版的作品，按照合同约定享有的专有出版权受法律保护，他人不得出版该作品。

第三十四条　著作权人应当按照合同约定期限交付作品。图书出版者应当按照合同约定的出版质量、期限出版图书。

图书出版者不按照合同约定期限出版，应当依照本法第五十四条的规定承担民事责任。

图书出版者重印、再版作品的，应当通知著作权人，并支付报酬。图书脱销后，图书出版者拒绝重印、再版的，著作权人有权终止合同。

第三十五条　著作权人向报社、期刊社投稿的，自稿件发出之日起十五日内未收到报社通知决定刊登的，或者自稿件发出之日起三十日内未收到期刊社通知决定刊登的，可以将同一作品向其他报社、期刊社投稿。双方另有约定的除外。

作品刊登后，除著作权人声明不得转载、摘编的外，其他报刊可以转载或者作为文摘、资料刊登，但应当按照规定向著作权人支付报酬。

第三十六条　图书出版者经作者许可，可以对作品修改、删节。

报社、期刊社可以对作品作文字性修改、删节。对内容的修改，应当经作者许可。

第三十七条　出版者有权许可或者禁止他人使用其出版的图书、期刊的版式设计。

前款规定的权利的保护期为十年，截止于使用该版式设计的图书、期刊首次出版后第十年的12月31日。

第二节　表演

第三十八条　使用他人作品演出，表演者应当取得著作权人许可，并支付报酬。演出组织者组织演出，由该组织者取得著作权人许可，并支付报酬。

第三十九条　表演者对其表演享有下列权利：

（一）表明表演者身份；

（二）保护表演形象不受歪曲；

（三）许可他人从现场直播和公开传送其现场表演，并获得报酬；

（四）许可他人录音录像，并获得报酬；

（五）许可他人复制、发行、出租录有其表演的录音录像制品，并获得报酬；

（六）许可他人通过信息网络向公众传播其表演，并获得报酬。

被许可人以前款第（三）项至第（六）项规定的方式使用作品，还应当取得著作权人许可，并支付报酬。

第四十条　演员为完成本演出单位的演出任务进行的表演为职务表演，演员享有表明身份和保护表演形象不受歪曲的权利,其他权利归属由当事人约定。当事人没有约定或者约定不明确的,职务表演的权利由演出单位享有。

职务表演的权利由演员享有的,演出单位可以在其业务范围内免费使用该表演。

第四十一条 本法第三十九条第一款第(一)项、第(二)项规定的权利的保护期不受限制。

本法第三十九条第一款第(三)项至第(六)项规定的权利的保护期为五十年,截止于该表演发生后第五十年的12月31日。

第三节 录音录像

第四十二条 录音录像制作者使用他人作品制作录音录像制品,应当取得著作权人许可,并支付报酬。

录音录像制作者使用改编、翻译、注释、整理已有作品而产生的作品,应当取得改编、翻译、注释、整理作品的著作权人和原作品著作权人许可,并支付报酬。

录音制作者使用他人已经合法录制为录音制品的音乐作品制作录音制品,可以不经著作权人许可,但应当按照规定支付报酬;著作权人声明不许使用的不得使用。

第四十三条 录音录像制作者制作录音录像制品,应当同表演者订立合同,并支付报酬。

第四十四条 录音录像制作者对其制作的录音录像制品,享有许可他人复制、发行、出租、通过信息网络向公众传播并获得报酬的权利;权利的保护期为五十年,截止于该制品首次制作完成后第五十年的12月31日。

被许可人复制、发行、通过信息网络向公众传播录音录像制品,应当同时取得著作权人、表演者许可,并支付报酬;被许可人出租录音录像制品,还应当取得表演者许可,并支付报酬。

第四十五条 将录音制品用于有线或者无线公开传播,或者通过传送声音的技术设备向公众公开播送的,应当向录音制作者支付报酬。

第四节 广播电台、电视台播放

第四十六条 广播电台、电视台播放他人未发表的作品,应当取得著作权人许可,并支付报酬。

广播电台、电视台播放他人已发表的作品,可以不经著作权人许可,但应当按照规定支付报酬。

第四十七条 广播电台、电视台有权禁止未经其许可的下列行为:

(一)将其播放的广播、电视以有线或者无线方式转播;

(二)将其播放的广播、电视录制以及复制;

(三)将其播放的广播、电视通过信息网络向公众传播。

广播电台、电视台行使前款规定的权利,不得影响、限制或者侵害他人行使著作权或者与著作权有关的权利。

本条第一款规定的权利的保护期为五十年,截止于该广播、电视首次播放后第五十年的12月31日。

第四十八条 电视台播放他人的视听作品、录像制品,应当取得视听作品著作权人或者录像制作者许可,并支付报酬;播放他人的录像制品,还应当取得著作权人许可,并支付报酬。

第五章 著作权和与著作权有关的权利的保护

第四十九条 为保护著作权和与著作权有关的权利,权利人可以采取技术措施。

未经权利人许可,任何组织或者个人不得故意避开或者破坏技术措施,不得以避开或者破坏技术措施为目的制造、进口或者向公众提供有关装置或者部件,不得故意为他人避开或者破坏技术措施提供技术服务。但是,法律、行政法规规定可以避开的情形除外。

本法所称的技术措施,是指用于防止、限制未经权利人许可浏览、欣赏作品、表演、录音录像制品或者通过信息网络向公众提供作品、表演、录音录像制品的有效技术、装置或者部件。

第五十条 下列情形可以避开技术措施,但不得向他人提供避开技术措施的技术、装置或者部件,不得侵犯权利人依法享有的其他权利:

(一)为学校课堂教学或者科学研究,提供少量已经发表的作品,供教学或者科研人员使用,而该作品无法通过正常途径获取;

(二)不以营利为目的,以阅读障碍者能够感知的无障碍方式向其提供已经发表的作品,而该作品无法通过正常途径获取;

(三)国家机关依照行政、监察、司法程序执行公务;

(四)对计算机及其系统或者网络的安全性能进行测试;

(五)进行加密研究或者计算机软件反向工程研究。

前款规定适用于对与著作权有关的权利的限制。

第五十一条 未经权利人许可,不得进行下列行为:

(一)故意删除或者改变作品、版式设计、表演、录音录像制品或者广播、电视上的权利管理信息,但由于技术上的原因无法避免的除外;

(二)知道或者应当知道作品、版式设计、表演、录音录像制品或者广播、电视上的权利管理信息未经许可被删除或者改变,仍然向公众提供。

第五十二条 有下列侵权行为的,应当根据情况,承担停止侵害、消除影响、赔礼道歉、赔偿损失等民事责任:

(一)未经著作权人许可,发表其作品的;

(二)未经合作作者许可,将与他人合作创作的作品当作自己单独创作的作品发表的;

(三)没有参加创作,为谋取个人名利,在他人作品上署名的;

(四)歪曲、篡改他人作品的;

(五)剽窃他人作品的;

(六)未经著作权人许可,以展览、摄制电影和以类似摄制电影的方法使用作品,或者以改编、翻译、注释等方式使用作品的,本法另有规定的除外;

(七)使用他人作品,应当支付报酬而未支付的;

(八)未经视听作品、计算机软件、录音录像制品的著作权人、表演者或者录音录像制作者许可,出租其作品或者录音录像制品的原件或者复制件的,本法另有规定的除外;

(九)未经出版者许可,使用其出版的图书、期刊的版式设计的;

(十)未经表演者许可,从现场直播或者公开传送其现场表演,或者录制其表演的;

(十一)其他侵犯著作权以及与著作权有关的权利的行为。

第五十三条 有下列侵权行为的,应当根据情况,承担本法第五十二条规定的民事责任;侵权行为同时损害公共利益的,由主管著作权的部门责令停止侵权行为,予以警告,没收违法所得,没收、无害化销毁处理侵权复制品以及主要用于制作侵权复制品的材料、工具、设备等,违法经营额五万元以上的,可以并处违法经营额一倍以上五倍以下的罚款;没有违法经营额、违法经营额难以计算或者不足五万元的,可以并处二十五万元以下的罚款;构成犯罪的,依法追究刑事责任:

(一)未经著作权人许可,复制、发行、表演、放映、广播、汇编、通过信息网络向公众传播其作品的，本法另有规定的除外；

（二）出版他人享有专有出版权的图书的；

（三）未经表演者许可，复制、发行录有其表演的录音录像制品，或者通过信息网络向公众传播其表演的，本法另有规定的除外；

（四）未经录音录像制作者许可，复制、发行、通过信息网络向公众传播其制作的录音录像制品的，本法另有规定的除外；

（五）未经许可，播放、复制或者通过信息网络向公众传播广播、电视的，本法另有规定的除外；

（六）未经著作权人或者与著作权有关的权利人许可，故意避开或者破坏技术措施的，故意制造、进口或者向他人提供主要用于避开、破坏技术措施的装置或者部件的，或者故意为他人避开或者破坏技术措施提供技术服务的，法律、行政法规另有规定的除外；

（七）未经著作权人或者与著作权有关的权利人许可，故意删除或者改变作品、版式设计、表演、录音录像制品或者广播、电视上的权利管理信息的，知道或者应当知道作品、版式设计、表演、录音录像制品或者广播、电视上的权利管理信息未经许可被删除或者改变，仍然向公众提供的，法律、行政法规另有规定的除外；

（八）制作、出售假冒他人署名的作品的。

第五十四条　侵犯著作权或者与著作权有关的权利的，侵权人应当按照权利人因此受到的实际损失或者侵权人的违法所得给予赔偿；权利人的实际损失或者侵权人的违法所得难以计算的，可以参照该权利使用费给予赔偿。对故意侵犯著作权或者与著作权有关的权利，情节严重的，可以在按照上述方法确定数额的一倍以上五倍以下给予赔偿。

权利人的实际损失、侵权人的违法所得、权利使用费难以计算的，由人民法院根据侵权行为的情节，判决给予五百元以上五百万元以下的赔偿。

赔偿数额还应当包括权利人为制止侵权行为所支付的合理开支。

人民法院为确定赔偿数额，在权利人已经尽了必要举证责任，而与侵权行为相关的账簿、资料等主要由侵权人掌握的，可以责令侵权人提供与侵权行为相关的账簿、资料等；侵权人不提供，或者提供虚假的账簿、资料等的，人民法院可以参考权利人的主张和提供的证据确定赔偿数额。

人民法院审理著作权纠纷案件，应权利人请求，对侵权复制品，除特殊情况外，责令销毁；对主要用于制造侵权复制品的材料、工具、设备等，责令销毁，且不予补偿；或者在特殊情况下，责令禁止前述材料、工具、设备等进入商业渠道，且不予补偿。

第五十五条　主管著作权的部门对涉嫌侵犯著作权和与著作权有关的权利的行为进行查处时，可以询问有关当事人，调查与涉嫌违法行为有关的情况；对当事人涉嫌违法行为的场所和物品实施现场检查；查阅、复制与涉嫌违法行为有关的合同、发票、账簿以及其他有关资料；对于涉嫌违法行为的场所和物品，可以查封或者扣押。

主管著作权的部门依法行使前款规定的职权时，当事人应当予以协助、配合，不得拒绝、阻挠。

第五十六条　著作权人或者与著作权有关的权利人有证据证明他人正在实施或者即将实施侵犯其权利、妨碍其实现权利的行为，如不及时制止将会使其合法权益受到难以弥补的损害的，可以在起诉前依法向人民法院申请采取财产保全、责令作出一定行为或者禁止作出一定行为等措施。

第五十七条　为制止侵权行为，在证据可能灭失或者以后难以取得的情况下，著作权人或者与著作权有关的权利人可以在起诉前依法向人民法院申请保全证据。

人民法院处理前款申请，适用《中华人民共和国民事诉讼法》第九十三条至第九十六条和第九十九条的规定。

第五十八条 人民法院审理案件,对于侵犯著作权或者与著作权有关的权利的,可以没收违法所得、侵权复制品以及进行违法活动的财物。

第五十九条 复制品的出版者、制作者不能证明其出版、制作有合法授权的,复制品的发行者或者视听作品、计算机软件、录音录像制品的复制品的出租者不能证明其发行、出租的复制品有合法来源的,应当承担法律责任。

在诉讼程序中,被诉侵权人主张其不承担侵权责任的,应当提供证据证明已经取得权利人的许可,或者具有本法规定的不经权利人许可而可以使用的情形。

第六十条 著作权纠纷可以调解,也可以根据当事人达成的书面仲裁协议或者著作权合同中的仲裁条款,向仲裁机构申请仲裁。

当事人没有书面仲裁协议,也没有在著作权合同中订立仲裁条款的,可以直接向人民法院起诉。

第六十一条 当事人因不履行合同义务或者履行合同义务不符合约定而承担民事责任,以及当事人行使诉讼权利、申请保全等,适用有关法律的规定。

第六章 附 则

第六十二条 本法所称的著作权即版权。

第六十三条 本法第二条所称的出版,指作品的复制、发行。

第六十四条 计算机软件、信息网络传播权的保护办法由国务院另行规定。

第六十五条 摄影作品,其发表权、本法第十条第一款第(五)项至第(十七)项规定的权利的保护期在 2021 年 6 月 1 日前已经届满,但依据本法第二十三条第一款的规定仍在保护期内的,不再保护。

第六十六条 本法规定的著作权人和出版者、表演者、录音录像制作者、广播电台、电视台的权利,在本法施行之日尚未超过本法规定的保护期的,依照本法予以保护。

本法施行前发生的侵权或者违约行为,依照侵权或者违约行为发生时的有关规定处理。

第六十七条 本法自 1991 年 6 月 1 日起施行。

附录 2　国家新闻出版署关于调整向中国版本图书馆缴送出版物样本范围和数量的通知

国新出发〔2020〕8 号

各省、自治区、直辖市和新疆生产建设兵团新闻出版局，中央和国家机关各部委、各人民团体出版单位主管部门，中央军委政治工作部宣传局，全国各图书、报纸、期刊、音像和电子出版单位：

版本的保藏和管理是文化建设的基础性工作，对传承优秀历史文化、增强文化自信具有重要意义。长期以来，广大出版单位高度重视出版物样本缴送工作，为出版事业繁荣发展和文化传承作出了积极贡献。为适应当前版本建设工作需要，根据《出版管理条例》及相关法规规章，国家新闻出版署决定对出版单位自 2020 年 1 月 1 日起应向中国版本图书馆缴送出版物样本的范围和数量等进行调整。现就有关缴送和补缴工作通知如下。

一、总体要求

充分认识版本赓续文脉、传承文明的重要作用，从促进版本保藏流传、优秀文化传承的高度，进一步规范出版物样本缴送，严格按照应缴送的范围、数量、品种及时缴送，确保应缴尽缴。

二、缴送内容

（一）缴送范围。在缴送图书、报纸、期刊、音像制品和电子出版物等实物样本基础上，增加缴送其数字版样本。

（二）缴送数量。统一缴送出版物实物样本 4 份、数字版样本 1 份。

（三）缴送品种。缴送的出版物实物样本是指初版书、再版书、重印书、按需印刷版本、书配盘；报纸散报、合订本（含缩印本、目录和索引）；期刊单刊、合订本；音像制品和电子出版物实体版、盘配书。所缴样本品相必须完整，不得缺失。

出版物数字版样本的接收规范另行通知。

三、缴送要求

（一）缴送时间。图书、期刊、音像制品和电子出版物自出版之日起 30 日内缴送样本；报纸自出版之日起 7 日内缴送样本，有合订本的，合订本自出版之日起 30 日内缴送样本。缴送时间以邮寄日期为准。

（二）寄送要求。缴送样本统一寄送至北京市东城区先晓胡同 10 号中国版本图书馆样本征集部，邮编：100005。寄送方式可采用直接送达或邮寄，如邮寄可采用印刷品挂号或其他形式（请勿按包裹方式邮寄）。寄送时分别包装，并在邮包上注明相关信息。

（三）补缴工作。出版单位对 2020 年 1 月 1 日前出版物样本缴送情况开展自查，并依据中国版本图书馆编制的未缴送样本清单于 2020 年 12 月 31 日前完成补缴样本 1 份。本通知印发前的 2020 年度出版物，于本通知印发后 30 日内完成缴送。如遇特殊情况不能缴送样本，须作出书面说明并加盖单位公章，随补缴样本统一寄送。

（四）缴送信息。凡缴送或补缴的出版物样本，应附缴送或补缴清单，一式三份。中国版本图书馆核收后，在清单上签字、盖章，于 1 个月内将清单反馈出版单位，以备查验。同时，出版单位应将清单电子版发送至指定邮箱。出版单位在每季度末最后10日前将该季度出版的重印书信息发送至指定邮箱。

四、组织安排

各地新闻出版管理部门、各出版单位主管部门要组织好所辖所属出版单位的出版物样本缴送工作,做好检查和监督管理工作。各出版单位要按照本通知要求认真做好出版物样本缴送工作,及时与中国版本图书馆沟通,按时填报有关信息。

国家新闻出版署将依据中国版本图书馆对出版单位样本缴送情况的统计报告,定期通报样本缴送情况,对及时、完整缴送样本的出版单位给予表扬,对未按规定时限缴送、缴送不齐及经催促仍不缴送的出版单位视情作出处理,同时将出版物样本缴送情况作为有关考核评价、年度核验、书号核发的参考依据。

国家新闻出版署

2020年4月17日

附件1:

中国版本图书馆样本缴送信息要求

一、信息报送

各出版单位应于2020年5月1日前将《出版物样本缴送负责人信息表》发送至bbsjxxcj@126.com,邮件标题为单位名称+负责人姓名。表格下载地址:https://www.capub.cn/bbzj/bbzjdt/03/11604.shtml。

二、邮包信息

缴送样本:在邮包上依据实际情况分别注明"版本馆图书4份""版本馆报纸4份""版本馆期刊4份""版本馆音像/电子出版物4份"。中国版本图书馆代收的其他缴送样本邮包标注信息不变。

补缴样本:在邮包上依据实际情况分别注明"版本馆图书补缴""版本馆报纸补缴""版本馆期刊补缴""版本馆音像/电子出版物补缴"。中国版本图书馆代收的其他补缴样本邮包标注相应信息。

三、专用邮箱

图书样本:tushuyangben@126.com

重印书样本:cysyangben@126.com

报纸样本:baozhiyangben@126.com

期刊样本:qikanyangben@126.com

音像制品和电子出版物样本:yinxiangdzyangben@126.com

四、专用工作群

各出版单位接到本通知后10个工作日内统一加入样本缴送工作专用群,逾期群组申请通道关闭,其他时间加群另行申请。工作群信息登录https://www.capub.cn/bbzj/bbzjdt/03/11604.shtml查询。

咨询电话:010—58689918、9849、9851、9878、9919、9959、9867、9890、9972、9907、9906

附录 3　国家新闻出版署关于印发《报纸期刊质量管理规定》的通知

国新出发〔2020〕10 号

各省、自治区、直辖市和新疆生产建设兵团新闻出版局，中央和国家机关各部委、各人民团体报刊主管部门，中央军委政治工作部宣传局，中央各重点出版集团：

现将《报纸期刊质量管理规定》印发给你们，请认真遵照执行。

国家新闻出版署

2020 年 5 月 28 日

报纸期刊质量管理规定

第一条　为加强报纸、期刊质量管理，规范报纸、期刊出版秩序，促进报纸、期刊质量提升，根据《中华人民共和国产品质量法》《出版管理条例》《报纸出版管理规定》《期刊出版管理规定》等法律法规，制定本规定。

第二条　本规定适用于经国家新闻出版主管部门批准，持有国内统一连续出版物号，领取报纸出版许可证和期刊出版许可证的报纸、期刊。

第三条　报纸、期刊质量包括内容质量、编校质量、出版形式质量、印制质量四项，分为合格和不合格两个等级。四项均合格的，其质量为合格；四项中有一项不合格的，其质量为不合格。

第四条　报纸、期刊内容符合《出版管理条例》第二十五条、第二十六条规定，并符合国家新闻出版主管部门批准的业务范围的，其内容质量为合格；不符合的，其内容质量为不合格。

第五条　报纸、期刊编校差错判定以相关法律法规、国家标准、行业标准及规范为依据。

报纸编校差错率不超过万分之三的，其编校质量为合格；差错率超过万分之三的，其编校质量为不合格。差错率的计算按照本规定附件《报纸编校差错率计算方法》执行。

期刊编校差错率不超过万分之二的，其编校质量为合格；差错率超过万分之二的，其编校质量为不合格。差错率的计算按照本规定附件《期刊编校差错率计算方法》执行。

第六条　报纸、期刊出版形式差错判定以相关法规规章、国家标准、行业标准及规范为依据。

报纸出版形式差错数不超过三个的，其出版形式质量为合格；差错数超过三个的，其出版形式质量为不合格。差错数的计算按照本规定附件《报纸出版形式差错数计算方法》执行。

期刊出版形式差错数不超过五个的，其出版形式质量为合格；差错数超过五个的，其出版形式质量为不合格。差错数的计算按照本规定附件《期刊出版形式差错数计算方法》执行。

第七条　报纸印制质量包括单份印制质量和批印制质量，期刊印制质量包括单册印制质量和批印制质量。报纸、期刊印制符合国家和行业现行标准及规定的，其印制质量为合格；不符合的，其印制质量为不合格。

第八条　国家新闻出版主管部门负责全国报纸、期刊质量管理工作，各省级新闻出版主管部门负责本行政区域内的报纸、期刊质量管理工作。各级新闻出版主管部门应当切实履行监管职责,实施报纸、期刊质量检查,并及时向社会公布检查结果。

第九条 报纸、期刊主管主办单位应当督促出版单位建立健全质量管理制度并监督落实,将报纸、期刊质量纳入出版单位社会效益评价考核,对质量不合格的报纸、期刊提出处理意见和整改措施。报纸、期刊出版单位应当落实"三审三校"等管理制度,加强业务培训,保证出版质量。

第十条 报纸、期刊质量检查采取抽样方式进行。报纸内容质量、编校质量、出版形式质量抽样检查的对象为报纸各版面及中缝、插页等所有内容。期刊内容质量、编校质量、出版形式质量抽样检查的对象为期刊正文、封一(含书脊)、封二、封三、封四、版权页、目次页、广告页、插页等所有内容。报纸、期刊印制质量检测样本抽取依据相关标准进行。

第十一条 新闻出版主管部门实施报纸、期刊质量检查,须将检查结果为不合格的报纸、期刊的具体情况书面通知出版单位或主办单位。出版单位、主办单位如有异议,须在接到通知后 15 日内提出复检申请;对复检结果仍有异议,须在接到通知后 7 日内向上一级新闻出版主管部门请求复核。

第十二条 报纸、期刊内容质量、编校质量、出版形式质量不合格的,由省级以上新闻出版主管部门依据《出版管理条例》《报纸出版管理规定》《期刊出版管理规定》等相关规定,责令改正,给予警告;情节严重的,责令限期停业整顿,或由原发证机关吊销出版许可证。

报纸、期刊出现严重质量问题的,出版单位应当采取收回、销毁等措施,消除负面影响。

第十三条 报纸、期刊印制质量不合格,出版单位应当及时收回、调换。出版单位违反本规定继续发行印制质量不合格报纸、期刊的,按照《中华人民共和国产品质量法》《出版管理条例》等相关规定处理。

第十四条 省级以上新闻出版主管部门对报纸、期刊质量管理工作中成绩突出的单位和个人予以表扬或者奖励。

第十五条 本规定自印发之日起施行。

附录4　国家新闻出版署关于进一步加强网络文学出版管理的通知

国新出发〔2020〕11号

各省、自治区、直辖市新闻出版局，各网络文学出版单位：

网络文学是繁荣发展社会主义文艺的重要力量，拥有庞大读者群，特别是在青少年中具有广泛影响。近年来，网络文学行业蓬勃发展，涌现出一批优秀作者和思想性艺术性可读性相统一的原创作品，在促进文学创作生产、满足人民群众精神文化需求方面发挥了积极作用。同时，也存在一些值得注意的倾向和问题。一些作品导向偏差、格调不高，甚至以淫秽色情、血腥暴力等内容刺激感官、吸引眼球；有的企业社会责任感缺失、把关机制不健全、主体责任落实不到位，片面追求经济效益。根据《出版管理条例》《网络出版服务管理规定》等法规规章要求，为进一步加强网络文学出版管理，规范网络文学行业秩序，引导网络文学出版单位始终坚持正确出版导向、坚持把社会效益放在首位、坚持高质量发展，努力以精品奉献人民，推动网络文学繁荣健康发展，现就有关事项通知如下。

一、建立健全内容审核机制

网络文学出版单位须设立总编辑，建立健全编辑委员会，强化内容把关职责，总编辑对涉及内容导向问题的事项具有否决权，对发布作品的内容质量负总责。加强选题策划，控制总量、优化结构、提高质量，支持优质创新内容，抵制模式化、同质化倾向。严格导向管理，完善质量内控机制，严格执行选题论证制度、内容审校制度，做到内容把关责任明确、编校流程可核查可追溯，确保内容导向正确、格调健康向上。严格落实平台主体责任，坚持先审后发的原则，在作品发布前，对登载内容进行严格审核；对尚未创作完成、持续更新的作品进行跟踪审读，未经审核不得上线发布。加强对作品排行榜、互动评论等作品相关发布信息的动态管理，正确引导用户阅读。

二、严格规范登载发布行为

实行网络文学创作者实名注册制度，按照"后台实名、前台自愿"的原则，网络文学出版单位必须要求创作者提供真实身份信息，不得为未使用真实身份信息注册的创作者提供相关服务，并对收集的信息严格保密，确保创作者信息安全。网络文学出版单位应在平台上明示登载规则和服务约定，对创作者登载发布行为提出明确要求，既保障合理权益，又实施有效约束。登载发布原创作品，须在作品封面或内容首页显著位置标明书名、作者、责任编辑及版权说明等相关信息。互联网公众账号服务商、应用商店等首发网络文学作品的，按照上述要求进行管理；从事分发业务的，须加强审核力量建设，对分发产品及内容进行跟踪把关，对出现的问题承担相应责任。提供公众账号和应用商店服务的互联网平台按照上述要求加强监测管理，承担相应主体责任。

三、定期开展社会效益评价考核

网络文学出版单位应按要求开展社会效益评价考核，形成社会效益自评报告，报送属地出版主管部门审核认定。网络文学出版单位发布或推介作品出现严重错误的，社会效益评价考核结果为不合格。对连续两年考核结果为优秀的网络文学出版单位，出版主管部门在评奖推优和资助扶持等方面予以倾斜；对考核结果为不合格的，进行通报批评，约谈主要负责人，责令整改并且在整改到位前不得参加各类评优评奖;对存在违法违规行为的,依法依规进行处罚。

四、加强评奖推选活动管理

各类社会组织、媒体单位、学校和研究机构等举办全国性网络文学评奖,须向国家新闻出版署申请,经同意后举办;各类企业不得以任何名目举办全国性网络文学评奖。开展地方性网络文学评奖的,须经当地出版主管部门同意。

五、进一步规范市场秩序

加强网络文学市场管理,严肃处理违法违规行为。对内容导向出现严重偏差的,综合运用行政监管、经济惩罚、刑事处罚等多种措施进行处置。坚决清理低俗庸俗媚俗内容,坚决遏制跟风模仿等不良倾向,坚决打击侵权盗版行为。加强对网络文学导流行为的监督管理,出现传播错误内容、误导用户阅读行为的,相关网络平台应及时采取限制功能、暂停更新、关闭账号等措施。网络文学出版单位应在平台显著位置设置读者投诉入口,主动接受社会监督。探索建立完善信用档案制度,将违法违规企业或从业人员纳入失信档案,根据情节轻重采取限入、禁入等措施。

六、加强网络文学出版队伍建设

深入开展马克思主义新闻出版观教育,提高网络文学从业人员内容导向把关能力,增强责任感使命感。加强队伍教育培训,网络文学出版单位从事内容审核的编辑人员应按时参加出版专业技术人员继续教育,每年累计不少于72小时,取得出版主管部门颁发的继续教育合格证书;网络文学出版单位法定代表人、总编辑或主要负责人应在规定时间内参加出版主管部门组织的岗位培训,取得国家新闻出版署统一印制的岗位培训合格证书。引导广大网络文学从业人员对读者负责、对社会负责,加强品德修养,恪守公序良俗,弘扬新风正气,打造精品力作,维护网络文学行业良好声誉和网络文学出版工作者良好形象。

七、切实履行属地管理职责

各级出版主管部门要严格落实意识形态工作责任制,落实属地管理责任,加强对属地网络文学业务的管理,摸清底数、建立台账、完善制度。对出现问题的作品、企业和相关舆情,应积极妥善处理并及时报告。加强对所属网络文学出版单位重大事项和重点出版物的指导把关,及时研判处置重要问题,确保各项管理责任落到实处。定期监督检查网络文学出版单位编辑责任制度落实情况,把检查结果作为出版单位资源配置、年检评估、项目评审和评优表彰的重要依据。建立和充实网络文学阅评队伍,加大抽查排查力度,及时发现和处理苗头性倾向性问题。充分运用技术手段,加强监测监看,提升分析研判水平,提高科学管理效能。

本通知所称网络文学出版单位含提供网络文学服务的平台;所称全国性网络文学评奖是指在全国范围内对网络文学领域的人物、作品进行的评奖活动,冠以"中国""中华""全国"等名称的网络文学评奖活动,以及在境内举办的冠以"国际""全球""华语地区"等名称的网络文学评奖活动。

本通知自印发之日起施行。

国家新闻出版署

2020年6月5日

附录5　国家新闻出版署　人力资源社会保障部关于印发《出版专业技术人员继续教育规定》的通知

国新出发〔2020〕18号

各省、自治区、直辖市新闻出版局、人力资源社会保障厅(局),中央和国家机关各部委、各人民团体出版单位主管部门、人事部门,中央军委政治工作部宣传局,中央各重点出版集团:

现将《出版专业技术人员继续教育规定》印发给你们,请认真遵照执行。

国家新闻出版署　人力资源社会保障部

2020年9月24日

出版专业技术人员继续教育规定

第一章　总　　则

第一条　为规范出版专业技术人员继续教育工作,保障出版专业技术人员继续教育权益,不断提高出版专业技术人员素质能力,根据《出版管理条例》《干部教育培训工作条例》《专业技术人员继续教育规定》等,结合出版工作实际,制定本规定。

第二条　在出版单位从事出版专业技术工作,包括出版物选题策划、内容编辑加工和校对、装帧和版式设计、信息资源集成开发、编务印制和质量管理、版权运营、出版物营销等专业技术人员继续教育,适用本规定。

第三条　出版专业技术人员继续教育是建设高素质专业化出版专业人才队伍的基础性战略性工作,必须坚持以习近平新时代中国特色社会主义思想为指导,紧紧围绕新时代宣传思想工作举旗帜、聚民心、育新人、兴文化、展形象的使命任务,不断增强脚力、眼力、脑力、笔力,打造政治过硬、本领高强、求实创新、能打胜仗的出版专业技术人员队伍,为推动出版业持续繁荣发展提供人才保证和智力支持。

第四条　出版专业技术人员继续教育工作应当遵循下列原则:

(一)服务大局,按需施教。紧紧围绕出版事业发展需要和出版专业技术人员从业要求,深入开展马克思主义出版观教育,把政治能力建设贯穿继续教育全过程,引导出版专业技术人员不断提高政治本领,不断增强政治敏锐性和政治鉴别力,增强"四个意识",坚定"四个自信",做到"两个维护"。

(二)提高能力,注重质量。遵循人才成长发展规律,不断深化专业能力建设,把继续教育的普遍性要求与出版专业人才的特殊需要结合起来,提高继续教育质量,增强教育培训针对性,引导出版专业技术人员更新知识、拓展技能,加强职业道德建设,全面提升专业胜任能力。

(三)改革创新,注重实效。统筹继续教育资源,创新方式方法,建立兼容、开放、共享、规范的继续教育培训体系,坚持分级分类组织,形成政府部门规划指导、社会力量积极参与、出版单位支持配合的出版专业技术人员继续教育新格局。

第五条 出版专业技术人员享有参加继续教育的权利和接受继续教育的义务。出版单位应当依照法律、行政法规和国家有关规定提取和使用职工教育经费,为本单位出版专业技术人员参加继续教育提供保障和支持。出版专业技术人员经所在单位同意,脱产或半脱产参加继续教育活动的,所在单位应当按照国家有关规定,保障工资、福利等待遇。

第六条 出版专业技术人员应当自从事出版工作的下一年度开始参加继续教育。

第二章 管理体制

第七条 出版专业技术人员继续教育实行统筹规划、分级负责、分类指导的管理体制。

第八条 国家新闻出版署和人力资源社会保障部负责对全国出版专业技术人员继续教育工作进行综合管理和统筹协调,制定全国出版专业技术人员继续教育政策,监督指导全国出版专业技术人员继续教育工作的组织实施。

第九条 各省级新闻出版主管部门、人力资源社会保障部门,共同负责本地区出版专业技术人员继续教育工作的综合管理和组织实施。

其他机关、企业、事业单位以及社会团体等在各自职责范围内依法做好出版专业技术人员继续教育的规划、管理和实施工作。

第三章 内容与形式

第十条 出版专业技术人员继续教育内容包括公需科目和专业科目。

公需科目包括出版专业技术人员应当普遍掌握的政治理论、法律法规、职业道德等基本知识。要把学习贯彻习近平新时代中国特色社会主义思想作为首要任务,坚持及时学、系统学、深入学,引导出版专业技术人员系统掌握科学体系、精髓要义和实践要求,真正做到学懂弄通做实。

专业科目包括出版专业技术人员必须具备并应当掌握的出版政策法规、编辑业务知识、编校技能和质量要求、装帧和版式设计、信息资源集成开发、版权运营管理等专业知识,以及与行业发展相关的新知识、新技术、新技能。

国家新闻出版署会同人力资源社会保障部根据出版专业技术人员不同岗位、类别和层次,统筹规划继续教育课程和教材体系建设,定期发布继续教育公需科目指南、专业科目指南,对继续教育内容进行指导。

第十一条 出版专业技术人员可以选择参加继续教育的形式。具体形式有:

(一) 参加省级及以上新闻出版主管部门、人力资源社会保障部门及其公布的继续教育机构组织的面授、网络远程等继续教育活动;

(二) 参加国家教育行政主管部门承认的本科及以上相关专业学历(学位)教育;

(三) 承担省级及以上新闻出版主管部门或相关行业协会的出版类研究课题,或承担国家级科研基金项目;

(四) 在拥有国内统一连续出版物号、经国家新闻出版主管部门认定的学术期刊上发表出版类或与工作相关的学术论文,公开出版与工作职责相关的学术著作、译著和整理的古籍图书;

(五) 担任省级及以上新闻出版主管部门或相关行业协会举办的培训班、学术会议、专题讲座等授课(报告)人;

(六) 参加全国出版专业技术人员职业资格考试及命题、审题、阅卷工作;

（七）参加所在单位或相关专业机构组织的与本单位出版范围相关的专业类培训；

（八）参加省级及以上新闻出版主管部门组织的出版物质量审读、评审工作；

（九）参加省级及以上新闻出版主管部门组织举办的编校大赛获得优秀以上等次；

（十）省级及以上新闻出版主管部门、人力资源社会保障部门认可的其他继续教育方式。

第十二条　出版专业技术人员继续教育要根据出版工作特点，综合运用讲授式、研讨式、案例式等教学方法，积极探索适应信息化发展趋势的网络培训有效方式，统筹推进线上线下相结合的培训模式，充分运用"学习强国"学习平台优质资源，不断深化新知识、新技术、新技能等的培训。

第四章　学 时 管 理

第十三条　出版专业技术人员参加继续教育的时间每年累计不少于90学时。其中，专业科目学时一般不少于总学时的三分之二。

出版专业技术人员参加继续教育取得的学时，在全国范围内当年度有效，不得结转或顺延至下一年度。

第十四条　出版专业技术人员参加本规定第十一条规定形式的继续教育，其学时计算标准如下：

（一）参加省级及以上新闻出版主管部门、人力资源社会保障部门及其公布的继续教育机构组织的面授培训，每天按8学时计算；参加网络远程培训，按实际学时计算，每年最多不超过40学时。

（二）参加国家教育行政主管部门承认的本科及以上相关专业学历（学位）教育，获得学历（学位）当年度折算为40学时。

（三）独立承担省级及以上新闻出版主管部门或相关行业协会的出版类研究课题，或独立承担国家级科研基金项目，课题结项的，当年度每项折算为40学时；与他人合作完成的，主持人每项折算为30学时，参与人每人每项折算为10学时。

（四）独立公开发表出版类或与工作相关的学术论文，每篇折算为10学时；与他人合作发表的，每人每篇折算为5学时。每年最多折算为20学时。

（五）独立公开出版与工作职责相关的学术著作、译著和整理的古籍图书，每本折算为30学时；与他人合作出版的，第一作者每本折算为20学时，其他作者每人每本折算为10学时。每年最多折算为40学时。

（六）担任省级及以上新闻出版主管部门或相关行业协会举办的培训班、学术会议、专题讲座等授课（报告）人，按实际授课（报告）时间的6倍计算学时。

（七）参加全国出版专业技术人员职业资格考试，每通过一科，下一年度折算为30学时。

（八）参加全国出版专业技术人员职业资格考试命题、审题、阅卷，省级及以上新闻出版主管部门组织的出版物质量审读、评审工作，或在编校大赛中获得优秀以上等次，折算为30学时。

（九）参加所在单位或相关专业机构组织的与本单位出版范围相关的专业类培训，每年最多折算为30学时。

第十五条　出版专业技术人员参加继续教育情况实行学时登记管理。

出版单位应当对本单位出版专业技术人员参加继续教育的种类、内容、时间和考试考核结果等情况进行记录，及时登录有关网站提交继续教育情况，完成学时审核登记的初审。

省级新闻出版主管部门负责本地区出版专业技术人员继续教育学时审核登记的复审。

国家新闻出版署负责全国出版专业技术人员继续教育学时审核登记的终审，以及中央在京出版单位出版专业技术人员继续教育学时审核登记的复审。

省级新闻出版主管部门每年将本地区出版专业技术人员继续教育审核情况送同级人力资源社会保障部门备案。

第十六条 出版专业技术人员继续教育学时登记采用以下方式：

(一) 参加全国出版专业技术人员职业资格考试，或参加省级及以上新闻出版主管部门、人力资源社会保障部门及其公布的继续教育机构组织的培训，由省级及以上新闻出版主管部门根据继续教育机构或所在单位报送的继续教育信息，办理继续教育事项登记；

(二) 参加除第(一)项以外其他形式的继续教育，应当在当年度登录国家新闻出版主管部门指定网站，按要求上传相关证明材料，申请办理继续教育事项登记。

第十七条 出版专业技术人员由于伤、病、孕等特殊原因无法在当年度完成继续教育学时的，可由所在单位提供证明，经省级及以上新闻出版主管部门审核确认后，应参加继续教育的学时顺延至下一年度合并完成。省级及以上新闻出版主管部门应当在下一年度的继续教育合格证书中予以注明。

第五章　继续教育机构

第十八条 国家新闻出版署、人力资源社会保障部指导加强出版专业技术人员继续教育机构建设，推动构建分工明确、优势互补、布局合理、开放有序的继续教育培训体系。鼓励并引导行业协会、高等院校、科研院所等具备培训条件的社会办学单位参与出版专业技术人员继续教育工作。

第十九条 国家新闻出版署以适当方式向社会公布承办出版专业技术人员继续教育的机构及其培训范围、教学内容、收费项目和标准等。继续教育机构应当认真组织实施出版专业技术人员继续教育教学计划，根据考核结果如实出具出版专业技术人员参加继续教育证明。

第二十条 继续教育机构要突出政治引领，以提升思想政治素质和职业素养、创新创造能力为重点，建立健全继续教育培训内容更新机制。

第二十一条 继续教育机构要建立健全符合出版工作特点和出版专业技术人员成长成才规律的师资准入和退出机制。建立完备的继续教育师资库，严把政治关、质量关、纪律关，建设高素质高水平专业化的出版专业技术人员继续教育师资队伍。

第二十二条 继续教育机构要把旗帜鲜明讲政治贯穿教学管理全过程，严格执行有关学员、师资管理规定，严肃讲坛纪律，加强学风建设。

第二十三条 各级新闻出版主管部门、人力资源社会保障部门直接举办的继续教育活动，应当突出公益性，不得收取费用。鼓励和支持出版企事业单位、高等院校和社会团体等举办公益性继续教育活动。

第二十四条 继续教育机构不得采取虚假、欺诈等不正当手段招揽生源，不得以继续教育名义组织旅游或与培训无关的高消费活动，不得以继续教育名义乱收费或只收费不培训，以及从事其他有关政策法规明令禁止的行为。

第六章　考 核 与 监 督

第二十五条 出版单位应当建立本单位出版专业技术人员继续教育与使用、晋升相衔接的激励机制，把出版专业技术人员参加继续教育情况作为出版专业技术人员考核评价、岗位聘用的重要依据。

第二十六条　出版专业技术人员参加继续教育情况，应当作为聘任专业技术职务或者申报评定上一级职称的重要条件，作为出版专业技术人员职业资格登记注册（续展）的必要条件。

第二十七条　省级及以上新闻出版主管部门、人力资源社会保障部门应当依法对出版专业技术人员继续教育机构、出版单位执行本规定的情况进行监督。

第二十八条　省级及以上新闻出版主管部门、人力资源社会保障部门应当定期组织或委托第三方评估机构对本地区出版专业技术人员继续教育机构进行教学质量评估，评估结果作为评价继续教育机构办学质量的重要标准和承担下一年度继续教育任务的重要依据。

第二十九条　出版专业技术人员未按本规定第十一条、十三条规定参加继续教育，无正当理由不参加继续教育或者在学习培训期间违反学习纪律和管理制度的，出版单位可视情给予批评教育、不予报销或者要求退还培训费用等。

第三十条　出版单位违反本规定的，由省级及以上新闻出版主管部门或人力资源社会保障部门责令改正。

第三十一条　出版专业技术人员存在继续教育学时造假等情形的，由省级及以上新闻出版主管部门或人力资源社会保障部门通报所在单位，暂停或暂缓职业资格登记注册（续展）。

第三十二条　继续教育机构违反本规定的，由省级及以上新闻出版主管部门或人力资源社会保障部门责令改正，并依法依规进行处理。

第七章　附　　则

第三十三条　各省级新闻出版主管部门要加强对民营书业从业人员继续教育的政策指导，统筹协调优质培训资源共建共享，组织开展多层次、有针对性的专业学习和技能培训，健全完善民营书业从业人员继续教育培训机制，探索推进民营书业从业人员继续教育学时登记等工作。各民营书业企业要积极为所属从业人员参加继续教育创造便利条件。

第三十四条　中国人民解放军和中国人民武装警察部队所属出版单位出版专业技术人员继续教育工作，参照本规定执行。

第三十五条　本规定自 2021 年 1 月 1 日起施行，由国家新闻出版署、人力资源社会保障部负责解释。原新闻出版总署印发的《出版专业技术人员继续教育暂行规定》（新出政发〔2010〕10 号）同时废止，其他出版专业技术人员继续教育相关规定与本规定不一致的，以本规定为准。

附录6　国家新闻出版署关于印发《出版物鉴定管理办法》的通知

国新出发〔2020〕22号

各省、自治区、直辖市新闻出版局：

现将《出版物鉴定管理办法》印发给你们，请认真遵照执行。

国家新闻出版署

2020年12月14日

出版物鉴定管理办法

第一章　总　　则

第一条　为加强出版物鉴定活动管理，规范出版物鉴定工作，保障出版物鉴定质量，根据《出版管理条例》和国家有关规定，制定本办法。

第二条　本办法所称出版物鉴定，是指出版物鉴定机构运用专业知识或者技术手段，对出版物鉴定样本是否属于非法出版物或者违禁出版物进行分析审鉴，并提出鉴定意见的活动。

第三条　出版物鉴定主要针对以下出版物：

（一）非法出版物，包括未经批准擅自出版、印刷或者复制的出版物，伪造、假冒出版单位或者报刊名称出版的出版物，非法进口的出版物等；

（二）违禁出版物，是指含有《出版管理条例》和国家有关规定禁止内容的出版物。

第四条　本办法所称出版物鉴定机构，是指承担出版物鉴定职责的出版主管部门和出版主管部门所属的承担出版物鉴定职责的机构。

第五条　出版物鉴定机构接受“扫黄打非”工作机构、文化综合执法机构、公安机关、检察机关、审判机关等具有行政和司法职能的国家机关和单位的委托，开展出版物鉴定活动。

第六条　出版物鉴定实行鉴定机构负责制。出版物鉴定机构应当严格依据国家法律法规和有关规定，独立、客观、公正、规范地开展出版物鉴定活动。

第七条　出版物鉴定机构和鉴定相关人员应当对在出版物鉴定活动中知悉的国家秘密、工作秘密、商业秘密和个人隐私予以保密。

第八条　国家新闻出版署负责全国出版物鉴定活动的监督管理。省级以下出版主管部门负责本行政区域内出版物鉴定活动的监督管理。

第二章　出版物鉴定机构

第九条　出版物鉴定机构应当具有健全的工作制度和专业的鉴定人员队伍，能够独立开展出版物鉴定活动，承担相应的管理责任和法律责任。

第十条　出版物鉴定机构应当规范鉴定委托受理、委托手续办理等工作程序，建立完善鉴定材料审核、接收、保管、使用、退还、存档等工作制度。

接到涉及重大社会影响案件的鉴定委托后，出版物鉴定机构应当在受理委托 24 小时内向同级出版主管部门报告相关信息。

第十一条　出版物鉴定人员应当具备以下基本条件：

（一）拥护中华人民共和国宪法，遵守国家法律和社会公德；

（二）熟悉国家有关新闻出版的法律法规和政策规范；

（三）具备出版物鉴定业务知识和专业技能；

（四）具有新闻出版相关工作经验。

第十二条　出版物鉴定机构应当成立出版物鉴定委员会，研究决定本机构受理的复杂、疑难或者有重大争议的鉴定事项等。出版物鉴定委员会应当由本机构负责人、鉴定人员以及与鉴定业务相关的人员组成，组成人数应当为单数。

出版物鉴定机构可以聘请其他相关专业领域的专家，为出版物鉴定事项提供咨询意见。

第十三条　出版物鉴定人员、鉴定委员会成员存在以下情形的，应当回避：

（一）是鉴定事项当事人或者当事人近亲属的；

（二）与鉴定事项有利害关系的；

（三）与鉴定事项有其他关系可能影响公正鉴定的。

委托单位、鉴定相关人员提出回避申请的，应当说明理由，并经出版物鉴定机构负责人批准。

第十四条　出版物鉴定机构应当加强鉴定文书管理，严格鉴定文书的制作、复核、审核及签发、发送等工作流程，确保鉴定过程规范高效、鉴定结果准确客观。

第十五条　出版物鉴定机构应当建立鉴定人员上岗培训、继续教育、业务考评制度，支持鉴定人员参加教育培训和业务交流活动，确保鉴定人员具备较高的政治素养和较强的专业技能。

第三章　出版物鉴定程序

第十六条　委托单位应当委托所在行政区域内同级出版物鉴定机构进行鉴定；同级无具备相应鉴定职责的出版物鉴定机构的，应当委托上一级出版物鉴定机构进行鉴定。

有关少数民族语言文字类出版物的鉴定，委托单位所在省级行政区域内无具备相应鉴定能力的出版物鉴定机构的，经省级出版主管部门同意，委托单位可以委托具有鉴定能力的其他省级出版物鉴定机构进行鉴定。

省级以上出版主管部门根据工作需要，可以指定本行政区域内具备相应鉴定职责的出版物鉴定机构受理鉴定委托。

违禁出版物的鉴定应当由省级以上出版物鉴定机构作出。

第十七条　委托单位向出版物鉴定机构提供的鉴定材料应当真实、客观、完整、充分，对鉴定材料及其来源的真实性、合法性负责。

第十八条　出版物鉴定机构收到鉴定委托后，应当与委托单位办理接收手续，核对并记录鉴定材料的名称、种类、数量、送鉴时间等。鉴定材料包括：

（一）鉴定委托函件；

（二）鉴定事项说明；

（三）鉴定样本及清单；

（四）鉴定所需的其他材料。

第十九条 出版物鉴定机构应当自收到鉴定委托之日起5个工作日内作出是否受理的决定。对于复杂、疑难或者特殊鉴定事项,经本机构负责人批准,可以延长至10个工作日。

第二十条 出版物鉴定机构应当对委托鉴定事项、鉴定材料等进行审查。对属于本机构鉴定职责、鉴定材料能够满足鉴定需要的,应当受理。

对于鉴定材料不完整、不充分、不能满足鉴定需要的,出版物鉴定机构可以要求委托单位补充,经补充后能够满足鉴定需要的,应当受理。

第二十一条 具有下列情形之一的鉴定委托,出版物鉴定机构不予受理:

(一)鉴定事项超出本机构鉴定职责范围的;

(二)鉴定材料不完整、不充分,经补充后仍无法满足鉴定需要的;

(三)委托单位就同一鉴定事项同时委托其他鉴定机构鉴定的;

(四)法律法规规定的其他情形。

第二十二条 出版物鉴定机构决定受理鉴定委托的,应当与委托单位办理委托手续,明确鉴定事项、鉴定用途、鉴定时限,以及需要约定的其他事项等。

出版物鉴定机构决定不予受理的,应当向委托单位书面说明理由,并退还鉴定材料。

第二十三条 出版物鉴定机构应当自受理委托生效之日起20个工作日内完成鉴定。情况复杂确需延长的,经本机构负责人批准,延长时限不得超过20个工作日。鉴定时限延长的,应当及时告知委托单位。

鉴定过程中补充或者重新提取鉴定材料所需的时间,以及与相关单位进行信息核实所需的时间,不计入鉴定时限。

第二十四条 出版物鉴定机构受理鉴定委托后,应当指定不少于2名鉴定人员进行鉴定。鉴定人员应当对鉴定方法和鉴定过程等进行记录,记录内容应当真实、客观、规范、完整。

第二十五条 出版物鉴定机构在鉴定过程中,需要就所鉴定样本的出版、印刷或者复制、进口等情况,与相关部门和单位进行核实时,应当出具书面文件,并加盖公章。相关部门和单位应当就出版物鉴定机构提出的核实事项及时提供真实、明确的书面说明及相关证据材料,并加盖公章。

第二十六条 出版物鉴定机构在鉴定过程中有下列情形之一的,应当终止鉴定:

(一)有本办法第二十一条规定情形的;

(二)鉴定材料发生损毁或者灭失,影响作出鉴定意见且委托单位不能补充提供的;

(三)委托单位撤回鉴定委托的;

(四)因不可抗力致使鉴定无法继续进行的;

(五)对复杂、疑难或者有重大争议的鉴定事项难以作出鉴定意见的;

(六)其他需要终止鉴定的情形。

出版物鉴定机构终止鉴定的,应当向委托单位书面说明理由,并退还鉴定材料。

第二十七条 有下列情形之一的,委托单位可以委托出版物鉴定机构进行补充鉴定:

(一)委托单位因故导致鉴定事项有遗漏的;

(二)委托单位就原鉴定事项补充新的鉴定材料的;

(三)其他需要补充鉴定的情形。

补充鉴定应当委托原鉴定机构进行,超出原鉴定机构鉴定职责范围的除外。

第二十八条 有下列情形之一的,委托单位可以委托出版物鉴定机构进行重新鉴定:

(一)原鉴定机构超出鉴定职责范围组织鉴定的;

（二）原鉴定相关人员应当回避没有回避的；

（三）委托单位确有合理理由，需要重新鉴定的；

（四）其他需要重新鉴定的情形。

第二十九条　对于出版物鉴定机构难以作出鉴定意见而终止鉴定的，以及需要重新鉴定的，委托单位可以委托上一级出版物鉴定机构进行鉴定。

第三十条　出版物鉴定机构完成鉴定后，应当将与鉴定事项相关的鉴定样本、核实的信息材料、其他鉴定材料、鉴定记录、鉴定委员会决定、鉴定专家意见、鉴定文书等整理立卷、存档保管。鉴定样本数量较大的，可以存档保管其主要信息页的扫描件、复印件或者照片。

委托单位需要取回鉴定材料的，应当提交书面说明。出版物鉴定机构应当将鉴定样本主要信息以及其他鉴定材料进行扫描、复印或者拍照留存。

出版物鉴定档案保管期限不少于30年，重要鉴定事项档案应当永久保存。

第四章　出版物鉴定文书

第三十一条　出版物鉴定机构完成鉴定后，鉴定人员应当及时规范地制作鉴定文书。

鉴定文书制作完成后，出版物鉴定机构应当指定其他鉴定人员进行复核，并提出复核意见。

出版物鉴定机构负责人对复核后的鉴定文书进行审核与签发。

第三十二条　出版物鉴定文书一般应当包括标题、编号、基本情况、鉴定情况、鉴定意见、署名、日期等内容，并符合下列要求：

（一）标题，写明出版物鉴定机构全称和鉴定文书名称；

（二）编号，写明出版物鉴定机构缩略名、文书性质缩略语、年份及序号；

（三）基本情况，写明委托单位、委托事项、样本信息等内容；

（四）鉴定情况，写明对鉴定样本及相关鉴定材料的核查与分析情况；

（五）鉴定意见，应当依法、规范、明确，有针对性和适用性；

（六）附件，对鉴定文书中需要解释或者列明的内容加以说明；

（七）署名，注明出版物鉴定机构全称，同时加盖出版物鉴定机构鉴定专用章；

（八）日期，注明鉴定文书的制作日期。

第三十三条　出版物鉴定机构应当按照规定或者与委托单位约定的方式，向委托单位发送鉴定文书。

第三十四条　鉴定文书发送后，因补充鉴定、重新鉴定或者其他原因需要对鉴定文书进行更改时，出版物鉴定机构应当重新制作鉴定文书，并作出声明："本鉴定文书为××号鉴定文书的更改文书，原鉴定文书作废。"更改后的鉴定文书应当在原鉴定文书收回后发送。原鉴定文书作为更改文书的原始凭据存档保管。

第五章　法 律 责 任

第三十五条　出版物鉴定机构有下列情形之一的，由出版主管部门责令改正；造成严重后果的，对其主要负责人及直接责任人作出相应处理：

（一）超出鉴定职责范围开展出版物鉴定活动的；

（二）无正当理由拒绝受理鉴定委托的；

（三）拒绝接受出版主管部门监督、检查或者向其提供虚假材料的；

（四）因故意或者重大过失造成鉴定材料损毁、灭失的。

第三十六条 出版物的出版、印刷或者复制、进口单位等就出版物鉴定机构要求核实的事项提供虚假信息的，出版物鉴定机构应当将有关情况反馈同级出版主管部门，由出版主管部门依法核查处理。

第六章 附 则

第三十七条 本办法自 2021 年 7 月 1 日起施行。新闻出版署 1993 年 3 月 16 日发布的《新闻出版署出版物鉴定规则》同时废止。

附录 7　上海市公共文化服务保障与促进条例

（2020 年 10 月 27 日上海市第十五届人民代表大会常务委员会第二十六次会议通过）

第一章　总　　则

第一条　为了完善本市公共文化服务体系，丰富人民群众精神文化生活，保障人民群众基本文化权益，传承中华优秀传统文化，弘扬社会主义核心价值观，坚定文化自信，促进中国特色社会主义文化繁荣发展，根据《中华人民共和国公共文化服务保障法》等法律、行政法规，结合本市实际，制定本条例。

第二条　本市行政区域内公共文化设施建设与管理、基本公共文化服务提供、群众性文化活动开展、“上海文化”品牌建设以及相关保障与促进等活动，适用本条例。

第三条　本市公共文化服务保障与促进工作，坚持社会主义先进文化前进方向，坚持以人民为中心的发展思想，按照“人民城市建设”的要求，以社会主义核心价值观为引领，遵循政府主导、社会参与，保障基本、优质均衡，开放共享、服务群众的原则，彰显海纳百川、追求卓越、开明睿智、大气谦和的城市精神。

第四条　各级人民政府是本行政区域公共文化服务的责任主体，应当将公共文化服务工作纳入政府目标责任考核。

市、区人民政府应当将公共文化服务纳入本级国民经济和社会发展规划，按照公益性、基本性、均等性、便利性的要求，加强公共文化设施建设，保障基本公共文化服务供给，支持开展群众性文化活动，提升公共文化服务效能。

乡镇人民政府和街道办事处具体负责本辖区内社区公共文化设施的日常管理，丰富公共文化产品供给，组织开展群众性文化活动。

第五条　文化主管部门负责公共文化事业发展，推进文化、广播电视公共文化服务的体系建设，实施文化惠民工程，统筹推进基本公共文化服务标准化、均等化等工作，指导和组织开展群众性文化活动。

新闻出版主管部门负责新闻出版公共文化服务，组织开展新闻出版公共文化服务的体系建设，统筹规划和指导协调新闻出版公共文化事业发展，推进公共文化服务产品版权保护，指导和组织实施全民阅读等工作。

电影主管部门负责电影公共文化服务，组织开展电影公共文化服务的体系建设，指导和协调推动电影公益放映等工作。

教育主管部门负责组织、指导校园文化活动、文化艺术普及、学校文化体育设施共享等工作。

体育主管部门负责组织、指导全民健身活动，推进公共体育设施向社会开放，监督、管理公共体育设施。

科技主管部门负责协调组织科学技术普及活动，推进科普场馆向社会开放等工作。

发展改革、经济信息化、公安、民政、司法行政、绿化市容、财政、人力资源社会保障、规划资源、住房城乡建设管理、农业农村、卫生健康、统计等部门按照各自职责，协同实施本条例。

工会、共青团、妇联、残联、科协等群团组织应当发挥各自优势,组织开展相关公共文化服务工作。

第六条 本市建立市、区两级公共文化服务综合协调机制,指导、协调、推动区域内公共文化服务保障与促进工作,加强对公共文化服务资源的统筹,推动实现共建共享。市、区文化主管部门承担综合协调具体职责。

第七条 市人民政府根据国家基本公共文化服务指导标准,结合本市经济社会发展水平,制定、公布本市基本公共文化服务实施标准,并动态调整。

区人民政府根据国家基本公共文化服务指导标准和本市基本公共文化服务实施标准,结合实际需求和文化特色,制定、公布本行政区域基本公共文化服务目录并组织实施。

第八条 本市公共文化服务供给以免费或者优惠为原则,推进基本公共文化服务均等化、普惠化、便捷化。

各级人民政府应当根据未成年人、老年人、残疾人和流动人口等群体的特点与需求,提供有针对性的公共文化服务。

第九条 本市协调推进公共文化服务与新时代文明实践融合发展,发挥公共文化设施在资源、服务、组织体系等方面的优势,开展文明实践活动。

本市鼓励和支持公共文化服务与教育、科技等融合发展,实现资源共享,发挥公共文化服务的社会教育功能,提高公众思想道德修养和科学文化素质。

本市推动公共文化服务与旅游融合发展,促进公共文化设施和旅游公共服务设施功能融合,发挥重大品牌节庆活动和公共文化设施的旅游功能,提升公共文化的影响力。

第十条 本市推动长江三角洲区域公共文化服务合作,加强公共文化服务资源联通、共享,推进区域公共文化服务一体化发展。

第二章 公共文化设施建设与管理

第十一条 本条例所称公共文化设施,是指用于提供公共文化服务的建筑物、场地和设备,主要类型包括:

(一)图书馆、文化馆、博物馆(纪念馆)、美术馆、科技馆、非物质文化遗产馆;

(二)体育场馆与设施;

(三)广播电视播出传输覆盖设施;

(四)工人文化宫、青少年宫、妇女儿童活动中心、老年人活动中心;

(五)社区文化活动中心;

(六)居(村)综合文化活动室、农家(职工)书屋、社区体育健身设施;

(七)法律、法规规定的其他公共文化设施。

市、区人民政府应当向社会公布本行政区域内的公共文化设施目录及有关信息。

第十二条 各级人民政府应当按照国家和本市有关规定,合理确定公共文化设施的种类、数量、规模以及布局,均衡规划和建设公共文化设施,形成公共文化设施网络。

任何单位和个人不得侵占公共文化设施建设用地或者擅自改变其用途。因特殊情况需要调整公共文化设施建设用地的,调整后的用地面积不得少于原有面积。

任何单位和个人不得擅自拆除公共文化设施或者改变其功能、用途,不得侵占、挪用,不得将公共文化设施用于与公共文化服务无关的商业经营活动。

因城乡建设确需拆除公共文化设施或者改变其功能、用途的，应当先建设后拆除或者建设拆除同时进行。重建、改建的公共文化设施的设施配置标准、建筑面积等不得降低。

第十三条 公共文化设施管理单位应当按照国家和本市有关规定，合理布局基本功能空间，设置便民服务区，配置开展公共文化服务必需的设备、器材等，有计划地进行巡查、维护、更新，保障公共文化设施的正常使用和运转。

公共文化设施内设置的招牌、告示、标志牌应当符合国家和本市有关规定；有条件的公共文化设施应当标注符合译写规范或者通行惯例的外国文字。

第十四条 公共文化设施管理单位应当建立公共文化设施资产统计报告制度和公共文化服务开展情况年报制度。活动项目、服务效能等公共文化服务开展情况应当向社会公开。

第十五条 公共文化设施管理单位应当建立健全安全管理制度，开展公共文化设施及公众活动的安全评价，依法配备安全保护设备和人员，保障公共文化设施和公众活动安全。鼓励公共文化设施管理单位投保公众责任险。

公共文化设施管理单位应当建立突发事件应急机制，制定应急预案并定期开展演练；在突发事件发生时，依法采取限制使用设施、设备，关闭或者限制使用有关场所等应急处置措施。

第十六条 文化、科技等部门应当推动公共图书馆、文化馆、国有博物馆（纪念馆）、国有美术馆、科技馆等公共文化设施的管理单位根据其功能定位，建立健全以理事会为主要形式的法人治理结构，吸收有关方面代表、专业人士和公众参与管理。

第十七条 区人民政府应当建立以区级公共图书馆、文化馆为总馆，以社区文化活动中心为分馆，以居（村）综合文化活动室为基层服务点的总分馆制，推动公共文化资源共享和服务延伸。

本市鼓励具备条件的学校、科研机构、企业等的图书馆（室）、职工书屋、文化活动室和其他提供公共文化服务的场所成为分馆或者基层服务点。

市级公共图书馆、文化馆应当在资源调配、服务提升、专业培训等方面为总分馆制建设提供业务指导和支持，加强业务联动。

第十八条 公众在使用公共文化设施时，应当遵守公共秩序，爱护公共设施，不得损坏公共设施设备和物品。

第三章 基本公共文化服务提供

第十九条 各级人民政府应当充分利用公共文化设施，促进优秀公共文化产品的提供和传播，支持公共文化设施管理单位按照本市基本公共文化服务实施标准，向公众提供文艺演出、陈列展览、电影放映、广播电视节目收听收看、数字文化服务、阅读服务、优秀传统文化传承体验、艺术普及、旅游咨询、法治宣传、体育健身、科学普及等文化服务。

第二十条 公共文化设施应当根据其功能、特点，按照国家有关规定，向公众免费或者优惠开放。

公共文化设施开放或者服务项目收取费用的，应当对未成年人、老年人、残疾人、现役军人和消防救援人员等实行免费或者其他优惠。

收费项目和标准应当报经同级人民政府物价部门和文化等相关部门批准。收取的费用，应当用于公共文化设施的维护、管理和事业发展，不得挪作他用。

第二十一条 公共文化设施应当根据其功能特点以及服务对象的需求合理确定开放时间，不得少于国家和本市规定的最低时限，鼓励提供延时服务、错时服务。

公共文化设施在公休日应当开放，在国家法定节假日和学校寒暑假期间适当延长开放时间。

第二十二条　公共文化设施管理单位应当建立服务信息公示制度，通过其网站或者服务场所等途径向社会公开服务项目、服务内容、开放时间等服务信息。

公共文化设施临时停止开放或者更改开放时间的，除突发原因外，应当提前七日向社会公告。

文化等有关主管部门应当汇集公共文化设施服务信息，纳入本市“一网通办”平台，为公众提供查询服务。

第二十三条　各级人民政府应当加强面向在校学生的公共文化服务，组织推动优秀传统文化、高雅艺术进校园。

鼓励学校利用公共文化设施开展德育、美育、智育、体育等教育教学活动；定期组织学生参观博物馆、美术馆等展馆，观摩爱国主义教育电影、经典艺术作品。

公共文化设施管理单位应当为学校开展课外活动提供展览参观、项目导赏、场馆设施使用等便利服务。

第二十四条　市、区两级公共图书馆应当设置盲文阅读、盲人有声阅读专区或者专座，社区文化活动中心应当配备盲文书籍或者有声图书，提供无障碍阅读服务。

本市鼓励在新闻、科普、教育、纪实类等电视节目中加配手语或者字幕；鼓励电影、电视作品制作方提供无障碍版本；在有条件的电影院、剧院配备无障碍观影设备，开设无障碍电影专场，举办无障碍电影日活动。

第二十五条　本市依托老年人活动中心、社区文化活动中心等公共文化设施，提供适宜老年人的公共文化服务。

鼓励和支持在养老服务机构设置公共文化活动区域，为老年人开展文化活动提供便利。

第二十六条　本市健全和完善市、区、街镇、居(村)四级公共文化服务供给体系，加强公共文化配送供需对接，提高配送服务效能。

各级人民政府及文化、新闻出版、电影、体育等部门应当加大对远郊地区以及大型居住社区的公共文化服务供给。

第二十七条　各级人民政府应当组织提供流动图书馆、流动展览、流动演出、公益性电影放映等流动文化服务；根据实际情况，在人员流动量较大的公共场所，配备公共阅读栏(屏)、自助式文化设施等设施设备，提供便利可及的公共文化服务。

第二十八条　文化、经济信息化等部门负责组织推进公共文化服务数字平台建设，整合公共文化服务数据，对接政务新媒体和“一网通办”平台，创新公共文化供给模式，推动利用互联网、广播电视网提供公共文化服务，提升精准服务能力。

各级人民政府及其文化等有关主管部门应当依托公共文化服务数字平台等途径，建立公众文化需求征询反馈制度。

第四章　群众性文化活动

第二十九条　各级人民政府应当健全群众性文化活动机制，支持开展全民阅读、全民普法、全民健身、全民科普和艺术普及、优秀传统文化传承等活动。

第三十条　倡导公民、法人和其他组织自发开展读书交流、演讲诵读、图书互换共享等阅读活动，形成良好阅读习惯。

鼓励相关组织或者个人提供公益性全民阅读推广服务。

各级人民政府及有关部门应当组织开展阅读指导、优秀读物推荐等全民阅读活动。

第三十一条　倡导公众自觉学习宪法和法律知识，提高自身法律素养和法治观念。

各级人民政府及有关部门应当推进社会主义法治文化建设，加强法治文化产品创作和推广，开展多种形式的普法宣传、以案释法等群众性法治文化活动，推动全民尊法学法守法用法。

第三十二条　倡导公众经常参加体育锻炼，培养健身技能，养成运动习惯。

鼓励社区体育组织、基层群众性健身团队等组织开展市民体育健身和体育竞赛活动。

开展群众性体育健身活动，应当遵守相关规定和公序良俗，不得影响他人的正常工作和生活。活动举办地所在乡镇人民政府、街道办事处以及公共场所管理单位，应当加强组织协调，保障活动有序开展。

第三十三条　倡导公民参加各类科普活动，反对封建迷信，坚持科学精神。

鼓励科协等群团组织开展群众性、社会性、经常性的科普活动，普及科学知识，倡导科学方法，传播科学思想，弘扬科学精神。

各级人民政府及有关部门应当制定科普工作规划，实行政策引导，进行督促检查，推动科普工作发展。

第三十四条　鼓励和支持各类文艺表演团体、演出场所经营单位等开展文艺演出、艺术教育、文艺指导等全民艺术普及活动。

文化主管部门应当组织专业艺术工作者、基层文化骨干、志愿者等为群众性文化活动提供艺术指导。

第三十五条　鼓励和支持通过文化展演、竞技比赛等方式，开展优秀传统文化的传承和传播。

公共文化设施管理单位应当组织开展戏曲、书画、武术等中华优秀传统文化、地方特色文化的传承弘扬活动。

鼓励合理利用非物质文化遗产代表性项目开发具有地方、民族特色的公共文化产品和服务。鼓励非物质文化遗产代表性项目的代表性传承人开展知识和技艺传授、展示、表演等活动。

第三十六条　本市鼓励并扶持建立各类自我教育、自我管理、自我服务的群众性文化团队，引导群众性文化活动健康、规范、有序开展。

社区文化活动中心等公共文化设施的管理单位应当为群众性文化活动开展提供业务指导、艺术培训、信息咨询以及设施使用等服务。

文化、体育部门以及工会、共青团、妇联、残联、科协等群团组织应当扶持和培育群众性文化团队发展，提高群众性文化活动质量。

第三十七条　倡导公众自发开展传承地方文化传统、符合农民需求特点的农村民间、民俗活动。

各级人民政府及有关部门应当支持开展农村群众性文化活动和节日民俗活动，重视发掘乡土文化产品，丰富农村公共文化服务内容。

第五章　“上海文化”品牌建设

第三十八条　本市按照加快建设社会主义国际文化大都市的目标，坚持国家标准、突出上海特色，加强“上海文化”品牌建设，传承和发扬红色文化、海派文化、江南文化等特色文化，促进公共文化服务高质量发展。

第三十九条　各级人民政府应当完善红色文化传承、创新、传播、开发体系，保护、利用建党历史资源等红色文化资源，深入发掘宣传上海作为党的诞生地的光荣历史，加强红色文化品牌建设。

第四十条 各级人民政府应当发扬海派文化特点，以上海名人、海派地标、历史事件为载体，加强海派文化品牌建设，提升海派文化内涵，传承城市文脉。

第四十一条 各级人民政府应当注重对江南水乡特色小镇等历史风貌和非物质文化遗产保护，赋予江南文化新的时代内涵和表现形式，加强江南文化品牌建设，增强市民的文化认同感和归属感。

第四十二条 本市支持举办中国上海国际艺术节、上海国际电影节、上海电视节、上海书展、上海之春国际音乐节、上海旅游节等重大品牌节庆活动，通过提供公益场次、公益票等方式，放大文化惠民效应。

本市着力提升上海国际马拉松赛等重大体育赛事办赛品质，办好市民运动会等群众性体育赛事活动，培育和保护社会影响力大、品牌知名度高、具有独立知识产权的本土原创品牌赛事。

本市强化全民科普工作，办好上海科技节等品牌活动。

第四十三条 各级人民政府应当加强高品质公共文化空间建设，打造红色文化、海派文化、江南文化地标；支持依托文化地标的区域优势和特点，举办高水平的公共文化活动。

第四十四条 本市着力培育传统戏曲、民间文艺、现代艺术等具有地方特色、示范效应和影响力的文化团队。文化主管部门应当为其提供专业指导以及交流展示平台。

第四十五条 鼓励根据乡村文化传统和农民文化需求开展乡土特色艺术创作，推动具有本市特点的美丽乡村文化建设。

第四十六条 图书馆、文化馆、博物馆(纪念馆)、美术馆、科技馆等公共文化设施的管理单位应当通过信息化、数字化、智能化等技术手段，加强公共文化数字产品内容原创研发，拓展公共文化服务应用场景，提高公共文化数字产品品质。

第四十七条 符合国家规定的公共图书馆、文化馆、国有博物馆(纪念馆)、国有美术馆、科技馆等公共文化设施的管理单位可以开展文化创意产品开发，取得的收入按照规定纳入本单位预算统一管理，用于加强公共文化服务、继续投入文化创意产品开发或者对符合规定的人员予以激励。

第四十八条 本市建立上海市民文化节可持续发展机制，实行政府、市场和社会良性互动、共建共享的公共文化服务模式，提升平台效应。

鼓励和支持各地区、各行业结合自身文化资源，开展富有区域或者行业特色的公共文化活动，实施品牌培育工程，扩大公共文化服务影响力。

第四十九条 文化主管部门应当发挥公共文化领域创新项目的示范作用，引导与支持公民、法人和其他组织参与提供优质公共文化服务。

文化主管部门建立推介和交流平台，促进公共文化服务供需对接，优化区域资源配置，强化优质公共文化服务供给。

第五十条 本市鼓励和支持综合利用外事、旅游、商务、教育等对外交流渠道，开展公共文化领域国际合作与交流，提升公共文化服务品牌的影响力。

第六章　社 会 参 与

第五十一条 本市鼓励和支持公民、法人和其他组织参与公共文化设施建设与管理、公共文化服务提供以及其他相关活动。

第五十二条 鼓励机关、企业事业单位在确保正常工作、生产秩序的前提下，创造条件向公众开放文化体育设施。

公办学校应当在不影响日常教育教学秩序的前提下，积极创造条件向公众开放文化体育设施，鼓励民办学校向公众开放文化体育设施。市、区人民政府及有关部门对向公众开放文化体育设施的学校在运行管理、设施维修以及意外伤害保险等方面给予相应支持。

第五十三条 本市依托黄浦江、苏州河沿岸等公共空间和设施，以及文化云等网络平台，拓展公共文化服务和活动的线下和线上空间。

鼓励公园绿地、广场、景区景点、商场、交通站点等公共场所的管理单位，为利用其公共空间开展公共文化活动提供便利。

第五十四条 本市采取政府购买服务等措施，支持公民、法人和其他组织参与提供公共文化服务。政府购买公共文化服务的具体范围和内容，按照规定实行指导性目录管理并依法予以公开。

公共文化服务购买主体应当建立健全内部监督管理制度，按照规定公开购买服务的相关信息，自觉接受审计监督和社会监督。

第五十五条 本市鼓励和支持公民、法人和其他组织兴建、捐建或者与政府部门合作建设公共文化设施，依法参与公共文化设施的运营和管理。

捐赠人单独捐赠或者主要由捐赠人出资建设的公共文化设施，可以由捐赠人个人冠名或者提出公共文化设施名称，经文化主管部门同意后，报同级人民政府批准，法律、法规另有规定的除外。

第五十六条 本市鼓励和支持公民、法人和其他组织兴办的博物馆、美术馆、图书馆等文化设施，以及电影院、剧院等经营性文化单位，通过设施免费、优惠开放或者提供公益场次、公益票等方式，向公众提供公共文化服务。

符合前款规定情形的，市、区人民政府及其文化等有关主管部门可以对其实施项目补贴等方式给予资金扶持。

第五十七条 公民、法人和其他组织通过公益性社会团体或者市、区人民政府及其部门，捐赠财产用于公共文化服务的，依法享受税收优惠。

财政、税务、民政等部门应当支持符合条件的公益性社会团体依法申请公益性捐赠税前扣除。

第五十八条 本市鼓励和支持依法成立公共文化服务领域行业组织，制定行业规范，推动行业自律，加强行业服务，维护会员合法权益，指导、监督会员的业务活动，提高公共文化服务质量。

第五十九条 鼓励公民、法人和其他组织参与文化志愿服务。

公共文化设施管理单位应当建立健全文化志愿服务机制，完善志愿者招募、培训、考核、激励等制度，公布文化志愿服务项目，并组织开展文化志愿服务活动。

文化、教育、体育、科技等部门应当对文化志愿服务活动给予必要的指导和支持。

第七章 保障措施

第六十条 各级人民政府应当根据经济社会发展需要和财力状况，将公共文化服务经费纳入本级财政预算，安排公共文化服务所需资金。

各级人民政府应当根据公共文化服务领域财政事权和支出责任划分，优先保障基本公共文化服务经费。

市人民政府可以通过转移支付等方式重点支持远郊地区公共文化服务工作。

本市逐步完善公益性演出补贴制度，支持文艺表演团体、演出场所经营单位等向公众提供优惠或者免费的公益性文化服务。

第六十一条 各级人民政府应当按照公共文化设施的功能、任务和服务人口规模，合理设置公共文化服务岗位,配备相应专业人员。

乡镇人民政府和街道办事处应当按照本市基本公共文化服务实施标准,为社区文化活动中心配备相应工作人员,承担社区公共文化服务工作。

居(村)民委员会应当安排人员,承担居(村)综合文化活动室的日常管理。乡镇人民政府和街道办事处可以给予必要的经费支持。

第六十二条 市人力资源社会保障部门应当根据公共文化事业发展需要,合理优化公益性文化事业单位的专业技术职务岗位结构比例。

公益性文化事业单位应当完善内部考核制度,按照优绩优酬原则分配绩效工资,向关键岗位、业务骨干和做出突出成绩的人员倾斜。

前款规定以外的其他文化单位从事公共文化服务的人员,在相关部门组织的职称评定、学习培训、项目申报、表彰奖励等方面,与公益性文化事业单位人员享有同等待遇。

第六十三条 鼓励和支持公共文化设施管理单位、高等院校、科研机构开展公共文化领域理论研究。

文化、体育等部门应当定期对从事公共文化服务的管理人员、专业技术人员、工勤技能人员等进行培训,提高从业人员的职业素养和服务能力。

公共文化设施管理单位应当根据不同岗位要求,制定工作人员培训计划,开展分级分类培训。

第六十四条 各级人民政府应当加强对公共文化服务工作的监督检查,建立公共文化设施使用效能和公共文化服务工作考核评价制度。考核评价结果应当向社会公开,并作为改进工作、提高服务质量、确定补贴或者奖励等的依据。

开展相关考核评价工作,应当通过公众满意度测评、实地巡访等方式吸纳公众参与。

第六十五条 市、区人大常委会应当通过听取和审议专项工作报告、开展执法检查等方式,加强对本条例执行情况的监督。

市、区人大常委会应当充分发挥各级人大代表作用,组织人大代表围绕公共文化服务的保障与促进情况开展专项调研和视察等活动,汇集、反映人民群众的意见和建议,督促有关方面落实本市公共文化服务的各项工作。

第八章 法律责任

第六十六条 违反本条例规定的行为,《中华人民共和国公共文化服务保障法》等法律、行政法规有处理规定的,从其规定。

第六十七条 违反本条例规定,各级人民政府及其有关部门未履行公共文化服务保障职责的,由其上级机关或者监察机关责令限期改正;情节严重的,对直接负责的主管人员和其他直接责任人员依法给予处分。

第六十八条 对破坏公共文化设施或者扰乱公共文化设施管理秩序的行为,公共文化设施管理单位有权予以劝阻、制止;劝阻、制止无效的,可以拒绝提供服务。

破坏公共文化设施或者扰乱公共文化设施管理秩序,构成违反治安管理行为的,由公安机关依法给予治安管理处罚;构成犯罪的,依法追究刑事责任。

第九章 附 则

第六十九条 本条例自 2021 年 1 月 1 日起施行。

附录 8　上海市知识产权保护条例

（2020 年 12 月 30 日上海市第十五届人民代表大会常务委员会第二十八次会议通过）

目　　录

第一章　总　　则

第一条　为了全面加强知识产权保护，激发创新创造活力，推动上海科技创新中心建设，营造国际一流的营商环境和创新环境，根据《中华人民共和国民法典》《中华人民共和国专利法》《中华人民共和国商标法》《中华人民共和国著作权法》等法律、行政法规，结合本市实际，制定本条例。

第二条　本条例适用于本市行政区域内知识产权保护、管理及相关活动。

本条例所称知识产权，是指权利人依法就下列客体享有的专有的权利：

（一）作品；

（二）发明、实用新型、外观设计；

（三）商标；

（四）地理标志；

（五）商业秘密；

（六）集成电路布图设计；

（七）植物新品种；

（八）法律规定的其他客体。

第三条　本市开展知识产权保护工作，遵循“严保护、大保护、快保护、同保护”的原则，坚持行政保护、司法保护与社会共治相结合，深化知识产权保护工作体制机制改革，构建制度完备、体系健全、环境优越的国际知识产权保护高地。

第四条　市、区人民政府应当加强对知识产权保护工作的领导，完善知识产权保护体系，成立知识产权联席会议，组织、指导和监督本行政区域内知识产权保护工作，研究制定知识产权保护重大政策和战略规划，统筹推进知识产权保护工作中的重大事项，具体工作由同级知识产权部门承担。

知识产权保护工作应当纳入国民经济和社会发展规划，并作为政府绩效考核的内容。

第五条　市、区知识产权部门负责组织、协调、实施知识产权保护工作，依法承担专利、商标、地理标志保护职责。

市版权部门依法负责全市版权保护工作，各区主管版权的部门负责本区内的版权保护工作。

市、区农业农村和林业部门依法负责植物新品种保护工作。

国有资产监管、经济信息化、科技、商务、公安、发展改革、财政、司法行政等有关部门按照各自职责，配合做好知识产权保护工作。

市知识产权部门应当发挥组织协调作用，与负有知识产权保护管理职责的其他部门紧密协同，牵头建立信息通报、要情会商、联合发文等工作机制。

第六条 本市按照知识产权保护的要求，整合优化执法资源，推进知识产权领域综合执法。

市、区市场监管、文化旅游等部门依据职责，依法查处专利、商标、地理标志、商业秘密、版权等方面的违法行为。

第七条 本市推进长江三角洲区域知识产权保护会商和信息共享，建立区域知识产权快速维权机制，完善立案协助、调查取证、证据互认及应急联动等工作机制，实施重大知识产权违法行为联合信用惩戒，实现知识产权执法互助、监管互动、信息互通、经验互鉴。

本市强化与其他省市知识产权保护协作，配合、协助外省市有关行政机关和司法机关做好调查取证、文书送达等工作。

第八条 本市拓宽知识产权对外合作交流渠道，加强与世界知识产权组织等国际组织的合作交流，构建与国际接轨的知识产权保护体系。

鼓励和支持社会组织依法开展知识产权保护国际交流合作。

第九条 本市对在知识产权保护方面作出显著贡献的单位和个人，按照有关规定予以表彰和奖励。

第十条 市、区人大常委会应当通过听取和审议专项工作报告、开展执法检查等方式，加强对知识产权保护工作的监督。

第二章 制度建设

第十一条 知识产权、版权、农业农村、林业、市场监管等部门(以下统称“知识产权相关管理部门”)应当为市场主体知识产权的取得、转移、权益保障等活动提供指引、指导和服务。

第十二条 知识产权相关管理部门应当会同有关部门引导高等院校、科研机构、企业等建立健全知识产权管理制度，落实知识产权管理规范。

国有资产监管部门及委托监管单位应当会同知识产权相关管理部门加强对本市国有企业知识产权保护工作的指导，明确并落实企业主要负责人履行知识产权管理和保护第一责任人制度，提高国有企业知识产权管理和保护水平。

第十三条 市知识产权部门应当推动专利快速审查机制建设，按照有关规定，为国家重点发展产业和本市战略性新兴产业等提供专利申请和确权的快速通道。

第十四条 本市建立知识产权评议制度。市、区人民政府应当在重大产业规划、高技术领域政府投资项目以及其他重大经济活动立项前，对项目所涉及的与技术相关的专利等知识产权状况进行分析、评估，防范知识产权风险。

第十五条 本市建立健全知识产权保护预警机制。知识产权相关管理部门应当加强对知识产权发展现状、趋势和竞争态势的监测、研究，对于具有重大影响的知识产权事件，及时向社会公布并就可能产生的风险发出预警。

知识产权相关管理部门应当会同商务部门、相关行业组织等对具有重大影响的国际知识产权事件以及国外知识产权法律修改变化情况进行分析、研究，为本市企业开展对外经贸、投资活动做好风险预警。

第十六条　本市完善知识产权对外转让审查制度。

根据国家规定，对于技术出口中涉及的知识产权对外转让，市知识产权部门应当会同市经济信息化、商务、科技等部门，制定和完善转让审查程序和规则，规范知识产权对外转让秩序，维护国家安全和重大公共利益；对于外国投资者并购境内企业中涉及的知识产权对外转让，本市相关部门应当配合国家有关部门做好审查工作。

第十七条　各级机关应当将计算机软件购置经费纳入财政预算，对通用软件实行政府集中采购。

市版权部门应当会同市电子政务、国有资产监管、经济信息化等部门对使用正版软件情况开展日常监管、督促检查及培训工作。

第十八条　本市加快推进知识产权领域信用体系建设，建立健全知识产权领域信息归集、信用评价和失信惩戒机制。依法将自然人、法人和非法人组织因侵犯知识产权等行为被司法判决或者行政处罚等信息纳入公共信用信息予以共享，推动开展以信用为基础的分级分类监管，对失信主体依法实施惩戒措施。

第十九条　本市按照国家要求，在创新知识产权保护工作机制和纠纷处理、涉外维权等方面先行先试，支持浦东新区建设知识产权示范城区，率先探索建立知识产权统一管理和执法的体制，探索成果条件成熟时可以在全市推广。

第三章　行 政 保 护

第二十条　本市推进建立统一的知识产权信息化综合服务平台，知识产权相关管理部门应当结合政务服务“一网通办”、城市运行“一网统管”建设，优化政务服务流程，加强信息共享，实现知识产权相关事项办理一次登录、全网通办。

各类知识产权公共服务机构应当拓展服务领域，开展知识产权快速审查、快速登记、快速确权、快速监测预警、快速维权和检索查询等相关服务。

第二十一条　市知识产权部门应当建立健全本市重点商标保护名录制度，将在本市享有较高知名度、具有较大市场影响力、容易被侵权假冒的注册商标纳入重点保护范围。

市版权部门应当根据国家有关部门发布的版权预警重点保护名单，对本市主要网络服务商发出版权预警提示，加强对侵权行为的监测。文化旅游部门应当加强对未经授权通过信息网络非法传播版权保护预警重点作品的查处。

知识产权相关管理部门应当对知识产权侵权集中领域和易发风险区域加强监督检查，必要时可以开展专项行动或者联合执法。

第二十二条　知识产权、市场监管等部门应当积极引导申请人、代理机构依法进行商标注册申请、专利申请，依法查处不以使用为目的的恶意申请商标注册和非正常专利申请行为。

第二十三条　知识产权相关管理部门在查处知识产权违法行为过程中，发现不属于其管辖的案件线索，应当移交有管辖权的部门。司法机关在案件办理过程中，发现知识产权违法行为的线索，可以移交知识产权相关管理部门。

第二十四条　知识产权相关管理部门发现知识产权违法行为涉嫌犯罪，需要采取侦查措施进一步获取证据以判断是否达到刑事立案标准的，应当向公安机关移送。公安机关依法不予立案的，应当将案件予以退回。

接受案件移送的公安机关应当依法及时查处，并将查处信息反馈给移送的部门。

第二十五条 市知识产权、农业农村、林业部门对于专利、植物新品种侵权等纠纷，可以根据双方当事人的意愿先行调解；调解达成协议的，应当制作调解书。当事人不愿调解或者调解不成的，应当依法作出处理。

本市受理专利侵权纠纷案件实行立案登记制，依托“一网通办”，推行网上立案。市知识产权部门对当事人提交的申请材料，应当予以接收，并出具书面凭证。符合法定条件的，应当当场予以登记立案；不符合受理范围的，应当予以释明；提交材料不符合要求的，应当一次性书面告知在指定期限内予以补正。

第二十六条 本市建立知识产权技术调查员制度。

知识产权相关管理部门根据需要，选聘相关领域专家担任技术调查员，协助专利、技术秘密、计算机软件等专业技术性较强的知识产权案件的处理。具体选聘条件和程序，由知识产权相关管理部门确定并向社会公布。

第二十七条 任何单位和个人对于知识产权违法行为有权向知识产权相关管理部门进行投诉、举报。

知识产权相关管理部门应当完善知识产权投诉、举报处理机制，向社会公开受理渠道和方式，并在规定的时间内，依法作出处理。

知识产权相关管理部门应当及时将处理结果告知投诉、举报人；对于举报内容和举报人信息，依法予以保密。

第四章　司 法 保 护

第二十八条 本市建立和完善知识产权保护行政执法和司法保护衔接机制，推动行政机关和司法机关在违法线索、监测数据、典型案例等方面的信息互通共享。

人民法院应当深入推进知识产权民事、刑事、行政案件“三合一”审判机制改革，通过繁简分流、在线诉讼等方式，提高知识产权案件审判效率。

第二十九条 人民法院应当加强知识产权诉讼指引。强化举证责任分配、举证不能法律后果等释明，鼓励当事人充分利用公证、电子数据平台等第三方保全证据方式收集、固定证据。

第三十条 本市加大知识产权侵权赔偿力度，对情节严重的故意侵权行为，依法判令其承担惩罚性赔偿责任。

第三十一条 人民法院、人民检察院应当完善法律适用统一机制建设。通过发布典型案例、编撰类案办案指南等方式加强案例指导，促进法律适用的统一。

第三十二条 本市建立知识产权调解协议司法确认机制。当事人向人民法院申请确认知识产权调解协议的，人民法院应当依法予以审查，并作出是否确认的决定。

第三十三条 本市依法探索推进知识产权领域公益诉讼工作。

人民检察院可以通过诉前检察建议、督促起诉、支持起诉等方式，依法开展知识产权公益诉讼工作。

第三十四条 人民检察院应当充分发挥法律监督职能，依法有效开展对知识产权民事、刑事、行政案件等相关法律监督工作，加大侵犯知识产权犯罪打击力度，严格追究刑事责任。

第五章　社 会 治 理

第三十五条　本市加强知识产权保护法治宣传，营造有利于创新创造的社会环境。

市知识产权部门应当会同有关部门定期编制本市知识产权保护白皮书和典型案例。

知识产权相关管理部门、司法机关应当会同宣传、司法行政等部门通过以案释法等方式，开展法治宣传，结合世界知识产权日、世界读书与版权日、中国品牌日等宣传活动，提升全社会知识产权保护意识。

第三十六条　高等院校、科研机构、企业应当建立健全知识产权内部管理和保护制度，提高保护意识，强化保护措施，增强自我保护能力。

鼓励和支持高等院校开设知识产权保护课程，培养知识产权保护专业人才；鼓励和支持高等院校、科研机构、企业通过市场化机制引进国内外高层次知识产权保护人才。

第三十七条　行业组织应当加强自律管理，建立健全知识产权维权保护规范，将知识产权保护内容纳入团体标准和示范合同文本；督促会员配合知识产权相关管理部门开展行政执法工作，对侵犯他人知识产权的会员进行规劝惩戒，并将规劝惩戒情况通报知识产权相关管理部门。

知识产权部门应当支持知识产权服务行业组织发展，推动建立行业服务标准，提升服务能级，提高服务质量。

第三十八条　本市推动建立知识产权合规性承诺制度。参加政府采购和招标投标、政府资金扶持、参评奖项等活动的，应当向有关主管部门提交不存在侵犯他人知识产权的书面承诺，并在签订协议时约定违背承诺的责任。

鼓励自然人、法人和非法人组织在合同中约定知识产权合规性承诺的内容以及相应的违约责任。

第三十九条　本市举办大型展示、展览、推广、交易等会展活动，会展举办单位应当要求参展方提交未侵犯他人知识产权的合规性书面承诺或者知识产权相关证明文件。未按照要求提交的，会展举办单位不得允许其参加会展相关活动。

会展举办单位可以根据会展规模、期限等情况，自行或者与仲裁机构、行业协会、知识产权服务机构等设立会展知识产权纠纷处理机构。

市知识产权部门应当会同市商务等部门制定会展知识产权保护规则，推动知识产权保护条款纳入会展活动相关合同示范文本。

第四十条　电子商务平台经营者应当建立知识产权内部管理机制和侵权快速反应机制，及时处理相关知识产权纠纷，维护电子商务领域知识产权权利人的合法权益。

市知识产权部门应当会同市商务等部门制定电子商务知识产权保护指引，规范电子商务平台经营者的侵权投诉处理行为，引导和督促电子商务平台经营者履行知识产权保护义务。

第四十一条　支持本市仲裁机构开展知识产权纠纷仲裁。

鼓励本市仲裁机构加强知识产权仲裁专业化建设，广泛吸纳知识产权专业人才参与仲裁工作。

支持境外知名仲裁及争议解决机构在本市依法开展知识产权仲裁业务。

第四十二条　鼓励行业协会、知识产权服务机构、国际贸易促进机构等依法成立行业性、专业性调解组织。

支持各类调解组织开展知识产权纠纷调解工作，提供便捷、高效的知识产权调解服务，引导当事人通过调解方式，解决知识产权纠纷。

知识产权相关管理部门、司法行政部门应当对调解组织开展知识产权纠纷调解提供必要的支持和指导,并加强与人民法院的协调和配合,提高调解工作的质量和水平。

第四十三条 鼓励公证机构创新公证证明和公证服务方式,依托电子签名、数据加密、区块链等技术,提供原创作品保护、知识产权维权取证等公证服务。

第四十四条 本市完善海外知识产权维权援助机制,加强对企业海外维权的行政指导与维权援助。商务、市场监管、知识产权等部门设立的海外维权机构应当为企业和其他组织在海外处理知识产权纠纷提供信息、法律等方面的支持。

支持重点行业、企业建立知识产权海外维权联盟,促进联盟成员在知识产权保护领域的交流与合作。

第四十五条 知识产权相关管理部门应当加强与电子商务平台经营者、行业组织、社会专业机构等合作,借助大数据、人工智能和区块链等数字新技术,在涉案线索和信息核查、重点商品流向追踪、重点作品网络传播、知识产权流转、侵权监测与识别、取证存证和在线纠纷解决等方面,推动知识产权治理创新。

第六章 附 则

第四十六条 本条例自 2021 年 3 月 1 日起施行。

附录 9　上海市新闻出版局关于印发修订后的《上海市新闻出版事业单位岗位设置管理实施办法》的通知

沪新出规〔2020〕3 号

本市各有关新闻出版事业单位：

现将修订后的《上海市新闻出版事业单位岗位设置管理实施办法》印发给你们，请遵照执行。

上海市新闻出版局

2020 年 8 月 10 日

上海市新闻出版事业单位岗位设置管理实施办法

为深化事业单位人事制度改革，建立健全新闻出版事业单位岗位设置管理制度，根据原人事部、新闻出版总署《关于新闻出版事业单位岗位设置的指导意见》（国人部发[2007]50 号，以下简称《指导意见》）、《上海市事业单位岗位设置管理实施办法》（沪委办发[2009]40 号），以及《关于印发〈上海市事业单位岗位设置管理若干问题的处理意见〉的通知》（沪人社专发[2010]34 号）等规定，结合本市新闻出版事业单位的特点和实际，制定本实施办法。

一、适用范围

（一）新闻出版事业单位，主要包括出版社、报社、期刊社、通讯社等，适用本实施办法。

（二）新闻出版事业单位管理人员（职员）、专业技术人员和工勤技能人员，分别纳入相应岗位设置管理。

（三）本市事业编制的新闻出版行业各类学会、协会等社会团体工作人员，参照本实施办法纳入岗位设置管理。

（四）本市各类企业所属的新闻出版事业单位和新闻出版事业单位所属独立核算的企业，以及由事业单位已经转制为企业的新闻出版单位，不适用本实施办法。

二、岗位类别设置

新闻出版事业单位岗位分为管理岗位、专业技术岗位和工勤技能岗位三种类别。

（一）管理岗位是指担负领导职责或管理任务的工作岗位。

（二）专业技术岗位是指从事专业技术工作，具有相应专业技术水平和能力要求的工作岗位。分为新闻出版专业技术岗位和其他专业技术岗位，其中新闻出版专业技术岗位为主体岗位。

（三）工勤技能岗位是指承担技能操作和维护、后勤保障、服务等职责的工作岗位。分为技术工岗位和普通工岗位。已经实现后勤社会化服务的一般性劳务工作，不再设相应的工勤技能岗位。

三、岗位等级设置

（一）管理岗位等级设置

1. 管理岗位的最高等级和结构比例根据新闻出版事业单位的规格、规模、隶属关系，按照干部管理有关规定和权限确定。

2. 本市新闻出版事业单位管理岗位分为八个等级。现行的局级正职、局级副职、处级正职、处级副职、科级正职、科级副职、科员、办事员管理的管理岗位,依次分别对应三至十级职员岗位。

3. 局级规格的新闻出版事业单位,七级及以下等级管理岗位由事业单位自主统筹设置;处级规格的事业单位,八级及以下等级管理岗位由事业单位自主统筹设置。

(二) 专业技术岗位等级设置

1. 专业技术岗位的最高等级和结构比例按照新闻出版事业单位的功能、规格、隶属关系和专业技术水平等因素,根据现行专业技术职务管理有关规定和行业指导意见确定。

2. 专业技术岗位分为十三个等级。按现行相当于高级、中级、初级专业技术职务管理的专业技术岗位,依次分别对应一级至七级(其中正高级对应一至四级,副高级对应五至七级)、八级至十级、十一级至十三级(其中十三级为员级)专业技术岗位。

(三) 工勤技能岗位等级设置

1. 工勤技能岗位的最高等级和结构比例按照新闻出版事业单位的功能、岗位等级规范、技能水平和隶属关系的工作需要确定。

2. 工勤技能岗位包括技术工岗位和普通工岗位,其中技术工岗位分为五个等级,普通工岗位不分等级。

3. 新闻出版事业单位中的高级技师、技师、高级工、中级工、初级工,依次分别对应一至五级工勤技能岗位。

(四) 特设岗位设置

1. 为适应聘用急需的高层次人才等特殊需要,经批准可以设置特设岗位。特设岗位是新闻出版事业单位中的非常设岗位,不受新闻出版事业单位岗位总量、最高等级和结构比例限制,在完成任务后,按照管理权限予以核销。

2. 新闻出版事业单位特设岗位的设置须经新闻出版主管部门审核,具体管理办法按照国家和本市相关规定执行。

四、岗位设置的结构比例

根据新闻出版事业单位的规格、规模、社会功能、职责任务和人员结构特点等因素,综合确定新闻出版事业单位的管理岗位、专业技术岗位、工勤技能岗位三类岗位总量的结构比例。

(一) 新闻出版事业单位管理岗位、专业技术岗位、工勤技能岗位的结构比例设置为:

1. 主要以专业技术提供社会公益服务的新闻出版事业单位,专业技术岗位应占主体,一般不低于单位岗位总量的70%,新闻出版专业技术岗位(主系列)一般不低于单位岗位总量的55%,管理岗位一般控制在单位岗位总量的15%~20%,工勤技能岗位一般控制在单位岗位总量的10%~15%。

2. 主要承担社会事务管理职责的新闻出版事业单位,管理岗位应占主体,一般应占单位岗位总量的一半以上。

3. 主要承担技能操作维护、服务保障等职责的新闻出版事业单位,工勤技能岗位应当占主体,一般应占单位岗位总量的一半以上。

4. 新闻出版事业单位主体岗位之外的其他两类岗位,应保持相对合理的结构比例。

(二) 新闻出版专业技术高级、中级、初级岗位之间结构比例控制标准

新闻行业事业单位专业技术高级、中级、初级之间的结构比例按照《关于调整本市文物博物等五个系列专业技术岗位结构比例标准的通知》(沪人社规〔2017〕30号)中的《上海市新闻行业事业

单位专业技术岗位结构比例标准》的有关规定执行。

出版行业事业单位专业技术高级、中级、初级之间的结构比例按照《关于实行专业技术职务结构比例管理做好专业技术岗位设置工作的通知》(沪职改办[1999]14 号)中的《上海市出版单位实施专业技术职务结构比例与岗位设置管理的试行意见》的有关规定执行。

(三) 新闻出版专业技术高级、中级、初级岗位内部不同等级之间的结构比例

本市新闻出版事业单位高级、中级、初级岗位内部不同等级的结构比例控制目标为：二级、三级、四级岗位之间的结构比例为 1∶3∶6；五级、六级、七级岗位之间的结构比例为 2∶4∶4；八级、九级、十级岗位之间的结构比例为 3∶4∶3；十一级、十二级岗位之间的结构比例为 5∶5。

“两院”院士、国家“万人计划”和“百千万人才工程”专家、享受国务院政府特殊津贴专家、列入国家或本市海外高层次人才计划的专家、上海领军人才等高级专家，聘用在事业单位正高级专业技术岗位的(含“双肩挑”人员)，可不占本单位正高级岗位结构比例。

(四) 管理岗位的结构比例

管理岗位的结构比例，根据新闻出版事业单位的规格、规模和隶属关系，按照干部管理权限设置新闻出版事业单位各等级管理岗位的职员数量。

(五) 工勤技能岗位的结构比例

新闻出版事业单位工勤技能岗位结构比例，由单位根据工作需要和岗位对技能水平的要求合理设置，一级、二级岗位主要在技术工岗位承担技能操作和维护职责等对技能水平要求较高的领域设置。

五、专业技术岗位名称及岗位等级

(一) 新闻出版事业单位中新闻出版专业技术岗位名称及岗位等级设置按照《指导意见》相关规定执行。

(二) 其他专业技术岗位名称和对应等级参照相关行业规定执行。

(三) 新闻出版事业单位专业技术一级岗位是国家专设的特级岗位，其人员的确定按照国家有关规定执行。

(四) 新闻出版事业单位应根据单位主体业务确定主体专业技术岗位，其他系列专业技术岗位的最高等级原则上应低于主体专业技术岗位。

六、岗位基本任职条件

(一) 各类岗位的基本任职条件

新闻出版事业单位三类岗位的基本条件，必须符合新闻出版工作把握正确舆论导向的根本要求，主要根据岗位的职责任务和任职条件确定。新闻出版事业单位三类岗位的基本任职条件：

1. 遵守宪法和法律；

2. 具有良好的品行和职业道德；

3. 岗位所需的专业、能力或技能条件；

4. 适应岗位要求的身体条件。

(二) 管理岗位基本任职条件

1. 新闻出版事业单位管理岗位任职人员一般应具有大专以上文化程度，其中四级以上管理岗位任职人员一般应具有大学本科以上文化程度。

2. 新闻出版事业单位管理岗位各等级任职人员的基本任职条件：

(1) 事业单位领导人员的任职条件和资格按本市事业单位领导人员管理有关规定执行；

(2) 五级职员岗位,须在六级职员岗位上工作两年以上;

(3) 六级、七级、八级职员岗位,须在七级、八级、九级职员岗位上工作三年以上。

(三) 专业技术岗位基本任职条件

1. 新闻出版事业单位专业技术岗位的基本任职条件按照新闻出版行业专业技术职务评聘的有关规定执行。

2. 新闻出版事业单位实行职业资格准入控制的专业技术岗位的基本条件,应符合准入控制的要求。

3. 各等级专业技术岗位的基本任职条件:

(1) 二级专业技术岗位,应具有在三级岗位任职四年以上,或取得高级记者、高级编辑、编审专业技术职务八年以上;

(2) 三级专业技术岗位,应具有在四级岗位任职四年以上,或取得高级记者、高级编辑、编审专业技术职务四年以上;

(3) 四级专业技术岗位,应具有高级记者、高级编辑、编审等正高级专业技术职务;

(4) 五级专业技术岗位,应具有在六级岗位任职三年以上,或取得主任记者、主任编辑、副编审专业技术职务六年以上;

(5) 六级专业技术岗位,应具有在七级岗位任职三年以上,或取得主任记者、主任编辑、副编审专业技术职务三年以上;

(6) 七级专业技术岗位,应具有主任记者、主任编辑、副编审等副高级专业技术职务;

(7) 八级专业技术岗位,应具有在九级岗位任职二年以上,或取得记者、编辑专业技术职务(中级出版职业资格)四年以上;

(8) 九级专业技术岗位,应具有在十级岗位任职二年以上,或取得记者、编辑专业技术职务(中级出版职业资格)二年以上;

(9) 十级专业技术岗位,应具有记者、编辑等中级专业技术职务(中级出版职业资格);

(10) 十一级专业技术岗位,应具有在十二级岗位任职二年以上,或取得助理记者、助理编辑专业技术职务(初级出版职业资格)二年以上;

(11) 十二级专业技术岗位,应具有助理记者、助理编辑等助理级专业技术职务(初级出版职业资格);

(12) 十三级专业技术岗位,应具有员级专业技术职务(初级出版职业资格)。

4. 专业技术二级岗位,除基本任职条件外,还必须具备下列条件之一:

(1) 国家"万人计划"和"百千万人才工程"专家、享受国务院政府特殊津贴专家、列入国家或本市海外高层次人才计划的专家、上海领军人才等高级专家;

(2) 中宣部"四个一批"人才,中国出版政府奖优秀出版人物(优秀编辑)奖、长江韬奋奖、韬奋出版奖获得者;

(3) 为国家和上海发展做出重要贡献,享有盛誉的专业人才;

(4) 具有新闻出版领域公认的学术造诣,工作业绩突出,对新闻出版事业的发展和新闻出版队伍的建设有重大贡献,有很高专业水平的专家、学者。

(四) 工勤技能岗位基本任职条件

1. 一级、二级工勤技能岗位,须在本工种下一级岗位工作满五年以上,并分别通过高级技师、技师技术等级考评;

2. 三级、四级工勤技能岗位，须在本工种下一级岗位工作满五年以上，并分别通过高级工、中级工技术等级考核；

3. 学徒(培训生)学习期满和工人见习、试用期满，通过初级工技术等级考核后，可确定为五级工勤技能岗位。

七、岗位设置的程序和审核

(一) 新闻出版事业单位岗位设置实行核准制度，严格按照规定的程序和管理权限进行审核。

(二) 本市政府直属新闻出版事业单位的岗位设置方案报上海市人力资源和社会保障局核准。

(三) 本市各部门所属新闻出版事业单位的岗位设置方案经主管部门审核后，报上海市人力资源和社会保障局核准。

(四) 本市高等院校的出版事业单位的岗位设置方案按院校隶属关系履行核准手续。

(五) 岗位设置方案经核准后，应当保持相对稳定。因机构调整或事业发展需重新制定岗位设置方案的，按照国家和上海市有关事业单位岗位设置管理的规定程序申请核准。

八、岗位聘用

(一) 新闻出版事业单位应严格执行核准的岗位设置方案，根据国家和上海市岗位设置管理和岗位聘任的相关规定，自主开展岗位聘用。

(二) 新闻出版事业单位在岗位空缺的前提下，按照公开招聘、竞聘上岗的有关规定，结合岗位职责和任职条件择优聘用工作人员。聘用条件不得低于国家和本市规定的基本条件。

(三) 岗位设置应坚持动态平衡的原则，按照各单位实际情况和长远发展的需要，有序调整，平稳推进，逐步到位。

(四) 根据新闻出版行业人才的特点，对新闻出版事业单位中确有真才实学、成绩显著、贡献突出的专业技术人员，岗位急需且符合破格条件的，按干部人事管理权限审批，可以根据有关规定破格聘用。

(五) 新闻出版事业单位聘用人员原则上不得同时在两类岗位上任职。因工作需要，确需兼任的，须按照干部人事管理权限审批。

九、组织实施

(一) 新闻出版事业单位要按照本实施办法规定，结合本单位实际，研究完善本单位的实施细则，对各类岗位的任职条件、工作标准、职责任务等做出具体规定。

(二) 新闻出版事业单位要严格执行有关政策规定，严格控制岗位聘用数量。对实聘人员结构比例已经超过核准的结构比例的单位，应制定相应工作方案报行业主管部门同意后，在三年内到位。人事综合管理部门、主管部门依照相关政策规定，强化事中事后监管，开展专项检查。对不按国家和本市规定进行岗位设置和聘用的新闻出版事业单位，政府人事综合管理部门、上级主管机关及有关部门不予确认岗位等级、不予兑现工资待遇、不予核拨事业经费。对严重违反事业单位人事管理条例规定，经发现仍不改正的，依法依规严肃追究相关人员责任。

(三) 新闻出版事业单位应切实落实用人主体责任，加快建立完善考核评价、激励约束、监督管理等内部人事管理制度，以能进能出、能上能下为重点，加快形成“能者上、庸者下、劣者汰”的用人导向和环境。对用人主体责任落实不到位，内部人事制度不健全，竞争择优、能上能下机制未建立的单位，可暂停提高高级岗位结构比例、暂停增加高级岗位数量。

(四) 本实施办法由上海市新闻出版局、上海市人力资源和社会保障局按照各自职责负责解释，自 2020 年 9 月 10 日起生效，有效期 5 年。

附录10 上海市新闻出版局关于印发《音像(电子出版物)制作单位设立、变更审批告知承诺办法》的通知

沪新出规〔2020〕11号

各区新闻出版主管部门：

现将《音像(电子出版物)制作单位设立、变更审批告知承诺办法》印发给你们，请认真按照执行。

特此通知。

上海市新闻出版局

2020年12月4日

音像(电子出版物)制作单位设立、变更审批告知承诺办法

第一条 为了优化行政审批程序，完善管理方式，提高行政效率，加强对音像(电子出版物)制作单位的事中事后监管，根据《音像制品管理条例》《上海市行政审批告知承诺管理办法》等规定，结合本市实际，制定本办法。

第二条 本办法所称的告知承诺，是指公民、法人或者其他组织提出行政审批申请，行政审批机关一次性告知其审批条件和需要提交的材料，申请人以书面形式承诺其符合审批条件，并能够按照承诺，在规定期限内提交材料，由行政审批机关作出行政审批决定的方式。

第三条 在本市行政区域内以告知承诺方式办理的音像(电子出版物)制作单位设立、变更名称、业务范围，或者兼并其他音像制作单位，或者因合并、分立而设立新的音像制作单位的审批及后续监管，适用本办法。

第四条 市新闻出版主管部门负责音像(电子出版物)制作单位的设立、变更审批，并组织对其进行监管。

第五条 申请设立、变更音像(电子出版物)制作单位应当具备以下条件：

1. 有音像(电子出版物)制作单位的名称、章程；

2. 有适应业务范围需要的组织机构和音像(电子出版物)制作专业技术人员，从事音像(电子出版物)制作业务的专业技术人员不得少于5人；

3. 有必要的技术设备；

4. 有固定的经营场所；

5. 法律、法规规定的其他条件。

第六条 申请音像(电子出版物)制作单位设立、变更审批应当提交以下材料：

1. 申请书，附《音像制品(电子出版物)制作单位登记申请表》；

2. 音像制作单位、电子出版物制作单位的章程(复印件)；

3. 音像制作单位、电子出版物制作单位的法定代表人或者主要负责人的姓名、住址、资格证明文件；提交专业技术人员的资历证明文件(复印件)；

4. 经营场所使用证明(复印件)；

5. 原音像制品制作许可证、电子出版物制作许可证正副本(复印件,仅申请变更审批提交)；

6. 营业执照正副本(复印件)。

以上材料一式一份,加盖企业公章。本市政府核发的材料,免于提交;能提供电子证照的,免于提交实体证照。

第七条　申请人当面递交申请的,市新闻出版主管部门应当当场发给告知承诺书;申请人通过信函、电传、传真、电子数据交换和电子邮件等方式提出申请的,市新闻出版主管部门应当在收到申请的3个工作日内,向申请人提供告知承诺书。申请人收到市新闻出版主管部门发出的告知承诺书后,愿意作出承诺的,在5个工作日内作出确认与承诺,提交经申请人签章的告知承诺书及相关申办材料。

第八条　对实行告知承诺的行政审批事项,市新闻出版主管部门收到申请后,应当通过告知承诺书,向申请人告知下列内容:

(一) 行政审批事项所依据的主要法律、法规、规章的名称和相关条款;

(二) 准予行政审批应当具备的条件、标准和技术要求;

(三) 需要申请人提交材料的名称、方式和期限;

(四) 申请人作出承诺的时限和法律效力,以及逾期不作出承诺、作出不实承诺和违反承诺的法律后果;

(五) 行政审批机关认为应当告知的其他内容。

第九条　申请人收到告知承诺书,愿意作出承诺的,应当在被告知的期限内,填写申请人基本信息,并对下列内容作出确认和承诺:

(一) 所填写的基本信息真实、准确;

(二) 已经知晓行政审批机关告知的全部内容;

(三) 自身能够满足行政审批机关告知的条件、标准和技术要求;

(四) 能够在约定期限内,提交行政审批机关告知的相关材料;

(五) 愿意承担不实承诺、违反承诺的法律责任;

(六) 所作承诺是申请人真实意思的表示。

第十条　市新闻出版主管部门收到经申请人签章的告知承诺书和本办法第六条规定的1、3、4、5、6项材料后,应当当场作出行政审批决定。剩余未提交的材料,申请人应当在承诺的期限内全部提交。

第十一条　市新闻出版主管部门应当在作出行政审批决定后5个工作日内依法送达相关文书和证书。

第十二条　申请人不选择告知承诺方式的,市新闻出版主管部门按照法律、法规和规章的有关规定,实施行政审批。

第十三条　作出准予行政审批决定后,被审批人在告知承诺书约定的期限内未提交材料或者提交的材料不符合要求的,市新闻出版主管部门依法撤销行政审批决定。

市新闻出版主管部门应当在作出准予行政审批决定后2个月内对被审批人的承诺内容是否属实进行检查。发现被审批人实际情况与承诺内容不符的,市新闻出版主管部门应当要求其限期整改;逾期拒不整改或者整改后仍不符合条件的,市新闻出版主管部门应当依法撤销行政审批决定。

第十四条 被审批人作出承诺后,未在承诺期限内提交材料或者提交的材料不符合要求的,以及市新闻出版主管部门在审查、后续监管中发现申请人、被审批人作出不实承诺或者违反承诺的,应当记入诚信档案系统,并对该申请人、被审批人不再适用告知承诺的审批方式。

第十五条 本办法自2021年1月10日起施行,有效期5年。

附件

上海市新闻出版局行政审批告知承诺书
音像(电子出版物)制作单位设立、变更审批

〔____年〕第____号

申请人:____________________

单位名称:______________________________

法定代表人:__________ 地址:____________________

联系方式:____________________

委托代理人:____________________

证件类型:__________ 编号:____________________

联系方式:____________________

行政审批机关:____________________

联系人姓名:__________________

联系方式:____________________

行政审批机关的告知

按照《上海市行政审批告知承诺办法》,本行政审批机关就行政审批事项告知如下。

一、审批依据

本行政审批事项的依据为:

1.《音像制品管理条例》第十七条:音像出版单位以外的单位设立的独立从事音像制品制作业务的单位(以下简称音像制作单位)申请从事音像制品制作业务,由所在地省、自治区、直辖市人民政府出版行政主管部门审批。省、自治区、直辖市人民政府出版行政主管部门应当自受理申请之日起60日内作出批准或者不批准的决定,并通知申请人。批准的,发给《音像制品制作许可证》;不批准的,应当说明理由。广播、电视节目制作经营单位的设立,依照有关法律、行政法规的规定办理。

申请书应当载明下列内容:

(一)音像制作单位的名称、地址;

(二)音像制作单位的法定代表人或者主要负责人的姓名、住址和资格证明;

(三)音像制作单位的资金来源和数额。

审批从事音像制品制作业务申请,除依照前款所列条件外,还应当兼顾音像制作单位总量、布

局和结构。

2.《音像制品管理条例》第十八条第一款：音像制作单位变更名称、业务范围，或者兼并其他音像制作单位，或者因合并、分立而设立新的音像制作单位的，应当依照本条例第十七条的规定办理审批手续。

二、法定条件

本行政审批事项获得批准应当具备下列条件、标准和技术要求：

1. 有音像(电子出版物)制作单位的名称、章程；

2. 有适应业务范围需要的组织机构和音像制作专业技术人员，从事音像制作业务的专业技术人员不得少于 5 人；

3. 有必要的技术设备；

4. 有固定的经营场所；

5. 法律、法规规定的其他条件。

三、应当提交的材料

根据审批依据和法定条件，本行政审批事项获得批准，申请人应当提交下列材料：

1. 申请书，附《音像制品(电子出版物)制作单位登记申请表》；

2. 音像制作单位、电子出版物制作单位的章程(复印件)；

3. 音像制作单位、电子出版物制作单位的法定代表人或者主要负责人的姓名、住址、资格证明文件；提交专业技术人员的资历证明文件(复印件)；

4. 经营场所使用证明(复印件)；

5. 原音像制品制作许可证、电子出版物制作许可证正副本(复印件，仅申请变更审批提交)；

6. 营业执照正副本(复印件)。

以上材料一式一份，加盖企业公章。本市政府核发的材料，免于提交；能提供电子证照的，免于提交实体证照。

四、已经提交和需要补充提交的材料

1. 上述材料中，申请人已经提交：

第____项、第____项、第____项、第____项、第____项

2. 剩余未提交材料中，申请人应当

□第____项、第____项，在____年____月____日前提交；

□第____项、第____项，在行政审批机关对承诺内容是否属实进行检查时提交。

(以上由工作人员填写)

五、承诺的期限和效力

申请人愿意作出承诺的，在收到本告知承诺书之日起 5 个工作日内作出承诺。

收到应当提交的材料，申请人作出符合上述申请条件的承诺，并提交签章的告知承诺书后，本行政审批机关将当场作出行政审批决定。

申请人逾期不作出承诺的，本行政审批机关将按照法律、法规和规章的有关规定实施行政审批。申请人作出不实承诺或违反承诺的，本行政审批机关将依法作出处理，并由申请人承担相应的法律责任。

六、监督和法律责任

申请人应当在本告知承诺书约定的期限内提交应补充的材料。未提交材料或者提交的材料不

符合要求且无法补正的,将依法撤销行政审批决定。

本行政审批机关将在作出准予行政审批决定后 2 个月内对申请人的承诺内容是否属实进行检查。发现申请人实际情况与承诺内容不符的,将要求限期整改;逾期拒不整改或者整改后仍不符合条件的,依法撤销行政审批决定。

七、诚信管理

对申请人作出承诺后,未在承诺期限内提交材料的,或者本行政审批机关在审查、后续监管中发现申请人、被审批人作出不实承诺或者违反承诺的,将在本行政审批机关的诚信档案系统留下记录,并对该申请人、被审批人不再适用告知承诺的审批方式。

申请人的承诺

申请人就申请审批的行政审批事项,现作出下列承诺:

(一)所填写的基本信息真实、准确;

(二)已经知晓行政审批机关告知的全部内容;

(三)自身能满足行政审批机关告知的条件、标准和技术要求;

(四)对于约定需要提供的材料,承诺能够在规定期限内予以提供;

(五)上述陈述是申请人的真实意思表示;

(六)若违反承诺或者作出不实承诺的,愿意承担相应的法律责任。

申请人(委托代理人): 行政审批机关:

(签字盖章) (盖章)

年 月 日 年 月 日

附录11　上海市新闻出版局关于印发《出版物零售单位、个体工商户设立、变更审批告知承诺办法》的通知

沪新出版(2020)13号

各区新闻出版主管部门：

现将《出版物零售单位、个体工商户设立、变更审批告知承诺办法》印发给你们，请认真按照执行。

特此通知。

上海市新闻出版局

2020年12月4日

出版物零售单位、个体工商户设立、变更审批告知承诺办法

第一条　为了优化行政审批程序，完善管理方式，提高行政效率，加强对上海市出版物零售单位和个人的事中事后监管，根据《出版管理条例》《出版物市场管理规定》《上海市行政审批告知承诺管理办法》等规定，结合本市实际，制定本办法。

第二条　本办法所称的告知承诺，是指公民、法人或者其他组织提出行政审批申请，行政审批机关一次性告知其审批条件和需要提交的材料，申请人以书面形式承诺其符合审批条件，并能够按照承诺，在规定期限内提交材料，由行政审批机关作出行政审批决定的方式。

第三条　本市行政区域内以告知承诺方式申请从事出版物零售业务及变更审批及后续监管，适用于本办法。

第四条　区新闻出版主管部门负责本行政区域内从事出版物零售业务及变更审批，并对其进行监管。

第五条　单位、个人从事出版物零售业务，应当具备下列条件：

(一) 已完成工商注册登记；

(二) 工商登记经营范围含出版物零售业务；

(三) 有固定的经营场所。

单位、个人申请变更《出版物经营许可证(零售)》的，应当已完成工商登记变更。

第六条　申请人应当提交下列材料：

1. 出版物经营许可证申领登记表(加盖公章或业主签章)；

2. 营业执照复印件(须与原件核对一致)；

3. 法定代表人的任职文件(仅限企业，须从市场监管部门调取档案)；

4. 法定代表人身份证明复印件(仅限企业，身份证或护照或通行证)或业主的身份证复印件、户籍证明或居住证复印件(仅限个人，须核对原件)；

5. 企业章程(仅限企业，须从市场监管部门调取档案)；

6. 经营场所合法使用证明(租赁合同、产权权属证明复印件)。

以上材料中,本市政府核发的材料,免于提交;能提供电子证照的,免于提交实体证照。

第七条 申请人当面递交申请的,区新闻出版主管部门应当当场发给告知承诺书;申请人通过信函、电传、传真、电子数据交换和电子邮件等方式提出申请的,区新闻出版主管部门应当在收到申请后的3个工作日内,向申请人提供告知承诺书。申请人收到区新闻出版主管部门发出的告知承诺书后,愿意作出承诺的,在5个工作日内作出确认与承诺,提交经申请人签章的告知承诺书及相关申办材料。

第八条 对实行告知承诺的行政审批事项,区新闻出版主管部门收到申请后,应当通过告知承诺书,向申请人告知下列内容:

(一)行政审批事项所依据的主要法律、法规、规章的名称和相关条款;

(二)准予行政审批应当具备的条件、标准和技术要求;

(三)需要申请人提交材料的名称、方式和期限;

(四)申请人作出承诺的时限和法律效力,以及逾期不作出承诺、作出不实承诺和违反承诺的法律后果;

(五)行政审批机关认为应当告知的其他内容。

第九条 申请人收到告知承诺书,愿意作出承诺的,应当在被告知的期限内,填写申请人基本信息,并对下列内容作出确认和承诺:

(一)所填写的基本信息真实、准确;

(二)已经知晓行政审批机关告知的全部内容;

(三)自身能够满足行政审批机关告知的条件、标准和技术要求;

(四)能够在约定期限内,提交行政审批机关告知的相关材料;

(五)愿意承担不实承诺、违反承诺的法律责任;

(六)所作承诺是申请人真实意思的表示。

第十条 区新闻出版主管部门收到申请人提交的签章的告知承诺书及本办法第六条规定的1、2、4、6项材料后,应当当场作出行政审批决定。剩余未提交的材料,申请人应当在5个工作日内全部提交。

第十一条 区新闻出版主管部门应当在作出行政审批决定后5个工作日内依法送达相关文书和证书。

第十二条 申请人不选择告知承诺方式的,区新闻出版主管部门按照法律、法规和规章的有关规定,实施行政审批。

第十三条 作出准予行政审批决定后,被审批人在告知承诺书约定的期限内未提交材料或者提交的材料不符合要求的,区新闻出版主管部门依法撤销行政审批决定。

区新闻出版主管部门应当在作出准予行政审批决定后2个月内对被审批人的承诺内容是否属实进行检查。发现被审批人实际情况与承诺内容不符的,区新闻出版主管部门应当要求其限期整改;逾期拒不整改或者整改后仍不符合条件的,区新闻出版主管部门依法撤销行政审批决定。

第十四条 对被审批人作出承诺后,未在规定期限内提交材料或者提交的材料不符合要求的,以及区新闻出版主管部门在审查、后续监管中发现申请人、被审批人作出不实承诺或者违反承诺的,区新闻出版主管部门应当记入诚信档案系统,并对该申请人、被审批人不再适用告知承诺的审批方式。

第十五条 本办法自2021年1月10日起施行,有效期5年。

附件

上海市新闻出版局行政审批告知承诺书
出版物零售单位、个体工商户设立、变更审批

〔____年〕第____号

申请人：____________________
单位名称：____________________
法定代表人：__________　　地址：____________________
联系方式：____________________

委托代理人：____________________
证件类型：__________　　编号：____________________
联系方式：____________________

行政审批机关：____________________
联系人姓名：__________
联系方式：____________________

行政审批机关的告知

按照《上海市行政审批告知承诺办法》，本行政审批机关就行政审批事项告知如下。

一、审批依据

本行政审批事项的依据为：

1.《出版管理条例》第三十五条第二款：单位和个体工商户从事出版物零售业务的，须经县级人民政府出版行政主管部门审核许可，取得《出版物经营许可》。

2.《出版管理条例》第三十七条：从事出版物发行业务的单位和个体工商户变更《出版物经营许可证》登记事项，或者兼并、合并、分立的，应当依照本条例第三十五条的规定办理审批手续。

3.《出版物市场管理规定》第九条：单位、个人从事出版物零售业务，应当具备下列条件：(一) 已完成工商注册登记；(二) 工商登记经营范围含出版物零售业务；(三) 有固定的经营场所。

4.《出版物市场管理规定》第十条：单位、个人申请从事出版物零售业务，须报所在地县级人民政府出版行政主管部门审批。

县级人民政府出版行政主管部门应当自受理申请之日起 20 个工作日内作出批准或者不予批准的决定。批准的，由县级人民政府出版行政主管部门颁发出版物经营许可证，并报上一级出版行政主管部门备案；其中门店营业面积在 5 000 平方米以上的应同时报省级人民政府出版行政主管部门备案。不予批准的，应当向申请单位、个人书面说明理由。

5.《出版物市场管理规定》第十九条：从事出版物发行业务的单位、个人变更出版物经营许可证登记事项，或者兼并、合并、分立的，应当依照本规定到原批准的出版行政主管部门办理审批手续。出版行政主管部门自受理申请之日起 20 个工作日内作出批准或者不予批准的决定。批准的，由出版行政主管部门换发出版物经营许可证；不予批准的，应当向申请单位、个人书面说明理由。

二、法定条件

本行政审批事项获得批准应当具备下列条件：

1. 已完成工商注册登记；

2. 登记经营范围含出版物零售业务；

3. 有固定的经营场所。

三、应当提交的材料

根据审批依据和法定条件，本行政审批事项获得批准，申请人应当提交下列材料：

1. 出版物经营许可证申领登记表(加盖公章)；

2. 营业执照(须与原件核对一致)；

3. 法定代表人的任职文件(仅限企业，须从市场监管部门调取档案)；

4. 法定代表人身份证明复印件(仅限企业，身份证或护照或通行证)或业主的身份证复印件、户籍证明或居住证复印件(仅限个人，须核对原件)定代表人的身份证明；

5. 公司章程(仅限企业，须从市场监管部门调取档案)；

6. 经营场所合法使用证明(租赁合同、产权权属证明复印件)。

以上材料中，本市政府核发的材料，免于提交；能提供电子证照的，免于提交实体证照。

四、已经提交和需要补充提交的材料

1. 上述材料中，申请人已经提交：

第____项、第____项、第____项、第____项、第____项、第____项

2. 剩余未提交材料中，申请人应当

□第____项、第____项，在______年____月____日前提交；

□第____项、第____项，在行政审批机关对承诺内容是否属实进行检查时提交。

(以上由工作人员填写)

五、承诺的期限和效力

申请人愿意作出承诺的，在收到本告知承诺书之日起5个工作日内作出承诺。

收到应当提交的材料，申请人作出符合上述申请条件的承诺，并提交签章的告知承诺书后，本行政审批机关将当场作出行政审批决定。

申请人逾期不作出承诺的，本行政审批机关将按照法律、法规和规章的有关规定实施行政审批。申请人作出不实承诺或违反承诺的，本行政审批机关将依法作出处理，并由申请人承担相应的法律责任。

六、监督和法律责任

申请人应当在本告知承诺书约定的期限内提交应补充的材料。未提交材料或者提交的材料不符合要求且无法补正的，将依法撤销行政审批决定。

本行政审批机关将在作出准予行政审批决定后2个月内对申请人的承诺内容是否属实进行检查。发现申请人实际情况与承诺内容不符的，将要求限期整改；逾期拒不整改或者整改后仍不符合条件的，依法撤销行政审批决定。

七、诚信管理

对申请人作出承诺后，未在承诺期限内提交材料的，或者本行政审批机关在审查、后续监管中发现申请人、被审批人作出不实承诺或者违反承诺的，将在本行政审批机关的诚信档案系统留下记录，并对该申请人、被审批人不再适用告知承诺的审批方式。

申请人的承诺

申请人就申请审批的行政审批事项，现作出下列承诺：

（一）所填写的基本信息真实、准确；

（二）已经知晓行政审批机关告知的全部内容；

（三）自身能满足行政审批机关告知的条件、标准和技术要求；

（四）对于约定需要提供的材料，承诺能够在规定期限内予以提供；

（五）上述陈述是申请人的真实意思表示；

（六）若违反承诺或者作出不实承诺的，愿意承担相应的法律责任。

申请人（委托代理人）：　　　　　　　　行政审批机关：

（签字盖章）　　　　　　　　　　　　　（盖章）

年　　月　　日　　　　　　　　　　　　年　　月　　日

（一式两份）

附录12　上海市新闻出版局关于印发《从事包装装潢印刷品和其他印刷品印刷经营活动企业(不含外资企业)的设立、变更审批告知承诺办法》的通知

沪新出规(2020)14号

各区新闻出版主管部门：

现将《从事包装装潢印刷品和其他印刷品印刷经营活动企业(不含外资企业)的设立、变更审批告知承诺办法》印发给你们，请认真按照执行。

特此通知。

上海市新闻出版局

2020年12月4日

从事包装装潢印刷品和其他印刷品印刷经营活动企业(不含外资企业)的设立、变更审批告知承诺办法

第一条　为了优化行政审批程序，完善管理方式，提高行政效率，根据《印刷业管理条例》《上海市行政审批告知承诺管理办法》等规定，结合本市实际，制定本办法。

第二条　本办法所称的告知承诺，是指公民、法人或者其他组织提出行政审批申请，行政审批机关一次性告知其审批条件和需要提交的材料，申请人以书面形式承诺其符合审批条件，并能够按照承诺，在规定期限内提交材料，由行政审批机关作出行政审批决定的方式。

第三条　在本市行政区域内以告知承诺方式办理从事包装装潢印刷品和其他印刷品印刷经营活动企业(不含外资企业)的设立、变更审批及后续监管适用本办法。

第四条　区新闻出版主管部门负责从事包装装潢印刷品和其他印刷品印刷经营活动企业(不含外资企业)的设立、变更审批，并组织对其进行监管。

第五条　从事包装装潢印刷品和其他印刷品印刷经营活动的企业申请设立、变更，应符合《印刷业管理条例》第八条、第九条、第十条、第十二条和《印刷业经营者资格条件暂行规定》第五条、第六条规定的条件。

第六条　(一)申请人申请设立应当提交下列材料：

1. 印刷企业登记发证申请表(加盖公章；无公章的，由拟任法定代表人签名)；

2. 营业执照(须与原件核对一致，分支机构还需提供总公司营业执照)；

3. 法定代表人的身份证明、简历、就业情况等证明(须与原件核对一致)；

4. 国有及集体企业的上级主管部门的批复，或有限责任公司(股份有限公司)公司章程或董事会或股东会决议(仅限企业，须与原件核对一致)；

5. 经营场地的证明(复印件上有产权人签名或盖章);
6. 生产设备权属证明(须与原件核对一致);
7. 承诺人非法定代表人的,应提供授权书一份(原件)。
(二) 申请人申请变更单位名称应当提交下列材料:
1. 印刷企业申请变更登记表(加盖公章);
2. 营业执照和准予变更登记通知书(须与原件核对一致,分支机构还需提供总公司营业执照);
3. 国有及集体企业的上级主管部门的批复,或有限责任公司(股份有限公司)公司章程或董事会或股东会决议(仅限企业,须与原件核对一致);
4. 印刷经营许可证(正、副本);
5. 承诺人非法定代表人的,应提供授权书一份(原件)。
(三) 申请人申请变更地址应当提交下列材料:
1. 印刷企业申请变更登记表(加盖公章);
2. 营业执照(须与原件核对一致,分支机构还需提供总公司营业执照);
3. 国有及集体企业的上级主管部门的批复,或有限责任公司(股份有限公司)公司章程或董事会或股东会决议(仅限企业,须与原件核对一致);
4. 经营场地的证明(复印件上有产权人签名或盖章);
5. 印刷经营许可证(正、副本);
6. 承诺人非法定代表人的,应提供授权书一份(原件)。
(四) 申请人申请变更法定代表人应当提交下列材料:
1. 印刷企业申请变更登记表(加盖公章);
2. 营业执照(须与原件核对一致,分支机构还需提供总公司营业执照);
3. 国有及集体企业的上级主管部门的批复,或有限责任公司(股份有限公司)公司章程或董事会或股东会决议(仅限企业,须与原件核对一致);
4. 法定代表人的身份证明、简历、就业情况等证明(须与原件核对一致);
5. 印刷经营许可证(正、副本);
6. 承诺人非法定代表人的,应提供授权书一份(原件)。
(五) 申请人申请变更经营范围应当提交下列材料:
1. 印刷企业申请变更登记表(加盖公章);
2. 营业执照(须与原件核对一致,分支机构还需提供总公司营业执照);
3. 国有及集体企业的上级主管部门的批复,或有限责任公司(股份有限公司)公司章程或董事会或股东会决议(仅限企业,须与原件核对一致);
4. 法定代表人的身份证明、简历、就业情况等证明(须与原件核对一致);
5. 生产设备权属证明(须与原件核对一致);
6. 印刷经营许可证(正、副本);
7. 承诺人非法定代表人的,应提供授权书一份(原件)。
以上材料中,本市政府核发的材料,免于提交;能提供电子证照的,免于提交实体证照。
第七条 有以下情形的,不予批准:
1. 个人不得从事包装装潢印刷品印刷经营活动;
2. 企业注册地址与实际经营地址不一致的;

3. 房屋性质不符合法定条件；

4. 依照相关法律法规不予批准的其他情形。

第八条 跨区设立企业分支机构的，不适用告知承诺审批方式。

第九条 申请人当面递交申请的，区新闻出版主管部门应当当场发给告知承诺书；申请人通过信函、电传、传真、电子数据交换和电子邮件等方式提出申请的，区新闻出版主管部门应当在收到申请的 3 个工作日内，向申请人提供告知承诺书。申请人收到告知承诺书后，愿意作出承诺的，在 3 个工作日内作出确认与承诺，提交经申请人签章的告知承诺书及相关申办材料。

第十条 对实行告知承诺的行政审批事项，区新闻出版主管部门收到申请后，应当通过告知承诺书，向申请人告知下列内容：

（一）行政审批事项所依据的主要法律、法规、规章的名称和相关条款；

（二）准予行政审批应当具备的条件、标准和技术要求；

（三）需要申请人提交材料的名称、方式和期限；

（四）申请人作出承诺的时限和法律效力，以及逾期不作出承诺、作出不实承诺和违反承诺的法律后果；

（五）行政审批机关认为应当告知的其他内容。

第十一条 申请人收到告知承诺书，愿意作出承诺的，应当在被告知的期限内，填写申请人基本信息，并对下列内容作出确认和承诺：

（一）所填写的基本信息真实、准确；

（二）已经知晓行政审批机关告知的全部内容；

（三）自身能够满足行政审批机关告知的条件、标准和技术要求；

（四）能够在约定期限内，提交行政审批机关告知的相关材料；

（五）愿意承担不实承诺、违反承诺的法律责任；

（六）所作承诺是申请人真实意思的表示。

第十二条 区新闻出版主管部门收到经申请人签章的告知承诺书以及本办法第六条规定的以下材料后：

（一）申请设立的第 1、3、4、5、7 项；

（二）申请变更单位名称的第 1、2、4、5 项；

（三）申请变更地址的第 1、4、5、6 项；

（四）申请变更法定代表人的第 1、4、5、6 项；

（五）申请变更经营范围的第 1、3、4、6、7 项。

应当当场作出行政审批决定，制作相应的行政审批证件，并在 3 个工作日内依法送达。剩余未提交的材料，申请人应当在承诺的期限内全部提交。

第十三条 申请人不选择告知承诺方式的，区新闻出版主管部门按照法律、法规和规章的有关规定，实施行政审批。

第十四条 作出准予行政审批决定后，被审批人在告知承诺书约定的期限内未提交材料或者提交的材料不符合要求的，区新闻出版主管部门依法撤销行政审批决定。

区新闻出版主管部门应当在作出准予行政审批决定后 2 个月内对被审批人的承诺内容是否属实进行检查。发现被审批人实际情况与承诺内容不符的，区新闻出版主管部门应当要求其限期整改；逾期拒不整改或者整改后仍不符合条件的，区新闻出版主管部门应当依法撤销行政审批决定。

区新闻出版主管部门应当对被审批人从事行政审批事项的活动加强监督检查；发现被审批人有违法行为的，应当依法及时作出处理。

第十五条　被审批人作出承诺后，未在承诺期限内提交材料或者提交的材料不符合要求的，以及区新闻出版主管部门在审查、后续监管中发现申请人、被审批人作出不实承诺或者违反承诺的，应当记入诚信档案系统，并对该申请人、被审批人不再适用告知承诺的审批方式。

第十六条　本办法自2021年1月10日施行，有效期5年。《设立从事包装装潢印刷品和其他印刷品印刷经营活动的企业审批（不含文件、票据、保密印刷）告知承诺办法》《印刷经营者兼营包装装潢和其他印刷品印刷经营活动审批（不含文件、票据、保密印刷）告知承诺办法》（沪新出规〔2018〕1号）同时废止。

附件

上海市新闻出版局行政审批告知承诺书
从事包装装潢印刷品和其他印刷品印刷经营活动企业
（不含外资企业）的设立、变更审批

〔____年〕第____号

申请人：____________________

单位名称：______________________________

法定代表人：__________　　地址：____________________

联系方式：____________________

委托代理人：____________________

证件类型：__________　　编号：____________________

联系方式：____________________

行政审批机关：____________________

联系人姓名：__________________

联系方式：____________________

行政审批机关的告知

按照《上海市行政审批告知承诺办法》，本行政审批机关就行政审批事项告知如下。

一、审批依据

本行政审批事项的依据为：

1.《印刷业管理条例》第十条：企业申请从事出版物印刷经营活动，应当持营业执照向所在地省、自治区、直辖市人民政府出版行政部门提出申请，经审核批准的，发给印刷经营许可证。

企业申请从事包装装潢印刷品和其他印刷品印刷经营活动，应当持营业执照向所在地设区的市级人民政府出版行政部门提出申请，经审核批准的，发给印刷经营许可证。

个人不得从事出版物、包装装潢印刷品印刷经营活动；个人从事其他印刷品印刷经营活动的，依照本条第二款的规定办理审批手续。

2.《印刷业管理条例》第十二条：印刷业经营者申请兼营或者变更从事出版物、包装装潢印刷品或者其他印刷品印刷经营活动，或者兼并其他印刷业经营者，或者因合并、分立而设立新的印刷业经营者，应当依照本条例第九条的规定办理手续。印刷业经营者变更名称、法定代表人或者负责人、住所或者经营场所等主要登记事项，或者终止印刷经营活动，应当报原批准设立的出版行政部门备案。

3.《印刷业经营者资格条件暂行规定》第五条：经营包装装潢印刷品印刷业务的企业，应当具备以下条件：(一)有企业的名称、章程；(二)有确定的业务范围；(三)有适应业务需要的固定生产经营场所；(四)有能够维持正常生产经营的资金；(五)有必要的包装装潢印刷设备，具备2台以上最近十年生产的且未列入《淘汰落后生产能力、工艺和产品的目录》的胶印、凹印、柔印、丝印等及后序加工设备；(六)有适应业务范围需要的组织机构和人员，企业法定代表人及主要生产、经营负责人必须取得地市级以上人民政府负责出版管理的行政部门(以下简称出版行政部门)颁发的《印刷法规培训合格证书》；(七)有健全的承印验证、登记、保管、交付、销毁等经营管理、财务管理制度和质量保证体系。

4.《印刷业经营者资格条件暂行规定》第六条：经营其他印刷品印刷业务的企业、单位，应当具备以下条件：(一)有企业或单位的名称、章程；(二)有确定的业务范围；(三)有适应业务需要的固定生产经营场所，且不在有居住用途的场所内；(四)有适应业务需要的生产设备和资金；(五)有适应业务需要的组织机构和人员，企业法定代表人或单位负责人必须取得县级以上出版行政部门颁发的《印刷法规培训合格证书》；(六)有健全的承印验证、登记、保管、交付、销毁等经营管理、财务管理制度和质量保证体系。

二、法定条件

本行政审批事项获得批准应当具备下列条件、标准和技术要求：

1. 有企业的名称、章程；

2. 有确定的业务范围；

3. 有适应业务需要的固定生产经营场所；

4. 有能够维持正常生产经营的资金；

5. 具备与业务相适应的印刷设备(可租赁)；

6. 有适应业务范围需要的组织机构和人员，法定代表人及主要生产、经营负责人必须取得地市级以上新闻出版主管部门颁发的《印刷法规培训合格证书》；

7. 有健全的承印验证、登记、保管、交付、销毁等经营管理、财务管理制度和质量保证体系；

8. 法律、法规规定的其他条件。

三、应当提交的材料

根据审批依据和法定条件，相应行政审批事项获得批准，申请人应当提交下列材料。

(一)申请人申请设立应当提交的材料：

1. 印刷企业登记发证申请表(加盖公章；无公章的，由拟任法定代表人签名)；

2. 营业执照(须与原件核对一致，分支机构还需提供总公司营业执照)；

3. 法定代表人的身份证明、简历、就业情况等证明(须与原件核对一致)；

4. 国有及集体企业的上级主管部门的批复，或有限责任公司(股份有限公司)公司章程或董事会或股东会决议(仅限企业，须与原件核对一致)；

5. 经营场地的证明(复印件上有产权人签名或盖章)；

6. 生产设备权属证明(须与原件核对一致);

7. 承诺人非法定代表人的,应提供授权书一份(原件)。

(二) 申请人申请变更单位名称应当提交的材料:

1. 印刷企业申请变更登记表(加盖公章);

2. 营业执照和准予变更登记通知书(须与原件核对一致,分支机构还需提供总公司营业执照);

3. 国有及集体企业的上级主管部门的批复,或有限责任公司(股份有限公司)公司章程或董事会或股东会决议(仅限企业,须与原件核对一致);

4. 印刷经营许可证(正、副本);

5. 承诺人非法定代表人的,应提供授权书一份(原件)。

(三) 申请人申请变更地址应当提交的材料:

1. 印刷企业申请变更登记表(加盖公章);

2. 营业执照(须与原件核对一致,分支机构还需提供总公司营业执照);

3. 国有及集体企业的上级主管部门的批复,或有限责任公司(股份有限公司)公司章程或董事会或股东会决议(仅限企业,须与原件核对一致);

4. 经营场地的证明(复印件上有产权人签名或盖章);

5. 印刷经营许可证(正、副本);

6. 承诺人非法定代表人的,应提供授权书一份(原件)。

(四) 申请人申请变更法定代表人应当提交的材料:

1. 印刷企业申请变更登记表(加盖公章);

2. 营业执照(须与原件核对一致,分支机构还需提供总公司营业执照);

3. 国有及集体企业的上级主管部门的批复,或有限责任公司(股份有限公司)公司章程或董事会或股东会决议(仅限企业,须与原件核对一致);

4. 法定代表人的身份证明、简历、就业情况等证明(须与原件核对一致);

5. 印刷经营许可证(正、副本);

6. 承诺人非法定代表人的,应提供授权书一份(原件)。

(五) 申请人申请变更经营范围应当提交的材料:

1. 印刷企业申请变更登记表(加盖公章);

2. 营业执照(须与原件核对一致,分支机构还需提供总公司营业执照);

3. 国有及集体企业的上级主管部门的批复,或有限责任公司(股份有限公司)公司章程或董事会或股东会决议(仅限企业,须与原件核对一致);

4. 法定代表人的身份证明、简历、就业情况等证明(须与原件核对一致);

5. 生产设备权属证明(须与原件核对一致);

6. 印刷经营许可证(正、副本);

7. 承诺人非法定代表人的,应提供授权书一份(原件)。

除登记发证申请表、申请变更登记表一式两份外,其他材料一式一份,加盖企业公章。本市政府核发的材料,免于提交;能提供电子证照的,免于提交实体证照。

四、已经提交和需要补充提交的材料

1. 上述材料中,申请人已经提交:

第____项、第____项、第____项、第____项、第____项

2. 剩余未提交材料中,申请人应当

□第____项、第____项,在____年____月____日前提交;

□第____项、第____项,在行政审批机关对承诺内容是否属实进行检查时提交。

(以上由工作人员填写)

五、承诺的期限和效力

申请人愿意作出承诺的,在收到本告知承诺书之日起3个工作日内作出承诺。

收到应当提交的材料,申请人作出符合上述申请条件的承诺,并提交签章的告知承诺书后,本行政审批机关将当场作出行政审批决定。

申请人逾期不作出承诺的,本行政审批机关将按照法律、法规和规章的有关规定实施行政审批。申请人作出不实承诺或违反承诺的,本行政审批机关将依法作出处理,并由申请人承担相应的法律责任。

六、监督和法律责任

申请人应当在本告知承诺书约定的期限内提交应补充的材料。未提交材料或者提交的材料不符合要求且无法补正的,将依法撤销行政审批决定。

本行政审批机关将在作出准予行政审批决定后2个月内对申请人的承诺内容是否属实进行检查。发现申请人实际情况与承诺内容不符的,将要求限期整改;逾期拒不整改或者整改后仍不符合条件的,依法撤销行政审批决定。

七、诚信管理

对申请人作出承诺后,未在承诺期限内提交材料的,或者本行政审批机关在审查、后续监管中发现申请人、被审批人作出不实承诺或者违反承诺的,将在本行政审批机关的诚信档案系统留下记录,并对该申请人、被审批人不再适用告知承诺的审批方式。

申请人的承诺

申请人就申请审批的行政审批事项,现作出下列承诺:

(一) 所填写的基本信息真实、准确;

(二) 已经知晓行政审批机关告知的全部内容;

(三) 自身能满足行政审批机关告知的条件、标准和技术要求;

(四) 对于约定需要提供的材料,承诺能够在规定期限内予以提供;

(五) 上述陈述是申请人的真实意思表示;

(六) 若违反承诺或者作出不实承诺的,愿意承担相应的法律责任。

申请人(委托代理人): 行政审批机关:

(签字盖章) (盖章)

年 月 日 年 月 日

(一式两份)

后　记

2020 年，因为新冠疫情的侵袭，使得上海出版业与其他各行各业一样都被迫“停摆”，处于无奈、无助之境。

因为存着“认真作好出版工作”的初心宗旨，上海出版人在疫情后只争朝夕、努力工作，取得了较好的业绩。本书全面聚焦 2020 年上海出版人走过的路径，充分展示了业者的坚忍、奋斗和成果。

《上海出版年刊》是基于在编纂《上海市志 · 新闻出版分志 · 出版卷(1978—2010)》时档案资料的失散，而由上海韬奋纪念馆(中国近现代新闻出版博物馆)承担的一项基础工作。专门邀集馆内、业内和出版社同仁组成编辑部，以忠实记录年度的出版、印刷、发行、数字出版、阅读推广活动，翔实描绘上海出版创新发展的新探索、新突破，留下上海出版人奋进的足印、爬坡的车辙，力求以真实、全面、客观、详细的记载，为上海出版留下史料。

本书为《上海出版年刊》的第二卷，第一卷(2020)出版之后，受到众多业内人士和科研人员的关注，也对其中的一些表述、前后口径和涉及范围等提出了很好的意见和建议，编辑部予以重视并逐一梳理。

本书编辑部同仁虽然各有其职，各有专业、职业背景但能各负其责，使得资料收集、编辑核对、出版工作顺利进行。

感谢所有撰稿、提供资讯的出版研究人员、从业人员。

期待着一年一卷，继续努力！

《上海出版年刊》编辑部

2022 年 3 月